Oliver Kühschelm

Einkaufen als nationale Verpflichtung

Werbung – Konsum – Geschichte

Herausgegeben von
Karin Moser, Franz X. Eder und Mario Keller

Band 3

Oliver Kühschelm

Einkaufen als nationale Verpflichtung

Zur Genealogie nationaler Ökonomien in Österreich und der Schweiz, 1920–1980

DE GRUYTER
OLDENBOURG

Gedruckt mit freundlicher Unterstützung der Historisch-Kulturwissenschaftlichen Fakultät der Universität Wien.

universität wien

Historisch-Kulturwissenschaftliche Fakultät

Mit dieser Arbeit liegt der dritte Band der Reihe „Werbung – Konsum – Geschichte“ vor. Die Veröffentlichungen entsprechen den Anforderungen des Peer-Review (double blind). Die Reihe widmet sich aus geistes-, sozial-, kultur-, kommunikations- und integrativwissenschaftlicher Perspektive den Themenfeldern Werbung, Marketing, Konsum und Material Culture in Geschichte und Gegenwart. Das Herausgeberinnenteam will den produktiven, diskursiven und interdisziplinären Austausch befördern und Anstoß zu weiterführenden wissenschaftlichen Arbeiten in diesen Themenfeldern geben.

ISBN 978-3-11-070103-6
e-ISBN (PDF) 978-3-11-070111-1
e-ISBN (EPUB) 978-3-11-070117-3
ISSN: 2698-850X

Library of Congress Control Number: 2021944011

Bibliografische Information der Deutschen Nationalbibliothek
Die Deutsche Nationalbibliothek verzeichnet diese Publikation in der Deutschen Nationalbibliografie; detaillierte bibliografische Daten sind im Internet über http://dnb.dnb.de abrufbar.

Coverabbildung: Schweizerisches Wirtschaftsarchiv (SWA), Privatarchiv 486 (Armbrust/Schweizerwoche), D194, Eine Botschaft des Armbrustzeichens, 1935.
Satz: bsix information exchange GmbH, Braunschweig
Druck und Bindung: CPI books GmbH, Leck

www.degruyter.com

MIX
Papier aus verantwortungsvollen Quellen
FSC www.fsc.org FSC® C083411

Dank

Mein Zugang zu den Geschichtswissenschaften wurde seit meinem Studium wesentlich vom Institut für Wirtschafts- und Sozialgeschichte der Universität Wien geprägt. Den Einstieg in den Wissenschaftsbetrieb ermöglichte mir Ende der 1990er-Jahre Hannes Stekl über die Mitarbeit an mehreren Buchprojekten. Ihm möchte ich dafür nochmals herzlich Dank sagen. An das Institut kehrte ich vor zehn Jahren zunächst mit einem vom FWF finanzierten Forschungsvorhaben zurück und daran schloss sich eine Tätigkeit als postdoc-Assistent an. Ich hatte in dieser Zeit Gelegenheit zu unzähligen für die Entwicklung meiner Arbeit wertvollen Gesprächen mit den Lehrenden und Forschenden des Instituts. Zu nennen sind insbesondere Rolf Bauer, Josef Ehmer, Peter Eigner, Therese Garstenauer, Andrea Komlosy, Erich Landsteiner, Christina Linsboth, Karin Moser, Reinhard Sieder, Annemarie Steidl, Peer Vries und Sigrid Wadauer. Eine enge Zusammenarbeit hat mich über Jahre insbesondere mit Franz X. Eder verbunden, der mich stets sehr unterstützt hat und mit dem ich viele anregende Diskussionen über Forschung am Schnittpunkt von kulturwissenschaftlichen Zugängen und sozialgeschichtlichen Themen geführt habe. Meine Beschäftigung mit der Geschichte von Werbung und Propaganda erhielt vor über 20 Jahren immer noch nachhallende Impulse durch Lehrveranstaltungen bei Rainer Gries, damals Gastprofessor in Wien. Die größere Herausforderung als Österreich und die österreichische Geschichte, die mir beide doch sehr vertraut sind, waren die Schweiz und die Schweizer Geschichte. Zum Glück hatte ich immer wieder kundige Gesprächspartner*innen unter Schweizer Historiker*innen. Hervorheben möchte ich Peter-Paul Bänziger, Patrick Kury, Martin Lüpold und Roman Rossfeld, denen ich viele Denkanstöße und Literaturhinweise verdanke.

Zusammengerechnet verbrachte ich zumindest eine relative Mehrheit der Tagesstunden während meiner Aufenthalte in der Schweiz im Schweizerischen Wirtschaftsarchiv in Basel. Die Institution unter Leitung von Irene Amstutz verfügt nicht nur über umfassende wirtschafts- und unternehmensgeschichtliche Archivbestände, sondern zeichnet sich zudem durch überaus freundliche und kompetente Mitarbeiter*innen aus.

Martin Lengwiler, Maren Möhring und Erica Carter haben 2017 als Gutachter*innen meiner Habilitationsschrift große Geduld mit dem sehr umfangreichen Manuskript bewiesen. Ihre Einschätzungen waren nicht nur eine Freude, weil sie so wohlwollend ausfielen, sondern auch weil sie mir wertvolle Anregungen gaben. Wichtige Hinweise verdanke ich außerdem den beiden anonymen Gutachter*innen, die im Auftrag des Verlags 2019/20 die Studie ein weiteres Mal einer kritischen Lektüre unterzogen haben. Erst nach dieser langen Latenzzeit habe ich mich an die Überarbeitung gemacht. Dabei habe ich vor allem strukturierend in den Textkorpus eingegriffen, Abschnitte umorganisiert, Kapitel neu angeordnet und mich bemüht, in der Argumentation nachzuschärfen. Karin Moser und Franz X. Eder sei als Herausgeber*innen der Reihe gedankt, dass sie mich gedrängt und ermuntert haben, die Über-

https://doi.org/10.1515/9783110701111-201

arbeitung einem Abschluss zuzuführen. Neben einem Buch, das man in Druck geben könnte, lauert stets ein noch besseres, das man gerne geschrieben hätte und vielleicht ja noch schreiben könnte, wenn man mehr Aufwand treiben würde. Derlei führt meist nirgendwo hin.

Lesen, Recherchieren, Schreiben und mit Kolleg*innen zu diskutieren gehören zu meinen liebsten Betätigungen. Zum Glück gibt es aber auch abseits des Wissenschaftsbetriebs Personen, ohne die ich mir ein Leben nicht vorstellen möchte, voran meine Frau Sonja und meine beiden Kinder, Noah und Lilian. Sonja hat meine Arbeit Korrektur gelesen und damit Wesentliches geleistet, doch ist das nur eine Winzigkeit gemessen daran, dass sie mich nun schon Jahrzehnte begleitet und unterstützt.

Wien, Juni 2021

Vorwort

Im Laufe meiner Forschungen als Historiker habe ich mich mit vielen und – auf kurze Distanz betrachtet – disparaten Themen beschäftigt: mit Vereinen und Vereinssport, mit bürgerlicher Kommunalpolitik, mit großbürgerlichen Unternehmen und Familien, mit Unternehmen und Produkten als österreichischen *lieux de mémoire*, mit der Flucht von jüdischen Österreicher*innen ins südamerikanische Uruguay, mit dem Entzug von Kraftfahrzeugen durch das NS-Regime und verschleppten Briefen der ukrainischen Zivilbevölkerung, mit der Automobilisierung, mit der ‚Ostöffnung' 1989, mit der Geschichte des Konsumierens, mit methodologischen Fragen zu historischer Diskursanalyse und der Bild-Text-Kommunikation in ihrem Rahmen. Als ich an diesem Manuskript zu schreiben begann, ging ich davon aus, dass ich bereits publiziertes Material in einer modifizierten Form würde übernehmen können. Mit einer Ausnahme ist das nicht geschehen, obwohl das Buch lange Such- und Denkbewegungen kapitalisiert und synthetisiert. Es eröffnet aber auch sein eigenes Feld, indem es der Genealogie nationaler Ökonomie nachgeht.

Während ich mich in der Einleitung einer Begründung dieser Arbeit widmen werde, sei hier ein persönliches Motiv offengelegt. In den 1970er-Jahren geboren, gehöre ich einer Generation von Österreicher*innen an, deren Sozialisierung durch Familie, Schule und Medien ein affirmatives Verhältnis zur Idee einer österreichischen Nation kennzeichnete. Früher endemische Zweifel an ihrem Realitätsgehalt waren geschwunden, der Bedarf an einer kritischen Verständigung über Österreich schien nicht gegeben.

Dieses Österreich, in dem ich aufwuchs und dem ich mich zugehörig fühlte, war das kleinbürgerliche und bäuerliche, kleinstädtische und dörfliche, christlichsoziale und antisemitische, von seiner eigenen Borniertheit umzingelte Österreich, das nur unter größter Mühe in eine ‚moderne', etwas liberalere und demokratische Gesellschaft fand. Zu Leopold Figl, Bundeskanzler und Außenminister der frühen Zweiten Republik, assoziiere ich bis heute unweigerlich meinen Großvater, einen Maurer und Nebenerwerbsbauern, einen Helden meiner Kindheit. Stets rührte mich die berühmte Filmsequenz, die Figl im Mai 1955 am Balkon des Belvedere zeigt, den Staatsvertrag in Händen, der die Besatzung durch die Alliierten beendete. „Österreich ist frei", weckte in mir ein Gefühl des Stolzes und der Vertrautheit. Ich wusste, ‚unsereins' war frei – so frei, wie ‚wir' uns das zugestehen wollten, also auch nicht zu sehr. Als ich vor einigen Jahren Friedrich Dürrenmatts Gleichnis von der Schweiz als Gefängnis las, gewann ich den Eindruck, auch dort wäre ich zuhause gewesen.

Was aber hilft gegen nationale Emotion, wenn sie einem ungeheuer geworden ist? Die Distanzierung durch das Denken ist einen Versuch wert, insbesondere auch die denkende Auseinandersetzung mit Geschichte.

https://doi.org/10.1515/9783110701111-202

Inhaltsverzeichnis

Teil III: **Medien nationaler Gemeinschaft und ihre Adressat*innen**

Einleitung

„Kauft österreichische Waren“ und „Made in Austria“-Label, „Ehret heimisches Schaffen“ und Armbrust-Zeichen – die Slogans und Logos sind weder in Österreich noch in der Schweiz ganz dem kulturellen Gedächtnis entschwunden, aber bis vor kurzem schien es eine Gewissheit, dass im breiten Mainstream des ‚Westens‘ wirtschafts- und konsumnationalistische Forderungen kaum mehr Akzeptanz finden könnten. Vielmehr handelte es sich um Propaganda, die als Gegenstand der Erinnerung das Zeug zum Skurrilen besaß – z. B. das Fernsehquiz *Made in Austria*, das in den 1980er-Jahren einlud, im Zuge eines patriotischen Ratespiels nationale Waren einzuheimsen. Der Moderator Günter Tolar stellte Fragen knapp an der Grenze zur Lächerlichkeit. Österreich reichte, und das war durchaus ernst gemeint, vom heimischen Ski bis zur Heizdecke.

Diese Studie geht von Propaganda und Kampagnen aus, die in einem Zeitraum vom Ersten Weltkrieg bis in die lange Nachkriegszeit (nach 1945) zu patriotischem oder nationalbewusstem Kaufverhalten aufriefen. Ihr Anliegen ist es freilich nicht, die Absurdität sanft zu ironisieren, die solchen Inszenierungen des Nationalen im Rückblick anhaftet. Das wäre zu wenig, denn Buy-National-Kampagnen[1] trugen einen Wirtschaftsnationalismus, der seit einigen Jahren eine beunruhigende Renaissance erlebt. Eine weitere Präzisierung ist nötig: Das empirische Substrat des Buches ist in der Schweiz und Österreich verortet, doch seine Fragen gehen darüber hinaus. Die Beschäftigung mit Buy-National-Propaganda in den beiden Ländern dient als Hebel, um eine Genealogie nationaler Ökonomien zu betreiben.

Auf die Wortverbindung „nationale Ökonomie“ trifft man auch andernorts, daher gilt es zu bestimmen, was sie hier in der Folge bezeichnen soll. Sie benennt die Verschmelzung einer Trias aus imaginierter Gemeinschaft, Staat und Ökonomie. Die geschichtswissenschaftliche Auseinandersetzung mit der Nation hat ihren Forschungsgegenstand allzu häufig mit nationaler Identität gleichgesetzt. Immerhin hielt sie zwar deren Relevanz für den Staat durch die Allgegenwart der Rede vom Nationalstaat präsent, die ökonomischen Implikationen beachtete sie hingegen nur wenig.[2] Das ist wohl dabei sich zu ändern, parallel und im Nachziehverfahren zu

1 Mit der Rede von Buy-National-Kampagnen und Buy-National-Propaganda meine ich die normative Ansprache an Konsument*innen oder deren Konzeptualisierung, die das Ziel verfolgen, die Adressat*innen auf nationalbewussten respektive patriotischen Konsum zu verpflichten. „Buy-National-Kampagne“ ist als Wortkonglomerat im Deutschen ein Neologismus, aber eine andere, ähnlich knappe Wortbildung, mit der sich dieselbe Bedeutung transportieren ließe, ist mir nicht bekannt. Ob patriotisch und nationalbewusst dasselbe ist, diskutiere ich nicht inhaltlich. Ersteres Adjektiv dient mir im österreichischen Fall öfters, um eine von den Kampagnen angestrebte Verpflichtung zu artikulieren, die sich nicht auf die Nation, sondern den Staat beziehen sollte. Die zeitgenössischen Akteur*innen der 1920er- und 1930er-Jahre verwendeten die Attribuierung in diesem Sinn, denn sie wollten nicht die Identifikation mit der deutschen Nation in Frage stellen.

2 Berger, Historians.

https://doi.org/10.1515/9783110701111-001

Veränderungen in der Welt außerhalb des akademischen Betriebs. Die Rede von nationaler Wirtschaft und die Forderung nach einem nationalbewussten Konsum gewinnen zusehends an Dynamik, in immer mehr Ländern und Diskursforen, von der internationalen Politik bis zur Supermarktwerbung. Wenn ich von einer nationalen Ökonomie spreche, so betont das die tragende Bedeutung von wirtschaftlichen Zusammenhängen für die Nation und den Nationalstaat. Die Vorstellung von einer österreichischen Nation liefert dafür einen eindrücklichen Beleg: Sie wurde erst mehrheitsfähig, als sich seit den 1950er-Jahren die Bevölkerung des Kleinstaates Österreich von seiner wirtschaftlichen „Lebensfähigkeit" überzeugte.

Die Studie will nun aber nicht Wirtschaftsgeschichte als Rekonstruktion der eigentlich basalen ökonomischen Prozesse ins Treffen führen – als vermeintlich stets besseren Ersatz für die Beschäftigung mit einem Überbau der Symbolisierungen. In einem Text von 1845 besprach Karl Marx das Werk *Das nationale System der politischen Ökonomie* mit schneidender Schärfe. Dem Autor Friedrich List warf er Philistertum vor. „Der deutsche Bürger scheut sich, von seinem Privatinteresse zu sprechen, und spricht vom Nationalinteresse."[3] Die politische Ökonomie kritisiere List gerade deshalb, weil sie „die Sache und nicht die Einbildung von der Sache" ausdrücke. Meine Studie wird auch nicht „die Sache" anstelle der „Einbildung von der Sache" untersuchen, sondern eben die Einbildungen in den Mittelpunkt der Analyse stellen.

Sie unterscheidet nationale Ökonomie daher auch von Nationalökonomie. Erstere meint eine konzeptuelle und rhetorische Klammer, die in Publikumsmedien und der breiten Öffentlichkeit kursierte. Letztere ist eine Wissensform, die sich im 19. Jahrhundert als Wissenschaft etablierte. Idealtypisch gesprochen, ist nationale Ökonomie in dem hier gemeinten Sinn wesentlich interdiskursiv, Nationalökonomie hingegen ein Spezialdiskurs, der sich über Problemstellungen, Fachbegriffe und Erkenntnisverfahren definierte und zeitgenössisch als Wissenschaft anerkannt wurde. Seine Basiskonzepte gewinnt zwar auch ein wissenschaftlicher Spezialdiskurs durch die metaphorische Projektion von Alltagserfahrungen, doch sind seine Akteur*innen angehalten, reflektierend immer wieder Abstand zu gewinnen. Auf jenes Konglomerat aus Diskursen, Praktiken, Institutionen und Subjektivierungsregimen, die ich nationale Ökonomie nenne, trifft all dies nicht zu. Sie ist – ohne Reflexionsbremse – ideologisch und repräsentiert ein hegemoniales Projekt. Unter dem Begriff des hegemonialen Projekts, den er aus der Rezeption von Antonio Gramsci gewinnt, versteht Martin Nonhoff eine diskursive Praxis, die eine „umfassende Forderung in Verbindung mit einem symbolischen Äquivalent des Gemeinwohls" erhebt.[4] Das Projekt ist also nicht Hegemonie, sondern eine notwendige Voraussetzung, um diese zu erringen.

---

3 Marx, F. Lists Buch, 8.
4 Nonhoff, Diskurs, 141.

Zur nationalen Ökonomie gehört auch eine (wirtschafts)politische Praxis, die auf Ökonomie so zugreift, dass sie Wirtschaftsbeziehungen mit der nationalen Gemeinschaft und dem Nationalstaat in Deckung zu bringen sucht. An dem Punkt überschneiden sich nationale Ökonomie als hegemoniales Projekt und Nationalökonomie als Wissenschaft. Erstere erzeugt den Gegenstandsbereich von letzterer, doch ohne letztere wäre auch erstere als diskursives Phänomen nicht denkbar. Die Differenzierung zwischen nationaler Ökonomie und Nationalökonomie zeigt sich also nicht nur durch die verbale Nähe der beiden Begriffe als ein schmaler Grat. Das ist freilich kein Nachteil, sondern ein Argument für diese Begriffsbildung. Die Nationalisierung des Sozialen ist ein komplexer Prozess. Begriffe müssen es erlauben ihn zu durchdringen, ohne diese Komplexität beiseite zu schieben.

Die Studie wird Buy-National-Propaganda als Teil eines Dispositivs nationaler Ökonomie untersuchen. Sie betritt dieses Untersuchungsfeld also, indem sie beim Konsumieren ansetzt, das in den Gesellschaften des 20. Jahrhunderts eine prominente – und im Vergleich zu früheren Jahrhunderten prominentere – Rolle spielte. Das Konsumieren war zentral für das Reden über jenes Ganze des Sozialen, das als Nation, als Staat, als ‚die Wirtschaft'[5] figurierte. Man kann das in der Schweiz sehen, die im frühen 20. Jahrhundert bereits als entwickelte Ökonomie galt, aber ebenso zur selben Zeit auch schon in der Habsburgermonarchie. „Auf eines dürfte die moderne Volkswirtschaftspolitik in Zukunft besonders und steigend Rücksicht zu nehmen gezwungen sein, auf die Konsumpolitik im Interesse der Bevölkerungsmassen", räsonierte 1915 ein Experte der Handelskammer Wien.[6] In seiner Schrift *Die Volkswirtschaft Österreich-Ungarns* sah er ein Hauptproblem der Monarchie darin, dass von 50 Millionen Menschen seiner Schätzung zufolge höchstens 22 Millionen „Produzenten und Konsumenten modernen Stils" waren. Immerhin erfüllten die Deutschösterreich*innen zu vier Fünftel dieses Kriterium.[7] Die Handelskammer Wien war jene Institution, die im Verein mit dem Hauptverband der Industrie den Konsument*innen alsbald den Imperativ „Kauft österreichische Waren" zu vermitteln suchte.

Wenn die Verknüpfung von Nation und Ökonomie als Vorstellung eines über den nationalen Markt vermittelten Kreislaufs aus Produktion und Konsum ausbuchstabiert wurde, ließ sich damit nicht nur der Appell an die Bürger*innen/Konationalen stützen, sie mögen stets patriotisch einkaufen. In der Weltwirtschaftskrise begründete diese Vorstellung auch eine Zuwendung zur Massenkaufkraft als Antriebsmittel der Ökonomie. Der Keynesianismus ist das bekannteste Beispiel einer solchen Umorientierung. Den Protagonist*innen der hier untersuchten Propaganda lag der Gedanke an keynesianische Wirtschaftspolitiken zwar fern; trotzdem drängt

5 „Geht's der Wirtschaft gut, geht's uns allen gut", lautete vor einigen Jahren der Slogan einer Kampagne der Wirtschaftskammer Österreich.

6 Pistor, Volkswirtschaft, 150.

7 Ebd., 45.

sich die Frage auf, welche Angebote der Subjektivierung an die Konsument*innen von den nachfrageorientierten Konzeptionen nationaler Ökonomie formuliert wurden. Inwiefern brachen sie aus der für die Buy-National-Rhetorik charakteristischen Dichotomie aus, die eine tendenziell männliche Verlässlichkeit der Produktion einem tendenziell weiblichen Mangel an Vernunft oder Überschuss des Begehrens gegenüberstellte? Zeichnete sich hier eine Alternative ab, auch wenn sie weiterhin innerhalb des Rahmens von Nationalökonomie, Nationalstaat und nationaler Gemeinschaft verblieb?

Von ihrer Genese her war nationale Ökonomie bürgerlich und patriarchal. Daher ist es aufschlussreich zu beobachten, inwiefern sich Akteur*innen, für die diese Konstruktion nur einen subalternen Platz vorsah, trotzdem auf sie einließen. Konkret stellte sich diese Frage für Frauen- und Arbeiterbewegungen. Auf beide wird die Studie eingehen, ausführlicher aber auf letztere und hier wiederum auf ihre dominante sozialdemokratische Ausprägung.

Nation – Staat – Ökonomie

Nationalstaat, Nationalökonomie und nationale Gemeinschaft sind die als nationale Ökonomie konstituierten drei Potenzen, die Hans-Ulrich Wehler in Anschluss an Max Weber als Herrschaft, Wirtschaft und Kultur zu Fundamentaldimensionen seiner Analyse machte.[8] Freilich kann man an dem eindrucksvollen Vorhaben einer Gesellschaftsgeschichte sehen, wie rasch ihr konstruierendes Moment aus dem Blickfeld des Konstrukteurs entschwindet, wenn sich die Reflexion auf die Grundlagen des eigenen Fragens vordringlich in Reservaten theoretischer Bemühung vollzieht, typischerweise der Einleitung. Das Vorhaben einer kritischen Auseinandersetzung mit der Nation gerät dann rasch zur Nationalgeschichte und eine solche soll die vorliegende Studie nicht schreiben. Genealogie meint den Anspruch, die Möglichkeitsbedingungen der eigenen Perspektive nicht vorneweg anzusprechen, um sie anschließend zu vergessen, sondern sie im Vollzug der Analyse und des Narrativs präsent zu halten.

Der Begriff der Nation wird hier im Sinn einer imaginierten Gemeinschaft verwendet.[9] Das ist inzwischen wohl der gängigste Zugang der historischen Forschung zur Nation, ohne dass eine solche konstruktivistische Perspektive eine bloß kulturelle ‚Erfindung' implizieren soll, die sich getrennt von sozialen und ökomischen Dynamiken vollzogen hätte. Schon Max Weber hatte sich unbeschadet seiner eigenen

8 Wehler, Deutsche Gesellschaftsgeschichte. Einleitung.

9 Überblicke zur Nationalismusforschung und zur Theorie von Nation und Nationalismus: Wehler, Nationalismus; Jansen/Borggräfe, Nation; Hroch, Europa; Breuilly, Nationalism; außerdem das Oxford Handbook, das ders. herausgegeben hat: History of Nationalism; Geulen, Nationalismus; Özkirimli, Theories; Spencer/Wollman, Nationalism; Berger/Lorenz, Contested Nation; dies., Nationalizing the Past.

deutschnationalen Tendenz in der Lage gezeigt, einen distanzierten, wesentlich konstruktivistischen Blick auf das Phänomen der Nation zu werfen.[10] Er behandelte Nationen als geglaubte Gemeinsamkeiten ungewissen objektiven Gehalts: Die Kriterien für die „mit dem Sammelnamen ‚national' bezeichneten Gemeinsamkeitsgefühle" seien „nichts Eindeutiges".[11] Webers Zugriff war nominalistisch und er blieb in einer umsichtigen Weise deskriptiv. Eine Erklärung für die Zugkraft, die nationale Zuschreibungen gerade in seiner eigenen Gegenwart entfalteten, bot er nicht.

Hingegen erklärte Talcott Parsons, der seine Handlungs- und Systemtheorie ausgehend von Webers Soziologie entwickelte, die Nation als kompensatorisches Phänomen.[12] Parsons generalisierte Beobachtungen zur US-Gesellschaft, was freilich nicht stören muss, wenn Österreich und die Schweiz der Untersuchungsgegenstand sind. Denn auch diese Länder entsprachen der Kombination aus patriarchaler Logik und industrieller Moderne, die Parsons vor Augen stand. Er ging davon aus, dass in modernen Industriegesellschaften sehr intensive Zuneigungen an zwei Enden im Spektrum möglicher Vergemeinschaftung ansetzen: sowohl beim nächstliegenden Pol, dem eigenen Heim respektive der Kernfamilie als auch bei der entfernt liegenden nationalen Gemeinschaft.[13] Den Gedanken verfolgte er nicht weiter, aber, wie wir in dieser Studie vielfach sehen werden, dienen die Kleinfamilie und ihr Eigenheim häufig als Quellbereich für metaphorische Projektionen der Nation. Umgekehrt verleiht die Verschmelzung von Nation und Kleinfamilie letzterer die Dignität einer Stütze von Gesellschaft als Gemeinschaft.[14] Die Kopräsenz steigert die Verbindlichkeit beider imaginierter Gemeinschaften. Die Kippfigur aus Familie und Nation gibt somit eine inhaltliche Antwort auf ein Rätsel, das Parsons ansprach, ohne es zu lösen: Gemäß seiner Analyse von Handlungsmustern bestand ein empirisch beobachtbarer Zusammenhang zwischen *diffuseness* und *particularism*, zwischen einer intensiven emotionalen Bindung und der Überschaubarkeit der Bezugsgröße. Dennoch könnte sich, so Parsons, bei der Integration von Akteur*innen in sehr große Kollektive wie die Nation eine starke Zuneigung einstellen.[15]

Die geschichtswissenschaftliche Auseinandersetzung mit der Nation hatte während der 1990er-Jahre in Österreich und der Schweiz wie vielerorts Konjunktur. Es entstanden Monografien und Sammelbände unter kulturwissenschaftlichen und

---

10 Vgl. Sarasin, Geschichtswissenschaft, 152–156.

11 Weber, Wirtschaft und Gesellschaft, 226.

12 Vgl. auch Luhmann, in Filiation zu Parsons, der von einer „Auffangsemantik" spricht: Gesellschaft der Gesellschaft 2, 1045; am einflussreichsten in der Nationalismusforschung natürlich Ernest Gellner. Anders als Luhmann zitierte er Parsons in seinen einschlägigen Werken zwar nicht, billigte aber, so sein Biograf John Hall, dessen Perspektive auf Gesellschaft einen hohen Erklärungswert zu: Hall, State, 301.

13 Parsons, Social System, 129.

14 Zur Problemfigur Gemeinschaft/Gesellschaft, die mit Ferdinand Tönnies in den deutschsprachigen soziologischen Diskurs eintrat, vgl. Lichtblau, Ferdinand Tönnies; Osterkamp, Gemeinschaft; Opielka, Gemeinschaft.

15 Ebd., 88.

konstruktivistischen Vorzeichen, oft als Aggiornamento der Sozialgeschichte und d. h. unter Aufrechterhaltung einer gewissen Reserve. Die Forschung war inspiriert von Benedict Anderson's Begriff der *imagined community*, Eric Hobsbawm's Konzept der erfundenen Tradition und Pierre Noras *lieux de mémoire*.[16] Sie ging zum Teil mit diskursanalytischen und semiotischen Ansätzen an ihren Gegenstand heran,[17] meist aber mit methodologisch unscharfen Verfahren. Jedenfalls schufen diese Publikationen Grundlagen, auf denen die vorliegende Studie aufbauen kann.

Der Staat[18] trat historisch überwiegend nicht in der Form des Nationalstaates auf. Territoriale Staatlichkeit ist älter als die Vorstellung der Nation und ging daher der Umdeutung zum Nationalstaat oft voraus[19] – auch dort, wo der Nationalismus Reiche aufsprengte. So berief sich in der Habsburgermonarchie der tschechische Nationalismus auf das böhmische Staatsrecht und das damit abgegrenzte Territorium. Ebenso versuchten die Freiheitsbewegungen, die in der Mitte des 20. Jahrhunderts in Afrika und Asien den Imperien ein Ende setzten, koloniale Verwaltungseinheiten und Ressourcen der Administration in Nationalstaatlichkeit umzumünzen. Der Staat ist mithin das ältere Phänomen und die Nation das jüngere Addendum, doch die Kombination von beiden avancierte im 19. Jahrhundert in Amerika, nach 1918 in Europa und um 1960 weltweit zur Standardversion von Staatlichkeit.

Um diesen Staat zu beschreiben, sind in meiner Studie zwei Begriffe wesentlich: Gouvernementalität und Korporatismus. Unter letzterem versteht die politikwissenschaftliche Literatur eine zentralisierte Struktur von Interessenverbänden, die nach der Logik des Tauschs Politiken vereinbaren und gegenüber ihren Mitgliedern die Fähigkeit besitzen, sie auf diese Abmachungen zu verpflichten.[20] Die Zentralisierung scheint allerdings nicht ausschlaggebend, gerade wenn man die Schweiz in den Blick nimmt.

Der Politikwissenschaftler Peter Katzenstein machte in den 1970er-Jahren das Konzept des Korporatismus zum Angelpunkt eines Vergleichs europäischer Staaten. Den empirischen Kern bildete eine komparative Auseinandersetzung mit der

---

16 Österreich: Breuss/Liebhart/Pribersky, Inszenierungen; Marschik, Idealismus; Brix/Bruckmüller/Stekl, Memoria Austriae (3 Bde); Schweiz: Marchal/Mattioli, Erfundene Schweiz; Marchal, Schweizer Gebrauchsgeschichte; Kreis, Schweizer Erinnerungsorte; Zimmer, Contested Nation.

17 Österreich: Wodak u. a., Konstruktion; Schweiz: Oester, Unheimliche Idylle.

18 Aus der soziologischen und politikwissenschaftlichen Literatur zum Staat sei hier nur verwiesen auf Mann, Sources; außerdem auf Jessop, der u. a. einen nützlichen Überblick zu möglichen Perspektiven einer Analyse von Staatlichkeit vorgelegt hat: State; aus der historischen Literatur vor allem Maier, Leviathan 2.0., der Foucaults Konzept der Gouvernementalität in seine Analyse integriert; eindrucksvoll Joyce, State of Freedom, der ebenfalls bei Foucaults Frage nach Gouvernementalitäten anschließt. Er verbindet diese mit einer von der Akteur-Netzwerk-Theorie angeregten Aufmerksamkeit für Dinge und Infrastrukturen, um die Erzeugung von Konsens im Alltagsvollzug von Staatlichkeit zu rekonstruieren.

19 Jessop, State, 149–157; so auch die Auffassung von Charles Tilly oder Immanuel Wallerstein: Spencer-Wollmann, Nationalism, 126 f.

20 Weßels, Entwicklung.

Schweiz und Österreich. *Corporatism and Change*, 1984 erschienen und kurz darauf von dem breiter angelegten *Small States in World Markets* ergänzt, ist bis dato das international einflussreichste Buch, das diese beiden Länder vergleichend betrachtet.[21] Die Schweiz repräsentiert in Katzensteins Studie den Pol eines liberalen Korporatismus, Österreich den eines sozialen Korporatismus. Beide Varianten hielt der Autor für Erfolgstories. Seine Analyse barg also eine Moral.[22] Sie zeigt sich bei näherer Betrachtung als jene der nationalen Ökonomie, die hier das Gewand einer politikwissenschaftlichen Komparatistik anlegte. Beide Länder, die Schweiz und Österreich, sollten den großen Staaten ein Vorbild bieten, weil es ihnen gelungen sei, Veränderung und Stabilität nachhaltig zu vereinen. Diese Errungenschaft führte Katzenstein auf das korporatistische Setup der Gesellschaft zurück.

Das Konzept des Korporatismus siedelt seine Beschreibung auf der Ebene einer übergreifenden Ideologie, eines institutionellen Gefüges und von Policies an.[23] Dem Konzept fehlt allerdings die Vermittlung mit Subjektivierungsregimen, den Angeboten und Praktiken, über die sich die Einzelnen in das Gefüge eingliedern sollten. Außerdem ist das ideologische Moment schwach konturiert, es mangelt daher an einer Konzeptualisierung jener Vorstellungen, die wesentlich dazu beitragen ein vielgliedriges Gefüge zu verbinden, das eben keine zentralistische Entscheidungsstruktur aufweist und doch zusammenspielt. In diese Lücke rückt in der vorliegenden Studie der Begriff nationaler Ökonomie ein.

Das hat für den liberalen Korporatismus Schweizer Art besondere Dringlichkeit. Bipolare Arrangements nach dem Muster hier Politik und Bürokratie, dort Spitzenverbände von Unternehmen und Gewerkschaften sowie hier Arbeitgeberverbände, dort Arbeitnehmervertretungen beschreibt die Staatlichkeit nach Schweizer Art nicht.[24] Die Gewerkschaften verfügten über geringe Durchsetzungskraft, während miteinander kooperierende und konkurrierende Unternehmerorganisationen rund um wenige Spitzenverbände eine umso größere Rolle spielten.[25] Gerade im Vergleich von Österreich und der Schweiz erweist sich, dass jener Verwaltungs- und Zwangsapparat, der im Alltagsverständnis häufig mit dem Staat identifiziert wird, nur ein Teil komplexer Arrangements des Regierens ist.[26] Was hielt dieses Konglomerat zusammen? Eine legitimierende Semantik, die der nationalen Gemeinschaft, gibt einen wichtigen Teil der Antwort. Hinsichtlich der Praktiken bleibt aber eine begriffliche Leerstelle offen.

---

21 Katzenstein, Small States; ders., Corporatism; er stützte sich auf Lehmbruch, Proporzdemokratie, der das politische System der Schweiz und Österreichs verglich.

22 Schwartz (Small states, 373) spricht von „a moral tract wrapped in a comparative capitalism kimono“.

23 Katzenstein, Corporatism, 31.

24 Ruoss/Rothen/Criblez, Wandel, 14; Katzenstein, Corporatism, 84–132.

25 Hürlimann/Mach/Rathmann-Lutz, Lobbying; Walter-Busch, Business Organizations; Lüpold, Ausbau.

26 Von verschiedenen Stilen der Staatlichkeit spricht: Baldwin, Beyond Weak and Strong.

In diese Leerstelle kann Michel Foucaults Begriff der Gouvernementalität bzw. der Regierung eintreten.[27] Foucault bestimmte ‚Regierung' als eine Herausforderung, die institutionelle Politiken ebenso einschließt wie die Hervorbringung des Selbst. Das eine ist mit dem anderen verbunden. Häufig verteilen sich dieselben Regierungstechniken über verschiedene Handlungsfelder und Akteur*innen. So tauchen etwa statistische Verfahren seit dem ausgehenden 19. Jahrhundert an allen Ecken und Enden des Sozialen auf. Sie werden uns daher auch in dieser Studie vielfach begegnen, als eine Herrschaftstechnik des Zählens aber auch als Symbol der Beherrschbarkeit. Darauf griffen Institutionen ebenso zu wie z. B. Konsument*innen, die ein Haushaltsbuch über ihre Ausgaben führten.

Von zentraler Bedeutung für die Studie sind Ansätze eines kulturwissenschaftlichen Zugangs zur Historisierung von Ökonomie. In der deutschsprachigen Diskussion markiert ein von Jakob Vogel und Hartmut Berghoff 2004 herausgegebener Sammelband einen Anfang für Überlegungen in diese Richtung und ist immer noch eine weit rezipierte Auseinandersetzung mit jenen Potentialen, die der programmatische Titel *Wirtschaftsgeschichte als Kulturgeschichte* anzeigt.[28] In der Folge bewegte sich nicht allzu viel, denn genau ein Jahrzehnt später, 2014, stellte Achim Landwehr fest, dass die Kooperation von Kulturgeschichte und Wirtschaftsgeschichte bislang nur unscheinbare Pflänzchen hervorgebracht habe. Unverdrossen meinte er jedoch, dass „gerade dieser Bereich […] besonders spannende Einsichten"[29] verspreche. Man kann das als Wille verstehen, auf Wirtschaftsgeschichte und Wirtschaftshistoriker*-innen zuzugehen, oder als Versuch, dem ökonomischen Imperialismus à la Gary Becker[30] einen kulturhistorischen entgegenzustellen.

Philipp Sarasin hat in einem Aufsatz von 2012 provokant eine solche Ambition artikuliert, indem er neuerlich Foucault gegen die Sozialgeschichte in Stellung brachte. Gemäß Sarasin überschneidet sich die von Foucault unternommene Analyse von Diskursen, Machtrelationen und Selbstverhältnissen an einem Punkt, den die Sozialgeschichte Gesellschaft nennt.[31] Er schlug daher vor, den gesellschaftsgeschichtlichen Zugriff auf das Soziale (und Ökonomische) durch einen wissensgeschichtlichen „Denkrahmen" zu ersetzen – im Sinn eines un/friendly takeover der Sozialgeschichte.[32] Es gehe um einen „Denkrahmen", der sich „gegenüber mögli-

27 Foucault, Geschichte der Gouvernementalität, 2 Bde.

28 Berghoff/Vogel, Wirtschaftsgeschichte. Weitere deutschsprachige Publikationen, die in diese Richtung denken: Tanner, „Kultur" in den Wirtschaftswissenschaften; Hilger/Landwehr, Wirtschaft – Kultur – Geschichte; Eder u. a, Kulturen des Ökonomischen; Kühschelm, Geld – Markt – Akteure; Klein/Windmüller, Kultur der Ökonomie; Dejung/Dommann/Speich Chassé, Auf der Suche nach der Ökonomie.

29 Landwehr, Kulturgeschichte, 11.

30 Vgl. Pies/Leschke, Gary Beckers ökonomischer Imperialismus.

31 Sarasin, Sozialgeschichte vs. Foucault, 174.

32 Sarasin, Was ist Wissensgeschichte. Eine ähnliche Diskussion findet man bei Joyce, What ist the social? Er plädiert für eine Erneuerung der Frage nach dem Sozialen, die eine Rekonstruktion von

chen Wahrheitsansprüchen in alten Texten im Grundsatz agnostisch" verhalte, genealogisch die Herkunft von solchen Ansprüchen als Machtbeziehungen rekonstruierend.[33] Man kann dasselbe Programm auch auf die Wirtschaftsgeschichte beziehen, denn Foucault hat sich bereits in der *Ordnung der Dinge* der Wissensgeschichte der Ökonomie zugewandt und später vor allem in seinen Vorlesungen zur Gouvernementalität die Auseinandersetzung mit der politischen Ökonomie betrieben.[34]

Auch Rüdiger Graf und Kai-Uwe Priemel haben in einem Aufsatz Historiker*innen davor gewarnt, Diagnosen aus den Sozialwissenschaften, zu denen die Ökonomie als ihre ‚Königin' zählt, naiv zu übernehmen. Sie plädieren stattdessen dafür, dass sich Historiker*innen als „Experten für Heterogenität, Kontingenz, Partikularität und Ambivalenz" verstehen sollten.[35] Als methodische Grundlage dieser Expertise sehen sie eine „breite, historisch-genetisch vorgehende und kontextualisierende Analyse", die eine „begriffsgeschichtliche Nachlese" leistet, ohne „dabei eine weitere ‚richtige' Begriffsbenutzung zu begründen".[36]

Jenny Pleinen und Lutz Raphael haben demgegenüber in einer Replik aufgefordert, die von den ‚Bielefeldern' in den 1970er-Jahren gepflegte Romanze mit den Sozialwissenschaften wieder aufzunehmen. Sozialhistoriker*innen dürfen das von den Sozialwissenschaften bereitgestellte Material nicht als bloße „Artefakte" von sich schieben, sondern sollen es heranziehen, um selbst zu rechnen und eigene Modelle zu bauen.[37] Die Forderung ist leichter aufgestellt, als dass sie sich auf einem Niveau realisieren ließe, das quantifizierende Sozialwissenschaften vorgeben.[38]

Den sozial- und wirtschaftswissenschaftlichen Gegenstandsbereich kulturhistorisch oder wissensgeschichtlich zu liquidieren scheint mir auf eine Verkürzung hin auszulaufen, während die Hoffnung auf eine Synthese, die unterschiedliche Erkenntnislogiken, Methoden und Disziplinen integrieren kann, den Anflug eines Wunschtraums hat. Aber gegenüber der dominanten Überformung von Wirtschaftsgeschichte durch im Kern ahistorische Modellierungen, die aus einer mathematisierten Wirtschaftswissenschaft importiert werden, können wissensgeschichtliche Perspektiven immerhin ein wertvolles Korrektiv bieten.[39] Mark Spoerer und Jochen Streb basieren eine *Neue Deutsche Wirtschaftsgeschichte* auf die Überzeugung, dass „die ‚nackten Zahlen' eher das [zeigen], was wirklich gewesen ist, und nicht wie die

---

Akteursnetzwerken, orientiert an Latour, mit jener von Gouvernementalitäten, inspiriert von Foucault, verbindet.

33 Sarasin, Was ist Wissensgeschichte, 171 f.

34 Vgl. Foucault, Ordnung der Dinge; ders., Geschichte der Gouvernementalität.

35 Graf/Priemel, Zeitgeschichte, 507.

36 Ebd., 505 f.

37 Ebd., 191; vgl. auch Ziemann, Sozialgeschichte.

38 David Kuchenbuch beobachtete bei einer einschlägigen Tagung am Zentrum für Zeithistorische Forschung in Potsdam Anfang 2016, dass diese Anregung von Raphael/Pleinen wenig aufgegriffen wurde. Das überrascht nicht sonderlich. Kuchenbuch, Entgrenzung (Tagungsbericht).

39 Mit Blick auf eine Geschichte der Wirtschaftswissenschaft als Geschichte ökonomischen Wissens: Speich Chassé, Preis, 143.

überlieferten Einschätzungen der Zeitgenossen primär das, was man glaubte oder was hätte sein sollen".[40] Das Vertrauen in „nackte Zahlen" zeigt sich freilich als sozialwissenschaftlicher Wiedergänger von Leopold Rankes „nackte[r] Wahrheit ohne allen Schmuck"[41]. Sind aber die makroökonomischen Kennzahlen das Eigentliche, das nach dem Modus einer Strukturgeschichte oder – besser noch – kliometrisch bearbeitet werden muss? Dem wäre zuzustimmen, wenn sich die Zeichen säuberlich von der Wirklichkeit trennen ließen und etwa das Sprechen für die Wirklichkeit ohne Folgen wäre – was es evidentermaßen nicht ist.[42]

Daher spricht viel dafür in die Auseinandersetzung mit Ökonomie textanalytische Verfahren einzubringen. Für diesen Zugang gibt es einige Vorbilder, insbesondere aus dem angelsächsischen Raum, die bis in die frühen 1990er-Jahre zurückgehen. So wandte sich die US-amerikanische Wirtschaftshistorikerin Deirdre McCloskey, zunächst eine Protagonistin der Kliometrie,[43] bereits damals der Rhetorik der Ökonomie zu. Sie griff auf ein methodisches und theoretisches Rüstzeug zurück, das u. a. aus der kognitiven Metapherntheorie und Hayden Whites Tropologie bestand.[44] In der Literatur- und Sprachwissenschaft, Wirtschaftssoziologie und -anthropologie lassen sich ebenso viele Beispiele von Ansätzen und empirischen Arbeiten finden, die Diskurse der Ökonomie untersuchen und an die sich historische Forschung anschließen kann.[45] Relevant sind hier nicht nur wissenschaftliche Spezialdiskurse, sondern auch die Interdiskurse der Wirtschaftsberichterstattung in Publikumsmedien[46] bzw. die Konfiguration von Business und Ökonomie in eigenen Wirtschaftsmedien,[47] die sich an unternehmeraffine Rezipient*innen richten.

Was meint nun aber Ökonomie im Rahmen meiner Studie? Sie geht nominalistisch davon aus, was die historischen Akteur*innen unter Wirtschaft verstanden haben oder korrekter von den Bedeutungen, die sich aus dem betrachteten Textkorpus

40 Ebd., 15.

41 Ranke, Kritik neuerer Geschichtsschreiber, 28.

42 Der in jüngerer Zeit meist zitierte Beleg für die ökonomische Performanz, die einem Sprechakt zu eigen sein kann, lieferte 2012 Mario Draghi als Präsident der Europäischen Zentralbank mit seiner „whatever it takes"-Bekundung der Bereitschaft, den Euro um jeden Preis zu verteidigen. Vgl. Beckert, Imagined Futures, 41.

43 McCloskey, Econometric History.

44 McCloskey, Rhetoric of Economics; Woodmansee/Osteen, New Economic Criticism; Mirowski, Natural Images.

45 Vgl. u. a. Klein/Windmüller, Kultur der Ökonomie; Diaz-Bone, Diskurs und Ökonomie; Hempel/Künzel, Literatur und Wirtschaft; Hempel/Künzel, Finanzen und Fiktionen; Il-Tschung, Geld bewegt Bild; Pahl, Glasperlenspiel; ders., Textbook Economics; Maeße, Ökonomie, Diskurs, Regierung; Beckert, Imagined Futures.

46 Wengeler, Planwirtschaft; Wengeler/Ziem, „Wirtschaftskrisen"; Aldrich, Tariffs and Trusts.

47 Kjaer/Slaatta, Mediating Business; Kühschelm, „Goldener Osten"; Koller, Corporate Self-Presentation.

erschließen lassen.[48] Die nationale Buchhaltung, die in den 1930er-Jahren Form annahm, ebenso wie die Außenhandelsstatistiken, die schon eine längere Tradition besaßen, setzten Begriffe von Ökonomie voraus, die sich immanent als Gegenstand von Wissenschaft und Politik, von Spezial- und Interdiskursen betrachten lassen, ohne dass ich ihre Angemessenheit von der Warte eines ‚richtigen' ökonomischen Wissens beurteilen müsste.

Politische Geschichte des Konsumierens

Das Konsumieren avancierte im 20. Jahrhundert zu einer zentralen Aufgabe der Regierung, sowohl der des Staates als auch seiner Subjekte. Die Verknüpfung lässt sich somit in der Perspektive der *governmentality studies* erforschen, die in Soziologie und Politikwissenschaft Einzug gehalten haben.[49] In der Geschichtswissenschaft hat davon unabhängig seit den 1990er-Jahren zunächst die angelsächsische Forschung die Anbindung von staatsbürgerlichen Rechten und Pflichten an die Figur der Konsument*in untersucht und dafür den Begriff des *citizen consumer* benützt.[50] Er leitet seither die Forschung in einem der Äste des sich dynamisch entwickelnden Forschungsfelds der Konsumgeschichte.

Die Wortschöpfung besteht aus zwei begrifflichen Teilen, dem der Staatsbürger*in und dem der Konsument*in. Der Begriff des Konsumierens kann sehr breit aufgefasst werden und jegliches Ge- und Verbrauchen einbeziehen. Damit büßt er allerdings alle Trennschärfe ein, sodass jede historische Formation des Sozialen zutreffend als Konsumgesellschaft bezeichnet werden könnte. Für eine politische Geschichte des Konsumierens im 20. Jahrhundert bedarf es daher einer engeren Fassung des Begriffs: Meine Studie beschäftigt sich mit *commodity consumption*, dem Konsumieren durch Marktentnahme.[51] Dieses Konsumieren ist offensichtlich ein

---

48 Vgl. die Überlegungen von Dejung zu Wirtschaft als heuristischem Instrument: Dejung, Einbettung.

49 Bröckling/Krasmann/Lemke, Governmentality; Lemke, Foucault; Konsumsoziologie: Hälterlein, Regierung; Lamla, Verbraucherdemokratie.

50 Ein guter Überblick über die „politics of consumption": Sassatelli, Consumer Culture; Strasser/McGovern/Judt, Getting; Soper/Trentmann, Citizenship; Trentmann, Civil Society; ders., Free Trade; Jacobs, Pocketbook Politics; Kroen, Aufstieg; kritisch gegenüber dem Konzept: Jubas, Conceptual Confusion; Österreich: Ellmeier, Mrs. Consumer; dies., Konsum; Schweiz: Brändli, Supermarkt; Tanner/Studer/Hiestand, Konsum; Deutschland: Torp, Konsum und Politik; Wildt, Konsumbürger; Carter, How German; Argentinien: Elena, Dignifying; Ostasien: Garon, Ambivalent Consumer.

51 Im Sinn eines Begriffs von ‚modernem Konsum', wie ihn Welskopp vorschlägt: Konsum, 139–142.

ökonomischer Vorgang, zugleich aber auch ein Kommunikationsakt[52] und ein Handeln, das politische und moralische Dimensionen aufweist.[53]

Ich untersuche jedoch nicht den Akt des Konsumierens selbst, sondern das Bemühen um seine Einhegung; wie sich also das Konsumieren jenen Machtnetzwerken einfügen sollte, die auf den Nationalstaat zuliefen.[54] Der empirische Teil der Arbeit wird keine Sozial- oder Alltagsgeschichte des Konsumierens entfalten, sondern eine Konsumgeschichte zweiten Grades. Als eine weitere Bestimmung sei hinzugefügt, dass Buy-National-Propaganda ihr Augenmerk auf den Einkaufsakt legte. Sie interessierte sich nicht für den weiteren Verlauf des Gebrauchs, sondern zielte auf den Moment der Entscheidung für oder gegen heimische Ware.

Lizabeth Cohen führte in *A Consumers' Republic*, einer politischen Geschichte des Konsumierens in den USA, ein Doppel aus *citizen consumer* und *purchaser consumer* ein. Das ergab folgendes Narrativ: Im New Deal forderten die Konsumentenbürger*innen Mitbestimmung und setzten ihre Rolle als Konsument*innen als Hebel ein, um konsum- und verteilungspolitische Ziele zu erreichen. In der Nachkriegszeit gewann jedoch ein anderes Subjektivierungsangebot die Oberhand: Der *purchaser consumer*, die Kundenbürger*in, stand als Figur für die Bereitschaft, politische Forderungen zugunsten einer Teilhabe am Wohlstand aufzugeben. Diesen stellten Regierungen, Unternehmen und Gewerkschaften, Politik und Werbung unter der Voraussetzung in Aussicht, dass am Kapitalismus nicht gerüttelt werde.

Das Konzept des *citizen consumer* lässt sich in angelsächsischen Diskursen genealogisch weiter zurückführen als zu seiner Verwendung in einer jüngeren konsumgeschichtlichen Forschung. Die Figur scheint bereits bei dem britischen Ökonomen John Hobson zu Beginn des 20. Jahrhunderts auf. Er betonte gegen die klassische Ökonomie gewendet die Möglichkeit von Unterkonsumtion und erklärte davon ausgehend Imperialismus als eine kompensatorische Politik der Absatzsicherung. Daraus leitete sich die Forderung ab, die Kaufkraft der *citizen consumers* zu stärken und damit die imperiale Aggression nach außen zu dämpfen.[55] Den zu Austeritätsregimen passenden Buy-National-Appell begleiteten in der Tat oft imperialistische Größenphantasien. Wie Imperium und Nation in den Diskursen der nationalen Ökonomie interagierten, werde ich verschiedentlich ansprechen.

Meist verzichtet die deutschsprachige Forschung darauf, den Begriff *citizen consumer* zu übersetzen: Konsumentenbürger*in oder Kundenbürger*in klingt nicht ganz so flott und hat außerdem den Effekt, dass begriffliche Reibungen hervortreten, mit denen nicht leicht umzugehen ist. Der Begriff des *citizen consumer* ist auf ein

---

52 Der locus classicus ist Douglas/Isherwood, World of Goods; außerdem Baudrillard, Société; ders., Critique.

53 Daunton/Hilton, Material Politics, 14.

54 Vgl. das Machtverständnis von Michael Mann und seine Anwendung auf die Formierung von Nationalstaaten: The Sources of Social Power 2: The Rise of Classes and Nation-States, 1760–1914. Cambridge 1993.

55 Trentmann, Empire of Things, 157.

Konzept von *citizenship* bezogen, auf das sich die westliche Welt nach 1945 weithin verständigt hat. Er erfasst dadurch nur zum Teil jenes Subjektivierungsregime, auf das meine Studie fokussiert: das nationale.[56] Im Begriff des Staatsbürgers steckt außerdem immer noch der Bürger mit seiner in der deutschen Sprache markanten Konnotation einer bestimmten sozialen Formation, des Bürgertums. Zu thematisieren gilt es aber, unter welchen Bedingungen ein hegemoniales Projekt von Nationalstaatlichkeit nicht-bürgerlichen Gruppen Eintritt in die nationale Ökonomie gewährte. Zudem mag die grammatikalische Funktion des Genus nicht identisch mit der politischen und kulturellen Konstruktion von Geschlecht sein, doch verstand man(n) unter dem Bürger eben den Mann bürgerlicher Herkunft. Auch hierin kann die Rede von den *citizen consumers* zum einen als Mittel dienen, dieser Zuschreibung zu entrinnen, zum anderen aber ebenso ihre Relevanz zudecken. In der Schweiz war Männlichkeit nicht bloß eine Konnotation, wenn von Bürgern die Rede war, sondern ein denotativer Kern des Begriffs. Er rechtfertigte eine Ausschließung der Frauen vom Wahlrecht bis in die 1970er-Jahre hinein. Festzuhalten ist, dass die Diskurse und Praktiken, die den Konsum als Thema von Politik und eine dementsprechende Konsumentenfigur konstituierten, stets Geschlechterpolitik betrieben.[57] Sobald sich Ökonomen, Unternehmer, Politiker, Statistiker der nachfrageseitigen Dimension von Wirtschaft zuwandten, rückten Frauen ins Bild. Man(n) wies ihnen eine wichtige Rolle für die nationale Ökonomie zu und machte sie z. B. verantwortlich für die nationale Geschmackskultur.[58]

Konsumgeschichtliche Forschung hat vielfach moralisierende Zugriffe auf das Konsumieren untersucht, von Aufrufen zum Maßhalten oder Abstinenz zu Boykott- und Buycottbewegungen, gegen die Ungeheuerlichkeit der Sklaverei, für bessere Arbeitsbedingungen, gegen Alkoholismus und in jüngerer Zeit vermehrt für ökologische Ziele.[59] Am prominentesten ist in den letzten Jahren wohl Fair Trade als Appell an das Gewissen der Konsumierenden. Es wäre durchaus lohnend sich den Unterschieden, aber auch Übergängen zwischen Buy-National-Propaganda und diesen anderen Beispielen moralisierender Kommunikation über Macht, Verantwortung und Pflichten der Konsument*innen zu widmen. Die Studie hat freilich genug damit zu tun, die propagandistische Eingliederung des Konsumierens in eine nationale Ökonomie zu rekonstruieren.

---

56 Zu nationalisierender Produktkommunikation siehe: Kühschelm/Eder/Siegrist, Konsum und Nation.

57 Grundlegend: De Grazia/Furlough, Sex of Things.

58 Tiersten, Marianne; Auslander, Taste; Carter, How German.

59 Trentmann, Fair Trade; Hilton, Consumer Activism; Baumgartner, Antialkoholbewegung; Welskopp, Ernüchterung; Schmelzer, Marketing Morals; Winterberg, Not der Anderen.

Die Konsumgeschichte erlebt insgesamt seit mittlerweile fast drei Jahrzehnten auch im deutschsprachigen Raum eine bemerkenswerte Konjunktur.[60] Die Verlagerung der Aufmerksamkeit auf das Konsumieren ging tendenziell mit der Abwendung von einer Geschichte des Produzierens einher. Im Ergebnis blieben das Herstellen, das Arbeiten und die Arbeiter*innen oft im Rücken der Konsumgeschichte.[61] Die kulturanthropologische Konsumforschung machte es sich schon in den 1990er-Jahren angelegen, die getrennte Behandlung von Produktion und Konsum zu überwinden.[62] Inzwischen zeigen sich auch in der historischen Forschung vermehrt Anstrengungen, Arbeiten und Konsumieren als einander nicht entgegengesetzte, sondern miteinander verschlungene Tätigkeiten und Dispositive zu rekonstruieren.[63] Diese Herausforderung ist insofern relevant, als der Aufruf, patriotisch zu konsumieren, in der nationalen Produktion und dem Wohlergehen des nationalen Arbeiters, wesentliche Bezugspunkte hatte. In einer dezidiert globalhistorischen Perspektive operiert eine erneuerte Forschung zur (Sozial)Geschichte des Kapitalismus.[64] Die Genealogie nationaler Ökonomien kann das Anliegen teilen, die Verklammerung von Produktion, Distribution und Konsum in der Spannung von Staat und Unternehmen zu rekonstruieren. Sie fokussiert aber auf eine diskursive Verständigung bzw. die Aufschließung ihrer hegemonialen Formung.

Untersuchungszeitraum und Periodisierungen

Die Studie beginnt mit dem Ersten Weltkrieg im Fall der Schweiz und mit den 1920er-Jahren in Österreich. Das hat forschungspragmatische Gründe: Die Vorbereitungen für die Schweizerwoche, die wichtigste hier betrachtete Buy-National-Kampagne aus der Schweiz, begannen 1915, der Appell „Kauft österreichische Waren" erschallte ab 1927. Zudem existiert die Republik Österreich eben erst seit 1918. Ich rekonstruiere die weiteren Entwicklungen bis ca. 1980. Die 1950er- bis 1970er-Jahre verfolge ich mehr in Österreich als in der Schweiz. Nationalisierung und die durch den Nachkriegsboom eröffnete Aussicht auf eine „nivellierte Mittelstandsgesellschaft" (Helmut Schelsky) verschränkten sich in Österreich in anderer Weise als in der Schweiz, in der die auf den Kleinstaat bezogenen Prozesse der Nationalisierung viel weiter zurückreichten – jedenfalls bis 1848 und wohl schon bis zur Helvetik des 18. Jahrhunderts.

---

60 Die wichtigsten Sammelbände: Siegrist/Kaelble/Kocka, Europäische Konsumgeschichte; Prinz, Weg; Meyer/Reith, Luxus; Haupt/Torp, Konsumgesellschaft; Österreich: Breuss/Eder, Konsumieren; Schweiz: Pfister, 1950er-Syndrom; Tanner u. a, Geschichte der Konsumgesellschaft.

61 Bänziger, Arbeits- zur Konsumgesellschaft; Welskopp, Konsum.

62 Miller, Consumption, 151 f.

63 Bänziger, Moderne; Kreis, Selbermachen; Eder/Keller/Kühschelm/Schmidt-Lauber, Produzieren/Konsumieren.

64 Beckert, King Cotton.

Auf Konsumpolitiken fokussierte Periodisierungen der letzten zwei Jahrhunderte bieten Matthew Hilton und Sheryl Kroen. Letztere schlug vor, vier Ordnungen des Konsums zu unterscheiden: zunächst eine Epoche des höfischen Konsums im Ancien Régime, die von einer Periode des „geächteten Konsums und des asketischen Bürgers" abgelöst wurde. Sie dauerte vom ausgehenden 18. bis in späte 19. Jahrhundert. Dem sei ein „Zeitalter der Auseinandersetzung zwischen dem aktiven und dem geächteten Konsumenten und der umstrittenen Staatsbürgerschaft" gefolgt. Von den 1940er-Jahren bis zur Gegenwart setzte sie eine letzte Periode an: die der Kunden-Bürger*innen, worunter sie Cohen's Typus der *purchaser consumer* verstand.[65]

Matthew Hilton wiederum ging von einer Dichotomie aus Rechten und Pflichten aus, deren Gewichtung wechselte: Im 19. Jahrhundert dominierte eine Fokussierung auf die Pflichten der (bürgerlichen) Konsument*innen, von der Mobilisierung gegen die Sklaverei bis zur Aufforderung, sich durch Kaufentscheidungen solidarisch mit der Arbeiterschaft zu zeigen – und mit der Nation, wie man hinzufügen muss. Die Wohlfahrtsregime seit Mitte des 20. Jahrhunderts akzentuierten hingegen die Konsumentenrechte. Der Globalisierungsschub im letzten Vierteljahrhundert brachte schließlich eine Renaissance der Vorstellung von Verpflichtung: Die Konsument*innen der wohlhabenden Länder sollen nun fair, ökologisch und mit Rücksicht auf die Arbeitsbedingungen an den Produktionsstätten einkaufen.

Keines der beiden Schemata passt jedoch auf die Anliegen meiner Studie, zumal in beiden die Mitte des 20. Jahrhunderts als eine Wasserscheide fungiert. Das entspricht einem gängigen Bild, das sich vor allem auf den Zweiten Weltkrieg als Zäsur stützt. Ein Einschnitt waren Millionen Tote jedenfalls, politische Kurswechsel brachte er in vieler Hinsicht und die Wirtschaftskonjunktur zeigte sich im Europa der 1950er-Jahre unvergleichlich gut. Aber der Nationalstaat blieb bzw. musste der Staat in Österreich nun ein Nationalstaat werden. In industrialisierten Gesellschaften, die sich nicht unmittelbar am Kriegsgeschehen und seinen Verheerungen beteiligten, etwa in der Schweiz, zeigte sich die Jahrhundertmitte mehr als das fortdauernde Ausloten von Spielräumen innerhalb der nationalen Ökonomie.[66] Das macht andernorts vom Krieg verdeckte Kontinuitäten erkennbar.

Im Deutschland angeschlossenen Österreich radikalisierte sich 1938 rasch die Volksgemeinschaft zur Hetzmeute, die sich gegen Jüdinnen und Juden wandte, und zur Barbarei, die den Nationalstaat expansiv überhob. Die nationalsozialistische Herrschaft und der Zweite Weltkrieg sind indes kein Untersuchungsgegenstand der Studie. Dass das NS-Regime zu „Kauft österreichische Waren" wenig beizutragen hatte, ist offensichtlich, aber auch abgesehen davon fällt es aus dem Rahmen, den

65 Kroen, Aufstieg.

66 Oder global gesehen z. B. in Uruguay, der „Schweiz Lateinamerikas", und seinem großer Nachbar Argentinien. Argentinien: Elena, Dignifying; und die Geschichten privaten Lebens: Devoto/Madero, Historia (Argentinien); Uruguay: Barrán/Caetano/Porzecanski, Historias. Es handelt sich um mehrbändige Werke, die jeweils letzten Bände, die ins späte 20. Jahrhundert führen, setzen um 1930 (Argentinien) bzw. um 1920 (Uruguay) an.

ich der Untersuchung gebe. Sie beforscht nationale Ökonomie und die ihr verbundenen Konsumdiskurse in ihrer primär bürgerlichen Variante und sekundär in einer sozialdemokratischen Ausgabe, ihrem *alternative mainstream*. Es sind Friedensbedingungen und die Diskurse bzw. Politiken von ‚wohlanständigen', nicht als politisch extrem geltenden Männern und Frauen, die mich beschäftigen. Auch im Fall des Dollfuß-Schuschnigg-Regimes von 1933 bis 1938 wendet sich die Studie eher Akteuren wie dem Theologen Johannes Messner zu, der zwar den diktatorischen Ständestaat intellektuell begleitete, doch seine Reputation und Stellung nach 1945 bewahren konnte, als Personen wie dem noch einflussreicheren Staatswissenschaftler Othmar Spann, der den totalen Staat propagierte und nach 1945 im Abseits stand.

Wie lassen sich also das Ziel und der Zeitraum der Untersuchung in übergreifende Entwicklungen einbetten? Die Frage möchte ich in zwei Anläufen beantworten, mit einer Perspektive, die über das 20. Jahrhundert hinausgeht, und mit einer, die eine Binnengliederung des vergangenen Jahrhunderts versucht.

Der Nationalstaat und das von ihm umfasste Soziale sind jenes Phänomen, das Charles Maier als Leviathan 2.0 bezeichnet hat. Die Periode dieses Leviathan 2.0 gewann weltweit in der zweiten Hälfte des 19. Jahrhunderts Kontur und reichte bis in die 1970er-Jahre.[67] Frühneuzeitliche Staatlichkeit hatte sich in Europa durch die Fokussierung von Ressourcen zur Kriegsführung und die Zentralisierung der Gewaltausübung nach innen charakterisiert. Der Staat war primär eine Kriegsmaschine, ermöglicht durch Bürokratie und Steuerwesen. Seit den 1860er-Jahren wurde durch das Zusammenspiel einer Reihe von Faktoren eine neue Form von Staatlichkeit hervorgebracht: durch Industrialisierung und Urbanisierung, die Revolutionierung von Kommunikations- und Verkehrswesen sowie die gesteigerten bürokratischen und militärischen Zugriffsmöglichkeiten. Den Leviathan 2.0 charakterisierten zunehmende Absicherungsleistungen gegen Lebensrisiken, eine über die traditionellen Muster der Armenfürsorge weit hinausgreifende Sozialpolitik und insgesamt eine große Dichte administrativer, sozial- und wirtschaftspolitischer Interventionen. Zentral für meine Studie ist aber vor allem die Formierung von Massenkonsum sowie einer überregionalen Öffentlichkeit, die sich auf Publikumsmedien, zunächst die Zeitungen, stützte; außerdem der vehemente Anspruch auf politische Teilhabe, den die Bevölkerung jenseits der Eliten anmeldete. Dieser Leviathan 2.0 definierte sich daher über die bürgerlichen Rechte und Pflichten aller Staatsangehörigen. Er ist das institutionelle Rückgrat der nationalen Ökonomie.

Auf einen grundlegenden Wandel seit dem letzten Drittel des 19. Jahrhunderts hat sich ein großer Teil der Forschung geeinigt.[68] Insofern könnte man annehmen, es hätte in der frühen Neuzeit nichts geben, das der hier beschriebenen nationalen Ökonomie ähnelt. Ein Kapitel wird sich mit dem habsburgischen Kameralismus des

67 Maier, Leviathan 2.0.

68 Ähnlich wie Maier mit dem breiten Pinsel der Globalgeschichte arbeitend: Bayly, Birth; Osterhammel, Verwandlung, 89, 109–114; auch bereits Hobsbawm, Age of Empire.

17. Jahrhunderts auseinandersetzen. Die habsburgischen Länder, vor allem die an das osmanische Reich angrenzenden, waren damals beileibe kein Brennpunkt des Wohlstands oder gar Schauplatz einer frühen Konsumgesellschaft, wie das die Forschung für die zeitgenössischen Niederlande annimmt.[69] Doch finden sich im kameralistischen Diskurs die wesentlichen wirtschaftsnationalistischen Argumente und die Topoi des Buy-National-Diskurses ausgeprägt. Die Formierung nationaler Ökonomie ist also ein Prozess, der lange vor meinem engeren Untersuchungszeitraum einsetzt.

Viele Überlegungen zur Periodisierung des 20. Jahrhunderts lassen es knapp vor der Jahrhundertwende beginnen. Sie sehen in den 1880er- und 1890er-Jahren eine Beschleunigung des Wandels, als dessen Merkmale sie eine Verwissenschaftlichung des Sozialen und den als *Social Engineering* bezeichneten Einsatz neuer Sozialtechnologien annehmen.[70] Die Periode firmiert oft als „Hochmoderne". Ulrich Herbert beschreibt sie als einen schwierigen Lernprozess, der nach Erfahrungen mit völkischen und kommunistischen Versuchungen um 1970 endlich dazu führte, dass Westeuropa mit der Moderne umgehen konnte. Man vereinte liberale und soziale Marktwirtschaft mit parlamentarischer Demokratie und nationale Autonomie mit supranationalen Verbindungen.[71]

Dieses Modell erwies sich als prekäre Synthese, als ein kurzer Moment, nach dem etwas Neues begann, das auf den Begriff zu bringen wir uns noch immer abmühen. Erhellend ist Herberts Beschreibung der Hochmoderne,[72] insofern sie den Blick auf Kontinuitäten öffnet. Sie führen über die – in Deutschland und Österreich mehr als in der Schweiz – naheliegende Trennung hinweg, die eine missglückte erste Jahrhunderthälfte der Erfolgstory nach 1945 entgegensetzt. Verunklärend ist hingegen die Metaphorik des Lernens. Nach Herbert lag ein „successive learning process in dealing with modernity"[73] vor. Eine solche Beschreibung aggregiert historische Prozesse zur Problemstellung für ein kollektives Subjekt. Dieses scheint in der Weltgeschichte der Freiheit um 1970 endlich einmal zu sich selbst gefunden zu haben, um anschließend nicht mehr so genau zu wissen, was es nun mit sich anfangen soll. In Österreich gemahnt das Bild des Lernens an den politischen Mythos vom „Geist der Lagerstraße", der ausgerechnet aus Konzentrationslagern die Schule der Nation machte. In der Schweiz wiederum lernte man länger, dafür mit weniger Drama und durfte seit den 1950er-Jahren die Früchte der Arbeit an der „eidgenössischen Harmonie"[74] aus Wohlstand und Sicherheit ernten – eine Arbeit, die emsige Schweizer*innen schon im 18. Jahrhundert begonnen hatten.

---

69 De Vries, Revolution.
70 Raphael, Verwissenschaftlichung; Etzemüller, Ordnung; Nolte, Abschied, 126.
71 Herbert, Europe, 18.
72 Davon für eine Geschichte der Schweiz inspiriert: Tanner, Geschichte, 19.
73 Herbert, Europe, 18, auch 11 („process of learning").
74 Tourdanov, Helvetische Gesellschaft, 239–241.

Der Metaphorik des Lernerfolgs sollte man misstrauen. Sie schreibt der sozialliberalen, bürgerlichen oder nachbürgerlichen politischen Mitte die Fähigkeit zu, trotz gewisser Reibungsverluste Kapitalismus so zu steuern, dass daraus eine wohltemperierte Wohlstandsnation mit einem kosmopolitischen Fenster zu den anderen Wohlstandsmonaden resultiert. Das ist eine angenehme Vorstellung und daran konnte man noch 2007 glauben, als Herbert seine Überlegungen zur Hochmoderne veröffentlichte. In der Gegenwart haben wir Grund uns dessen zumindest unsicher zu sein. Die Zeit der Hochmoderne scheint mir aber jedenfalls die Ära der nationalen Ökonomie zu sein und einen großen Teil dieser Periode deckt die Untersuchung ab.

Komparative Geschichte und das Vergleichen von Nationalstaaten

Es gibt bereits eine Reihe von Studien zur Nationalisierung des Konsumierens und zu Bewegungen und Kampagnen, in deren Zentrum der Buy-National-Aufruf stand.[75] Sie gehen üblicherweise von je einem nationalen Fall aus. Das erlaubt dessen präzise Rekonstruktion, verlegt allerdings das Korrektiv einer Wahrnehmung abweichender Varianten auf die Rezeption von Sekundärliteratur. Die vorliegende Studie optiert für eine anderen Zugriff. Als Untersuchungslabor für eine Genealogie nationaler Ökonomie dienen die Schweiz und Österreich, zwei kleine Länder auf dem Weg zur ‚Wohlstandsgesellschaft'.

Kleine Länder sind verhältnismäßig seltener ein Thema von komparativer Forschung. Schweizer oder österreichische Verhältnisse betreffen eben weniger Menschen als die Deutschlands, Frankreichs oder Großbritanniens, um nur im europäischen Kontext zu bleiben. Wenn man sich aber für das Konsumieren im Rahmen nationaler Ökonomie interessiert, sind Bevölkerungszahl und Größe des Territoriums kein Argument. Jeder Nationalstaat ist ein möglicher Fall nationaler Ökonomie. Manche Spannungen zeichnen sich im Kleinstaat auch stärker ab, z. B. jene zwischen den Versuchen einer ökonomischen Schließung und der notwendigen Einbettung in internationale Austauschbeziehungen.

Die beiden Fälle seien einander kurz gegenübergestellt: Die Schweiz zeigte im Untersuchungszeitraum eine beträchtliche Kontinuität von bürgerlicher Soziabilität und Herrschaft, in Österreich kamen sie seit 1918 durch politische Umbrüche und wirtschaftliche Krisen massiv unter Druck. Das Schweizer *nation building* folgte seit Mitte des 19. Jahrhunderts festen Bahnen, die Verklammerung von Nation, Staat und Ökonomie in Österreich war fragiler und stabilisierte sich erst seit den 1950er-Jahren. Beide Länder waren hochindustrialisiert und als Kleinstaaten in besonderem Maß

75 Gerth, China Made; Südkorea: Nelson, Measured Excess; Indien: Bayly, Origins; Gonsalves, Clothing; Papua Neuguinea: Foster, Materializing; Elena, Dignifying Argentina; USA: Frank, Buy American; Breen, Marketplace of Revolution; Estland: Rausing, History; Russland: Althanns, McLenin.

exportabhängig. Mit der Perspektive einer Schließung der Nationalökonomie interagierten imperiale Ambitionen, ob als Vorstellung eines „heimlichen Imperiums" durch Handel und Export oder als Sehnsucht nach dem Großstaat.

Die Bielefelder Sozialgeschichte, die den internationalen Vergleich auf ihr Panier hob, ging vom Nationalstaat aus.[76] *Bürgertum in Deutschland* hieß das dreibändige Sammelwerk, das Jürgen Kocka herausgab, um einen Überblick über – eben – das Bürgertum in Deutschland zu geben und es mit den Bürgertümern in Polen, England, Frankreich, Österreich, Ungarn etc. zu vergleichen.[77] Von dieser Forschung profitiert die vorliegende Studie nicht unerheblich,[78] denn das Bürgertum erhob einen Anspruch auf Modellhaftigkeit, der die ständisch geschlossene Formation an Vorstellungen einer sozial verallgemeinerbaren Staatsbürgerlichkeit band. Zugleich trat es als Protagonist der Nationalisierung von Gesellschaft auf. Im Fall des Bürgertums legte daher die Sache selbst die von Kocka gewählte Anordnung nahe. Indes ist diese Sache der durch die beobachtete Geschichte hervorgebrachte Nationalstaat. Somit stehen das im nationalstaatlichen Rahmen konstituierte Bürgertum und die Beobachtung des Bürgertums im nationalstaatlichen Rahmen zueinander in einem zirkulären Verhältnis.

Man kann daraus zwei Schlussfolgerungen ziehen:[79] erstens die Notwendigkeit, den Nationalstaat, der sich vor die Beobachtung des Sozialen schiebt, durch Einheiten abzulösen, die den jeweiligen Themen angemessener sind. Da aber zweitens der Nationalstaat im 19. und mehr noch im 20. Jahrhundert ein Phänomen war, das in vieler Hinsicht das Soziale prägte, bleibt er oft eine sinnvolle Untersuchungseinheit. Letzteres trifft auf eine Genealogie nationaler Ökonomie unverkennbar zu. Die einschlägige theoretische Reflexion über die Problematik der Nationalgeschichte erwägt als gangbare Lösungswege aus der nationalisierenden Verengung, Transfers und Verflechtungen in den Mittelpunkt zu stellen, die Nationalgeschichte dadurch in eine transnationale Form zu überheben. Das sei also versucht. Zudem ist es nötig, den Zirkel der Nationalisierung in die Reflexion einzubeziehen.[80]

Dem rekonstruierenden Blick auf die nationale Ökonomie der Schweiz und Österreichs geht eine Geschichte der wechselseitigen Wahrnehmung voraus, in der Österreicher*innen und Schweizer*innen voneinander Kenntnis nahmen. Diese Prozesse waren allerdings asymmetrisch und vielfach vom Blick auf Deutschland ver-

---

76 Raphael, Nationalzentrierte Sozialgeschichte; Levine, Comparative History.

77 Kocka, Bürgertum.

78 Zu Österreich siehe die zehnbändige Reihe „Bürgertum in der Habsburgermonarchie"; Kühschelm, Bürgertum; zur Schweiz: Tanner, Patrioten.

79 Zum Folgenden die Sammelbände Kaelble/Schriewer, Vergleich; Arndt/Häberlen/Reinecke, Vergleichen; Haupt/Kocka, Comparative and Transnational History.

80 Vgl. Sluga, Nation; Casteel, Historicizing.

deckt.[81] In beiden Ländern spielte und spielt für die Ausprägung der nationalen Selbsterzählung die Distanzierung von der Nation der Deutschen eine tragende Rolle. Ein kleiner Staat hat zudem von seinen großen Nachbarn politisch und ökonomisch mehr zu befürchten oder zu erwarten als von anderen Kleinstaaten.

Für die Eliten der Republik Österreich stellte seit 1918 die Schweiz immerhin das Beispiel eines förderalistisch organisierten, neutralen und wirtschaftlich erfolgreichen Kleinstaates dar.[82] Staatskanzler Karl Renner sah 1919 „in gewissem Sinne eine Wiederholung der Schweiz".[83] Er sah aber auch einen „gewaltigen Unterschied: die Schweiz ist eine durch Jahrhunderte gewordene, in sich selbst ausgeglichene Wirtschaftsgemeinschaft. Wir aber sind durch den Krieg verarmt, wir sind von einem Wirtschaftskörper nur ein Bruchstück."[84] Die Eliten der Schweiz blickten indes kaum nach Österreich. Wenn Bedarf an einem Vergleich mit anderen Kleinstaaten bestand, waren skandinavische Länder oder die Niederlande attraktivere Referenzpunkte. Dieses Muster zieht sich bis in die Gegenwart. Der Historiker Urs Altermatt bezeichnete in einem vor einigen Jahren erschienenen Buch über *Die Schweiz in Europa* Österreich als „heimlichen Doppelgänger". Überraschend ist daran mehr die Attribuierung „heimlich" als der Befund der Ähnlichkeit.[85] Österreich näherte sich in der Tat nach 1945 in seiner Selbstbeschreibung und seinen nationalökonomischen Eckdaten der Schweiz an.[86]

Von Text- und Diskursanalyse zur Genealogie nationaler Ökonomie

Diskursanalyse legt Orte des Sprechens und diskursive Strategien frei, konturiert das Archiv möglicher Aussagen und damit einen Raum des Sagbaren.[87] Die Studie übernimmt ihr Werkzeug überwiegend aus der strukturalistischen Semiotik und Lin-

81 Publikationen, die Österreich und die Schweiz vergleichen: Altermatt/Brix, Schweiz und Österreich; Fischer/Gehler, Tür an Tür; Koller, Streikkultur; Tissot, Tourism; Koja/Stourzh, Schweiz – Österreich.

82 Stourzh, Vom Reich, 71–98.

83 Zit. nach Stourzh, Vom Reich, 98.

84 Stenographische Protokolle der konstituierenden Nationalversammlung, 29. Sitzung, 6. September 1919, 766.

85 Altermatt, Schweiz, 171.

86 Rathkolb, Paradoxe Republik, 46.

87 Es sei hier abseits der ‚kanonischen' Texte von Foucault (Ordnung der Dinge; Archäologie des Wissens; Ordnung des Diskurses) nur summarisch die wichtigste deutschsprachige Literatur zitiert. Als Einführung in die Aneignung für die Geschichtswissenschaften: Landwehr, Diskursanalyse; Eder, Historische Diskursanalysen; als diskurstheoretische Reflexion anregend: Sarasin, Geschichtswissenschaft und Diskursanalyse; aus anderen Disziplinen relevant ist z. B. die wissenssoziologische Diskursanalyse: Keller, Diskursforschung; aus der Linguistik kommend die kritische Diskursanalyse: Jäger, Diskursanalyse; Link, Diskursanalyse; ders., Normalismus.

guistik bzw. ihrer Weiterentwicklung seit den 1970er-Jahren.[88] Ich verdanke – wie viele Autor*innen[89], die sich für eine Analyse werblicher Kommunikation interessiert haben – wichtige Überlegungen der Lektüre von Roland Barthes.[90] So unterscheidet er in seiner Semiologie effektvoll zwischen einem Syntagma, das Kombination vollzieht, und einem Paradigma, das die Möglichkeit der Selektion repräsentiert. Das Syntagma verhält sich zum Paradigma wie ein aktueller Zustand zu einer Vielzahl der Möglichkeiten.[91] In seinen *Mythologies* und anderen Schriften analysierte Roland Barthes mediale Inszenierungen im Kontext von Werbung und Massenkonsum. Er versuchte den Weg offenzulegen, mit dem Artefakte der Kommunikation über breit verständliche Konnotationen eine suggestive und attraktive sekundäre Ebene der Signifikation aufbauen, die er Mythos nannte.

Barthes erklärte den Sprung zur sekundären Ebene als eine Entleerung des primären Sinns.[92] Da sich die Nation als Vorstellung auf eben dieser sekundären Ebene der Signifikation bewegt, ist es konsequent, dass Ernesto Laclau, der bei Barthes und Jacques Derrida anschließt, die Nation als entleerten Signifikanten gefasst hat.[93] Entleerte Signifikanten ermöglichen es einen Standpunkt einzunehmen, von dem aus sich das Soziale entfaltet, sie sind aber selbst vage und notorisch unterbestimmt. Sie spannen imaginäre Horizonte auf, die eine kontrollierbare Totalität in Aussicht stellen.[94] Dass dem Sprung von der primären zur sekundären Signifikation ein Moment der Willkür inhärent ist, dass sich die sekundäre Ebene sogar weitgehend von der primären lösen kann, lässt sich bei nationalisierenden Botschaften gut zeigen. Zugleich variieren zwar die Inhalte, doch die Muster und Typen gleichen einander in erstaunlichem Maß von einer Nation zur nächsten, obwohl die Konationalen die ihre stets für einzigartig halten. Der Übergang von der primären zur sekundären Signifikation kann viele Wege gehen, doch es sind nicht beliebig viele. Roland Barthes bietet indes wenig an, um solche Prozesse jenseits essayistischen Scharfsinns zu fassen.

Diese methodologische Lücke können Instrumente aus der kognitiven Linguistik füllen. Die Theorie der konzeptuellen Metapher, die von George Lakoff und Mark Johnson entwickelt wurde,[95] nimmt an, dass Menschen abstrakte Vorstellungen gewinnen, indem sie von konkreten Erfahrungsbereichen, dem Quellbereich, in eine

88 Vgl. Kühschelm, Linguistik.
89 Z. B. Williamson, Decoding; Leiss u. a, Social Communication.
90 Barthes, Mythen; ders., Sprache; ders., Sinn; ders., Elemente; ders., Kammer.
91 Jakobson, Linguistik und Poetik; Roland Barthes hat das für unterschiedliche Bereiche des Alltags durchgespielt: Elemente; dazu auch Leach, Lévi-Strauss, 52–55.
92 Barthes, Mythen, 96–101.
93 Laclau, Emanzipation und Differenz; Sarasin, Geschichtswissenschaft, 172–175.
94 Bonacker, Gesellschaft; Nonhoff, Diskurs – radikale Demokratie; Castoriadis, Gesellschaft als imaginäre Institution.
95 Lakoff/Johnson, Metaphors; Lakoff, Women; Kövecses, Metaphorical Creativity; Stöckl, Metaphor; Eder, Theorie; aus Perspektive der critical discourse analysis: Hart/Lukes, Cognitive Linguistics; Musolff, Study; Koller, Critical Discourse Analysis; einführend: Kövecses, Metaphor; Ungerer/

Zieldomäne projizieren. Zwischen dem Quell- und dem Zielbereich vermittelt ein Raster an Entsprechungen, das *Mapping*. Ein verwandtes Instrument, mit ebenso umfassender Ambition vorgetragen, ist das Konzept des *cognitive blending*, mit dem Gilles Fauconnier und Mark Turner operieren.[96] Sie beschreiben menschliches Denken als Vorgang, der unterschiedliche gedankliche Ausgangsdomänen, die *input spaces*, in einer neuen Domäne, dem *blended space*, zusammenführt. Auch die konzeptuelle Metapher ist ein solcher Vorgang, allerdings als unidirektionale Verschiebung gedacht, während die Theorie der Verschmelzung, das *blending*, die Aufmerksamkeit auf das kreative Potential von Unvereinbarkeiten (*clashes*) zwischen den Ausgangsdomänen richtet. Sie bergen ein Überraschungsmoment und bringen einen *emerging content* hervor, der in keinem der beiden *input spaces* bereits vollständig angelegt war. Die kognitive Linguistik beansprucht naturwissenschaftliche Evidenz für ihre Theorien; man muss ihr darin nicht folgen, um die Konzepte der metaphorischen Projektion und der kognitiven Verschmelzung in der Textanalyse als heuristische Instrumente verwenden zu können.

Die Prozesse der Projektion und der Verschmelzung sind nicht an ein bestimmtes Medium, die Sprache, die Schrift oder das Bild, gebunden. Sie überspringen und verklammern oft verschiedene Modi der Kommunikation. In der Auseinandersetzung mit Artefakten der Kommunikation, nicht nur der propagandistischen und werblichen, sondern ebenso der journalistischen und wissenschaftlichen, achtet die Studie insbesondere auf die Kombination von visueller und verbaler Kombination.[97] Sie bringt hierbei einen weiten Textbegriff in Anschlag,[98] der unterschiedliche Modi der Kommunikation, nicht bloß den verbalen Modus, umgreift. Die Analyse von bimodaler – aber vom Prinzip her ebenso: multimodaler – Kommunikation verdankt Hartmut Stöckl wichtige Anregungen.[99] In der Analyse einzelner Artefakte beziehe ich mich vor allem auf Theo van Leeuwen und Gunther Kress. Ihr Werk *Reading Images* bietet Instrumente, die sich insbesondere dafür eignen, massenmediale Artefakte von interdiskursivem Zuschnitt aus ‚westlichen' Kommunikationszusammenhängen des 20. Jahrhunderts zu analysieren.[100]

Ob und wie Texte die Rezipient*innen einbeziehen, wie sie zur Identifikation mit repräsentierten Aktanten und Handlungen laden oder eine Abgrenzung nahelegen, ist eine wesentliche Frage, da sie auf diese Weise Gemeinschaft, eben auch die

---

Schmid, Introduction; Evans/Green, Cognitive Linguistics; eine Anwendung auf Metaphern des Konsumierens: Wilk, Morals.

96 Fauconnier/Turner, Way We Think; Fauconnier, Mental Spaces; Grady/Oakley/Coulson, Blending and Metaphor; einführend wiederum insbesondere: Ungerer/Schmid, Introduction.

97 Zur Integration von Bildern und Bildlichkeit in diskursanalytische Zugänge vgl. Eder/Kühschelm/Linsboth, Bilder; Maasen/Mayerhauser/Renggli, Bilder.

98 De Beaugrande/Dessler, Einführung.

99 Stöckl, Sprache; ders., Werbekommunikation; ders., Beyond Depicting; ders., Language-Image-Text; ders., Multimodale Werbekommunikation.

100 Kress/Leeuwen, Reading Images.

nationale, konstruieren. Der visuelle und der verbale Kommunikationsmodus setzen dafür unterschiedliche Instrumente ein. Akteur*innen, die aus dem Bild auf den*die Betrachter*in blicken, entspricht ein weites Spektrum von Modulierungen der Ansprache vom schroffen Imperativ über die freundliche Aufforderung bis hin zur Frage, die um Auskunft heischt oder bloß rhetorisch ist. Bei der Analyse des verbalen Modus setzt außerdem die Verwendung der Personalpronomina leicht zu greifende Markierungen. Wesentlich ist insbesondere die Formulierung eines Wir, das die Rezipient*innen inkludiert oder exkludiert.[101]

Eine entscheidende Frage betrifft die Bestimmung des Zusammenhangs von sozialen Praktiken und Texten. Theo van Leeuwen betrachtet Texte, selbst wenn sie weit von Alltagsfragen und Alltagskommunikation entfernt scheinen mögen, als Rekontextualisierung sozialen Handelns.[102] Setzen Akteur*innen Handlungen in einen semiotischen Modus um, so wählen sie Elemente aus, heben manche hervor, lassen andere weg. Sie bringen damit zumeist implizit belassene Kriterien der Relevanz zum Einsatz, die als *eligibility conditions* Gegenstand der Analyse sein können.

Kress und van Leeuwen gehören zu jenen Autor*innen, die ausgehend von der funktionalen Grammatik von Michael Halliday eine soziale Semiotik aufgebaut haben.[103] Diese ging in ein Bündel von Perspektiven ein, das unter dem Label der Critical Discourse Analysis firmiert und einen von Foucaults Diskurstheorie weitgehend unabhängigen Versuch repräsentiert, die Texte und das Bezeichnen als Artefakte und Prozesse des Sozialen zu analysieren.[104] Die Ansätze der Critical Discourse Analysis eignen sich deshalb für einen Import in die Geschichtswissenschaften. Die Rekonstruktion von Texten und Textpraktiken mit den Techniken der *social semiotics* droht freilich stets in einen Funktionalismus abzugleiten, der bloß von einer als ‚real' gedachten sozialen Welt in die Texte hineinverlegt wird.

Auf die Kritik am strukturalistischen Zeichen- und Textbegriff,[105] der auch die Foucault'sche Archäologie trifft, reagierte bereits Foucault selbst, indem er eine genealogische Perspektive auf Machtkämpfe forcierte, die ihre Akteur*innen auch, aber nicht nur diskursiv austragen.[106] Über den Diskurs hinaus weist außerdem sein Begriff des Dispositivs, der ein heterogenes Ensemble von Texten, Dingen, Institutionen, Akteur*innen und Praktiken meint.[107] Eng verwandt ist das Konzept des Aktan-

101 Wodak u. a, Konstruktion, 99–102; Breeze, Corporate Discourse, 40.
102 Van Leeuwen, Discourse and Practice.
103 Halliday/Kress, System; Halliday, Language.
104 Für einen Überblick siehe: Wodak/Meyer, Methods.
105 Vgl. Kühschelm, Kritische Linguistik.
106 Eine anregende Kritik am semiotischen Paradigma als Konzeptualisierung eines genealogischen Zugangs zu Werbung: McFall, Advertising, 9–34.
107 Deleuze, Dispositiv; eine methodologische Operationalisierung bieten: Bührmann/Schneider, Diskurs.

tennetzwerks, das Bruno Latour vertritt.[108] Diese Nähe ist keine zufällige, denn die Rezeption von Gilles Deleuze (und dadurch mittelbar von Foucault) bildet eine Grundlage der theoretischen Reflexion Latours.[109] Genealogie, Dispositivanalyse und Akteur-Netzwerk-Analyse ist die Absicht gemeinsam, einer Verschlingung von diskursiven und nicht-diskursiven Praktiken jenseits einer Dichotomie von Text und Kontext nachzugehen. Auch eine propagandistische Kommunikation ist mehr als Text, selbst wenn sie für Historiker*innen nur in Form von Texten rekonstruierbar ist. Sie umfasst Akteur*innen und deren Biografien, Praktiken der Mobilisierung, Institutionalisierungen, verknüpft sich mit Akkumulations- und Subjektivierungsregimen.

Für den Begriff der Genealogie spricht aber, dass er zusätzlich Nietzsches historisierenden Blick auf die Ansprüche der Moral ins Spiel bringt. Die nationale Ökonomie ist ein Projekt, das an die Konationalen moralisierende Appelle richtete: dass sie patriotisch konsumieren sollen oder dass sie sparen sollen, um dem Nationalstaat respektive den nationalen Unternehmen Investitionsmittel an die Hand zu geben. Nietzsches Genealogie haftet ein spezifisches Pathos der Kritik an, sie stellt sich radikal der Geschichtlichkeit moralischer Setzungen. Von diesem Boden aus zu operieren, ohne in eine Heroisierung der Morallosigkeit zu verfallen, ist die entscheidende Herausforderung einer posttraditionalen oder postfundamentalistischen Ethik und Politik.[110]

Medien, Diskursforen, Rezipient*innen

Eine Diskursanalyse, die sich auf eine Zeitschrift oder einen einzigen Medientypus beschränkt, ist keine, jedenfalls nicht in einem Sinn, der sich auf Foucaults Diskurstheorie zurückführen ließe.[111] Eine breitgefächerte Suchstrategie scheint geraten, wenn es darum geht den Raum des Sagbaren zu umreißen. Der Preis eines solchen Vorgehens ist, dass mediale Eigenheiten leicht aus dem Blick geraten.[112] Meine Studie baut auf ein medien- und genreübergreifendes Inventar an Analysewerkzeugen, versucht aber Spezifika zu beachten. Ein erheblicher Teil der untersuchten Kommunikation verfolgt das hauptsächliche Ziel der Persuasion: Es handelt sich um politische Propaganda und kommerzielle Werbung sowie um Gemeinschaftswerbung als ein Bindeglied zwischen beiden Formen.[113]

---

108 Ein einführender Überblick: Belliger/Krieger, ANThology; eine Verknüpfung der Perspektiven schlägt vor: van Dyk, Welt.

109 Schmidgen, Latour, 16–18.

110 De Boer/Sonderegger, Conceptions of Critique; Koopman, Genealogy as Critique; Laux, Richard Rorty; Marchart, Das unmögliche Objekt.

111 Landwehr, Diskursanalyse, 101.

112 Zum „unterkomplexen Medienverständnis" der Diskursanalyse: Karis, Macht der Massenmedien.

113 Bussemer, Propaganda; zur Theorie von Werbung siehe Gries, Produktkommunikation.

Die Repräsentation von Ökonomie unterscheidet sich, je nachdem ob sie ihren Auftritt in Spezial- oder Interdiskursen hat.[114] Abseits einer binären Logik der Zuordnung gilt es Foren des Diskurses zu betrachten,[115] die beides zusammenführen: das Fachwissen und jenes Wissen, das als Common Sense gehandelt wurde; Terminologien und Kollektivsymbole; die Eliten und die Vielen.

Wenn Buy-National-Kampagnen Plakate, Inserate, Filme, Zeitungsartikel und Radiosendungen bespielten, so richteten sie sich an eine breite Öffentlichkeit, idealiter an die Konationalen/Staatsbürger*innen in ihrer Gesamtheit. Einer näheren Betrachtung hält der Anspruch natürlich nicht stand. Die Medien traten an Teilmengen der Öffentlichkeit heran, Publika, deren Ausmaß und Konstituierung meist nur unscharf umrissen werden können. Es ist stets leichter etwas über die Sender*innen, die Journalist*innen, Schriftsteller*innen, Unternehmer*innen, herauszufinden als über die Vielen, an die diese ihre Texte adressierten. Der Begriff des Mediums impliziert zwar eine Kommunikation zwischen Akteur*innen, die ein technischer Informationsträger herstellt, doch bei den klassischen Massenmedien steht dem*der Kommunikator*in ein disperses Publikum gegenüber.[116] Man kommt daher nicht umhin zu problematisieren, was sich auf Basis des verfügbaren massenmedialen Materials über die Rezipient*innen sagen lässt.

Zwei Herangehensweisen sind möglich: jene, die von den medialen Diskursen und Texten selbst ausgehen, und jene, die zusätzliche Artefakte der Kommunikation heranziehen bzw. selbst als Quelle produzieren – wobei die Geschichtswissenschaft es hierbei schwerer hat als die sozialwissenschaftliche Forschung. Den zuerst genannten Weg geht Diskursanalyse, indem sie Subjektpositionen rekonstruiert. Hinsichtlich der Rezipient*innen gelangt sie aber nicht weiter als bis zur Rekonstruktion von „Realfiktionen“[117], deren Relevanz für die Subjektivierung sie unterstellt. Unterschiedliche Varianten einer semiotischen und narratologischen Aufschlüsselung haben außerdem versucht, die Rezipient*innen als implizite Leser*innen zu thematisieren, als die Figur, die in jegliche Kommunikation eingebaut ist und deren Anforderungsprofile und Spielräume es aufzuschließen gilt.[118]

Eine andere Möglichkeit, Medienwirkung zu rekonstruieren, sind Anschlusskommunikationen.[119] Einzelne Leserbriefe geben aber kaum taugliche Auskunft über die Rezeption der Vielen. Besser lassen sich die Vernetzungen innerhalb des medialen Felds zeigen. Intertextualität setzt Akteur*innen voraus, die andere Texte

---

114 Zum Begriff des Interdiskurses: Link, Diskursanalyse; eine überzeugende Anwendung auf nationalisierende Werbung: Reddeker, Secret.

115 Jäger/Maier, Aspects, 48.

116 So die klassische Definition von Maletzke, Psychologie, 32; zur Medienwissenschaft: Hickethier, Einführung.

117 Bröckling, Selbst, 35–38.

118 Rezeptionsästhetik: Iser, Appellstruktur; ders., Leser; Semiotik: Eco, Lector; van Leeuwen, Discourse and Practice; ein systematischer Überblick: Willand, Lesermodelle.

119 Sutter, Medienanalyse, 66; Andree, Archäologie, 26–30.

rezipiert haben. Werbung und Propaganda hat z. B. immer eine *secondary audience*: die Auftraggeber*innen, aber z. B. auch Journalist*innen, die Inhalte kritisieren oder sich zu deren Multiplikator*innen machen.

Die angewandte Sozialforschung versuchte außerdem die Stimme der *citizen consumer* vernehmbar zu machen[120] – in Österreich und der Schweiz sporadisch seit den 1920er-Jahren, mit rasch wachsender Intensität seit den 1940er-Jahren. Die Rezipient*innen der Buy-National-Propaganda tauchen daher als jene statistischen Aggregate auf, die eine sozialwissenschaftliche Forschung zusammenstellte. Vernehmbar wurden die Rezipient*innen auch durch ihre Involvierung in propagandistische Praktiken, so durch das Verfassen von Schulaufsätzen zu wirtschaftspatriotischen Themen.

Wie man es dreht und wendet: Die Analyse all dieser verschiedenen Texte und Praktiken erschließt in erster Linie die Perspektive von Eliten und der von ihnen bespielten Medien. Wie interagierten aber die Aussagen aus solchen Diskursen mit den Auffassungen und Praktiken breiter Bevölkerungsteile und inwiefern beeinflussten sie diese? Stimulus-Response-Theorien der Medienwirkung oder die Annahme einer beliebigen Manipulierbarkeit sind längst verworfen.[121] Trotzdem wäre es nicht sinnvoll zu leugnen, dass der Kommunikation Hierarchien eingeschrieben sind und sich die Handlungspotentiale ungleich verteilen. Das eröffnet Möglichkeiten, Subjektivierung anzuleiten. Die Texte sind außerdem Teil von Dispositiven, die nicht nur durch Handlungsskripte und Identifikationsangebote gedankliche Räume erzeugen, sondern auch physisch Räume zur Verfügung stellen, vom Klassenzimmer bis zum Kinosaal. Dazu kommt die mit Institutionalisierungen einhergehende Formatierung von Handlungsabläufen.

Stephen Constantine befasste sich bereits in den 1980er-Jahren mit dem britischen Empire Marketing Board, das die britischen Konsument*innen an ihre Pflicht gegenüber Nation und Imperium erinnerte. Als Antwort auf die Frage, welche gesellschaftliche Relevanz die Propagandabotschaften dieser staatlichen Agentur erreichen konnten, brachte er das Konzept kultureller Hegemonie von Antonio Gramsci ins Spiel.[122] Es scheint mir nach wie vor das am besten geeignete Modell, um massenmediale Diskurse einzuordnen. Die nationale Ökonomie erfüllt dabei die Kriterien erfolgreich hergestellter Hegemonie.[123] Eine Vielzahl von sozialen Gruppen und Medien bewegte sich in ihrem diskursiven Rahmen. Ihn stützten die Apparate des Staa-

---

120 Brückweh, Voice; Berghoff/Scranton, Rise; Berghoff/Spiekermann, Decoding; Berghoff, Marketinggeschichte.

121 Gegen solche Konzepte hat Gries (Produkte als Medien) für den Zweck einer Kulturgeschichte des Konsumierens und der Werbung ein Modell der Produktkommunikation vorgeschlagen, das Produkte als Medien, als Mittler eines Austauschs von Bedeutungen behandelt.

122 Constantine, Bringing.

123 Nonhoff, Diskurs und Hegemonie, 137–148; siehe auch den von demselben herausgegebenen Sammelband: Diskurs – radikale Demokratie; Scholl, Das Politische; ders., Begrenzte Abhängigkeit; zur Begriffsgeschichte vgl. Anderson, H-Word; ders. Antinomies.

tes und die Regierungsformen, die in anderen Institutionen – von Schulen über Geschäfte bis zu Familie und Haushalt – angelegt waren. Die Buy-National-Propganda, aber auch die Expertendiskurse der Nationalökonomie arbeiteten dieser Hegemonie zu. Wie sie das taten, wird der empirische Teil dieser Studie untersuchen.

Untersuchungsprogramm

Buy-National-Aurufe muten zuweilen höchst merkwürdig an. Doch macht gerade das erkennbar, was dem heftigen Streben nach einem geschlossenen Ganzen, nach der Synthetisierung des Sozialen zu Gesellschaft, anhaftet: das mühselige Zur-Seite-Schieben des Widersprüchlichen. Diese Arbeit will zwar keine Alltagsgeschichte nationalisierender Konsumpraktiken bieten, aber doch einen mikroskopisch genauen Blick auf die Hervorbringung des Verbundes aus Nationalstaat, Nationalökonomie und nationaler Gemeinschaft tun. Um den Ball der Analyse flachzuhalten,[124] wird die Studie Verknüpfungen zwischen den Aktanten im Detail nachzeichnen und jenen Kraftlinien und Disparitäten nachspüren, die sich in höchst diverse Bereiche des Sozialen multiplizierten.

Erstens wird sie daher verschiedene Formen des Wissens thematisieren: Nationalökonomie, Betriebswirtschaft, Statistik, Werbewissenschaft und Marktforschung, Soziologie, empirische Sozialforschung, Pädagogik. Die Studie wird zweitens verschiedene Akteur*innen in den Blick nehmen: Ökonomen, Vereinsfunktionär*innen, Unternehmer, Reklamefachleute, (Wirtschafts)Politiker*innen, Journalist*innen, Lehrer*innen und Schüler*innen. Drittens wird sie die Institutionalisierungen in Vereinen und Verbänden beobachten und viertens Diskursforen verschiedener Art betrachten: von der akademischen Diskussion über Debatten in Verbandsvorständen bis hin zur persuasiven Massenkommunikation. Manche davon sind im Rahmen einer durch Publikumsmedien hergestellten Öffentlichkeit greifbar, andere wurden wiederum in den Räumen einer begrenzten bürgerlichen Öffentlichkeit aufgeführt: dem Fest- und Vortragssaal oder dem Vereinsbüro. Fünftens nimmt die Studie in einer breiten Streuung Medien und Genres als Ausgangspunkt für Kapitel und Abschnitte: Werbeinserate, Plakate, Jugend- und Satirezeitschriften, Fachjournale, Festschriften, Tageszeitungen, Werbefilme, Radiovorträge, Schulaufsätze. Sie analysiert Höhenkammliteratur genauso wie Beiträge von Personen, die sich heute keiner nationalen oder internationalen Bekanntheit erfreuen – und dies oft auch zu ihrer Zeit nicht taten. Die Studie zieht Artefakte massenmedialer Kommunikation aller Art, verbale und visuelle Texte, heran, ebenso aber Sitzungsprotokolle, Briefe und Aktennotizen, die eine verwaltungs- und verbandsinterne Kommunikation repräsentieren. Der Korpus ist so vielfältig wie die Verknüpfungen aus Akteur*innen, Institutionen, Medien und Diskursen zu Aktantennetzwerken oder Dispositiven.

124 Wie es Latour anregt: Soziologie.

Die Analyse geht außerdem immer wieder auf drei wesentliche Aspekte ein: erstens die Konstituierung von sozialer Hierarchie über eine Dichotomie aus Bürgertum und Arbeiterschaft, Eliten und Masse, zweitens die Konstruktion von Geschlecht als Opposition von Frauen und Männern, Konsumentinnen und Produzenten, zu Erziehenden und ihren Lehrern. Drittens war die Buy-National-Propaganda – wie die diskursive und institutionelle Hervorbringung nationaler Ökonomie überhaupt – ein transnationales Phänomen. Die Beobachtung von Parallelen und Unterschieden über die Grenzen der je eigenen nationalen Gemeinschaft hinaus, der Transfer von propagandistischen Formen und Inhalten, die Ausprägung des Nationalen über die abgrenzende Referenz gegenüber den Anderen spielten eine wichtige Rolle.

Die Studie entfaltet kein Narrativ, das die Buy-National-Propaganda als Protagonistin einsetzt und ihre Geschichte in einem chronologisch geordneten Durchlauf erzählt. Es geht ihr darum, Buy-National-Propaganda systematisch als Teil eines hegemonialen Projekts nationaler Ökonomie zu erfassen. Die Studie besteht aus drei Teilen, die einander vielfach überlappen, aber auch jeweils einen Fokus ausbilden: Teil I untersucht, auf welchen Organisationsmodi und Formen von Expertise Buy-National-Propaganda basierte und welche Art von Expert*innen sie involvierte. Teil II behandelt ausgehend von der Frage nach der Rolle, die dem Konsumieren und den Konsument*innen für Wirtschaft und Nation zugewiesen wurde, die Inszenierungen nationaler Ökonomie in propagandistischen Interdiskursen und ökonomischen (Spezial)Diskursen. Teil III legt seinen Schwerpunkt auf die Medien nationaler Gemeinschaft, vom Plakat bis zum Lehrlingsmagazin, und auf die Analyse der Adressierung und der Adressat*innen, vor allem von Frauen, Kindern und Jugendlichen. Buy-National-Propaganda und die Diskurse nationaler Ökonomie setzten einander überlagernde Kriterien von Gender, Klasse, Alter ein, um ihre Aufforderungen und Angebote zuzuschneiden. Jedem der drei Teile ist ein Überblick vorangestellt, der eine Zusammenschau der einzelnen Kapitel, von wesentlichen Argumenten und Themen bietet.

Teil I: **Organisationen, Expertise, Expert*innen**

Überblick

Teil I beschäftigt sich schwerpunktmäßig mit organisatorischen Strukturen, Formen und Träger*innen von Expertise. Der Fokus liegt auf den 1920er- und 1930er-Jahren, immer wieder wird aber auch ein Zeitraum bis in die 1950er-Jahre in den Blick kommen.

Das erste Kapitel nimmt die Trägerorganisationen der Propaganda in den Blick und untersucht, wie sie sich in ein Geflecht von privaten, parastaatlichen und staatlichen Institutionen einfügten. Es wird zugleich zeigen, wie Buy-National-Propaganda ihre Gestalt wesentlich auch durch transnationale Vernetzungen gewann. Die Zentralität der Position innerhalb des institutionellen Geflechts, das die Kopplungen von Nation-Staat-Wirtschaft betrieb, die Größe, gemessen an Mitgliederzahlen und Umfang des Personals, Budgetentwicklung und Dauerhaftigkeit wurden schon zeitgenössisch als Kriterien des organisatorischen Erfolgs gehandelt.

Der Schweizerwoche-Verband war rechtlich gesehen ein Verein, wie im Übrigen auch die Arbeitsgemeinschaft „Kauft österreichische Waren". Während aber die österreichische Kampagne eine aus der staatlichen Bürokratie ausgegliederte Organisationseinheit war, getragen von parastaatlichen Körperschaften wie der Handelskammer, stand die Schweizerwoche in der Tradition des bürgerlichen Assoziationenwesens. Das zweite Kapitel geht von der Rede aus, die Ernst Caspar Koch, der Präsident des Schweizerwoche-Verbands, 1920 bei dessen Generalversammlung hielt. Es thematisiert auf diese Weise, dass die Schweizerwoche im Kleinen war, was die Schweiz aus Sicht der politisch und sozial dominierenden Gruppen im Großen sein sollte: eine Gemeinschaft der Bürger im Sinn einer Gemeinschaft des Bürgertums bzw. der Männer, die dieser sozialen Formation angehörten.

Ein drittes Kapitel geht der Frage nach, welche Formen von Expertise und welche Art von Expert*innen die Buy-National Organisationen zu involvieren suchten. Die Antworten muss man zum einen auf die Präferenzen und Hierarchien beziehen, die eine bürgerlichen Nation konstituierten, zum anderen auf die Unterschiede zwischen dem zentralistischen Korporatismus österreichischer Prägung und der liberalen Schweizer Variante. Die Propagandaorganisationen thematisierten Wirtschaft und das Konsumieren als Problem im nationalökonomischen Gefüge, doch zählten sie nur wenige Ökonomen in den Reihen ihrer Protagonisten. Für Wirtschaftswissen standen vor allem Unternehmer und die Repräsentanten ihrer Interessenverbände ein. Obwohl man(n) das Einkaufen als typisch weibliche Aufgabe verstand, war man(n) nur mäßig interessiert, Frauen zu diesem Thema zu hören. In bürgerlichen Frauenvereinen war Wissen über die Ökonomie des Haushalts verfügbar ebenso wie relevante organisatorische Erfahrung. Sie kooperierten denn auch mit den institutionellen Trägern der Buy-National-Propaganda, doch da diese eine patriarchale und konservative, allenfalls liberalkonservative Perspektive artikulierte, blieb weibliche Expertise randständig und bot die Beteiligung für Frauen auch nur begrenzt emanzipatorisches Potential. Ähnliches traf auf die Arbeiterbewegung zu, deren Beteiligung

https://doi.org/10.1515/9783110701111-002

an der Buy-National-Propaganda eine Partizipation am bürgerlichen Projekt nationaler Ökonomie verhieß oder erzwang.

Die Buy-National-Propaganda operierte auf dem Boden der Annahme, dass das Einkaufsverhalten einen gewichtigen Einfluss auf den Wohlstand der Nation hatte und dass es sich daher lohnte, die Konsument*innen zur Umschichtung ihrer Einkäufe auf heimische Waren zu veranlassen. In gängigen Vorstellungen über das Österreich der Zwischenkriegszeit dominieren aber Bilder der Armut und der Aussichtslosigkeit. Welche Konsumspielräume sich in Österreich und der Schweiz boten, ist daher eine Frage, deren Klärung einen Exkurs wert ist. Neben eine Sozialgeschichte ‚ersten Grades' auf Basis eines freilich fragmentarischen Datenmaterials tritt hier der Versuch, die Rolle von zeitgenössischen sozialstatischen Daten als Einsatz in interdiskursiven Foren zu beobachten. Aus der Rekonstruktion des Zusammenspiels zwischen sozialen Spielräumen und ihrer öffentlichen Wahrnehmung lassen sich Schlüsse darauf ziehen, warum die 1920er-Jahre ein günstiges Umfeld für eine Buy-National-Propaganda in Österreich schufen – und in der Schweiz für ihre neuerliche Intensivierung am Ausgang des Jahrzehnts.

Da die Buy-National-Organisationen auf massenmediale Kommunikation setzten, um Konsument*innen zu überreden und zu überzeugen, ist das Werben und die Werbung ein Bereich von Expertise, dessen Relevanz eingehend diskutiert werden muss. Dem wendet sich das fünfte Kapitel zu. Dabei erweist es sich als weniger selbstverständlich und eindeutig als man zunächst annehmen mag, dass Werbewissen und Werbepraktiken das sozialtechnische Rückgrat von Buy-National-Propaganda gebildet hätten. Es gilt ein differenziertes Bild der Interaktion mit den sich formierenden Apparaten und Akteur*innen werblicher Expertise zu zeichnen. Im Laufe der 1920er- und 1930er-Jahre etablierten sich Werbung und Werbefachleute immer mehr, ihr Feld expandierte; in führender Position wurden sie allerdings weder in die Schweizer Buy-National-Organisationen noch in die Arbeitsgemeinschaft „Kauft österreichische Waren" involviert. Erst in ihren Anfängen steckte empirische Forschung über Konsument*innen, die sich aber bereits mit der Wirksamkeit nationaler Appelle beschäftigte. In Österreich stand am Beginn der Buy-National-Kampagne eine Kontaktaufnahme mit Pionieren der Marktforschung, die indes weitgehend folgenlos blieb. So wie man fragen muss, inwiefern die Protagonisten der Buy-National-Propaganda auf Expertise in den Bereichen Werbung, Werbepsychologie und Marktforschung zurückgriffen, so ist umgekehrt auch zu untersuchen, inwiefern sich Werbefachleute veranlasst sahen nationalisierend zu kommunizieren – in den für Auftraggeber formulierten werblichen Artefakten ebenso wie in der Bewerbung ihrer eigenen Rolle. Um es vorwegzunehmen: Es besaß in mehrfacher Weise erhebliche Attraktivität. Werbliche Expertise rückte so in die Nähe der Anliegen von Buy-National-Organisationen, selbst wenn diese ihre eigene Arbeit gerne durch ostentative Distanz zu schnöder Reklame charakterisierten.

Was die Buy-National-Propaganda einzelnen Unternehmen oder Branchen wert war, zeigt sich am deutlichsten in Versuchen, ihre institutionellen Träger und Botschaften zu vereinnahmen. Das sechste Kapitel stellt Handelsunternehmen ins Zentrum, die über die Beteiligung an Buy-National-Propaganda ihre Bedeutung für die Nation und die Nationalökonomie verhandelten. Der Einzelhandel, der sich als Mittelstand sah, wollte auch die Mitte der Nation sein. In der Schweiz mobilisierte der Einzelhandel immer wieder, um neuere Vertriebsformen und alternative Geschäftsmodelle von der Teilnahme an den Schweizerwoche-Veranstaltungen auszuschließen. Das richtete sich gegen Warenhäuser, Einheitspreisgeschäfte und Konsumgenossenschaften. Diese ließen sich aber nicht vom Platz verweisen. So waren die Konsumgenossenschaften in Österreich und der Schweiz willens die Zielvorstellung eines geschlossenen genossenschaftlichen Kreislaufs mit dem der Nationalökonomie in Deckung zu bringen – genau davor hatte ihre private Konkurrenz freilich Angst. Gottlieb Duttweilers Migros, die er in den frühen 1940er-Jahren auf eine genossenschaftliche Basis stellte, präsentierte sich als eine bessere Zukunft der Schweiz und wies in Richtung einer sozialliberalen Gesellschaft von *citizen consumers*. Duttweiler hielt dabei sich und seine Schöpfung in ihrer Mischung aus Widerspenstigkeit, Geschäftssinn und Gemeinschaftsrhetorik für das „allerschweizerischste“.

1 Buy-National-Kampagnen – Propaganda für die Nation und ihre Waren

1. Gebot: Bist du Produzent, dann nehme deinen Vorteil wahr und mache dich unversäumt und emsig an die Arbeit.

4. Gebot: Bist du Detaillist, dann schließe dich unter allen Umständen der „Schweizer Woche" an.

7. Gebot: Bist du Konsument, dann denke und fühle einmal während einer Woche echt schweizerisch und nur schweizerisch, indem du nur Schweizerware kaufst.

10. Gebot: Produzenten, Detaillisten, Konsumenten! Vereinigt euch im Stillen zu einem Dreibund, ohne Vertrag, aber mit dem Wahlspruch:

Entlasten von fremdem Joche
Soll uns die „Schweizer Woche"
Und werden in Bälde gar
Zu einem Schweizer „Jahr".[1]

Die zehn Gebote, undatiert, aber vermutlich aus den Anfängen der Schweizerwoche, sollten dem Publikum deren Anliegen erklären. Sie entstand im Ersten Weltkrieg und entsprang der Neuen Helvetischen Gesellschaft. Letzere, eine 1914 in Bern gegründete konservative Vereinigung stellte das Eigene, das Schweizerische, der Bedrohung von außen entgegen. Die Angst vor „Überfremdung"[2] entzündete sich auch an der Präsenz von importierten Waren und ausländischen Unternehmen. Mit der Schweizerwoche sollte sich das Wirkungsfeld der Neuen Helvetischen Gesellschaft von Kultur und Politik auf das Gebiet der Wirtschaft ausdehnen. Die Initiatoren beteuerten stets, man wolle sich abseits allen Chauvinismus bewegen, aber die Vorliebe ihre Ansprüche in zehn Gebote zu kleiden, die Buy-National-Propaganda allerorten zeigte, verrät, dass ihr ein Zug ins Unbedingte, in die quasi-religiöse Aufladung der Nation, innewohnt. Präsenz in der breiten Öffentlichkeit erreichte die Schweizerwoche-Organisation vor allem durch die namengebende Aktivität einer Schweizerwoche. Dabei handelte sich um eine massierte Propagandaaktion zugunsten schweizerischer Produkte, die erstmals bereits im Gründungsjahr 1917 und von da an alljährlich im Oktober bzw. November stattfand. Sie dauerte eigentlich nicht eine Woche, sondern zwei. Im ganzen Land wurden Schaufenster mit Schweizerware dekoriert. Plakate, Ausstellungen, Verbandspublikationen, Filme, Presseaussendungen und -berichte, Aufrufe des Bundespräsidenten und von Kantonalregierungen, Vorträge und Aufsatzwettbewerbe forderten auf, „heimisches Schaffen" in Ehren zu halten. Denselben Zielen dienten die Mustermessen in Lausanne und Basel, ebenfalls Kriegsgründungen. Sie wurden von anderen Kreisen ventiliert, die sich aber vielfach mit den Proponent*innen der Schweizerwoche überlappten. Hinzu trat 1927 ein Verband für die Inlandsproduktion, aus dem wiederum 1931 die Zentralstelle für

1 SWA Berufsverbände Q56, Schweizerwoche, Propagandamaterialien, Zirkulare 1917–1966, Zehn Gebote der „Schweizer Woche", nicht datiert.

2 Vgl. dazu ausführlich Kury, Fremde.

https://doi.org/10.1515/9783110701111-003

das Schweizerische Ursprungszeichen hervorging. Sie versuchte, die Armbrust als nationales Label zu etablieren, das für alle Schweizer*innen die Schweizerware erkennbar machen sollte. Das Quellenmaterial, das die vorliegende Studie verwendet, bezieht sich hauptsächlich, wenngleich nicht ausschließlich, auf Schweizerwoche und Zentralstelle, die in den 1970er-Jahren fusionierten.[3]

In Österreich gründete 1927 ein korporatistisches Netzwerk, angeführt von der Handelskammer Wien und dem Hauptverband der Industrie und wohlwollend begleitet vom Handelsministerium, die Kampagne „Kauft österreichische Waren".[4] Als ihre Trägerorganisation fungierte eine gleichnamige Arbeitsgemeinschaft. Sie existierte bis zum „Anschluss" an Deutschland 1938, als aus leicht ersichtlichen Gründen eine österreichpatriotische Mobilisierung von Konsument*innen nicht mehr gefragt war. Bezeichnenderweise war die Arbeitsgemeinschaft „Kauft österreichische Waren" nicht Teil des zentralstaatlichen Beamtenapparats, sondern als Verein konstituiert, betrieben von den Kammern als parastaatlichen Einrichtungen und Interessenverbänden der Unternehmerschaft. Aus handelspolitischen Gründen war eine formale Distanz zum Zentralstaat erwünscht. Das brachte die Konstituierung der Kampagne als bewegliche und dadurch prekäre, von Finanzierungsunsicherheiten betroffene Entität. In der Gegenwart des Consulting und der Auslagerung von zuvor als staatlich definierten Funktionen in Betriebsgesellschaften und private Unternehmen ist uns das vertraut. Es erscheint als Neuheit eines neoliberalen Umbaus, ebenso wie die aufwändigen Public Relations der Myriaden Einrichtungen, die mit öffentlichen Geldern betrieben werden. Unsere Vorstellung vom Staat ist stark von jener Gestalt geprägt, die der Nationalstaat in der langen Nachkriegszeit aufwies, als nicht nur in Österreich die Bündelung von Ressourcen in der staatlichen Bürokratie und die parallellaufende Expansion ihrer Agenden ein historisch ungewöhnliches Ausmaß erreichte.[5] Die Trägerorganisation der Kampagne „Kauft österreichische Waren" gehörte hingegen einem Davor an.

Die Propaganda, die in den 1920er-Jahren einer Arbeitsgemeinschaft oblag, wurde seit den 1950er-Jahren von einer Abteilung der Bundeswirtschaftskammer fortgeführt. Den Verein löste somit eine Körperschaft öffentlichen Rechts ab. Diese war ihrerseits als neue Spitzenorganisation der ehemaligen Handels- und Gewerbekammern in eine Struktur eingefügt, die sich gegenüber der Zwischenkriegszeit stärker zentralisiert zeigte. Es ist allerdings weniger ein Narrativ von Ausdehnung und Rückzug des Staates, für das sich die Geschichte der Buy-National-Kampagnen eignet, als die Platzierung und Funktion der Arbeitsgemeinschaft „Kauft österreichi-

3 Unter den bisherigen Forschungen zu Schweizerwoche und Zentralstelle ist die gründlichste eine 1991 abgeschlossene Lizentiatsarbeit: Oberer, Armbrust; außerdem von demselben Autor ein Sammelbandbeitrag: Armbrust (1990); zu den Plakaten der Schweizerwoche siehe auch: König, Waren.

4 Der Kampagne der Zwischenkriegszeit widmet sich die Diplomarbeit von Graf, „Kauft"; außerdem Aufsätze: Morawetz, Aufbruch; Gries/Morawetz, „Kauft"; Kühschelm, Implicit Boycott. Zur Österreichwoche nach 1945 liegt keine Forschung vor.

5 Hurrelmann, Golden-Age Nation State.

sche Waren“ und ihrer Nachfolgerin daran erinnern, wie variabel gouvernementale Arrangements gerade in einem staatlichen Gefüge waren, das einen langen Schatten warf.[6] So gründete man Ende der 1970er-Jahre zur Propagierung des patriotischen Einkaufs mit „Made in Austria“ neuerlich einen Verein, den die Wirtschaftskammer beherbergte, der aber über sie hinausreichen und andere ‚Sozialpartner‘, darunter die Arbeitnehmerseite, einbeziehen konnte.

1.1 Eine transnationale Geschichte

Buy-National-Propaganda und ihren Organisationen ging es um eine Nationalisierung des Einkaufens, aber sie konstituierten sich transnational – auf verschiedenen, doch vielfach miteinander verbundenen Bahnen. Hier seien sie in sieben Punkten aufgeschlüsselt: Erstens wurde der moralisierende Zugriff auf die Bürger*innen als Konsument*innen oft durch die medienbasierte Wahrnehmung von nationalökonomischen und politischen Parallelen zur Situation im eigenen Land legitimiert, etwa der Reaktionen auf einen krisenhaften Einbruch im Binnenabsatz, auf eine steigende Arbeitslosigkeit oder auf Exportprobleme vor dem Hintergrund einer ähnlichen Außenhandelsabhängigkeit. Allerorten diskutierten außerdem bürgerliche Eliten den autoritären Umbau von Demokratie. Selbst in der Schweiz als ‚alter‘ Demokratie sympathisierten sie zuweilen mit diktatorischen Regimen wie dem italienischen Faschismus.

Zweitens führten außenwirtschaftliche Verflechtungen dazu, dass Unternehmer von Buy-National-Appellen in anderen Ländern erfuhren oder selbst bei Geschäftsaufenthalten im Ausland beobachteten. Daraus musste nicht zwangsläufig folgen, dass sie für ihr eigenes Land auch eine Buy-National-Propaganda forderten, doch trug es zur Verfügbarkeit eines Wissens bei, das bei binnenmarktorientierten Akteuren das Begehren weckte, Gleiches mit Gleichem zu vergelten. So nahmen österreichische Unternehmer 1926 durch ihre Geschäftskorrespondenz wahr, dass Briefe aus Großbritannien den Poststempel „British goods are best“ erhielten. In ähnlicher Weise sollte daher für österreichische Waren geworben werden.[7] Auch das Vorhaben, eine Schweizerwoche zu organisieren, nahm seinen Ausgang von der Erfahrung eines Unternehmers mit der Werbung, die andernorts für patriotischen Konsum getrieben wurde. Ernst Müller[8], ein Manager in der Stahlindustrie, erinnerte sich daran, in England eine All-British-Shopping-Week erlebt zu haben. Als er sich 1915 mit Werner Minder[9], einem Gesinnungsfreund aus seiner Schaffhausener Ortsgruppe

6 Im Sinne von Hanisch, Schatten.

7 WKW E 27.468/1, Faszikel Verbände, Schreiben Niederösterreichischer Gewerbeverein an Handelskammer Wien, 27.4.1926.

8 Müller (1885–1957) war Direktor der Georg Fischer AG in Schaffhausen.

9 Minder (1882–1952) war Prokurist und später Inhaber des Kosmetikherstellers Trybol AG.

der Neuen Helvetischen Gesellschaft, unterhielt, kamen die beiden überein, dass man sich Derartiges für die Schweiz auch vorstellen könne.[10]

Den außenwirtschaftlichen Kontakten korrespondierten drittens handelsdiplomatische Apparate, die sich zur Informationsbeschaffung nützen ließen. Werner Minder wandte sich in der Planungsphase der ersten Schweizerwoche um Auskunft an die Handelsabteilung des politischen Departements, das wiederum die Gesandtschaft in London instruierte. Die Erhebungen blieben in diesem Fall allerdings unergiebig.[11] Mehr Erfolg hatten die Initiatoren der österreichischen Kampagne. Berichte über eine Alleanza per il lavoro e il prodotto italiano und über das eben erst geschaffene Empire Marketing Board langten in der Vorbereitungsphase der Kampagne ein.[12] Auch als die Armbrust-Organisation Anfang der 1930er-Jahre ihre Tätigkeit aufnahm, erbat und erhielt sie dank des Netzes der Schweizer Gesandtschaften Mitteilung über Buy-National-Kampagnen in anderen Ländern.[13]

Die Propagierung des patriotischen Konsums war viertens auch deshalb kein nationaler Binnendiskurs, weil sie an viele Wissensformen anknüpfte, die ihrerseits zum einen transnational als eigene Wissenschaftsdisziplinen oder Gegenstandsbereiche Gestalt erhielten und zum anderen sich in Staatsapparate und Vorstellungen von nationaler Gemeinschaft einschrieben. Die Selbstverständigung von Akteur*innen als Inhaber*innen von Expertise vollzog sich gleichzeitig quer zur nationalen Segmentierung und als nationalisierende Subjektivierung. Das galt, um nur Wissensfelder zu nennen, die in der vorliegenden Studie zur Sprache kommen werden, für Ökonomie, Betriebswirtschaftslehre, Hauswirtschaftslehre/home economics, soziologisches Konsumwissen und Pädagogik; das traf natürlich auch auf Werbewissen zu, das sich aus der Praxis persuasiver Kommunikation sowie den Systematisierungsbemühungen in Richtung einer angewandten Wissenschaft speiste. 1924 fanden sich Reklamekundige aus vielen Ländern im Londoner Vorort Wembley ein, um am Weltreklame-Kongress teilzunehmen. Der Kongress brachte die internationale Vernetzung voran, er wirkte aber nicht nur in Richtung einer Verbindung über nationale Grenzen hinweg. Er veranlasste ebenso zur Intensivierung nationaler Standespolitiken.[14] In Wien wurden 1925 die beiden maßgeblichen Verbände der

10 Werner Minder, Entstehung der Schweizer-Woche, in: Schweizerwoche-Verband, Jahresbericht 1940/41, 6–10, hier 7.

11 SWA PA486, A3, Neue Helvetische Gesellschaft Schaffhausen an Politisches Departement, 5.5.1915; A4 Politisches Departement an Neue Helvetische Gesellschaft Schaffhausen, 6.7.1915.

12 ÖStA, AdR, BMHV 112.051-10/26, Schreiben Bundeskanzleramt Auswärtige Angelegenheiten (BKAA) an Bundesministerium für Handel und Verkehr, 29.12.1926; 65551/1927, 65259-10/27 Abschrift von Schreiben Generalkonsulat Mailand an BKAA, 7.1.1927; WKW E 27.468/2, Faszikel „1927“, Handelskammer an österreichische Gesandtschaft London, 26.9.1927; Graf, „Kauft“, 37.

13 SWA PA486, D33, diverse Materialien, u. a. ein siebenseitiges Schreiben der Schweizer Gesandtschaft in London (nicht datiert, ca. Ende 1931/Anfang 1932) über die „‚Buy British‘-Bewegung“.

14 Hirt, Propheten, 203 (Deutschland); Sennebogen, Propaganda, 128 (Deutschland und Italien).

Werbetreibenden gegründet,[15] und von den Schweizer Reklamefachleuten, die in London dabei waren, ging ein wichtiger Impuls zur Gründung des Schweizerischen Reklameverbands aus. „Der Londoner Kongreß war für alle seriösen Fachleute eine gewaltige Rückenstärkung. Denn die Reklame zeigte sich ihnen erstmals als Weltmacht", erinnerte sich der Präsident des Schweizer Reklameverbands aus Anlass des 25-jährigen Jubiläums der Organisation.[16] Gezeigt hatte sich in Wembley aber nicht nur die ‚Weltmacht Reklame'. Der Kongress fand zur selben Zeit wie die große *British Empire Exhibition* statt. Von hier führte ein kurzer Weg zur Einrichtung des Empire Marketing Board, das in Ausmaß und Zuschnitt seiner Propaganda zugunsten der Produkte aus Großbritannien, seinen Dominien und Kolonien bald weithin als vorbildhaft galt. Nationalisierende und imperiale Inszenierungen, Globalisierung und Transferbeziehungen waren vielfach ineinander verschachtelt.

Die maßgeblichen Akteure von Buy-National-Kampagnen pflegten fünftens fortlaufend die wechselseitige Beobachtung.[17] Den Kampagnen in der Schweiz und Österreich ging also nicht nur ein Sammeln von Information über ähnliche Aktivitäten im Ausland voraus,[18] sie starteten damit in die Öffentlichkeit, dass sie den nationalen Rezipient*innen den Eindruck von europa- und weltweit laufenden Buy-National-Kampagnen vermittelten. So wie das auch auf Schutzzollpolitiken zutraf, zeigte die wechselseitige Beobachtung die Tendenz, die einmal eingeschlagene Entwicklung zu verstärken, denn der Rundblick auf die Propagandapraktiken in anderen Ländern ermöglichte legitimierende Argumente aller Art. In Österreich und der Schweiz bot es sich z. B. an, Zweifler*innen an der Klugheit der Buy-National-Propaganda darauf zu verweisen, dass man doch kleinen Staaten, die um ihre Existenz rangen, nicht verwehren könne, was selbst große und mächtige Staaten wie Großbritannien taten: nämlich ihre Bürger*innen für die nationale Ökonomie in die Pflicht zu nehmen.

Eines der auffälligsten Beispiele des Transfers von Formen der Propaganda sind die nationalen Einkaufswochen. Das britische Beispiel hatte die Schweizerwoche inspiriert, die ihrerseits 1927 das Vorbild für eine österreichische Woche abgab. Ange-

15 Anfang 1925 der Schutzverband der Reklametreibenden Österreichs, Mitte des Jahres der Verband österreichischer Reklamefachleute. Im Jahr darauf folgte der Bund österreichischer Gebrauchsgraphiker. Pernsteiner, Schutz.

16 Pioniere erzählen aus der Gründerzeit (C[onrad] Staehelin), in: Schweizer Reklame Nr. 7, Oktober 1950, nicht pag.

17 Wie das auch andere Varianten einer propagandistischen Moralisierung des Konsumierens taten, so die Käuferligen: Eigenmann, Konsum, 83–90.

18 WKW E27.468/3, Faszikel „1929", Schreiben Leo Klemensiewicz an Viktor Fischmeister, 17.10.1929: „Die Wiener Kammer für Handel, Gewerbe und Industrie hat vor Inangriffnahme der Inlandspropaganda in sehr instruktiver Weise eine Zusammenstellung der nationalen Propagandamassnahmen verfasst, die im Auslande durchgeführt werden. Diese Zusammenstellung hat uns bereits vielfach grossen Nutzen gebracht und insbesonders als Unterlage für verschiedene Zeitungsaufsätze, Radio- und andere Vorträge, sowie als Beispiel für in Österreich zu unternehmende Propagandamassnahmen gedient."

sichts des über viele Jahrzehnte innerhalb der Habsburgermonarchie eingeübten Spiels aus Kooperation und Rivalität ist es wenig überraschend, dass 1928 eine ungarische Woche stattfand. Die Initiatoren entfalteten eine „Agitation" für heimische Waren, „wobei wir uns gewissermaßen das ausländische Muster vor Augen halten mußten".[19] Die Gleichheit der Form hatte ihre Grenzen: Es sei die „Pflicht jedes Bürgers dieses Landes, vom höchsten bis zum letzten, die ‚Ungarische Woche' nach Kräften zu unterstützen".[20] Die Moralisierung des Konsums an die Affirmation einer ständischen Hierarchie der Staatsbürger zu binden, entsprach dem Denken des autoritären und konservativen Horthy-Regimes. Das lag außerhalb dessen, was sich in einem Schweizer Buy-National-Diskurs hätte sagen lassen, sofern man es auf Mobilisierung der Bevölkerung anlegte. Die Schweizer Diskurse waren keineswegs eine hierarchiefreie Kommunikation, doch unter den Bedingungen einer Demokratie konnten die Kampagnenverantwortlichen zumindest im Hinblick auf die politisch berechtigten Männer nicht anders kommunizieren als eine formale Gleichheit zu betonen.

Die wechselseitige Beobachtung der Kampagnen verschiedener Länder ging bis zur dauerhaften Kooperation. So schloss „Kauft österreichische Waren" ein Abkommen mit der „Schweizerwoche" zum regelmäßigen Austausch der Propagandamaterialien.[21] Als 1956 die Bundeswirtschaftskammer in Wien die Zeit für gekommen hielt, den patriotischen Appell an die Konsument*innen wieder aufzunehmen, hatte sich gegenüber den Zwischenkriegsjahren Entscheidendes verändert. Die politischen und kulturellen Eliten setzten nun alle zur Verfügung stehenden Mittel persuasiver und pädagogischer Kommunikation ein, damit die Bürger*innen der Zweiten Republik ihren Staat als Nation verstanden. Eines war allerdings gleichgeblieben: das Vorbild der Schweizerwoche. Ein mit der Vorbereitung der Propaganda befasster Werbeausschuss hielt es für zweckmäßig, zwei Herren ins Nachbarland zum Studium der Schweizerwoche zu schicken.[22]

Durch die gegenseitige Beobachtung sowie die ständige Wiederholung des internationalen Rundblicks in Artikeln und Vorträgen entstand sechstens eine transnationale Expertise in puncto Gefühlsprotektionismus[23], die zunehmend an Systematik gewann. Der deutsche Journalist Sigurd Paulsen, der in Deutschland an einschlägi-

19 O.V, Konstituierung der Großen Kommission der „Ungarischen Woche", in: Pester Lloyd, 31.10.1029, 18.

20 Ebd.

21 WKW E27.468/3, Faszikel „1929", Schreiben Leo Klemensiewicz an Viktor Fischmeister, 17.10.1929.

22 WKÖ DÖW, Österreichwoche 1957, Hauptpunkte aus der Sondersitzung des Werbe-Ausschusses am 19.9.1956; Österreichwoche 1958, Exposé des österreichischen Handelsdelegierten in der Schweiz: Die „Schweizer-Woche", ein Vorbild?

23 Ein in der Zwischenkriegszeit verwendeter Terminus: Hupka, Protektionismus, 133; der Begriff hat sich in den Wirtschaftswissenschaften als Bezeichnung für eine Variante von nichttarifären Handelshemmnissen bis in die Gegenwart erhalten: „Handelshemmnis, nichttarifäres", in: Gelbrich/Müller, Handbuch, 576–578.

ger Propaganda beteiligt war, veröffentlichte 1931 eine 86 Seiten starke Broschüre. Sie bot einen globalen Überblick über Buy-National-Kampagnen. Der Schwerpunkt lag auf dem kapitalistischen West- und Zentraleuropa, doch auch der Sowjetunion, Japan, Indien und Südamerika widmeten sich eigene Abschnitte. Die Schweizerwoche erschien Paulsen „vorbildlich gerade für uns Deutsche“, weil sie die Mobilisierung im Inland auf die Exportorientierung des Landes abstimmte.[24] An der österreichischen Kampagne fiel ihm auf, dass im „Lande der besonders scharf ausgeprägten politischen Kampfstellung zwischen Sozialdemokratie und Bürgertum“ die beiden Lager trotzdem zusammenarbeiteten, um an die Konsument*innen zu appellieren. Mehr noch aber stach die Kampagne „Kauft österreichische Waren“ im internationalen Vergleich durch ihren Pessimismus hervor. Paulsen erklärte sich das Phänomen als angemessene propagandistische Reaktion auf die zweifelhafte „Lebensfähigkeit“ des österreichischen Staates. In der Bandbreite der möglichen Zugriffe auf die Konsument*innen markierte die Kampagne „Kauft österreichische Waren“ den Pol einer negativen Motivierung. Sie warnte vor Verelendung. Am anderen Ende des Spektrums sah Paulsen die „unter allen Umständen optimistisch“ eingestellte Werbung des Empire Marketing Board.[25] Die globale Konjunktur der Buy-National-Kampagnen in den 1920er- und 1930er-Jahren brachte schließlich auch ihre Behandlung durch den Wissenschaftsbetrieb. In Deutschland nahmen sich Dissertationen des „mittelbaren Protektionismus“ und der „nationalen Einkaufspropaganda“ an.[26] In der Schweiz verwendete man den Begriff der „nationalen Warenpropaganda“ für werbliche Praktiken, die sich sowohl an die nationale Wir-Gruppe wie an ausländische Rezipient*innen wandten und die eine Mobilisierung von Patriotismus ebenso wie die Platzierung attraktiver Images betrieben.[27] Die konzeptuellen Operationen, die diesen Begriff hervorbrachten, gehören – aus der Gegenwart betrachtet – zu einer Vorgeschichte des Nation Branding.

Der transnationale Transfer verknüpfte sich außerdem, um einen siebenten und letzten Punkt zu nennen, mit einer Verquickung von Spezial- und Interdiskursen. Das machte ein Wissen über ausländische Kampagnen für Medienkonsument*innen zugänglich, die außerhalb des Personenkreises standen, der sich an Propagandaaktionen organisatorisch beteiligte. Damit sind wir auch wieder beim Ausgangspunkt angelangt, der über die Publikumsmedien vermittelten Wahrnehmung von Parallelen und Ähnlichkeiten. Die Kampagnen fütterten den Wirtschaftsjournalismus mit ihren Presseaussendungen, denn für die Verzahnung von ökonomischem Spezialwissen und Laienwissen spielt die Wirtschaftsberichterstattung in Publikumsmedien eine wesentliche Rolle. Zeitungsartikel, aber auch Radiosendungen und Vorträge, die sich darauf beriefen, was andere Länder taten, legten es darauf an, bei einer gro-

24 Paulsen, Kampf, 41 f.
25 Ebd., 33 f.
26 Hupka, Protektionismus; Hülser, Propaganda; Weber, National- und Imperialprotektionismus.
27 Raissig, Produkt; Baumann, Ursprungszeichen.

ßen Zahl an Rezipient*innen außerhalb der Herrschaftseliten ein Wissen über die Propaganda anderswo zu schaffen. Auch unabhängig von einem Informationsfluss, den die Kampagnen selbst in Gang brachten, waren protektionistische Politiken ein Dauerbrenner. Buy-National-Kampagnen waren als ‚Gefühlsprotektionismus' eine auf Sichtbarkeit ausgelegte Mobilisierung für den Konsum der nationalen Waren. Ausländische Kampagnen entgingen daher nicht der Aufmerksamkeit von Publikumsmedien – vor allem nicht, wenn es sich um große oder benachbarte Länder handelte. Wer Zeitung las, der konnte wissen, dass rund um den Erdball nationale Bewegungen, Unternehmerorganisationen und Staaten Konsument*innen dazu aufforderten, vordringlich oder ausschließlich heimische Waren zu kaufen.

1.2 Buy-National-Propaganda – ihre Selbstverständlichkeit und Wirksamkeit

Eine zentrale Aufgabe, der sich die Buy-National-Kampagnen stellen mussten, war es, Werbung für sich selbst zu machen und somit Werbung für die Werbung zu betreiben. Das gehört nicht nur zu den existenziellen und existenzsichernden Anforderungen an jede Werbeagentur, sondern ebenso an einen Verband, der nationale Warenpropaganda treiben will. Jedoch galt laut einem Tätigkeitsbericht der *Schweizerwoche*: „Die ‚Werbung für die Werbung' ist nicht immer leicht, weil der Erfolg unserer Arbeit selten konkret oder gar in Franken und Rappen ausgewiesen werden kann."[28] Trotzdem und umso mehr mussten die Protagonisten der Buy-National-Kampagnen Unternehmer davon überzeugen, dass sie sich durch Mitgliedsbeiträge an Gemeinschaftswerbung beteiligen sollten. Sie hatten daher nicht nur zu erklären, warum das vertretene Anliegen, der nationalbewusste Einkauf, wichtig war, sondern auch inwiefern persuasive Kommunikation das ausgegebene Ziel erreichen konnte. Edgar Steuri, Zentralsekretär des Schweizerwoche-Verbands, sprach in diesem Sinn 1930 vor dem Zürcher Kantonalkomitee der Organisation. Er dekretierte einleitend: „Die Betonung des nationalen Arguments in der Propaganda ist im Grunde etwas so Natürliches, Selbstverständliches, dass es gar keinen Sinn haben kann, über ihre prinzipielle Berechtigung zu debattieren."[29] Das Nationale bedurfte mithin keiner gesonderten Rechtfertigung, jedenfalls nicht, „solange sich die Menschheit in politisch und wirtschaftlich selbständig organisierte und nach aussen mehr oder weniger abgeschlossene Volksgemeinschaften, in Staaten gliedert". Die Affirmation durch Verneinung des Gegenteils und die Hervorhebung von Selbstverständlichkeit sind sichere Anzeichen dafür, dass der Gegenstand nicht außer Streit stand. Zudem

28 Schweizerwoche-Verband, Jahresbericht 1951/52, 23.
29 SWA PA486, B 83, Edgar Steuri, Wie es die andern machen. Grundsätzliches über die nationale Wirtschaftspropaganda, 1930, 1.

war die Wirkung der Propaganda durch die Selbstverständlichkeit ihrer Berechtigung noch nicht gezeigt.

Nützlich war der Hinweis auf ausländische Vorbilder. Als sie Mitte der 1930er-Jahre ihren Mitgliedern die Pläne einer aufwändigen Kampagne für die Ambrustmarke schmackhaft machen wollte, berief sich die Zentralstelle für das Ursprungszeichen auf den Bericht eines „Vertrauensmann[es] in London“, der die verflossene Buy-British-Kampagne in den glühendsten Farben schilderte. Belege des Erfolgs lieferte der Gewährsmann nicht, doch an ihre Stelle trat immerhin die vehemente Erfolgsbehauptung: „Je m'empresse de dire que décidément, les effets furent excellents.“ Ironischerweise fruchtete diese Übung in persuasiver Kommunikation gegenüber den eigenen Mitgliedern nicht.[30] Auf dieselbe argumentative Strategie, nur weiter ausgreifend, setzte Steuri in dem Vortrag vor dem Zürcher Kantonalkomitee, der den Titel trug: „Wie es die andern machen“. Er zählte die Slogans von Buy-National-Kampagnen aus Italien, Frankreich, Österreich, Belgien, Ungarn, Schweden, Deutschland, Spanien, Dänemark auf und schloss mit der Bemerkung:

> Vielleicht darf ich schon hier eine praktische und aktuelle Forderung stellen: Man revidiere endlich die weitverbreitete Auffassung, der einzelne Kunde höre auf diesem Ohr überhaupt nichts, er kümmere sich eine Laus um die Warenherkunft und um die Unterstützung des Mitbürgers. Meine Herren! Wenn das so wäre, dann müssten die Industriellen der halben Welt Dummköpfe sein, denn sie würden Unsummen für eine Utopie in den See werfen. Und wenn es bei uns in der Schweiz so wäre, dass sich das Volk gegenüber der Betonung des Nationalen vollkommen taub und unempfänglich verhielte, dann müssten wir uns als Staatsbürger ein bedenkliches Zeugnis ausstellen (und ganz sicher wäre die Schweizerwoche nicht 14 Jahre alt (und lang!) geworden).[31]

Die Behauptung der Wirksamkeit ruhte auf drei Beinen: Erstens tun es die anderen auch, daher muss es funktionieren, sonst täten sie es ja nicht. Die Agitation für die Schweizerware existiert zweitens bereits geraume Zeit; ergo nützt sie, denn ansonsten hätte man sie längst aufgegeben.[32] Zum dritten brachte Steuri ein normatives Argument: Wer die Schweizer für national indifferent hält, stellt ihnen ein schlechtes Zeugnis aus. In diesem Sinn fasste die Zentralstelle für das Ursprungszeichen auch die empirische Erhebung zum Armbrust-Zeichen von 1954 zusammen, die erste ihrer

---

30 SWA PA476, D194, Eine Botschaft des Armbrustzeichens, 1935; D7, Protokoll der Vorstandssitzung, 20.12.1935.

31 SWA PA486, B83, Edgar Steuri, Wie es die andern machen, 3.

32 Im Hinblick auf ein anderes konsumpatriotisches Event, die Basler Mustermesse, schrieb ein Schweizer Werbefachmann: „Hier gilt der gleiche Grundsatz wie in der Reklame im allgemeinen: ‚Man kann nicht jahrelang mit Erfolg für eine Sache werben, wenn sie nicht gut ist‘.“ Hermann Rudolf Seifert, Nachdenkliches zur Schweizer Mustermesse, in: Reklame. Beilage zur Zürcher Monatsschrift der Organisator Nr. 170, Mai 1933, 32–34.

Art: „Das Ergebnis der Umfrage stellt den Wiederverkäufern wie den Verbrauchern ein gutes Zeugnis aus."[33]

Aus der Warte der Nation wurden also den Schweizer*innen Zeugnisse erteilt. Hier waren es ausnahmsweise gute, da dies die Tragfähigkeit der Kampagne untermauerte. Innerhalb eines protektionistischen Maßnahmenportfolios war Propaganda ja dem Vergleich mit administrativen Zugriffen wie Zöllen und Einfuhrverboten ausgesetzt, bei deren Einsatz man sich nicht darauf verlassen musste, es mit gelehrigen Schüler*innen zu tun zu haben. Die Rede vom guten Zeugnis wies diejenigen, die an der Bereitschaft der Schweizer Konsument*innen zum patriotischen Einkauf zweifelten, als Skeptiker*innen gegenüber der Schweizer Nation auf und machte sie damit ihrerseits eines mangelnden Patriotismus verdächtig. Der rhetorische Druck auf die Rezipient*innen der Wirkungsbehauptung ersetzte den Beleg für die Wirksamkeit.

Diese musste in einer Gratwanderung zugleich affirmiert und relativiert werden, denn „eine 100 prozentig wirksame Propaganda" wäre die Beschneidung der freiheitlichen Wirtschafts- und Gesellschaftsordnung gewesen, die es gegen totalitäre Modelle zu verteidigen galt. Eine Allmachtphantasie, wie sie Werbetreibende und Werbekritiker*innen im 20. Jahrhundert immer wieder formuliert haben, wäre somit als ‚unschweizerisch' erschienen. Die totalitäre Propaganda wäre außerdem auf einen Boykott importierter Produkte hinausgelaufen. Die imaginierte Gemeinschaft freiheitsliebender Schweizer*innen und die ökonomische Dimension des Exports verlangten gleichermaßen die Abgrenzung der persuasiven Kommunikation vom Zwang oder auch nur dem Wunsch zwingen zu können. Steuri unterschied daher Propaganda in ihrer Wirkabsicht vom Kommando. Es handle sich vielmehr um „eine ständig wiederholte freundliche Einladung, die der Zwerg an einen ungeheuren, eigenwilligen und eigenmächtigen Koloss richtet: die Gesamtheit der in Frage kommenden Verbraucher".

Ein konkretes Ergebnis der Propaganda könnte die Absatzsteigerung für Schweizer Produkte sein. In der Hinsicht blieb man aber stets vage, obwohl die Initiatoren in der Gründungsphase bei Unternehmen mit dem Versprechen der Umsatzsteigerung warben. Als Ladenbesitzer*innen sich indes von der Kampagne zurückzogen, weil sie kein Absatzplus bemerkten, kritisierte der *Schweizerwoche-Verband* 1923: „Die Schweizerwoche soll nicht zur Ausverkaufsgelegenheit werden."[34] Der Jahresbericht von 1938 betonte die Doppelgesichtigkeit der Aktion. Zunächst führte er aus: „Die Schweizerwoche-Aktion des Handels ist eine Realität im geschäftlichen Sinn", um dann fortzusetzen: „Die Schweizerwoche ist aber auch eine staatsbürgerliche Realität. Nicht in der Ware, im Verkauf, im Absatz will sich ihr Zweck erschöpfen;

---

33 SWA PA486, D65. Dem Bericht der Gesellschaft für Marktforschung liegt der zweiseitige Entwurf für ein Schreiben ein, das offensichtlich zur Anwerbung neuer Mitglieder für die Organisation Verwendung finden sollte.

34 Schweizerwoche-Verband, Jahresbericht 1923/24, 5.

sie ist immer wieder der Mahnruf zum Zusammenstehen im wirtschaftlichen Bereich, zur gegenseitigen Unterstützung im Existenzkampf."[35] In einem Vortrag unterstrich Hermann Frey, der Vorgänger von Steuri als Sekretär des Schweizerwoche-Verbands, dass dessen Ziel tiefer gehe „als auf einen besseren materiellen Ertrag einzelner Teile unserer Volkswirtschaft. Er möchte ein Faktor sein in der Bewegung, welche die politische, kulturelle und wirtschaftliche Erneuerung der Schweiz im Auge hat. Er sucht daher ebenso sehr auf das Herz wie auf den Verstand zu wirken".[36]

Da für die Kampagne eine über das Geschäftliche hinausweisende Mission in Anspruch genommen wurde, war sie auch nicht nach den Maßstäben der Produktwerbung zu messen. In den 1940er-Jahren stellte man fest: „Gemeinschaftswerbung kostet reale Franken; es gibt aber keine Buchhaltung, in der der Gegenwert oder Erfolg direkt verbucht werden könnte."[37] Tatsächlich kann man auch in der Produktwerbung allenfalls eine Korrelation zwischen Werbeeinsatz und Absatzsteigerung feststellen. Kausalität im strengen Sinn hat noch niemand je gesehen, sondern wird immer nur gedacht und somit vermutet.[38] Auf solches Philosophieren ließ sich aber eine an der Sozialisierung von Konsument*innen interessierte Organisation wie der Schweizerwoche-Verband gar nicht erst ein. Die Schweizerwoche sollte „Schweizersinn" schaffen. Es handelte sich um eine Erziehungsaufgabe, die vor allem Frauen und Kinder anvisierte. Die Moralisierung der Bevölkerung im nationalen Sinn war das Ziel. Dieses aber erschien als nie gänzlich erreichbar, sondern als ein fortdauernder Prozess, an dem ein nie versiegender Bedarf bestand. Die nationale Warenpropaganda fasste Edgar Steuri daher als eine herkulische Aufgabe für den Zwerg Werbung, der sich „der Gesamtheit eines Volkes gegenüber" sah: „Hier muss ich meine freundliche Einladung, die nationale Arbeit zu begünstigen, unendlich oft und mit Aufwendung aller technischen Mittel, aller Kraft und Geduld wiederholen, bis mir der Koloss ‚Volk' nur ein ganz klein wenig Verständnis und Gegenliebe zeigt."[39]

Den Nutzen der Propagierung des patriotischen Einkaufs zu vermitteln erwies sich somit selbst als eine Herausforderung für persuasive Kommunikation. Ihre Betreiber, in der Schweiz, aber ebenso in Österreich, begegneten ihr auf mehrfache Weise: durch die Definition langfristiger und sich nie erschöpfender Ziele, durch die Formulierung eines politischen und kulturellen Auftrags jenseits der schnöden Absatzsteigerung, durch den Hinweis auf die europaweite Verbreitung von Buy-National-Kampagnen und indem sie behaupteten, es gäbe die Kampagnen nicht schon so lange, wenn sie kein Erfolg wären.

---

35 Schweizerwoche-Verband, Jahresbericht 1938/39, 4–5.

36 SWA PA486, B83, Dr. Frey, Ziel und Tätigkeit des Schweizerwoche-Verbandes, 1927, 1.

37 SWA PA486, D194 R[ené] Kaestlin, Schweizer Gemeinschaftswerbung im Dienste des Landes, Lausanne 1948, nicht pag.

38 Diese skeptische Einsicht formulierte David Hume, die schon bei ihm nur in der Hinwendung auf die Pragmatik des Alltagshandelns verschwindet. Beer, Sozialisationstheorie, 130–134.

39 SWA PA486, B83, Edgar Steuri, Wie es die anderen machen, 2.

1.3 Die Formierung eines Netzes von Institutionen

Armbrust-Organisation und Schweizerwoche-Verband waren so wie der Appell zum patriotischen Konsum, den sie vertraten, gut eingebettet in ein vielgliedriges Netz von Institutionen, deren Aufgabe darin bestand, die Nation, nationale Dienstleistungen und Produkte zu bewerben.[40] Sie adressierten ihre Kommunikation dabei sowohl an eine Wir-Gruppe von Konationalen und Staatsbürger*innen als auch an relevante Andere. Sie bewegten sich zwischen Wirtschaftswerbung, politischer Propaganda, Kulturwerbung und Kulturdiplomatie. Sie propagierten ein Gesamtinteresse und übergreifendes Bild der Nation, sollten aber ebenso Andockstellen für einzelwirtschaftliche Interessen bieten.

Die Formierung dieses Netzes lässt sich ins 19. Jahrhundert zurückverfolgen, zu den Gewerbe-, Landes- und Weltausstellungen, zu Einrichtungen der Exportförderung und zu anfangs oft regionalen Initiativen der Tourismuswerbung. Die Verbindung der Kommunikation gegenüber Wir-Gruppen mit jener an Ausländer*innen, die aus politisch, ökonomisch und kulturell relevanten Ländern kamen, war bereits gut erkennbar, so bei den Schweizer Landesausstellungen oder bei der Wiener Weltausstellung 1873. Das „Experiment Metropole" bestand darin, sowohl ein Image Wiens in die Welt zu projizieren, als sich das liberale Großbürgertum auch seiner Fähigkeit versichern wollte, die Habsburgermonarchie nach seinem Willen zu formen.[41] Die Weltausstellung, die mit einer Choleraepidemie und dem Platzen einer Börsenblase zusammentraf, war kein rundum glänzender Erfolg, doch nicht zufällig entstand in ihrem Gefolge eine wichtige Einrichtung der Exportförderung, das k. k. Handelsmuseum.[42]

In der Schweiz brachte der Erste Weltkrieg einen Schub der Verdichtung dieser Aktivitäten und ein markanteres Eintreten des Zentralstaates in koordinierende und lenkende Funktionen. Das jähe Ende der liberalen Außenhandelsregime, das sich seit dem ausgehenden 19. Jahrhundert angekündigt hatte, legte eine Wendung nach innen nahe. Der patriotische Konsum trat in den Mittelpunkt der Aufmerksamkeit. In Lausanne fand 1916 erstmals der Comptoir Suisse statt, eine Schau nationaler Waren. Dem folgte 1917 die Mustermesse in Basel als Deutschschweizer Pendant. Sie lief dem Comptoir bald den Rang als zentraler Ort einer Selbstdarstellung der Schweizer Produktivität ab. Die Schweizerwoche, ebenfalls erstmals 1917 zelebriert, wurde von ihren Proponenten als das dezentrale Gegenstück zur Mustermesse verstanden. In einer Periode, die bis in die lange Nachkriegszeit nach 1945 reichte, avancierten Messen in der Schweiz zu einem der wichtigsten Vehikel, um Konsum und Produktion zu Schaustellungen der Nation zu verklammern. Der italienischspra-

---

40 Vgl. Debluë, Exposer.

41 Kos, Experiment Metropole; Felber/Krasny/Rapp, Smart Exports; Pemsel, Wiener Weltausstellung.

42 Mayer, Exportförderungspolitik, 65 f.

chige Landesteil erhielt 1937 die Fiera di Lugano, die Ostschweiz ab 1943 die Olma, die Schweizer Messe für Land- und Milchwirtschaft.[43] Der Erste Weltkrieg war auch im Bereich der Tourismuswerbung Anlass zu einer Gesamtschweizer Koordination der werblichen Ressourcen: 1917 wurde die Schweizerische Verkehrszentrale gegründet. Im Bereich der Exportförderung dauerte es etwas länger, aber 1927 ging aus der Fusion dreier Vorgängerinstitutionen die Zentrale für Handelsförderung hervor, die im Sinne der Ausgewogenheit zwischen den beiden dominanten Landesteilen Sitze in Zürich und Lausanne betrieb.[44] Die Exportförderung umfasste auch Kulturpropaganda, doch diese erhielt zu guter Letzt 1939 ihre eigene Institution: Pro Helvetia. Als typische Initiative der Geistigen Landesverteidigung sollte sie sowohl als Mittel nationaler Selbstbestätigung dienen als auch der Verbreitung von Schweizer Kulturwerten im Ausland. Während die zentralstaatliche Diplomatie sich auf Handelsfragen konzentrierte, übernahm es die Stiftung, das Image der Schweiz im Sinne von *public diplomacy* zu pflegen.[45]

Bereits 1916 und erneut in einer Broschüre von 1920 forderte Karl Lauterer, Reklamefachmann in Le Locle, die Errichtung eines Schweizer Werbeamtes, um alle persuasive Kommunikation, die im nationalen Interesse lag, in Einklang zu bringen.[46] Auch in Deutschland kursierte damals die Idee eines Werbeamtes oder Werbeministeriums. Nach der militärischen Niederlage verband sich damit der Gedanke, den Krieg mit werblichen Mitteln fortzuführen.[47] Das von Lauterer ventilierte Schweizer Werbeamt sollte dem Staat seinerseits als „Förderer der Industrie, des Handels und der Kunst, sowie [als] ein warmer Verteidiger guter Ideen und ein lebensfrisch empfindender Vertreter" zur Seite stehen.[48] Das größte Augenmerk legte Lauterer bei der Skizzierung seines Vorhabens auf die wirtschaftliche Komponente. So sollten z. B. die Schweizer Auslandsvertretungen eingespannt werden, um Ergebnisse der Werbeforschung in anderen Ländern zu sammeln und der heimischen Industrie zur Verfügung zu stellen. Sein Ziel erreichte Lauterer nicht: „Une fois de plus je prêchais dans le désert", erinnerte er sich später in der Pose des verkannten Propheten.[49]

In Österreich führte der Zerfall des Habsburgerreichs zu massiven Ressourcenverlusten. Das erzwang eine Neuaufstellung der rund um den Gesamtstaat bzw. die österreichische Reichshälfte angeordneten Einrichtungen. So verlor das Handelsmuseum den Großteil seiner Verbindungen im Ausland. Die Zahl der Stützpunkte, Ex-

---

43 Zu Mustermesse und Comptoir vgl. Kury/Baur, Takt; Helbling, Mustermesse.
44 Buschor, Zentrale, 19–40.
45 Kadelbach, Swiss made; Milani, Diplomate; Gillabert, Coulisses.
46 Deblué, Exposer, 276 f.; Lauterer, Anregung.
47 Hirt, Propheten, 140–142.
48 Karl Lauterer, Ein Schweizer Werbeamt, in: Reklame. Beilage zur Zürcher Monatsschrift der Organisator Nr. 36, März 1922, 1–4, 1.
49 Pioniere erzählen aus der Gründerzeit (Karl Lauterer), in: Schweizer Reklame Nr. 7, Oktober 1950, nicht pag.

posituren, Korrespondenzstellen und Konsulate reduzierte sich von rund 500 auf 46.[50] Der Weltkrieg hatte allerdings auch in Österreich die Dringlichkeit des Werbens für den Staat und das weite Feld der sich hier bietenden Möglichkeiten offengelegt. Der Wiener Werbeforscher Viktor Mataja fügte seinem zuerst 1910 erschienenen Buch *Die Reklame* in der dritten Auflage von 1920 ein Kapitel hinzu, das die Erfahrungen des Ersten Weltkriegs verarbeitete und sich der Rolle des Staates als Werbetreibender widmete. Jeder Staat müsse werben, sowohl gegenüber der eigenen Bevölkerung als auch im Ausland. Es bedürfe einer Kombination aus politischer, wirtschaftlicher und kultureller Propaganda.[51] In den 1920er-Jahren und noch mehr in den 1930er-Jahren kam die Organisation werblicher und propagandistischer Aktivitäten in diesen Bereichen erheblich voran, obwohl sich die wirtschaftlichen Bedingungen schwierig gestalteten und die Regierung eine Austeritätspolitik verfolgte. 1921 fand die erste Wiener Messe statt und auf dem Gebiet der Tourismuswerbung begann 1918 das Österreichische Verkehrsbüro seine Tätigkeit. Aus den bisher als Vereinen konstituierten Landesverbänden für Fremdenverkehr wurden Landesfremdenverkehrsämter. Sie nahmen damit amtlichen Charakter an. 1923 folgte die Gründung der Österreichischen Verkehrswerbung. Hinter der Tourismuswerbung standen vor allem die Bundesbahnen, bis die Bundesverfassung von 1934, die den Umbau Österreichs zur Diktatur legitimieren sollte, die Fremdenverkehrsförderung zur Bundesangelegenheit erklärte.[52] Im selben Jahr schuf das Regime auch ein Amt für Wirtschaftspropaganda, das dem Handelsministerium zugeordnet war. Es sollte als Dach über vielen verschiedenen Institutionen wirken, den Appell „Kauft österreichische Waren" ebenso wie Ausstellungen, Messen, Exportförderung und Fremdenverkehrswerbung koordinieren; außerdem Radiovorträge organisieren sowie die Herstellung und den Verleih von Propagandafilmen. In den eingesetzten Werbemitteln manifestierte sich, so der zuständige Ministerialrat Eugen Lanske, „die kultivierte Art österreichischer Lebensführung". Als Aufgabe des Amtes sah er es auch, die Wirtschaftspropaganda mit der Wirtschaftsbeobachtung zu verbinden, die namentlich das Institut für Konjunkturforschung betrieb. Das Amt besaß somit zumindest in seinen Ansprüchen ein denkbar umfassendes Portfolio auf dem Gebiet einer nationalisierenden Kommunikation über die Ökonomie. Österreich habe hier „volkspsychologisch" viel nachzuholen, stellte Lanske fest. Es bedurfte einer Emanzipation, deren Vorbilder er außerhalb Europas erblickte, in Japan, der Türkei und Indien. Dies seien „Völker mit einem ausgeprägten nationalen Selbstbewusstsein". Insbesondere Gandhi hatte es ihm angetan, weil er „der nationalen Bewegung eine wirt-

---

50 Meyer, Exportförderungspolitik, 132.

51 Mataja, Reklame (1920), 508–521, hier 515 (mit Bezug auf „Auslandspropaganda"). Es handelt sich um das Unterkapitel „Der staatliche Werbedienst" im Rahmen des zehnten Kapitels über „Staat und Reklamewesen", das sich in der Erstauflage von 1910 nur der Regelung, Besteuerung und Förderung von Werbung widmete.

52 Burtscher, Fremdenverkehrswerbung, 95–100.

schaftliche Färbung“ gegeben hatte.[53] Lanske selbst verfasste für das Amt eine Politische Gesellschaftslehre als Rechtfertigung des korporatistischen Umbaus der Gesellschaft.[54]

Die Rolle des Zentralstaates war in Österreich markanter als in der Schweiz, aber auch in der Schweiz sollte man sie nicht unterschätzen. Umgekehrt lässt sich das Institutionennetz in beiden Ländern nicht in einer dichotomen Gegenüberstellung von Staat und privat oder Staat und Gesellschaft erfassen, sondern als ein mithilfe der Nation verklammertes Regime der Gouvernementalität, in das sich unterschiedliche institutionelle Akteure eintrugen: Unternehmen, Vereine, Verbände, Kammern und Behörden. Die Gründung der Arbeitsgemeinschaft „Kauft österreichische Waren“ ist ein Paradebeispiel für diese Komplexität: Angeleitet vom Handelsministerium trafen einander Anfang 1927 die Vertreter*innen eines breiten Spektrums von Interessenverbänden, die Führung aber übernahmen die Handelskammer Wien und der Hauptverband der österreichischen Industrie. Die Arbeitsgemeinschaft war als ein privatrechtlicher Verein konstituiert, ein großer Teil des Geldes kam aber vom Bund, ebenso wie im Nachbarland Mustermesse und Schweizerwoche jährliche Bundessubventionen erhielten. Einen Abstand zu den Kampagnen zu wahren hatte aus Sicht von Regierung und staatlicher Diplomatie einen strategischen Vorteil. Er bot die Möglichkeit, sich bei Beschwerden aus dem Ausland aller Verantwortung für Kampagnen zu entschlagen, die gegen Importe gerichtet waren.

Die werblichen und propagandistischen Einrichtungen rund um die Nation, ihre Produkte und Dienstleistungen, entwickelten sich nicht nur parallel, sie waren vielfach miteinander personell und institutionell verknüpft und vereinbarten gemeinsame Aktivitäten. Wie es aber zu sein pflegt, wenn viele Akteure ein Feld bearbeiten, konkurrierten sie auch um Aufmerksamkeit und staatliche Förderung, beanspruchten exklusive Zuständigkeiten, die sie bei anderen wiederum nicht anerkennen wollten. Die Kooperation wie die Konkurrenz ist ein Beleg dafür, dass diese Institutionen ein Terrain entdeckt hatten, das sie sich mit anderen teilten. Die Nation wirkte hier zum einen als Auffangsemantik funktionaler Differenzierung,[55] zum anderen war der Bezug auf das Nationale nicht bloß reaktiv und hatte nicht nur eine diskursive Dimension. Er erzeugte neue funktionale Differenzierungen und Formen des Werbens sowie ein Dispositiv – daher nicht auf das Diskursive beschränkt –, das sich eben in der Existenz und Tätigkeit einer breiten Vielfalt von Institutionen manifestierte.

Um die Gemeinsamkeit abzustecken, tat man in der Schweiz 1932 einen vorsichtigen Schritt in die schon Jahre zuvor von Karl Lauterer angezeigte Richtung. Das Volkswirtschaftsdepartement initiierte die Gründung eines Dachverbands, der Zentralkommission Schweizerischer Propagandaorganisationen. In den späten 1940er-

53 Eugen Lanske, Wirtschaftspropaganda, in: Kontakt Nr. 5, Mai 1935, 9–12.
54 Lanske, Gesellschaftslehre.
55 Luhmann, Gesellschaft der Gesellschaft 2, 1045.

Jahren erschien eine Publikation mit dem Titel *Schweizer Gemeinschaftswerbung im Dienste des Landes*. Sie teilte die der Zentralkommission angeschlossenen Organisationen in vier Gruppen ein.[56] Mit dem Etikett der „kulturellen Werbung" bedachte sie die Stiftung Pro Helvetia und das Auslandschweizerwerk, das so wie die Schweizerwoche eine Gründung der Neuen Helvetischen Gesellschaft war. Mehrere Organisationen rubrizierten unter „allgemeiner Wirtschafts- und Verkehrswerbung": die Zentrale für Handelsförderung, die Zentralstelle für das Ursprungszeichen, der Schweizerwoche-Verband, die Zentrale für Verkehrsförderung und der Publizitätsdienst der SBB. Die Swissair, bald ebenso ein bevorzugtes Objekt des Nationalstolzes wie die Eisenbahn, fehlte hier noch. Sie trat der Kommission erst 1949 bei. Die dritte Gruppe bildeten die Messeveranstaltungen und Ausstellungen, denen der Bund nationale Bedeutung zuerkannte, und bei der vierten handelte es sich um Organisationen, die „Gemeinschaftswerbung für einzelne Wirtschaftszweige" betrieben. Dazu zählten Verbände und Genossenschaften, die für die Milchproduktion, die Forst- und Landwirtschaft, die Gasversorgung und die Elektrizitätswirtschaft warben.

Ein „Ideenentwurf" für die Broschüre über *Schweizer Gemeinschaftswerbung* hatte noch zwischen Organisationen unterschieden, die nationale Produkte auf dem Binnenmarkt bewarben, und jenen, die im In- und Ausland für die Schweizer Produktion Stimmung machten.[57] Gegen dieses Ordnungsprinzip regte sich Widerspruch[58] und so trat in der veröffentlichten Fassung ein anderes an seine Stelle. Es ist indes nicht unmittelbar einleuchtend, wie die Broschüre zwischen Institutionen, die Brancheninteressen dienten, und jenen, die für eine „allgemeine" Werbung standen, differenzierte. Weshalb hielt man etwa die werblichen Aktivitäten der Bundesbahn für allgemeiner als diejenigen von Milcherzeugern? Die Unterschiede zwischen einem Eisenbahnunternehmen und einer Flüssigkeit sind zwar so offensichtlich wie zahlreich, doch teilten sie eine grundlegende Gemeinsamkeit: Die Schweizer*innen ebenso wie viele Ausländer*innen erkannten die Milch und die Bundesbahn als Symbole der Schweiz und ihrer Qualitäten. Milch war immerhin die Zutat, die das einst exotische Produkt Schokolade zum Schweizerprodukt geadelt hatte, und sie war der Rohstoff, dem die Welt den Schweizer Käse verdankte.[59] Das sind einerseits Details und jegliche Ordnung hat ihre Merkwürdigkeiten. Solche Feinheiten nicht zu beobachten heißt jedoch andererseits die enormen Hürden zu übersehen, die sich einer konsistenten „Ordnung der Dinge" stets entgegenstellen. Daran arbeiteten sich die Mitglieder und Mitarbeiter*innen der werblichen Organisationen ab. In pragmatischer Hinsicht ging es ihnen darum, organisatorische Unabhängigkeit zu behaupten oder zugunsten der Zusammenarbeit aufzugeben. Darüber hinaus ver-

---

56 SWA PA486, D194 R[ené] Kaestlin, Schweizer Gemeinschaftswerbung.

57 ETH, Archiv für Zeitgeschichte, IB Vorort 470.4.4 Zentralkommission Schweizerischer Propagandaorganisationen 1947–1957, Ideenentwurf, nicht dat.

58 Ebd., Protokoll der 37. Sitzung, 15.10.1948, 3.

59 Rossfeld, Schokolade; Oesterer, Idylle.

suchten sie ein gemeinsames Terrain zu konturieren. Sie traten damit in Aushandlungsprozesse ein, die unabschließbar rund um die schwierige Frage kreisten, was die Nation war oder sein sollte.

Als ein Scharnier, das die Herkunft der Waren im In- und Ausland erkennbar machte, konnte ein nationales Markenzeichen dienen. In Österreich wie der Schweiz versuchte man daher Anfang der 1930er-Jahre ein solches Symbol zu etablieren: in Österreich eine Wortbild-Marke, die aus den Buchstaben „Austria" einen Adler formte, in der Schweiz eine stilisierte Armbrust. Zwar insinuierte Buy-National-Propaganda häufig, dass heimische Waren einen nationalen Charakter trügen, dass mithin die Erkennbarkeit durch ihre nationale Eigenart gewährleistet sei; doch war das Schimäre. Die Kampagnen beschränkten sich ja gerade nicht auf die als typisch geltenden Waren, auf eine kleine Gruppe besonderer Produkte, sondern hatten die Produktlandschaft als ganze im Auge. Das Eigene machte man am Einsatz heimischen Kapitals und heimischer Arbeitskraft sowie am Ausmaß der innerhalb des nationalen Territoriums erbrachten Wertschöpfung fest. So mochten die Hüte der Marke „Jonny" und „Robby" amerikanisierende Erlebniswelten aufrufen, doch hinderte das die Erzeugerfirma nicht, sie als „zwei bewährte Schweizerfabrikate" anzupreisen.[60] Das Armbrust-Zeichen garantierte die Wahrhaftigkeit des Anspruchs, der die amerikanische Anmutung in der nationalen Ökonomie der Schweiz verankerte. Die Armbrust, die Waffe Wilhelm Tells, bettete die Ware auch in einer Schweizer Mythologie der Wehrhaftigkeit ein. Auf lange Sicht erwies sich das als Nachteil. Die Armbrust konnotierte eine defensive Abwehrhaltung. In den 1930er-Jahren schien dies eine stimmige Botschaft, nach 1945 verlor sie aber ihren Reiz. Zudem war die Armbrust von Anfang an eine Notlösung gewesen, denn die Schweiz verfügte bereits über ein Emblem, das sich weltweiter Bekanntheit erfreute: das weiße Kreuz auf rotem Grund.[61] Da aber das 1929 beschlossene Wappenschutzgesetz eine kommerzielle Nutzung des Schweizer Kreuzes verbot, musste die Zentralstelle für das Schweizerische Ursprungszeichen nach einer Alternative Ausschau halten.[62] Auf dem Schweizer Binnenmarkt leistete das Armbrust-Zeichen immerhin jenen Unternehmen, die sich nationalbewusst geben wollten, gute Dienste, doch als sich nach Ende des Zweiten Weltkriegs der globale Handel neuerlich intensivierte, scheiterten alle Versuche, die Armbrust auch stärker im Export zu etablieren.[63] Die Organisation jammerte sich langsam ihrer Irrelevanz entgegen: „Mangels Interesse unserer Mitglieder war es uns nicht möglich, eine Gemeinschaftswerbeaktion in den exportorientierten Zeitschriften durchzuführen", bekannte sie 1990, als sie sich gerade in Swiss Label umbenannt hatte.[64]

---

60 Inserat der Fa. Geiger u. Hutter, Zürich, in: Das Aufgebot Nr. 23, 1.11.1933.

61 Pellin, Schweizer Kreuz.

62 Oberer, Armbrust, 58–61; Pastori-Zumbach, Signe.

63 Das empfahl z. B. ein Gutachten des St. Galler Betriebswirtschaftsprofessors Heinz Weinhold-Stünzi. SWA PA486, D67, Zukunftsmöglichkeiten für das Armbrustzeichen, April 1966.

64 Swiss Label, Jahresbericht 1990, nicht pag.

1.4 Kampagnenbudgets und Handlungsspielräume

Anhaltspunkte für die Beurteilung der Kampagnen können Angaben zu ihren Budgets geben. Wie stets sprechen die Zahlen allerdings nicht für sich selbst und das nicht nur, weil sie lückenhaft überliefert sind. Sie erhalten erst dann einen Aussagewert, wenn man sie zu anderen – ebenfalls bloß fragmentarisch vorhandenen – Daten in Beziehung setzen kann, so etwa zu den Werbeausgaben von Unternehmen und zum gesamten Werbevolumen im jeweiligen Land. Das allein genügt aber immer noch nicht, denn die Anforderungen und Möglichkeiten des Appells für nationalbewusstes Einkaufen unterscheiden sich z. B. von jenen eines Unternehmens in Handel oder Produktion. Der Interpretationsspielraum ist also notwendigerweise weit, Gewissheit nicht zu erhalten.

Veröffentlichte Zahlen zum Umfang der Werbung in der Schweiz und Österreich während der 1920er- und 1930er-Jahre lassen sich vereinzelt finden. Wenn sie von Werbefachleuten selbst stammen, muss man berücksichtigen, dass ihnen daran gelegen war, die volkswirtschaftliche Relevanz ihres Tuns zu unterstreichen. Der 1933 verfasste Artikel eines deutschen Unternehmers, 1938 auch im Zürcher Fachblatt *Der Organisator* erschienen, bezifferte die nicht näher bestimmten „unmittelbaren“ Werbeausgaben in der Schweiz mit 20 Millionen Franken.[65] Max Dalang, der Inhaber einer großen Werbeagentur in Zürich, hatte 1930 geschätzt, dass rund 1500 Personen in Annoncenexpeditionen, Plakatgesellschaften, als Reklameberater und Gebrauchsgrafiker tätig waren. Da Inserate rund zwei Drittel des Platzes in Zeitungen einnahmen, addierte er einen entsprechenden Anteil an dem im Pressewesen beschäftigten Personal und an der Belegschaft der Druckereien hinzu. Er kam so auf 13.800 Personen, deren Erwerbstätigkeit auf der Werbung basierte. Ihr Lohnvolumen gab Dalang mit 60 Millionen Franken an, doppelt so viel wie in der Schuhindustrie und mehr als in der Nahrungsmittelindustrie. Dass es um nationale Bedeutung ging, verriet der Vergleich, den er wählte, um die „stattliche Zahl von 13.800 Personen“ in Perspektive zu setzen: „Das ist die Stärke einer schweizerischen Division.“[66]

Zu den Werbeausgaben in Österreich liegt für das Jahr 1926 eine Kalkulation des Werbefachmanns Erwin Paneth vor, der auch mit der Kampagne „Kauft österreichische Waren“ verbunden war.[67] Er griff dafür auf Daten über die Reklamesteuern zurück und errechnete davon ausgehend einen Aufwand von rund 58 Millionen Schil-

---

65 Jakob Stab [Friedrich Dessauer], Geistige Hintergründe des Werbens, in: Der Organisator Nr. 238, Jänner 1939, 723–725; der Artikel erschien zuerst in der Rhein-Mainischen Volkszeitung, 5.5. u. 7.5.1933; Habersack, Dessauer, 490. Wie gut informiert die Schätzung des deutschen Unternehmers und Zentrumspolitikers war, ist schwer zu sagen.

66 Max Dalang, Die wirtschaftliche Bedeutung der Reklame, in: Schweizer Reklame Nr. 6, Februar 1930, 218–220.

67 Erwin Paneth, Reklamesteuer und Reklameaufwand in Österreich im Jahre 1926, in: Österreichische Reklame 5/6, Dezember 1927, 14 f.

ling. Die Werbeausgaben in den USA gab er für 1925 mit 1,3 Milliarden Dollar an.[68] Das waren umgerechnet rund 9,3 Milliarden Schilling[69] und entsprach wiederum in etwa einem Aufwand von 80 Schilling pro Kopf. In Österreich standen dem ca. neun Schilling pro Kopf gegenüber. Solche Schätzungen als grob zu bezeichnen ist stark untertrieben, aber sie verdeutlichen immerhin, dass sich die USA in den 1920er-Jahren punkto Werbeaufwand in einem anderen Universum befand als Österreich. Auch große Konsumgüterkonzerne bewegten Beträge, die dem von Paneth für Österreich errechneten Werbevolumen von 58 Millionen Schilling gleichkamen oder es sogar überstiegen. So gab die niederländisch-britische Margarine Unie 1928 über 19 Millionen Gulden für Werbung aus.[70] Das waren umgerechnet rund 55 Millionen Schilling. Zeitungen kolportierten diesen eindrucksvollen Betrag in Gulden, britischen Pfund und/oder österreichischer Währung.[71] In Österreich war der Konzern durch die Unternehmen der Firma Schicht vertreten, die ihrerseits in Aussig [Ústí nad Labem], nach 1918 also im „Neuausland", beheimatet war und den Markt der Habsburgermonarchie beherrscht hatte.[72]

Ein 1923 veröffentlichtes Lehrbuch der Reklame, das an Schweizer Verhältnissen Maß nahm, empfahl, dass ein mittleres Unternehmen in der Nahrungsmittelbranche bei Markteintritt ein Reklamebudget von 120.000 Franken einsetzen sollte. Das Reklamebudget einer exportorientierten Schweizer Schokoladenfabrik mit einem Umsatz von fünf Millionen Franken gab er mit 200.000 Franken an.[73] Der Autor, Karl Lauterer, musste wissen, wovon er sprach, da er selbst für Schokoladeerzeuger tätig war. Später zeichnete er bei Nestlé für die Werbung verantwortlich. Archivalische Aufzeichnungen von Suchard zeigen, dass diese Firma 1920 255.236 Franken für Werbung budgetierte.[74] Das deutet darauf, dass die Beispiele von Lauterer seinem Anspruch Genüge taten, Lehren aus der Praxis anzubieten. Einen Hinweis auf Grö-

---

68 Paneth, Grundriss, 24.

69 Für 100 Dollar bekam man Ende 1926 709 Schilling. Siehe die Devisenkurse in der Neuen Freien Presse, 30.12.1925, 11.

70 O. V., De groei van het margarine-concern, in: Algemeen Handelsblad, 29.8.1929, 15.

71 Siehe die Berichte über die Generalversammlung des Unternehmens in zwei Regionalzeitungen: Vorarlberger Tagblatt, 14.5.1929 7 f. (deutschnational); O. V., Der Welttrust der Margarine- und Seifenindustrie, in: Salzburger Wacht, 2.11.1929, 11 (sozialdemokratisch).

72 Zu Unternehmensgeschichte von Unilever Österreich siehe Brusatti, Geschichte.

73 Lauterer, Lehrbuch, 295–297.

74 Rossfeld, Schokolade, 490 f. Rossfeld geht bei Suchard von einem Anteil der Werbeausgaben am Umsatz von 6 % aus: Ebd., 423. Lauterer betonte, dass es keine für alle Unternehmen gültige Zahl gebe, nannte aber als plausiblen Bereich Werbeaufwendungen im Umfang zwischen 2–3 und 10 % des Umsatzes: Lauterer, Lehrbuch, 295. Dieselben Zahlen zitiert Rossfeld nach einem Artikel von 1924 in der von Lauterer und Hermann Behrmann redaktionell betreuten Zeitschrift *Der Kaufmann*: Rossfeld, Schokolade, 423. Erhebungen zum Anteil der Werbung am Umsatz in Deutschland referiert Reinhardt, Reklame, 35–44; zu den Reklamekosten auch Mataja, Reklame, 82–89.

ßenordnungen gab auch Max Dalang, der ebenfalls Anfang der 1920er-Jahre ein Werbebudget von 100.000 Franken als „schon sehr ansehnlich“ bezeichnete.[75]

Mittelständische Unternehmen dürften eher geringere Beträge eingesetzt haben, denn 1939 gab ein weiterer Doyen des Schweizer Werbewesens 20.000–100.000 Franken als die Spannbreite an, in der sich Reklameberater bei der Verwaltung von Etats heimischer Firmen bewegten.[76] Adolf Wirz, ein Pionier der Marktforschung in der Schweiz, ging in seinem 1943 veröffentlichten *Handbuch der Reklame* davon aus, dass Werbung, die den Konsument*innen eine Marke in der Genussmittelbranche präsent halten sollte, ein Budget von zumindest 80.000 Franken benötigte. Eine Kampagne, die den Eindruck vermittle, „daß sie den Konsumenten lebhaft umwirbt“, verlangte seiner Erfahrung nach ein Budget in einem Bereich zwischen 150.000 und 200.000 Franken.[77]

Solche Zahlen erlauben es, die Budgetdaten des Schweizerwoche-Verbands einzuordnen (Tabelle 1). Das Budgetvolumen, über das der Verband disponierte, dürfte von seiner Gründung bis in die 1950er-Jahre stabil geblieben sein.[78] Um 1930 standen für propagandistischen Aktivitäten rund 50.000 Franken zur Verfügung, dazu kamen 40.000 Franken Personal- und Organisationskosten. In demselben Bereich bewegte sich die Zentralstelle für das Ursprungszeichen, die 1934 rund 74.000 Franken und 1937 rund 65.000 Franken ausgab.[79]

Tab. 1: Ausgaben des Schweizerwoche-Verbands in Franken 1929–1932

Ausgaben nach Arbeitsgebieten	1929	1930	1931	1932
Schweizerwoche-Veranstaltung	28.776,67	23.642,23	27.375,05	29.864,47
Inseratenwerbung Schweizerwoche	6.065,55	4.222,57	7.301,45	8.322,70
Pressedienst	4.103,00	0,00	3.300,00	2.158,75
Jahrbuch	3.057,60	3.053,55	0,00	2.620,95

75 Max Dalang, Reklame-Methoden in Amerika und Europa, in: Der Organisator Nr. 57, Dezember 1923, 4–10, hier 8.

76 Karl Erny, In der Reklame nie nachlassen, in: Der Organisator Nr. 241, April 1939, 62–64, hier 62.

77 Wirz, Handbuch, 77 f.

78 Darauf deuten abgesehen von den in der Tabelle angeführten Jahresrechnungen summarische Aufstellungen für die Jahre 1938, 1940, 1941 und 1949. Notizen des Volkswirtschaftsdepartements beziffern die Gesamteinnahmen des Verbands von 1917–1936 mit 1.752.141,5 Franken. Das sind rechnerisch pro Jahr rund 87.600 Franken, also ungefähr der Betrag, den die erhaltenen Jahresrechnungen auswiesen. Bundesarchiv Bern, E7001A#1000/1069#908, Notiz betreffend Schweizerwoche, 30.9.1941.

79 SWA PA476, D7, Protokoll der Zentralstelle für das Ursprungszeichen, 7.2.1935; Protokoll, 6.4.1938.

Tab. 1 (fortgesetzt)

Ausgaben nach Arbeitsgebieten	**1929**	**1930**	**1931**	**1932**
Propaganda in Lichtspieltheatern	684,00	650,45	825,35	1.109,35
Vorträge und Filmvorführungen	4.156,60	4.159,05	1.301,05	1.044,40
Erzieherische Werbung bei der Jugend	6.591,10	4.274,11	2.285,96	4.871,63
Ausstellungen	687,00	250,35	275,20	0,00
Plakatierung	0,00	0,00	0,00	4.385,45
Interventionen	1.000,00	2.500,00	2.500,00	3.000,00
Propagandafonds	0,00	7.543,20	0,00	0,00
Organisation	32.607,38	42.501,20	39.994,95	42.119,13
Summe Ausgaben	87.728,90	92.796,71	85.159,01	99.496,83

Quelle: Schweizerwoche-Verband, Jahresberichte.

Eine sehr ähnliche Budgetstruktur wie die beiden Buy-National-Organisationen wies auch der Verkehrsverein Bern auf. 1929 gab diese Institution, die für regionale Tourismuswerbung verantwortlich zeichnete, 33.000 Franken für ihr Büro aus und rund 58.000 Franken für werbliche Maßnahmen.[80] Ein solcher regionaler Akteur konnte also ein gleich hohes Budget aufbringen wie Schweizerwoche-Verband und Armbrust-Organisation, die sich nationale Bedeutung zumaßen. In der Tourismuswerbung kamen zu den vielen regionalen Vereinen aber auch zentrale Agenturen hinzu, so die Schweizerische Verkehrszentrale, die um 1930 ein Budget von ca. 470.000 Franken hatte, und die SBB, die über 1,5 Millionen Franken für Werbung im In- und Ausland ausgaben.[81] Im Geflecht der Institutionen, die sich um die Marke Schweiz kümmerten, waren die beiden vordringlich am Binnenmarkt orientierten Organisationen schon damals kleine Akteure, was ihre Finanzmittel betraf. Die für den Warenexport zuständige Zentrale für Handelsförderung verfügte 1931 über ein Budget von 435.000 Franken, wovon sie 140.000 für Werbung und Absatzförderung erübrigen konnte.[82] Das war beinahe das Dreifache des Betrags, den der Schweizerwoche-

80 SWA L IX 38. Jahresbericht des Verkehrsvereins der Stadt Bern pro 1929. 17.000 Franken gingen für Broschüren, Presse, Klischees und Fotos auf, 41.000 Franken entfielen auf die „Spezialreklame", die von Inseraten über Radiovorträge bis hin zu Filmpropaganda reichte.

81 Maurice Oche, La publicité du Tourisme suisse à l'étranger, in: Schweizer Reklame Nr. 5, Dezember 1930, 162 f. Der Autor schätzte die Gesamtaufwendungen im Bereich der Tourismuswerbung auf zehn Millionen Franken.

82 Fünfter Jahresbericht der Schweizerischen Zentrale für Handelsförderung Zürich und Lausanne, Einsiedeln 1932, 16.

Verband für solche Zwecke aufbringen konnte. Die Schere klaffte nach 1945 noch weiter auseinander. Anfang der 1950er-Jahre verfügte die Exportagentur über ein Budget von drei Millionen Franken und Ende der 1960er-Jahre waren es schon mehr als sieben Millionen.[83] Die Ausgaben der inzwischen zusammengeschlossenen Buy-National-Kampagnen von Armbrust und Schweizerwoche beliefen sich 1973 auf 156.000 Franken.[84] Das waren rund zwei Prozent des Betrags, mit dem die Zentrale für Handelsförderung operierte. Die Zahlen verweisen zum einen darauf, welch große Rolle der Export auch in den 1930er-Jahren spielte, als seine relative Bedeutung einen Tiefpunkt erreichte. Zum anderen verschob sich nach dem Zweiten Weltkrieg die Kommunikation über das Schweizerprodukt ganz in Richtung einer an ausländische Rezipient*innen gerichteten Werbung.

Wenn wir uns nun der Kampagne „Kauft österreichische Waren" zuwenden, muss man vorausschicken, dass die Datenlage schlechter ist. Zahlen sind für 1927, 1928 und 1930 überliefert, die Ausgaben bewegten sich zwischen 80.000 und 100.000 Schilling. Ob das Budget in den folgenden Jahren ungefähr dieselbe Höhe aufwies, ist nicht bekannt, dem Geschäftsführer der Arbeitsgemeinschaft Leo Klemensiewicz[85] war es jedenfalls deutlich zu niedrig angesetzt. Im Blatt eines unternehmerischen Interessenverbands klagte er Anfang 1934, dass die ihm zur Verfügung stehenden Ressourcen „nicht einmal das Reklamebudget einer mittleren Erzeugerfirma [erreichten]".[86] Einen konkreten Betrag nannte er nicht, aber an den Vergleich schloss Klemensiewicz einen weiteren an, der die Botschaft verstärken sollte: Die Kampagne sei, so habe ein Reklamefachmann schon vor Jahren angemerkt, wie eine Schnellzuglokomotive, „die mit einer Stearinkerze betrieben werden soll". Die effektvolle Metapher ließ ein Kollektivsymbol des Fortschritts mit einer altertümlichen Beleuchtungsart zusammenstoßen, die als Energiequelle völlig unzureichend war. Das betonte die Absurdität, die der Kampagnenverantwortliche darin erblickte, eine „große ganz Österreich umfassende Werbung", eine patriotische Aufgabe ersten Ranges, auf eine solche Weise durchführen zu müssen. Der referentielle Gehalt der Klage über unzureichende Finanzmittel lässt sich nicht bestimmen, aber durch die Abwesenheit numerischer Größen tritt umso stärker hervor, wie Klemensiewicz die Kampagne in einem diskursiven Geflecht von Staat, Ökonomie und (kultureller) Gemeinschaft platzierte – als eine aufs Ganze gehende Forderung, die budgetär und politisch abschließend zu befriedigen nicht gelingen konnte. Sie erschien als Aufgabe positioniert, die stets Projekt bleibt – mit potentiell unendlichen Weiterungen und Kosten.

---

83 SWA PA476, D87, Auszug aus dem Protokoll des Nationalrates betreffend die Handelszentrale und die Koordination der Werbung, 23.9.1970.

84 SWA PA476, F9, Jahresrechnung von 1973.

85 Geb. 1892 in Graz; Jusstudium, 1916 Promotion an der Universität Graz; gest. 1937 in Wien.

86 Hier und im Folgenden: L[eo] K[lemensiewicz], Kauft österreichische Waren, in: Österreichs Wirtschaft. Wochenblatt des Niederösterreichischen Gewerbevereines 95/3 (1934), 42–44.

Tab. 2: Ausgaben von „Kauft österreichische Waren" in Schilling 1927, 1928 u. 1930

KÖW	1927	1928	1930
Plakate und Plakatierung	26.201,07	16.003,52	37.172,16
Lichtreklame	1.570,32	0,00	0,00
Filmreklame	5.333,30	0,00	1.687,54
Flugzettel, Kinderfähnchen, div. Drucksorten	0,00	192,96	8.330,54
Broschüren („Hausfrauenbüchlein")	0,00	40.800,00	0,00
Plaketten und Diplome, Geldpreise	30.268,20	0,00	15.249,42
Musik	2.147,50	0,00	0,00
Ausstellungen	0,00	0,00	9.320,19
Druckkosten (nicht zuordenbar)	11.384,60	0,00	0,00
Allgemeine Propaganda	3.399,35	0,00	0,00
Sonstiges	2.592,78	6.170,00	4.837,75
Kosten Propagandabüro	8.000,00	18.000,00	20.563,89
Summe	90.897,12	81.166,48	97.161,49

Quellen: ÖStA, AdR, BM Handel 129.652-10/27 (1927); WKW, KÖW, E 27.468/3, Faszikel Jahresberichte (1928, 1930).

Um auch auf die tatsächlich verfügbaren Budgetdaten einzugehen (Tabelle 2) und sie in ein Verhältnis zum Schweizer Fall zu setzen, sei zunächst festgehalten, dass sich schon deshalb ein anderes Bild als bei der Schweizerwoche zeigt, weil die Ausgaben nicht die alljährliche Wiederholung eines werblichen Rituals spiegeln, sondern ein Probieren und das Verlagern von Schwerpunkten. Nachdem die Arbeitsgemeinschaft 1927 eine Österreichische Woche organisiert hatte, wendete sie im folgenden Jahr den größten Teil des Geldes für die Herausgabe eines Hausfrauenbüchleins auf. 1930 schlugen Flugzettel und andere werbliche Drucksorten in einem zuvor nicht gesehenen Ausmaß zu Buche. Eine Konstante bildeten die hohen Ausgaben für Plakatwerbung, die allerdings auch zwischen 20 und 40 Prozent schwankten.

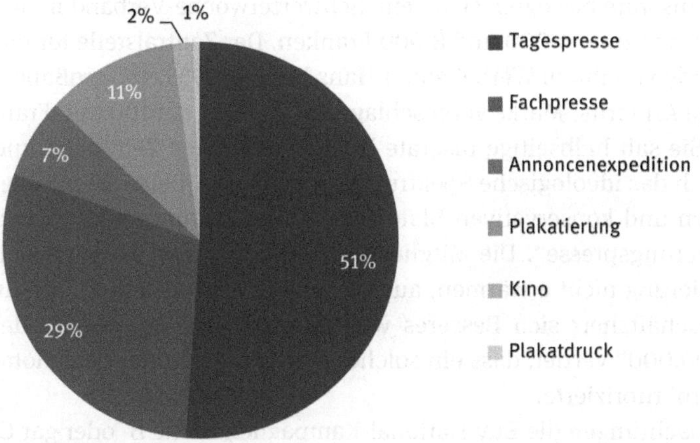

Grafik 1: Verteilung der Werbeausgaben in Österreich 1926
Quelle: Paneth, Reklamesteuer.

Auffällig ist im Vergleich zur Schweizerwoche das völlige Fehlen von Ausgaben für Inserate im Budget von „Kauft österreichische Waren"; umso mehr, als gemäß Erwin Paneth auf Zeitungen und Zeitschriften 80 Prozent des Betrags entfielen, der für Werbung in Österreich insgesamt verausgabt wurde (Grafik 1). Die Schweizerwoche veranschlagte ihrerseits zwar stets einen Posten für Inserate, der sich auf sieben bis neun Prozent des Budgets belief, sie war aber auch mit einem fragmentierteren Werbemarkt konfrontiert. Der größere Wohlstand und die in Gemeinden und Kantonen zentrierte politische Kultur ging mit einer kleinteiligen Zeitungslandschaft einher. In der Schweiz erschienen 1930 über 400 Zeitungen zumindest zweimal pro Monat, darunter etwas über 100 Titel sechsmal pro Woche. In Österreich gab es 1938 49 Tageszeitungen. Rechnerisch entfiel damit auf rund 140.000 Personen ein Titel. Bei den Eidgenoss*innen waren es nur 38.000 Personen.[87] Die Erscheinungsorte streuten sich außerdem breit über die mittleren und großen Städte. „Der Weg zum Schweizer und zu seinem Geldbeutel führt über das Lokalblatt", warb die Annoncenexpedition Orell Füssli.[88] In Österreich strukturierte hingegen – trotz einer gemessen an der heutigen Situation vielfältigen Regionalpresse – die Dichotomie aus Zentrum und Peripherie die publizistische Öffentlichkeit. Das drückte sich in der Rede von der „Provinzpresse" aus, die man bei groß angelegten Werbekampagnen nicht vergessen solle – wie der Leiter eines Inseratenverkaufbüros betonte, das Blätter der Provinz vertrat.[89]

87 Eigene Berechnungen auf Basis von Daten aus den Veröffentlichungen des Österreichischen Statistischen Zentralamts und von HSSO.

88 Inserat, in: Schweizer Reklame Nr. 2, Juni 1931. Von des Schweizers „Liebe zur Scholle" schwärmte mit demselben Ziel die *Thurgauer Zeitung* gegenüber prospektiver Werbekundschaft. Schweizer Reklame Nr. 3, August 1930.

89 Ludwig Sallmayer, Die österreichische Provinzpresse, in: Kontakt Nr. 11, November 1931, 13 f.

Die Ausgaben für Inserate bewegten sich beim Schweizerwoche-Verband in den Jahren 1929–1932 zwischen rund 4.000 und 8.000 Franken. Der Zentralstelle für das Ursprungszeichen wurde von ihrem Werbeberater Hans Bolliger 1935 eine großangelegte Kampagne für die Armbrust-Marke vorgeschlagen, die dieser mit 100.000 Franken veranschlagte.[90] Sie sah halbseitige Inserate in allen wichtigen Zeitungen und Zeitschriften quer durch das ideologische Spektrum vor, von der Arbeiterpresse über die bürgerlich-liberalen und konservativen Blätter bis zur rechtskonservativen und faschistischen „Erneuerungspresse". Die Mitglieder der Organisation konnten sich freilich für die Finanzierung nicht erwärmen, auch wenn die Zentralstelle suggestiv fragte: „Kann ein Geschäftsherr sich Besseres wünschen?"[91] Die Anpreisung der „Campagne von Fr. 100.000" verriet, dass ein solches Unterfangen unter dem Motto ‚Klotzen, nicht Kleckern' rubrizierte.

Wenn solche Beobachtungen die Buy-National-Kampagnen in die B- oder gar C-Liga der Propagandaorganisationen zu verweisen scheinen, ist allerdings ein Punkt zu bedenken, den auch die Akteur*innen der Kampagnen stets bedacht haben wollten: dass ihr Tun sich nicht in Werbung erschöpfte bzw. nicht in Begriffen der Wirtschaftswerbung alleine zu beschreiben war. Dabei handelte es sich um eine strategisch platzierte Behauptung, doch sie traf einen wesentlichen Punkt: Die Kampagnen standen und fielen damit, dass andere Akteur*innen, von den Einzelhändler*innen über Frauenbewegungen bis hin zur Presse, unbezahlterweise kooperierten. Die Zusammenarbeit mit der Presse verdeutlicht das. Die Kampagne „Kauft österreichische Waren" verzichtete in den Jahren, in denen Zahlen vorliegen, auf einen eigenen Budgetposten für Inserate und der Schweizerwoche-Verband wendete nur etwas über zehn Prozent seines Werbebudgets in diesem Bereich auf. Zum Vergleich: Beim Berner Verkehrsverein machten die Kosten für bezahlte Anzeigen gut die Hälfte des Budgets aus. Beide Buy-National-Kampagnen wendeten kein oder bloß wenig Geld auf, um in den Zeitungen und Zeitschriften repräsentiert zu sein, wenngleich dem Schweizerwoche-Verband die Strategie durchaus vertraut war, bezahlte Inserate als Hebel für die parallele Verbreitung von Inhalten im redaktionellen Teil einzusetzen. Überwiegend baute man auf die Bereitschaft der Printmedien, die Propaganda abseits bezahlter Einschaltungen zu unterstützen. In den 1920er- und 1930er-Jahren funktionierte das gut. Über 1.000 Artikel und Notizen erschienen laut einem Tätigkeitsbericht zur Österreichischen Woche 1927. Vor allem die bürgerliche Presse fand sich zur „vollkommen kostenlosen Mitwirkung" bereit.[92] Das war in der Schweiz nicht anders. Die Zeitungen des Landes, nicht alle und nicht immer, aber viele und oft, übernahmen die Presseaussendungen des Schweizerwoche-Verbands in den redaktionellen Teil. Der Verband achtete darauf, die verschiedenen Landesteile und

90 SWA PA476, D76, Steinmann & Bolliger Approximatives Budget, 15.6.1935.
91 SWA PA476, D194, Eine Botschaft des Armbrustzeichens, 1935.
92 ÖStA, AdR, Handelsministerium, Industriesektion, 129-652-10/27, Bericht über die Propaganda-Aktion in der Zeit bis Ende November 1927.

Sprachen zu bedienen. 1940/41 gab er 75 Artikel an die Presse weiter, davon 37 in deutscher, 28 in französischer und zehn in italienischer Sprache.[93] Häufig wiesen die Printmedien diese Aussendungen nicht als Inhalt aus, den der Schweizerwoche-Verband geliefert hatte.

Nun kennt man auch in der Gegenwart Advertorials und das kritische Fragen aufwerfende Phänomen, dass redaktioneller Inhalt und Wirtschaftswerbung verschwimmen. Es ist dies also kein neues Problem.[94] Die Markierung der Grenzen vollzieht sich in Prozessen steten Aushandelns und ist entsprechend fortlaufend umstritten. Die Protagonist*innen von Buy-National-Kampagnen vertraten in den 1920er- und 1930er-Jahren die Auffassung, es handle sich bei der Propagierung patriotischen Konsums um etwas substanziell anderes, als es jene Form von „Reklame" war, die von Unternehmen betrieben wurde. Der Pressedienst der Schweizerwoche enthalte sich bei seinen Aussendungen „jeder reklamehaften Aufmachung" und gebe ihnen stattdessen „das Niveau einer dem Ganzen dienenden nationalen Wirtschaftswerbung", betonte der Verband.[95] Für die Eigenbeschreibung der Textpraktiken distanzierte man sich mithin vom einzelwirtschaftlichen Gewinninteresse und fasste die Wirkabsicht lieber in den Begriff des Werbens oder auch den der „Aufklärung" und der „nationalen Erziehung". Wenn Zeitungen die Presseaussendungen des Verbands in den redaktionellen Teil einbetteten, ohne die Urheber des Textes zu nennen, erschien das den Akteur*innen des Schweizerwoche-Verbands allenfalls deshalb problematisch, weil die Rezipient*innen wissen sollten, wem sie die erbauliche Lektüre verdankten.[96] Die Unterstützung durch die Presse war für die Kampagnen ungemein wertvoll. Ein mittelständisches Unternehmen hätte mit demselben Budget nicht annähernd dieselbe Reichweite erzielen können.

Die publizistische Verbreitung des ‚Schweizerwoche-Gedankens' beschränkte sich dabei keineswegs darauf, dass Tageszeitungen kleine Notizen übernahmen. Sie ging auch über die Verarbeitung von Verbandskommuniqués hinaus und begnügte sich nicht mit verbalem Text. So beteiligte sich die Satirezeitschrift *Nebelspalter* über Jahrzehnte hindurch am moralisierenden Appell gegenüber den Schweizer Konsument*innen. Die *Schweizer Illustrierte Zeitung*, die wichtigste Zeitschrift ihrer Art im deutschsprachigen Landesteil, brachte üppig mit Fotos ausgestattete Beiträge, die sich oft über eine Doppelseite erstreckten, und setzte die Schweizerwoche sogar aufs Cover (Abb. 1). Für die unbezahlte Beteiligung der Zeitungen und Zeitschriften an der Propaganda kann man unterschiedliche Motive annehmen: Für Presseerzeugnisse, die als Organe politischer Parteien fungierten, stellte sie sich als Frage nach der

93 Schweizerwoche-Verband, Jahresbericht 1940/41, 35.

94 Eine Diskussion der Problematik, in die freilich auch nationale Wahrnehmungsmuster einflossen, findet sich z. B. bei Tönnies, Kritik, 180 f. Er kolportiert die Beobachtung, dass in der französischen Presse diese Praktik der Lesertäuschung besonders üblich sei.

95 Schweizerwoche-Verband, Jahresbericht 1940/41, 34.

96 Zum Pressedienst von Schweizerwoche-Verband und Armbrust-Organisation vgl. Oberer, Armbrust, 93–96.

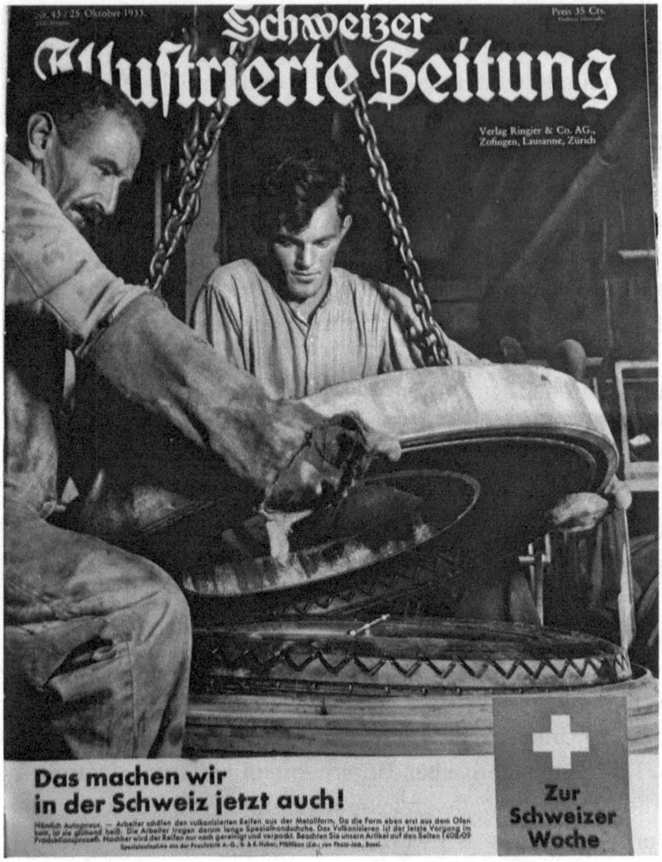

Abb. 1: „Das machen wir in der Schweiz jetzt auch!"
Quelle: Schweizer Illustrierte, Nr. 43, 25.10.1933.

Übereinstimmung mit der Absicht, die Konsument*innen für das Wohlergehen der Nationalökonomie in die Pflicht zu nehmen. Die Sprachrohre konservativer und nationalistischer Bewegungen, aber auch zum Teil bereits der Arbeiterbewegung befanden sich ideologisch im Einklang mit diesem Ziel. Journalist*innen, die sich als wichtige Akteur*innen der bürgerlichen Öffentlichkeit und der Nation verstanden, konnten sich außerdem dem patriotischen Argument schwer entziehen, sondern es allenfalls auf Grundlage wirtschaftsliberaler Überlegungen als protektionistische Verkürzung kritisieren. Die klassische Ökonomie war in den bürgerlichen Redaktionsstuben durchaus der wirtschaftsjournalistische Maßstab, aber das Übergewicht der politischen und nationalistischen Imperative wurde immer deutlicher. Im autoritär und schließlich diktatorisch regierten Österreich der 1930er-Jahre konnte außerdem ein propagandistisches Unterfangen darauf bauen, dass die Unterstützung durch den Staat die Willensbildung in den Redaktionen maßgeblich beeinflusste.

Zeitungen und Zeitschriften sind ferner Unternehmen, die durch Inserate Gewinn erwirtschaften konnten. Wenn die Kampagnen nicht unmittelbar dazu beitrugen, so indirekt vor allem in der Schweiz dadurch, dass viele Produktions- und Handelsunternehmen in Sonderbeilagen inserierten, die zur Schweizerwoche erschienen – und zu anderen wirtschaftspatriotischen Anlässen wie der Mustermesse in Basel und dem Comptoir in Lausanne.

Journalismus und Werbung, ob kommerzieller oder politischer Natur, sind nicht nur insofern in derselben Situation, als sie in denselben Printmedien ihren Platz finden, sondern grundsätzlich, weil sie Information und Beeinflussung, referentielle und appellative Funktion verbinden. Die privilegierte Position als Kommunikator*innen gestattet Journalist*innen und Werbetreibenden nicht die dauerhafte Negation von Feedback des Publikums.[97] Wenn die Bürger*innen und Konsument*innen die moralisierenden Aufrufe partout nicht hätten hören wollen, so wäre es nicht möglich gewesen, die Propaganda langfristig in großer Breite zu unterstützen. Auf diese Dynamik wiesen die Kampagnenverantwortlichen auch selbst hin: Für den Erfolg der Kampagnen sprach aus ihrer Sicht, dass sie mehr als nur einen kurzen Moment lang existieren konnten. Was die Rezipient*innen aus den Buy-National-Appellen ableiteten und was sie für sich daraus gewannen, steht trotzdem auf einem anderen als dem massenmedialen Blatt.

Festzustellen ist, dass sich die Präsenz der Kampagnen in der Öffentlichkeit nicht ohne Umschweife aus ihren Budgetdaten extrapolieren lässt. Daten über Unternehmenswerbung liefern nur einen bedingt tauglichen Vergleichsmaßstab, da sie nicht in derselben Weise auf das Goodwill einer Vielzahl von Akteur*innen bauen konnten, von der Presse über Frauenbewegungen bis zu Lehrer*innen und Behörden. Man muss daher neben den ökonomischen kulturelle und politische Faktoren in die Einschätzung einbeziehen und dann deutet vor allem in der Schweiz vieles darauf hin, dass die Buy-National-Kampagnen erhebliche Unterstützung in breiten Netzwerken mobilisieren konnten.

1.5 Kampagnen im Vergleich: Österreich, Schweiz und Großbritannien

Die länderübergreifende Gegenüberstellung von Buy-National-Kampagnen soll nun um einen dritten Fall erweitert werden, jenen des Empire Marketing Board. Zieht man Budgetdaten heran, wird auf den ersten Blick ersichtlich, dass diese Institution ein anderes Kaliber war. Den Höhepunkt erreichten seine Ausgaben 1930, als sie sich auf über 656.000 Pfund beliefen (Tabelle 3). Formal bloß ein Beratungsgremi-

97 Die Rolle der Konsument*innen im Kommunikationskreislauf rund um Produkte betont Gries, Produktkommunikation, 81: „Der eigensinnige Konsument ist beileibe keine Erfindung einer Kulturgeschichte, die sich an anthropologischen Axiomen ausrichtet."

um, war das Board de facto ein „executive body with remarkable freedom from normal Treasury financial control“[98], an dem Werbetreibende einen entscheidenden Anteil nahmen. Auch wenn das Board nicht die bei seiner Gründung 1926 projektierte jährliche Summe von einer Million Pfund erhielt, verfügte es aus einer österreichischen oder Schweizer Perspektive über fast unvorstellbar hohe Beträge. Allerdings war das Board nur in Teilen ein Pendant der beiden Buy-National-Kampagnen am Kontinent. Am stärksten wuchsen seine Ausgaben für Forschung und ab 1929 war das auch der mit Abstand größte Posten im Budget (Grafik 2). Das Empire Marketing Board unterstützte, vorzugsweise in Kofinanzierung, Forschung zur Erzeugung und Vermarktung landwirtschaftlicher Güter und generell Marketingforschung zu Produkten aus dem Empire, die dazu dienen sollte, deren Qualität zu verbessern und die am britischen Markt verfügbaren Quantitäten zu vergrößern.[99] Die Regierungseinrichtung bezahlte grundsätzlich Forschung quer durch Kolonien und Dominien, doch konzentrierten sich seine Ausgaben de facto auf Großbritannien und die Vermarktung von britischen Agrarerzeugnissen.

Tab. 3: Ausgaben des Empire Marketing Board in Pfund Sterling 1926–1932

	1926	1927	1928	1929	1930	1931	1932
Werbung	89.842	238.125	278.414	222.361	199.411	96.834	62.820
Forschung	30.708	121.279	231.619	376.738	398.606	329.211	296.620
Organisation	14.254	44.475	51.460	53.300	58.544	59.090	57.000

Quelle: Public Record Office, CO 760/09 EMB Papers 751–828, EMB/800 (3.2.1933).

Das Board nahm auch neue Methoden der Marktforschung auf, indem es selbst – unter Verweis auf das Vorbild von derartigen Untersuchungen in den USA – großangelegte Erhebungen zur Nachfrage im Einzelhandel durchführte. Auf einen Probelauf im mittelenglischen Nottingham folgte zweitens ein Bericht über die Nachfrage nach Käse in London und im dritten Schritt eine Erhebung im nationalen Maßstab. Sie befasste sich mit Butter aus dem Empire und erhob Auskünfte von gut 6.000 Einzelhändler*innen aus den verschiedenen Teilen des Vereinigten Königreichs. Auch den Erfolg der Kampagne versuchte man mit großangelegten Umfragen bei den Einzelhändler*innen festzustellen, 1928 etwa durch die Erhebung einer Werbeagentur bei 1.000 Händler*innen, ob sich der Absatz von Produkten aus dem Empire erhöht hat-

98 Constantine, Bringing, 198. Siehe auch die Selbstbeschreibung der Institution in ihrem ersten Jahresbericht: „The new body thus enjoyed the liberty and flexibility essential in view of the novel character of its work. It was happily free from the entanglements of statute or precedent or party.“ Empire Marketing Board, A Year's Progress, June 1927, 5.

99 Zum Folgenden siehe Public Record Office, CO 760/09 EMB Papers 751–828, EMB/800 (3.2.1933).

te.[100] Solche Aktivitäten hatten weder beim Schweizerwoche-Verband und der jüngeren Zentralstelle für das Ursprungszeichen noch bei „Kauft österreichische Waren“ eine Entsprechung. Zudem fällt der Fokus auf Nahrungsmittel auf, während die Kampagnen, die in der vorliegenden Studie im Mittelpunkt stehen, den Schwerpunkt auf Industrie- und Gewerbeprodukte legten. Es gab Bindeglieder, denn die Verarbeitung von Nahrungsmittel, vor allem in ihrer Zurichtung als Markenprodukt hat eine evidente gewerbliche und industrielle Komponente. Nichtdestoweniger waren es in der Schweiz nicht die Agrarverbände und in Österreich nicht die Landwirtschaftskammern, die in den Trägerorganisationen dominierten, sondern eben die Vertreter des sogenannten sekundären Sektors.

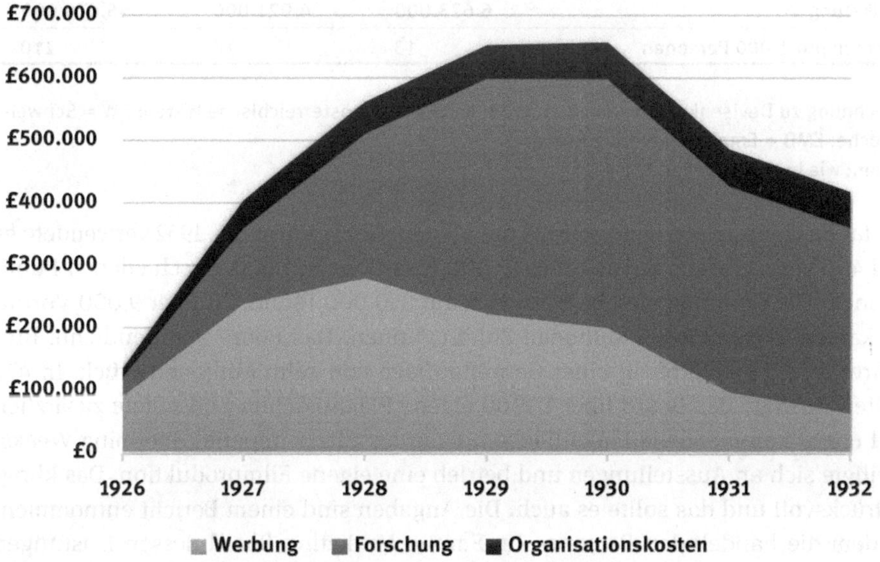

Grafik 2: Ausgabenstruktur des Empire Marketing Board 1926–1932
Quelle: Public Record Office, CO 760/09 EMB Papers 751–828, EMB/800 (3.2.1933).

Auch das Werbebudget des Empire Marketing Board war erheblich. Wenn man die in diesem Bereich ausgegebenen Beträge aus der Schweiz und Großbritannien zum damaligen Wechselkurs in Schilling umrechnet, so erhält man, ohne dass dadurch die jeweiligen nationalen Preisrelationen adäquat abgebildet würden, einen ungefähren Eindruck (Tabelle 4). Die österreichischen und Schweizer Budgets bewegten sich in derselben Größenordnung, das Empire Marketing Board aber verwaltete ein mehr als hundertmal größeres Budget. Das war nicht nur eine Differenz in absoluten Werten. Wenn man die Budgets auf die Bevölkerungsgröße bezieht, treten die unter-

100 Schwarzkopf, Markets, 177.

schiedlichen Spielräume hervor. Den geringsten hatte die österreichische Kampagne, obwohl sie immerhin über das nominell größere Budget verfügte als ihr Schweizer Vorbild. Über die weitaus größte Manövriermasse verfügte das Empire Marketing Board, wenn man von den Relationen ausgeht, die sich in den Ausgaben pro 1.000 Personen andeuten.

Tab. 4: Die Werbeausgaben der drei Kampagnen im Vergleich

	KÖW 1927	SW 1929	EMB 1928
Ausgaben in Landeswährung	82.897	54.121	278.414
Ausgaben in Schilling	82.897	74.014	9.581.618
Bevölkerung	6.623.000	4.021.000	45.670.000
Ausgaben pro 1.000 Personen	13	18	210

Umrechnung zu Devisenkursen von 28.12.1928; KÖW = Kauft österreichische Waren; SW = Schweizerwoche; EMB = Empire Marketing Board
Quellen: wie in den Tabellen 1, 2 u. 3.

Was tat das Empire Marketing Board mit all dem Geld? Von 1927–1932 verwendete es rund 400 verschiedene Sujets für ca. 9.000 Insertionen in 800 verschiedenen Publikationen. Die Gesamtkosten beliefen sich auf 350.000 Pfund. Zu über 9.000 Vorträgen kamen in Summe 1,5 Millionen Zuhörer*innen. Das Board veröffentlichte Broschüren und Flugblätter in einer Gesamtauflage von zehn Millionen Stück. In 475 Städten verfügte das Board über 17.000 eigene Plakatflächen und nützte zusätzlich rund 6.000 kommerzielle Plakatflächen. Es unterstützte Imperial Shopping Weeks, beteiligte sich an Ausstellungen und betrieb eine eigene Filmproduktion. Das klingt eindrucksvoll und das sollte es auch. Die Angaben sind einem Bericht entnommen, mit dem die handelnden Personen im Empire Marketing Board dessen Leistungen ins rechte Licht rücken wollten, da seine Auflösung drohte.[101]

Das Board war als staatliche Propagandaagentur für Friedenszeiten ungewöhnlich gut ausgestattet und doch nur einer von sehr vielen Akteuren am britischen Werbemarkt. Den Höhepunkt erreichten die Werbeausgaben des Board 1928 mit 278.414 Pfund. Das waren 0,5 Prozent des britischen Werbevolumens von 57 Millionen Pfund.[102] Aber auch dieses Zahlenverhältnis deutet auf die höhere Dotierung des Board im Vergleich zur Arbeitsgemeinschaft „Kauft österreichische Waren". Die Werbeausgaben der Kampagne im Jahr 1927 stellten sich auf 0,1–0,2 Prozent des von Paneth für 1926 geschätzten österreichischen Werbeaufwands. „Die Einschaltung von Inseraten, wie sie insbesonders von der englischen Inlandspropaganda gebracht

101 Public Record Office, CO 760/09 EMB Papers 751–828, EMB/800 (3.2.1933).
102 Constantine, Bringing, 200, 221.

werden", sei leider mit dem vorhandenen Budget nicht möglich, bedauerte 1928 ein Tätigkeitsbericht.[103]

Die Verantwortlichen der Kampagne im „armen Österreich" sahen diese auch als arme Verwandte des britischen Vorbildes. Der Schweizerwoche-Verband disponierte aber, wenn man den Abstand zum Empire Marketing Board als Maß nimmt, auch nicht über substanziell höhere Beträge. Die österreichische Arbeitsgemeinschaft und im Nachbarland die Armbrust-Organisation sowie der Schweizerwoche-Verband beschäftigten, wie es bei den vorhandenen Geldmitteln gar nicht anders sein konnte, nur ein sehr überschaubares Personal, die Sekretäre.[104] Diese mussten Pressearbeit, Korrespondenz und organisatorische Aufgaben, mithin ein breites Spektrum an Tätigkeiten abdecken. Das Empire Marketing Board zählte 1933 hingegen 116 Mitarbeiter*innen, davon 71 Beamte, der Rest in temporären Verträgen. Gemeinsam war den Kampagnen, dass sie das unbezahlte Engagement von einer Vielzahl von Akteur*innen und Institutionen benötigten, um Aktivitäten entfalten zu können, die alle Teile des nationalen Territoriums erfassen sollten. „Kauft österreichische Waren" setzte, um in den Bundesländern Präsenz zu zeigen, auf die Schwesterkammern, die aber teils nur widerwillig kooperierten. Die Schweizerwoche verfügte hingegen über eine wesentlich feingliedrigere organisatorische Peripherie. 1933 zählte sie in allen Landesteilen 29 Kantonalkomitees, darunter in Solothurn, wo das Zentralsekretariat seinen Sitz hatte, sogar deren fünf. Sie war außerdem eine Organisation, der zwar auch physische Personen als Mitglieder angehören konnten, die jedoch vor allem juristische Personen – Verbände und Firmen – zu sammeln suchte: Anfang der 1930er-Jahre waren es rund 1.000 an der Zahl.[105] Ist das viel, ist das wenig? Um einen Anhaltspunkt zu gewinnen, einmal nicht der Blick entlang der synchronen Achse, sondern in eine diachrone Richtung: Die Nachfolgeorganisation Swiss Label zählte 2011 etwas unter 500 Mitglieder, von mittelständischen Unternehmen bis hin zum Verein „Freunde des Dampfbetriebes der Brienz Rothorn Bahn".[106]

Das Empire Marketing Board als Leuchtturm der Buy-National-Kommunikation verfügte über Budget und Personal in einem Ausmaß, das in Österreich und der Schweiz unerreichbar war. Der isolierte Vergleich von Institutionen hat jedoch nur bedingte Aussagekraft und das ist im Schweizer Fall besonders relevant. In den 1920er-Jahren bildete sich in der Schweiz ein zunehmend dichtes Netz an semioffiziellen Institutionen in der Form privatrechtlicher Vereine und Genossenschaften, die von der Exportförderung bis zu nationalen Warenmessen reichten. Um zu empirisch abgesicherten Schlüssen zu gelangen, müsste man daher die weitaus kompliziertere Aufgabe bewältigen, diese Netze an Institutionen in den einzelnen Ländern zu be-

103 WKW E 27.468/3, Faszikel Jahresberichte, Tätigkeitsbericht für die Zeit von 5. Dezember 1927–23. Oktober 1928, 4.

104 Zur zentralen Figur des Sekretärs im korporatistischen Gefüge vgl. Wild, Verbandssekretäre.

105 Schweizerwoche-Verband, Jahresbericht 1931/32, 25.

106 Swiss Label, Jahresbericht 2011, 7.

schreiben, die Vergleichbarkeit ihrer Konstruktion zu beurteilen und die Budgets zu aggregieren. Hier muss ich es bei einer Vermutung bewenden lassen: dass nämlich die Bewerbung der Nation in ihren binnen- und außenorientierten Facetten, von Kulturpropaganda bis Buy-National-Promotion, in der Schweiz zwar möglicherweise nicht an das britische Netz heranreichte, aber weit näher herankam, als es die riesige Kluft zwischen den Budgets von Empire Marketing Board und Schweizerwoche-Verband erscheinen lassen; und auch der Abstand zu Österreich war größer, als die ähnlich dimensionierten Haushaltsmittel von „Kauft österreichische Waren" und dem Schweizerwoche-Verband verraten.

2 Die Schweizerwoche als Gemeinschaft der Bürger

Der Schweizerwoche-Verband bezwecke, „die Erkenntnis der Bedürfnisse der nationalen Wirtschaft im gesamten Volke zu vertiefen". So erklärte Präsident Ernst Caspar Koch, als er am 2. September 1920 vor der Generalversammlung sprach.[1] Die Schweizerwoche-Veranstaltung hatte zu diesem Zeitpunkt bereits dreimal stattgefunden, das vierte Mal stand bevor. Über das Bemühen, die Angestellten- und Arbeiterschaft für die Ziele des Verbands zu gewinnen, erklärte Koch: „Indem diesen Volksschichten in leicht fasslicher Weise die Leistungen unseres Handels, unserer Industrie und des Gewerbes vor Auge und Geist geführt werden, wird die Achtung vor einer Arbeit, die nur in der Gemeinschaft der Stände denkbar ist, wieder erhöht."[2] Bereits solche isolierten Satzteile und Redepassagen verraten mehreres: Die Schweizerwoche bezog den Begriff der Gemeinschaft auf Leistungen der Produktion und des Handels. Die Gemeinschaft trat außerdem als eine des in Stände gegliederten Volkes auf, das Gegenstand einer didaktischen Anstrengung sein musste.

Die Generalversammlung des Verbands fand in Bern statt, wohl um den gesamtschweizerischen Charakter der Organisation zu unterstreichen. Die genaue Lokalität ist für dieses Jahr nicht bekannt, aber ein Schreiben zur Generalversammlung von 1924 lud in den Liedertafelsaal des Casinos von Bern.[3] Erkennbar ist ein Dispositiv bürgerlicher Soziabilität, in das sich ein Publikum fügte, von dem man annehmen muss, dass es sich um bürgerliche, meist männliche Schweizer, viele davon Unternehmer handelte. Koch selbst war seit über zwei Jahrzehnten für die Kammgarnspinnerei Derendingen tätig, die längste Zeit in leitender Funktion als Mitglied der Direktion.[4] Die Rede, die Koch vor den Mitgliedern des Schweizerwoche-Verbands hielt, gehört einem Genre an, dessen Regeln sich aus den formalen und informellen Anforderungen des Vereinswesens ergeben. Der Vorstand muss bei einer Generalversammlung Bericht legen. Vom Obmann oder von der Obfrau wird zudem erwartet, dass er*sie Dank sagt und über die statuierte Verpflichtung hinaus Gemeinschaftlichkeit erzeugt. Festgestellt wird so, wer dazu gehört und aufgrund welcher Handlungen. Die Rede bei der Generalversammlung ist zudem die Gelegenheit für Grundsatzüberlegungen, für ein Räsonieren über jene inhaltliche Substanz, die den Verein, die Gemeinschaft erhält.

Ausgangspunkt der Analyse wird der in seiner gedruckten Form vorliegende Text der Rede von Ernst Koch sein. Er ist die Spur, die eine nationalisierende Praxis hinterlassen hat, genauer jene der semiotischen Rekontextualisierung von ihr vorausliegenden sozialen Praktiken, um eine Vorstellung nationaler Gemeinschaft zu

1 Koch, Erziehungsmöglichkeiten, 16.

2 Ebd., 20.

3 Staatsarchiv Kanton Zürich, Z11 2421 Schweizerwoche 1924: zur Generalversammlung.

4 Werner Minder, [Nachruf auf] E. C. Koch, in: Mitteilungen der Neuen Helvetischen Gesellschaft, 28, Nr. 7/8 (1942), 76 f.

https://doi.org/10.1515/9783110701111-004

produzieren.[5] Die materialen und semiotischen Praktiken, auf die der Verbandspräsident in seiner Rede zugriff, waren vielfach bereits selbst nationalisierend angelegt. Alle Praktiken aber, die er in der Rede erfasste, richtete er durch sprachliche Mittel dem nationalisierenden Ziel entsprechend zu: durch Hervorhebung und Löschung von Akteur*innen und Handlungen,[6] durch die Verwendung von Topoi[7], durch das Arrangieren von Bedeutungen rund um Konzepte,[8] die als Schlüsselwörter des Diskurses fungierten. Der Text macht erkennbar, wie die verschiedenen thematisierten Praktiken, die dabei eingesetzten Modi der Kommunikation und Medien sowie die implizierten Publika in ein hegemoniales Projekt integriert wurden.[9] Die Analyse muss dabei in doppelter Weise auch über die Rede als Text, als Artefakt und in sich geschlossene Sinneinheit, hinausgehen: erstens, indem sie intertextuelle Bezüge rekonstruiert, um die von Koch als Autor getätigten Äußerungen als Aussagen eines Diskurses aufweisen zu können; zweitens, indem sie nicht nur das Narrativ, sondern auch die Narration, den Akt des Erzählens selbst,[10] sowie seinen sozialen und historischen Ort beachtet.

Zeigen lässt sich, dass die Schweizerwoche Ausdruck einer auf das Bürgertum begrenzten Gemeinschaft und einer von diesem dominierten Gesellschaft war. Man kann das Erkenntnisinteresse auch in die umgekehrte Richtung wenden und sagen, dass sich in der Schweizerwoche die Konturen einer nationalen Ökonomie abzeichnen, die vom 19. Jahrhundert bis Mitte des 20. Jahrhunderts reichte.

2.1 Bürgerliche Öffentlichkeit

Jürgen Habermas erkannte Vereinen eine wichtige Rolle in der Formierung von deliberativer Öffentlichkeit zu, die er als bürgerlich bezeichnete – im Unterschied zu einer von der Aristokratie getragenen repräsentativen Öffentlichkeit und einer historisch späteren, durch die Kulturindustrie verzerrten massenmedialen Öffentlichkeit.[11] Die Beobachtung, dass die soziale Formation des Bürgertums an der Etablierung von diskutierender Öffentlichkeit wesentlich Anteil nahm, lässt sich zwar sozialhistorisch abstützen,[12] doch geht in den Begriff der „bürgerlichen Öffentlichkeit", der ihren sozialen Träger, nicht aber ihre inhaltliche Bestimmung nennt, hinterrücks jene soziale Exklusivität ein, die für eine vom Bürgertum dominierte Öffent-

5 Vgl. Leeuwen, Discourse and Practice.
6 Vgl. ebd., 23–74.
7 Vgl. Wengeler, Topos.
8 Vgl. Fairclough, Discourse, 185–194.
9 Vgl. vor allem Viehöfer, Keep on Nano truckin'.
10 Vgl. Genette, Erzählung, 11–15.
11 Habermas, Strukturwandel, 13 f., 27: Er spannt den Bogen von der Spätaufklärung zum „Zerfall des liberalen Vereinswesens" und der bürgerlichen Öffentlichkeit seit dem späten 19. Jahrhundert.
12 Aber auch differenzieren: Vgl. Van Horn Melton, Rise.

lichkeit charakteristisch war.[13] Offen war sie für räsonierende Besitzende, die sowohl „Geist“ als auch materiellen Besitz hatten. Die Behauptung der Geistigkeit diente dabei als Waffe, die sich gegen diejenigen richtete, denen es an Besitz mangelte.

Die 1917 beschlossenen ersten Statuten der „Schweizerwoche“ erklärten in Punkt eins, dass sich unter dem Namen ein „Verband als Verein im Sinne von Art. 60 ff. des Schweiz. Zivilgesetzbuches“ bilde.[14] Es lohnt sich bei dem hierdurch benannten organisatorischen Faktum anzusetzen,[15] um die Schweizerwoche als nationalisierende Praxis zu untersuchen. Vereine hatten in der Schweiz und anderswo im 19. Jahrhundert einen enormen Aufschwung erlebt und sind seither ein fester Bestandteil dieser Gesellschaften geblieben. Sie dienten und dienen ihren Mitgliedern dazu, sich auf einer durch Statuten gesicherten Grundlage rund um die darin definierten Interessen zu organisieren. Vereine konnten de facto ständisch gebunden sein oder andere aufgrund von Gender, Religion, ethnischen und rassistischen Zuschreibungen ausschließen. Dennoch blieb ihr konstitutives Prinzip die Anteilnahme am Vereinszweck. Sie waren dadurch ein Ausdruck und Vehikel der Entbettung aus traditionalen Bindungen und somit ein Phänomen der Moderne – ebenso wie nationalistische Mobilisierung, die sich maßgeblich über Vereine organisierte.

Die Bürgertumsforschung der 1990er-Jahre schenkte dem Vereinswesen viel Beachtung.[16] Sie untersuchte Vereine als Elemente bürgerlicher Öffentlichkeit oder als Organisationsform der Zivilgesellschaft.[17] Das implizierte mitunter eine Gegenüberstellung von Staat und Gesellschaft, die gerade in der Schweiz nicht überzeugt. Albert Tanner weist in seiner Studie über das Schweizer Bürgertum darauf hin, dass „ehrenamtlichen oder auch angestellten Vertretern oder Funktionären von Vereinen und Verbänden [viele Aufgaben] überlassen“ blieben, die anderswo Beamtenstäbe übernahmen.[18] Als Charakteristika von Schweizer Staatlichkeit gelten „ein schwacher Zentralstaat, autonome Gemeinwesen sowie eine starke Zivilgesellschaft“.[19] Die Schweiz bewegte sich länger in den Bahnen des bürgerlichen Assoziationswesens; ein von aller Übersichtlichkeit freies Geflecht an Vereinen und Verbänden blieb ein

---

13 Zur Asymmetrie der Gegenüberstellung aus Funktionsbestimmung „repräsentativ“ und der Zuschreibung zu einer sozialen Gruppe „bürgerlich“: Wrede, Reich, 57, der hier Michael Schilling, Bildpublizistik, 160 f. zitiert.

14 SWA PA486, B1, Statuten des Verbandes „Schweizerwoche“, 10.6.1917.

15 Die Schweizerwoche entsprach dem Typus eines Verbands (vgl. Müller-Jentsch, Verein), insofern sie als überregionale Vereinigung über einen professionalisierten Kern verfügte, den Sekretären der Schweizerwoche. Mitglied konnten nur wirtschaftliche Interessenverbände und Firmen werden, Privatpersonen waren nur als fördernde Mitglieder vorgesehen. Die Schweizerwoche als Verein zu untersuchen heißt also die Organisationsform des wirtschaftlichen Interessenverbands auf seine Wurzel im bürgerlichen Vereinswesen zurückzuführen.

16 Heise/Waterman, Vereinsforschung; zur Schweiz vgl. vor allem Tanner, Patrioten, 424–476; Jost, Konzept.

17 Vgl. Hoffmann, Geselligkeit; Kocka, Zivilgesellschaft.

18 Tanner, Patrioten, 118; unter Bezug auf Tanner: Altermatt, Schweiz, 185–190.

19 Germann, Entwicklungshilfe, 59.

wesentliches Merkmal. Dem stand bis in die 1960er-Jahre eine augenfällige Schwäche der Zentralbürokratie gegenüber.[20]

Man kann mit Peter Katzenstein von liberalem Korporatismus sprechen oder wie Thomas Ruoss, Christina Rothen und Lucien Criblez die Hybridität Schweizerischer Staatlichkeit betonen.[21] Mit dem US-Soziologen Brian Balogh könnte man auch die Schweiz – so wie die USA – als einen *associational state* bezeichnen, als einen Staat der Vereinigungen, in dem sich eine markante Präferenz für gesellschaftliche Selbstorganisation, für private oder lokale statt zentralstaatlicher Lösungen beobachten lässt.[22] Diese Präferenz ist, insbesondere im Vergleich zu Österreich, offensichtlich. Sie war zwar auch in der Schweiz nicht unumstritten, doch hegemonial. Treffend erscheint daher für den Schweizer Fall, wie Ferdinand Tönnies den Staat fasste: als den „allgemeinen gesellschaftlichen Verein“[23], den Dachverband der vielen Zweckvereine, die zusammengenommen Gesellschaft konstituieren. Vereine zeigen sich hier als Bausteine von Staatlichkeit und auch als Eckpfeiler von deren im Vergleich zu Deutschland oder Österreich hohen Kontinuität im 20. Jahrhundert.[24]

Sobald man die Hervorbringung nationaler Gemeinschaft im bürgerlichen Verein untersucht, springt ins Auge, dass sich die mit der Vorstellung der Nation verbundenen Ausschließungen nicht nur gegen Menschen richteten, die anderen Nationen zugerechnet wurden, sondern in Abstufungen auch gegen soziale Gruppen, die in subalternen Positionen in die Gemeinschaft inkorporiert werden sollten. Die Generalversammlung der Schweizerwoche war darin ein typisches Beispiel bürgerlicher Öffentlichkeit. Die Berichtslegung lässt sich als Element deliberativer Öffentlichkeit im Rahmen des Vereins verstehen. Sie umfasste Erzählungen über Tätigkeit und Erfolge ebenso wie buchhalterische Elemente. Die Rede des Präsidenten richtete sich nach innen, an den Verein selbst, und in ihrer druckschriftlichen, ‚veröffentlichten‘ Variante an ein virtuelles Publikum des Schweizer Bürgertums. Neben dieser bürgerlichen Öffentlichkeit setzte der Schweizerwoche-Verband gegenüber allen übrigen, die außerhalb des männlichen Bürgertums, aber innerhalb der Nation standen, auf ein Öffentlichkeitsregime der persuasiven Produktion von Zustimmung.[25]

Dadurch sollte die Schweizerwoche helfen, einen „einheitliche[n] Willen des ganzen Volkes“[26] sicherzustellen. Das Volk stand sowohl für eine Gemeinschaft der Schweizer*innen ein, als es sich auch um das Objekt einer erzieherischen und propagandistischen Beeinflussung handelte, die zu organisieren Aufgabe bürgerlicher Eliten war. Das „Volk“ war einerseits ein mythischer Bezugspunkt, andererseits der defizitäre Adressat von Vorwürfen: „Mit wie wenig Achtung spricht das Volk von Ju-

20 Walter-Busch, Business Organizations, 284.
21 Katzenstein, Corporatism; Ruoss/Rothen/Criblez, Wandel, 14.
22 Balogh, Associational State.
23 Tönnies, Gemeinschaft und Gesellschaft, 261.
24 Vgl. Hettling, Politische Bürgerlichkeit, 251–266.
25 In Anlehnung an Arnold, Öffentlichkeitsregime.
26 Koch, Erziehungsmöglichkeiten, 6.

risten, Aerzten, Professoren“, bedauerte Koch, dem es ansonsten weniger um die Rolle der akademisch Gebildeten als der wirtschaftsbürgerlichen Gruppen zu tun war.[27] Insbesondere letztere galt es um die Nation zu versammeln. Das Anliegen der Schweizerwoche verlangte zwar, so Koch, die „Fühlungnahme und das Zusammenwirken mit sämtlichen Organisationen, Verbänden und Parteien des Landes“.[28] Dies sei bei der Zusammensetzung des Verbandsvorstands „wegleitend“ gewesen. Sie verriet jedoch eine charakteristische Vorstellung, was die korporatistische Gesamtheit der Nation ausmachte. Koch nannte Industrie, Gewerbe, Detailhandel, Kunstgewerbe, Presse, Hotelindustrie, Konsumverband, Mittelstand- und Frauenorganisationen sowie zwei ‚Nationalökonomen'. Das Ordnungsgefüge wies Überlappungen, Verdoppelungen und Lücken auf. Das als Mitte behauptete gewerbliche Bürgertum war besonders betont. Frauen hingegen mochten die Hälfte der Bevölkerung stellen. Dem entsprach aber nicht die Hälfte der Nation und daher ließen sie sich auch im Schweizerwoche-Verband ausschließlich als eine eigene Kategorie der korporatistischen Interessenvertretung einbeziehen, als zwei von 16 Vorstandsmitgliedern. Dieses Zahlenverhältnis erwähnte Koch nicht, seine Dimension verstand sich von selbst. Für nationalökonomisches Wissen bürgten Hans Töndury, Professor für *Économie commerciale* an der Universität Genf, und Raimondo Rossi, der als Direktor die Kantonale Handelsschule in Bellinzona leitete. Die beiden von Präsident Koch ins Treffen geführten Nationalökonomen vertraten die betriebswirtschaftliche Perspektive, die sich gerade erst als eigenständige Wissenschaft konstituierte. Sie standen für einen Zugriff, der mit einem Verband, den ‚Praktiker' dominierten, kompatibel war.

Das Konsumieren schien nur im Namen des Konsumverbands auf. Man könnte diesen als Vertretung von Konsumenteninteressen verstehen, wie es dem Selbstbild der Genossenschaftsbewegung entsprach. Die Logik der Schweizerwoche wies jedoch eher auf die Funktion des Konsumverbands als institutionelles Dach einer Einzelhandelsorganisation hin. Die Schweizerwoche formierte eine Nation von Produzierenden und derjenigen, die deren Erzeugnisse verteilten. Sie sollte eine „machtvolle Kundgebung der produktiven Kraft unserer Volksgemeinschaft“ sein. Der Verband forderte etwas von den Konsument*innen. Er war nicht dazu gedacht, ihnen eine Stimme zu geben. Eine auffällige Leerstelle im korporatistischen Geflecht der Schweizerwoche bildeten die Gewerkschaften. Über die ideologische Orientierung und parteipolitische Bindung der Vorstandsmitglieder schwieg Koch geflissentlich. Das Spektrum reichte von katholisch-konservativ und rechtsbürgerlich über den Freisinn bis zum Basler Nationalrat Oskar Schär, dem Direktor des Verbands Schweizerischer Konsumvereine. Als bürgerlicher Sozialreformer wahrte er zur Sozi-

27 Ebd., 22.
28 Ebd., 16.

aldemokratie Distanz und markierte mit dieser Position den äußersten linken Rand, der im Rahmen der Schweizerwoche akzeptabel war.[29]

Dass die Arbeiterbewegung fehlte, thematisierte Koch nicht. Da der Vorstand unterschiedliche Fraktionen eines unternehmenden Bürgertums repräsentierte, schien er als exekutives Gremium hinreichend legitimiert, um auf das Volk wirken zu wollen – mehr noch: gerade, weil es darum ging auf das Volk zu wirken, hatten die politische und gewerkschaftliche Artikulation der Arbeiterschaft hier nichts zu suchen. Die liberalbürgerliche Vorstellung, ohnehin das Volk zu repräsentieren, verwandelte sich nach dem Ersten Weltkrieg in die defensive Strategie des Bürgerblocks, der es in der Schweiz immerhin gelang, in vielen politischen Foren bürgerliche Herrschaft aufrechtzuerhalten, ohne zur Suspendierung der Massendemokratie greifen zu müssen.

Während die Ausschließung der Arbeiterschaft aufs Ganze ging, war es dem Schweizerwoche-Verband in Bezug auf die Vertretung der Kantone und Landesteile um Inklusion und föderalistische Ausgewogenheit zu tun. Koch betonte, dass man in jedem Kanton Kantonalkomitees habe, die ihrerseits nach dem Vorbild des Verbandsvorstands politisch, wirtschaftlich und konfessionell verschiedene Kreise zusammenführten. Die Schweizerwoche-Organisation sollte als Kondensat der Nation außerdem die Landesteile adäquat spiegeln: „11 Mitglieder repräsentieren die deutsche Schweiz, 5 die französische und 1 die italienische Schweiz", ließ Koch wissen. Hier waren Zahlen also wichtig, um die Angemessenheit der Verteilung offenzulegen. Das verweist auf die Herkunft des Verbands aus der Neuen Helvetischen Gesellschaft, die sich die Überwindung der Sprachbarriere zwischen deutscher und welscher Schweiz zum zentralen Anliegen gemacht hatte.

Die Rücksichten, die zu explizieren sich der Verbandspräsident gedrängt sah, konturieren ein Sozialprofil, das die Vereinsführung und das Auditorium der Generalversammlung zu einer Kleinausgabe jener Gemeinschaft vereinte, die man im Großen als Nation imaginierte. Kochs Vortrag sollte aber auch über den Kreis der bei der Generalversammlung Anwesenden hinaus ein Publikum finden. Er wurde daher unter dem Titel *Vaterländische Erziehungsmöglichkeiten* in Form einer Broschüre veröffentlicht, als 121. Band der *Schriften für Schweizer Art und Kunst*. Der Reihentitel signalisierte die Orientierung an einer Schweizer Essenz und an ihrer hochkulturellen Veredelung. Die Reihe versammelte „rechtswissenschaftliche, nationalökonomische, philosophische, geschichtliche und literarisch-künstlerische Abhandlungen [...], sofern ihnen allgemein-schweizerische Bedeutung zukommt"[30]. Die Gesamtheit der zuvor erschienenen Bände und die damit ausgemessene „allgemein-schweizerische Bedeutung" waren in jeder Broschüre als Liste präsent. Abonnent*innen erhielten zehn Bände zu zehn Franken und Mitglieder der Neuen Helvetischen Gesell-

29 SWA, Personenmappe Schär; Walter Dettwiler, „Schär, Karl Oskar", in: HLS.
30 Bewerbung der Schriftenreihe z. B. in: Rappard, Verständigung, Umschlaginnenseite.

schaft konnten ihre Portion schweizerischer Gesinnung zum reduzierten Preis von vier Franken erwerben.

Ob die Schweiz so sehr eine Nation sein könne wie ihre großen Nachbarn, schien nach den zeitgenössischen Vorstellungen, zumal denen des deutschsprachigen Raums, nicht gesichert. So fehlte nach Ansicht Max Webers sprachliche Einheit und ein nach außen gerichteter staatlicher Machtwille, um das „Gemeinschaftsgefühl der Schweizer" für ein nationales halten zu können.[31] Der Erste Weltkrieg steigerte die Brisanz solchen Zweifels zur Frage ob denn überhaupt ein hinreichendes „Gemeinschaftsgefühl der Schweizer" existierte.[32] Die *Schriften für Schweizer Art und Kunst*, die ab Ende 1914 erschienen, reagierten auf die Herausforderung. Im ersten Band forderte Konrad Falke einen Schweizerischen „Kulturstaat", der, dominiert von den „gebildeten Ständen", Welsche und Deutsche zusammenhalten sollte. Der Schriftsteller hielt den Zeitpunkt für günstig, denn der Sozialismus schien dadurch desavouiert, dass er den Krieg nicht hatte verhindern können. Zudem sei es nun endlich „in Europa nicht mehr die Hauptsache, dass sich einer satt esse!"[33] Der zweite Band druckte eine vielbeachtete Rede von Carl Spitteler ab.[34] Der hochgeschätzte Schriftsteller, der wenige Jahre später als erster Schweizer den Literaturnobelpreis erhielt, hatte sie im Dezember 1914 vor der Zürcher Ortsgruppe der Neuen Helvetischen Gesellschaft gehalten. Spitteler fasste den Krieg als Tragödie, bei der den Schweizer*innen die Rolle von Zuschauer*innen zukam.[35] *Unser Schweizer Standpunkt* war der neutrale. Er betonte den moralischen Wert dieses Verhaltens: Man ziehe den Hut vor dem Unglück der Anderen. Doch führte Spitteler die Verhaltensmaxime zu Beginn seiner Rede ein, indem er ihren Nutzen mit einer Metapher der Wirtschaftlichkeit abwog: „Sollen wir vielleicht einen Krieg herbeiwünschen, um unserer Zusammengehörigkeit deutlicher bewusst zu werden? Das wäre ein etwas teures Lehrgeld. Wir können es billiger haben."[36]

Obwohl Falke im ersten Band gegen ein „nur nach wirtschaftlichen Vorteilen" verlangendes Herz polemisiert hatte,[37] machte sich die Schriftenreihe die Ökonomie der Nation fast von Beginn zum Anliegen. Bereits den dritten Band bestritt mit Eugen Grossmann ein Professor für Finanzwissenschaft an der Universität Zürich. Er behandelte die Deckung der schweizerischen Mobilisationskosten. Im sechsten Band beschäftigte sich Ernst Laur, Professor auf der ETH für landwirtschaftliche Betriebslehre und Spitzenfunktionär des Schweizerischen Bauernverbands,[38] mit dem Verhältnis von *Industrie und Landwirtschaft*. Im achten Band erörterte derselbe *Die*

---

31 Weber, Wirtschaft und Gesellschaft, 225 f.
32 Vgl. Rossfeld/Buomberger/Kury, Schweiz.
33 Falke, Kulturwille, 50.
34 Spitteler, Standpunkt; Altermatt, Schweiz, 125; Kreis, Insel, 202.
35 Vgl. Utz, Kultivierung.
36 Spitteler, Standpunkt, 5.
37 Falke, Kulturwille, 51.
38 Werner Baumann, „Laur, Ernst", in: HLS; Moser, Agrarproduktion, 577.

Wehrkraft des Schweizervolkes und der Bauernstand. Laur war 1921 einer jener Experten, an die der Schweizerwoche-Verband eine „wirtschaftliche Umfrage" herantrug, was angesichts der grassierenden Wirtschaftskrise zu tun sei.[39] Er gehörte zum weiteren Freundeskreis des Verbands, trat bei Jubiläumsveranstaltungen als Gratulant auf und stellte zweimal Beiträge für die patriotischen Jahrbücher zur Verfügung, die unter dem Patronat der Schweizerwoche erschienen. Der Reihentitel lautete *Schweizer Art und Arbeit.*

Von hier ist es nur ein kurzer Weg zurück zu *Schweizer Art und Kunst*, für deren neunten Band der Ökonom Hans Töndury verantwortlich zeichnete. Auch das kleine Buch *Wirtschaftliche Unabhängigkeit*, das 1915 erschien, basierte auf einem Vortrag für die Neue Helvetische Gesellschaft.[40] Im Weiteren engagierte sich Töndury für die Initiative einer Werbewoche zugunsten der nationalen Produktion. Nachdem er sich 1916 dem Organisationskomitee der Schweizerwoche als Vizepräsident zur Verfügung gestellt hatte,[41] blieb er bis Ende der 1920er-Jahre Mitglied im Vorstand des daraus hervorgegangenen Verbands.[42] Die Vorstandsprotokolle belegen seine aktive Beteiligung. So wie Töndury zählte auch Ernst Müller zu den Gründern der Schweizerwoche. Der Manager bei einem großen Schaffhausener Eisen- und Stahlgussunternehmen veröffentlichte 1916 die Schrift *Wirtschaftliche Selbstbehauptung durch vermehrten Inlandabsatz einheimischer Erzeugnisse.* Er lieferte mit diesem Band, dem 27. der Reihe *Schweizer Art und Kunst*, die programmatische Grundlegung der Schweizerwoche-Propaganda. Den 26. Band hatte der Genfer Ökonom William Rappard verfasst, der als Antwort auf Spitteler *Zur nationalen Verständigung und Einigkeit* aus Welscher Sicht beitragen wollte. Während für Töndury oder Müller die Kultivierung des Schweizerischen eine nationalprotektionistische Wirtschaftspolitik oder zumindest eine auf die Nation fokussierte Propaganda erforderte, trat Rappard, kosmopolitisch eingestellt und international bestens vernetzt, in den 1930er-Jahren scharf gegen Wirtschaftsnationalismus auf.[43] Im Ersten Weltkrieg war es sichtlich noch nicht so weit. Einer der Initiatoren der Schweizerwoche dankte ihm brieflich, es sei „eine grosse Freude gerade von den Welschschweizern so kräftig und von so berufener Seite unterstützt zu werden".[44]

Ernst Caspar Kochs Schrift zeigt sich somit als Glied in einer langen publizistischen Kette, die sich in einen Diskurs um die Schweiz einschaltete. Der diskursiven Verknüpfung entsprach die organisatorische, die Koch, Töndury, Müller, Laur, Grossmann, Spitteler, Rappard in der Neuen Helvetischen Gesellschaft als Vortragende bzw. Mitglieder zusammenführte.

39 Schweizerwoche-Verband, Jahresbericht 1920/21, 17.

40 Neue Helvetische Gesellschaft, Monatliche Mitteilungen 2/4 (Dezember 1915), 5.

41 Neue Helvetische Gesellschaft, Monatliche Mitteilungen 2/9 (Juli 1916), 4.

42 Schweizerwoche-Verband, Jahresberichte. Zuletzt ist er im Jahresbericht 1929/30 als Mitglied des Vorstands angeführt.

43 Rappard, Economic Nationalism.

44 SWA 486, A3, Schreiben Werner Minder an William Rappard, 26.10.1915.

2.2 Der Bürger und die nationale Erziehung

In seinem Hybrid aus Denkschrift und Vereinsrede formulierte Koch ein bürgerliches Wir. Es umfasste „die Freunde und Mitglieder des Schweizerwoche-Verbandes“[45] und war von einer Mission erfüllt. Es wollte „unser Volk [national] orientieren“[46]. An der Formulierung fällt das Possessivpronomen auf, das die Verfügungsgewalt in der vorgestellten Gemeinschaft offenlegt. Die Vorgangsweise beschrieb Koch als eine der persuasiven Überwältigung. Die Schweizerwoche sollte ein massives, den öffentlichen Raum und „alle Gebiete menschlicher Tätigkeit“ möglichst „lückenlos“ umfassendes Ereignis sein, um „ohne Ausnahme alle Schichten der Bevölkerung erzieherisch zu beeinflussen und zwar mit, ohne, oder sogar gegen ihren Willen“[47].

Persuasive Kommunikation beruht auf impliziten oder expliziten didaktischen Vorstellungen. Für das Verhältnis zwischen jenen, die wirken wollen, und denen, auf die eingewirkt wird, zog Koch Erziehung als gedankliches Modell heran. Was unter diesem Begriff zu verstehen war, setzte er in seiner Rede voraus. Die Neue Helvetische Gesellschaft, aus der die Schweizerwoche hervorging, hatte sich jedoch nicht mit einem bürgerlichen Alltagsverständnis begnügt, sondern ihr Konzept nationaler Erziehung in vielfachen Diskussionen geschärft. Hierbei hatte sich auch ihre Schaffhausener Ortsgruppe engagiert, aus deren Reihen die Initiatoren der Schweizerwoche kamen. Der Lehrer Ernst Kelhofer[48] legte Thesen über *Die Aufgabe der Familie in der nationalen Erziehung* vor. Ihn beschäftigte die Frage, wie das Elternhaus die Grundlagen für einen Patriotismus schaffen konnte, dem die Schule und vaterländische Organisationen nur den Feinschliff zu geben brauchten.[49] Es oblag den Eltern, die Einübung der wesentlichen sozialen Tugenden anzuleiten. Als die ersten beiden einer insgesamt sechsgliedrigen Kette nannte Kelhofer: „Unterordnung (zunächst unter die Autorität der Eltern – eine Vorschule der Unterordnung unter Gemeinde- und Staatsgewalt); Einordnung in eine Gemeinschaft.“ Als Mittel, um die „Liebe zum Vaterland“ zu wecken, empfahl Kelhofer das väterliche Interesse am vaterländischen Unterrichtsstoff, außerdem die Pflege des nationalen Lieds, vor allem aber „zwanglose Unterredungen“ über die Belange der Nation, nicht notwendigerweise „*mit* den Kindern“ [Kursivierung im Original], denn „es ist schon viel wert, wenn sie zuhören dürfen“.[50]

45 Ebd., 3.
46 Ebd., 31.
47 Ebd., 11.
48 Heinrich Zoller, „Kelhofer, Ernst“, in: HLS.
49 Vgl. als Beispiel aus dem Zweiten Weltkrieg folgende Feststellung von Adolf Guggenbühl: „Die Mütter sind die eigentlichen Träger der staatsbürgerlichen Erziehung, wenn sie schon kein politisches Stimmrecht besitzen. In der Familie muß die Erziehung zum demokratischen Ideal erfolgen. Ist das nicht der Fall, so nützen nachher alle Staatsbürgerkurse nichts mehr.“ Adolf Guggenbühl, Geistige Landesverteidigung, in: Wohnen 13 (1938), 135 f., hier 135.
50 Kelhofer, Aufgabe der Familie, in: Neue Helvetische Gesellschaft. Monatliche Mitteilungen, Juni 1917, 12 f.

Ernst Koch legte zwar den Akzent auf die Nation in ihrer ökonomischen Dimension, aber Erziehung folgte dem von Kelhofer skizzierten Verlaufsschema. „Der junge Bürger wird mit der richtigen Gesinnung heranwachsen, sich später williger in die Wirtschaftsordnung einreihen",[51] meinte Koch optimistisch bezüglich des Ertrags, den die Kooperation des Schweizerwoche-Verbands mit den Schulbehörden bringen würde. Die Thesen der Schaffhausener Gruppe und Kochs Rede gehörten demselben Diskurs um die Schweiz als Nation an. Er war bürgerlich geprägt, von einer patriarchalen Logik getragen und ideologisch konservativ. Nationale Gemeinschaft meinte nicht Reziprozität im Sinn von Gleichrangigkeit. Die Nation bezeichnete das Gefäß für ein hierarchisches Gefüge aus zwei Ebenen: den erwachsenen männlichen Bürgern einerseits, den Nicht-Bürgerlichen (der Arbeiterschaft) und den Noch-nicht-Staatsbürgerlichen (Kinder mit bürgerlichem Sozialprofil) andererseits.

Bürger durften von den Nicht-Bürger*innen und den Noch-nicht-Bürgern Unterordnung als Einordnung verlangen. Dem „Verkaufsfräulein", den Arbeiter*innen oder der Jugend musste das „richtige Gefühl" vermittelt werden.[52] Bürger, die sich noch abseits der Schweizerwoche-Bewegung hielten, sollten hingegen „zum Nachdenken angeregt" werden. Koch nannte Fabrikanten, die voreilig annehmen würden, von der Schweizerwoche profitiere bloß der Handel; „Exportkreise", die es vorzögen „nur im Flüstertone an ihre schweizerische Wirtschaftszugehörigkeit erinnert zu werden"; Gewerbetreibende, die nach staatlicher Intervention riefen anstatt sich durch Zusammenarbeit selbst zu helfen; Kleinhandwerker, die in der Schweizerwoche „eine Schöpfung der Industrie, also eines Widersachers" erkannten. Die hier entworfene Gruppierung potentieller Verbündeter hatte ihren Angelpunkt in Vorstellungen eines unternehmenden Bürgertums bzw. Mittelstands. Zuletzt und wohl nur am Rand dieser Vorstellungen gelegen erwähnte Koch die Landwirte, die „teilnahmslos beiseite" stünden, ebenso wie die Intellektuellen.[53]

Die meiste Aufmerksamkeit widmete Koch den Skeptikern im Einzelhandel, die „einen Zwang der Produzenten sehen, ihnen ihre Produkte abzukaufen". Ohne die Detaillist*innen konnte die alljährliche Schweizerwoche nicht stattfinden, sie mussten „an der Erziehungsarbeit des Publikums intensiv mitwirken".[54] Die Branche war daher auch im Verbandsvorstand vertreten, konkret durch August Kurer, den Präsidenten der Kaufmännischen Mittelstandsvereinigung. Koch rief seine Zuhörerschaft auf: „Man lasse doch einmal das geschlossene Bild einer guten Schweizerwoche in der Strasse irgendeiner Ortschaft auf sich einwirken." Nun versuchte er den imaginierten Blick zu führen: „Unwillkürlich geht das Interesse, das man den Schaufenstern widmet, hinüber auf den Geschäftsmann, der nicht allein begehrenswerte Ware

---

51 Koch, Erziehungsmöglichkeiten, 12.
52 Ebd., 11, 21.
53 Ebd., 4 f.
54 Ebd., 15.

zeigt, sondern auch seine Teilnahme für öffentliche Probleme kundgibt."[55] Der Redner suggerierte einen „verdienten Nutzen", der durchaus monetären Charakter haben sollte, sich indes nicht allein darin erschöpfte. Den an der Schweizerwoche beteiligten Detaillisten, den Mann des Geschäfts, würde seine Ware sowohl begehrenswert als auch zum anerkannten Patrioten machen. Von der Arbeiterschaft trennte das Publikum der Rede ein tiefer Graben der Fremdheit. Das war jedenfalls die Annahme, unter der die Rede Kochs operierte, wie wir noch sehen werden. Hingegen bedeutete er dem Auditorium, dass jeder Detaillist ein aktiver Teil der bürgerlichen Gemeinschaft sein konnte, die vom Schweizerwoche-Verband organisiert wurde. Im Zoom auf den begehrenswerten Geschäftsmann lag zudem eine Einladung zur Identifikation an Detaillisten, ob sie nun als Zuhörer im Saal der Rede beiwohnten, ob als impliziertes Publikum der Druckschrift oder als Empfänger dieser Botschaft, die ihnen ihre Interessenvertreter wie Kurer überbringen sollten: Die Kaufleute wurden angehalten im gedanklichen Film nachvollziehen, wie es sich anfühlte, für ein so profitables wie patriotisches Engagement die Bewunderung der Konsumentenbürger*innen zu erhalten.

Wer waren diese? In der Redepassage über das den Schaufenstern gewidmete Interesse verrät das unpersönliche Pronomen „man" vorderhand wenig, aber Koch spricht auch vom „Publikum", das „zur sachgemässen Beurteilung" aufgefordert ist. Das weist in die Richtung einer bürgerlichen Mittelklasse. Die Konsumentenbürger*innen waren nicht das engere „Wir" des unternehmerdominierten Verbands, aber auch nicht die Anderen.

2.3 Manufacturing consent – die Fabrik im Frieden mit sich selbst

Diese Anderen waren die Pervertierung des Volkes durch die Masse, die sich „infolge ihrer Ignoranz durch blosse Schlagworte wirtschaftlich missleiten" ließ.[56] Sie wies für Koch unverkennbar proletarische Gestalt auf. Die Zuspitzung der Konfrontation mit der Arbeiterbewegung im Laufe des Ersten Weltkriegs und das Gespenst bolschewistischer Revolutionen hatte das Bürgertum radikalisiert. International bildete die russische Revolution den Referenzpunkt für die moralische Berechtigung zur präventiven Aggression. In der Schweiz selbst war es der von der Armeeführung provozierte Landesstreik im November 1918, der jedoch rasch scheiterte.[57] Die Schweizerwoche als Mittel der Befriedung darzustellen sicherte ihre Relevanz aus einer bürgerlichen Sicht. Im Rundschreiben über die Ziele der Schweizerwoche werde der soziale Ausgleich erwähnt, erläuterte Koch: „Dieser zum Schlagwort gewordene Be-

55 Ebd., 14.
56 Ebd., 19.
57 Zum Landesstreik: Buomberger, Kampfrhetorik.

griff bedarf der Präzisierung."[58] Mit Steuerpolitik oder staatlichen Sozialleistungen sollte er nichts zu tun haben. Den Ausgleich sah er als eine Sache des Gemüts, für dessen adäquate Gestimmtheit der Schweizerwoche-Verband seit seiner Gründung sorgen wollte, indem er die damals modernsten Medien, Projektions- und Filmvorträge, einsetzte.[59] „Wir haben unsere Auditorien schon vielfach in den Kreis der unselbständig Erwerbenden verlegt", erklärte Koch und verwies in der schon eingangs zitierten Passage auf die didaktische Qualität dieser Medien, in „leicht fasslicher Weise" von den Leistungen nationaler Arbeit zu künden.[60] Vor den Augen der Teilnehmer*innen an der Generalversammlung entwarf Koch das Szenario jenes anderen Auditoriums aus „diesen Volksschichten", denen zur Erbauung Industriefilme vorgeführt wurden: „Der Industriearbeiter sieht an der Leinwand sich selbst am Schraubstock stehend, an der Drehbank arbeitend, mit Hacken und Pickel werkend und empfindet dabei ein Gefühl der Ehrung. Dieses Moment ist wichtig."[61]

Ernst Koch lud also bei der Generalversammlung seine bürgerliche Zuhörerschaft ein, sich Arbeiter vorzustellen, die Arbeitern im Film bei der Arbeit zusahen.[62] Eine Erwerbstätigkeit, die dem Status des Bürgers entsprach, konnte vielerlei Gestalt haben, nicht aber die von körperlichen Verrichtungen an industriellen Maschinen im Dienste dritter. Koch positionierte in dieser Passage seiner Rede die bürgerlichen Freunde der Schweizerwoche somit in einem doppelten Abstand zur Fabrikarbeit: Sie sahen nicht nur imaginär dem Produktionsprozess zu, sondern sie sahen dem Arbeiter dabei zu, wie er sich darüber freute, dass einer wie er ins Bild gerückt wurde. Das erinnert an den Distanzierungseffekt, den ethnografische Filme aus exotischen Ländern erzielen, indem sie zeigen, wie die ‚Wilden' darauf reagieren, wenn ihnen der Forscher das Filmmaterial vorführt, das er von ihnen gedreht hat.[63] Die Arbeiter waren ein fremder ‚Stamm', potentiell bedrohlich, denn der arbeitsteilige Herstellungsprozess schloss sie von der Befriedigung aus, die im Bezug zum fertigen Produkt lag, wie Koch erläuterte. Das Argument der Entfremdung ließ sich ebensogut marxistisch wenden wie in eine konservative Weltsicht einbauen. An der materiellen Basis, den arbeitsteiligen Abläufen, zu rütteln stand Koch als Manager in der Textilbranche denkbar fern. Er setzte auf symbolische Kompensation. Der soziale Ausgleich, den die Schweizerwoche anbot, war als emotionaler Effekt gedacht. Koch explizierte für sein Publikum die Wirkung der filmischen Schweizerwoche-Didaktik auf die Arbeitnehmer*innen: „Ihr Stolzgefühl verbindet sie instinktiv mit allen de-

58 Ebd., 20.
59 Schweizerwoche-Verband, Jahresbericht 1925/26, 15.
60 Koch, Erziehungsmöglichkeiten, 20
61 Ebd.
62 Diese Stelle der Rede ist dezidiert auf den männlichen Industriearbeiter zugespitzt, im Weiteren nannte Koch allerdings auch das „Verkaufsfräulein" als Teil der von ihm umrissenen Gruppe und kommunizierte damit die Vorstellung einer Gesamtheit von Arbeiternehmer*innen, die Männer und Frauen – allerdings weder gleichermaßen noch in gleicher Weise – umfasste.
63 Heider, Ethnographic Film, 19 f.

nen, die am erschauten Endresultat mitgewirkt haben; die Klassengegensätze verblassen, wenigstens für einen Augenblick."[64]

Bereits vor dem Ersten Weltkrieg hatten Schweizer Unternehmen begonnen, Filme über die Herstellung ihrer Produkte als Werbemittel einzusetzen. Auch hinsichtlich der staatstragenden Verwendung solchen Filmmaterials musste die Schweizerwoche kein Neuland betreten. Schon bei der Landesausstellung in Basel 1914 wurden Industriefilme vorgeführt, um Stolz auf die nationale Leistung zu vermitteln.[65] Die Schweizerwoche erhielt daher problemlos Zugang zu Filmen aus verschiedenen Branchen. Die hohe Attraktivität des neuen Mediums sicherte den Vorführungen, begleitet durch Referate über die „Schweizerarbeit im Film", ein interessiertes Publikum. Dieser Filmtypus beruhte auf gut eingespielten Mustern.[66] Bevor es Filme gab, hatte man auf dieselbe Weise Diavorführungen und gedruckte Wissensvermittlung strukturiert: Gezeigt wurde der Weg vom Rohstoff zum Endprodukt. Den Sinn einer solchen Anordnung umriss die *Neue Zürcher Zeitung* folgendermaßen: „Beim Industriefilm lernt der Beschauer nicht irgend einen Betrieb kennen, sondern gleichsam eine ‚Idealfabrik'", sodass das „Wesen und die Leistungsfähigkeit einer Industrie" sichtbar wurden. Dem „Beschauer" sollten sich die „typischsten, besteingerichtetsten, zur Veranschaulichung am meisten geeigneten Partien" des Betriebs darbieten.[67] Das Zentralorgan Schweizer Bürgerlichkeit bezog sich hier auf einen der von der Schweizerwoche vorgeführten Filme. Deshalb zitierte der Jahresbericht des Verbands die Passage in extenso. Das imaginierte Bild, das sich für die Leserschaft der *Neuen Zürcher Zeitung* aufbauen sollte, entsprach unverkennbar dem, was Kress und van Leeuwen eine konzeptuelle (genauer: analytische) Struktur nennen: Es war negativ durch die Abwesenheit sozialer Handlung charakterisiert.[68] Stattdessen wurden Teile vorgeführt, die sich zu einem Ganzen fügten: der Fabrik und – in metaphorischer Projektion – der Wirtschaft.[69] Es ging um das überlegene organisatorische Gefüge, nicht die Arbeiter*innen.

Ernst Koch entfernte in seiner Rede den Industriearbeiter zwar gerade nicht aus dem Bild, doch leitete ihn dieselbe Vorstellung des Betriebs; nur waren die Arbeiter ein problematisches, weil potentiell unbotmäßiges Teil des Ganzen. Auf zweifache Art fixierte er sie rhetorisch als possessive Attribute des Merkmalsträgers nationale Wirtschaft: durch Betonung einer Verpflichtung auf die Funktion im Mechanismus und durch das Versprechen der Freude am „warmen nationalen Zusammengehörig-

64 Koch, Erziehungsmöglichkeiten, 21.
65 Zimmermann, Heimatpflege.
66 Zimmermann, Industriefilme, 266–270.
67 Zit. nach Schweizerwoche-Verband, Jahresbericht 1925/26, 16. Angaben zu Titel und Erscheinungsdatum fehlen. Das Archiv der NZZ ist online zugänglich. Die Texterkennung funktioniert aber nur mangelhaft. Den Artikel zu lokalisieren ist mir jedenfalls nicht gelungen.
68 Kress/van Leeuwen, Reading Images, 45–47.
69 Ebd., 50, 87–103.

keitsgefühl innerhalb eines jeden Volkes“[70]. Die nationale Wirtschaft war sowohl Mechanik als auch Gemeinschaft. Die Schweizerwoche stand nicht alleine beim Versuch, ökonomische Beziehungen mit der Vorstellung nationaler Gemeinschaft in Deckung zu bringen. Aber in diesem Feld beanspruchte sie die Rolle einer wesentlichen Akteurin. Koch musste daher die nationale Gemeinschaft ökonomisch explizieren und zu diesem Zweck brachte er eine weitere Metapher ins Spiel. „Unser Wirtschaftskörper“, so erläuterte er, sei „in sich selbst zerrissen“, leide am „ungezügelte[n] Geschäftsegoismus seiner Glieder“. Das seien „Lebensfragen der schweizerischen nationalen Wirtschaft“, die einen „rascheren Pulsschlag“ benötige. Die Früchte der Schweizerwoche würden „mit der Notwendigkeit eines Naturgesetzes“ allen Schweizern zugutekommen. „Denn die Wirtschaft eines Landes ist ein geschlossener Organismus, in welchem die Entwicklung des einen Gliedes auch diejenigen des andern bedingt und die Kräfte im Kreislauf allen Teilen zufliessen.“[71] Die Metapher des Wirtschaftskörpers basiert auf einem Mapping, das Vorstellungen hierarchischer Beziehungen ebenso wie deren Anordnung als Kreislauf ins Spiel bringt.

Wie jede Metapher ist auch die des Wirtschaftskörpers vieldeutig und ließ sich in unterschiedlichen Wirtschaftspolitiken ausbuchstabieren. Die Vorstellung von Gemeinschaft durch organizistische Bilder zu konkretisieren hatte allerdings eine konservative Tradition, die in der Zwischenkriegszeit neuen Schub erhielt.[72] Kochs Konzeptualisierung von Ökonomie bewegte sich in solchen Bahnen. Dabei insinuierte die Metapher des Wirtschaftskörpers ebenso wechselseitige ökonomische Abhängigkeit der Konationalen wie eine Geschlossenheit des nationalökonomischen Körpers. Das stand in einer offensichtlichen Spannung zu freihändlerischen Bekenntnissen, hinderte Koch aber nicht daran, die Proponent*innen der Schweizerwoche zu „überzeugte[n] Anhänger[n] eines aufgeklärten Freihandelsprinzipes“[73] zu erklären. Widersprüche in politischen und sozialen Vokabularien drängen nicht unbedingt zur Auflösung.[74] Deshalb schlossen einander auch die Attribuierungen organischer und mechanischer Qualität nicht aus, was immer die Logik der Begriffsbildung dagegen einzuwenden haben mochte.

Indem Koch die Gemeinschaft des nationalen Schaffens in den Fokus rückte, visierte er freudige Zustimmung zur sozialen Hierarchie an. Die Industriefilme, die der Verband einem Publikum aus Arbeiter*innen und kleinen Angestellten vorführte, würden selbst dem Verkaufsfräulein und dem Ausläufer zeigen, „dass auch ihre arbeitsfreudige Pflichterfüllung den Gang des mächtigen Räderwerkes der Volkswirt-

---

70 Koch, Erziehungsmöglichkeiten, 31.

71 Ebd., 7 (Wirtschaftskörper, zerrissen, Glieder), 11 (Lebensfragen), 15 (Pulsschlag), 5 (Naturgesetz, Organismus).

72 Mit Verweis auf Othmar Spann: Nolte, Ordnung, 179–181.

73 Koch, Erziehungsmöglichkeiten, 3.

74 Thompson, Political Culture, 12.

schaft zu erhalten mithilft".[75] Die Funktion des Rads in der Maschinerie ist sich möglichst reibungslos zu drehen.

In einem Jahresbericht der Schweizerwoche hieß es einige Jahre später zum didaktischen Ziel der Organisation: „Es genügt aber nicht, das Ineinandergreifen aller Räder und Teile im Uhrwerke des Wirtschaftslebens erkannt zu haben. Dazu gehört auch die Einsicht, dass kein Rädchen sich eigenwillig drehe." Das war die in Form eines Aufsatzes zu gießende Antwort, die man von Schüler*innen auf die Frage „Was lehrt mich die Schweizerwoche?" erwartete.[76] Die gedankliche Domäne des mechanischen Gefüges wurde hier wie in der 1920 gehaltenen Rede des Verbandspräsidenten mit der Imagination menschlicher Akteur*innen überblendet. Eine Schüler*in oder ein Verkaufsfräulein kann Pflicht kennen und eine Haltung dazu einnehmen, die freudige etwa. Nur das Zusammenspiel beider Domänen, jene der Maschine und jene von Menschen in Arbeitssituationen, ergab den spezifischen Effekt: Die aus der Vorstellung der Maschine übernommene fraglose Funktion des leblosen Objekts konnte zur Pflichterfüllung moralisiert werden. Demgegenüber erfuhren auch die abstrakten Vorstellungen von Freude und Pflicht eine Modulierung. Bürgerliche Pädagogik legte es darauf an, diese beiden Konzepte nicht als kontradiktorisch, sondern als einander steigernden Konnex zu konfigurieren.

Wenn der Ausläufer und das Verkaufsfräulein Räder in einer Maschinerie waren, so waren sie doch nur kleine Räder. Um dies zu unterstreichen, trieb Koch einigen sprachlichen Aufwand: Das Verkaufsfräulein, für sich genommen bereits die Verkleinerung der Frau, baute er nicht nur in einen Zusammenhang, das Räderwerk, ein. Er vergrößerte ihn noch durch Attribuierung von Mächtigkeit. Den Anteil der subalternen Arbeitskräfte stufte die Fokuspartikel „auch" weiter zurück. Dem Verb „helfen" setzte Koch ein komitatives „mit" voran[77]. Die Leistung, die es indes eigentlich zu schätzen galt, war die disponierende des Bürgers, wie Koch unmissverständlich klarlegte. Sie war als das überlegene Gegenüber der freudigen Pflichterfüllung zu verstehen. Bei einer Vorführung habe man die Bemerkung eines Arbeiters gehört: „Du, so n'es G'schäft muess doch ä gueti Organisation bruche, bis das alles lauft." Die Organisation – das ist der Beitrag des Unternehmers. Ihm verhieß die Schweizerwoche Schutz „gegen die künstliche Verhetzung und gegen den Hass der Klassen".[78]

75 Ebd., 21.
76 Schweizerwoche-Verband, Jahresbericht 1923/24, 13.
77 Die Abtönung von Bedeutungen durch derartige Soziativbildungen diskutieren Wodak u. a. (Konstruktion, 207) für den politisch brisanten Fall der österreichischen „Mitverantwortung" am Nationalsozialismus.
78 Koch, Erziehungsmöglichkeiten, 21.

2.4 An die Grenzen des autoritären Staates

Den Urheber der künstlichen Verhetzung nannte Koch nicht. Das war auch nicht nötig, denn der Vorwurf, den Klassenhass zu schüren, gehörte zum Standardrepertoire der bürgerlichen Auseinandersetzung mit der Arbeiterbewegung. Es sei „die grosse Entfremdung zwischen den Menschen verschiedener Berufe und verschiedener Stände" eingetreten, ein Zustand, „der lebhaft an die Erbauung des Turmes zu Babel erinnert, als alle anfingen in fremden Zungen zu reden".[79] Wenn Koch einen Zustand heftiger Konflikte zwischen verschiedenen sozialen Gruppen beschrieb, so wählte er eine Sprache sündhaften Verfalls und platzierte damit die Arbeiterbewegung in der Position des diabolischen Verführers. Koch beklagte den „Kampf Aller gegen Alle", vergiftet durch Interessenvereinigungen, Zeitungen, Drucksachen, Versammlungen und Vorträge.[80] Die Verteufelung der Organisationsarbeit entbehrt nicht der Ironie in einer Rede, die ausführlich die Arbeit einer Interessenvereinigung, nämlich der Schweizerwoche, darstellte und ihre Drucksachen, Versammlungen und Vorträge als probate Mittel der Beeinflussung anpries.

Der „Kampf Aller gegen Alle" ist eine der vielen Formulierungen, die dekontextualisiert bloß den Wunsch nach harmonischer Zusammenarbeit der verschiedenen Teile der Gesellschaft zu motivieren scheinen. Die stehende Wendung fungierte aber als sprachliches Vehikel für eine der zentralen Aussagen eines rechtsbürgerlichen Diskurses über das Soziale. Ideengeschichtlich kann man sie zur frühneuzeitlichen Legitimierung des Staates, zum *bellum omnia contra omnes* bei Hobbes, zurückverfolgen. Diese gab denn auch für die Theoretiker des autoritären Korporatismus der 1920er- und 1930er-Jahre einen wesentlichen Bezugspunkt ab, allerdings in Form der Zurückweisung. Hobbes galt als einer jener Denker, die einen atomistischen Individualismus legitimierten. Diese Depravierung des Sozialen bringe den Krieg aller gegen alle überhaupt erst hervor. So argumentierte etwa mit Johannes Messner einer der wichtigsten Ideologen des österreichischen Ständestaates.[81]

In der Schweiz griffen den Topos die autoritär korporatistischen, philofaschistischen Initiativen auf. Sie spürten Anfang der 1930er-Jahre Aufwind und verstanden sich selbst als „Erneuerungsbewegungen".[82] Es war ein Leiden am Pluralismus, wie es z. B. Abb. 2 aus der Zeitschrift *Die Neue Schweiz* drastisch inszeniert. Das Programm der gleichnamigen Bewegung artikulierte als wirtschaftspolitisches Ziel, „die hemmungslose Konkurrenzwirtschaft ‚Aller gegen Alle' durch die berufsständische

79 Ebd., 22.
80 Ebd.
81 Messner, Frage, 34 f.; Wasserman, Black Vienna, 37.
82 Siehe die Ausführungen von Jakob Lorenz über die „Typen des gesellschaftlichen Aufbaues": Lorenz, Typen („Kampf aller gegen alle", 32); ebenso Lorenz, Korporativer Aufbau, 16. Zu Lorenz siehe auch weiter unten.

Abb. 2: „Kampf aller gegen alle"
Quelle: Die Neue Schweiz 1/4, 21.4.1933.

Wirtschaft auf schweizerischer Grundlage" abzulösen.[83] *Die Neue Schweiz* stellte sich stets hinter den von der Schweizerwoche propagierten Konsumpatriotismus. Die Sympathie war gegenseitig,[84] hatte aber aus Sicht des Schweizerwoche-Verbands Grenzen. Die konsumpatriotische Organisation war dem radikalen Bruch mit einer Ordnung abhold, die den bürgerlichen Interessen bislang gute Dienste geleistet hatte. Der Verband machte sich daher gegenüber den ‚Erneuerern' für eine genuin schweizerische Tradition der Demokratie und des konfessionellen Friedens stark und betonte „das gleiche Lebensrecht aller Rassen"[85]. Solche Markierungen, die einer hegemonialen Perspektive eingeschrieben wurden, springen im Rahmen einer Studie ins Auge, die auch Österreich im Blick hat. Damit schieben sich alternative Lösungen für den „Kampf aller gegen alle" ins Bild, nämlich die Liquidation der bürgerlichen Demokratie und die Vernichtung der Jüdinnen und Juden, der „im Lebensrecht aller Rassen" verklausuliert angesprochenen Gruppe. Man muss für den Fall der Schweiz die Widerlager gegen einen Umbau zur Diktatur registrieren, ohne sie

83 O. V., Die Ziele unserer Volksbewegung. Das Programm der „Neuen Schweiz", in: Neue Schweiz 1/34, 17.11.1933, 1; vgl. auch bei Messner über den „Kampf aller gegen alle" und die kapitalistische Konkurrenzwirtschaft: Frage, 76.
84 Oberer, Armbrust, 39 f.
85 Schweizerwoche-Verband, Jahresbericht 1932/33, 3.

indes als Immunisierung gegenüber einer autoritären Zurichtung soziökonomischer Verhältnisse zu überhöhen.

Einen eindrücklichen Beleg, wie dicht die liberalkonservative Sicht der Dinge im näheren und weiteren Umfeld der Schweizerwoche an einen autoritären Umbau von Staat und Gesellschaft heranrückte, findet man in einem Jahrbuchbeitrag von Hans Nabholz. 1922–1924 hatte er als Präsident der Neuen Helvetischen Gesellschaft fungiert.[86] Als einer von vier Autoren zeichnete der Zürcher Professor für Verfassungs- und Wirtschaftsgeschichte eine 1932 erschienene und viel rezipierte Schweizergeschichte.[87] Ihn trieb aber nicht nur die Vergangenheit der mittelalterlichen Eidgenossenschaft um, sondern auch deren Zukunft. Mitte der 1930er-Jahre publizierte er im von ihm mitherausgegebenen Jahrbuch der Neuen Helvetischen Gesellschaft einen Beitrag darüber, wie die individualistisch aufgelöste Volksgemeinschaft wiederherzustellen wäre.[88] Er befürwortete die „Einschränkung der viel zu weit gehenden Volkswahlen" als Vertiefung (!) des demokratischen Gedankens. Außerdem propagierte er die Stärkung der Exekutive und die Zurückdrängung des Parteieneinflusses. Wirtschaftsräte aus den „direkt beteiligten, kompetentesten Kreisen" sollten wirtschaftspolitische Fragen behandeln. Die „klassenbewußte Arbeiterschaft", die am Schweizerhaus Grundsätzliches bekrittelte, habe sich doch in ihm „nicht schlecht" eingerichtet. Sie müsse „die Schicksalsverbundenheit von Brotherrn und Brotnehmer" einsehen. In einer für den Diskurs typischen Weise fand Nabholz den Ausdruck eines unhaltbaren „Kampfes aller gegen alle" in der Sphäre von Handel und Konsum, sofern diese über das Notwendige hinausgingen. Die großen Warenhäuser drohten die Gewerbetreibenden und Detaillisten zu „erwürgen". Außerdem denke man nur

> an die immer kostspieliger werdende Reklame oder an die Notwendigkeit, in einem Molkereiladen z. B. statt einem halben Dutzend von guten Käsesorten viele Dutzende in auffälliger und kostspieliger Verpackung zu halten, nur, um nicht durch die Konkurrenz geschlagen zu werden! Oder man betrachte die Auslagen von Damenschuhen in einem heutigen Schuhgeschäft![89]

Das unpersönliche Pronomen „man" verschleierte kaum, dass hier jeder Mann gemeint war, der sich über den Exzess eines als konstitutiv weiblich gefassten Wahlkonsums wunderte. Das alles war nur eine Haaresbreite von dem entfernt, was der Schweizerwoche-Verband als wirtschaftspatriotische Filiation der Neuen Helvetischen Gesellschaft vertrat. Dieser Abstand fußte auf den wirtschaftsliberalen Präferenzen, die der Verband pflegte. Auch sein Verständnis für Konsum war um jenes

---

86 Guanzini/Wegelin, Patriotismus, 112. In der bereits thematisierten Buchreihe Schriften für Schweizer Art und Kunst veröffentlichte er ebenfalls einen Band, Nr. 90: Der Kampf um den zentralistischen Gedanken in der eidgenössischen Verfassung 1291–1848.

87 Marchal, Gebrauchsgeschichte 149 f.

88 Die folgenden Zitate aus Nabholz, Volksgemeinschaft.

89 Ebd., 16.

Quentchen größer, dessen es bedurfte, wenn man Industrie und Handel ihren Absatz lassen wollte. Viele Schuhe in der Auslage waren kein Problem, solange sie nur Schweizerware zeigte. Mit einer besonderen Beachtung der Konsumierenden oder gar Zuneigung zu diesen ging das nicht einher.

2.5 Kontinuität und vorsichtige Öffnung

Wenngleich Koch in seiner Rede 1920 davon berichtete, wie der Verband seine Ziele gegenüber Arbeiterschaft und Angestellten propagierte, ist der Text das Dokument eines bürgerlichen Selbstgesprächs. Jene, die nicht dem Anforderungsprofil einer männlichen Bürgerlichkeit entsprachen, waren weder das reale Publikum der Rede noch das virtuelle, das in Teilen zu erreichen die massenmediale Vervielfältigung durch den Druck anstrebte. Der Text bewegte sich fernab einer polyphonen Erzählung, er vermied es, nicht-bürgerliche Stimmen zu Wort kommen zu lassen. Wenn er Äußerungen derjenigen kolportierte, die es propagandistisch zu beeinflussen galt, so inszenierte er sie als Illustration und Nachweis der Zustimmung.[90]

Der Text gibt keine Auskunft über den Erfolg des hegemonialen Projekts, insofern es die über das männliche Bürgertum hinausreichenden Bevölkerungsteile subaltern involvieren sollte. Die Naturalisierung von Herrschaft beginnt aber bei jenen, die von ihrer Mission überzeugt sein müssen, um sie als alternativlosen Weg zum Gemeinwohl den Anderen aufdrängen zu können. Der Text macht erkennbar, wie sich eine Gemeinschaft der Bürger rund um die von der Schweizerwoche gewünschte nationale Ökonomie herstellen und sich mit jenem Vorsprung an Selbstgewissheit ausstatten ließ, der hegemoniale Projekte charakterisiert, wenn sie von einer Fraktion der sozialen Eliten ausgehen und die Modulierung der gegebenen Kräfteverhältnisse statt deren Revolutionierung anstreben.[91]

Die Schweizerwoche, Teil eines bürgerlichen Kosmos vaterländischer Assoziationen, partizipierte an der Vorstellung einer nationalen Gemeinschaft als Praxis bürgerlicher Geistigkeit. Als eine erwartbare Referenz diente Koch in seiner Rede über *Vaterländische Erziehungsmöglichkeiten* der mehrfach angerufene Gottfried Keller. Darin war die Schweizerwoche ganz konventionell und das verband die von ihr vorangetriebene Schweizerwaren-Propaganda zugleich mit anderen Linien nationaler Selbstverständigung. 1919 verteilte der Verband die Novelle *Das Fähnlein der sieben Aufrechten* für rund 600 prämierte Aufsätze an beflissene Schüler*innen. 1920 war Kellers Sinnspruch „Achte eines jeden Mannes Vaterland, aber das deinige liebe“ Thema des Aufsatzwettbewerbs, den der Schweizerwoche-Verband für Schüle-

90 Mit Bezug auf Michael Bachtin's *Ästhetik des Wortes* zur Möglichkeit und Beseitigung von Polyphonie vgl. Viehöfer, Keep on Nano truckin'.
91 Vgl. Gramsci, Selections, 12.

r*innen ausrichtete, und auch fortan gehörte er zum Inventar seiner Propaganda.[92] Keller stellte mit den *Sieben Aufrechten* eine Allegorie zur Verfügung, in die jeder vaterländische Verein sein Streben kleiden konnte. Sich auf sie zu beziehen hieß eine Hoffnung des bürgerlichen Freisinns anzurufen, deren Formulierung aus der Mitte des 19. Jahrhunderts datierte. Sie erwartete, dass sich alle sozialen Gegensätze in einer vom Bürgertum angeführten Nation würden aufheben lassen.[93] Dieser anachronistische Bezug diente als Instrument der Ausschließung vor allem gegen die Arbeiterschaft, aber auch gegen die Frauen. Kellers Novelle entfaltete die Imagination einer im Schützenfest vereinten Schweiz. Frauen blieb hier nur die Rolle von Zuschauerinnen.

Anders als in Österreich, wo das Ende der Habsburgermonarchie zu einer revolutionären Umwälzung, einer neuen Verfasstheit des Staates und einer massiven Veränderung der sozialen Verhältnisse führte, stand die Schweizer Gesellschaft in einer Kontinuität des 19. Jahrhunderts. Diese war unter Druck geraten, doch ungebrochen.[94] Die Schweiz war noch immer eine Nation der Bürger und die Organisation, in deren Namen Koch sprach, stellte sich um 1920 als typisches Produkt des bürgerlichen Vereinswesens dar. So wohlanständige wie wohlhabende Männer – und wenige Frauen – kamen im Zeichen der Nation zusammen, erörterten Traktanden, legten Rechenschaft über die Vereinstätigkeit ab, dankten einander für ihre patriotische Selbstlosigkeit und bereiteten den jährlichen Großauftritt ihres Anliegens im Herbst vor, die Schweizerwoche. Die 1920er- und frühen 1930er-Jahre waren durch die Abschließung gegenüber einer sozialdemokratisch orientierten Arbeiterschaft geprägt. Diese stellte die hauptsächliche, da große Teile der Wählerschaft anziehende Alternative zu einer Bürgerlichkeit dar, die sich selbst als patriotisch, pragmatisch und vernünftig verstand. Parallel zur Öffnung politischer Herrschaft für eine Sozialdemokratie, die auf die Perspektive einer radikalen Gesellschaftstransformation verzichtete, gewährte der Verband schließlich auch Arbeitervertretern Gastrecht – bei Festveranstaltungen und in der bürgerlichen Nation, die von solchen Feierlichkeiten beschworen wurde.

Als die Schweizerwoche 1941 ihr 25-jähriges Bestehen feierte, traf man einander wiederum in Bern, diesmal im Kursaal. Honoratior*innen traten in großer Zahl an, um dem Verband ihre Gratulation zu entbieten. Den Bundesrat repräsentierte mit Karl Kobelt der Vorsteher des Militärdepartements. Das war durchaus passend, denn man propagierte die Schweizerwoche als Beitrag zur Geistigen Landesverteidigung. Werner Minder als Vizepräsident des Verbands übernahm es Ernst Koch zu danken, der sich aus seiner bisherigen Funktion zurückzog, und beantragte seine Erhebung

92 Man schätzte die Sentenz allerdings ebenso im benachbarten Österreich. Hier bestand ihr Wert wohl nicht zuletzt darin, dass sie das unverdächtige „Land“, nicht etwa die (deutsche) Nation oder den (ungeliebten) Staat ins Spiel brachte.

93 Hettling, Politische Bürgerlichkeit, 262; ders., Bürgerlichkeit, 229 f.

94 Hettling, Bürgerlichkeit, 264.

zum Ehrenpräsidenten.[95] Minder las bei der Gelegenheit Passagen aus Kochs Rede von 1920 vor, um den inklusiven Charakter der vom Verband propagierten Volksgemeinschaft zu unterstreichen:

> Mit der wirtschaftlichen Selbstbehauptung allein ist es nicht getan. Sie ist mit der politischen und kulturellen Selbstbehauptung untrennbar verbunden. Diese Selbstbehauptung ist das Produkt geistiger Faktoren und kann unmöglich durch äussere, gewissermassen mechanische Mittel, wie die Absatzvergrösserung, dauernd beeinflusst werden. Die geistigen Faktoren sind: der zielbewusste einheitliche Wille des ganzen Volkes, seine Eigenart und Unabhängigkeit (Selbstbestimmung) zu wahren und die wohlwollende Gesinnung jedes einzelnen Individuums, seinen Volksgenossen gegenüber.[96]

Diese Passage und andere Stellen aus Kochs Rede sollten den retrospektiven Beweis erbringen, dass die Schweizerwoche seit jeher alle Teile der Bevölkerung einbezogen hatte. Der explizite Bezug, der Kontinuität verbürgen sollte, nahm freilich eine Rekontextualisierung vor. 1941 war zwei Jahrzehnte vom panischen Bürgerblockdenken nach dem Ersten Weltkrieg entfernt, das 1920 den Rahmen für Kochs Rede gebildet hatte, und nur aus solchen Zusammenhängen gelöst konnten die Fragmente der seinerzeitigen Gemeinschaftsrhetorik als aktuell konsensfähige Plattitüden erscheinen. Ihr Sinn war 1920 ja ein anderer gewesen, nämlich die Schweiz als Festung gegen eine politisch organisierte Arbeiterschaft zu gestalten. Die Festung hatte sich inzwischen erweitert, zumal der Zweite Weltkrieg ein anderes Bedrohungsszenario als das der Diktatur des Proletariats lieferte. Kooperation hatte begonnen. Auf der Jubiläumsveranstaltung der Schweizerwoche wurde unter den anwesenden Honoratio-r*innen Nationalrat Robert Bratschi, der Präsident des Schweizerischen Gewerkschaftsbunds, begrüßt. Er hielt auch eine der Ansprachen.

Die Konkordanz ruhte auf partiellem Vergessen und der Ausnützung von Undeutlichkeit, denn die bürgerliche Propagierung des Geistigen barg das Potential sozialer Exklusion. Minder deutete die Fundstellen aus der Rede Kochs als Beleg für dessen Bemühen um eine „Propagierung der geistigen Ziele“ des Verbands, darum „die materiellen Fragen stets von einer hohen Warte, d. h. vom Gesamtinteresse unserer Wirtschaft und unseres Landes zu beurteilen“. Das Arrangement der Signifikanten folgte lang etablierten Mustern. Das Gesamtinteresse verband sich mit dem Geistigen. Das Materielle, implizit mit Partikularinteressen in eins gesetzt, hatte sich ihm unterzuordnen. Man konnte sich auf diese Weise gegen die am kurzfristigen Profit orientierten Detaillist*innen wenden. Das hatte Koch in seiner Rede von 1920 ja auch getan. Aber ebenso und mit größerer Dringlichkeit ließ sich solcherart den Forderungen der Arbeiterklasse nach sozialer Besserstellung entgegnen, wie das z. B. 1914 Konrad Falke mit seinem Entwurf eines „Schweizerischen Kulturwillen“ vorgeführt hatte. Die Rollen waren auch 1941 noch immer entsprechend verteilt. Es

95 SWA PA486, B87, Schweizerwoche Jubiläumstagung 1941.
96 Koch, Erziehungsmöglichkeiten, 6.

oblag dem Gewerkschafter Bratschi darauf hinzuweisen, dass es für die von der Schweizerwoche propagierte qualitativ hochwertige Schweizerware „auch noch ein weiteres braucht“, „die kulturelle und *soziale* Höhe des Volkes [Hervorhebung, OK]“.[97] Die Opfer, die der Krieg allen abverlangte, würden von der Arbeiterschaft schwerer empfunden „als von vielen andern Volkskreisen, weil sie schon vor dem Kriege nicht hat im Überfluss leben können“. Wir sehen, wie Bratschi vorsichtig an den Koordinaten der Volksgemeinschaft zog, die eine Festveranstaltung aktualisierte. An dieser Feier – wie an der Nation – teilzunehmen war die Arbeiterschaft nun geladen, sofern sie sich zu benehmen wusste und die bürgerlichen Artigkeiten beachtete.

Der Schweizerwoche-Verband behielt wesentliche Züge einer weit ins 19. Jahrhundert zurückreichenden Tradition über das gesamte 20. Jahrhundert hindurch bei. Bis zu dessen Mitte bewegte er sich damit in einem weithin üblichen Rahmen wirtschaftlicher, politischer und kultureller Mobilisierung. Später allerdings verlor er auf diese Weise den Anschluss an eine Gesellschaft, die seit den 1950er-Jahren allmählich ihre Konturen veränderte. Die meisten Menschen integrierten nun immer mehr Dienstleistungen, Ge- und Verbrauchsgüter als selbstverständliche Elemente in ihren Alltag. Eine Bürgerlichkeit mittelständischer Produzenten, die zwar die Konsument*innen beeinflussen, sich aber nicht mit ihnen beschäftigen wollten, wurde zu einer Merkwürdigkeit, die keine Zugkraft mehr entfalten konnte.

97 SWA PA486, B87, Schweizerwoche Jubiläumstagung 1941.

3 Expertise und Fachleute

Expertensysteme gelten als ein Merkmal der Moderne.[1] Expertise wirkte als „Vertrauenstechnologie",[2] sie sollte Grundlagen für die Entscheidungen in Staat, Unternehmen und all den Körperschaften bereitstellen, die es sich zur Aufgabe machten, auf sozioökonomische Beziehungen einzuwirken, sie zu ordnen und auch von ihnen zu profitieren. Die Betroffenen sowie eine breite Öffentlichkeit sollten durch die Behauptung von Expertise dahingehend beruhigt werden, dass die ‚richtigen' Entscheidungen getroffen wurden. Diese „Verwissenschaftlichung des Sozialen"[3] hatte – offen oder verdeckt – zumeist eine nationalisierende Komponente,[4] die in dieser Studie besonders interessiert, und sie ersetzte Erfahrungswissen durch ein Wissen, das in Apparaten des wissenschaftlichen Betriebs, maßgeblich Universitäten, erarbeitet und zertifiziert wurde. Wissenschaft konnte allerdings Unterschiedliches meinen: messende, experimentelle und quantifizierende Verfahren ebenso wie das auf Lektüre gebaute Bücherwissen. Letzteres war in den Diskursen der Nationalökonomie noch dominant, aber auch in der Werbung meinte Wissenschaft vielfach vor allem, die Erfahrungen, die Praktiker gewannen, in eine generalisierende Rede zu konvertieren und/oder sie in eine systematische Ordnung zu bringen. Als wissenschaftlich galt so auch das intellektuelle Äquivalent eines Karteikastens mit Schubladen für die einzelnen Phänomene. Dem Modus der Bestandsaufnahme folgte etwa Viktor Matajas viel rezipiertes Buch *Die Reklame*, das – 1910 veröffentlicht – als Initialzündung der wissenschaftlichen Auseinandersetzung mit Werbung im deutschsprachigen Raum gilt.[5]

Die jüngere sozialgeschichtliche Literatur hat als ein Signum der Periode vom späten 19. Jahrhundert bis in die Zeit nach dem Zweiten Weltkrieg die Praktiken und Diskurse des Social Engineering ausgemacht.[6] Der Begriff setzt bei einer Metaphorik technologischen Wissens und der Figur des Ingenieurs an. Wissenschaftlich gestützte objektive Befunde und eine weit ausgreifende Planung sollten es ermöglichen, große soziale, politische und ökonomische Aggregate zu steuern. Die Wahrnehmung eines Risses durchs Soziale entlang des Gegensatzpaars von Gemeinschaft und Gesellschaft ging oft Hand in Hand mit der Zuversicht, dass Experten, gestützt auf die Macht von Staat und großen Unternehmen, die Kluft überwinden könnten. Die Rhe-

1 Giddens, Consequences, 27–29, 79–92.

2 Lengwiler, Expertise.

3 Raphael, Verwissenschaftlichung.

4 Markant z. B. bei Versicherungssystemen, einem wesentlichen Ort der Entwicklung von Expertise und Regierungsmacht, wie eine umfangreiche Literatur belegt: Ewald, Vorsorgestaat; Hilpert, Wohlfahrtsstaat; Wagner/Zimmermann, Nation; zur Habsburgermonarchie: Senghaas, Territorialisierung; Schweiz: Lengwiler, Risikopolitik.

5 Borscheid, Agenten, 86; Regnery, Werbeforschung, 4.

6 Etzemüller, Ordnung; ders., Raum; Brückweh, Engineering, hier insbesondere Raphael, Embedding.

https://doi.org/10.1515/9783110701111-005

torik des Planens spielte eine große Rolle für Werbeberater, die mögliche Auftraggeber und die Öffentlichkeit von ihrer Unentbehrlichkeit überzeugen wollten.[7] Die Hoffnung auf Beherrschung des Publikums ging Hand in Hand mit der Aussicht auf Beherrschung der Nation, was nicht nur ein Inserat der St. Galler Werbedienst AG mit einer eindrucksvollen visuellen Metapher hervorhob (Abb. 3).

Wenn der prominente österreichische Reklameexperte Erwin Paneth Werbung als planmäßiges Bemühen der Beeinflussung fasste, schloss er bei Edmund Lysinski an.[8] Der Mannheimer Werbepsychologe trachtete, dem Werbewissen ein durch Experimente objektiviertes Fundament zu geben – moderne Wissenschaft also. Zugleich knüpfte Lysinski – und mit ihm Paneth – bei einem Wiener Nationalökonomen an: Othmar Spann, der in den 1920er- und 1930er-Jahren als Stichwortgeber des rechten politischen Rands agierte. In seinem *Kurzgefassten System der Gesellschaftslehre* erklärte Spann, die Werbung sei eine der wichtigsten „Ausgleichs- und Vereinheitlichungsvorgänge in der Gesellschaft". Diese verhinderten Chaos, indem sie Gemeinschaft herstellten.[9] Unter dem Gesichtspunkt verschwanden für Lysinski wie für Paneth die Unterschiede zwischen kommerzieller und politischer Werbung. Letzterer vertrat 1934 vehement, aber aus seiner Sicht „rein sachlich" die Notwendigkeit der Diktatur,[10] zu deren Anregern Spann zählte. Der „Universalismus" des charismatischen Staatswissenschaftlers verklärte die mittelalterliche Gesellschaft und bewegte sich damit ins Zentrum der politischen Macht. Die Verbindung aus Sozialtechnologie und politisch konservativem Autoritarismus war aber kein Privileg Österreichs. Für Spanns Universalismus begeisterte sich auch Jacob Lorenz,[11] nicht nur Soziologe und Pionier der Schweizer Konsumstatistik, sondern Verfechter eines katholischen Korporatismus. Den Schweizer „Erneuerungsbewegungen" dieser Art blieb allerdings trotz einer Hochphase in den 1930er-Jahren eine Machtposition versagt, die österreichischen Verhältnissen gleichgekommen wäre.

---

7 Hirt, Propheten; ein Schweizer Reklameberater schrieb rückblickend über die 1920er-Jahre: „Wir Jünger der Reklame, die früher rein empirisch arbeiteten und dabei immer ein gewisses unsicheres Gefühl hatten, stürzten uns gierig auf die Fachschriften und Lehrbücher […] 'Planmäßig werben' wurde zum Schlagwort." Paul O. Althaus, 20 Jahre Organisator, 20 Jahre Schweizer Reklame, in: Der Organisator Nr. 228, März 1938, 875–878.

8 Paneth, Entwicklung, 10. Er zitiert hier ausführlich aus Lysinski, Organisation; zu Lysinski siehe Regnery, 55–64.

9 Paneth, Entwicklung, 227.

10 Erwin Paneth, Ständischer Staatsgedanke, in: Österreichische Nähmaschinen-Zeitung Nr. 480, 10.4.1934, 3.

11 Verbraucht hätten sich die altliberale und die historische Schule, ebenso der Kathedersozialismus. „Aus diesem Chaos erhebt sich, Altes erneuernd und vertiefend und neue Erscheinungen im Lichte uralter Anschauungen betrachtend, eine neue Richtung: die universalistische im Sinne der Schule von Spann." Lorenz, Korporativer Aufbau, 13; vgl. Zürcher, Lorenz, 218 f., 221.

Abb. 3: „Systematisch Werben"
Quelle: Schweizer Reklame Nr. 1, April 1930.

Expertise versprach zwischen einem als Wissenschaft konstituierten Feld und Politik zu übersetzen.[12] Sie war dabei nicht politisch neutral, obwohl sie das zu sein behauptete. Man kann es auch anders sagen: In der Zwischenkriegszeit war jener Ort, den hegemoniale Diskurse als neutral bestimmten, bürgerlich geprägt. Für die Expert*innen der Arbeiterbewegung ergab das, sobald sie über sozialdemokratische Gegenwelten hinaustraten, einen Rechtfertigungsdruck, der auf ihren Kontrahent*innen nicht in vergleichbarer Weise lastete. Das hatte nicht zuletzt damit zu tun, dass die Verwissenschaftlichung des Sozialen in den 1920er- und 1930er-Jahren keineswegs das einzige Instrument war, dieses Soziale zu bearbeiten. Aufs Politische angewendete Traditionen bürgerlicher Geselligkeit spielten eine fortdauernde Rolle, offensichtlich in der Schweiz, aber auch in Österreich.

Die Vorstellung von Expertise steht in einem Spannungsverhältnis zu jener der Politik.[13] Der Anspruch einer unpolitischen Wahrnehmung berechtigter Interessen begleitete schon im 19. Jahrhundert die Partizipation bürgerlicher Akteure an Verwaltung und Selbstverwaltung des als Gesellschaft konstituierten Sozialen. In der Habsburgermonarchie wie in den meisten anderen europäischen Ländern war sie in ihren parlamentarischen Formen lange auf Personen beschränkt, denen durch Besitz und Bildung die Fähigkeit zuerkannt wurde, ein Interesse zu kultivieren.[14] Die Figur des Experten, die mit dem Ausbau der Bürokratien in staatlichen, parastaatlichen und privaten Organisationen an Gewicht gewann, löste die bürgerlichen Honoratioren ab. Beiden zeichneten sich durch einen Anspruch auf überlegene Einsicht aus, die sie auf Distanz gegenüber der Massendemokratie gehen ließ.[15] Der Bürger, vor allem der Stadtbürger, verkörperte durch seinen Besitz und seine Einbettung in ein Geflecht von berechtigtem Interesse und Verantwortlichkeit jene Vernunft, der es zur Regelung der öffentlichen Angelegenheiten bedurfte. Der Experte hingegen war solcher lokalen Bindungen enthoben, er führte einen planerischen Sachverstand ins Treffen. Der Experte löste die Honoratioren zu einem Zeitpunkt ab, als sich die Teilhabe an parlamentarischen Foren für die erwachsene Bevölkerung insgesamt öffnete; im cisleithanischen Teil der Habsburgermonarchie 1907 für Männer, mit der Republik 1918 auch für Frauen. Diese Foren wurden zunehmend als politisch, d. h. als Ort des Dissens, definiert und von Parteien bespielt. Demgegenüber nahm die Interessenaushandlung in Beiräten und Kammern in der Habsburgermonarchie des späten 19. Jahrhunderts eine Gestalt an, die einen Dualismus von Unternehmerschaft und Arbeitnehmer*innen mit einer Gliederung nach Branchen und Branchenbündeln zusammenführte. Diese korporatistische Form bildete gemeinsam mit der Zentralisierung von administrativer Macht in staatlichen Institutionen im 20. Jahr-

12 Lengwiler, Konjunkturen, 51 f.

13 Zum Verhältnis von Ökonomie und Politik vgl. Scholl, Abhängigkeit.

14 Das schloss die Arbeiterschaft aus: vgl. Wadl, Liberalismus; zur politischen Konstituierung des Schweizer Bürgertums, das sich als Verkörperung der Nation sah, im Unterschied zu einer die Nation spaltenden Arbeiterschaft: Tanner, Patrioten, 694–704.

15 Zur Expertenfigur des „high modernism“: Scott, Seeing, 94.

hundert ein wesentliches Strukturmoment, möglicherweise das wesentlichste, der österreichischen Wirtschafts- und Sozialpolitik.[16]

Aus österreichischer Warte betrachtet lässt sich die politische Verfasstheit der Schweiz nur als abwegig beschreiben, und zwar nicht nur in dem Sinn, dass sie einen anderen Entwicklungsweg nahm, sondern ebenso dadurch, dass sie einer Gewissheit widersprach, die das Reden und Handeln der österreichischen Akteur*innen der Zwischenkriegszeit ebenso wie der neokorporatistischen Jahrzehnte nach 1945 beherrschte. Die politisch aktiven Eliten gingen in Österreich davon aus, dass es eines starken Staates bedurfte, um eine politische Hegemonie von Besitz und Bildung aufrechtzuerhalten oder um sie umgekehrt sozialdemokratisch zu dämpfen, wenn die Beseitigung schon außer Reichweite lag. Im Vergleich zur Übersichtlichkeit der rund um die zentralstaatliche Verwaltung angeordneten österreichischen Arrangements erscheint das Geflecht aus Vereinen und Verbänden in der Schweiz erheblich komplizierter.

Die hegemoniale Vorstellung von Expertise hatte außerdem ein Geschlecht:[17] das männliche. Hinsichtlich der Buy-National-Institutionen ist festzuhalten, dass Männer allein zahlenmäßig die Entscheidungs- und Aufsichtsgremien absolut dominierten. Da sie aber auf die Bereitschaft von Frauen angewiesen waren, propagandistische Veranstaltungen und Publikationen organisatorisch und konzeptionell zu unterstützen, wurden Vertreterinnen von Frauenvereinen einbezogen. Von Frauen erwartete man(n), dass sie über das Einkaufen Bescheid wussten – aus ihrer eigenen praktischen Erfahrung. Die Konsumexpertise einiger der in die Buy-National-Institutionen involvierten Frauen ging aber darüber deutlich hinaus. So verzeichneten Sitzungsprotokolle der Arbeitsgemeinschaft „Kauft österreichische Waren" die Beteiligung von Emmy Freundlich. Sie war eine führende, international vernetzte Konsumgenossenschafterin und gab die wichtigsten Zeitschriften der österreichischen Konsumgenossenschaften heraus.[18] Diese spielten in Österreich wie anderswo eine zentrale Rolle für die Formierung von Verbraucherschutz als Gegenstand eines systematischen Wissens und einer systematischen Politik. Freundlich repräsentierte somit eine Konsumexpertise, die sich auf die Seite der Konsument*innen schlagen wollte. Sozialdemokratische Parteizugehörigkeit, konsumgenossenschaftliche Tätigkeit und weibliches Geschlecht waren drei Merkmale, die kumuliert auf eine Randständigkeit innerhalb der Kampagnenorganisation hinausliefen. Die Fähigkeit der männlichen Akteure, in diesem Rahmen eine von Frauen gestellte Konsumexpertise zu nützen oder auch nur als systematisches Wissen zu erkennen, hatte jene Grenzen, die ihnen patriarchale Ideologeme und Praktiken setzten.

---

16 Hanisch, Schatten, 183–208; Tálos, Interessenvermittlung; Tálos/Kittel, Sozialpartnerschaft; Katzenstein, Corporatism.

17 Vgl. Duma/Hajek, Haushaltspolitiken, die sich mit den marginalen und marginalisierten Spielräumen eines feministischen Blicks auf die Ökonomie im Österreich der Zwischenkriegszeit befassen.

18 Strommer/Strommer, Vertrauen, 38–40.

3.1 Ökonomie und Ökonomen

Buy-National-Propaganda betrieb eine Moralisierung des Konsums als Beitrag zur Stabilisierung der Nation und ihrer Ökonomie. Aus einer solchen Beschreibung ergibt sich noch nicht mit Bestimmtheit, welche Art der Expertise im Sinne anerkannter Gebiete wissenschaftlichen Wissens der konsumpatriotische Appell benötigte, um seine Ziele – welche? – zu erreichen. Das ist kein bloßes Problem der Betrachtung im historiografischen Rückspiegel, die das zu untersuchende Phänomen in den Griff bekommen muss, sondern war zeitgenössisch Gegenstand von Aushandlungsprozessen, die in verschiedene Richtungen wiesen.

Insofern die Kampagnen der Volkswirtschaft nützen sollten, lag auf der Hand, dass sie auf ökonomisches Wissen zugreifen mussten. Wenden wir uns daher der Frage zu, wie im Fall von Buy-National-Propaganda ökonomische Expertise aussehen konnte, die sie argumentativ stützte und ihr Autorität verlieh. Protektionistische Positionen besaßen die Dignität einer Ideengeschichte, die sich wenigstens bis zu kameralistischen und merkantilistischen Traktaten der frühen Neuzeit zurückverfolgen ließ.[19] Man kann die Rekonstruktion eines modernen Wirtschaftsnationalismus im deutschsprachigen Raum aber auch mit der Schrift *Der geschlossene Handelsstaat* beginnen lassen, die Johann Gottlieb Fichte 1800 veröffentlichte.[20] Dieser Anfang situiert sich im Umfeld des deutschen Idealismus, in der politischen Ausdeutung von philosophischer Reflexion. Fichtes Schrift fand lange Zeit wenig Beachtung,[21] im 20. Jahrhundert wurde er allerdings zunehmend als Vordenker der „geschlossenen Nationalwirtschaft" erinnert. Man kann daher auch bei Friedrich List beginnen. Als umtriebiger Publizist wandte er sich gegen die politische Ökonomie britischer Provenienz und propagierte ein wirtschaftspolitisches Denken, das die Nation zum Angelpunkt der Ökonomie machte. List fehlte seither in keiner deutschsprachigen Ideengeschichte der Wirtschaftswissenschaft, die eben eine nationalökonomische Wissenschaft war. So führte ihn Eugen Böhler, damals der Doyen der Schweizer Nationalökonomie, in seinen 1944 erstmals veröffentlichten *Grundlehren der Nationalökonomie* in einer Linie von Autoren an, die „wesentliche Systemgedanken zur Entwicklung der Nationalökonomie beigetragen haben".[22] Die Ahnenreihe begann bei Quesnay und den britischen ‚Klassikern' Smith, Ricardo, Malthus. Sie führte zu Friedrich List und – bezeichnend für das Selbstverständnis einer Wissenschaft zwischen Ökonomie und Staat – zu Lorenz von Steins *System der Staatswissenschaft*. Die Aufstellung, die insgesamt 23 Namen und Werke umfasste, endete bei der *General Theory* von Keynes. Fichte gehörte nicht in diese Linie. Er spielt in Geschichten

---

19 Vgl. hierzu Kapitel 3 in Teil II.
20 Heilperin, Studies; auch Speich Chassé, Nation; siehe hingegen Etges, Wirtschaftsnationalismus, 33.
21 Heilperin, Studies, 82 f.
22 Böhler, Grundlehren, 15.

der deutschen Philosophie eine weit größere Rolle als im Rahmen von historischen Narrativen über die Entwicklung der Ökonomie als Einzelwissenschaft. Die Protagonisten einer an den Universitäten angesiedelten ökonomischen Wissenschaft akzeptierten hingegen in der ersten Hälfte des 20. Jahrhunderts List als einen der ihren, obwohl er mehr Publizist und Lobbyist war denn mit einem akademischen Wissen identifiziert. Auf Fichte traf Letzteres weit mehr zu, wenngleich er den *Geschlossenen Handelsstaat* zu einem Zeitpunkt verfasste, als seine universitäre Laufbahn unterbrochen war. List wiederum hatte an der Universität Tübingen einige Jahre als Professor Staatswissenschaften gelehrt. Dazu gehörte neben anderen Gegenstandsbereichen auch Ökonomie, doch seine Expertise war primär die des Verwaltungsbeamten.[23]

Die Uneindeutigkeiten, auf die wir treffen, verweisen sowohl auf die Kontingenz der Vorstellung von Expertise als auch auf die ihrer jeweiligen institutionellen Einbettung.[24] Man könnte sie zwar ebenso als Anzeichen für die konstitutive Randständigkeit wirtschaftsnationalistischer Theorie im Gebäude ökonomischen Wissens deuten. Damit würde man aber ein Bild übernehmen, mit dem sich die Ökonomie als Wissenschaft in der Gegenwart schmeicheln möchte. Das mag angesichts einer heutigen liberalen Reserve gegenüber nationalistischer Mobilisierung angenehm sein, man muss dafür jedoch die historische Schule der Nationalökonomie ausblenden, die bis Mitte des 20. Jahrhunderts an den deutschsprachigen Universitäten eine starke Stellung hatte. Man könnte die Uneindeutigkeiten der Positionierung von List und Fichte außerdem als ein typisches Problem von Vorgeschichten erklären. Dieses löst sich in der zeitlichen Progression, sobald eine Disziplin oder ein berufliches Feld jene Kontur gewinnt, die ihm zuvor gefehlt hat. So gesehen bestand im 18. und frühen 19. Jahrhundert ein Mangel gegenüber der in der Gegenwart hegemonialen Vorstellung von Ökonomie als Wissenschaft. Diese sieht ein formalisiertes mathematisches Instrumentarium vor, das von universitär ausgebildeten Expert*innen bedient wird. Wenn man aber Ökonomie als Wissenschaft, Economics im gegenwärtigen Verständnis, nicht mit Wirtschaftswissen in eins setzt, so ist offensichtlich auch weiterhin durchaus umstritten, wer Expertise beanspruchen darf. So meinen z. B. Unternehmer als ‚Männer der Wirtschaft' – immer noch überwiegend Männer –, etwas von Wirtschaft und Wirtschaftspolitik zu verstehen. Diese Auffassung gründen sie auf praktische Erfahrung, nicht primär auf ein absolviertes Universitätsstudium der Ökonomie, selbst wenn ein solcher Bildungsabschluss durch die Akademisierung der Eliten weit gängiger geworden ist, als das im frühen 20. Jahrhundert der Fall war. Stets ist also aufs Neue auszuhandeln, wer aufgrund welcher Zertifizierungen oder Erfahrungen für welchen Bereich wirtschaftlich relevantes und den Laien, dem Volk, den Bürger*innen überlegenes Wissen beanspruchen darf. Das gilt selbst

23 Tribe, Strategies, 41.

24 Vgl. Clarke, Age of Organization; Hirt problematisiert in seiner Einleitung die Termini Professionalisierung und Experte in ihrer Anwendung auf die Werbefachleute: Propheten, 36–41.

unter den Bedingungen einer als Königin der Sozialwissenschaften inthronisierten Wissenschaft der Ökonomie. Jedoch schlug die „Stunde der Ökonomen“[25] in diesem Sinn ohnehin erst nach 1945.

Inwiefern und in welcher Weise versammelten die Organisationen der Buy-National-Propaganda ökonomische Expertise? In ihren Aufsichtsgremien dominierten Unternehmer und deren Interessenverbände. Neben ‚Männern der Praxis‘ handelte es sich vielfach um Geschäftsführer der Unternehmerorganisationen, die durch ein Studium als bürokratisch und ökonomisch qualifiziert ausgewiesen waren. Auch für die Leitung der Buy-National-Organisationen selbst war eine universitäre Qualifikation gefragt, die ein Amalgam aus Staats- und Wirtschaftswissen bescheinigte. Dazu trat in einigen Fällen journalistische Erfahrung. Beide Geschäftsführer der Kampagne „Kauft österreichische Waren“ führten einen Doktortitel im Namen. Detailliert lässt sich das Schweizer Bild zeichnen: Edgar Steuri, von 1927 bis 1961 für die Schweizerwoche tätig, die längste Zeit als ihr Generalsekretär, hatte Staatswissenschaften studiert und über ein nationalökonomisches Thema dissertiert: die wirtschaftlichen Beziehungen zwischen der Schweiz und Spanien.[26] Auch seine vier Vorgänger in der Position des Generalsekretärs hatten ein Doktorat erworben. Hermann Frey war Jurist und vor seiner Tätigkeit für den Schweizerwoche-Verband arbeitete er als Anwalt. 1931 wechselte er als Pressechef zur neu gegründeten Zentralstelle für das Ursprungszeichen. Er blieb in dieser Rolle bis in die frühen 1960er-Jahre im Feld der nationalisierenden Propaganda aktiv.[27] Außerdem fungierte er als Sekretär des Kleinindustriellen-Verbands, des solothurnischen Staatspersonal-Verbands und des kaufmännischen Vereins Solothurn.[28] Er war somit der typische Multifunktionär des so ungemein dichten wirtschaftlichen Verbandswesens der Schweiz. Frey hatte bei der Schweizerwoche Rolf Lindt abgelöst, der auf ein volks- und betriebswirtschaftliches Studium in Lausanne zurückblickte und den akademischen Titel Dr. rer. pol. führte. Anfang der 1930er-Jahre trat er eine Funktion als Zentralsekretär des Schweizerischen Detaillistenverbands an, dem für den Schweizerwoche-Verband wichtigsten Kooperationspartner bei der alljährlichen Nationalisierung der Schaufenster.[29] Auch die *secrétaires romands* des Schweizerwoche-Verbands, die den französischsprachigen Teil des Landes betreuten, waren staatswissenschaftlich zertifiziert und hatten einschlägige Berufslaufbahnen. André Colliard war Anwalt, sein Nachfolger Jean-Joseph Comte, seines Zeichens Lic. rer. pol., wechselte 1936 von einer Anstellung bei der Mustermesse Basel zum Schweizerwoche-Verband.[30]

Auffällig ist, dass sich in den Aufsichtsgremien der Institutionen, die Propaganda für den patriotischen Einkauf betrieben, keine Ökonomen engagierten, die als

25 Nützenadel, Stunde.
26 SWA, Personenmappe Edgar Steuri.
27 Schweizerwoche-Verband, Jahresbericht 1963/65, 2; ZfU, Jahresbericht 1964, 10.
28 SWA, Personenmappe Hermann Frey.
29 SWA, Personenmappe Rolf Lindt; Schweizerwoche-Verband, Jahresbericht 1963/65, 2.
30 SWA PA486, B4, Protokoll der Vorstandssitzung des Schweizerwoche-Verbands, 5.3.1936, 7.

Wissenschaftler einen Namen besaßen. Gemeint sind damit nicht Forscher aus dem erlauchten Kreis international rezipierter Heroen der Fachgeschichte, wie man sie typischerweise in Geschichten des ökonomischen Denkens findet. Unter den Masterminds der Organisationen waren auch keine nationalen Größen des Fachs, heute vergessene, doch einst prominente Figuren der Verständigung über die Ökonomie als Disziplin. Es gibt Ausnahmen. In Österreich brachte Benedikt Kautsky, ein führender Mitarbeiter der Arbeiterkammer Wien, reichlich Erfahrung in einer wissenschaftlich fundierten Konsumpolitik mit. Kautsky ist bis heute ein klingender Namen, wenngleich vor allem wegen seines Vaters Karl. Der Sohn war aber ebenfalls ein einflussreicher Sozialdemokrat, dessen Wirken über Österreich hinausreichte. In den späten 1950er-Jahren gehörte er zu den Autoren des Godesberger Programms, das die westdeutsche Sozialdemokratie auf die Konkordanzdemokratie und die reformistische Bearbeitung der Marktwirtschaft einschwor. In der Zwischenkriegszeit fungierte Benedikt Kautsky de facto als Chefökonom der Arbeiterkammer, gab ihre wirtschaftspolitische Zeitschrift *Arbeit und Wirtschaft* heraus und leitete ihre statistische Abteilung.[31] In einer langjährigen Studie erfasste die Arbeiterkammer bis Mitte der 1930er-Jahre die Haushaltsbudgets einer kleinen Gruppe von Arbeiter- und Angestelltenfamilien. Im Österreich der Zwischenkriegszeit war das die einzige systematische Erhebung von Konsumspielräumen und Ausgabenstrukturen. Kautsky schrieb die wichtigste Publikation darüber.[32]

Unter den Akteuren im Aufsichtsgremium der Schweizerwoche war Hans Töndury der einzige maßgebliche Vertreter der Ökonomie als Wissenschaft. Er zählt zu den Begründern der Betriebswirtschaftslehre in der Schweiz.[33] 1883 in Zürich geboren, hatte er zunächst Theologie studiert, bevor er auf Wirtschafts- und Rechtswissenschaften umsattelte. Dieser Beginn seiner Bildungskarriere ist angesichts der moralisierenden Perspektive, der sich seine Betriebswirtschaftslehre verschrieb, mehr als ein Detail. 1906 promovierte er in Basel zum Dr. phil. und 1912 in Lausanne zum Dr. jur. Nach einigen Jahren im Bankwesen fungierte er ab 1910 als Professor für Nationalökonomie und Handelstechnik in St. Gallen. Die heute prominente Management-Kaderschmiede rüstete damals gerade ihre Denomination von „Handelsakademie" auf „Handelshochschule" auf, um damit ihren Anspruch auf höheres Wissen anzumelden. Eine Hochschule war freilich nicht der Gipfel des akademischen Prestiges und so führte Tönderys Weg 1915 weiter an eine Universität. Er wurde Ordinarius für *Économie commerciale* in Genf. Er war der erste, der hier einen betriebswirtschaftlich ausgerichteten Lehrstuhl innehatte, der seinerseits erst der zweite dieser Art in der französischsprachigen Schweiz war.[34] Von 1928 bis zu seinem Tod im Jahr 1938 hatte

31 Chaloupek, Marxismus.

32 Kautsky, Haushaltsstatistik; Arbeiterkammer Wien, Lebensstandard von Wiener Arbeitnehmerfamilien.

33 Burren, Betriebswirtschaftslehre; Burren, Wissenskultur, 90–94; Gsell, „Töndury, Hans"; Herschdorfer, Töndury; Personenmappe mit Zeitungsartikeln im SWA.

34 Burren, Betriebswirtschaftslehre, 260 f.

er schließlich in Bern eine Professur für „Betriebswirtschaftslehre und Soziologie der Wirtschaft“ inne. Als Wissenschaftsdisziplin musste die Betriebswirtschaft erst Kontur gewinnen.[35] Es galt zu erklären, wo sie ihren Platz hatte. *L'Économie commerciale dans l'ensemble de sciences économiques*, lautete der Titel von Töndurys Antrittsvorlesung.[36] Die Betriebswirtschaft schwankte zwischen einer „Kunstlehre“, die auf die Einübung praktischer Fertigkeiten ausgelegt war, und dem Anspruch der reflektierenden Systematisierung als Wissenschaft.[37] Die Geschichte der betriebswirtschaftlichen Expertise gleicht darin jener von Werbung und Marketing. Diese gehören ja aus Sicht der Betriebswirtschaftslehre zu ihren Gegenstandbereichen bzw. sind sie Subdisziplinen unter ihrem Dach.

Die Betriebswirtschaftslehre musste sich im Bemühen um ihre gesellschaftliche Anerkennung an Problemlagen abarbeiten, die auch unternehmernahe Kampagnen betrafen, die den Patriotismus der Konsument*innen wecken wollten. Ein Distinktionsmerkmal der Betriebswirtschaftslehre gegenüber der Nationalökonomie war es, dass sie nicht eine – vorgeblich von Einzelinteressen abgehobene – Vogelperspektive auf die Ökonomie pflegte. Sie hatte ein Wissen bereitzustellen, das funktional an die Perspektive von Unternehmern andockte, ob diese nun Eigentümer oder leitende Angestellte waren. Die Nationalökonomie führte in ihrem Namen den Bezug auf die Nation und versprach somit, die alle Differenzierungen überwindende Einheit des Volkes im Blick zu haben. Hingegen kündete jenes Wissen, das als Handelswissenschaften, Privatbetriebslehre und schließlich Betriebswirtschaftslehre firmierte, von der Nähe zum kommerziellen, privaten Interesse.[38] In einer kapitalistischen Wirtschaftsordnung lag der Verdacht auf der Hand, dass Betriebswirtschaftslehre dieses private Interesse zu Ungunsten von Arbeitnehmerinteressen und zum Schaden von übergreifenden Anliegen der Gesellschaft privilegierte. Zumal in einer Zeit von schweren wirtschaftlichen und politischen Verwerfungen wie den 1920er- und 1930er-Jahren musste es daher den Vertretern des Fachs darum zu tun sein, dieses Bild zurechtzurücken. Die Bedeutung der Wissensform und der ihr entsprechenden praktischen Verrichtungen sollte in ihrem Beitrag zum Gemeinwohl liegen.[39] Dieselbe intellektuelle oder auch propagandistische Operation vollzogen Organisationen wie die Schweizerwoche, wann immer sie sich an ein Publikum wandten – und zwar gleichgültig, ob dies Konsument*innen waren oder es sich um unternehmernahe Publika handelte.

Sobald soziale und politische Machtverhältnisse einen Diskurs als Ort von Expertise installieren, führt das auch zur Frage nach der Popularisierung des Experten-

35 Hierzu Burren, Betriebswirtschaftslehre; dies., Wissenskultur; Pfoertner, Amerikanisierung; Tribe, Strategies, 95–139.

36 Ankündigung des Vortrags: Journal de Genève (JdG), 31.10.1915, 6.

37 Burren, Betriebswirtschaftslehre, 253–278; Töndury, Wesen, 25, 31–46.

38 Siehe die Schwerpunkte des sich über vier Semester erstreckenden Programms des „cours d'économie commerciale“: JdG, 12.10.1925, 7.

39 Burren, Wissenskultur, 64 f.

wissens. Popularisierung impliziert eine je spezifische Verknüpfung von Experten- und Interdiskursen sowie im Weiteren mit jenen Alltagspraktiken, im hier interessierenden Fall die des Konsumierens, die das Ziel der Popularisierung sind. Während die Alltagspraktiken außerhalb des Blickfelds bleiben, das die Diskurse und ihre Analyse eröffnen, lässt sich das Scharnier von Expertise und Öffentlichkeit in seiner Gestalt und seinen ideologischen Voraussetzungen beschreiben. Töndurys Praktiken des bürgerlichen Engagements können als Beispiel dienen.[40]

Dem Universitätsprofessor attestierten Nachrufe von Kollegen ein beträchtliches Talent zur Lehre und einen missionarischen „Überzeugungswillen".[41] Dieser reichte über das Fach hinaus. Die Stellung der Betriebswirtschaftslehre als eigene Disziplin mochte 1915 noch prekär sein, durch seine Professur an einer Universität aber war Töndury bereits eine Figur von beträchtlichem akademischem Gewicht, als er in der Neuen Helvetischen Gesellschaft, zunächst in ihrer St. Galler, dann in ihrer Genfer Gruppe, darüber referierte, wie die Schweiz, ein von Großmächten umgebener Kleinstaat, ihre „wirtschaftliche Unabhängigkeit" steigern könnte. Alsbald begann er sich für die Schweizerwoche zu engagieren, die er als eine wirtschaftspädagogische Aufgabe betrachtete. Sie sollte zum einen die akademischen Eliten erfassen: „Eine bessere Aufklärung der Professoren und Studenten der Volkswirtschaft" sei geboten, meinte er 1924 in einer Vorstandssitzung des Verbands und schlug vor, man möge die Schweizer Volkswirtschaftsprofessoren ein bis zweimal pro Jahr zu Besprechungen einladen. Zum anderen solle man trachten, „das große Publikum" zu erreichen, indem man auf öffentlichen Plätzen „Lichtbilder aus der schweizerischen Produktion mit statistischen Angaben und Zusammenstellungen" zeige. Ihren Ausgang nahm seine Wortmeldung bei der Feststellung, dass in Genf der Einzelhandel darnieder liege: „Die Konsumenten sollten einmal die Detaillisten unterstützen. Hiezu ist es aber notwendig, dass der Schweizerwoche-Gedanke tiefer in das Volk eindringe und zwar in alle Schichten."[42] Es war dies die gängige Antwort der Experten auf die Frage, wie der Spezialdiskurs der Ökonomie mit dem Wissen und den Praktiken der Bevölkerung zusammenhängen könnte: Die interdiskursive Umformatierung des wissenschaftlich fundierten Wissens sollte die wirtschaftlichen Irrtümer und die volkswirtschaftliche Indolenz der Bevölkerung beseitigen – Aufklärung als diskursive Einbahnstraße.

Auf dieser Einbahnstraße bewegte sich Erziehung zur Wirtschaft im Besonderen einer Zielgruppe zu: den Frauen. Töndury nannte sie hier nicht explizit, doch abseits

---

40 Vgl. auch Kury, Fremde, 160–162.

41 SWA, Personenmappe Hans Töndury: NZZ, 15.12.1938; R[ichard]. König, Prof. Dr. Hans Töndury [verstorben], in: Der Bund, 13.12.1938. König war Professor für praktische Nationalökonomie in Bern. Peter Stettler, „Richard König", in: HLS; „Überzeugungswille": Hugo Sieber, Pionier der Betriebswirtschaftslehre an der Universität Bern, in: Der Bund, 30.6.1983. Der Autor hatte zur Zeit der Tätigkeit Töndurys an der Universität Bern studiert und fungierte hier später als Professor für Volkswirtschaftslehre (Stephanie Summermatter, „Hugo Sieber", in: HLS).

42 SWA PA486, B4, Protokoll der Vorstandssitzung des Schweizerwoche-Verbands, 9.7.1924, 4.

der Schweizerwoche setzte er sich für ein erzieherisches, bildendes Wirken ein, das jungen Frauen galt. 1918 beteiligte er sich an der Gründung einer Ecole d'études sociales pour femmes und fungierte in der Folge als ihr Präsident. Die Ecole d'études sociales repräsentierte einen Schritt der Professionalisierung von Sozialarbeit, die als ein für Frauen besonders geeignetes Tätigkeitsfeld galt.[43] Die Schule eröffnete Berufsperspektiven im Sozial- und Bildungsbereich – wenn es denn unbedingt sein musste.[44] Man(n) betonte daher die Kompatibilität des „enseignement économique et civique" mit einer ‚Karriere' als Ehefrau und Mutter.[45] Madame Töndury präsidierte das mit der Schule verbundene Foyer, das Koch-, Schneider- und Flickkurse anbot.[46] Im Spätsommer 1928 beteiligte sich die Schule an der Schweizerischen Ausstellung für Frauenarbeit in Bern. Die großangelegte Schau, kurz Saffa genannt, erhielt enorme Medienaufmerksamkeit und fand starken Zuspruch des Publikums. Sie thematisierte den Beitrag von Frauenarbeit und diente als Tribüne für die Forderung nach dem Frauenwahlrecht.[47] Der Schweizerwoche-Verband nahm ebenfalls teil und hatte ebenso eine Forderung – und zwar an die Frauen, die er über ihre Verantwortung gegenüber der Schweizerware unterrichtete. Der Verband veranstaltete eine öffentliche Tagung und im Radio sprach Zentralsekretär Hermann Frey über „Die Bedeutung der Frau in der Volkswirtschaft".[48] Wenn von wirtschaftlicher Bildung für Frauen die Rede war, konnte das mithin sehr Unterschiedliches bedeuten: von der Ausbildung für die Erwerbsarbeit zur Einübung praktischer Fertigkeit für die Haushaltsführung, von nationalökonomischer Aufklärung und betriebswirtschaftlicher Ausbildung zu propagandistischer Vereinnahmung für eine Nation bürgerlicher Männer. „Die Bedeutung der Frau in der Volkswirtschaft" rief nach einer pädagogischen Begleitung, die eine Integration in die Nation vorantrieb, als Forderung und als Möglichkeit.[49] Diese Bündelungen sind ideologisch polyvalent. Sie erlaubten eine Fortschreibung von bürgerlichem Paternalismus ebenso wie eine – begrenzte – Erweiterung weiblicher Handlungsfelder.[50] Womit wir es im konkreten Fall der Buy-National-Propaganda zu tun haben und in welche Richtung sich die Waagschale neigte, gilt es genauer zu untersuchen.

---

43 Gredig/Goldberg, Soziale Arbeit, 407.

44 Das Journal de Genève (R. T., Une école sociale, in: JdG, 23.10.1919, 1 f.) zitierte einen etwas ratlosen alten Herrn: „Embrasser des carrières nouvelles... De mon temps, les jeunes filles se contentaient d'embrasser les jeunes gens."

45 Siehe die Notizen im Journal de Genève über die Schule: JdG, 23.10.1919, 1 f.; 15.12.1923, 5; 5.10.1927, 5.

46 JdG, 18.12.1924, 5.

47 Zürcher, Unbehagen 446 f.; Mesmer, Staatsbürgerinnen, 139–145.

48 SWA PA486, B83, Hermann Frey, Die Bedeutung ..., Vortragsmanuskript, 17.9.1928.

49 Vgl. für das 18. und 19. Jahrhundert Maß, Kinderstube.

50 Vgl. Zürcher, Unbehagen; Stämpfli, Nationalisierung; Arni, Republikanismus.

3.2 Expertinnen/Bürgerinnen

Die Fokussierung der Propaganda auf Frauen legte ihre organisatorische Involvierung nahe, wenngleich diese oft eine subalterne blieb. Es kam jedoch auch vor, dass sich bürgerliche Frauenbewegungen unabhängig von staatlicher und parastaatlicher Initiative bzw. ihr vorausgehend für den patriotischen Konsum engagierten. Um ein britisches Beispiel zu zitieren: Die British Women's Patriotic League hatte seit 1922 Empire Shopping Weeks organisiert, bevor das Empire Marketing Board als eine staatliche Agentur mit erheblichen finanziellen und personellen Ressourcen geschaffen wurde.[51] Frauenorganisationen beteiligten sich auch an der Initiative zur Abhaltung einer Schweizerwoche, die seit 1915 im Raum stand. Um in den Rahmen der nationalen Ökonomie der Schweiz eintreten zu können, mussten Frauenanliegen allerdings zumindest einen liberalkonservativen Zuschnitt erhalten. Im Vorstand des Schweizerwoche-Verbands waren von dessen Gründung an stets der Schweizerische Gemeinnützige Frauenverein und der Katholische Frauenbund vertreten.[52] Beide Organisationen zeigten sich besonders aufgeschlossen, einer Propagierung des Schweizersinns Vorrang zu geben und die nationalen Pflichten von Frauen anstatt ihrer Rechte zu betonen.[53] Der katholische Frauenbund war zudem unter den großen Frauenorganisationen derjenige, der sich am meisten mit einem Abbau bürgerlicher Demokratie unter nationalkonservativen Vorzeichen identifizierte.[54]

Als 1927, zehn Jahre nach der Abhaltung der ersten Schweizerwoche, die Kampagne „Kauft österreichische Waren" starten sollte, legte man(n) Wert darauf, Frauenorganisationen als Unterstützerinnen zu gewinnen.[55] In Abbildung des politischen Raums, der für die korporatistische Zusammenarbeit in Frage kam, erhielten die Vertreterinnen der katholischen, deutschnationalen und sozialdemokratischen Frauenorganisationen eine Einladung, sich zur Aussprache mit Vertretern der Produktion in den Räumen der Handelskammer einzufinden.[56] Eine gesonderte Einladung verfasste man für Marianne Hainisch. Als Doyenne der bürgerlichen Frauenbewegungen und Mutter des Bundespräsidenten Michael Hainisch schien sie besonders geeignet, sich in den Dienst des Konsumpatriotismus zu stellen. Die Besprechung fand im Juli des Jahres am selben Tag wie die Pressekonferenz statt, die den Appell zum patriotischen Einkauf in der Öffentlichkeit lancierte. Sie erbrachte das erwünschte Bekenntnis zur Mitarbeit. Als Vertreterin einer kooperationswilligen Sozialdemokratie nahm Emmy Freundlich an den Sitzungen teil. Als Konsumgenossenschafterin

51 Public Record Office, CO 760–22 Publicity Committee Papers 1–227, EMB/PC/77, 14.5.1928.

52 SWA PA486, B87, Schweizerwoche Jubiläumstagung 1941. Reden und Ansprachen, 15.

53 Stämpfli, Nationalisierung, 173–177.

54 Ebd., 168–170.

55 WKW E 27.468/2, Akt der Handelskammer Wien 7985/3, Entwürfe der Schreiben an die Frauenorganisationen; 7985/14 Bericht an die Schwesterkammern, 12.7.1927.

56 Ein Überblick über das politische Spektrum der Frauenbewegungen in der Ersten Republik: Hauch, Frauen bewegen, 129–149.

war es ihr bestens vertraut, an die *Macht der Hausfrau*, so der Titel einer Broschüre, die sie 1927 veröffentlichte, zu appellieren. Als in großer Runde eine Nachbesprechung zu der im Herbst durchgeführten Österreichischen Woche stattfand, eröffnete sie die Diskussion mit ihrer Einschätzung von Verbesserungspotentialen, die der Aktion größere Sichtbarkeit bringen sollten.[57] Die Einbeziehung sozialdemokratisch bewegter Frauen in die Arbeitsgemeinschaft „Kauft österreichische Waren" ist ein deutlicher Unterschied zum Schweizerwoche-Verband. Trotz der scharfen Gegnerschaft zwischen bürgerlichen Parteien und Sozialdemokratie musste die Kooperation einer Propagandaaktion im Namen der Volkswirtschaft weiter nach links reichen als in der Schweiz. Die Erfolge der Arbeiterbewegung zu Beginn der Republik, namentlich ihre Verankerung im parastaatlichen Institutionengeflecht durch die Arbeiterkammer, legten bereits eine Spur in Richtung einer sozialpartnerschaftlichen Formatierung des nationalen Appells.

Vertreterinnen von Frauenorganisationen brachten in die Propagierung des konsumpatriotischen Einkaufs beträchtliches organisatorisches und propagandistisches Know-how ein. Unübersehbar ist jedoch, dass es in männlich dominierte organisatorische und symbolische Hierarchien eingefügt wurde. Stets waren es Männer, die den institutionellen Trägern vorstanden und in den Leitungsgremien die erdrückende Mehrzahl der Positionen besetzten. Wie diskursive und organisatorische Praktiken ein geschlechtsspezifisches Machtgefälle herstellten, lässt sich an einigen Protokollen des Hausfrauenbeirats der österreichischen Kampagne nachvollziehen. Den Vorsitz bei den Besprechungen des Beirats, der den Weg zu den Hausfrauen ebnen sollte, hatte Theodor Schneider inne. Er führte die Geschäfte der Arbeitsgemeinschaft „Kauft österreichische Waren" gemeinsam mit Leo Klemensiewicz. Dieser übernahm im Hausfrauenbeirat die Schriftführung. Ein solcher Modus der Protokollierung schrieb das schon durch die Gesprächsführung garantierte Übergewicht im wörtlichen Sinne fest. Schneider, so berichteten es jedenfalls die Protokolle, referierte ausführlich die Absichten der Arbeitsgemeinschaft, belehrte die Zuhörerinnen über die Produktionsverhältnisse in Österreich, bedankte sich bei den anwesenden Damen für „ausgezeichnete" Vorschläge und erklärte ihnen deren Undurchführbarkeit.[58]

In der Arbeitsgemeinschaft „Kauft österreichische Waren" und im Schweizerwoche-Verband waren Frauen immerhin in den Führungsgremien vertreten. Die Zentralstelle für das Ursprungszeichen ließ hingegen als stimmberechtigte Mitglieder nur Produzenten und Berufsverbände zu. Weder unter ersteren noch unter letzteren rubrizierten Frauenorganisationen und auch auf keinem anderen Weg fanden Frauen Aufnahme in den Vorstand der Organisation; wohl aber verstand die Zentralstelle die von ihr geschaffene Armbrust-Marke als Dienstleistung, die auf einen Wunsch

---

57 WKW E 27.468/3, Protokoll der Vollversammlung und Delegierten-Versammlung der Länderkomitees, 5.12.1927.

58 WKW E 27.468/3, Protokolle des Hausfrauenbeirats, 24.2., 15.4., 24.9., 3.10.1930.

von Frauen reagierte. Die Gründungsgeschichte lässt sich – je nachdem – als Narrativ eines Service an den Frauen oder als Enteignung einer Idee lesen:

> Als Ende 1930 auch in der Schweiz die Wirtschaftskrisis schärfer einsetzte, entstund [sic] bei einigen Frauen der Stadt Zürich der Gedanke, daß der Frau als Hauptkonsumentin von Produktionsgütern aller Art die Pflicht obliege, in erster Linie bei ihren Einkäufen Schweizerwaren zu berücksichtigen und daß diese Schweizerwaren einheitlich als solche erkennbar gemacht werden sollten. Einsichtige Männer aus Industrie, Gewerbe und Landwirtschaft setzten diesen Gedanken in die Tat um.[59]

Frauen haben einen patriotischen Gedanken, doch dann bedarf es der einsichtigen Männer, die Taten setzen – so sah Mann die Schweizerwelt.

Der Imperativ des patriotischen Konsums bewegte sich zwischen einer bürgerlichen Moralität, die Vernunft als Maßhalten bestimmte, und einer jüngeren Leitidee der Steigerung von Effizienz. Organizistische Gemeinschaftsmetaphoriken erlaubten es, diese vorderhand nicht kongruenten Vorstellungen in einem konsumpatriotischen Diskurs und dessen Institutionalisierungen zu verbinden. Das traf augenfällig auf den Schweizerwoche-Verband zu, der in vieler Hinsicht bürgerliche Praktiken und Vorstellungen des 19. Jahrhunderts fortsetzte. Die Vereinnahmung der Konsumentinnen für die Nationalökonomie bot selbst hier Andockstellen für eine Wissensform, der es um die Rationalisierung des Haushalts als Teil eines betriebswirtschaftlichen Kalküls zu tun war. Wie sich die Effizienz des Haushalts steigern ließ, wurde auch im deutschsprachigen Raum, maßgeblich als Auseinandersetzung mit den *home economics* in den USA, viel diskutiert.[60]

In Töndurys *Zeitschrift für Betriebswirtschaft* verfasste Marie Renfer, die Funktionärin einer bäuerlichen Frauenorganisation, eine längere Abhandlung über den *Konsum im Privathaushalt*. Sie wertete einschlägige Literatur aus den USA und Deutschland aus, um „Möglichkeiten besserer Einkommensausnutzung" zu entwickeln.[61] Die Aufstellung eines auf Richtwerten basierenden „Normalbudgets" würde es, wie sie zusammenfassend feststellte, den Konsument*innen erlauben, ihre tatsächliche Ausgabenstruktur an einem Vorbild zu messen und zu „grösserer Harmonie in der Familie" zu gelangen.[62] Bei der betriebswirtschaftlichen Analyse des privaten Haushalts handelte es sich einerseits um einen Spezialdiskurs, einen Zweig der Etablierung einer transnationalen Expertise rationaler Betriebsführung.[63] Andererseits war die Erdung dieser Expertise in den Anliegen der Nation und die damit einhergehende Übersetzung in interdiskursive Foren ein ebenso auffälliges Charakteristikum.

---

59 Zentralstelle für das Ursprungszeichen, Jahresbericht 1933, 1.

60 Von Saldern, Konsumleitbilder, 391; zur Geschichte der home economics: Rutherford, Selling; Goldstein, Creating Consumers.

61 Konkret bezog sie sich auf *Economic Principles of Consumption* (1929) des US-Marketingforschers Paul Nystrom und auf *Lehre vom Privathaushalt* (1931) von Albrecht Sommer.

62 Renfer, Konsum, 304.

63 Diesen Aspekt betont – m. E. zu einseitig – Clarke, Age of Organization, 19.

Ins Alltagswissen diffundierte die nationalisierte Rationalität durch die Aktivitäten und Zeitschriften der Frauenbewegungen. Der Kunstverein der Kleinstadt Baden unweit von Wien begleitete 1930 seine Weihnachtsausstellung durch eine Vortragsreihe. Hier klärte Fanny Freund-Marcus, Funktionärin des Bundes österreichischer Frauenvereine, am 17. Dezember über die „1.000 überflüssigen Schritte der Hausfrau“[64] auf, am 19. sprach sie über das „zeitgemäße Thema ‚Kauft österreichische Waren‘“.[65] Aus *Le Mouvement Féministe*, der wichtigsten Tribüne für das Frauenwahlrecht in der französischsprachigen Schweiz,[66] erfuhr die geneigte Leserin über „Le Ménage aux Etats-Unis“[67] – in Auszügen aus einem Reisebericht von Paulette Bernège, ihrerseits in Frankreich die namhafteste Verfechterin einer Rationalisierung der Haushaltsführung. Die Rationalisierungswunder Amerikas hatten in der Zeitschrift so gut Platz wie alljährlich die Botschaften und Mahnungen des Schweizerwoche-Verbands: „Toutes les femmes n’ont pas encore l’esprit de solidarité suffisamment développé pour voir clairement la part décisive qu’elles peuvent prendre à la prospérité économique de la nation.“[68] Der moralisierende Tadel wiederum fügte sich zu einer bürgerlichen Praxis der Vereinsarbeit, die der Schweizerwoche-Verband und viele Frauenorganisationen gleichermaßen repräsentierten.

Von der erheblichen Reichweite der Mobilisierung für den patriotischen Konsum zeugt der Umstand, dass sich diese Mobilisierung in die Konstruktion sozial und politisch engagierter Frauenbiografien mit großer Selbstverständlichkeit einpasste. Nachrufe sind dafür ein geeigneter Beleg. Eine in der Region Vevey vielfach aktive Frau war Fanny Martin-Baron, die 1938 im Alter von 74 Jahren verstarb. Sie hatte sich für den Dachverband der Frauenbewegungen, die Alliance nationale de Sociétés féminines, engagiert, zudem war sie mit ihrem Mann, einem Arzt, in einer Tuberkuloseambulanz tätig gewesen. Als sie ihre Bekanntschaft gemacht habe, so schrieb die Verfasserin des Nachrufs,

> elle s’occupait des enquêtes lancées par Mme Piecynska[69] sur les questions d’éducation nationale. C’est dans son salon qu’on répartissait le travail, de même pour le lancement des idées

64 Freund-Marcus (geb. in Wien 1872, 1942 im KZ Theresienstadt ermordet) publizierte vielfach zur Rationalisierung des Haushalts, z. B.: Die Erneuerung der Hauswirtschaft, in: Die Österreicherin 1 (1928) 4, 6. Bereits der Titel der Zeitschrift führte wiederum Rationalisierung und die Formierung einer österreichischen Wir-Gruppe zusammen. Freund-Marcus beteiligte sich außerdem seit 1927 an der Arbeitsgemeinschaft „Kauft österreichische Waren“. Für weitere Informationen siehe die Website des Forschungsprojekts „Ariadne – Frauen in Bewegung“ der Österreichischen Nationalbibliothek: http://www.fraueninbewegung.onb.ac.at/Pages/PersonDetail.aspx?p_iPersonenID=8675275 (16.12.2016).

65 O. V., Weihnachtsausstellung, in: Badener Zeitung, 17.12.1930, 4.

66 Jean, Propagande, 102–104.

67 O. V., Le Ménage..., in: Mouvement Féministe 20 (1932), 1 f.

68 Schweizerwoche-Verband, Pendant la „Semaine Suisse“, in: Mouvement Féministe 15 (1927), 149.

69 Die Frauenrechtlerin Emma Pieczynska: Anne-Mari Käppeli, „Emma Pieczynska[-Reichenbach]“, in: HLS.

de la Semaine suisse. Puis peu à peu Mme Martin, tout en restant fidèle elle concentra ses efforts sur la Ligue des Femmes abstinentes.

Die unermüdliche Einsatzbereitschaft bewegte sich mithin von der Bekämpfung der Tuberkulose und ihrer sozialen Folgen zur nationalen Erziehung, dem Konsumpatriotismus und der Alkoholabstinenz. Das Lob für ein Wirken in der öffentlichen Sphäre bedurfte eines den Dualismus der Geschlechter affirmierenden Gegengewichts in Beobachtungen, die selbst eine konventionalisierte Form hatten und ein der Konvention gemäßes Verhalten sowie einen als typisch weiblich erachteten Charakter betrafen. Das Prinzip ihrer Natur sei gewesen, hieß es über Frau Martin-Baron: „être toujours prête à servir les autres, les intimes et cette grande famille qui est la société". Zudem galt: „Malgré ses activités extérieures, elle était la parfaite maîtresse de maison et une jardinière passionnée."

An den Alltag patriotisch aufgeladener Kaufakte führen den geschichtswissenschaftlichen Blick auch die Zeitschriften der Frauenorganisationen nicht heran, aber in den Rubriken, die Tätigkeiten aus einzelnen Vereinen sammelten, konturieren sich die Praktiken des Engagements und das Spektrum seiner Gegenstände, in denen die Nation einen festen Platz einnahm. Auffällig ist die Melange aus bürgerlicher Vereinsaktivität, einer gerade für Frauen seit dem 19. Jahrhundert wesentlichen Einstiegsschneise in die Sphäre der Öffentlichkeit,[70] und der Formierung von Expertise, u. a. in sozial- und konsumpolitischen Belangen sowie im Feld von Betriebswirtschaft und *home economics*. Dazu trat Know-how des Organisierens und Kommunizierens. Diese Mischung aus Bürgerlichkeit und Expertise ist charakteristisch für die Frauenbewegungen, sie wird uns aber noch bei vielen anderen für die Buy-National-Diskurse relevanten Akteur*innen begegnen.

Eine markante, überwiegend von Frauen getragene Organisation im weiten Feld der Bemühungen um die Moralisierung des Konsums war die Soziale Käuferliga respektive Ligue sociale des acheteurs.[71] Sie wurde 1906 gegründet, den Anstoß gab das Vorbild der consumer leagues in den USA. Die Liga, der es gelang ein Netz von Sektionen aufzubauen, das eine Reihe von Schweizer Städten umfasste, wollte für bessere Arbeitsbedingungen in den Produktionsunternehmen wirken. Stets bestanden ihre Vertreterinnen darauf, dass die Liga keine Frauenbewegung war, da sie kein frauenspezifisches Anliegen verfolgte. Im Unterschied etwa zum Schweizerwoche-Verband wurden jedoch die Organisationsstrukturen von Frauen dominiert. Als Präsidentin der Käuferliga fungierte von 1906–1927 Emma Pieczynska, die auch zu den Gründerinnen des Bundes Schweizerischer Frauenvereine zählte. Im Ersten Weltkrieg zeigte sich die Liga trotz mancher Skepsis in den eigenen Reihen dazu bereit, ihr Anliegen zu nationalisieren und eine Buy-National-Propaganda zu unter-

70 Anhand der Habsburgermonarchie: Judson, Bürgerin; Flich, Bildungsbestrebungen; Hauch, Frauen bewegen.

71 Zum Folgenden: Greyerz, 40 Jahre; Oberer, Armbrust, 51 f.; Wild, Schritt, 221–227; Eigenmann, Konsum.

stützen. Pieczynska gehörte namens der Käuferliga dem Organisationskomitee der Schweizerwoche an.[72] Sozial fest im Bürgertum verankert, entwickelte sich die Soziale Käuferliga weg von ihren anfänglichen Sympathien für die Arbeiterbewegung und tendierte zur Eingliederung in den Bürgerblock.[73] Einen Versuch aus der Vorkriegszeit wieder aufnehmend entschied sich die Käuferliga in den 1930er-Jahren dafür, ein Label zu schaffen, um sozial verträgliche Produktion auszuzeichnen. Als ein Orientierungspunkt diente das Armbrust-Logo der Zentralstelle für das Schweizerische Ursprungszeichen.[74] Diese beobachtete die Bemühung mit einer Mischung aus leichter Sorge und freundlicher Herablassung. Der Jahresbericht von 1937 merkte an, die Soziale Käuferliga bestehe schon lange, „ohne dass es ihr vergönnt gewesen wäre, in der Käuferschaft wesentlichen Einfluss zu erhalten, trotz des sicherlich guten Kerns, der in ihren Gedanken und Plänen steckt".[75] In den frühen 1940er-Jahren verwendeten rund 60 Produktionsunternehmen das Label der Käuferliga.[76] Gegen Bestrebungen einer Vereinigung der Label von Käuferliga und Zentralstelle verwahrten sich die der Armbrust-Organisation angeschlossenen Firmen mehrheitlich,[77] und auch der Schweizerwoche-Verband lehnte eine Beteiligung am Label ab.[78] Schließlich gelang aber die Gründung einer Label-Organisation, die auch bis in die 1960er-Jahre bestand. Die Käuferliga selbst löste sich 1945 hingegen wegen „Veralterung und des mangelnden Ersatzes durch jüngeren Nachwuchs" auf.[79]

Zu einer schlagkräftigen Alternative von Buy-National-Propaganda wuchs die Soziale Käuferliga somit nicht heran, auch weil sie das gar nicht anstrebte. Sie bot zweifellos mehr Spielraum für weibliches Engagement und der Aufruf zu einem solidarischen Einkaufen, das die Produktionsbedingungen für die Arbeiterschaft verbessern sollte, hatte einen anderen sozialen Gehalt. Aber wie so oft im 20. Jahrhundert führte das politisch moderate, liberalbürgerlich grundierte Bemühen, eine Besserstellung für die Arbeiterschaft zu erreichen, über die Spezifizierung, dass es die Arbeiterschaft der eigenen Nation sein sollte, zu einer Einordnung in das hegemoniale Projekt nationaler Ökonomie. Nach dem Tod von Pieczynska im Jahr 1927 stand der Organisation bezeichnenderweise auch nicht mehr eine Frau als Präsidentin voran. Die harmonisierende Vorstellung eines politisch neutralen Bodens der Solidarität

72 SWA PA486, A20, Bulletin der Sozialen Käuferliga der Schweiz, 10/1–2 (1916); A8 Mitgliederliste des Organisationskomitees; Schweizerische Nationalbibliothek Bern, Graphische Sammlung, NHG A40, Karte von Emma Pieczynska, 18.5.1916: „Nous désirons vivement rester en rapports avec votre société, dont les travaux nous sont très sympathiques."

73 Eigenmann, Chancen, 159 f.

74 Wild, Schritt, 224 f.

75 ZfU, Jahresbericht 1937, 8.

76 Schweizerwoche-Verband, Jahresbericht 1941/42, 19.

77 Baumann, Ursprungszeichen, 55.

78 Greyerz, 40 Jahre, 42.

79 Ebd., 44.

begrenzte die emanzipatorische Perspektive der Käuferliga in sozial- und geschlechterpolitischer Hinsicht.

Hinsichtlich des Engagements von Frauen für den patriotischen Konsum erhebt sich somit abschließend eine Frage, die für Österreich ebenso Relevanz besitzt wie für die Schweiz, für die hier aber das fehlende Frauenwahlrecht einen sehr leicht fassbaren Fokus bildet. Was brachte das Bemühen um die nationale Ökonomie für die Berechtigung von Frauen als Akteur*innen in den Sphären von Politik und Wirtschaft? Während Frauen an Inszenierungen der Nation teilhaben konnten, blieben ihnen volle staatsbürgerliche Rechte verwehrt – trotz der patriotischen Aufwallung im Ersten Weltkrieg und ab den 1930er-Jahren im Rahmen der Geistigen Landesverteidigung. Der Appell zum patriotischen Konsum rechtfertigte seine Ausrichtung auf die Frauen über eine Kombination aus statistischer Wahrnehmung des Normalen und einer überkommenen Ideologie der Geschlechterrollen. Das Engagement für diesen Appell erscheint in der historischen Perspektive, die den Akteurinnen freilich nicht zugänglich war, als das Bespielen eines Ersatzschauplatzes, der nur wenig Potential für das staatsbürgerliche Ziel von Frauenbewegungen barg.[80]

3.3 Expertise aus der Arbeiterbewegung

Die Ablösung der Honoratioren, die sich selbst für unpolitisch hielten, durch Experten, die sich ebenfalls als unpolitisch verstanden, war ein Formwandel innerhalb eines Rahmens, der die Kontinuität einer kapitalistischen Ordnung garantierte, indem er diese für die technokratische Bewältigung komplexer Herausforderungen aufschloss.[81] Ein korporatistisches Dispositiv ist das Gegenteil einer politisch revolutionären, wirtschaftlich und sozial radikalen Veränderung. Es eröffnet transnationale Verknüpfungen zu einer imaginierten Gemeinschaft der sachlich Denkenden, es kann aber ebenso als Katalysator der Nationalisierung fungieren. Die Zugkraft einer Vorstellung nationaler Gemeinschaft profitiert von einer Depolitisierung des Binnenraums, den sie beansprucht. Insbesondere für die Arbeiterbewegung war das eine ambivalente Entwicklung, die ihr Chancen der Partizipation bot, aber um den Preis einer Beschränkung von Perspektive. In den Arbeiterkammern als wirtschafts- und sozialpolitischem Think-tank der Arbeitnehmer*innen manifestierte sich diese Problematik sehr deutlich. Die am Arbeitskampf orientierte Gewerkschaftsbewegung beäugte die 1921 geschaffene neue Interessenvertretung der Arbeitnehmer*innen mit einer Portion Skepsis.[82] In der Tat war die Arbeiterkammer für Verbindendes zu

80 Vgl. Arni, Republikanismus, 29.

81 Die Analyse auf einen Formwandel von Bürgerlichkeit statt ein Ende des Bürgertums auszurichten, empfahl schon Mitte der 1990er-Jahre, am Ausgang der Hochphase der Bürgertumsforschung: Tenfelde, Stadt.

82 Pellar, Kampf, 265.

haben, so auch für die Kampagne „Kauft österreichische Waren". Bereits in die Vorbesprechungen Anfang 1927 war die Arbeiterkammer Wien einbezogen. Sie diente de facto als Spitzenorganisation der mit regionaler Zuständigkeit konstituierten Arbeiterkammern.[83] In die meisten Gremien der korporatistischen Interessenkoordination schickte die Arbeiterkammer Wien ihren Ersten Sekretär Edmund Palla, dem daher auch die Aufgabe zufiel, die Unterstützung der geplanten „Inlandspropaganda" zu betonen.[84] Punkto Finanzierung hielt sich die Kammer zurück, für den patriotischen Schaufensterwettbewerb aus Anlass der Österreichischen Woche stiftete sie aber immerhin einen „Volkspreis" von 1.000 Schilling. Prämiert wurde das vom Publikum gewählte Geschäft mit der schönsten Auslage.[85] Der Betrag war durchaus erheblich. Er entsprach einem Viertel des Jahresbudgets, das der von der Arbeiterkammer erfassten Gruppe an Arbeitnehmerhaushalten im Schnitt zur Verfügung stand.[86] Vor allem aber ließ die Arbeiterkammer dem Unterfangen ihre symbolische Unterstützung angedeihen. Während der beiden Österreichischen Wochen 1927 und 1929 fügte sich Edmund Palla in einen Reigen von Vertretern der verschiedenen Kammern, die in Radiovorträgen für patriotische Kaufentscheidungen eintraten.

In der Schweiz existierte keine vergleichbare Institutionalisierung, die der Arbeiterbewegung eine Möglichkeit der Beteiligung an staatlichen Wirtschaftspolitiken eröffnete. Zu Schweizerwoche-Verband oder Armbrust-Organisation erhielt sie in den 1920er-Jahren keinen Zugang, strebte dies aber wohl auch nicht an. Noch in den frühen 1930er-Jahren hatte Edgar Steuri Grund zur Klage über Robert Grimm, den führenden Berner Sozialdemokraten. Er habe den Wunsch des Verbands nach einer Aussprache wegen ständiger Angriffe der *Tagwacht*, eines Parteiorgans, im Sand verlaufen lassen. „Die politischen Zeitungen der Arbeiterschaft sollen endlich ihre Kampagne gegen die Schweizerwoche einstellen", forderte der Verbandssekretär enerviert.[87] Den Anlass für das Votum von Steuri bot indes ein zaghafter Annäherungsversuch an die liberalkonservative Vereinigung, den der Gewerkschaftsbund unternahm. Die politische Gemengelage war im Begriff sich zu wandeln. Angesichts der reihum die Regierungsmacht erobernden Faschismen stellte die Arbeiterbewegung auf Kooperation im Zeichen der Geistigen Landesverteidigung um.[88] Vertreter des Gewerkschaftsbundes und des Schweizerwoche-Verbands trafen zusammen, um

83 Die Arbeiterkammer Wien fungierte als Geschäftsstelle des Arbeiterkammertags, der die Landeskammern koordinierte, und übernahm die überregionale Programmentwicklung. Sterling, Aufbau, 135.

84 ÖStA, AdR, Handelsministerium, Industriesektion, 73763-10/1927, 65551/1927; 75472-10/1927, 65551/1927.

85 O. V., Kauft österreichische Waren, in: Arbeiter-Zeitung, 9.10.1927, 6.

86 Kautsky, Haushaltsstatistik, Tabelle 14.

87 SWA PA486, B4, Protokoll der Vorstandssitzung des Schweizerwoche-Verbands, 5.–6.9.1933, 6.

88 So zeigte sich auch Robert Grimm, durch seine Involvierung in den Landesstreik von 1918 ein Lieblingsfeind der Rechten, in den 1930er-Jahren zur Kooperation innerhalb einer bürgerlich dominierten Schweizer Nation und Nationalökonomie durchaus bereit. Zur politischen Biografie des Politikers: Degen, Grimm; Tanner, Sozialdemokratie.

einen Aushang in Produktionsbetrieben zu akkordieren, der ein korporatistisches Credo an die Arbeiterschaft richtete: „Schließt die Reihen im Kampf gegen die Arbeitslosigkeit. Verlangt einheimische Produkte. Ihr schafft damit Arbeit für euch und alle Volksgenossen.“[89] Der Gewerkschaftsbund nahm die Besprechung auch zum Anlass, um mit Verweis auf die Schweizerwoche zum Boykott deutscher Waren aufzurufen. Angesichts der Exportabhängigkeit des Landes legten die Kampagnen in der Schweiz – genauso wie in Österreich – stets höchsten Wert darauf, dass sie keinen Boykott instrumentieren wollten, sondern nur zur Bevorzugung der heimischen Waren, mithin zu einem Buycott, aufriefen. Die Aufregung beim Schweizerwoche-Verband und in rechtsbürgerlichen Medien war schon deshalb groß. Eine vaterländische Aktion dürfe nicht mit politischer Propaganda vermischt werden.[90] Über „eine wirtschaftspolitische Schindluderei“ entrüstete sich der Verbandspräsident.[91] Die Abwehr „politischer Propaganda“ implizierte eine Definition des Unpolitischen, das hier nicht das Kleid der technokratischen Expertise trug, sondern als „vaterländisches“ Bekenntnis eines Vereins konfiguriert war. Dieses Verständnis ging von einem bürgerlich-konservativen Standpunkt aus, der sich selbst nicht als partikulären Einsatz im politischen Raum zu erkennen gedachte. Die Arbeiterbewegung konnte sich aber sukzessive der Nation integrieren und so diskutierte 1936 der Schweizerwoche-Verband die Aufnahme eines Vertreters des Gewerkschaftsbundes in den Vorstand. Die Linkspresse sei zuletzt „bedingungslos und mit einem gewissen Nachdruck für die Schweizerwoche eingetreten“.[92] Im Jahr darauf war es soweit: Der Sekretär des Schweizerischen Gewerkschaftsbundes wurde in das Gremium gewählt.[93] Der Bann war gebrochen und dem Vorstand gehörte während der 1940er- und 1950er-Jahren stets ein hochrangiges Mitglied aus der Arbeitnehmerorganisation an.

Die korporatistische Stabilisierung von Kooperation begann in Österreich früher, stand allerdings unter dem enormen Druck einer am Rande der Gewaltexplosion balancierenden Politik. Am 8. Juli 1927 lancierte der Präsident der Handelskammer Wien in einer Pressekonferenz die Kampagne für den patriotischen Konsum. Sie sollte das Anliegen aller Österreicher*innen sein, betonte somit ihre klassenübergreifende Gemeinsamkeit. Genau eine Woche später schoss die Wiener Polizei in eine Menge von aufgebrachten Arbeiter*innen, die aus Empörung über ein in der Tat empörendes Gerichtsurteil den Justizpalast in Brand gesteckt hatten. Die Bilanz des Tages waren 89 Tote. Die österreichische Zeitgeschichtsforschung hält die Ereignisse

89 Schweizerwoche-Verband, Jahresbericht 1933/34, 28.

90 Das Aufgebot, 25.10.1933; 1.11.1933; 22.11.1933.

91 Bundesarchiv Bern E7170A#1000-1069744, Ernst Caspar Koch, Der Verband „Schweizerwoche“, Referat am Lunch des Rotary Club Solothurn, 18.6.1934.

92 SWA PA486, B4, Protokoll der Vorstandssitzung des Schweizerwoche-Verbands, 26.11.1936.

93 Schweizerwoche-Verband, Jahresbericht 1937/38, 15: Gewählt wurde Martin Meister. Ihm folgte nach seinem Tod 1943 Redaktor E. F. Rimensberger und ab 1946 Jean Möri, wie schon Meister Sekretär des Gewerkschaftsbunds.

am 15. Juli 1927 für einen verhängnisvollen Schlag gegen das Vertrauen in friedliche Verfahren der Konfliktregelung, gerade zu einem Zeitpunkt, als eine Besserung der wirtschaftlichen Situation ein wenig Druck von den Akteur*innen der politischen Arena nahm.[94] Wenn sich die Arbeiterkammer und die Sozialdemokratie an einer Kampagne für österreichische Waren beteiligten, so war das gegenüber den ‚bürgerlichen' Kräften maßgeblich als eine Geste des guten Willens gemeint. Damit rieb sich die Sozialdemokratie indes an gegenläufigen politischen Entwicklungen auf.

Man soll zwar diese Goodwill-Aktionen nicht allein im Lichte dessen beurteilen, dass später eine christlichsozial geführte Regierung die Demokratie liquidierte, doch auch abseits dieser Frage ist offensichtlich, dass die wirtschaftspolitische Figuration der Nationalökonomie, das Argumentieren mit einem Gesamtinteresse, das dem Nationalstaat deckungsgleich war, ihren politisch-diskursiven Tribut von der Sozialdemokratie forderte. Aus Anlass der Österreichischen Woche 1927 richtete Arbeiterkammersekretär Palla, „auch an den kleinsten Konsumenten den eindringlichen Appell, mitzuwirken, dass den Erzeugnissen österreichischer Arbeit im Inlande die ihnen gebührende Wertschätzung zu teil wird".[95] Die Rede orientierte sich an der Richtschnur einer nationalökonomischen Gemeinsamkeit, die den Gegensatz von Kapital und Arbeit suspendierte. Mit keiner Aussage kratzte sie an den Grenzen des innerhalb dieses Diskurses Sagbaren. Palla wies zwar auf eine „trostlose Lage auf unserem Arbeitsmarkt" hin, doch das gehörte ebenso zum Repertoire der Unternehmervertreter. Palla erklärte außerdem „mit allem Nachdruck", dass nicht nur die Konsumenten gemeint seien, sondern genauso die Produzenten, „die ja schließlich in vielen Belangen Konsumenten fremder Rohprodukte und Halbfabrikate sind".[96] Doch auch hierin konnte er sich im besten Einvernehmen mit der Handelskammer und dem Hauptverband der Industrie wissen. Dasselbe galt für die wirtschaftspolitische und nationale Ambivalenz aus einer Propagierung der Loyalität zum Kleinstaat und der Hoffnung auf einen größeren Markt, den der Anschluss an Deutschland herstellen sollte. Palla sah die Vereinigung mit Deutschland als Notwendigkeit an.[97] Mitte der 1920er-Jahre besserte sich zwar die wirtschaftliche Lage in Österreich, wie Palla in seiner Radioansprache zu bemerken nicht umhin konnte, aber der Befund einer „schweren Wirtschaftskrise" hatte sich zum Österreich-Topos verfestigt. Es ging also nur um ein provisorisches Einrichten im grundlegend Unzureichenden:

> [Die] Verhältnisse werden sich dauernd erst dann bessern, wenn Österreich einem Wirtschaftsgebiet angeschlossen wird, mit dem es zusammen ein großes, einheitliches wirtschaftspoliti-

94 Leser/Sailer-Wlasits, 1927; Hanisch, Schatten, 284, 287–289.

95 WKW E 27.468/2, Faszikel Personen A–Z: Palla, Vortragsmanuskript.

96 Ebd.

97 Siehe den Titel eines Vortrags, den Palla vor dem Verband der sozialistischen Studenten hielt: „Die wirtschaftliche Notwendigkeit des Anschlusses an Deutschland". Die Ankündigung findet sich in: Arbeiter-Zeitung, 21.4.1926, 11. Vgl. außerdem seine Ausführungen am Arbeiterkammertag 1932: Sterling, Aufbau, 180 f.

sches Inland bildet, das über seine wirtschaftlichen Kräfte nach einheitlichen Richtlinien disponiert.[98]

Gemeint war: Deutschland. Die Forderung nach Österreichtreue hatte aber ihre eigene Dynamik. Die Kampagne formatierte die Sprecherpositionen in einer Weise, die es nicht gestattete, die Selbstabschaffung Österreichs in den Mittelpunkt zu stellen: „Österreich muss lernen, sich selbst zu erkennen und zu achten, dann wird es auch vom Ausland geachtet sein und bleiben", schloss Palla seine Rede. Er rief also nolens volens zur nationalisierenden Selbstversicherung auf. Die Emotionalisierung der Verbindung aus Staat und Ökonomie platzierte eine imaginierte Gemeinschaft, die in offensichtliche Konkurrenz zu einer Fusion aus Sprach- und Staatsnation in einem vergrößerten Deutschen Reich trat.

Eine sozialistische Vision war das im Konsumpatriotismus geeinte Österreich nicht; auch dann nicht, wenn die *Arbeiter-Zeitung* zwar betonte, dass die Arbeiter und Angestellten „gewiß daran interessiert" seien, dass „heimische Waren gekauft werden", jedoch darauf hinwies, dass die schlechten Löhne „nicht gerade das beste Werbemittel für die Verstärkung des heimischen Konsums" seien.[99] Von der Maxime einer Bevorzugung der heimischen Produktion konnte man allenfalls zu keynesianischen Konzepten gelangen, die aus Massenproduktion und Massenkonsum eine nationalstaatliche Klammer zu schmieden suchten. Dorthin bewegten sich indes weder die Parteiführung der Sozialdemokratie noch die Arbeiterkammer.[100] Die kommunistische Linke kritisierte die Kampagne „Kauft österreichische Waren" mit großer Vehemenz als Propaganda, die erstens nur den Unternehmern zugute kam und zweitens die „Koalitionsbereitschaft" der Sozialdemokratie mit „den Arbeiterfeinden" bewies.[101] Der Vorwurf war nicht von der Hand zu weisen, stellte sich nur von der Warte kooperationswilliger Sozialdemokrat*innen nicht als ‚Verrat' dar. Vielmehr passte die Mitarbeit in einer Kampagne, die Patriotismus von den Konsument*innen verlangte, zu einer Strategie, Anliegen der Arbeitnehmer*innen im Abtausch von Interessen voranzutreiben. Man konnte die Propaganda in einem Substitutionsverhältnis zu Schutzzöllen sehen, die von der Sozialdemokratie im Interesse der Konsument*innen abgelehnt wurden. Energisch hatte sich die Arbeiterpartei gegen das Abrücken vom Freihandel gewandt, das die Zolltarifnovelle von 1927 einleitete.[102] Die Sozialdemokratie war aber keineswegs in jeder Hinsicht dem Protektionismus abhold. In einer Linie mit dem Appell, dass die Konsument*innen heimische Waren

98 WKW E 27.468/2, Faszikel Personen A–Z: Palla, Vortragsmanuskript.

99 Arbeiter-Zeitung, 2.3.1929, 3.

100 Sondern als erste die Gewerkschaften: Pellar, Kampf, 259.

101 O. V., Der Arbeiterkammertag in Graz. Koalition mit den Arbeiterfeinden in den Arbeiterkammern, in: Die Rote Fahne, 11.11.1927, 1.

102 Siehe die Rede von Parteiführer Otto Bauer im Nationalrat: Bauer, Zollattentat; Matthias Eldersch, Die Zolltarifnovelle, in: Arbeit und Wirtschaft 5/20 (1927), 849–854; 5/23 (1927), 977–982; zur österreichischen Zollpolitik 1925–1930: Wessels, Economic Policy, 142–148.

bevorzugen sollten, sahen die Arbeiterkammern die Forderung, dass Unternehmer die heimischen Arbeitsplätze den inländischen Arbeiter*innen vorbehalten sollten.[103] Stein des Anstoßes waren – damals wie neuerlich nach 1989 – die billigen Arbeitskräfte aus dem ‚Osten'.[104] Wenn Industrie und Gewerbe die Schließung der Nationalökonomie rund um heimische Güter betrieben, so konnte die Arbeiterbewegung ihrer Schließung rund um einen den Staatsbürger*innen vorbehaltenen Arbeitsmarkt einiges abgewinnen.

Das Konsumieren als Einsatz im nationalökonomischen Diskurs wird noch ausführlich und an vielen Stellen Thema sein. Hier haben wir diesen Diskurs im Kontext der Arbeiterkammer gesehen. Als eine vom Anspruch her überparteiliche, wenngleich sozialdemokratisch dominierte Einrichtung institutionalisierte sie die Artikulation von Arbeitnehmeranliegen. Es lohnt sich, als ein weiteres Glied des Dispositivs die berufliche Persona des Edmund Palla unter die Lupe zu nehmen. In seinem Lebenslauf manifestierte sich die nationalisierende Dynamik des Geflechts aus ökonomischen Diskursen, wirtschaftspolitischen Institutionen und der Expertenfigur als Karriereoption. Palla war Jurist und namens der Arbeiterkammer in vielen Gremien des korporatistischen Interessenabgleichs vertreten. Er ließ sich der Sozialdemokratie zuordnen, doch hinsichtlich der damals neu geschaffenen Arbeiterkammern vertrat er 1921 die Dominanz von „sachlichen Erwägungen" anstelle „von politischen Einflüssen".[105] Man kann hierin eine strategische Absicherung gegenüber den Feinden der neuen Interessenvertretung erkennen, er nahm damit aber auch eine inhaltliche Positionierung vor, die dem Selbstbild des Experten entsprach. Seinen Blick auf die Dinge beschrieb er, als er längst vor allem organisatorische Verantwortung in der Kammer trug, als den eines Sozialstatistikers: „Wer einmal Statistik in größerem Maße genossen hat, den zieht es immer wieder zu ihr hin, ja ich möchte beinahe sagen, dem bleibt eine Art statistische Lebensauffassung im guten Sinne des Wortes."[106]

Als Mitarbeiter der statistischen Zentralkommission hatte sich Palla vor dem Krieg unter anderem mit der Wohnungsfrage beschäftigt. 1921 übernahm er die leitende Funktion bei der neu konstituierten Arbeiterkammer. Er veröffentlichte regelmäßig Beiträge in *Arbeit und Wirtschaft* am Schnittpunkt von Ökonomie, Politik und Öffentlichkeitsarbeit. Darunter fand sich 1923, im ersten Jahrgang der Zeitschrift,

---

103 O.V, Der Grazer Arbeiterkammertag, in: Arbeiter-Zeitung, 10.11.1927, 8 f.

104 Siehe auch die kommunistische Kritik an der Kampagne „Kauft österreichische Waren": „Hundert ‚Österreichische Wochen' [...] hindern die Unternehmer nicht daran, Jahr für Jahr viele tausende slowakische Landarbeiter nach Österreich zu bringen, weil sie diesen noch ärgere Schundlöhne als den österreichischen Arbeitern zu zahlen brauchen." O. V., „Liebe Poldi!" oder: Kauft österreichische Waren!, in: Die Rote Fahne, 2.3.1929, 1.

105 Edmund Palla, Die Interessenvertretung der Arbeiterschaft in Österreich. Eine Denkschrift, Wien 1921, 50, zit. nach Sterlin, Aufbau, 324; zur Auffassung Pallas hinsichtlich des Aufgabenprofils der Arbeiterkammer ebd., 327 f.

106 Palla, Probleme, 1; über „Die Bedeutung der Wirtschaftspolitik für die Arbeiterbewegung" vgl. ders., Bedeutung.

auch eine eingehende Darstellung des Lebenshaltungskostenindex, den die dafür gebildete paritätische Kommission berechnete.[107] Die Indexerstellung war ein zentrales konsumpolitisches Thema der Nachkriegszeit,[108] denn die ersten Jahre der Republik kennzeichneten Knappheit an Lebensmitteln und Gütern des alltäglichen Bedarfs sowie eine inflationäre Preisentwicklung, die im Währungszusammenbruch kulminierte.

Statistik war jedoch aus Sicht Pallas nicht selbst politisch, sondern ein Einsatz zur Behebung des politischen Konflikts, den „phantasievolle, um nicht zu sagen phantastische Vorstellungen“ befeuerten.[109] „Durch das Ergebnis der Massenbeobachtung wird nach dem Gesetz der großen Zahl das Kennzeichnende und Gemeinsame, das für die Massen Maßgebende und Bedeutungsvolle in den Vordergrund der Erkenntnis geschoben“, beschrieb er die Mechanik, die ein „Bild der Wirklichkeit“ erzeuge. Die Statistik führe dadurch „zur nüchternen Realpolitik“, „deren Mangel wir speziell in Österreich oft schmerzlich empfinden“.[110]

Wenn Palla die „erzieherische Wirkung“ der Statistik lobte,[111] so war es eine, die auf die Einigung im (National)Staat zielte. Die Themen der Sozialstatistik, Löhne, Einkommensverteilung, Art und Umfang des Konsums, seien im Zusammenhang der „Grundprobleme unserer Volkswirtschaft“ zu sehen, und zwar: „Hochschutzzoll oder Freihandel, Massenproduktion oder Qualitätsarbeit“.[112] So bestimmten auch bürgerliche Akteure die Eckpunkte der nationalökonomischen Diskussion, die Strategien für eine „Lebensfähigkeit“ Österreichs entwarf, soweit sie unter der faktischen, wenngleich unerwünschten Voraussetzung der kleinstaatlichen Existenz stattfand. Die Positionen, die Palla namens der Arbeiterkammer vertrat, unterschieden sich von denen der Unternehmerverbände dadurch, dass sie neben der Notwendigkeit des Exports und dem Heil der Qualitätsarbeit auch „Erhaltung und Stärkung der Konsumkraft der breiten Massen“ als Rezept gegen die Wirtschaftskrise umfassten.[113] Doch verließ Palla in seinen wirtschaftspolitischen Stellungnahmen nie den Rahmen einer Selbstaufklärung über das nationalökonomische Gefäß, zu der auch bürgerliche Ökonomen in der Lage waren – wenngleich damals nicht in Österreich.

Von der Bürgerlichkeit neutraler Expertise zu sprechen ist keine unscharfe Redeweise, sondern im Gegenteil ihre Lokalisierung in einer sozialen Formation. So war Palla bürgerlich durch Herkunft, Bildung, Habitus. Sein Vater war ein hoher Beamter, der als Landesschulinspektor in Kärnten eine gegen die slowenische Bevölke-

107 Palla, Indexberechnung.
108 Dasselbe gilt, ohne die Dramatik der Hyperinflation, für die Schweiz: Jost, Zahlen, 62–66.
109 Palla, Probleme, 1.
110 Ebd., 1 f.
111 Ebd., 1.
112 Ebd., 6.
113 Palla, Neue Wege, 183.

rung gerichtete deutschnationale Schulpolitik betrieb.[114] Der Sohn absolvierte ein Jusstudium in Wien und Graz, wurde im Krieg als Oberleutnant zweimal verwundet und nahm noch in der Monarchie eine Tätigkeit für das neugeschaffene Sozialministerium auf. Sein Gehalt als Erster Sekretär der Arbeiterkammer platzierte ihn in einer schmalen Oberschicht von österreichweit rund 5.000 Einkommensteuerpflichtigen.[115]

Als der Industrielle Julius Meinl 1929 einen Österreichischen Klub gründete,[116] wurde Edmund Palla Mitglied des Vorstands. Die Geselligkeit im Klub und im Salon waren die sozial exklusiven Vorbilder für ein Forum des informellen Gesprächs, das Vertreter der ökonomischen und politischen Eliten im Stadtpalais am Wiener Parkring zusammenführen sollte – um die „Klassenharmonie" zu fördern, wie *Die Rote Fahne* ätzte.[117] Von Kanzler Ignaz Seipel und christlichsozialen Ministern über Bürokraten und Industrielle bis zu Aristokraten, die ihre Namen weiterhin trotz gesetzlichen Verbots um Adelstitel ergänzten, reichte das altösterreichische Spektrum der Diskutierenden. Es umfasste auch die Sozialdemokraten Karl Renner, den ehemaligen Kanzler der Republik, und eben Edmund Palla. Für eine radikale linke Kritik waren „der sozialdemokratische Hofrat Palla" wie die Arbeiterkammern insgesamt eine leichte Beute. Die Eignung Pallas für eine Führungsposition in der Kammer setzte zwar eine politische Identifikation mit der Sozialdemokratie voraus, aber genauso eine diese mildernde Kombination aus ‚unpolitischer' Expertenrolle und Bürgerlichkeit. Dazu kamen die Betonung einer „Gesamtheit", mit der die „Bestrebungen der Arbeiterschaft in Einklang" zu bringen waren, und Vorbehalte gegenüber dem Parlamentarismus, der eine Einheitlichkeit der „Willenskundgebung" behinderte.[118] All das machte Palla auch für das Dollfuß-Regime akzeptabel. In der großen Säuberungswelle, mit der das Regime nach dem Bürgerkrieg im Februar 1934 der Arbeiterkammer zu Leibe rückte,[119] setzte die neue Leitung Palla zwar als Ersten Sekretär ab, aber nicht ohne ihm für seine Verdienste zu danken und ihm bei Beibehaltung sei-

---

114 Malle, Minderheitenschulwesen, 36 f.; siehe hierzu und zum folgenden auch den biografischen Abriss in: Wien Bibliothek, Tagblattarchiv, TP 037409: Palla, Edmund, „Dr. Edmund Palla", in: Archiv für publizistische Arbeit, 16.5.1935, 6550.

115 Das Salär betrug 1933 27.000 Schilling (Sterling, Aufbau, 361). Einkommensteuerdaten für 1934: Die Einkommensteuer für das Jahr 1934, in: Statistische Nachrichten 15 (1937), 38. In der staatlichen Verwaltung Österreichs (zu der die Kammern als autonome Institutionen nicht zählten) verdienten 1931 nur 66 Beamte über 22.000 Schilling, die meisten davon Universitätsprofessoren. Melichar, Objekt, 56.

116 O. V., Österreichischer Klub, in: Arbeiter-Zeitung, 28.2.1929, 4.

117 Die Rote Fahne, 14.3.1932, 2 f.

118 Sterling, Aufbau, 327 f. Die nach Sterling zitierten Stellen aus: Palla, Interessenvertretung, 58 („Gesamtheit"; „Einklang"); ders., Die Kammern für Arbeiter und Angestellte, Wien 1926, 26 („Willenskundgebung").

119 Vgl. Sterling, Aufbau, 362–374; Pellar, Kampf 275 f.; Göhring/Pellar, Anpassung, 51–57.

ner Bezüge eine Weiterbeschäftigung in führender Position zu ermöglichen.[120] Die Diktatur benötigte die Personalkompetenz der politisch weniger exponierten Kammermitarbeiter.[121] Dass hier aber auch von Seiten der Sozialdemokratie biografisch, institutionell und durch Praktiken und Diskurse der Sachlichkeit eine Anschlussfähigkeit für die korporatistische Formierung des Nationalstaates hergestellt wurde, kann man schwer übersehen. Unklar war in Österreich vorerst, ob es ein Kleinstaat sein konnte oder ein großes Deutschland sein musste.

Franz Klein, ein bürgerlicher Publizist, konstatierte 1927 im namhaftesten wirtschaftlichen Fachblatt, dem *Österreichischen Volkswirt*, dass die Arbeiter „mit Stolz auf die erheblichen Machtstellungen" blicken würden, die sie innerhalb weniger Jahre errungen hätten. Diese Beobachtung führte er zum Verdacht weiter, dass „unter den Arbeitern ein aus Friedens- und Kriegserinnerungen und Heimatliebe zusammengebrauter unklarer Partikularismus" lebe, „daß auch hier das ‚echte Österreichertum' keineswegs ausgestorben" sei.[122] Den Autor beunruhigte, dass sich unter den Arbeiter*innen eine imaginäre Gemeinschaft breit machen könnte, die den Anschluss an Deutschland aus den Augen verlor – und dies trotz der anschlussfreundlichen Haltung der Sozialdemokratischen Partei. Er warnte vor der „Selbsttäuschung", „daß ein lebensunfähiger Staat bestimmt wäre, ein sozialistisches Eiland zu sein".[123] Zweifel an der Möglichkeit einer sozialistischen Insel sind nicht von der Hand zu weisen. Aber auch das Gegenangebot, der große Deutsche Nationalstaat, war nicht als sozialistische Utopie gemeint, wie der Umstand verriet, dass Franz Klein den Arbeiter*innen „die Tragik eines Noske und die ruhige Kraft eines Ebert" warm ans Herz legte.[124]

Ob Deutschland oder Österreich – oder auch die Schweiz –, die Nationalökonomie und die Nation waren genuin bürgerliche konzeptuelle Figuren, denen genuin bürgerliche Praktiken entsprachen. Dass es der Sozialdemokratie gelang, sich in die Nation einzugliedern – in der Schweiz ab den späten 1930er Jahren, in Österreich zum Teil schon früher, aber definitiv erst nach 1945 –, ließ eine gewisse Zeit hindurch – eine zugegebenermaßen lange Zeit – die nationale Volksgemeinschaft, demokratisch gemäßigt und auf Wachstumsbasis, als Lösung sozialer Konfliktivität erscheinen.

---

120 O. V., Dr. Hans Schmitz – leitender Sekretär der Arbeiterkammer, in: Reichspost, 29.3.1934, 2; O. V., Dr. Edmund Palla, in: Das kleine Blatt, 30.3.1934, 3; Wien Bibliothek, Tagblattarchiv, TP 037409: Palla, Edmund, Handschriftliche Aktennotiz (Angaben zur Provenienz schwer leserlich, datiert 4.6.1955).

121 Wie viele Frauen unter den weiterhin Beschäftigten waren, ist mir nicht bekannt. Das Referat für Frauenarbeit in der Kammer wurde jedenfalls ersatzlos gestrichen und verheiratete Frauen, deren Gatte ein als ausreichend erachtetes Einkommen hatte, sollten aus Kammerdiensten entlassen werden. Göhring/Pellar, Anpassung, 53.

122 Franz Klein, Deutschösterreichs Entweder-Oder, in: Der österreichische Volkswirt 19/29 (1927), 769–772, hier 770.

123 Ebd., 771.

124 Ebd.

4 Exkurs: Konsumspielräume in den 1920er- und 1930er-Jahren

Der Aufruf zum Konsumpatriotismus beruhte auf der Hoffnung, dass die Konsument*innen ihre Ausgaben in Richtung der heimischen Produkte umschichten konnten. Zwar betonte die propagandistische Kommunikation stets, dass man(n) von den Konsument*innen nicht mehr erwarte, als dass sie gleich gute und gleich billige heimische Ware der importierten vorzögen. Doch sowohl die Kritik seitens der Arbeiterbewegung als auch kampagneninterne Zweifel verrieten immer wieder, dass der Appell mehr wollte und implizierte, dass sich Konsument*innen die heimischen Produkte aus Konsumpatriotismus ‚leisten' sollten. Sie sollten also abseits einer einzelwirtschaftlichen Nutzenmaximierung durch die femina oeconomica auch das teurere – und möglicherweise schlechtere – Produkt erwerben. Wenn die Menschen aber kein Geld hatten oder gerade so über die Runden kamen, schien es höchst zweifelhaft, wie viel Gewicht sie dem Patriotismus bei ihren Kaufentscheidungen einräumen konnten. Daher gilt es für die vorliegende Studie, zumindest kursorisch Konsumspielräume auszuloten.[1]

Dafür werde ich Statistiken heranziehen, vielfach zeitgenössische und das trotz ihrer mehr oder minder offensichtlichen Mängel. Diese waren schon den damaligen Statistikern bewusst. So meinte der Österreicher Felix Klezl, eine auch international vernehmbare Stimme, was die Berechnung von Preisindices und Lebenshaltungskosten anging: „In hardly any other branch of statistics are there such formidable obstacles to the satisfaction of the first requisite of all statistics, namely, homogeneity of data, as there are in statistics of consumption, which by their very nature reflect all the complexity of human life."[2] Gerade die zeitgenössischen statistischen Reihen sind aber, vor allem wenn sie über Spezialdiskurse hinaus eine breite mediale Öffentlichkeit erreichten, für die vorliegende Studie wesentlich, weil sie eine Diskursivierung von Ökonomie vorantrieben, an der auch die Buy-National-Propaganda teilhatte. Für Werbung insgesamt und ebenso für den Appell zum Konsumpatriotismus sind nicht nur die Kaufkraft und die ihr korrelierenden Konsumspielräume wesentlich, sondern ebenso der hegemoniale Eindruck von deren Ausmaßen.

Ein besonderes Augenmerk wird auf Österreich liegen. Die Schweiz erschien den Zeitgenoss*innen innerhalb und außerhalb des Landes als vergleichsweise wohlhabend, mithin als eine funktionierende Ökonomie. Der Kleinstaat Österreich warf hingegen in den Augen vieler Akteur*innen die Frage nach seiner „Lebensfähigkeit" auf. Die wirtschaftshistorische Literatur über das Österreich der Ersten Republik hat sich auch mit kaum einer Frage intensiver beschäftigt als mit den ökonomischen Folgen der Desintegration der Habsburgermonarchie, doch hat sie produktions- und

1 Überblicksdarstellungen zur Entwicklung des Konsumierens im 20. Jahrhundert – Österreich: Eder, Konsum; Schweiz: Tanner/Studer/Hiestand, Konsum.

2 Klezl, Comparisons, 477.

https://doi.org/10.1515/9783110701111-006

außenhandelszentrierte Beobachtungen in den Vordergrund gestellt.[3] Die Debatte um die „Lebensfähigkeit“ lässt sich indes wesentlich als eine über Konsum und Lebensstandard begreifen. Anlass und Fluchtpunkt des Diskurses waren die Möglichkeit, die Angemessenheit und die Verteilung von Konsumspielräumen. „Niemand wird zweifeln, daß Österreich in irgend einem Sinne lebensfähig ist, das heißt, daß bei irgend einem Lebensstandard [...] die Einnahmsquellen Österreichs die Ausgaben zu decken vermögen“, konzedierte 1925 Walther Federn, einer der zahlreichen Anschlussverfechter und seines Zeichens Herausgeber des *Österreichischen Volkswirt*. Das Schlüsselwort ist „irgendeiner“. Für Federn schien es eindeutig, dass eine österreichische Nationalökonomie nicht über „ein einer Kulturnation unwürdiges Leben“ hinausgelangen könnte.[4] Wenn aber Österreich zu elend war, wenn für das Gros der Menschen in absehbarer Zukunft keine Chance bestand, einen als angemessen betrachteten Lebensstandard zu erreichen – wozu dann zum Konsumpatriotismus aufrufen, der allenfalls die Todesqualen der österreichischen Volkswirtschaft verlängern würde?

Als Mitte der 1920er-Jahre die Kampagne „Kauft österreichische Waren“ ins Leben gerufen wurde, gewann allerdings die Vorstellung einer ökonomischen Machbarkeit Österreichs allmählich eine Plausibilität, die sie in der ersten Nachkriegszeit entbehrt hatte. In einer der vielen Beiträge zur Debatte um die „Lebensfähigkeit“ bejahte 1927 der Radiogeräteehersteller Ludwig Neumann „mit Entschiedenheit“, dass Österreich bessere Aussichten hatte, als es zunächst scheinen mochte – unter der Voraussetzung, dass „jeder Österreicher an die Möglichkeit eines Aufbaues mit der ganzen Kraft seiner Persönlichkeit glaube“.[5] Freilich müsse sich die Arbeiterschaft mit sozialpolitischen Forderungen zurückhalten. Diese Kombination aus Österreich-Glauben und einem schwerpunktmäßig bei der Arbeiterschaft angesiedelten Verzicht wurde in den 1930er-Jahren zur politischen Maxime des Dollfuß-Schuschnigg Regimes und entsprach auch, nun wieder unter demokratischen Bedingungen, der hegemonialen Praxis ab 1945. Ludwig Neumann unterbreitete in seiner Denkschrift von 1927 außerdem Vorschläge für ein geeignetes Wirtschaftsprogramm: „Als erste und unbedingt notwendige Maßregel des Aufbaues muß eine kräftige Inlandspropaganda bezeichnet werden. Hierunter verstehen wir eine konstante und eindringliche Beeinflussung der öffentlichen Meinung, inländische Produkte den ausländischen vorzuziehen.“[6]

---

3 Die wichtigsten Kontrahenten waren Friedrich Hertz, der Österreichs „Lebensfähigkeit“ vehement argumentierte, und der Wirtschaftsjournalist Gustav Stolper, der den Anschluss an Deutschland propagierte. Stolper, Deutschösterreich; Hertz, Österreich. Wirtschaftshistorische Arbeiten: März, Bankpolitik; Berger, Donauraum; ders., Economy; ders., Wealth; Weber, Wirtschaftspolitik; ders., Vor dem großen Krach; Wessels, Economic policy; Stiefel, Krise.

4 Walther Federn, Zahlungsbilanz und Lebensfähigkeit Österreichs, in: Österreichischer Volkswirt 17/47 (1925), 1297–1300, hier 1299.

5 Neumann, Gegenwart, 37.

6 Ebd., 41.

Die 1920er- und 1930er-Jahre sind die Zeit vor dem Boom, den *Trente Glorieuses*, die seither den Blick zurück bestimmen. Aus dieser Perspektive erscheinen Armut und Mangel als ihr Signum. Das legen auch lebensgeschichtliche Aufzeichnungen nahe, die eine Kindheit und Jugend in der Zwischenkriegszeit im Medium der Konsumerfahrungen seit den 1950er-Jahren verarbeiteten.[7] In Österreich aber kommt zur kollektiven konsumkulturellen Erinnerung das politisch vehemente Bedürfnis, eine Erfolgsgeschichte der Zweiten Republik mit dem Scheitern der Ersten zu kontrastieren. Die Schweiz hatte ebenso ihren Nachkriegsboom, doch zeigt sich eine ausgeprägtere Betonung von bürgerlicher Kontinuität.

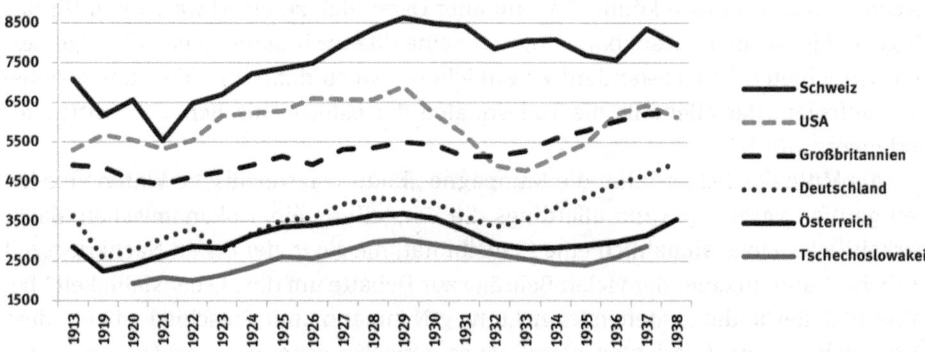

Grafik 3: Bruttoinlandsprodukt pro Kopf 1913 u. 1919–1938 (in 1990 int. Geary-Khamis Dollar)
Quellen: The Maddison-Project (Version 2013); Österreich (Gebiet der späteren Republik), 1913: Schulze, Patterns, 324.

Wenn man das rückgerechnete Bruttoinlandsprodukt pro Kopf als Messgröße ansetzt (Grafik 3), scheint eines klar: Die Schweiz war in der Tat unendlich wohlhabender als Österreich – und auch als alle übrigen Länder, selbst die USA.[8] Das BIP ist aus einer Reihe von Gründen eine problematische Größe.[9] Zudem war es kein für die zeitgenössischen Akteur*innen verfügbarer Wert.[10] Daher ist es nötig, (zumindest auch) andere statistische Daten und Reihen heranzuziehen. Sie alle – und jede Statistik für sich – werfen viele Fragen auf: hinsichtlich der Qualität der ihnen zugrunde liegenden Erhebungen, deren gleichbleibendem Charakter bei Zeitreihen, der jeweils eingesetzten Definitionen und Methoden, der damit einhergehenden blinden

7 So konstatiert Eder, Konsum, 209: „Der Mangel an allem und jedem ist ein zentrales Thema lebensgeschichtlicher Erzählungen über die Zwischenkriegszeit."

8 Müller/Woitek/Hiestand, Wohlstand, 92–97. Zahlen für Österreich: Butschek, Wirtschaftsgeschichte 565–568 (Übersicht B5).

9 Ausführlich dazu Speich Chassé, Erfindung; Lepenies, Macht.

10 Die volkswirtschaftliche Gesamtrechnung setzte in Österreich wie andernorts als kontinuierliche Praxis erst in den 1950er-Jahren ein. Die erste Rückrechnung für die Zeit ab 1913 lag 1965 vor: Kausel/Németh/Seidl, Volkseinkommen.

Flecken und Akzentuierungen und schlicht der Konvertierung von heterogenen Qualitäten in Quantität. Trotz Bemühungen um Koordination, wie sie etwa das Internationale Arbeitsamt unternahm, sind die Daten außerdem auf je ein bestimmtes nationalstaatliches Gefäß von Ökonomie bezogen, sodass sich im internationalen Vergleich die Schwierigkeiten kumulieren.

Tab. 5: Reallöhne 1924 u. 1930

	1924	1930
USA		188
London/UK	100	100
Amsterdam/NL	89	84
Berlin/D	55	74
Wien/A	47	50
Mailand/I	46	45
Jugoslawien		49
Warschau/PL	83	66

Quellen: International Labour Review 10/4 (1924), 652; The Ministry of Labour Gazette, November 1930, 404.

Ein instruktives Beispiel bietet die Errechnung von Reallöhnen, die von der Internationalen Arbeitsorganisation (IAO) in Genf betrieben wurde (Tabelle 5). Bevor sich mit UNO, OECD und Weltbank ab den 1940er-Jahren die internationalen Agenturen der Wirtschaftsbeobachtung zu multiplizieren begannen, gab es bereits die dem Völkerbund angelagerte IAO, die einen transnationalen Wissensaufbau und -transfer betrieb.[11] 1924 adaptierte sie einen Vergleich der Reallöhne in einigen europäischen Städten, den das britische Arbeitsministerium begonnen hatte. Fortan veröffentlichte das Arbeitsamt in periodischen Abständen entsprechende Daten.[12] Das erklärte Ziel war es, den Lebensstandard der Arbeiterschaft international messbar zu machen. Die Ergebnisse des statistischen Unterfangens sind deshalb auch für Historiker*innen potentiell interessant. Mehr als einen groben Hinweis auf ein Wohlstandsgefälle zwischen Österreich und einigen west- und nordwesteuropäischen Ländern kann man dem Index aber nicht entnehmen, denn was genau die Zahlen aufweisen, scheint nur auf den ersten Blick evident. Der Index verbarg ein heterogenes Ausgangsmaterial. So teilten z. B. manche statistischen Ämter Mindest-

11 Lengwiler, Konjunkturen, 48, 60.

12 O. V., Comparison (1924); O. V., Comparison (1929); International Labour Office, International Standardisation, 24–30. De Grazia (Empire, 78–95) erzählt sehr effektvoll die wechselvolle Geschichte einer von Ford 1929 angestoßenen Studie, für die das Internationale Arbeitsamt die Lebensbedingungen in den USA und Europa vergleichen sollte. Es sei der erste systematische Versuch dieser Art gewesen. Das scheint doch übertrieben.

löhne mit, andere eine gängige Lohnhöhe. Der Reallohn ergab sich aus dem Bezug der für einzelne Berufsgruppen erhobenen nominalen Löhne zu einem als typisch angesetzten Warenkorb. Diese Warenkörbe wurden auf zum Teil unterschiedlichen Wegen für mehrere Ländergruppen gebildet. Die in Tabelle 5 angegebenen Zahlen bezogen sich außerdem nur auf Nahrungsmittel, ließen also z. B. die in Wien durch die Schutzbestimmungen günstigen Mieten außen vor. Aus vielen weiteren Gründen wäre es, wie Felix Klezl argumentierte, ein Missverständnis, wenn man in dem Index eine Auskunft über Lebensstandards erblickte.[13] Er monierte u. a, dass ein Zirkelschluss vorliege. Als idealer Maßstab schwebte der IAO ein vielgliedriger Warenkorb vor, in den der typische, von Land zu Land variierende Konsum der Arbeiter aus den einzelnen Ländern eingehen sollte. Das lief darauf hinaus, internationale Unterschiede im Lebensstandard auf Basis der unterschiedlichen angenommenen Lebensstandards zu messen. Klezl formulierte die Möglichkeiten des referentiellen Gehalts einer solchen Statistik mit großer Vorsicht.[14]

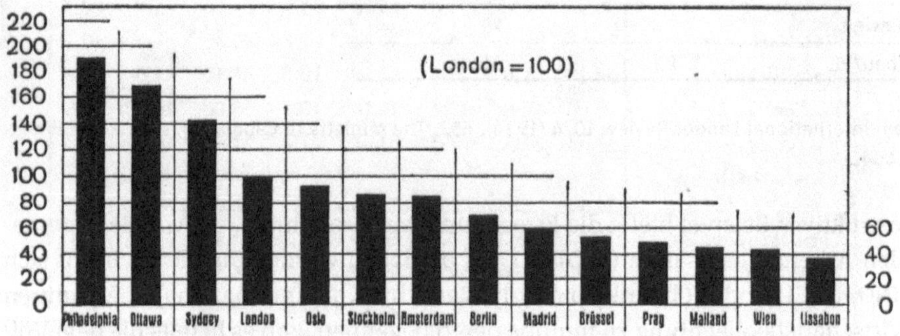

Abb. 4: Reallöhne – es geht abwärts, 1925
Quelle: Haber, Österreichs Wirtschaftsbilanz, 95.

Die Verwendung der Vergleichszahlen als politisches Argument ließ freilich solche Feinheiten nicht zu. 1924 lag zufolge der Statistik der Internationalen Arbeitsorganisation der Wiener Reallohn ungefähr auf dem Niveau von Mailand und nicht weit unter dem von Berlin. Er machte aber nur 47 Prozent des Londoner aus, war wesentlich niedriger als der Amsterdamer und stellte sich – etwas überraschend – auch viel geringer als der Reallohn von Warschauer Arbeitern dar. Das sah nicht gut aus und genau deshalb kommunizierte die Arbeiterbewegung auch die Ergebnisse aus Genf.

13 Klezl, Comparisons. Zur Problematik von Reallöhnen als Indikator für Lebensstandard auch Tanner/Studer/Hiestand, Konsum, 651.

14 Er sah nur zwei Alternativen: „either to make a logically sound comparison of real wages, based on the fiction of a universally valid standard of consumption, while admitting that this general standard has no counterpart in reality, or else to give up any idea of comparing real wages at all". Klezl, Comparisons, 478.

Sie waren geeignet, um Lohnforderungen zu untermauern. Der Wiener Arbeiter könne mit seinem Lohn nur einen viel kleineren Teil seiner Bedürfnisse als sein Londoner Kollege befriedigen, erläuterte auf Basis der Daten für Oktober 1925 auch der deutsche Ökonom Franz Haber in einer der vielen Denkschriften zur Frage der „Lebensfähigkeit" (Abb. 4).[15] Das verwendete Balkendiagramm zeigte einen Zustand, keine Entwicklung, doch implizierte die Anordnung von links nach rechts ein zeitliches Moment der Lektüre: Beginnend ganz oben, in Nordamerika (Philadelphia und Ottawa), führte sie den Blick in einer Abwärtsbewegung zu Wien und Lissabon, die ganz rechts platziert den Boden europäischer Armut bildeten. Aus *Österreichs Wirtschaftsbilanz* folgte für Haber die Notwendigkeit des Anschlusses an Deutschland. Der Reallohnvergleich in seiner spezifischen verbal-visuellen Umsetzung diente ihm als Indiz einer endemischen Trostlosigkeit.

Die sozialgeschichtliche Forschung geht indes davon aus, dass sich in den 1920er-Jahren zumindest Muster des Konsumierens ankündigten, die in der zweiten Hälfte des 20. Jahrhunderts in den Mittelpunkt der sozialen und ökonomischen Wahrnehmung rückten.[16] Der Datenfluss über Haushaltsausgaben ist freilich für die 1920er- und 1930er-Jahre spärlich. Nach dem Vorbild einer großen deutschen Erhebung führte 1912/14 das arbeitsstatistische Amt im k. k. Handelsministerium eine Studie zu den Haushaltsausgaben der Wiener Arbeiterfamilien durch. Sie sollte der Probedurchlauf für eine umfassende Untersuchung in der cisleithanischen Reichshälfte sein, der Krieg durchkreuzte jedoch das Vorhaben[17] und in den 1920er-Jahren führte nur die Arbeiterkammer Wien in deutlich reduziertem Umfang die Haushaltserhebungen durch. In der Schweiz war es das Eidgenössische Arbeitsamt, das sich mit Haushaltsausgaben befasste.[18] Nach Untersuchungen in den frühen 1920er-Jahren stellte die Einrichtung ihre Erhebungen wieder ein und unternahm erst 1936/37 wieder einen Anlauf in diese Richtung – just zu einem Zeitpunkt, als in Österreich die Arbeiterkammer ihre Untersuchungen aufgab. Von einer konservativen Diktatur war ein besonderes Interesse an Daten über die schwierige Situation von Arbeitnehmerhaushalten auch nicht zu erwarten. In der Schweiz bahnte sich hingegen bereits ein korporatistisches Arrangement an, das von weniger Repression und mehr Verhandlung getragen wurde.

Wenn man die Daten aus der Schweiz in den 1930er-Jahren mit den Ergebnissen der Erhebung von 1934 in Österreich vergleicht, so ist vorauszuschicken, dass in der Schweiz das Bundesamt für Industrie, Gewerbe und Arbeit in Kooperation mit kantonalen Behörden an die 1500 Haushaltsrechnungen aus allen Teilen des Landes, auch aus kleinen und mittleren Orten zusammengetragen hatte.[19] Der Arbeiterkam-

15 Haber, Österreichs Wirtschaftsbilanz, 95.

16 „Armut, Mangel und die Verheißungen des Konsums" lautet der Titel des Kapitels über die Zwischenkriegszeit bei Eder, Konsum, 203; zur Schweiz: Tanner/Studer/Hiestand, Konsum, 638.

17 Arbeiterkammer, Lebensstandard, 9; Mataja, Arbeiterhaushaltungen.

18 Tanner, Fabrikmahlzeit, 142.

19 Herzog, Entwicklung, 97.

mer Wien standen hingegen 1934 die Aufstellungen von nur 69 Familien aus dem Wiener Raum zur Verfügung. Insgesamt nahmen an den Erhebungen der Kammer im Jahrzehnt von 1925–1934 135 Haushalte teil, aber nicht alle über die gesamte Dauer.[20] Zu berücksichtigen ist ferner, dass es sich überwiegend um Familien von gewerkschaftlich organisierten und zumeist besser gestellten Arbeiter*innen und Angestellten handelte.[21] Dank des längerfristigen und dichteren Kontakts mit den buchführenden Familien konnte die statistische Abteilung der Arbeiterkammer immerhin eine präzise Kenntnis davon besitzen, wie die Daten zustande kamen und womit sie es also zu tun hatte. In seiner Auswertung des Materials veröffentlichte Benedikt Kautsky 1937 auch kurze Schilderungen über die Lebensumstände jedes Haushalts und dokumentierte damit ein differenziertes Wissen über die einzelnen Fälle.[22]

Die zeitgenössische Lebenshaltungsforschung unterschied zwischen einem Existenz- und einem Wahlbedarf.[23] Als ersteren stufte sie Nahrungs- und Genussmittel, Wohnung und Kleidung ein. Als eine Erweiterung über das unbedingt Notwendige hinaus galten hingegen Wohnungseinrichtung, Ausgaben für Gesundheit, Bildung, Erholung, Transport und Reisen. Die ‚Existenzausgaben' der Schweizer Haushalte lagen Mitte der 1930er-Jahre sogar etwas über dem Schnitt der Jahre 1930–1935 bei den Wiener Haushalten. Den Unterschied machten die höheren Mietausgaben in der Schweiz.[24] In Österreich wirkten sich Mieterschutzgesetze aus und so war der Anteil der Mieten am Haushaltsbudget gegenüber der Vorkriegszeit stark gefallen.[25] Ein großer Teil der von der Arbeiterkammer erfassten Haushalte lebte außerdem in Kommunalwohnungen,[26] was im Roten Wien einen relativ hohen Wohnstandard implizierte.

Die Wiener Haushalte gaben dafür Mitte der 1930er-Jahre deutlich mehr für Nahrungsmittel aus als die Schweizer (Grafik 4). In beiden Ländern sank aber im Lauf der Zeit der Anteil dieses Ausgabepostens. Nach dem sogenannten Engel'schen Gesetz indiziert das steigenden Wohlstand. In Österreich lässt sich diese Veränderung gegenüber der Vorkriegszeit erst ab der zweiten Hälfte der 1920er-Jahre beobachten. Der Schnitt der Jahre 1930–1935 lag nun bei 48 Prozent der Ausgaben, während bei den von der Haushaltsstatistik 1936/37 erfassten Schweizer Familien nur 33 Prozent der Auslagen auf Nahrungs- und Genussmittel aufgingen. Mitte der 1950er-Jahre hatte

20 Kautsky, Haushaltsstatistik, 2.

21 Arbeiterkammer Wien, Lebensstandard von Wiener Arbeitnehmerfamilien, 10.

22 Kautsky, Haushaltsstatistik, 55 ff.

23 Zu diesem Konzept und seiner Kritikwürdigkeit Torp, Konsum und Politik, 38–40.

24 In Zürich stieg der mittlere Jahresindex von Mieten für Wohnungen mit zwei bis vier Zimmern im Jahrzehnt von 1921 bis 1931 um gut 45 %. HSSO H34.

25 Von rund 14 % 1912 auf 3 % Mitte der 1920er-Jahre. Die zeitgenössische Diskussion um die Wiener Wohnungspolitik nahm daher auch wahr, dass die „Niedrighaltung des Budgetpostens ‚Wohnung'" sich auf den Konsum von Nahrungsmitteln und gewerblichen Produkten durch die einkommensschwachen Bevölkerungsteile auswirkte. Z. B. Sommer, Probleme, 232.

26 Kautsky, Haushaltsstatistik, 18.

sich diese Lücke weitgehend geschlossen. Bei den unter Steuern und Gebühren, Privat- und Sozialversicherung rubrizierten Ausgaben wäre eine genauere Kenntnis der sich dahinter verbergenden Posten nötig, um sie im Hinblick auf Wohlstandsfragen zu beurteilen. Die sonstigen Ausgaben umfassen die Aufwendungen für Gesundheit und Körperpflege, Bildung und Erholung sowie Reise- und Verkehrskosten. Sie machten in beiden Ländern 15 (Schweiz) respektive 17 Prozent (Österreich) des Ausgabenbudgets aus. Aus der Gegenüberstellung lässt sich mithin eine größere Wohlhabenheit von Arbeitnehmerhaushalten in der Schweiz nicht ableiten, jedenfalls nicht im schiefen Vergleich mit Wien, einem Fokus sozialdemokratischer Sozialpolitik. Über die Lebenssituation von Arbeitnehmer*innen am ‚flachen Land' ist damit nichts gesagt.

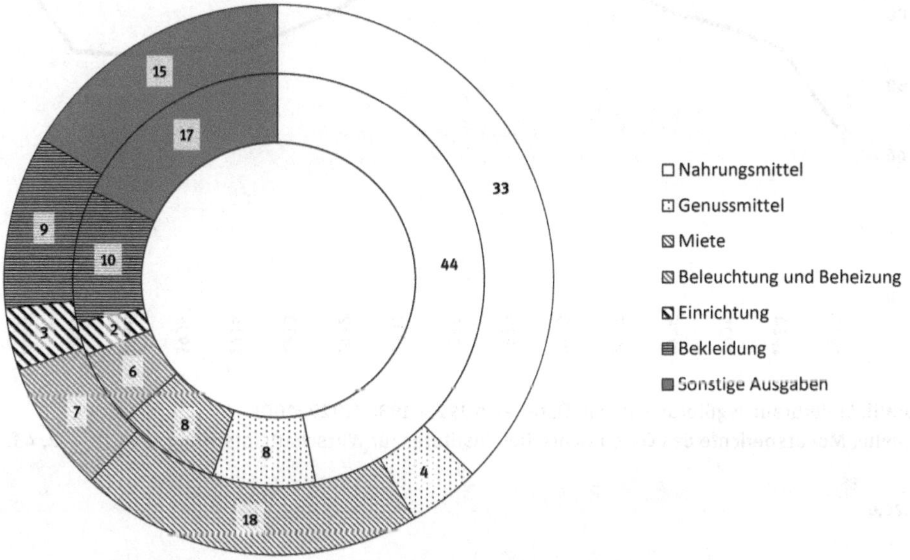

Grafik 4: Haushaltsausgaben in Österreich 1934 und der Schweiz 1936/37
Haushalte von Arbeiter*innen und Angestellten; äußerer Kreis Schweiz, innerer Kreis Österreich; Angaben in % der Haushaltsausgaben
Quellen: Kautsky, Haushaltsstatistik, Tab. 21; HSSO T5.

Auf eine Erweiterung der Konsumspielräume in Österreich während der zweiten Hälfte der 1920er-Jahre deutet auch die Entwicklung des Verbrauchsgüterumsatzes (Grafik 5). Ihn fasst ein Index, den das 1927 nach Berliner Vorbild gegründete Institut für Konjunkturforschung berechnete. Demgemäß stiegen, nachdem die der Hyperinflation folgende Stabilisierungskrise überwunden war, die Umsätze mit Konsumgütern. Bis 1929 vollzog sich eine Verdopplung. Wie sehr die Große Depression in Österreich eine Krise der Konsummöglichkeiten war, spiegelt sich ebenfalls in dem Index. Er fiel zunächst steil ab, um den Rest der 1930er-Jahre zu stagnieren und schließlich 1938, dem Jahr des Anschlusses an Deutschland, um 30 Prozent zu steigen. Die Produktionsgüterumsätze erholten sich hingegen dank Export ab 1933, ohne freilich wieder das Niveau von 1929 zu erreichen. Die Krise spiegelte sich auch in den Werbeausgaben. Die Umsätze im Inseratengeschäft gingen schon ab 1928 zurück und fielen bis 1934 um 40 Prozent. In den darauffolgenden Jahren stagnierten sie (Grafik 6).

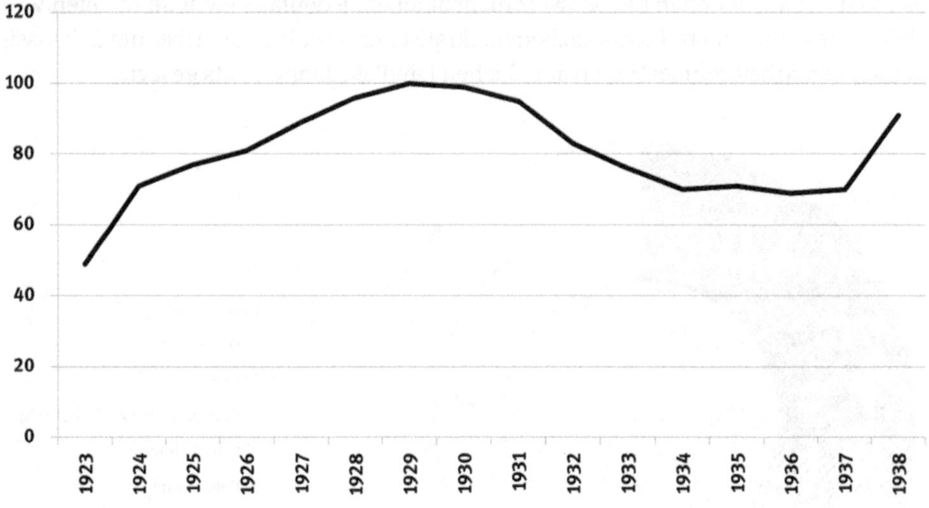

Grafik 5: Verbrauchsgüterumsätze in Österreich 1923–1938 (1929=100)
Quelle: Monatsberichte des Österreichischen Institutes für Wirtschaftsforschung 1945 18/1–2, 43.

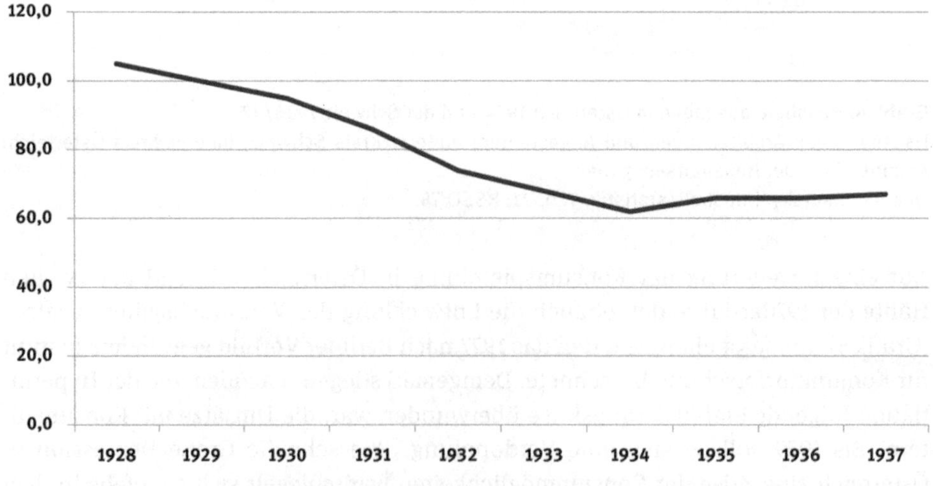

Grafik 6: Index der Inseratenumsätze in Österreich 1928–1937
Quelle: Monatsberichte des Österreichischen Institutes für Wirtschaftsforschung 1945 18/1–2, 43

Um sich den Konsumspielräumen der Arbeitnehmer*innen anzunähern, sind die Umsätze der Konsumgenossenschaften eine hilfreiche Krücke (Tabelle 6). Der Gesamtumsatz stieg von 1923 bis 1929 an, ebenso pro Verkaufsgeschäft („Abgabestelle“) und auch pro Mitglied[27] gerechnet. Danach kehrte sich die Entwicklung um und lag ab dem Jahr 1934 bei den Umsätzen pro Abgabestelle unter dem Ausgangsniveau von 1923.

Tab. 6: Umsätze der Konsumgenossenschaften in Österreich 1923–1937

	Umsatz		Pro Abgabestelle		Pro Mitglied
	In Schilling	Index	In Schilling	Index	Index
1923	95.700.742	60	124.773	75	32
1924	125.094.032	78	148.744	89	43
1925	133.845.977	84	158.023	95	67
1926	131.410.380	82	149.841	90	65
1927	138.594.567	87	155.201	93	88
1928	146.800.015	92	160.344	96	94
1929	160.316.807	100	166.894	100	100
1930	158.280.137	99	159.717	96	97
1931	147.901.472	92	146.292	88	89
1932	139.283.900	87	136.965	82	84
1933	129.322.898	81	127.790	77	78
1934	115.183.463	72	114.043	68	70
1935	115.395.681	72	115.280	69	71
1936	118.196.997	74	117.961	71	74
1937	124.606.721	78	122.285	73	77

Index: 1929=100; Angaben des Zentralverbands österreichischer Konsumvereine; Quelle: Baltzarek, Entwicklung, 225.

Ein Wohlstandsindikator abseits von Konsumumsätzen und Haushaltsausgaben ist die Lebenserwartung bei der Geburt. Sowohl in der Schweiz als auch in Österreich stieg sie im Laufe des 20. Jahrhunderts massiv. Darin drückten sich kumuliert Verbesserungen in Hygiene und Wohnbedingungen, medizinischer Versorgung und Ernährung aus. Grafik 7 zeigt die von Demograph*innen errechnete Entwicklung für die weibliche Bevölkerung. In der Schweiz lag sie von 1910 bis 1960 höher, wobei der Unterschied langsam schwand. Frauen hatten in der Schweiz bei der Geburt

27 Um bei Konsumgenossenschaften einzukaufen, musste man/frau nicht Mitglied sein, obwohl die Interessenvertretungen der Einzelhändler*innen eine solche Beschränkung gerne gesehen hätten. Die Mitgliederzahlen verraten daher nicht den Umfang des Kundenkreises.

1910 rechnerisch eine Lebenserwartung von 55 Jahren, in Österreich nur von 47. In beiden Ländern brachte der Erste Weltkrieg, vor allem in seiner von massiver Not und Pandemien gekennzeichneten Schlussphase, einen Einbruch in der Lebenserwartung. In den 1920er- und 1930er-Jahren stieg die Lebenserwartung in Österreich bis 1937 auf 61 und in der Schweiz auf 65 Jahre. Der Unterschied zwischen den Ländern war gegenüber der Vorkriegszeit geringer geworden und schloss sich bis Ende der 1950er-Jahre zusehends.[28]

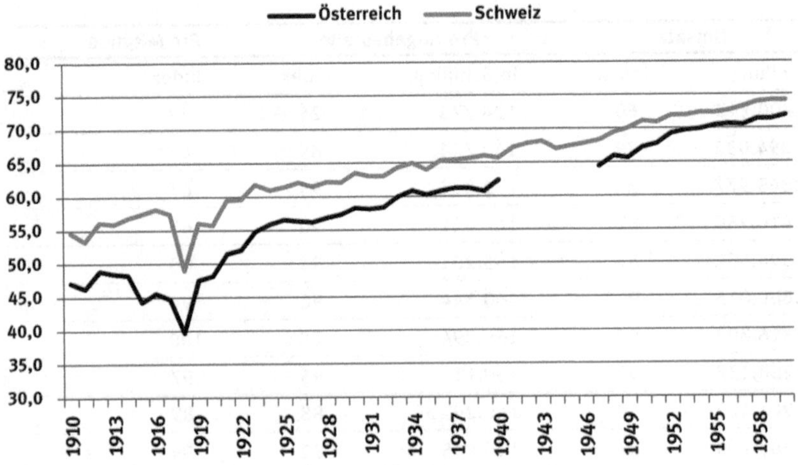

Grafik 7: Lebenserwartung von Frauen 1910–1960
Quelle: Dalkhat Ediev, Richard Gisser, Historical series of life tables and of age-sex structures of the Austrian population (D. Ediev and R. Gisser) (1910–1940); Statistik Austria (1947–1960); Bundesamt für Statistik (Schweiz).

Einen Kontrapunkt zu Wohlstandsgewinnen setzte die verbreitete Arbeitslosigkeit. Diese Aussage ist schnell formuliert, doch die vermeintliche Eindeutigkeit ihres Gehalts löst sich bei einem näheren Blick ebenso rasch auf. Die Vorstellung von Arbeitslosigkeit hatte sich seit dem späten 19. Jahrhundert in der Auseinandersetzung mit städtischen männlichen Industriearbeitern ausgeprägt, einem Personenkreis, der politisch unruhig war und dem nur begrenzt die Möglichkeit offenstand, auf Formen der Subsistenzwirtschaft auszuweichen. Arbeitslosigkeit in diesem Sinn bildete ein zentrales Thema des österreichischen politischen Diskurses der Zwischenkriegszeit – am Beginn der Republik, weil eine bewaffnete männliche Bevölkerung, die von der Front zurückkehrte, ein offensichtliches revolutionäres Potential darstellte, und später als Wahrnehmung eines in Österreich endemischen Missverhältnisses zwischen Arbeitsuchenden und dem verfügbaren Angebot an Arbeitsplätzen. 1918

28 Die Daten zu Österreich nach Dalkhat/Gisser, Reconstruction. Ich danke Richard Gisser, der mir das Datenmaterial zur Verfügung gestellt hat.

führte die Staatsregierung als Teil der „sozialpolitischen Revolutionsbremse"[29] die Arbeitslosenunterstützung ein, um die Demobilisierung der Soldaten abzufedern. Auch nach der Umwandlung in eine Versicherung erfasste dieses sozialstaatliche Instrument nur eine Minderheit der Erwerbstätigen.[30] Arbeitslosigkeit und die Zahl der unselbstständig Erwerbstätigen oder des Arbeitskräftepotentials zueinander in Beziehung zu setzen war in den 1920er-Jahren noch keine Selbstverständlichkeit, die Aufstellungen zu Arbeitslosenraten, die sich in der Literatur finden, sind retrospektive Schätzungen.[31]

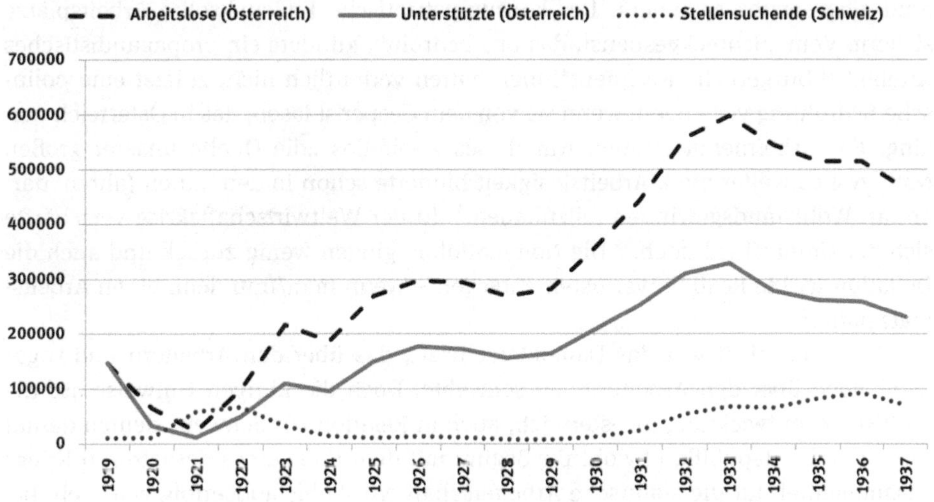

Grafik 8: Arbeitslose in Österreich und der Schweiz 1919–1937
Quellen: Butschek, Wirtschaftsgeschichte, 213; Stiefel, Arbeitslosigkeit, 29; HSSO F18a.

Grafik 8 weist für Österreich die Zahl der unterstützten Arbeitslosen aus und gibt bezüglich der Schweiz die Personen an, die als stellensuchend registriert waren. Dazu kommt im Fall Österreichs noch eine Schätzung der ‚tatsächlich' Arbeitslosen. Offensichtlich meint jede dieser drei Zahlen etwas anderes und die dritte ist nur die rückblickende Antwort auf die nicht so leicht numerisch zu konkretisierende Ahnung der Zeitgenoss*innen, dass viel mehr Personen von erzwungener Erwerbslosigkeit betroffen waren, als die offiziellen Zahlen vermerkten. Die von den Behörden erfassten und veröffentlichten Angaben repräsentierten immerhin den Kern der Wahrnehmung eines Problems. Aus Anlass der Ersten Österreichischen Woche

29 Sandgruber, Ökonomie, 347 f.
30 Conrad/Macamo/Zimmermann, Kodifizierung, 462; Vana, Männer, 16–19.
31 Vana, Gebrauchsweisen, 218; Schätzungen von Wirtschaftshistorikern: Stiefel, Arbeitslosigkeit, 29; zur Problematik internationaler Vergleiche der Arbeitslosigkeit ebd., 22; Butschek, Wirtschaftsgeschichte, 213.

warnten Straßenbahnplakate: „140.000 Arbeitslose wollen Arbeit!" Diese Zahl bewegte sich in der Größenordnung der von der Arbeitslosenversicherung unterstützten Personen. In den österreichischen Medien wurde das Problem der Arbeitslosigkeit stets als riesig gehandelt und hatte in der Tat ein anderes Ausmaß als in der Schweiz. Die einzige Ausnahme bildete eine kurze Phase Anfang der 1920er-Jahre, als die Inflation in Österreich Produktion und Export antrieb,[32] während die Schweiz eine Krise erlebte. Zu dieser Zeit griff auch die Schweizerwoche-Propaganda die Arbeitslosigkeit verstärkt auf, so wie erneut in den 1930er-Jahren. Im Rahmen der Kampagne „Kauft österreichische Waren" bildete die Arbeitslosigkeit ohnehin ein dauernd eingesetztes Argument. Der konsumpatriotische Einkauf sollte Arbeitsplätze sichern. Vom „Schreckgespenst, das uns bedroht", kündete ein propagandistisches Artefakt.[33] Bürgerliche Rezipient*innen hatten vermutlich nicht zuletzt eine politische Bedrohung vor Augen, wenn sie von dem Gespenst lasen, das in Österreich umging. Für Arbeitnehmer*innen war dieses zweifellos „die Quelle unserer großen Not", wie es weiter hieß. Arbeitslosigkeit hinderte schon in den ‚guten Jahren' daran, an Wohlstandsgewinnen teilzuhaben.[34] In der Weltwirtschaftskrise verschärfte sich der Unterschied noch.[35] Die Nominallöhne gingen wenig zurück und auch die Deflation wirkte Reallohnverlusten entgegen – wenn man/frau denn einen Arbeitsplatz hatte.[36]

Arbeitslosigkeit war das Damoklesschwert, das über den Arbeitern und sogar mehr noch über den Arbeiterinnen schwebte. Doch die übrigen Hinweise auf die Wohlstandsentwicklung in Österreich, auch in Relation zur Schweiz, deuten darauf hin, dass die Republik, obwohl ihr Beginn mit dem Ende eines desaströsen Kriegs zusammenfiel, für die städtische Arbeiterschaft ein Wohlstandserfolg war – ein bescheidener zwar und sicher nicht überall und nicht in allen Aspekten im gleichen Maß, aber jedenfalls deutlich in Wien. Hier flankierte und verstärkte eine ehrgeizige kommunale Sozialpolitik die Erweiterung von Konsumspielräumen, die sich aus der Wirtschaftskonjunktur ab Mitte der 1920er-Jahre ergaben.[37]

---

32 Sandgruber, Ökonomie, 356.

33 WKW E 27.468/3, Faszikel „Reklame", Rechnungszettel mit „Kauft österreichische Waren"-Werbung.

34 Die Beobachtung, die Torp (Konsum und Politik, 32) für die Weimarer Republik in der Prosperitätsphase macht, lässt sich auch auf andere Länder übertragen.

35 Die Einbußen in Umfang und Qualität des Konsums stellt Stiefel im Detail dar: Arbeitslosigkeit, 150–160.

36 Tanner/Studer/Hiestand, Konsum, 648 f. schreiben sogar von Reallohngewinnen; Österreich: Butschek, Wirtschaftsgeschichte, 226–228. Die für Österreich vorhandenen Daten beziehen sich aber größtenteils auf Mindestwochenlöhne, die nur eine Untergrenze markieren, nicht auf die Beträge, die Arbeitnehmer*innen in günstigen Fällen tatsächlich verdienen konnten.

37 Vgl. Jellinek (Lebenshaltung, 745), der im *Österreichischen Volkswirt* nach einer differenzierten Abwägung zu dem Schluss kam, „daß sich die Lebenshaltung der Arbeiter im Durchschnitt gegenüber der Vorkriegszeit nicht nur nicht verschlechtert, sondern sogar etwas gebessert haben dürfte".

Vor dem „Selbstmord eines Volkes" warnte hingegen der Industrielle Siegfried Strakosch. Seine Sorge galt allerdings schwerpunktmäßig der Ermordung des Bürgertums durch das Proletariat. Die Umwälzungen, die der Ausgang des Kriegs und die anfängliche Dominanz der Arbeiterbewegung mit sich brachten, resultierten seiner Ansicht nach in der „ungeheuerste[n] Angleichung der Einkommen, die jemals, Sowjetrußland ausgenommen, in einem modernen Staat erfolgt ist".[38] In der Tat hatte die Mittelschicht einiges einstecken müssen.[39] Die Vermögensverluste durch die Nachkriegsinflation, die Nivellierung von Einkommen, die neue politische und gewerkschaftliche Macht der Arbeiterschaft und der Verlust der Zentrumsfunktion in einem Großstaat waren Schläge, die das Bürgertum schwer verkraftete.[40]

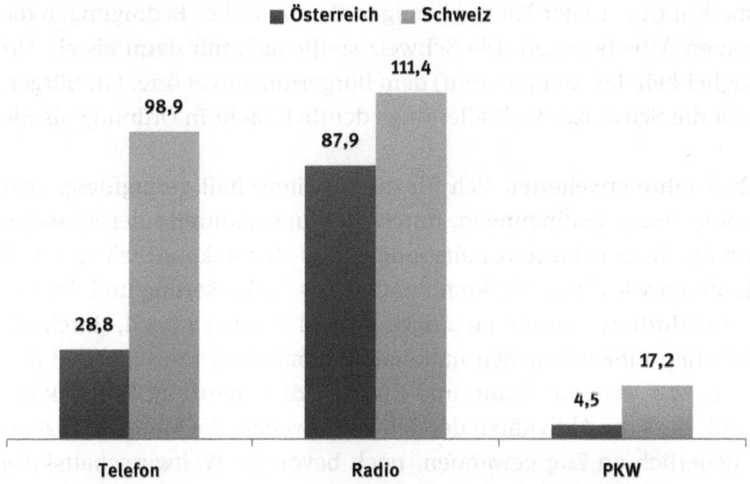

Grafik 9: Güter des gehobenen Bedarfs pro 1.000 Einwohner*innen 1936
Telefonsprechstellen, Radioteilnehmer*innen, Personenkraftwagen; Quellen: Statistisches Jahrbuch 1938 für Österreich; Statistisches Jahrbuch der Schweiz 1937

An dem Punkt ist es nützlich, neuerlich konsumstatistische Indizien zu bemühen. Grafik 9 legt die Zahl einiger statistisch gut greifbarer Schlüsselprodukte des gehobenen Konsums auf je 1.000 Einwohner*innen um. In der Schweiz gab es im Verhältnis deutlich mehr Radioabonnements, Telefonanschlüsse und Personenkraftwagen. Das sagt nichts über die Verteilung unter der Bevölkerung, aber es waren nicht die Arbeiterschaft und kleine Angestellte, die Automobile besaßen. Bezeichnenderweise ziel-

38 Strakosch, Selbstmord, 51.

39 Ein vom Völkerbund beauftragter Bericht über die österreichische Wirtschaftslage kam 1925 zu vorsichtig optimistischen Einschätzungen und betonte den gestiegenen Lebensstandard der Arbeiterschaft. Hingegen: „[The middle classes] have experienced a marked decline in their standard as compared with pre-war conditions." Layton/Rist, Economic Situation, 103.

40 Bruckmüller, Bürgertum zwischen Monarchie und Republik; Berger, Situation.

te eine der wenigen konsumpolitischen Anstrengungen des Dollfuß-Schuschnigg Regimes darauf ab, einer gehobenen Mittelschicht den Automobilbesitz zu erleichtern. Während die Zulassungszahlen damals in der Schweiz stagnierten, rückten die österreichischen ein Stück näher an diese heran.[41]

Eine differenzierte Wohlstandsgeschichte ist mit den wenigen hier akkumulierten Hinweisen nicht zu leisten, eine Vermutung gestatten sie aber auch in Richtung der Schweiz: Für ‚ihre' Arbeiterschaft bot die Schweiz gemessen an den Möglichkeiten eines intakten, hoch entwickelten und international vernetzten Produktionsapparats zu wenig. Die Feststellung dieses Zu-Wenig bedarf dabei nicht der Hilfe einer regulativen Idee sozialer Gleichheit, sondern es genügt eine relationale Einschätzung des Möglichen, die der Blick in den benachbarten Kleinstaat eröffnet. Hier verbesserte sich immerhin trotz in der Tat ungünstiger ökonomischer Bedingungen die Situation der urbanen Arbeiterschaft. Die Schweiz stellte sich nur dann als ein Ort bürgerlicher Behaglichkeit dar, wenn man(n) dem Bürgertum angehörte. Für bürgerliche Schichten war die Schweizer Welt allerdings deutlich mehr in Ordnung als die Österreichs.

Mitte der 1920er-Jahre erweiterten sich für die Arbeiterschaft geringfügig, aber merkbar die disponierenden Bedingungen, durch die Konsumanreize der Werbung und dank größerer Spielräume im Haushaltsbudget. Das Menetekel Arbeitslosigkeit begleitete freilich die Entwicklung. Die Kombination aus Verbesserung und der steten Präsenz ihrer Gefährdung war ein günstiges Umfeld für den Appell, durch die Praxis des patriotischen Einkaufens den nationalökonomischen Kreislauf und den eigenen Arbeitsplatz bzw. den von Mann und Kindern zu sichern. Im Hinblick auf die Schweiz fällt auf, dass die Aktivitäten der Schweizerwoche, die Mitte der 1920er-Jahre abflauten, neuerlich an Zug gewannen, noch bevor die Weltwirtschaftskrise das Land tatsächlich mit voller Wucht erreichte. Ein unvollkommener numerischer Indikator, doch der einzig vorhandene, ist die Zahl der Schaufensterplakate, die für die Schweizerwoche warben. Von 1929 auf 1930 stieg sie um 13 Prozent, im Jahr darauf nochmals um zwölf Prozent.[42] Auch für die Schweizerwoche kann man also an der Wende zu den 1930er-Jahren ein Zusammentreffen aus moderat wachsender Prosperität und der Wahrnehmung ihrer Gefährdung als Antriebsmittel für die Buy-National-Kampagne vermuten.

41 Rigele, Automobilisierung, 144 f.

42 Eigene Berechnung, die Ausgangszahlen nach: Oberer, Armbrust (Anhang), 56. Es handelt sich um die Zahl der an die Einzelhändler*innen als ‚Teilnahmegebühr' verkauften Plakate.

5 Reklameberater und Werbewissen

Ein kritischer Zeitungsartikel höhnte 1929 über das „Fiasko der österreichischen Woche“. Er sprach die Hoffnung aus, dass, sollte eine solche Aktion wiederholt werden – wozu es in der Zwischenkriegszeit nicht kam –, man „zu ihrer Durchführung selbst an Stelle blutiger Dilletanten [sic!], wirkliche Wirtschafts- und Propagandafachleute“ berufe.[1] Die Kampagne „Kauft österreichische Waren“ involvierte freilich von Anfang an Werbefachleute, wenngleich so wie beim Schweizerwoche-Verband nie in führender Position. In den Protokollen der Arbeitsgemeinschaft scheint der Jurist Erwin Paneth auf.[2] Als Sekretär des Gremiums der Wiener Kaufmannschaft war er nicht nur ein Funktionär in Unternehmernetzwerken, der ideologisch weit rechts stand, sondern er baute in den 1920er-Jahren eine international anerkannte werbewissenschaftliche Expertise auf. Er publizierte u. a. eine der ersten Monografien zur Werbegeschichte.[3] In dem Reklamelehrgang, den die Hochschule für Welthandel ab 1928 anbot, unterrichtete er „Theorie und Technik des Werbewesens“.[4]

Als die Kampagne „Kauft österreichische Waren“ im Juni 1927 lanciert wurde, hielten es die Organisatoren außerdem für angebracht, Rat bei „hervorragenden Fachleuten im Propagandawesen“ zu suchen. Man wandte sich an große werblich aktive Firmen wie den im Lebensmittelbereich tätigen Handels- und Industriekonzern Julius Meinl und die Georg Schicht AG, die 1929 in den Unilever-Konzern integriert wurde, und ersuchte um Entsendung von deren „Propagandachefs“ zu einer Besprechung. Im Juli 1927 kam es auf diese Weise jedenfalls zu einem Treffen mit den Werbefachleuten Hans Kropff und dessen Schwager Bruno W. Randolph, die damals mit Schicht verbunden waren.

Wieviel werbliche Expertise in den Buy-National-Kampagnen steckte, ist das Thema dieses Kapitels. Aus heutiger Sicht scheint es eine Selbstverständlichkeit: Für die Propagierung des patriotischen Einkaufs musste Werbung als systematische Kommunikationspraxis und Form der Expertise wesentlich sein.[5] Bis in die Zwi-

1 O. V., Fiasko der österreichischen Woche, in: Neues Wiener Extrablatt, 10.3.1929, 4.

2 Ein Unterstützer des Dollfuß-Schuschnigg-Regimes und jüdischer Herkunft, musste er 1938 aus Wien flüchten. Sein Weg führte ihn nach Argentinien und von dort später in die USA, wo er 1998 in San Antonio, Texas, verstarb.

3 Paneth, Entwicklung (1926). Reinhardt, Reklame, 12; zur Biografie von Paneth: Pernsteiner, Schutz, 155; Maryska, Grafikdesign, 189.

4 O. V., Staatlicher Reklamekurs in Österreich, in: Wiener Zeitung, 18.10.1928, 9.

5 Zur Geschichte von Wirtschaftswerbung und Werbefachleuten in der Schweiz und Österreich findet man in der Literatur zwar verstreut Hinweise, aber wenige Forschungsarbeiten haben sie zu einem zentralen Gegenstand gemacht. Schweiz: nun Eugster, Manipuliert; interessant ist immer noch Kutter, Werbung. Der Autor war selbst ein wichtiger Akteur von Werbung (und Publizistik) in der langen Nachkriegszeit ab den 1950er-Jahren. Weitere jüngere Literatur: Di Falco, Bilder; Debluë, Exposer; unternehmensgeschichtliche Perspektiven: Rossfeld, Schokolade; ausgehend vom Schuhmarkt: Wild, Schritt; anhand von Maggi: Zimmermann, Heimatpflege. Österreich: Moser, Werbefilm; einige Magister- bzw. Masterarbeiten: Morawetz, „Kontakt“; Graf, „Kauft“; Pernsteiner,

https://doi.org/10.1515/9783110701111-007

schenkriegszeit waren hingegen primär Personen dieser Ansicht, die sich bemühten, Werbung als Profession zu etablieren, weil sie selbst diese Dienstleistung anbieten wollten. Buy-National-Propaganda stellte sich zwar aus Sicht von Unternehmen als ein Fall von überbetrieblicher Kooperation zum werblichen Zweck dar und in der Zwischenkriegszeit hatte die so genannte Gemeinschaftswerbung international Konjunktur.[6] Ihre Wirkabsichten waren jedoch langfristig und in einem Bereich zwischen Politik und Kommerz angesiedelt. Daher lag es nicht für alle Beteiligten an Initiativen wie der Schweizerwoche auf der Hand, dass jene Herren – in der Zwischenkriegszeit ging es fast nur um Herren –, die sich als Reklameberater am Markt positionierten, die richtigen waren, um den geistigen Charakter der Botschaften zu erfassen und zu vermitteln.

Es sei „von Anfang an ein Fachmann in Kollektivwerbung" beizuziehen, betonte indes der Zürcher Reklameberater Paul Althaus 1932.[7] „Wenn die Beiziehung eines Reklameberaters je einmal notwendig ist, so ist es hier", meinte Theo Häusler, der in Bern ein Reklameatelier betrieb.[8] Auch Adolf Guggenbühl, Herausgeber der *Schweizer Reklame*, warnte vor der „Gefahr der Kollektivreklame", die darin bestand, dass man sie von einem Sekretariat statt einem Werbeexperten durchführen ließ.[9] Das entsprach exakt der Situation des Schweizerwoche-Verbands, wo die handelnden Personen auch wenig mit Einschätzungen anfangen konnten, wie sie Guggenbühl in einem anderen Leitartikel als Provokation vom Stapel ließ: Reklame bleibe Reklame, „ob sie einer Seife, einem Schuh oder einem Lande gilt".[10]

Im Auge hatte Guggenbühl hier konkret die Tourismuswerbung und er beklagte, dass die Verantwortlichen nicht geneigt wären, sich als Reklameleute zu betrachten. In dasselbe Horn blies zur selben Zeit Hanns Kropff, der als Werbeexperte in Deutschland und Österreich einen großen Namen hatte. Vor einem einschlägigen Wiener Publikum konstatierte er über „die Reklame der Gemeinwesen und des Fremdenverkehrs", dass sie nur „in den allerseltensten Fällen wirkliche Fachleute an der Spitze" hätte. Meist sei sie „in der Hand eines guten und eifrigen Beamten, dem von

---

Schutz; Aufsätze: Morawetz, Aufbruch; Semrad, Vertrieben; Keller, Experienced Mood; zu erwähnen sind weiter ein Sammelband zu Ernest Dichter: Gries/Schwarzkopf, Dichter; sowie Beobachtungen zu Österreich in Gries, Produkte. Zu Werbung im deutschsprachigen Raum, aber mit Schwerpunkt Deutschland: Reinhardt, Reklame; Gries/Ilgen/Schindelbeck, „Gehirn"; Gries, Produkte; Sennebogen, Kommerz; Swett/Wiesen/Zatlin, Selling; Schug, Werbung; Wiesen, Creating; Hirt, Propheten.

6 Reinhardt, Reklame, 148–168; Schindelbeck, Werbung für alle.

7 Paul Althaus, Wie's gemacht wird. Plauderei aus der Werkstatt des Reklameberaters. Kollektivreklame in Krisenzeiten, in: Reklame. Beilage zur Zürcher Monatsschrift der Organisator Nr. 160, Juli 1932, 75–81.

8 Theo Häusler, Konjunktur für Gemeinschaftswerbung, in: Schweizer Reklame Nr. 5, Dezember 1935, 116–119.

9 Adolf Guggenbühl, Die Gefahr der Kollektivreklame, in: Schweizer Reklame Nr. 7, Februar 1935, 129.

10 Adolf Guggenbühl, Verkehrspropaganda und Reklame, in: Schweizer Reklame Nr. 4, Oktober 1931, 113.

allen Seiten hineingeredet wird".[11] Gerade die Fremdenverkehrswerbung war aber auch ein Bereich, in dem schon seit dem 19. Jahrhundert die kommerzielle Verwertung und Kultivierung von Länderimages geübt wurde. Diese Erfahrung war für den Aufruf zum patriotischen Konsum relevant, sofern er – und das war in der Schweiz mehr als in Österreich der Fall – die Besonderheit des Nationalen respektive Heimatlichen ins rechte Licht rücken wollte.

5.1 Werbewissen für die Propagierung nationalen Konsums – ein Fehlstart in der Schweiz

Der Schweizerwoche-Verband war durch seine Genese im Rahmen der Neuen Helvetischen Gesellschaft ein genuines Projekt bürgerlicher Vereinsmeierei und doch versuchten die Initiatoren in der Gründungsphase den Sachverstand eines Tourismuswerbers zu akquirieren. Dass das Vorhaben scheiterte, war skurrilen Verwicklungen geschuldet. Diese haben einen retrospektiven Nutzen, da sie eine Textproduktion nach sich zogen, durch die sich sehr genau das soziale, berufliche und nationale Profil zeichnen lässt, das der gesuchte Kopf einer Buy-National-Initiative haben sollte. Als Kandidat für die Geschäftsführung nahmen die Initiatoren der Schweizerwoche zunächst Hermann Behrmann in Aussicht, der seit 1909 als Leiter des Berner Verkehrsbüros fungierte, einer Einrichtung, wie sie alle wichtigen Schweizer Tourismusdestinationen betrieben. Für ihn verwendete sich als erster Gerhard Steck, der Geschäftsführer der Neuen Helvetischen Gesellschaft. Der Anwalt kannte Behrmann aus dem Überschneidungsbereich von Erwerbstätigkeit und Vereinswesen, in dem sich bald auch der Schweizerwoche-Verband einrichtete. Steck leitete den Publizitätsdienst der Bern-Lötschberg-Simplon-Bahn und war Vorstandsmitglied im Berner Verkehrsverein. Er legte die Personalie Behrmann dem Schaffhausener Unternehmer Werner Minder nahe. Dieser gehörte dem Initiativkomitee der Schweizerwoche an, das im März 1916 dafür eintrat, dass es Fachleute für das Projekt einer Schweizerwoche brauche. Den Vorsitz sollten „neutrale Persönlichkeiten [führen], denen von allen Seiten Vertrauen entgegengebracht wird".[12] Unter „allen Seiten" waren zu verstehen: Produzenten, Händler und Konsument*innen.

Es galt, die Aufgabe eines Mittlers zu verkörpern. Eine mögliche, allerdings noch prekäre Option war die Figur des Reklamefachmanns. Behrmann verstand sich als ein solcher und ihm stand auch eine Karriere bevor, in deren Verlauf er zu einem der renommiertesten einschlägigen ‚Experten' in der Schweiz avancierte. Reklamefachmann sein zu wollen bedeutete im frühen 20. Jahrhundert, einen expandieren-

11 Hanns Kropff, Die letzte Entwicklung und die nächsten Aufgaben der Reklame, in: Kontakt Nr. 1, Jänner 1931, 3–9.

12 Schweizerische Nationalbibliothek Bern, Graphische Sammlung, NHG A40, Schreiben Gerhard Steck an Wilhelm Moser, 24.3.1916.

den Glauben an Sozialtechnologien zu nützen und zu schüren, indem man einen Mangel an Systematizität der Reklame als Ist-Zustand beklagte und im nächsten Schritt ihre Überwindung in Aussicht stellte: durch Verwissenschaftlichung und durch ‚Verfachmännlichung', die Bindung der Tätigkeit an geeignete Personen. Beides hatte miteinander zu tun, war aber nicht dasselbe. Die Vorstellung von Wissenschaft meinte eine Objektivierung, die den Gegenstand des Wissens vom Belieben des Subjekts löste. Die Forderung Fachleute zu betrauen meinte ein Gemisch aus Wissen und Genie, Know-how, Erfahrung und darauf basierter Intuition. Zusammen ergaben sie den Platz, den Reklameberater als selbstständige Auftragsnehmer von Unternehmen, Staat und Verbänden einnehmen konnten.

In einem Mitte 1914 verfassten Artikel über *Neue Wege der Verkehrspropaganda* wandte sich Behrmann an Kollegen aus der Tourismuswerbung.[13] Zwar erblickte er erste Fortschritte zu einer übergreifend organisierten „Kollektivreklame", doch zeige gerade diese „die Mängel der fehlenden fachmännischen Bearbeitung". Um die Beschreibung dieses Defizits war es ihm zu tun. Behrmanns Text ist das Dokument einer zeitgeistigen Beunruhigung. Für sein Anliegen fuhr er suggestive Schlagwörter und weit reichende Metaphern auf, die zueinander in einem spannungsreichen Verhältnis standen. Der Autor begann mit einem Paukenschlag: „Wenn wir uns ehrlich fragen, was wir eigentlich von Reklame verstehen, so müssen wir im Grunde unseres Herzens bekennen: nichts!" Man verfüge nur über oberflächliche Kenntnis, könne die Wirkung der werblichen Instrumente nicht beurteilen und verschwende Ressourcen, Zeit genauso wie Geld. Als leuchtendes Vorbild brachte Behrmann die Technik ins Spiel. Hier sei man „dahin gelangt, den Wirkungsgrad der in unsern Dienst gestellten Kräfte zu erkunden", durch Versuche und Forschung zu verbessern. Es brauche daher eine Wissenschaft der Reklame, aber nicht allein oder primär eine volkswirtschaftliche Betrachtung, wie sie Werner Sombart trieb, sondern eine angewandte Wissenschaft. Ausgangspunkt und Ergebnis waren für Behrmann freilich klar: „Die werbende Kraft der Reklame steht für mich fest." Ebenso schien ihm offensichtlich, wo diese pragmatisch orientierte Wissenschaft bereits existierte. Die Amerikaner hätten es zuerst begriffen und die Reklame zum Gegenstand des *scientific management* gemacht. Da sich Europa zwar erst an der Schwelle zum Krieg befand, militärische Imaginationen aber schon länger hoch im Kurs standen, tönte Behrmann: „Wir brauchen eine Kriegswissenschaft, die uns die wirksamsten Mittel der Kriegführung lehrt und wir brauchen vor allem eine genaue Kenntnis des Feindes selbst." Dieser Feind war das Publikum, das es zu erobern galt. Die schreiende Anpreisung hielt er aber doch für ungeeignet in der Tourismuswerbung. Um die Stellungen des Publikums einzunehmen, müsse sich ihm die Werbung so nähern „wie der junge Mann, der um die Geliebte freit".

13 Behrmann, Neue Wege.

Die Schweizerwoche-Organisation beschrieb die Verbandstätigkeit im Hinblick auf die Öffentlichkeit später als „nationale Gemeinschaftswerbung“[14]. Die Vertrautheit mit nationalen Images hatte Behrmann auch durch seinen Beitrag zur Berner Landesausstellung von 1914 unter Beweis gestellt. Für die aufwändige Inszenierung der Schweiz waren nur heimische Erzeugnisse zugelassen und schon dadurch war sie das ins Auge stechende Vorbild für jede konsumpatriotische Initiative. Behrmann organisierte einen Basar des Heimatschutzes. Dieser zeigte Reiseandenken aus schweizerischer Produktion, die an die Stelle der „charakterlosen Massenartikel“ aus dem Ausland treten sollten.[15]

Es war dies ein Thema, das zu einem Dauerbrenner des Schweizerwoche-Verbands wurde und ihn noch viele Jahrzehnte beschäftigte: die Konkurrenzierung des qualitativ hochwertigen Souvenirs durch billigen und importierten Kitsch.[16] Der Basar mit Reiseandenken hatte im „Dörfli“ seinen Platz, einer bereits bei früheren Landesausstellungen erprobten Konstruktion ländlicher Idylle, die nun aber statt regionaler Heterogenität eine als ‚modern‘ begriffene Einheitlichkeit der Bauweise forcierte.[17] Das große Ziel des Basars wie der Landesausstellung insgesamt war die Heranziehung eines nationalen Geschmacks, einer Nachfrage, die ihrerseits von einem diesen Anforderungen gewachsenen Kunsthandwerk und Gewerbe befriedigt werden sollte. Es ging um eine doppelte Erziehung: der Produzierenden und der Konsumierenden; und um die Erfindung einer Tradition, die ein modernes Leben mit Schweizer ‚Wurzeln‘ hervorbringen sollte.

Behrmann selbst bezog das Projekt der Schweizerwoche in einem Zeitungsartikel auf das Vorbild der Landesausstellung und die „Gewöhnung des kaufenden Publikums an einheimische Erzeugnisse, vor allem aber an gute Qualität“.[18] Angesichts solcher Positionierungen und seiner beruflichen Erfahrungen ist es kein Wunder, dass Behrmann im Gespräch mit Steck und Minder Anregungen unterbreitete, die diese begeistern konnten. „Natürlich ist das euer Mann“, hatte Steck zu Minder über den Tourismuswerber gemeint – so berichtete man später.[19] Behrmann hatte nur einen kleinen Schönheitsfehler: Er war deutscher Herkunft und hatte erst im November 1914 die Schweizer Staatsbürgerschaft angenommen. Zum Glück „sprach er akzentlos Schweizerdeutsch und es war kein Grund vorhanden an seiner schweizer.

14 Edgar Steuri, Nationale Gemeinschaftswerbung, in: National-Zeitung, 21.10.1960.

15 Christian Conradin, Der Bazar im Dörfli, in: Heimatschutz 9/6 (1914), 89–98, hier 91.

16 Neben den Jahresberichten des Schweizerwoche-Verbands auch zahllose Artikel in mit der Schweizerwoche sympathisierenden Zeitschriften: Sch., Reiseandenken an der Schweizer Woche, in: Das Werk 29/12 (1942), 302; Eugen Nef, Aufgepasst. Die Kitschseuche geht durchs Land!, in: PRO 3/7 (1954), nicht pag.

17 Arist Roller, Das Dörfli an der Landesausstellung, in: Heimatschutz 9/9 (1914), 141–156, besonders 148; Arnold, Landi, 63–75.

18 Hermann Behrmann, Die Schweizer Woche, in: Berner Tagblatt, 21.2.1916, 1.

19 SWA PA486, A11, Bericht der Geschäftsleitung der Schweizerwoche über ihre Tätigkeit vom 26. März 1916 – 21. Januar 1917, 2.

Gesinnung zu zweifeln".[20] Am 26. März 1916 bestellte ihn daher eine Versammlung zum Geschäftsführer des Organisationskomitees der Schweizerwoche.

Am folgenden Tag verhaftete die Polizei Behrmann wegen Spionage für das Deutsche Reich. Er hatte das Berner Verkehrsbüro als unauffällige Drehscheibe genützt, um nachrichtendienstliche Informationen aus Frankreich an die deutsche Gesandtschaft weiterzuleiten. Die für das Schweizerwoche-Komitee ungemein peinliche Affäre war eine von vielen, die 1916 die Gemüter erregten, da sie Befürchtungen der Unterwanderung durch fremde Mächte anheizten. Die neutrale Schweiz aus dem Krieg herauszuhalten war ein Balanceakt, auch zwischen der französischsprachigen und der deutschsprachigen Schweiz.[21] In der Westschweiz argwöhnte man seit der Anfang des Jahres aufgeflogenen „Oberstenaffaire" eine deutschfreundliche Haltung der Generalität und des Bundesrates.[22] Die Neue Helvetische Gesellschaft sollte die Landesteile verbinden und die Schweizerwoche ein nationales Werk sein. Das Schwergewicht der Agitation für den patriotischen Konsum lag aber in der Ostschweiz, was etwa der Lausanner Ortsgruppe der Neuen Helvetischen Gesellschaft missfiel. Aus Neuchâtel kam heftige Kritik, warum denn nicht ein „Altschweizer" als Geschäftsführer gewählt worden sei, und man sah die Affäre Behrmann als weiteren Beleg dafür, dass „la Suisse allemande" sich der Einflussnahme aus dem Reich willfährig zeige.[23]

Nach dem Fiasko im ersten Anlauf machte sich der Redaktor der *Schweizerischen Gewerbezeitung* für die Besetzung der Geschäftsführung erbötig. Er wurde schließlich auch mit der Aufgabe betraut,[24] doch wegen der unangenehmen Erfahrung mit Behrmann entschloss man sich zunächst, den Posten trotz eines plausibel scheinenden Kandidaten per Inserat auszuschreiben:

> Für die Geschäftsleitung des Arbeitsausschusses wird ein praktischer Volkswirtschafter oder volkswirtschaftlich gebildeter Kaufmann oder kaufmännisch gebildeter Jurist gesucht. Organisationstalent, initiativer, energischer Arbeiter, Erfahrung in Finanzierungsfragen erforderlich. Landessprachen erwünscht. Schweizerische Nationalität Bedingung.[25]

---

20 Ebd.

21 Zur Affäre Behrmann: Vuilleumier, Espionnage, 16 f.; ders., Suisse 42 f.; O. V., Berner Spionage-Affäre, in: NZZ 31.3.1916, C3; Behrmann war zwar bereits Schweizer Staatsbürger, aber noch nicht aus dem deutschen Staatsverband entlassen. Anscheinend war Druck auf ihn ausgeübt worden. Dass Geld geflossen sei, stritt Behrmann ab. O. V., Zur Spionageaffaire Behrmann und Genossen, in: NZZ, 20.6.1916, F2.

22 Ende 1915 wurde ruchbar, dass Deutschschweizer Offiziere das Tagesbulletin des Schweizer Generalstabs an die Militärattachés von Deutschland und Österreich-Ungarn weitergegeben hatten. Tanner, Geschichte, 129; Rauchensteiner, Weltkrieg, 423.

23 SWA PA486, A14 Schreiben P. Savoie Petitpierre an Werner Minder, 28.4.1916.

24 Rudolf Lüdi, der spätere Direktor der Schweizerischen Depeschenagentur.

25 SWA PA486, A12, Rundschreiben Nr. 2 an die Mitglieder der Geschäftsleitung, 5.4.1916; Schweizerische Nationalbibliothek Bern, Graphische Sammlung, NHG A40, Schreiben Werner Minder an Gerhard Steck, 5.4.1916.

Am auffälligsten an dem Stellenprofil ist die Variierung von Vorstellungen ökonomischen Wissens und ihre Verknüpfung mit akademischer Zertifzierung. In der Figur des Juristen war sie eindeutig, aber auch in der des Volkswirtschafters lag sie nahe. Noch weiter an Gewicht gewonnen hatte der Wunsch nach einer Garantie für nationale Zuverlässigkeit. De facto musste es nun ein „Altschweizer" sein. Was man nicht suchte, obwohl zunächst so vieles in die Richtung gewiesen hatte, war ein Reklamekundiger. Ein bürgerlicher Habitus[26] und eine bürgerliche ideologische Orientierung waren implizite Voraussetzungen. Der Schweizerwoche-Verband blieb von der Tradition des in der Eidgenossenschaft besonders vitalen bürgerlichen Vereinswesens geprägt. Die Gestaltung des alljährlich ausgegebenen Plakats überließ man verschiedenen Grafikern, doch in die Hände eines Reklameberaters begab sich der Verband nicht – im Unterschied zu der 15 Jahre später gegründeten Zentralstelle für das Schweizerische Ursprungszeichen.

Behrmanns Schweizer Laufbahn war 1916 mit seiner Verurteilung vorläufig beendet. Er wechselte nach Deutschland zum Leipziger Messeamt und kehrte erst 1923 zurück, um sich in Zürich als Reklameberater selbstständig zu machen.[27] Sein Spionage-Fehltritt, den er aus „Dummheit, Angst und falschem Idealismus"[28] begangen hatte, war rasch vergessen oder wurde zumindest in veröffentlichten Texten nie mehr erwähnt. Während des Zweiten Weltkriegs fühlte sich Behrmann aber doch unbehaglich. Der Zürcher Stadtpolizei schrieb er 1944: „Es ist mir bekannt, dass ich unter Beobachtung stehe." Dort war man verblüfft, zumal Behrmann nicht „den Eindruck eines an Verfolgungswahn leidenden Mannes" machte. Der Beamte ließ ihn aber sicherheitshalber im Glauben, man habe etwas in der Hand gegen ihn.[29] Die „gutschweizerische Gesinnung", die Behrmann nun gegenüber den Behörden vehement unterstrich, war eines der Kriterien gewesen, dessen Erfüllung man 1916 vom Geschäftsführer der Schweizerwoche erwartete. In diesem Punkt waren die Proponenten der Schweizerwoche indes bitter enttäuscht worden.

Man kann die Causa Behrmann als Anekdote nehmen, denn es entbehrt nicht der Komik, dass ein deutscher Spion den Aufruf zum konsumierenden Schweizersinn organisieren sollte. Man kann die Affäre darüber hinaus als ein Fallbeispiel sehen, als Exempel einer Suchbewegung, von Bedingungen, Entscheidungen und Zufällen modelliert, in deren Verlauf die beteiligten Akteur*innen eine neue Form der nationalisierenden Produktkommunikation zu prägen trachteten. Diese war nicht ohne Vorbild – im Gegenteil. Wenn man nur ein wenig nachdenkt, multiplizieren

26 Das Bourdieu'sche Konzept des Habitus fand breit Eingang in die Auseinandersetzung mit der Geschichte des Bürgertums und des Konsumierens seit den 1990er-Jahren. Das wurde vor allem durch: Bourdieu, Unterschiede, nahegelegt.

27 O. V., Hermann Behrmann wird 80, in: Die Tat, 26.8.1954.

28 So seine Erklärung in einem Brief an die Kantonspolizei Zürich im November 1944, in Abschrift wiedergegeben im Schreiben des Polizeikorps des Kantons Zürich an das Polizeikommando Nachrichtendienst, 4.12.1944: Bundesarchiv Bern E4320B#1987/187#562.

29 Ebd.

sich die Orientierungsmarken, von den Landesausstellungen bis hin zu ähnlichen Initiativen in Großbritannien, den Niederlanden, Frankreich usw. Doch auch deshalb war das unter dem Arbeitstitel ‚Schweizerwoche' segelnde Unterfangen eines, dessen Zuschnitt es erst zu bestimmen galt. Benötigte man ‚Experten'? Wenn ja, in welchem Feld: Ökonomie – mehr die betriebs- oder mehr die volkswirtschaftliche Variante? Diese Unterscheidung war allerdings gerade erst dabei an Profil zu gewinnen. Pädagogik? Rechts- und Staatswissenschaft? Journalismus? Reklame? Einen Werbefachmann zu betrauen mag aus heutiger Perspektive, in Zeiten einer allgegenwärtigen Metaphorik des Branding, die am nächsten liegende Option scheinen. Für die Akteur*innen in den 1910er-Jahren war es hingegen keineswegs ausgemacht, dass es sich bei dem, was sie anstrebten, um Reklame handeln sollte. Ebenso treffend, wenn nicht treffender, schienen andere Zuschreibungen: die der nationalen Erziehung, der volkswirtschaftlichen Aufklärung, der staatsbürgerlichen/nationalen Selbsthilfe, des bürgerlichen Engagements. Alle diese ergänzenden und konkurrierenden Interpretationen wurden auch diskursiv, ebenso wie in organisatorischen und personellen Netzwerken umgesetzt.

5.2 Die Expansion werblicher Expertise in den 1920er- und 1930er-Jahren

Werbung war im frühen 20. Jahrhundert zwar nicht neu und wurde bereits in avancierter Form und von großen Unternehmen in eigenen Abteilungen vorbereitet; das Feld expandierte aber in den 1920er-Jahren beträchtlich und machte Platz für eine neue Profession, den Reklameberater.[30] Als potenzieller Dienstleister konnte er für die Trägerorganisationen von Buy-National-Propaganda relevant sein; darüber hinaus kam er als fester Mitarbeiter oder Mitglied der Aufsichtsorgane in Frage. Mit Behrmann hätte die Schweizerwoche ja beinahe einen Geschäftsführer erhalten, der in den 1920er-Jahren als selbstständiger Reklameberater reüssierte.

Mitte der 1930er-Jahre beschrieb die *Schweizer Reklame* das Berufsbild folgendermaßen: Der Berater erstellte den Werbeplan ausgehend von einer Erhebung zu Marktlage, Verbraucher*innen, Vertriebswegen. Er gestaltete die Reklame, er führte sie durch. Er kontrollierte den Erfolg – „wo dies möglich ist", wie man einschränkend hinzufügte.[31] Hermann Behrmann erzählte, als betagter „Pionier" auf seine Anfänge zurückblickend: „Von 1907 bis 1909 begann ich in Zürich als Reklamefachmann zu arbeiten (obwohl ich meinem Beruf keinen rechten Namen zu geben

30 Von den Schwierigkeiten der Etablierung erzählen: Hermann Behrmann, Der Reklameberater und die Auftraggeber, in: Schweizer Reklame Nr. 5, Dezember 1935, 124 f.; Fr. Frank, Was sind Sie? ... Reklameberater?, in: ebd., 127 f.

31 O. V., Reklameberatung BSR, in: Schweizer Reklame Nr. 5, Dezember 1935, 131 f. Es ist dies ein dem Reklameberater gewidmetes Themenheft.

wußte).“[32] Der Name fehlte,[33] erste Versuche von Behrmann und anderen, diese Figur in der Schweiz zu etablieren, liefen kurz vor dem Krieg noch ins Leere. Über keine Etikettierungen zu verfügen, die sowohl der Öffentlichkeit als auch potentiellen Auftraggebern und Interessenten an einer Erwerbstätigkeit im erst abzusteckenden Feld verständlich sind, ist ein handfestes Hindernis für die Akkumulation von symbolischem Kapital, das die Figur des ‚Reklame-Auskenners‘ erst ökonomisch und kulturell lebbar macht. Daher bot Karl Lauterers 1923 erschienenes *Lehrbuch der Reklame*, eines der maßgeblichen Bücher für die Schweizer Werbeszene, u. a. eine differenzierte Nomenklatur der „am Reklamewesen beteiligten Personen“[34].

Der von Unternehmen unabhängige, seine Expertise verkaufende Akteur bildete wie sein institutionelles Pendant, die Werbeagentur, einen entscheidenden Sprung für ein Wissen,[35] das sich als eigenständiges Werbewissen ansprechen und in Aushandlungsprozessen über die Formierung öffentlicher Meinung und die Beeinflussung von Verhaltensdispositionen einsetzen ließ. Um als Reklamefachmann zu reüssieren, bedurfte es einer gehörigen Portion an „Kompetenzdarstellungskompetenz“[36], der unermüdlichen Eigenwerbung, vermischt mit der Werbung für die Notwendigkeit des Werbens.[37]

Es wurde auch deshalb in den 1920er-Jahren möglich, als selbstständiger Reklameberater sein Auskommen zu finden, weil mittelständische Unternehmen nun eine Notwendigkeit ‚professioneller‘ Werbung sahen. In der Dynamik aus Angebot und Nachfrage spielte sich die Akquise werblichen Wissens allmählich ein. Der quantitativen Öffnung korrelierte vermutlich eine inhaltliche. Der Werbehistoriker Rainer Gries spricht bereits für die 1920er-Jahre von einer Deszendenz der Produktkommunikation, ihrer symbolischen Öffnung gegenüber der Gesamtbevölkerung jenseits ständischer Schranken.[38] Seine Feststellung gründet sich primär auf Forschung zu Deutschland, aber auch auf einigen Beobachtungen zu Österreich. Systematisch überprüft ist diese plausibel scheinende Annahme allerdings weder für die Schweiz noch für Österreich.

---

32 Pioniere erzählen aus der Gründerzeit (H. Behrmann), in: Schweizer Reklame Nr. 7, Oktober 1950, nicht pag.

33 Auch der Wiener Begründer der Werbewissenschaft Viktor Mataja behandelte in seinem erstmals 1910 erschienenen Buch (Reklame, 179 f.) den selbstständigen Reklamefachmann als ein neues Phänomen, für das sich noch keine Bezeichnung durchgesetzt hatte. In Deutschland spreche man von Reklameanwälten.

34 Lauterer, Lehrbuch, 330–333.

35 Vgl. Hirt, Propheten, 67 f.

36 Ebd., 488.

37 Das beobachteten schon frühe Studien zur Soziologie der Werbefachleute: Clausen, Elemente, 52–56.

38 Gries, Produkte, 62–65.

In Zürich betrieb Max Dalang schon Anfang der 1920er-Jahre eine Werbeagentur, die rund 30 Beschäftigte zählte und aus der einige prominente Schweizer Reklameberater hervorgingen.[39] Die Max Dalang AG trat in der Zwischenkriegszeit als Speerspitze eines Zugangs auf, der auf die Schlagkraft funktionaler Differenzierung bei der Erarbeitung von Werbung setzte. Als die Agentur 1930 ein neues Büro bezog, zeigte sie den in Aufsicht gegebenen Raumplan in einem doppelseitigen Inserat in der *Schweizer Reklame* und erklärte: „Wir sind stolz auf unsere moderne Einrichtung." Man werde „reibungslos und rasch arbeiten können" und sei – wie man mit einem Anflug von Selbstironie hinzufügte – „beinahe ‚rationalisiert'".[40]

Einen wichtigen Hinweis auf die Formierung eines beruflichen Felds als Kombination aus Erwerbsmöglichkeiten und Zugangsbedingungen gibt die Schaffung von Interessenverbänden. 1935 gründeten die Schweizer Reklameberater ihren eigenen Bund.[41] Ihr Kreis war höchst überschaubar: 27 Personen, ausschließlich Männer. 18 Berater kamen aus Zürich, der größten Stadt der Schweiz und ihr kommerzielles Zentrum. Nur drei Berater waren in der Romandie tätig. Ende der 1950er-Jahre erfasste der Interessenverband 98 Reklameberater.[42] Ihre Zahl hatte also kräftig zugenommen, doch die Strukturdaten deuten auf langfristige Kontinuitäten: zum ersten durch einen Schwerpunkt im deutschsprachigen Landesteil – 1959 waren 80 Prozent der Reklameberater in der Deutschschweiz ansässig; zum zweiten hinsichtlich einer urbanen und patriarchalen Bürgerlichkeit, in der sich die Reklameberater als eine neue Gruppe der Selbstständigen formiert hatten. 65 Prozent lebten in Zürich, acht in Lausanne, sechs in Genf. Weiterhin waren es nur Männer. Einer der Berater beschrieb sein Unternehmen folgendermaßen: Es funktioniere mit zwölf Mitarbeitern – „Marketingspezialisten, Textern, Disponenten, Sekretärin, Grafikern und was alles dazu gehört und schließlich als dreizehnter eine Gattin, die eigentlich Journalistin ist, aber auch ausgezeichnete Werbetexte schreibt".[43] Die Sekretärin und die mithelfende Familienangehörige waren die Rollen, die Frauen einnehmen konnten, wenn es um die Essenz eines Reklamebetriebs ging. Insofern mittlere Unternehmen und Verbände – so wie die Schweizerwoche oder die Armbrust-Organisation – werbliche Expertise suchten, um ihre Botschaften zu platzieren, bekamen sie es mit Personen

---

39 Dalang bezifferte seine Belegschaft 1923 mit genau 27 Personen. Max Dalang, Reklame-Methoden in Amerika und Europa, in: Reklame. Beilage zur Zürcher Monatsschrift der Organisator Nr. 57, Dezember 1923, 4–10, hier 9. Von den hier in weiterer Folge erwähnten Beratern waren Karl Erny, Alfred Steinmann und Hans Bolliger bei der Dalang AG tätig.

40 Inserat Max Dalang AG, in: Schweizer Reklame Nr. 3, August 1930.

41 O. V., Zur Gründung des Bundes Schweizer. Reklameberater (BSR), in: Schweizer Reklame Nr. 4, Oktober 1935, 107–108.

42 Klaus Fischer, Bedeutung und Probleme der Reklameberatung in der Schweiz, in: Schweizer Reklame Nr. 9–10, September–Oktober 1959, Themenheft Reklameberatung in der Schweiz, 273 f., hier 274. Das Themenheft enthält Kurzdarstellungen von 86 Reklameberatern. Darauf basieren die folgenden Angaben.

43 Das Zitat ist der Selbstdarstellung von Hans Looser, Zürich, entnommen: Schweizer Reklame Nr. 9–10, 1959, 350.

zu tun, die von einem bestimmten Ort auf das soziale und ökonomische Gefüge der Schweiz blickten. Kurzgefasst: Werbeberatung als Ort des Sprechens war männlich, zumeist deutschsprachig und in Zürich zuhause.

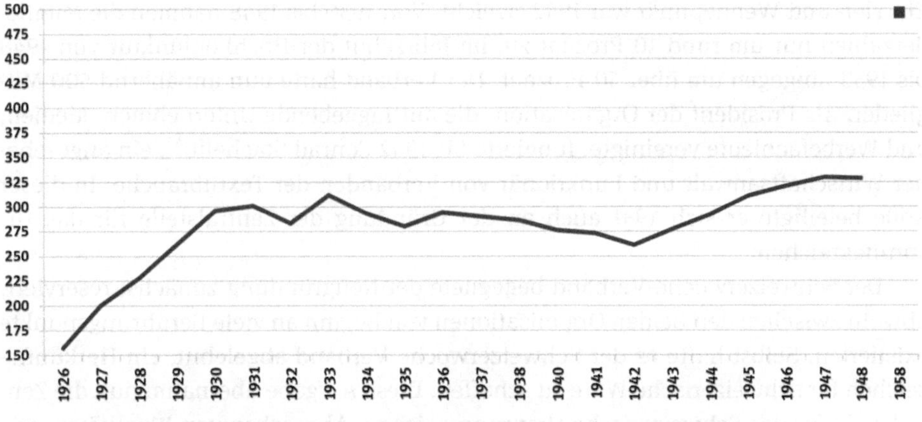

Grafik 10: Mitglieder des Schweizerischen Reklameverbandes 1926–1948 und 1958
Quelle: Jahresberichte des Schweizerischen Reklameverbandes, in: Schweizer Reklame Nr. 3, Juni 1949, 5 (Mitgliederentwicklung 1926–1948), Schweizer Reklame Nr. 6, Juni 1959, 154 (1958).

Der 1935 ins Leben gerufene Verband der Reklameberater war selbst bereits das Produkt einer Ausdifferenzierung innerhalb des werblichen Berufsfelds. Ihm war 1925 der Schweizerische Reklameverband vorausgegangen, dessen Gründung seinerseits das Resultat längerer Bemühungen war.[44] 1928 formierte sich in Lausanne, dem Zentrum einschlägiger Aktivitäten in der Westschweiz, die Fédération Romande de Publicité als Teilorganisation des Reklameverbands.[45] Daten über das in der Schweiz eingesetzte Werbevolumen und seine Entwicklung stehen mir für die Zwischenkriegszeit nicht zur Verfügung,[46] aber man kann eine Korrelation zur Ausdehnung des Reklameverbands annehmen, der Unternehmen, Medien, und Werbefachleute vereinigte. Die Mitgliederzahlen stiegen bis 1930 rasch an und umfassten nun rund 300 Einzelpersonen und Firmen (Grafik 10). Das war sicher nicht nur Ausdruck der

44 Die Gründungsversammlung fand am 12. November 1925 in Zürich statt. René Guignard, L'organisation de la publicité en Suisse, in: Schweizer Reklame Nr. 6, Februar 1931, 209 f.

45 Ebd.

46 Zahlen ließen sich wohl auf dem Umweg über Einzelhandelsumsätze, Zeitungsauflagen und dergleichen produzieren, aber die Schweizer Werbefachleute selbst verfügten dem Anschein nach noch Anfang der 1950er-Jahre über kein Zahlenmaterial, das ihre ‚volkswirtschaftliche Bedeutung' belegt hätte. Am Ende einer Notiz von 1952 über eine Erhebung der britischen Advertising Association zum Werbevolumen in Großbritannien, die erste „dieser Art und dieses Umfangs in England", erklärte die *Schweizer Reklame*: „Wir veröffentlichen diese Notiz besonders deshalb, weil uns scheint, es sei eine solche Untersuchung auch in unserem Lande fällig." O.V., Aufwendungen für die Werbung in England, in: Schweizer Reklame Nr. 7, Oktober 1952, 7.

guten Wirtschaftskonjunktur dieser Jahre, sondern auch dem Faktum geschuldet, dass eine neue Organisation als Instrument der beruflichen Vernetzung eine Sogwirkung auf die Akteure ausübt, für deren Feld sie ihre Zuständigkeit erklärt. Danach stagnierten die Mitgliederzahlen bis in die 1940er-Jahre und gingen sogar zurück. Ein Tief- und Wendepunkt war 1942 erreicht. Von 1930 bis 1948 nahmen die Mitgliederzahlen nur um rund 10 Prozent zu, im Jahrzehnt der Hochkonjunktur von 1948 bis 1958 hingegen um über 50 Prozent. Der Verband hatte nun annähernd 500 Mitglieder. Als Präsident der Organisation, die auftraggebende Unternehmen, Medien, und Werbefachleute vereinigte, fungierte bis 1942 Conrad Staehelin[47], ein angesehener Wirtschaftsanwalt und Funktionär von Verbänden der Textilbranche. In dieser Rolle beteiligte er sich 1931 auch an der Gründung der Zentralstelle für das Ursprungszeichen.

Der Schweizerwoche-Verband begegnete der Neugründung zunächst reserviert, obwohl zwischen den beiden Organisationen von Beginn an viele Berührungspunkte existierten. Selbst hatte es der Schweizerwoche-Verband abgelehnt, ein Herkunftszeichen für schweizerische Ware zu schaffen. Diese Aufgabe übernahm nun die Zentralstelle für das Schweizerische Ursprungszeichen. Abgesehen von Rivalitäten, wie sie zwischen verwandten Organisationen leicht entstehen, spielte wohl eine Rolle, dass die Zentralstelle gegenüber der Schweizerwoche eine Umpositionierung repräsentierte. Mit einem Logo als Mittelpunkt ihrer Tätigkeit bewegte sich die Zentralstelle ein Stück von der Leitidee nationaler Erziehungsarbeit weg und auf ein Verständnis der Nation als Marke zu; ein bisschen weniger bürgerliches Vereinsengagement und staatsbürgerliche Rhetorik, etwas mehr werbliche Aufgabe. Für die Einführungskampagne, mit der die neu gegründete Zentralstelle für das Ursprungszeichen an die Öffentlichkeit trat, zeichnete die junge Reklameberatungsfirma von Hans Bolliger und Alfred Steinmann verantwortlich. Letzterer entwarf das Logo, die stilisierte Tellenarmbrust.[48] Die Armbrust-Organisation wurde damit auf viele Jahre zu einem Kunden der Firma.

Werbung und werbliche Expertise hatten sich gegenüber der Vorkriegszeit erheblich entwickelt, es wurde schwieriger ihre Dienstleistung zu übersehen. Man kann hier millimeterweise Verschiebungen beobachten, bis sich schließlich ein Paradigmenwechsel vollzog, der seinen klarsten Ausdruck in einer Praxis fand, die sich seit den 1970er-Jahren deutlich abzeichnete und schließlich als Nation Branding zu einem – selbst werbetauglichen – Begriff fand.

---

47 A[dolf] G[uggenbühl], Dr. Cony Staehlin [sic!] [verstorben], in: Schweizer Reklame Nr. 5, Mai 1959, 119; ein Nachruf auf Staehelin auch in: Zentralstelle für das Ursprungszeichen, Jahresbericht 1958/59, 3 f.

48 Pastori, Signe, 219 f.

5.3 Marktforschung und Werbepsychologie – vom Dickicht der Interpretation

„Consumer ethnocentrism“ gehört in der Marketing- und Werbeforschung zu den meist untersuchten Verhaltensdispositionen von Konsument*innen, seit Terence Shimp and Subhash Sharma Mitte der 1980er-Jahre das Konzept operationalisierten.[49] Die zwei Forscher von der University of Southern California stellten 17 items mit charakteristischen Aussagen aus Buy-National-Diskursen zusammen. Diese hatten in Form von Buy-American-Kampagnen, die sich gegen europäische, vor allem aber japanische Importe richteten, gerade wieder Konjunktur: „Buy American-made products. Keep America working.“; „A real American should always buy American-made products.“; „We should buy from foreign countries only those products that we cannot obtain within our own country.“ Eine Skala, die CETSCALE, sollte es erlauben, über die in Befragungen erhobene Zustimmung zu solchen Aussagen die Haltung der Konsument*innen zu bestimmen. Die CETSCALE hat seither in vielen Mutationen eine globale Verbreitung in der Marketingforschung erreicht.[50] Das Ziel ihrer Erfinder war u. a, Unternehmen ein Werkzeug an die Hand zu geben, mit dessen Hilfe sie überprüfen könnten, „whether the use of made-in-America and buy-American themes would be prudent in future promotional campaigns“.[51] Die Praxis der Buy-National-Promotion und ihre Erforschung griffen eng ineinander. Um ein instrumentelles Wissen für die Beeinflussung von Konsument*innen zu produzieren, bezogen sich Shimp und Sharma ausgerechnet auf einen der prominentesten Konsumkritiker des 20. Jahrhunderts. Sie nahmen Anleihen bei den Untersuchungen zur „autoritären Persönlichkeit“, die Theodor W. Adorno gemeinsam mit anderen Forscher*innen in den 1940er-Jahren durchgeführt hatte. Die Wissensgeschichte des „consumer ethnocentrism“ lässt sich aber noch weiter zurückverfolgen, denn schon in ihren Anfängen im frühen 20. Jahrhundert hatte sich Werbepsychologie in den USA damit beschäftigt, ob und wie sich „clan feeling“ wirksam adressieren ließe.

Im Folgenden untersuche ich, inwiefern ein wissenschaftliches Wissen über die Wirksamkeit nationalisierender Werbekommunikation in Österreich und der Schweiz während der Zwischenkriegszeit verfügbar war. Ich frage außerdem, ob die Akteure der Buy-National-Kampagnen auf solches Wissen zugriffen bzw. auch die im Entstehen begriffenen Verfahren der Markt- und Meinungsforschung wahrnahmen und zu nutzen suchten.

49 Shimp/Sharma, Consumer Ethnocentrism.

50 Ein Literaturüberblick aus 2006: Shankarmahesh, Consumer Ethnocentrism; die Zahl der Studien hat aber seither noch enorm zugenommen. Beispiele aus den letzten zehn Jahren: Saffu/Walker/Mazurek, Role (Slowakei); Tsai/Yoo/Lee, Love of Country (China, Südkorea, USA); Francke/Jayasinghe, Impact (Sri Lanka).

51 Shimp/Sharma, Consumer Ethnocentrism, 288.

Heute sind quantifizierende Methoden der Messung, wie sie die CETSCALE ermöglicht, gang und gäbe, um die Ausgangsbedingungen und Wirkung von persuasiver Kommunikation zu bestimmen. Wenn wir uns den 1920er- und 1930er-Jahren zuwenden, erfordert das ein differenzierendes Abwägen, das über einen pauschalen Befund der Nicht-Existenz vergleichbarer Verfahren und Resultate hinausgeht.[52] Aufschlüsse darüber, wie eine Buy-National-Propaganda in der Schweiz und Österreich in der Zwischenkriegszeit wirkte, sind auf diese Weise zwar nicht zu bekommen oder nur als allgemein gehaltene Vermutungen, für die es weder der Marktforschung noch der Werbepsychologie bedürfte. Was sich hingegen gut zeigen lässt und die Auseinandersetzung interessant macht, ist erstens, wie sich Apparate einer anwendungsorientierten Konsumforschung formierten. Zweitens sind ein weiteres Mal die Dynamiken einer Subjektivierung als Experte zu sehen, die sich zwischen einer Spezifik von Methode, Alltagswissen und bürgerlichem Habitus vollzog. Drittens ist dadurch erkennbar, wie die Akteure mit Heuristiken manövrierten, die einen Weg aus dem Dickicht der Interpretation zur wissenschaftlichen Gewissheit eröffnen sollten. Es blieb indes bei einer von ideologischen und kulturellen Präferenzen durchzogenen, nie außer Streit zu stellenden Selbstbeobachtung von Gesellschaft. Zu guter Letzt lässt sich auf Basis einer Beschreibung von Marktforschungswissen diskutieren, warum dieses nicht stärker Eingang in die Buy-National-Kommunikation der Zwischenkriegszeit fand – und zwar genauer als im Modus der ‚gab es schlicht noch nicht'-Erklärung. Das erlaubt auch präziser zu bestimmen, worin die Akteur*innen der Buy-National-Propaganda deren Bedeutung für die Nationalökonomie und die Nation erblickten.

Zunächst ist die Frage zu beantworten, inwiefern Methoden des Marketing, die mehr als nur Vermutungen über die Konsument*innen im Repertoire hatten, in Österreich und der Schweiz überhaupt bekannt waren und ob es Institutionen gab, die entsprechende Dienstleistungen anbieten konnten. Hinsichtlich des Wissens über Konsument*innen fallen die staatlichen Bemühungen ins Auge, die seit dem 19. Jahrhundert dem Einsatz von Statistik galten. Diese Technik des Regierens eröffnete Möglichkeiten, in vieler Hinsicht, auch in werblicher, auf die Bevölkerung zuzugreifen. International hatte um die Jahrhundertwende die statistische Erfassung von Preisen und Lebenshaltungskosten sowie die Auseinandersetzung mit den Lebensverhältnissen von Arbeiterfamilien an Fahrt gewonnen;[53] davon war in der vorliegenden Studie auch schon die Rede. Wie sah es aber im Bereich von privaten Unternehmen in puncto eines systematischen Wissens über Konsument*innen aus? Lange herrschte die Vorstellung, dass Marktforschung im deutschsprachigen Raum

52 Vgl. Köhler/Logemann, Marketing Management; zur Geschichte des Marketing außerdem die Sammelbände: Berghoff, Marketinggeschichte; Berghoff/Scranton/Spiekermann, Rise; Jones/Tadajewski, Marketing history (hier ist auch der Beitrag von Köhler/Logemann erschienen).
53 Schweiz: Tanner, Fabrikmahlzeit; Herzog, Entwicklung; Deutschland: Tooze, Statistics; Torp, Konsum und Politik; USA: Stapleford, Costs; Großbritannien: Gazeley, Poverty.

oder gar in Europa insgesamt nicht existierte, bevor nach 1945 die entsprechenden Methoden aus den USA importiert wurden. Inzwischen ist diese Annahme durch historische Fallstudien widerlegt.[54] In den 1920er-Jahren begannen vor allem große Unternehmen – von Entwicklungen in den USA durchaus beeindruckt –, sich für quantifizierende Zugriffe auf die Konsument*innen zu interessieren. Eine wissenschaftlich fundierte „Marktanalyse" sollte bessere Steuerungsmöglichkeiten bringen. Hanns Kropff und Bruno Randolph veröffentlichten 1928 ihr Buch *Marktanalyse*. Es war das erste Standardwerk zum Thema in deutscher Sprache. Sie konstatierten, dass der Begeisterung von Unternehmern für das neue Zauberwort meist keine klare Vorstellung entsprach, worum es sich genau handelte.[55] Zu behaupten, Marktanalyse sei Allgemeingut, wäre allerdings auch keine gute Verkaufstaktik der Autoren gewesen.

In einem Vortrag von 1931 skizzierte der prominente Wiener Werbefachmann Rudolf Bach eine im Verhältnis zu den hegemonialen Diskurspositionen heterodoxe Erklärung der ökonomischen Depression: Es liege nicht Überproduktion, sondern Unterkonsumption vor.[56] Planung sollte die Lücke schließen, die zwischen einer unzureichenden Nachfrage und einem Output klaffte, das durch die Rationalisierung und den Ausbau der Produktionskapazitäten gesteigert worden war. Der Reklame fiel nach Ansicht Bachs die Aufgabe zu, die Zirkulation im Wirtschaftskörper zu beschleunigen und dadurch Nachfrage anzustoßen. Marktforschung sollte sie treffsicher machen und sowohl die volle Ausschöpfung der aktuellen Möglichkeiten als auch die Bearbeitung der „heute kaufunfähigen Kreise" erlauben, um sie „als Käufer für morgen warm zu halten". Der Staat sollte den Unternehmen und Werbetreibenden hierbei unter die Arme greifen, indem er die zentrale Statistik in ihren Dienst stellte. Bach schlug vor, die nächste Volkszählung zu nützen, um durch die verpflichtende Antwort auf „Fragen wirtschaftlicher Natur Art und Umfang der beabsichtigten bzw. von Kaufunfähigen gewünschten Anschaffungen kennenzulernen". Die Sicherung einer Privatsphäre der Bürger*innen gegenüber der Neugier von Staat und Unternehmen war ihm sichtlich kein Anliegen.

Bachs Überlegungen zu einer vom Staat getragenen Marktforschung, die große Datenaggregate bewegen sollte, waren 1931 Utopie – oder Dystopie, je nachdem. Seit Mitte der 1920er-Jahre bewegte sich aber einiges. Neue Anbieter von Datenmaterial traten auf den Plan. Man ging daran, die Konsument*innen nach Lebensstilen und Kaufkraft zu segmentieren und damit soziale Gruppen für Marktanalyse und Direktwerbung aufzuschließen. Die 1926 gegründete Firma Madress in Wien stellte sich als

54 Köhler/Logemann, Marketing Management; siehe insbesondere die zahlreichen Publikationen von Schwarzkopf zur Markforschung in Großbritannien: Schwarzkopf, „Americanization"; ders., Radical Past; ders., Search; außerdem zu Ernest Dichter: Gries/Schwarzkopf, Dichter.

55 Kropff/Randolph, Marktanalyse; eine (von 1943 datierende, also spätere) Schweizer Einführung: Wirz, Handbuch.

56 O. V., Schicksalsfragen der Konsumkrise. Ein Vortrag von Rudolf Bach, in: Kontakt Nr. 12, Dezember 1931, 33.

„Gesellschaft für individuelle Propaganda und maschinelle Adressierung" vor. Sie versprach innerhalb kürzester Zeit Adressmaterial und entsprechend beschriftete Kuverts zur Verfügung zu stellen. Sie nützte dafür die Kooperation mit den Behörden, die ihr Zugang zu den Adressen von Autobesitzer*innen gaben. Der Schutz der Privatsphäre wurde erst in den 1950er-Jahren zum Hindernis für die Weitergabe solcher Infomationen.[57] Erstaunlich mutet an, was die AWZ Schweizer Adressen- und Werbe-Zentrale in Basel ihrer Geschäftskundschaft bot.[58] Als „Schreibstube für Arbeitslose" organisiert, rubrizierte das Unternehmen unter dem Stichwort einer „produktiven Arbeitslosenfürsorge". Es erfreute sich deshalb der Unterstützung durch die Behörden.[59] Nach seinen Angaben beschäftigte es um 1930 mehr als 300 Mitarbeiter*innen, um vom Einkommen und Liegenschaftsbesitz bis zu Vereinsmitgliedschaften, Theaterabonnements, Postscheckkonto, Telefonanschluss und Autobesitz personenrelevante Daten zusammenzutragen. Die Adressen- und Werbe-Zentrale rühmte sich der besten Adresskartei Europas. Ihr Material unterschied sie nach sechs Kaufkraftklassen: vom Patriziat über die Mittelschichten bis hin zu den ungelernten Arbeiter*innen. Daran ließen sich weitere soziale Differenzierungen anknüpfen. Das Adressmaterial konnte man dadurch genau auf das zu bewerbende Produkt zuschneiden: Für ein Mittel gegen Arteriosklerose kamen Männer und Frauen im Alter über 40 in Frage; für Kleinkindnahrung Familien mit Kindern im Alter von Null bis zwei Jahren; für den Autoverkauf Personen, die einen Wagen der entsprechenden Preisklasse besaßen, die einen PKW fuhren, der in der Preisklasse darunter rangierte, oder die noch kein Auto ihr Eigen nannten, es sich aber finanziell leisten konnten. Sofern die Adressen- und Werbe-Zentrale nur annähernd hielt, was sie in ihrer Selbstdarstellung versprach, machte sie für ihre Kundschaft eine eindrucksvolle Kombination und Vernetzung von Daten für Marketingzwecke greifbar.

In Österreich ist nicht nur konkret nachweisbar, dass die maßgeblichen Akteure der Kampagne für den patriotischen Einkauf von den Innovationen auf dem Gebiet der Marktforschung erfuhren; es ist dank des Treffens ihres Geschäftsführers Leo Klemensiewicz mit Hanns Kropff und Bruno Randolph sogar bekannt, was sie genau mit dem Begriff einer Marktanalyse verbanden. Leo Klemensiewicz hielt in einem internen Bericht die Ergebnisse des Gesprächs mit den Experten fest. Am Beginn der Propagandakampagne, die nicht „zu einem einfachen Reklamefeldzug herabsinken" dürfe, sei „unbedingt eine ‚Marktanalyse' vorzunehmen [Hervorhebungen im Origi-

57 Pawlowsky, Luxury Item, 179–182; Inserat „Kaufmännische Werbeaktionen zeitgerecht vorbereiten!", in: Wiener Sonn- und Montags-Zeitung, 17.6.1929, 8.

58 Karl Grieder, Adressen nach Kaufkraft sichten, in: Schweizer Reklame Nr. 1, April 1929, 15–18; außerdem ein Inserat in ebd., 40; Inserat „Planmäßig Werben in der Praxis", in: Schweizer Reklame Nr. 1, April 1930; Inserat „Krise und Reklame", in: ebd., Nr. 5, Dezember 1930, 186; A. [?] Grieder, Direct Mail Advertising in Switzerland, in: Advertiser's Weekly, 19. Juni 1931, 512 f.; in der Ausgabe findet sich auch ein Inserat des Unternehmens, das eine Karteikarte abbildet.

59 Kehrli, „Adressen- und Werbezentralen".

nal]“.[60] Die Setzung der Anführungszeichen rund um den Begriff der Marktanalyse signalisiert, dass es sich um eine Vorstellung handelte, die Klemensiewicz als etwas Neues und Bemerkenswertes erschien. Er referierte zwei Vorschläge, wie eine Marktanalyse geschehen könne: erstens durch ein Preisausschreiben, das ohnehin bereits im Gang war; nützlich schien zweitens „eine generelle Betrachtung der Käuferschichten durch Ausfragerinnen“.[61] Kropff und Randolph regten an, fünf Frauen bei guter Bezahlung damit zu betrauen, dass sie – im Bekanntenkreis beginnend – Konsument*innen in ihrer Wohnung aufsuchten, um ihnen einige Fragen zu stellen: „Kaufen Sie ausländische Ware? Welche? Warum?“ Die Auskunftspersonen sollten nach dem Schneeballsystem rekrutiert werden. Auf diese Weise würde man, so die Erwartung, in einem ersten Schritt rund 450–600 Antworten erhalten. Eine Durchführung des Plans ist nicht dokumentiert. Vermutlich schien den Aufsichtsgremien der Kampagne eine solche Befragung nicht dringlich oder ergiebig genug. Die Skizze des Vorhabens transportierte eine vage Hoffnung, dass eine große Zahl an Auskünften ein aussagekräftiges Bild zeichnen könnte, artikulierte aber weder ein Konzept statistischer Repräsentativität noch einer in diesem Sinn gesteuerten Auswahl der Auskunftspersonen. Einen der Anfänge von empirischer Sozialforschung kann man zwar im Wien der Zwischenkriegszeit suchen, denn um 1930 nahm die Wirtschaftspsychologische Forschungsstelle rund um Paul Lazarsfeld Gestalt an.[62] Aber die Entstehung dieser Wissensform war ein komplexer und gerade in Österreich von Brüchen begleiteter Prozess. Klemensiewicz konnte über dieses Wissen nicht verfügen, aber auch Kropff und Randolph boten in ihrem Werk *Marktanalyse* wenig Spezifisches. Ihre Ausführungen dazu, wie eine Erhebung mit Fragebogen aussehen könnte, hielten sich im Ungefähren des Common Sense.[63]

Neben Zugriffen, die auf die große Zahl setzten, formierte sich seit dem ausgehenden 19. Jahrhundert, zunächst in den USA, eine Werbepsychologie, die auf behavioristischer Grundlage mit kleinen Probandengruppen Laborexperimente durchführte. Diese Forschung sollte es gestatten, die Wirksamkeit von persuasiver Kommunikation zu beurteilen. Ihre Resultate wurden in den 1920er-Jahren im deutschsprachigen Raum bekannt. Erwin Paneth referierte in seinem *Grundriss der kaufmännischen Reklame* eine experimentell gewonnene Hierarchisierung von Kaufmotiven. Sein Buch erschien just 1927, als die Propagierung staatsbewussten Konsums in Österreich begann. Für eine solche Kampagne besaßen die Einschätzungen potentiell erhebliche Relevanz. Erarbeitet hatte sie Harry L. Hollingworth, der Pionier der Werbepsychologie in den USA. In einer Auflistung mit 29 Items, die Paneth

60 WKW E 27.468/1, Aktennotiz über die Besprechung mit Kropff und Randolph, 22.7.1927.
61 Ebd.
62 Ihr Protagonist wurde vor allem für seine Pionierrolle in der quantitativen Sozialforschung berühmt. Zu Lazarsfeld vgl. Fleck, Bereicherungen. Auch eine Traditionslinie qualitativ orientierter Marktforschung lässt sich aber insofern auf das Institut zurückführen, als hier vor seiner Emigration Ernest Dichter arbeitete. Zum späteren ‚Vater‘ der Motivforschung vgl. Gries/Schwarzkopf, Dichter.
63 Kropff/Randolph, Marktanalyse, 43–47.

in seinem *Grundriss* wiedergab, figurierten auch „Herstellung in der Heimat" und „importiert". Die beiden Items gehörten einer Gruppe von Kaufmotiven an, „die keine direkte Beziehung zu den Waren haben, sondern sich an ganz allgemeine Gefühle und Vorstellungen wenden". Hollingworth stufte sie als äußerst schwach ein. Die Ergebnisse des Wissenschaftlers aus Übersee waren insofern eine Attraktion, als sich die deutschsprachige Werbeforschung in den 1920er-Jahren zwar den Rezipient*innen zuwandte, aber selbst noch keine empirische Forschung vorweisen konnte.[64]

Hollingworths Aufstellung von Kaufmotiven ging bereits auf die Vorkriegszeit zurück.[65] Er hatte seine Proband*innen aufgefordert, 50 Textitems, die jeweils ein distinktes Kaufmotiv repräsentieren sollten, danach zu reihen, wie sehr der Appell sie von dem beworbenen Produkt überzeugte. Um nicht branchen- oder produktspezifische Ergebnisse zu erhalten, führte das Experiment als Bezugsobjekt kein konkretes Produkt an, sondern nur einen Code aus Zahlen und Buchstaben. Paneths „Herstellung in der Heimat" entsprach bei Hollingworth „Clan Feeling", das mehrere Items kombinierte:

> Civic Pride – We appeal to your civic pride. 2K4 is made in your own city, by local workmen and backed by strictly home capital. Encourage home industry. Use 2K4.
> Patriotism – Our 1H9 product is made for American consumers, of strictly American-grown materials, by an American firm employing exclusively American labor and American capital.[66]

Zeitgenössisch handelte es sich um jenes Kaufmotiv, auf das eine Buy-National-Propaganda setzte und das es gegenüber anderen Prätendenten auf Solidarität zu mo-

64 Regnery, Werbeforschung, 203; zur Geschichte der Werbewirkungsforschung auch Silberer/Mau, Anfänge. Ein Interesse an experimentellen Forschungen dokumentieren bereits Anfang der 1920er-Jahre im *Organisator* Artikel des deutschen Werbers Hans Piorkowski: Wirkungssteigerung durch Vereinfachung, in: Reklame. Beilage zur Zürcher Monatsschrift der Organisator Nr. 56, November 1923, 3–9; einen genaueren Blick wäre das 1923 gegründete Psychotechnische Institut an der Universität Zürich wert (http://www.psychologie.uzh.ch/de/institut/informationen/geschichte/geschichte-bis-2006.html, 10.6.2016). In den 1930er-Jahren berichteten mehrfach Beiträge in der *Schweizer Reklame* über Forschung zu Werbewirkung mit experimentellen Methoden durch das Institut, so z. B. über die Ermittlung der Wirkung von Plakaten, u. a. mittels Tachistoskop: E. Müller, Die Wettbewerbsentwürfe für ein Plakat der HYSPA im Urteil von Künstlern, Reklamefachleuten und Laien, in: Schweizer Reklame Nr. 1 April 1931, 13–17. In Österreich existierte um dieselbe Zeit die oben erwähnte Wirtschaftspsychologische Forschungsstelle, die mit der Universität Wien verbunden war.

65 Zum folgenden Hollingworth, Advertising, 253–286. Das Buch und die experimentelle Forschung von Hollingworth wurde auch von Mataja in der dritten Auflage seines Werks *Die Reklame* von 1920 rezipiert.

66 Für die tabellarische Darstellung zog Hollingworth Items, die sich unter einen gemeinsamen Nenner bringen ließen, zu jeweils einer Eintragung zusammen, ohne dies im Detail auszuweisen. Zu „Clan Feeling" rechnete er wohl auch Item 42 „Union-Made": „We stand for organized labor. 2G4 is a strictly union-made product, built by union labor, of union-raised material, and sold exclusively by all union dealers."

nopolisieren trachtete. In den USA hatte die Mobilisierung des Konsumpatriotismus eine Tradition, die bis in die Kolonialzeit und den Unabhängigkeitskrieg zurückreichte.[67] Trotzdem beurteilten die Proband*innen Argumente, die das „Clan Feeling" ansprechen sollten, anscheinend als wenig überzeugend. Gingen also Unternehmen, die eine nationalisierende Produktkommunikation betrieben, und Kampagnen, die zu einem umfassenden Konsumpatriotismus aufriefen, an der Psychologie der Konsument*innen vorbei? Galt das immer oder nur in den USA?

Aus Österreich und der Schweiz sind aus den 1920er-Jahren keine Versuche bekannt, dem systematisch nachzugehen. Eine die Buy-National-Propaganda berührende Lokalisierung der transnationalen Faszination für Kaufappelle liegt hingegen aus Großbritannien von Anfang der 1930er-Jahren vor. Der Marketingfachmann Harold Whitehead führte eine Befragung durch, die an 2.000 Personen und für mehrere Produktgruppen eine Liste von „Shopping appeals" herantrug.[68] Die Auskunftspersonen sollten wiederum eine Reihung vornehmen. Seit Jahren warb das Empire Marketing Board für Konsumpatriotismus, doch „national sentiment" gaben die Befragten insgesamt sehr wenig Gewicht. Allerdings war dieses Resultat nur ein kleiner Teil in einem umfassend angelegten Untersuchungsdesign, mit dem Whitehead Verkaufspraktiken im Einzelhandel zu Leibe rückte, um deren Verbesserungswürdigkeit zu belegen. Ins Auge fiel ihm hierbei auch eine Indifferenz und ein Mangel an persuasiver Kompetenz beim Verkaufspersonal, was das Buy-National-Argument betraf. Damit generierte er angesichts der gerade laufenden Buy-British-Kampagne Aufmerksamkeit für seine Forschung.[69] Später zeigte er sich überzeugt, dass ein verbreiteter Wirtschaftsnationalismus der Konsument*innen die Wirksamkeit der Zollschutzmaßnahmen gesteigert und den Absatz britischer Waren am Heimmarkt begünstigt hatte.[70] Aus dem Spiel konfligierender Interpretationen, von diskursiven Strategien und beruflichen Ambitionen, des Verkaufens und Bewerbens führt auch hier kein Weg heraus, der Historiker*innen zugänglich wäre – aber schon für die Zeitgenoss*innen war es nicht anders.

In Österreich empfahl Erwin Paneth Mitte der 1920er-Jahre keineswegs einen naiven Umgang mit den Resultaten der US-Werbepsychologie. Er wies vielmehr darauf hin, dass diese Disziplin erst in ihren Anfängen stecke, dass es fraglich sei, ob man in den USA durchgeführte Versuche „auf deutsche Verhältnisse" übertragen konnte, und dass die Verschiedenartigkeit der Produkte gegen die Ableitung genereller Regeln sprach. Hollingworth, ein guter Verkäufer seiner Forschung, kündete bei deren Popularisierung unter Reklamepraktiker*innen von definitiven Ergebnis-

67 Breen, Marketplace; Frank, Buy American.

68 Whitehead, Report. Whitehead erreichte eine Statur als international anerkannter Managementexperte. Sein in erster Auflage 1957 veröffentlichtes Buch *How to Become a Successful Manager* erschien 1960 im Schweizer Verlag Rascher auch in deutscher Übersetzung: Whitehead, Weg.

69 O. V., Sell British, in: The Financial Times, 19.2.1932, 6; O. V., Skill in Selling, in: The Times, 22.3.1932, 11.

70 Whitehead, Administration, 57.

sen.[71] Für Paneth bestand der Wert der Aufstellung indes „mehr in dem Hinweis auf den einzuschlagenden Weg als in einer stets gleichbleibenden Richtigkeit".[72]

Mit Hollingworth und der Forschung in seiner Nachfolge setzten sich auch Kropff und Randolph auseinander, in einem kritischen Ton allerdings. Sie stießen sich am behavioristischen Zugang und monierten, dass die Listen von Kaufmotiven zu wenig die Bedeutung der „Appelle an das Gemütsleben" reflektierten. Die Menschen würden dazu neigen, ihre Motive zu maskieren, indem sie „Sparsamkeit" oder „Gesundheit" als Beweggründe angeben. Hingegen: „Appelle wie ‚importiert', ‚guter Stil' und ‚elegant' beeinflussen jedermann, es ist aber ‚geschmacklos' sie anzugeben." Solche Überlegungen, die das Phänomen der sozialen Erwünschtheit zu fassen suchten, gehören bis heute zum Inventar sozialwissenschaftlicher Forschung. Der zitierte Satz ist daher eine jener Aussagen, über die sich Werbeforschung als Sozialwissenschaft konstruierte. Er war aber nicht nur Teil eines Binnendiskurses von Expert*innen, der einer Ausprägung von wissenschaftlicher Disziplin diente. Er schloss auch an gängige Vorstellungen über das Konsumieren an, die der Kommunikation zwischen den Werbeexperten und den ihren Rat suchenden Kampagnenverantwortlichen eine Basis gaben. Die von Kropff und Randolph angesetzte Trias „importiert", „guter Stil" und „elegant" suggerierte eine emotionale Nähe der drei Attribuierungen. Damit artikulierten die beiden Werbefachleute eine Aussage, die zur Grundausstattung von Buy-National-Diskursen zählte. Dass die Konsument*innen ausländische Ware für eleganter hielten, galt als ein hauptsächliches Hindernis für die Absatzsteigerung heimischer Waren und zwar in Deutschland ebenso wie in der Schweiz und Österreich.

In der Beschäftigung mit Hollingworth konstatierten Kropff und Randolph: „Da die Menschen im allgemeinen sehr geschickt darin sind, andere und sich selbst zum Narren zu halten, [...] ist es sehr schwierig zu erklären, warum die Menschen dies tun oder jenes kaufen."[73] Die Komplexität einer Deutung des Verhaltens von Konsument*innen ist unbestritten. Die spezifische Artikulation dieser Komplexität als Narretei ruhte aber auf Dichotomien, die sich einerseits ideengeschichtlich weit zurückverfolgen lassen und die andererseits deutlich in Beunruhigungen des frühen 20. Jahrhunderts verankert waren. Sie stellten Schein und Sein, Verstand und Gefühl, Bewusstsein und unbewusste Motivierung, Denken und Tun, Reden und Praktiken einander gegenüber. Als die wirkliche Wirklichkeit galt den beiden Werbefachleuten hinsichtlich der zu beeinflussenden ‚Masse' jeweils das letztere Glied der binären Oppositionen. Für die richtige Formulierung eines Kaufappells empfahlen Kropff und Randolph eine selbstbewusste Haltung des Produkts respektive des Unterneh-

71 Tipper/Hollingworth/Hotchkiss/Parsons, Principles, 67: „Experiments have shown in quite definitive ways the relative strength of various appeals which can be used as selling points in advertising copy."

72 Paneth, Grundriss, 18.

73 Kropff/Randolph, Marktanalyse, 114.

mers, denn: „Ein Führer nimmt als selbstverständlich an, daß die, die er führt, ihm folgen. Er bittet nicht und er ersucht nicht. Er geht voran und die Menge folgt."[74]

Man kann an diesem Punkt sehen, wie Experten- und Interdiskurse ineinandergriffen. Dieselben Registerwechsel zeigt der Bericht, den Klemensiewicz von seinem Treffen mit Kropff und Randolph anfertigte. Er schwankte zwischen der vagen Operationalisierung einer werbewissenschaftlichen Methode und einem Set an politischen und kulturellen Vorlieben, die in der Situation unreflektiert blieben. Die beiden Werbefachleute unterbreiteten Vorschläge für die „Zeitungspropaganda als psychologische Vorbereitung des Publikums". Man solle Prominente zum patriotischen Konsum befragen. Klemensiewicz bemerkt dazu:

> Keinen vernünftigen Menschen interessiert es, wo Hansi Niese oder Marie Jeritza [eine berühmte Operettensängerin und ein Opernstar, OK] den Sommer verbracht hat, aber die große Masse liest die Artikel, wenn ein populärer Name drüber steht und wird sie auch lesen, wenn die Frage anders (z. B. Essen Sie gerne österreichischen Käse? Tragen Sie österreichische Hüte? Rasieren Sie sich mit österreichischen Rasierklingen und österreichischer Seife? Kaufen Sie lieber österreichische oder ausländische Waren?) gelautet hat.[75]

Über den Wert des Vorschlags zu diskutieren ist eine Sache. Testimonials von bekannten Personen gehören bis heute zum Standardrepertoire der Werbung. Aufschlussreich an den Bewertungen, mit denen Klemensiewicz seine Erläuterung unterfütterte, ist aber, dass die Einstufung der anvisierten Rezipient*innen als eine Masse ohne Vernunft ein positives Gegenbild in den Akteuren der Werbegestaltung hatte – hier ist in der Tat von einer Vorstellung männlicher Akteure auszugehen. Diese bewiesen sich ihre überlegene Vernunft dadurch, dass sie eine Diagnose stellen und für ihre persuasive Kommunikation nützen konnten.

Bei der Frage danach, welche Wirkungen der Appell patriotisch einzukaufen auf die Konsument*innen hatte, ist über – einander häufig widersprechende – Vermutungen nicht hinauszugelangen. Hingegen lässt sich die Wirkung, die eine Involvierung in die nationalisierende Werbung auf Seiten der gestaltenden Akteur*innen hatte, gut rekonstruieren. Die Beteiligung an einer Buy-National-Organisation fügte sich als Baustein in die Subjektivierung von bürgerlichen Eliten. Werbe- und Marktforschungswissen war immerhin für die bürgerliche Selbststilisierung anschlussfähig, wie das Zitat von Klemensiewicz belegt. Dasselbe galt aber auch für konkurrierende Wissensbestände und so galt es einen spezifischen Mehrwert nachzuweisen, etwa in der Überlegenheit der Konsumentensteuerung. Dass das im Fall von Gemeinschaftswerbung und zumal der Buy-National-Propaganda möglich war, ist durchaus zweifelhaft.

An den Rändern der österreichischen Kampagne lässt sich Marktforschungswissen konkret nachweisen. In der Schweiz war es grundsätzlich ebenfalls verfügbar.

74 Ebd., 110.
75 WKW E 27.468/1, Aktennotiz über die Besprechung mit Kropff und Randolph, 22.7.1927.

Auch mittelständische Unternehmer, wie sie der Schweizerwoche-Verband versammelte, konnten zumindest schon davon gehört haben, dass es derlei gab. Zudem ist die Verbreitung von differenzierten Praktiken der Markteinschätzung, die einer Verwissenschaftlichung zur Marktanalyse vorauslagen, insgesamt nicht zu unterschätzen. Warum also folgte z. B. die Arbeitsgemeinschaft „Kauft österreichische Waren" nicht dem Vorschlag von Kropff und Randolph, Konsument*innen systematisch zu befragen? Die Kosten veranschlagten die beiden mit 500 bis 1.000 Schilling. Das entsprach in der Maximalvariante etwas über einem Prozent des Budgets, das die Kampagne 1927 für ihre Tätigkeit aufwendete.

Eine Antwort wurde schon oben gegeben. Der Mehrwert, den solche Techniken versprachen, lag nicht auf der Hand, zumal der Unterschied zum anekdotischen Herumfragen nicht offensichtlich war. Kropff und Randolph operierten ja noch mit sehr vagen Konzepten der Befragung. Schon lange üblich waren hingegen Enqueten, die systematische Befragung von führenden Akteuren. Der Kampagne „Kauft österreichische Waren" ging daher eine „Branchenenquete" voraus: Die Initiatoren trafen sich mit den Interessenvertretern verschiedener Wirtschaftszweige, sammelten deren Wünsche und Einschätzungen. Die Konsument*innen zu fragen, die Konsumentinnen gar, diese Personen von vermeintlich geringer Vernunft, drängte sich im Kontext einer patriarchalen Ideologie und angesichts elitistischer Präferenzen nicht als zwingende Alternative auf.

Zudem war anders als heute eine wissenschaftlich unterstützte Marktforschung, ob sie sich nun auf die großflächige Erhebung oder das psychologische Experiment, auf quantitative oder qualitative Verfahren stützt, noch kein selbstverständlicher Bestandteil unternehmerischen Handelns. Große Markenunternehmen waren mit „Marktanalyse" bereits vertraut, doch darf man nicht annehmen, dass die Sinnhaftigkeit solcher Praktiken eine gemeinsame Hintergrundüberzeugung in Unternehmen, Interessenverbänden und den mit der Wirtschaft befassten Staatsapparaten bildete. Das trennt die 1920er-Jahre von unserer Gegenwart, in der es aufgrund der Omnipräsenz von Expert*innen des Marketing und der Werbung einer intellektuellen Anstrengung in die umgekehrte Richtung bedarf, um den Mehrwehrt der Marketingexpertise jenseits einer Grundannahme ihrer Tauglichkeit zu befragen. Bei der Arbeitsgemeinschaft „Kauft österreichische Waren" handelte es sich außerdem um eine Institution am Schnittpunkt der Bürokratie von Staat und Kammern. Dass Marktforschung etwas relativ Neues war, sprach nicht unbedingt für ihre Nutzung. Das schwierige Verhältnis von Innovation und Bürokratie ist nicht zufällig ein Dauerthema der Verwaltungsforschung, denn administrative Apparate prämieren ein regelgebundenes Wiederholen eingespielter Muster gegenüber unerprobten Verfahren.

Beim Schweizerwoche-Verband wiederum ist offensichtlich, dass er als Verein in einer Tradition bürgerlicher Geselligkeit von konservativem und allenfalls liberalkonservativem Zuschnitt stand. Er war eine Plattform bürgerlichen Engagements, für das die Fiktion einer Gemeinsamkeit der Nation eine wesentliche Rolle spielte. Mobilisierung stellte sich ihm als eine moralische, nicht als eine primär technische

Aufgabe. Sofern es sich um Werbung handelte, war es Gemeinschaftswerbung. Sie leistete, was zufolge der gängigen Konzeptualisierung dieses Typs der persuasiven Kommunikation die einzelnen Unternehmen, die Reklame, die Wirtschaftswerbung nicht leisten konnten. Es handelte sich um eine auf lange Sicht ausgelegte Erziehung, für die es die „Kraft der Gemeinschaft" brauchte.[76] Diese sollte den Ursprung und den Bezugsrahmen der Propaganda bilden. Mehr als die Reklame sollte sie eine Veränderung von fest eingelebten – und aus Sicht der Propaganda: schlechten – Gewohnheiten bewirken. *Der Organisator* meinte Mitte der 1930er-Jahre, dass die Schweizerwoche längst zu „einer Art Moral- und Sonntagspredigt ausgeartet" sei.[77] Das betriebswirtschaftliche Fachblatt zielte damit auf die Folgenlosigkeit eines Rituals, bei dem sich kein Mensch mehr etwas denke: „Man könnte die Schweizerwoche ebensogut in den Kalender setzen wie etwa die Namenstage oder den eidgenössischen Dank-, Büß- und Bettag." Die häufige Kritik des Fachblatts war den Verantwortlichen im Schweizerwoche-Verband ein Dorn im Auge. Über die Bedeutungslosigkeit von Ritualen lässt sich trefflich streiten, *Der Organisator* aber traf einen wichtigen Punkt. Die Propaganda der Schweizerwoche und ebenso von „Kauft österreichische Waren" war eine säkularisierte Version der Predigt. Sie rief die Konsument*innen als Sünder*innen zur Besserung auf. Die impliziten Hypotexte der Kommunikation stammten zu einem wesentlichen Teil aus dem über die Jahrhunderte angehäuften Korpus der moralisierenden Ansprache im Rahmen religiöser Praktiken.[78] Wer es aber mit schlechten Gewohnheiten zu tun hat,[79] der muss mit ihrer Hartnäckigkeit rechnen und darf es nicht allzu krummnehmen, wenn die meisten der Ermahnten und Umworbenen es nie zum heiligmäßigen Verhalten gegenüber der nationalen Ökonomie bringen.

Dieser Zugang hatte bis in die 1950er-Jahre Konjunktur. Marktforschung als Regierungstechnik spielte sich parallel dazu langsam ein. Der deutsche Soziologe René König, der die Jahre seiner Emigration in Zürich zugebracht hatte, führte in einem der „Kollektivwerbung" gewidmeten Themenheft der *Schweizer Reklame* aus, welch schwierig zu überwindende Barriere die vielfach „ungeheuer festgeprägten Konsumsitten" bildeten. Er hatte immerhin Trost parat: „Wir brauchen aber darum nicht zu resignieren", denn man müsse nur „zu einer methodisch einwandfrei betriebenen Markt- und Meinungsforschung" übergehen.[80] In der Schweiz war 1941 die Gesell-

76 Theo Häusler, Konjunktur für Gemeinschaftswerbung, in: Schweizer Reklame Nr. 5, Dezember 1935, 116–119, hier 116.

77 Dieses und das folgende Zitat: O.V., Schweizerwoche, in: Der Organisator Nr. 191, Februar 1935, 721–723, hier 721.

78 Ein Beispiel der literarisch gefilterten Anknüpfung an exhortatische Predigt untersucht Kapitel III.3 in seinem zweiten Abschnitt, der sich mit einer konsumpatriotischen „Kapuzinerpredigt" beschäftigt.

79 Für eine genealogische Rekonstruktion der Argumentationsfigur: Kleeberg, Schlechte Angewohnheiten.

80 König, Konsumgewohnheiten.

schaft für Marktforschung gegründet worden, die eine Etablierung von Meinungs- und Marktforschung entscheidend vorantrieb.[81] 1954 gab die Zentralstelle für das Ursprungszeichen beim Befragungsdienst der Gesellschaft erstmals eine Erhebung in Auftrag. Die Befragung von 450 Konsument*innen, zu zwei Drittel Frauen, erbrachte das Ergebnis, dass 62 Prozent den durch die Armbrust als Schweizerware ausgezeichneten Produkten den Vorzug geben würden. Die Schwankungsbreite, die der Befragungsdienst zugestand, war allerdings erheblich, obwohl der Kommentar zur Studie im Gegenteil die Verlässlichkeit der Resultate betonte. Man müsse mit „Abweichungen von höchstens 10 %" rechnen.[82]

Für Buy-National-Kampagnen erfüllten solche Ergebnisse trotzdem einen Zweck, den vermutlich wichtigsten, den ihre Verantwortlichen im Auge hatten: Man konnte sie wiederum auf verschiedene Weise propagandistisch einsetzen, um gegenüber den Konsument*innen einen Normalisierungsdruck aufzubauen. Vom Bekenntnis zur Kaufhandlung führt ein ungewisser Weg, aber ein wesentliches Ziel, dass die Kampagnen verfolgten, war bereits das Bekenntnis selbst: „Ehret einheimisches Schaffen!" In den 1950er-Jahren, ungefähr zur selben Zeit wie in der Schweiz, begannen auch in Österreich neu gegründete Meinungsforschungsinstitute den Konsumpatriotismus der Staatsbürger*innen zu untersuchen. Das nationale Bekenntnis hatte hier eine besondere Dringlichkeit, galt es doch die imaginierte Gemeinschaft der Österreicher*innen – anstelle einer der Deutschen – in den Köpfen zu verankern.

5.4 Reklamefachleute und der Reiz nationalisierender Diskurse

Für die Fachleute der Werbung besaß der Anschluss an nationalisierende Diskurse eine vierfache strategische Bedeutung:[83] Indem sie erstens die Behauptung nationaler Besonderheiten in der Werbung selbst platzierten, nützten sie die imaginierte Gemeinschaft, um Vertrauen und die emotionale Nähe der Vertraulichkeit herzustellen, sowohl gegenüber heimischen Auftraggebern als auch gegenüber heimischen Konsument*innen. Zweitens vollzogen sie ihre Etablierung in transnationalen Netzen, die ihnen sowohl dazu dienten eine internationale Perspektive zu kultivieren als auch, um sich und ihre Tätigkeit nationalisierend einzuordnen. Indem die Werbefachleute drittens gegenüber ausländischen Unternehmen die nationalen Eigen-

81 Zur Gesellschaft für Marktforschung vgl. Brändli, Supermarkt, 110–129.

82 SWA PA 486, D65, Gesellschaft für Marktforschung, Erhebung zum Schweizer Ursprungszeichen, 1954.

83 Die Beteiligung der Werbetreibenden an nationalisierenden Diskursen ist am besten für die USA untersucht: vgl. Marchand, Advertising; McGovern, Sold American; Lears, Fables; zu anderen Ländern siehe die Beiträge in Kühschelm/Eder/Siegrist, Konsum und Nation. Hierin zur Schweiz Rossfeld, siehe auch dessen Monografie: Schokolade; vgl. außerdem zu dem Schweizer Paradeunternehmen Maggi Zimmermann, Heimatpflege.

heiten des Landes und seiner Bevölkerung betonten, machten sie sich als lokale Führer erbötig und versuchten von ihrer Unentbehrlichkeit zu überzeugen. Viertens rangen die Reklamespezialisten um Anerkennung von Seiten einer bürgerlichen Öffentlichkeit und vor allem der Eliten, indem sie ihre Nützlichkeit für die Nation und den Staat behaupteten.[84]

Wenn hier die Rede von einem strategischen Einsatz ist, soll das nicht einer Interpretation Vorschub leisten, die den Reklamefachmann als kühl kalkulierenden homo persuadens fasst, als eine Mutation des homo oeconomicus im Feld von Werbung und Marketing. Interesse und Emotion sind oft nicht geschieden, und die Reklamefachleute waren nicht nur Teil einer internationalen Community von ‚Experten' und durch ihre Arbeit in und für Unternehmen auf betriebswirtschaftliche Logiken verwiesen. Sie wurden auch selbst in ihren lebensweltlichen Erfahrungen außerhalb des professionellen Rahmens, in ihrem Alltagsvollzug als Teilhaber*innen und Konsument*innen von politischen und kulturellen Diskursen, mit nationalen Bezügen konfrontiert und nahmen sie vielfach für ihre Subjektivierung in Anspruch.

Sie seien „wie weiland Wilhelm Tell aus dem Schiffe Geßlers" gesprungen. So beschrieben die Berater Steinmann & Bolliger ihren Schritt in die Selbstständigkeit, die sie gegen die Anstellung bei der „Großfirma" Max Dalang eintauschten.[85] Die Metapher vom Sprung aus dem Schiff Geßlers zeigte die Gründung einer eigenen Reklameberatung als mutigen Befreiungsschlag, der den Ursprungsmythos der Nation aktualisierte, um auf genuin Schweizer Art im modernen Geschäftsleben zu reüssieren – eine passende Erzählung auch für die Firma, die das Armbrust-Logo schuf.

Das „Schiff Geßlers" ist in einem Schweizer Diskurs kein sympathisierendes Etikett, doch auch die Agentur von Max Dalang wusste das Spiel mit nationalisierenden Inszenierungen zu bedienen. Im Zuge seiner Etablierung als Schweizer „Reklamekultur-Faktor" hatte Max Dalang Anfang der 1920er-Jahre dasselbe getan, was Steinmann & Bolliger zehn Jahre später versuchten: Werbung für die eigene Auffassung von Werbung zu machen, um sich damit eine Position am Markt zu erobern. Ein Artikel im *Organisator* umriss den Zugang von Dalang, indem er die Unterschiede zu anderen Varianten der werblichen Ansprache erläuterte. So schlage die unter ProPra firmierende Reklame weder den Befehlston des „Kauft!" an, noch verwende sie „überelegante Herren und Damen" oder gar „teure Frauen" als Mittel der Suggestion. Sie pflegte laut dieser Darstellung weder den reißerischen Superlativ, noch strebte sie eine kühle Sachlichkeit an.[86] Sie zielte vielmehr auf die Emotion und

84 Stefan Schwarzkopf diskutiert dies für Großbritannien anhand der Agentur von William Crawford, die sich intensiv an der Gestaltung der werblichen Maßnahmen des Empire Marketing Board beteiligte. Schwarzkopf, Creativity; ders., Markets, 179 f.

85 Inserat Steinmann & Bolliger „Zwei Reklameberater erzählen ihre Geschichte", in: Schweizer Reklame Nr. 3 August 1931, 107.

86 A. G., Die Max Dalang A. G. – ein Reklamekultur-Faktor I, in: Der Organisator Nr. 26, Mai 1921, 1061–1064, hier 1061.

zwar in der spezifischen Form des Gemüts, das zu seiner Entfaltung der Gemütlichkeit bedurfte. „Die Welt ist für den einzelnen viel zu groß, als daß er sich darin heimisch fühlen könnte. Darum schafft sich ein jeder eine kleine Welt für sich – eine Welt, bestehend aus der Familie und den Freunden", erläuterte die Max Dalang AG selbst ihre Herangehensweise.[87] Werbung diente dazu, Produkte zu Freunden zu machen, sie einer um die Familie angeordneten Gemeinschaft als ‚organischen' Bestandteil einzufügen; als einen weiteren Aktanten, so (scheinbar) lebendig wie andere Angehörige aus Familien- und Freundeskreis. Die Familie, die Freunde, die Produkte und die sie verbindenden Praktiken waren dabei schweizerisch zu denken.

Als sich die Max Dalang Agentur 1921 jenen Schweizer Unternehmen empfahl, die „originelle Inserat-Clichés für die Schweizerwoche" benötigten, warb sie mit einem Sujet um mögliche Auftraggeber, das zwei Männer beim Kartenspielen zeigte. Das Sujet sei „geradezu klassisch" für den Zugang der Agentur, erläuterte *Der Organisator*. Es schien dem Fachblatt außerdem perfekt zur Schweizerwoche als einem nationalisierenden Konsumritual zu passen:

> Man jasst bei einem halben Liter. Jass ist das Nationalhandwerk der Schweizer vom Sekundarschüler bis zum Bundesrat, und der Halbliter ist das Nationalgetränk. Ein humoristisch-gemütliches Stück Vaterland. So soll es bleiben, sagt die Schweizer-Woche, und jedes soll helfen.[88]

In der Verwendung von Alltagsszenen und ihrer Gestaltung orientierten sich die Dalang-Inserate an angelsächsischen Vorbildern. Das hinderte sie nicht daran, diese Mittel für die Behauptung einer Besonderheit des Schweizerischen einzusetzen. Gemütlichkeit realisierte sich im Haushalt und der Esskultur. In Amerika hingegen sei sie nicht zu finden.[89] Die Behauptung von Gemütlichkeit als Merkmal einer genuin schweizerischen Geselligkeit stößt uns indes, wenn wir auch Österreich im Blick halten, auf die relative Beliebigkeit des Anspruchs auf nationale Eigenart. Die kulturwissenschaftliche Auseinandersetzung mit nationalisierender Kommunikation impliziert eine Gratwanderung. Hilfreich ist weder ein die Stereotypen aufnehmendes Echo noch eine Blindheit für Besonderheiten der Inszenierungen, die Orientierungsmarken für Praktiken setzten und sich dadurch an der Konstruktion des Sozialen beteiligten. In Wien und Österreich herrschte und herrscht die für Tourismus und Produktkommunikation beständig verwertete Meinung, Gemütlichkeit sei ein hervorragendes Merkmal des Nationalcharakters und den Österreicher*innen exklusiv

---

87 Max Dalang AG, Freundschaft – ein Aktivposten, in: Der Organisator Nr. 31, Oktober 1921, 1408–1410, hier 1409.

88 A. G., Die Max Dalang A. G. – ein Reklamekultur-Faktor II, in: Der Organisator Nr. 27, Juni 1921, 1133–1135, hier 1135.

89 So vermerkte ein Bericht über Erfahrungen in den USA: „Die Eßkultur und die damit verbundene Gemütlichkeit und Geselligkeit, wie wir sie hierzulande pflegen, habe ich auf meiner Reise wenigstens nirgends angetroffen." E. Keller, Was lehrt uns Amerika?, in: Schweizerische Detaillistenzeitung 51/17–18 (1960), nicht pag.

zu eigen.[90] In der Bestimmung von Gemütlichkeit als einem mittelständischen Wert, den z. B. der Einzelhandel gegen die Großformen des Handels in Stellung brachte,[91] auch in der oft angerufenen Gemütlichkeit des Wohnens, des gemeinsamen Essens und Trinkens glichen einander die österreichischen und Schweizer Vorstellungen ihrer Struktur nach. Die Idee der Gemütlichkeit hat unverkennbar in beiden Ländern einen die sozialen und politischen Verhältnisse stabilisierenden Zug. Viktor Adler, der Gründer der Sozialdemokratischen Partei in Österreich, forderte nicht zufällig: „Nieder mit der Gemütlichkeit!"[92] Trotzdem lassen sich Unterschiede festmachen, die in die Moralisierung des Konsums durch die Buy-National-Propaganda und somit in die diskursive Formierung nationaler Ökonomie hineinspielten. An der hegemonialen Selbstbeschreibung der Schweiz und Österreichs fallen unterschiedliche Bestimmungen des Verhältnisses zum Staat und zu unternehmerischer Tätigkeit auf. Die Schweizer Gemütlichkeit galt als eine nationale Tugend, weil der familiäre Rückzug aufs Kleine das „Hinausstreben" der Schweizer in die Welt im Gleichgewicht hielt.[93] Die österreichische Gemütlichkeit gewann ihre Kontur durch einen anderen Gegensatz, dem einer biedermeierlichen Privatheit, die den Obrigkeitsstaat durch ihren „Indifferentismus" ergänzte.[94]

1929 stellte sich die Zeitschrift *Österreichische Reklame* eine drängende Frage: „Haben wir eine Berechtigung, von österreichischer Reklame zu sprechen? Ist Reklame denn nicht etwas Internationales, wie beispielsweise das Scheckwesen oder die Buchhaltung?"[95] Der Autor des Beitrags, der mit diesem in Österreich besonders brisanten Zweifel anhob, war Rudolf Bach. Nachdem er in der ersten Hälfte der 1920er-Jahre die Werbung der Wiener Werkstätten verantwortet hatte, machte er sich Mitte des Jahrzehnts als Werbeberater selbstständig. An einer das Besondere auflösenden Globalisierung konnte jemand, der in einem kleinen Land unter prekären Marktbedingungen eine neue Dienstleistung etablierte, wenig Interesse haben.

In der Formulierung des Besonderen wählte Bach eine Metapher, die selbst bereits auf eine der für die Wiener Kultur behaupteten Eigenheiten, ihre Musikalität, verwies: Reklame müsse „so genau auf die Umworbenen abgestimmt sein, daß sie ebenso einen Nachhall im Publikum weckt, wie ein in ein offenes Klavier hineingesungener Ton die Saiten der entsprechenden Töne zum Mitschwingen bringt".[96] Für die Amerikaner, ein „frischgegossenes Volk ohne Vergangenheit", das im Business seinen Lebenszweck sehe, wäre es leichter Reklame zu machen. Den Unterschied

---

90 Vgl. Melichar, Gemütlichkeit.

91 In der Schweiz: G. Egli, Wie kann und soll das Spezialgeschäft Reklame machen, in: Schweizer Reklame Nr. 6, Februar 1930, 221–223; auch Keller, Was lehrt uns Amerika?.

92 Zitiert nach Melichar, Gemütlichkeit, 285.

93 August Rüegg, Schweizer Art, in: Schweizer Art und Arbeit. Jahrbuch der Schweizerwoche 1931/32, hg. v. Schweizerwoche-Verband, Aarau 1931, 18–21, hier 21.

94 Melichar, Gemütlichkeit, 283.

95 Rudolf Bach, Österreichische Reklame, in: Österreichische Reklame 3/1 (1929), 7 f.

96 Hier und die folgenden zitierten Stellen: Ebd.

machte nicht die Tatsache eines *melting pot*, denn auch „Österreich ist ja erst seit vorgestern das, als was wir es heute definieren. Vordem war es ein einheitliches Wirtschaftsgebiet von 11 verschiedenen Nationen". Wo Amerika das Business und ein Mangel an Geschichte einten, waren es hierzulande die Vergangenheit und der „altösterreichische Genius", die „eine Kultur des Verstehens, der Versöhnlichkeit und der Duldsamkeit" hergebracht hatten. Diese sei „nur ihrer Struktur nach deutsch". In ihrem Gehalt unterschied sie Österreich und Wien vom Deutschen Reich. Die Vorstellung schloss an gut eingespielte Figuren der Kontrastierung an, die das ‚Österreichische' insbesondere vom ‚Preußischen' abhoben. Rudolf Bach baute also ein Dreieck aus Österreich, Deutschland und den USA, über das er Österreich konstruierte. Zugleich war es eine Leiter des Wohlstands, auf deren unterster Sprosse das einstige Zentrum der Habsburgermonarchie stand: „Amerika ist reich [...]. Deutschland ist wohlhabend [...]. Österreich ist arm."[97]

Als man in der Schweiz 1928 daran ging, aus einem internen Mitteilungsblatt der Werbetreibenden die Fachzeitschrift *Schweizer Reklame* zu machen, hieß es in einem programmatischen Artikel, das Blatt solle als Vorkämpfer fungieren – „in allen drei grossen Bewegungen, die heute unser wirtschaftliches Leben durchfluten: der *Propaganda*, der *Normalisierung* und der *Rationalisierung*".[98] Nationalisierung hätte man als viertes hinzufügen können, denn es ging eben um die Schweizer Reklame, die in der *Schweizer Reklame* ihr international satisfaktionsfähiges Organ erhalten sollte. Hermann Behrmann nannte die Vorbilder, denen es nachzueifern galt: *Advertiser's Weekly*, *Vendre* und *Printer's Ink*; oder anders gesagt: England, Frankreich, USA.[99] Deutschland fehlt auffällig in der Auflistung und war doch eine mindestens ebenso wichtige Referenz. Diesen Attraktionspunkt für die Deutschschweizer Reklame zu verschweigen, dafür die französische Werbung durch ihr wichtigstes Journal als Vorbild zu nennen lässt sich als taktischer Zug verstehen, der einer nationalen Integration der Schweizer Werbeexperten dienen sollte. De facto orientierten sich vor allem die Werbetreibenden aus der Romandie an Frankreich, während sich ihre deutschsprachigen Kollegen an die USA und Deutschland hielten. Der US-Einfluss finde über deutsche Werbevorbilder, die ihrerseits US-Muster rezipiert hatten, sogar „ein zweites Mal" Eingang, stellte Adolf Guggenbühl als Herausgeber des Schweizer Verbandsorgans fest.[100] In Frankreich war man aber ebenso wenig unbeeinflusst von US-Vorbildern, wie vielleicht am spektakulärsten André Citroën in sei-

---

97 Im vollen Wortlaut: „Amerika ist reich und hat Menschenmangel. Deutschland ist wohlhabend und hat Bevölkerungsüberfluß. Österreich ist arm an Urprodukten und überreich an Menschen." Ebd.

98 Kursivierung im Original; C. Wüest, Etappe, in: Schweizer Reklame Nr. 11–12, Dezember 1928, 4–6, hier 6.

99 Hermann Behrmann, Ein Organ des Schweizerischen Reklame-Verbandes – nein der Schweizer Reklame!, in: Schweizer Reklame Nr. 11–12, Dezember 1928, 6–8, hier 7.

100 Adolf Guggenbühl, Avant-Propos, in: Schweizer Reklame Nr. 6, Februar 1931, 193.

ner Inszenierung des Automobils bezeugt.[101] Auch über die Vermittlung Frankreichs konnte man also ‚Amerika' wahrnehmen. *Der Organisator* empfahl Anfang der 1920er-Jahre:

> Die Reklame, von der wir am meisten lernen können, ist die amerikanische! Diese Art der Auffassung paßt am besten auch für Schweizer-Geschmack, augenscheinlich beruhend auf Mischung deutschen und romanischen Fühlens. Wer also Reklame für die Schweiz studieren will, studiere sie an amerikanischen Vorbildern.[102]

Die nationalen Rahmenbedingungen des Werbens waren ein beständiges Thema in Fachblättern wie der *Schweizer Reklame* oder ihrem direkten Gegenüber der *Österreichischen Reklame*. Um sie zu beschreiben, verwendete man häufig den kontrastierenden Vergleich, vor allem jenen mit Amerika. Jede Beobachtung und jede Zahl waren ein Einsatz in einem Spiel, das der Etablierung einer Profession galt, und nahmen eine Positionierung in einem Feld der Expertise vor, in einem lokalen und nationalen Rahmen, in Zürich und der Schweiz, in Wien und Österreich. Die Rekonstruktion der Rahmenbedingungen von ihrer diskursiven Konstruktion zu lösen wäre daher der sicherste Weg, um außer der diskursiven Inszenierung nichts zu sehen und dies für eine soziale und ökonomische Realität zu halten.

In den personellen und geschäftlichen Vernetzungen dominierte in Österreich zwar ein Beziehungsgeflecht mit Deutschland, am prominentesten verkörpert in Hans Kropff, der aus dem böhmischen Gablonz [Jablonec] stammte. Er war in beiden Ländern zunächst als Praktiker, so schon vor dem Krieg für den Wiener Kaffeehändler Julius Meinl und für das Warenhaus Tietz in Köln, tätig. Ab Mitte der 1920er-Jahre reüssierte er durch Publikationen über Werbung und Marktforschung, sodass er zu einem der angesehensten Vertreter werblichen Fachwissens wurde.[103] Kropff machte sich seinen Namen allerdings maßgeblich durch die Rezeption US-amerikanischer Methoden der Werbung und Marktforschung. Das verweist neuerlich darauf, dass sich das deutschsprachige Werbewissen insgesamt weder von der Rezeption des einschlägigen US-amerikanischen Wissens noch von einer fachübergreifenden Imagination des Amerikanischen lösen lässt.

Von einer Geschäftsreise nach Berlin in den 1920er-Jahren schrieb der Wiener Grafiker Joseph Binder einen begeisterten Brief. Er avancierte im Laufe des Jahrzehnts zu einem der prägenden Werbegestalter Österreichs und verantwortete auch einen großen Teil der für die Kampagne „Kauft österreichische Waren" produzierten Plakate. Auf seiner Berlinreise kombinierte er die Wahrnehmung der deutschen Metropole mit einer Vorstellung Amerikas und einer Einschätzung der Zukunftsaussichten Wiens:

---

101 De Grazia, Empire, 249 f.

102 O. V., Ausländische Reklame-Fachschriften, in: Der Organisator Nr. 30, September 1921, 1342–1344.

103 Zu Kropff siehe Hirt, Propheten, 542 f.; Semrad, Vertrieben, 58–62.

> Ein Verkehr, von dem man sich keine Vorstellung machen kann, unsere Opernkreuzung ein schwacher Versuch moderner Großstadt. Ein Tempo unglaublich. Lichtreklamen von unerhörten Dimensionen. Wirklich grandios, ich glaube Newyork wird nicht viel anders sein als Potsdamer Platz, Leipziger und Friedrichstrasse. Die Schaufenster von riesigen Größen, viel Licht, aber immer etwas billig [...] Deutsche Werkstätten sehr schwache Wiener Werkstätte. Nichtsdestoweniger (ein schönes Wort) ein Leben, Getriebe und Tempo, das sich Wien wünschen könnte. Wir werden eine Provinz, da hilft alles nichts, ohne Hinterland kann sich eine Großstadt nicht behaupten. Sehr schade, der Neid frisst einen.[104]

Binder konstruierte in der zitierten Passage – so wie Rudolf Bach in seinem Artikel für *Österreichische Reklame* – eine Trias aus (deutscher) Gegenwart, (amerikanischer) Zukunft und (österreichischer) Vergangenheit: In Deutschland erblickte er ‚Amerika', das er noch nicht aus eigener Anschauung kannte, aber bereits als idealen Spielplatz für einen ambitionierten Gebrauchsgrafiker ersehnte. Deutlich zeichnet sich der postimperiale Hang-over ab, ein Hadern mit dem Bedeutungsverlust von Wien, das eine ökonomische und eine (konsum)kulturelle Komponente aufwies. Als Gestalter von Plakaten für die Kampagne „Kauft österreichische Waren" entwarf er – deren pessimistisch gestimmten verbalen Kommunikaten zum Trotz – eine Vision des Konsumierens im Wohlstand. Während der Wirtschaftskrise der 1930er-Jahre emigrierte Binder aber in die USA, um dort eine erfolgreiche Karriere ebenso erfolgreich fortzusetzen.[105] Man kann die Position der USA für europäische Entwicklungen relativieren, indem man zurecht auf die in beide Richtungen führenden Transferbeziehungen verweist, [106] und Binder ist selbst Beispiel eines Know-how-Transfers in Richtung USA. Doch das ändert nichts daran, dass ‚Amerika' als das gelobte oder gefürchtete Land des Massenkonsums schlechthin galt und somit für Werbetreibende eine nicht zu überbietende Attraktion ausübte.[107] Das steigerte ja umgekehrt auch den Wert der partiellen Abgrenzung vom Amerikanischen für das Vorantreiben von Nationalisierung. Diese Abgrenzung ließ sich auch in Aufträge umsetzen, wenn ausländische und nicht zuletzt US-amerikanische Unternehmen am österreichischen oder schweizerischen Markt Werbung treiben wollten.

Das dritte Feld einer von Werbetreibenden strategisch eingesetzten Nationalisierung betraf eben ihren Wunsch nach Aufträgen von ausländischen Unternehmen und die Sorge vor Konkurrenz durch ausländische Reklameberater. Die Werbefachleute spielten oft selbst das Spiel, das sie Unternehmen und Verbänden zu inszenieren halfen: die gefühlsprotektionistische Sicherung eines nationalen Marktes. So erschien es in der deutschsprachigen Schweiz sowohl staatsbürgerlich wertvoll als

104 MAK, Nachlass Joseph Binder, 1235/c, Brief, nicht datiert (1920er-Jahre).

105 Noever, Binder; Schober, Binder.

106 Auf die Bedeutung Europas für die Formierung des Konsumierens in den USA macht Hoganson (Consumers' Imperium) aufmerksam; zu Werbung und Marktforschung: Logemann, European Imports; mit Blick auf die Rolle der USA für Großbritannien: Schwarzkopf, „Americanization".

107 Ein *Irresistible Empire* also, um es mit dem Titel von Victoria de Grazia's Buch zu sagen, der eine These über das Verhältnis von USA und Europa birgt.

auch ökonomisch nützlich, symbolische Barrieren gegenüber Deutschland aufzuziehen. Die Schweiz war schon während der Hyperinflation der 1920er-Jahre, die z. B. Hermann Behrmann zur Rückkehr veranlasste, für Werbetreibende aus Deutschland ein attraktiver Markt – wirtschaftlich stabiler und durch die Sprache gut zugänglich. In der Weltwirtschaftskrise Anfang der 1930er-Jahre galt das neuerlich. Die *Schweizer Reklame* bezog Stellung gegen billige Leistungen aus Deutschland und Österreich als unerwünschten „Reklameberater-Import".[108]

Auch im Buhlen um internationale Kundschaft war es von Vorteil, das inkorporierte Mentalitätswissen eines Einheimischen und die Kenntnis nationalökonomischer Spezifika zu betonen. So warnte Adolf Guggenbühl US-amerikanische Unternehmen vor einer Übertragung ihrer Strategien auf die Schweiz, denn es gälte: „The difference between the people of Zurich and the people in the Tessin is for instance disproportionately bigger than the difference between the people of New England and California, although the distance between Zurich and Lugano is only 4 hours and between Boston and San Francisco six days."[109] 1931 wandten sich Schweizer Reklameberater und Agenturen in *Advertiser's Weekly* an britische Unternehmen.[110] Die Berater kultivierten die Schweiz als Marke und boten sich selbst als Vermittler an. Die Nähe zu gegenwärtigem Nation Branding ist durch die Akteure und ihren Zugriff offensichtlich. Man klopfte die Nation auf ihre betriebswirtschaftlichen Attraktionen ab, kombinierte Aussagen über Mentalität, Landschaft und Geschichte mit Hinweisen zu ihrer kommerziellen Verwertbarkeit. Das große Thema, nahezu ein Dogma der 1920er-Jahre, war die „Wahrheit in der Reklame"[111], doch Markenkommunikation ließ sich entlang der Dichotomie von Lüge und Wahrheit kaum begreifen. Sie versuchte mythologisierend Kernbotschaften über ein Produkt zu artikulieren,[112] in dem Fall eben die Schweiz. In Europa sei der ewige Friede bislang nur ein Traum,

---

108 W. Ingold, Reklameberater-Import, in: Schweizer Reklame Nr. 5, Dezember 1931, 158; [Die Geschäftsstelle], IX. Jahresbericht des Schweizerischen Reklame-Verbandes über das Jahr 1934, in: Schweizer Reklame Nr. 2, Juni 1935, 22–32, hier 27.

109 Adolph Guggenbühl, Advertising in Switzerland, in: Schweizer Reklame Nr. 3, August 1929, 98 f.

110 Advertiser's Weekly, 19. Juni 1931, 505–518.

111 Hirt, Propheten, 95; aus den vielen Schweizer Beiträgen: Karl Lauterer, Sei wahr – sei klar!, in: Der Organisator Nr. 25, April 1921, 994–996; Hans Förster, Reklame und Ehrlichkeit, in: Der Organisator Nr. 30, September 1921, 1334–1336; der Schweizer Reklameverband erhob bei seiner Gründung „Wahrheit in der Reklame" zu seiner Devise und schuf dafür eine Veritas-Marke für Werbung, die dieser Anforderung entsprach. Doch „auch Wahrheit in der Reklame ist ein relativer Begriff", und so verschwand das Veritas-Zeichen alsbald wieder in der Versenkung. Hermann Rudolf Seifert, Kollektivmarken, Ursprungszeichen, Qualitätszeichen, in: Der Organisator Nr. 187, Oktober 1934, 446–450, hier 450.

112 Die avancierteste Modellierung für die historiografische Analyse: Gries, Produktkommunikation, 51–97.

hingegen: „In Switzerland this dream has been a reality for over 600 years.“[113] Unerwähnt blieben die mittelalterlichen und frühneuzeitlichen militärischen Verwicklungen der Eidgenossenschaft, Bauernaufstände und konfessionelle Gewalt, die Söldnerdienste von Schweizern, die Intervention des napoleonischen Frankreichs, Revolutionen und der Bürgerkrieg 1847, um nur die augenscheinlichsten Eintrübungen des Schweizer Friedens zu nennen. Entscheidend war aber, und in dem Punkt lag die Auskunft richtig, dass die Schweiz im Weltkrieg militärisch unbehelligt geblieben war. Max Dalang pries zudem die einzigartige Position der Schweiz im Herzen Europas, umgeben von den weit größeren Ländern und Märkten Frankreich, Italien, Österreich und Deutschland. Auch diese im 19. Jahrhundert eingeübte Beschreibung stimmte seit 1918 nur mehr beinahe, denn östlich des Rhein begann nun nicht mehr das Habsburgerreich und damit ein großer mitteleuropäischer Binnenmarkt, sondern ein Kleinstaat. Um Märkte aber ging es Dalang, denn er beschrieb die Schweiz als „a marketer’s testing ground“, über den sich die Eignung von Produkten für größere, deutsch-, französisch- und italienischsprachige Gebiete erproben ließ. Das wiederum besaß durchaus Plausibilität. Für den Schweizer Markt selbst führte Dalang „the highest purchasing power in Europe“ ins Treffen. Um sich dieses Potential zu erschließen, bedurfte es aber unbedingt der Hilfe durch Schweizer Werbetreibende. Die Artikel und Inserate, die im britischen Fachblatt die Schweiz in der mentalen Geografie britischer Unternehmer verankern wollten, argumentierten, dass nur Fachleute aus der Schweiz mit dem sprachlich und regional fragmentierten Land umzugehen wüssten. Nur sie würden mit einer ungewöhnlich kleinteiligen und vielfältigen Presselandschaft und der Psychologie der Schweizer*innen, konservativ und freiheitsliebend, zurechtkommen.

Die Schweiz bot einen interessanten Markt für Konsumgüterindustrien, zumal in der Weltwirtschaftskrise. Österreich war zu diesem Zeitpunkt weit weniger attraktiv, wie sich ja überhaupt die Kaufkraft der Konsument*innen vergleichsweise beschränkt darstellte. Doch hatten einige Jahre zuvor, 1927, österreichische Werbefachleute in *Advertiser’s Weekly* auch das Werben in Österreich propagiert, allerdings nur auf einer Seite und im Rahmen eines Schwerpunkts zu Mitteleuropa. Österreich erfreute sich damals einer guten Wirtschaftskonjunktur und zum ersten Mal seit der Stabilisierungskrise 1923 ging die Arbeitslosigkeit zurück.[114] Emmerich Lessner, der Inhaber einer Wiener Annoncenexpedition erklärte, „how to appeal to the Austrian Mind“.[115] Wie die Schweizer*innen galten die Österreicher*innen den Werbern gemeinhin als konservativ. Ein republikanisches Pathos der Freiheit fehlte in werblichen Diskursen über das Österreichische gänzlich, so auch hier. Für mögliche Auftraggeber war allerdings ohnehin die Information wesentlicher, dass man die

---

113 Dieses und die folgenden Zitate: Max Dalang, The Highest Purchasing Power in Europe, in: Advertiser’s Weekly, 19. Juni 1931, 505.

114 Butschek, Wirtschaftsgeschichte, 213.

115 Advertiser’s Weekly, 8. Juli 1927, Beilage Merchandising in Middle Europe, VI.

Österreicher*innen durchaus zu Neuem bewegen könne. Erfolgreiche Kampagnen für den Konsum von Bananen und Kaugummi hätten dies bewiesen. Was für die Möglichkeit einer kosmopolitischen Öffnung des Marktes sprach, beunruhigte freilich die Protagonisten von Buy-National-Propaganda. Bananen galten allenthalben als emblematisch für den mangelnden Patriotismus der Konsument*innen, der österreichischen wie der schweizerischen. Die Arbeitsgemeinschaft „Kauft österreichische Waren" hielt sich daher als Erfolg des Jahres 1930 zugute, dass die „aufreizende Bananenreklame" aus dem Wiener Telefonbuch verschwunden war.[116]

Anschluss an nationalisierende Diskurse zu suchen besaß für Werbefachleute – wie eingangs erläutert – eine vierte Bedeutung, neben der Konstruktion von Vertraulichkeit im Rahmen der nationalen Wir-Gruppe, der nationalisierenden Platzierung in transnationalen Netzen von Werbeexpertise und -experten sowie der Möglichkeit, sich ausländischen Unternehmen als Scout für Expeditionen in den Dschungel der Nation anzutragen. In Zeiten nationalisierender Mobilisierung versprach es darüber hinaus auch gesellschaftliches Ansehen, sich in den Dienst der Nation bzw. des Staates zu stellen. Dem Verhältnis zwischen Staat und Werbung bzw. Werbeexperten geht der folgende Abschnitt nach.

5.5 Die Werbung und der Nationalstaat

Werbewissen entstand maßgeblich – das ist wenig überraschend – in Unternehmen und bei mehr oder minder selbstständig operierenden Reklameberatern. Manche dieser Praktiker begannen ihre Erfahrungen in Publikationen systematisch zu reflektieren, zum Nutzen der eigenen Reputation und zur Konturierung und Absicherung ihres Arbeitsfelds. Dafür waren in der Schweiz Hermann Behrmann und Karl Lauterer Beispiele und in Österreich bzw. Deutschland Hanns Kropff. Hingegen handelte es sich bei Erwin Paneth um den Funktionär einer parastaatlichen Einrichtung, der über Wirtschaftswerbung nachdachte. Das war keine Merkwürdigkeit im Rang eines Einzelfalls, denn insbesondere am Schnittpunkt von Werbung, Marktforschung und Sozialstatistik generierte auch das staatliche Bemühen, komplexe soziale Gefüge zu regieren, Wissensbestände zur Beobachtung und Beeinflussung der Konsument*innen. So entwickelte sich in Großbritannien die Marktforschung in einem engen Zusammenhang mit den Volkszählungen.[117]

In Österreich stand am Anfang der Werbewissenschaft Viktor Mataja.[118] Er repräsentierte weder ein zur Wissenschaft geadeltes Praktikerwissen noch charakterisier-

116 WKW E 27.468/3, Tätigkeitsbericht der Arbeitsgemeinschaft wirtschaftlicher Körperschaften … für das Jahr 1930.

117 Brückweh, Menschen zählen.

118 Zum Folgenden siehe die Unterlagen in: Wien Bibliothek, Tagblattarchiv, TP 032640: Mataja, Viktor; Nachrufe: Neue Freie Presse, 20.6.1934, 4; Wiener Zeitung, 20.6.1934, 6; „Mataja Viktor", in: Österreichisches Biografisches Lexikon 6, 135; Enderle-Burcel/Follner, Diener, 284–286.

te sich seine Vita durch die Tätigkeit als Werbeberater für private Unternehmen. Er trug zu einem obrigkeitlichen Wissensaufbau bei, der staatliche Lenkung und Regulierung vorbereitete. Als 1910 *Die Reklame,* Matajas opus magnum, erschien, das ihm internationale Anerkennung verschaffte, blickte er bereits auf eine lange Karriere in der staatlichen Bürokratie zurück. 1857 als Sohn eines Kaufmanns geboren, promovierte er in Wien zum Doktor der Rechte, womit er sich für eine höhere Laufbahn in der österreichischen Verwaltung qualifizierte.[119] Nach einem Ausflug in die universitäre Lehre – er wurde in Nachfolge von Eugen Böhm-Bawerk Professor der politischen Ökonomie in Innsbruck – übernahm er die Leitung des handelsstatistischen Diensts im Handelsministerium, dem er schließlich als oberster Beamter vorstand. Ab 1898 leitete er das neugegründete arbeitsstatistische Amt, das einen Meilenstein für den Aufbau von Sozialstatistik darstellte und sich unter anderem mit den Haushaltsausgaben von Arbeitnehmerfamilien befasste. Zudem war dem Amt ein Arbeitsbeirat angegliedert, mit dem der Staat einen wichtigen Schritt tat, um die Arbeiterschaft in die Aushandlungsprozesse des organisierten Kapitalismus einzubeziehen.[120] Der Beirat setzte sich zu je einem Drittel aus Arbeitern, Unternehmern und Fachleuten zusammen; freilich wurden alle Mitglieder des Gremiums vom Handelsminister ernannt.[121] Ab 1914 stand Viktor Mataja der zentralen staatlichen Statistikbehörde als ihr Präsident vor. Die Funktion nahm er von 1919 bis 1922 auch für das geschrumpfte Staatsgebiet der Republik wahr. Dazwischen amtierte er 1917/18 als Minister für soziale Fürsorge. Das Ministerium war eine institutionelle Innovation, die auf die Verarmung und steigende soziale Konfliktivität im Krieg reagierte. Zuvor hatte Mataja auch bereits dreimal als Handelsminister fungiert. Mehr Karriere in der österreichischen Hochbürokratie war nicht möglich. Während Mataja als Inbegriff eines ‚unpolitischen' Beamten galt, warf sich sein jüngerer Bruder Heinrich Mataja, der in der Ersten Republik als Außenminister fungierte, ins politische Getümmel. Als einer der wichtigsten Politiker der Christlichsozialen Partei gehörte er ihrem rechten Flügel an. Viktor Mataja war somit in die Eliten des alten und des neuen Österreich bestens eingebettet. Die Biografie Matajas ist wie jede Biografie ein Einzelfall und doch realisierte sie in einer Fusion von Statistik, Staat und Werbewissen eine Möglichkeit, die in der Habsburgermonarchie und im ihr nachfolgenden Österreich existierte, in der Schweiz hingegen nicht.

Die Republik Österreich übernahm von ihrem habsburgischen Vorgänger einen Verwaltungsapparat, der für eine viel umfangreichere Bevölkerung dimensioniert war. Daher trat der Staat auch auf einem verkleinerten Territorium als ein ambitionierter Akteur auf, der allerdings während der 1920er-Jahre unter dem Druck einer von den konservativen Eliten und den internationalen Gläubigern auferlegten Austeritätspolitik litt. Das beeinträchtigte auch die vor 1914 auf der zentralstaatlichen

119 Zur Rekrutierung der österreichischen Bürokratie vgl. Heindl, Mandarine, 170 f.
120 Bruckmüller, Sozialgeschichte, 433.
121 Mataja, Geschichte der Arbeitsstatistik, 581.

Ebene aufgebaute Statistik. Die Kammeradministrationen und die Institutionen des Roten Wien konnten das zum Teil kompensieren. Gerade eine Gouvernementalität sozialdemokratischer Fasson brachte Neuerungen, die mit Namen wie Otto Neurath und Paul Lazarsfeld verbunden sind und in der Schweiz zunächst kein Pendant hatten. Die eidgenössische Statistik war hinsichtlich einer Erfassung sozialer Verhältnisse notorisch schwach entwickelt.[122] Darin drückten sich in einem vergleichsweise wohlhabenden Land politische Präferenzen der bürgerlichen Eliten aus. In Österreich besaß indes die staatliche Regierung des Sozialen und daher auch ein vom Staat aus gedachter Zugang zur Werbung eine besondere Dignität.

Für die 1927 gegründete reklamewissenschaftliche Gesellschaft fungierte Mataja als Präsident. Zweck der Organisation war vor allem die Etablierung einer Ausbildung, die Standards setzen und staatlich anerkannte Zertifizierung bringen sollte. An diesem Punkt trafen einander das in Österreich sehr ausgeprägte staatliche Bemühen um die Kontrolle gewerblicher Tätigkeit und die von den Werbetreibenden angestrebte Etablierung als Berufsgruppe mit klar erkennbaren Zuständigkeiten. Professionalisierung sollte am Markt verwertbare Qualifikation mit Zugangshürden verbinden. „Staatlich geprüft“[123] war ein Attribut, das beide Anforderungen erfüllte. Indem die Hochschule für Welthandel den von einer privaten Organisation ins Leben gerufenen Lehrgang übernahm, erhielt die Ausbildung einen prestigeträchtigen Ort. Im deutschsprachigen Raum war das im Unterschied zu den USA noch durchaus ungewöhnlich.[124] Wien galt daher Schweizer Werbefachleuten, die sich ansonsten nicht übermäßig für das Nachbarland interessierten, in dieser Hinsicht als Vorbild. Die Hochschule in Wien biete als einzige Anstalt eine volle Ausbildung von Werbefachleuten, konstatierte die *Schweizer Reklame*. Demgegenüber sei in der Schweiz „keine Hochschule nennenswert auf Werbeunterricht und Werbeforschung eingestellt“.[125]

Die Werbung sei der „verschworene Feind des [bürokratischen] Zopfwesens“, hatte Karl Lauterer Anfang der 1920er-Jahre erklärt.[126] Die Selbststilisierung zum Feind des Amtlichen gehört bis in die Gegenwart zum professionellen Habitus von Werber*innen.[127] Aufschlussreich ist allerdings der Kontext von Lauterers Aussage, denn er forderte die Errichtung eines Schweizer Werbeamtes. Er gestand zu: „Die Reklame an amtlicher Stelle mag etwas befremdlich erscheinen.“[128] Die Verbindung

---

122 Tanner, Fabrikmahlzeit, 132, 515 (Einleitung, Anmerkung 24).

123 Vgl. das Inserat eines „Reklamepraktikers“ in der Neuen Freien Presse (29.1.1933, 26), der als „staatl. gepr. Werbeberater“ seine Dienste anbot.

124 Hirt, Propheten, 142–145: zu den Reklamehochschulkursen Morawetz, „Kontakt“, 72–78.

125 Ernst Weidmann: Reklameschulung – ein Stück bereits geleisteter Arbeit!, in: Schweizer Reklame Nr. 2, Juni 1930, 54–56.

126 Karl Lauterer, Ein Schweizer Werbeamt, in: Reklame. Beilage zur Zürcher Monatsschrift der Organisator Nr. 36, März 1922, 1–4, hier 3.

127 Zurstiege, Produktion, 149.

128 Lauterer, Schweizer Werbeamt, in: Reklame, 3.

hielt er jedoch für eine notwendige: Der Staat sollte am Wesen der Werbung genesen. Es würde dem Werbeamt zwar bedauerlicherweise nicht gelingen, den „heiligen Bureaukratius" zu töten, doch „frische, kräftigende Luft" würde es allemal in die Amtsstuben tragen.[129] Indem Lauterer Werbung und Amtsstube als unversöhnliche Gegner imaginierte, zeigte sich allerdings das Werbeamt als paradoxe Konstruktion, die am Staat partizipieren und ihn zugleich verwerfen wollte. Lauterers Ausführungen sind charakteristisch für eine Ambivalenz von Werbefachleuten gegenüber dem Staat und für ihre Schweizer Ausprägung, in der die Bürokratenschelte erste Bürgertugend war. Seine Intervention zeitigte zwar keine unmittelbaren institutionellen Folgen, stellt sich rückblickend aber als Teil eines fortlaufenden und zunehmend erfolgreichen Bemühens dar, mit dem sich das Werben in den Apparaten des Regierens etablierte, in den Unternehmen, den Verbänden und dem Staat. Die Werbefachleute mochten sich als Heldenfiguren ungebremster Dynamik, als das Gegenteil grauer Bürokratie inszenieren, doch diente dies auch dazu, ihre Unverzichtbarkeit für den Staat zu behaupten. Sie beanspruchten, an die Stelle älterer Figuren persuasiver Kommunikation wie dem Künstler und dem Prediger zu treten, um den Nationalstaat bei seinen Legitimierungsanstrengungen zu unterstützen. Unter den Bedingungen moderner medialer Öffentlichkeit, aus denen auszusteigen selbst Diktaturen nicht gelang, erforderte das ständige persuasive Kommunikation. Die Realisierung des Staates hängt außerdem von seiner Ausstattung mit Ressourcen ab. Diese muss er einer Vielzahl von Akteur*innen abringen. Am besten überließ man solche Aufgaben den Werbefachleuten, wie Adolf Guggenbühl, auch er ein Großmeister der Unbescheidenheit, Anfang der 1950er-Jahre suggerierte. Er schrieb sich den „wirtschaftlich wahrscheinlich erfolgreichsten Werbefeldzug, der je auf unserem Kontinent durchgeführt wurde", auf seine Fahnen. Damit meinte er eine „Kampagne zur Hebung der Steuerehrlichkeit", die er 1945 für die eidgenössische Steuerverwaltung durchgeführt hatte.[130]

Die Reklamefachleute boten also auch in der Schweiz ihre Expertise dem Staat an, vor allem aber der Nation. Sie erwiesen ihre Referenz und erwarteten dafür Reputation. Sie erkannten die Nation an und wollten von ihr anerkannt werden. In der *Schweizer Reklame*, dem Verbandsorgan der Reklamefachleute, manifestierte sich ein stetes Verlangen, Bestätigung für die Rolle von Werbung und Werbetreibenden als wertvolle Stützen der bürgerlichen Schweiz zu erhalten. Herausgeber Adolf Guggenbühl resümierte 1950 zufrieden, aus den „hemmungslosen Raubrittern" der Jahrhundertwende sei „eine neue Werbe-Generation herangewachsen, die sich ihrer

---

129 Ebd.

130 Adolf Guggenbühl, Grenzen und Möglichkeiten der staatlichen Werbung, in: Schweizer Reklame Nr. 12, März 1951, 4 f., hier 5. Mehrere Regeln sollte der Staat beachten: „Wichtig aber ist, auf die Ratschläge dieser Spezialisten zu hören und ihnen nicht zuviel dreinzureden. Wichtig ist auch, sie anständig zu honorieren." Ferner: „Dem Reklamechef muß eine gebührende Stellung in der Verwaltung eingeräumt werden."

Verpflichtung der Nation gegenüber in viel höherem Maße bewußt ist".[131] Für Guggenbühl selbst galt das jedenfalls. Er unterstützte publizistisch unermüdlich die Gedankenwelt der Geistigen Landesverteidigung.

Einen Maßstab der zu erreichenden Bestätigung durch Bevölkerung und Herrschaftseliten konnte ein weiteres Mal der Blick ins Ausland liefern. Das Traumland der Akzeptanz von Werbung durch das Publikum waren die USA. Während Amerikaner den Inseratenteil einer Zeitung mit Freude lesen würden, schlage der Werbung in der Schweiz oft „dumpfer Hass" entgegen.[132] „Der Schweizer ist im allgemeinen reklamefeindlich eingestellt", hieß es.[133] Den Grund sah man „in unserm konservativen und individualistischen Volkscharakter".[134] Wenn die USA mit ihren großen Agenturen für Werbefachleute ein unerreichbares El Dorado schien, so fand man in Europa Beispiele dafür, was Werbeleute erreichen konnten, wenn sie sich in den Dienst der patriotischen Sache stellten. Im selben Text, in dem Dalang von der Werbung in den USA schwärmte,[135] erwähnte er das Beispiel von Charles Higham, dessen Agentur im Großbritannien der Zwischenkriegszeit eine herausragende Rolle spielte. Für sein Engagement in der Propaganda des Ersten Weltkriegs war Higham nobilitiert worden.[136]

Adelstitel hatte die republikanische Schweiz nicht zu bieten und im Krieg war sie neutral geblieben. Die Zusammenführung von Praktiken persuasiver Kommunikation im Dienste des Staates und der Nationalökonomie hatten sich aber auch in der Schweiz intensiviert. International galt es aus Sicht von Werbetreibenden, Arrangements, die im Zeichen des Kriegs entstanden waren, zu erhalten und als Regierungspraxis auf Dauer zu stellen. In demokratisch verfassten Gesellschaften stieß das auf Schwierigkeiten. Eine Einrichtung wie das britische Ministry of Information erschien in Friedenszeiten inadäquat und „unenglisch".[137] Die Reserve gegenüber staatlicher Propaganda, die dem Geist einer Nation von freiheitsliebenden Bürgern widerspräche, war auch in der Schweiz gängig. Trotzdem hatten sich im Bereich der „nationalen Warenpropaganda" zahlreiche Institutionen formiert, deren vielfache Überlappungen es nahelegten, durch Koordination Synergien zu heben. Neue Chancen versprach in den 1930er-Jahren die Geistige Landesverteidigung. Sie stellte ein

131 Adolf Guggenbühl, Zum 25-jährigen Bestehen des Schweizerischen Reklameverbandes, in: Schweizer Reklame Nr. 7, Oktober 1950, nicht pag.

132 Adolf Guggenbühl, Reklame in Amerika, 19 f.

133 O. V., Dienst am Kunden – Dienst an uns selbst, in: Der Organisator Nr. 242, Mai 1939, 152–154.

134 Adolf Guggenbühl, Der Widerstand gegen die Reklame, in: Schweizer Reklame Nr. 6, Februar 1930, 220 f.; diese Urteile stehen im Kontrast zu einer Einschätzung aus den USA, die Tanner, Geschichte, 176, referiert. Das US Department of Commerce hielt 1926 das Schweizer Publikum zwar für konservativ, ortete aber, so Tanner, „keine Vorurteile gegen breite Produktwerbung".

135 Max Dalang, Reklame-Methoden in Amerika und Europa, in: Der Organisator Nr. 57, Dezember 1923, 4–10.

136 Zu Higham, der Erfahrungen aus der Unternehmenswerbung für die Kriegspropaganda kapitalisierte, siehe Messinger, British Propaganda, 213–224; Schwarzkopf, What Was Advertising?

137 L'Etang, Professionalisation, 33 f.

Betätigungsfeld in Aussicht, von dem Reklamefachleute hofften, dass es sie auf den Kommandohöhen der Nation positionieren würde. Der Bund der Reklameberater erinnerte 1938 an den einstigen Vorschlag, ein Schweizer Werbeamt einzurichten und verlieh der Forderung nach Beteiligung ihrer Expertise die Dringlichkeit, die aus der Konfrontation mit der Propaganda diktatorisch regierter Staaten, vor allem Deutschlands, erwuchs.[138] Man wolle sich dem Staat zur Verfügung stellen, da man „längst über das Gebiet der bloßen geschäftlichen Reklame hinausgewachsen" sei, beteuerte Willy Boßhard, der Präsident des Bundes der Reklameberater.[139] Man wollte erreichen, was man bereits im Ersten Weltkrieg in den kriegsbeteiligten Ländern beobachtet hatte. Die „genialsten Journalisten Englands" und die „erfahrensten Werbefachleute Deutschlands" hatten zur Kriegspropaganda beigetragen und mit ihnen galt es nun gleichzuziehen.[140] „In der Propaganda, die die Verteidigung mit der Waffe ergänzt, ist der Werbefachmann der Feldherr und muß mit entsprechender Macht ausgestattet sein. Unsere Macht muß sich sogar auf die Presse erstrecken", forderte ausgerechnet der ehemalige deutsche Spion Hermann Behrmann namens des Verbandsorgans.[141] Ein beleidigter Ton begleitete jedoch die vehemente Behauptung der Eignung: „Nehmt es so, Behörden, Presseleute und alle andern, und ihr werdet zur Einsicht kommen, wie falsch ihr beraten seid, wenn ihr Werbung (oder Reklame) als eine im Grunde etwas schmutzige und jedenfalls nicht voll gesellschaftsfähige Sache anseht."[142]

Es schien klar, dass die Schweiz die einer Demokratie gemäße Propaganda betreiben müsse. Das „Beispiel der autoritären Staaten" faszinierte Boßhard dennoch.[143] Die Unterstützung, die das Schuschnigg-Regime der Organisation des Kontinentalen Reklame-Kongresses in Wien angedeihen ließ, machte ihn daher neidisch. Der Kongress fand im Juni aber bereits nach dem „Anschluss" an NS-Deutschland statt. Boßhard besuchte die Veranstaltung und zeigte sich nun von der „Glanzleistung deutscher Organisationskunst" beeindruckt. Dass dem eidgenössischen Reklameberater etwas zu entgehen drohte, was in Diktaturen zu haben war, lässt sich an dem wohligen Schauer erahnen, mit dem er von der „mit sprachlicher Meisterschaft vorgetragene[n] Rede" berichtete, die Goebbels bei der feierlichen Schlusssitzung gab. Dieser „sprach vor der atemlos lauschenden Zuhörerschaft über den Wert

138 O. V., Reklame und geistige Landesverteidigung, in: Schweizer Reklame Nr. 10, 1938, 220.

139 W. B. [Willy Boßhard], Die Aufgaben des schweizerischen Reklamefachmannes im Kriegsfall, in: Schweizer Reklame, Juli 1939, 174. Boßhard betrieb in Zürich mit Hermann Behrmann bis Mitte der 1950er-Jahre ein gemeinsames Büro. Siehe die Kurzbiografie in: Schweizer Reklame Nr. 9/10, September/Oktober 1959, 326.

140 [Boßhard], Aufgaben.

141 H. B. [Hermann Behrmann], Neue Aufgaben, weitere Arbeitsgebiete, höhere Ziele, in: Schweizer Reklame, August 1939, 202.

142 [Behrmann], Aufgaben.

143 [Boßhard], Aufgaben.

der Propaganda und die wirtschaftliche und soziale Bedeutung des Propagandafachmannes".[144]

Sich den Behörden zum Zweck der Propaganda anzutragen war ein sehr staatszentrierter Modus der nationalisierenden Subjektivierung. Gerade in der Schweiz drängte sich hierzu eine bürgerliche Alternative auf, die eine Tradition der Freiheit in Anspruch nahm, um eine „freie Wirtschaft" zu fordern. So verschmolz Hans Bolliger seine persona als Reklamefachmann und Staatsbürger, indem er eine Idee des Freiheitskampfes als Bindeglied ansetzte, um politische Werbung zu konzipieren. Sein Lieblingsfeind war „das stupide, initiativlose, unproduktive Bureaukratentum".[145] Da er die Linke, die eine Ausdehnung „parasitären Beamtentums" anstrebe, in der Propaganda für überlegen hielt, engagierte er sich dafür, mit einer professionellen politischen Werbung für radikale Entstaatlichung und eine ‚freie' Wirtschaft Stimmung zu machen. Er gründete 1939 den „Bund der Subventionslosen", der seinen größten Erfolg feierte, als er per Referendum die Sanierung der Pensionskassen für Bundesbeamte verhinderte.[146] Die Fusion von Politik und Werbung mochte im konkreten Zuschnitt an Grenzen stoßen. Als sich Bolliger, ein höchst streitbarer Geist, 1942 von dem Bund der Subventionslosen zurückzog, klagte er darüber, dass er es leid sei, sich für „ein Unternehmertum einzusetzen, das mir die Aufträge entzieht, aus Angst von den Beamtenkartellen boykottiert zu werden".[147] Die Unternehmernetzwerke, zu denen Bolliger beigetragen hatte, prägten aber über Jahrzehnte hinweg die „Fabrikation staatsbürgerlichen Verhaltens"[148] nach Maß der Unternehmerverbände.[149]

Unter Schweizer Reklameberatern erfreute sich, soweit die Fachblätter diesen Schluss zulassen, die ‚Freiheit der Wirtschaft' einer breiten Akzeptanz. Man sah sie als Grundwert, den eine bürgerliche Demokratie gewährleistete. „Die Reklame ist ein Kind der freien Konkurrenz und wird mit dieser leben oder fallen", dekretierte Adolf Guggenbühl 1934: „Die gebundene Wirtschaft in ihrer ständestaatlichen wie in ihrer sozialistischen Form bedeutet den Tod des Reklamegewerbes."[150] Der Wiener Werbewissenschaftler Erwin Paneth hingegen erwartete zur selben Zeit vom „Ständestaat" nicht die Einschränkung der Wirtschaftsfreiheit, sondern im Gegenteil eine

---

144 Willy Boßhard, Wiener Impressionen. Kurzbericht über den Kontinentalen Reklame-Kongreß vom 7. bis 11. Juni 1938 in Wien, in: Schweizer Reklame, August/September, 147–148.

145 Hans Bolliger, Politische Propaganda, in: Schweizer Reklame Nr. 5, Dezember 1935, 114 f.

146 Vgl. Werner, Wirtschaft, 198–213.

147 Hans Bolliger. Das Lied der Freiheit, Zürich 1942, 25. Zitiert nach Werner, Wirtschaft, 203.

148 Vgl. das Themenheft der Schweizerischen Zeitschrift für Geschichte 61/1 (2011).

149 So verwertete in den 1960er-Jahren das Propagandavehikel des „Trumpf Buur" organisatorische Lehren aus der Erfahrung des Bundes der Subventionlosen und nahm ansonsten dessen Motivik und Anliegen auf. Tanner, Geschichte, 375 f.; Werner, Wirtschaft, 199; O. V., Das politische Credo des Hans Bolliger, in: Volksrecht, 30.7.1960.

150 Adolf Guggenbühl: Reklame und wirtschaftliche Neugestaltung, in: Schweizer Reklame Nr. 3, August 1934, 53.

Befreiung der Wirtschaft – und zwar von der Demokratie.[151] Nach Paneth erhöhte diese den Einfluss der Arbeitslosen, die zu „radikale[n] Umwälzungen" geneigt seien. Sie gab denjenigen, die selbst keiner Erwerbsarbeit nachgingen, die Möglichkeit, als „Kibitze", als unerwünschte Zuschauer, mit Zerstörungslust in ein Spiel einzugreifen, das nur die „im Arbeitsprozeß verbliebenen Unternehmer und Arbeiter" etwas anging. Das Grundproblem bestand im gleichen und geheimen Wahlrecht. In den Augen Paneths verlieh es den Arbeitnehmern gegenüber den Unternehmern unzulässig viel Gewicht. Ein Fabrikant mit 200 Arbeitern besitze größere Fähigkeiten als jeder seiner Angestellten und werde doch „in seiner politischen Ausdrucksmöglichkeit vollständig erdrückt". Das war eine bemerkenswerte Beschreibung des bisherigen politischen Systems, in dem die Sozialdemokratie, das Sprachrohr der Industriearbeiterschaft, nur zwei von vierzehn Jahren an der Bundesregierung beteiligt gewesen war und die Unternehmerverbände erheblichen Einfluss auf die Politikgestaltung hatten nehmen können.[152]

Sich dem Staat anzuschmiegen war in Österreich, in dem sich einst Verwaltungsbeamte als Diener des Kaisers hohen Ansehens erfreut hatten, einerseits eine naheliegende Option. Andererseits begegneten die bürgerlichen Eliten dem Nachfolgemodell des Habsburgerreichs, dem republikanischen Kleinstaat, mit massiven Vorbehalten. Er war eine ungeliebte Notlösung, die mehr Not als Lösung zu versprechen schien. „Österreich ist arm" hatte auch Rudolf Bach in seinen Erwägungen über die Spezifika der österreichischen Reklame konstatiert. Er formulierte damit unvermeidlich eine Aussage, die an der Kontroverse um die Lebensfähigkeit des Kleinstaates teilhatte, jenem nationalökonomischen Diskurs im Österreich der 1920er-Jahre, der auch über die Chancen eines erfolgreich auf den Kleinstaat bezogenen hegemonialen Projekts nationaler Ökonomie entschied. Aus dem Befund der Armut des Landes leitete Bach einen Auftrag an die Werbung ab:

> Vom ökonomischen Standpunkte aus ist unsere österreichische Reklame eigentlich nichts anderes als das Mittel, um den nach der Zertrümmerung des alten Wirtschaftskörpers uns verbliebenen Torso von allen Seiten abzutasten, um die noch lebensfähig gebliebenen Glieder herauszufinden, neu zu beleben und den neuen Verhältnissen anzupassen.[153]

In zweifacher Weise konnte Werbung die Lebensfähigkeit des Wirtschaftskörpers sichern. Die „scharfe Konkurrenzreklame" diente der Ausmerzung des Schwächlichen, wie Bach in drastischen Bildern ausführte.[154] Nur so viele Anbieter würden übrigbleiben, „als die neue Wirtschaft verträgt". Weiterbestehen würden nur jene, „die

---

151 Hier und die folgenden Zitate: Erwin Paneth, Wieso kam es zum ständischen Staatsgedanken?, in: Österreichische Nähmaschinen-Zeitung Nr. 480, 10.4.1934, 3–5.

152 Sturmayr, Interessenverbände; Tálos, Interessenvermittlung, 380–382; ihr Einfluss nahm insbesondere ab Mitte der 1920er-Jahre zu: Meixner, Wirtschaftstreibende, 315.

153 Bach, Österreichische Reklame.

154 Rudolf Bach, Was nützt die Reklame, wenn die Leute kein Geld haben?, in: Österreichische Reklame 2/2 (1928), 16. Er bezog sich hier auf Josef Popper-Lynkeus' erstmals 1912 erschienenes für den Blutkreislauf des geänderten Wirtschaftskörpers notwendig sind". Für die übrigen galt: Sie „werden fürs erste absterben müssen". Er verstand dies als Rationalisierung, die sowohl auf Seiten der Produktion wie der Konsumtion eine Steigerung der Effizienz bringen würde. Bach verknüpfte hier das schillernde Schlagwort der Rationalisierung, einen Leitbegriff der 1920er-Jahre, mit einer organizistischen Vorstellung des Ökonomischen. Das war eine durchaus häufige gedankliche Operation, die wir im Rahmen der vorliegenden Studie etwa auch bei den Gründervätern der Betriebswirtschaftslehre in der Schweiz, namentlich Hans Töndury, sehen werden.[155]

Mit der von ihm gewählten organizistischen Metaphorik verhandelte Bach einander gegenläufige Perspektiven für den 1918 entstandenen Kleinstaat: Die eine viel propagierte Option war die Selbstabschaffung durch den Anschluss an einen Großstaat (nun eben Deutschland, da die Habsburgermonarchie Geschichte war), die andere der Versuch, die Erwartungen zu redimensionieren und sich neu im Kleinen einzurichten. Die Rede vom zertrümmerten Wirtschaftskörper – ein zentraler Topos des Diskurses – leitete aus dem Untergang des Staates Folgen für die Sphäre der Ökonomie ab, denn die Geld- und Warenzirkulation im Rahmen des Körpers musste mit dessen Tod ein notwendiges Ende finden. Ein allen Ernstes zertrümmerter Körper ließe sich nur durch ein Wunder wiederbeleben. Die rettungslose Verlorenheit predigte Bach jedoch nicht, sondern trug die Werbung als Instrument an, um den schwer geschundenen, vielfach amputierten Körper zu heilen. Bach vollführte hier einen Balanceakt, der eine gewisse Uneindeutigkeit aufrecht erhielt. Als Bach den Text 1929 schrieb, war schon über ein Jahrzehnt seit dem ‚Tod' der Habsburgermonarchie vergangen. Der Kleinstaat existierte, ja man erlebte in der zweiten Hälfte der 1920er-Jahre sogar eine prekäre Stabilisierung. Die Perspektive der ‚Heilung' mochte nicht mehr ganz abwegig scheinen, wenngleich der Text von einer enthusiastischen Bejahung der Leb- und Wünschbarkeit einer österreichischen Nationalökonomie so weit entfernt war wie insgesamt die dominanten Positionen im Diskurs über Österreich.

Die Logik des werblichen Felds brachte aber eine Tendenz hervor, die auf wirtschaftliche Krisenerscheinungen mit der Forderung nach mehr Werbung, mehr Konsum, mehr Optimismus reagierte. Reklamefachleute wurden in der Depression der 1930er-Jahre nicht müde zu betonen, dass man gerade jetzt die Werbung nicht vernachlässigen sollte. Deutlicher als in der nationalökonomischen Wissenschaft dieser Zeit manifestierte sich in der Werbung und dem Nachdenken über Werbung ein Vertrauen in Steigerung. Bei der Wiener Herbstmesse 1931 zeigte die Reklamewissen-

Werk *Die allgemeine Nährpflicht als Lösung der sozialen Frage*; zu Popper-Lynkeus siehe auch Wulz, Gedankenexperimente.

155 Noch mehr trifft das auf Arthur Lisowsky zu, der in St. Gallen Betriebswirtschaft lehrte und sich insbesondere mit Marketing und Marktforschung befasste. Lisowsky, Organische Wirtschaft; zu Lisowksys Ostschweizer Käufergestalten: Brändli, Supermarkt, 134–145.

schaftliche Vereinigung eine Lehrausstellung unter dem Titel „Werbung und Wirtschaftslage".[156] Zu sehen gab es „graphisch künstlerisch entworfene Diagramme", die auf Kurven des Wiener Instituts für Konjunkturforschung basierten, außerdem eine Plakatschau, u. a. mit einer kompletten Serie der für die Kampagne „Kauft österreichische Waren" verwendeten Plakate.[157] 1931 hatte sich die Depression in Österreich nachdrücklich verschärft, nachdem die Creditanstalt beinahe zusammengebrochen war. Beruhigung tat Not. Es galt, den „wirtschaftlichen Defaitismus" zu bekämpfen.[158]

Die Diagramme sollten, wie August Lichal, einer der Ausstellungsverantwortlichen, erläuterte, den periodischen Wechsel von „Hebung und Senkung, Konjunktur und Krise" vorführen.[159] Auf die Senkung würde unvermeidlich die Hebung folgen. Diagramme zu saisonalen Schwankungen und dem „Einfluß der Jahreszeiten in der Konfektionsbranche" unterstrichen die Botschaft einer naturhaften Dynamik.[160] Allenfalls drastische Eingriffe wie ein Weltkrieg mochten „Störungsschwankungen" verursachen,[161] aber wenn die Unternehmer eine optimistische Haltung bewahrten und vor allem nicht aufhörten zu werben, würde sich die Situation wieder einrenken. Ein Moment durchbrach indes das Bild vom ewigen Auf und Ab, das sich nahe den Vorstellungen vom Blühen und Vergehen im Jahreslauf bewegte: die Werbung. Sie ermöglichte es, technische Fortschritte in „neue Bedürfnisse" umzumünzen und „eine Konjunktur künstlich hervorzurufen": „Radio, Grammophon, elektrische Geräte, Auto usw."[162] Lichal, seines Zeichens auch Vorsitzender der Reklamewissenschaftlichen Vereinigung in Wien, unterschied in einem anderen Beitrag drei Gruppen von Unternehmen, die von der Krise betroffen waren. Allen drei legte er nahe, an Werbung festzuhalten und sie möglichst zu intensivieren. „Denn wo ein Wille, auch ein Weg."[163]

Dieselbe Botschaft formulierten Schweizer Reklameberater. So berichtete der Zürcher Karl Erny von seinen Erfahrungen mit einer ausländischen Firma, die nicht nur kontinuierlich Reklame mache, sondern eine „wahrhaft gigantische Summe" dafür einsetze. Ihren Umsatz habe sie so in dreizehn Jahren um ca. 800 Prozent vermehrt.[164] Dem sollten mittelständische Unternehmen der Schweiz nacheifern. Das

156 August Lichal, Werbung und Wirtschaftslage, in: Kontakt Nr. 10, Oktober 1931, 28–30.
157 Ebd.
158 So Engelbert Dollfuß bei der Eröffnung der forst- und landwirtschaftlichen Musterschau: O. V., Die Wiener Herbstmesse. Bundesminister Dr. Dollfuß über die Bedeutung der Wiener Messe, in: Wiener Zeitung, 8.9.1931, 7; zur Ausstellung: Der erste Messetag, in: Ebd.
159 Lichal, Werbung und Wirtschaftslage. 28.
160 Ebd.
161 Ebd.
162 Ebd., 30.
163 August Lichal, Soll der Kaufmann auch in Krisenzeiten werben?, in: Kontakt Nr. 2, Februar 1934, 17–19, hier 19.
164 Karl Erny, In der Reklame nie nachlassen!, in: Der Organisator Nr. 241, April 1939, 63 f.; andere Beispiele aus der Schweiz: Wede, Lohnt sich Reklame in schlechten Zeiten?, in: Der Organisator Nr.

Narrativ der Umsatzsteigerung war Ernys Antwort auf die Frage, ob es sich in der Krise lohne Werbung zu treiben: „Reklame muss man auch und gerade in Zeiten der Depression machen." Der betriebswirtschaftliche Rat hatte in zweifacher Hinsicht eine nationale Dimension: als Forderung nach dem Bekenntnis zu einem leistungsfreudigen Nationalcharakter und als Perspektive einer wirtschaftlich starken Nation: „Ist das Kopfhängenlassen Schweizerart? Nein! Schon von jeher haben wir uns tatkräftig bemüht, unsere Werkprodukte abzusetzen, in vielen Dingen haben wir, wenn unser Land auch klein ist, Weltgeltung erlangt." Der selbstbewusste Hinweis auf ökonomische Weltgeltung spielte sich in Österreich erst seit den 1960er-Jahren ein. Doch auch die in der Zwischenkriegszeit betriebene Auseinandersetzung mit der „österreichischen Reklame" wies insofern einen nationalisierenden Zug auf, als sie sich einem Denken der Machbarkeit von Staat und Wirtschaft verschrieb.

Gerade in der Republik Österreich, die kein Nationalstaat sein sollte, lässt sich beobachten, dass die administrative und politische Einheit des Staates, solange sie existierte, nahelegte, die Nation als Matrix der Welterklärung auf dieses Gefüge zu beziehen. Das förderte einerseits die Nationalisierung der Werbung, so wie andererseits Werbetreibende, die in ihrer Produktkommunikation nationale Eigenheiten zelebrierten, die Wahrnehmbarkeit der Nation und ihre Plausibilität als Deutungsmuster erhöhten.

Die Arbeitsgemeinschaft „Kauft österreichische Waren", die Schweizerwoche und die Zentralstelle für das Schweizerische Ursprungszeichen unterschieden sich darin, wie stark sie werbliche Expertise in Anspruch nahmen. Zumal wenn Vereine am Werk waren, die ihre Gemeinnützigkeit vor sich hertrugen, genügte es, dass man einen Sekretär einstellte, um die Professionalität der persuasiven Kommunikation zu verbürgen. Dieser sollte über organisatorisches, nationalökonomisches und journalistisches Know-how verfügen. Mit Werbung als einem eigenständigen Berufsfeld bekam man es vor allem zu tun, wenn an Grafikateliers der Auftrag erging, Plakate und Flugblätter zu gestalten. Die Kampagnen des Schweizerwoche-Verbands, der Arbeitsgemeinschaft „Kauft österreichische Waren" und später die Aktivitäten für das Armbrust-Signet gründeten auf Plausibilitätserwägungen, Erfahrungen und Vermutungen. An Marktforschung als Versuch der quantifizierenden Erhebung von Konsumenteneinstellungen dachte man meistens noch nicht. Wörter wie „Befragung" oder „Umfrage" tauchen in den Papieren der Buy-National-Organisationen zwar auf, sie meinten aber ein Sich-Umhören unter Mitgliedern, Händler*innen, Konsument*innen, ohne einen Methodenapparat einzusetzen, der sich als wissenschaftlich verstand.

146, Mai 1931, 67–69; Adolf Guggenbühl, Die Krise als Reklameberater, in: Schweizer Reklame Nr. 5, Dezember 1930, 1; O. V., Soll man in Krisenzeiten inserieren?, in: Der Organisator Nr. 42, September 1922, 1929–1930.

Selbst der Schweizerwoche-Verband, der in der Tradition bürgerlichen Vereinswesens stand, kam aber nicht ganz ohne werbliche Expertise aus, die in den 1920er-Jahren stark expandiert hatte; unabhängig von den Trägerorganisationen und ihren Eigenheiten schloss außerdem werbliche Expertise selbst bei nationalisierenden Diskursen an. Sie trug sich damit in das hegemoniale Projekt nationaler Ökonomie ein, in deren Rahmen Buy-National-Propaganda in der Zwischenkriegszeit eine gewichtige Rolle spielte. Die Werbung bewegte sich auf die Buy-National-Propaganda zu, auch wenn die Verantwortlichen ihr Tun teils lieber als eine von pädagogischem Anspruch getragene nationale Erziehungsarbeit sehen mochten denn als eine Form der Reklame.

6 Patriotisch Handel treiben – Wem gehört die Nation?

In den 1920er- und 1930er-Jahren radikalisierte sich in vielen Ländern der Nationalismus. Dazu kam die Große Depression, auf die wiederum allerorten eine protektionistische Außenhandelspolitik reagierte. In diesem Umfeld drängte es sich in Unternehmen und Interessenverbänden auch aus einer absatzorientierten Perspektive auf, die Nation als Marke zu vereinnahmen und die eigene Rolle für die nationale Ökonomie, für Nationalökonomie im emphatischen Sinn, herauszustreichen. Ostentativer Patriotismus und die Betonung des Heimischen waren eine attraktive Option, auch in Österreich und mehr noch in der Schweiz, an deren Status als Nation ihre Bürger*innen nicht zweifelten.

Für binnenmarktorientierte Unternehmen lag die Sache eindeutig: Den heimischen Absatz gegen eine Schmälerung durch Importe zu verteidigen, war ein einzelwirtschaftlich erstrebenswertes Ziel, zumal wenn sich der Markt weniger als Wettbewerb unter mehreren nationalen Unternehmen denn als dichotome Gegenüberstellung von heimischen Erzeugern und ausländischen Konkurrenten inszenieren ließ. Die Textilindustrie, als eine der älteren Industrien bereits dem Druck von Erzeugerfirmen aus ‚jüngeren' Industrieländern ausgesetzt, war z. B. besonders intensiv um die Darstellung ihres nationalen Status bemüht. Wenn die Markenprodukte aus dem Ausland kamen, war deren Unerwünschtheit, sobald sie heimische Firmen bedrängten, unbestritten. Doch auch wenn die lokale Niederlassung eines ausländischen Unternehmens als Konkurrenz lästigfiel, bot es sich an, über den Appell zum Konsumpatriotismus die Abwehr zu betreiben. Um die Frage, welche Produkte als Schweizerware auftreten durften, entspannten sich daher aufwändige, auch gerichtlich ausgetragene Konflikte.[1] Es sind indes oft gerade ausländische Konzerne, die sich „mit ihren Tochtergesellschaften ‚nationalistisch gebärden'". Auf diese etwas despektierliche Weise erklärte in den 1960er-Jahren ein Konzeptpapier der Armbrust-Organisation die symbolischen Implikationen einer „multinationalen Produktionspolitik".[2] Im Auge hatte die Zentralstelle jene Schweizerfirmen, konkret Nestlé, die sich für ihre Sache – das war mittlerweile die Verwendung des Armbrust-Logos im Export – nicht gewinnen ließen.

Die Akteur*innen gingen davon aus, dass Buy-National-Propaganda vor allem Industrieunternehmen und Gewerbebetrieben mittelständischen Zuschnitts diente, die den Binnenmarkt als ihr vordringliches Absatzgebiet sahen. Die Landwirtschaft kam ebenso als Profiteur in Frage, doch trat sie eher am Rande auf bzw. repräsentiert durch die Unternehmen, die agrarische Rohstoffe verarbeiteten. Organisationen wie die Schweizerwoche oder „Kauft österreichische Waren" benötigten die Zusam-

1 Oberer, Armbrust, 74–79.
2 SWA PA486, D61, Ursprungsbezeichnung im modernen Marketing?, 1.4.1969.

https://doi.org/10.1515/9783110701111-008

menarbeit mit dem Einzelhandel. Es war indes keineswegs selbstverständlich, dass Detailhändler*innen und Warenhäuser den nationalen Erzeugnissen ebensoviel (Eigen)Interesse entgegenbrachten wie die heimischen Produktionsbetriebe. Handelsunternehmer*innen mussten sich fragen, ob ihnen Importprodukte nicht höhere Spannen oder mehr Absatz bescherten und wie sich eine Beschränkung der Alternativen am Markt auf ihre Verhandlungsposition gegenüber den Lieferanten auswirkte. Am Anfang der österreichischen Kampagne stand 1927 daher eine persuasive Kommunikation gegenüber den Vertretern des Handels. In einer Reihe von Beratungen gelang es schließlich, „die Gegensätze, die sich zwischen Produktion und Handel vielfach zeigten, zu überbrücken, so daß auch der Handel der Aktion zum überwiegenden Teil freundlich gegenübersteht“.[3]

Im Rahmen eines betriebswirtschaftlichen Kalküls konnte vor allem ein Argument Handelsunternehmen zur Teilnahme an der nationalen Warenpropaganda bewegen: die Aussicht auf eine Umsatzsteigerung während der Österreich- oder Schweizerwochen. Ob sich die diesbezüglichen Erwartungen erfüllten, ist nicht pauschal zu beantworten. Auch die längerfristig betriebene symbolische Integration in die Nation hätte sich als eine Marketingmaßnahme betriebswirtschaftlich argumentieren lassen, doch so wollten das die mittelständischen Kaufleute auf keinen Fall sehen. Vielmehr präsentierten sie ihre Beteiligung an Propagandaaktivitäten wie der Schweizerwoche als Beleg ihrer Bereitschaft, sich für die Nation aufzuopfern. Diese Auffassung konnte schnell in eine strategische Beleidigtheit kippen. Die Detailhändler*innen waren – in den Worten des klugen Beobachters Fritz Marbach – die „Mimose des Mittelstandes“[4]. Die Warnung, man könne ja auch anders, war nie weit: Man könne auf Importware setzen und sich unpatriotisch verhalten – ganz so wie die produzierenden Gewerbe, die an Warenhäuser und sonstige Feinde des Mittelstands lieferten. Die Feinde des Mittelstands aber waren die Feinde der Nation, so viel schien klar – zumindest den Einzelhändler*innen.

Wem aber ‚gehörte‘ die Nation? Welche Art von Handel und welche Art von Handelsunternehmen leisteten einen konstruktiven Beitrag zur nationalen Wirtschaft und zur nationalen Gemeinschaft? Wer durfte daher in ihrem Namen sprechen und mit ihr Werbung treiben? Diesen Fragen geht das Kapitel aus der Perspektive unterschiedlicher Anspruchsteller*innen nach: der Detailhändler*innen, der Warenhäuser, der Konsumgenossenschaften und zuletzt der Migros. Ihr Gründer Gottlieb Duttweiler, ein besonders angriffiger neuer Mitspieler, begehrte kommerziell und politisch erfolgreich gegen ein gewerbeprotektionistisches Verständnis der nationalen Mitte auf und setzte an die Stelle der Verteidigung des Handels gegen die illoyalen Konsument*innen die Identifikation mit den Konsument*innen und die Vision einer sozialliberalen, wenngleich ungebrochen patriarchalen Konsumgesellschaft.

3 WKW E 27.468/2, Handelskammerakt 7985/1.
4 Marbach, Theorie des Mittelstandes, 280.

6.1 Der kaufmännische Mittelstand

Konservative politische Inszenierungen, die in der Zwischenkriegszeit an Bedeutung gewannen, brachten eine vormoderne ständische Ökonomie gegen den individualistischen Kapitalismus in Stellung. Erstere Variante der Ökonomie wollte man als eine moralische verstehen, während man einen liberalen Kapitalismus oft als fremd, da angelsächsisch, denunzierte. Gewerbe und kaufmännischen Mittelstand versetzte das – in Fortsetzung der Mittelstandsdiskurse seit dem späten 19. Jahrhundert – in die günstige Lage, ihre Interessen als Instrument einer Erneuerung der Nation darstellen zu können.[5] So mutierte z. B. in der Westschweiz eine mittelstandsaffine Union de défense économique 1932 zur Union Nationale.[6] Der Zusammenhang zwischen Mittelstandsbewegung und der europaweiten „faschistischen Welle" war für Zeitgenoss*innen offensichtlich.[7] 1933 reagierten zuerst in Österreich und wenige Monate später in der Schweiz die Regierungen auf die lange gehegte gewerbeprotektionistische Forderung, die Verbreitung neuer Vertriebsformen im Einzelhandel zu unterbinden. In Österreich besorgte dies eine allgemeine Gewerbesperre,[8] in der Schweiz ein „Bundesbeschluss über das Verbot der Eröffnung und Erweiterung von Warenhäusern, Kaufhäusern, Einheitspreisgeschäften und Filialgeschäften".[9] In Deutschland hatten 1932 Verordnungen die Gewerbefreiheit im Handel eingeschränkt und im Mai 1933 folgte unter dem NS-Regime ein „Gesetz zum Schutze des Einzelhandels", das die Neuerrichtung von Einzelhandelsgeschäften verbot.[10] Die Vorgänge im großen und mächtigen Deutschland verfolgte man in der Schweiz und Österreich stets aufmerksam. Aber auch auf die Siege, die der Mittelstand zu Lasten der Großformen des Handels jeweils im kleinen (überwiegend) deutschsprachigen Nachbarland errang, reagierten die Verbandsorgane mit Freude bzw. jene der Konsumgenossenschaften, gegen die sich diese Politik maßgeblich richtete, mit Beunruhigung.[11] In allen drei Ländern war 1933 der Schwung an gewerbeprotektionistischen Maßnahmen Teil einer – freilich unterschiedlich drastischen – Einschrän-

---

5 Zur Mittelstandspolitik in Österreich: Hanisch, Schatten, 101–107; Senft, Vorfeld, 398–422; Eminger, Gewerbe; Schweiz: Weber, Korporatismus; Werner, Wirtschaft.

6 Tanner, Geschichte, 175.

7 Z. B. Max Weber, Faschismus in der Schweiz?, in: Gewerkschaftliche Rundschau 25 (1933), 218–228, hier 218.

8 Tálos, Herrschaftssystem, 317 f.

9 Österreich: Bundesgesetzblatt 84/1933, Verordnung des Bundesministers für Handel und Verkehr vom 27. März 1933 über die Sperre des Antritts von Gewerben; Schweiz: Bundesbeschluss ..., verabschiedet im Parlament am 14.10.1933, AS 49 825.

10 Briesen, Warenhaus, 182–184.

11 Österreich: O. V., Abwehrkampf in der Schweiz, in: Der freie Genossenschafter Nr. 23, 1933, 9 f.; O. V., Abwehr gegen Warenhäuser und Einheitspreisgeschäfte in der Schweiz, in: Schönere Zukunft 9/1, 1.10.1933, 26; Schweiz: O. V., Verbrauchergenossenschaften und ständische Verfassung, in: Schweizerischer Konsum-Verein 33 (1933), 652; O. V., Zur Entwicklung in Österreich, in: Schweizerischer Konsum-Verein 34 (1934), 166.

kung demokratischer Kontrolle. In Österreich war das Parlament kurz zuvor gewaltsam aufgelöst worden; die Regierung hatte offen den Weg zur Diktatur eingeschlagen, den das NS-Regime seit Ende Jänner ging. In der Schweiz setzte der Bundesrat das Mittel des dringlichen Bundesbeschlusses ein, der eine Revision per Referendum ausschloss.[12] Die herrschenden Eliten nahmen die Wünsche der Detaillist*innen also wichtig.

Angesichts dieses Rückenwinds erneuerten die Verbände der Einzelhandelskaufleute ihren Druck, jenen Handelsunternehmen, die ihnen als unschweizerisch galten, die Teilnahme an der Schweizerwoche zu verbieten. Als ‚dezentrale Landesausstellung' hing die Schweizerwoche von der Kooperation mit den Interessenorganisationen des Handels ab, was diese nun zu nützen gedachten.[13] Es zeigte sich rasch, dass die Rede vom Mittelstand konträre Interessen von Produzent*innen und Händler*innen verbarg. Im Schweizerwoche-Verband waren zwar Organisationen beider Seiten vertreten, doch es dominierten mittelständische Industrie und produzierendes Gewerbe, beginnend mit dem Präsidenten Ernst Caspar Koch, dem Direktor einer Kammgarnspinnerei. Der Verband hatte schon früher das Ansinnen abgewehrt, Konsumgenossenschaften und Warenhäuser auszuschließen.[14] Nun wandten sich die Verbände der Detaillist*innen mit ultimativen Forderungen gegen drei Unternehmen: Migros, die Einheitspreis AG, meist kurz Epa genannt, und Bata. Dem zuletzt genannten Konzern die Teilnahme an der Schweizerwoche zu verwehren stieß auf den geringsten Widerstand. Bata stand eben nicht primär für den Handel, sondern vor allem für die industrielle Herstellung eines Produkts, das dem ‚bodenständigen' Schuherzeuger Konkurrenz machte. Ein Gutachten hatte ergeben, dass die Schuhe, die in der Fabrikanlage von Bata im aargauischen Möhlin hergestellt wurden, Schweizerprodukte im Sinne der Schweizerwoche waren. Darauf legte der Konzern auch Wert, was allerdings gegen die Punzierung als fremdländisch nur bedingt half.[15] Zudem lehnte der Schweizerwoche-Verband die Beteiligung von Bata an der Schweizerwoche ab, weil der Konzern seine „Teilfabrikation in der Schweiz" be-

---

12 Zum „Dringlichkeitsregime" Tanner, Geschichte, 225 f.

13 Zum Folgenden zusammenfassend Oberer, Armbrust, 41–45; SWA PA486, B4 Protokolle der Vorstandssitzungen der Schweizerwoche 1933–1936.

14 In den Anfängen der Schweizerwoche stand die Warenhausfrage im Zentrum des mittelständischen Unbehagens. SWA PA486, A7, Antworten auf die Postulate der Basler Konsumgesellschaft: „Es kann nicht die Aufgabe der Schweizerwoche sein am Verzweiflungskampfe zwischen den Warenhäusern einerseits und den übrigen Detailgeschäften andererseits teilzunehmen und eventuell den letztern die Möglichkeit in die Hand zu geben gegen die Warenhäuser mit patriotischen Motiven aufzutreten. Die ‚Schweizerwoche' den Schweizerwaren ist unser oberstes Prinzip."; A11, Bericht der Geschäftsleitung an die Kommission zur Beratung der Warenhausfrage 7.5.1917.

15 Als im *Nebelspalter* ein Gedicht erschien, das den kosmopolitischen Konsum der Schweizer*innen beklagte und als Beispiel fremder Ware den Bata-Schuh nannte ([Maka], Der Schweizer in der Schweizerwoche, in: Nebelspalter 60/43, 26.10.1934, 2), protestierte der Konzern, indem er auf das Gutachten verwies. Die Redaktion gestand die Korrektur widerstrebend zu: „Es wird mir nicht ganz leicht, den Bata-Schuh mit der Armbrust zu verzieren aber, was man schwarz auf weiss

nütze, „um den Hauptumsatz in tschechischer Ware in der Schweiz unter nationaler Flagge tätigen zu können".[16] Die Einheitspreis AG traf ebenso das Verdikt eines ausländischen Unternehmens, da es sich um einen Ableger des deutschen Warenhauskonzerns Karstadt handelte. Das Geschäftsprinzip von Einheitspreisgeschäften, in den USA von Woolworth bereits im letzten Drittel des 19. Jahrhunderts mit Erfolg eingeführt, beruhte auf einem beschränkten, schnell drehenden Angebot von Produkten in einer oder wenigen Preisstufen.[17] In der Schweiz hatten sie ab 1929 ihren Auftritt, rechtzeitig um in der verschärften Konkurrenzsituation der Weltwirtschaftskrise als ‚ausländische' Neuerung mit niedrigen Preisen locken zu können.[18] Migros war indes unverkennbar eine autochthon schweizerische Konkurrenz, was die Detaillist*innen freilich wenig beeindruckte.

Der Konflikt rund um die Beteiligung von „neuzeitlichen Verkaufsformen" an der Schweizerwoche erstreckte sich über mehrere Jahre und zog weitere Kreise. Der Schweizerwoche-Verband hoffte auf Vermittlung durch das Volkswirtschaftsdepartement, das indes wenig Neigung zeigte, sich für eine der Parteien zu engagieren. Migros und Epa wiederum wollten sich den Ausschluss von einem hochrangigen Ereignis nationalisierender Werbung nicht gefallen lassen. Die Epa AG argumentierte gegenüber dem Volkswirtschaftsdepartement, dass eine vom Bund subventionierte Veranstaltung, aus deren Anlass sich außerdem stets der Bundespräsident in einem Aufruf an die Bürger*innen wandte, allen Handelsunternehmen offenstehen müsse.[19] Migros und Epa mobilisierten ihre Lieferanten, die Protestschreiben sandten, und auch Interessenorganisationen der produzierenden Unternehmen traten für die von den Detaillist*innen attackierten Unternehmen ein. Der Schweizerische Gemeinnützige Frauenverein, der die Schweizerwoche seit Anbeginn unterstützt hatte, war ebenfalls gegen einen Ausschluss der Migros.

Der Schweizerwoche-Verband lavierte zwischen den Fronten, musste aber letztlich den Detaillistenverbänden nachgeben, nachdem diese 1935 als Alternative zur Schweizerwoche eine Mittelstandswoche ausgerufen hatten. Migros verlor anscheinend von selbst das Interesse sich an der Schweizerwoche zu beteiligen, die Epa blieb jedoch beharrlich: Sie zitierte ein Gutachten des Zürcher Ökonomen Eugen

besitzt, muss man getrost nach Hause tragen." O. V. [Leserbrief und Antwort der Redaktion], Bata schreibt, in: Nebelspalter 60/48, 30.11.1934, 14.

16 BA E 7170 A 1000/1069#908, Protokoll der Konferenz von Delegierten des Verbandes „Schweizerwoche" und des Schweizerischen Detaillistenverbandes betreffend Durchführung der „Schweizerwoche" 1936, 26.3.1936, 5. (Stellungnahme von Edgar Steuri). Bata werde, so bei derselben Gelegenheit Alphons Iten, der Präsident des Schweizerischen Detaillistenverbandes, „in den Geschäftsmethoden als ausländisch, unschweizerisch betrachtet": ebd., 4; siehe auch das Votum von E. C. Koch in: SWA PA486, B4, Protokoll der Vorstandssitzung des Schweizerwoche-Verbands, 5.–6.9.1933, 5.

17 Berghoff, Unternehmensgeschichte, 350 f.

18 Holzer, „Kleinhandel", 30; Just, „Einheitspreisgeschäfte".

19 BA E 7170 A 1000/1069#908, Werner Iten (Anwalt der Epa) an Bundesamt für Industrie, Gewerbe und Arbeit, 9.4.1934; 7.8.1934; 23.10.1934.

Böhler, sie sei „mittelstandsfördernd, und zwar den wichtigsten Teil des Mittelstandes, den produzierenden".[20] Das Unternehmen verwies auf seine rund 900 Beschäftigten und darauf, dass es 1935 exakt 90,35 Prozent seiner Waren im Inland bezogen habe.[21] Das Volkswirtschaftsdepartement ließ sich trotzdem nicht zum Eingreifen in Verbandsbeschlüsse bewegen, signalisierte aber begütigend, dass ja niemand die ausgeschlossenen Unternehmen hindern könne, in den beiden Schweizerwochen ohne offizielles Plakat der Schweizerwoche-Organisation nationale Ware auszustellen.[22] So hatte es die Epa auch zuvor schon gehalten und „brillierte mit einer wunderbaren Reklame für Schweizerware", wie man im Schweizerwoche-Verband registrierte.[23] In nationalistisch aufgeheizten Zeiten schien es Unternehmen in ausländischem Besitz oder mit markanter ausländischer Kapitalbeteiligung immer wieder geraten, sich an patriotischen Kundgebungen zu beteiligen, um nicht in den Geruch zu geraten, als eine Art ‚fünfte Kolonne' die Interessen der Nation zu hintertreiben. Noch bevor die erste ‚offizielle' Schweizerwoche 1917 stattfinden konnte, hatte im Jahr zuvor schon die deutsche Handelskette Kaiser's Kaffeegeschäft, die in allen größeren Städten des Landes Filialen betrieb, die Idee aufgegriffen und mit ihrer eigenen Schweizerwoche-Veranstaltung zugunsten der nationalen Produktion geworben.[24]

Der von den Verbänden der Detaillisten angezettelte Streit um die Teilnahme an der Schweizerwoche mag als nebensächliches Detail der Mittelstandspolitik erscheinen und ist doch erheblich mehr als das. In den 1930er-Jahren war die Verknüpfung mit der Nation ein Marketing-Asset und die Schweizerwoche ein sehr gut eingeführtes, quer durch das Land sichtbares Ereignis. Unzählige Schaufenster und ganze Straßenzüge kleideten sich jeden Herbst in die Paraphernalia des patriotischen Konsums im Zeichen der Schweizerwoche. Wenn die Organisationen der Kaufleute hier ansetzten, so um die expansionsfreudigsten Formen des Einzelhandels symbolisch aus der Nation auszuschließen. Sie hofften, diese in einer konzertierten Bewegung, die gesetzliche Maßnahmen ebenso umfasste wie Symbolpolitik, aus der nationalen Ökonomie hinauszudrängen. Sie bezogen damit auch Position gegen neue Konsumhorizonte, die gerade die Warenhäuser und vielleicht sogar noch mehr die Einheitspreisgeschäfte und die Migros eröffneten. Vorläufig repräsentierten diese neuen

---

20 BA E 7170 A 1000/1069#908, Werner Iten an Bundesamt für Industrie, Gewerbe und Arbeit, 28.9.1936.

21 Ebd.

22 BA E 7170 A 1000/1069#908, Bundesamt für Industrie, Gewerbe und Arbeit an Werner Iten, 17.10.1936.

23 BA E 7170 A 1000/1069#908, Protokoll der Konferenz ..., 26.3.1936, 2 (Stellungnahme Rudolf Lüdi); siehe auch Schweizerwoche-Verband an Bundesamt für Industrie, Gewerbe und Arbeit, 31.10.1935.

24 SWA PA486, A11, Werner Minder, Bericht an die Delegiertenversammlung der NHG, 3.–4.6.1916, 9.

Handelsformen nur wenige Prozent des Kleinhandelsumsatzes,[25] doch damit war weder ihre ökonomische noch ihre konsumkulturelle Rolle adäquat erfasst.

Die Warenhäuser inszenierten seit ihren Anfängen im 19. Jahrhundert ein Paradies der Fülle. Sie wiesen damit über eine Vorstellung der Befriedigung endlicher Bedürfnisse zu einem offenen Spiel der Reizung und Formierung von Wünschen. Auf je verschiedene Weise unterliefen die jüngeren Vertriebsformen zudem die Gepflogenheit eines ständisch fraktionierten Konsums. Über die „bürgerlichen Hausfrauen", die bei Migros einkauften, ärgerten sich ihre Gegner vergeblich: „Beachten Sie einmal, wie gerade in den Quartieren der Wohlhabenden die Hausfrauen mit ihren Dienstmädchen Großeinkäufe beim fahrenden Wagen [d. h. bei Migros, OK] zu machen sich nicht genieren", schäumte *Der Organisator*, der für ein mittelständisches Unternehmertum eintrat und daher neue Formen des Einzelhandels, die auf große Umsätze bauten, ablehnte.[26] Für das Problem der Arbeiterschaft hielt man hingegen eine andere Art von Schamlosigkeit, die der überzogenen Ansprüche. Migros verleite Familien mit wenig Einkommen zu luxuriöser Lebenshaltung, warnte der Präsident der Kaufmännischen Mittelstandsvereinigung in einer Vorstandssitzung der Schweizerwoche.[27] Einheitspreisgeschäfte und Migros untergruben die Hoffnung, dass sich das Verhältnis von Qualität und Preis ein für alle Mal fixieren ließ. Die Verbilligung der Produktionskosten durch den Massenabsatz schafft bekanntlich Spielräume für Qualitätssteigerung. Eine konservative Mittelstandspolitik trachtete das zu negieren. Sie idealisierte lieber das handwerkliche Einzelstück und die ständische Beschränkung des gehobenen Konsums. Migrospreise oder Epapreise galten als Inbegriff eines unschweizerischen Zusammentreffens zwischen einer kapitalistischen Vertriebsform und einer Mischung aus Geiz und Gier der Konsument*innen.[28]

Paula Langner-Bleuler, viele Jahre die Vertreterin des Gemeinnützigen Frauenvereins im Vorstand des Schweizerwoche-Verbands,[29] wies dagegen auf ihre Erfahrung aus Fürsorgearbeit hin, dass für junge Haushalte „wegen des Lohnabbaues die Senkung der Preise eine Wohltat bedeutet"[30]. Die neuen Verkaufsformen hätten zudem „tausenden von Existenzen Arbeit und Verdienst verschafft".[31] Sie trat dafür

25 Marbach schätzt, dass diese Vertriebsformen in der Schweiz auf 4 bis 4,5 % kamen: Theorie des Mittelstandes, 316.

26 O. V., Kann man von einem Mitbürger verlangen daß er die teurere Ware kauft?, in: Der Organisator Nr. 219, Juni 1937, 171–174.

27 SWA PA486, B4, Protokoll der Vorstandssitzung des Schweizerwoche-Verbands, 5.–6.9.1933, 4 (Votum J. Lauri).

28 Vgl. im Feld des Tourismus, wo auch die Sorge um das Ansehen der Schweiz im Ausland dazukam: Schumacher, Ferien, 260.

29 Im Vorstand von 1923–1947, dann Ehrenmitglied, verstorben 1963. Schweizerwoche-Verband, Jahresbericht 1963/65, 2.

30 BA E 7170 A 1000/1069#908, Protokoll der Aussprache mit den wirtschaftlichen Spitzenverbänden, 3.6.1935, 6.

31 SWA PA486, B4, Protokoll der Vorstandssitzung des Schweizerwoche-Verbands, 5.–6.9.1933, 3.

ein, die „Detaillisten einmal in den von ihnen provozierten Schwierigkeiten zappeln [zu] lassen“[32]. Statt auf die Kooperationswilligkeit der Einzelhändler*innen zu setzen, sollte man stärker Frauen als Konsumentinnen in die Inszenierung der Schweizerwoche involvieren.[33] Diesen Vorschlag hatte sie schon früher im Vorstand eingebracht. Sie schlüpfte damit in die ihr – im Vereinsgefüge zweifellos zugedachte – Doppelrolle als Vertreterin der Frauen und Stimme der Konsumentinnen. Allerdings legte auch sie keineswegs den Akzent auf die Rechte der Konsumentinnen, sondern durchaus auf die nationale Moralisierung des Konsums. „Die Schweizerfrau verlangt heute nicht bloss Rechte, sie will auch Pflichten auf sich nehmen“, ließ sie ihre Schweizerwoche-Vereinskolleg*innen wissen;[34] und damit Migros nicht die Bevölkerung zum Luxus erziehe, müsse eben die häusliche Erziehung dagegenhalten.[35]

Die Interessenvertretungen des Einzelhandels gaben sich trotzdem felsenfest überzeugt, dass Bata, Epa und Migros nicht jener Schweizerart entsprächen, die eine Schweizerwoche fördern sollte. Argumente wie die Herkunft der Waren aus dem Inland, die in der Schweiz ausgeübte Geschäftstätigkeit und die Beschäftigung von Schweizer*innen als Arbeitskräfte verblassten für sie gegenüber kulturellen Einwänden: „Das Wesentliche ist der Sinn und Geist, in dem die ‚Schweizerwoche‘ durchgeführt wird. Die Verkaufsmethoden der beanstandeten Firmen sind Fremdgewächse.“[36] Man musste sie hindern, „sich durch das Mittel der ‚Schweizerwoche‘ ein patriotisches Mäntelchen umzulegen“.[37]

6.2 Warenhäuser

Es waren im Handel aber gerade große und innovative Unternehmen, die ein einzelwirtschaftliches Interesse am „patriotischen Mäntelchen“ haben konnten. Die prekäre Position neuer Geschäftspraktiken am Rande des altbürgerlich Respektablen war ein Anreiz, dem Verdacht des Unseriösen durch ostentativen Patriotismus entgegenzuwirken. Zudem konnten Großformen des Handels auch bei einer als Teil des Marketing betriebenen längerfristigen Imagepolitur den Vorteil kumulierter Ressourcen nützen. Von der professionellen Schaufenstergestaltung bis hin zu eigenen Ausstellungen reichten die Möglichkeiten am Point of Sale. Hinzu kam die nationalisierende Kommunikation auf massenmedialer Basis, vor allem Inserate in den Printmedien.

---

32 SWA PA486, B4, Protokoll der Vorstandssitzung des Schweizerwoche-Verbands, 20.8.1935, 3.

33 SWA PA486, B4, Protokoll der Vorstandssitzung des Schweizerwoche-Verbands, 7.5.1936, 4.

34 SWA PA486, B4, Protokoll der Vorstandssitzung des Schweizerwoche-Verbands, 26.6.1929, 5.

35 BA E 7170 A 1000/1069#908, Protokoll der Aussprache..., 3.6.1935, 6.

36 Ebd., 9 (Stellungnahme von Max Gafner namens des Schweizerischen Milchhändlerverbands; Gafner war zugleich Nationalrat für die Bauern-, Gewerbe- und Bürgerpartei).

37 Ebd.

Abb. 5: Jelmoli Schweizerwoche-Inserat
Quelle: Volksrecht, 17.10.1931.

Die Speerspitze des warenhausförmigen Schweizerpatriotismus war das Zürcher Unternehmen Jelmoli, das größte seiner Art im Land (Abb. 5, Inserat 1931). Zur Schweizerwoche veranstaltete das Warenhaus Sonderschauen. Im Sinn der Geistigen Landesverteidigung gab sich der Konsumtempel öfters waffenstarrend. 1948, rechtzeitig mit Einsetzen des Kalten Kriegs, feierte die Schweizer Bundesarmee ihr hundertjähriges Jubiläum. Jelmoli bot in seiner Sonderschau „Waffen, Uniformen, Modelle, plastische Darstellungen, Grossphotos, Tabellen". Damit wollte die Firma würdigen, was diese Institution „zur Verteidigung unserer schweizerischen Eigenart, zum Schutz unseres Heimatlandes und unserer Freiheit geleistet hat und immer wieder –

mit der Zeit gehend – zu tun bereit ist".[38] Auch 1965 stand im Zeichen der Sicherheit, der inneren nun statt der äußeren. Jelmoli zeigte die Ausstellung „Die Hüter der Ordnung – so arbeitet die Polizei in der Schweiz"[39]. Die Planung sah Themen vor wie „Der Polizeihund (Erfolgreiche Hunde stellen sich vor)", „Guter oder schlechter Zeuge? (Ausstellungsbesucher werden getestet)", „Das Jugendproblem in polizeilicher Sicht". „Attraktionen" sollten den Besuch abrunden: „Die gemütliche Wachtstube als Restaurant" und „die gefürchtete Arrestzelle als Weinstube (mit Promille Proben)".[40] Mit Friedrich Dürrenmatt gesprochen: *Die Schweiz – ein Gefängnis*.[41] Man mag also in der Affinität, die ausgerechnet – oder: gerade – ein Ort des Warenkonsums zu Gesten der Disziplinierung an den Tag legte, einen Kontrapunkt zu jenen Dynamiken sehen, die in der Schweiz ab Mitte der 1960er-Jahre ideologische Gewissheiten aushöhlten, mit denen die Eliten seit den 1930er-Jahren die Volksgemeinschaft geschmiedet hatten.

1946 war die Schweizerwelt noch in Ordnung. Die Hauszeitung von Jelmoli feierte die Sonderschau zur Schweizerwoche und das patriotische Engagement des Unternehmens mit einer Art Dankgebet:

> Warenhaus ... und dennoch gingen von diesen Räumen Eindrücke und Impulse aus wie vom Höhenweg an der Landesausstellung!
> Warenhaus ... einmal nicht auf Verkauf bedacht;
> Warenhaus ... im Dienste der Propagierung einer volkswirtschaftlich und staatswirtschaftlich bedeutsamen Betätigung des Schweizers;
> Warenhaus ... für kurze Zeit Sammelpunkt des Lebenswerkes tüchtigster Männer, und zugleich, seinem innersten Wesen nach, Markt und Sammelpunkt aller Gebrauchsgüter, die eine ganze Welt uns bieten kann;
> Warenhaus ... auch Du Dienerin im mächtigen Getriebe unserer Wirtschaft ... Dir danken wir![42]

Die Ausstellung stand unter dem Motto „Schweizer in aller Welt". Sie erhob den Anspruch, die Kleinausgabe der Landesausstellung zu sein, ebenbürtig ihrem markantesten Element nationaler Selbstversicherung, dem „Höhenweg". Wie stets empfiehlt sich aber auch hier ein genauerer Blick, denn gezeigt wurde eine dem Warenhaus gemäße imperiale Interpretation des Schweizerwoche-Gedankens: Sammelpunkt der Konsumgüter aus aller Welt zu sein war gerade, was ihre Gegner der Vertriebsform des Warenhauses vorwarfen. Für die Schweiz tat sich mit dem Kriegsende die Welt neuerlich auf und Jelmoli akzentuierte statt der ‚Gefahr' von Importen

38 100 Jahre Eidg. Armee (Inserat), in: Volksrecht, 25.10.1948.
39 Schweizerwoche-Verband, 50 Jahre Schweizerwoche, 24.
40 Stadtarchiv Schaffhausen, C II.20.03.01/02 Marktwesen Ausstellung Jelmoli über Schweizer Polizei 1965, Jelmoli SA an Stadtrat A. Sieber, Präsident der Schweiz. Konferenz städtischer Polizeidirektoren, 1.4.1965.
41 So der Titel seiner 1990 gehaltenen Laudatio auf Vaclav Havel, abgedruckt in: Dürrenmatt, Meine Schweiz, 220–233.
42 O. V., Schweizer Woche bei Jelmoli, in: Jelmoli Hauszeitung 14/11–12 (Nov./Dez. 1946), 166–170, hier 170.

die Möglichkeiten, die sich den „tüchtigsten Männern" boten. Man sah Bilder aus Schweizerkolonien, ebenso einen Verkaufsladen in Westafrika, der „uns mit den kulturellen Erzeugnissen der Eingeborenen wie auch mit den Gebrauchsgegenständen des Alltags bekannt [machte], die die Basler Handelsgesellschaft dorthin exportiert".[43] Schweizer Plantagenbesitzer in Britisch- und Niederländisch-Indien arrondierten den Eindruck einer ersprießlichen Beteiligung der Nation am europäischen Imperialismus.[44] Optimismus schien angezeigt und daher auch Kritik an der Kommunikation der Schweizerwoche, als dessen Kondensat stets das offizielle Plakat fungierte: „Das mürrische Berner Meitschi, das mit einem Gesicht wie sieben Tage Regenwetter als Blickfang in den Schweizer-Woche-Schaufenstern ausgestellt war", habe keinen rechten Enthusiasmus aufkommen lassen.[45] Das dauernde patriotische Engagement von Jelmoli mündete schließlich in die Beteiligung an der Führung des Schweizerwoche-Verbands. Robert Brüschweiler, Direktor der Grands Magazins Jelmoli AG, fungierte von 1948 bis in die späten 1960er-Jahre als Mitglied des Vorstands.[46]

„Zuversicht, Lebensbejahung, Tatkraft" müsse die Schweizerwoche bedeuten, hatte die Hauszeitschrift von Jelmoli 1946 eingemahnt. Tatsächlich schwammen dem Schweizerwoche-Verband langsam die Felle davon. Er stemmte sich vergebens und durchaus so mürrisch wie das plakatierte Berner Meitschi gegen eine Internationalisierung des Produktgefüges. Die Warenhäuser hielten dem konsumpatriotischen Event indes länger die Treue als der Detailhandel. Sie kompensierten beim Anlass des 50-jährigen Jubiläums 1967 mit ihren Aktivitäten die wachsende Zurückhaltung der Kleinhändler*innen.[47] Auch Jelmoli hatte wieder eine Ausstellung zur Schweizerwoche. Dennoch schwand unverkennbar die Bereitschaft, das Unternehmen mit einer Defensive des nationalbewussten Konsums im Zeichen von Schweizerwoche und Armbrust zu identifizieren. Seit den 1930er-Jahren hatte Jelmoli dem Zentralverband für das Ursprungszeichen als unterstützendes Mitglied angehört, doch mit Ende 1967 trat die Firma aus.[48]

Das österreichische Pendant zu Robert Brüschweiler war Paul Gerngroß, Mitbesitzer der Aktiengesellschaft, die das Kaufhaus Gerngroß auf der Mariahilfer Straße, der zentralen Einkaufstraße Wiens, betrieb. Wie Jelmoli hatte sich auch Gerngroß vom Textilhandel zum Warenhaus entwickelt. Paul Gerngroß, Sohn des Gründers, gehörte der Arbeitsgemeinschaft „Kauft österreichische Waren" an und seine Firma

43 Ebd., 169.

44 Zur kolonialen Schweiz siehe weiter unten in II.2.

45 O. V., Schweizer Woche bei Jelmoli, 166.

46 Schweizerwoche-Verband, Jahresbericht 1948/49. 20; Brüschweiler war seit den frühen 1930er-Jahren in leitender Funktion bei Jelmoli. 1939 wurde er Vizedirektor, 1941 Direktor. (Schweizerisches Handelsamtsblatt, diverse Jahrgänge). Aus der Tätigkeit bei der Schweizerwoche zog er sich Anfang der 1970er-Jahre zurück. Er verstarb 1981 (Nachruf in der NZZ, 28.12.1981, a29).

47 SWA PA486, B16, Schweizer Woche 1967/1968 (Entwurf des Jahresberichts), 1.

48 SWA PA486, D118, Austritte auf Ende 1967.

pflegte die österreichpatriotische Produktkommunikation. 1930 z. B. veranstaltete sie eine Ausstellung über „Tiroler Glas, Majolika und Porzellan“, die sie unter die Devise „Kauft österreichische Waren“ stellte.[49] Dieselbe Losung überschrieb aus Anlass der Österreichischen Woche 1927 ein großes Inserat in den Wiener Tageszeitungen.[50] Der Untertitel verkündete: „Hier der Beweis der Leistungsfähigkeit heimischer Erzeugnisse“. Dieser *subhead* leitete dazu an, die in mehreren Spalten gegebenen Preisinformationen zu Textilwaren sowohl als Beleg für die Potenz der österreichischen Produktion wie als Illustration der heimischen Sortimentsbreite des Kaufhauses zu rezipieren. Das Inserat erschien auch in der christlichsozialen *Reichspost,* u. a. am Sonntag, 3. November. Es lohnt sich in der Ausgabe zu blättern. Dem Inserat ging zwei Seiten zuvor eine andere, nicht ostentativ österreichtreue Einschaltung von Gerngroß voraus, die annähernd die obere Hälfte einer Seite voll mit Werbung einnahm. Direkt darunter priesen große Lettern einen Lesestoff an, der bei den Rezipient*innen der *Reichspost* auf Interesse hoffen durfte: die Buchneuheit *Die Juden* aus der Feder von Hilaire Belloc. Am britischen Buchmarkt besaß der anglofranzösische Autor das Alleinstellungsmerkmal, die in Kontinentaleuropa weit gängigere Mischung aus Antisemitismus, Antikapitalismus und katholischem Autoritarismus zu propagieren.[51] Das Warenhaus und erst recht jenes in jüdischem Besitz war dem Milieu, das von der *Reichspost* bedient wurde, zutiefst verdächtig. Wenn schon Einkaufen im Warenhaus, dann beim Katholiken Esders[52], ebenfalls auf der Mariahilferstraße, und unweit vom „Juden Gerngross“.[53] Im katholischen „Ständestaat“ ab 1933 erhielt die Forderung „Christen kauft bei Christen“ zunehmend die Deckung von Organisationen des Regimes. So rief der Gewerbebund 1937 offen zum Boykott jüdischer Geschäfte auf.[54] Paul Gerngroß musste nach dem Anschluss ans Deutsche Reich aus Wien flüchten. Der großbürgerliche Warenhausbesitzer, dessen Eigentum nun „arisiert“ war, verbrachte die Kriegsjahre unter ärmlichen Bedingungen im südamerikanischen Montevideo. Antisemitismus begleitete auch in der Schweiz die Mittelstandsrhetorik, doch in Österreich wurde der Ausschluss von Jüdinnen und Juden aus der Volksgemeinschaft nicht nur rhetorisch betrieben, sondern letztlich so gewalttätig wie gezielt exekutiert.

---

49 WKW E 27.468/3, Tätigkeitsbericht der Arbeitsgemeinschaft wirtschaftlicher Körperschaften ... für das Jahr 1930, 3.

50 In geringfügig veränderten Varianten z. B. in Das kleine Blatt, 1.11.1927, 15; 6.11.1927, 17; Arbeiterzeitung, 1.11.1927, 15; 6.11.1927, 23; Reichspost, 1.11.1927, 15; 6.11.1927, 35; hier zitiere ich die Variante von 6.11.

51 Morse, „Belloc, Hilaire“, 64 f. Das englische Original erschien 1922, die deutsche Übersetzung 1927.

52 Warenhaus „Zur großen Fabrik“, gegründet 1895 von Stefan Esders, https://www.wien.gv.at/wiki/index.php?title=Warenhaus_Stephan_Esders (Zugriff 26.12.2016).

53 „‚Christen kauft bei Christen‘ scheint manchen eine merkwürdige Losung. Es scheint ihnen belanglos, ob man beim Christen Esders oder beim Juden Gerngroß einkauft“, klagte Joseph Eberle, Praktisches vor Weihnachten, in: Schönere Zukunft 3/12, 18.12.1927, 253.

54 O. V., Von der Boykottfront, in: Der Jude. Organ für das arbeitende Palästina 4/32, 24.12.1937, 1.

Die einzige private Kette im Lebensmittelhandel, die bereits im Österreich der 1920er-Jahre über eine landesweite Präsenz verfügte, war die Julius Meinl AG. Für die protektionistische Einigelung in eine kleine österreichische Ökonomie konnten sich das Unternehmen und sein Besitzer jedoch nicht erwärmen.[55] 1927 betrieb Meinl 339 Filialen, davon 290 in Österreich und die übrigen verstreut über die Nachfolgestaaten der Habsburgermonarchie, als deren Erbe sich der Konzern stilisierte. An der Spitze des Unternehmens stand Julius II., der Sohn des Firmengründers – zwar Präsident des 1929 gegründeten Österreichischen Klubs, doch anglophil und kosmopolitisch. Für die zunehmend protektionistisch und autoritär orientierten Regierungen war er ein Ärgernis als bürgerlicher Demokrat und als prominente Stimme für eine liberale Außenwirtschaftspolitik. Das Prinzip des Freihandels entsprach den Interessen von Meinl mit seinem in ganz Zentraleuropa tätigen Konzern. Großbritannien war ein weiteres Mal Vorbild, nicht nur durch sein Imperium, das im Unterschied zur Habsburgermonarchie in der Zwischenkriegszeit fortbestand, sondern auch wegen eines politischen Arrangements, das die Arbeiterpartei integrierte, sofern sie sich bürgerlichen Vorgaben fügte, wie es Labour unter Ramsay MacDonald tat. In Deckung mit dem Kleinstaat Österreich brachte den Meinl-Konzern erst die Enteignung seiner Betriebe in den sozialistischen Staaten nach 1945. Die einstige innovationsorientierte, liberale Weltläufigkeit schrumpfte zu einer konservativen Abwehr von Veränderung. Trotzdem oder deshalb avancierte Meinl zum österreichpatriotischen Handelsunternehmen schlechthin, zumindest in dessen bürgerlicher, immer noch deutlich ständisch konnotierter Ausgabe.

6.3 Konsumgenossenschaften

In einem prekären Verhältnis zur Mitte der Nation, wie sie der kaufmännische Mittelstand imaginierte, befanden sich auch die Konsumgenossenschaften. Ob sie an der Schweizerwoche teilnehmen durften, war in deren Gründungsphase heftig umstritten. Die Beteiligung der Konsumgenossenschaften blieb auch während der 1920er-Jahre ein Stein des Anstoßes für viele Detailhändler*innen, die sich einer nationalen Kundgebung im Verein mit der genossenschaftlichen Konkurrenz verweigerten.[56] Ihren Frieden mit der Involvierung von Konsumgenossenschaften machten die Verbände des Detailhandels erst, als mit Migros und Epa AG innovativere Mitbewerber*innen in den Markt eintraten und die Wut des Mittelstands ganz auf sich zogen. Das hinderte die Konsumgenossenschaften nicht daran, sich auf ihre eigene Art als Inkarnation des Nationalen zu präsentieren.

55 Vgl. Kühschelm, Meinl.

56 Staatsarchiv Schaffhausen, Regierungsratakten 5/2563, Generalversammlung des Schweizerwoche-Verbands, 23.6.1927, 3.

In der Periode vom Ersten Weltkrieg bis in die frühen 1940er-Jahre war dem nationalisierenden Druck, in den politische und wirtschaftliche Krisen umgemünzt wurden, nicht zu entrinnen. So ist es letztlich wenig überraschend, dass sich die Konsumgenossenschaften ganz auf Linie der Schweizerwoche hielten: Die Verbandszeitschrift rief die Vereine auf, sich zu beteiligen, das Plakat, das zur Hochschätzung des heimischen Schaffens anhielt, zierte die Geschäftsstellen der Konsumgenossenschaften und genossenschaftliche Inserate in den Zeitungen bekannten sich zur Förderung der heimischen Industrie und Landwirtschaft.[57] Erst nach 1945 ging die Beteiligung der Konsumgenossenschaften am Schweizerwoche-Patriotismus immer mehr zurück, so wie jene des Einzelhandels auch.[58]

Die Konsumgenossenschaften waren seit dem 19. Jahrhundert zu einer januskÖpfigen Institution herangewachsen. Sie wollten sowohl an Konsument*innen verkaufen wie deren Anliegen vertreten und beanspruchten daher, die Stimme der Hausfrauen in die Nation einzubringen. So feierte der Lebensmittelverein Zürich 1939 seinen sechzigjährigen Bestand als „Republik der Käufer" im Zeichen der Geistigen Landesverteidigung.[59] Die aus Anlass des Jubiläums intensivierte Werbung betonte den historischen Zusammenhang von (Eid)Genossenschaft und Wehrhaftigkeit. Dank der Konsumgenossenschaften durften auch die Frauen ihren Platz in diesem nationalen Gefüge einnehmen bzw. an eine Rolle anknüpfen, die sie in der heroischen Geschichte der Stadt Zürich bereits mehrfach gespielt hatten. „Durch Kaltblütigkeit und Gemeinsinn" hätten die Züricher Frauen schon zweimal die Stadt gerettet, betonte ein Flugblatt, 1292 durch ihren Listenreichtum und 1443 durch ihre Besonnenheit. Diese Tugenden konnten sie angesichts von Kriegsgefahr und Lebensmittelknappheit in der Gegenwart des Jahres 1939 neuerlich beweisen.

Die zugrunde liegenden Überlegungen erläuterte ein Mitarbeiter des Lebensmittelvereins im *Organisator*. Er verstärkte die mythisierende Erzählung, die sich als Werbung an die Konsumentinnen richtete, mit einer weiteren: Die Gründer der schweizerischen Eidgenossenschaft hätten diese nach dem Vorbild ihrer Wirtschaftsform aufgebaut. Die Genossenschaft verband in dieser Sicht den Schutz der freien Bauern mit der Wehrpflicht als Ausweis der Selbstständigkeit und habe „von jeher ausgleichend gewirkt auf die sozialen Verhältnisse". Der Autor nützte hierbei einen zentralen Topos des präsentistischen Bezugs auf die Schweizergeschichte.

57 Inserate des Allgemeinen Consumvereins beider Basel, der größten Konsumgenossenschaft der Schweiz: Basler Nachrichten, 25.–26.10.1941, Beilage zur Schweizerwoche; 1942, n.dat., vermutlich ebenfalls Basler Nachrichten; beides im Bestand: SWA Berufsverbände Q56, Schweizerwoche Zeitungsartikel 1940–1955.

58 Schweizerwoche-Verband, Jahresbericht 1948/49, 6: Beteiligung sei „bei weitem keine geschlossene"; Jahresbericht 1952/53, 6: „wiederum rückläufige Beteiligung".

59 Die in Folge zitierten Stellen sind aus: O. V. [Mitarbeiter des LVZ], Die Republik der Käufer. Zur Propaganda des LVZ (Lebensmittelverein Zürich, Allgemeine Konsumgenossenschaft), in: Der Organisator Nr. 242, Mai 1939, 147–152. Der Artikel enthält Abbildungen der vom Unternehmen eingesetzten werblichen Artefakte.

Eine Genossenschaft, die den Auffassungen des 19. und 20. Jahrhunderts entsprach, ins Hochmittelalter zurückzuprojizieren war ein gängiges Mittel, um die Geschichte des Landes gegen den Faschismus und nach 1945 vor allem gegen den Kommunismus in Stellung zu bringen.[60] Die Kommunikation des Lebensmittelvereins Zürich suggerierte mithin, dass die Konsumgenossenschaft ihrem Wesenskern nach bis in die Anfänge der Schweizergeschichte zurückging. Das ließ es in einem neuen, mit nationaler Bedeutung aufgewerteten Licht erscheinen, dass den Frauen im Rahmen der Konsumgenossenschaften – „wo auch die Hausfrau wählt und stimmt" – gestattet war, was ihnen der Staat verweigerte, nämlich die Ausübung des Wahlrechts.

Nun dienten Konsumgenossenschaften Frauen und Frauenbewegungen zum einen als Rampe, die von Konsumentenanliegen zu einem breiten politischen Engagement führen konnte.[61] Zum anderen eigneten sie sich aus einer patriarchalen Perspektive – und mit dieser haben wir es hier zu tun – auch als ein Ersatzmittel, das eine deutliche Kluft zu dem zu Ersetzenden aufrechterhielt: in diesem Fall zu einer den Männern vorbehaltenen Beteiligung an staatsbürgerlicher Politik. Der Lebensmittelverein feierte sein Jubiläum denn auch mit der Travestie eines Plebiszits: Man(n) ließ das Publikum und das hieß vor allem die Hausfrauen abstimmen, ob das Unternehmen rationalisieren oder weiterhin beim Geschäftsprinzip „leben und leben lassen" bleiben solle. Die Fragestellung und die damit erreichte Zustimmung von 90 Prozent waren einer Demokratie der gelenkten Art würdig. Als konsumpolitisches Ziel formulierte man die Erziehung „zu einer gesunden und vernünftigen Lebenshaltung", zur heiteren Existenz mit allem, „was das Leben angenehm macht, aber in Grenzen". Das Ideal war mithin eine konformistische Kundenbürgerin im Sinne des *purchaser consumer*, die ihre Ansprüche aber durch Knappheitsbewusstsein zu zügeln wusste.

Wenn die Konsumgenossenschaften den maßvollen Konsum als nationale Aufgabe predigten, sich dazu auf Migros und EPA einschossen, klangen sie nicht viel anders als der kaufmännische Mittelstand. In der Zeitschrift des Konsumverbandes warnte Ende des Jahres 1931 ein Beitrag über den „Dienst am Volke"[62] vor der Dumpingware „von großkapitalistischen und ihrem ganzen Wesen nach anationalen Welttrusts". Unterstrichen wurde das „dringende Gebot unserer Tage", sich der „Befriedigung gewisser Luxusbedürfnisse" zu enthalten. Es gelte „mit kühner Selbstverleugnung persönliche Opfer freudig zu tragen" und heimische Waren zu kaufen. Für die Genossenschaftsbewegung sprach, dass sie „viel stärker und fester im Volke verwurzelt" sei als die Warenhäuser und Einheitspreisgeschäfte. Den Erfolg dieser Konkurrenzunternehmen brachte der Artikel mit dem „gleichzeitigen Ansteigen der Einfuhr ausländischer Waren" in Verbindung. Hier einzukaufen war also nicht bloß Verrat an der Genossenschaft, sondern ebenso an der Nation. In dieser Haltung sah

60 Marchal, Historiography, 321 f.

61 Furlough/Strikwerda, Consumers; Cohen, Consumers' Republic; Ellmeier, Handel; Brändli, Supermarkt.

62 O. V., Dienst am Volke, in: Schweizerischer Konsum-Verein 31/50 (1931), 612.

sich der Konsumverband durch einen Blick ins Ausland bestätigt, genauer gesagt nach Großbritannien, das auch für die Konsumgenossenschaften die Legitimität der Buy-National-Propaganda erwies. Der britische Genossenschaftsverband beteiligte sich an der im November 1931 lancierten massiven „Buy British“-Kampagne. Was aber den Nachkommen der Pioniere von Rochdale, der mythisierten Urheber der Genossenschaftsidee, recht war, das durfte dem Verband der schweizerischen Konsumvereine billig sein.

Indem die Konsumgenossenschaften ihre imaginierte Gemeinschaft der Genossenschafter*innen mit jener der Nation in Deckung brachten, verfolgten sie ein einzelwirtschaftliches und ein politisches Ziel. So wie der Verband der schweizerischen Konsumvereine darauf hinwies, dass die Schweizerwoche eine gute Gelegenheit sei, für die Coop Eigenmarke zu werben, so zweifelte der Verband Deutsch-Österreichischer Konsumvereine[63] nicht, dass die erste Österreichische Woche 1927 den GöC-Markenartikeln dienen solle. Bei diesen handelte es sich um die Produkte der Großeinkaufsgesellschaft Österreichischer Consumvereine, die im Zuge der Kriegswirtschaft begonnen hatte, von der Warenverteilung zur Herstellung vorzudringen.[64] Nur die GöC-Artikel waren die richtige Art von Inland, denn „alle anderen österreichischen Waren, die wir kaufen können, geben nicht nur Arbeit, sondern steigern die Reingewinne der Unternehmer und der Kapitalisten.“ Hier wurde neben dem betriebswirtschaftlichen Kalkül die politische Ambition der Konsumgenossenschaften sichtbar, die kapitalistische Wirtschafts- und Gesellschaftsform zu überwinden. Zwar machte sich auch in Österreich während der 1920er-Jahre bereits eine Tendenz bemerkbar, die Konsumgenossenschaften aus ihrer Rolle als dritte Säule der Sozialdemokratie herauszulösen,[65] doch die ideologische Bindung blieb, wie die Verbandszeitschriften indizieren, ausgeprägter als in der Schweiz. Die Gesellschaftsvision der Konsumgenossenschaften war indes die eines revisionistischen Sozialismus, der sich einer Akkommodation an die Marktwirtschaft zugänglich zeigte. Dafür bürgte in Österreich bereits die Figur von Karl Renner, der seit 1911 als Obmann des Konsumverbandes fungierte.[66] Im Ersten Weltkrieg erlangten die Konsumgenossenschaften durch ihren hohen Organisationsgrad eine bedeutende Rolle für

63 So hieß die 1900 gegründete Dachorganisation seit dem Zerfall der Habsburgermonarchie. Davor und wieder ab 1931 firmierte er als Zentralverband österreichischer Konsumgenossenschaften. Baltzarek, Entwicklung, 186 f.

64 Ebd., 189.

65 Ebd., 200 f.

66 Zu Renners Vorstellungen einer genossenschaftlich vorgebildeten Wirtschaftsdemokratie, die auf das Ziel eines sozialpartnerschaftlich gezähmten Kapitalismus hinausliefen, vgl. Rosner, Bedeutung Karl Renners; die klassische Darstellung der unterschiedlichen Zugänge von Otto Bauer und Karl Renner aus der Perspektive eines rechten Sozialdemokraten ist Leser, Reformismus, bes. 47–53, 103 f.; Genossenschaften ebneten bereits bei Karl Kautsky den Weg zur Bejahung des Staates: Kelsen, Sozialismus, 95–98. Zur Theorie der Konsumgenossenschaften in der Weimarer Republik vgl. Torp, Konsum und Politik, 109–119.

Versandgebühr bar bezahlt.

Konsumgenossenschaftliches Volksblatt

Der freie Genossenschafter

25. Jahrgang | Wien, den 1. Mai 1927 | Nummer 9

Viele Tropfen füllen das Meer.

Es gibt noch immer sehr viele Menschen, die überzeugt sind, daß sie nicht viel tun können, um die Verhältnisse in der Welt zu verbessern. Sie warten auf einen glücklichen Zufall, auf ein Ereignis, das ihnen plötzlich helfen soll. Zu diesen Zaghaften und Vertrauensseligen gehören vor allem die Frauen. Die Frauen leben heute in ihren vier Wänden immer noch isoliert und abgeschieden von der großen Gemeinschaft arbeitender Menschen. Sie können die Macht, die in der gemeinsamen Arbeit ruht, nicht erfassen und glauben deshalb, es müßte ihnen nur zufällig Hilfe für ihre Not und für ihre Sorgen zuteil werden. Wenn die Frau so gern Romane liest, in denen ihr erzählt wird, wie ein Zufall aus dem armen Mädel eine reiche Frau schafft, oder wenn die Frauen ins Kino gehen, um dort zu sehen, wie der Milliardär die Wäscherin heiratet, so stammen all diese Dinge nur aus der Vorstellung: „Ich kann mir nicht helfen; vielleicht hilft mir und meinen Kindern ein glücklicher Zufall." Und doch sind die Zufälle wie das Lotteriespiel. Viele tausende setzen, und nur hie und da gewinnt einer das große Los. Ist es klug, zu hoffen, daß man dieser eine sein wird, und sein ganzes Leben deshalb in die Lotterie zu setzen? Jeder ruhig und klar denkende Mensch wird diese Frage mit einem „Nein" beantworten. Was aber sollen die Menschen erwarten, wenn die große Hoffnung trügt und sie das große Los nicht gewinnen.

Unser Bild zeigt ein Wasserglas, in das Tropfen um Tropfen fällt. Langsam füllen diese rinnenden Tropfen seinen leeren Hohlraum mit köstlichem Naß. Diese Tropfen können unseren Frauen eine gute Lehre sein. Jeder Haushalt, den die in bescheidenen Verhältnissen lebende Hausfrau führt, gleicht einem solchen Tropfen. All diese vielen Tropfen, sie bilden das große Meer unseres wirtschaftlichen Lebens. Wohin sie fallen, dort entsteht Leben, wirtschaftliche Erzeugung und wirtschaftliche Entwicklung. All diese kleinen Haushalte, sie müssen ein paar Groschen zurücklegen, um in den Tagen der Not nicht ohne jede Hilfe zu bleiben. Diese kleinen Rücklagen, das sind die Tropfen, aus denen die Geldkassen und die Geldschränke gefüllt werden, die unser wirtschaftliches Leben speisen. Niemand würde

Abb. 6: „Viele Tropfen füllen das Meer."
Quelle: Der freie Genossenschafter 25/9 (1927).

eine staatlich gesteuerte Abwicklung der Warendistribution. Sie nahmen daher einen wesentlichen Platz in den Hoffnungen oder Befürchtungen ein, dass die gelenkte Kriegswirtschaft den Übergang zum Sozialismus ebnen könne.[67] Daraus wurde nichts; vielmehr hatte sich erwiesen, dass sich die Konsumgenossenschaften für die staatliche Planung einer Bedarfsdeckungswirtschaft einsetzen ließen. Dafür waren sie im Zweiten Weltkrieg, nun der Deutschen Arbeitsfront unterstellt, abermals nützlich.

Die Österreichische Woche frischte im Herbst 1927 das im Krieg erprobte Zusammengehen einer konsumgenossenschaftlichen und einer im staatlichen Rahmen gefassten Ökonomie[68] symbolisch auf. Die jeweiligen Narrative und Bilder ließen sich leicht zusammenführen. Da die Genossenschaftspresse die Konsumgenossenschaften als Mittel verstand, Gesellschaft in Gemeinschaft zu transformieren, genügte es, die Nation an jener Stelle einzusetzen, wo sonst von der Genossenschaft die Rede war. Die kognitiven Metaphern zur Konzeptionalisierung von Nation und Genossenschaft waren dieselben und sogar die Formulierungen manchmal nahezu wortgleich. So ließ *Der Freie Genossenschafter* seine Leser*innen im Mai 1927 wissen, dass viele Tropfen das Meer füllen (Abb. 6). Eine Zeichnung auf der Titelseite zeigte außerdem Tropfen, die in ein Wasserglas fielen. Die Schlagzeile des Leitartikels und die ihn begleitende Illustration waren Ausgangsdomänen für eine metaphorische Projektion, die der verbale Text explizierte:

> Es gibt noch immer sehr viele Menschen, die überzeugt sind, daß sie nicht viel tun können, um die Verhältnisse in der Welt zu verbessern. [...] Unser Bild zeigt ein Wasserglas, in das Tropfen um Tropfen fällt. Langsam füllen die rinnenden Tropfen seinen leeren Hohlraum mit köstlichem Naß. Diese Tropfen können unseren Frauen eine gute Lehre sein. Jeder Haushalt, den die in bescheidenen Verhältnissen lebende Hausfrau führt, gleicht einem solchen Tropfen. All diese vielen Tropfen, sie bilden das große Meer unseres wirtschaftlichen Lebens. Wohin sie fallen, dort entsteht Leben, wirtschaftliche Erzeugung und wirtschaftliche Entwicklung. [...]
> Wohin wir das Geld tragen, dorthin wendet sich der Strom, der die Wirtschaft speist und ernährt. Dort entstehen neue Betriebe, entwickelt sich neues Leben. Deshalb sollten die Hausfrauen immer an das Glas denken, das mit den fallenden Tropfen gefüllt wird.[69]

Im November 1937 thematisierte der *Volkswirtschaftliche Aufklärungsdienst* in ähnlicher Weise „Die Handelsbilanz im Alltage". Das von der Arbeitsgemeinschaft „Kauft österreichische Waren" im Auftrag des Amtes für Wirtschaftspropaganda herausgegebene Periodikum warnte davor, die Möglichkeiten der Konsument*innen zu unterschätzen:

67 Zur verteilungspolitischen Praxis: Davis, Konsumgesellschaft, 238–242; zur sozialwissenschaftlichen Theoriebildung: Nolte, Ordnung, 69; in Österreich versuchte Otto Neurath den Übergang von der Kriegswirtschaft zum Sozialismus theoretisch zu begründen, vgl. Sandner, Neurath, 109–111.

68 De facto einer österreichischen Nationalökonomie, auch wenn der die Elitendiskurse bestimmende Deutschnationalismus es verhinderte, dem Ding den nationalen Namen zu geben.

69 O. V., Viele Tropfen füllen das Meer, in: Der freie Genossenschafter 25/9, 1.5.1927, 1 f.

> Man wende auch nicht dagegen ein, was man als Einzelner tun könne, das sei doch viel zu unbedeutend. Der kleine Regentropfen ist es ebensowenig, aber er ermöglicht erst die Vegetation. Das Kleine wirkt sich groß aus und darüber hinaus hat noch das Leben in einer Idee, in der des Gemeinwohles, die Wirkung einer seelischen Befruchtung des Gesamtmenschen.[70]

In beiden Zitaten, in der staatlichen wie der konsumgenossenschaftlichen Propaganda, erschien der einzelne Tropfen als Teil der größeren organischen Gesamtheit des Lebens. Der *volkswirtschaftliche Aufklärungsdienst* hatte schon zuvor erläutert, dass es sich um ein staatliches Gefüge handeln musste. Als Ergebnis der Menschheitsgeschichte steckte der Staat die Grenzen der größtmöglichen wirtschaftlichen Gemeinschaft ab:

> Der Weg der Entwicklung in dem Gemeinschaftsverhältnis der Menschen geht von der Horde aus, die jede Nebenhorde bekämpft, führt über den Stamm, die Dorfgemeinschaft, über die Stadt zum Staate. In allen Fällen ist die Grenze des Gemeinschaftsempfindens auch die der eigentlichen Wirtschaft. Was dennoch darüber hinaus geht, das ist nicht naturgewachsen, sondern mehr zufälliger Art, ein jeweiliges Vertragsverhältnis, ein kühner Vorstoß, ein Herrschaftsverhältnis oder dergleichen. Die Wirtschaft reicht in ihren gesunden Grundlagen nur so weit wie das Gemeinschaftsempfinden. Dies ist für uns eine bittere Erfahrungstatsache.[71]

Die katholisch-konservative Diktatur in Österreich stand 1937 schon kurz vor ihrer Ablösung durch die nationalsozialistische und der *Aufklärungsdienst* verarbeitete hier das „bittere“ Scheitern der Elitenhoffnungen, den einstigen imperialen Staat in eine mitteleuropäische wirtschaftliche Zusammenarbeit unter Wiener Hegemonie zu verwandeln. Die deutschösterreichische Gemeinschaft war die Notlösung, mit der sich die Verbraucher*innen anfreunden und der sie mit „Staats- und Pflichtbewusstsein“ begegnen sollten. Die Passage aus dem *Freien Genossenschafter* problematisierte auf dieselbe Weise das Verhältnis zwischen der Gemeinschaft und den über sie hinausreichenden Beziehungen. Die Hausfrauen sollten bezeichnenderweise beim Einkaufen an das Glas, nicht an das Meer denken, denn sie waren aufgefordert, ihr Geld im Konsumverein zu halten. Das Glas war das Behältnis der genossenschaftlichen Zirkulation. Das Meer repräsentierte hingegen die Unüberschaubarkeit des Endlosen – so wie in einem Appell der Kampagne „Kauft österreichische Waren“: „Werfen Sie Ihr Geld bei Ihren Wareneinkäufen nicht ins uferlose Meer der Weltwirtschaft, lassen Sie Ihr Geld in Kanäle fließen, die es wieder zu Ihnen zurückführen, bezahlen Sie mit Ihrem Geld österreichische Waren, österreichische Arbeit.“[72]

Anders als der *Aufklärungsdienst* verriet *Der Freie Genossenschafter* keine Ambivalenz gegenüber der als primäre Referenz eingesetzten Gemeinschaft, in diesem Fall der genossenschaftlichen. Österreich war daneben auch präsent, zum ersten als

70 O.V., Die Handelsbilanz im Alltage, in: Volkswirtschaftlicher Aufklärungsdienst, Nr. 81, 15.11.1937, 3.
71 Ebd., 1.
72 WKW E 27.468/3, Faszikel 1935, Nr. 3.

ungünstige volkswirtschaftliche Situation im Hinweis auf die „Verarmung unserer Wirtschaft in der Nachkriegszeit". Sie machte ein Pflichtbewusstsein der Hausfrauen gegenüber der Genossenschaft doppelt nötig; zum zweiten im Vorschlag, die Übungen des Genossenschaftspatriotismus – da Österreich „ein katholisches Land" sei – in die christlichen Rituale und Feste einzubauen: indem z. B. die Taufpat*innen ihrem Patenkind ein Mitgliedsbuch der Konsumgenossenschaft in die Wiege legten.[73] Dass die Regierungen von Dollfuß und Schuschnigg nach dem Bürgerkrieg die Konsumgenossenschaften trotz der Begehrlichkeiten des Mittelstands nicht liquidierten, sondern sich diese mit dem diktatorischen Regime gut arrangieren konnten, muss auch in ideologischer Hinsicht nicht Wunder nehmen. Die Vorstellungen des Zusammenhangs von Wirtschaft und Gesellschaft und die Verpflichtung der Konsumierenden, vor allem der Hausfrauen, gegenüber der Gemeinschaft waren im genossenschaftlichen und dem konsumnationalistischen/patriotischen Diskurs dieselben. Sie ließen sich an die Konzepte einer gildensozialistisch inspirierten politischen Linken ebenso anschließen wie an einen autoritären oder faschistischen Korporatismus.[74]

Die konzeptuelle Verschmelzung von Ökonomie und Gemeinschaft der Genossenschaft und der Nation vollzog sich nicht bloß in einem gedanklichen Raum, sie hatte eine materiale Dimension, die in der Geschichte des Einzelhandels zu verorten ist. In der Schweiz betrieben die im Verband zusammengeschlossenen Konsumvereine Mitte der 1920er-Jahre rund 2.000 Läden in 950 Gemeinden.[75] Damit stellten sie zwar nur einen kleinen Teil der 1929 gezählten 17.500 Gemischt-, Spezerei- und Kolonialwarenläden.[76] Außerdem dominierte in den Konsumvereinen eine lokale und regionale Orientierung. Verbandsstrukturen, der Großeinkauf sowie die 1928 geschaffene Genossenschafts- und Gewerkschaftsbank wirkten aber als Instrumente der Zentralisierung.[77] Vergleichbares fehlte dem „Mittelstand", zumal an seinem prekären unteren Ende. Viel eher als der mittelständische Handel konnten also die Konsumgenossenschaften national denken im Sinne der Erstreckung der eigenen geschäftlichen Interessen über das der Nationalökonomie zugeordnete Territorium. Dasselbe galt in Österreich, wo 1927 dem Zentralverband 125 Konsumgenossenschaften angeschlossen waren. Sie betrieben quer durchs Land 893 Läden, die sie „Abgabestellen" nannten.[78] In Relation zu seinem Schweizer Pendant versammelte der österreichische Zentralverband damit allerdings nur halb so viele Geschäfte und be-

73 Diese Idee wollte das Blatt von belgischen Konsumgenossenschaften übernehmen. „Belgien ist ein katholisches Land wie Österreich", lautet die Stelle, die ich hier paraphrasiert habe.
74 Müller, Contesting Democracy, 52–54, 103 f.
75 Eidgenössisches Statistisches Amt, Statistisches Jahrbuch 1934, 316.
76 Eidgenössisches Statistisches Amt, Handel, 17.
77 Worüber ihre österreichischen Genoss*innen gut informiert waren: B. G. G., Genossenschaftliche Zentralbank und Konsumvereine in der Schweiz, in: Der freie Genossenschafter 27/2, 15.1.1929, 1–3.
78 Baltzarek, Entwicklung, 224.

schäftigte auch nur halb so viel Personal.[79] Nach der Krise der 1930er-Jahre und dem Zweiten Weltkrieg waren die Konsumgenossenschaften – durch das nationalsozialistische Regime weiter zentralisiert – trotzdem eine Zeit lang die innovativsten Akteure am österreichischen Markt. Wie in der Schweiz traten sie in den 1950er- und 1960er-Jahren als Pioniere von Supermarkt und Selbstbedienung auf und schufen mit den ersten Verbrauchermärkten Flaggschiffe des Wohlstandskonsums.[80]

1978 wurde als ein Schlussstein von vielen Jahrzehnten der Integration eine neue Zentralorganisation geschaffen, die „Konsum Österreich" hieß. Schon der Name kündete von einem Unternehmens- und Gesellschaftskonzept, das ein Leben der (maßvollen) Annehmlichkeiten mit dem Nationalstaat verknüpfte. In den 1970er-Jahren standen die Konsumgenossenschaften am Zenit ihrer symbolischen Bedeutung und mit 23 Prozent erreichte 1979 auch ihr Marktanteil am Lebensmitteleinzelhandel seinen Höhepunkt.[81] Die Regierung war sozialdemokratisch und der Bundespräsident ein langjähriges Mitglied des „Konsum". Als mit der „Made in Austria"-Vereinigung 1978 ein neuer Schwung konsumpatriotischer Propaganda einsetzte, war der Konsum Österreich selbstverständlich mit dabei. „Achten Sie auf den rot-weiss-roten Preis!", mahnte ein Inserat in der Zeitschrift *Wir vom Konsum*, das die Losung „Kaufen Sie österreichische Qualität" auf die Eigenmarken der Konsumgenossenschaften bezog.[82] Den Alltag der Produktkommunikation bildete freilich der Appell an die „preisbewußten Konsumenten"[83]. Hier gerieten Konsum Österreich wie zugleich auch die bürgerliche Julius Meinl AG zunehmend unter Druck durch aggressivere Handelsketten, die vom Diskont ins breite Sortiment vorstießen. Es ist nicht bloße Koinzidenz, dass sowohl der Konsum Österreich mit einer spektakulären Pleite als auch etwas später die Julius Meinl AG durch Verkauf an die Konkurrenz[84] vom Markt verschwanden, als Österreich in den 1990er-Jahren der Europäischen Union beitrat. Über ihre Verbände hatten sich die Konsumvereine zu einer Handelsorganisation integriert, die das nationalstaatliche Territorium umspannte, es dabei aber bewenden lassen. Die Nationalökonomie des Kleinstaates, mit der sich diese Unternehmen nach 1945 in so hohem Maß identifiziert hatten, schien nun ein Auslaufmodell zugunsten europäischer und – in Ostmitteleuropa – erneuerter imperia-

---

79 1930 waren es in Österreich 3.901 Angestellte, während die dem Verband der schweizerischen Konsumvereine angeschlossenen Vereine 8.137 Angestellte hatten.

80 Kühschelm, Selbstbedienung; zur Schweiz: Brändli Supermarkt.

81 Strommer/Strommer, Vertrauen, 156 f.; Knotzer, Marketingpolitik, 39.

82 Inserat in: Wir vom Konsum, Juni 1978. Auch auf ihrem Cover vereinte die Zeitschrift das konsumgenossenschaftliche „Wir" mit dem nationalen. Es zeigte einen überdimensionalen Fußball in den Nationalfarben, begleitet mit einem verbalen Hinweis auf „das große Fußballzittern", denn die Fußball-WM in Argentinien stand bevor. Das sportliche und nationale „Wir" der Österreicher*innen erhielt bald darauf einen großen Schub, als die österreichische Fußballnationalmannschaft ihren sonst stets übermächtigen deutschen Gegner 3:2 besiegte.

83 So die ganzseitigen Inserate in der Arbeiterzeitung, 1978 jeweils am Sonntag auf Seite 7.

84 An die Billa-Kette, deren Gründer Karl Wlaschek sein Unternehmen zwei Jahre zuvor an den deutschen REWE-Konzern veräußert hatte.

ler Perspektiven, die in der österreichischen Geschichte seit jeher auf schwer entwirrbare Weise miteinander verknüpft waren.

An diesem Punkt divergierten Österreich und die Schweiz – sowohl im Hinblick auf ihre (wirtschafts)politische Geschichte als auch hinsichtlich der Entwicklung im Einzelhandel. Die Sorge, im vereinigten Europa isoliert und nicht „lebensfähig" zurückzubleiben, verfing nicht im ausreichenden Maß bei den Wähler*innen, sodass schon die Zustimmung für den Beitritt zum Europäischen Wirtschaftsraum ausblieb; und die Konsumgenossenschaften brachen nicht unter dem Druck neuer Handelsketten zusammen. Sowohl der aus dem Verband schweizerischer Konsumvereine hervorgegangene Coop als auch die 1941 in eine Genossenschaft umgewandelte Migros blieben Platzhirsche in der Schweiz, ohne dass von genossenschaftlichen Praktiken viel übriggeblieben wäre. Auch für Coop und Migros waren die Grenzen der Nation die Grenzen ihrer erfolgreichen Ausdehnung. Die Migros stieg zwar Anfang der 1990er-ausgerechnet beim Konsum Österreich ein, doch die Unternehmenskulturen erwiesen sich als inkompatibel und die Kooperation als Fiasko.[85]

Das immer wieder an die Oberfläche der Produktkommunikation schwappende patriotische Bekenntnis ist aus den werblichen Praktiken des Einzelhandels nicht verschwunden, sondern wird in Österreich nun von den privaten Handelsketten getragen. Sie stiegen vom Diskont zur symbolischen Identifikation mit Österreich als Teil nationaler Respektabilität auf. In der Schweiz bespielen weiterhin Coop und Migros die Arena der Nationalisierung. Als eines seiner Geschäftsprinzipen nennt Coop aktuell „Schweizer Qualität" und führt aus: „Coop begünstigt bei vergleichbaren Leistungen Betriebe, die in der Schweiz produzieren."[86] Das war schon das Credo, das die Armbrust-Organisation und die Schweizerwoche in den 1930er-Jahren propagierten. Man kann die vielfach veränderten Rahmenbedingungen nicht übersehen, aber ebenso nicht die Kontinuitäten.

6.4 Eine sozialliberale Alternative – Migros und die Nation der Konsument*innen

Die liberalkonservativen Eliten, der gewerbliche Mittelstand und sogar die Konsumgenossenschaften pflegten die moralisierende Predigt gegenüber den Konsument*innen, die sich ihrer Pflichten gegenüber dem Vaterland, dem Mittelstand, den Produzenten entsinnen sollten. Sie übertrugen bürgerliche Wertvorstellungen des

---

85 Eine detaillierte und kundige Analyse aus Sicht des Konsum Österreich bietet Knotzer, Marketingpolitik. Das Ausgreifen nach Österreich war nicht der einzige gescheiterte Versuch einer Expansion ins Ausland. Anfang der 1930er-Jahre zerschellte ein in Berlin gegründeter Ableger am Aufstieg des Nationalsozialismus, in dem die Einzelhandelsverbände einen Verbündeten gegen die Migros fanden. Flury, Migros-Verteilungsgesellschaft.

86 http://www.coop.ch/de/ueber-uns/unternehmen/wofuer-wir-stehen/geschaeftsprinzipien.html (4.6.2021).

19. Jahrhunderts auf die Nationalökonomie des 20. In diese hegemoniale Inszenierung des Konsums konnten die Migros von Gottlieb Duttweiler und der von ihm initiierte Landesring der Unabhängigen einen sozialliberalen Keil treiben – im Wettbewerb mit den älteren Konsumgenossenschaften, die eine deutlich konservativere Haltung zum Konsumieren vertraten, und in Konkurrenz zur Sozialdemokratie. Beide reagierten scharf auf die Herausforderung, die sich schwer einordnen ließ.[87] Duttweiler setzte darauf, dass sich soziale Widersprüche würden überwinden lassen, ohne dass es dafür notwendig wäre, den kapitalistischen Rahmen zu sprengen.[88] Das Mittel, das den sozialen Frieden herstellen sollte, war die Expansion des Konsums. Duttweilers zahlreiche Gegner registrierten mit großer Beunruhigung, dass der Unternehmer und seine Migros anscheinend einen Nerv trafen. Duttweiler baute eine sowohl kommerziell als auch politisch verwertbare Glaubwürdigkeit auf, die quer zu Oppositionen stand, die bislang den Raum des Politischen (und des Nationalen) strukturiert hatten.

Der Erfolg von Migros beruhte zum einen auf Neuerungen in Vertriebsformen und Logistik des Einzelhandels, zum anderen hielten schon die zeitgenössischen Beobachter*innen die Werbung von Migros für innovativ, selbst wenn sie den Zugang des Unternehmens ablehnen mochten. Wöchentlich schaltete Duttweiler Inserate als „Zeitung in der Zeitung" und erreichte damit eine kumulierte Auflage von vielen hunderttausend Stück.[89] Indem er der „Reklamesuggestion" der Markenartikler ‚Information' der Migros als Vertretung der Konsumenteninteressen entgegenhielt, betreibe er selbst „Suggestion", bemerkte das Blatt des Verbands der Konsumvereine maliziös.[90] Freilich erreichten weder die Konsumgenossenschaften noch die Verbände der mittelständischen Kaufleute, die unablässig von der Verderbnis der Migros trommelten, dass die Konsument*innen den Einkauf bei diesem Lieblingsfeind des etablierten Handels unterließen.

Migros nützte eine Tendenz in der Zeitungswerbung, deren Eignung, um insbesondere Frauen für einen Kauf zu gewinnen, in den USA seit der Jahrhundertwende viel diskutiert wurde.[91] Reason-why-Inserate bauten auf Fließtexte, die mit einer gewissen Ausführlichkeit den Produktnutzen für die Konsument*innen argumentierten. Auch im deutschsprachigen Raum hielt man derlei für zeitgemäß. Hermann Behrmann vertrat in seinem 1928 erschienenen Buch *Das Inserat*, einem Standard-

87 Brändli, Supermarkt; Tanner, Schweiz, 232.
88 Meynaud/Korff, Migros, 170.
89 C[onrad] Staehelin, Zeitung in der Zeitung, in: Schweizer Reklame Nr. 1, April 1934, 10 f.; Gasser, „Migros-Vertriebssystem", 172.
90 H. R., Migros und Genossenschaft, in: Schweizerischer Konsum-Verein 31/50 (1931), 612–615, hier 615.
91 De Grazia, Empire, 262–267; McGovern, Sold American, 38–40.

werk der Zeit,[92] dass „ein gutes Inserat eigentlich einen längeren Text braucht".[93] Seine Behauptung unterlegte er mit Beispielen aus den USA. Duttweiler schien mit seiner Form des Inserierens aber auch eine Frage zu beantworten, die Werbefachleute immer wieder umtrieb: ob und wie man mit volkswirtschaftlichen Argumenten Werbung treiben könne.[94] Nicht zufällig war es die Werbelinie der Migros, die nachzuahmen der Züricher Reklameberater Hans Bolliger 1935 der Armbrust-Organisation vorschlug.[95] Gegenüber ihren Mitgliedern bewarb die Zentralstelle für das Ursprungszeichen dieses Vorhaben, indem sie von Inseraten schwärmte, die „flüssig und packend im Stile der Migros geschrieben" sein müssten – „denn das ist sicher: die Migros- und Hotelplan-Inserate[96] werden gelesen, und mit welcher Wirkung, das wissen am besten die, die unter der Migros zu leiden haben".[97]

Die Überzeugung, dass man das Verhalten der Konsument*innen mit nationalökonomischen Argumenten beeinflussen könne, stand hinter jeder Buy-National-Propaganda. Um diese Annahme zu belegen, zitierte etwa ein Radiovortrag des Schweizerwoche-Verbands ausführlich das Gutachten einer von der britischen Regierung beauftragten Kommission. Diese kam zu dem letztlich das Empire Marketing Board ermöglichenden Schluss, dass man zu rasch mit dem Preisfaktor zur Hand sei, sich die Käufer*innen hingegen öfters „durch Gedanken und Betrachtungen, die nicht rein handelsmässig sind, leiten" ließen.[98] Auch *Der Organisator*, der sich um die Verbreitung von Werbewissen mit dem Gütesiegel fachlicher Expertise bemühte, war überzeugt, dass es nicht bloß richtig wäre, sondern wirksam sein könne, „das Publikum über einfache volkswirtschaftliche Zusammenhänge aufzuklären"[99] – so wie es die Migros tat, aber gegen diese gerichtet. Die Konsument*innen sollten lernen, „daß die Wirkung der Bevorzugung billiger und billigster Ware für das ganze Volk verheerend ist".[100] Die aufs volkswirtschaftliche Ganze gehenden Argumente,

---

92 Die Rezeption war nicht auf die Schweiz beschränkt. Ein Vorabdruck erschien z. B. in einem österreichischen Fachblatt: Hermann Behrmann, Das Inserat als Werbemittel, in: Österreichische Reklame Nr. 5/6, Dezember 1927, 16.

93 Behrmann, Inserat, 235.

94 O. V., Reklame mit volkswirtschaftlichen Argumenten, in: Reklame, Beilage zur Zürcher Monatsschrift Der Organisator Nr. 219, Juni 1937, 222–224; O. V., Wie weit kann die Reklame Kauf-Gewohnheiten beeinflussen?, in: Der Organisator Nr. 355, Oktober 1948, 67–69.

95 SWA PA486, D7, Protokoll der Vorstandssitzung der Zentralstelle für das Ursprungszeichen, 25.10.1935.

96 Hotelplan war ein Reiseunternehmen und eine weitere Gründung von Duttweiler. Vgl., Schumacher, Ferien.

97 SWA PA476, D194, Eine Botschaft des Armbrustzeichens, 1935.

98 SWA PA486, B83, O. V., Die nationale und wirtschaftliche Erziehung als Grundlage für das Gedeihen der schweizerischen Volkswirtschaft, 1926, 5.

99 O. V., Reklame mit volkswirtschaftlichen Argumenten; der Organisator war allerdings kein Freund der Buy-National-Promotion, skeptisch gegenüber deren Aussichten auch: Werner Koeng, Soll man in der Werbung volkswirtschaftliche Argumente verwenden?, in: Schweizer Reklame Nr. 1, April 1949, 2–4.

100 O. V., Zur Warenhausfrage, in: Der Organisator Nr. 176, November 1933, 310–314.

ob nationalisierender und/oder mittelständischer Art hatten allerdings eine Gemeinsamkeit, die sie von der Migros unterschied: Sie traten als Forderung *an* die Konsument*innen auf und nicht als Forderung *der* Konsument*innen. Migros hingegen identifizierte sich mit einem „Recht auf Konsummöglichkeiten und damit auf einen gewissen Wohlstand in verständlicher und als modern wahrgenommener Form".[101] Anstatt die Akzeptanz hoher Preise als moralischen Sieg über die Kleinlichkeit zu verlangen, gab sich die Migros als „Retter und Befreier unterdrückter Hausfrauen und geknechteter Bürger"[102]. Duttweiler platzierte seine persuasive Kommunikation in einem neuen Raum des Politischen, in dem jene Figur, die in der angelsächsischen Forschung als *citizen consumer* gefasst wird, eine zentrale Rolle spielte.[103] Die viel diskutierte „Zeitung in der Zeitung" war Werbung, die Rezipient*innen lasen sie aber offenbar ebenso als politischen, volkswirtschaftlichen und sozialen Kommentar,[104] der unverblümt und mit Freude an der Polemik die Interessen der citizen consumer wahrnahm. So attackierte Duttweiler mit einer gehörigen Portion Witz die Markenartikelindustrie. Die Migros-Alternative zum Markenwaschmittel Persil offerierte er unter dem Namen Ohä als Kürzel für „ohne Henkel".

Öhä sei das „Produkt schweizerischen Forschergeistes", ein „Schweizer Kind", hergestellt durch eine „Fabrik in Schweizer Besitz". Die Welt solle wissen, „daß hier die Migros mit reinem Schweizerprodukt denen vorangeht, die die offiziellen Plakate aushängen", ließ die „Zeitung in der Zeitung" vernehmen, als die Migros 1933 nicht an der Schweizerwoche teilnehmen durfte. Das Unternehmen wies nicht nur auf eine Parade an Eigenmarken hin, die in der Schweiz produziert wurden, sondern fand durch den Ausschluss vom konsumpatriotischen Ritual zu seiner besten Rolle: als Verteidiger der Schweizer Konsument*innen gegen die Mächtigen. Die Widerborstigkeit der Migros, die ihre Konkurrenz zur Weißglut trieb, sei „das allerschweizerischste". Das Unternehmen biete nicht „Prunk, Wortschwall, Flitter, Pauken und Trompeten", mithin einen Patriotismus der schönen Worte. Migros präsentierte sich vielmehr als Inbegriff einer den Konsument*innen dienenden Leistungsfreude –„unendlich viel sachlicher und – vaterländischer".[105]

Man kann den Erfolg der Migros in die transnationale Geschichte der Veränderungen im Einzelhandel einordnen, die mit dem Massenkonsum einhergingen. Dazu zählten vor allem ab den 1950er-Jahren europaweit Selbstbedienung und Supermärkte.[106] In beiden Fällen agierte Migros in der Schweiz als Pionierin. Das Wachsen an den Gegner*innen, die Inszenierung des Diskonts als Eintreten für die Konsu-

101 Brändli, Supermarkt, 331.

102 Schmid, Duttweiler; aus Sicht der Konsumvereine wesentliche Aussagen des Buches zusammengefasst: O. V., „Duttweiler durchleuchtet", in: Schweizerischer Konsum-Verein 37/50 (1937), 625–627.

103 Brändli, Supermarkt, 335.

104 Walder, „Landesring", 217.

105 Inserat „Schweizerwoche!", in: Schweizer Frauenblatt 15/44, 3.11.1933.

106 Brändli, Supermarkt; Welskopp, „Konzern"; europäischer Überblick: ders., Startrampe.

ment*innen hat man seither viele Male beobachten können, in der Schweiz selbst später an Denner, in Deutschland an Aldi, in Österreich an Billa und Hofer.[107] Bevor aber die Migros eine marktbeherrschende Stellung erlangte, nahm sie im Diskurs um das Konsumieren einen überaus prominenten Platz ein, der nicht durch die Standarderzählung von Revolutionen im Einzelhandel abgedeckt ist.

Duttweiler konnte in dieser Frühphase des Unternehmens eine doppelte, einzelwirtschaftliche und politische Glaubwürdigkeit aufbauen. Wie ihm das gelang, wäre eine detaillierte Untersuchung wert.[108] Hier aber soll genügen festzuhalten, *dass* es ihm gelang. Die Kandidatur von Unabhängigen unter der Ägide Duttweilers erreichte 1935 auf Anhieb sieben Mandate im Nationalrat und mündete 1937 in die Gründung des Landesrings der Unabhängigen, einer Partei, die selbst immerhin migros, mittelgroß wurde. Von der „Zeitung in der Zeitung" führte wiederum 1939 der Weg zur eigenen Tageszeitung *Die Tat*. Duttweiler und seine Migros setzten einen Kontrapunkt zum Konsumnationalismus à la Schweizerwoche. Das hinderte das Unternehmen nicht, an einer Bewerbung des Einheimischen teilzunehmen, sofern ihre mittelständische Konkurrenz es zuließ. Diese wurde nicht müde in ihren Vorwürfen, Duttweiler und seine Unternehmen wären unschweizerisch. Duttweiler ließ sich aber ebenso als Personifikation des widerständigen, gegen die Obrigkeit aufbegehrenden Schweizers verstehen. Das förderte letztlich seine Integration ins Pantheon der Schweizerhelden.

Der Wiener Schriftsteller Hans Weigel, der während der NS-Zeit in der Schweiz gelebt hatte, bewahrte stets eine große Sympathie für das Nachbarland. Er widmete ihm daher Anfang der 1960er-Jahre eine zur Monografie ausgebaute feuilletonistische Betrachtung. Seine Aufforderung an Nicht-Schweizer*innen sich für die Eidgenossenschaft zu interessieren, kleidete er in ein Zitat aus Schillers *Wilhelm Tell*. Der Buchtitel lautete: *Lern dieses Volk der Hirten kennen*. Für Imaginationen der Wehrhaftigkeit hatte Weigel, der einer der energischsten Kalten Krieger unter den österreichischen Publizist*innen war, etwas übrig. Der Migros widmete er daher ein eigenes Kapitel. Es endete mit der Vermutung: „Wäre Duttweiler anstelle Wilhelm Tells ausgezogen, den Übermut der Vögte zu brechen, hätte er Geßler nicht erschossen, sondern unterboten."[109]

---

107 Welskopp, „Konzern", 17; Tanner/Studer/Hiestand, Konsum, 673; Kühschelm, Selbstbedienung.

108 Brändli geht zwar auch in die Zwischenkriegszeit zurück, untersucht aber vor allem die 1940er- und 1950er-Jahre; Tanner/Studer (Konsum) bieten eine auf wenige Seiten beschränkte unternehmensgeschichtliche Skizze. Der Sammelband von Girschik/Ritschl/Welskopp, Migros-Kosmos, ist unternehmensgeschichtlich angelegt und bietet wertvolle Einsichten, erschöpft das Thema aber keineswegs.

109 Weigel, Lern, 96; vgl. als ein jüngeres Beispiel dafür, wie Migros in die Außenwahrnehmung der Schweiz einging: Sitzler, Gruezi, 139–144. Die Schweiz-Anleitung für deutsche Leser*innen beginnt die Darstellung der Rolle von Migros mit der Feststellung: „Dass das Leben zu Hause in geordneten Bahnen verläuft, dazu trägt die Migros viel bei." (139).

Weder dieser Gestus noch die Migros hatten in Österreich ein Pendant. Einen bürgerlichen Liberalismus vertraten Julius Meinl und sein Handelsunternehmen, jedoch mit einem imperialen und ständisch bürgerlichen Erbe identifiziert. Die Migros repräsentierte heterodoxe Formen eines Liberalismus, die eine sozialliberale Figur des *citizen consumer* in Diskurse um die Rolle des Konsumierens für die Nation einspeisten. Diese Diskursposition ist in Österreich eine auffällige Fehlstelle, in die zum Teil die sozialdemokratischen Konsumgenossenschaften eintraten. Vor allem nach 1945 trugen sie zur Platzierung von Wohlstandserwartungen in einer rund um die Idee des Lebensstandards rekonfigurierten Vorstellung von Österreich bei.[110]

110 Ellmeier, Mrs. Consumer; Kühschelm, Selbstbedienung.

Teil II: **Inszenierungen nationaler Ökonomie**

Überblick

Der vorige Teil dieser Studie hat Buy-National-Kampagnen als propagandistische Unternehmungen in ihrer Interaktion mit Werbewissen und mit einer Reihe von Akteur*innen – Expert*innen und Institutionen – untersucht. Die Auseinandersetzung war eng entlang eines Vergleichs zwischen Schweizer und österreichischen Konstellationen geführt.

Teil II wird den Blick erweitern und dabei von einem strikt komparatistischen Aufbau abrücken. Seine zentrale Frage ist die nach dem Platz des Konsumierens in der diskursiven Konstruktion von Nationalökonomie in ihrer Interaktion mit dem hegemonialen Projekt, der propagandistischen Synthese, die ich als nationale Ökonomie bezeichne. Ich sehe zwei Varianten: den moralisierenden Appell an die Konsument*innen, sich der Nation und der Nationalökonomie zu verpflichten, und die Vorstellung einer Realisierung von Wohlstand im nationalökonomischen Kreislauf. Diese beiden Varianten sind miteinander genealogisch verbunden, ihre jeweilige diskursive und wirtschaftspolitische Präsenz ist aber keine gleichmäßige und es gibt sie im 20. Jahrhundert in unterschiedlichen ideologischen Fassungen, von denen ich die christlichsoziale respektive konservative und die sozialdemokratische betrachte.

Die Konstruktion lässt sich auch nicht von ihren Inszenierungen lösen, oder um diese Einsicht in Richtung diskursiver Praktiken zu wenden: Das Konstruieren geht mit dem Inszenieren einher. Die Formierung von Vorstellungen vollziehen Akteur*innen in Aktantennetzwerken, zu denen benennbare und daher zu benennende institutionelle und politische Verknüpfungen sowie mediale Konfigurationen gehören. Ein Film verfügt über andere Darstellungsmöglichkeiten als ein Zeitungsartikel, ein Vortrag hat ein in einem Raum versammeltes Publikum im Auge, eine Umfrage versorgt Konzepte mit Zahlen. Die Analyse wird wiederum vielfach auf Aussagen zugreifen, die den Buy-National-Kampagnen oder ihrem Umfeld entstammen, aber auch über sie hinausgehen. Aussagen, die sich als ökonomisches Wissen verstehen lassen, bilden den Mittelpunkt und Akteur*innen, die sich der Ökonomie als Wissenschaft zuordnen lassen, spielen eine tragende Rolle. Da ich die nationale Ökonomie aber nicht nur für ein im landläufigen Sinn wirtschaftliches Projekt halte, sondern wesentlich für ein moralisches, kommen andere Akteur*innen und Wissensformen ebenfalls zum Zug, insbesondere soziologische Bemühungen, die Nation dingfest zu machen.

Das erste Kapitel analysiert, gestützt auf propagandistische Artefakte aus den Buy-National-Kampagnen der 1920er- und 1930er-Jahre wesentliche Metaphern und Narrative nationaler Ökonomie. Konkret geht es um nationale Ökonomie als Behältnis und als Kreislauf, der ein Wohlstandspotential hat, aber auch von Substanzverlust bedroht ist. Für diesen stand die Handelsbilanz und ihre Konzeptualisierung als Loch in der Einkaufstasche der Konsument*innen. Der Durchgang durch Konzepte und Narrative der nationalen Ökonomie endet mit dem Versuch ihrer Dekonstrukti-

https://doi.org/10.1515/9783110701111-009

on, den österreichische Ökonomen, namentlich Ludwig Mises, Joseph Schumpeter und Gustav Stolper, am Übergang von der Habsburgermonarchie zum Kleinstaat unternahmen. Am weitesten trieb es etwas später allerdings Walter Sulzbach, ein deutscher Ökonom, der sich maßgeblich auf Texte aus dem österreichischen Zusammenhang stützte. Er sah in der Nationalökonomie eine Mystifizierung und in der Nation eine „Räuberbande".

Nationale Ökonomie stand in einer Spannung zu imperialen Ambitionen und Bedrohungen. Dem geht das zweite Kapitel nach. Im Österreich der 1920er-Jahre konterkarierte die Aufforderung heimische Produkte zu konsumieren die Erinnerung an einen größeren Binnenmarkt und die Hoffnung der Eliten, informelle Herrschaft durch die Rolle der Wiener Banken und die Exporte der österreichischen Industrie aufrechterhalten zu können. Der Traum von diesem Imperium war aber nicht heimlich genug, um für die Anderen im ehemaligen Herrschaftsbereich des Habsburgerstaates akzeptabel zu sein. Auffällig ist der Unterschied zur Schweiz als Trittbrettfahrer der europäischen Expansion in eine kolonialisierte Welt. Die Außenhandelsabhängigkeit der Nationalökonomien von kleinen hochindustrialisierten Staaten machte den Export nicht nur zu einem wirtschaftlichen Anliegen, auf das Buy-National-Propaganda Rücksicht nehmen musste, sondern auch zu einem Vehikel nationaler Ökonomie, der Projektion von Stärke, auf die man gemeinschaftlich stolz sein wollte. Umgekehrt aber erschien der Import, d. h. der Export der Anderen, insbesondere dann bedrohlich, wenn man in ihm imperiale Ansprüche erkennen konnte – das betraf im 20. Jahrhundert zuvorderst die USA, das „Empire by invitation", zu dessen Unwiderstehlichkeit seine Konsumgüter wesentlich beitrugen.[1]

Einen Blick weiter zurück in die Vergangenheit wirft das dritte Kapitel. Sofern die von Buy-National-Kampagnen im 19. und 20. Jahrhundert verwendeten Topoi nicht neu waren – und für eine Neuheit spricht nicht viel –, lag die Vermutung nahe, man könnte ihre Genese oder doch zumindest ihre Präsenz in frühneuzeitlichen Prozessen der Staatsbildung aufspüren. Ich bin rasch fündig geworden und zwar bei den habsburgischen Kameralisten des 17. Jahrhunderts. Dieselbe Suche könnte man für die Schweiz durchführen. Man müsste nur Hinweisen des Schweizerwoche-Verbands nachgehen: z. B. auf einen Berner Patrizier, der 1824 vor der Schweizer gemeinnützigen Gesellschaft über die „freiwillige Verzichtleistung auf unnütze Bedürfnisse" referierte,[2] oder auf die Helvetische Gesellschaft des 18. Jahrhunderts.[3] Sie bemühte sich heftig, die Transformation eines losen Staatenbundes in

1 Münkler, Imperien, 229; De Grazia, Empire.
2 Wattenwyl, Verzichtleistung.
3 Konkret: *Patriotische Träume eines Eidgenossen*, und zwar des Luzerners Franz Urs Baltasar, der eine Schweizer nationalökonomische Bildung forderte. Hermann Frei, Wesen und Ziele des Schweizerwoche-Verbandes, in: Schweizerwoche-Verband (Hg.), Schweizer Art und Arbeit. Schweizerwoche-Jahrbuch 1924, Zürich 1924, 19–22, hier 19.

einen Nationalstaat zu denken.[4] Ihr Wiedergänger im 20. Jahrhundert, die Neue Helvetische Gesellschaft, brachte die Schweizerwoche hervor. Ich begnüge mich hier aber mit der bei Österreich ansetzenden Suchbewegung, denn sofern man eine genealogische Rekonstruktion nicht mit einer Einflussgeschichte verwechselt, ist der habsburgische Kameralismus auch abseits des Bodens, den er zu beherrschen trachtete, für die Auseinandersetzung mit Buy-National-Kampagnen aufschlussreich. Die Topoi, die Johann Joachim Becher und Philipp Wilhelm von Hörnigk im 17. Jahrhundert einsetzten, waren ebenso im 20. Jahrhundert in Verwendung. Hörnigk war Autor des Traktats *Österreich über alles*, dessen wirkungsgeschichtliche Spur ich in zwei Abschnitten des Kapitels durch das Österreich des 20. Jahrhunderts verfolgen werde. Die Referenz auf Hörnigk tauchte in den 1920er- und 1930er-Jahren an vielen Punkten einer zunächst christlichsozialen und deutschnationalen Verklammerung von Nation und Ökonomie auf, in der zweiten Hälfte des 20. Jahrhunderts auch in ihrer sozialdemokratischen Fassung.

Das vierte und fünfte Kapitel beschäftigen sich mit Expertendiskursen über das Konsumieren im Rahmen von nationaler Ökonomie, der hegemonialen Verständigung über Wirtschaft und Nation. Dabei geht es nicht um die akkurate Rekonstruktion der Wirtschaftsgeschichte zweier Kleinstaaten, sondern um die Hoffnungen und vor allem Sorgen, die den Experten das Konsumieren, die Konsumentenwünsche und die Perspektive breiten Wohlstands im Hinblick auf das moralische Heil der Nation bereiteten. Untersucht werden Diskurse aus der Schweiz der Zwischenkriegszeit und dem Österreich der Jahrzehnte nach 1945. Zu Wort kommen Ökonomen und Sozialwissenschaftler bzw. in Bezug auf Österreich die empirische Sozialforschung. Im Fall der Schweiz ruht der Fokus auf bürgerlichen Diskurspositionen. Als zentrale Auskunftsgeber fungieren die Schweizer Ökonomen Hans Töndury und Eugen Böhler. Töndury vertrat einen betriebswirtschaftlichen, Böhler einen volkswirtschaftlichen Zugang, beide standen in der Tradition der historischen Schule der Nationalökonomie. Böhler war über Jahrzehnte *der* wirtschaftspolitische Experte, an den sich der Bundesrat wandte. Mit der Herausforderung durch die Weltwirtschaftskrise konfrontiert, sah Böhler, darin repräsentativ für die dominante Linie der bürgerlichen Ökonomie, keinen anderen Weg als das Sparen. Dem entsprach eine moralische Beunruhigung über das Konsumieren, die kulturkonservativer Art war, aber auch in der politischen Linken ihre Anhängerschaft hatte. Man könnte dieselbe Geschichte über Österreich erzählen, sie wäre aber stärker in einem rechtskatholischen Korporatismus verankert, den in der Schweiz Jakob Lorenz vertrat. Ich interessiere mich hier indes vor allem für eine ‚respektable' bürgerliche Rechte, die bürgerliche Demokratie und eine nationale Ökonomie für vereinbar hielt. Das dadurch umgrenzte dominante Feld einer bürgerlichen Diskursivierung von Ökonomie stieß bei Lorenz schon an seine Grenzen. Selbst dieser ging aber in seiner Agitation für eine

4 Gugerli/Speich, Topografien, 32; dazu gehörte auch der Kampf gegen den fremden „Luxus": Im Hof, Helvetische Gesellschaft, 158–162.

autoritäre Revision der Schweizer Verfassung nicht soweit, die Abschaffung der Demokratie zu fordern. In Österreich setzte an dem Punkt der hegemoniale Diskurs erst ein, etwa bei dem Theologen und Nationalökonomen Johannes Messner.

Das fünfte Kapitel betrachtet den Prozess einer österreichbezogenen Nationalisierung seit den 1950er-Jahren als Zusammenspiel aus Wohlstandshoffnung und -erfahrung mit der Wiederherstellung des Kleinstaates. Die nationalisierende Kommunikation der Eliten hatte nun ein neues Instrument bei der Hand: die empirische Sozialforschung, die in Umfragen das Bekenntnis zu Österreich erheben und zugleich vorantreiben sollte. Als Einstieg in Befragungen zum Nationalbewusstsein diente bezeichnenderweise die Versicherung über den wachsenden Wohlstand. Während die konservativen Österreich-Inszenierungen für die Sozialdemokratie vorerst so wenig Attraktivität besaßen wie das austrofaschistische Regime, das diese forciert hatte, konnte sich die Arbeiterbewegung für einen keynesianisch moderierten Nationalstaat begeistern. Es ging um Österreich als Land zunehmenden Lebensstandards, als einer auch für die Arbeiterschaft gedeckten Tafel. An Alternativen zum Nationalstaat zu denken entschwand in eine austromarxistische Vergangenheit. Aufrecht blieb aber eine Reserve gegenüber einem hedonistischen Konsum. Wohlstand war die Lösung, Konsumieren hingegen weiterhin eine Gefahr. Darin trafen einander die konservative und die sozialdemokratische Verständigung über Österreich.

Die Geschichte der sozialdemokratischen Annäherung an die Nation ließe sich ebenso über die Schweiz erzählen. Dabei könnte man sogar früher einsetzen, etwa bei den Schriften Fritz Marbachs seit den späten 1920er-Jahren, die 1942 in einer *Theorie des Mittelstandes* kulminierten. Die österreichische Entwicklung ist jedoch die dramatischere: Auf die Liquidierung der Arbeiterbewegung durch das Dollfuß-Schuschnigg-Regime und den Nationalsozialismus folgte eine drastische Veränderung, insofern der Sozialdemokratie nun die Nation offenstand. Man kann allerdings auch vom radikaleren Prozess der Domestizierung sprechen, der in der Schweiz ausblieb, weil moderates Wachstum und bürgerliche Demokratie der Arbeiterbewegung einen weniger gewaltförmigen Weg zur Akkommodation bahnten.

Von zwei Varianten, das Konsumieren in die nationale Ökonomie einzufügen, habe ich gesprochen. Im Durchgang durch das Kapitel wird sich zeigen, dass in der einen – um Hörnigk zu paraphrasieren – die Konsument*innen zu ihrem Vater, dem Teufel, geschickt werden. Die andere trägt mehr einen paternalistisch sorgenden Charakter. Es sind aber zwei Seiten einer Münze, deren Denomination der Nationalstaat ist, der die Schließung des Sozialen versucht. Das schien in den Nachkriegsjahrzehnten freilich kein Problem, sondern die Garantie sozialen Friedens.

1 Metaphern und Narrative der Nationalökonomie

Der nationalbewusste Einkauf bezog sich zum einen auf die Gemeinschaft der Nation, mit dem Kaufakt traten die Konsument*innen zum anderen in die Sphäre der Nationalökonomie ein. Hier soll der Akzent auf dem patriotischen Kauf in seiner nationalökonomischen Dimension liegen. Drei Aspekte wird dieses Kapitel im Auge behalten: erstens die konzeptuelle und narrative Dimension der Ökonomie, daneben und damit verbunden aber auch zweitens deren multimodale Kommunikation, ihre mediale Konfiguration und Kumulierung zu Medienverbünden.[1] Drittens wird es die Adressierung von Frauen thematisieren, der hauptsächlichen Zielgruppe eines großen Teils der untersuchten Artefakte des Propagandadiskurses.

Wenn der Kabarettist Hermann Leopoldi 1936 seinen Mitbürger*innen empfahl: „Sauft österreichische Waren!", so sprach er vom individuellen Nutzen für den Körper des Weintrinkers. Die Propaganda in Österreich und der Schweiz hatte indes den Nutzen für einen kollektiven Körper im Auge: das Volk und seine Volkswirtschaft, den Nationalstaat und seine Nationalökonomie. Organisationen, die Konsument*innen zum patriotischen Einkauf anhielten, konnten daher nicht umhin, Vorstellungen von Wirtschaft zu artikulieren, ob in einer nationalökonomisch reflektierten Form oder als implizite Voraussetzung von propagandistischen Botschaften. Zwei konzeptuelle Metaphern mit unterschiedlichen Bedeutungsrastern traten in den verbalen und visuellen Texten auf: nationale Wirtschaft als Gefäß des wirtschaftlichen Handelns und die nationale Wirtschaft als Kreislauf, wechselseitige Abhängigkeit oder auch Kette der Konationalen. Diese zwei Varianten konnten miteinander verbunden werden. Nach 1945 kam in wirtschaftspolitischen Diskursen eine dritte Metapher hinzu, die in den 1930er-Jahren noch weitgehend gefehlt hatte: jene des Wachstums.[2] Die nationale Wirtschaft wurde in Buy-National-Diskursen der Zwischenkriegszeit zwar oft als Organismus vorgestellt,[3] doch war es zumeist kein wachsender – nicht in Österreich, wo man mehr um eine Stabilisierung am unteren Ende des Möglichen, um Lebensfähigkeit stritt, und nicht in der Schweiz mit ihrem moderaten Wohlstand.

Die Nationalökonomie und der Nationalstaat bildeten eine untrennbare Einheit. Als Denkfiguren beruhten beide auf derselben ontologischen Metapher, die sie als Behältnisse entwarf. Sie bestimmt auch in der Gegenwart maßgeblich unsere Vor-

1 Siehe die Definition von *media networks*, die Elsaesser (Propagating Modernity, 243) gibt: „formally or informally linked groupings of sometimes competing, sometimes mutually interdependent and complementary media practices and media discourses, variously centered on an exhibition practice, a specific city, a national company or international corporation, a professional association, or a party initiative and government institution".

2 Schmelzer, Expandiere; ders., Hegemony.

3 Zu organizistischen Metaphern in der deutschsprachigen Wirtschaftstheorie siehe Hutter, Organism.

https://doi.org/10.1515/9783110701111-010

stellung von Staat und Wirtschaft.[4] Die Nationalökonomie und der Nationalstaat, wie sie die bürgerlichen Eliten seit dem 18. Jahrhundert in vielen europäischen Ländern konzipierten, waren kein isoliertes Gefäß, sondern vielmehr eine nach Art der russischen Matroschka-Puppen ineinander geschachtelte Reihe von Behältnissen. Das kleinste und grundlegende waren die Familie bzw. der Haushalt. Ihnen wurden der nationale Staat und die nationale Wirtschaft übergestülpt, die wiederum in Behältnisse suprastaatlichen Charakters eingeschachtelt werden konnten. Den Schlussstein bildeten der bis heute nicht existierende Weltstaat und das trotzdem existierende globale Gefüge wirtschaftlicher Beziehungen, die Weltwirtschaft. Familie – Nation – Menschheit ergibt eine Trias von Gefäßen, von denen der Nationalstaat jedoch nur die Familie seinen Zielen verpflichten konnte. Die Menschheit hingegen entzog sich dem Nationalstaat. Humanität war als Forderung auch lästig, sobald sich Staaten anschickten, mit Hilfe der Nationalität zur Bestialität vorzustoßen. Die Nationalökonomie bildete das Zwischenglied zwischen dem dominierten Schutzraum Familie und dem dominierenden, potentiell gefährlichen Außenraum der Welt. Sie war die eigentliche Sphäre des Ökonomischen, deren Ordnung der Staat sicherte und für deren emotionale Verbindlichkeit die Nation garantierte.

Eine Dreigliederung hatte auch Friedrich List ins Spiel gebracht, um die nationale Ökonomie als die greifbare Mitte menschlichen Wirtschaftens erscheinen zu lassen. Über die politische Ökonomie englischer Herkunft klagte er, sie habe „vor lauter Menschheit, vor lauter Individuen die Nationen nicht gesehen“.[5] Der kleinste Körper, der uns hier begegnet, ist nicht die Familie, sondern das Individuum. Ein solches war indes nicht jeder einzelne, denn nicht nur den Konservativen des 19. Jahrhunderts, sondern ebenso den – nach damaligem Verständnis – Liberalen galt ausschließlich der Hausvater als Individuum im eigentlichen Sinn, der für die staatsbürgerliche Berechtigung den Ausschlag gab. An die Vorstellung vom Hausvater war durch ihre Genese auch jene von einer Nationalökonomie gebunden. Die Theoretiker der deutschen Romantik gewannen diese, indem sie die Ökonomik, die Lehre von der Führung des Haushalts, auf den Staat übertrugen – so maßgeblich Adam Müller, der List in der Kritik an Adam Smith vorausging.[6] Müllers Vorstellungen von Staat und Ökonomie erlebten im Österreich der 1920er- und 1930er-Jahre eine Renaissance. Othmar Spann, Meisterdenker des Korporatismus und zentrale Figur des „schwarzen Wien“[7], berief sich für seinen Universalismus auf den konservativen Romantiker.

In den Diskursen, die hier interessieren, erschien die Nationalökonomie als ein der Familie übergestülpter Behälter, so wie die Weltwirtschaft die Nationalökonomie überwölbte. Es handelte sich aber eben nicht um gleichartige Behälter, die sich bloß

4 Chilton, Security Metaphors; Chilton/Lakoff, Metaphor in Foreign Policy Discourse.
5 List, System, IV.
6 Greenfeld, Spirit, 158–165; Speich Chassé, Nation, 215; Kraus, Denken, 60; Müller-Schmid, Müller.
7 Wasserman, Black Vienna, 74–105; Senft, Vorfeld, 79–85.

in ihrer Größendimension unterschieden. Die Volkswirtschaft bezog sich auf die Familie als einen ihr wesensfremden Teil, dessen Aufgabe darin bestand, dem Wirtschaftskreislauf emotional gekräftigte Männer und längerfristig jene Produzenten zuzuführen, zu denen die Söhne heranwachsen sollten. Außerdem betrieb die Familie das Konsumieren als Marktentnahme, die sie in Berührung mit der nationalen Ökonomie brachte. An dem Punkt kamen weitere Behältnisse ins Spiel, tatsächliche, nicht bloß imaginierte, nämlich die Einkaufs- und die Geldtasche, die sich aber ihrerseits für konzeptuelle Projektionen eigneten. An dem Punkt gerieten außerdem die Frauen ins Visier: als die ‚typischen' Trägerinnen dieser Taschen und als die für die Aufzucht der Kinder Verantwortlichen.

Die Familie sollte in Bezug auf den Nationalstaat die Rolle einer Keimzelle spielen. Das Elternhaus musste die Heranwachsenden zu guten Staatsbürger*innen erziehen – und zu patriotischen Konsument*innen, wie Buy-National-Propaganda nicht müde wurde zu betonen. Zudem sollte die Innigkeit der Familie eine emotionale Ressource sein, die es auf den Nationalstaat zu projizieren galt, um ihn mit dem warmen Gefühl von Gemeinschaft zu umfangen. Lange bevor im Ersten Weltkrieg mit Schweizerwoche, Schweizer Mustermesse und Comptoir Suisse ein wirtschafts- und konsumpatriotischer Jahreszyklus etabliert wurde, hatte die Schweiz in den Landesausstellungen, die in größeren Abständen stattfanden, bereits ein publikumswirksames Spektakel geschaffen, das die Schweizer Produktion feierte und zum Genuss ihrer Früchte einlud.[8] Die erste Landesausstellung wurde 1883 in Zürich veranstaltet und als „Familienfest" beworben – im doppelten Sinn einer von Familien zu besuchenden Schau des Nationalen und einer Inszenierung der Nation als Familie. Es handelte sich aber keineswegs um eine Emotionalisierung abseits ökonomischer Verhältnisse, denn die Landesausstellungen boten eine „buchhalterische Bestandsaufnahme des nationalen Potentials", eine didaktisch avancierte Repräsentation der Nationalökonomie. Die Familie, die Nation, die Nationalökonomie sollten als einander organisch verbundene Gefäße der Ordnung erfahrbar werden.[9]

Der Haushalt, um den es der nationalisierenden Kommunikation ging, war die Kernfamilie aus Vater, Mutter und einer überschaubaren Anzahl von Kindern – meistens jedenfalls, denn das Dollfuß-Schuschnigg-Regime pflegte im Österreich der 1930er-Jahre eine ständestaatliche Imagination, die in eine vormoderne Vergangenheit wies. Das Regime idealisierte die Gemeinschaft der bäuerlichen Familie, die ihren Haushalt als wesentlich in sich geschlossene Subsistenzwirtschaft führte. Man sehnte sich nach einem heilen Ganzen – dem „ganzen Haus" eben,[10] das Otto Brunner, Historiker an der Universität Wien, in den 1930er-Jahren als Beschreibungsmatrix für das „alte Europa" vorschlug. Als „konkrete Ordnung", die den Trennungen der Moderne vorauslag, meinte Brunner das ganze Haus außerdem als

8 Bänziger, Moderne, 216–230.
9 Gugerli/Speich, Hirtenknabe; die zitierte Stelle („Bestandaufnahme"): 71.
10 Brunner, „Haus".

Denkfigur, die für die in seiner Gegenwart anstehende totalitäre Wiederherstellung der verlorenen Einheit Orientierung bot.[11] Das Gefäß, das die Familie enthält, ist also das Haus, und wie im Buy-National-Diskurs die Familie als Inhalt die Projektion einer positiven Emotion auf den Nationalstaat verbürgte, so stand das Haus als Form für jenen Schutz, den Familie und Bürger*innen benötigten.

Ein Radiovortrag des Schweizerwoche-Verbands von 1926 beschrieb die Volkswirtschaft als die Bauaufgabe, die dieses schützende Gefäß herstellte:

> Die Volkswirtschaft ist wie ein Haus, bei dessen Bau alle möglichen Erwerbstreibenden beschäftigt sind. Jeder Handwerker führt eine bestimmte Arbeit aus, aber nicht aufs Geratewohl oder wann es ihm beliebt, sondern in einer logischen Folge, weil der eine auf die Arbeit des anderen aufbauen muss. [...] In gleicher Weise setzt das Gedeihen der einheimischen Volkswirtschaft die nationale und wirtschaftliche Zusammenarbeit aller Volksglieder voraus. Erst das Zusammenwirken aller Kräfte von Industrie und Handel, Landwirtschaft und Gewerbe, von Arbeitgeber und Arbeitnehmer, von Produzent und Konsument, ergibt das harmonische Resultat.[12]

In dem hier gezeichneten Bild herrschte eine unaufgelöste Spannung zwischen Prozess und Ergebnis. Ein Haus erfüllt seinen Zweck, sobald die Bauarbeiten abgeschlossen sind. Danach kann zwar Erweiterung folgen oder Reparaturbedarf auftreten, doch es ist eben ein Ding, das seine Nutzer*innen dauerhaft in Gebrauch nehmen. So schwankte die Beschreibung zwischen einer Vorstellung der Volkswirtschaft, die diese, kaum getrennt von Staat und Nation, als ein Gefäß für das Leben der Schweizer*innen betrachtete, und der Vorstellung wirtschaftlicher und sozialer Zusammenhänge in diesem Rahmen. Nicht nur in der zitierten Passage kultivierte die Organisation Bilder der Verbundenheit der einzelnen Stände bzw. – so ein weiterer Radiovortrag einige Jahre später – einer „Schicksalgemeinschaft" von „Produktion, Warenvermittlung und Konsum" im „Kreislauf des Gebens und Nehmens"[13]. Die konzeptuelle Metapher der Nationalökonomie war so wie im Fall des Staates die eines Containers, der alle Akteur*innen umfasst, ob als gleiche oder in eine Hierarchie der ‚Stände' eingegliedert.

1.1 Der erzählte Kreislauf und seine Aktanten

1927 veranstaltete die Kampagne „Kauft österreichische Waren" ein Preisausschreiben, auf dessen Ergebnisse ich mehrfach zurückkommen werde.[14] Gefordert war eine Auseinandersetzung mit der Frage: „Warum wird so häufig ausländische Ware

11 Oexle, Staat – Kultur – Volk, 92.

12 SWA PA486, B83, O. V., Die nationale und wirtschaftliche Erziehung als Grundlage für das Gedeihen der schweizerischen Volkswirtschaft, Radiovortrag in Bern, 10.5.1926.

13 SWA PA486, B83, O. V., Wirtschaftliche Landesverteidigung, Vortrag Radio Basel, 18.10.1934.

14 WKW E 27.468/2, [1927] Prämierte Arbeiten 1927 und Jury.

der österreichischen vorgezogen und warum soll österreichische Ware mehr als bisher gekauft werden?“ Die erfolgreichen Einsendungen verteilte die Kampagne anschließend an die Presse und lud zu ihrer Verwendung ein. Sie wurden daher in Medien abgedruckt, die mit der Losung „Kauft österreichische Waren“ sympathisierten. Damit erfüllte sich ein Ziel, das die Kampagne mit ihrem Preisausschreiben verfolgte. Es sollte eine Kommunikation mit dem Publikum herstellen und Ergebnisse bringen, die wieder an das Publikum zurückgespielt werden konnten – als Stimmen aus der Bevölkerung, die Zustimmung signalisierten, und als Texte, die ihrerseits im Sinn persuasiver Kommunikation öffentliche Meinung gestalten sollten. Die Siegesbeiträge hatte eine sechsköpfige Jury ausgewählt, die sich aus den an der Kampagne beteiligten Interessenverbänden rekrutierte. Das aus heutiger Sicht prominenteste Jurymitglied war Engelbert Dollfuß, der spätere Kanzler und Diktator. Er übernahm diese Aufgabe für die Agrarwirtschaft in seiner Funktion als Amtsdirektor der niederösterreichischen Landwirtschaftskammer.

Eine der Einsendungen war als Märchen gehalten: „Der Dieb von Bagdad“ erzählte die Geschichte, wie Harun al Raschid, von einem Goldschwund in seinen Schatzkammern aufgescheucht, einen vermeintlichen Dieb suchen lässt. Schließlich erfährt er, dass die Händler und Konsumenten sich selbst und die Stadt bestehlen, indem sie Waren aus fernen Ländern kaufen. Von nun an widmen sich der Kalif und sein Wesir in allabendlichen Spaziergängen der Aufklärung über den Nutzen, den eine Beschränkung auf die Erzeugnisse aus Bagdad bringt. Der auf diese Weise lokal geschlossene Kreislauf aus Produzieren und Konsumieren erzielt rasch das gewünschte Resultat: „Und siehe! Kaum war ein Jahr vergangen, so begann Wohlstand und Friede aufzublühen.“

Dieselbe nationalökonomische Hoffnung findet sich auch in den übrigen Beiträgen, die bei dem Preisausschreiben ausgezeichnet wurden, in Propagandagedichten ebenso wie in Aufsätzen. Auf einige Schlagworte reduziert, die als Begriffe der Ökonomie auch sprachlich erkennbar waren, lautete der Gedankengang folgendermaßen: „Gesteigerte Nachfrage nach Inlandsware erhöht die Produktion, vermindert die Arbeitslosigkeit, hebt die Kaufkraft der Bevölkerung, verbessert die Handelsbilanz, stabilisiert die Währung.“[15] „Der Dieb von Bagdad“ kreist hingegen um die titelgebende Allegorie. Die Rolle des Diebs ist der Aktant im Quellbereich der metaphorischen Projektion, das Handelsbilanzdefizit ihr abstraktes Ziel. Umgekehrt sollten die Rezipient*innen das Handelsbilanzdefizit als paradoxen Diebstahl, als Schildbürgerstreich von gedankenlosen Konsument*innen und Händler*innen verstehen. Sie sollten von einem Konzept der Nationalökonomie und der ihm korrespondierenden statistischen Praxis zur Empörung über einen Diebstahl vordringen.

Man kann den „Dieb von Bagdad“ als die propagandistische Illustration einer nationalökonomischen Argumentation behandeln, doch ist zumindest die Frage berechtigt, inwiefern die Vorstellung des Diebstahls nicht auf das Argument zurück-

15 Ebd., Friedrich Meister, Psychologische Momente.

schlägt, ihm seine Färbung und handlungsorientierende Bedeutung gibt. Auch das liberale Vertrauen in Angebot und Nachfrage lässt sich nicht von der berühmtesten Metapher der Wirtschaftsgeschichte trennen, jener der unsichtbaren Hand.[16] Bezeichnenderweise formierte sich außerdem die Politische Ökonomie im Frankreich und England des 18. Jahrhunderts in enger Interaktion mit der Etablierung des Romans als narrativer Großform.[17] Man kann daher noch weitergehen und argumentieren, dass Metaphern und Erzählungen Ökonomie konstituieren. Seit den 1990er-Jahren haben das Forscher*innen, die sich mit der Ökonomie und ihrer Wissenschaftsgeschichte beschäftigen, auch zunehmend getan. Insbesondere Deirdre McCloskey hat – mit Bezug auf die konzeptuelle Theorie der Metapher, die auch für die vorliegende Studie grundlegend ist – einerseits auf die Bedeutung von Metaphern in der Ökonomie hingewiesen und zum anderen als ebenso wesentliches Moment die Rolle von Erzählungen für wirtschaftliches Wissen betont.[18] So ist auch die Form eines Märchens der Ökonomie näher als die Ansprüche einer mathematisierten Wissenschaft zugestehen. Märchen entfalten auf Basis eines begrenzten Inventars an Funktionen eine Erzählung.[19] Rund um einen zentralen Konflikt, der sich metaphorisch auf lebensweltliche Erfahrung und gesellschaftliche Phänomene umlegen lässt, gelangen sie zu einem Ergebnis, das sich aus dem Zusammenspiel von Struktur und Regeln ableitet. Darin teilen sie eine zentrale Eigenschaft von Modellen in der Ökonomie. Mary S. Morgan unterscheidet zwischen Fabel und Parabel: Werden Modellerzählungen als Fabel gelesen, entwickeln sie ein Prinzip und führen auf diese Weise in einen wissenschaftlichen Diskurs, als Parabel interpretiert dienen sie dem Verständnis und Handeln in der Welt.[20] Buy-National-Propaganda schöpft vor allem die letztere Variante aus.

Ohne die Möglichkeit verschiedener Grade an theoretischer Komplexität zu negieren, ist festzuhalten, dass metaphorische Projektionen und die Erzählungen, die durch diese Projektionen angetrieben werden, mehr als ein Oberflächenphänomen sind, das sich durch eine Systematisierung des Denkens abschütteln ließe. Aus der Perspektive einer Theorie der kognitiven Metapher ist diese nicht das rhetorische Mittel, um durch einen mehr oder minder geschickten Vergleich ein Konzept verständlich zu machen, sondern sie ist das Konzept selbst. Auch wenn man aber bereit ist zu konzedieren, dass wenigstens die Ökonomie des 20. und 21. Jahrhunderts durch ihre Formalisierung zu einer bildlosen Sprache gefunden habe, bleibt sie doch auf kognitive Metaphern angewiesen, sobald sie sich erklären will. Diese erfül-

16 Harrison, Adam Smith; Rothschild, Economic Sentiments, 116–156.
17 Turk, Idea, 99–121.
18 McCloskey, Storytelling; dies., Narrative; dies., Smart; die Ergiebigkeit narratologischer Zugänge zu ökonomischem Wissen lotet eine rasch wachsende Literatur aus: Morgan, World; Beckert, Imagined Futures; damit stellt sich die Frage nach einer historischen Ökonomie neu: Turk, Idea.
19 Propp, Wurzeln.
20 Morgan, World, 239–251.

len eine unersetzliche Funktion, um Ökonomie lesbar zu machen.[21] Am Schnittpunkt von Wissenschaft und Öffentlichkeit kommt daher weiterhin die Metaphorik zum Einsatz, die schon den Kameralisten und Staatstheoretikern des 17. Jahrhunderts diente, um ihren Gegenstand zu kommunizieren. Nimmt man Paul Samuelsons Einführung in die Volkswirtschaftslehre zur Hand, konkret die 18., gemeinsam mit William Nordhaus bearbeitete Auflage des zuerst 1948 publizierten Buches, wimmelt es nur so von Kreisläufen. Zudem erhält man die folgenden Erklärungen: „Der Geldfluss ist sozusagen der Blutkreislauf unseres Systems."[22] Das mag nach organischer Selbststeuerung klingen, doch bedarf es, wie die Autoren erläutern, des Geldmanagements durch die Notenbanken: „Wie ein Arzt, der sich für die Gesundheit seines Patienten interessiert, dessen Puls und Blutdruck misst, überwacht die Federal Reserve ihre Zwischenziele immer mit größter Aufmerksamkeit."[23] Geldmanagement ist nicht im wörtlichen Sinn eine medizinische Tätigkeit und die Konjunktion „wie" liefert das entsprechende Signal. Doch das ist nun tatsächlich eine bloß auf der Sprachoberfläche angesiedelte Distanzierung, sehr im Unterschied zum kognitiven Gewicht der verwendeten Metapher mit all ihren ideologischen und wirtschaftspolitischen Implikationen. Die Wirtschaft als Blutkreislauf des Staatskörpers ist mithin seit Jahrhunderten und ungebrochen bis in die Gegenwart eine Basismetapher des wirtschaftlichen Denkens.[24] In nationalökonomischen Diskursen, die dem Konsum eine patriotische Aufgabe zuweisen, gehörte sie daher im 20. Jahrhundert fest zum Repertoire.

Die Vorstellung der Bewegung im nationalökonomischen Gefäß enthielt ein diachrones Moment, das nach einer Umsetzung in Erzählungen drängte.[25] Eine Minimaldefinition der Erzählung fasst diese als eine kognitive Operation und Form der Darstellung, die Handlungen zu einer Abfolge verkettet, sodass daraus eine Geschichte resultiert.[26] Die Nationalökonomie ist freilich eine totalisierende Geschichte, die das Ökonomische in seiner Gesamtheit umschließt. Die Handlungen der Menschen geraten daher leicht zu einer Naturgeschichte des nationalen Körpers. Die Handlungen der Bürger seien, so der Schweizerwoche-Verband,

> Glied in der fortlaufenden Kette von Handlungen ihrer Mitmenschen. Durch die Verbindung aller Stände und Gruppen fliesst der nährende Blutstrom der Rohstoffzufuhr, der Verarbeitung, der Verteilung, der Arbeit aller derjenigen, welche nicht direkt im Produktionsprozesse stehen, aber doch auf diese oder jene Weise zu demselben beitragen.[27]

21 Pahl, Disziplinierung, 55.
22 Samuelson/Nordhaus, Volkswirtschaftslehre, 57.
23 Ebd., 750.
24 Siehe dazu auch im Kapitel II.3.
25 Als Überblick zur Erzähltheorie: Martínez/Scheffel, Einführung. Maßgebend für die jüngere strukturalistische Narratologie ist vor allem das Werk von Gérard Genette. Zu nennen ist außerdem die mit Hayden White verbundene geschichtstheoretische Diskussion.
26 Weber, Erzählliteratur, 11: „Erzählen ist serielle Rede von zeitlich bestimmten Sachverhalten."
27 Schweizerwoche-Verband, Jahresbericht 1923/24, 2.

Wenn die Vorstellung der Nationalökonomie dem Muster der Erzählung entsprach, so machte es sich die Propaganda angelegen – wie der Expertendiskurs auch –, den Spielraum des *récit* gegenüber der *histoire* (oder geschichtstheoretisch der *historia* gegenüber den *res gestae*) zu unterschlagen.[28] Im propagandistischen Artefakt überhöhten Imperative, die Rufzeichen atemloser Evidenz, die Erzählung zur Gewissheit – so im Entwurf eines von 1935 datierenden Werbetexts für den Kauf österreichischer Waren:

> Wer aber Heimatware kauft, der schafft für viele Menschen Brot. Und ists ein Groschen nur – er hilft, zu steuern arger Arbeitsnot! Verlange immer Heimatware vom Kaufmann – und es wirkt Dein Geld gleich fruchtbar weiter, weil sein Lager in der Fabrik er nachbestellt! Und die Fabrik heizt an die Schlote, schon rollt Dein Geld durch Post und Bahn – und welch ein Segen: allerorten stellt neu man Arbeitskräfte an! Verdient jedoch der Arbeitnehmer, statt dass der Staat ihn unterstützt, dann wird der Landwirt sehr bald merken, dass das auch seinem Absatz nützt! Drum jeden Groschen für die Heimat, der Wirtschaft Kreislauf braucht die Saat, es wirds das ganze Volk Dir danken, vom Landwirt bis hinauf zum Staat! Und geht es allen gut im Lande – Das wirst Du zweifellos verstehn – dann wird es eben auch Dir selber wohl letzten Endes besser gehn! Du hilfst Dir selbst, hilfst Du der Heimat! Das sag sich ernstlich jedermann! Drum kaufe nur mehr Heimatwaren. Auf deinen Groschen kommt's auch an...![29]

Eingangs stellte der Text die in den Jahren der Depression und zumal in Österreich als Kernargument propagierte These vor, dass der Einkauf heimischer Waren Arbeitslosigkeit mindere. Daran schloss sich ein Imperativ an, der die Rezipient*innen im vertrauten Du adressierte und in die beweisführende Erzählung einer Progression von Handlungen überging. Diese ergaben „der Wirtschaft Kreislauf". Diese Nominalphrase lieferte die in einen analytischen Signifikanten[30] gefasste Deutung der Abläufe. Noch die abstraktesten Beschreibungen ökonomischer Prozesse führen über viele Zwischenschritte auf semiotische Rekontextualisierungen von Alltagspraktiken zurück.[31] In der vorliegenden interdiskursiven Zurichtung eines Konzepts von Wirtschaft ist das leicht zu sehen. Menschen kaufen ein, Kaufleute bestellen Ware, Fabriken stellen diese Produkte her. Das sind beobachtbare Praktiken, an denen sich menschliche und nicht-menschliche Aktanten beteiligen. „Der Wirtschaft Kreislauf" könnte auch die Überschrift des Werbetextes lauten, denn die Nominalphrase stellt

---

28 Récit und histoire sind die Begriffe, die Genette in Anschluss und Modifikation von Todorov verwendet. Das dritte Element bei Genette wäre der narrative Akt. Martínez/Scheffel, Einführung, 25–27.

29 WKW E 27.468/3, Faszikel 1935, Nr. 10.

30 Ein analytischer Signifikant setzt sich aus mehreren unabhängigen Lexemen zusammen, ein synthetischer „faßt alle seine Seme in eins zusammen" (Link, Grundbegriffe, 141 f.). „Der Wirtschaft Kreislauf" ließe sich auch in den Satz „Die Wirtschaft ist ein Kreislauf" umformulieren. Es handelt sich mithin um eine Definition und an die Stelle des analytischen Signifikanten könnte ein synthetischer, nämlich „Wirtschaft" treten. Die Nominalphrase lenkt das Verständnis des propagandistischen Artefakts.

31 Zum Folgenden Leeuwen, Discourse and Practice, besonders zur diskursiven Rekontextualisierung von sozialen Akteuren, 25–54.

eine Einheit von Praktiken her, die sich auch separat betrachten ließen. Sie fügt diesen Praktiken eine Vorstellung hinzu, die aus der sequentiellen Anordnung der Handlungen nicht zwangsläufig hervorgeht, nämlich dass sie sich zu einem Kreislauf ordnen.

Über die Analyse der wesentlichen Aktanten lässt sich das Gesellschafts- und Wirtschaftsverständnis eines konservativen Regimes aufschlüsseln. Auffällig ist nicht die isoliert betrachtete Entscheidung für die eine oder andere verbale Umsetzung eines imaginierten Ablaufs, sondern die Beziehung der Signifikanten, der Wörter, im Syntagma, im Verhältnis zur Modifikation einzelner Aktanten entlang der paradigmatischen Achse.[32] Es ist eine doppelte, miteinander verbundene Analysestrategie: Die Relationen im textuellen Artefakt zeichnen sich dadurch schärfer ab, dass man einzelne Elemente durch Rückgriff auf den Fundus an Antonymen und näherungsweisen Synonymen ersetzt und fragt, was sich dadurch ändert. Das offensichtliche Vorbild für diese Methode ist Roland Barthes. Anders als Claude Lévi-Strauss pflegte er nicht den naturwissenschaftlichen Gestus vermeintlicher Objektivität, der noch an Foucaults *Archäologie* unangenehm aufstößt, sondern einen spielerischen Zugang. Das trägt der Offenheit von Sprache und Geschichte besser Rechnung. Der analytische Prozess lässt sich daher auch nie ausschöpfen. Die sich bietenden Möglichkeiten sind unendlich, der Abbruch in letzter Konsequenz stets willkürlich und allenfalls mit dem Kriterium einer durch Verdichtung des Bildes erreichten Sättigung zu argumentieren. Einer basalen Hermeneutik entkommt man durch diese methodologischen Operationen nicht, doch löst die (post)strukturalistische Drehung eine Untersuchung von Texten aus den Dilemmata der unergiebigen Frage, ob und was sich die Autor*innen dachten, als sie einen bestimmten Signifikanten aus der großen Menge der potentiell verfügbaren wählten. Darüber lässt sich im hier interessierenden Fall auf Basis der verfügbaren Quellen ernstlich nichts sagen, wohl aber über die semiotische Stabilisierung von Bedeutung im propagandistischen Text.

„Der Wirtschaft Kreislauf", den der Werbetext ansprach, vollzog sich, sieht man vom zentralen Aktanten Geld ab, in einem Geflecht aus menschlichen Akteur*innen und Institutionen. Der habsburgische Kameralist Johann Joachim Becher hatte im 17. Jahrhundert drei Stände als grundlegend für einen Kreislauf des Wirtschaftens betrachtet: Bauern, Handwerker und Kaufleute.[33] Im propagandistischen Artefakt ist 250 Jahre später der Handwerkerstand in einen gewerblichen und einen industriellen Zweig aufgeteilt, doch ansonsten ist es weiterhin eine um die Produktion materieller Güter und ihre Vermittlung durch den Handel angeordnete Konzeption. Die in den Kreislauf involvierten Aktanten sind durchwegs in einer generalisierenden Form gegeben, jedoch unterscheiden sie sich darin, ob sie als Individuum, Kollektiv

---

32 Eine effiziente Einführung in diese Grundoperation strukturalistischer Analyse gibt Leach, Lèvi-Strauss, 52–54.

33 Sommer, Kameralisten, 40–45.

oder Institution repräsentiert werden. So führt der Text den Rezipient*innen den Kaufmann und den Landwirt, nicht den Handel und die Landwirtschaft vor. Das korreliert einer Präferenz der Mittelstandsideologie für den ‚kleinen' (aber ortsfesten und respektablen) Händler.[34] Die gewerbliche Mittelstandspolitik kontrastierte den für seine Ware persönlich einstehenden Kaufmann der Anonymität von Warenhäusern, Handelsketten und Genossenschaften. Im Fall der agrarischen Produktion platzierte die Rede vom Landwirt die Vorstellung einer Person, die selbst ihren Hof bewirtschaftete. Außerdem schob sie zum einen den Beitrag der abhängigen Familienmitglieder und Landarbeiter*innen in den Hintergrund und zum anderen die Existenz des Großgrundbesitzes.[35] Allerdings sprach der Werbetext auch nicht vom Bauer, der in der romantischen Verklärung ländlicher Subsistenz als Gegenbild zum Landwirt, der Agrarausgabe des homo oeconomicus, fungierte. Das konservative Regime baute in seinen Inszenierungen auf diese romantische Trennung, wenn es den Bauer als Kulturträger in den Mittelpunkt stellte.[36] Modernisierungsdiskurse zogen indes den Landwirt vor und auch an diesen partizipierte das diktatorische Regime, dessen erster Kanzler als Agrarexperte Karriere gemacht hatte.[37] Wenn die gängige Vorstellung des agrarischen Produzenten geteilt in den Bauer und den Landwirt auftrat, so benötigte das hier diskutierte propagandistische Artefakt den Letzteren als denjenigen, der an marktförmigen und durch Geld vermittelten Beziehungen und dadurch am Wirtschaftskreislauf teilnahm.

Der Kaufmann wiederum ließ sich gar nicht anders denken denn als Akteur des Wirtschaftskreislaufes. Die kaufmännische Praxis stand im Zentrum der Katallaktik, der Lehre vom marktvermittelten Tauschverkehr und war damit der politischen Ökonomie von ihren Anfängen her eingeschrieben. Kaufmann und Landwirt glichen einander immerhin dadurch, dass sie als Person auftraten, während der Text von menschlichen Akteuren abstrahierte, wenn er von der Fabrik (nicht den Industriellen) und dem Staat (nicht den Beamten oder der Regierung) sprach. Die Fabrik heizt die Schlote an, die Maschinen produzieren, die Beteiligung der Arbeiter*innen und Angestellten war allenfalls impliziert, jedoch nicht als die, die ihre Arbeitskraft gaben und Teil der produktiven Stände waren, sondern als jene, denen etwas gegeben wurde, die eine Anstellung erhielten und Arbeit nahmen. Zu geben hatten sie erst als Konsument*innen.

Die Rezipient*innen, individualisierend mit „Du" adressiert, trugen als „jedermann" – eigentlich: jederfrau – die Verantwortung für die Ingangsetzung eines nationalökonomischen *circulus virtuosos*. Sie standen der Heimat und dem Volk als ihr

34 Das Gegenbild waren die Hausierer*innen und Vertreter*innen, die damit auf einen moralisch so sehr wie ökonomisch prekären Rand des Handels verwiesen wurden. Vgl. Wadauer, Unrecht.

35 Hanisch, Politik; zum Großgrundbesitz, der freilich ökonomisch unter Druck geraten war und an politischem Einfluss verloren hatte: Melichar, >200 Hektar.

36 Vgl. die posthume Zusammenstellung von Passagen aus Reden und Artikeln des Bundeskanzlers: Dollfuß/Weber, Dollfuß an Österreich.

37 Schwarz, Politisieren; Langthaler, Wirtschaften; ders., Varieties.

respektive ihm verpflichtete Andere gegenüber. Das Volk reichte in einer vertikalen Hierarchie „vom Landwirt bis hinauf zum Staat“. Ein weiteres Gegenüber der Rezipient*innen als Verbraucher*innen bildeten die produktiven Stände. Jedoch gehörten sie dem ökonomischen Kreislauf an – als entscheidend tätige ebenso wie als profitierende, die sich durch den Kauf heimischer Waren selbst halfen. Von der patriotischen Orientierung ihrer Kaufakte hing der nationale Wohlstand ab.

1.2 „Wohin läufst du Schilling?“ – Kreisläufe des Wohlstands und der Verarmung

Vom nationalen Wirtschaftskreislauf erzählte auch ein Kinowerbefilm, der den Titel *Wohin läufst du Schilling?* trug.[38] Er ist ein besonders interessantes Artefakt der Buy-National-Propaganda: aufgrund seiner medialen Komplexität und weil er die Potentiale einer Vorstellung von Nationalökonomie als Kopplung aus Kreislauf und Behälter in zwei Richtungen durchspielte. Er führte einen *circulus virtuosus* und einen *circulus vitiosus* vor, in dessen Rahmen die Kaufentscheidung der Konsumentin jenen Punkt markierte, der den Ausschlag gab. Hier entschied sich, ob ein Kreislauf des Wohlstands begann oder der Weg ins Elend führte, zu einem Kreislauf des Abfließens von Geld als Substanzverlust der Wirtschaft.

Die Schweizer und österreichische Buy-National-Propaganda nützte eifrig Radio und Film, in den 1920er-Jahren die neuen Medien persuasiver Kommunikation.[39] Die beiden Medien unterschieden sich freilich darin, dass es – das Vorhandensein der Senderinfrastruktur einmal vorausgesetzt – kaum Kosten verursachte und wenig Überlegung erforderte, eine Radiosendung zum Thema Wirtschafts- und Konsumpatriotismus zu produzieren. Man übertrug dafür die alte Form des mündlichen Vortrags schlicht auf das neue Medium. In den Film ließ sich hingegen die propagandistische Rede vorerst nicht übernehmen, denn Sprache konnte in Zeiten des Stummfilms nur beschränkt und in schriftlicher Form Eingang finden. Die beiden Medien unterlagen gegengleichen Beschränkungen: Die Radiosendung konnte im wörtlichen Sinn nichts zeigen, der Film nichts sagen. Allerdings reichte der Radiovortrag durch die Ausführung konzeptueller Metaphern, z. B. der Vorstellung von der Nationalökonomie als Hausbau, ans Visuelle heran. Der Stummfilm konnte wiederum durch Schrifttafeln, die den Szenen zwischengeschaltet wurden, und durch in den Szenen selbst präsente Schriftelemente die visuelle um eine sprachliche Er-

---

38 Vgl. Moser, Werbefilm, 115–119.

39 Die ersten Werbefilme datieren aus den Anfängen des Films vor 1900. In den 1920er-Jahren wurden sie ein gängiges Medium der Markenwerbung. Reinhardt, Reklame, 330–358; zum frühen österreichischen Werbefilm Aufsätze von Karin Moser, z. B.: „Hygienisch“, und ihre Monografie: Werbefilm.

zählinstanz erweitern.[40] Die Gewichtung ist trotzdem eindeutig: Radio definiert sich durch Hörbarkeit, Film durch Sichtbarkeit. Die Kopräsenz von Sprache/Schrift und (bewegtem) Bild wirft die Frage auf, wie das den Film konstituierende visuelle Erzählen und die sprachliche Erzählinstanz zusammenspielen, ob sie einander ergänzen oder sich paraphrasierend respektive illustrierend zueinander verhalten.[41] In *Wohin läufst du Schilling?* ergab sich eine Beziehung von Sprache und Bild, die an jene zwischen diesen Modi der Kommunikation in Werbeinseraten erinnert. Es bietet sich daher an, die von Roland Barthes eingeführte Differenzierung von Verankerung und Relais auf die Abfolge von Bildsequenzen und sprachlichem Text anzuwenden.[42] Die Schrifttafeln kooperierten zumeist mit Bildfolgen nach dem Muster des Relais, um die Handlung voranzutreiben. Zwei Schilder, die in die Szenerie eingebettet waren, verankerten diese hingegen. Sie reduzierten die Polysemie der Bildsequenz in einer entscheidenden, da nationalisierenden Weise. Ebenso engte ein Zwischentitel „Beim Arbeitsamt" die möglichen Erklärungen für die gezeigte Schlange von Männern darauf ein, dass es sich um Arbeitsuchende handelte.

Die Kampagnenverantwortlichen von „Kauft österreichische Waren" hatten bereits 1927 einen Trickfilm produzieren lassen, waren aber von dem Ergebnis nicht sehr angetan.[43] Deutlich besser ging es beim nächsten Versuch, als im Vorfeld der zweiten Österreichischen Woche, die Anfang März 1929 stattfand, die Österreichische Werbefilmgesellschaft den Film *Wohin läufst du Schilling?* produzierte.[44] Er zeigte „in anschaulicher Form die Gefahren der Bevorzugung fremder und den Nutzen der Bevorzugung heimischer Produkte".[45] Der achtminütige Spot, eine Kombination aus Real- und Trickfilm, lief in den Kinos Wiens ebenso wie in den Städten der Bundesländer. In der ‚Provinz' fand der Film dank des Vereins Volkslesehalle und eines Wanderkinounternehmens sein Publikum. Für 1929 kalkulierte die Arbeitsgemeinschaft „Kauft österreichische Waren" mit 1300 Spieltagen und rund 500.000 Besucher*innen.[46] Die 50 Kopien des Films blieben laut dem Tätigkeitsbericht der Kampagne auch im Folgejahr „stark begehrt". Er war weiterhin in Kinos zu sehen, darüber hinaus engagierten sich Interessenverbände und Firmen. So organisierte die Reichsorga der Kaufleute Vorführungen für ihre Mitglieder, während die Firma Brevillier & Urban ihn an 896 Schulen in allen Landesteilen zeigte – zugleich mit einem Film über die Bleistiftfabrikation, ihrem eigenen Metier.[47]

---

40 Zur Schriftverwendung im Stummfilm: Stenzer, Hauptdarsteller, 35–78.

41 Vgl. Kuhn (Filmnarratologie, 100), der auch noch die Möglichkeit disparater und polarisierender Verhältnisse anführt.

42 Zur „Rhetorik des Bildes" Barthes, Sinn, 28–46.

43 WKW E 27.468/3, Sitzungsprotokolle, Protokoll des erweiterten Exekutivkomitees, 16.1.1929, 4.

44 WKW; E 27.468/3, Sitzungsprotokolle, Protokoll des Exekutivkomitees, 23.1.1929, 1. Die Kosten für den Film betrugen 3.600 Schilling.

45 WKW E 27.468/3, Faszikel 1929, Bericht über die zweite „Österreichische Woche", 7.

46 WKW E 27.468/3, Jahresberichte, Tätigkeitsbericht für das Jahr 1929, 2 f.

47 WKW E 27.468/3, Jahresberichte, Tätigkeitsbericht für das Jahr 1930, 5 f.

Auch der internationale Konzern Unilever beteiligte sich und zeigte den patriotischen Spot in seinem neu eröffneten Lux-Institut. Die Einrichtung sollte Frauen in der effizienten Haushaltsführung beraten – unter besonderer Berücksichtigung der Markenprodukte aus dem Hause Unilever.[48] Die sich kumulierenden Kooperationen und Fusionen, aus denen 1929 der Konzern hervorgegangen war, hatten Aufmerksamkeit erregt. Die sozialdemokratische und christlichsoziale Presse brachte misstrauische Berichte über die „Herren der Welt". Die *Reichspost* erklärte ihrer Leserschaft über die österreichischen Ableger des Konzerns: „Die sogenannten nationalen Industrien, die es bei uns und anderwärts gibt, sind in Wirklichkeit nichts anders als Tochtergesellschaften des Trustes."[49] Die hier zum Ausdruck gebrachte Reserve hinderte Unilever gerade nicht an der symbolischen Fusion aus Markenprodukten und Österreichpatriotismus.

Auch im Rahmen der Kochvorträge, die von der Kampagne „Kauft österreichische Waren" organisiert wurden, gab es den Film zu sehen. Er „interessiert die Damen stets", so die Verantwortliche.[50] Den Spot verwendete die Kampagne noch in den 1930er-Jahren, denn man beurteilte die Filmpropaganda „als außerordentlich wirksam".[51] Den Inhalt fasste 1929 die *Badener Zeitung*, ein bürgerliches Blatt aus einer Kleinstadt nahe Wien, zusammen:

> Hübsche Trickbilder zeigen, wie eine Dame in ein Geschäft eintritt, auf dessen Portal die Worte „Feinste Auslandsware" zu lesen sind. Nach erfolgtem Kaufe geht sie an den Auszahlungsstellen für Arbeitslose vorbei. Ihre Schillinge laufen über die Grenze. Im Gegensatze hiezu sehen wir in einem anderen Bilde den Kauf von Waren, auf denen verzeichnet steht „Made in Austria" (österreichisches Erzeugnis), wobei die Dame die ihr angebotene Auslandsware ablehnt. Sie bezahlt den Kaufpreis, ihre Schillinge springen, hüpfen herum, laufen in ein Fabrikstor, wo der Portier eine Tafel aushängt „Hier werden Arbeiter aufgenommen", in eine Werkstätte, wo Hobelbänke vermehrt werden, in ein Gehöft, wo der Viehstand verdoppelt wird, und in ein Chefzimmer, wo den Angestellten eine Gehaltsaufbesserung ausbezahlt wird und eine weibliche Bureaukraft angestellt wird. Die neue Beamtin besorgt hierauf verschiedene Einkäufe, schwingt fröhlich Pakete in der Hand mit den eben gekauften Waren und erscheint am Schlusse als die wohlbekannte Plakatfigur.[52]

Mit der ersten Einstellung des Werbefilms eröffnete sich der Blick ins Innere eines Warenhauses, der Kathedrale des gehobenen bürgerlichen Konsums und der luxuriösen Warenvielfalt (Abb. 7). Beraten von einem distinguierten Verkäufer, prüfte eine mondän gekleidete Dame Stoffe. Das Setting und die Handhabung des Materials durch die prospektive Kundin deuteten an, dass es sich um hochpreisige Ware handelte. Begleitet von einem Verkäufer, der ihr höflich, aber insistierend den Weg

48 O. V., Eine Beratungsstelle der „Lux"-Werke für Hausfrauen, in: Reichspost, 22.1.1930, 5.

49 O. V., Fusionierung und Vertrustung, in: Reichspost, 16.10.1929, 9.

50 WKW E 27.468/1, Personen A–Z, Erna Zelinka an die Propagandastelle „Kauft österreichische Waren", 2.4.1931.

51 WKW E 27.468/3, Sitzungsprotokolle, Protokoll der Vollversammlung, 20.5.1931, 5.

52 O. V., Die österreichische Woche, in: Badener Zeitung Nr. 19, 6.3.1929, 1 f., hier 1.

wies, ging sie zum Kassenschalter, zahlte und schloss damit die Transaktion von Geld gegen Ware ab. Die Antwort auf die vom Titel des Spots gestellte Frage, „Wohin läufst, du Schilling?", gab bereits in der Anfangsszene ein großes Schild, das die Stoffe als „feinste Auslandswaren" bewarb. Die schriftliche Information war unverzichtbar und dieser Umstand verweist auf eine Schwierigkeit der Buy-National-Propaganda. Die ausländische Herkunft einer Ware musste verbal, durch Nachfragen der Konsument*innen und Auskunft der Verkäufer*innen, durch Schrift oder konventionalisierte Bildzeichen kommuniziert werden, denn in den meisten Fällen verrieten weder die Optik noch die Haptik, dass es sich um ein Importprodukt handelte. Das aber war das entscheidende Kriterium: Das Produkt hatte auf seinem Weg in den Einzelhandel eine Staats- und Zollgrenze passiert. Erst dadurch, nicht durch seine Funktionalität oder Ästhetik, wurde es im wirtschaftsnationalistischen Diskurs fremd. Aus dem Importcharakter ergab sich indes auch die Suggestion eines Widerspruchs zum Nationalcharakter, die den Rezipient*innen distanzierende Deutungen nahelegte.

Abb. 7: Im Warenhaus – Szene aus *Wohin läufst du Schilling?*
Quelle: Filmarchiv Austria.

Der Hinweis, dass hier „feinste Auslandswaren" zum Verkauf standen, verband sich mit dem Warenhaus als gedanklichem Rahmen (die Domäne bzw. der Frame in linguistischer Terminologie), der zur Problematisierung des Kaufakts beitrug. Das Warenhaus war als ‚Ort' oder ‚Schauplatz der Moderne'[53] heftig umstritten. Seine symbolische Bedeutung ging weit über die ökonomische Relevanz einer Absatzform

53 Geisthövel/Knoch, Orte der Moderne; Lindemann, Warenhaus.

hinaus, die nur einen kleinen, aber eben auffälligen Teil des Einzelhandels repräsentierte. Über das Warenhaus ließ sich die mögliche – drohende oder herbeigesehnte – Expansion des Konsums thematisieren. Es war ein Phänomen der Ambivalenz, zwischen Vergnügen und Verderben, Begehren und Verführung, Noblesse und Massenzugriff. Die vom ‚bodenständigen' Handel gerittenen Attacken setzten das Warenhaus, häufig als jüdische Vertriebsform denunziert, dem wahrhaft Deutschen entgegen.[54] Das etablierte eine konzeptuelle Metapher, die das Warenhaus in ein prekäres Verhältnis zur Vorstellung einer ‚gesunden', starken Nation brachte.[55] Das Warenhaus bot sich indes trotzdem als Sinnbild der modernen Gesellschaft und der modernen Ökonomie an,[56] die zumindest implizit stets als nationale gedacht wurde. Das Warenhaus ist eine Institution, ein ökonomisches und kulturelles Regelsystem, aber auch im physischen Sinn ein Behälter, eben ein Haus, eine gebaute Form, die dem Handeln Raum gibt und Grenzen setzt. Sie ermöglicht zudem die Kontrolle der Bewegung von Menschen und Dingen zwischen einem Innenraum und einer Außenwelt, ein ebenso für den Staat angestrebtes Ziel, das auch der Werbespot explizierte. Gezeigt wurde, wie nach der Transaktion an der Kassa Kundin und Geld das Warenhaus verließen und wie die Schillingmünzen die durch den Zollschranken signalisierte Staatsgrenze querten. Sie entschwanden ins Ausland, was, so eine Schrifttafel, „dem fremden Zöllner sehr behagt!". Als spezifisch moderner Behälter sozialer Interaktion führte das Warenhaus Menschen der unterschiedlichen Klassen in einer Verschränkung aus Arbeit und Konsum zusammen, ohne dass es alle Hierarchie beseitigt hätte, sondern sie – auf eine kapitalistische Grundlage gestellt – transformierte und erneuerte.

Kulturkritische Diskurse schossen sich auf das Warenhaus als Ort der Verführung von Frauen ein. Durch das Raffinement der Produktpräsentation auf ihre Triebhaftigkeit verwiesen, verschwendeten sie das „vom Manne schwerverdiente Geld", wie eine typische Formulierung lautete.[57] Die Vorstellung sexueller Untreue und Unzucht verschmolz mit der des durch männliche, ‚semitische' Verführer induzierten Kaufrausches im Warenhaus. Dieser gefährdete daher auch die patriarchale Ordnung der Nation. Wenn die Konsumentin im Film sich für die ausländische Ware erwärmte, so tat sie das als Ergebnis eines Beratungs- oder besser Verführungsgesprächs, das der Spot ins Bild rückte. Ebenso zeigte der Film den Gang zur Kassa in

54 Lenz, Konsum; Eminger, Gewerbe, 182 f.
55 Siehe dazu auch weiter unten 5.3.
56 Vgl. die Phänomenologie des Warenhauses, die Schrage entlang einer Schrift von Paul Göhre skizziert: Verfügbarkeit, 148–154. Göhre war protestantischer Theologe und Nationalökonom. Er bewegte sich von einem nationalen Liberalismus auf die Sozialdemokratie zu, als deren Mandatar er schließlich im Reichstag tätig wurde. In diesen Eckdaten zeichnen sich eine politische Biografie und Deutungskompetenzen ab, die in die Skizzierung des Warenhauses als Vexierbild der (nationalen) Gesellschaft eingingen.
57 Eifert, Geld, 35–40; Zitat: Erich Wulffen, Das Weib als Sexualverbrecherin. Ein Handbuch für Juristen, Verwaltungsbeamte und Ärzte, Berlin 1923, 79, zit. nach ebd., 35; Carter, Frauen, 156–160.

einer Szene, in der sich die Kundin halb umblickte, im Weitergehen fast zu zögern schien, während der Verkäufer mit einer Handbewegung den Weg deutete. Die Konsumentin war, daran ließ der Film keinen Zweifel, schlecht beraten und wurde auf einen Abweg geführt. Dem Motiv der Verführung stand eine Szene im bürgerlichen Heim gegenüber, die den Mittelteil des Spots bildende. In ihr klärte der Ehemann die Gattin über ihr Fehlverhalten auf: „In dieser schweren Zeit, mein Schatz, war Deine Wahl nicht ganz am Platz!“ Entlang dieser moralisierenden Achse wurden die Filmsequenzen im Warenhaus gespiegelt, und im dritten Teil des Spots sah man neuerlich die Kundin im Geschäft, zunächst auch wieder in der Interaktion mit einem männlichen Verkäufer, der allerdings das Kundengespräch einer Angestellten überantwortete. Anstatt der durch den fremden Mann vermittelten Auslandsware trat der aus dem Gespräch unter Frauen hervorgehende Kauf einer kleinen Handtasche, die ein Aufsteller als „Made in Austria“ kennzeichnete. Eine Schrifttafel lieferte die Bewertung des Kaufs: „Ja, liebes Fräulein, das ist richtig! **Der** Kauf ist für uns **alle** wichtig!“[58] Nach Abwicklung des Kaufs drehten sich die bezahlten Münzen im Reigen vor dem Warenhaus. Der Tanz im Kreis literalisierte die Metapher der Zirkulation, den nationalökonomischen Grundgedanken. Daran schloss sich eine Schrifttafel an, die Einblick in das seelische Leben der österreichischen Schillinge eröffnete: „Und froh verkünden ihre Mienen: ‚Nun können wir der Heimat dienen!‘“

Das in der Eingangssequenz des Spots präsentierte Schild „Feinste Auslandswaren“ hatte die ausgelegte Ware problematisiert und Konnotationen aktiviert, die aus dem Vorgang des Einkaufens importierter Stoffe einen Akt der Dummheit machten; schlimmer noch: Im Raum – und zwar in dem gedanklichen Raum, den der wirtschaftspatriotische Diskurs eröffnete – stand auch ein harscheres Urteil: die Einstufung des Kaufakts als Verrat an der Volksgemeinschaft. Verschiedene Mittel, darunter die Komik von Tricksequenzen, dienten dazu, dieser Deutungsmöglichkeit die Spitze zu nehmen. Vor allem aber waren es die Unwissenheit der Konsumentin, zu der sie sich offen bekannte, und ein Akt der tätigen Reue, die sie vor einem solch harschen Urteil schützten. Die Frau lebte in einer Welt des magischen Realismus. Die Münzen, mit denen sie gezahlt hatte, wurden lebendig und machten sich davon. Ihren Mann konfrontierte sie mit einer Beobachtung und einer Bitte: „Das Geld lief fort, hab's selbst gesehn. Erkläre mir, wie das geschehn!“ Während seine Frau vor einem Rätsel stand, verfügte der Gatte über ein Wissen, das den männlichen Bürger auszeichnete. Seine Klassenzugehörigkeit wurde durch die Szenerie offengelegt. Mit ihren Warenpäckchen hatte die Frau einen Salon betreten. Das großbürgerliche Aktantennetzwerk bestand aus einem im Bildzentrum befindlichen runden Tisch samt Sessel und Morgenrock, in dem der die Zeitung lesende Gatte steckte; im Hintergrund ein Fauteuil, rechts einer antikisierende Büste, links an der Wand ein Gemälde und in der Mitte der von einem Vorhang gerahmte Durchblick in einen weiteren

58 Hervorhebung im Original.

Raum (Abb. 8). Im Zuge der Aufklärung, die ihr der Ehemann in einem Zwiegespräch angedeihen ließ, griff die Frau nach der Zeitung.

Abb. 8: Im bürgerlichen Wohnzimmer
Quelle: *Wohin läufst du Schilling?*, Filmarchiv Austria.

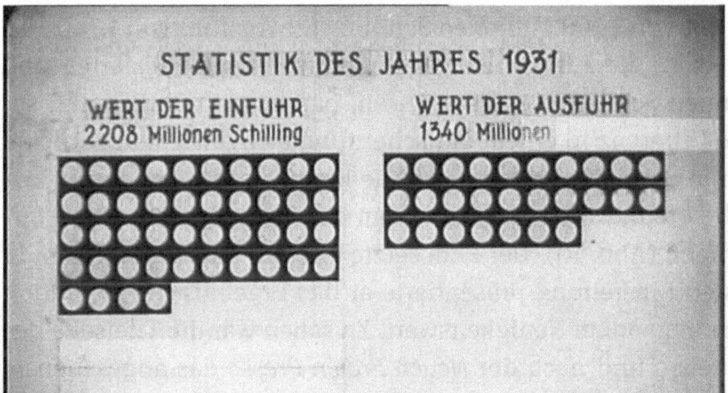

Abb. 9: Inszenierung der Handelsbilanz
Quelle: *Wohin läufst du Schilling?*, Filmarchiv Austria.

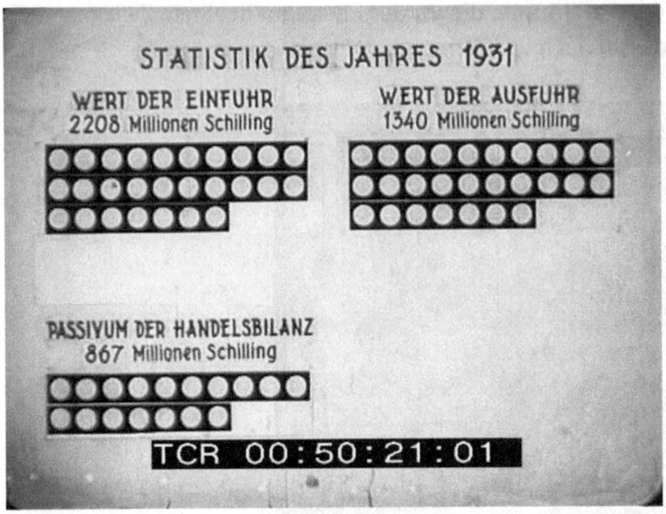

Abb. 10: „Passivum der Handelsbilanz"
Quelle: *Wohin läufst du Schilling?*, Filmarchiv Austria.

Eine Tricksequenz spielte nun für das Publikum die *hard facts* ein. In der 1932 verwendeten Fassung des Films war dies die Handelsstatistik von 1931: Eine Tricksequenz übertrug auf den Film das ebenfalls neue didaktische Mittel der Bildstatistik. Sie kontrastierte der Einfuhr von 2.208 Millionen Schilling die Ausfuhr von 1.340 Millionen Schilling. Aus Kreisen, die zum einen Schillingmünzen symbolisierten und zum anderen je 50 Millionen Schilling repräsentierten, bauten sich Balken auf, sodass sich die numerische Differenz in einem optischen Ungleichgewicht ausdrückte (Abb. 9). In einem weiteren Schritt wurde von den die Einfuhr darstellenden Münzsymbolen jene Menge abgetrennt, die dem „Passivum der Handelsbilanz" von 867 Millionen Schilling entsprach (Abb. 10). Der Film setzte also ein Balkendiagramm in Bewegung. In der nächsten Einstellung präsentierte er das Ergebnis der Operation als Information mit beunruhigendem Neuigkeitswert. Zu sehen war die Titelseite des *Neuen Wiener Tagblatt*, neben und nach der *Neuen Freien Presse* das angesehenste Organ des liberalen Bürgertums. Die Schlagzeile verkündete: „868 Millionen Schilling Handelsbilanzpassivum im Jahre 1931". Der Untertitel ergänzte: „Bei scharfem Rückgang des Außenhandelsvolumens 27prozentiger Sturz des Fertigwarenexports". Die zusammenfassende Bewertung nahm der Ehemann vor, indem er die Gattin sanft tadelte. Sie erfuhr, dass ihre „Wahl nicht ganz am Platz" gewesen sei. Handelsbilanz und Moral lagen somit dicht beieinander. Während die Belehrung den Angelpunkt des moralisierenden Narrativs bildete, war die Handelsbilanz das Kernstück einer volkswirtschaftlichen Argumentation in zwei einander diametral entgegengesetzten Varianten: der des Substanzverlusts und der Verelendung einerseits und der des Wachstums und der Prosperität andererseits. Der Spot spielte diese Argumentation in seinem dritten Teil, dem weitaus längsten, für die drei produzierenden Stände durch, für das Handwerk, die Landwirtschaft und die Industrie.

So sah man zunächst, wie sich ein Tischler an seiner Werkbank mit dem Hobel abmühte. In einer für die patriarchale Ehre kränkenden Szene musste er seiner Hemdtasche umständlich ein paar Münzen entlocken, um sie einem missbilligend die Augen verdrehenden Mädchen, wohl seiner Tochter, zu geben. Sobald aber die durch den Kauf österreichischer Waren in Umlauf gesetzten Schillingmünzen in den Betrieb einflogen, wandelte sich der Handwerker zum Unternehmer. Statt Arbeitskleidung trug er einen Anzug und beaufsichtigte die Tätigkeit seiner Mitarbeiter. Der Aufstieg zum Unternehmer spiegelte sich in einer Wendung zum glückhaften Vater-Tochter-Verhältnis. Statt ein paar läppischer Münzen konnte er dem Mädchen nun einen Geldschein anbieten, worauf sie ihm um den Hals fiel. Drastisch auch die Veränderung am Bauernhof. Sah man zunächst, wie eine Kuh auf der Alm gemolken wurde, so resultierte aus dem Geldzufluss umgehend die intensivierte Viehhaltung im Stall. Die Tiere standen jetzt ordentlich in Reih und Glied – sehr zur Freude der Kuh übrigens: „Die arme Kuh war so allein – Jetzt muht sie im Gesangsverein!" Zu guter Letzt wandte sich der Film der arbeitsbeschaffenden Wirkung des patriotischen Einkaufs zu, wobei er die Frage der Arbeitslosigkeit in typischer Weise mit dem Großbetrieb assoziierte: „Der Chef nimmt wieder Leute auf: Das ist des Schillings richt'ger Lauf!" Davon profitierte eine junge Frau, die neuerlich die Verbindung zum Konsum knüpfte. Während der Film auch Männer als Angestellte gezeigt hatte, war es dieser weiblichen Figur vorbehalten, nochmals an die Pflicht der Konsument*innen – oder eigentlich: der Konsumentinnen – zu erinnern. Eine Abfolge von zwei Schrifttafeln ließ die neue Angestellte sprechen. Den Ausruf, „O Freude angestellt zu sein! Vom ersten Geld gleich kauf' ich ein ...", komplettierte sie durch die Einschränkung: „... aber nur österreichische Waren!"

Abb. 11: Der ins Ausland vertriebene Schilling
Quelle: *Wohin läufst du Schilling?*, Filmarchiv Austria.

Als Konsument*innen, die Geld empfingen und/oder ausgaben, zeigte der Film nur Frauen: die großbürgerliche Dame, die Büroangestellte und die Tochter des Tischlers. Die Geschlechterrollen verteilten sich in den Sphären von Familie und Beruf in derselben Weise: Das Mädchen erhielt Geld vom Vater, so wie die Bürokraft die Erwerbsposition, die ihr den Einkauf ermöglichte, dem männlichen Chef verdankte. Männlichen Geschlechts waren auch die Münzen, wie die Großaufnahme einer Schilling-Figur verriet, die am Grenzbalken über das erzwungene Exil trauerte (Abb. 11). Sie hatte die Anmutung eines antiken Kriegers, der die Ein-Schilling-Münze als Schild trug. Die Zielgruppe des moralisierenden Auftrags war somit eindeutig weiblich, die Verantwortung dafür, den Kreislauf der Nationalökonomie in Gang zu halten, lag bei den Kaufentscheidungen der Frauen. Sie hatten es in der Hand, das männliche Geld bzw. das Geld des produzierenden Mannes ins Ausland zu vertreiben oder es in Österreich zu halten.

Die Wirkung, die sich die Kampagnenverantwortlichen von dem Film *Wohin läufst du Schilling?* erhofften, beruhte auf der „anschaulichen Form". Sie sollte Frauen und vor allem Frauen der Ober- und Mittelschicht zur Mimesis anregen. Diese Wirkung ist nicht belegbar und auch das „Interesse" des Publikums nur in einzelnen Zeugnissen behauptet. Ihnen mag man glauben, aber sie erlauben keine quantifizierende Bestimmung dieses Interesses. Dingfest machen kann man hingegen die textimmanenten Strategien, die eingesetzt wurden, um Wirkung zu erzielen, und konturieren lässt sich die Verklammerung verschiedener Wissensformen, Genres und Kommunikationsmodi sowie die dadurch erreichte Einbettung im Rahmen des zeitgenössischen Mediensystems.

Der Film betrieb eine multimodale Kommunikation. Sie umfasste Schriftlichkeit, bewegtes und diagrammatisches Bild. Zudem suchte er den Verbund mit anderen Medien[59]: In der Schlusssequenz ahmte die Büroangestellte, indem sie glücklich lachend Warenpakete emporhielt, als lebendes Bild ein Plakatsujet der Österreichischen Woche nach (Abbildungen 12, 13). Die Titelseite des *Neuen Wiener Tagblatt* erinnerte an die ständige Präsenz der Sorge um die Handelsbilanz in der Presse. Die weiter oben zitierte Passage aus der *Badener Zeitung* transformierte das vom Werbespot vorgetragene *récit* in eine verbale Nacherzählung des filmischen Geschehens, die ihrerseits auch die Verknüpfung von Spot und Plakat thematisierte. Diese Anschlusskommunikation eines Journalisten dokumentierte nicht die Wahrnehmung der Konsument*innen, indizierte aber, wie gut sich der Spot mit hegemonialen, von den politischen und medialen Eliten getragenen Anliegen verband.

59 Auf die Bedeutung solcher Medienverbünde macht hinsichtlich des Dokumentar- und Werbefilms Elsaesser (Propagating Modernity, 243–45) aufmerksam.

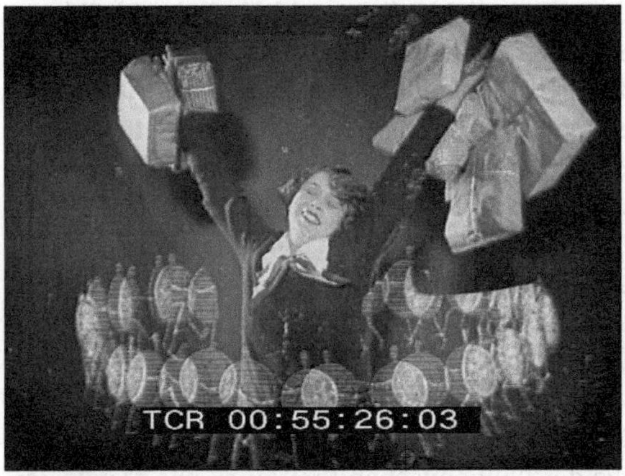

Abb. 12: Lebendes Bild
Quelle: *Wohin läufst du Schilling?*, Filmarchiv Austria.

Abb. 13: Plakat, 1929
Gestalter Otto Löbl (Atelier Otto); Quelle: Wirtschaftskammer Wien.

Die *Badener Zeitung* setzte außerdem die individualisierende filmische Erzählung, deren Plot sie referiert hatte, in eine generalisierende ökonomische Argumentation um. Sie nahm vom „erschreckend hohe[n] monatliche[n] Handelspassivum" ihren Ausgang und verwendete dieselben Metaphern des sich bewegenden Schilling, die der Film wörtlich nahm, indem er sie in Tricksequenzen zeigte. Der Käufer vergesse, „daß jeder Schilling, der ins Ausland rollt, unserer Wirtschaft entzogen wird. Es bleiben von ihm für Fracht, Zoll und Vertrieb bloß ungefähr 20 Groschen im Inlande [...] 80 Groschen wandern also an unserem inländischen Arbeiter, Beamten, Landwirt, Gewerbetreibenden, Fabrikanten und am Staate vorbei". Von den beiden Möglichkeiten des *circulus virtuosus* und des *circulus vitiosus* wurde nur die letztere im Text realisiert. Die abschließende Feststellung, „in diesem geschlossenen Kreislaufe des Wirtschaftsrades spielt sich das tägliche Leben ab", nahm dadurch eine klaustrophobische Qualität an. In der Skizze des ökonomischen Kreislaufs, mit der die Zeitung die Botschaft des Films wiederholte, sprach sie vom Käufer und in nationalpsychologischer Verallgemeinerung vom Österreicher, dem es an Selbstvertrauen mangle. Der Artikel endete aber mit dem von der Kampagne propagierten statistischen Datum, dass Frauen 80 Prozent der Einkäufe tätigten.[60]

1929 gab die Kampagne „Kauft österreichische Waren" außerdem Flugzettel aus, die ominös verkündeten: „Ihre Tasche hat ein Loch!"[61] Die gedankliche Nähe der Warnung zum Film *Wohin läufst du Schilling?* ist wieder offensichtlich. Der Spot inszenierte das abstrakte Konzept einer negativen Handelsbilanz als Vertreibung der Schillingmünzen. Das Flugblatt versuchte dasselbe zu erreichen, indem es die Vorstellung des nationalökonomischen Zusammenhangs aus einer ärgerlichen Alltagserfahrung gewann: Durch ein Loch im Portemonnaie gehen dem*der Besitzer*in Geldmünzen oder Geldscheine verloren. Das Flugblatt *Ihre Tasche hat ein Loch!* teilte mit dem Film *Wohin läufst du Schilling?* nicht nur die Botschaft, es war eine weitere Ergänzung des von der Kampagne *Kauft österreichische Waren* hergestellten Medienverbunds. Das Flugblatt kam unter anderem bei Vorführungen des Spots zur Verteilung.

Abseits der Integration verschiedener Medien in einem Diskurs des Buy National verdient eine weitere Art von Verbund Beachtung: die länderübergreifende Verfügbarkeit der Konzepte und Narrative, mit deren Hilfe sich die Vorstellung von nationaler Ökonomie, von einem die je eigene Gemeinschaft, den eigenen Staat schützenden Behälter, denken und propagieren ließ. So warb im Deutschland der frühen 1930er-Jahre eine Broschüre für den nationalbewussten Einkauf, indem sie auf der ersten Seite zweimal einen mit Goldmünzen gefüllten Topf abbildete (Abb. 14). Einmal verlor dieser durch ein Loch Gold – ein hilfreich mit „Ausgaben für ausländische Waren" bezeichneter Vorgang – und einmal bot er sich als intaktes Gefäß dar, nun bezeichnet als „deutsches Volkseinkommen". Die Projektion von einem kleinen

60 Badener Zeitung Nr. 19, 6.3.1929, 1 f.
61 WKW E 27.468/3.

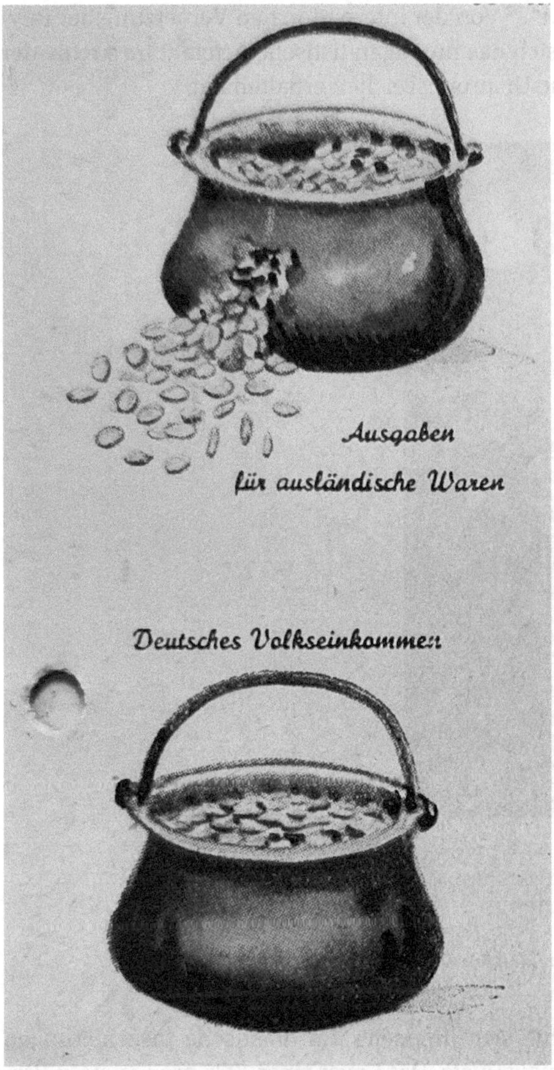

Abb. 14: Wenn der Pott ein Loch hat...
Quelle: Broschüre „Hand in Hand“, SWA PA486, D34.

Behälter als Ding auf die Vorstellung der Nationalökonomie wurde hier in besonderem Maß expliziert, denn der Fließtext erklärte: „Der große wirtschaftliche Behälter, der unsere Volkswirtschaft umschließt, hat auch ein Loch: Die Einfuhr entbehrlicher Waren!“ Das Sujet buchstabierte also die konzeptuelle Metapher aus. Zudem knüpfte es bei einer überkommenen Schatzvorstellung an und beanspruchte einen in der Tradition verankerten gesunden Menschenverstand. Gegen die „Einfuhr entbehrlicher Waren“ trat es mit dem im Titel gegebenen Zitat eines Volkslieds an: „Wenn dä

Pott äwer en Loch hat ... stopf es zu“.[62] Von der internationalen Vernetzung der Buy-National-Propaganda zeugt, dass sich das propagandistische Artefakt im Archiv der Zentralstelle für das Schweizerische Ursprungszeichen erhalten hat.

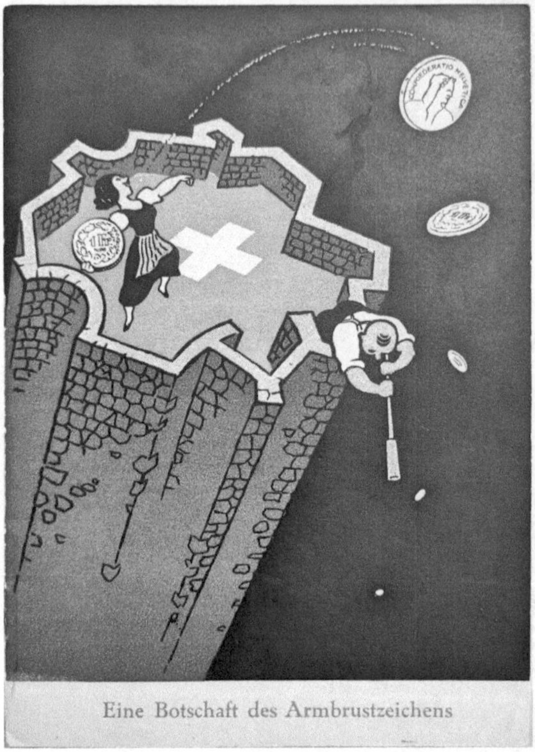

Abb. 15: Geld zur Festung hinaus, 1935
Quelle: Broschüre, SWA PA486, D194, Privatarchiv Armbrust/Schweizer Woche.

Die Armbrust-Organisation bemühte sich ihrerseits um drastische Inszenierungen des nationalökonomischen Substanzverlusts. Das Cover einer 1935 produzierten Broschüre visualisierte drastisch eine den Frauen pauschal unterstellte Gedankenlosigkeit (Abb. 15): Man(n) sieht die Schweiz als Festungsturm; eine Schweizerfrau wirft fröhlich die wertvollen Franken nicht zum Fenster, sondern zur Festung hinaus. Dem armen Schweizermann bleibt nichts anderes als mit dem Fernrohr den Münzen nachzusehen, wie sie in bodenlose Finsternis verschwinden – in ein als schwarzes Nichts repräsentiertes Ausland.[63]

---

62 SWA PA486, D34, Sigurd Paulsen, Hand in Hand. Nachschlagebüchlein über die wichtigsten Vorzüge deutscher Waren = Schriftenreihe des Volkswirtschaftlichen Aufklärungsdienstes 2, Essen, [ca. 1931].
63 SWA PA476, D194, Eine Botschaft des Armbrustzeichens, 1935.

1.3 Das österreichische Glück: Lebenshaltung statt Lebensstandard

Der Spot *Wohin läufst du Schilling?* richtete seine Einladung zur Identifikation nominell an alle, die Aufforderung begleiteten allerdings Konnotationen der Klassen- oder Schichtzugehörigkeit. Der Film eröffnete einen Raum des Konsumierens, der von den Wohlhabenden bis zum alten Mittelstand des Gewerbes und der neuen Mittelschicht der Angestellten reichte. Das Proletariat konnte nur Zugang erhalten, indem es sich dieser Mitte anverwandelte. Der Film wurde 1929, in einem Jahr noch günstiger Wirtschaftsentwicklung, gedreht, als diese Entwicklungsperspektive näher lag als 1932. Der Spot fand weiterhin Verwendung, inzwischen war aber die Arbeitslosigkeit explodiert. In ihrer visuellen Kommunikation, die zu ihren verbalen Statements in scharfem Kontrast stand, platzierte die Kampagne „Kauft österreichische Waren" immer wieder die Vision einer Gesellschaft, die durch die Konsumfähigkeit der ihr Angehörenden geeint wurde. Diese Vorstellung einer Mittelschichtsgesellschaft als österreichische Nation zu benennen wurde freilich vermieden. Die politischen und kulturellen Eliten waren sich hinsichtlich beider Ziele nicht hinreichend klar: weder ob sie eine österreichische Nation wollten noch ob ihnen eine ‚nivellierte Mittelstandsgesellschaft' überhaupt erstrebenswert schien.

Das Flugblatt *Ihre Tasche hat ein Loch!* verdeutlicht das Dilemma. Es entsprach in seinem Aufbau exakt jener des Films *Wohin läufst du Schilling?*, indem es spiegelbildlich die Vorstellung eines *circulus vitiosus* und eines *circulus virtuosus* platzierte. Den Anfang machte auch hier der Kreislauf des Substanzverlusts. Die grafische Gestaltung kennzeichnete die Warnung vor dem Loch als Blattvorderseite und damit als Einstiegsbotschaft. Man erfuhr, dass die gezeigten „Schillinge in Industrie, Handel, und Gewerbe unserer Heimat" fehlen, denn „Jahr für Jahr rollt Ihr Geld in die Fremde, statt im Land zu bleiben, neue Arbeitsmöglichkeiten zu schaffen und so wieder in Ihre Tasche zurückzukehren". Bereits hier ist die Alternative, der *circulus virtuosus*, als ungenützte Chance angedeutet. Die Rückseite des Blatts führte diese Vorstellung breiter aus. Es verwendete als ein weiteres Element des Medienverbundes einzelne Strophen eines konsumpatriotischen Gedichts, das, unter dem Kennwort „Wind um die Ohren" eingereicht, bei einem Preisausschreiben der Kampagne ausgezeichnet worden war.[64] Hier erstand vor den Augen der Leser*innen das Bild rauchender Schlote, wenn man das Geld im Lande drinnen lasse und die Arbeit steige statt falle. Im Weiteren hieß es:

> „Lustig wird's im Topfe brodeln, nach der Arbeit schmeckt die Ruh',| Und am Sonntag geht's mit Jodeln| Berg und Wald und Wiesen zu!| Ist's auch nicht der Welten beste,| unser kleines Österreich!| Tages Arbeit – abends Gäste,| saure Wochen – frohe Feste,| darin macht's uns keiner gleich!"

64 WKW E 27.468/2, [1927] Prämierte Arbeiten 1927 und Jury, Kori Towska, Wind um die Ohren; abgedruckt z. B. in: Innsbrucker Nachrichten, 3.11.1927, 3.

Die Aussicht auf einen funktionierenden Kreislauf mündete also nicht in die Vision rasanten Wachstums oder einer ‚amerikanischen' Welt, dicht besetzt mit langfristigen Konsumgütern, wie es seit den 1950er-Jahren die gängige Zukunftshoffnung war. Vielmehr wurde das Bild fabrikmäßiger Produktion durch die Vorstellung einer glückhaften vormodernen und daher wesentlich agrarischen Ökonomie gezähmt. Ihre Merkmale waren ausreichende Ernährung, ein durch festliche Höhepunkte strukturierter Jahreslauf und das Bekenntnis zur Mußepräferenz[65] als Ausweis des Österreichischen.[66] Das „kleine Österreich" repräsentierte nicht die beste aller möglichen Wohlstandswelten, denn als diese identifizierte man in den 1920er-Jahren bereits ‚Amerika'. Unter der Voraussetzung der Bescheidung in den ewigen Kreislauf aus „sauren Wochen" und „frohen Festen" war es jedoch die dem wahren Menschsein gemäße Welt.

Der *Volkswirtschaftliche Aufklärungsdienst* argumentierte 1935 für das von der Zeitschrift anvisierte Publikum an Multiplikatoren des Wirtschaftspatriotismus, was die Strophen aus dem Gedicht nur angedeutet hatten:

> Es ist nicht zwingend, daß eine Steigerung der äußeren materiellen Lebenshaltung eine Verstärkung der Lebenslust als solche nach sich zieht; übersteigerter Lebensstandard kann geradezu das gesunde Lebensgefühl untergraben. Es wird dies insbesonders dann der Fall sein, wenn – wie dies seitens der klassenkämpferischen Parteien gehandhabt wurde – die Erreichung eines hohen materiellen Lebensstandards als politischer Programmpunkt, ja als Recht des Proletariats hingestellt wurde, da ein Abstoppen auf der Forderungslinie ebenso unmöglich ist, wie das völlige Verschwindenlassen der Unterschiede in der Lebensführung der einzelnen Menschen. Es ist sicher, daß der Lebensstandard des amerikanischen Arbeiters in den Jahren vor 1929 (mit 5 Zimmerwohnung, Auto, Telephon, elektrischer Küche usw. usw.) turmhoch über dem des gutsituierten europäischen Bürgers stand. Aber auf die Dauer war es unmöglich diesen äußeren Lebensstandard zu halten [...] Dabei soll erwähnt werden, daß das Lebensgefühl eines Bauernknechtes in den österreichischen Alpenländern, dessen Realeinkommen kaum 10 % des dem vorerwähnten Amerikaners eigenen betragen haben mag, sicherlich ein ungleich höheres war. Lebensstandard, richtig verstanden, ist also dem Kern nach kulturelle Lebenshaltung.[67]

Die zitierte Passage war der Offenbarungseid eines konservativen Wirtschafts- und Konsumverständnisses. Eine den USA der 1920er-Jahre auch nur nahekommende

---

65 Groh, Strategien.

66 Hingewiesen sei hier nochmals darauf, dass die geschichtswissenschaftliche Formulierung der Vorstellung einer alteuropäischen Ökonomie, wie sie die einschlägige deutschsprachige Diskussion seither umtreibt, in der Zwischenkriegszeit, in Wien und konkret mit Otto Brunner einen ihrer Anfänge nahm. Man kann an diesen Anschlussstellen zwischen wissenschaftlichen und massenmedialen Diskursen ersehen, wie unentrinnbar die Konzepte Brunners mit einer konservativen Inszenierung von Gesellschaft verwoben sind. Am anderen Ende des politischen Spektrums verortet ist auch Karl Polanyi als ein Wiener Anfang zu nennen, bei dem ebenfalls der Eindruck einer nostalgischen Verklärung vormoderner Ökonomie nicht von der Hand zu weisen ist.

67 O. V., Volksentwicklung und Lebenswille in Österreich, in: Volkswirtschaftlicher Aufklärungsdienst Nr. 26, 15.5.1935, 6 f.

Prosperität schien jenseits des Machbaren, die hier gewählte diskursive Strategie wollte aber aus dieser Unmöglichkeit eine österreichische Tugend machen. Nicht unbedingt in einem Gegensatz dazu kann man in der Ablehnung einer breiten Verteilung der uns in der Gegenwart selbstverständlichen Palette an Konsumgütern auch die prinzipielle Reserve gegenüber einer Logik der Steigerung erblicken. Diese wurde erst in der zweiten Hälfte des 20. Jahrhunderts konsensfähig unter den politischen und ökonomischen – weniger unter den kulturellen – Eliten. Die kulturkonservative Imagination des Konsums und ihre nationale Aufladung gewannen quer durch Europa – im Grunde global, in Japan und Südostasien ebenso wie in Lateinamerika – in der Gegenüberstellung zu Amerika an Schärfe und Kontur.[68] Indem der *Volkswirtschaftliche Aufklärungsdienst* das Konzept der Lebenshaltung dem des Lebensstandards kontrastierte, nahm er eine Unterscheidung auf, die sich in den deutschsprachigen Diskursen um die Steigerbarkeit des Konsums seit dem 19. Jahrhundert greifen lässt. Lebensstandard war ein Konzept statistisch messbarer Wohlstandssteigerung. Es drängte nach einer über die gemessene Nation verteilten Gleichmäßigkeit von äußeren Lebensumständen.[69] Es fügte sich gut in nationalsoziale und sozialdemokratische politische Ambitionen. Der Begriff der Lebenshaltung konnte indes zwar annähernd synonym verwendet werden, behielt sich aber einen moralisierenden Spielraum vor. Dieser erhob nicht die Ausstattung mit Konsumgütern, sondern eine innere Einstellung zum eigentlichen Maß. In den Reformdiskursen der christlichsozialen Arbeiterbewegung hatte ein solcher Zugriff seinen Platz, aber auch in einer sozialdemokratischen Rede, sobald sie sich der Konsumkritik zuwandte.

„Kulturelle Lebenshaltung“ mochte zwar in den 1930er-Jahren – und auch nach 1945 – als österreichische Eigenart propagiert werden, doch die Orientierung des Appells für österreichbewussten Konsum am Vorbild der Propaganda in der benachbarten Schweiz kam nicht von ungefähr. Dort trieben die liberalkonservativen Eliten, der gewerbliche Mittelstand und sogar die Konsumgenossenschaften dasselbe kulturkonservative Spiel. „Und am Sonntag geht's mit Jodeln| Berg und Wald und Wiesen zu!“ – die Zusammenstellung von industrieller Produktion, landwirtschaftlichem Arbeiten und attraktiven Alpenlandschaften, die das Flugblatt der österreichischen Kampagne bot, war auch ein charakteristischer Zug der Plakate, mit denen die Schweizerwoche alljährlich für die hohe Zeit des patriotischen Einkaufs warb.

68 Vgl. dazu de Grazia, Amerikanisierung; dies., Empire; zu Österreich nach 1945: Wagnleitner, Coca-Colanization; Schweiz: Brändli, Supermarkt.

69 De Grazia diskutiert das US-Vorbild eines „decent standard of living“ und die europäischen Alternativen als Herausforderung von Messung und Politik: Empire, 75–129.

1.4 Passivum der Handelsbilanz und „Strumpfflut" – eine Bedrohung der Schweiz

Der Import von Dingen, die ‚wir' doch selbst genauso gut produzieren könnten, war der Kern des Buy-National-Diskurses. Der Außenhandel bildete damit einen zentralen Referenzpunkt und vor allem lieferte das Handelsbilanzdefizit eine Zahl, die sich in eine Aussage des Buy-National-Diskurses konvertieren ließ – als das berüchtigte Loch in der Tasche. Ein zeitgenössischer Versuch der Einordnung erblickte in Buy-National-Kampagnen einen „Gefühlsprotektionismus".[70] Die Etikettierung platzierte die Kampagnen als einen Zweig von protektionistischer Wirtschaftspolitik. In der Tat sahen viele Akteure aus Unternehmen und deren Interessenverbänden die Propaganda als einen probaten Ersatz für administrative Maßnahmen wie Zölle, Kontingentierung und Einfuhrverbote. Je nach Perspektive waren die Kampagnen gerade so viel, wie man den am Binnenmarkt orientierten Produktionsbetrieben zugestehen wollte, oder das beste, was unter den gegebenen Umständen erreichbar schien. Der gewichtigste Einwand gegen Buy-National-Kampagnen war stets die Gefährdung des Exports. Das Handelsbilanzdefizit bot umgekehrt eine geeignete Waffe im diskursiven Kampf. Die Komplexität von Handelsnetzen dampfte hier zu einer binären Opposition ein, die – gespiegelt um eine neutrale Mitte – eine negative und eine positive Variante des Überschusses kannte. Die Erfassung der Handelsbewegungen, die über das staatliche Territorium hinausführten, war schon in der frühen Neuzeit ein Brennpunkt merkantilistischer Theorien und Politiken gewesen. Die Bezifferung des Außenhandels gehörte daher zu den ersten Objekten statistischer Begehrlichkeit. Die Handelsbilanz war folglich eine problemlos verfügbare Zahl, an der sich mit einem Blick ablesen ließ, wie es um die Nation stand.

Wie stand es also um die Schweiz und Österreich? Die Frage sei in Grafik 11 auch auf Großbritannien ausgedehnt, mit seinen Imperial Shopping Weeks und dem Empire Marketing Board ein so wichtiger Bezugspunkt. Das Diagramm stellt die Entwicklung der Importüberschüsse, also des Handelsbilanzpassivums, in der Zwischenkriegszeit dar. Die Werte sind nicht miteinander vergleichbar, da jeweils in der Landeswährung angegeben. Ablesbar sind eine Grundsituation und ein Verlauf. Erstere ist die einer hochentwickelten Ökonomie, die mehr als nur den Austausch materieller Güter umfasste. Alle drei Länder waren daher stets ‚passiv'. Der Verlauf zeigte in Österreich eine Spitze nach der Währungsstabilisierung 1923, eine Phase eines gleichbleibenden Passivums Mitte der 1920er-Jahre und dessen Reduktion in der Weltwirtschaftskrise. Die Schweiz hatte eine fast ausgeglichene Bilanz während der Nachkriegskrise 1921/22 und zeigte ein steigendes Defizit in den ersten Jahren der Weltwirtschaftskrise, die in der Schweiz erst mit Verspätung einschlug. In Großbritannien veränderte sich das Handelsbilanzdefizit vergleichsweise wenig.

---

70 Hupka, Protektionismus, 133.

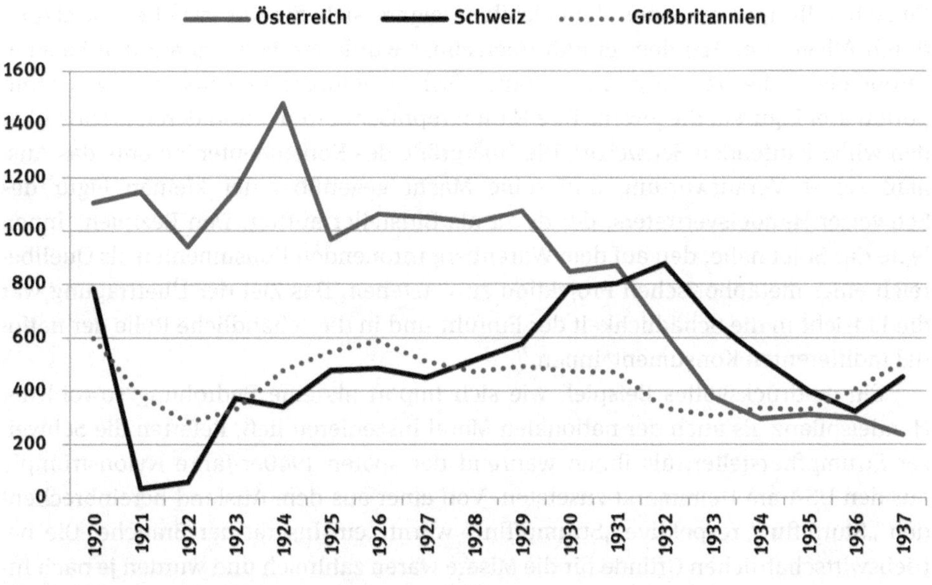

Grafik 11: Handelsbilanzdefizite 1920–1937 (in Millionen Schilling/Franken/Pfund)
Quelle: Butschek, Wirtschaftsgeschichte, 595; HSSO Q16a, Q16b; Großbritannien: Mitchell, Statistics.

Das Diagramm zeigt primär, dass sich hier im Hinblick auf die in allen drei Ländern betriebene Buy-National Propaganda wenig erkennen lässt; und das Wenige ist auch nicht isoliert aus dem Diagramm ableitbar. Es geht nur im Detail und der grafischen Umsetzung, aber nicht vom Prinzip her über das Zahlenmaterial hinaus, mit dem schon die zeitgenössischen Diskussionen operierten. In Richtung einer ausgeglichenen Bilanz bewegten sich die Länder eher nicht bei guter Konjunktur. Wenn etwa in Österreich 1927 die Kampagne „Kauft österreichische Waren" die Klage über das „Passivum der Handelsbilanz" zu einem Angelpunkt von Propaganda machte, so traf das nicht nur mit einem Außenhandelsvolumen zusammen, das nach Überwindung der Stabilisierungskrise wieder anwuchs, sondern die Exporte nahmen sogar stärker zu als die Importe. Von einem „Passivum" oder einem „Defizit" zu sprechen war vor allem eine diskursive Strategie, um bürgerlichen Hausvätern und einer Öffentlichkeit, die sich an ihnen orientieren sollte, zu signalisieren, dass die Nation an demselben Problem wie ein überschuldeter Haushalt litt.

Die Verantwortung der Konsument*innen kehrte das Satiremagazin *Nebelspalter* hervor, als es 1933 einen Schweizerbürger zeigte, der auf einem das Land zudeckenden Warenberg saß. Es ging unverkennbar um einen nationalökonomischen Sachverhalt, den Import von Waren. Die Handelsstatistik hätte Zahlen hergegeben, doch die Satire zieht andere Register. Der Zeichner wählte einen Berg an Warenpaketen, um Übersteigerung nicht nur als ein abstraktes Zuviel zu behaupten, sondern ihm visuelle Evidenz zu geben. Die volkswirtschaftliche Aggregation von unzähligen

Einzelhandlungen zu einer Handelsbilanz eignet sich für die visuelle Umsetzung durch Allegorien. Aus dem Einfuhrüberschuss wurde ein bequem auf den Paketen thronender Schweizerbürger, aus französischen, italienischen und deutschen Importen drei Figuren, die jeweils ihre Nation repräsentierten – und deren Freude über den willig kaufenden Schweizer. Die Übergröße des Konsumenten betonte das Ausmaß seiner Verantwortung und seine Macht gegenüber der kleinen Figur des Schweizer Handelsvertreters, der devot als Bittsteller auftrat. Den Rezipient*innen legte das Sujet nahe, den auf dem Warenberg thronenden Konsumenten als Quellbereich einer metaphorischen Projektion zu verstehen. Das Ziel der Übertragung war die Einsicht in die Schädlichkeit der Einfuhr und in die schändliche Rolle der national indifferenten Konsument*innen.[71]

Ein eindrucksvolles Beispiel, wie sich Import als eine Bedrohung sowohl der Handelsbilanz als auch der nationalen Moral inszenieren ließ, lieferten die Schweizer Strumpfhersteller, als ihnen während der späten 1940er-Jahre Nylonstrümpfe aus den USA am Heimmarkt zusetzten. Von einer aus dem Ausland hereinbrechenden „Sturmflut" respektive „Strumpfflut" warnte ein Inserat der Branche. Die betriebswirtschaftlichen Gründe für die Misere waren zahlreich und wurden je nach Interessenlage – etwa von den Erzeugerunternehmen zum einen, Import- und Einzelhandel zum anderen – unterschiedlich gewichtet.[72] Ein Faktor war der Schutz des Heimmarktes. Vor dem Ersten Weltkrieg wurde zwar noch über die Hälfte der in der Schweiz verkauften Wäsche- und Konfektionsprodukte importiert. In den 1920er-Jahren hatte sich das Verhältnis aber bereits gedreht. Eine 1932 eingeführte Kontingentierung für Bekleidungsimporte und schließlich der Krieg machten jede Sorge um ausländische Konkurrenz am Binnenmarkt überflüssig. Bei Bekleidung lag der „Selbstversorgungsgrad" 1937 bei 93 Prozent. Bis Kriegsende stieg er auf 98 Prozent an.[73] Die Nation hatte sich vollkommen um die Wäsche und Konfektionswaren geschlossen. Auch die Schweizer Strumpfhersteller dominierten den Heimmarkt nach Belieben. Inzwischen veralteten während des Kriegs freilich die Produktionsanlagen, zumal die Strumpferzeuger ihre Maschinen zuvor aus Sachsen bezogen hatten. Vor allem aber revolutionierte nach 1945 Nylon den Markt. Die neuen Strümpfe aus den USA drängten die Produkte aus Baumwolle und Seide rasch an den Rand. Die Schweiz, nicht kriegszerstört und mit intakter Währung, wurde zu einem der wichtigsten Zielländer der US-Strumpfexporte. Die Strumpfimporte in der Schweiz stiegen 1945 bis 1947 von nahezu Null auf Waren im Wert von 16,4 Millionen Franken.[74] Die „Strumpfbilanz" als binäre Gegenüberstellung von Verkauf ins Ausland und Kauf aus dem Ausland gestaltete sich stets ‚negativ', doch Ein- und Aus-

71 Jakob Nef, „gell, gelegentlich ...", in: Nebelspalter 59/42, 20.10.1933, 8.

72 Das Folgende auf Grundlage der Zeitungsberichte im Sachdossier Strumpffabrikation: SWA Volkswirtschaft H XII 13i. außerdem: Allenspach/Boßhardt, Konfektions- und Wäscheindustrie.

73 Allenspach/Boßhardt, „Konfektions- und Wäscheindustrie", 215 f.

74 O. V., Existenzfragen der schweizerischen Strumpfindustrie, in: NZZ, 13.5.1948.

fuhren hatten sich lange Zeit in einem sehr engen Rahmen bewegt (Tabelle 7). Die Schweizer Strumpfhersteller bemühten sich, mit eigenen Nylonprodukten nachzuziehen, doch das Material, ein Patent der US-Firma Du Pont, war über Jahre hindurch nur beschränkt verfügbar. Eine Nylonproduktion in der Schweiz schloss man wegen der hohen Investitionskosten zunächst aus. Die Materialknappheit endete erst, nachdem 1951 die Luzerner Société de la Viscose Suisse die Nylonproduktion aufgenommen hatte und damit eine Monopolstellung am Schweizer Markt erreichte.[75]

Tab. 7: Außenhandel in Strümpfen (Seide und Kunstfaser)

	Einfuhr	Ausfuhr	‚Strumpfbilanz'
1930	3.237	1.329	-1.908
1935	1.089	13	-1.076
1938	647	160	-487
1944	192	4.243	4.051
1946	6.430	4.548	-1.882
1948	25.542	2.266	-23.276
1950	25.534	7.765	-17.769
1952	21.902	6.544	-15.358

Werte in 1.000 Franken
Quelle: Allenspach/Boßmann, Bekleidungsindustrie und -gewerbe, 218.

Tab. 8: Fabrikpersonal ausgewählter Industriegruppen 1937 u. 1949

	Nahrungsmittel	Textil	Bekleidung	Uhren/ Schmuck	Maschinen	Chemie	Industrie gesamt
1937	25.860	61.855	43.738	37.685	68.549	12.154	360.003
1949	32.658	61.972	51.309	48.623	116.993	23.492	497.386

Quelle: Eidgenössisches Statistisches Amt, Jahrbuch 1950, 134.

Für die Strumpfhersteller war das zweifellos unerfreulich, aber welche Bedeutung hatten sie im nationalökonomischen Gefüge, das die Statistik zu erfassen suchte? Es handelte sich um 22 Betriebe, die mit rund 2200 Arbeiter*innen Baumwollstrümpfe herstellten.[76] Das war einerseits nicht wenig, andererseits nur 0,4 Prozent der Beschäftigten in der Industrie. Es entsprach auch bloß vier Prozent des Fabrikpersonals

75 Schumacher, „Nylsuisse", 70.

76 So die Angabe über die „eigentliche Cotton-Damenstrumpfindustrie" von einer dem Importhandel nahestehenden Seite: O. V., Die Neuregelung der Einfuhr von Nylonstrümpfen, in: NZZ, 16.12.1949; die Strumpfhersteller sprachen lieber von 3.000 Beschäftigten. Die eidgenössische Sta-

in der Industriegruppe Bekleidung und Wäsche (vgl. auch Tabelle 8). Grafik 12 zeigt die geschätzte Bruttowertschöpfung einzelner Konsumgüterbranchen in einem Zeitraum von den 1930er- bis zu den 1950er-Jahren. Gemeinsam ist den hier ausgewiesenen Branchen ihre relativ starke Binnenmarktorientierung. Die stärksten Ausschläge nach oben und unten verzeichnete die Gruppe Kleidung und Schuhe. Nach einem starken Anstieg seit 1945, fiel die Wertschöpfung 1948/49 drastisch, um fast 40 Prozent. Das unter diesem Rubrum versammelte Konglomerat an Unternehmen war also mit einem enormen Einbruch konfrontiert, der auffallen musste.

Der Anteil von Bekleidung und Schuhen an der Bruttowertschöpfung des sekundären Sektors belief sich 1948/49 auf neun respektive sechs Prozent (Tabelle 9). Genaue Zahlen liegen mir nicht vor, aber die Strumpfindustrie machte sicherlich nur einen kleinen Teil dieses selbst bereits kleinen Teils der Wertschöpfung aus. Dass den Unternehmern und Beschäftigten in der Strumpferzeugung die Absatzeinbußen heftige Sorge bereiteten, war betriebswirtschaftlich gut verständlich. Die Wirkung der „Strumpfflut" reduzierte sich aber, zur Volkswirtschaft aggregiert, eher auf einen Sturm im Wasserglas. Der Verlust der Balance schwindet bereits, wenn man eine Handelsbilanz von Textilien und Bekleidung konstruiert – etwas willkürlich zwar, aber nicht willkürlicher als solche Zusammenfassungen eben sind. 1949 erzielte die Schweiz in diesem Bereich sogar einen Überschuss. Die Unternehmen in der Strumpfproduktion mochten zwar unter den Importen von Nylonware leiden, doch warum sollte es eigentlich die Schweizer Öffentlichkeit kümmern?

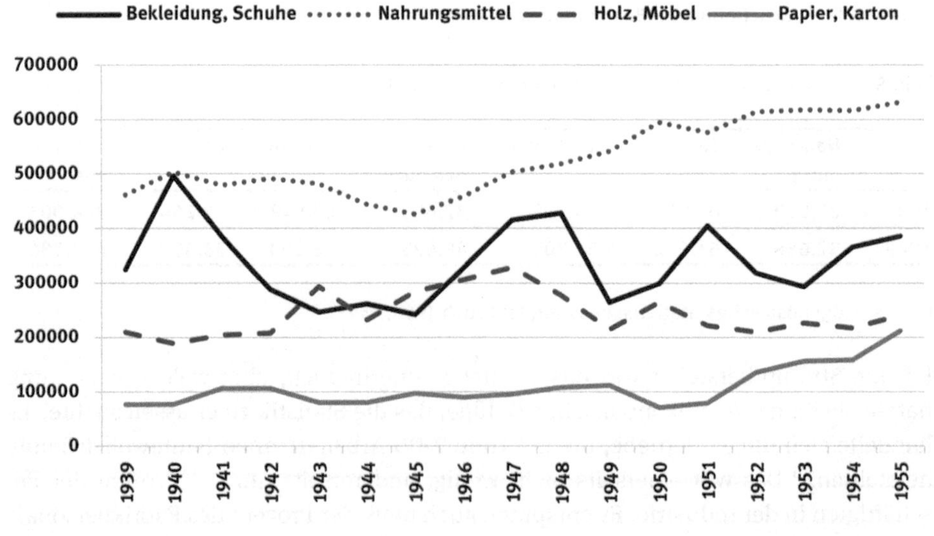

Grafik 12: Reale Bruttowertschöpfung einzelner Branchen in Preisen von 1926/29 (in 1.000 Franken) Quelle: HSSO Q.17b.

tistik ging 1949 von 61 Betrieben in der Strumpfwarenherstellung mit 2.820 Beschäftigten aus. Eidgenössisches Statistisches Amt, Statististisches Jahrbuch 1950, 128.

Tab. 9: Bruttowertschöpfung der Branche Bekleidung und Schuhe 1948 u. 1949

	(1) Bekleidung und Schuhe	(2) Sekundärer Sektor	(1) in % von (2)
1948	428.565	4.606.938	9,3
1949	264.853	4.172.927	6,3

(1) und (2) in 1.000 Franken
Quelle: HSSO Q17b.

Um dies zu erreichen, bedurfte es kräftiger Bilder. „Gleich einer Sturmflut“ werde die Schweiz „überschwemmt“, kündete ein Inserat unheilschwanger (Abb. 16).[77] Die heimische Strumpfindustrie wehre sich gegen den „würgenden Zugriff“, obwohl der Gegner über Waffen verfüge, „die der Schweiz im wirtschaftlichen Abwehrkampf fehlen“. Nylon erschien hier als das Äquivalent der Atombombe. Unbeeindruckt trat die Schweizer Strumpfindustrie als tapferer David gegen den US-amerikanischen Goliath an; oder da sie im Zeichen der Armbrust um die Schweizer Frauen warb: als ein tapferer Tell gegen die ausländische Macht. Dafür benötigte sie „einen Verbündeten: die Schweizerfrau“. An ihr lag es, „die Strumpfflut einzudämmen“, in der die Nation zu ertrinken drohte. Die Nylonstrümpfe waren nicht irgendein Produkt, sie trieben die Amerikanisierung und Sexualisierung voran. Der „Abwehrkampf“ war daher ein wirtschaftlicher und moralischer. Es galt, die Amerikaner mit ihren eigenen Waffen zu schlagen und damit der Schweizerart zum Sieg zu verhelfen. Neben die gemeinsame Propaganda der Schweizer Erzeuger trat ihre Markenwerbung, die dieselbe Linie verfolgte. Die Vereinigte Strumpffabriken AG aus St. Gallen pries ihre Flexy-Strümpfe als den „soliden Schweizerstrumpf“ an. Dass es hier nicht allein um die Qualität der Verarbeitung und die Haltbarkeit eines Produkts ging, machte ein Inserat klar, das mit nationalökonomischer Aufklärung begann: „Seit Jahren wird die Schweiz wie kein anderes Land der Welt mit Importen billiger Massenware in Strümpfen überflutet. Diese beispiellose Freizügigkeit steht nun aber der Schweizer Fabrikation nicht zu.“[78]

77 Das Inserat ist abgedruckt in: Zentralstelle für das Ursprungszeichen, Jahresbericht 1949, 10.
78 Inserat, in: PRO 2/6, 12.7.1953, nicht pag.; der Untertitel der Zeitschrift lautete 1952 und 1953: „Halbmonatsschrift zur Erhaltung schweizerischer Eigenart“.

Abb. 16: Strumpfflut
Quelle: Zentralstelle für das Ursprungszeichen, Jahresbericht 1949, 10.

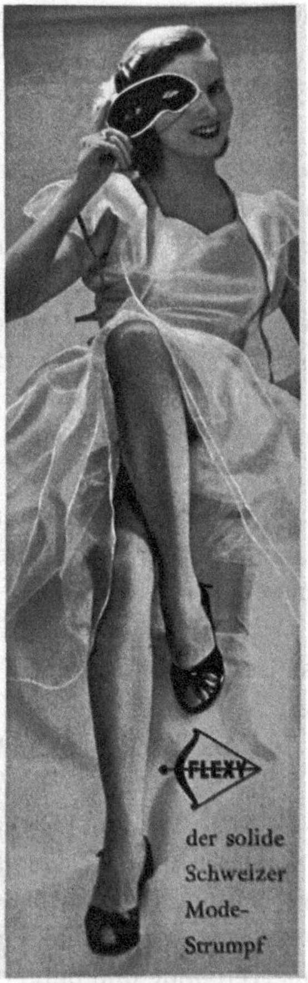

Abb. 17: Quelle: PRO 1/3, 29.2.1952, nicht pag.

Abb. 18: Quelle: PRO 1/2, 15.2.1952, nicht pag.

„Beispiellose Freizügigkeit" stand der Schweizer Fabrikation nicht zu, ebenso wenig der Schweizerfrau, die ein Beispiel an solider Attraktivität geben sollte.[79] Ein männlicher Blick modellierte den Wirtschaftskörper und jenen der Schweizerfrau. Nicht ‚billig' sollte sie sein, sondern sie benötigte den „eleganten und soliden"[80] Strumpf. Nicht sexy, sondern eben Flexy – praktisch, weil „unübertroffen elastisch"[81]. Das Spiel mit der Verführung musste trotzdem Platz finden. „Den soliden Schweizer Modestrumpf", verhießen Inserate (Abb. 17, 18). In Abbildung 18 wurde das durch den verbalen Text zur Linken platzierte Versprechen zur rechten vom Foto einer attrakti-

79 Vgl. Joris, Dezenter Sexappeal.
80 Z. B. Inserat, in: PRO 3/10-11, 25.6.1954, nicht pag.
81 Inserat, in: PRO 4/9, 15.9.1955, nicht pag.

ven Frau eingelöst.[82] Das verbal gesetzte Thema von Schweizer Solidität führte zum verbal und visuell kommunizierten Rhema der Mode und der modischen Frau. Geerdet in der Schweizer Solidität konnten sich Ware und Schweizerfrau, beide ein Schweizerprodukt, zur Mode und zur Sexyness vorwagen, die dann doch ‚amerikanisch' anmutete. Die zwei Inserate, die diese Botschaft formulierten, zeigten dieselbe blonde junge Frau. In einem der beiden Sujets hielt sie eine Maske, das Gesicht nur wenig verbergend, so wie sie ihre übrigen körperlichen Reize und vor allem die ihrer Beine nicht versteckte. Der Flexy-Strumpf verhüllte sie und stellte sie zugleich aus. In Abbildung 18 wiederum hielt die Frau eine Zigarette, ein Accessoire moderater Verruchtheit. Sie blickte neckisch aus dem Bild auf die Betrachter*in – ein *demand picture* eben.[83]

Auf die „vollendete Eleganz" „für verwöhnte Ansprüche" wies Royal, eine andere Schweizer Marke, hin.[84] National spezifischer erklärte ein sehr technisch gehaltenes Inserat: „Royal-Strümpfe sind der Beinform und Beinlänge der Schweizerfrau anatomisch genau angepaßt" (Abb. 19). Sie seien „wie eine zweite Haut". Die Schweizerin brauchte eben Schweizerware und beide zusammen bildeten einen soliden nationalen Körper. Die Marke und die Nation, beides bürgerliche Charaktere,[85] forderten Treue – das galt nicht nur in der Schweiz, wie das Inserat einer österreichischen Strumpfmarke belegt, die so wie Royal „für besondere Ansprüche" einstand. Sie führte den Namen „Patria", zu Deutsch das Vaterland: „Die Marke, der man treu bleibt", hieß ihr Claim.

„Wenn sich der Slogan ‚Die Schweizerfrau trägt Schweizer Nylon!' durchsetzt, werden bereits viele Absatzsorgen behoben sein", gab sich das *St. Galler Tagblatt* zuversichtlich. Die Ostschweiz, der die liberalkonservative Zeitung als publizistisches Organ diente, war das Zentrum der Textilindustrie. Auf Treue gegenüber der Schweiz und ihren Produkten pochten nicht nur Unternehmerverbände und bürgerliche Regionalblätter, die an den Geschicken der Textilindustrie Anteil nahmen. Die Gewerkschaften der Textilarbeiter*innen gründeten eine Interessengemeinschaft der Arbeitnehmer der Textil- und Bekleidungsindustrie (IGATB),[86] um „durch Propa-

---

82 Die Links-Rechts-Struktur als ein Deutungsraster zu behandeln, das dem kulturellen Wissen über die Leserichtung entspringt, ist nicht die Behauptung einer zeitlichen Abfolge in der Rezeption des Sujets. Im Unterschied zur Sprache, die auf der Abfolge diskreter Einheiten basiert, zeichnet sich Bildrezeption durch die relative Simultanität der Wahrnehmung aus. Bei Sprache-Bild-Kommunikation sind komplexe Prozesse der Re-Konstruktion von Bedeutung anzunehmen, die verbale und visuelle Elementen zu einem Gesamttext integrieren. Vgl. Stöckl, Sprache im Bild, 34–39.

83 Inserat, in: PRO 1/2, 15.2.1952, nicht pag.

84 Inserat, in: PRO 3/14 (1954), nicht pag.

85 Bis in die Nachkriegszeit konzipierten die „Markentechniker" das Markenprodukt nach dem Muster des bürgerliche Individuums, als eine (männliche) Persönlichkeit mit feststehendem Charakter (Hellmann, Soziologie, 77–88; Kühschelm, Markenprodukte). Die Nähe zu den Vorstellungen über das Kollektivsubjekt Nation ist offensichtlich.

86 Die folgenden Zitate aus: O. V., Wir sitzen alle im gleichen Schiff, in: National-Zeitung, 31.10.1948.

ganda und Aufklärung“ den Kampf gegen Auslandsware zu führen. An die Stelle von Streiks gegen die Arbeitgeber sollte Kooperation mit den Unternehmerverbänden gegen den Außenfeind treten. „Wir sitzen alle im gleichen Schiff“, erklärte ein Gewerkschafter. Man sei am „Wohlergehen der gesamten Wirtschaft“ interessiert. Als Vorbild nannte er die Metallindustrie, die 1937 das sogenannte „Friedensabkommen“ geschlossen hatte – einen Meilenstein in der Etablierung einer korporatistischen Aushandlung in der Schweiz.

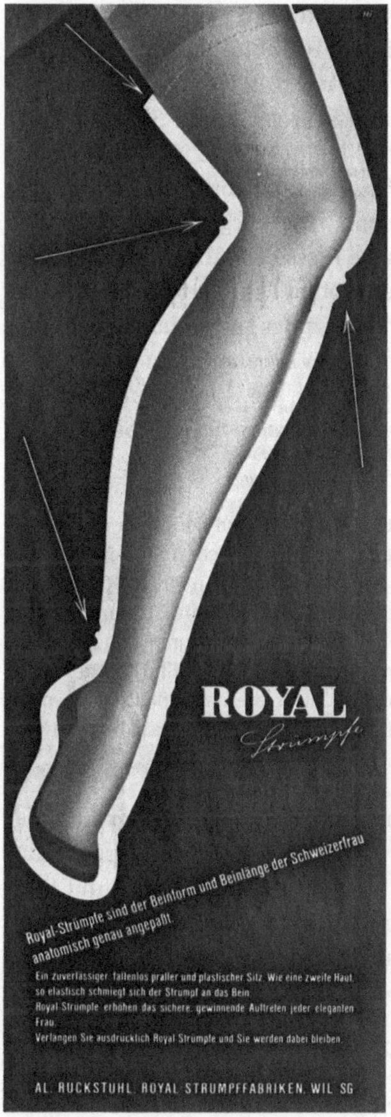

Abb. 19: „Der Schweizerfrau anatomisch genau angepaßt“
Quelle: PRO 1/5, 27.3.1952, nicht pag.

Das Zürcher *Volksrecht* mahnte „Tragt Schweizer Strümpfe!“ und führte aus:

> Verehrteste, wenn Sie nicht zur hauchdünnen und daher sehr zerbrechlichen Schicht der oberen Zehntausend gehören, sondern wir Sie zu den uns herznäher stehenden Kindern des Volkes [...] zählen dürfen, so sind Sie, geschätzte Frau, falsch manövriert, wenn Sie annehmen sollten, das Ende der Schweizer Woche sei gleichbedeutend mit dem Ende des Schweizer Strumpfes.[87]

Das Blatt sprach im Namen eines Volkes als vager Vorstellung eines Unten, das den Oberen gegenüberstand. Klasse war nicht die Alternative zu nationaler Gemeinschaft, sondern die „Kinder des Volkes“ standen ihrem Herz bloß näher. „Schweizer Frauen tragen Schweizer Strümpfe!“, ließ die *Berner Tagwacht* wissen,[88] über deren Angriffe auf die Schweizerwoche einst der Verbandssekretär Edgar Steuri geklagt hatte. Das Augenmerk sozialdemokratischer Blätter lag auf dem Ziel, Arbeitslosigkeit in der Strumpfindustrie zu verhindern. 77 Prozent des Fabrikpersonals in der Bekleidungs- und Wäscheerzeugung waren Frauen.[89] Die bürgerlichen Zeitungen sprachen nur von Arbeitern, die sozialdemokratische Presse erwähnte immerhin die Arbeitnehmerinnen. Die Stilllegung von Betrieben könnte hunderte Arbeitnehmer*innen erwerbslos machen, warnte die *Tagwacht*. Dass indes selbst das sozialdemokratische Blatt primär an erwerbstätige Männer, nicht an Arbeiterinnen dachte, verriet die Passage, die unmittelbar darauf folgte. Sie sprach die Konsumentinnen an, als Frauen und Töchter – somit als jene, die einem *male bredwinner* verbunden waren:

> Wollt ihr Frauen und Töchter wirklich, daß es so weit kommt? Während der hinter uns liegenden Kriegsjahre war es euch durch die Anstrengungen der schweizerischen Strumpfindustrie und der beschäftigten Belegschaft stets möglich, den Bedarf an Strümpfen einzudecken. Wollt ihr heute, wo sich wieder andere Bezugsquellen erschlossen haben, unsere Strumpfindustrie einfach ihrem Schicksal überlassen? Wollt ihr an kalten Wintertagen Strümpfe tragen, die – wenn sie noch so maschensicher sind – euch doch nicht genügend Schutz und Wärme geben können oder wollt ihr nicht in Zukunft prüfen, ob das, was ihr in diesen Artikeln kauft, nicht nur in Qualität und Form euren Wünschen entspricht, sondern den gesundheitlichen Notwendigkeiten ebenfalls gerecht wird?[90]

Es ging wieder einmal um Verrat, um weibliche Untreue gegenüber männlicher (Kriegs)Produktion. Die Fremden hatten durch „raffinierte Einführungspropaganda“[91] die heimischen Konsumentinnen verführt. Umkehr tat not. „Schutz und Wärme“ brachte das Blatt gegen die kalte und kalkulierende Verführung des US-Strumpfs in Stellung. Das Schweizerprodukt stand für eine „liebevollere und ge-

87 O. V., Tragt Schweizer Strümpfe!, in: Volksrecht, 30.10.1948.
88 O. V., Schweizer Frauen tragen Schweizer Strümpfe!, in: Berner Tagwacht, 14.12.1948.
89 Eidgenössisches Statistisches Amt, Jahrbuch 1950, 132.
90 O. V., Schweizer Frauen tragen Schweizer Strümpfe!
91 O. V., Am Ende des Lateins, in: Volksrecht, 9.6.1949.

pflegtere Betreuung des Strumpfes" statt für „überdimensionierte Massenproduktion", für „Haltbarkeit der gepflegten Form" statt billigem Schick, für Preise, die den Arbeitern ein Auskommen sicherten, statt für unseriöse „Schleuderpreise".[92] Bürgerliche und sozialdemokratische Propaganda für den patriotischen Einkauf mochten die Nation unterschiedlich akzentuieren, in der patriarchalen Moralisierung des Konsums glichen sie einander.

All das wegen Nylonstrümpfen. Aus der korporatistischen Perspektive der *stakeholder* an der Strumpferzeugung bestand die Herausforderung freilich gerade darin, ein lokales Problem in eines zu konvertieren, das die nationale Ökonomie insgesamt betraf. Die Damenstrümpfe sind insofern ein suggestives Beispiel, als es wenige Produkte gibt, deren Rolle als Fetisch so leicht zu greifen ist.[93] Die Beunruhigungen über freizügige Strumpfwerbung, die in den 1950er-Jahren allerorts als Schmutz- und Schundskandale in den Medien kursierten, vollzogen eine Selbstverständigung über nationale Ökonomie – wenn man darunter eine Ökonomie des Symbolisierens begreift, die in ständigem Austausch mit Nationalökonomie als Wissensform stand. Diese brachte ihre eigenen Fetische hervor, die Handelsbilanz, das nationalökonomische Pendant zu politischen und symbolischen Wucherungen. Im hier betrachteten, konkreten Fall kreiste sie rund um eine ‚Strumpfbilanz'.

Dass die Handelsbilanz als statistisches Artefakt dazu einlud, Wirtschaftspolitik auf der Grundlage sekundärer Signifikation, auf der Basis einer mythischen Verzerrung der Wirtschaftsbeziehungen, zu betreiben, war ein Standardargument der freihändlerisch orientierten politischen Ökonomie. Dass die aktive Handelsbilanz für sich genommen ein erstrebenswertes Ziel wäre, sei ein „Kindermärchen", belustigte sich *Der Organisator* 1934 und empfahl, die einschlägigen Ausführungen von Wilhelm Röpke zu lesen.[94]

Die wesentlichen Argumente lagen schon seit dem 18. Jahrhundert auf dem Tisch, als etwa David Hume vor der „Jealousy of Trade" gewarnt hatte. Die Handelsbilanz als solche hielt Hume für keinen Grund sich zu echauffieren. Auf mittlere Sicht renkten Preismechanismen jede Verzerrung im internationalen Austausch ein, es sei denn ein Land erlag eben der Kurzsichtigkeit einer Politik, die Humes Freund und Zeitgenosse Adam Smith als merkantilistisch etikettierte.[95] Nachdem Hume in seinem Essay *Of the Balance of Trade* festgestellt hatte: „All calculations concerning the balance of trade are founded on very uncertain facts and suppositions", wandte er sich gegen Joshua Gee. Dieser hatte im frühen 18. Jahrhundert eine protektionistische Politik gefordert. Er habe seine Leserschaft in Panik versetzt, indem er zeigte, „that the balance was against them".[96] Es schien klar: Innerhalb kürzester Zeit müss-

92 O. V., Im Schatten der Uhrenzoll-Diskussion, in: Berner Tagwacht, 1.8.1952.
93 Vgl. Lammer, Wiener Strumpfg'schichten.
94 O. V., Das Kindermärchen von der passiven Zahlungsbilanz, in: Der Organisator Nr. 185, August 1934, 265 f. Die Zeitschrift empfahl Röpke, Weltwirtschaft.
95 Vgl. Hont, Jealousy.
96 Hume, Essays, 310.

te Großbritannien ruiniert sein. Zwanzig Jahre später sei jedoch, wie Hume anmerkte, dem Land trotz hoher Kriegsaufwendungen das Geld immer noch nicht ausgegangen. Der Untertitel von Gee's wichtigstem Werk formulierte bezeichnenderweise die Maxime, die sich Buy-National-Propaganda zur Richtschnur machte: „That the surest Way for a Nation to increase in Riches, is to prevent the Importation of such Foreign Commodities as may be rais'd at Home".[97]

Die von Hume kritisierte *Jealousy of Trade* rechtfertigte sich oft über einen Topos symmetrischer Vergeltung – das ist gerade in hochentwickelten Ländern zu beobachten, die tendenziell nicht das schlechtere Ende des internationalen Austauschs hatten. „Die kleine Schweiz (siehe Karte von Europa) kann es sich nicht leisten, unter lauter Narren restlos vernünftig zu bleiben", erklärte der *Nebelspalter* auf eine Zuschrift, die sich gegen den Appell zur systematischen Bevorzugung der Schweizerware wandte.[98] Aus der von den Anderen verletzten Symmetrie leiteten nicht nur *Nebelspalter* und Schweizerwoche-Verband die Notwendigkeit wirtschaftspatriotischen Kaufverhaltens ab, sondern Schweizer Unternehmen statteten auf diese Weise ihre Absatzziele mit einer volkswirtschaftlichen Legitimation aus. So hielt es etwa der Elektrogeräteerzeuger Sixmadun, der 1930/31 mehrfach im *Nebelspalter* warb. Die Firma beantwortete eine Frage mit einer Aufforderung: „Amerikanische Zollmauern? Schweizer, dann kauf schweizerische Qualitätserzeugnisse!"[99] Der protektionistische Smoot-Hawley-Zolltarif, den Präsident Hoover im Juni 1930 unterzeichnete, trug zu einem entsprechenden Umfeld der antiamerikanischen Empörung bei, die im *Nebelspalter* ihre Tribüne hatte.

Die Handelsbilanz war nicht die einzige Zahl, mit der sich in der Zwischenkriegszeit Nationalökonomie diskutieren ließ. Die in den 1920er-Jahren allenthalben entstehenden Konjunkturforschungsinstitute erzeugten auch andere Zahlenreihen. Aber mit dem Bruttoinlandsprodukt, ab den 1950er-Jahren ein äußerst erfolgreicher Mitbewerber um wirtschaftspolitische Aufmerksamkeit, konnte man z. B. noch nicht argumentieren. Das Wesentliche ist indes genau dies: das Argumentieren, das einen Spielraum impliziert, Entscheidungen von Akteur*innen und kontingente politische, mediale, kulturelle Konstellationen, in deren Rahmen eine Zahl als Aussage über die Nation formatiert wurde oder auch nicht. Es gibt keinen Automatismus, der aus dem Handelsbilanzdefizit eine Buy-National-Kampagne hervortrieb.[100] Das ist an sich nicht überraschend, denn auch eine differenzierte, bloß auf das Ökonomische beschränkte Betrachtung müsste andere Faktoren hinzuziehen: die Beschäftigungslage; die Dienstleistungen vom Bankenwesen bis zum Tourismus, die in der

97 Ebd. Der Haupttitel des 1729 publizierten Werks lautete: The Trade and Navigation of Great-Britain Considered.

98 Nebelspalter 60/45, 9.11.1934, 14.

99 Nebelspalter 56/33 (1930), 9; 56/34, 9; 56/35, 7; 56/36, 5; 56/37, 8; 56/38, 5; 56/51, 6; 57/12 (1931), 9; 57/13, 13; 57/14, 5; 57/15, 13.

100 So wenig wie Preisbewegungen ohne eine entsprechende politische und konzeptuelle Übersetzung eine Veränderung der Zollpolitik erzeugten: Federico, Corn Laws.

Handelsbilanz per definitionem keinen Eingang finden; die Handelsvolumina und ihr Verhältnis zum Output der heimischen Industrien und Landwirtschaft; die Zusammensetzung der Güterströme, die Produkttypen und die in die Produkte eingehende Wertschöpfung; die Verteilung des Warenaustauschs auf unterschiedliche Handelspartner; die Veränderungen all dieser Faktoren im Zeitverlauf. Die Außenhandelstheorie ist nicht zufällig ein riesiger Komplex ökonomischen Wissens,[101] doch zumal in historischer Perspektive lassen sich auch für grundlegende Fragen – zum Beispiel: wie wirken Zölle? – nur tentative Antworten finden.[102] Die Handelsbilanz aber trifft für sich genommen gar keine Aussage.

Wenn daher Buy-National-Propaganda Handelsbilanzdefizite als Argument verwendete und dies ein „Gefühlsprotektionismus" war, so sagt der Begriff noch etwas anderes: dass Emotionen eine Rolle spielten und die Konstellation von Aktanten, die sich um eine Zahl, eine Grafik, eine Tabelle anordnete, mehr als nur Ökonomie umfasste. Eine konkurrierende Beschreibung der Kommunikation, die der nationalen Erziehung, wies so sehr in eine ökonomische wie in eine politische und eine kulturelle Richtung. Die nationale Ökonomie war kein Gefüge wirtschaftlicher Gesetzmäßigkeiten im Sinne einer formalistischen Ökonomie, sondern eine vieldimensionale Setzung. Sie sollte die Nation in ihrer Gestalt als Nationalstaat mit der Wirtschaft zusammenführen.

Liberalen Ökonomen und Soziologen erschien die Verbindung aus Wirtschaft und Staat keine glückliche Ehe, zumindest dann nicht, wenn in dieser Verbindung die patriarchale Gewalt vom Staat ausging. Sie hielten allein den nationalen Machtstaat sowohl für das Fiasko des Ersten Weltkriegs als auch für die protektionistischen Politiken – aus ihrer Sicht: Verfehlungen – der 1920er- und 1930er-Jahre verantwortlich und stellten sie in einen Gegensatz zu den Geboten der wirtschaftlichen Vernunft. Am Spiel stand die Frage nach den Bedingungen und Möglichkeiten von Nationalökonomie, ein besonders in Kleinstaaten brisantes Problem.

1.5 Die Dekonstruktion nationaler Ökonomie – von „Nährpflicht" bis „Räuberbande"

Dass sich die Schweiz und Österreich in der Gegenwart als Nationalökonomien analysieren lassen, versteht sich scheinbar von selbst. Man muss nur den Begriff der Nationalökonomie durch den eng verwandten, aber heute gebräuchlicheren Terminus der Volkswirtschaft ersetzen, und man wird kaum Widerspruch ernten, dass der Untersuchungsgegenstand ein legitimer ist. Er verspricht uns Auskunft darüber, wie es

101 Als Einführung Krugman/Obstfeld/Melitz, International Economics.

102 Lampe/Sharp, Tariffs; auch kliometrische Verfahren führen zu Antworten, die Varianten von „it depends" sind; z. B. O'Rourke/Taylor (Democracy) zur Frage, ob ein demokratisches politisches System Freihandel begünstigt.

um Österreich und die Schweiz steht. Zweifel an dem Gegenstand sind allerdings möglich und waren auch schon in den 1920er- und 1930er-Jahren vernehmbar, lange bevor die zweite Globalisierung seit den 1970er-Jahren, die inzwischen möglicherweise ihrem Ende entgegensieht, und die sie begleitende neoliberale Leitideologie den Nationalstaat als zentrales Spielfeld von Wirtschaft in Frage stellten.

Wenn wir zunächst hinnehmen, dass die Schweiz und Österreich ein Gegenstand von Nationalökonomie sein können, gab es auch eine Schweizer oder österreichische Nationalökonomie? Und zwar nicht bloß in dem Sinn, dass in der Schweiz und Österreich Wirtschaftswissenschaftler Nationalökonomie betrieben, sondern dass sich die schweizerische und die österreichische Nationalökonomie voneinander ebenso unterschieden wie z. B. von der deutschen? Die Antwort ist in dem Kompositbegriff der Nationalökonomie selbst angelegt. Er bezeichnete einerseits eine bestimmte Form ökonomischer Expertise, mit der die Nation und der Nationalstaat betrachtet wurden, und andererseits eine Warte, eben die nationale, von der aus die Ökonomie gedacht wurde.[103] Insofern musste sich die Ökonomie aus der Perspektive der Schweizer Nation anders darstellen als aus Sicht der deutschen. Die Nationalökonomie band sich nicht zuletzt durch ihre historisch-verstehende Methode an ihren Ausgangspunkt, die Nation. Dass sie darüber hinausreichend etwas zu sagen hatte, wurde von den Nationalökonomen zwar mit Gewissheit angenommen, aber die historische Kontingenz dieses Wissens hatte schon der Methodenstreit zwischen Gustav Schmoller und Carl Menger aufs Tapet gebracht.[104] Ludwig Mises stellte sie in seinem Werk, z. B. in *Grundprobleme der Nationalökonomie*, nochmals scharf heraus: Eine historisch-verstehende Wissenschaft könne nicht zu universal gültigen Sätzen vordringen, da sich diese nicht a posteriori, aus der empirischen Betrachtung der Wirtschaftsgeschichte, gewinnen ließen. Auch Handlungsanleitung hatte sie seiner Ansicht nach keine zu bieten. Sowenig wie ein Kunsthistoriker dem Maler erklären könne, wie er den Pinsel zu führen habe, sowenig hatte gemäß Mises die historische Schule der Nationalökonomie Empfehlungen für ökonomisches Handeln der Gegenwart zu bieten.[105] Dass Mises für die von ihm entworfene Praxeologie, eine Wissenschaft des wirtschaftlichen Handelns, am Begriff der Nationalökonomie festhielt, war mithin von ihrem Anspruch her sinnwidrig. Hingegen bewegte sich Mises in seiner beruflichen Praxis als wirtschaftspolitischer Experte sehr wohl in diesem Rahmen. In seinen Memoiren beschrieb er seine Tätigkeit selbstbewusst und durchaus zutreffend: Er sei der „Nationalökonom des Landes" gewesen.[106] In dieser Rolle begrüßte er in den 1930er-Jahren die autoritäre Zurichtung des Staates, die er als Voraussetzung einer Befreiung der Wirtschaft betrachtete.[107]

---

103 Vgl. Speich Chassé, Nation, 208–213.
104 Tribe, Governing, 73–79.
105 Mises, Grundprobleme, V–XIX.
106 Ludwig Mises, Erinnerungen, Stuttgart 1978, 47, zit. nach Klausinger, Theorien, 152.
107 Sandgruber, Ökonomie, 395.

Am Übergang vom Habsburgerreich zum Kleinstaat Österreich drängte es sich den österreichischen Wirtschaftsexperten auf zu diskutieren, inwiefern nationale Ökonomie als eine Ökonomie des Nationalstaates möglich und sinnvoll war. Ludwig Mises veröffentlichte 1919 eine historische Rekonstruktion des Verhältnisses von *Nation, Staat und Wirtschaft*, für die er eine Position außerhalb nationalgeschichtlicher Involviertheit einnehmen wollte. Er gedachte, vom Boden eines rationalistischen Liberalismus und eines individualistischen Utilitarismus zu argumentieren. Darin erblickte er die „Ideen von 1789".[108] Mises hielt daran fest, dass der bürgerliche Liberalismus seinem Wesen nach pazifistisch sei. Wie etwa auch Joseph Schumpeter betrachtete er den Imperialismus als ein Produkt des Nationalstaates, der sich darin in einer Weise, die modernen wirtschaftlichen Verhältnissen unangemessen war, als Erbe des frühneuzeitlichen Fürstenstaates gebärde.[109] Mises empfahl die Abkehr vom romantischen Nationalismus des 19. Jahrhunderts, der in den Händen des „Spießbürgers" zum Imperialismus geraten sei. Hier ortete er die Ursache des Ersten Weltkriegs. Die Begeisterung „daß ‚unser' Reich größer geworden, daß ‚wir' eine neue Provinz erworben haben", kennzeichnete – so die Einschätzung des Ökonomen – das Bildungsbürgertum, voran die Lehrer und Beamten, nicht aber die liberalen Industriellen.[110] Zwar habe die Rüstungsindustrie Kriegspropaganda gefördert, doch sie habe „so wenig den Militarismus und den Imperialismus erzeugt, wie etwa die Branntweinbrennereien die Trunksucht oder der Verlagsbuchhandel die Schundliteratur".[111]

Ähnlich sah der Wirtschaftsjournalist Gustav Stolper in seinem Mitte der 1920er-Jahre verfassten Aufsatz *Staat – Nation – Wirtschaft* den Ersten Weltkrieg als Einstieg in eine Logik, die „Staat und Nation zur letzten, höchsten Einheit" erhob und damit die Freiheit der Wirtschaft und des Individuums zerstörte.[112] Im Krieg hatte der Staat mit der „Erfassung aller Sachgüter" durch Beschlagnahme und Rationierung sowie der Menschen durch den Wehrdienst seine Herrschaft entscheidend ausgedehnt. Dem sei als „Korrelat zum erstenmal auch eine staatliche Fürsorgepflicht für seine Bürger zur Seite" gestanden.[113] Dazu trat am Ende des Kriegs „die Entstehung neuer Staaten im Zeichen des nationalen Prinzips", die im entwickelten Kapitalismus ohne Vorbild sei. Als möglicherweise wünschenswert, jedoch auf kurze Frist utopisch beurteilte Stolper die Chancen auf eine Rückabwicklung des Prozesses, eine „Entnationalisierung der Nationen".[114] Nationale Ökonomie, die Kombina-

108 Mises, Nation, 176.

109 Ebd., 25; Schumpeter, Imperialismen.

110 Mises, Nation, 69, 126.

111 Ebd., 126.

112 Stolper, Staat, 54.

113 Ebd., 51.

114 Ebd., 59. Sehr aktuell liest sich seine aus einer bürgerlich liberalen Perspektive vorgetragene Diagnose der Unwahrscheinlichkeit einer europäischen Zollunion. Sie erfordere nicht nur eine Freizügigkeit der Güter, sondern auch der Personen sowie eine gemeinsame Exekutive und Gesetzgetion aus „Wehrpflicht“ der Bürger und „Nährpflicht“ des Staates, schien ihm eine Verirrung. Der Gedanke einer Verantwortung des Staates für den Wohlstand der Nation war den bürgerlichen Liberalen so wenig angenehm wie die Konfrontation mit den konkreten Ausprägungen des Massenkonsums. „Vom Kienspan zum Glühlicht ist ein gewaltiger Fortschritt, vom Volksliede zum Gassenhauer ein trauriger Rückschritt“, erklärte Mises.[115] Das Innenleben des modernen Stadtmenschen erschöpfe sich „in mechanischen Verrichtungen im Erwerb und in oberflächlichen Zerstreuungen der Mußestunden“.[116]

Der Nationalstaat und die Wirtschaft mochten ein schlechtes Paar abgeben, für das geschrumpfte Österreich hielt indes vor allem Stolper nationale Ökonomie schlicht für eine wirtschaftspolitische Unmöglichkeit. Er trat daher unentwegt für den Anschluss an Deutschland ein. In der Schweiz sah er hingegen eines der „gesegneten kleinen neutralen Länder“, „in denen der liberale Gedanke radikaler oder konservativer Spielart nie seine Herrschaft eingebüßt hat“.[117] Auch Mises hatte in *Nation, Staat und Wirtschaft* die Schweiz positiv hervorgehoben. Wo bürgerliche Freiheit herrschte, verlor seiner Ansicht nach der Gedanke des nationalen Großstaates seine Attraktion. Der Verlauf des Kriegs habe gezeigt, dass „auch in der Gegenwart die kleinen Staaten sich am Ende nicht immer als die schwächsten erweisen“.[118] Kein Nationalismus ohne imperialistische Ambition, so sah es freilich der deutsche Soziologe Walter Sulzbach: Denn „auch in der Schweiz sind ja schon Stimmen laut geworden, die die Ausschaltung der Eidgenossenschaft aus dem großen Weltgeschehen zu Beginn der Neuzeit bedauern und mit Trauer feststellen, daß kein Schweizer mehr an Burgund denkt“.[119] Sulzbach hatte einige österreichische Autoren – neben Mises und Schumpeter auch Friedrich Hertz[120] – rezipiert. Ihre Skepsis gegenüber dem Nationalstaat trieb er zu einer bemerkenswert radikalen Kritik der Vorstellungen von Nation und nationaler Ökonomie weiter. Letztere hielt er nicht für eine in wirtschaftlichen Beziehungen angelegte Realität, sondern für das Ergebnis einer diskursiven Konstruktion und des politischen Akts der Staatsgründung. „Volkswirtschaft“ sei ein „Beispiel für die Macht des Begriffsrealismus“[121], der Erzeugung einer wirt-

bung. Gegen die Realisierbarkeit sprachen nationalistische „Empfindlichkeiten“ und das Fehlen einer entsprechenden „politischen Religion“. Soziale Verwerfungen spielten in seiner Einschätzung indes keine Rolle.

115 Mises, Nation, 175.

116 Ebd.

117 Stolper, Staat, 54.

118 Mises, Nation, 65. Für das Argument stützte sich Mises auf *Der Weltkrieg. Vorläufige Orientierung von einem schweizerischen Standpunkt*, ein in seinem Umfang trotz des Titels, der von Vorläufigkeit kündet, monumentales Werk aus der Feder des Schweizer Publizisten Samuel Zurlinden.

119 Sulzbach, Gemeinschaftsgefühl, 95.

120 Außerdem Otto Bauer und Karl Renner, gegen deren Nationalismuskonzepte sich Sulzbach kritisch wandte. Bei Sulzbach wiederum setzte Richard Behrendt für seine Analyse *Die Schweiz und der Imperialismus* an. Siehe dazu im folgenden Kapitel.

121 Sulzbach, Gemeinschaftsgefühl, 137.

schaftspolitischen Realität durch den Glauben an ihre vorgängige Existenz. „Durchaus nihilistisch" verfuhr Sulzbach auch mit der Nation.[122] Er analysierte sie in einer Weise, die man in der jüngeren Literatur bei den Konstruktivisten, namentlich Benedict Anderson, und semiotisch gewendet bei Ernesto Laclau findet. Die Nation galt Sulzbach mithin als eine bloß vorgestellte Gemeinschaft: „Von der großen Menge seiner ‚Landsleute' weiß jeder von uns nur das eine: daß sie seiner Nation angehören, sich also refraktär gegenüber allen Fremdnationalen verhalten."[123] Die „vielberufene ‚völkische' Idee" sei „inhaltlich vollkommen leer" und werde aus Entgegensetzungen hervorgetrieben. Der Deutsche bestimme sich über seine Abgrenzung als Nicht-Russe, Nicht-Engländer, Nicht-Franzose etc.[124] Die wirtschaftliche Dimension der Nation beurteilte er ebenso mitleidlos. Er erwog zwei Typen von Verbänden als Analogon der Nation. In Frage kam zum ersten der „Produktions- und Tauschverband" nach dem Modell der Aktiengesellschaft. Das wäre das korporatistische Modell der Nation als Unternehmen mit Anteilseigner*innen, das im günstigsten Fall für alle eine Dividende abwirft. Das aber überzeugte Sulzbach nicht, da die Dynamik des Nationalismus auf Krieg hinauslief. Er sah daher in der Nation einen „Aneignungsverband". Wie konnte man sich diesen vorstellen? Am besten als „Räuberbande".[125]

---

122 Ebd., 134.
123 Ebd., 131.
124 Ebd., 90, auch 130: „Soweit die gleichen Individuen sich national verhalten, lassen sie sich von einem Gegensatzgefühl leiten, das, inhaltlich leer, die Bejahung der Zugehörigkeit zur eigenen Nation und die gleichzeitige Verneinung der Zugehörigkeit zu fremden Nationen zu seinem alleinigen Gegenstand hat."
125 Ebd., 12–23.

2 Nationale und imperiale Ökonomie

2.1 Buy Imperial und/oder Buy National

Man mag sich fragen, ob die Propaganda in der Schweiz und Österreich sowie das für beide als Referenz so wichtigen Empire Marketing Board in Großbritannien überhaupt Vergleichbares intendierten, abgesehen davon, dass sie sich alle drei an die Konsument*innen wandten. Das Etikett einer Buy-National-Propaganda scheint nur auf die Schweizerwoche zuzutreffen, die in der Tat an das Nationalbewusstsein appellierte. Der österreichischen Kampagne ging es erklärtermaßen nicht um die Nation – das wäre ja nach dem damaligen hegemonialen Verständnis die deutsche gewesen –, sondern um Staatsbewusstsein und wirtschaftliche Selbsthilfe innerhalb der Grenzen des österreichischen Staates.

Bei einem Vereinigten Königreich mag ebenso zweifelhaft scheinen, ob es sich als Nationalstaat etikettieren lässt bzw. auch außerhalb Englands als einer verstanden wird, an dem die Bürger*innen der anderen Königreiche teilhaben wollen. Einerseits gilt das für wachsende Bevölkerungsteile in der Gegenwart nicht mehr, andererseits verfolgt die Forschung die Entstehung eines distinkt britischen Nationalismus schon auf die Kriege mit Frankreich im 18. Jahrhundert zurück.[1] Das Empire Marketing Board wurde allerdings geschaffen, um in Großbritannien die Vermarktung von Produkten aus dem Empire zu fördern. Wären eine imperiale/imperialistische und eine nationale/nationalistische Orientierung notwendige oder faktische Gegensätze, so könnte man eine Verwandtschaft zwischen dem Board und den unzähligen Buy-National-Kampagnen allenfalls im Einsatz eines massenmedialen Instrumentariums sehen, das den Konsument*innen patriotische Pflichten gegenüber einem Herrschaftsgefüge aufzuerlegen suchte. Wenn aber allerorten die Aktivitäten des Empire Marketing Board als der Goldstandard der Buy-National-Kommunikation gehandelt wurden, so irrten sich die ausländischen Beobachter*innen keineswegs. Das lässt sich gut anhand des folgenden Beispiels zeigen.

Unter den vielen Bildsujets, die das Empire Marketing Board herausgab, figuriert eine Serie von Postern mit Tieremblemen: das Känguru für Australien, der Kiwi für Neuseeland, das Flusspferd summarisch für Afrika, das Nashorn für Rhodesien, der Elefant für Indien. Für die Botschaft „Buy home Products“ stand der Löwe ein.[2] Auch ohne Kenntnis des hier symbolisierten imperialen Gefüges würde man unschwer erraten, welches der repräsentierten Länder als das Herrschaftszentrum positioniert werden sollte. Der Löwe hat in einer breiten abendländischen Tradition den symbolischen Status eines Königs der Tiere. Diese Bedeutung für das mit dem Löwen bezeichnete Königreich unterstrich auch der Umstand, dass es sich innerhalb des

1 Colley, Britons.
2 Public Record Office, CO 760/08 EMB Papers 701–50, Illustrated Catalogue of Display Material, 1932.

https://doi.org/10.1515/9783110701111-011

durch die Posterserie formierten Paradigmas um das einzige Tier handelte, das ‚out of place' war. Bekanntlich gehört Großbritannien außerhalb von Zoos, auch diese im Übrigen Orte der Herrschaft, und abseits des britischen Wappens nicht zum natürlichen Habitat des Löwen. Man kann an solchen Details der Kommunikation ablesen, dass und wie das Empire Marketing Board das Imperium einem britischen Konsumnationalismus verfügbar machte.[3] Als seine Policy deklarierte das Board von Anfang an: „to encourage the public to ask first for the produce of their own country and next for the produce of the Empire overseas"[4]. Die Priorisierung der Solidarität innerhalb Großbritanniens erhob die nationalisierende Verständigung über das heimische Produkt zum Kern der Kampagne. Ein britischer und englischer Nationalismus setzte den Aufruf, die Produkte ‚unseres' Empire zu berücksichtigen, in eine Perspektive der Verfügungsgewalt über beherrschte Räume in Übersee.

Wenn also das Imperial Shopping von Anfang an Raum für Konsumnationalismus ließ, so drehte die große „Buy British"-Kampagne, die das Empire Marketing Board im November 1931 lancierte, die nationalisierende Schraube noch deutlich weiter.[5] Die Kampagne hob mit einer Radioansprache des Prince of Wales an, die das motivische Repertoire des Buy-National abrief: vom Verweis auf ein kritisches Ausmaß des Handelsbilanzdefizits und der Arbeitslosigkeit über das Motiv einer Rückbesinnung auf das Notwendige, das zugleich das Eigene ist, bis hin zur Verklammerung von Konsum und Produktion. „I back this appeal not only as a consumer but also as one of those whom the Empire Marketing Board was set up especially to benefit – I mean as a farmer and breeder", ließ sich der Prinz vernehmen.[6] Ihre Hoheit sprach in ihrer Rede von einem britischen Wir der Konsumierenden und beschrieb sich selbst nicht nur als Bauer – der pflügende Herrscher ist ein altes Bild –, sondern als Konsument. Das ist ein guter Indikator für die symbolische Bedeutung, die der Rolle der Konsument*innen zugewachsen war.

„Wenn schon – dann richtig!", schloss ein Artikel, der Anfang 1934 im Blatt eines Unternehmerverbands die Kampagne „Kauft österreichische Waren" kritisierte. Der Verfasser J. M. Pasztor war ein Buchsachverständiger und Betriebsorganisator, zugleich Funktionär der Vaterländischen Front, der politischen Monopolorganisation der sich gerade etablierenden Diktatur. Pasztor hatte ein Vorstellung, wo und wie es richtig gemacht wurde. Er erinnerte an die „vier ‚B' der britischen Propaganda: Be British and Buy British! [...] Das hat eine Wucht, klingt im englischen Original wie ein Schlachtruf und rüttelt mächtig an dem Nationalstolz".[7] Von außen betrachtet

3 Vgl. Trentmann, Free Trade Nation, 227–240; Constantine, Bringing.

4 Empire Marketing Board, A Year's Progress, June 1927, 5.

5 Constantine, Buy British Campaign.

6 O. V., „Buy British". Prince of Wales's Broadcast, in: The Times, 17.11.1931.

7 J. M. Pasztor, Kauft österreichische Waren! Mängel der bisherigen Propaganda, in: Österreichs Wirtschaft 95/3 (1934), 41 f.; mit der Kritik wandte sich Pasztor nicht nur an die Öffentlichkeit, sondern ebenso in einem Schreiben an das Bundesministerium für Handel und Verkehr: ÖStA, AdR, 95577/34.

war es also keine Frage, worum es beim Konsumpatriotismus britischer Art ging. Ob er ein Modell für Österreich sein konnte, war freilich umstritten, wie die spöttische Bemerkung in einer Werbefachzeitschrift illustriert:

> Ein paar eifrige ixländer hatten in englischen Blättern den schönen Satz „Be British, Buy British“ gelesen und richtig verstanden, daß das „Sei englisch, kauf englisch“ heißt. Nicht verstanden hatten sie, daß dieser Satz im Britischen Empire einen guten Klang haben und in Ixland verfehlt und überheblich klingen kann.[8]

Die Angemessenheit einer nationalisierenden Kommunikation in Österreich – dem armen, kleinen, geschundenen Österreich, wie ständig zu hören war – schien nicht eindeutig. Großbritannien war immer noch, was das deutschsprachige Österreich zum Leidwesen seiner Eliten und Mittelschichten und deshalb von dem Blickpunkt aus, den ein hegemonialer Diskurs vorgab, nicht sein konnte: ein Imperium, um dessen nationalstaatliches Zentrum herum sich politisch, kulturell und ökonomisch asymmetrische Beziehungen anordneten, die den Kern mit einer formell und informell beherrschten Peripherie verbanden.[9] Die Habsburgermonarchie selbst war das auch nie gewesen, denn den Phänomenen einer wirtschaftlichen Peripherisierung, wie sie etwa das nordöstliche Kronland Galizien betrafen,[10] stand die Durchbildung staatsbürgerlicher Rechte entgegen, die vor allem in der österreichischen Reichshälfte seit dem Ausgleich mit Ungarn 1867 wesentlich vorankam.[11] Insofern die Herrschaftseliten des Habsburgerreichs – mit stark schwankender Konsequenz – versuchten, einen österreichischen Patriotismus gegen sprachnationale Identifikationsmuster als staatstragende Kraft durchzusetzen,[12] war das Herrschaftsgebilde Österreich-Ungarn mehr das Gegenstück zum Vereinigten Königreich als zu dessen Empire. Die Nationalismen und der fortgesetzte Autoritarismus bildeten jedoch ein starkes Widerlager gegen eine Entwicklung zu einer parlamentarisierten Staatsnation.[13] Die deutschsprachigen Eliten, aber auch breitere soziale Gruppen bis ins Kleinbürgertum hinein, verstanden die Habsburgermonarchie denn auch als Herrschaftsprojekt der Deutschösterreicher*innen. Diese Perspektive trat unter dem Druck des

8 O. V., „Kauft ixländische Waren.“, in: Werbewinke 3/2 (1936), 12 f.

9 Vgl. die Definition des Imperiums in Osterhammel, Imperien, 8. Zu Potentialen und Problemen eines Vergleichs von Britischem Empire und Habsburgerreich vgl. Gammerl, Untertanen; Komlosy, Habsburgerreich.

10 Vgl. hierzu Kaps, Entwicklung.

11 Judson, Habsburg Empire; Deak, Forging.

12 Zu Absolutismus und ‚Hofratsnation‘ siehe Bruckmüller, Nation, 200–234.

13 Der Frage nach der „Lebensfähigkeit“ des Kleinstaates ging die nach der Überlebensfähigkeit des Habsburgerreichs voraus. Zu diesen in der Literatur viel verhandelten Fragen – von der Warte der Republik des 20. Jahrhunderts ausgehend: Hanisch, Schatten; als jüngste Synthese der Geschichte der Habsburgermonarchie seit dem späten 18. Jahrhundert: Judson, Habsburg Empire, 333–384. Unausweichlich war der Staatszerfall nicht. Für die theoretische Durchdringung der komplexen Staatlichkeit der Habsburgermonarchie und zur Erklärung ihrer beträchtlichen Resilienz drängt sich das Konzept der Gouvernementalitäten geradezu auf.

Ersten Weltkriegs und im Rahmen der Berauschung an ausgreifenden Kriegszielen in den Vordergrund. Nun band man die Vision eines gehobenen nationalen Lebensstandards an die imperiale Verfügbarkeit von Ressourcen und eines großen Absatzraums.[14]

Das Ende dieser Träume kam jäh und so waren die patriotischen Appelle der 1920er-Jahre von einer Ambivalenz durchzogen, die keine Entsprechung in der Schweiz oder Großbritannien hatten. Obwohl das verkleinerte Österreich ein rasch zu behebendes Provisorium sein sollte, schlich sich aber die Nationalisierung durch die Kraft des Faktischen ein. Die Existenz des Staates und die Tätigkeit seiner Apparaturen drängten auf die Formierung einer imaginierten Gemeinschaft, welche die Österreicher*innen von den Deutschen des Reichs und von den übrigen Nachfolgestaaten der Habsburgermonarchie trennte. Trotz dieser nationalisierenden Dynamik, die sich unwillkürlich und ungewollt einstellte, bot Österreich in den 1920er-Jahren weiterhin ein eindrückliches Beispiel dafür, wie Konsumnationalismus und imperiale Perspektive ineinandergriffen. Letztere verschwand so wenig wie die Alltagspraktiken, die das Konsumieren in dem größeren staatlichen und ökonomischen Zusammenhang des Reichs verortet hatten. Die Konsument*innen mussten erst lernen, dass einst ‚österreichische' Produkte, von Steinkohle über Bleistifte bis zu Südfrüchten, keine heimischen mehr waren. Otto von Scala, ein weiterer publizistischer Befürworter des Anschlusses an Deutschland, ereiferte sich in diesem Sinn über die Wiener*innen.[15] Ihr Wesen kennzeichne sich durch die „so nachteiligen Eigenschaften der Leichtlebigkeit, Verwöhnung und Begeisterung für alles Fremde", die der „Schaffung eines Wirtschaftspatriotismus" entgegenstünden. Den Anlass für die Klage gab die erste Österreichische Woche 1927, ihr medialer Ort war eine nationalsozialistische Zeitung.[16] Für die Kampagne „Kauft österreichische Waren" konnte sich der Autor erwärmen, weil es galt, die österreichische Ökonomie „bis zum Anschluß an das deutsche Wirtschaftsgebiet lebensfähig zu erhalten".[17] Aus der Perspektive einer nationalen Ökonomie litt die Psychologie der österreichischen und besonders der Wiener Konsument*innen unter einem Habitus, der zum Disponieren über die Weiten der Habsburgermonarchie, nicht aber zum geschrumpften Österreich passte.[18] Scala beschrieb Wien als „Mittelpunkt des Konglomerates aus 16 Nationen", jene Stadt, in der „das internationale Haus der Habsburger" residiert hatte

14 Siehe die bereits in der Einleitung zitierte Denkschrift des Handelskammerfunktionärs Erich Pistor *Die Volkswirtschaft Österreich-Ungarns* aus dem Jahr 1915.

15 Vgl. u. a. Scala, Vorteile.

16 Otto Erwin von Scala, Wirtschaftspatriotismus und Wiener Messe, in: Deutschösterreichische Zeitung, 11.10.1927, 9.

17 Otto Erwin von Scala, Wirtschaftspatriotismus und Anschluss, in: Deutschösterreichische Zeitung, 12.11.1927, 19.

18 WKW E 27.468/2, Faszikel „Prämierte Arbeiten 1927 und Jury", Fritz Meister, Psychologische Momente (zum Preisausschreiben eingereichter Beitrag).

und „nun der rote Breitner[19] thront". Dazu kam „das in Wien sich besonders breitgemachte Judentum".[20]

1921 hatte die erste Wiener Messe stattgefunden, zugleich die erste hochrangige werbliche Inszenierung der Produktion und des Konsums in der Republik.[21] Die Veranstaltung beschränkte sich jedoch anders als viele vor und während des Ersten Weltkriegs gegründete Mustermessen, so die Messen in Basel und Lausanne oder die British Industries Fair, nicht auf die Zurschaustellung der nationalen Produktion. Im Gegenteil sollte die Wiener Messe demonstrieren, dass die ehemalige Metropole der Habsburgermonarchie weiterhin große Bedeutung für den zentraleuropäischen Handel besaß.[22] Sie sollte nicht eine nationalisierte Produktlandschaft zeigen, sondern die Erzeugnisse der heimischen Industrie als Teil eines kosmopolitischen Produktuniversums inszenieren. Ziel war es zu beweisen, dass es gelingen konnte, trotz neuer Staatsgrenzen die bisherigen Austauschbeziehungen und Wiens zentrale Stellung in deren Rahmen aufrechtzuerhalten. Das war die „österreichische Sendung" eines Unternehmens, das zwar „den Namen einer internationalen Messe" führte, aber doch den Charakter eines „durch und durch bodenständigen, österreichischen Unternehmens" tragen sollte.[23] Man hoffte, durch ein informelles Imperium den Verlust der politischen Herrschaft verkraftbar zu machen. Dieser Plan ging weder für die Wiener Messe im gewünschten Ausmaß auf noch für die österreichischen Unternehmen und Banken.[24] Zwei Entwicklungen konstatierte die christlichsoziale *Reichspost* an der Wende der 1920er- zu den 1930er-Jahren und beide hielt sie sichtlich nicht für positiv: Erstens spiegle der geringe Besuch aus dem Ausland „die wirtschaftliche Entfremdung der Sukzessionsstaaten", sodass sich „eine Entwicklung in der Richtung einer national-österreichischen Messe" vollzog[25]. Zweitens sei „der eigentliche Käufer der Messen, der internationale Großhändler" verschwunden und habe „der Hausfrau Platz gemacht".[26] Nationalisierung, Akzentuierung der Orientierung am

---

19 Hugo Breitner war Sozialdemokrat, jüdischer Herkunft und amtierte in den 1920er-Jahren als Finanzstadtrat von Wien. Die Kombination machte ihn als Hassfigur unwiderstehlich.

20 Scala, Wirtschaftspatriotismus.

21 Zur Unternehmensgeschichte der Wiener Messe vgl. Neudhart, Messe.

22 Siehe den Aufruf „Bauet die Wiener Messe", breit veröffentlicht, u. a. in der Reichspost, 27.2.1921, 8 f. und die Berichterstattung in den Wiener Printmedien während der Messe im September des Jahres.

23 Eduard Heinl, Propaganda für die Wiener Messe – Werbung für Österreich, in: Kontakt Nr. 6, Juni 1935, 11–14, hier 11. Der christlichsoziale Politiker fungierte als Präsident der Wiener Messe AG und mehrfach als Handelsminister, zuletzt von 1946–1948. Er galt bereits in der Zwischenkriegszeit als ein kooperationsorientierter Exponent im Netz korporatistischer Aushandlungen. Durch seine politische Biografie ist er eines der Bindeglieder zur Zweiten Republik, das auf Kontinuitäten zur Ersten verweist.

24 Darüber wurde viel geforscht, siehe zuletzt: Weber, Vor dem großen Krach.

25 O. V., Bilanz der Frühjahrsmesse. Zu früher Termin, in: Reichspost, 17.3.1929, 15.

26 O. V., Bilanz der Wiener Messe. In: Reichspost, 11.9.1932, 17. Den Hinweis auf diesen und den oben zitierten Artikel habe ich Neudhart, Messe, entnommen.

Konsum und dessen Identifikation mit der Hausfrau trafen einander und genau an diesem Punkt setzte auch die Kampagne „Kauft österreichische Waren" an.

Wenn die imperiale Gegenströmung zur Buy-National-Kommunikation nicht auf offensichtliche Imperien wie Großbritannien beschränkt war, sondern sich auch im österreichischen Fall aufspüren lässt, mag das immer noch als ein Spezifikum erscheinen, als eine Besonderheit, die Österreich dem abrupten Wechsel zum Kleinstaat verdankte, dem plötzlichen Verlust der staatlichen Basis für Großmachtfantasien. Eine europäische Großmacht, obschon eine zweitrangige, war die Habsburgermonarchie ja immerhin gewesen. Indes wirkte auch der nationalisierenden Kommunikation über die Schweizerware stets eine imperiale Vision der größeren Schweiz entgegen. Der hegemoniale Diskurs über die Ökonomie der Schweiz sah sie durch Import-Export-Beziehungen zu einer Dimension angewachsen, die weit über die Grenzen des Kleinstaates hinausreichte.

Schon Friedrich List hatte den Wohlstand der Schweiz darauf zurückgeführt, dass ihre geografische Lage sie für den Zwischenhandel privilegiere; dass sie keine „nationale, eine die Gegenstände des allgemeinen Verbrauchs umfassende, sondern größtenteils Luxusindustrie" habe und diese Produkte gut exportieren könne; dass „bürgerliche und religiöse Freiheit und allgemeiner Unterricht" die „Rührigkeit und [den] Unternehmergeist" genährt hätten; dass diese Rührigkeit und der Mangel an „innern Nahrungsquellen die Schweizer nach fremden Ländern trieben", von wo sie Kapital zurückbrachten.[27] Diese Elemente des von List konstatierten Mangels an „Normalmäßigkeit" konnten, in einen stolzen Exzeptionalismus gewendet, auch in der schweizerischen Selbstverständigung ihren Auftritt haben. Sie gingen in die Erzählung vom Erfolg der kleinen Volkswirtschaft ein, mit der Schweizer Nationalökonomen, Wirtschaftshistoriker und Journalisten ihre Öffentlichkeit bedienten.

Der Rückzug aufs Eigene wurde daher kaum je zur Zukunftsvision einer autarken Schweiz aufgebaut, denn diese würde, das war eindeutig, keine reiche Schweiz sein. Die Nationalökonomie, die sich Schweizer Ökonomen vorstellten, war nicht am Ideal des geschlossenen Handelsstaates orientiert, wie ihn Fichte entworfen hatte. Für „eine produktive Selbständigkeit und Selbstgenügsamkeit" fehlte es an einer vor allem naturräumlich gedachten Größe als entscheidender Voraussetzung. Daher galt als Konsens unter Schweizer Nationalökonomen: „Jedes Land, das unserm Export neu erschlossen wird, ist ein Bollwerk mehr für unsere wirtschaftliche Widerstandskraft, jeder Industriezweig, dem der Weg über unsere Grenzen geöffnet wird, ein volkswirtschaftlicher Helfer mehr für die Befreiung des Landes von irgend einer Tributpflicht an das Ausland."[28]

Die Propagierung der Schweizerware gegenüber den heimischen Konsument*innen musste sich der Aufrechterhaltung des Exports als der wichtigsten Maxime der Schweizer Wirtschaft unterordnen. Erst unter dieser Bedingung schien sie jenseits

27 List, System, 282 f.
28 Töndury, Unabhängigkeit, 18.

binnenmarktorientierter Gewerbetreibender und einer am Zollschutz interessierten Landwirtschaft für unternehmerische Interessenverbände ein sinnvolles Unterfangen, das Unterstützung verdiente. Der Schweizerwoche-Verband bzw. seine publizistischen Sprachrohre wurden daher nicht müde, sich vom Gedanken der Autarkie zu distanzieren. Man wisse, dass „ein Abschluß vom Auslande ein Unding ist", schrieb Hans Töndury 1931 in der *Arbeitergeber-Zeitung*.[29] Was aber wollte man bezwecken? Man betreibe in erster Linie Volkserziehung und Volksbildung mit dem Ziel von Volkssolidarität. Davon profitiere selbst „die Exportindustrie, die in keiner Weise an den Inlandmarkt gebunden ist", denn sie „gelangt nur zur Blüte, wenn im Schweizervolk über die Grundlagen des politischen und volkswirtschaftlichen Aufbaus unseres Landes Einigkeit herrscht". Man bemühte sich also den Konsumpatriotismus soweit irgend möglich an das Ideal einer weltweit handelnden Schweiz anzupassen. Die protektionistischen Maßnahmen, mit denen alle Länder in den 1930er-Jahren ihre eigene Produktion zu schützen trachteten, wollte man nur als temporäre Störung verstehen, ihnen aber nicht ein für die Schweiz erstrebenswertes Prinzip abgewinnen. Die Zollpolitik belegte zwar seit dem ausgehenden 19. Jahrhundert, dass sich in der Schweiz protektionistische Interessen durchsetzen konnten.[30] Die Imagination des umtriebigen Schweizers, dessen Aktionsraum sich auf die ganze Welt erstreckte, blieb aber attraktiv. Eine in Freiheitsrhetorik gewandete Romantik der männlichen Stärke, des Sieges auf fremdem Gebiet, konkurrierte mit den Vorstellungen einer Affirmation des Eigenen durch Selbstgenügsamkeit. Die Defensive kann ihren Reiz haben, wie alsbald die Mythologisierung der militärischen Strategie eines Rückzugs ins Réduit bewies, doch lauert in ihr das kränkende Eingeständnis, dass man(n) nicht stark genug für die Offensive ist. So ist nicht verwunderlich, dass bürgerliche Eliten der Vorstellung von den Schweizern als Herren eines globalen Imperiums aus Exporten und Unternehmensbeteiligungen den Vorzug gaben, wenn sich die Möglichkeit bot.

Die jüngere Forschung weist darauf hin, dass Schweizer Unternehmen sich an der imperialistischen Durchdringung der Welt vielfach beteiligten.[31] In diesem Zusammenhang ist der Soziologe Richard Behrendt in den Blick gekommen, der 1932 ein scharfsinniges Buch über *Die Schweiz und der Imperialismus* veröffentlichte. Er hielt fest, dass die Schweiz als „‚tertium gaudens' aus dem Imperialismus der andern gerade als nichtimperialistisches Land Nutzen zieht".[32] Da sie keine politischen und militärischen Herrschaftsansprüche stellen konnten, seien Schweizer attraktive

29 [Töndury], Nach der Schweizerwoche, in: Schweizerische Arbeitergeber-Zeitung Nr. 44, 1931, 331.

30 Humair, Développement; Veyrassat, Wirtschaft und Gesellschaft, 55–58.

31 Dejung, Fäden; ders., Intermediäre; David/Etemad/Schaufelbuehl, Geschäfte; Minder, Suisse colonial; Purtschert/Lüthi/Falk, Postkoloniale Schweiz; zusammenfassend: Tanner, Geschichte, 57–65.

32 Behrendt, Schweiz, 46; so argumentiert auch schon Max Weber hinsichtlich der Schweiz: Wirtschaft und Gesellschaft, 625.

Handelspartner: „Zwischen der Skylla des nordamerikanischen und der Charybdis des englischen Imperialismus bietet sich hier die enge, aber solide Insel der schweizerischen politischen Indifferenz."[33] Er gab hiermit zudem eine Antwort darauf, warum Kleinstaatlichkeit weder einzelwirtschaftlichen Erfolgen im Weg stand noch es verhinderte, diese symbolisch zu einem nationalökonomischen Erfolg zu aggregieren.

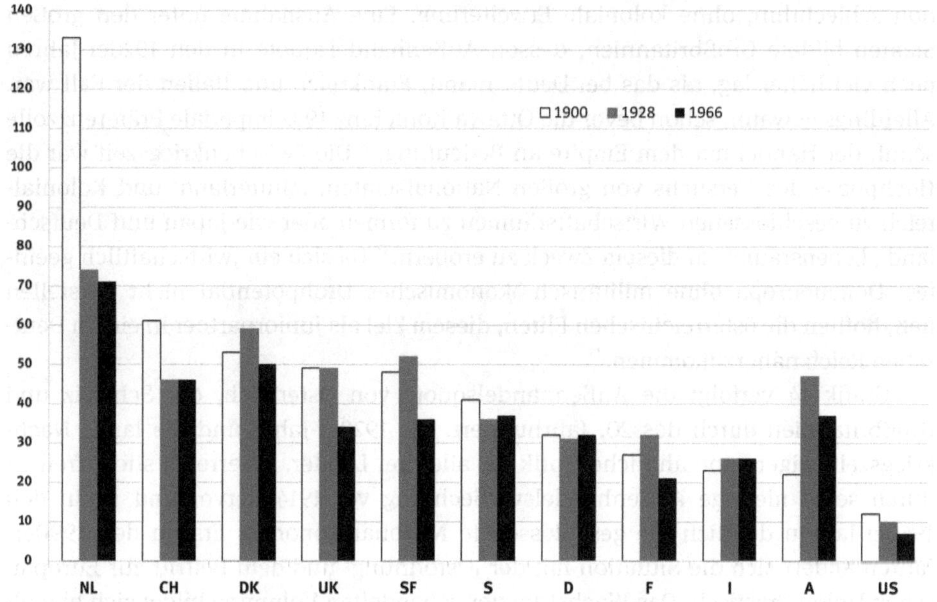

Grafik 13: Außenhandelsquoten 1900, 1928 u. 1966 (Warenhandel)
Quellen: Müller, Verflechtung, 347; Österreich: 1900 und 1928 eigene Berechnung; Quellen siehe auch die folgende Grafik; 1966, OECD.

Um die Außenhandelsposition von Ländern zu beschreiben, errechnet die ökonomische und wirtschaftsgeschichtliche Literatur unter anderem Handelsquoten. Sie addiert Güterimporte und -exporte, um über den Bezug auf das Bruttonationalprodukt oder Bruttoinlandsprodukt einen Maßstab der Außenhandelsverflechtung zu gewinnen.[34] Grafik 13 zeigt Daten für eine Reihe von europäischen Ländern und den USA. Kleine hochindustrialisierte Länder haben relativ größere Handelsquoten als große Nationalökonomien.[35] Am markantesten trifft das auf die USA zu. In vielen Ländern, die am Ausgang des 19. Jahrhunderts sehr außenhandelsorientiert waren, so die Schweiz und noch mehr die Niederlande, brachte das 20. Jahrhundert einen starken Rückgang im nationalökonomischen Gewicht des Außenhandels. Abseits der Proble-

33 Behrendt, Schweiz, 47.
34 Ausgehend von der Schweiz: Müller, Verflechtung, 339–356.
35 Müller, Verflechtung, 346 f.

matik statistischer Messbarkeit muss man sich vor allem bewusst halten, dass die Zahlen einen politisch-militärisch-administrativen Schnitt durch wirtschaftliche Tätigkeiten abbilden sollen. Österreichs Außenhandelsquote stellt sich in der Zwischenkriegszeit dramatisch höher dar als vor 1918, weil sie sich auf einen anderen Herrschaftsraum bezieht. Österreich war nun, was die Schweiz schon zuvor gewesen war: ein Kleinstaat und zwar im Unterschied zu den Niederlanden, der Handelsnation schlechthin, ohne koloniale Erweiterung. Eine Ausnahme unter den großen Staaten bildete Großbritannien, dessen Außenhandelsquote in den 1920er-Jahren noch viel höher lag, als das bei Deutschland, Frankreich und Italien der Fall war. Allerdings gewann, schon bevor die Ottawa-Konferenz 1932 imperiale Präferenzzölle schuf, der Handel mit dem Empire an Bedeutung.[36] Die Zwischenkriegszeit war die Hochphase des Versuchs von großen Nationalstaaten, ‚Mutterland' und Kolonialreich zu geschlossenen Wirtschaftsräumen zu formen oder wie Japan und Deutschland „Lebensraum" zu diesem Zweck zu erobern.[37] Da sich ein ‚wirtschaftlich geeintes' Donaueuropa ohne militärisch-ökonomisches Drohpotential nicht herstellen ließ, hofften die österreichischen Eliten, diesem Ziel als Juniorpartner in einem Deutschen Reich näherzukommen.[38]

Grafik 14 verfolgt die Außenhandelsquote von Österreich, der Schweiz und Großbritannien durch das 20. Jahrhundert. Die 1920er-Jahre und die lange Nachkriegszeit zeigen eine ähnliche Optik für alle drei Länder. Österreich sticht freilich durch seine niedrige Außenhandelsverflechtung vor 1914 hervor und ist in den 1950er-Jahren deutlich die geschlossenste Nationalökonomie. Erst in den 1990er-Jahren ändert sich die Situation mit der ‚Ostöffnung' und dem Beitritt zur Europäischen Union drastisch. Das Wachstum der gehandelten Volumina bildet sich hier allerdings nicht ab. Die langfristige Zunahme über alle Einbrüche hinweg ließ die Idee eines vollständigen Rückzugs auf den Binnenmarkt nie ernstlich aufkommen.

Das britische Beispiel einer Propagierung patriotischen Konsums war in den Augen seiner Schweizer und österreichischen Proponenten deshalb so attraktiv, weil es eine Reihe von Faktoren kombinierte: einen hohen Mitteleinsatz, neueste Techniken der persuasiven Kommunikation, staatliche Unterstützung und all dies in einer sehr außenhandelsorientierten Ökonomie und vertreten von jenem Land, das als Inbegriff des Glaubens an den Freihandel galt. Derselben politökonomischen Logik folgte der – nicht ganz so markante, aber dennoch gängige – Hinweis auf die Aktivitäten der Organisation Nederlandsch Fabrikaat, die so wie die Schweizerwoche während des Ersten Weltkriegs entstanden war.[39] Unternehmen und Unternehmensverbände in der außenhandelsabhängigsten Nationalökonomie überhaupt scheuten sich nicht, die heimischen Konsument*innen auf die nationale Ware verpflichten zu wollen.

---

36 Horsewood/Sen/Voicu, Beggar.
37 Darwin, Nationalism, 353 f.
38 Vgl. die Beiträge in Sachse, „Mitteleuropa".
39 Vgl. z. B. O. V., Ehret einheimisches Schaffen, in: Der Bund, 20.6.1955.

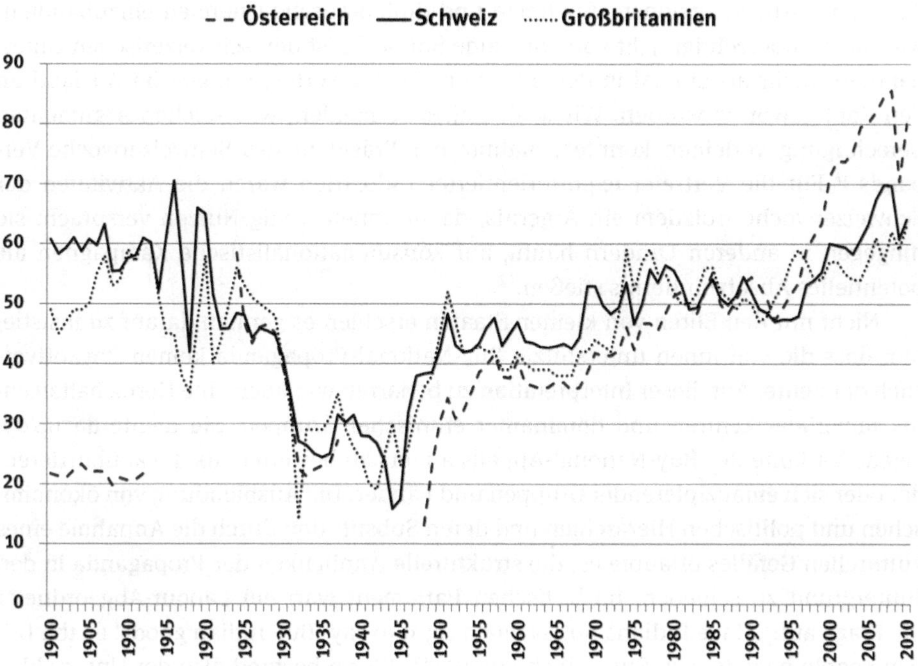

Grafik 14: Außenhandelsquoten 1900–2010
Quellen – Österreich, Daten 1900–1913: „South-Eastern European Monetary and Economic Statistics from the Nineteenth Century to World War II", published by: Bank of Greece, Bulgarian National Bank, National Bank of Romania, Österreichische Nationalbank, 2014; Handelszahlen 1924–1959: Butschek, Wirtschaftsgeschichte, 595–597; nominelles BNP 1924–1959: Mitchell, Statistics; ab 1960: Weltbank.
Schweiz: HSSO, Tabellen Q16a (1900–1948), Q16b (1949–1960, 1970–1979); sonst ab 1960 Weltbank.
Großbritannien: http://ourworldindata.org/data/global-interconnections/international-trade (10.1.2016), Daten aus Mitchell, Statistics.

Für Buy-National-Kampagnen in Ländern, die anders als NS-Deutschland und das faschistische Italien nicht auf Autarkie und imperiale Ausdehnung setzten, lautete das Mantra ihrer Propaganda: Bevorzugung der heimischen Ware, nicht Boykott der ausländischen Produkte. Buycott und Boykott sind zwar kommunizierende Gefäße: Eine Zuwendung zu den nationalen Waren implizierte eine Abwendung von den importierten. In der radikalisierenden Dynamik von Dekolonialisierungs- und Unabhängigkeitsbestrebungen eskalierte oft Gewalt gegen verräterische Händler*innen und Konsument*innen, die sich nicht an die heimischen Waren hielten.[40] In hochindustrialisierten Kleinstaaten beschränkten sich die Kampagnen eher auf die Mittel der Werbung, der Persuasion ohne physischen Zwang, und der propagandistischen Mobilisierung in patriotischen Inszenierungen. Die Sorge, sich Unmut in wichtigen

40 Frank, Buy American; Gerth, China Made.

Absatzländern, Retorsionsmaßnahmen und diplomatische Querelen einzuhandeln, war nicht unberechtigt. „‚Et votre Semaine Suisse!?‘, ist den schweizerischen Unterhändlern mehr als einmal in der Hitze von Vertragsverhandlungen im Ausland an den Kopf geworfen worden. Wir wollen alles vermeiden, was solchen Argumenten Berechtigung verleihen könnte“, mahnte der Präsident des Schweizerwoche-Verbands.[41] Für die Vertreter exportorientierter Industrien waren die Aktivitäten der Schweizerwoche trotzdem ein Ärgernis, da sie ihnen wenig Nutzen versprach, sie hingegen in anderen Ländern häufig auf konsumnationalistische Kampagnen als potentielles Absatzhindernis stießen.[42]

Nicht nur den Eliten von kleinen Staaten erschien es geraten darauf zu insistieren, dass die von ihnen unterstützte Buy-National-Propaganda keinen Boykottversuch darstellte. Auf dieser Interpretation zu beharren war auch eine Herrschaftstechnik imperialer Zentren und dominanter ethnischer Gruppen. Sie diente dazu, die eigene Variante des Buy-National-Appells anders zu bewerten als die konkurrierender oder sich emanzipierender Gruppen und Länder. Die Ausblendung von ökonomischen und politischen Hierarchien und deren Substitution durch die Annahme eines kulturellen Gefälles erlaubte es, die strukturelle Ähnlichkeit der Propaganda in den Hintergrund zu schieben. Im britischen Parlament warf ein Labour-Abgeordneter die Frage auf: „Have Indians not as much right to say ‚Buy Indian goods‘ as the British people have to say ‚Buy British goods‘?“[43] Worin bestand also der Unterschied zwischen „Buy British“ und Swadeshi[44], der Forderung indische Waren zu konsumieren? Ein zweiter Labour-Mandatar erklärte ihm: „We in this country advocate the purchase of British goods, but we do not picket shops or private houses to force people to buy British goods.“[45] Hier kam ein Konzept bürgerlichen Anstands zum Tragen, das auf die Nation übertragen eine Distanz zu kolonialen Bevölkerungen herstellte. Da es ebenso innerhalb des ‚Mutterlandes‘ gegen die Arbeiterschaft Anwendung finden konnte, erinnerte ihn sein Parteifreund prompt daran, dass *picketing*, das Aufstellen von Posten, die für die Einhaltung von Boykotten sorgten, durchaus legal und gängige Praxis der Gewerkschaften sei.

Britische Unternehmen und Kaufleute hatten über lange Zeit reichlich Erfahrung mit Boykottaktionen gesammelt, an allen Ecken und Enden des Imperiums, in den

41 Bundesarchiv Bern E7170A#1000-1069744, Ernst Caspar Koch, Der Verband „Schweizerwoche“, Referat am Lunch des Rotary Club Solothurn, 18.6.1934, 10.

42 Z. B. ETH, Archiv für Zeitgeschichte, IB Vorort 470.4.10 Vierzig Jahre Schweizerwoche 1956, Schreiben E. Speiser an Schweizerwoche-Verband, 23.4.1956.

43 HC Deb 09 March 1931 vol 249 cc780–781 (Elektronische Version, 10.4.2015); Den Widerspruch nahm auch eine Glosse im Schweizer Satiremagazin *Nebelspalter* aufs Korn. „Kauf Britisch! heisst in England die ‚Order of the day‘ [...] Das mutet etwas komisch an, wenn man bedenkt, welche Anstrengungen derselbe Engländer in Indien macht, um Gandhis Ruf zu ersticken“. O. V., Buy british!, in: Nebelspalter 58/6, 5.2.1932, 2.

44 Vgl. Bayly, Origins.

45 Hansard House of Commons (HC) Deb 12 March 1931 vol 249 cc1413–1541 (Elektronische Version, 10.4.2015).

nordamerikanischen Kolonien, in Irland, und eben in Indien, dessen Swadeshi-Bewegung in den 1920er-Jahren besondere Aufmerksamkeit erhielt – in Großbritannien selbst, aber auch darüber hinaus. Von Wien aus wurde damals nur mehr ein Kleinstaat regiert, aber seine Eliten waren noch mit der mühevollen Verwindung der Habsburgermonarchie beschäftigt, in der die deutschsprachigen Mittel- und Oberschichten ihrem Selbstverständnis nach einen Platz irgendwo zwischen Staatsvolk und imperialistischem Herrschervolk eingenommen hatten. Als Friedrich Tilgner, der Präsident der Handelskammer Wien, 1927 mit einer Pressekonferenz der Öffentlichkeit die geplante Kampagne „Kauft österreichische Waren" vorstellte, erinnerte er an die Tulpenbewegung. Diese hatte ab 1906 in der ungarischen Reichshälfte und mit Unterstützung der Administration dieses Teilstaates der Habsburgermonarchie gegen die Industrieprodukte aus Cisleithanien, der österreichischen Reichshälfte, agitiert.[46] Auch die slawischen Nationalbewegungen hatten – unter dem Motto „jeder zu den seinen" – die Boykottierung deutschsprachiger Kaufleute betrieben.[47] „Kauft österreichische Waren" sollte anders sein:

> Die Bewegung, die wir entfachen wollen, soll nicht nach Art der Tulpenbewegung eine chauvinistische sein. Wir wollen nicht die ausländische Ware vom österreichischen Markt vollständig ausschließen. Wir wollen dies schon darum nicht, weil wir wissen, daß unsere Wirtschaft keine autarke, sondern angewiesen auf den Bezug bestimmter Warengruppen vom Ausland ist. Wir wollen es aber auch aus dem Grund nicht, weil wir mit unseren Nachbarstaaten im guten Einvernehmen bleiben [wollen] und unser oberstes Ziel, die Völker einander wirtschaftlich näher zu bringen, nicht aus dem Auge verloren werden darf.[48]

An der Passage lässt sich neuerlich beobachten, wie Exportorientierung und die Hoffnung auf die Restauration eines (wirtschaftlichen) Imperiums in Zentraleuropa die Kommunikationspolitik der österreichischen Unternehmer- und Verbandseliten bestimmten. Freilich waren den Eliten in den übrigen Nachfolgestaaten des Habsburgerreichs die Herrschaftsallüren im ehemaligen Zentrum Wien allzu transparent.

In Richard Behrendts Schrift *Die Schweiz und der Imperialismus* fungierte Österreich als mahnendes Beispiel ungeschickter Kleinstaatlichkeit: Das „wirtschaftliche Ignorieren staatlicher Grenzen" präsentierte der Soziologe als die paradoxe Möglichkeitsbedingung einer Schweizer Volkswirtschaft. Hingegen galt: „Andere, ihrem Umfang und ihrer Bevölkerung nach größere Gebirgsländer die diesen Weg nicht so konsequent gingen, sind heute noch nicht als selbständige Staaten lebensfähig."[49] Der Befund traf einen wunden Punkt des österreichischen Wirtschaftsgefüges, ließ aber einen anderen, ebenso wesentlichen Punkt außer Acht. Die Unternehmen des Kleinstaates Österreich konnten gerade dort, wo sie den Schwerpunkt ihrer nunmehr

---

46 Wolf, Tulpenbewegung; Pogány, Wirtschaftsnationalismus.

47 Ungarn, Tschechoslowakei und Polen: Pogány/Kubu/Kofman, Wirtschaft; Böhmen: Albrecht, Pride; dies., Rhetoric; Boyer, Erfindung; Jaworski, Interessenvertretung.

48 WKW E 27.468/1, Redemanuskript von Friedrich Tilgner, 8.7.1927.

49 Behrendt, Schweiz, 134.

außenwirtschaftlichen Interessen hatten, nicht als tertium gaudens agieren. Sie repräsentierten – wenn man beim unscharfen Bild des Imperialismus bleiben will – die Interessen des ‚Mutterlandes', gegen den sich ein dekolonialisierender Wirtschaftsnationalismus in den übrigen Nachfolgestaaten der Habsburgermonarchie wandte.

Mit derlei Problemen hatte die Schweiz in ihren Exportmärkten nicht zu kämpfen. Ihre Unternehmen gaben erfolgreich die imperialen Trittbrettfahrer, die in den Kolonien anderer europäischer Mächte nicht zum Gegenstand der nationalistischen Attacke wurden.[50] Als der Journalist Lorenz Stucki 1968 ein Loblied auf die wirtschaftliche Bedeutung der Schweiz veröffentlichte, wählte er den sinnigen Titel *Das Heimliche Imperium*. Die Perspektive war ihm gewissermaßen in die Wiege gelegt. Sein Vater Walter Stucki hatte in den 1920er- und 1930er-Jahren als Direktor der Handelsabteilung im Volkswirtschaftsdepartment fungiert und war auch darüber hinaus ein Handelsdiplomat von Gewicht gewesen. *Das Heimliche Imperium* wurde ein beachtlicher Verkaufserfolg und erlebte bis 1981 sieben Auflagen. Für das Narrativ der tüchtigen Schweizer und ihrer verdienten Exporterfolge gibt es bis heute Schweizer Bedarf. In der jüngeren Vergangenheit bürgen Buchtitel wie *Warum wir so reich sind* (2008, 2010) und *Wirtschaftswunder Schweiz* (2011, 2016) für die Fortsetzung einer zugkräftigen Auseinandersetzung, die sich entlang der unscharfen Grenze von Nation Branding und nationalökonomischer Analyse bewegt.

In Österreich fand Stuckis Buch bald nach seiner Erstveröffentlichung zumindest einen interessierten Leser und zwar in der Person von Herbert Krejci, einem einflussreichen Journalisten in Diensten der Industriellenvereinigung. In den 1980er-Jahren würde er als ihr Generalsekretär und damit als das öffentliche Gesicht des Unternehmerverbands fungieren. Im Hinblick auf die Österreichwoche 1969 verwies Krejci auf den „Paradefall Schweiz" und das „sehr aktuelle Buch" von Stucki. Er schlug daher vor, die wirtschaftspatriotische Propaganda das nächste Mal unter das Thema „Das größere Österreich" zu stellen.[51] Die Idee fand Anklang und so erfuhren 1969 vor allem Schüler*innen und Jugendliche: „Wir sind ein ‚heimliches Imperium', trotz unserer Kleinheit ein Land der unbegrenzten Möglichkeiten."[52]

2.2 Kosmopolitischer und nationaler Konsum

Die Propagierung heimischen Konsums gegenüber der nationalen Wir-Gruppe lief stets parallel zur Bewerbung des Landes, seiner Schönheiten und Produkte gegenüber ausländischen Zielgruppen. Der Sekretär des Schweizerwoche-Verbands mach-

---

50 Das beobachtete während der von Gandhi angeführten Boykottbewegung die britische Konkurrenz der in Indien tätigen Schweizer Handelsfirma Volkart mit Missvergnügen: Dejung. Fäden, 299 f.
51 WKÖ, DÖW, Herbert Krejci, Vorschläge für Österreich-Woche 1969.
52 O. V., Das größere Österreich, in: Wir und unsere Welt, 1969, Oktober, 3.

te indes auf einen wesentlichen Unterschied zur Propaganda für nationale Produkte im Ausland aufmerksam:

> Hier verliert das „Nationale" sofort seine gefühlsmäßige, staatsbürgerlich-patriotische Bedeutung. Exportförderung durch Auslandspropaganda für unsere Industrieprodukte ist eine wirtschaftlich-kommerzielle Angelegenheit. Man kauft uns unsere Uhren nicht ab aus Solidarität, sondern weil sie gut sind. Nationale Warenpropaganda endet vor den Toren, an der Grenze.[53]

Dass die nationalisierende Moralisierung des Konsums nur soweit reichen konnte wie die Nation selbst, scheint einleuchtend. Es war allerdings nur eine bestimmte affektive Ladung und eine spezifische Emotion, die nicht die Grenzen überspringen konnte: jene, die ein Gefühl der nationalen Zugehörigkeit im Verzicht auf die Importware manifestierte. Um dieses Gefühl zu haben, musste die Enthaltsamkeit eine bewusste sein. Erst die Problematisierung des Konsums als Feld der Bewährung und des Versagens konnte es hervorbringen. Dieser disziplinierende Zugang lässt sich, wie Fair Trade am augenfälligsten belegt,[54] ebenso auf andere ethische Ziele anwenden. Allein auf eine solche Zurichtung des Konsumierens beschränkten aber auch Buy-National-Kampagnen ihre persuasive Kommunikation nicht. Sie begleiteten vielmehr den moralisierenden Appell zur nationalen Solidarität mit der Behauptung von Qualität, von Produktleistungen, die auch abseits staatsbürgerlicher und nationaler Pflicht die vernünftigen Konsument*innen gewinnen sollten. Hier konnte die werbliche Kommunikation indes sehr wohl die Grenze der nationalen Wir-Gemeinschaft überwinden. Zudem besitzen umgekehrt z. B. Bilder, die für die Tourismuswerbung benützt werden, häufig auch für die nationale Wir-Gruppe ihre Attraktion. Gerade in der Schweiz hatte sich die Werbung um den Tourismusgast schon seit dem 19. Jahrhundert vorwiegend an die Fremden außerhalb des Landes gerichtet und damit aber auch einem werblichen Repertoire zugearbeitet, das sich der nationalen Selbstverständigung dienstbar machen ließ.[55]

Der Unterschied zwischen einem immateriellen Gut, wie sie die touristische Dienstleistung darstellt, und materiellen Produkten aus agrarischer, industrieller oder gewerblicher Herstellung besteht darin, dass erstere nur durch Dinge wie z. B. Souvenirs vertreten werden können, letztere hingegen selbst als Dinge greifbar sind. Doch auch materielle Produkte erbringen immaterielle Anmutungsleistungen. Kein Ding, das am Markt verkauft wird, bietet nur einen technisch-instrumentellen Grundnutzen. Länderimages, die der Fremdenverkehr benötigt und fördert, können daher Produkte mit Konnotationen ausstatten, die für ihren Absatz günstig sind. Die Marketingforschung spürt unter verschiedenen Schlagwörtern seit langem der Frage

53 Steuri, Warenpropaganda, 7.
54 Trentmann, Fair Trade.
55 Müller, Tourismuswerbung, 13; das ist die Einleitung zu dem insgesamt relevanten Band Charbon/Jäger/Trees/Müller, Schweiz verkaufen; außerdem Decorzant/Heiniger/Reubi/Vernat, Le Made in Switzerland; zu Österreich vgl. die Beiträge in Brix/Bruckmüller/Stekl, Memoria Austriae II, besonders Kos, Landschaft; Woldrich, Österreich.

nach, wie sich solche Images auf Markenprodukte übertragen lassen und wie man diesen Prozess steuern kann.[56] Die Verbindung von Land und Produkt liegt keineswegs immer im Interesse der Hersteller und sie geht oft von Konsument*innen aus, die eine Marke mit ihrem Herkunftsland assoziieren und vermeintliches Wissen über dieses Land auf das Produkt übertragen, z. B. als Erwartungen von geringer Qualität und minderer ästhetischer Anmutung. In sich industrialisierenden Ländern, die noch nicht zur Spitze industrieller Leistungsfähigkeit aufgeschlossen haben, kann die Wahrnehmung von Rückständigkeit des eigenen Landes eine positive Disposition gegenüber Produkten aus Ländern erzeugen, die als Orte einer überlegenen Lebens- und Konsumkultur gelten.[57]

Die Inszenierung kosmopolitischer Warenwelten gehört zum Repertoire der modernen Konsumkultur und der modernen Ökonomie. *Der Organisator* zitierte unter dem Titel „Zollmauern oder Freihandel“ ausführlich das Panorama eines deutschen Ökonomen:

> Wir erwachen am Morgen, um unsere Kleider anzuziehen, zu denen Australien die Wolle, Ägypten und die Vereinigten Staaten die Baumwolle, Italien die Seide, England das Garn, Paris, London oder Wien den Geschmack und Sachsen die Verfeinerungsarbeit geliefert haben. [...] Der leidenschaftlichste Patriotismus hindert uns nicht, einer Importzigarre vor dem heimischen Produkt den Vorzug zu geben. Weniger rein ist möglicherweise unser Gewissen, wenn wir, als Angehörige einer bevorzugten Klasse, ein amerikanisches Automobil besteigen; aber selbst wenn wir einen deutschen Wagen gewählt haben, lohnt es sich, darüber nachzudenken, daß vielleicht Texas oder Kalifornien die Heimat des von uns verbrauchten Benzins und Öls ist [...]. Die Straßenpflasterung stammt aus Schweden, unsere Büromaschinen wurden in den Vereinigten Staaten hergestellt, und unsere Mittags- und Abendmahlzeit sind nichts anderes als ein wirtschaftsgeographisches Potpourri Europas.[58]

Die Passage konkretisiert effektvoll ein ökonomisches und zugleich kulturelles Argument, das die Nationalisierung des Konsums als eine Verarmung deutete, nicht als Ausdruck einer durch Verinnerlichung wiedergewonnenen Stärke. Die Reinszenierung des Alltags endete mit der Bemerkung: „Zweifellos ist damit ohne jede Wertung die materielle Umwelt angedeutet, in der mit diesen oder jenen Abweichungen heute die Mehrheit in denjenigen Ländern lebt, die wir die zivilisierten nennen.“

Wie so oft leitete der rhetorische Anspruch nicht zu werten eine Wertung ein, nämlich dass ein zivilisiertes Leben die breite Verfügbarkeit international gehandelter Dinge voraussetzte. Das Panorama der Konsumakte selbst und die nachgescho-

---

56 Ein Literaturüberblick: Dinnie, Country-of-Origin; auch an der Wirtschaftsuniversität Wien wurde zur kommerziellen Nutzung und Kultivierung von Länderimages intensiv geforscht: Schweiger, Österreichs Image; Mayerhofer, Imagetransfer.

57 Die meiste Aufmerksamkeit haben in dieser Hinsicht in den letzten Jahren die Dynamiken am chinesischen Markt erhalten: Chan/Cui/Zhou, Competition; in historischer Perspektive: Gerth, China Made.

58 Merkur [Max Friedlaender], Zollmauern oder Freihandel (Das Problem der Zölle), in: Der Organisator Nr. 150 September 1931, 272 f.

bene Anrufung einer zivilisierten Lebenshaltung kommunizierten den sozialen Ort des entworfenen Alltags: Er war bürgerlich geprägt und am meisten zu Hause war hier das gehobene Bürgertum. Der Autor identifizierte sich und die Leserschaft mit den „Angehörigen einer bevorzugten Klasse". In nationalstaatlicher Hinsicht war der Ort Deutschland, wie die Auseinandersetzung mit dem schlechten Gewissen verriet, das dem aufrechten Bürger entstehen mochte, wenn er einen amerikanischen Wagen anstelle eines deutschen benützte.

Der Appell, die Automobile aus nationaler Herstellung zu bevorzugen, war in vielen Ländern ein zentrales Motiv der Nationalisierung des Konsums. Daran nahm die Schweiz, im Unterschied zu Österreich, vergleichsweise geringen Anteil, da eine Automobilindustrie fehlte, die Personenkraftwagen als Massenprodukt herstellte. Die Importzigarre hingegen war ein Feind des Schweizer Stumpen, für den sehr wohl der „leidenschaftlichste Patriotismus" mobilisiert wurde. Eine „Schweizer-Wochen-Ode" empfahl: „Und willst du rauchen, so sei ein Mann, rauch' Schweizerstumpen."[59]

Das lange Zitat, das im *Organisator* für eine Zivilisation des Freihandels warb, setzte mit dem Personalpronomen „Wir" ein, und es ging dem Blatt zweifellos um ein Kollektiv, dem die Schweizer*innen zurechnen sollten. Deutschland war denn auch nur einer der Orte, den Wilhelm Röpke, der Autor der Passage, für den bürgerlichen Lebensvollzug erwog. London trat ebenso auf, denn als Zentrum einer bereits zu Ende gehenden imperialen Dominanz war es die herausragende Lokalisierung des europäischen und nordamerikanischen Gefüges von Zivilisation. Die Schweiz gehörte, wie sich auch lebensgeschichtlich für Röpke erweisen sollte, ebenso in diesen Rahmen. Anfang der 1930er-Jahre noch Professor in Marburg, musste er 1933 Deutschland verlassen. Nach einem längeren Aufenthalt in Istanbul war er für mehrere Jahrzehnte in Genf tätig, wo er am Institut universitaire de hautes études internationales lehrte. In den frühen 1940er-Jahren avancierte er zu einem der gefragtesten *public intellectuals* der Schweiz. In einer für die liberalkonservativen Eliten anziehenden Weise spannte er gesellschaftskritisches Leiden an der Moderne und ‚freie Wirtschaft' zusammen.[60] Nach dem Krieg gehörte Röpke zu den Protagonisten der neoliberalen Netzwerke rund um die Mont Pèlerin Gesellschaft.

Das Argument für Freihandel und gegen weltwirtschaftliche Desintegration kam und kommt ohne die Reinszenierungen eines kosmopolitischen Alltags nicht aus. In seinem Buch *Weltwirtschaft und Außenhandelspolitik*, dem *Der Organisator* die zitierte Passage entnahm, rief Röpke seinerseits die nostalgische Reminiszenz eines „englischen Schriftstellers" in Erinnerung. Dieser hatte Anfang der 1920er-Jahre die glückliche imperiale und bürgerliche Welt vor 1914 ausgemalt – aus der Perspektive eines Bewohners von London, der „seinen Morgentee im Bett trinkend, durch den Fernsprecher die verschiedenen Erzeugnisse der ganzen Erde in jeder beliebigen

59 [Koks], Schweizer-Wochen-Ode, in: Nebelspalter 51/43, 23.10.1925, 4.
60 Solchany, Röpke, 27 f.; Mooser, Liberalismus.

Menge bestellen und mit gutem Grund erwarten [konnte], daß man sie alsbald an seiner Tür ablieferte".[61] Die Stelle ist nicht nur ein berühmter Beitrag zum Genre der Imaginationen einer vor 1914 liegenden ‚Welt von gestern',[62] sondern dient noch heute der Einführung in die Welt der *International economics*.[63]

Der „englische Schriftsteller", John Maynard Keynes, wurde allerdings im Laufe der 1920er-Jahre abtrünnig und vertrat in der folgenden Dekade u. a. in einem viel gelesenen Aufsatz die Ansicht: „National self-sufficiency [...], though it costs something, may be becoming a luxury which we can afford, if we happen to want it."[64] Zumindest in der gemilderten Variante, die auch das Empire Marketing Board vertreten hatte, hielt er es für angebracht, diesen nationalen Luxus zu wollen: „Let goods be homespun whenever it is reasonably and conveniently possible."[65] Die gefährlichsten Feinde sind stets die Renegaten. Für neoklassische Ökonomen wie Röpke repräsentierte Keynes die Frage nach der Möglichkeit einer Verbindung aus politischem Liberalismus und Wirtschaftsnationalismus. Diese Option energisch zu verneinen war ihnen ein Anliegen.[66]

Die Inszenierung eines kosmopolitischen Konsums spielte eine auffällige Rolle im Diskurs des freien Handels, eben darum aber genauso in seinem protektionistischen Gegenstück, etwa in der gereimten Predigt des patriotischen Konsums, die sich einiger publizistischer Beliebtheit erfreute. An Buy-National-Versen nahm wiederum Kurt Tucholsky in einem 1932 verfassten Spott auf das nationalistische Europa Maß, um die Inkonsistenzen des ‚Gefühlsprotektionismus' in Szene zu setzen – den Wunsch nach Exportüberschüssen, der sich ad absurdum führte, sobald alle Staaten nur Überschüsse akzeptieren wollten, und die Schwierigkeiten der Importsubstitution, die vielfach auf Verzicht hinauslief:

> Am Rhein, da wächst ein süffiger Wein –
> der darf aber nicht nach England hinein
> – Buy British!
> In Wien gibt es herrliche Torten und Kuchen,
> die haben in Schweden nichts zu suchen –
> Kop svenska varor!
> In Italien verfaulen die Apfelsinen –
> laß die deutsche Landwirtschaft verdienen!
> Deutsche, kauft deutsche Zitronen!
> Und auf jedem Quadratkilometer Raum
> träumt einer seinen völkischen Traum.
> Und leise flüstert der Wind durch die Bäume...

61 Röpke, Weltwirtschaft, 18.
62 Daunton, Wealth, 201.
63 Krugman/Obstfeld/Melitz, International Economics, 17.
64 Keynes, Self-Sufficiency, 238.
65 Ebd., 236.
66 Vgl. Röpke, Disintegration; und ein weiterer Genfer Ökonom: Rappard, Economic Nationalism.

Räume sind Schäume.
[...]
Die Nation ist das achte Sakrament –!
Gott segne diesen Kontinent.[67]

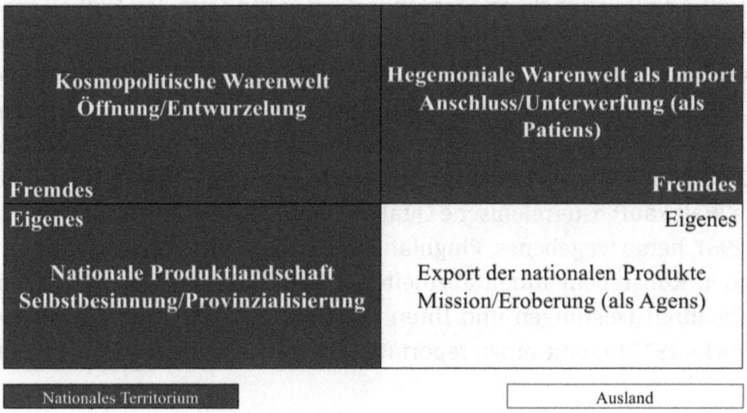

Grafik 15: Warenwelten aus Sicht der Nation

Grafik 15 unterscheidet Waren nach ihrer Stellung zur nationalen Ökonomie. Von zentraler Bedeutung ist daher die Opposition zwischen den eigenen Produkten und den fremden. Erstere formen eine Produktlandschaft, in der die Konationalen ihre Leistungen und ihren Charakter wiedererkennen können. Kritisch betrachtet geht die Schließung des Konsums rund um die Nation mit einer Provinzialisierung einher. Der Vorwurf der Boniertheit liegt auf der Hand. Drei der vier Felder, die kosmopolitische, die hegemonial geprägte und die nationale Warenwelt, beziehen sich auf den Binnenmarkt; sie finden dort statt, wo die nationale Gemeinschaft, so sie nicht in der Diaspora gepflegt werden muss, ihren durch Zölle und Verwaltungsbestimmungen eingehegten Ort hat. Der Export hingegen bringt die nationalen Produkte in die Länder der Anderen. Er stellt dabei mehr als nur ein Phänomen des Austauschs von Waren gegen Devisen dar. Der Export ist eine Projektion des Eigenen über die Grenzen der nationalen Gemeinschaft hinaus. Diese Projektion lässt sich in den Asymmetrien weltwirtschaftlicher Verflechtungen bis zur Hegemonie steigern und so träumen die Eliten selbst in kleinen Ländern vom Imperium – und sei es nur in spezialisierten Teilbereichen. Aus Sicht der Patriot*innen trägt der Export den Cha-

67 Zitiert nach Pepper, Wirtschaft, 37.

rakter einer kulturellen Mission.[68] Die Welt soll an der Schweizer Qualität teilhaben, soll erfahren, was gut ist – und konkret z. B., wie man seinem Kind Gutes tun kann, indem man ihm schweizerische Dosenmilch verabreicht: „Imagine your child in beautiful Switzerland", bewarb die Berneralpen Milchgesellschaft, als „Bear Brand" firmierend, ihre Produkte auf den Philippinen.[69] Die Welt durfte aber ebenso an Österreichs „Geschmackskultur" genesen und die Hochwertigkeit seiner Gewerbe- und Industrieerzeugnisse sollte auch deren Empfänger*innen rund um den Erdball erheben. Der Kauf der exportierten Ware ist ein Akt der Anerkennung durch die Anderen und daher verwertbar für den nationalen Stolz. Die Rede über das Exportieren in der Schweiz trug schon in den 1920er- und 1930er-Jahren wesentlich zu nationalisierenden Diskursen bei. Die österreichische Selbstverständigung zeigte dasselbe Muster, mit großer und steigender Vehemenz vor allem in der zweiten Hälfte des 20. Jahrhunderts.[70] „Die Welt kauft österreichische Qualität", kündete ein aus Anlass der Österreichwoche 1961 herausgegebenes Flugblatt, um daraus eine Schlussfolgerung für die heimischen Konsument*innen abzuleiten: „Vertrauen auch wir der heimischen Wirtschaft, ihren Leistungen und Ihren Erzeugnissen."[71] Ein Schüleraufsatz zur Österreichwoche 1975 brachte einen reportagehaften Einstieg in die Dynamik der Anerkennung:

> Falun, Schweden: Nordische Skiweltmeisterschaften 1974, 30 Kilometer-Lauf. Heller Jubel empfängt Thomas Magnussen im Skistadion, Tausende von Schweden feuern ihren Landsmann noch einmal an. Vor ihm hat der riesige Finne Mieto nach gewaltigen Doppelstockschüben seinen Lauf beendet; auch für ihn gibt es Anerkennung. Doch jetzt ist es Siegesfreude! Die Anzeigetafel blinkt die Zeit auf: Magnussen ist um 53 Sekunden schneller als Mieto – ein großer Sieg für Magnussen, eine Fortsetzung der schwedischen Langlauftradition und – 1:0 für einen österreichischen Ski.[72]

Der Ausländer, der ein österreichisches Produkt kauft, ist ein Freund, man gönnt ihm den Sieg. Aber zuletzt steht es 1:0 für Österreich. Exportwerbung und Binnen-

---

68 Eindrücklich ist auch das Österreich und der Schweiz gut vergleichbare Beispiel von Schweden und des Swedish Institute: Glover, National Relations.

69 Paul Althaus, Wie es gemacht wird, in: Reklame. Beilage zur Zürcher Monatsschrift der Organisator Nr. 154, Jänner 1932, 219–224.

70 Die Beispiele sind Legion: „‚Made in Austria' – das ist das Motto für dieses große Abenteuer eines kleinen Landes: Der Welt zu zeigen, was wir können, daß wir zwar klein an Raum, aber groß an Leistung sind, daß wir neue Handelsbeziehungen anknüpfen, bestehende vertiefen, die Erzeugnisse österreichischer Tüchtigkeit und österreichischen Fleißes auch in die entferntesten Winkel der Welt verkaufen, kurz, indem wir eben exportieren." Die Passage stammt aus einer Broschüre, die das Wirtschaftsförderungsinstitut der Bundeswirtschaftskammer für den Unterricht an Mittelschulen herausgab: Made in Austria. Das große Abenteuer des Exports, Wien 1961, 4.

71 WKÖ, Österreichwoche 1961, Flugblatt.

72 WKÖ, Österreichwoche 1975, Aufsatz des Schülers einer Handelsakademie zum Thema „Made in Austria. Bürgt diese Aufschrift für Qualität?".

kommunikation über das nationale Produkt bzw. die Verpflichtung der Konsument*innen ihm gegenüber spielen eben vielfach ineinander.

Das Schema in Grafik 15 sieht komplexe Prozesse der Hybridisierung, Kreolisierung oder Glokalisierung nicht vor, weil sie im dominanten Diskurs der Nation, zumal dem der 1920er- und 1930er-Jahre, keinen Platz hatten (und nach wie vor nicht haben). Dass sich solche Prozesse trotzdem vollzogen, werde ich gleich anhand eines der prominentesten und offensichtlichsten Beispiele diskutieren. Da aber die propagandistischen Praktiken von Buy-National-Organisationen darauf beharrten, beharre auch ich vorerst auf der Trennung. Aus der für die nationale Ökonomie konstitutiven Trennung zwischen den innerhalb ihrer Grenzen erzeugten und den von außen kommenden Waren ergeben sich auf der Seite des Fremden zwei Varianten einer ‚überfremdeten' Warenwelt: zum einen die sich aus vielen Quellen speisende kosmopolitische Vielfalt und zum anderen die massive Präsenz einer hegemonialen Macht. Im 17. Jahrhundert, dem Zeitalter des höfischen Absolutismus, war das Frankreich, und den Ruf einer besonderen Kompetenz im Bereich der Luxuswaren konnten Pariser Mode und Design bis heute bewahren. Im 19. Jahrhundert kam England als Mutterland der Industrialisierung und des britischen Weltreichs hinzu, mit London als imperialem Zentrum adelig-bürgerlicher Vornehmheit und der dazu passenden Produkte. Im 20. Jahrhundert schließlich wurde *made in America* der Inbegriff einer Modernität, die sich nicht mehr nach dem ständischen Modell organisierte und durch einen hohen Lebensstandard charakterisierte. Sowohl die kosmopolitische als auch die hegemonial überformte Warenwelt sind positiven wie negativen Bewertungen zugänglich. Eine kosmopolitisch gedeutete Warenwelt lässt sich als ein Zeichen der kulturellen Öffnung, der Toleranz, des friedlichen Austauschs von Produkten und Ideen lesen. Das entsprach dem liberalen Imaginären sowohl des 19. Jahrhunderts wie des späten 20. und frühen 21. Jahrhunderts. Eine kosmopolitische Produktwelt kann aber ebenso als Symptom der Entwurzelung, der Gleichgültigkeit gegenüber der Nation inszeniert werden. Zu diesem Blick tendieren Buy-National-Organisationen und generell nationalistische Bewegungen. „Kauft österreichische Waren" lieferte viele Beispiele für diese Sicht der Dinge, genauso wie ihre Schweizer Pendants. Die konkrete Klage war jeweils eine Kombination des Lokalen mit dem Generischen, den transnational üblichen Topoi der nationalisierenden Kommunikation über das Konsumieren.

Prozesse der Öffnung verlaufen erstens nie symmetrisch nach allen Seiten und zweitens gab es vom 17. Jahrhundert bis in die Gegenwart stets eine Hegemonialmacht, deren Status sich auch darin ausdrückte, dass sie Konsummuster und Güter, insbesondere für den gehobenen Bedarf exportierte. Nicht zufällig wurde die Globalisierung der zweiten Hälfte des 20. Jahrhunderts als ‚Amerikanisierung' oder gar

McDonaldisierung[73] diskutiert. Die Verfügbarkeit der Warenwelt des Hegemons kann ein Anschließen und Aufholen signalisieren. Amerikanisierung erschien ebenso als Verlust von überkommenen Werten und Lebensstilen wie als Ausweis von Modernisierung. Negativ gewendet zeigte sie die Unterwerfung unter den American Way of Life und die politisch-militärische Übermacht der USA an. Ein Wiener Unternehmer empörte sich in einem Schreiben ans Handelsministerium:

> Selten findet man einen eifrigeren Bewunderer alles ausländischen, und wenn es, unwürdig ausgedrückt, der grösste „Schmarren" ist, als den Österreicher, speziell aber den Wiener. Wenn's nur aus Paris, aus England oder gar aus Amerika ist. [...] Unausrottbar ist in uns die Vorstellung, dass [sic] ausländische müsse unbedingt besser sein.[74]

Die Klage nannte – und dies in der korrekten zeitlichen Abfolge – die konsumkulturell relevanten Hegemonialmächte der letzten drei Jahrhunderte. Schon in der Zwischenkriegszeit beschäftigte die mit Amerika assoziierte Welt der Waren und des Konsumierens die Organisator*innen von Buy-National-Propaganda, die Werbefachleute und ihre Auftraggeber in den Unternehmen. Nach 1945 gewann diese Auseinandersetzung jedoch enorm an Breite. Innerhalb des von den USA dominierten ‚westlichen' Rahmens standen die Zeichen nun wieder auf Liberalisierung des Außenhandels und zudem erweiterten sich die Konsumspielräume. Produkte aus den USA oder mit amerikanisierender Anmutung erhielten einen besonderen Platz. Die 1950er-Jahre markierten in den Erwartungen und Befürchtungen, die sich an *made in America* knüpften, einen Höhepunkt.[75]

In der Schweiz setzte die Hysterie ums Amerikanische als Bedrohung der Nation schon etwas früher ein als in Österreich, wo man so wie in weiten Teilen Europas noch eine Zeit lang damit beschäftigt war, die unmittelbaren Kriegsfolgen zu beheben. Die Schweizer Satirezeitschrift *Nebelspalter* zeigte im Oktober 1949 ein drastisches Sujet. Es inszenierte Coca-Cola bzw. die das Getränk erzeugende Nation als eine Macht, die den kleinen Schweizer Sennenbuben zu strangulieren drohte (Abb. 20). Ein ebenso riesenhafter wie bulliger GI, Inkarnation ungehobelter Bedrohlichkeit, befahl dem Schweizerbuben: „Schütte Deinen Süßmost aus, trink Coca-Cola und halt im übrigen Dein Maul!".[76]

---

73 Ritzer, MacDonaldisierung.

74 ÖStA, AdR, BMHV, 73508-10/1927, Schreiben Julius Krott an BMHV, eingelangt 16.2.1927.

75 De Grazia, Empire; Österreich: Wagnleitner, Coca-Colanization; Jagschitz/Mulley, Die „wilden" fünfziger Jahre; Schweiz: Pfister, 1950er Syndrom; Andersen, Und so sparsam; Brändli, Supermarkt; Buomberger/Pfrunder, Schöner leben.

76 A. M. Cay, „Schütte...", in: Nebelspalter 75/43, 27.10.1949, 13

Abb. 20: Drangsaliert von Coca-Cola
A. M. Cay [Alexander M. Kaiser], „Schütte deinen Süßmost aus, trink Coca-Cola und halt im übrigen Dein Maul", in: Nebelspalter 75/43 (1949), 13; Quelle: http://www.e-periodica.ch.

Die Coca-Cola Company war aus dem Zweiten Weltkrieg gestärkt hervorgegangen, als Soldatengetränk fest mit den siegreichen USA assoziiert und in Europa präsent. Das Unternehmen hatte aber bereits in den 1920er-Jahren seine Expansion nach Übersee begonnen. In der Schweiz wurde Coca-Cola seit 1936 vertrieben, nachdem ein Westschweizer Automobilimporteur auf Geschäftsreise in Detroit das Getränk kennengelernt hatte. Er erwarb eine Konzession von Coca-Cola und begann in Lausanne mit der Herstellung.[77] Der braune Softdrink ist insofern bemerkenswert, als kaum ein Produkt so dauerhaft Konnotationen US-amerikanischen Lebensstils evoziert hat. Die enorme Anziehungskraft dieser symbolischen Ladungen ist unübersehbar, wie sie zugleich verlässlich antiamerikanisches Sentiment erzeugen.[78] Die Dynamik von Attraktion und Abwehr entfaltete sich am Schnittpunkt von globalisierter Konsumkultur mit nationalen und regionalen Identitätsdiskursen sowie im Überschneidungsbereich von Konsum und Politik.[79] Die einschlägigen Mediendiskurse und Unternehmensstrategien bewegten sich oft im Spannungsfeld internationaler Konfliktlagen vom Kalten Krieg[80] über die Dekolonialisierung bis hin zu den Nachwirkungen der Iranischen Revolution von 1978. Auf antiamerikanisches Ressentiment reagierte zum einen die Coca-Cola Company selbst, indem sie die Produktkommunikation an eine nationalisierende Rhetorik anpasste. Damit war sie etwa im nationalsozialistischen Deutschland ebenso wie in der Bundesrepublik des Wiederaufbaus sehr erfolgreich.[81] Zum anderen versuchten lokale Hersteller, sich mit einem Cola-Getränk zu etablieren. Die Palette der nationalen Cola-Pendants reicht von den diversen europäischen Cola-Marken aus dem ‚Westen', zu denen Austro-Cola in den 1950er-Jahren und das bereits 1938 lancierte Vivi Kola in der Schweiz zählten, über Club-Cola der DDR bis zum iranischen Zam Zam-Cola.

Viele dieser Konkurrenten von Coca-Cola verschwanden wieder vom Markt. Der national verlässliche Rivale des US-Produkts musste aber nicht unbedingt ein Cola-Getränk sein. Rivella in der Schweiz oder Almdudler in Österreich hatten nachhaltigen Erfolg mit dieser Positionierung – ein Exkurs zu den beiden Marken bietet sich an.[82] Ihre mediale Repräsentation ist bis heute dem Patriotischen verpflichtet, wenngleich oft auf ironische Weise gebrochen. Nicht zufällig geht ihre Geschichte auf den Wohlstandsaufbruch der 1950er-Jahre zurück. Der *Neuen Zürcher Zeitung* galt Rivella bereits Mitte des Jahrzehnts als „Volksgetränk" – der Deutschschweiz wohlgemerkt, denn ins Welschland und ins Tessin reiche die Verbreitung noch wenig. Das Milchserum als Ingredienz sorgte für die Bodenständigkeit des mit Kohlensäure versetzten Getränks, das versprach, das Volk im Namen der Gesundheit zu einen: „Es ist bei

---

77 O. V., 1936 brachte den Schweizern das braune Getränk, in: Vaterland, 25.1.1984 (Zeitungsartikel zu Coca-Cola: SWA, H+I Ba 1106).

78 Die Literatur ist umfangreich. Siehe z. B. Lüdtke/von Saldern, Amerikanisierung; Wagnleitner, Coca-Colanization; Schildt, Marx and Coca-Cola.

79 Trentmann, Crossing Divides, 208; Gries, Produkte & Politik, 147 f.; die konsumanthropologische Forschung hat sich viel damit befasst, u. a. Miller, Coca-Cola; anhand von Papua Neuguinea: Foster, Coca-Globalization.

80 Für die Coca-Cola Company blieb der sowjetische Markt verschlossen, doch erhielt ihr schärfster Konkurrent Zutritt: Ab 1972 wurde Pepsi Cola vertrieben und bald darauf in Lizenz produziert. Die Flasche kam mit kyrillischem Etikett auf den Markt und avancierte zu einem Symbol der Breshnew-Ära. Althanns, McLenin, 192; zur DDR: Schutts, Born Again.

81 Schutts, Pause; ders., Born Again.

82 Maurer, Almdudler; zu Rivella: Rieder, Lebensfreude; eine Sammlung von Zeitungsartikeln zu Rivella: SWA, H+I Ba 655.

Sportlern und Geschäftsleuten ebenso beliebt wie bei Müttern und Kindern, und der Verein für Volksgesundheit hat ihm das Gütezeichen verliehen.“[83] Das „Kunstgetränk“ Cola hingegen hatten dessen Gegner von den Schweizer Konsument*innen fernzuhalten gesucht, indem sie die Gesundheitsschädlichkeit des Softdrinks ventilierten.[84] „Des Schweizers zweite Muttermilch“[85] ebenso wie Almdudler rieben sich daher seit jeher an Coca-Cola. Sie avancierten auch jeweils zur nationalen Nummer zwei am Markt der alkoholfreien Getränke, hinter Coca-Cola allerdings. Unternehmenskommunikation, Werbung und Medienberichterstattung inszenieren bis heute den Wettbewerb häufig als Kampf des alpinen David gegen den amerikanischen Goliath. Almdudler und Rivella schließen damit auch bei einer in beiden Ländern zentralen Identitätsressource an: der als Stärke gedeuteten Kleinstaatlichkeit. Der Kleinstaat wird personalisiert, um eine überdimensionierte Tüchtigkeit seiner Bewohner*innen zu behaupten.

Almdudler ging im Scheinkampf gegen die Gefahr aus den USA 1998 so weit, einen US-amerikanischen Konkurrenten, den „Yankee-Doodler“, zu erfinden (Abb. 21). Das österreichische Unternehmen brachte einen Spot, der sich als Werbung für den Doodler ausgab. Er hob mit der Aufforderung eines Cowboys an, der auf einer Getränkedose Rodeo ritt: „Forget Almdudler. Do the Yankee Doodler.“ Die fiktive Getränkemarke erfüllte eine Anforderung, der sich Coca-Cola als realer Mitbewerber verweigerte: Der Doodler verkörperte einen bornierten Provinzialismus in US-amerikanischer Fassung und wandte sich aggressiv gegen Almdudler und damit die österreichische Nation. In der Schweiz wiederum wusste die Boulevardzeitung *Blick* erst Anfang 2016: „Das grüne Rivella ärgert die Amis. Rivella greift Coca Cola an.“[86]

Das Sujet aus dem *Nebelspalter*, das Coca-Cola als US-Aggression gegen das Schweizerische inszenierte, ist somit in Zusammenhänge einzubetten, die sich synchron wie diachron weit spannen lassen. Zu ihrem engeren historischen Kontext gehört die Mobilisierung, mit der in vielen Ländern Europas Gegner*innen der US-Marke nach dem Zweiten Weltkrieg ihre erneuerte Präsenz bzw. ihren erstmaligen Markteintritt zu verhindern trachteten.[87] Vor Coca-Cola warnten damals einheimische Unternehmen ebenso wie linke und rechte Kulturkritik bis hin zur radikalen Linken, die in der Coca-Cola Company eine Speerspitze des Antikommunismus erblickte (als die das Management das Unternehmen auch sehen wollte). Der Anlass der Karikatur im *Nebelspalter* lässt sich entlang dieser Spur genau bestimmen. 1948 intensivierte Coca-Cola mit einer aufwändigen Kampagne sein Bemühen um die Gunst der Schweizer*innen. Die Gegenreaktion fiel heftig aus. Die Schweizer

83 O. V., Rivella AG in Rothrist, in: Neue Zürcher Zeitung, 2.7.1957.
84 Flury-Dasen, Coca Cola, 132.
85 Hans Graber, Ein Stück Heimat in Harassen, in: Neue Luzerner Zeitung, 30.11.2002, 49 f.
86 O. V., Das grüne ..., in: Blick, 31.1.2016, http://www.blick.ch/news/wirtschaft/das-gruene-rivella-aergert-die-amis-rivella-greift-coca-cola-an-id4626931.html (8.10.2016).
87 Schutts, Born again, 123; Kuisel, Seducing, 54–69.

Abb. 21: „Do the Yankee Doodler"
Werbeplakat für die Marke Almdudler. Das Sujet der angeblichen US-Konkurrenz wurde in einem zweiten Schritt mit einem rot-weiß-roten Button überklebt, der Widerstand gegen den fiktiven amerikanischen Übergriff ankündigte. Quelle: Almdudler Aktuell, April 1998.

Getränkeindustrie formierte eine „Abwehrstelle gegen die Coca-Cola Gesellschaft".[88] Die lokalen Partner von Coca-Cola reagierten mit Erklärungen, dass sie Schweizer Unternehmen seien.[89] Coca Cola-Inserate betonten noch Jahre später, das Getränk werde in der Schweiz von Schweizern produziert;[90] und 2004, als der Irakkrieg das Image der USA in Europa beschädigte, zitierte die offiziöse Tageszeitung *Der Bund*

88 Vgl. Flury-Dasen, Coca Cola, 134.
89 Nationalrat, Auszug aus dem stenografischen Protokoll der Sitzung vom 21. September 1949, 5 f., DoDiS-6403.
90 Andersen, Und so sparsam, 141.

den Chef der Schweizer Produktionsfirma mit der Feststellung: „Wir sind alles andere als eine US-Firma".[91] Der Aufruhr gegen den US-Neuzugang beschränkte sich in der Schweiz der 1940er-Jahre keineswegs auf Unternehmerverbände. Im Jänner 1949 interpellierten Abgeordnete der Sozialdemokratie den Bundesrat wegen Maßnahmen gegen Coca-Cola. Als im September die Angelegenheit im Nationalrat behandelt wurde, unterstrich der SP-Abgeordnete Karl Geissbühler, die „Erziehung der Jugend zum Konsum unserer einheimischen wertvollsten alkohohlfreien Getränke" sei „ein Stück wirtschaftlicher Landesverteidigung".[92] Er argumentierte ganz im Sinn der Schweizer Getränkeindustrie, die der Coca-Cola Company nicht nur ein Werbeetat von einer Million Franken, sondern „unschweizerische Machenschaften" vorwarf.[93] Die Verbände der Getränkeerzeuger hatten versucht, ein Verbot von Coca-Cola zu erreichen oder alternativ das US-Unternehmen zu einem freiwilligen Verzicht auf den Schweizer Markt zu bewegen. Im September 1949 wussten sie bereits, dass sie an beidem gescheitert waren. Den Importzoll für den Sirup zu erhöhen schien ebenfalls unrealistisch. Die Abgabe war bereits sehr hoch angesetzt, gestanden die Verbände zu. Somit blieb nur, bei den Schweizer Konsument*innen den Konsum von Schweizer Qualität zu propagieren – und, wie im *Nebelspalter*, aus Süßmost propagandistisch eine Frage des nationalen Überlebens zu machen.[94]

Almdudler und Rivella sind sowohl Beispiele des Bemühens um schärfste Trennung des Eigenen vom Fremden in seiner US-amerikanischen Gestalt als auch Belege für die im selben Zug hergestellte Vermischung. Kein Rivella oder Almdudler ohne Coca-Cola – jedenfalls nicht in den historisch rekonstruierbaren Anmutungsleistungen, die diese Getränke, sowohl austrifizierend und swissifizierend wie amerikanisierend, den Konsument*innen boten. Beide Unternehmen gehören zu jener Kategorie von mittelständischen Erzeugerfirmen, die oft das Rückgrat von Buy-National-Kampagnen bilden und deren Wohlergehen diese sehr im Auge haben. Zumindest in der Schweiz war die Hochzeit der Buy-National-Propaganda allerdings bereits vorüber, als Rivella in den 1950er-Jahren den Markt betrat. Beide Unternehmen haben aber seither die Nation im Sinn eines *banal nationalism* und in ironischer Brechung verfügbar gehalten.

---

91 O. V., „Wir ...", in: Der Bund, 4.2.2004, 33.

92 Nationalrat, Sitzung vom 21. September 1949, 7, DoDiS-6403.

93 Vgl. ETH, Archiv für Zeitgeschichte, IB Vorort 470.4.4 Zentralkommission Schweizerischer Propagandaorganisationen 1947–1957, Sitzungsprotokoll, 22.9.1949, 7.

94 Die Schweizer Firmen, die den Generalvertrieb für die Schweiz hatten, hielten u. a. dadurch dagegen, dass sie auf den Nutzen Coca-Colas für die Schweizer Volkswirtschaft hinwiesen. Von jedem Franken würden nur 5,8 Rappen in die USA gehen und außerdem auch andere Getränke ausländische Saftkonzentrate verwenden. O. V., Coca-Cola, ein Wirtschaftsproblem, in: Der Organisator Nr. 390, September 1951, 485.

3 Die Wirkungsgeschichte des Kameralismus – Konsum und Nation im fernen Spiegel?

Die Verschränkung der Vorstellung von Herrschaftsgebiet und Wirtschaftskreislauf hat eine lange Geschichte, die sich auf die Anfänge moderner Staatlichkeit in der frühen Neuzeit zurückverfolgen lässt. Von Österreich ausgehend lenkt das den Blick auf die Kameralisten[1] des 17. Jahrhunderts, die in Diensten der Habsburger standen.[2]

Der Kameralismus war ein Regierungswissen, das man als die Ausprägung des merkantilistischen Diskurses im deutschsprachigen Raum fassen kann. Die Forschung diskutiert allerdings seit Langem über diese Zuordnung,[3] ebenso darüber, ob es überhaupt sinnvoll ist, Merkantilismus als ein weitgreifendes Konzept anzusetzen, das eine breite Palette an unterschiedlichen Diskursen und Regierungspraktiken unter einem Dach versammelt.[4] Der Begriff wurde retrospektiv und von seinen Gegnern formuliert.[5] Er bleibt insbesondere von Adam Smith geprägt, dem die Auseinandersetzung mit dem „Merkantilsystem" diente, um sein Verständnis von Ökonomie als bessere Alternative zu konturieren. Ich verwende beide Begriffe, Kameralismus und Merkantilismus, um damit Diskurse und Praktiken zu bezeichnen, die in der Frühen Neuzeit die Formierung von Staatlichkeit antreiben sollten und ein Handlungsfeld etablierten, das heute als Wirtschaftspolitik bezeichnet wird. Ein wesentliches Moment des kameralistischen und merkantilistischen Diskurses war seine Konzeptualisierung von Politiken, die im Rahmen des vom jeweiligen Fürsten beherrschten Territoriums Produktion und Konsum integrieren und die darüber hinausführenden Austauschbeziehungen als ‚Außenhandel' kontrollieren sollten.

Vertraten die Merkantilisten und Kameralisten eine frühe Form von Wirtschaftsnationalismus als ökonomische Theorie und politische Propaganda? Dieser Meinung

1 Auf die praktische Umsetzung kameralistischer Programme, ihre Erfolge und Misserfolge, gehe ich nicht ein. Kameralismus bezeichnet hier und in der Folge wirtschaftstheoretische und -politische Positionen in einem Diskurs über Staat und Wirtschaft. Vgl. Sokoll, „Kameralismus".

2 Zum deutschsprachigen Kameralismus Tribe, Strategies, 8–31; Rössner, Kameralismus; zur Transformation des Kameralismus in Nationalökonomie: Tribe, Governing; Wakefield, Cameralism; über den deutschsprachigen Raum hinaus: Seppel/Tribe, Cameralism; aus der älteren Literatur vor allem Heckscher, Merkantilismus; außerdem Schumpeters Kapitel zur „merkantilistischen" Literatur in: Geschichte der ökonomischen Analyse 1, 423–472 – eine Dogmengeschichte, die in ihrer Historisierung sowohl der Lehrmeinungen als auch der Position des Dogmenhistorikers, in ihrer Aufmerksamkeit für unterschiedliche Formate ökonomischer Reflexion ebenso wie für ihre Bindung an Akteurs- und Gruppeninteressen mit wissensgeschichtlichen Ansätzen Erhebliches gemein hat, siehe seine Überlegungen zu Beginn des Kapitels: 423–427; speziell zur habsburgischen Kameralistik: Sommer, Kameralisten; Heiss, Ökonomie und Österreichbewußtsein; Hassinger, Becher; Brauleke, Hörnigk; jüngere Literatur zu Hörnigk: nochmals Tribe, Wirtschaftssemantik; Streissler/Streissler, Hörnigk; Rössner, Austria Supreme.

3 Dagegen wendet sich z. B. Tribe, der die Spezifika des Kameralismus betont: Strategies, 8–31.

4 Vgl. Isenmann, Merkantilismus.

5 Deyon, Mercantilisme, 11–13.

https://doi.org/10.1515/9783110701111-012

waren jedenfalls in den 1930er-Jahren liberale Ökonomen, die sich auf die ideengeschichtliche Suche nach den Vorläufern der protektionistischen Wirtschaftspolitiken begeben hatten, wie sie damals allerorts unter nationalistischen Vorzeichen betrieben wurden.[6] Maßgeblich wurde hierfür der schwedische Ökonom Eli Heckscher. 1932 veröffentlichte er eine groß angelegte Auseinandersetzung mit dem Merkantilismus, die rasch auch im englisch- und deutschsprachigen Raum rezipiert wurde.[7] In einer 1999 erschienenen Studie, die sich der wirtschaftsnationalistischen Politik in den USA und Deutschland von 1815–1914 widmet, betont der Historiker Alexander Etges hingegen, dass die Identifikation von Merkantilismus mit Wirtschaftsnationalismus ein Missverständnis sei. Er setzt auf ein Argument, das Historiker*innen besonders naheliegt: Es seien „Phänomene verschiedener Epochen".[8] Wenn man Merkantilismus als historischen Begriff behandelt, ist das nicht zu bestreiten. Er gehörte einer anderen Zeit an als die von Etges untersuchten Politiken. Die Rede von einer Epoche impliziert aber eine substanziellere Art der Trennung.

Nun treffen einander Wirtschaftsgeschichte und historische Nationalismusforschung häufig darin, dass sie die Industrialisierung als Wasserscheide von überragender Bedeutung annehmen. Robert Allen datiert die industrielle Revolution, fokussiert auf England und in ihrer ersten Etappe, auf den Zeitraum von Mitte des 18. bis Mitte des 19. Jahrhunderts.[9] Im Raum des heutigen Österreich lassen sich an der Wende zum 19. Jahrhundert erste Anzeichen für die Etablierung neuer Produktionsweisen beobachten. Damit ist die Epochenschwelle sowohl in ihrer von England ausgehenden globalen als auch in ihrer lokal österreichischen Dimension in einen konkreten Zeitraum gefasst.

In der Nationalismusforschung steht vor allem Ernest Gellner für das Argument, dass erst die Industrialisierung die Grundlage für eine Nationalisierung des Sozialen geschaffen habe,[10] wobei er nicht von Kausalität, sondern einer „elective affinity" ausgeht.[11] Was davor liegt, kann, wenn man Gellner folgt, nicht Wirtschaftsnationalismus sein, sofern der Begriff nicht nur Strategien von Regierungseliten beschreibt, die auf eine Machtsteigerung des Fürstenstaates hinarbeiten, sondern Politiken bezeichnet, die eine Identifikation von breiten Bevölkerungsteilen mit einer imaginierten Gemeinschaft fordern und auch zu erreichen in der Lage sind. Ab Mitte des 19. Jahrhunderts bahnten sich tatsächlich weltweit Formen von Vergesellschaftung an, die historisch neu waren.[12] Nie zuvor waren so viele Menschen zu einem solch hohen Grad in Produktion wie Konsumtion auf überregional organisierte Märkte angewiesen. Massenmediale Kommunikation gehörte zunehmend zum Alltag dieser Gesell-

---

6 Rappard, Economic Nationalism, 79; Röpke, Weltwirtschaft, 81.
7 Carlson, Migration; Magnusson, Heckscher.
8 Etges, Wirtschaftsnationalismus, 33.
9 Allen, Industrial Revolution.
10 Gellner, Nationalism.
11 Mouzelis, Nationalism, 135 f.
12 Osterhammel, Verwandlung, 109–114; Maier, Leviathan 2.0.

schaften. Es ist eminent plausibel, dass eine solche Konstellation es begünstigt, nationale Ökonomie als Fusion von Gemeinschaft, Staat und Wirtschaft zu propagieren und dafür ein weites Publikum zu finden.

Und dennoch – Nationalismus und Wirtschaftsnationalismus haben nicht plötzlich und ohne Vorlauf die historische Bühne betreten. Es gibt eine Vorgeschichte der nationalistischen Gegenwart, die vom 19. Jahrhundert bis heute reicht. Im Hinblick auf die Nationalisierung des Sozialen hat Mirsolav Hroch angemerkt, dass die von ihm als Phase B bezeichnete Etappe „überall in Europa" noch vor der Industrialisierung eingesetzt habe. Er versteht darunter die Transformation der Nation vom gelehrten Interesse zur Mobilisierung der als konational identifizierten Bevölkerungsteile.[13] Auch Hroch gehört aber nicht nur zu den Theoretiker*innen des Nationalismus, die diesen als eine Erscheinung der Moderne betrachten, sondern auch zu jenen, die seine Entstehung auf die Zeit seit dem späten 18. Jahrhundert datieren.

Demgegenüber meint Liah Greenfeld, bereits im England des 16. Jahrhunderts, dem erfolgreichsten merkantilistischen Staat der Frühen Neuzeit, eine signifikante Verbreitung nationalen Bewusstseins in der Bevölkerung feststellen zu können. Sie macht außerdem in der Beziehung zwischen Wirtschaft und Nationalismus den Letzteren zum Motor. In der nationalistisch aufgerüsteten Konkurrenz zwischen den europäischen Staaten sieht sie den wachstumsorientierten Kapitalismus angelegt.[14] Autoren wie Charles Tilly oder Michael Mann haben rekonstruiert, wie Personenverbände, die einander fortdauernd bekämpften, nach und nach zu Nationalstaaten mutierten, indem sich bewaffnete Gewalt, Finanzbedarf und bürokratische Macht wechselseitig hochschaukelten.[15] Benedict Anderson, der einflussreichste ‚Modernist' unter den Nationalismustheoretiker*innen der letzten Jahrzehnte, entdeckte Nationalismus zwar nicht zuerst im England des 16. Jahrhunderts, sondern bei den kreolischen Unabhängigkeitsbewegungen im Lateinamerika des späten 18. Jahrhunderts. Aber insofern er die Nation für ein Phänomen der Moderne hält, zeigt sie sich auch bei ihm als Teil von Transformationsprozessen, die schon seit Jahrhunderten in Gang waren. Anderson betont den Medienwandel und die religiösen Konflikte der Frühen Neuzeit, Buchdruck und Glaubensspaltung, als Voraussetzungen für die Herausbildung von Nationen.[16]

Schon seit dem 16. Jahrhundert gewannen außerdem überregionale und globale Formen von Kommunikation, Verkehr und Warenaustausch an Breite. Letzteres ist für eine Studie, die das Konsumieren als Fokus nationalistischer Propaganda untersucht, ein besonders relevanter Befund. Konsum blieb während der Frühen Neuzeit zwar in weiten Teilen Europas ständisch begrenzt, doch in den Niederlanden und England konnte das Konsumieren seit dem 17. und 18. Jahrhundert neben und an-

13 Hroch, Europa, 90.
14 Greenfeld, Nationalism; dies., Spirit.
15 Mann, Sources 1, 430–446; Tilly, Formation.
16 Anderson, Imagined Communities.

stelle seiner Funktion als Marker ständischer Zugehörigkeit zunehmend andere Bedeutungen annehmen.[17] Diese Dynamik ergab letztlich die Eignung von Konsumgütern als Medien nationaler Integration,[18] die im 19. und mehr noch im 20. Jahrhundert unübersehbar geworden ist. Mit Jan de Vries ist außerdem die These einer *industrious revolution* verbunden, einer Revolution des Fleißes, die der industriellen Revolution vorausging und ihr nachfrageseitige Impulse gab.[19] Hinsichtlich Österreichs hat Roman Sandgruber bereits in den frühen 1980er-Jahren argumentiert, dass dauerhafte Konsumgüter wie Knöpfe oder Uhren nicht erst nach vollzogener Industrialisierung in den Blick breiter Bevölkerungsteile gerückt seien, sondern umgekehrt Konsumwünsche schon im 18. Jahrhundert die Menschen, auch im ländlichen Raum, zu einer Steigerung der Produktion motivierten.[20] Sandgruber verweist auch auf das Interesse, das die Kameralisten des 17. Jahrhunderts dem Konsumieren entgegenbrachten – als Antriebsmoment für Wohlstandsbildung, das genau deshalb auch auf die Mühlen der heimischen Produktion gelenkt werden musste. Hier kann man in nuce eine Logik der ökonomischen Steigerung und Homogenisierung erkennen, kalmierend begleitet durch nationalisierende Gemeinschaftsrhetoriken. Wesentliche Momente eines nationalökonomischen Diskurses, wie ihn Buy-National-Propaganda im 19. und 20. Jahrhundert aufgriff, sind bei den kameralistischen Autoren daher bereits angelegt.

Zwei Autoren verdienen besondere Beachtung: Johann Joachim Becher gilt als der originellste Vertreter des frühen Kameralismus. Er bestimmte es in seinem bekanntesten Werk, *Politischer Discurs* (1668), als Aufgabe des Staates, „ein Land Volck-Geldreich und Nahrhaft zu machen". Sein Schwager Philipp Wilhelm von Hörnigk entwarf 1684, unmittelbar nach der zweiten Belagerung Wiens durch die Osmanen, in seiner Schrift *Oesterreich über alles wann es nur will* eine wirtschaftspolitische Strategie für die habsburgischen Länder. In der Literatur wird er öfters als jener Autor in habsburgischen Diensten gehandelt, der in seiner machtpolitischen Programmatik am ehesten ein Pendant zu Montchrétien oder Colbert gewesen sei.[21] Eli Heckscher sah in ihm den Inbegriff eines Merkantilisten.[22]

Der erste Abschnitt dieses Kapitels wird entlang von zwei Linien die kameralistische Theorie als Vorgeschichte einer Nationalisierung von Ökonomie und Konsum

---

17 Trentmann, Empire of Things, Kapitel 1.1 Three Cultures of Consumption.

18 Gries, Produkte & Politik; Kühschelm/Eder/Siegrist, Konsum und Nation.

19 Vries, Revolution.

20 Sandgruber, Anfänge, 87 f.; ders., Ökonomie, 144; im Zug eines erneuerten Interesses an Lebensstandard und Konsumwelt der Frühen Neuzeit (vgl. Schmidt-Funke, Materielle Kultur) über die sich in der zweiten Hälfte des 18. Jahrhunderts erweiternde Güterwelt in Wien: Kafantogias, Between the Visible.

21 Magnusson, Political Economy, 89 f; Deyon, Mercantilisme, 52.

22 Heckscher, Merkantilismus 2, 197; aufgrund der prägnanten Formulierung, die Hörnigk für die Relativität des Reichtums fand, meinte Heckscher, er sei ein „Tertullian des Merkantilismus": ebd., 12. Gemäß Tribe besaß Heckscher allerdings nur eine begrenzte Kenntnis des zentraleuropäischen Kameralismus und war seine Wahrnehmung daher wenig differenziert: Wirtschaftssemantik, 270 f.

skizzieren. Zunächst werde ich neuerlich jene Vorstellung von Wirtschaft untersuchen, die diese als Kreislauf in einem geschlossenen Gefäß betrachtet. Zweitens werde ich die Rolle des Konsumierens und die diskursive Positionierung der Konsument*innen unter die Lupe nehmen. Parallel dazu werde ich jeweils Aussagen aus dem Diskurs der österreichischen und schweizerischen Buy-National-Propaganda montieren. Die vergleichende Anordnung dieser Aussagesysteme über Ökonomie, Staat/Nation und Konsum wird Ähnlichkeiten aufzeigen.

Das besagt freilich nicht, dass die jüngere Buy-National-Propaganda aus dem älteren kameralistischen Diskurs hervorgegangen sein muss. Für die Schweiz scheint das auf den ersten Blick schon deshalb unmöglich, weil die Eidgenossenschaft im 17. Jahrhundert aus dem Verband des Heiligen Römischen Reichs ausschied. Der habsburgische Kameralismus hatte diesem lockeren Bündnis aus Landorten, Städten und ihren Untertanengebieten in vieler Hinsicht nichts zu sagen. Dennoch zählt der habsburgische Kameralismus – so wie der hier nicht untersuchte französische oder englische Merkantilismus – in einem weiten Sinn zur europäischen Vorgeschichte auch der Schweizer Buy-National-Diskurse. Die gegenteilige Behauptung hieße, ein bestimmtes nationalstaatliches Gefäß des 19. und 20. Jahrhunderts, die Schweiz, in die Vergangenheit zu verlängern und nur als relevant anzusetzen, was innerhalb ihrer späteren nationalstaatlichen Grenzen gedacht und propagiert wurde. Doch fußte in gut belegbarer Weise die Propaganda der Schweizerwoche, so wie jede Buy-National-Propaganda, auf einem beständigen transnationalen Austausch.

Im Fall Österreichs werde ich aber im zweiten und dritten Abschnitt dieses Kapitels auch der Frage von Filiationen in einem engeren Sinn nachgehen. In Österreich lassen sich im 20. Jahrhundert Kontinuitäten und Wiederaufnahmen kameralistischer Motivik erkennen, und zwar vor allem anhand von Hörnigks Traktat *Österreich über alles*. Ich werde daher die Wirkungsgeschichte dieser Schrift verfolgen. Dies zu tun ist eine methodologische, bei Hans-Georg Gadamer ansetzende Alternative zu einer Ja/Nein-Antwort auf die Frage nach dem österreichischen Konsum- und Wirtschaftsnationalismus als Filiation kameralistischer Diskurse. Sie erbringt als Ergebnis statt einer eindimensionalen Antwort ein differenziertes Bild von Anknüpfung und Aneignung.

3.1 Entsprechungen: Topoi von kameralistischer Propaganda und Buy-National-Propaganda

Der mediale Raum, in dem sich der Diskurs der Kameralisten bewegte, sei kurz umrissen.[23] Politisch-militärische und konfessionelle Großkonflikte wie die Reformation, der Dreißigjährige Krieg und die Kriege mit dem Osmanischen Reich Ende des 17. Jahrhunderts formierten, unterstützt durch technische und soziale Innovationen

23 Zum Folgenden vgl. Winkelbauer, Ständefreiheit, 327–366; Wrede, Reich.

von der Druckerpresse bis zum Postwesen, eine an den Geschicken des Staates Anteil nehmende Öffentlichkeit. Sie wurde mit Flugschriften, Pamphleten, und ersten Zeitungen im Sinn periodischer Nachrichtenkommunikation bedient. Die Notwendigkeit der propagandistischen Nutzung dieser neuen Medien war den Herrschaftseliten klar. Noch im frühen 18. Jahrhundert konnte jedoch der Großteil der Bevölkerung nicht lesen – eine Schätzung für Österreich geht von zwei Drittel aus. Daher war der Kreis von Rezipient*innen schriftlicher Kommunikation überschaubar, wenn man sie zu ihren potentiellen Reichweiten seit dem 19. Jahrhundert in Relation setzt. Das Lesen von Büchern war überhaupt Luxus.[24] Doch visuelle Kommunikation und das Ineinandergreifen von massenmedialer und oraler Kommunikation konnte das Publikum über die Lesekundigen hinaus erweitern. Die Trägerorganisationen der Buy-National-Propaganda bedienten ein Medienportfolio aus Radiovorträgen, Zeitungsartikeln und -inseraten sowie Plakaten. Ein Pendant dazu bildeten im ausgehenden 17. und frühen 18. Jahrhundert Predigten, illustrierte Flugschriften und öffentlich angeschlagene Thesenblätter. Im Österreich der Zwischenkriegszeit knüpfte die Buy-National-Propaganda manchmal in auffälliger Weise bei diesen älteren Medienformaten an, so bei der später noch zu diskutierenden konsumpatriotischen Kapuzinerpredigt.[25] Die gewählte Form und die ideologische Orientierung an einer katholisch-konservativen Vergangenheit gingen Hand in Hand.

Wenn man nach einer Entsprechung zum kameralistischen Diskurs im 20. Jahrhundert sucht, so findet man sie am ehesten in der Verständigung unter den Experten der Nationalökonomie und ihrer Politikberatung. Die Traktate der Kameralisten verstanden sich als Ratschläge an die Landesfürsten und an bürokratische Eliten, denen sie selbst angehörten. Becher war am Höhepunkt seiner Karriere Berater von Kaiser Leopold I. in wirtschaftlichen und alchemistischen Belangen.[26] Hörnigk stand, als *Österreich über alles* erschien, in Diensten des Grafen Lambert, seines Zeichens kaiserlicher Gesandter an diversen deutschen Höfen.[27] Joseph Schumpeter bezeichnete die Kameralisten daher als „konsultative Administratoren".[28] Daneben führte er die Pamphletisten als eine zweite Gruppe von Personen an, die eine öffentliche Kommunikation über wirtschaftspolitische Belange suchten. Er sah sie wegen ihrer geringeren Systematizität als Repräsentanten eines „populären" ökonomischen Denkens – „populär" gemessen an Standards der Wirtschaftswissenschaft, deren Vorgeschichte Schumpeter darstellen wollte.

Das Pamphlet war aber auch insofern „populär", als es sich um eine Form der leidenschaftlichen Stellungnahme handelte, die auf eine Mobilisierung von Öffent-

24 Sandgruber, Ökonomie, 132 f.; Bachleitner/Eybl/Fischer, Geschichte, 147; im Heiligen Römischen Reich, in dem ca. 15 Millionen Menschen lebten, hatten Zeitungen laut einer weiteren Schätzung ein potentielles Lesepublikum von bis zu 250.000 Personen. Wrede, Reich, 60.
25 Siehe in Teil III Kapitel 3.2.
26 Winkelbauer, Ständefreiheit 1, 463.
27 Otruba, „Hörnigk".
28 Schumpeter, Geschichte 1, 215–218.

lichkeit zielte.[29] Durch eingängige Formulierungen und Bilder strebte es persuasive Wirkung an. Auch für die Diskussion ökonomischer Zusammenhänge kann man davon ausgehen, dass ein Pamphlet weniger die reflektierende Bearbeitung von Basismetaphern vorantreibt, wie es für wissenschaftliches Wissen charakteristisch ist, sondern deren Eindringlichkeit zu nützen sucht. Neben theologischen Pamphleten häuften sich im 17. Jahrhundert ‚profane' Themen, auch ökonomische. So befassten sich im Dreißigjährigen Krieg viele Pamphlete mit der Geldentwertung und ihren (vermeintlichen) Schuldigen. Auch die Argumente der Kameralisten wurden in Flugschriften aufgegriffen. Die eingängigsten Topoi des kameralistischen Diskurses reichten somit weit über eine Sphäre des gelehrten Traktates hinaus bzw. ist umgekehrt offensichtlich, wie etwa die Tiraden gegen französische Waren ökonomische mit politischen und kulturellen Diskursen kurzschlossen.[30]

Philipp Wilhelm von Hörnigk fasste seine Empfehlungen in neun „landes-oeconomischen Haupt-Reguln" zusammen:[31] Erstens sollte man die Ressourcen des Landes voll ausschöpfen, zweitens darauf achten, dass sich die Weiterverarbeitung von Rohstoffen zur Gänze im eigenen Land vollzog. Drittens musste Bevölkerungspolitik auf die Aktivierung der Menschen als Arbeitskräfte zielen und viertens sollte Gold und Silber in ständiger Zirkulation sowie innerhalb der Landesgrenzen bleiben. Der fünfte Punkt betraf das Kernanliegen auch späterer Bemühungen um eine Nationalisierung des Konsums: So seien „die Landsinwohner aus allen Kräften dahin zu halten, daß sie sich an ihren einheimischen Gütern begnügen, mit solchen allein ihre Lüsternheit und Pracht begrenzen und der auswärtigen [...] aufs höchste als immer möglich, müßig gehen". Soweit aber Importe trotz allem notwendig blieben, sollte man sie – so die sechste Hauptregel – nicht mit Gold bezahlen, sondern im Tausch für inländische Waren erhalten. Dem merkantilistischen und kameralistischen Denken wird oft unterstellt, es wäre auf Gold als Wert an sich fixiert gewesen, aber Hörnigks Überlegung lässt sich unabhängig davon als Wunsch nach einer positiven Handelsbilanz verstehen. Siebentens sollte man möglichst nur Rohstoffe einführen, um sie weiterzuverarbeiten und so dem Land den Löwenanteil der Wertschöpfung zu sichern. Achtens sollte der Staat eine aktive Exportförderungspolitik betreiben. Die Consumption sei „bis an das äußerste Ende der Welt zu suchen und selbige in alle Weise und Wege zu befördern". Zu guter Letzt galt es neuntens zu verhindern, dass Importwaren in Konkurrenz zu Produkten traten, die im eigenen Land ausreichend und „in erträglicher Güte" verfügbar waren. Hier ging der Kameralist weiter, als es im 20. Jahrhundert die österreichischen oder schweizerischen Appelle zum Kauf heimischer Waren vorsahen: Die Einfuhr musste unterbunden werden, selbst

29 Knopik, „Pamphlet".
30 Wrede, Reich, 51, 61; Blaich, Wirtschaftspolitik, 122–124.
31 Die folgenden Passagen aus: Hörnigk, Österreich, hg. v. Androsch/Haschek/Vranitzky, 45 f.; ich zitiere hier und im Weiteren aus dieser orthographisch geglätteten Fassung nach der Ausgabe von 1708; vgl. zu Hörnigks Hauptregeln Reinert/Rössner, Cameralism, 70–74.

wenn das ausländische Produkt besser und billiger war, denn „zwei Taler im Land sind besser als einer, der hinaus geht".

Die Vorstellung eines Kreislaufs und die eines Behältnisses, das er vor allem in der Metapher des Körpers, aber auch in der des Hauses konkretisierte, waren bei Hörnigk untrennbar miteinander verbunden. Die Formulierungen sind bildhaft und als materielle und verbale Bilder stößt man auf sie auch in der Kommunikation der Schweizerwoche und von „Kauft österreichische Waren". Hörnigk beklagte, wenn Geld durch Textilimporte „für die Tür geschüttet" wurde.[32] Blieben die zehn Millionen Gulden, die seiner Ansicht nach damit verloren gingen, auch „nur ein einiges Jahr in den Erblanden", so würde sich – und nun wechselte er vom Bild des Hauses zu dem des Körpers – „dieser matte Leib anfangen zu regen und zu erquicken". Die Millionen waren gleich dem „Geblüt", das im Körper des Staates zirkulieren und „durch den Kasten des Herzens" gehen sollte, den die fürstliche Kasse darstellte. Die österreichischen Erblande erschienen hier als ein kranker Organismus, der durch eine protektionistische Politik Genesung erwarten durfte.

Den Staat als Körper zu fassen, für dessen Durchblutung die Zirkulation des Geldes sorgt, war im 17. Jahrhundert eine gängige Metapher.[33] Auf Körpermetaphern aufruhend, die sich bis in die Antike zurückverfolgen lassen, gewann die Vorstellung durch Neuerungen in der Medizin wissenschaftliche Dignität. Thomas Hobbes übernahm die Vorstellung des Blutkreislaufs von dem ihm befreundeten Arzt William Harvey, um den Warenkreislauf im Staat zu beschreiben, und später münzte François Quesnay, der selbst Arzt war, seine Überlegungen zum Blutkreislauf in das Konzept eines Produktionskreislaufs um.[34] Becher, ein jüngerer Zeitgenosse von Hobbes und Harvey, war Hofarzt des bayerischen Kurfürsten in München, als er die erste Ausgabe seines *Discurs* über die Kommerzien und den Weg zur ökonomischen Gesundung verfasste. Im Rückblick stellt sich die Arbeit an der kognitiven Metapher des Kreislaufs, wie sie die Physiokraten und Adam Smith leisteten, als Grundlegung der ökonomischen Wissenschaft dar, die damit zu dem sie konstituierenden Problem fand.[35] Abseits dieses Strangs bzw. von der Dogmengeschichte der Ökonomie ins Abseits gestellt, erkennt Marcus Sandl in der Entwicklung vom 17. zum 18. Jahrhundert einen Sprung, den die Spätkameralistik vollzogen habe. Die Kreislaufvorstellungen seien nicht mehr „einfacher Metapherntransfer", sondern hätten „wissenschaftssystematische Bedeutung" erlangt.[36]

32 Dieses und die folgenden Zitate: Hörnigk, Österreich, 89.
33 Vogl, Kreisläufe; Foucault, Ordnung, 226 f.; Rauscher, „Blut"; Streissler/Streissler, Hörnigk, 173 f.; Heckscher, Merkantilismus 2, 197.
34 In die Vorstellung eines Prozesses der Konsumtion als Produktion, so Schivelbusch, Leben.
35 Sandl, Zirkulationsbegriff, 63; er weist hin auf Schumpeter, Geschichte 1, 312.
36 Sandl, Zirkulationsbegriff, 73.

Der „Consumption“ kam für diesen Kreislauf eine besondere Rolle zu, wie Becher im dritten Kapitel seines *Discurs* erläuterte. [37] Die klassische Ökonomie begnügte sich später mit dem Gemeinplatz, dass der Verbrauch das Ziel allen Wirtschaftens sei, und entledigte sich damit der Notwendigkeit, über Konsumieren als Teil des Wirtschaftsprozesses nachzudenken.[38] Becher hatte der Frage größere Aufmerksamkeit gewidmet. Für günstig hielt er es, wenn z. B. der Handwerksmann besser lebe und also „trinckt an stat Wassers/ Wein/ oder Bier/“, denn „da arbeitet er nit allein Tag und Nacht“, sondern er nimmt dem Bauern seine Ernte ab.[39] In der wechselseitigen Abhängigkeit von Produktion und „Verschleiß“ fanden, so die Einsicht Bechers, die Stände der Bauern, Handwerker und Händler ihr Auskommen. Die Consumption sei daher die „Seel“ der drei Stände, „der eintzige Bindschluessel welcher diese Staende aneinander bindet und hefftet/ auch von einander leben macht“.[40] Scharf zu unterscheiden galt es zwischen der Herkunft der Produkte, insbesondere bei den Manufakturwaren. Nur die im Inland vom Rohstoff zum Endprodukt verarbeiteten Güter trugen zum Wohlstand bei, ansonsten schicke man Geld hinaus, anstatt es im Land zu halten oder durch den Export von Fertigwaren ins Land zu ziehen. Die Verantwortung sah Becher in diesem Kapitel des *Discurs* aber nicht bei den Konsument*innen, sondern den Verlegern, die internationalen Handel trieben. Ihr Fehlverhalten konnte sie zum „Saugigel einer Republick“[41] machen.[42]

Auch in der Propaganda von Schweizerwoche und „Kauft österreichische Waren“ rückte das Konsumieren in eine wichtige Position ein. Und auch hier trug es seinen Zweck nicht in sich selbst, sondern sollte anderen Zielen dienen: allerdings nicht mehr der Macht eines Fürsten, sondern in erster Linie der Förderung der heimischen Industrie und Landwirtschaft, deren Interessen man mit der Nation gleichsetzte. Schon in der kameralistischen Theorie hatte sich außerdem der Grundsatz, es gelte die heimische Nachfrage als Binnenmarkt für die eigenen Produzenten abzustecken, mit der Überzeugung von der Notwendigkeit des Exportierens verquickt. Seit dem 19. Jahrhundert brachte diese Kombination ein institutionelles Geflecht hervor, zu dem Buy-National-Propaganda und Gewerbeförderung ebenso gehörten

37 Dass diese Nachfrageorientierung deshalb den Konsument*innen zum Vorteil gereichen musste, ist freilich keine ausgemachte Sache. Schon Adam Smith betonte, der Konsument wäre stets das Opfer merkantilistischer Politik, und als sich die Sozialdemokratie seit den 1930er- respektive 1940er-Jahren eine Orientierung am Keynesianismus, einem entfernten Nachfahren des Merkantilismus, zulegte, strebte sie die Erhaltung von Arbeitsplätzen, nicht niedrige Preise für Konsument*innen an.

38 Winch, Problematic Status.

39 Becher, Discurs, 16; zu Becher vgl. Hassinger, Becher; Hutchison, Before Adam Smith, 90–93.

40 Becher, Discurs, 17.

41 Ebd., 19; Sandgruber, Anfänge, 10 f.

42 Zur ambivalenten Beurteilung der Verleger durch die habsburgischen Kameralisten siehe Rauscher, Niederleger.

wie Agenturen, deren Aufgabe die Exportförderung war.[43] An der Propaganda der 1920er- und 1930er-Jahre fällt außerdem auf, dass sie weniger die Steigerung des Konsumierens anvisierte als die Umorientierung der Nachfrage auf inländische Produzenten. Auch darin erinnert sie an merkantilistische Handelspolitik, der die Vorstellung eines Kampfes um endliche Ressourcen zugeschrieben wird, die sich nur auf Kosten anderer substanziell vermehren ließ.[44] Die Politiken der Weltwirtschaftskrise nehmen sich hierin wie ein fernes Echo aus und dort, wo sie wie in Österreich und der Schweiz mit Maximen der Austerität gekoppelt wurden, beschnitten sie die Aussicht auf Steigerung jenseits eines als unvermeidlich betrachteten Auf und Ab der Konjunktur. Die kameralistische Strategie, die Becher in seinem *Discurs* skizzierte, enthielt freilich Ansätze zu einer Politik der Steigerung durch den Kreislauf von Produktion und Konsum. Schumpeter hat ihn deshalb als fernen Geistesverwandten von Keynes identifiziert. Dieser bezog sich auch selbst in seiner *General Theory* auf die Merkantilisten als Vorläufer, darunter zwar nicht auf Becher, doch auf Wilhelm von Schroeder, den dritten Autor im kameralistischen Dreigestirn prominenter Berater der Habsburger im 17. Jahrhundert.[45]

Markant ist an den kameralistischen Schriften von Becher und Hörnigk außerdem eine diskursive Strategie, auf die auch spätere Buy-National-Propaganda nicht verzichten konnte: die Konsumentenbeschimpfung. Ihre wichtigsten Topoi setzten bereits die Kameralisten des 17. Jahrhunderts ein. In einer langen Passage, die später Hörnigk so gelungen schien, dass er sie verbatim zitierte, nahm Becher die aus Frankreich importierten Luxuswaren aufs Korn und damit die Konsument*innen dieser Produkte:

> Uns Teutschen ist schier kein Kleid mehr recht/ wann es nicht auß Franckreich kombt [...] Man fähret nicht wol in den Kutschen/ wann sie nicht die Frantzösische mode haben/ der Frantzösische Huetstock schicket sich auff alle Teutsche Köpff/ so haben auch die Frantzosen viel ein ander Maß/ einem die Kleyder anzumessen/ und zu machen/ als die Teutsche Schneider/.[46]

Die französischen Kutschen wurden zwar als Objekt der Kritik von importierten Automobilen abgelöst, an deren Stelle man in Österreich die Wagen von Steyr-Daimler-Puch erwerben sollte. Der Glanz der Pariser Mode und der französischen Lebensart, gegen den die heimische Erzeugung bei den gedanken- und treulosen Konsument*innen nicht ankommen könne, war indes auch dreihundert Jahre später ein Lieblingsthema der Buy-National-Propaganda. Im Schweizer Radio hörte man z. B. ein Gedicht über das Konsumverhalten von Herrn und Frau Chrütli, die für die typischen Schweizer*innen einstanden. Sie zieht an „die neue Robe: letzter Schrei| aus

43 Zu Österreich: Meyer, Exportförderungspolitik, 5 f.; Felber/Krasny/Rapp, Smart Exports; Schweiz: Buschor, Zentrale für Handelsförderung; Debluë, Exposer.

44 Szlajfer, Introduction, 60 f.

45 Hutchison, Before Adam Smith, 93; Schumpeter, Geschichte 1, 362; Keynes, General Theory, 323 (Kapitel 23, Notes on Mercantilism).

46 Becher, Discurs, 71 f.

der Pariser Schneiderei". Die Herkunft der Fremdländer unter den Kleidungsstücken hatte sich allerdings diversifiziert, denn Herr Chrütli „bürstet seinen neuen Hut| (Modell aus Wien, steht ihm sehr gut)" und nimmt den „Mantel aus der Lade| (den mit der Marke ‚Englisch Made')".[47] Dass der Reim nur funktionierte, wenn man sich der englischen Phonetik verwehrte, war ein stilistisches Plus der Zeile.

In seinem Traktat hatte Becher außerdem einen Verdacht geäußert, der zur Standardausstattung der Buy-National-Rhetorik wurde: Die heimischen Käufer*innen seien, so Becher, geneigt anzunehmen: „Ihre [der Franzosen] Uhren gehen besser/ wann sie die Teusche zu Pariß gemacht haben/ als wann eben selbige Meister solche zu Augspurg gemacht hätten".[48] Becher behauptete hier sowohl die Konkurrenzfähigkeit oder gar Überlegenheit deutscher Uhren als auch, dass die in deutsche Zeitmesser eingegangene Handwerksleistung nur Bestand in den Augen der Konsument*innen hatte, wenn diese sie als französisch identifizieren konnten. Als der Schweizerwoche-Verband 1941 sein Jubiläum festlich beging, erzählte Werner Minder, einer seiner Gründer, folgende Geschichte:

> Für ein Bankgebäude in Zürich war damals eine Uhr nötig. Obschon die Schweiz das Land der Uhren ist, behauptete der Architekt, diese Uhr sei nur in Berlin erhältlich. Man musste ihm nachgeben und sie dort bestellen. Infolge eines Versehens fand sich dann unter den Rechnungen auch der Geburtsschein dieser Uhr vor; er war in La Chaux-de-Fonds ausgestellt worden.[49]

Die Anekdote war in einer nicht näher spezifizierten Vergangenheit angesetzt, bevor der Schweizerwoche-Verband seinen Kampf gegen die „Gedankenlosigkeit"[50] aufgenommen hatte, mit der Konsument*innen und Behörden ausländische Ware kauften. Die Kampagne „Kauft österreichische Waren" hielt ähnliche Narrative parat. Der *Volkswirtschaftliche Aufklärungsdienst* illustrierte 1937 die Behauptung eines verbreiteten Snobismus der Konsument*innen, indem er eine Begebenheit in vornehmen Kreisen schilderte:

> Am Sattelplatze, vor einem Jagdritte, rühmte ein Herr die besondere Qualität des Sattels und bemerkte, „das könne man nur in England bekommen". Der zufällig anwesende Chef einer großen Wiener Lederfirma besah sich den Sattel genau, nahm dann ein Taschenmesser, schnitt ihn an bestimmter Stelle auf und zeigte innen – seine eigene Fabrikmarke. Zollbelastet war der Sattel wieder heimgekehrt.[51]

Immer wieder berichteten die Kampagnen von heimischen Produkten, die exportiert würden und als ausländische Ware umetikettiert ins Land zurückkämen – verteuert,

47 SWA PA486, B84, Gedicht von Edgar Steuri.
48 Becher, Discurs, 71.
49 SWA PA486, B87 Schweizerwoche Jubiläumstagung 1941, Reden und Ansprachen, Rede Werner Minder, 19.
50 Ebd., 17.
51 O. V., Die Handelsbilanz im Alltage, in: Volkswirtschaftlicher Aufklärungsdienst Nr. 81, 15.11.1937, 3.

aber erst nun, da mit dem Nimbus des Fremden ausgestattet, von den Konsument*innen begehrt. Die als Beleg gebrachten Anekdoten entziehen sich der Überprüfbarkeit, aber man kann umgekehrt auch nicht annehmen, dass sie stets propagandistische Fiktion waren. Sie sprachen vielmehr auf eine moralisierende Weise ein Phänomen an, das in der Gegenwart die Marketingforschung zu Länderimages und Country-of-Origin Effekten untersucht.

In unserem Zusammenhang interessieren aber an den Erzählungen der Buy-National-Propaganda und am Becher'schen Konditionalsatz, „Uns Teutschen ist schier kein Kleid mehr recht/ wann es nicht auß Franckreich kombt",[52] die diskursive Funktion als Aussagen. Sie markierten als *énoncés* im Sinne Foucaults einen Extrempunkt, den Gleichgültigkeit gegenüber der patriotischen Verpflichtung, Snobismus und Dummheit erreichen konnten. Die beiden Narrative aus dem 20. Jahrhundert mischten die Konkretion spezifischer Vorgänge mit einer durch Namen, Zeit- und Ortsangaben nur so weit präzisierten Referenz, dass die Dichotomie aus dem Heimischen und dem Fremden hervortreten konnte. Sie waren dadurch als Parabeln erkennbar, die eine Moral enthielten und ihre Wirkung auf der Ebene sekundärer Signifikation entfalten sollten: Um den einzelnen Vorgang ging es nur insoweit, als er einen Mangel an Stolz und die Absurdität dieses Mangels verdeutlichte. Wer bei Verstand war, dem musste klar sein, dass er*sie die heimische Ware direkt vom heimischen Hersteller beziehen sollte, anstatt sie über einen ihr Prestige hebenden Umweg aus dem Ausland zu erwerben. Während die Propaganda oft die Exportgängigkeit der nationalen Ware als Grund zum Stolz anpries und damit dem Urteil der Anderen Relevanz zuerkannte, sah diese Variante eine Abschließung gegenüber Außenmeinungen vor, einen Bewertungsmaßstab, der sich an Qualität orientierte und sie in den nationalen Produkten fand. In seinem Vortrag auf der Jubiläumsveranstaltung des Jahres 1941 explizierte Minder diese Moral der nationalen Selbstgenügsamkeit, die den Boden für Schweizerware ohne die Anmutung des Fremden bereiten sollte:

> Durch die gedankenlose Bevorzugung alles Ausländischen wurden viele Fabrikanten gezwungen, ihren Erzeugnissen fremdländische Namen zu geben, um dafür bei uns Absatz zu finden. Sehr oft wurden Schweizerwaren erst dann als vollwertig betrachtet, wenn sie als „echt englisch, französisch oder deutsch" mit der entsprechenden Verteuerung aus dem Ausland in die Schweiz zurückkamen.[53]

Um die Aura einer bewunderten Fremde war es schon Becher gegangen. Im Anschluss an die Bemerkung über die Uhren, die nur als französisches Werkstück Anerkennung fanden, unterschob er dem kollektiven Wir der „Teutschen" ein Vertrauen, dass alle Produkte besser seien, „wann sie die Frantzösische Lufft ein wenig

52 Becher, Discurs, 71.
53 SWA PA486, B87, Rede Minder.

perfumirt hat".[54] Die Luft symbolisierte ein Flair, das es auszutreiben galt. Bevor er selbst die französischen Hemden anzöge, wollte er „den guten Geruch erstlich mit Schwebelrauch/ als wie man den Brieffen in der Pest thut/ vertreiben".[55] Die fremde Ware und ihre kulturelle Anmutung als Pest zu betrachten, der man durch Einfuhrverbote begegnen sollte, war die denkbar radikalste Konsequenz, die sich aus der Entgegensetzung des Heimischen und Fremden ziehen ließ. Soweit gingen die liberalkonservativen Proponenten der Schweizerwoche nicht in ihren expliziten Forderungen, ebenso wenig die österreichischen Betreiber des Konsumpatriotismus. Das hinderte sie nicht, ein chauvinistisches Spiel zu pflegen, von dem sie sich verbal wieder und wieder distanzierten.

Abgesehen von ihren xenophoben Zügen barg die Attacke auf französischen Luxus misogynes Potential. Bei Becher traten die Frauen zunächst als Objekt der Zurichtung durch ihre französischen Männer auf, die ihr „Weibsvolck außbutzen".[56] „Teuschlandt" ahmte diese Unart zu seinem materiellen und seelischen Schaden nach, sodass es sich mit den Waren „geltarm" machte, dafür die „Hoffart" importierte.[57] Eine viel zitierte Stelle bei Hörnigk rückte demgegenüber die Verurteilung der Frauen ins Zentrum: „Es wäre gut, wann wir die Frau Mode zu ihrem Vater dem Teufel schickten".[58] In der Frau Mode als allegorischer Figur verschmolzen die Konsumentin, das importierte Produkt und die ästhetische Praxis. Alle drei waren gleichermaßen verwerflich und sollten daher verworfen werden. Hörnigk sprach sich gegen Mode als Verschwendung aus, die in Konkurrenz zu vernünftigeren, dem Land und seiner ökonomischen wie militärischen Sicherheit dienlicheren Ausgaben stand. Das Weib und der Teufel hatten eine innige Verbindung, wie Hörnigk mit Hinweis auf die biblische Genesis in Erinnerung brachte: „Wir wären aber wohl närrisch, da uns alle ein Weib durch ihre Lüsternheit und Fürwitz einmal zum Teufel geschicket, wenn wir uns nun um ein paar frecher Stücke willen, demselben abermal oder doch seinen Statthaltern den Türken und Tartarn sollten in den Rachen treiben lassen."

Als Stellvertreter des Teufels auf Erden hatte Hörnigk also die islamischen Feinde der Habsburger vor Augen, die gerade erst vor Wien gestanden waren. Als ihre willfährigen Helfer wiederum erschienen die französischen Waren, ein Feind gleich dem mit dem habsburgischen Kaiser rivalisierenden französischen König. Die von Hörnigk inkriminierten Luxusprodukte waren ebenso kulturelles Symbol einer sündhaften Ausschweifung wie sie, appliziert auf die Vorstellung des sich im Staatskörper vollziehenden Wirtschaftskreislaufs, als Waffe zu dessen Schädigung dienten. Sie konnten jedoch auch zum Mittel der Kräftigung werden, wie Hörnigk einräumte. Sobald sich französische Meister in Wien niederließen, verwandelten sich die fran-

54 Becher, Discurs, 71.
55 Ebd., 71 f.
56 Becher, Discurs, 73.
57 Ebd.; Hörnigk zitiert die Passage im Wortlaut: Österreich, 77.
58 Die folgenden Passagen aus Hörnigk, Österreich, 101–103.

zösischen Produkte in österreichische. So konnte aus einer „sonst gar unnötigen Ware“ eine werden, die zum „Vorteil des gemeinen Bestens“ beitrug.[59] Solange die Manufakturwaren jedoch fremd, weil in der Fremde hergestellt blieben, waren sie des Teufels und die Frauen, die sie konsumierten, mit diesem im Bunde ebenso wie mit den Feinden der Habsburger, den Osmanen und Franzosen.

Das von Hörnigk in Anspruch genommene „Wir“, mit dem er die Leser zur Identifikation aufforderte, war ein männliches, das sich gegen die Anmaßungen von Frauen durchzusetzen hatte. Die patriarchale Aufgabe, eine den Frauen zugeschriebene Lüsternheit am Konsum im Zaum zu halten, galt für den adligen oder bürgerlichen Hausvater wie für den Landesfürsten. Auf die rhetorische Frage, „wer will aber dem Frauenzimmer wehren, wann es die Modewaren auf der Post oder auch durch eigene Schneider oder Bediente von Paris bringen läßt?“, folgte die begütigende Versicherung, dass es derlei Frauen „bei uns keines oder wenig gebe“. Wenn aber doch, so „würde sich doch ja endlich noch zeigen, ob der Landsfürst Herr sei oder ein paar freche Weiber“.[60]

Einen patriotischen Konsum sicherzustellen hieß zugleich einen Konsum zu gewährleisten, der sich am Gebrauchswert jenseits der Ostentation orientierte. Diese Aufgabe erstreckte sich von der Spitze des Staates in jeden von einem Mann geführten Haushalt und warf eine Machtfrage auf. Sie band eine Reinigung des Territoriums vom Fremden und der Sünde, die Beherrschung des Staates und die Affirmation der Geschlechterhierarchie zusammen. Die patriarchale Sorge über die Macht, die Frauen durch das Konsumieren zuwuchs, findet sich in der Buy-National-Propaganda der Zwischenkriegszeit wieder. So klagte der Generalsekretär der Schweizerwoche in einer Radiosendung:

> Geld ist Macht. Macht aber auferlegt Verantwortung. [...] Leider ist sich die Frau solcher Tragweite ihres Handelns nicht immer bewusst beim Einkaufen. Welche Frau denkt daran, dass sie es in der Hand hat, dem Gatten, dem Sohn, dem Bruder, dem Mitburger Verdienst zu schaffen, oder aber ihn zu schmälern?[61]

Die Vorstellungen von Verdienst und Produktion waren in dieser Passage mit Figuren männlichen Geschlechts assoziiert: „dem Gatten, dem Sohn, dem Bruder“. Weiblich war die unzureichend wahrgenommene Verantwortung, männlich wiederum die Position des Mahners. Sie entsprach der des Produzenten, Hausvaters und voll berechtigten Staatsbürgers.

Wenn man danach fragt, ob die Kameralisten die von ihnen vertretene protektionistische Politik bereits mit nationalen Vorstellungen verbanden, fällt immerhin auf, dass sie häufig von Nationen schrieben.[62] Das ist noch kein Beleg für ein Nati-

59 Ebd., 129.
60 Ebd., 103.
61 PA 486, B84, Edgar Steuri, Warum Schweizerwoche? Radio Basel, 22.10.1933.
62 Zum Folgenden Noflatscher, ‚Staat‘ und ‚Nation‘, 178–181.

onsverständnis in der seit dem 19. Jahrhundert gängigen Weise. An Universitäten hatte der Begriff seit dem Spätmittelalter dazu gedient, die Studenten nach ihrer regionalen Herkunft einzuteilen. Auch die in den habsburgischen Herrschaftsbereich fallenden Länder wurden als Nationen bezeichnet und daher konnte man im 17. Jahrhundert von einer Tirolischen Nation sprechen. Die Kameralisten aber begannen das Staatgefüge in seiner Gesamtheit als Nation zu bezeichnen. Das Wort benannte bei ihnen sowohl Menschen aufgrund einer regionalen Zugehörigkeit als auch Staaten. Es erlaubte, Fremde und eine Wir-Gruppe zu unterscheiden, an die sich Appelle richteten und der typische Eigenschaften zugeschrieben wurden. So erklärte Hörnigk seine selbst gewählte Aufgabe folgendermaßen: „daß ich meinen Österreichern, die gern nett und köstlich aufziehen und ihrer äußerlichen Commodität leben, einen herben Bissen werde aufsetzen müssen“[63]. In den Passagen, die Becher und Hörnigk der Konsumentenbeschimpfung widmeten, ist die Verwandtschaft einer protektionistischen Wirtschaftspolitik und nationaler Ordnungsmuster augenfällig. Wenngleich sie in einem kompromisslosen Autoritarismus mehr auf die administrative als auf die propagandistische Bezwingung der Konsumentenvorlieben und der Händlerinteressen setzten, wies Bechers Tirade gegen die französischen Waren, die ein ganzes Panorama von Gütern entfaltete, in die Richtung einer Einlagerung des Gegensatzes aus „teutsch“ und französisch in den Alltag der Vielen. Diese waren zwar noch eine schmale aristokratische und bürgerliche Spitzenformation. Erkennbar ist das an der Liste von inkriminierten Produkten, viele davon wie Spiegel und Uhren damals ein teurer Luxus.[64] Erst im Laufe des 18. Jahrhunderts gewann ihre Zugänglichkeit eine gewisse Breite in bürgerlichen und bäuerlichen Haushalten.[65] Bechers Spott über die französischen Luxusprodukte war allerdings nicht eine Empörung über den Luxus, sondern über die falsche Herkunft der Produkte: Es seien „Wahren/ welche wir nicht allein/ wo nicht besser/ dannoch eben so gut in Teutschlandt machen/ das Gelt im Landt erhalten/ und viel tausend arme Menschen durch dergleichen Arbeiten darzu ernehren“.[66] Das Argument der Arbeitsbeschaffung blieb auch später ein zentrales, wenn es um die Frage ging, warum sich die Konsument*innen an die nationalen Produkte halten sollten.

Becher fokussierte seine Vorschläge weder auf Produkte, die nur für eine schmale Elite in Frage kamen, noch auf Güter, die bloß der physischen Subsistenz dienten. Vielmehr standen ihm Manufakturwaren vor Augen.[67] Es wäre zwar ein Anachronismus, einem Kameralisten zu unterstellen, ihm sei es um die Aufhebung einer ständischen Differenzierung des Konsums zu tun gewesen,[68] doch setzte Becher seine Hoffnungen auf Güter, die in großer Menge hergestellt werden konnten. Sie zu pro-

63 Hörnigk, Österreich, 87.
64 Sandgruber, Ökonomie, 171.
65 Sandgruber, Anfänge, 382 f.
66 Becher, Discurs, 74.
67 Sandgruber, Anfänge, 10 f.
68 Meyer, Restriktion, 71 f.

duzieren, zu handeln und zu konsumieren sollte die Grundlage einer Gesellschaft aus „viel mitlmässige reiche Leut“[69] bilden. Diese würden der von ihm erstrebten societas civilis Stabilität verleihen. Eine solche Mitte, die mehr ideologisches Postulat denn soziologischer Befund ist, trug später die nationalistische Mobilisierung. Zunächst war diese Mitte eine bürgerliche Formation, die im Weiteren auch die Arbeiterschaft, obgleich nur subaltern, einschloss.

Den Kern eines verstetigten Nationalismus macht die in der Banalität des Alltags abrufbare Identifikation mit der Nation aus.[70] Sie kann sich an den in unzähligen Haushalten replizierten Dingen die Gewissheit von Gemeinschaft verschaffen. Im Fall der Deutschen bestand diese wesentlich daraus, nicht Franzosen zu sein, wie schon Becher suggerierte.[71] In der frühen Neuzeit kreuzten einander Ansätze von Territorialstaatlichkeit, eine mit deren Ausmaßen deckungsgleiche Bewirtschaftung des Raums sowie die Vorstellung einer über bloßen Luxus hinausgehenden Masse an gewerblichen Produkten. Es bildete sich eine Topik heraus, die man im Zeitalter des Nationalismus als nationalökonomisch verstehen würde. Für Buy-National-Propaganda war sie unter den Bedingungen des Massenkonsums voll anschlussfähig.[72]

Man kann die These noch mehr zuspitzen. Als Ideal erschien Becher ein Land, das so groß war, dass es sich selbst ernähren konnte und von anderen unabhängig war, „item kann darinnen einerley Sprach/ Geld/ Glaub/ Herrschaft/ und einerley beständige Ordnung ist“.[73] Das ist nicht die Vorstellung eines Imperiums, eines polyethnischen und multireligiösen Herrschaftsverbands, der dezidiert nicht für alle seine Untertanen die gleiche Ordnung herstellen will.[74] Das ist vielmehr das Programm des Nationalstaates. Es dringt auf eine kulturelle Homogenisierung von Bevölkerung, dichte und gleichmäßige Integration der Ökonomie, von Produktion *und* Konsum, sowie gleichartige Herrschaft.

Die Ökonomen der Historischen Schule im 19. Jahrhundert verstanden die Kameralisten auch in diesem Sinn.[75] Sie trugen ihre emotionale und politische Beteiligung an der deutschen Nationalstaatsidee in die Lektüre. Theodor Inama-Sternegg rühmte 1881, im selben Jahr, als er zum Leiter der Statistischen Zentralkommission für die österreichische Hälfte der Habsburgermonarchie avancierte, Hörnigk als einen „Staatsmann“, bei dem „immer nur von der Macht der Nation die Rede“ sei.

69 Becher, Discurs, 28.

70 Edensor, National Identity; Billig, Banal Nationalism.

71 Vgl. Marchet, Studien, 77. Als staatsbildendes Moment im Heiligen Römischen Reich machte der nationalliberale Ökonom mit Blick auf kameralistische Theorie das autokratische Herrschertum und den Hass gegen Frankreich aus. Zu Marchet siehe auch weiter unten.

72 Vgl. Heiss, Ökonomie und Österreichbewußtsein, 217.

73 Becher, Discurs, 266.

74 Siehe die Definition von Osterhammel, Europamodelle, 172; zum grundlegenden Unterschied der Herrschaftsdynamiken von Nationalismus und Imperialismus bereits: Arendt, Origins, 123–124.

75 Vgl. Schmoller, Merkantilsystem, 32–42; Roscher, Geschichte, 263–300 („Die österreichische National-ökonomik unter Leopold I.“).

Sein Hauptinteresse gelte nicht den Einnahmen des Fürsten.[76] Etwas später schrieb der Professor für Verwaltungslehre Gustav Marchet über Becher, Hörnigk und Wilhelm von Schröder als Vertreter der „Richtung, durch welche die politische und nationale Wiedergeburt Deutschlands, mit der wirthschaftlichen Erhaltung dieses Landes im Gefolge, erstrebt wird".[77] Dem Kameralismus sei es, so Marchet, nachmals deutschliberaler Abgeordneter im Reichsrat und Unterrichtsminister, um „die Purificirung des inländischen Marktes und die Hebung der nationalen Production und Consumtion" zu tun gewesen.[78] In den 1880er-Jahren agierten nationale Bewegungen in der Habsburgermonarchie bereits unter den Bedingungen expandierenden Massenkonsums: Nur von den Seinen zu kaufen wurde rasch zu einer zentralen Losung der konkurrierenden Nationalismen. So sehr aber die deutschnationale Rezeption Kameralisten ein Programm für „staatliche und nationale Selbstständigkeit" unterstellte,[79] muss man doch z. B. bei Becher beachten, dass das Gemeinwesen, dessen ökonomische Verflechtungen er konkret vor Augen hatte, die Stadt und ihr Umland war. Eine passgenaue Vorstellung des Nationalstaates findet sich im *Discurs* so wenig wie der Begriff selbst, der noch nicht formuliert war.[80] Anklänge an den Nationalstaat zu erblicken ist daher unvermeidlich eine retrospektive Konstruktion, die Potentiale aufgreift. Darin, dass sie letztere erkannte, irrte aber schon die Historische Schule nicht.

3.2 Die Wirkungsgeschichte des Kameralismus im Österreich des 20. Jahrhunderts

Im Österreich der Zwischenkriegszeit und besonders der 1930er-Jahre war die frühneuzeitliche Tradition des Kameralismus als intertextuelle Referenz auch abseits von nationalökonomischen Fachdiskursen präsent, obschon überwiegend durch den Bezug auf ein einziges Werk, das Traktat von Philipp Wilhelm von Hörnigk. Das Spiel des Erinnerns und Vergessens eröffnet Einblick in die Prioritäten ihrer jeweiligen Gegenwart und so ist die Form, in der Hörnigk aufgegriffen wurde, aussagekräftig für das Verständnis von Wirtschaft und Gesellschaft – und für den Platz, den das Konsumieren in diesem Gefüge erhielt bzw. eben nicht erhielt. Der Appell zum patriotischen Konsum war in ein ungemein dichtes Netz der propagandistischen Arbeit an Staat und imaginierter Gemeinschaft eingespannt. Es war eine konservative Ver-

76 Inama-Sternegg, Hornick, 199.
77 Marchet, Studien, 77.
78 Ebd., 89.
79 Ebd., 78.
80 Zur Frage eines frühneuzeitlichen Nationalismus auch Wrede, Reich, zusammenfassend 16–23, 546–560. Er betont die Bedeutung der militärischen Bedrohung und der ihr korrespondierenden Feindbilder der Franzosen, Osmanen und Schweden, die in Richtung einer nationalen Integration des Heiligen Römischen Reichs als Deutschland wirkten.

ständigung über Österreich, an der eine große Zahl politischer, wirtschaftspolitischer und kultureller Akteure teilnahm. Am deutlichsten zeichnete sich die Zurichtung des Konsums und der Konsument*innen durch einen angriffigen Katholizismus ab. Es handelte sich um Elitendiskurse. Sie begleiteten aber die Konvertierung von soziomoralischen Milieus in kampfbereite politische Lager und erfassten insofern große Teile der Bevölkerung.

Im Vergleich zu den Schriften Johann Joachim Bechers gilt Hörnigks *Österreich über alles* als weniger systematisch, jedoch sei es „agitatorisch das wirksamste" unter den Werken der habsburgischen Kameralisten gewesen.[81] Hörnigk traf außerdem den rechten Zeitpunkt. Das Pamphlet ritt bei seiner Erstveröffentlichung auf einer Welle der publizistischen Begeisterung über den militärischen Triumph, die das Heilige Römische Reich auch jenseits der habsburgischen Territorien erfasste.[82] Hörnigk schrieb die Aussicht auf Reichtum in die Diskrepanz ein, die zwischen dem Ruhm des Sieges und der ökonomischen Misere herrschte, unter der die vom Krieg gegen die Osmanen betroffenen habsburgischen Länder litten. Die Aufgabe des Staates begriff er als eine zweifache, miteinander verknüpfte: militärische Sicherheit einerseits und ein bestimmtes Konsumniveau andererseits. Es sollte von dem zur Befriedigung der „Notdurft" „erforderlichen Zeug" bis hin zu jenen Gütern reichen, die der „Bequemlichkeit" dienten.[83] Unter den Schriften der habsburgischen Kameralisten war Hörnigks Abhandlung die erfolgreichste, wenn man als Maßstab ihre konstante Verfügbarkeit wählt. Sie hielt durch viele Jahrhunderte bis zur Gegenwart an, veränderte dabei aber ihre Form. Bis Ende des 18. Jahrhunderts wurde die Schrift rund zwanzigmal neu aufgelegt, was von einer erheblichen Nachfrage nach dem Text zeugt.[84] Den Übergang von wirtschaftspolitischer Aktualität zur historischen Referenz kann man daran ablesen, dass Hörnigks Abhandlung im 19. und frühen 20. Jahrhundert zwar ein patriotischer Bezugspunkt blieb, doch abgesehen von Auszügen aus dem Werk keine neuen Auflagen erschienen.[85] In der zweiten Hälfte des 20. Jahrhunderts wurde der Originaltext hingegen mehrfach neu herausgegeben.[86]

Wirkungsgeschichte lässt sich zum ersten als „Spur, die ein Werk hinter sich her zieht",[87] definieren, wie es bei Hans-Georg Gadamer heißt. Um es nicht objektzentriert zu formulieren, kann man auch von einer Geschichte der Rezeption sprechen.

81 Sommer, Kameralisten 2, 149.
82 Wrede, Reich, 144; Lepetit, Türken, 394 f.
83 Hörnigk, Österreich, 28; Streissler/Streissler, Hörnigk, 169 f.
84 Carpenter führt 18 an: Publication record, 121–141.
85 Brauleke, Leben, 93–97.
86 Gemäß Recherche im Karlsruher Virtuellen Katalog: 1948 von August Skalik, 1964 von Gustav Otruba, 1983 Hannes Androsch u. a. und zuletzt 1997 von Herbert Matis. 1978 erschien außerdem ein Neudruck im Topos-Verlag, Vaduz.
87 Gadamer, Wahrheit und Methode, 347.

Sie fragt, wie soziale Akteur*innen mit einem Werk umgingen.[88] Zum zweiten hat Gadamer dem Begriff der Wirkungsgeschichte in seiner hermeneutischen Theorie eine Bedeutung gegeben, die von den empirischen Fragen nach Wirkung und Rezeption abgehoben ist. Sie betont das Übergewicht der Tradition gegenüber einem Verstehen, das sich von ihr reflektierend distanziert.[89] Sie lässt keine aufklärende Trennung zwischen Vergangenheit und Gegenwart zu. Das wirkungsgeschichtliche Bewusstsein besteht im unvermeidlichen „Einrücken in ein Überlieferungsgeschehen“[90]:

> Es gibt so wenig einen Gegenwartshorizont für sich, wie es historische Horizonte gibt, die man zu gewinnen hätte. Vielmehr ist Verstehen immer der Vorgang der Verschmelzung solcher vermeintlich für sich seiender Horizonte. Wir kennen die Kraft solcher Verschmelzung vor allem aus älteren Zeiten und ihrem naiven Verhalten zu sich selbst und zu ihrer Herkunft. Im Walten der Tradition findet ständig solche Verschmelzung statt.[91]

Die totalisierend aufs Ganze gehende philosophische Grundlegung des Verstehens erklärt nun auch die Möglichkeit der Spur, die ein Werk ziehen kann. Texte reichen über den hermeneutischen Horizont hinaus, in den sie in ihrem Entstehungszusammenhang eingebettet wurden, weil die späteren Aneignungen Horizontverschmelzungen mit sich bringen bzw. sie voraussetzen. Die Wirkungsgeschichte umfasst den Interpretierenden und das Artefakt.[92]

Jede Metapher prägt einen Fokus der Konzeptualisierung aus. Die Metapher der Verschmelzung beruht auf einem mentalen Bild, das ein Zusammenfließen suggeriert und die Gewaltförmigkeit des Prozesses in den Hintergrund schiebt. Als Verschmelzung unterschiedlicher gedanklicher Domänen erklärt auch die Theorie der kognitiven Überblendung (*cognitive blending*) den Prozess des Denkens. Ein Kern ihres analytischen Anspruchs ist es aber, die *clashes*, das Zusammenstoßen unvereinbarer gedanklicher Elemente, zu registrieren, die kreatives Denken ermöglichen.[93] Man kann gegenüber der kognitionswissenschaftlichen Frage nach dem Denken aber auch die politischen und ideologischen Dimensionen des Prozesses in den Vordergrund rücken. Die Beobachtung verschiebt sich in den Bereich des Sozialen, der diskursiven Praktiken, auf deren gewaltförmige Zurichtung die *clashes* verweisen. In den medialen Diskurs übertragen, manifestieren sie Machtverhältnisse.

---

88 Willand, Lesermodelle, 298 f., der diese Unterscheidung von Rezeption und Wirkung referiert, ihr allerdings geringe Relevanz zumisst.

89 Jung, Hermeneutik, 113; Jürgen Habermas kritisierte an Gadamer den Konservativen, der „die Gewichte zwischen Autorität und Vernunft“ verschiebe. „Gadamer verkennt die Kraft der Reflexion.“ Habermas, Gadamers Wahrheit, 47.

90 Gadamer, Wahrheit und Methode, 295.

91 Ebd., 311.

92 Boehm, Einleitung, 23.

93 Fauconnier/Turner, Way We Think, 113–137; El Refaie, Resonances.

Ein bukolisches Bild der Traditionsgebundenheit wäre genau jenes, das ein konservatives hegemoniales Projekt im Österreich der 1920er- und 1930er-Jahre als Einverständnis mit der großen Vergangenheit des Barock herzustellen suchte. Dieses Einverständnis sollte die politische, polizeilich und militärisch durchgeführte Repression abstützen. Die notwendige Ideologiekritik darf aber nicht übersehen, dass hier ein Geschehen vorlag, das sich mit und gegen Gadamer wirkungsgeschichtlich beschreiben lässt: eine Horizontverschmelzung, die forciert war und forciert wurde und sich doch auf ein vergangenes Substrat bezog – häufig in der Repetition einer Form, der Wiederholung der Anrufung Hörnigks und/oder seines Buchtitels. Meist war diese am Ende eines Textes als mobilisierender Appell platziert. Er formulierte ein nationales Wir aus Autor und Leserschaft und erteilte den Leser*innen einen Auftrag. Katholisch-konservative und deutschnationale, in der zweiten Hälfte des 20. Jahrhunderts auch sozialdemokratische Akteur*innen in Politik und Publizistik stellten sich in eine kameralistische Tradition, indem sie aus einem mehrdeutigen Angebot Elemente herausgriffen. Dadurch dass sie diese in Positionen der Gegenwart einspeisten, gaben sie ihnen einen eigenen Sinn, neu und doch nicht ganz von seinem ursprünglichen gelöst.

Hörnigk und die Kameralisten sind, um bei einer Unterscheidung aus Foucaults Archäologie anzuknüpfen,[94] keine erkalteten Monumente, sondern Dokumente – Denkmäler, die fortdauernd ihre Verehrer hatten. Das ergibt eine seit dem 17. Jahrhundert ungebrochene Kontinuität der Tradierung von Sinnzuschreibungen. Diese waren zumeist weder umfassend noch reflektiert genug, um eine historisch adäquate Interpretation zu gewährleisten.[95] Vielmehr spannen sie einen dünnen Faden, der den Akteur*innen das wohlige Bewusstsein einer Anbindung vermittelte. Wenn Verstehen heißt Einverständnis herzustellen, so kann der Umstand der Zustimmung wichtiger sein als der historisch korrekt erfasste Gehalt – zumindest sofern man sich für die politischen und ideologischen Effekte anstatt für eine Beurteilung nach philologischen Kriterien interessiert. Die Aneignung der um Herrschaftsstabilisierung bemühten Texte des Kameralismus trug dazu bei, einen Diskurs zu spuren. Dabei ging Sinn aus dem Entstehungszusammenhang auf den des aktualisierenden Einsatzes über. Die Bezugnahme bringt ihr Objekt selbst dann nicht gänzlich zum Verschwinden, wenn ein (nahezu) entleerter Signifikant die Brücke schlägt: *Österreich über alles (wenn es nur will).*

Diese Losung hatte sich schon seit der Wende zum 19. Jahrhundert in nationalisierenden Diskursen verselbstständigt.[96] Sie eignete sich für eine Aktualisierung in

94 Foucault, Archäologie 14 f.

95 Das wäre eine Interpretation, die – gemäß einer Definition von Michael Titzmann – „im Rahmen wissenschaftlicher Normen und Regeln, die Bedeutung des Textes rekonstruiert, die er in der historischen Phase gehabt hat, von der und für die er ursprünglich produziert worden ist". Zit. nach Willand, Lesermodelle, 8.

96 So verfasste Heinrich Collin 1809 eine Militärhymne, die Hörnigks Titel aufnahm. Angesichts der Herausforderung durch das revolutionäre Frankreich experimentierte das Habsburgerreich eine Zeit

Zeiten der militärischen Bedrohung und wirtschaftlicher Krisen.[97] Nach dem Ersten Weltkrieg bot sich die Devise als Stellungnahme zur virulenten Frage der „Lebensfähigkeit" Österreichs an, ohne dass sie eine Bejahung des Kleinstaates implizierte. Hörnigk und zuvor Becher hatten mit viel rhetorischem Aufwand die Abwehr alles Französischen und der Großmacht Frankreich betrieben, das seit der Genese des modernen deutschen Nationalismus die Rolle des Erbfeinds ausfüllte.[98] Daher bot sich die kameralistische Tradition für eine prononciert deutsche Lesart ebenso an wie für deren Verankerung auf habsburgischem und österreichischem Boden. Hier setzte man eine Verwendung fort, die schon im 19. Jahrhundert die Rezeption bestimmt hatte. Inama-Sternegg z. B. hatte Hörnigk als einen „für Deutschlands Macht und Österreichs Wohlfahrt gleich begeisterten Politiker" beschrieben.[99]

Mit dem von Hörnigk übernommenen Appell „Österreich über alles" beendete Anfang 1930 Bundeskanzler Johannes Schober eine handelspolitische Grundsatzrede.[100] Zur Bekämpfung der Arbeitslosigkeit erwog er zwei Optionen: einerseits die „Verdrängung eines Teiles der Einfuhr aus dem Ausland" am Binnenmarkt und andererseits eine Steigerung des Exports durch Freihandel. Für die letztere Variante machte er sich stark, denn es bleibe „wahr, daß ein Staat, je kleiner er ist, er umso weniger autark sein kann". Größer zu werden war freilich auch eine Möglichkeit. Schober kündigte den nahen Abschluss eines Handelsvertrags mit Deutschland an. Daraus ging das – so die Einschätzung von Hans-Ulrich Wehler aus deutscher Sicht – „politisch aberwitzige" Vorhaben einer Zollunion hervor.[101] Es scheiterte ein Jahr später u. a. am Einspruch Frankreichs, das in dem Projekt die Vorstufe einer politischen Vereinigung erkannte. Die von Schober skizzierte Außenwirtschaftspolitik hatte mit der kameralistischen Programmatik von Hörnigk nur soweit zu tun, als sie um die Beobachtung der Handelsbilanz kreiste. Das hinderte den Bundeskanzler nicht, sich in seiner Rede auf Hörnigks „landesökonomische Hauptregeln" zu berufen, vor allem aber auf die Devise „Österreich über alles, wann es nur will". Es folgte „stürmischer, lang anhaltender Beifall und Händeklatschen". In einer Hinsicht blieb die Losung, was sie immer gewesen war: der Appell, sich als patriotisches Wirt-

---

lang mit einer auf den Gesamtstaat bezogenen Mobilisierung von Patriotismus. Bluhm, Building, 13; Bruckmüller, Nation, 225–229.

97 O. V., Alt-Wiener Wirtschaftsbilder. Aus der Zeit nach dem Dreißigjährigen Kriege, in: Neues Wiener Journal, 16.11.1920, 5: „Das Wort [...] ‚Alles schon dagewesen' drängt sich unwillkürlich auf [...]"

98 Seit dem 17. Jahrhundert wurde Frankreich in der Publizistik des Heiligen Römischen Reichs mit diesem Etikett bedacht, so wie zuvor schon die Osmanen. An die Stelle des Türken trat nun zunehmend das Feindbild des Franzosen. Winkelbauer, Ständefreiheit 1, 363; Lepetit, Türken, 402 f.; Wrede, Reich, 537–545.

99 Inama-Sternegg, Hornick, 198.

100 Hier und im Folgenden: O. V., Die Rede des Bundeskanzlers Schober, in: Neues Wiener Tagblatt, 28.2.1930, 11 f.

101 Wehler, Gesellschaftsgeschichte 4, 261.

schaftssubjekt zu zeigen, es anzupacken – unter Führung der staatlichen Obrigkeit wohlgemerkt.

Schober hielt seine Rede am Vorabend einer Wirtschaftskonferenz, die eine liberalkorporatistische Verständigung der wirtschaftlichen Interessenverbände und politischen Parteien, darunter maßgeblich die Sozialdemokratie, herbeiführen sollte. Seit der Genfer Sanierung war die österreichische Politik jedoch an eine Linie der Austerität gebunden, auch und gerade in der Wirtschaftskrise. Die Arbeiterbewegung verfügte noch über keine alternativen politökonomischen Strategien und so eröffnete sich der Sozialdemokratie nur die unattraktive Option, eine Politik des Drucks auf Löhne und Konsum abzusegnen und gegenüber ihrer Klientel zu rechtfertigen. Sie war dazu wenig geneigt.[102] Trotzdem oder deshalb meinte Schober, „ich rechne mit der patriotischen Mitarbeit aller", als er seine Anrufung Hörnigks einleitete. 1930 ließen sich die Konflikte aber nicht durch einen Korporatismus applanieren, der Österreich als fundamentale Gemeinsamkeit ansetzte.

Schober war ein Vertreter des großdeutsch gesinnten Bürgertums, das dem Machtblock angehörte, der die Politik der Zwischenkriegszeit bestimmte. Über breiteren Rückhalt, vor allem in der ländlichen Bevölkerung, verfügten allerdings die Christlichsozialen. Sie kultivierten eine Fassung des Bezugs auf Hörnigk, der diesen in einen militanten Katholizismus integrierte. Richard Kralik, einer der einflussreichsten Intellektuellen des „Schwarzen Wien",[103] erörterte 1921 in einem Leitartikel für die *Reichspost*, die Tageszeitung der Christlichsozialen, den „Zusammenhang zwischen dem christlichen Ostergedanken und dem österreichischen Staatsgedanken". Diesen stellte er in eine wieder aufzunehmende imperiale Tradition – Mitteleuropa „in einem höheren Sinne als in dem Fr[iedrich] Naumanns". Auch dieser Text kulminierte in der Losung von Hörnigk und einer Deutung, die aus der katholischen Aufgabe der „Aufrichtung eines gläubigen Gottesreiches auf Erden" die Gewissheit der „Wiederauferstehung eines lebendigen, lebensfähigen Österreichs" ableitete – sofern die Bevölkerung „festen Glauben" zeigte.[104] Die Propaganda des Dollfuß-Schuschnigg-Regimes griff ebenfalls häufig auf den Titel von Hörnigks Denkschrift zurück. Die Devise wurde insbesondere Engelbert Dollfuß auf den ermordeten Leib geschrieben.[105] „Österreich über alles, wenn es nur will", vereinte in eigenwilliger Weise ein patriotisches Bekenntnis mit einem Konditional. Das ließ Raum für die Möglichkeit der Sünde und den darin begründeten Verdacht, dass Österreich möglicherweise nicht zu wollen geruhte. In den 1930er-Jahren drückte das präzise die Haltung einer Diktatur aus, die einen ostentativen Österreich-Patriotismus kultivierte

102 Grandner/Traxler, Sozialpartnerschaft.
103 Wasserman, Black Vienna, 22.
104 Richard Kralik, Österreichische Auferstehungsgedanken, in: Reichspost, 27.4.1921, 1 f.
105 Z. B. Andreas Innthaler, Österreichs Tradition wird wieder lebendig, in: Schönere Zukunft Nr. 52, 23.9.1934, 1371 f.; vgl. vor allem Dreidemy, Dollfuß, in der die ältere Forschung rezipiert ist.

und zugleich den Argwohn gegenüber weiten Teilen der Bevölkerung zum Regierungsprinzip erhoben hatte.

Nachdem das diktatorische Regime 1934 ein Amt für Wirtschaftspropaganda geschaffen hatte, erschien als Folge dieses Versuchs der Zentralisierung und Koordination im September des Jahres die erste Ausgabe des Periodikums *Volkswirtschaftlicher Aufklärungsdienst*. Verantwortlich für das Blatt zeichnete die Arbeitsgemeinschaft *Kauft österreichische Waren*. Die Zeitschrift sprach nicht mit den Bürger*innen, sondern gemäß der korporatistischen Ideologie eines Ständestaates suchte sie nur den mittelbaren Kontakt über die Behörden und die „Führerschichte der großen politischen und kulturellen Verbände“[106]. Das war Propaganda zweiten Grades. Die Zeitschrift stellte Argumentationsmuster für jene bereit, die ihrerseits auf das Volk einwirken sollten. Das Kommunikationskonzept war so autoritär wie das angestrebte Ziel, „die Wirtschaftsauffassungen des österreichischen Volkes den Bestrebungen der Staatsführung und damit dem Gemeinwohl dienstbar zu machen“. Darin ähnelte sie – in einer gänzlich veränderten medialen Landschaft – den kameralistischen Pamphleten. Die erste Ausgabe des *Aufklärungsdienst* nahm diese Tradition in Anspruch, indem sie mit der Feststellung schloss, man sehe „mit stolzer Befriedigung, daß das Jahrhunderte alte Wort ‚Österreich über alles, wenn es nur will‘ in unserem Lande auch seine wirtschaftliche Leseart gefunden hat“.

Bemerkenswert ist die Fokuspartikel[107] „auch“, da man ja meinen könnte, dass Hörnigks Traktat gerade eine wirtschaftliche „Leseart“ nahelegte. Die frühe Neuzeit kannte freilich keine Vorstellung des Ökonomischen als scharf von Politik und Kultur geschiedene Bereiche.[108] Erst der Liberalismus seit dem ausgehenden 18. Jahrhundert propagierte dieses Konzept – darin eine zunehmende funktionale Differenzierung reflektierend und gestaltend. Die Devise „Österreich über alles“ entweder auf Ökonomie oder Politik oder Kultur festzulegen war also eine Option des 20., nicht des 17. Jahrhunderts. Insofern ging eine unscharfe Wahrnehmung von Hörnigk trotz eines vermutlichen Mangels an Werkkenntnis nicht fehl. Sie fügte sich außerdem gut zum übergreifenden Anspruch nationaler Ökonomie, die gegen den Liberalismus angelsächsischer Art gerichtet die Verklammerung von Politik, Kultur und Wirtschaft in die industrielle Welt zu überführen trachtete. Sie fügte sich auch zu den Absichten einer konservativen Diktatur, die den Staatsapparat zur Beseitigung all jener Differenzierungen einsetzte, die einer aus ihrer Sicht harmonischen Gemeinschaft entgegenstanden.

106 Dieses Zitat und die folgenden: O. V., Der volkswirtschaftliche Aufklärungsdienst in Österreich, in: Volkwirtschaftlicher Aufklärungsdienst Nr. 1, 24.9.1934, 8.

107 Fokuspartikel sind „Wörter mit deren Hilfe vom gegebenen Satz aus Beziehungen zu anderen entweder explizit geäußerten oder nur mitverstandenen Sätzen hergestellt werden, indem die Bezugselementgröße zu gleichartigen Elementen in Beziehung gesetzt wird.“ Sie „bilden zusammen mit ihrem Bezugselement das Zentrum einer Aussage, also den Teil des Satzes mit dem höchsten Mitteilungswert“: Kürschner, Kompendium, 147.

108 Tribe, Wirtschaftssemantik, 254, 266 f.

Die von Hörnigk popularisierte Devise begleitete 1935 auch die Ausstellung „Österreichs Wirtschaft im Aufbau". Es waren aber nicht Maßnahmen der Importsubstitution, die das Schuschnigg-Regime durch das Zitat in Erinnerung rufen wollte und wohl auch weniger das von Hörnigk geforderte Prohibitivsystem zur Beseitigung von Einfuhren. Vielmehr war es die aufs Ganze gehende Forderung selbst, „Österreich über alles" zu erheben, und somit jene Skepsis fahren zu lassen, die seit 1918 als ökonomische und politische Vernunft galt.

Von „Österreichs Wirtschaft im Aufbau" zu sprechen war 1935 eine kühne Behauptung angesichts der desaströsen Folgen von Weltwirtschaftskrise und Austeritätspolitik. Zunächst auf rund 2.000 Quadratmetern im Rahmen der Wiener Frühjahrsmesse gezeigt, ging die vom Amt für Wirtschaftspropaganda ausgerichtete Ausstellung anschließend auf Wanderschaft durch die Bundesländer.[109] Den in den Zeitungen beworbenen Höhepunkt der Ausstellung bildete noch vor der Verkostung österreichischer Weine, die sicher ihren Zuspruch fand, das „Diorama der Großglocknerstraße".[110] Das fotografische Panorama zeigte den durch eine Ausflugsstraße erschlossenen höchsten Gipfel des Landes. In den 1930er-Jahren war es das wichtigste Exponat der Binnen- und Außenkommunikation, um durch ein attraktives Bild „Österreich über alles" zu stellen. So fand es 1937 bei der Weltausstellung in Paris eine optisch besonders eindrucksvolle Verwendung.[111] Wenn Automobile im 20. Jahrhundert gemäß dem viel zitierten Aperçu von Roland Barthes das „Äquivalent der großen gotischen Kathedralen"[112] waren, so handelte es sich bei den Panoramastraßen,[113] die das Regime bauen ließ, um das Pendant zum barocken Sakralbau. Im Detail ist die Sache kompliziert. Straßenbauten waren *state of the art* einer sich gerade erst formierenden aktiven Konjunkturpolitik, an die jedoch in Österreich ernstlich nicht zu denken war oder vielmehr aus Sicht der ausländischen Gläubiger des Staates wie der ökonomischen und politischen Eliten des Landes ernstlich nicht gedacht werden durfte. Die Straßen waren, zumindest im Hinblick auf die Förderung des Tourismus, nicht ohne ökonomische Funktion, auch über die Arbeitsbeschaffung beim Bau hinaus. Allerdings dienten sie nicht Österreich als Industrieland und waren nicht zur Beschleunigung des gewerblichen Austauschs vorgesehen.[114] Vielmehr unterbreiteten sie nach außen eine Einladung an die zahlenden Fremden und wurden nach innen als ein Stück katholisch-konservativer Schaukultur inszeniert.

---

109 Österreichs Wirtschaft im Aufbau.

110 Inserat im Vorarlberger Tagblatt, 14.9.1935, 8. Die Ausstellung war von 15.–29. September in Feldkirch zu sehen.

111 Felber/Krasny/Rapp, Smart Exports, 135 f.

112 Barthes, Mythen, 76.

113 Rigele, Höhenstraße; ders., Großglockner-Hochalpenstraße; Klösch, Konzeption; Dreidemy, Dollfuß, 146–148; Grassegger, Denkmäler, 505–523.

114 Sandgruber betont auch den Unterschied zum ersten großen Prestigeprojekt der Zweiten Republik, des Spreicherkraftwerks Kaprun: „eine unproduktive Arbeitsbeschaffung das eine, eine hochproduktive Investition das andere". Sandgruber, Ökonomie, 400.

Die Gedenkkreuze, Denkmäler und Kirchen für Engelbert Dollfuß, mit denen die Höhenstraßen dekoriert wurden, verströmten die strenge Note der gegenreformatorischen Allianz von Staat und Katholizismus, die schon von der Habsburgermonarchie gepflegt worden war.[115]

Die Straßen boten auch den Schauplatz für einen ständisch gebundenen Konsum, der unter den wirtschaftlichen Bedingungen der Zwischenkriegszeit im privaten Automobil einen hervorragenden Ausdruck fand. Staatliche Politik förderte die Automobilisierung als Luxus, nicht einen Massenkonsum, der breiten Bevölkerungsteilen zugänglich gewesen wäre.[116] Die privaten Autos standen auch – anders als im Fall der faschistischen Regime in Italien und Deutschland – nicht für die propagandistisch zelebrierte Vision vom Vorstoß in die Massenkonsumgesellschaft.[117] In Österreich stellten die Zielfahrten, mit denen die Automobilklubs die Straßenbauten feierten, eine repräsentative Öffentlichkeit her.[118] Zuzüglich der zahlungskräftigen Fremden inszenierte sich eine soziale Spitzenformation, die angesichts der nationalsozialistisch-totalen Verlockung allenfalls zur scheinbaren Treue gegenüber dem katholisch-autoritären Österreich bereit war. Die übrige Bevölkerung sollte das sich patriotisch zu begeisternde Publikum abgeben. Wäre es um Konsistenz gegangen, so hätte das Regime die Losung „Kauf österreichisch!" durch ein „Schau österreichisch!" ersetzen können. Statt des nationalisierten privaten Konsums, angetrieben durch eine Politik der Steigerung, propagierte es eine Zufriedenheit mit dem Wenigen, abgefedert durch die Beteiligung an Ritualen der Staatsfrömmigkeit; dazu strategisch platzierte Zeichen staatlicher Macht als Andachtsobjekte und die Demonstration des Privilegs zur Opulenz durch den augenfälligen Konsum einer schmalen Oberschicht.

Eine der Ausstellung gewidmete Ausgabe des *Volkswirtschaftlichen Aufklärungsdienst* erklärte, dass sich die Leistungsschau gegen den „für Österreich seit dem Weltkriegsende bezeichnenden Wirtschaftsdefätismus" richte, der „alles Heil" von einem Anschluss an Deutschland oder die Errichtung einer Donaukonföderation abhängig machte.[119] Bereits der folgende Satz ließ jedoch die der Propaganda eingebaute Überzeugungsbremse erkennen:

115 Dreidemy, Dollfuß, 88.

116 Rigele, Automobilisierung; Kühschelm, Automobilisierung.

117 Italien: Arvidsson, Marketing Modernity, 32–43; aus der Fülle an Literatur zu NS-Deutschland: Wiesen, Creating; Swett, Pleasure.

118 Die „conspicuous consumption" (Veblen), eingefügt in Inszenierungen, die Anleihen bei barockem Fest und katholischem Ritual nahmen, war nicht bloß repräsentativ im landläufigen Sinn, sondern formte eine repräsentative Öffentlichkeit in der von Habermas (Strukturwandel, 57–67) geprägten Begriffsbedeutung. Dieser konstatierte: „Im kirchlichen Ritual, in Liturgie, Messe, Prozession überlebt heute noch repräsentative Öffentlichkeit." (62).

119 Wörtlich lautet die Passage etwas unschärfer: „Aufgehen in andere Staatsgebilde oder in erst neuzuschaffende Staatsgebilde". O. V., Wirtschaft im Aufbau, in: Volkswirtschaftlicher Aufklärungsdienst Nr. 13, 15.2.1935, 5.

> Das österreichische Volk mußte eine harte Schule bitterer Erfahrungen und Enttäuschungen mitmachen, bis die Erkenntnis, daß Tatsachen härter als Wünsche, daß historische Wirklichkeit zwingender als staatspolitische Wunschträume seien, weite Teile des deutschen Volkes in Österreich durchdringen konnte.

Es war eine Botschaft der resignativen Vernunft, die unter der Hand eingestand: Wenn wir könnten, wie wir wollten, so hätten wir gerne etwas Größeres. Die Nation ist indes keine Gemeinschaft des Konditionals und der Vernunft, sondern beruht auf einem Pathos der Zugehörigkeit, der imaginierten, wenngleich stets von den Anderen bedrohten Stärke. Der Unterschied zu der nationalisierenden Rhetorik, die zur selben Zeit die bürgerlichen Eliten der Schweiz pflegten, ist unverkennbar.[120] Die Schweiz musste sein, weil sie schon immer war, denn ihre Anfänge erblickte man in der widerständigen Eidgenossenschaft eines mythisch entrückten Mittelalters. Der Kleinstaat Österreich war, weil ihn die Sieger des Weltkriegs wollten.

Peter Hersche erwähnt in seinem opus magnum *Muße und Verschwendung* die unter Leopold I. für die Habsburger tätigen Kameralisten als protestantischen Import. Er hält ihr Wirken für eine Übung in Vergeblichkeit, die am katholischen Wirtschaftsstil zerschellte.[121] Seine großflächige Synthese geht von religiös induzierten Wirtschaftsgesinnungen aus, während der differenzierende Blick aufs Einzelne und die Einzelnen zu anderen Ergebnissen führen mag.[122] Allerdings kann man in Anschluss an Hersche einen Punkt konstatieren: Zwischen dem Festzurren staatlicher Macht durch katholisch unterfütterte Herrschaftszeichen und dem Wunsch nach demutvollen Untertanen einerseits und einer Politik von Gewerbeförderung und Propagierung bürgerlichen Fleißes andererseits bestand eine Zielkonkurrenz. Hörnigk empfahl dem Wiener Hof Zurückhaltung in der Prunkentfaltung, denn „wir stellen unsere Ehre zur Unzeit in den äußerlichen Pracht und werden dadurch in den Kot gedruckt“. Statt „seinen eclat haben“ zu wollen, sollte man auf den Wohlstand hinarbeiten, den „die einheimische Fabrik so viel reichlicher und profitierlicher“ brin-

---

120 Der Schweizer Nationalismus galt als vorbildhaft, wie auch der britische. Ein Artikel über Philipp von Hörnigk endete damit, einen „geistreichen Schweizer und Freund Österreichs, dem das englische ‚Recht oder falsch, mein Land‘ im Blute sitzt“, als Gewährsmann heranzuziehen – und zwar für berechtigte Empörung „ob solcher [in Österreich üblicher, hingegen] im Auslande unbekannter Beschmutzung des eigenen Nestes und der eigenen Volksgenossen“. Erich Korningen, Rheinländer in Österreich, in: Reichspost, 20.6.1926. Korningen, Jurist und leitender Beamte im Statistischen Zentralamt, entfaltete eine rege publizistische Tätigkeit und versuchte aus Hörnigk eine jener populären Figuren zu machen, die mit der Erinnerung an den österreichischen Barock verbunden wurden. Er setzte sich im Übrigen auch für die Aufstellung einer Gedenktafel für Abraham a Sancta Clara ein.

121 Hersche, Muße, 445, 603.

122 Hersches katholische Wirtschaftsgesinnung ist als Spiegelung von Max Webers umstrittener Annahme einer protestantischen Ethik angelegt. Zur Diskussion um letztere: Steinert, Fehlkonstruktionen; dazu der Themenband der Österreichischen Zeitschrift für Geschichtswissenschaften 23/3 (2012).

gen würde.[123] Diese Zielkonkurrenz begleitete die Geschichte des Habsburgerreichs und setzte sich in die Republik und den 1933/34 etablierten diktatorischen Bundesstaat fort. Die Waagschale neigte sich nun einer konservativen Richtung zu. Sie bediente sich für ihre wirtschafts- und konsumpolitische Legitimierung einer mit dem katholischen Barock unterschiedslos verschmolzenen kameralistischen Tradition – obwohl es eben durchaus Grund gibt, an Unterschieden festzuhalten.

Wenn man sich entlang der Referenzen auf Hörnigk durch die 1930er-Jahre bewegt, so zeichnen sich die wesentlichen Ambivalenzen einer um Österreich kreisenden nationalen Ökonomie ab: Sie kippte unversehens von klein-österreichischen in groß-deutsche Inszenierungen und umgekehrt. Sie setzte auf nationalisierende Rhetoriken ebenso wie auf Träume imperialer Macht. Zur *conspicuous consumption* der Eliten, die nun Automobil statt Kutsche fuhren, und den Aussichtsstraßen eines ansonsten von Sparsamkeitspostulaten beherrschten Staates trat die Suggestion frommer Armut für die Vielen. Kompensation sollten sie in einer Rolle als Zuschauer*innen finden, die mit Beifall die Aufführungen des Staates und einer Wohlhabenheit von wenigen quittierten. Kompensatorisches Schauen stand in scharfem Gegensatz zu wirtschaftsliberalen Imaginationen, die seit Adam Smith auf „Sympathie", Neid und Nachahmung, als Quell einer nützlichen Unruhe und Antriebskraft der Ökonomie setzten.

Die Inszenierung des Österreichertums stützte sich auf das katholische Sonderbewusstsein gegenüber einem überwiegend protestantischen, preußisch dominierten Deutschen Reich. Dieses Sonderbewusstsein war in der Zwischenkriegszeit die politisch wichtigste Basis österreichischer Nationalisierung – eine überaus problematische, wenn es darum ging, den Massenkonsum für die Nation und den Staat zu instrumentalisieren. Die Reserve gegenüber dem Konsumieren alleine im Katholizismus zu suchen wäre allerdings zu kurz gegriffen, wie das Beispiel der Schweiz lehrt. Bei den Eidgenoss*innen ging die nationalistische Moralisierung des Konsumierens in ähnlicher Weise mit einer Ablehnung von Konsumpraktiken einher, die in der zweiten Hälfte des 20. Jahrhunderts zu den offensichtlichen Merkmalen von Wohlstandsgesellschaften gehörten. Zudem verstellten die politischen und ökonomischen Krisen in Österreich mehr als in der Schweiz den Blick darauf, dass sich Wohlstandsgesellschaften auf hochindustrialisierter Grundlage als konkrete Möglichkeit abzeichneten.

In den 1930er-Jahren gab sich in Österreich ein konservatives Regime einen Auftrag und legte sich eine wirtschaftspolitische Tradition zu, die den Kameralismus als Vorwurf an die Konsument*innen las, weil das seinen kulturellen Präferenzen entsprach; seinen wirtschaftspolitischen Vorlieben ebenfalls. Diese lassen sich nicht trennen von der Situation eines durch internationale Gläubiger und ökonomische Depression bedrängten Kleinstaates. Aber ebensowenig lassen sie sich trennen von Vorstellungen einer ständischen Hierarchie und einer Ökonomie des Maßhaltens,

123 Hörnigk, Österreich, 103.

für die Massenproduktion und Massenkonsum eine Bedrohung darstellten. Diese Art der Aneignung des Kameralismus ist auch deshalb aufschlussreich, weil sie nicht ohne Alternative war. Auf die Vorstellung der Zirkulation im geschlossenen Gefäß lässt sich die Überzeugung der Wirksamkeit von Konjunkturpolitik aufbauen. Keynes erblickte nicht zufällig in den Merkantilisten Geistesverwandte.

3.3 Sozialdemokratischer Kameralismus? Der Austrokeynesianismus

So wie andere Parteien der europäischen Sozialdemokratie auch identifizierte sich die Sozialistische Partei Österreichs (SPÖ) nach 1945 mit keynesianischer Wirtschaftspolitik. Nach vielen Jahren als Juniorpartner in einer Großen Koalition, die 1966 von der Alleinregierung der Österreichischen Volkspartei (ÖVP) abgelöst worden war, verfügte die SPÖ ab 1970 für dreizehn Jahre selbst über eine absolute Mehrheit im Parlament, konnte also den Kurs vorgeben. 1979 prägte ein sozialdemokratischer Ökonom für die Wirtschaftspolitik der Regierung das Etikett des „Austrokeynesianismus".[124] Die Eule der Minerva beginnt in der Dämmerung ihren Flug und der Begriff war mithin eine Figur der Historisierung. Die Wirtschaftskrise Anfang der 1980er-Jahre erschütterte den Glauben an den als austrokeynesianisch bezeichneten Policy-Mix.[125] Einer seiner Protagonisten, der ehemalige Finanzminister Hannes Androsch, gab 1983 gemeinsam mit dem künftigen Finanzminister und Bundeskanzler Franz Vranitzky eine Neuauflage von Hörnigks Werk heraus.[126] *Österreich über alles, wann es nur will* sollte eine Buchreihe unter dem Titel *Klassiker der österreichischen Nationalökonomie* einleiten. Es blieb nicht bei einer isolierten Initiative in traditionsbildender Absicht.[127] Hannes Androsch, der es als Unternehmer zu großem Vermögen gebracht und sich in den Medien erfolgreich als *elder statesman* platziert hat, verfolgt bis in die Gegenwart eine aufwändige Geschichtspolitik. In Buchpublikationen ebenso wie in historischen Ausstellungen versucht er die Erfolgsgeschichte der

124 Die ‚Erfindung' des Austrokeynesianismus wird Hans Seidel zugeschrieben. Butschek, Wirtschaftsgeschichte, 355. Tichy, Austrokeynesianismus.

125 Eine knappe Zusammenfassung der Komponenten dieser wirtschaftspolitischen Strategie: Tichy, Austrokeynesianismus; siehe auch Butschek, Wirtschaftsgeschichte, 346–364; außerdem Weber, Zwischen Marx und Keynes; Weber/Venus, Austro-Keynesianismus.

126 Der dritte im Bund der Herausgeber war Helmut Haschek, Generaldirektor der Österreichischen Kontrollbank. Er gilt als „Vater der österreichischen Exportfinanzierung und -förderung"; https://austria-forum.org/af/Kunst_und_Kultur/B%C3%BCcher/%C3%96sterreichisches_Personenlexikon_1992/Haschek%2C_Helmut_Hans (Zugriff 27.6.2021).

127 Die Buchreihe, die mit Hörnigks Traktat begann, kam allerdings über einen zweiten, 1984 erschienenen Band (Adolph Wagner, Die Ordnung des österreichischen Staatshaushaltes) nicht hinaus. Die einleitende Kontextualisierung besorgte jeweils der sozialdemokratische Wirtschaftspublizist Horst Knapp.

Zweiten Republik ins richtige Licht zu rücken – und die einer Sozialdemokratie, die sich an einer Imagination der Mitte orientierte.

Eine Verwandtschaft der sozialdemokratischen Wirtschaftspolitik mit dem Kameralismus orteten auch ihre Gegner. Der wirtschaftsliberale Ökonom Erich Streissler meinte, Austrokeynesianismus sei ein „merkantilistisch konzipierter Flankenschutz der österreichischen Sozialpartnerschaft durch die öffentliche Hand“[128]. Im Kommentarband zu einer weiteren Ausgabe des Traktats von Philipp Hörnigk würdigte er diesen kritisch als „Vorläufer des ‚Austrokeynesianismus‘“[129]. Ginge es um eine dogmengeschichtliche Analyse, könnte das fortwährende Gewirr aus Ähnlichkeiten, Aktualisierungen und Anachronismen Schwindelgefühle auslösen. Hier begnüge ich mich aber damit, die über Jahrhunderte hinweg wiederkehrenden Bezugnahmen auf Hörnigks Werk zu konstatieren und auf die damit verbundene Fortdauer einer ambivalenten Haltung zum Konsumieren hinzuweisen.

Als die sozialdemokratische Regierung Mitte der 1970er-Jahre einen steigenden Druck auf die Leistungsbilanz registrierte, griff sie unter anderem zur Einführung eines erhöhten Mehrwertsteuersatzes von 30 Prozent für bestimmte Güter und propagierte ihn als Luxussteuer. Im Mittelpunkt standen Konsumgüter mit hohen Importquoten, insbesondere die privaten Personenkraftwagen. In den Medien[130] und im Parlament wurde über die Bedeutung der Produkte gestritten. War Porzellan Ende der 1970er-Jahre noch Luxus? Ein Pelz aus Chinchilla oder Zobel schien Luxus, gestand der Obmann der ÖVP zu: „Aber wenn sich jemand mit einem Hasenfell seinen Mantel füttern läßt, ist das bitte auch ein Luxus[?]“[131] Ein Abgeordneter der Freiheitlichen Partei empörte sich: Und wie komme „der Opa, der das Enkelkind fotografiert, dazu, daß er für das Filmmaterial Luxussteuer zahlt?“ Auch die Einbeziehung des Autoradios hielt er für fehlgeleitet: „Statt daß man sagt, es dient der Sicherheit!“ Finanzminister Androsch entgegnete per Zwischenruf: „Aber die Zahlungsbilanz ist auch wichtig!“[132]

Die Regierung konnte auf die Unterstützung des Gewerkschaftsbundes bauen, der Importe als Gefährdung von Arbeitsplätzen thematisierte. Die *Arbeiterzeitung* propagierte die Notwendigkeit, den „Gürtel enger [zu] schnallen“ und schloss bei einer Reserve gegenüber dem ‚Konsumwahn‘ an, den Intellektuelle der Arbeiterbewegung stets pflegten und die ihrem Keynesianismus eine gegen den privaten – im Unterschied zum kollektiven – Wohlstand gerichtete Schlagseite gab: „Die Frage, ob das [den Gürtel enger zu schnallen] prinzipiell zumutbar ist, darf sich eine Nation,

---

128 Streissler, Austrokeynesianismus, 67.

129 Streissler/Streissler, Hörnigk, 194.

130 Ein Überblick über die Reaktionen: Inlandspresseschau, in: Ö1 Mittagsjournal, 17.9.1977, http://www.mediathek.at/atom/068E9258-15D-00201-00000FDC-068DB8E4 (20.11.2016).

131 Stenografisches Protokoll der 64. Sitzung des Nationalrates der Republik Österreich, 5.10.1977, 6183 (Josef Taus, ÖVP); die Protokolle sind zugänglich über: https://www.parlament.gv.at/PAKT/STPROT/ (Zugriff 20.11.2016).

132 Ebd., 6264 (Helmuth Josseck, FPÖ; Hannes Androsch, SPÖ).

die sich heuer einen neuen Rekord an Neuwagen leistete, die für Auslandsurlaube Milliarden ausgab, deren Tabak- und Alkoholkonsum ständig steigt, selbst beantworten." Es gehe zwar nicht um „puritanische Austerity", aber um eine Rangordnung, die eine „gute Heimat" sichern sollte: „Vor der Sicherung der Arbeitsplätze hat alles andere Nachrang."[133]

Zur selben Zeit, als man die Einhegung des Imports durch eine Luxussteuer anstrebte, verfolgte Bundeskanzler Bruno Kreisky ein von großem Medienecho begleitetes Projekt autochthonen Konsums, das wie die Luxussteuer „dem gehobenen Bedarf" galt: den Austro-Porsche.[134] Das industriepolitische Vorhaben zielte auf eine neuerliche Verankerung der Automobilproduktion in Österreich, nachdem Steyr-Daimler-Puch, der einstige Platzhirsch, sich seit den 1960er-Jahren sukzessive aus der PKW-Produktion zurückgezogen hatte. Es ging um Arbeitsplätze, doch auch um einen symbolischen Mehrwert: Eine stolze Nation brauchte PKWs aus eigener Erzeugung.[135]

Die Propagierung des patriotischen Konsums erlebte ebenfalls eine markante Intensivierung. Seit den 1950er-Jahren hatte die Wirtschaftskammer, ein von der ÖVP dominierter Interessenverband der Unternehmer*innen, alljährlich Österreichwochen abgehalten, doch 1978 wurde der Verein „Made in Austria" dezidiert als sozialpartnerschaftliches Gemeinschaftsprojekt gegründet. Man griff damit auf das institutionelle Modell der Kampagne „Kauft österreichische Waren" aus der Zwischenkriegszeit zurück. Die Unternehmerverbände scharten sich mit den Vertretungen der Arbeitnehmer*innen und der Landwirtschaft gemeinsam um den patriotischen Einkauf als nationales Anliegen. Das bislang im Export eingesetzte Herkunftszeichen für österreichische Waren sollte nun auch am Binnenmarkt massiert verwendet werden, damit die Konsument*innen ihre Kaufentscheidung entlang der Dichotomie von österreichisch-ausländisch treffen konnten.

Bei einer Tagung, die 1992 im Bruno-Kreisky-Archiv stattfand, referierte Heinz Kienzl die Geschichte des Austrokeynesianimus im Medium seiner eigenen Biografie. In der langen Nachkriegszeit war er einer der führenden Experten aus den Reihen der Gewerkschaften gewesen. In seiner Revue wirtschaftspolitischer Erinnerun-

133 Manfred Scheuch, Luxus, in: Arbeiterzeitung, 17.9.1977, 1.

134 Kühschelm, Automobilisierung; Pfoertner, Steyr-Daimler-Puch AG, 332–335; Fürst, Austro-Porsche.

135 Für Kleinstaaten wurde das aufgrund der beschränkten Aufnahmefähigkeit der Heimmärkte und dem in größeren Ländern herrschenden Willen zum Schutz der nationalen Champions rasch schwierig. In Österreich nahm Steyr-Daimler-Puch in den 1950er-Jahren nochmals einen Anlauf, einen österreichischen Kleinwagen zu lancieren, ohne damit einen nachhaltigen Erfolg zu erzielen. Die Schweizer Hersteller von Personenkraftwagen hatten bereits in den 1920er- und 1930er-Jahren durchwegs aufgegeben. In Biel existierte allerdings noch bis 1975 ein Werk von General Motors, das Autos assemblierte und sie daher als Schweizer Produkt inszenierte. Im aargauischen Schinznach assemblierte außerdem bis in die 1970er-Jahre die AMAG Automobil- und Motoren AG Wagen von Chrysler und bewarb sie als „Montage Suisse".

gen kam Kienzl auf die erste Ölkrise der 1970er-Jahre zu sprechen. Als Reaktion habe man ein Sanierungsprogramm geschnürt:

> Dieses beinhaltete unter anderem die 32%ige Besteuerung der Autos, die „Made in Austria"-Kampagne und die Staribachersche[136] Kommerzialisierung des Alpinismus (er hat das „Das wanderbare Österreich" genannt). Es war eine Fülle von Ideen, die wir da entwickelt haben.[137]

Abseits der Trias aus Luxussteuer, Made in Austria und einer touristischen Eroberung der Alpen nannte Kienzl an der Stelle allerdings keine weiteren Beispiele aus dieser „Fülle". Man kann das Zitat als autoritative Bestätigung einer Zusammengehörigkeit von Maßnahmen lesen, die ein Bild produzierte und dies – da es sich um eine öffentliche Erinnerung handelte – auch tun sollte. Der Austrokeynesianismus präsentierte sich hier als nationalisierender Kameralismus für die 1970er-Jahre, als Züchtigung und Ermahnung der Konsument*innen, um eine kommerzielle Verwertung aller Ressourcen des Territoriums zu unterstützen.

Seinen Vortrag hatte Kienzl mit der Bemerkung eingeleitet, „all the king's men" seien anwesend.[138] Sie war zum einen auf das Publikum der Veranstaltung gemünzt, zum anderen auf den ehemaligen Bundeskanzler Kreisky, den die Medien in einer Mischung aus Spott, Kritik und Bewunderung oft als „Sonnenkönig" bezeichnet hatten. Die Wendung stößt uns auf die Widersprüche, die sich die Sozialdemokratie einhandelte, als sie pragmatisch die Regierung eines Staates übernahm, der zwar eine republikanische Form, aber auch eine autoritäre und über Jahrhunderte hindurch monarchisch geprägte Vergangenheit hatte. Kienzl, der seinem Selbstverständnis nach Experte und nicht Politiker war, stellte sich in eine Tradition, die sich bis zu Schumpeters konsultativen Administratoren zurückverfolgen lässt, selbst wenn der König nun ein Sozialdemokrat war.

Im Durchlauf durchs 20. Jahrhundert schiebt sich immer wieder die Bezugnahme auf Hörnigk ins Bild. Man kann sie bis in die Geschichte der Gegenwart verfolgen. Ab 2007 überlegte das (nun von der ÖVP geführte) Wirtschaftsministerium ein gezieltes Nation Branding aufzunehmen. Man entwickelte ein *Österreichisches Außenwirtschaftsleitbild*. Hier unterbreitete die Arbeitsgruppe Kommunikation eine Reihe von acht Vorschlägen, darunter als letzten Punkt: „‚Österreich über alles, wenn es nur will' (Philipp Wilhelm von Höningk [sic!], 1684)." Immerhin wusste man: „Heute muss die Entfaltung der Wirtschaftskraft, um die es dem Autor schon

136 Josef Staribacher fungierte von 1970 bis 1983 als Bundesminister für Handel, Gewerbe und Industrie.

137 Kienzl, Gesamtstabilität, 71.

138 Ebd., 63. Auch religiöse Metaphern spielen eine Rolle im Narrativ von Kienzl: „Unter der Woche sind wir Keynesianer, den Marxismus heben wir uns für den Sonntag auf." (64) Von Staribacher sprach er als „Prophet" (65), von Karl Waldbrunner als „unserem damaligen Wirtschaftspapst" (65). Waldbrunner war einer der wichtigsten sozialdemokratischen Politiker der 1940er- bis 1960er-Jahre und amtierte lange als Verstaatlichtenminister.

damals ging, neue Wege gehen."[139] In dasselbe Horn blies weiterhin auch Hannes Androsch. Ein vom Rat für Forschung und Technologieentwicklung 2013 herausgegebener Sammelband, der den Weg Richtung *Österreich 2050* aufzeigen sollte, endete mit einem Beitrag, als dessen Co-Autor der Unternehmer und ehemalige Finanzminister zeichnete: *Die Zukunft Österreichs in der Welt von morgen.* Der Text schloss mit einem Wunsch und einem voluntaristischen Bekenntnis: „Dann könnte der vom Nationalökonomen Philipp Wilhelm von Hörnigk 1684 geprägte Ausspruch irgendwann vielleicht doch zur Realität werden: ‚Österreich über alles, wann es nur will.' Allein, das Wollen wird uns niemand abnehmen."[140]

139 Bundesministerium für Wirtschaft, Forschung und Jugend, Außenwirtschaftsleitbild, 324.
140 Gadner/Androsch, Zukunft, 267; Autorenschaft ist hier wohl nicht als schreibende Involvierung, sondern als Identifikation mit den Inhalten zu verstehen. Hörnigk zitieren die Autoren nicht nach der Ausgabe, die in der von Androsch mitverantworteten Buchreihe *Klassiker der österreichischen Nationalökonomie* erschien, sondern nach der späteren Faksimileausgabe aus den 1990er-Jahren, die Streissler zu einer Abrechnung mit dem Austrokeynesianismus nützte.

4 Das Konsumieren als Bedrohung für die Schweiz in den 1930er-Jahren

Aufrufe, beim Einkauf die nationalen Produkte zu bevorzugen, sind in Vorstellungen darüber eingebettet, was das Konsumieren als Ge- und Verbrauch von Gütern und Dienstleistungen kulturell, sozial und ökonomisch bedeutet und welche Wirtschaftspolitiken das zulässt. Das Kapitel wird zunächst wirtschaftspolitische Optionen skizzieren, die in den frühen 1930er-Jahren als Reaktion auf die Weltwirtschaftskrise diskutiert wurden, und es wird diese in Beziehung zu den Perspektiven des Schweizerwoche-Verbands und der ihm verwandten Institutionen setzen. Anschließend werde ich den Ansichten von Hans Töndury und Eugen Böhler, zwei Experten aus den Wirtschaftswissenschaften, nachspüren, die zu ihrer Zeit den Respekt der bürgerlichen Öffentlichkeit genossen. Sie schätzten die Bedeutung der Exportwirtschaft hoch ein und hielten das ökonomische Gewicht der Schweizer Konsument*innen demgemäß für gering. Auf einem anderen Blatt stand die Frage nach der ‚sittlichen' Bedeutung des Konsums. Eine kulturkonservative Abneigung gegen den Massenkonsum diktierte ihre Antworten. Daraus resultierte eine widersprüchliche Moralisierung des Konsumierens. Der Schweizerwoche-Verband trieb sie in seiner Propaganda auf die Spitze. Das liberalkonservative Bürgertum nahm die wachsende ökonomische, kulturelle und politische Relevanz des Konsumierens sowohl wahr als es diese auch nicht wahrhaben wollte. Es lehnte sie ab und wollte sie doch auch für seine Zwecke instrumentalisieren, die es mit jenen der Nation gleichsetzte.

Die Texte aus der Feder von *Männern* der Ökonomie, die ich für dieses Kapitel heranziehen werde, interessieren nicht wegen ihrer Originalität, sondern als Aussagen, die sowohl nationalisierenden Strategien dienten, als sie sich auch in transnationale Diskurse um Nationalökonomie und Konsum eintrugen. Man findet sie daher nicht nur in der Schweiz, sondern mit geringen Modifikationen ebenso in anderen nationalstaatlich gefassten Gesellschaften.[1] Sie reagierten auf das totale Ereignis der Weltwirtschaftskrise und gehörten zugleich einem langfristigen Diskursstrang an, der sich mit dem wachsenden Gewicht des Massenkonsums auseinandersetzte. Zum Teil handelt es sich um ein Phänomen von parallelen Aussagen in gleichartigen Konstellationen, zum Teil um das Ergebnis von Austausch und Rezeption. Seitenblicke nach Österreich können das verdeutlichen.

In der Weltwirtschaftskrise wussten einander die bürgerlichen Ökonomen beider Länder auf einer Linie. Im April 1931 hielt Richard Reisch, Präsident der Österreichischen Nationalbank, einen Vortrag für die Zürcher Volkswirtschaftliche Gesellschaft. Er warnte vor Kreditschöpfung als „Schaffung neuer Kaufkraft aus dem Nichts". Diejenigen, die dafür eintraten, erinnerten ihn an „Morphinisten und Kokainisten", zumal eine vermehrte Produktion „ja nicht immer notwendige Güter, son-

1 Zu den Konsumdiskursen vgl. Trentmann, Empire, Kapitel 6 Age of Ideologies.

https://doi.org/10.1515/9783110701111-013

dern vielfach Luxusgüter – wie Autos, Radioapparate dgl. m." umfasse.[2] Umgekehrt referierte der Schweizer Ökonom Eugen Böhler Ende 1934 in Wien vor der Nationalökonomischen Gesellschaft,[3] um sich gegen Planwirtschaft zu wenden. Böhler war seit 1924 Professor an der ETH Zürich und galt als bedeutender Experte für wirtschaftspolitische Fragen.[4] Die Interessenvertretung der österreichischen Industriellen würdigte ihn als einen „der klügsten Köpfe auf dem Gebiete der Volkswirtschaftslehre" und druckte seinen Vortrag in ihrem Blatt ab.[5] Von dort übernahm ihn auch die Schweizerische *Arbeitgeber-Zeitung*.[6] Es ist das ein Grenzfall des Kommentars:[7] Selbst der bloße Wiederabdruck als wörtliche Wiederholung erzeugt Perspektive – auf den zitierten Text ebenso wie auf den Kontext, in dem er platziert wird. In derselben Ausgabe veröffentlichte die *Arbeitergeber-Zeitung* auch den Wortlaut des Volksbegehrens zur Kriseninitiative, das der Schweizerische Gewerkschaftsbund lanciert hatte. Die Kriseninitiative suchte bloß ein Arrangement mit dem Kapitalismus und der bürgerlichen Nationalökonomie,[8] das die Interessen der Lohnabhängigen stärker berücksichtigte. Die *Arbeitergeber-Zeitung* verwarf sie dennoch als Instrument der marxistischen Machtergreifung.[9]

4.1 Sparsam durch die Weltwirtschaftskrise

Seit 1931 waren aus den Reihen der Arbeiterbewegung Forderungen nach einer Wirtschaftspolitik laut geworden, die nicht auf Lohnabbau als einzigem Mittel beharrte. Sozialdemokratische Ökonomen wie Max Weber[10], Mitarbeiter des Schweizerischen

---

2 Reisch, Kreditproblem, 11–13; Sandgruber (Ökonomie, 392) weist auf den Vortrag im Kontext der österreichischen Krisendiskussionen hin.

3 Es handelte sich um das prestigeträchtigste Diskussionsforum, das die Wiener Ökonomie zu bieten hatte. Böhler fügte sich als Vortragender in eine Liste von illustren Namen, die von Ludwig Mises, dem Vizepräsidenten der Gesellschaft, und diversen Vertretern der Österreichischen Schule zu internationalen Gästen wie Wilhelm Röpke, Lionel Robbins und Frank Knight reichte. Klausinger, Nationalökonomische Gesellschaft.

4 Böhler fungierte bis Mitte der 1960er-Jahre vielfach als Gutachter, Mitglied und Präsident von beratenden Kommissionen, gefragt für seine Einschätzungen zu Preis-, Währungs- und Konjunkturpolitik.

5 O. V., Das Wesen der Planwirtschaft, in: Die Industrie 39/50 (1934), 4.

6 O. V., Das Wesen der Planwirtschaft, in: Schweizerische Arbeitgeber-Zeitung 30/1 (1935), 3 f.

7 Foucault, Ordnung des Diskurses, 18 f. Er bezieht sich auf Borges' Erzählung *Pierre Menard, Autor des Don Quijote*.

8 Jurt, Volkswirtschaftslehre, 205; Degen, Sozialdemokratie, 36–38.

9 O. V., Die marxistische Krisen-Initiative, in: Schweizerische Arbeitgeber-Zeitung 30/18 (1935) 163.

10 Weber (1897–1974) war ein maßgeblicher Wirtschaftsexperte der Sozialdemokratie, die er auch im Nationalrat und als Bundesrat vertrat. Von 1952–1954 stand er dem Finanzdepartement vor.

Gewerkschaftsbunds, und Fritz Marbach[11], Professor der Nationalökonomie in Bern, propagierten eine Stärkung der Kaufkraft. Kaum hatten die Schweizer Gewerkschaftsblätter begonnen, Unterkonsumtion als Krisenerklärung ins Treffen zu führen, nahm die Arbeitgeberseite diese Idee als gefährliche Neuheit unter Beschuss.[12] Unterkonsumtionstheorien waren indes alles andere als neu. Sie kursierten in der Arbeiterbewegung seit dem Frühsozialismus von Robert Owen,[13] erhielten aber durch die Weltwirtschaftskrise große Brisanz als Einspruch gegen den nationalökonomischen Konsens. Die Sozialdemokratie diskutierte sie in vielen Varianten, die sich in ihrem theoretischen Anspruch und dem Ausmaß ihrer Steuerungsambition unterschieden. Die Protagonist*innen der Arbeiterbewegung waren sich jedoch keineswegs einig über die Sinnhaftigkeit von Versuchen, unter kapitalistischen Produktionsverhältnissen an der Schraube des Konsums zu drehen.

In Österreich, wo die Forderungen nach Konjunkturpolitik so wie in der Schweiz zunächst von den Gewerkschaften ausgingen, blieb die Sozialdemokratische Partei lange bei Einschätzungen, die ganz der klassischen Ökonomie entsprachen.[14] Während in Österreich aber 1933 eine Diktatur die schon zuvor zunehmend exekutivzentrierte Demokratie ablöste, konnte man in der Schweiz für alternative Wirtschaftspolitiken mobilisieren, als sich das Versagen von Austeritätspolitiken immer deutlicher abzeichnete. Der Verband des Personals öffentlicher Dienste propagierte ein umfassendes Projekt nach dem Vorbild des von Hendrik de Man in Belgien konzipierten Plan van de Arbeid. Der Schweizerische Gewerkschaftsbund zweifelte an den Realisierungschancen des Vorhabens und brachte stattdessen 1935 die Kriseninitiative an

---

11 Marbach gilt als ‚Keynesianer' (Jurt, Volkswirtschaftslehre, 205). Marbachs Beschäftigung mit der nationalökonomischen Relevanz der Konsumnachfrage begann allerdings schon, bevor Keynes seine einschlägigen Werke veröffentlichte, etwa in einem Artikel von 1927 über „Sinn und Widersinn des Sparens", der sich mit der Unterkonsumtionstheorie der US-Ökonomen William Trufant Foster und Waddill Catchings beschäftigte. Er stimmte diesen zu, dass ein Produktionsstimulus von der Konsumseite erfolgen müsse, betonte aber die besondere Wirksamkeit der Löhne, die im Unterschied zu anderen Einkommen, etwa Dividenden, fast zur Gänze in Konsum umgesetzt würden. Foster/Catchings wurde etwa auch von P. W. Martin (Overproduction and underconsumption, 43), einem Ökonomen des Internationalen Arbeitsamts in Genf, rezipiert, der schließlich eine Unterkonsumtionstheorie mit der Forderung nach Investitionsprogrammen der öffentlichen Hand verband. Das wurde die Position des Arbeitsamts hinsichtlich der in der Weltwirtschaftskrise zu ergreifenden Wirtschaftspolitik (Endres/Fleming, Organizations, 81–104). Es zeigt sich an solchen Texten und institutionellen Zusammenhängen, wie die Selbstaufklärung der bürgerlichen Nationalökonomie, zu der man Sozialdemokraten wie Marbach rechnen kann, eine breitere, nicht auf Keynes zu verengende Bewegung wirtschaftspolitischen Denkens war.

12 O. V., Rote Krisenheilmittel, in: Schweizerische Arbeitgeber-Zeitung 36/8 (1931), 54–56; O. V., Die Innenkaufkraft-Theorie, in: Schweizerische Arbeitgeber-Zeitung 36/34 (1931), 243 f. mit Bezug auf Fritz Marbach, Zur Wirtschaftslage, in: Schweizerische Metallarbeiter-Zeitung Nr. 30, 25.7.1931; außerdem Böhler/Keller, Krisenbekämpfung, 68–89.

13 Held, Sozialdemokratie, 103.

14 Senft, Vorfeld, 246–248; Chaloupek, Marxismus, 53–57.

den Urnen zur Abstimmung.[15] In ihrem Veränderungsanspruch war diese zwar deutlich bescheidener, beabsichtigte aber immerhin der Bundesverfassung einen Maßnahmenkatalog einzuschreiben, der als ersten Punkt die „Erhaltung der Konsumkraft des Volkes durch Bekämpfung des allgemeinen Abbaues der Löhne" vorsah.[16] Die Initiative erreichte beinahe 43 Prozent der Stimmen. Angesichts des massiven Gegenwinds aus dem Bürgerblock war das ein beachtlicher Erfolg.

Der Bundesrat hielt freilich am Goldstandard und einer Politik ausgeglichener Staatsbudgets fest. Dabei spielte die Rücksicht auf Banken und Finanzindustrie eine Rolle, die vom hoch bewerteten Franken profitierten.[17] Gegen eine Fokussierung auf Maßnahmen für den Binnenmarkt führten außerdem die am Export orientierten Industrien dessen Bedeutung für den Wohlstand des Landes ins Treffen. „Das Interesse der Exportindustrie", formulierte Eugen Böhler pointiert, „ist daher identisch mit dem Interesse der Gesamtwirtschaft, und zwar gilt dies sowohl für die Arbeiterschaft wie die Unternehmerschaft."[18] Auch Importe lassen sich für einen kleinen hochindustrialisierten Staat nicht verlustfrei ersetzen. Seine Handelsquote liegt unweigerlich höher als bei vergleichbar entwickelten großen Ländern.

Solche Beobachtungen lassen sich trotzdem in unterschiedliche wirtschaftspolitische Schwerpunkte und Strategien überführen. Bundesrat Edmund Schulthess, der über Jahrzehnte dem Volkswirtschaftsdepartement vorstand, hielt in der Krise jedoch eine Deflationspolitik für alternativlos: „Die Ereignisse haben das Wort. Wir sind nur die Vollstrecker des Willens."[19] Die Kriseninitiative sei „eine Sünde am praktischen Sinn. Sie vergisst, dass in der Wirtschaft eine höhere Macht gebietet".[20] Die hegemoniale Auffassung von Nationalökonomie und das von ihr abgeleitete Moralisieren luden ihrerseits ein zu vergessen, dass die Ereignisse, die das Wort hatten, nicht sprachen, sondern dass dies ihre Interpreten taten. Im Schweizer nationalökonomischen Diskurs begrenzte das Wissen um die Notwendigkeit des internationalen Waren- und Kapitalverkehrs sowohl die Möglichkeiten protektionistischer Schließung, als es auch eine konjunkturpolitische Steuerung zugunsten von Konsument*innen und Arbeitnehmer*innen verhinderte. Je weniger man den Binnenmarkt als einen im Rahmen des Nationalstaates geschlossenen Kreislauf dachte, desto weniger sinnvoll erschien es, die heimischen Konsument*innen für die heimischen Produzenten als Nachfragepool zu reservieren. Je weniger die Alltagseinkäufe der Schweizer Arbeiter*innen die Schweizer Industrie stützten, desto geringer auch die

15 Degen, Sozialdemokratie, 35–39; Zimmermann, Klassenkampf, 366–374.

16 Ebenso der landwirtschaftlichen und der gewerblichen Produktpreise. Der Stein des Anstoßes waren aber die Löhne.

17 Schulthess, Lebensfragen, 10.

18 Böhler, Möglichkeiten, 10.

19 Zitiert ebd., 6 bzw. Amtliches Bulletin der Bundesversammlung, Nationalrat, 1932, Bd. 1, 45 (Sitzung von 9.3.1932).

20 Schulthess, Lebensfragen, 18. Die Publikation beruhte auf seiner „Aarauer Rede" von November 1934.

Bereitschaft bei den bürgerlichen politischen Kräften, die den Ausschlag gaben, die Stimulation von Nachfrage als Weg aus der Depression zu erwägen.

Zu einer Verknüpfung des Appells zum nationalbewussten Einkauf mit einer Wirtschaftspolitik, die eine Expansion von Nachfrage anvisierte, kam es in den 1930er-Jahren in der Schweiz daher nicht. Die Unternehmerverbände, die von den Konsument*innen die Bevorzugung der Schweizerware forderten, waren nur bereit, ihre liberalkonservative Sicht nach rechts zu modulieren. Die Faschismen in den Nachbarstaaten inspirierten die so genannten Fronten, anziehend schien für Unternehmerkreise allerdings vor allem die Bewältigung von sozialer Konfliktivität durch Repression,[21] nicht ein staatliches Deficit Spending,[22] das in Deutschland seit 1933 die Aufrüstung ermöglichte, oder die Vision einer nationalsozialistischen Konsumgesellschaft[23]. In Frankreich versuchte zwar die Volksfrontregierung Schlüsse aus der Kaufkrafttheorie zu ziehen, doch handelte es sich dabei um ein Experiment der Linken. Zudem waren Frankreich und Deutschland große Staaten im europäischen Maßstab, somit der Schweiz als Volkswirtschaften kaum vergleichbar. Noch viel mehr galt das für die USA, die unter Roosevelt einen neuen wirtschaftspolitischen Kurs einschlugen. Selbst Regierungen mit sozialdemokratischer Beteiligung wie in Dänemark oder Großbritannien lösten sich außerdem nicht von der Orientierung an einem ausgeglichenen Budget.[24] In kleinen Staaten kam das auch in der Schweiz so prominent verhandelte Argument der Abhängigkeit von Exporten dazu.[25] Zwar gab es Gegenbeispiele von kleinen Ländern mit staatlichem Aktivismus keynesianischer Anmutung, vor allem Schweden und ab Mitte der 1930er-Jahre Norwegen.[26] Hier waren allerdings sozialdemokratisch geführte Regierungen am Werk. In der Schweiz machte das stets bürgerlich dominierte Kollegialsystem der Regierung derlei unvorstellbar.

Der Schweizer Bundesrat verfolgte – ganz wie die auf polizeilich-militärische Repression gebaute österreichische Regierung – eine Politik des Drucks auf die Löhne. Das sollte die Exportindustrie wettbewerbsfähig halten. Den Binnenmarkt wiederum schützten Zölle, Einfuhrverbote und Kontingentierungen, was einem von Importen ausgehenden Preisdruck entgegenarbeitete. Die Propaganda des Schweizerwoche-Verbands, der vom Bundesrat jährlich eine Subvention erhielt, fügte sich gut ins Bild. Ein offizieller Aufruf des Bundespräsidenten, der in der Presse verbreitet wurde, begleitete jeden Herbst die 14 Tage der Schweizerwoche. Aus diesem Anlass sorgte sich 1930 Jean-Marie Musy über den „verführerischen Reiz fremdartigen Wesens und ausländischer Ware".[27] Edmund Schulthess meinte 1933, es drohe die „Über-

21 Vgl. Zimmermann, Klassenkampf, 304–309, 319–325.
22 Ebd., 287.
23 Berghoff, Träume.
24 Eichengreen, British Economy; Dänemark: Garside/Topp, Nascent Keynesianism?
25 Garside/Topp, Nascent Keynesianism?, 733, 737.
26 Sejersted, Age, 162–171.
27 Schweizerwoche-Verband-Jahresbericht 1930/31, 1.

schwemmung mit fremden Waren". Der Freisinnige warnte auch – wohl mit Blick auf die damalige Hochphase von Korporatismen und Faschismen – „vor der importierten geistigen Scheinerneuerung".[28] Ihrem verführerischen Reiz war sein ehemaliger Bundesratskollege Musy, ein rechtskonservativer Katholik, bereits erlegen.

Aufmerksamen bürgerlichen Beobachtern fiel auf, dass Protektionismus und Deflationspolitik in gegenteilige Richtungen wirkten.[29] Ein Aspekt dieser „Quadratur des Kreises", wie es die *Neue Zürcher Zeitung* nannte,[30] ist die merkwürdige Inkonsistenz der patriotischen Mobilisierung der Konsument*innen. Der Appell schweizerisch zu kaufen, der den Zollschutz ergänzen und in Teilen ersetzen sollte, konnte bei schwindender Kaufkraft nur einen schwindenden Effekt produzieren, so er denn überhaupt einen hatte. Die Wendung gegen eine arbeitnehmerfreundliche Konsumpolitik gehörte trotzdem zur Grundausstattung der Institutionen, die einen Schweizer Konsumpatriotismus propagierten. Einer der wichtigsten Orte wirtschaftspatriotischen Sprechens war der sogenannte offizielle Tag der Basler Mustermesse. Bei dieser Gelegenheit wandten sich alljährlich Vertreter des Bundesrates mit Grundsatzerklärungen an die Schweizerische Öffentlichkeit. 1935 sprach sich hier Bundespräsident Rudolf Minger, der für eine konservative Mittelstandspolitik stand, gegen das Volksbegehren zur Kriseninitiative aus.[31] Auch der Verband für Inlandsproduktion, der die Zentralstelle für das Ursprungszeichen gegründet und damit die Armbrust-Propaganda initiiert hatte, bekundete in einer Presseaussendung seine Ablehnung.[32] Schon 1931 hatte er sich gegen die „weitverbreitete, jedoch kaum richtige Auffassung" gewandt, dass „speziell die Inlandsindustrie das allergrößte Interesse an der Erhaltung der Kaufkraft im Inlande haben"[33] sollte. Dabei blieb man und so hielt der Jahresbericht des Verbands 1937 fest: „Nach wie vor können wir nicht daran glauben, dass eine dauernde Belebung unserer Wirtschaft eintreten kann durch die auch heute schon wieder von den Arbeitnehmern verlangte Steigerung der Kaufkraft im Inlande."[34] Der Verband bedauerte, dass der Bundesrat 1936 letztlich die Schweizer Währung doch hatte abwerten müssen, weil sich die nötigen „Anpassung- und Abbaumassnahmen" nicht durchsetzen ließen. Diese seien „am entgegengesetzten Willen der Demokratie" gescheitert.[35] Den Wunsch nach etwas mehr Autoritarismus konnte man also nicht verbergen.

Es ist in dem Zusammenhang kein Detail, dass sich der Verband bei seiner Gründung 1927 ein Arbeitsprogramm gab, das er von dem Ökonomen Jacob Lorenz ent-

28 Schweizerwoche-Verband-Jahresbericht 1933/34, 17 f.
29 Müller, Suisse, 294 f.
30 NZZ, 2.3.1932, zit. nach Müller, Suisse, 295.
31 Meile, 20 Jahre, 24.
32 Verband für Inlandsproduktion, Jahresbericht 1935, 4.
33 Verband für Inlandsproduktion, Jahresbericht 1931, 5.
34 Verband für Inlandsproduktion, Jahresbericht 1937, 3.
35 Ebd., 2.

werfen ließ.[36] Lorenz war für das Volkswirtschaftsdepartement tätig, somit als Experte im staatlichen Apparat situiert. Als Statistiker war er ein Protagonist der Verwissenschaftlichung des Sozialen. Er gründete die Zeitschrift *Die Kurve*, die quantitatives Material grafisch aufbereiten sollte. Er war darüber hinaus ein Intellektueller, der sich aus katholischem Milieu kommend der Sozialdemokratie zugewandt hatte, um im Laufe des Ersten Weltkriegs zu einem konservativen Katholizismus zurückzukehren. In den 1930er-Jahren ventilierte er den Umbau des politischen Systems der Schweiz zu einem autoritären Korporatismus.[37] Seine antimarxistisch, antidemokratisch und antisemitisch orientierte Zeitschrift *Das Aufgebot* trat für eine „nationalisiertere Volkswirtschaft" ein und sogar für die Richtigkeit des Gedankens der Autarkie.[38] Das Blatt unterstützte vehement die Anliegen des Schweizerwoche-Verbands, die es einige Drehungen hochschraubte – zu einem Kulturkonservativismus, der die industrielle Moderne pauschal ablehnte. Aus Anlass der Schweizerwoche kündete *Das Aufgebot* 1937 von der „Tragödie des Massenluxus", eine Einsicht, die es schon 1934 publiziert hatte.[39] Die Redaktion fand die Warnung, Massenluxus sei tötend, so überzeugend, dass sie den Artikel nun ein zweites Mal abdruckte. Die Masse der Konsument*innen gehe auf Quantität statt Qualität, hieß es hier. Letztere ernähre den Handwerker, erstere erschlage ihn und ernähre die Maschine. „Und so wird geboren das Kleid, der Schuh, die Tasse, so wird eine Nation uniformiert, so hat jeder alles" – und auch wieder nichts, weil die Mode die Dinge entwerte und man das Zeug der letzten Saison wegwerfen müsse.

Edgar Steuri, der Generalsekretär des Schweizerwoche-Verbands, schloss seinerseits im Oktober 1934 eine Radioansprache zum Thema *Wirtschaftliche Landesverteidigung* mit der Ermahnung: „Angesichts der Fährnisse unserer Wirtschaft hat sich der Einzelne mit seinen Ansprüchen zu bescheiden und Sonderwünsche müssen zurückgestellt werden."[40] Nahezu wortgleich findet sich die Passage im Aufruf des Bundespräsidenten zur Schweizerwoche von 1932.[41] Die Konsumenten und vor allem die Konsumentinnen sollten Schweizerware kaufen, weil sie bereit waren, auf Extravaganz zu Gunsten der Nation zu verzichten. In einer Schrift, die der Verband 1933 an seine Mitglieder und weitere „Interessenten" verschickte,[42] gestand Ernst Caspar Koch, der Präsident des Verbands, es sei schwierig, in der Gegenwart jene parteipolitische Neutralität zu bewahren, die sich der Verband selbst hoch anrechnete. „Unsere Volkswirtschafter" klagten darüber, so Koch, „daß die weitesten

---

36 SWA PA486, C5, C7, C8.

37 Zürcher, Lorenz; Haymoz, „Aufgebot"; Gugerli/Kupper/Speich, Zukunftsmaschine, 184.

38 O. V., Auf dem Wege zur Autarkie?, in: Das Aufgebot, 10.4.1935; O. V., Manifest der nationalen Erneuerung, in: Das Aufgebot, 17.4.1935.

39 O. V., Die Tragödie des Massenluxus, in: Das Aufgebot, 27.10.1937.

40 SWA PA486, B84, O. V., Wirtschaftliche Landesverteidigung, Vortrag Radio Basel, 18.10.1934.

41 Das war in diesem Jahr der Christdemokrat Giuseppe Motta. Schweizerwoche-Verband, Jahresbericht 1932/33, 9.

42 Schweizerwoche-Verband, Jahresbericht 1933/34, 11.

Volksschichten sich immer noch keine Rechenschaft über den Ernst der Lage geben und nicht einsehen wollen, daß man auf die Dauer im Staatshaushalt so wenig wie im Budget der Familie mehr ausgeben darf, als man einnimmt".[43] Jedoch hatten sich „politische Leidenschaften" des Krisenthemas „bemächtigt". Sie „treiben ein vielfach unverantwortliches Spiel mit der Naivität der Massen (Kaufkrafttheorie, Freigeldbewegung usw.). Sowenig wir im wirtschaftlichen Kampf als Partei eingreifen wollen, so sorgfältig halten wir uns vom politischen Aktionsfelde fern".[44]

Politik begegnet uns hier als Synonym des Partikularinteresses und der ideologischen Verzerrung. Der Schweizerwoche-Verband war hingegen ein weiterer von vielen institutionellen Akteuren, die von sich behaupteten, nur das Interesse der Nation als solcher im Auge zu haben. Der neutrale Boden, auf den sich der Verband stellte, war allerdings der einer bürgerlichen Nationalökonomie. Sie war die ‚unsere' in dem spezifischen Sinn, dass sie das Wirtschaftskonzept einer dominanten sozialen Formation in ihrer dominanten ideologischen Orientierung, der liberalkonservativen, repräsentierte. Das schied selbst heterodoxe bürgerliche Positionen aus und betraf eben z. B. die Ideen der Freigeldbewegung, die quer zum Austerity-Mainstream lagen und sich in den 1930er-Jahren wachsenden Zuspruchs erfreuten. Mit ihnen sympathisierte auch *Der Organisator*. Die bis heute existierende betriebswirtschaftliche Zeitschrift entwarf eine eigenwillige Mischung aus demokratischem Liberalismus, Freihandel und Gewerbeprotektionismus für den kaufmännischen Mittelstand. In vielen Artikeln verdammte sie ebenso das von Staates wegen propagierte Sparen in Krisenzeiten wie eine protektionistische Handelspolitik. Für die Botschaften des Schweizerwoche-Verbands hatte das Blatt nur Spott übrig. Die Abneigung war gegenseitig.

Hingegen befand sich die Schweizerwoche im Einklang mit der Konsumgenossenschaftsbewegung oder jedenfalls ihrem Dachverband – und zwar über den Umstand hinaus, dass die Verbandszeitschrift alljährlich auf die Schweizerwoche hinwies und die genossenschaftlichen Betriebe aufforderte, sich an der Bewerbung der nationalen Ware zu beteiligen. Anders als in Österreich waren die Konsumgenossenschaften nicht die dritte Säule der Sozialdemokratie neben Partei und Gewerkschaft. Sie ließen sich also im politischen Spektrum nicht eindeutig platzieren. Trotz und wegen personeller Überschneidungen mit der Arbeiterbewegung sah sich der Verband Schweizerischer Konsumvereine zu politischer Neutralität genötigt.[45] Die Zusammensetzung aus „Personen aller Schichten und Parteien der Bevölkerung"[46] ergab die Vorstellung einer genossenschaftlichen Gemeinschaft, die von der nationalen nur im Umfang, nicht in der Gestalt geschieden war. Aus marxistischer Sicht

43 Koch, Schweizerwoche 1933, 4.
44 Ebd., 5.
45 Degen, Konsumgenossenschaften.
46 O. V., Aus den Verhandlungen der Sitzung der Verwaltungskommission, in: Schweizerischer Konsum-Verein 30/38 (1930), 430.

repräsentierte die Genossenschaftsidee ohnehin keine echte Alternative zum Kapitalismus. In der Tat artikulierte die Schweizer Verbandszeitschrift weitgehend den Willen, sich den Grundannahmen der bürgerlichen Nationalökonomie zu verschreiben. Ihre Konkretisierung in der Wirtschaftspolitik des Bundesrates trug man mit. Das brachte dem Verband die Kritik ein, er „werfe sich bei jeder Gelegenheit zum Verteidiger der Massnahmen des Volkswirtschaftsdepartementes auf". Als seine eigene Aufgabe betrachtete es der Konsumverband, „die Zusammenfassung und die Stärkung der Konsumkraft und der Sparkraft des Schweizervolkes" zu betreiben.[47] Die Konsumkraft verschwand jedoch als deren vermeintliches Synonym in der Vorstellung von Sparkraft bzw. Sparsamkeit. Mit dem französischen Ökonomen und Genossenschaftstheoretiker Charles Gide hielt der Verband die Erziehung des Arbeiters zum Sparen für eines der wichtigsten genossenschaftlichen Anliegen.[48]

Die Hochschätzung von Sparsamkeit hatte eine bürgerliche Tradition, die zwar so wie die soziale Formation des Bürgertums selbst kein Schweizer Exklusivbestand war; doch das Bürgertum hatte im 19. Jahrhundert in der Schweiz eine hegemoniale Stellung erreicht – anders als in Österreich, wo es sich soziale und politische Macht mit der aristokratischen Elite und der staatlichen Bürokratie teilen musste. Sparsamkeit galt zudem auch als Charakterzug des Schweizerbauern, wie das 1939 veröffentlichte *Handbuch der Schweizerischen Volkswirtschaft* erläuterte.[49] „Fleiß und Sparsamkeit" des Schweizervolkes, seine „grundlegenden wirtschaftlichen Tugenden", seien auf den „kargen Heimatboden" zurückzuführen.[50] So wie das Handbuch, das einen nationalökonomischen Spezialdiskurs bespielte, sah es die für ein breites Publikum ausgelegte *Kleine Volks- und Landeskunde*, die im selben Jahr begleitend zur Landesausstellung erschien: Als Hauptfaktoren der Reichtumsbildung machte sie die „einem ehemaligen Bauernvolke innewohnende Sparsamkeit" und den „starken schweizerischen Erwerbstrieb" aus.[51] Da in der Schweiz schon in der ersten Hälfte des 20. Jahrhunderts ein im internationalen Vergleich beträchtlicher, obschon ungleich verteilter materieller Wohlstand existierte, trat die Stilisierung der Sparsamkeit zur Schweizertugend allerdings auch bereits in der Fassung einer Verlustanzeige auf. Ernst Laur, der einflussreiche Chefideologe des Bauernverbands, hatte 1917 in einem Artikel über künftige Aufgaben der Schweizer Wirtschaftspolitik gewarnt, „die Einfachheit, die Nüchternheit, die Arbeitsfreude, die Sparsamkeit und die Ehrlichkeit" seien bedroht, sozioökonomisch durch den Industriekapitalismus, politisch durch Sozialdemokratie und Revolution.[52] „Er [der Schweizer] soll zur Einfachheit und Sparsamkeit im öffentlichen und im privaten Leben zurückgeführt

47 O. V., Aus den Verhandlungen, 430.

48 O. V., Sparen und wirtschaftliche Befreiung, in: Schweizerischer Konsum-Verein 30/31 (1930), 341.

49 Moser, „Bauerntum", 187.

50 Schmidt, „Wirtschaftsraum", 551.

51 Hummler, Wirtschaft, 70.

52 Laur, Aufgaben, 326.

werden", dekretierte im Zuge der Vorbereitungen für die „Landi" in Zürich 1939 eine Gestaltungsstudie und formulierte damit das Lehrziel der Abteilung „Heimat und Volk".[53]

4.2 Ökonomie und Erziehung zum nationalen Bedürfnis

In der *Arbeitergeber-Zeitung* reflektierte Hans Töndury 1931 die Bedeutung der „Schweizerwoche-Bewegung" als Ringen um „sozialethische und moralische Wirkung".[54] Zu erreichen galt es, dass „besonders die Konsumenten sich zur Pflicht machen, ohne unangebrachten Chauvinismus, aus der inneren Verpflichtung zu wirtschaftlicher und sozialer Solidarität heraus einheimische Waren, die qualitativ hochstehend und preiswürdig sind, in erster Linie zu berücksichtigen". Dieses Bemühen beschränkte sich, wie er betonte, nicht auf die alljährliche Veranstaltung der Schweizerwoche. Für ihre jüngste Ausgabe, die mitten im Wahlkampf für das nationale Parlament stattgefunden hatte, nahm er trotzdem eine spezifische Wirkung in Anspruch: Ihre „Mahnung" habe dazu beigetragen, dass viele Bürger sich „durch keine Überzeugungskünste zu Helfern eines niederreißenden Umsturzes gewinnen ließen".

Eine Propaganda, die den Konsument*innen ein Pflichtenheft in die Hand gab und das Heft politischen Handelns aus der Hand nahm, entsprach einem konservativen Verständnis des Zusammenhangs von Wirtschaft und Gesellschaft. Töndury, in den 1930er-Jahren Professor für Betriebswirtschaftslehre und Soziologie der Wirtschaft in Bern, entfaltete diese Auffassung in seinen Publikationen, in denen er – der Tradition der historischen Schule folgend – Nationalökonomie als Geisteswissenschaft behandelte.[55] Ihre Zuständigkeit lag in einem Bereich des Wirtschaftlichen, der nicht vom Sozialen getrennt zu betrachten war – anders als es der englische Begriff der *economics* vorsah.[56] Die Einsicht, dass Wirtschaft sich ja stets in der Gesellschaft abspiele,[57] rechtfertigte dabei die Platzierung von normativen Aussagen im Zentrum der Ökonomie als Wissenschaft, denn Gesellschaft war ein normengeleitetes System von wechselseitigen Beziehungen. Dieses sei einer Gestaltungsidee unterworfen, die Töndury dem Sittengesetz – nicht dem Naturgesetz – geschuldet sah.[58]

---

53 ETH, Archiv für Zeitgeschichte, IB Vorort, 471.1.4, Armin Meili, Zweite Studie zur Gestaltung der Abteilung I der Schweizerischen Landesausstellung 1939 „Heimat und Volk", 16.

54 Hier und im Folgenden: [Hans Töndury], Nach der Schweizerwoche, in: Schweizerische Arbeitergeber-Zeitung Nr. 44, 1931, 331.

55 Hans Töndury, Rezension von Horst Wagenführ: Der Systemgedanke in der Nationalökonomie, in: Zeitschrift für Betriebswirtschaft und Arbeitsgestaltung 40/2 (1934), 28–31, hier 30.

56 Zu dieser Fokussierung und ihrer Ablehnung durch die Historische Schule: Scholl, Abhängigkeit, 60–63.

57 Töndury, Kommende Wirtschaft, 8.

58 Ebd., 51 f.

Wenn Töndury in seiner 1934 veröffentlichten Schrift *Die kommende Wirtschaft* monierte, man müssen den „Blick für das Ganze wieder neu schärfen"[59], so propagierte er einen „geläuterten Liberalismus". Es ging ihm um die Reinterpretation einer bürgerlichen Wirtschaftsauffassung unter den Bedingungen von industrialisierten Gesellschaften. Von der liberalistischen Auffassung der „Klassiker", der politischen Ökonomie nach Adam Smith, distanzierte er sich, weil er sie als „Händleridee" für obsolet hielt. Sie sei von der Annahme ausgegangen, „daß die handelnden Personen ihrer wirtschaftlichen Kraft nach einander ungefähr gleich seien, und fernerhin, daß zwischen Produktion und Konsumation ein ungefähres Gleichgewicht bestehe".[60] Großbetrieb und Technik hatten die Machtverhältnisse jedoch verschoben. Daher bedurfte es einer neuen „wirtschaftlichen Deontologie"[61]. Der Unternehmer sollte Verantwortung gegenüber dem Ganzen übernehmen,[62] ebenso aber die Konsument*innen.

Dazu bedurfte es wirtschaftspädagogischer Anstrengungen, wie sie die Schweizerwoche leistete. Es galt die Menschen zum Bedürfnis zu erziehen. Als Bedürfnisse definierte Töndury ein Begehren, das durch die Einsicht in die Endlichkeit menschlicher „Aneignungskraft" modifiziert worden ist.[63] Gegenstand der Wirtschaft war nicht das triebhafte Begehren, sondern nur dessen Zurichtung durch die Vernunft, die es zum Bedürfnis läuterte.[64] Daher galt, dass die Wirtschaft Bedürfnisse nicht befriedigte, sondern sie aus dem Material triebhaften Begehrens erschuf. Eine zentrale Funktion der Wirtschaft bestand aus Sicht Tönderys in der Regulierung des Bedarfs. „Nur wo eine solche vorhanden ist, ist Wirtschaft."[65] Der Staat, seine Interventionen im Inneren und seine Handelspolitik, griffen nicht von außen in die Wirtschaft ein, waren nicht die Störung des Wirkens einer unsichtbaren Hand, sondern trugen dazu bei, Wirtschaft überhaupt erst hervorzubringen. Töndury stand freilich kein die Nachfrage ankurbelnder Staat vor Augen,[66] der auch in der Schweiz bereits zur Debatte stand.

---

59 Ebd., 50.
60 Ebd., 9.
61 Ebd., 63.
62 Ebd., 64–66.
63 Töndury, Sinn der Wirtschaft, 141.
64 Ebd., 140.
65 Ebd., 141.
66 Hans Töndury, Rezension von Robert Grimm und Ferdinand Rothpelz: Krisenbekämpfung und Arbeitsbeschaffung, in: Zeitschrift für Betriebswirtschaft und Arbeitsgestaltung 40/2 (1934), 123–126, hier 125. Von den Mitteln zur Arbeitsbeschaffung, die der Sozialdemokrat Robert Grimm vorschlug, hielt Töndury nur die „systematische Pflege des Auslandsabsatzes" für wertvoll. Bei Ausgaben für öffentliche Infrastruktur war er hingegen skeptisch, denn woher sollte man das Geld dafür nehmen? An der nationalsozialistischen Wirtschaftsauffassung, die er für einen „sehr ernsthaften Versuch" einer neuen Gestaltungsidee hielt, beunruhigte ihn vor allem die „künstliche Aufpeitschung der Wirtschaft". Töndury, Neubau, 309.

Vielmehr galt es sich zu bescheiden, denn: „Der naive Optimismus der expansionsfrohen Wirtschaft des 19. Jahrhunderts“ hatte das nötige Gleichgewicht zwischen Produktion und Nachfrage angestrebt, indem er einen „Feldzug für die Erlösung der Massen aus der Bedürfnislosigkeit“ führte.[67] Man erkennt ein kulturkonservatives Unbehagen an der „Weckung des Bedarfs“[68], die als Folge eine fehlgeleitete Betriebsamkeit zeitige:

> Wir arbeiten im Schweiße unseres Angesichts, wir rennen und jagen, warum? Um tausend Dinge, die uns die Technik zu geben vermag, die uns aber im Grunde genommen, sobald wir sie genau betrachten, kaum soviel Befriedigung gewähren, als uns die gesteigerte Arbeitslast Unlust verursacht.[69]

Gegen den Schweiß körperlicher Arbeit, der mit dem „Wille[n] zur selbständigen, wenn auch bescheidenen Existenz“ einherging, war nichts einzuwenden. Auf die falsche Art ließ den Arbeiter und Handwerker nur der Wunsch schwitzen, den sozialen Aufstieg zu einer Arbeit jenseits der Kragenlinie zu machen und zu einem Konsum jenseits des Notwendigen zu gelangen.[70] Aus der Entgegensetzung des Materiellen, Triebhaften einerseits und des Geistigen, durch Vernunft Kultivierten andererseits folgte ein moralischer Auftrag an den Menschen als Wirtschaftssubjekt:

> Wir haben den Menschen als geistig urteilendes Wesen in den Mittelpunkt gestellt, aber er vermag diese Position nur so lange zu halten, als er auch tatsächlich seine Funktionen als geistig urteilendes Wesen ausübt. Jede Schwäche in dieser Hinsicht, jedes Nachlassen der Kontrolle, hat seine Folgen: Wer nicht urteilen und nicht kontrollieren will, muss es sich gefallen lassen, dass die Verhältnisse sich stärker als er erweisen.[71]

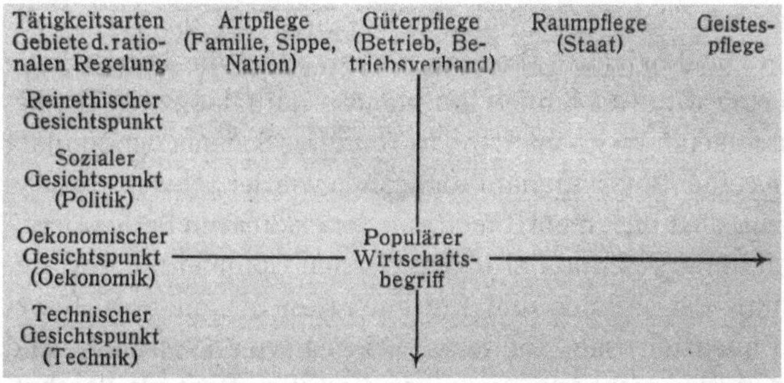

Abb. 22: Hans Töndury – Das Wirtschaften im Rahmen der Tätigkeitsarten und -gebiete, 1933
Quelle: Töndury, Sinn, 182.

67 Töndury, Kommende Wirtschaft, 58.
68 Ebd.
69 Ebd., 59.
70 Töndury, Unabhängigkeit, 28 f.
71 Töndury, Sinn der Wirtschaft, 142.

Ein Diagramm (Abb. 22) diente ihm dazu, die Rolle wirtschaftlichen Handelns in der Gesellschaft darzustellen und den populären Wirtschaftsbegriff in diesem Raum zu platzieren. Er unterschied vier Tätigkeitsgebiete: erstens jene der „Artpflege", der Gemeinschaften von Familie, Sippe und Nation, zweitens die „Güterpflege" benannte Beschaffung materieller Güter, drittens das Gebiet des Staates, das er als „Raumpflege" bezeichnete, und viertens die „Geistespflege", die kulturelle Dimension menschlicher Gesellschaft. In jedem dieser Gebiete war Handeln nach unterschiedlichen Logiken möglich, die Töndury Tätigkeitsordnungen nannte: erstens eine technische Rationalität der sachlichen Entsprechung; zweitens die Ökonomik als die Maxime des größten Ertrags bei geringstem Aufwand; drittens die Politik als Frage nach Gerechtigkeit. Diese galt es in einem Dreieck zu ermitteln, das aus den subjektiven Interessen des Akteurs, jenen des Anderen, auf den sich die Handlung bezog, sowie dem „Interesse des bestehenden Ganzen" bestand; viertens der „reinethische Gesichtspunkt" einer Betrachtung des Handelns im Hinblick auf seinen Beitrag zum absolut Guten: „Gut ist, was Einheit fördert, böse, was Einheit stört." Das gängige Wirtschaftsverständnis, das nach Töndury allerdings zu kurz griff, siedelte sich an der Kreuzung von Güterpflege und Ökonomik an. Es betraf die Aufgabe, auf die Beschaffung von Sachgütern das wirtschaftliche Prinzip anzuwenden. Das hieß, den Ertrag zu ermitteln, der nach Abzug des Aufwands verblieb, und auf dieser Basis die wirtschaftlich richtige Entscheidung zu treffen.

Wie etwa auch Max Weber unterschied Töndury somit verschiedene Formen der Rationalität. Seine Tätigkeitsgebiete wiederum erinnern an die strukturfunktionalistische Aneignung Webers durch Talcott Parsons, die das viergliedrige AGIL-Schema ergab. Töndury bewegte sich mit seiner Konzeptualisierung von Gesellschaft und des in ihren Rahmen eingebetteten Ökonomischen deutlich in dem gedanklichen Raum, den sich die historische Schule der Nationalökonomie und die bei ihr anschließende Soziologie geschaffen hatte. Greifbar ist außerdem die konservative Tendenz des Konzepts, die das Gute als Einheit bestimmte – darin langen geistesgeschichtlichen Traditionen folgend. Wenn man nun in Tönduorys Schema den Kaufakt eintrug, der das Kernthema einer Buy-National-Propaganda wie der Schweizerwoche war, so musste das Ziel sein, die Konsument*innen von der exklusiven Berücksichtigung des technischen Grundnutzens und der ökonomischen Optimierung des Aufwands hin zur Einbeziehung der sozialen und ethischen Gesichtspunkte zu bewegen. Eine ästhetische Dimension sah Töndurys Schema von Wirtschaft und Gesellschaft bezeichnenderweise nicht vor. Auch war die Güterpflege als Beschaffung von Subsistenzmitteln gedacht. Das mochte die Freude an den Dingen nicht ausschließen, sie schien nur keine wesentliche Kategorie.

Das Denken bürgerlicher Ökonomen wie Töndury sah nicht vor, den Konsument*innen etwas zu bieten, das nicht in der Identifikation mit der Nation und einem nationalökonomischen Gesamtinteresse bestand. Letzteres durfte nicht in Einzelinteressen zergliedert werden, denn das hätte Fragen der Verteilung aufgeworfen. Wenn der Wunsch von Konsument*innen nach günstigen Waren – vor allem bei

Nahrungsmitteln eine Lebensfrage für große Teile der Bevölkerung – Freihandel oder jedenfalls niedrige Agrarzölle nahelegte, so war das bloß der „einzelwirtschaftliche Standpunkt des Verbrauchers“.[72] In der Bewertung der Freihandelstheorie, hielt Töndury es mit dem Wiener Ökonomen Josef Gruntzel, Doyen der sogenannten realistischen Schule und Autor von gewichtigen Werken zur Handelspolitik: Die Theorie, deren konzeptuellen Kern immer noch David Ricardos Argument der komparativen Kostenvorteile bildete, sei zu einseitig. Zu schützen galt es nicht die Verbraucher*in, sondern Ziel war „die Sicherung des inneren Marktes“. Ihn könne man „mit staatlichen Mitteln beherrschen und ihn so zum Sprungbrett machen [...] zur Gewinnung auswärtiger Absatzgebiete“.[73] Der einzelwirtschaftliche Standpunkt einer exportorientierten Industrie und der einzelwirtschaftliche Standpunkt landwirtschaftlicher Produzenten lag stets näher am Gesamtinteresse als der Standpunkt der Konsument*innen.

4.3 Die (Un)Moral des Konsumierens – von den 1930er-Jahren zur langen Nachkriegszeit

Nachdem 1931 die globale Krise mit etwas Verzögerung auch die Schweiz erfasst hatte, galt es zu klären, was man gegen den Einbruch in der Wirtschaftstätigkeit tun konnte. Eugen Böhler spielte hierbei eine tragende Rolle. Im Herbst 1932 standen seine Überlegungen im Mittelpunkt einer Aussprache unter den an Schweizer Hochschulen tätigen Nationalökonomen, die das Volkswirtschaftsdepartement zusammengerufen hatte. Die Öffentlichkeit war ausgeschlossen, das Treffen vertraulich.[74] Zuvor hatte sich Böhler aber auch schon an eine begrenzte und sympathisierende Öffentlichkeit gewandt, als er auf Einladung des Zentralverbands schweizerischer Arbeitgeber-Organisationen bei dessen Delegiertenversammlung *Möglichkeiten der Krisenbekämpfung* referierte.[75] Für die Verbreitung seiner Ausführungen sorgten im Weiteren ihre Publikation in der Verbandszeitschrift und in monografischer Form als Broschüre.

Eine entscheidende Grundlage für Böhlers Position als enger Berater von politischen Entscheidungsträgern war ideologisch. Er stand fest im rechtsbürgerlichen Lager. Das tat aus seiner Sicht freilich nichts zur nationalökonomischen Sache. Seinen Vortrag über *Möglichkeiten der Krisenbekämpfung* mochte er an die Arbeitergeberseite, ihr unmittelbares Publikum, adressieren, doch behauptete er in charakteristi-

72 Hans Töndury, Rezension von Josef Gruntzel, Die Freihandelstheorie der komparativen Kosten, in: Zeitschrift für Betriebswirtschaft und Arbeitsgestaltung 38/1 (1932), 190.

73 Ebd.

74 Müller, Suisse, 164–171.

75 O. V., Delegierten-Versammlung des Zentralverbandes Schweizerischer Arbeitgeber-Organisationen, in: Schweizerische Arbeitgeber-Zeitung 37/42 (1932), 271; 37/44, 283. Die Versammlung fand am 14.10.1932 in Zürich statt.

scher Weise, ein „Interesse der Gesamtwirtschaft"[76] im Auge zu haben, die Arbeiterschaft und Unternehmer gleichermaßen umfasse. Der Anspruch, durch Expertise über den politischen Wassern zu schweben, implizierte eine Vorstellung, wie sich der Expertendiskurs mit dem der Politik und der (bürgerlichen) Öffentlichkeit verbinden konnte: Der Experte durfte seine Expertise in eine demokratische und d. h. interdiskursive Verständigung über Wirtschaftspolitik einspeisen, der Status der Aussagen war jedoch ein besonderer: Sie sollten Wirkung entfalten, gehörten dem Diskurs aber nicht in einer Weise an, die eine nach den Regeln politischer Auseinandersetzung konfigurierte Antwort gerechtfertigt hätte. Nachdem der Arbeitgeber-Verband Böhlers Krisenanalyse in seiner Zeitschrift abgedruckt hatte, beschrieb Adolf Liechti, ein der Arbeiterbewegung nahestehender Ökonom, den Zürcher Universitätsprofessor als „manchesterlichen Arbeitgeberinteressenvertreter im Gewande des Wissenschafters"[77]. Böhler reagierte pikiert. Ihm missfiel der Verdacht, dass der Ort des Sprechens, den physisch ein Raum des Arbeitergeberverbands gebildet hatte, kein objektiver sei. Erst als Liechti seine Kritik in ein akademisches Forum trug, Töndurys *Zeitschrift für Betriebswirtschaftslehre*, wurde sie satisfaktionsfähig. Böhler war jetzt bereit, Liechti seine Irrtümer zu erklären.[78]

Den wirtschaftspolitischen Prioritäten Böhlers widersprach es, schweizerischen Konsumpatriotismus zu mobilisieren, um den heimischen Waren einen Binnenmarkt zu sichern. In die Aktivitäten des Schweizerwoche-Verbands war er daher nie involviert. Wo sich nationalisierende Kommunikation über Produkte und Dienstleistungen mit der Kultivierung eines Images der Schweiz im Ausland verband, ergaben sich allerdings Berührungspunkte zu den Institutionen wirtschafts- und konsumpatriotischer Propaganda. Die Zentralstelle für das Ursprungszeichen holte mehrfach Böhlers Einschätzungen ein, um für die Ausrichtung ihrer Aktivitäten die Beziehung zwischen Binnenmarkt und Export zu klären. Vor allem aber repräsentierte Böhler die Tradition einer bürgerlichen Nationalökonomie, von der sich die Agitation für einen patriotischen Konsum nicht lösen konnte und wollte.

In seinen Stellungnahmen zur Krise ließ Böhler keinen Zweifel daran, dass die Kaufkraft der Konsument*innen nicht der Hebel war, bei dem man ansetzen sollte.[79] Während er die Notwendigkeit unterstrich, das Vertrauen der Unternehmer als Investoren zu gewinnen, hielt er das Vertrauen der Konsument*innen für einen vernachlässigbaren Faktor. Ganz im Unterschied zu einem „Käuferstreik" des Kapitals sei ein Käuferstreik der Endverbraucher*innen „ziemlich bedeutungslos". Zwar beteuerte er: „Der wirkliche und einzige Souverän der Wirtschaft ist der Markt, also der

76 Böhler, Möglichkeiten, 18.
77 O. V. [Adolf Liechti], Krisenbekämpfung auf Kosten der Arbeitnehmer, in: Schweizerisches Kaufmännisches Zentralblatt Nr. 13, 31.3. 1933, 108.
78 Auf den Beitrag von Liechti, Lohnabbau, antwortete Böhler, Lohnabbau. Das Schlusswort hatte wiederum Liechti, Bemerkungen.
79 Böhler, Möglichkeiten, 20.

Konsument, der durch die Preise der Konsumgüter seine Herrschaft ausübt."[80] Der Markt war gemäß Vorstellungen der klassischen Ökonomie ein machtvolles Regulativ. In einem auf die Ordnung der Gesellschaft gewendeten Diskurs trat er als ein Kollektivsubjekt auf, das in die Position des Souveräns einrückte: „der Markt, also der Konsument". Die Äquivalenzbeziehung war eine ideologische Verrätselung, die eine Verbeugung vor der Bedeutung der Konsument*innen vortäuschte: ihre Majestät, der Kunde. Doch zeigten sich die Konsument*innen nur als Vehikel der Materialisierung des Marktes, denn die Konsument*innen mussten sich nach Auffassung Böhlers ohnehin nähren und kleiden. Sie konnten gar nicht anders, als dem Markt ihren Körper zu leihen. Der Markt bestimmte über die Konsument*innen und verlangte ihre Leidensbereitschaft, auch wenn Böhler beruhigend von „Anpassung" sprach. Er ließ aber keinen Zweifel, dass er die „Rezepte einer schmerzlosen Überwindung der Krise" für verdächtig hielt, für Palliativbehandlung, die nicht sterben ließ, was zu sterben verdiente.[81]

Die Verfechter einer Kaufkrafttheorie aus dem Umfeld der Arbeiterbewegung waren die Hauptgegner bürgerlicher Ökonomen in den frühen 1930er-Jahren. Besonders ärgerlich musste es da sein, wenn einer der ihren auf solche Abwege geriet. Die international markanteste Figur war in der Hinsicht John Maynard Keynes. Im deutschsprachigen Raum genoss er seit seinen Stellungnahmen zur Reparationsfrage hohes Ansehen. Im Oktober 1932 trat Keynes als Mitunterzeichner zweier offener Briefe an die Londoner *Times* auf, die sich gegen Austeritätspolitik richteten und damit international Aufsehen erregten.[82]

In seiner Schrift *Möglichkeiten der Krisenbekämpfung* brachte Eugen Böhler die zugespitzten Formulierungen von Keynes und seinen Mitstreitern im indirekten und – als Übersetzung ins Deutsche – direkten Zitat dem Schweizer Publikum zur Kenntnis. Zwei Punkte des Schreibens trafen ins Mark jener Nationalökonomie, die Böhler vertrat. Erstens wurde hier von Keynes und seinen Mitunterzeichnern behauptet: „To spend less money than we should like to do is not patriotic."[83] Dass private Sparsamkeit nicht der Nation diente, war angesichts der engen Verquickung dieser als bürgerlich und bäuerlich geltenden Tugend mit dem Auto- und Heterostereotyp des Schweizers kontraintuitiv und empörend. Wenn aber schon der sparende Privatmann bzw. die sparende Privatfrau nicht kraft der damit geübten Selbstbeschneidung patriotisch handelte, so traf das zweitens aus Sicht der Ökonomen um Keynes noch mehr und vor allem auf öffentliche Ausgaben zu: „If the citizens of a town wish to build a swimming-bath, or a library, or a museum, they will not, by

80 Ebd., 42; derselbe Gedanke in ähnlicher Formulierung: Böhler, Korporative Wirtschaft, 72.
81 Dieselben Argumente und Metaphern: Schulthess, Lebensfragen.
82 Skidelsky, Keynes, 490. Auf einen ersten Brief von 17.10. reagierten Ökonomen rund um die London School of Economics, darunter neben Lionel Robbins auch Friedrich Hayek, der erst im Vorjahr den Ruf von Wien nach London erhalten hatte. Keynes et al. antworteten am 21.10.1932 mit einer weiteren Stellungnahme. Keynes, Collected Writings 21, 138–140.
83 The Times, 21.10.1932 bzw. Keynes, Collected Writings 21, 139.

refraining from doing this, promote a wider national interest. They will be ‚martyrs by mistake', and in their martyrdom, will be injuring others as well as themselves."[84] Auch diese Formulierung zielte dorthin, wo es eine bürgerliche Nation und ihre Ökonomen schmerzte. Die öffentliche Hand hatte mit gutem Beispiel voranzugehen. Sie sollte nicht dem Luxus frönen und sei er noch so bildungsfreundlich wie ein Museum oder eine Bibliothek.

Um ökonomische Analyse ging es hier nicht allein, möglicherweise nicht einmal vordringlich. Sparsamkeit als nutzloses, ja schädliches Martyrium war eine Umwertung, die den Präferenzen eines liberalkonservativen Bürgertums zuwiderlief. Diese moralische Sensibilität reichte weit über die Kreise industrieller Unternehmer hinaus, mit deren Anliegen sich Böhler primär identifizierte. Der Leserbrief, den Keynes und seine Kollegen im Herbst 1932 an die *Times* schickten, irritierte nicht nur den Zürcher Nationalökonomen, sondern rief fast noch mehr Empörung im Verband der Konsumvereine hervor:[85] Keynes und Konsorten befänden sich auf dem „Holzweg". In der Krise gelte es erst recht zu sparen. Die Schweizer Volkswirtschaft habe zu lange wie ein Verschwender agiert und gegen die „Notwendigkeit, für die eigenen Fehler Busse zu tun, ist leider kein Kraut gewachsen".

Auf solche Argumente baute auch Johannes Messner, seines Zeichens Universitätsprofessor in Wien, der einen korporatistischen Ständestaat propagierte. 1934 veröffentlichte der katholische Theologe, der außerdem in Rechtswissenschaften und Nationalökonomie promoviert hatte, die umfangreiche Zeitdiagnose *Die soziale Frage der Gegenwart*. Hier kritisierte er Lohnforderungen der Gewerkschaften und die Irrlehre, die er namentlich in Roosevelts New Deal verkörpert sah: Es tauche „bis auf den heutigen Tag (Amerika!) immer wieder die Theorie auf, eine künstliche Erhöhung der Kaufkraft müsse konjunkturbelebend wirken"[86]. Konsument*innen konnten indes sehr wohl zur Belebung der Wirtschaft beitragen, denn ihre Macht sei nirgends größer als in der kapitalistischen Verkehrswirtschaft. Dem stand für Messner aber die „Vernachlässigung der Konsumentenmoral" entgegen.[87] Anstatt als Arbeitnehmer*innen Lohnaufbesserungen zu verlangen, sollten die Menschen als Konsument*innen ihre unsoziale Genusssucht bezähmen und ihre Kaufentscheidungen stärker vom Gebot der Sparsamkeit leiten lassen. Dadurch würden sie eine Korrektur der Preise nach unten erreichen und die Kaufkraft ihrer Einkommen erhöhen. Es galt, „daß der Fehler nicht im System liegt, sondern an den Menschen".[88] Das ist die politisch denkbar konservativste Diagnose gesellschaftlicher Zustände und hierin bestand – in der Theorie, weniger in der kritischen Praxis – der Unterschied zwi-

84 Ebd.
85 Die folgenden Zitate aus: O. V., Der Weg aus der Krise. Sparen oder Verbrauchen?, in: Schweizerischer Konsum-Verein 32/9 (1932), 101 f.
86 Messner, Frage, 71–73.
87 Ebd., 99.
88 Ebd.

schen einer katholisch-konservativen Jeremiade und einer linken Ablehnung der Massenkultur.

Messner alterierte sich über den „Starkult beim Film" und den „Rekordhunger beim Sport", prangerte die von Reklame gezüchteten „Scheinbedürfnisse" an und beklagte eine „veräußerlichte von Wirtschaft und Technik bestimmte Lebensform". Er klingt streckenweise, als hätte sich ein Autor der Frankfurter Schule in Rage geschrieben. Das ist insofern kein Zufall, als Messner seine Beschreibung einer „Entartung des Lebensstils" auf Siegfried Kracauers Beobachtungen zu den Angestellten stützte. Die neue Mittelschicht, die sich zwischen Bürgertum und Proletariat schob, zog in den 1920er-Jahren verstärkte Aufmerksamkeit auf sich – und weckte Befürchtungen. Diese galten allerdings weniger der Möglichkeit einer revolutionären Umwälzung, für die das Proletariat gut sein mochte, als man vielmehr einen kulturellen Verfall erwartete. Im Freizeitverhalten der Angestellten schienen sich am deutlichsten die Dynamiken eines konsumorientierten Lebensstils abzuzeichnen.[89] Messner amalgamierte solche Befunde mit völkischen Vorstellungen der urbanen Entwurzelung im Unterschied zur gesunden, bäuerlichen Bodenständigkeit. Dazu kamen eine katholische Abneigung gegen einen den Massen zugänglichen sündhaften Luxus und eine bürgerliche Kritik an einer Ästhetik der Üppigkeit, für die das historistische Ornament gestanden hatte; außerdem Einschätzungen von Georg Simmel, Max Scheler und Alfred Vierkandt. In der Rezeption der zeitgenössischen Sozialwissenschaften, vor allem der deutschsprachigen, bewegte sich Messner auf der Höhe seiner Zeit. Seine katholisch-konservative Deutung von Ökonomie und Konsum hatte auch nach 1945 ihre Publikationsorgane und ihr Publikum. Messner blieb in der langen Nachkriegszeit ein einflussreicher konservativer Intellektueller.[90] Darin glich er dem Zürcher Eugen Böhler, der in den 1930er-Jahren den moralischen Sorgen des Korporatismus – nicht aber den unter diesem Label vorgetragenen wirtschaftspolitischen Optionen – Verständnis entgegenbracht hatte.[91]

Böhler war die Notwendigkeit einer Moralisierung der Wirtschaftssubjekte nicht bloß Nebenbemerkungen in ökonomischen Schriften wert. In seinen späten Lebensjahren veröffentlichte er philosophisch weit ausgreifende Schriften zur Wirtschaftsethik, zur Zukunft des Menschen, zur *Psychologie des Zeitgeistes*. An den Texten fällt auf, wie sich punktuelle Beunruhigungen über Kultur und Konsum von der Jahrhun-

---

89 Nolte, Ordnung, 112–115; Kracauer als Vorwegnahme von Adorno/Horkheimers Diagnose: Schrage, Soziologie, 324–326; Horkheimer/Adorno, Dialektik; Beschäftigung mit den Angestellten ging nicht nur in Deutschland mit Konsum- und Kulturkritik einher, wie man auch am zwei Jahrzehnte später veröffentlichten US-Pendant zu Kracauers Studie, C. Wright Mills' *White Collar*, sehen kann.

90 2002 leitete die katholische Kirche die Seligsprechung Messners ein. Das Verfahren ist allerdings seit 2016 sistiert. Es fehle „eine umfangreiche, kontinuierliche und anhaltende Verehrung des Dieners Gottes in der Erzdiözese Wien". Wiener Diözesanblatt 154/1, Jänner 2016, 1; https://johannes-messner-gesellschaft.org/johannes-messner/seligsprechung/ (Zugriff 15.4.2021).

91 Böhler, Korporative Wirtschaft.

dertwende über die Krise der 1930er-Jahre bis zur langen Nachkriegszeit nach 1945 zu einer Sorge von Dauer verbanden. Wohlstand habe sich „als richtige Büchse der Pandora als Quelle aller Übel und Gegensätze erwiesen, unter denen wir leiden", meinte Böhler 1975.[92] Das Konsumieren schien eine nichtige Verkehrung der Potentiale des Menschen, eine gefährliche Verirrung: „Die Phantasie der Konsumenten verspricht sich das Paradies und erntet den banalen Alltag, weil jede Erfüllung das erstrebte Objekt entwertet. In Wirklichkeit weiß der Einzelne gar nicht, was er will: er ist das Opfer der Reklame, seines Status, der Konformität und des Zeitgeistes."[93] Solche Reflexion über den Zeitgeist war selbst konservativ zeitgeistig. In der Bandbreite der Gegner, die sie anvisierte, gab es zwar gelegentliche Neuzugänge, indes auch eine große Kontinuität: Bolschewismus, der übergriffige Staat und die nicht minder übergriffige Technik, steuerungswütige Ökonomen, Studentenrevolten, Frauenbewegung, antiautoritäre Erziehung und verwöhnte Kinder, Werbefachleute und Kulturindustrie, insbesondere der Film und später das Fernsehen, „Sex, Fun und Unabhängigkeit". Böhler konstatierte: „In unserer anscheinend so selbstsicheren Zeit mit ihrer ‚selbstgeschaffenen Welt' verbirgt sich hinter dem Fortschritts- und Zukunftsglauben ein alles durchdringender Pessimismus." Damit sprach er nicht zuletzt von sich selbst. Der Schatten des Bürgertums lag auf der Einschätzung, dass das Konsumieren eine zersetzende Individualisierung antreibe. Die Diagnose trat im Doppel mit einer Ontologie des Menschen auf, in die nicht allein Böhler das Unbehagen am Wohlstand kleidete und verkleidete: Triebverfallenheit war durch Individuation zu beheben,[94] das Massenphänomen der Individualisierung durch eine bürgerliche Einzelleistung.

Böhlers öffentliches Wirken durchzog eine merkwürdige, aber typische Spaltung. Der Leiter einer von Unternehmen finanzierten Konjunkturforschungsstelle an der ETH propagierte die Exportindustrie als Trägerin des technischen Fortschritts und den Export als wohlstandsvermehrende Erweiterung des wirtschaftlichen Kreislaufes.[95] Das hinderte ihn nicht daran, sich ob der „maßlosen Überschätzung des Physischen gegenüber dem Geistigen und des Quantitativen gegenüber dem Qualitativen" zu ereifern.[96] Er favorisierte die Integration der Schweiz in die internationale Arbeitsteilung gegenüber einer binnenmarktorientierten Intensivierung des „Kreislaufes". Zugleich fürchtete er die damit einhergehende Amerikanisierung als Gefährdung der schweizerischen Lebensart und des schweizerischen Wirtschaftsstils. Es sei zu erwarten, meinte er in den 1950er-Jahren,

92 Böhler, Gedanken, 139.
93 Böhler, Psychologie, 210.
94 Den Begriff der Individuation übernahm er von C. G. Jung, einem Landsmann, dessen Werk er bewunderte.
95 Burger, „Konjunkturbeobachtung", 41.
96 Böhler, Ethik, 6.

> daß unsere Konsumgüterindustrien, einschließlich des Handwerks, die bisher unseren individuellen Lebensbedürfnissen am besten angepaßt waren, den ausländischen Massenindustrien mehr und mehr ausgeliefert werden. Denn diese werden mit ihren großen Serien diese Waren billiger herstellen können als unsere Individualproduktion, während die galoppierende Amerikanisierung unseres Denkens in Verbindung mit der wachsenden Konformitätstendenz den schweizerischen Geschmack nivellieren wird.[97]

Die positive Bewertung eines Drucks zu Spezialisierung und zum Rückzug aus Massenproduktion mit geringer Wertschöpfung ging Hand in Hand mit einer nostalgischen Mythisierung des vorindustriellen Handwerks. Die Verlustanzeige kippte aber ebenso rasch wieder in die Einschätzung, dass sich dem Gewerbe als „Trägerin der Qualitätsidee" durchaus Perspektiven bei der „Verwirklichung des wirtschaftlichen Fortschritts" eröffneten.[98] Das Bekenntnis zu einer „höheren Lebenshaltung", sofern sie zu höheren Arbeits- und Betriebsleistungen führe,[99] hinderte nicht an der Klage über einen die Sittlichkeit zerrüttenden Konsum. So erkannte er im Film der 1920er-Jahre „die Überwindung der Konventionen, die Befreiung von der bisherigen Sexualmoral und die Auflösung des Patriotismus".[100] Die Positionierungen variierten, je nach Textsorte und ob gerade der Wirtschaftsexperte oder der Kulturkritiker sprach, waren aber oft genug eng aneinander geführt.

Böhler und Messner repräsentierten den Typus konservativer Experten und Intellektueller[101], die in Österreich und der Schweiz eine tragende Rolle spielten. Erstere entwickelten differenzierte Regierungstechniken für sich modernisierende Gesellschaften, deren Anwendung zweitere durch kulturkritische Erwägungen – nur scheinbar? – torpedierten. Immer wieder verdammten sie wortgewaltig eine Konstellation, zu deren Kern *commodity consumption* und Massenproduktion gehörten. Die Figur des Experten und des sozialkritischen Intellektuellen kam oft genug, wie das auf Böhler so deutlich zutraf, in einer Person zusammen.

Zwei Deutungen sind denkbar: die eines kompensatorischen Diskurses, dessen praktische Relevanz darin bestand keine zu haben. Indem ein Unbehagen über Veränderungen ausgesprochen wurde, die nicht zu verhindern waren, hatte der*die Sprecher*in immerhin die Klage angestimmt, der die sympathisierenden Rezipient*innen mit Bedauern zuhören konnten. Der „Rufer in der Wüste"[102], den man in Böhler erblickte, war eine Figur der respektierten Fruchtlosigkeit. Die zweite Erklä-

97 Ebd., 7.

98 SWA PA486, D8, Protokolle der Zentralstelle für das Ursprungszeichen 1941–1947: Eugen Böhler, Das Verhältnis von Binnenwirtschaft und Exportwirtschaft, Sonderberichte der Konjunkturforschungsstelle Nr. 75, Juli 1944, 9.

99 Ebd., 8.

100 Böhler, Psychologie, 64.

101 Vgl. Mattioli, Intellektuelle von rechts; zum Intellektuellen als Sozialkritiker: Walzer, Company of Critics.

102 Max Gertsch, Ein Rufer in der Wüste. Eugen Böhler zum 75. Geburtstag, in: St. Galler Tagblatt, 24.11.1968.

rungsvariante ist die einer ergänzenden Funktionalität des moralisierenden Diskurses für bürgerliche Herrschaft. Sie ist dann überzeugend, wenn man annimmt, dass die kulturkonservative Rede über das Konsumieren nicht seit den 1950er-Jahren langsam in der Bedeutungslosigkeit vertrocknete, sondern als diskursive Ressource in Mutationen weiterhin verfügbar blieb – in ökologischen Diskursen, die ein Leiden am Konsumwahn postulieren, und in ökonomischen Diskursen, in denen Sachzwänge die Reallöhne kürzen. Ein rücksichtsloser Hedonismus, der die Welt als Ware verzehrt, wird einer Selbstbescheidung entgegengesetzt, der es gelingen soll, die Natur, die Nation, die Gemeinschaft zu bewahren.

Diese Dichotomie legt Konsumdiskursen eine Bahn, in der Wünsche nach Beteiligung, nach Kaufkraft allenfalls zu Nebenschauplätzen werden, auf denen sich ein egoistisches Verlangen umtreibt. Zugeständnisse sind nach politischer Opportunität (die in den Anfängen des Kalten Kriegs neuerlich sehr stark empfundene Bedrohung durch den Bolschewismus) und Konjunkturlage (dem glücklichen Zufall der *Trente Glorieuses*) möglich, doch sie zu verlangen ist begleitet von einer Vermutung der Nichtigkeit einer solchen Forderung. Die sozialdemokratischen Konsumdiskurse bewegten sich in diesem Rahmen, wie anhand Österreichs zu zeigen sein wird. Er schloss die erfolgreiche Erweiterung von Partizipationschancen ebenso ein wie die sozialpartnerschaftliche Akkommodation und die antikonsumistische Predigt gegenüber der Arbeiterschaft.

5 Wohlstand als Lösung für die österreichische Nation, 1950–1970

Buy-National-Propaganda, nationalökonomische Expertise und kulturkritische Konsumdiskurse trafen einander in der ersten Hälfte des 20. Jahrhunderts darin, dass sie das Konsumieren als Problem behandelten: als Gleichgültigkeit der Konsument*innen, vor allem aber der Konsumentinnen, gegenüber den nationalen Produkten; als überzogene Ansprüche an das Nationalprodukt von Seiten breiter Bevölkerungsteile, vor allem aber einer politisch mobilisierten oder gewerkschaftlich organisierten Arbeiterschaft; als hedonistisches Faulbett, das durch Amerikanisierung und Uniformierung den nationalen Charakter bedrohte. In den 1930er-Jahren war bereits eine alternative Option aufgetaucht, die in den meisten europäischen Ländern jedoch erst nach dem Zweiten Weltkrieg Zugkraft bekam: die Stabilisierung der Nation auf Basis eines breit, obschon niemals gleich geteilten Wohlstands und die Identifikation des Nationalstaates mit der Massenkonsumgesellschaft. Konsum erhielt dadurch eine neue Bedeutung, nahezu uneingeschränkt positiv als statistisch aggregierte Wohlstandsvorstellung. Ambivalent blieb hingegen die Einschätzung des privaten Konsums – und hier wiederum in erster Linie des Konsums der Arbeiterschaft sowie der Jugendlichen. Letzteren wurde die Aufgabe aufgebürdet, für die Zukunft der Nation zu stehen. Von der Schweiz und einer dominant bürgerlichen Perspektive verschiebe ich nun den Fokus auf Österreich und auf eine sozialdemokratische Annäherung an Konsum und Nation.

5.1 Österreich als wissenschaftliche Tatsache

Nach 1945 betrieben die politischen und kulturellen Eliten die Nationalisierung der österreichischen Bevölkerung. Die großangelegten Inszenierungen, die alltägliche Affirmation des Nationalen durch Tageszeitungen und Rundfunk, die Sozialisierung durch das Bildungssystem wurden von einer Arbeit an der Nation unterstützt, die sich als wissenschaftlich verstand. Zum Teil handelte es sich hierbei weiterhin um die auf das 18. und 19. Jahrhundert zurückgehenden Formen der historischen Essayistik.[1] Diese Art von Bücherwissen war es, auf die etwa 1959 der konservative Publizist Walter Jambor verwies, als er sich darüber echauffierte, dass „die Existenz der österr. Nation keine böswillige Erfindung ewiger Nörgler, sondern einfach eine (wissenschaftlich bewiesene) Realität ist".[2]

Auch in Österreich gewann damals aber die empirische Sozialforschung in Form der Demoskopie an Boden, der so wie den Sozialwissenschaften insgesamt die Rück-

1 Für einen europäischen Überblick vgl. Berger/Lorenz, Contested Nation; dies., Nationalizing the Past.

2 Jambor, Jugend und Österreich, 15.

https://doi.org/10.1515/9783110701111-014

sicht auf das Begehren des Staates genealogisch eingeschrieben war.[3] Ab Mitte der 1950er-Jahre beauftragten Parteien und Interessenverbände das Österreichische Gallup-Institut und das Institut von Walter Fessel damit, die politische Meinung der Österreicher*innen zu erheben.[4] Das erlaubte es Fakten neuen Typs zu produzieren, die auch in die Publikumsmedien als attraktive Bausteine der gesellschaftlichen Selbstbeobachtung Einzug hielten.[5] Im Gefolge des Staatsvertrags, der Österreich 1955 aus der Aufsicht der Alliierten entlassen hatte, begannen die Meinungsforschungsinstitute die Zustimmung der Bevölkerung zu dem nunmehr souveränen Staat zu erkunden. So erhob das Fessel-Institut, ob die Österreicher*innen erstens die aktuelle, 1947 eingeführte Bundeshymne gut genug verinnerlicht hatten, um bei einer Feier mitzusingen, und ob sie diese Hymne zweitens beibehalten wollten.[6] Oder würden sie lieber zu der von Haydn als Kaiserhymne verfassten Melodie zurückkehren? Diese war und ist allerdings auch in der Nationalhymne Deutschlands in Verwendung. Bald darauf reichte das Fessel-Institut die Frage nach: „Sind Österreicher Deutsche?"[7] Auch die ökonomische Dimension der Identifikation mit Österreich hielt man von Anfang an im Blick. An der Jahreswende 1955/56 fragte das Fessel-Institut: „Kauft man österreichische Waren?"[8] 1956 veröffentlichte das Institut Daten zur Frage, wann es „ganz allgemein den Österreichern – nicht Ihnen persönlich – am besten gegangen" sei.[9] Die erste breit angelegte Erhebung zum österreichischen Nationalbewusstsein führte dann Mitte der 1960er-Jahre die Sozialwissenschaftliche Studiengesellschaft durch.[10]

Die gewichtige Rolle, die der empirischen Sozialforschung in nationalisierenden Dispositiven zukommt, gilt es differenziert zu diskutieren.[11] Die Geschichtsschreibung, die traditionelle Spitze der nationalisierenden Forschung, hat sich indes zumeist damit begnügt, die demoskopischen Erhebungen zu übernehmen, allenfalls

---

3 Ziemann, Metaphorik, 206–208; Wagner, Sozialwissenschaften.

4 Stiefbold, Meinungsforschung, 249.

5 Vgl. anhand der Umfragebegeisterung im Frankreich der 1950er-Jahre Coffin, Opinion.

6 O. V., Welche Bundeshyme? in: Querschnitte der öffentlichen Meinung. Untersuchungsberichte des Instituts für Markt- und Meinungsforschung Wien, Doppelheft 7/8, Jänner 1956, 25 f.

7 O. V., Sind Österreicher Deutsche? (April 1956), in: Querschnitte der öffentlichen Meinung, 1956, nicht pag.

8 O. V., Kauft man österreichische Waren?, in: Querschnitte der öffentlichen Meinung, Doppelheft 7/8, Jänner 1956, 27–31.

9 O. V., War die „alte" Zeit wirklich die „gute"?, in: Querschnitte der öffentlichen Meinung, 1956, 15 f.

10 Vgl. Haller, Nationalstolz; Wodak u. a, Konstruktion, 104–107.

11 Für die Schweiz vgl. Stettler, Demoskopie; Weber, Repräsentation, schildert den bei der Landesausstellung in Lausanne 1964 unternommenen Versuch, das Publikum mithilfe eines Hybrids aus sozialwissenschaftlicher Forschung und nationaler Inszenierung zu involvieren. Ein Gulliver benanntes Computerprogramm sollte ein selbstironisch-kritisches Fragespiel ermöglichen. Nachdem der Expo-Delegierte des Bundesrates eingegriffen hatte, wurde daraus ein durch belehrende Rhetorik angeleitetes Abgleichen von individuellen Antworten mit Durchschnittswerten, die eine Vorstudie erhoben hatte.

quellenkritisch gedämpft.[12] Nun sind die von den Befragungen erzeugten Bekenntnisse zur Nation zwar nicht die Lüge einer Sozialforschung, deren Korruption durch die Angebote und Forderungen des sie finanzierenden Nationalstaates zu zeigen wäre. Doch es gilt, ihre Daten als ‚Tatsachen' zu behandeln, die durch das Dispositiv der Nationalisierung überhaupt erst hervorgebracht wurden.[13] Mit ihnen so umzugehen, als stünden sie außerhalb dieses Geflechts und würden bloß einen Prozess zunehmender Identifikation abbilden, käme einer ungebrochenen Fortschreibung nationalisierender Praktiken gleich. Man muss also die Konstruktion der sozialwissenschaftlichen Fakten und die Diskurse um die Legitimität dieses Konstruierens in die Analyse einbeziehen.

Indem die empirische Sozialforschung der Nachkriegszeit das Nationalbewusstsein der Österreicher*innen thematisierte, beteiligte sie sich auf dreifache Weise daran, ein staatspolitisches Ziel zu erreichen – die möglichst hohe Identifikation der Bürger*innen mit dem Nationalstaat Österreich: erstens durch die Bereitstellung einer neuen Art von Fakten, zweitens durch deren Bewertung, drittens durch die Konstruktion des Untersuchungsgegenstands und die Zurichtung des Forschungsdesigns.[14]

1. Die Forscher*innen gossen die wachsende Bereitschaft der Bevölkerung, Österreich als Nation zu verstehen, in Zahlen. Sie gaben einem bislang mit den qualitativen Mitteln des Essays geführten Diskurs eine quantitative Wendung. Das Nationalbewusstsein ließ sich nun wie die Erkenntnisobjekte der Nationalökonomie numerisch ausdrücken. Man konnte Wachstum zeigen, anstatt es in wolkigen Beschreibungen und Erzählungen zu behaupten. So jedenfalls lautete das Versprechen der Sozialforschung,[15] das von den Medien und Teilen der politischen Eliten begierig aufgegriffen wurde. „Meinungsforschungsergebnisse

12 Vgl. etwa Bruckmüller, Nation, das Standardwerk, das in seiner ersten Ausgabe 1984 erschien. Für das dreibändige Werk *Memoria Austriae* wurde sogar eigens eine Erhebung bei Fessel/GfK in Auftrag gegeben. Brix/Bruckmüller/Stekl, Einführung. Kritisch zum Umgang der Historiker*innen mit den sozialwissenschaftlichen Daten: Heiss, Welche Nation, 555 f. (eine Besprechung von Bruckmüller, Nation, aus Anlass der erweiterten Neuauflage 1996); Wodak u. a, Konstruktion, 104–106.

13 Die Erzeugung wissenschaftlicher Tatsachen im Rahmen spezifischer „epistemischer Kulturen" zu reflektieren ist ein zentrales Thema der jüngeren Wissenschaftssoziologie und Wissensgeschichte: u. a. Knorr-Cetina, Fabrikation; Shapin, Scientific life. Ich orientiere mich hier an Latour, insbesondere an dem stets schwierigen Versuch (Soziologie, 150–166), für den Begriff des Faktums eine Balance zu finden, die weder den Evidenzansprüchen der ‚Tatsache' verfällt, noch ihre Dekonstruktion bis hin zum stets vorweg genommenen Befund ‚bloßer' Konstruktion übertreibt.

14 Vgl. auch Kühschelm, Erfahrung, 85–88.

15 Der noch öfters zu zitierende Sozialforscher Ernst Gehmacher stellte in einer Rezension quantitative und qualitative Zugänge gegenüber. Die ersteren verstand er als „empirische Forschung". Sie sei „schwerer anfechtbar als geisteswissenschaftliche Produkte": Gehmacher, Jugendkunde. Ebenso Rupert Gmoser, wie Gehmacher Sozialdemokrat: „Die Menschen möchten sich an Realitäten orientieren und nicht an Ideologien." International kennzeichne das Publikum eine „Neigung zur Empirie". Die positive Wissenschaft löse daher eine „sozialphilosophische Spekulation" ab, wie sie etwa Othmar Spann, „der große Verdunkler", geboten hatte. Gmoser, Soziologie, 13, 17.

geben in erster Linie – man kann es nie genug betonen – den Erfolg der Meinungsfabrikation wieder“, konstatierte unverblümt der Sozialdemokrat und spätere langjährige Innenminister Karl Blecha. Er war Sekretär der Sozialwissenschaftlichen Studiengesellschaft und einer der wichtigsten Proponenten der Nutzung von empirischer Sozialforschung durch die Sozialistische Partei.[16]

2. Die Sozialforscher*innen verstärkten ihre Botschaft, indem sie die beobachtete Entwicklung hin zu mehr Nationalbewusstsein als Fortschritt bewerteten. Der Sozialforscher Ernst Gehmacher, auch er ein Sozialdemokrat, meinte in einem Aufsatz, die erste große Erhebung zur Nation Österreich durch die Sozialwissenschaftliche Studiengesellschaft habe „eine recht günstige Diagnose“ erbracht: „Die Österreicher, und besonders die jungen Österreicher, glauben, daß sie sich deutlich von den Menschen in den Nachbarländern unterscheiden.“[17] In dasselbe Horn blies seine Feststellung, dass die deutschen Illustrierten, die den österreichischen Zeitschriftenmarkt beherrschten, es für nötig hielten, Österreich-Ausgaben herzustellen. Das beweise, „wie fest die kulturelle Grenze zwischen Deutschland und Österreich gezogen ist“.[18] Gehmacher und andere setzten die Imagination einer nationalen Differenz – insbesondere gegenüber Deutschland – als positiven Wert. Mit dem Bekenntnis zu diesem Anliegen füllte die Sozialforschung eine Rolle aus, die Gehmacher im Titel für den ersten Abschnitt seines Aufsatzes andeutete: „Meinungsforschung und Pädagogik“.[19] Die Demoskopie sollte als Instrument einer nationalisierenden Pädagogik fungieren, wenngleich als ein reflektierendes und um Vorsicht bemühtes. Mit dieser Rolle legitimierte sich die Sozialforschung gegenüber der Gesellschaft und erheischte Förderung vom Staat.[20]
3. Die Sozialforschung war auch willens, in einer Weise nach der Nation zu fragen, die Zustimmung nahelegte. In ihrer schon erwähnten Untersuchung zur nationalen Identität bat die Sozialwissenschaftliche Studiengesellschaft ihre Auskunftspersonen als erstes zu überlegen: „Wann ist es Ihrer Meinung nach dem Österreicher am besten gegangen?“ Verschiedene Antwortmöglichkeiten, wie „vor 1918“, „nach 1918“, „erst in den letzten Jahren“ waren vorgegeben. Für Letzteres entschieden sich 62 Prozent der Befragten. Hingegen nannte nur ein Prozent „nach 1934 unter Dollfuß-Schuschnigg“, als Diktatur, Bürgerkriege, Wirtschaftskrise und Massenelend zusammentrafen.[21] Die Befragten hatten sich hiermit vergegenwärtigt, dass es ihnen in der Zweiten Republik am besten

---

16 Blecha, Wähler, 73.

17 Gehmacher, Wie bildet sich ein Nationalbewußtsein?, 30.

18 Ebd., 33.

19 Ebd., 29.

20 Die Sozialwissenschaftliche Studiengesellschaft empörte es daher, dass sie vom ÖVP-geführten Unterrichtsministerium für ihre Erhebung zum Nationalbewusstsein nur eine geringe Subvention erhalten hatte. O. V., Nationalbewußtsein der Österreicher, II. Teil, 1.

21 Hier und zum folgenden: O. V., Nationalbewußtsein der Österreicher, 8–10.

ging – mit der bedeutenden Ausnahme der Wähler*innen der Freiheitlichen Partei (FPÖ), von denen bemerkenswerte 45 Prozent die NS-Zeit als den Gipfel des österreichischen Wohlbefindens auszeichneten. Über 80 Prozent der Befragten hatten sich insgesamt aber für die Zeit seit 1945 entschieden. Als nächstes wurden die Auskunftspersonen gefragt, wo sie am liebsten leben würden: in Österreich, in Deutschland oder der Schweiz? 64 Prozent deklarierten sich für Österreich, nur 16 Prozent für die Schweiz und 14 Prozent für Deutschland. Damit war die Rutsche gelegt, diesen Umstand mit der österreichischen Nation in Verbindung zu bringen und die Frage nach ihrer Existenz wohlwollend zu behandeln. Mit der dritten Frage gelangte die Erhebung zum „Kernproblem“:[22] „Sind die Österreicher eine Nation?“ Jeweils über die Hälfte der Wähler*innen der Regierungsparteien, der christlichsozialen Österreichischen Volkspartei (ÖVP) und der Sozialistischen Partei Österreichs (SPÖ), bejahten dies. Ein weiteres Fünftel meinte, die Österreicher*innen würden „beginnen sich langsam als Nation zu fühlen“.

Tab. 10: Wann ging es den Österreichern am besten? Ergebnisse von Meinungsumfragen

	1956	1959	1964	1970
Vor 1918	19	9	5	4
1918–1938	24	8	3	3
1939–1945	16	6	5	1
seit 1945	35	74	83	92
Weiß nicht	8	3	4	–*

* 1970 als Antwort in der Erhebung nicht vorgesehen
Quellen: 1959/64/70 nach Tabelle IV bei Katzenstein, Nationalbewußtsein, 8; 1956: O. V., War die „alte“ Zeit wirklich die „gute“?, in: Querschnitte der öffentlichen Meinung, 1956, 15 f.; Angaben in %.

Der Wirtschaftsboom, der den Wohlstand brachte, hatte nach einer Stabilisierungskrise 1952/53 eingesetzt. Aber noch Mitte des Jahrzehnts deutete eine Erhebung zum Thema, wann es den Österreicher*innen am besten gegangen sei, auf eine Diversität der diesbezüglichen Auffassungen (siehe Tabelle 10): 35 Prozent der Befragten verwiesen zwar auf die Zeit nach 1945, doch auch die Monarchie, die Erste Republik und die NS-Zeit hatten ihre Liebhaber*innen. Schon Ende der 1950er-Jahre war die Sache hingegen eindeutig und bis 1970 verloren die Antwortalternativen zur Zweiten Republik drastisch an prozentuellem Gewicht.

Auch die Aufspaltung der Zahlen nach Beruf und Alter zeigte 1956 große Unterschiede in den Meinungen. Alle Berufsgruppen nannten zwar am häufigsten die Zeit

22 Zur Bedeutung einer im Sinn der Umfrage ‚richtigen‘ Abfolge der Fragen: Iarossi, Power, 74–78; ‚sensible‘ Fragen sollten nicht zu Beginn einer Befragung gestellt werden: Fink, How to Conduct, 35.

nach 1945, doch am stärksten die Arbeiter*innen und vor allem die Landwirte, deutlich weniger die Selbstständigen bzw. Freiberufler*innen und die Angestellten. Bei den Landwirten folgte an zweiter Stelle des Wohlgefühls die NS-Zeit, bei den Arbeiter*innen die Erste Republik von 1918–1934, bei den Selbständigen/Freien Berufen und den Angestellten die Zeit der Monarchie. Auch in der Altersverteilung spiegelten sich die Brüche des 20. Jahrhunderts. 47 Prozent der über 60-jährigen Auskunftspersonen erinnerten sich Mitte der 1950er-Jahre der Monarchie als guter alter Zeit. 43 Prozent der Befragten im Alter zwischen 18 und 40 Jahren betrachteten hingegen die Gegenwart der Zweiten Republik als die gute neue Zeit. Was die Einschätzung der Zweiten Republik als Spitze des Wohlstands betraf, divergierten die Daten zu den Berufsgruppen auch 1964 noch markant. 1970 indes ließen sie einen weitgehenden Konsens über den Fortschritt erkennen.

Gallup hatte 1959 nicht nur gefragt, wann es, „Ihrer Meinung nach, Österreich am besten gegangen" sei, sondern ebenso nach dem Gegenteil: „Wann ist es, Ihrer Meinung nach, Österreich am schlechtesten gegangen?" (Tabelle 11) Die Hungerjahre im Ersten Weltkrieg waren für die Auskunftspersonen anscheinend schon weit weg. Mit dem negativen Superlativ bedachten sie am häufigsten die 1930er-Jahre vor dem Anschluss an Deutschland sowie den Zusammenbruch des NS-Regimes 1945, als die Kampfhandlungen österreichischen Boden erreichten. Die NS-Herrschaft selbst galt hingegen verhältnismäßig wenigen als besonders schlecht. Die Nachkriegsgesellschaft hielt die vertriebenen und ermordeten Opfer der nationalsozialistischen Verfolgungskalküle nicht in ihrem Blick.[23] Aber selbst, wenn man von dieser großen Menschengruppe absieht, gab es noch rund 250.000 Soldaten aus Österreich, die nicht aus dem Krieg zurückgekehrt waren. Das hätte für die Auszeichnung als Tiefpunkt der Zeitgeschichte durchaus genügen können. Die Umfrage konturierte indes Österreich als eine Gemeinschaft der Überlebenden und Anwesenden. Der Gallup-Pressedienst erläuterte nicht den Modus der Erhebung, doch fügen sich die Zahlen immerhin gut zu den Vermutungen über das hegemoniale Narrativ, das man aus den unterschiedlichsten Quellen schöpfen kann, von Publikumsmedien bis zu autobiografischer Textproduktion:[24] Das *Neue Österreich* der 1950er-Jahre, in dem es nach Auffassung der überwiegenden Mehrheit besser als je zuvor ging, stellte aus Sicht seiner Bürger*innen weniger die Negation der NS-Zeit dar denn die Antithese zur ökonomischen Depression in den 1930er-Jahren und zum 1945 erlebten Kollaps von materieller Grundversorgung und staatlicher Ordnung.

23 Die öffentliche Erinnerung prägten die „Daheimgebliebenen" und die Soldaten, so Rathkolb, Paradoxe Republik, 367.

24 Vgl. Kühschelm, Erfahrung.

Tab. 11: Wann ging es den Österreichern am schlechtesten? Meinungsumfrage von 1959

Im 1. WK	1918–1929	1930–1938	1939–1944	1945	Nach 1945	k. A.
5	12	20	11	27	16	4

Quelle: Gallup Pressedienst, Nr. 33, 20.8.1959; Angaben in % der Nennungen.

Die Fragen des Gallup-Instituts, wann es Österreich am besten bzw. schlechtesten gegangen sei, ordneten sich in ein vom Denken in Dekaden motiviertes Bemühen, die 1950er-Jahre als eine Erfahrungseinheit zu bewerten (Grafik 16). So waren anscheinend 52 Prozent der Österreicher*innen der Auffassung, von allen Ländern der Erde – oder eben von all jenen, die für die Befragten zählten – sei Österreich dasjenige, das in den 1950er-Jahren am meisten erreicht hatte. Immerhin 24 Prozent nannten auch Deutschland. Somit bewegten sich über drei Viertel der Auskunftspersonen in dem Rahmen, der bis 1945 als gesamtdeutsch gegolten hatte. Für beide Länder ließ sich ja auch dieselbe Erfolgsstory vom ökonomischen Wiederaufstieg nach der Niederlage erzählen.

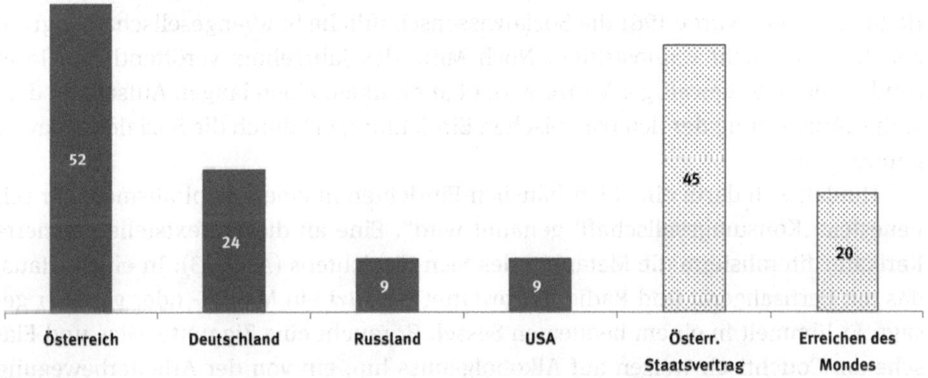

Grafik 16: Rückblick auf die 1950er-Jahre in österreichischen Meinungsumfragen
Links: Welches Land der Erde hat 1950–59 am meisten erreicht?
Rechts: Was war das bedeutendste Ereignis auf der Welt in den letzten 10 Jahren (1950–1959)?
Quelle: Gallup Pressedienst, Nr, 4, 28.1. 1960; Nr. 50, 17.12.1959, Angaben in % der Nennungen.

Eine andere Frage galt dem „bedeutendsten Ereignis auf der Welt" im ausgehenden Dezennium. Der „repräsentative Querschnitt der österreichischen Bevölkerung" wählte zu 45 Prozent die Unterzeichnung des österreichischen Staatsvertrags. Ein Fünftel entschied sich für die „Erreichung des Mondes" – 1959 hatte erstmals ein sowjetischer Satellit den Erdtrabanten umrundet. Dem Kontrast fehlt es nicht an Komik. Als die Welt erschien offenbar der eigene Staat. Somit war es die Wiederherstellung der österreichischen Souveränität, die von den relativ meisten mit dem Attribut

„bedeutend" belegt wurde. Im Vergleich zu seinem Synonym „wichtig" indizierte das Adjektiv „bedeutend" Pathos und legte den Befragten damit eine Spur. Das Ergebnis wirkt heute skurril, lieferte aber den Eliten ein Faktum, das sie als Erfolgsbestätigung für ihre Kommunikationspolitik nehmen konnten. Mit fünf Prozent entfiel die dritthäufigste Nennung als bedeutendstes Ereignis auf den Ungarnaufstand von 1956, der die österreichische Öffentlichkeit intensiv beschäftigt hatte. Wenn es darum ging, welche Länder am meisten erreicht hatten, zeichneten je neun Prozent ‚Russland' bzw. die USA aus. Beide Umfragesplitter verweisen auf den Kalten Krieg als weltpolitische und ideologische Grundkonstellation, die auf das Narrativ der österreichischen Nation durchschlug.

Sowohl zur Meinungsforschung als auch zur Pflege des Österreichbewusstseins war die Sozialistische Partei später als die Volkspartei gekommen. Zu sehr schien die Meinungsforschung mit den Methoden der „Industriekonzerne und Trusts" assoziiert.[25] Zu sehr erinnerten die Topoi des Österreichischen an die Inszenierungen des Dollfuß-Schuschnigg-Regimes.[26] In ihrer dominanten Linie entschied sich die Sozialdemokratie allerdings bald dafür, an beidem Anteil haben zu wollen: an einer normalisierenden Sozialforschung und an der Inszenierung der österreichischen Nation. Um der Sozialdemokratie ein parteinahes Meinungsforschungsinstitut an die Hand zu geben, wurde 1961 die Sozialwissenschaftliche Studiengesellschaft gegründet. Das war nicht unumstritten. Noch Mitte des Jahrzehnts veröffentlichte Josef Hindels, ein wortgewaltiger Vertreter der Parteilinken, einen langen Aufsatz, in dem er die „Aufwertung der demoskopischen Einrichtungen" durch die Sozialdemokratie anprangerte.[27]

Hindels sah darin ein „Sich-häuslich-Einrichten in einem Kapitalismus, der seit neuestem ‚Konsumgesellschaft' genannt wird". Eine an dieser Textstelle platzierte Karikatur literalisierte die Metapher des Sich-Einrichtens (Abb. 23): In einem Haus, das mit Fernsehgerät und Radio ausgestattet ist, sitzt ein Mann – oder genauer gesagt: Er lümmelt in einem bequemen Sessel. Er raucht eine Zigarette. Glas und Flasche am Couchtisch weisen auf Alkoholgenuss hin, ein von der Arbeiterbewegung traditionell heftig bekämpftes Laster.[28] Wir haben es mit den Paraphernalien hedonistischen Konsums zu tun. Ihnen konnotieren falsch gesetzte Prioritäten, denn das Haus ist eine Baracke mit einem vielfach geflickten Dach. Die Karikatur brachte Befürchtungen auf den Punkt, mit der viele altgediente Funktionär*innen der Arbeiterbewegung auf die sich verändernden Konsumgewohnheiten der Arbeiterschaft reagierten.

25 Hindels, Meinungsforschung, 21.

26 Bruckmüller, Entwicklung, 9.

27 Hindels, Meinungsforschung, 21–24; aus diesem Artikel sind auch die folgenden Zitate.

28 Vgl. z. B. als Warnung an die Jugendlichen: O. V., Mord im Alltag, in: hallo, Nr. 10, 1965, nicht pag.

Abb. 23: Sich-Einrichten im Kapitalismus, 1965
Quelle: Illustration zu Hindels, Meinungsforschung, 22; Arbeit und Wirtschaft 19/2 (1965).

In der Meinungsforschung erkannte Hindels den Ausdruck eines sozialen Dispositivs, das er nur unter Anführungszeichen „Konsumgesellschaft" nennen wollte. Aus seiner Sicht ging dieses Dispositiv mit dem Irrglauben an einen befriedeten Sozialkapitalismus einher. Die Meinungsforschung eignete sich nur für eine „ideologiefreie, pragmatische, von jeder Gesellschaftsphilosophie gesäuberte Arbeiterbewegung nach amerikanischem Vorbild", denn sie registrierte Symptome statt deren Ursachen nachzugehen. Die Sozialwissenschaft sollte stattdessen erforschen, wer Meinungen erzeugte und auf welche Weise das geschah. Insbesondere eine Analyse von Printmedien schien ihm aussichtsreich. Hindels setzte Stachel gegen die Linie seiner Partei, doch auch er hatte die „patriotische Aufgabe unserer Sozialwissenschaftler" im Blick. Sie sollten erforschen, wie stark bei den Österreicher*innen ein österreichisches Nationalbewusstsein entwickelt sei und wer noch immer am „Bekenntnis zum ‚Deutschtum'" festhalte.

5.2 Die Sozialdemokratie und das Verschwinden alternativer Horizonte in der Nation

Die Nation und der Sozialismus hatten im 19. Jahrhundert als konkurrierende Ordnungsvorstellungen Kontur gewonnen. Rund um sie organisierten sich neue politische Bewegungen. An entscheidenden Momenten setzte sich jedoch immer wieder die nationalistische Mobilisierung gegen die sozialistische durch. Nicht der Sozialismus überwand die Nation, sondern Aspirationen auf soziale Gerechtigkeit und politische Freiheit fügten sich der Nation ein und ordneten sich ihr unter.[29] Das fürchtete bereits Karl Marx, als er in den 1870er-Jahren gegen die deutsche Sozialdemokratie polemisierte und ihr vorwarf, sich auf den Spuren Ferdinand Lassalles dem Nationalstaat hinzugeben.[30] Den Staat als „Regierungsmaschine" zu verstehen, die es für sozialistische Zwecke einzusetzen galt, hieß für Marx vor allem, sich von dieser Regierungsmaschine und ihren bürgerlichen Prämissen vereinnahmen zu lassen. Der Staat, der im 20. Jahrhundert fast nur als Nationalstaat zu haben war, übte jedoch eine mächtige Ansatzkraft auf die Sozialdemokratien aus. Die Beziehung der österreichischen Sozialdemokratie zum österreichischen Nationalstaat ist Teil dieser Geschichte, in ihren nicht unbeträchtlichen Erfolgen, die sie in der frühen Phase der Ersten Republik, besonders aber nach 1945 erzielte, und in ihren Grenzen.

Die Nation beschäftigte die österreichische Sozialdemokratie schon seit ihrer Formierung in der zweiten Hälfte des 19. Jahrhunderts. Die Brisanz der diversen miteinander konkurrierenden Nationalismen in der Habsburgermonarchie war auch nicht zu übersehen. Sie führte dazu, dass die Sozialdemokratie trotz ihres internationalistischen Anspruchs die politische Mobilisierung der Arbeiterschaft in nach nationalen Gesichtspunkten getrennten Parteien betrieb.[31] Karl Renner und Otto Bauer, die beiden wichtigsten Politiker der Sozialdemokratie in der Ersten Republik, setzten sich noch unter den Bedingungen der Habsburgermonarchie mit der Nation auch theoretisch auseinander. Vor allem Bauer wird bis in die Gegenwart in der Nationalismusforschung als gewichtige Stimme einer frühen wissenschaftlichen Reflexion rezipiert.[32] Er erwartete für eine sozialistische Zukunft keineswegs die Auflösung der nationalen Unterschiede, sondern im Gegenteil „die Verwirklichung der nationalen Kulturgemeinschaft durch den Sozialismus"[33]. Für die Sozialdemokratie nach 1945 war die Programmatik des Austromarxismus viel zu radikal, doch hinsichtlich der Nation musste man nicht die Haltung, sondern nur das Objekt der Loyalität austauschen. Dasselbe galt für die ‚Staatsfrömmigkeit' der österreichischen Sozialdemokratie, die insbesondere Renner, der erste Kanzler der Ersten und Zweiten Republik, personifizierte; aber auch Bauer forderte bei Kriegsausbruch 1914, dass „die Männer des Klassenkampfes bis zum letzten Atemzug zu ihren Fahnen stehen"[34] sollten, und meinte dabei jene der Habsburgermonarchie. Nach deren Zerfall favorisierten

29 Vgl. Schwarzmantel, Nationalism; zum Verhältnis von Arbeiterklasse und Nationalismus auch Breuilly, Nationalism and the State, 36–44.

30 Marx, Kritik des Gothaer Programms; für die Möglichkeit eines linken Nationalismus argumentiert hingegen: Nairn, Faces of Nationalism.

31 Vgl. Hanisch/Urbanitsch, Prägung, 88 f.

32 Vgl. für die jüngere englischsprachige Literatur: Spencer/Wollman, Nationalism, 12 f.; Özkirimli, Theories, 22 f.

33 Bauer, Nationalitätenfrage, 156.

34 In der von ihm verfassten Erklärung der Parteiführung, zit. nach Pfabigan, „Entwirklichung", 27.

Bauer und die österreichische Sozialdemokratie den Anschluss an Deutschland;[35] ganz wie die bürgerlichen Parteien, wenngleich aus anderen Gründen. Eine Mythologisierung des Kleinstaates Österreich als Nation stand für alle politischen Kräfte außer Frage. Sie begann seit den 1930er-Jahren weit links mit kommunistischen Intellektuellen und weit rechts, als das Dollfuß-Schuschnigg-Regime in all seiner weiterhin deutschnationalen Widersprüchlichkeit Österreich und seine katholische Mission propagierte.[36] Nach 1945 stand neuerlich die Frage an, wie es die Sozialdemokratie mit der österreichischen Nation halten wollte. Rasch zeigte sich, dass sie sich nicht nur mit dem wiedererrichteten Kleinstaat anfreunden konnte, sondern ihn mit einem republikanischen, demokratischen Nationsverständnis verbinden wollte. Die Annäherung der europäischen Sozialdemokratie an den Nationalstaat implizierte die Verpflichtung auf die neokorporatistische Konfliktlösung und mehr noch Konfliktvermeidung, die Österreich auf die Spitze trieb.[37] Dieses Dispositiv amalgamierte die Vorstellung von (nationaler) Gemeinschaft mit der Zentralisierung von Entscheidungen in großen parastaatlichen Verbänden und der Rahmung durch repräsentative Demokratie.

Wie die diskursive Arbeit an den Ambivalenzen des Konsums damit zusammenhing, dass in und durch die Nation ein sozialdemokratischer Anspruch auf Gesellschaftstransformation verschwand, werden dieser und der folgende Abschnitt nachzeichnen. Der Politikwissenschaftler Alfred F. Reiterer beurteilte in den 1980er-Jahren, am Ende der sozialdemokratischen politischen Hegemonie, die Rolle der Sozialdemokratie in der Nachkriegszeit als die eines „Generalimporteur[s] ‚westlicher', d. h. amerikanischer Einstellungen und Massenkulturgüter". Die österreichischen Sozialdemokraten seien „die wahren Kinder von Marx und Coca-Cola".[38] Die Einschätzung unterschlägt allerdings die Reserve vieler sozialdemokratischer Publizist*innen und Politiker*innen, nicht nur aus dem von Josef Hindels repräsentierten linken Flügel, gegenüber dem Massenkonsum.

Hier werde ich auf Texte von Karl Ausch, Fritz Klenner und Kurt Horak zurückgreifen. Es handelt sich um Artefakte einer interdiskursiv konfigurierten Adressierung von Öffentlichkeit, die Autoren beriefen sich aber auf ihren Zugang zu einem spezialisierten Wissen über Ökonomie, Gesellschaft und Geschichte. Sie positionierten ihre Arbeit am Schnittpunkt zwischen politischem bzw. gewerkschaftlichem Engagement, sozialwissenschaftlicher Expertise und Journalismus.

Karl Ausch arbeitete schon in der Zwischenkriegszeit als Journalist und von 1946 an fungierte er als Wirtschaftsredakteur der wichtigsten sozialdemokratischen Tageszeitung.[39] Die Jahre seit 1937 hatte er im englischen Exil zugebracht und zählte

---

35 Haas, Otto Bauer; Hanisch, Illusionist, 157 ff.
36 Bruckmüller, Nation, 309, 386–392.
37 Vgl. Katzenstein, Small States.
38 Reiterer, Nation, 59.
39 Lehmann/Emanuely, Karl Ausch.

nun zu den Vertretern eines keynesianischen Reformismus.[40] Das hinderte ihn nicht, Ende der 1950er-Jahre gegen die durch Verschuldung finanzierte Konjunkturpolitik des ÖVP-geführten Finanzministeriums zu wettern.[41] Nachfrageorientierung hieß wiederum vor allem öffentliche Investitionsprogramme, nicht privater Konsum. Dieser rege die industrielle Produktion nicht hinreichend an, erläuterte Ausch den Leser*innen der *Arbeiterzeitung* 1954 – unter Berufung auf die Wirtschaftskommission für Europa der Vereinten Nationen, eine der vielen Agenturen wirtschaftswissenschaftlichen und -politischen Sachverstands, die eine international koordinierte Arbeit am Wachstum ermöglichen sollten.[42] Den Konsum zugunsten des Aufbaus einer Investitionsgüterindustrie einzubremsen, Exporte gegenüber der heimischen Nachfrage zu favorisieren gehörte denn auch zum Standard europäischer Wirtschaftsstrategien in den 1940er- und 1950er-Jahren, für das Labour-regierte Großbritannien ebenso wie für die von stalinistischen Regimen beherrschten Länder Osteuropas.[43] Diese Politik diente dem künftigen Lebensstandard, einer Abstraktion. Die Intellektuellen der Arbeiterbewegung zogen sie den konkreten Konsumgewohnheiten der Arbeiter*innen vor.[44]

Anfang 1957 warf Ausch die bange Frage auf: „Konsumieren wir zuviel – investieren wir zuwenig?" Die Antwort fiel eindeutig aus. Mit den Ausgaben der Österreicher*innen für Alkohol und Tabak hätte man drei Donaukraftwerke bauen können. Auf eine Leserzuschrift, ob der Autor „den breiten Massen" nicht „die kleinen Freuden des Lebens" gönne, reagierte Ausch mit einem Artikel des Titels: „Verraucht, vernascht, vertrunken".[45] Bei dem Leserbriefschreiber erkannte er die Betrachtung des „Lebens aus der Froschperspektive". Dafür äußerte Ausch, der sich selbst auf

40 Weber, Der kalte Krieg, 274.

41 Karl Ausch, Wirtschaftsgeschichte, 348–358. Das Buch versammelt eine Auswahl aus den Artikeln, die Ausch von 1947 bis 1961 für die *Arbeiterzeitung* verfasste. Butschek, Wirtschaftsgeschichte, 350. Die Politik von Finanzminister Kamitz gilt in Teilen als keynesianisch (oder von den Erfahrungen mit der NS-Investitionspolitik) inspiriert: ebd., 305 f.; Matis, Raab-Kamitz-Kurs, 213 f.; Rathkolb, Paradoxe Republik, 133 (Kritik der SPÖ am Kamitz'schen Deficit-Spending). Der sozialdemokratische Wirtschaftsjournalist Horst Knapp (1925–1996), der den Austrokeynesianismus der 1970er-Jahre publizistisch begleitete, wandte sich daher gegen die Einschätzung, Ausch wäre als Keynesianer zu bezeichnen. Seine Auffassung von Geldpolitik sei dem Monetarismus näher gestanden. Er wies außerdem darauf hin, dass sich Ausch um Inflation in einer Weise sorgte, die keine Parallele bei Keynes hatte, und dass er 1958 gegen Deficit-Spending aufgetreten war. Wanek, Ausch, 42.

42 Karl Ausch, Investition und Konsumkraft (8.4.1954), in: ders., Wirtschaftsgeschichte, 236–238.

43 Ausch, Über unsere Verhältnisse (14.2.1952), in: ders., Wirtschaftsgeschichte, 263–265; Eichengreen, European Economy, 39 (Westeuropa: investment-led und export-led growth zwei Seiten derselben Medaille), 77–79 (Abwertungen von 1949), 133–141 (sozialistische Planwirtschaften), 160 (vergleichsweise geringere Bedeutung des Außenhandels im sozialistischen Block).

44 Vgl. zur deutschen Sozialdemokratie Hecken, Versagen, 89–92; die Literatur zur Konsumkritik der Linken, insbesondere der Frankfurter Schule als ihrem intellektuellen Höhenkamm, ist umfangreich, hier begnüge ich mich mit dem Hinweis auf: Gasteiger, Konsument, 162–183.

45 Ausch, Wirtschaftsgeschichte, 270–278 (Artikel von 6.1., 13.1. u. 20.1.1957); ebenso argumentiert Klenner, Wie könnte, 32.

diese Weise die überlegene Vogelperspektive zumaß, zwar nachsichtige Sympathie; er rückte aber die privaten Konsumwünsche anschließend ins rechte Lot ihrer Bedeutungslosigkeit: „Nur ein paar Zigaretten täglich weniger und ein Viertel Wein da oder dort, die Cremeschnitte der Frau Gemahlin nicht zu vergessen“, und der Durchschnittshaushalt könnte kräftig einsparen, ohne dass es ihn schmerzen müsste. In den Händen des Staates würden es die Geldmittel jedoch erlauben, Elektrolokomotiven, Postautos und eben Wasserkraftwerke anzuschaffen. Als Metapher der Gemeinschaft fungierte die Familie. Die Rede vom Haushaltsgeld der „Familie Österreicher“ betraf in strategisch gezielten Gedankensprüngen mal die Vorstellung eines Durchschnittshaushalts, mal das Volkseinkommen oder den Staatshaushalt. Die Familie diente Ausch als wirtschaftsdidaktische Metapher, um komplexe ökonomische Zusammenhänge verständlich zu machen. Ihr ideologischer Preis oder Nutzen war die Integration sozialdemokratischer Forderungen in einen Mythos, der soziale, politische und ökonomische Bruchlinien überwölbte. Er begrenzte nach rechts und links das Denkmögliche durch die Vorstellung österreichischer Gemeinsamkeit.

Fritz Klenner gehörte zu den führenden Funktionären des Gewerkschaftsbunds, als dessen stellvertretender Generalsekretär er von 1956 bis 1959 fungierte.[46] Sein Berufsleben hatte er in den 1920er-Jahren als Bankangestellter begonnen.[47] Zu diesen Anfängen kehrte er insofern zurück, als er von 1963 bis 1972 das Amt des Generaldirektors der gewerkschaftseigenen Bank, der BAWAG, bekleidete. Auch in der sozialdemokratischen Partei spielte er eine wichtige Rolle. Er nahm an jener kleinen Gruppe von Personen teil, die das Programm der SPÖ von 1958 ausarbeitete. Das Akronym stand zwar noch für „Sozialistische Partei Österreichs“, doch das Ziel ihrer dominanten Eliten war es bereits, eine marxistische Arbeiterpartei zur linken Volkspartei zu transformieren.[48] Klenner war publizistisch überaus rege. Journalistisch wirksam wurde er dadurch, dass er 1945 die Redaktion der zentralen Gewerkschaftspresse und bald auch die Leitung der Verlage des ÖGB übernahm. Klenners Einfluss auf die sozialdemokratischen Zukunftsprojektionen entsprach ein ebensolcher auf die Geschichtspolitik der Arbeiterbewegung. Unter anderem legte er Anfang der 1950er-Jahre eine zweibändige Geschichte der österreichischen Gewerkschaften vor.[49]

Klenner war nicht zufällig eine der wichtigsten gewerkschaftlichen Stimmen, die 1950 eine große Protestbewegung gegen die Preis- und Lohnabkommen als Versuch der kommunistischen Machtübernahme denunzierten.[50] Die Sozialdemokratie

---

46 Zur Person Klenners (1906–1997): http://www.dasrotewien.at/klenner-fritz.html (Zugriff 3.5.2016); außerdem als umfangreiche Sammlung an Zeitungsartikeln von und über Klenner: Wien Bibliothek, Tagblattarchiv TP 024486.

47 Fritz Klenner, Mit Holzschuhen in die Schule, in: Der jugendliche Arbeiter, 1958, September, 10–13.

48 Wirth, Broda, 183–191.

49 Klenner, Gewerkschaften.

50 1951 publizierte Klenner die Materialsammlung *Putschversuch – oder nicht?* Vgl. Ludwig, Oktoberstreik; Autengruber/Mugrauer/Pellar, Oktoberstreik; Bilgeri, Oktoberstreiks; Streikkultur aus eiwar zur Sozialpartnerschaft gewillt und bereit deren Aushandlungsprozesse auch gegen streikende Arbeiter zu verteidigen. Ihre Politik legitimierte sie durch Orientierung an einem in Indexzahlen gegossenen Wirtschaftswachstum, das alsbald die außer Streit gestellten Fakten über den Fortschritt lieferte. In der Einleitung zu einer über 400 Seiten starken monografischen Gesellschaftsdiagnose dekretierte Klenner: „1937 = 100 oder 1938 = 100, das sind die Zauberformeln, auf Grund deren wir heute feststellen, daß die Wirtschaft um 50, 100, 150, 200 und da und dort gar um 250 oder 300 Prozent ihre Vorkriegsleistungen überschreitet."[51] In der Rede von einer „Zauberformel" manifestierte sich die für technokratische Eliten charakteristische Fetischisierung statistischer Artefakte. Diese Perspektive begünstigte eine Depolitisierung und ließ sich gut mit einer Naturalisierung der Gesellschaft zum nationalen Körper verbinden: Die Zahlen belegten laut Klenner, „daß wir eine lebensgefährliche Krankheit überstanden, unser Siechtum überwunden und neue, ungeahnte Lebenskraft entwickelt haben".[52]

1966 publizierte Klenner in einer schweren Krise der Partei die programmatische Schrift *Umdenken tut not*. Er wollte zu einer Weichenstellung in Richtung Mitte beitragen und erklärte: „Die Zauberformel für eine prosperierende Wirtschaft ist Produktivität, Steigerung der Ergiebigkeit der Wirtschaft."[53] Hier war es ihm nicht um ein statistisches Instrument zu tun, es ging nicht um die Magie der Evidenz, sondern er sprach von einer interessenpolitischen Strategie: Die Arbeiterschaft sollte am Produktivitätsgewinn beteiligt werden – nicht (viel) weniger, aber keinesfalls mehr. In der Lohnpolitik galt es, „die Konkurrenzfähigkeit der österreichischen Exportindustrie" nicht zu gefährden.[54] Die Gültigkeit der Zauberformel untermauerte Klenner ideengeschichtlich mit einem Zitat von Friedrich List, der in *Das nationale System der politischen Ökonomie* erklärt hatte: „Die Prosperität einer Nation ist nicht umso größer, je mehr sie Reichtümer anhäuft, sondern je mehr sie produktive Kräfte entwickelt hat."[55] Klenner vertrat auch selbst eine wirtschaftsnationalistische Perspektive: Ökonomie war Nationalökonomie und daher als Gemeinschaft zu betreiben, was von der Arbeiterschaft die Einsicht verlangte: „Wenn Österreichs Wirtschaft florieren soll, unsere Produkte sich auf dem Weltmarkt behaupten und wir ein besseres

---

ner emotionsgeschichtlichen Perspektive: Koller, Heulen; ders., Streiken im austrofaschistischen Ständestaat; einen Vergleich der schweizerischen und österreichischen Streikkultur unternahm Koller in seiner Monografie: Streikkultur. Die Oktoberstreiks 1950 setzten den Schlusspunkt in dem von Koller untersuchten langen Zeitraum von 1860–1950. Koller geht allerdings nicht auf jenes Ereignis ein, das am ehesten als schweizerisches Pendant des Oktoberstreiks gelten kann, den Landesstreik 1918. Diesem Ereignis hat die jüngere Forschung zur Schweizer Geschichte verstärkte Aufmerksamkeit gewidmet: Rossfeld/Koller/Studer, Landesstreik.

51 Klenner, Unbehagen, 8.

52 Ebd.

53 Klenner, Umdenken, 25.

54 Klenner, Wie könnte, 29; Betonung der Exportabhängigkeit von Österreichs Wirtschaft auch in Klenner, Umdenken, 47 f.

55 Klenner, Unbehagen, 25. Die Stelle findet sich im zwölften Kapitel von: List, System, 159.

Leben führen wollen, müssen wir wirtschaftlich denken."[56] Wirtschaftlich denken hieß Lohnzurückhaltung und Leistungswille. Die Bedeutung der im Nachkriegsösterreich so gewichtigen Verstaatlichten Industrie erblickte Klenner nicht in einem Vorgriff auf eine künftige Wirtschaftsordnung, sondern er argumentierte nationalkapitalistisch. Für eine Reprivatisierung existiere nicht genug heimisches Kapital, sie würde deshalb bloß „der Überfremdung der österreichischen Wirtschaft Vorschub" leisten.[57]

Klenners Ausführungen zur Ökonomie weisen aussagekräftige Berührungspunkte mit Schweizer Diskursen auf. „Überfremdung" war dort seit dem frühen 20. Jahrhundert ein Schlüsselbegriff, möglicherweise als Wortschöpfung sogar echte Schweizerware.[58] Der Begriff band Wirtschafts- und Bevölkerungspolitik in der Reaktion auf ein Szenario der Bedrohung durch das Fremde und die Fremden zusammen. Auch ist die Zauberformel als stehende Wendung nicht so sehr mit der österreichischen Politik assoziiert als vielmehr mit jener der Schweiz. Im westlichen Nachbarland bezeichnete die *formule magique* den 1959 eingeführten und über Jahrzehnte unverändert beibehaltenen Verteilungsmodus im Bundesrat. Er gestand der Sozialdemokratischen Partei zwei Bundesräte zu und zeigte ihre – subaltern bleibende – Integration in die Konkordanzdemokratie an. Auch im Kontext von Klenners Überlegungen verweist die „Zauberformel" auf die korporatistische Befriedung der Sozialdemokratie.

Für die Industriestaaten „der freien Welt" galt aus Sicht Klenners am Ausgang der 1950er-Jahre, sie seien „auf dem Wege zur Mittelstandsgesellschaft, wobei es hiefür gleichgültig ist, daß in ihnen eine kleine Gruppe reicher Kapitalisten immer reicher wird".[59] Der persönliche Reichtum spiele „eine immer geringere Rolle in der Welt", befand Klenner. Er sprach sich gegen Umverteilung aus: „Wenn man wenigen etwas nimmt, um vielen etwas zu geben, kommt nicht viel dabei heraus."[60] Hingegen kommt viel heraus, wenn man vielen ein wenig wegnimmt, auch wenn es die Vielen mehr trifft als die Wenigen. Daher befürwortete Klenner indirekte Steuern, die den Konsum belasteten. Er brach an diesem Punkt deklariert mit einer steuerpolitischen Linie, an der die Sozialdemokratie seit dem 19. Jahrhundert festgehalten hatte. Konsumabgaben waren als „Massensteuern" verfemt worden. Klenner lobte ihre Vorzüge: „Indirekte Steuern fallen weit weniger auf."[61] Hingegen warnte er vor zu starker Besteuerung der Einkommen, da sich sonst der Staatsbürger für Leistung bestraft fühle.

Konsumsteuern bildeten in der zweiten Hälfte des 20. Jahrhunderts einen wesentlichen und vergleichsweise wenig konjunkturanfälligen Teil des fiskalischen

---

56 Klenner, Umdenken, 41.
57 Ebd., 41.
58 Kury, Fremde, 42.
59 Klenner, Unbehagen, 345.
60 Klenner, Umdenken, 37.
61 Ebd., 47. Vgl. zur Steuerpolitik Tanner/Hürlimann, Mit Steuern steuern?, 14.

Rückgrats von Wohlfahrtstaaten.[62] Österreich stand aber in den 1960er-Jahren gemeinsam mit Frankreich an der Spitze, wenn es um den Anteil der Konsumsteuern am BIP ging.[63] Abgaben regressiven Charakters, die Mehrwertsteuer und die Sozialversicherungsbeiträge, bildeten in Österreich auch 1980, nach einem Jahrzehnt sozialdemokratischer Alleinregierung, nahezu unverändert den Hauptteil der Abgaben an den Fiskus. Österreich war und blieb so wie Deutschland ein in seinen Sozialleistungen ständisch fraktionierter Wohlfahrtsstaat, der seinen Ausbau maßgeblich der Nutzung von „unsichtbaren Steuern" verdankte.[64]

Klenner vertrat genau jene Position, die sein Parteigenosse Hindels als Illusion kritisierte: „Der aufgeklärte Kapitalismus der westlichen Industriestaaten hat seinen Frieden mit den sozialen Errungenschaften geschlossen."[65] Daher durfte die Sozialdemokratie ihren Frieden mit dem Kapitalismus schließen, zumal auch dieser unweigerlich einer systemübergreifenden Logik von Planung folgte. „Schließlich ist seit Keynes staatlicher Interventionismus salonfähig."[66] Demokratisierung der Wirtschaft als Gleichberechtigung im Wirtschaftsprozess sei nicht denkbar, das Ziel der Sozialdemokratie müsse „gleiche Berechtigung zum Aufstieg auf Grund von Leistung und Fähigkeit" sein. Im Ausbau des „Versorgungsstaates" sah er die Gefahr, „ein Faulbett behäbiger, selbstzufriedener Bürger" zu schaffen. Die Wirkung verdeutlichte er mit einem Gleichnis. In Grönland hätten sich die Polarfüchse in der Nähe von NATO-Stützpunkten an die „Nahrung von den überreichen Konservenabfällen" gewöhnt anstatt zu jagen. Sie wurden „fett und herzkrank und degenerierten".[67]

Es ging Klenner, wie dem Gewerkschaftsbund insgesamt, nicht um eine Umwälzung der Gesellschaft, sondern um die Beteiligung der Lohnempfänger*innen am Wohlstandsgewinn, um ihren Platz am „Tisch des österreichischen Volkes". Reichtum war nicht das Ziel: „Wir brauchen keine üppige, aber eine ausreichend gedeckte Tafel, an der niemand zu darben braucht."[68] Die Metapher des gedeckten Tisches verwies auf eine Alltagspraxis gemeinschaftlichen Essens, der die Erfahrung von Gleichheit, körperlicher und emotionaler Nähe konnotiert. Eine ähnliche Metaphorik hatte Engelbert Dollfuß 1933 in seiner Rede am Trabrennplatz eingesetzt. Er imaginierte in einer zentralen Passage das abendliche Suppenessen von Bauer und

62 Hürlimann/Tanner, Mit Steuern steuern?, 22 f. (den Befund von Kato, Regressive Taxation, referierend).

63 Österreich gehörte Mitte der 1960er-Jahre bereits zu den Ländern, die den höchsten Steueranteil am BIP aufwiesen. Unter 18 OECD-Staaten lag dieser Wert nur in Schweden höher und war maximal weit entfernt von der Schweiz, die zu den Ländern mit dem geringsten Abgabenanteil zählte. Daten für 1965 und 1980 bei Kato, Regressive Taxation, 9 f.

64 Ebd., 7 f.; Wilensky, New Corporatism.

65 Klenner, Unbehagen, 63.

66 Ebd., 364.

67 Ebd., 376 f.

68 Klenner, Wie könnte, 3 f.

Knecht als soziale Idylle.[69] Das Bild des für alle gleichermaßen gedeckten Tisches und des gemeinschaftlichen Essens diente dazu Ungleichheit zu verdecken – im kleinen sozialen Gefüge wie im gesellschaftlichen Großzusammenhang. Ein solches rhetorisches Ziel verwundert nicht bei einem katholisch-konservativen Bundeskanzler, der bereits zum Diktator mutiert war. Für Klenner als Vertreter des rechten Flügels der Sozialdemokratie erfüllte das Bild aber dieselbe Funktion. Die Vorstellung des Gewerkschafters war anders als jene von Dollfuß nicht einer bäuerlichen Lebenswelt verpflichtet. Doch auch sein alltagskulturelles Ideal, die proletarische Kultur der Arbeiterbewegung, gehörte mehr einer – zumindest in dieser Hinsicht – nostalgisch verklärten Vergangenheit an, als dass sie in die Gegenwart der Massenkonsumgesellschaft passte. Der Tisch war Ort von Gemeinschaft, nicht Träger üppigen Konsums, und das eine schloss das andere aus. Entweder Gemeinschaft oder Konsum. Klenners Einschätzung, wie viel genug ist, was „eine ausreichend gedeckte Tafel" ausmachte, mochte von dem differieren, was Dollfuß hierüber gedacht hatte. Die gewählte Metaphorik kreiste jedoch in beiden Fällen um die Vorstellung eines rechten Maßes, dessen Überschreitung bedrohlich war. Diese Bedrohung, nicht soziale Ungleichheit, absorbierte Klenners Aufmerksamkeit.

Der Wohlstandsgesellschaft stand Klenner kritisch gegenüber. Umstandslos griff er auf Zeitdiagnosen zu, die in sozialer Ungleichheit einen kulturellen Vorteil sehen wollten. An die Stelle einer Analyse politischer Ökonomie trat Kulturphilosophie. Zu seinen Gewährsleuten zählte José Ortega y Gasset, der in seinem *Aufstand der Massen* die Implikationen wachsenden Lebensstandards aus einer elitistischen Perspektive diskutiert hatte.[70] Klenner stützte sich außerdem auf einen christlichen Humanismus, für den Friedrich Heer und andere Autoren aus dem Umfeld der katholischen Wochenschrift *Die Furche* standen. Gehör fand auch ein Ökonom, der vor der „Fülle der Güter" als Quelle von „Unbehagen" warnte:[71] Wilhelm Röpke, der sich als „Sozialistenschreck" inszenierte und konsequent gegen Wohlfahrtsstaat und Gewerkschaften polemisierte.[72] Als wichtigster soziologischer Stichwortgeber fungierte Helmut Schelsky.[73] Mit seinen Begriffsprägungen reüssierte er in der öffentlichen Debatte der Bundesrepublik und erfuhr auch in Österreich eine breite Rezeption.[74] Vor 1945 war er ein begeisterter Nationalsozialist gewesen und ab den 1970er-Jahren trat er als konservativer Intellektueller auf, dazwischen galt er jedoch als Sympathisant der Sozialdemokratie.[75] Klenner teilte die Einschätzung, dass die Jugend der 1950er-Jahre eine „skeptische Generation" repräsentiere. Mit Schelsky

69 Vgl. Kühschelm, Erfahrung, 82.
70 Klenner, Unbehagen, 381.
71 Ebd., 382.
72 Mooser, Liberalismus, 141, 147, 151.
73 Vgl. zu Person und Werk Gallus, Schelsky; Wöhrle, Aktualität; Nolte, Ordnung, 235–273.
74 Kos, Horizontverschiebungen, 176.
75 Vgl. Dammann/Ghonghadze, Schelskys sozialdemokratische Konversion.

bangte ihm vor dem Kommen einer „sezessionistischen Generation“, die eine „Welle ‚sinnloser‘ Ausbruchsversuche“ bringen könnte.[76]

Für eine Partei, die den Kapitalismus nicht mehr herausfordern, sondern technokratisch bewältigen wollte, kam vor allem die Prognose, dass sich eine nivellierte Mittelstandsgesellschaft abzeichne, wie gerufen. In Klenners Schriften untermauerte dieses Konzept die Abkehr von der Utopie einer klassenlosen Gesellschaft. Er argumentierte wahltaktisch: „Der Wohlstandsbürger hat es nicht gerne, wenn scharf geschossen wird“, und man wolle seine Stimme trotzdem haben. Er empfahl, „daß man im Alltag den Begriff ‚klassenlos‘ überall dort, wo der Sozialismus salonfähig werden soll, vermeiden soll“.[77] Der Rat, den er an die Parteigenoss*innen richtete, umriss das Ziel mit Referenz auf die (groß)bürgerliche Kulturpraxis des Salons. Sie sollte an die Stelle einer proletarischen politischen Praxis treten. Klenners Wunsch „Ballast abzuwerfen“ ging ins Grundsätzliche. Mit Eduard Bernstein sah er es als Aufgabe der Sozialdemokratie, „das Bürgertum oder Bürgersein zu verallgemeinern“.[78]

Obschon Sozialdemokratie und Gewerkschaften eine ungleich stärkere institutionelle Position hielten als in der Schweiz, verengten auch in Österreich der Kalte Krieg, vor allem aber die Erfahrungen von Faschismus und Repression, die dem Boom der 1950er-Jahre vorauslagen, die Spielräume entscheidend. Das Ziel einer sozialistischen Transformation der Gesellschaft rückte nicht nur aus dem Bereich des Machbaren, sondern zunehmend aus dem des Sag- und Denkbaren.[79] An die Stelle eines Denkens von grundlegenden Alternativen trat *Das große Unbehagen* – so der Titel eines 1960 erschienenen Werks aus der Feder Klenners, aus dem ich wiederholt zitiert habe. Ein Unbehagen an der Massenkultur und die Identifikation mit der österreichischen Nation ersetzten die Kritik der politischen Ökonomie, deren Grundprobleme gelöst schienen.

5.3 „Nation von Konsumenten?“

Diese Frage stellte 1967 der Gewerkschaftsjournalist Kurt Horak als Zwischenüberschrift in seinem Beitrag zu einem Sammelband über die österreichische Nation. Es ging um die „schweigsamen Jungen“. Horak diagnostizierte, dass das Konsumieren zum Signum einer konformistischen Weltanschauung geworden sei. „Es gibt nur

76 Klenner, Unbehagen, 327–334.

77 Klenner, Umdenken, 54.

78 Ebd., 57.

79 Aus der Perspektive eines Historikers, den auch an einem austromarxistischen Theoretiker wie Otto Bauer vor allem dessen bürgerliches Sozialprofil fasziniert (vgl. Hanisch, Bauer), bemerkte Ernst Hanisch in seiner österreichischen Gesellschaftsgeschichte maliziös zu den Folgen des Organisierten Kapitalismus für Gewerkschaft und Sozialdemokratie: „Der Fluchtpunkt ‚Sozialismus‘ wurde von der SPÖ für die Sonntagsreden aufbewahrt.“ Hanisch, Schatten, 410.

Konsumenten und Nicht-Konsumenten. Und wer für voll gelten will, muß konsumieren"[80], zitierte er einen weiteren Gewerkschafter. Konkret war es Winfried Bruckner, der Redakteur der Zeitschrift *hallo* bzw. vormals *Der jugendliche Arbeiter*.[81] Im Konsumieren lag, darin waren sich die beiden Gewerkschaftsjournalisten einig, kulturell und politisch kein Heil für die Gesellschaft und auch nicht für die Nation.

Als erfreulich galt Horak daher das Ergebnis einer nicht näher datierten Befragung von 140 Jugendlichen in Gewerkschaftskursen, dass nur vier Prozent „das Traumland früherer Generationen, Amerika" als Vorbild für Österreich ansahen.[82] Bei dem geringen Anteil von Nennungen mochte die Dimension der USA, die Wucht ihrer militärischen und ökonomischen Macht eine Rolle gespielt haben. Die Kleinstaaten Schweiz und Schweden, von 53 bzw. 27 Prozent angeführt, lagen als Vorbilder nicht nur geografisch näher. Zudem könnten die Befragten verstanden haben, dass Teilhaber*innen an einer sozialdemokratisch orientierten Gemeinschaft die USA, den Inbegriff kapitalistischer Affirmation, nicht als Modell für Österreich anführen sollten. Schweden war hingegen ein sozialdemokratisches Sehnsuchtsland. Die Zahlen wären dann durchaus ein Beleg für erfolgreiche Sozialisation in einem gewerkschaftlichen Kraftfeld. Was sie mit der österreichischen Jugend insgesamt zu tun haben, bleibt freilich unbestimmt. Es ist retrospektiv aus dem Text von Horak auch nicht mehr bestimmbar. In einem Artikel, den Horak in *hallo* veröffentlichte, standen dieselben Werte 53 und 27 betreffend Schweiz und Schweden übrigens nicht für Prozentanteile, sondern für einen Anteil in absoluten Zahlen an der befragten Gruppe von 150 Personen.

Um wissenschaftliche Kommunikation über eine empirische Erhebung ging es Horak aber ohnehin nicht, sondern um die moralische Aufrüstung der Nation. Er propagierte dies namens der Sozialdemokratie als ein antifaschistisches und republikanisches Anliegen.[83] Das implizierte auch eine „Erziehungsaufgabe" an jenem „nicht unbeträchtlichen Teil der Jugend", der sich zu den Geschicken Österreichs „als neugierig-spöttischer oder auch leicht gelangweilter Zuschauer" stellte.[84] Er gestand den *schweigsamen Jungen* zwar zu, dass sie Österreich „mit großer Selbstverständlichkeit" als Nation betrachteten.[85] Die Einschätzung begleitete jedoch eine charakteristische Ambivalenz. Dafür wählte Horak ein Bild des Konsumierens als Metapher:

---

80 Horak, Die schweigsamen Jungen, 108, zitiert: Winfried Bruckner, Sittlich ungenügend?, in: hallo, 4, April 1965, nicht pag.

81 Bruckner fungierte ab Mitte der 1960er-Jahre auch als Chefredakteur der *Solidarität*, der Mitgliederzeitschrift des ÖGB, während Horak später unter anderem als Chefredakteur das publizistische Organ der Arbeiterkammer *Arbeit und Wirtschaft* leitete. Ein Nachruf: Sorz, Horak; zu Bruckner: wikipedia, https://de.wikipedia.org/wiki/Winfried_Bruckner (Zugriff 13.7.2016).

82 Horak, Die schweigsamen Jungen, 109 f.

83 Kurt Horak, Heim ins Reich?, in: Der jugendliche Arbeiter, Februar 1960, 27–29, hier 29.

84 Kurt Horak, Leicht gelangweilt, in: hallo, 4, April 1965, nicht pag.

85 Horak, Die schweigsamen Jungen, 109.

> Es wäre sicherlich ungerecht [...], die Einstellung dieses Teiles der Jugend [Arbeiter*innen] zu Österreich einfach mit der von Konsumenten zum Warenhaus zu kennzeichnen. Wie allerdings diese Einstellung aussehen wird, wenn einmal einige Abteilungen des Warenhauses geschlossen sind oder wenn gar der Ausverkauf da ist, wenn die Konjunktur – „das wesentliche Merkmal unserer Zeit" – zu Ende ist, das wagt der Verfasser dieser Zeilen nicht zu prophezeien.[86]

Die Passage macht es, isoliert betrachtet, nicht leicht zu entscheiden, ob die Leser*innen auf die Nation die Vorstellung eines Warenhauses applizieren sollten, um das Konzept der Nation in der Form eines metaphorischen Analogieschlusses zu verstehen; oder sollten sie anstelle einer solchen unidirektionalen Projektion das Warenhaus und die Nation als zwei gedankliche Ausgangsbereiche in einem neuen Bild verschmelzen, um deren Inhalte abzugleichen, die Widersprüche zu erkennen und die Vorstellung abzulehnen? Genau betrachtet wurden hier zwei metaphorische Prozesse ineinander verschränkt, deren Elemente Tabelle 12 aufschlüsselt.[87] Zunächst lud die Passage die Leser*innen ein, die Nation als Warenhaus zu imaginieren. Darauf sollte im zweiten Schritt die Einsicht folgen, dass die Nation dies nicht war, sondern etwas anderes, und zwar etwas von einem höheren moralischen Wert. Quell- und Zielbereich, das Warenhaus und die Nation, teilten denselben organisierenden Rahmen, den Kapitalismus. Das Warenhaus trat als Manifestation dieser sozioökonomischen Grundstruktur auf. Vorausgesetzt wurde, dass sich die Konsumentin gegenüber dem Warenhaus instrumentell verhielt. Sie war Zuschauerin des organisatorischen Aufwands, den die Verkäufer*innen und der Eigentümer zu tragen hatten, und Nutznießerin von Dienstleistungen, aber auch Objekt der Manipulation und der Herrschaft.

Horak hatte schon zuvor eine Erziehung problematisiert, die an das Konsumieren anstatt an die staatsbürgerliche Rolle heranführte. Es bedurfte daher keines besonderen Deutungsaufwands, um im Verhältnis von Konsument*innen und Warenhaus ein Gegenbild zu der Beziehung zu erblicken, die zwischen der Nation und ihren Bürger*innen bestehen sollte. Indem Kapitalinteressen die Konsument*innen vereinnahmten und eine „,Elite' von ,Gebildeten'" die Bürger*innen gängelten, depravierten sie die (Sprach)Gemeinschaft. Das Volk, konkret etwa der „burgenländische Bauarbeiter", formte eine solche. Das konnte man zwei Seiten später im Text erfahren. Der „burgenländische Bauarbeiter" hatte, so insinuierte Horak, national nichts gemein mit dem „Berliner Straßenarbeiter", da er eben keine Sprachgemeinschaft mit ihm bildete. Auf die Möglichkeit einer gemeinsamen Klassenlage, die aus marxistischer Sicht die wesentliche Frage hätte sein müssen, ging Horak nicht ein. Der „burgenländische Bauarbeiter" stand indes als Figur für eine der Arbeiterbewegung gemäße Nation. Die Sozialdemokratie hatte sie sich anverwandelt – oder sich ihr: Die „Partei der Arbeitenden" verkörpere den „österreichischen Nationsbegriff" stärker als die Konservativen. Die Vorstellung implizierte einen vom Kapitalismus

86 Ebd., 110.
87 Zum Warenhaus als Metapher der Gesellschaft vgl. Lindemann, Warenhaus, 45–65.

unterschiedenen sozioökonomischen Rahmen dieser sozialdemokratischen Nation. Diesen konkretisierte Horak aber bezeichnenderweise nicht, ja stattete ihn nicht einmal mit einem Namen aus.

Tab. 12: Die NATION ist (k)ein WARENHAUS – Mapping der Metapher

Aktanten	**Quelle**	**Zielbereich**	**Negation des Bildes = Staatsnation als eine politische Gemeinschaft**
Vorstellungsbereiche	Warenhaus⁺	Nation (Österreich)⁺	Nation (Österreich)⁺
Die NATION ist ein WARENHAUS ... nicht, sondern:			
Sozioökonomischer Rahmen	Kapitalismus⁺⁺	Kapitalismus⁺⁺	Sozialismus, Soziale Marktwirtschaft?
Akteur*in	Konsument*in	Bürger*in/Konationale*r	Bürger*in/Konationale*r
Handlung	Schauen	Zuschauen = Konformistisch sein⁺⁺	Engagierte Bürger*innen
Handlung	Kaufen⁺⁺	Staatliche Dienstleistungen in Anspruch nehmen	Politik als Staatsvolk gestalten
Akteur*in	Verkäufer*in	Staatliche Funktionsträger und Eliten⁺⁺	Staatliche Funktionsträger und Eliten
Handlung	Verkaufen/Werben = Manipulieren⁺⁺	Den Bürger bedienen	Erziehen [zur Nation Österreich]⁺⁺
	Eigentümer	Staatliche Funktionsträger und Eliten⁺⁺	Das einfache Volk[1] Staatliche Funktionsträger und Eliten?
Die NATION ist ein WARENHAUS			
Ort	Warenhausabteilung⁺	Wirtschaftsbranchen	
Akteur	Ausverkauf⁺	Konjunktur⁺	

⁺ In der Passage verbal realisierte Elemente; ⁺⁺ in anderen Teilen des Artikels verbal realisierte Elemente; [1] „burgenländischer Bauarbeiter"

Auf die Platzierung der Vorstellung, dass die Nation kein Warenhaus sei, folgte in der oben zitierten Passage unmittelbar eine Verwendung der Metapher, die in eine ganz andere Richtung wies: „wenn der Ausverkauf da ist..." Diese Wendung suchte zu vermitteln, dass eine auf materielle Zufriedenheit gebaute Nation auf einem prekären Fundament ruhe. Der Ausverkauf war ein kurzer Moment im Jahreslauf. Er versprach einen Höhepunkt des Konsumvergnügens, ging aber rasch vorüber. Auch die Konjunktur, verstanden als Synonym für hohes Wirtschaftswachstum, konnte kein Dauerzustand im Kapitalismus sein – selbst wenn das im Österreich der 1960er-Jahre fast so aussehen mochte. In diese Warnung konnten auch Konservative einstimmen, aber die Schlussfolgerungen explizierte Horak nicht. Der möglicherweise nur vorübergehende Gleichklang von Nation und Wohlstand hätte sich kritisch gegen die Vorstellung der Nationalökonomie wenden lassen anstatt gegen die Jugendlichen, denen bei schwacher Konjunktur die Loyalität zu Österreich abhandenkommen könnte. Davor aber schreckte die Sozialdemokratie in der langen Nachkriegszeit zurück. So entsprach es den Regeln des Diskurses, dass auch Horak an den Punkten, die Österreich als Bezugsrahmen zu sprengen drohten, nicht weiterbohrte. Das Ziel des Artikels wie des Sammelbands war es ja, einen konstruktiven Beitrag zur Nation zu leisten, nicht sie zugunsten anders gelagerter sozialer und politischer Leitideen zu dekonstruieren. Die rund um die Metaphorik des Warenhauses entfaltete Passage changierte zwischen Deskription und normativer Ladung. Sie ist gerade durch ihre Vieldeutigkeit und ihre Inkonsistenzen ein angemessener Ausdruck des Nationalen und der ihm eingeschriebenen, nicht auflösbaren Spannungen.

Abb. 24: Junge Männer helfen
Quelle: Abbildung zu Horak, Jugendbewegungen; Arbeit und Wirtschaft 19/11 (1965).

In die Perspektive eines zwiespältigen Verhältnisses von Konsum und Nation war – ‚natürlich' – eine Geschlechterpolitik eingeschrieben. Das Warenhaus als Ort weiblicher Verführung und somit als Symbol einer Manipulation der Konsument*innen, vor allem aber der Konsumentinnen, gehörte seit dem Aufkommen dieser Vertriebsform im 19. Jahrhundert zu den prominenten Topoi der Konsumkritik.[88] „Die Käuferin gerät, wenn sie das Warenhaus betritt, in einen Zustand beschwingter Trunkenheit“, wusste der kommunistische Intellektuelle Ernst Fischer.[89] Er zählte ebenso zu den Mahnern gegen die konsumistische Verführung wie zu den frühen Propagandisten einer eigenständigen österreichischen Nation. Die Frau im Warenhaus, das war die kapitalistische Version von Alice hinter den Spiegeln, wie Fischer mit bildungsbürgerlichem Elan warnte. Es war außerdem der Traum einer – bei entsprechender Kaufkraft – beliebigen Verfügbarkeit von Gütern. Somit handelte es sich beim Warenhaus um einen Ort, der sich den Konsumentinnen zur egozentrischen Wunscherfüllung antrug, anstatt gemeinschaftliches Engagement für seine Gestaltung zu ermöglichen und zu fordern.

Abb. 25: Mädchen kreischen hysterisch
Quelle: Abbildung zu Horak, Jugendbewegungen; Arbeit und Wirtschaft 19/11 (1965).

Wie man(n) es drehte, aus dem Warenhaus ließ sich keine Metapher gewinnen, die Frauen eine konstruktive Rolle im Rahmen der Nation zuwies. Diese konstruktive Rolle war dem produzierenden Mann vorbehalten, zu dessen Archetypen der kraftstrotzende Arbeiter bei der Verrichtung physisch anstrengender Tätigkeit zählte. Die Illustrationen zu einem weiteren Aufsatz von Horak machen dieses Gendering deutlich, das die Arbeiterbewegung mit der patriarchalen Nation verband (Abbildungen 24 und 25). Eine Doppelseite zeigte zur Linken männliche Jugendgewerkschafter, die bei den Bauarbeiten eines Kinderdorfs im Burgenland als unbezahlte Helfer mit anpackten. Ob Zufall oder nicht, hier begegnet uns neuerlich der „burgenländische Bauarbeiter“ als Vertreter des einfachen, aber gesunden Volkes. Zur Rechten sahen

88 Der locus classicus ist Emil Zolas *Paradies der Damen*. Aus der Fülle der Literatur vgl. neben den weiter oben bereits zitierten Werken auch König, Konsumkultur, 92–124.
89 Fischer, Probleme, 87.

die Leser*innen hingegen eine weibliche Verirrung: „Massenhysterie junger Mädchen (Beatle[sic!]-Fans)."[90]

Die historische Rekonstruktion der Nationalisierung des österreichischen Kleinstaates fokussiert häufig auf die konservative Feier von Hochkultur, Landschaft und Tradition. Das ist ein Fehler, denn Österreich war nach 1945 noch mehr die Vision eines Lebensstandards, den der Nationalstaat garantieren sollte. In der Thematisierung des Konsumierens und seiner Ambivalenzen spielte die Sozialdemokratie eine zentrale Rolle. Sie beteiligte sich an der Verklammerung von Konsum und Nation in einer Weise, die der Stabilisierung der marktwirtschaftlichen bzw. kapitalistischen Ordnung als Eingliederung in den ‚Westen' diente. In den 1950er- und 1960er-Jahren propagierte die Sozialdemokratie vor allem den freiwilligen Konsumverzicht (das Sparen) und noch mehr den erzwungenen Konsumverzicht (die Besteuerung), beides im Dienste der gemeinsamen Zukunft. Sie stellte nicht mehr die Arbeiterklasse, sondern Österreich als Gemeinschaft in den Blickpunkt. Die Praktiken des Konsumierens wurden in einer Überschneidung von Gender, Klasse und Alter als ein nationales Problem behandelt, den Fokus der Beunruhigung bildeten immer wieder Arbeiterschaft, Jugendliche und junge Frauen. Einem konservativen Österreichbild glorifizierter Knappheit, wie es einst das Dollfuß-Schuschnigg-Regime propagiert hatte, trat aber mit zunehmender Überzeugungskraft die Verheißung eines Wohlstands entgegen, an dem alle Anteil haben würden.

1970 siegte die SPÖ in den Nationalratswahlen mit der Aussicht auf ein „modernes Österreich". Die Wahlwerbung repräsentierte dieses Versprechen u. a. durch ein Sujet, das eine Frau mit wohlgefülltem Einkaufskorb im Supermarkt zeigte. Eine SPÖ-Regierung – „Männer, die die Probleme lösen" – werde für „steigende Kaufkraft", „Freude" und „Spaß" beim Einkaufen sorgen.[91] Um hedonistischen Konsum ging es nicht, der Spaß war patriarchal eingefasst. Das Wahlsujet setzte auf die normative Idee der Hausfrau, die ihre Freude darin finden sollte, für die Familie einzukaufen[92] – und die über die Liebe für Mann und Kinder zu jener für die Nation finden würde.

90 Horak, Jugendbewegung.
91 Wahlinserat der SPÖ, Wählen Sie das moderne Österreich, 1970.
92 Vgl. Miller, Theory of Shopping.

Teil III: Medien nationaler Gemeinschaft und ihre Adressat*innen

Überblick

Teil II hat das Hauptaugenmerk darauf gerichtet, wie miteinander verflochtene propagandistische und wirtschaftspolitische Diskurse die Rolle des Konsumierens für die nationale Wirtschaft inszenierten. Er endete mit der Frage nach einer „Nation von Konsumenten", die zu denken aus konservativer und sozialdemokratischer Perspektive ein Widerspruch schien: Die Nation war kein Warenhaus und die Bürger*innen sollten sich daher nicht als Konsument*innen verstehen, die dem besten Angebot nachjagten, sondern als kulturelle Gemeinschaft, die eine demokratische Republik trug. Teil III wird nun die Medien von nationaler Gemeinschaft, verstanden als hegemoniales Projekt, und ihre Adressat*innen in den Mittelpunkt stellen. Gegenüber Teil II werden mediale Dispositive und Praktiken, die einer Inkorporierung des Nationalen dienten, noch stärker in den Vordergrund treten: zum einen das Plakat, die Satirezeitschrift und die Jugendzeitschrift; zum anderen der Ausstellungsbesuch, der Aufsatzwettbewerb für Schüler*innen und die didaktischen Mittel, die rund um diesen Bewerb eingesetzt wurden.

Die Medien und Praktiken in ihrer Spezifik sind hier wichtiger als eine Doppelung entlang einer Spiegelachse Österreich-Schweiz. Nur zwei Kapitel sind komparatistisch angelegt: am markantesten die Beschäftigung mit den Plakaten der Schweizerwoche und der Kampagne „Kauft österreichische Waren". Auch die Aufsatzwettbewerbe eröffnen Vergleichsperspektiven, wobei die Bewerbe zeitlich gegeneinander verschoben sind. Die Schweizerwoche gab in den späten 1950er-Jahren ihren lange gepflegten Aufsatzwettbewerb auf – genau zu dem Zeitpunkt, als man im Nachbarland begann, im Rahmen der Österreichwoche Schüler*innen wirtschaftspatriotische Themen behandeln zu lassen.

Der Analyse von Buy-National-Satire in der Schweiz steht keine äquivalente Behandlung von Karikaturen und Witzen aus Österreich gegenüber. Lehrlingsmagazine zieht die Studie wiederum nur aus Österreich, nicht aber aus der Schweiz heran. Die Fehlstellen sind indes keine zufälligen und verraten etwas über die jeweilige nationale Gemeinschaft. Der *Nebelspalter* hatte in Österreich kein Pendant, jedenfalls keines von nur annähernd vergleichbarer Bedeutung für den publizistischen Diskurs. Es gab diesen Ort des Sprechens nicht: die satirische Affirmation einer liberalkonservativen Bürgerlichkeit, die ein erfolgreiches hegemoniales Projekt verkörperte. Dieses Projekt wird daher – wie schon in früheren Teilen der Studie – anhand der Schweiz konturiert werden.

Hingegen war das seit 1949 erscheinende Lehrlingsmagazin *Wir und unsere Welt*, in Relation zur Schweiz betrachtet, ein für Österreich spezifischer Ort – erstens wegen der Institution, die das Blatt herausgab: die Bundeswirtschaftskammer, die seit 1958 auch Österreichwochen organisierte. Zwar erschienen in der Schweiz eben-

https://doi.org/10.1515/9783110701111-015

falls Lehrlingsmagazine[1], doch das unübersichtliche Gefüge aus Interessenverbänden zeigte nicht die vom Zentralstaat ausgehende und auf ihn zulaufende exakte institutionelle Spiegelung von Arbeitnehmer- und Unternehmerverbänden: in Industriellenvereinigung und Gewerkschaftsbund, Wirtschaftskammer und Arbeiterkammer. *Wir und unsere Welt* war das Gegenüber des vom Gewerkschaftsbund herausgegebenen Blatts *Der jugendliche Arbeiter*. Die österreichische Bundeswirtschaftskammer vermittelte in ihrer Zeitschrift den auszubildenden Arbeitnehmer*innen, wie ihre Welt aussah und vor allem wie sie aussehen sollte. Die Eliten betrieben das *nation building*, die Arbeit an einer Nation, die sich auf den Kleinstaat Österreich bezog. Zugleich bewegte sich dieser Staat auf einen gesellschaftlichen Zustand hin, als dessen Signaturen die zeitgenössischen Akteur*innen die breite Verteilung von Wohlstand und die Kopplung von Massenproduktion mit Massenkonsum wahrnahmen. Das macht auch die Lehrlingsmagazine interessant und verweist außerdem im Vergleich zur Schweiz auf ein zweites Spezifikum ihres Kontexts. In der Schweiz verbanden sich zwar in der zweiten Hälfte des 20. Jahrhunderts das Konsumieren und die Nation ebenso unter dem Signum von Kühlschrank, PKW-Besitz und Fernsehgerät.[2] Der Prozess ratifizierte eine in den späten 1930er-Jahren begonnene Einbeziehung der Arbeiterschaft, doch ging ihr eine bürgerliche Nation voraus. Anders als in Österreich war diese bereits zu Beginn des 20. Jahrhunderts fest etabliert.

Die Studie hat schon vielfach angesprochen, dass konsumpatriotische Propaganda Frauen als wichtigste Zielgruppe auffasste. In diesem Teil des Buches spürt das dritte Kapitel der Frage nach, wie sich nationalisierende Werbung und Buy-National-Propaganda in den 1920er- und 1930er-Jahren ein ‚Wissen' über Frauen als Adressatinnen ihrer Botschaften zurechtlegte. Auch was als empirische Beobachtung auftrat, war überwiegend ideologische Gewissheit. Als eine geeignete Form, sich an Konsument*innen zu wenden, galt die konsumpatriotische Moralpredigt. Sie adressierte nicht nur Frauen, aber in der Kumulierung von Attributen, die eine Vermutung der Nachlässigkeit oder Sündhaftigkeit ergaben, hatte das Kriterium ‚weiblich' besonderes Gewicht. In einer bei einem österreichischen Preisausschreiben eingereichten „Kapuzinerpredigt", mit der sich ein Abschnitt des dritten Kapitels befasst, zeigen sich neuerlich Kontinuitäten und Verbindungen zu Diskursen der Frühen Neuzeit: konkret zu Luxusdiskursen und zur religiös aufgeladenen Invektive gegen Genuss und Freude an Dingen, die als nicht überlebensnotwendig galten.

Als Zielgruppe nationalisierender Rhetorik rücken im vierten und fünften Kapitel Kinder und Jugendliche in den Fokus. Sie sollten der Nation eine Zukunft geben. Sie auf einen patriotischen Konsum einzuschwören war daher ein wesentliches An-

---

1 Z. B. im selben Zeitraum: *Der Lehrling. Organ zur Förderung der Ausbildung und Ertüchtigung der Lehrlinge in den metallverarbeitenden Berufen*, 1949–1981 vom Schweizerischen Metall- und Uhrenarbeitnehmer-Verband herausgegeben; *Der Jungkaufmann. Schweizer Monatsschrift für die kaufmännische Jugend*, 1932–1969 vom Schweizerischen Kaufmännischen Verein herausgegeben.

2 Vgl. Andersen, Und so sparsam; Buomberger/Pfrunder, Schöner leben; vor allem aber Brändli, Supermarkt.

liegen von Buy-National-Propaganda. Deutlich wird zudem hervortreten, wie sich die Propagierung eines nationalbewussten Konsums mit der Aufforderung verzahnte, als gute Patriot*innen nicht nur einen Beruf auszuüben, sondern die Eingliederung in den nationalen Produktionsapparat als Berufung zu erkennen. Die Arbeiterschaft und die Jugendlichen, insbesondere aber die Jugendlichen aus der Arbeiterschaft, waren ein Quell der Sorge in hegemonialen Diskursen. Der Vorwurf lautete, dass die Jugendlichen falsch konsumierten, ausländisch und Schund, und dass sie zu wenig Bereitschaft zeigten, durch Arbeitsfleiß ihren Teil zum nationalen Aufbau beizutragen. Diese Beunruhigung sprach aus dem Lehrlingsmagazin der Bundeswirtschaftskammer, doch – wie wir bereits gesehen haben – wurde sie auch von Funktionär*innen der Arbeiterbewegung geteilt.

1 Patriotischer Konsum im Medium des Plakats

1.1 Ein Notplakat – von den Grenzen des Sag- und Zeigbaren

Hans Bauer, der Wirtschaftsredakteur der National-Zeitung, zeigte sich empört. Stein des Anstoßes war ein Plakat, das der Schweizerwoche-Verband landesweit hatte affichieren lassen – als Reaktion auf die Wirtschaftskrise, die sich 1931 auch in der Schweiz vehement bemerkbar machte. Die größte Basler Tageszeitung unterstützte gerne das Anliegen der Schweizerwoche, doch nun drängte es Bauer, vor einem „verfehlten Pessimismus“ zu warnen. Das „Elendsplakat“ lehnte er ab.[1] Tatsächlich malte der Schweizerwoche-Verband hier in düsteren Farben (Abb. 26).

Abb. 26: „Notplakat“ der Schweizerwoche, 1931
Quelle: Schweizerwoche-Verband, Jahresbericht 1932, 15.

Das im expressionistischen Stil gehaltene Sujet zeigt einen Mann, dessen zusammengesunkene Haltung angstvolle Sorge ausdrücken soll. Daran lässt die Headline keinen Zweifel. In fahrigen Großbuchstaben verkündet sie „Not im Land“. Der Mann ist die Personifizierung dieser territorial umrissenen Not oder umgekehrt ist diese

1 National-Zeitung, 13.10.1931. zit. nach Oberer, Armbrust, 36 f.

Das Kapitel ist die geringfügig veränderte Fassung eines bereits publizierten Aufsatzes: Kühschelm, Sagen, Zeigen, Tun.

https://doi.org/10.1515/9783110701111-016

die Verallgemeinerung seiner Situation. Seinen Blick richtet er frontal auf die Betrachter*innen. Imperativisch erhebt der Mann bzw. das Plakat die Forderung: „Schaffet Arbeit. Kauft Schweizerware." Dass wir es mit einem Arbeiter oder noch präziser mit einem Industriearbeiter zu tun haben, wird durch die rechts neben der Figur sichtbare Fabriksilhouette nahegelegt. Aus dem Schornstein raucht der Schriftzug „Schweizerwoche". Zehn Jahre zuvor, in der auch für die Schweiz schwierigen Zeit nach dem Ersten Weltkrieg, hatte ein Plakat des Schweizerwoche-Verbands dieselbe Botschaft transportiert: „Arbeitslosigkeit führt zu Landesunglück. Schafft Arbeitsgelegenheit! Volksgenossen: Kauft Schweizerprodukte!"[2] Das „Elendsplakat" von 1931 war somit nicht ohne Präzedenz, wenn es versuchte, Angst vor Verelendung anzusprechen. Trotzdem stieß es auf zum Teil heftigen Widerspruch,[3] unüblich für eine Affiche des Verbands. Unüblich war das in Rede stehende Plakat aber eben auch durch den negativen Tonfall, der aus dem in den 1920er-Jahren gesteckten Rahmen fiel bzw. diesen zu verschieben drohte. Eine „Sonderaktion", so der Tätigkeitsbericht des Verbands, stellte es außerdem hinsichtlich des intendierten Gebrauchs dar. Die vom Verband ausgegebenen Plakate waren ansonsten für die Verwendung in Schaufenstern konzipiert.

In der Schweiz gab eine Kommunikationsstrategie, die auf dem Menetekel Arbeitslosigkeit beruhte, Anlass zu kontroverser Diskussion. Im benachbarten Österreich traf das nicht zu. Vielmehr war eine solche Strategie für die Kampagne „Kauft österreichische Waren" eine Selbstverständlichkeit. Der Tätigkeitsbericht für 1927/28 vermerkte, dass aus einer Reihe verschiedener Plakate zwei besonderen Anklang gefunden hätten: Eines zeigte eine amorphe Masse von Personen, die sich gegen den Horizont ins Unendliche verjüngt. „140.000 Arbeitslose wollen Arbeit", lautete die Schlagzeile. Das zweite, ein reines Schriftplakat, erläuterte: „Für 165 Schilling im Jahre kauft jeder Österreicher vom Auslande ein. Um 165 Schilling wird jeder Österreicher im Jahr ärmer. Wer nicht arm werden will", der kaufe heimische Waren.[4]

Das „Notplakat" ist offensichtlich relevant, um die Grenzen des Sagbaren im Rahmen eines Diskurses auszuloten, der auf die patriotische Zurichtung des alltäglichen Einkaufs fokussierte. In den Mittelpunkt stelle ich hier zwei begrenzte Korpora an Texten, nämlich Plakate zur Schweizerwoche und jene der Arbeitsgemeinschaft

2 SWA, PA486, B 83, W. Ammann, Vortrag über die „Schweizerwoche", Typoskript, Zürich 1921, 19. Über die optische Gestaltung des Plakats ist dem Verfasser nur bekannt, dass ein „sprechendes Bild" die verbale Botschaft begleitet habe: Hermann Frey, 10 Jahre Schweizerwoche, in: Schweizerwoche-Jahrbuch. Schweizer Art und Arbeit, Zürich 1927, 17–20.

3 So wurde das Plakat von Werbefachleuten heftig kritisiert. Die Zeitschrift des Schweizerischen Reklame-Verbands hielt unter dem Titel „Unpsychologische Reklame" fest: „Alle sind einig: Es handelt sich hier um ein Musterbeispiel dafür, wie man es nicht machen soll." Schweizer Reklame Nr. 5, Dezember 1931, 160.

4 WKW E 27.468/3, Faszikel Jahresberichte, Tätigkeitsbericht für die Zeit von 5. Dezember 1927–23. Oktober 1928, 1; die Plakate: Wien Bibliothek, Plakatsammlung, P 8706 („140.000 Arbeitslose"); P 119.514 („Für 165 Schilling").

„Kauft österreichische Waren". Es gilt die medial spezifische bimodale (verbale und visuelle) Kommunikation zu erfassen und in der Interaktion mit der Buy-National-Propaganda als weiterem Kommunikations- und Handelszusammenhang aufzuweisen. Sich mit der Aussageform und ihren Implikationen für die Sinnkonstituierung auseinanderzusetzen heißt, ins Detail zu gehen. Das wird erkennbar machen, worin sich zwei historische Diskurse unterscheiden, die nur aus der Ferne betrachtet vom selben reden. Diskurse organisieren sich um Themen, hier den patriotischen Einkauf und seine Bedeutung, aber dasselbe Thema ergibt – das wird die Gegenüberstellung der österreichischen und Schweizer Diskursfragmente zeigen – nicht einen in jeder Hinsicht gleichartigen Raum möglicher Aussagen.

Technische Innovationen brachten seit dem 19. Jahrhundert eine Visualisierung der Medienkultur.[5] Daher setzte persuasive Massenkommunikation in immer höherem Ausmaß auf materielle Bilder, um sprachliche Bildlichkeit, Metaphern und Idiomatik zu ergänzen oder zu substituieren. Materielle Bilder sind – so die Werbeforschung – sprachlichen Kommunikaten in puncto Wahrnehmungsgeschwindigkeit, Emotionalität und Gedächtniswirkung überlegen.[6] Dass man Bilder braucht, wenn man das ‚Volk' erreichen will, ist aber alles andere als eine neue Idee. Eine bildlose Kampagne für den patriotischen Einkauf war gar nicht denkbar, so sie sich an die Konsument*innen richten sollte.

Kann die Einbeziehung der materiellen Bilder in die Analyse einen Mehrwert gegenüber der Beschränkung auf verbale Texte bringen? Bei der Befassung mit Werbung und Propaganda lässt sich die Frage in die Befürchtung umkehren, dass ohne Berücksichtigung visueller Kommunikation Erkenntnislücken wahrscheinlich sind. Ich gehe daher in der Analyse des Zusammenspiels von Bild und Sprache von einem Begriff von Text oder besser Textualität aus, der sich nicht an verbale Kommunikation bindet. Die Brücken zwischen Bild und Sprache sind methodologisch mindestens so wichtig wie die Gräben: Metaphern kann man als sprachliche Bilder verstehen, wie umgekehrt Sprache maßgeblich in visueller Wahrnehmung verankert ist, weil abstrakte Zusammenhänge erst durch metaphorische Projektion aus verkörperter Erfahrung denkbar werden.[7] Materielle Bilder ohne Verbindung zu sprachlichen Texten sind deshalb auch selten.[8]

Die Urheber der Propaganda für patriotischen Einkauf bemühten sich um ein Zusammenspiel von visuellen und verbalen Texten, das erstere in enger Abhängigkeit von letzteren hielt. Die Sujets selbst beinhalteten nicht nur mehr oder minder ausführliche sprachlich verfasste Botschaften. An die Rezeption sollten sich auch verbale Praktiken anschließen, die auf eine Verwertung und Einhegung des Gesehe-

5 Faulstich, Medienwandel.

6 Kroeber-Riel, Bildkommunikation.

7 Lakoff/Johnson, Philosophy.

8 Wenngleich sie in Abhängigkeit von der *visual literacy* der Rezipient*innen möglich sind. Stöckl, Sprache, 280–282.

nen zielten. „Was sagt mir das Schweizerwoche-Plakat?“, lautete ein Themenvorschlag für die Aufsätze, die Lehrer*innen aus Anlass der Schweizerwoche ihren Schüler*innen aufgeben sollten.[9] Aus Sehen sollte Sagen und Schreiben werden.

Wenn man davon ausgeht, dass sprachliche Zeichen das Bild festlegen können, indem sie die Semantisierung des visuell Gegebenen in die verbal artikulierte Richtung lenken, so bleibt freilich offen, wie gewichtig die überschießenden Bedeutungen des durch Sprache gezähmten Bildes sind; wie sehr also die ‚ikonische Differenz‘ für die Analyse relevant ist. Es ist denkbar, dass Headline und Copy eines Plakats dasselbe wie das Bild mitteilen; ebenso aber, dass sie unterschiedliche Dimensionen derselben Kernbotschaft artikulieren oder gänzlich anders gelagerte Bedeutungen nahelegen. Um das Zusammenspiel von Bild und Sprache in der Werbung analytisch aufzulösen (bzw. für die Werbepraxis gestaltbar zu machen), wurden differenzierte Typologien entwickelt.[10] Eine Schlüssigkeit im Sinn des formulierten Ziels der persuasiven Kommunikation, so dieses aus vorgelagerten oder begleitenden Diskursen bekannt ist, kann man allerdings nicht voraussetzen – weder für das einzelne Artefakt noch für die Kampagne, die eine über längere Dauer erstreckte Häufung von werblichen Artefakten ist. Die textuelle Kohärenz des werblichen Artefakts für ein unproblematisches Faktum zu halten würde bedeuten, der Werbung als Sozialtechnologie die Fähigkeit zu einer vollkommenen Steuerung der Kommunikation – und somit wesentlich der Rezeption – zuzumessen. Die Aufmerksamkeit fürs Detail hilft, die Texte nicht exklusiv vom Ziel seiner Auftraggeber*innen her zu verstehen. Es hindert auch daran, den Diskurs als ein Ganzes zu denken, in dem alle ihm zuzurechnenden Aussagen nach Art von These und Gegenthese dialektisch aufgehoben sind. Allzu leicht lässt sich eine Definition des Diskurses als Ordnung mit Regeln,[11] die es ermöglichen, Aussagen zu generieren, und mit Kontrollinstanzen, die andere verhindern, in Vorstellungen von Zwangsläufigkeit überführen.

Wie groß der potentielle Erkenntnisgewinn aus einer Analyse zu sein verspricht, die verschiedene Zeichenregister berücksichtigt, hängt auch davon ab, wie sich die formulierten Botschaften über verschiedene Modi und Medien verteilten. In den 1920er- und 1930er-Jahren standen verbale, visuelle und akustische Modi, als Medien das Zeitungsinserat, Plakat, Diapositiv, Film und Radio zur Verfügung; abseits der massenmedial basierten Kommunikation auch der direkte Kontakt mit den Konsument*innen durch Vortragsveranstaltungen und Hausfrauenberatung. Wie schwerwiegend die Lücken sind, die sich aus der Konzentration auf verbale, meist schriftliche Quellen ergeben, hängt davon ab, ob über alle für die jeweilige Kampagne eingesetzten Medien die immer selbe Botschaft zu senden versucht wurde; ob außerdem innerhalb eines Mediums die im jeweiligen Artefakt gebündelten Modi der Kommunikation parallel liefen. In den hier betrachteten Plakatserien wird z. B.

9 Schweizerwoche-Verband, Jahresbericht 1949/50, 11.
10 Janich, Werbesprache, 188–197; Stöckl, Werbekommunikation; Gaede, Wort.
11 Vgl. Foucault, Ordnung des Diskurses.

auffallen, dass ein Teil der österreichischen Sujets die Freuden des Shoppings inszeniert, wozu in den verbalen Aussagen jede Entsprechung fehlte. Obwohl aber die Losung „Kauft österreichische Waren" und die visuelle Einladung zu hedonistischem Konsum in gegensätzliche Richtungen weisen, interagierten sie durch die im Plakat hergestellte räumliche Nähe.

Welche inhaltlichen Schlussfolgerungen daraus gezogen wurden, ob auf Seiten derjenigen, die mit dem Plakat eine Botschaft formulieren wollten, oder auf Seiten der Rezipient*innen ist nicht eindeutig. Zunächst einmal muss die räumliche Kontiguität von gestalthaften Formen, zu denen auch Schriftelemente gehören können, überhaupt als Opposition verstanden werden. Trifft das zu, ist immer noch offen, welches Gewicht die jeweils implizierten Aussagen haben; ob sie weiterhin als kontradiktorisch interpretiert werden und sich somit nur unter Löschung von einer der beiden zu einem Ganzen zusammenfügen; oder ob die Präsenz eines kontrastierenden Elements die Aussage des anderen schwächt bzw. mildert; oder ob beide in eine qualitativ neue Synthese überführt werden. Stechen einem der Befehl zum patriotischen Kauf und die Einladung zum Einkaufsgenuss als Gegensatz ins Auge? Oder wird die im verbalen Diskurs dominante Pflicht durch die Kombination mit dem nur visuell gegebenen Vergnügen bekömmlicher gemacht? Oder werden beide Elemente zu einem Hybrid zusammengezogen, das auf eine Synthese nationalisierten Konsums vorausweist, die nach 1945 die *imagined communities* westeuropäischer Gesellschaften auf eine neue Basis stellte?

Wodurch ist, um auf das „Notplakat" zurückzukommen, gesichert, dass die Fabriken, die durch den auf dem Schweizerwoche-Plakat rauchenden Schlot Aktivität anzeigen, die Lösung für das Elend des Arbeiters repräsentieren sollen? Man kann argumentieren, dass das Links-Rechts-Schema der Platzierung von Arbeiter und Fabrik parallel zu der für deutschsprachige Texte üblichen Leserichtung visuell eine Thema-Rhema-Abfolge herstellt.[12] Ausreichend ist dieser Hinweis nicht, weil eine visuelle Syntax zwar gewisse Semantiken nahelegen mag, mehr aber nicht. Der Sprung von der grammatikalischen oder logischen Form zum Inhalt gerät unweigerlich zu kurz.[13] Diskursanalyse will Regelmäßigkeiten beobachten, um ein Instrumentarium zu bieten, das sich vom Vertrauen in eine Fähigkeit des ‚Verstehens' distanziert. Der Hermeneutik entkommt sie dennoch höchstens ein Stück weit,[14] selbst wenn sie ihr Repertoire über den sprachlichen Kommunikationsmodus hinaus erweitert. Um die Lücke zwischen Formen und Inhalten zu schließen, muss sich die historische Diskursanalyse außerdem auf die Erarbeitung von ‚Kontexten' und Praktiken einlassen, methodisch durchaus prekär, denn überwiegend sind auch diese nur als verbale Texte zugänglich.

---

12 Kress/van Leeuwen, Reading Images, 179–185.

13 Wie die Geschichte von Anspruch und Scheitern analytischer Sprachphilosophie lehrt: Bertram u. a. Welt.

14 Sarasin, Geschichtswissenschaft, 29 f.

Die Beziehung zwischen Sprache und Bild ist somit nur ein – wichtiger – Aspekt einer umfassenderen Aufgabenstellung für die historische Rekonstruktion werblicher Kommunikation. Selbst das einzelne Artefakt erweist sich in dieser Hinsicht rasch als höchst komplex. So sind weder das „Notplakat" noch die „140.000 Arbeitslosen" ‚nur' Bilder. Sie kombinieren in für Werbung typischer Weise visuelle und verbale Kommunikation, letztere in schriftlicher Form. Ihr Sinn konstituierte sich zudem auch durch die Handlungen, in die sie eingespannt wurden. Die Analyse muss sich daher eine praxistheoretische Dimension erschließen.[15] Die Praktiken waren semiotischer Art, insofern die Plakate verbale Äußerungen anstoßen, wie sie die Produktion, Verbreitung und Rezeption des Artefakts vorbereiteten und begleiteten. Ein kleiner Teil dieser Äußerungen, primär aus den Reihen der Organisatoren der Kampagnen, dann auch aus journalistischen Medien wie die Empörung des Herrn Bauer ist zugänglich. Materiale Handlungen[16] – u. a. wie die Plakate typischerweise aufgehängt wurden oder werden sollten – spielten aber keine geringere Rolle. Die Integration in die Praxis der Schaufensterdekoration stellte andere inhaltliche und formale Anforderungen als das Affichieren auf öffentlichen Plätzen; oder als die Platzierung in der ‚Tram', der Straßenbahn, die das kleine längliche Format vieler österreichischer Plakate vorsah.

Seit 1917 gab der Schweizerwoche-Verband jedes Jahr nach den immer selben Parametern ein offizielles Plakat aus.[17] Nur 1935 kam es aufgrund eines Konflikts mit dem Detaillistenverband zu einer Unterbrechung. Die Quellenlage ist günstig. Bis 1960 sind die Plakate im Schweizerischen Wirtschaftsarchiv vollständig überliefert. Das soll hier zugleich der Betrachtungszeitraum sein. Wir haben es also mit 43 Artefakten zu tun, die als Serie angelegt sind. Das eingangs diskutierte Sujet „Not im Lande" gehörte nicht dazu, sondern markierte als zusätzliche Aktion die den besonderen Umständen der Weltwirtschaftskrise geschuldete Ausnahme von der Regel. Während das Inventar an gezeigten Motiven über die Jahrzehnte hindurch große Konstanz aufweist, sind die Sujets in ihrer Ästhetik heterogen, von naturalistisch über expressionistisch bis abstrakt, von detailreichen Genreszenen zur reduzierten Zusammenstellung weniger Symbole. Von den Gestaltern wurde die Verwendung von Sujets gefordert, die eine breite Akzeptanz versprachen. „Neutral gehaltene, groß gesehene, einfache Sujets, denen auch ein Gemütswert innewohnt", gewährleisteten nach Ansicht des Verbands am besten die Eignung „für das städtisch-hochmoderne Schaufenster wie für ländliche Verhältnisse".[18] Mit dem Entwurf wurden jedes Jahr andere Maler oder Grafiker betraut. Manche kamen zwar mehrmals zum Zug, etwa Oskar Rüegg aus Winterthur 1929 und 1931 oder die Graphische Anstalt

---

15 Latour, Soziologie; Reckwitz, Theory.

16 Van Leeuwen, Discourse and Practice, 59–63.

17 In den ersten Jahren wurden außerdem unabhängig von den hier diskutierten Schaufensterplakaten auch eigens Plakate für den Aushang in der Eisenbahn gestaltet.

18 Schweizerwoche-Verband, Jahresbericht 1949/50, 7.

J. E. Wolfensberger aus Zürich 1940, 1941 und 1943. Dem Föderalismus der Schweiz gemäß wurde sichtlich darauf geachtet, Auftragnehmer aus verschiedenen Landesteilen zu berücksichtigen.

Die Aktion „Kauft österreichische Waren“ produzierte ebenfalls Plakate; von 38 besitze ich Kenntnis. Die meisten stammen aus einem kurzen Zeitraum von 1927 bis 1930, die genaue Datierung ist manchmal nicht gesichert. Die jüngeren Plakate wurden mit einer fortlaufenden Nummer versehen. Das Sujet mit der höchsten Nummer (38) wurde im Frühjahr 1933 plakatiert. Von rund 30 meist kleinformatigen Plakaten ist entweder zumindest ein Exemplar in einem Wiener Archiv[19] erhalten oder es ist – in einer kleineren Zahl von Fällen – aufgrund von Erwähnungen im Aktenlauf der Kampagne immerhin das Sujet bekannt. Stilistisch sind die Plakate relativ homogen, was mit der überschaubaren Zahl an Gestaltern zusammenhängt. 15 Plakate waren Entwürfe von Joseph Binder, einem der wichtigsten österreichischen Gebrauchsgrafiker dieser Zeit.

Ob das Plakat von 1933 mit der Nummer 38 das letzte war, das die österreichische Kampagne produzierte, lässt sich nicht mit Sicherheit sagen. Die Quellenlage ist für die verbleibenden Jahre bis zum ‚Anschluss‘ 1938 insgesamt dünn, aber u. a. das spricht gegen die Annahme einer fortgesetzt intensiven werblichen Aktivität. Wären noch zahlreiche weitere Plakate gestaltet worden, müsste sich zumindest das eine oder andere erhalten haben. Die Kampagne dürfte jedoch zurückgeschraubt, zum Teil auch verlagert worden sein. Nachdem man schon 1929 den Werbefilm *Wohin läufst du Schilling?* hatte produzieren lassen, ergriff die Arbeitsgemeinschaft die Gelegenheit, in der vom Regime in Auftrag gegebenen Wochenschau wirtschaftsaffine Beiträge und einen Abspann mit dem Appell zum patriotischen Kauf unterzubringen.[20] Ab September 1934 gab die Arbeitsgemeinschaft außerdem mit dem Volkswirtschaftlichen Aufklärungsdienst ein Periodikum heraus, das ohne materielle Bilder auskam und sein „Informationsmaterial“ an die „Führerschichte der großen politischen und kulturellen Verbände Österreichs“ richtete. Die Diktatur, die Engelbert Dollfuß 1933 errichtet hatte, behielt 1934 in zwei Bürgerkriegen die Oberhand, zunächst gegen die sozialdemokratische Arbeiterschaft, dann gegen den putschenden Nationalsozialismus. Der Zustimmung der Massen konnte das Regime trotzdem oder deshalb nicht sicher sein und verlor schon 1935 zunehmend auch propagandistisch an Tritt.[21]

Das Plakat war in beiden Ländern ein wesentliches Werbemittel,[22] gerade für die Propagierung des patriotischen Konsums. Der Schweizerwoche-Verband setzte auf

19 WKW, außerdem die Plakatsammlungen der Wien Bibliothek, des Museums für angewandte Kunst und der Österreichischen Nationalbibliothek.

20 Moser, Bilderwelt, 114–117.

21 Moser, Bilderwelt, 107; Hajicsek, Ziele, 69 f.

22 Der Schweizer Schokoladehersteller Suchard gab 1920 21 % seines Werbeetats für Plakate aus. 33 % entfielen auf Straßenbahnwerbung, auf Inserate nur rund 3 %. Siehe die Aufstellung in Rossfeld, Schokolade, 492 f.

die Kooperation mit den Einzelhändler*innen und auf den Aushang auf Bahnhöfen. In der Schweiz waren kommerzielle Werbetreibende mit einem Duopol der Anbieter von Werbeflächen konfrontiert: Auf über 1.000 Bahnhöfen herrschte Orell Füssli und ansonsten die Schweizer Plakatgesellschaft, die ein Einheitsformat durchsetzte.[23] Die Standardisierung wurde aus Perspektive des Heimatschutzes als „Kulturtat" zelebriert,[24] denn sie befreite Stadt und Land von der „Blechpest" und der „wilden Reklame" des späten 19. Jahrhunderts.[25] Sie ergab eine formale, das nationale Territorium umspannende Gleichförmigkeit, die man als werblichen Ausdruck Schweizer Ordentlichkeit lobte.[26] In Österreich waren die Monopole regionaler Natur. In den beiden größten Städten Graz und Wien beherrschten jeweils kommunale Unternehmen den Markt. Auch hier lobte man die Einheitlichkeit.[27] Während aber die Schweizer Plakatgesellschaft in den 1930er-Jahren keine Überschreitung eines Normalmaßes von 120 x 90,5 cm zuließ, bot die Wiener Plakatierungs- und Anzeigengesellschaft (Wipag) auch Flächen für 16-Bogen-Plakate.[28] Ein Schweizer Reklameberater fand Ende der 1930er-Jahre, als er der Plakatwerbung im Wiener Straßenbild ansichtig wurde, Grund, „die geordneten Verhältnisse unseres Anschlagwesens im Stillen zu loben".[29]

Hier ging es freilich nicht nur um das Anschlagwesen. Das unzureichend kontrollierte Wuchern der Werbung war das Gegenbild einer konstruktiven Beteiligung der Reklame an der Nation. So wie das Konsumieren einer Moralisierung bedurfte, so auch die Werbung, die dem Kaufakt und dem Gebrauch der Waren vorauslag. Die Schweiz schien kommerziell und moralisch in einer Weise gefestigt, mit der Wien als pars pro toto für Österreich nicht mithalten konnte. Sehr ähnlich hatte der über die Praktiken der grafischen Gestaltung und der Plakatierung geführte Vergleich von Österreich und der Schweiz schon in den frühen 1920er-Jahren geklungen:

> Wer aus Deutschland oder gar aus Wien kommt, wo gesuchte Formen, bizarre Linien, künstlerisch wohltuende, aber zumeist auf den ersten Blick fast unleserliche Schriften in den Affichen in verschiedenen Formaten wirr durcheinander sich dem Auge aufdrängen, der wird angenehm überrascht vor einer Plakatfläche in der Schweiz stehen bleiben. Schön geordnet reihen sich angenehm wirkende Bilder-Affichen.[30]

---

23 Guggenbühl, Advertising; Inserat „1097 Bahnhöfe", in: Schweizer Reklame Nr. 5, Dezember 1935.

24 Rudolf Bernoulli, Grenzen und Möglichkeiten des Plakats, in: Schweizer Reklame Nr. 3, August 1934, 60–62, hier 61.

25 Rossfeld, Schokolade, 404–408.

26 Bernoulli, Grenzen; die Plakatgesellschaft verwendete das Argument auch in ihrer Werbung. Siehe das Inserat in: Schweizer Reklame Nr. 4, Oktober 1934; Hermann Behrmann, Schweizer Außenreklame, in: Österreichische Reklame Nr. 15, September 1928, 13 f.

27 Maryska, Grafikdesign, 186; Polaschek/Riesenfellner, Plakate, 11.

28 Bernoulli, Grenzen, 61; Maryska, Grafikdesign, 186.

29 Willy Boßhard, Reklamekongress Wien, in: Schweizer Reklame Nr. 3, März 1938, 72.

30 H. York-Steiner, Was die Affiche erzählt, in: Der Organisator Nr. 46, Jänner 1923, 3–6.

Aus der Perspektive von österreichischen Werbetreibenden zeigten sich Marketing und Werbung der Schweiz hingegen in vieler Hinsicht als vorbildhaft.[31] Besonders galt das für den Bereich des Fremdenverkehrs,[32] der im verkleinerten Österreich als nationalökonomisch gewichtige Branche neu in den Vordergrund rückte. Ein Diskussionsabend über die Schweizer Tourismuswerbung war 1933 voll des Lobes über die im Nachbarland gepflogenen Praktiken – mit nur einer Einschränkung, dass nämlich „ein Großteil der aufgelegten Werbedrucksachen allzu gleichförmig und geradezu typisiert" sei.[33] Solche Beobachtungen verklammerten die Artikulation unterschiedlicher Werbepraktiken mit nationalen Narrativen. Kulturelle Stereotypen deuteten und steigerten die Wahrnehmung der Differenz. Die Beurteilung der Werbegestaltung diente somit der nationalisierenden Bewertung von Gesellschaft und umgekehrt.

Als ein spezifisches Problem von Werbekampagnen in der Schweiz wurde häufig die kulturelle Fragmentierung des Marktes genannt.[34] Die Werbefachleute trieb daher die Frage um, inwiefern man die Werbung darauf abstimmen musste, ob Romands oder Deutschschweizer*innen zu gewinnen waren.[35] Allein schon die Notwendigkeit, Konsument*innen in mehreren Sprachen zu adressieren, erhöhte die Anforderungen. Unter den Nachfolgestaaten der Habsburgermonarchie gab es zwar ebenfalls Beispiele eines sprachlich und ethnisch differenzierten Binnenmarktes, so in der Tschechoslowakei, doch Österreich war nach 1918 dominant deutsch(sprachig) und die Angehörigen von sprachlichen Minderheiten standen unter einem massiven Anpassungsdruck. Die Berücksichtigung von sprachlicher Diversität hatte keinen Platz in Deutschösterreich.

1.2 Berge und Blumen versus Arbeitslose und Konsumoptimismus

Was zeigen nun die Plakate der Schweizerwoche?[36] Wir sehen Berge und Blumen und allerlei Verweise auf die alpine Landschaft. Ein unverzichtbares Element ist das

31 Über die 1950er-Jahre und rückblickend auf die Zwischenkriegszeit August Lichal, Schweizer Studienreise, in: Werbung Nr. 3, 1959, 1; Kieslinger, Eine mustergültige Hauszeitschrift, in: Kontakt Nr. 5/6, Mai/Juni 1936, 16: „Resümee: Zwei Worte: Glückliche Schweiz!"

32 Die Schweiz als Pionier der Fremdenverkehrswerbung seit den 1870er-Jahren: Paneth, Entwicklung, 181 f.

33 O. V., Diskussionsabend: Schweizer Fremdenverkehrswerbung, in: Kontakt Nr. 4, April 1933, 21 f.

34 Adolph [Adolf] Guggenbühl, Advertising in Switzerland, in: Schweizer Reklame Nr. 3, August 1929, 98 f.

35 Adolf Guggenbühl, Les textes-réclame français dans la Suisse allemande, in: Schweizer Reklame Nr. 6, Februar 1932, 185; Walter Kern, Das Schweizerische Weinplakat, in: Schweizer Reklame Nr. 2, Juni 1930, 126–132.

36 Vgl. dazu auch König, Nationalität.

Schweizer Kreuz. Oft steht es im Mittelpunkt, etwa beim Sujet von 1928. Das Kreuz nimmt hier den Platz der Sonne ein und scheint hell auf die Alpenlandschaft. Auf dem Plakat von 1924 wiederum sehen wir eine Gruppe von vier Männern, die unter erheblicher Kraftanstrengung eine riesige Schweizer Fahne hissen (Abb. 27).

Abb. 27: Patriotische Arbeiter – Schweizerwoche 1924
Plakat, Gestalter E. Sigg; Quelle: SWA PA486 I1, Privatarchiv Armbrust/Schweizer Woche.

Im Hintergrund, diesmal nur schwach erkennbar, auch hier die Alpen. Das Plakat von 1926 zeigt einen Schweizer Handwerker, bekleidet mit einer Arbeitsschürze, der eine große Fahne schwingt. Manchmal dominiert das Emblem die Plakate in einem Ausmaß, dass es auf ihnen sonst kaum etwas zu sehen gibt. Ein weiteres *key-visual* sind Darstellungen der Produktion: Das Plakat von 1920 zeigt einen Bauern, der ein Feld pflügt. Folgt der Blick den Ackerfurchen, landet er bei den Dächern und Schornsteinen eines Fabrikgebäudes. Hier sehen wir einen menschlichen Akteur und den Prozess der Produktion. Andere Plakate zeigen nur Objekte als metonymischen Hinweis auf die Produktion, zum Beispiel ein Zahnrad oder Getreideähren. Die meisten Plakate repräsentieren Schweizer Produktion in einer Schweizer Landschaft begleitet vom Schweizer Kreuz. Durch nationale *imagery* wird somit die Produktion auf die Vorstellung der Nation bezogen.

Die Schweizer Kampagne baute in einer für das Social Engineering dieser Zeit charakteristischen Weise darauf, dem Individualismus der arbeitsteiligen Industriegesellschaft rhetorisch die (Volks)Gemeinschaft entgegenzusetzen.[37] Die Bergidyllen der Schweizer Kampagne verweisen auf einen Heilungswunsch, ebenso jene Passagen in den Jahresberichten, die als Paratexte zu den Plakaten fungieren, indem sie deren Sinn erläutern, wie er sich den Rezipient*innen erschließen sollte. Der Tätigkeitsbericht über die Schweizerwoche 1923 erklärte: „Das Plakat symbolisierte mit den drei von einem Lorbeerzweig umwundenen Stäben die Eintracht, die im politischen, sozialen und wirtschaftlichen Leben unseres Volkes herrschen sollte.“[38] 1942 ging es – wie bei den Sujets aus anderen Jahren auch – um die „Verbundenheit von Landwirtschaft und Industrie“.[39] „Die Atmosphäre der Kriegs-Schweizerwoche 1940“ war in einer Trias aus „Soldatenkopf mit den Wahrzeichen ‚Arbeit und Heimstatt‘“ repräsentiert.[40]

Abb. 28: Patriotisches Einkaufsvergnügen, 1931
Plakat, Gestalter Joseph Binder; Quelle: WKW E 27.468.

37 Etzemüller, Social engineering, 23 f.
38 Schweizerwoche-Verband, Jahresbericht 1923/24, 9.
39 Schweizerwoche-Verband, Jahresbericht 1942/43, 4.
40 Schweizerwoche-Verband, Jahresbericht 1940/41, 30.

Diese Gestaltung einer Kampagne für Schweizer Waren überrascht nicht besonders. Hinsichtlich der einzelnen Elemente wie ihrer Zusammenstellung griff man auf gut eingeschliffene visuelle Konventionen der nationalen Repräsentation zurück; auf Konventionen, die auch im Bereich werblicher Kommunikation, von Tourismus bis Milchschokolade, seit der zweiten Hälfte des 19. Jahrhunderts fest etabliert waren.[41] Man könnte aus dieser Erwartbarkeit von Form und Inhalt den generalisierenden Schluss ziehen, dass im Rahmen von Gemeinschaftswerbung, die zum Kauf von heimischen Produkten anhält, der intensive Einsatz nationaler *imagery* unvermeidlich ist. Allerdings hat man in jeder Konstellation mehr als nur eine Option und es lohnt daher, über das von der Schweizerwoche konstituierte Paradigma hinauszugehen und ein umfassenderes Paradigma des patriotischen oder nationalbewussten Konsums abzurufen. Eine Realisierung desselben – und zwar eine in wesentlichen Punkten anders gelagerte – ist die Kampagne „Kauft österreichische Waren".

Werfen wir einen Blick auf zwei der Plakate, die in Österreich unter diesem Titel veröffentlicht wurden. Das eine Sujet wurde um 1931 hergestellt (Abb. 28).[42] Wir sehen eine junge, gut gekleidete Frau mit einem gewinnenden Lächeln. Sie hat eine Handtasche unter den Arm geklemmt, vor allem aber trägt sie mehrere Pakete. Sie hat offensichtlich eingekauft, ihre Erwerbungen sind als Warenpakete repräsentiert. Auf Österreich verweisen verbal und visuell zwei Elemente: die Schlagzeile „Kauft österreichische Waren", die das toponymische Attribut „österreichisch" enthält und durch Schrift realisiert ist; weiterhin das damals neu eingeführte Warenzeichen der Kampagne, das den Schriftzug „Austria" als Bundesadler stilisiert. Das Plakat ist typisch für die Feel-good-Variante des Aufrufs zum österreichbewussten Konsum. Ein zweiter Hauptstrang der Kommunikation schlug einen ganz anderen Ton an und wird durch das nächste Plakat repräsentiert (Abb. 29).

Hier hieß es: „Liebe Poldi! Ich bin so froh, dass ich jetzt nicht abgebaut worden bin. Wenn die Leute mehr österreichische Waren kaufen, wird überhaupt niemand mehr abgebaut werden." Die Typografie signalisierte, dass die Rezipient*in den Anfang eines Briefes vor sich hatte, den der Mann, der ihr den Rücken zuwandte, gerade schrieb. Wiederum wurde Österreich visuell durch den Bundesadler repräsentiert. Zweimal wurde außerdem verbal der toponymische Bezug zu Österreich gesetzt. Jedoch: keine typischen Landschaften, keine Repräsentationen der Produktion, keine Inszenierung des *homo austriacus*. Nationale *imagery* spielte in keinem der beiden Plakate eine zentrale Rolle. Sie war nur durch jeweils ein Element vertreten und dieses, der Bundesadler, war an der Bildperipherie positioniert. Im Mittelpunkt standen kompositorisch wie inhaltlich andere Aussagen. Die Aufgabe des Bundesadlers beschränkte sich darauf, diese Botschaften visuell im Staat Österreich samt der auf sei-

41 Tissot, Alpine Tourism; Müller, Tourismuswerbung; Produktwerbung: Rossfeld, Schokolade; Zimmermann, Heimatpflege.

42 Es geht auf einen Entwurf zurück, der 1928 plakatiert wurde. Damals trug die Dame ein braunes Kostüm – 1932 dasselbe in Grün.

nem Territorium aufgesetzten Volkswirtschaft zu verankern. Vor allem aber drückte er das hoheitliche Wohlwollen aus. Das Wappentier vermittelte, dass „Kauft österreichische Waren" kein privates Anliegen, sondern eine vom Staat gutgeheißene Forderung war. Anders als das Schweizer Kreuz wurde der Bundesadler aber den Betrachter*innen nicht als das eigentliche Objekt der geforderten Emotion angeboten.

Abb. 29: Österreichisch Kaufen gegen Arbeitslosigkeit, 1929
Plakat, Gestalter Joseph Binder; Quelle: MAK Österreichisches Museum für angewandte Kunst/Gegenwartskunst, PI 1367.

Die Abwesenheit respektive Anwesenheit von nationaler *imagery* ist nicht der einzige Unterschied zwischen den Schweizer und den österreichischen Plakaten. So zeigte die Mehrheit der Sujets, die für die Schweizerwoche gestaltet wurden, keine Menschen. Auf vielen österreichischen Plakaten finden sich hingegen Frauen, Männer, Kinder und auch große Menschenmassen – arbeitslose Männer, um genau zu sein. Auf jenen Schweizer Plakaten, auf denen wir Menschen erkennen, erfüllen diese unterschiedliche soziale Rollen: Oft sind sie als Produzierende gekennzeichnet. Ein Mädchen trägt eine Heugabel, die Arbeit mit dem Pflug macht den Bauer aus, die Schürze den Handwerker. Häufig tragen die Akteur*innen Tracht, sind durch ihre Kleidung in einem Land der bäuerlichen Tradition geerdet. Seit dem ausgehenden 19. Jahrhundert rückte ja der ‚Schweizerbauer' immer mehr ins Zentrum des nationalen Imaginären.[43] Auf dem Plakat von 1940, das im Zeichen der Geistigen Landesverteidigung steht, zeichnet sich ein Soldatenkopf in gespenstischem Weiß über den schattenhaften Umrissen von Fabrik und Bauernhaus ab. 1933 wiederum formt ein Mann die Hände zum Trichter, er ruft zum Kauf der Schweizer Ware auf.

43 Scheidegger, Vom Schweizerbauern; Marchal, Gebrauchsgeschichte.

Auf keinem der Schweizer Plakate entdecken wir einen Konsumenten oder eine Konsumentin; ein visuelles Pendant zu den Adressat*innen der Kommunikation fehlt. Hingegen rücken einige österreichische Plakate Verbraucher*innen ins Bild – oder besser gesagt: Verbraucherinnen, denn die meisten dargestellten Personen sind Frauen. Woher weiß man, dass die soziale Rolle der Konsumentin repräsentiert wird? Wir sehen Menschen vor einem Schaufenster, eine Hausfrau, die einen Einkaufskorb trägt, oder eben eine Frau mit Paketen. Auf den Schweizer Plakaten fehlen indes nicht nur die Konsument*innen, sondern ebenso die Produkte. Zwar mussten Kampagnen, die zum patriotischen Kaufverhalten animieren wollten, sorgsam darauf achten, nicht bestimmte Produkte, geschweige denn erkennbare Marken, in den Vordergrund zu rücken. Schließlich haben privatwirtschaftliche Unternehmen wenig Grund, konkurrierende Firmen oder Branchen abseits des eigenen Tätigkeitsfelds zu unterstützen. Gemeinschaftswerbung ist stets ein heikles Unterfangen, das betriebswirtschaftliche Egoismen ausbalancieren muss.[44] Bestimmte Produkte oder Marken zu zeigen und dadurch hervorzuheben war also ausgeschlossen. Aber wenn der Schweizerwoche-Verband einen generischen Hinweis, eine visuelle Variable benötigte, hätte er sich auf die Darstellung von Warenpaketen verlegen können, wie das die österreichische Kampagne vorführte. Auf zwei Schweizer Plakaten sieht man immerhin ein Bündel Getreideähren. Kombiniert mit einem Zahnrad oder einem Fabrikgebäude ist es jedoch mehr Betriebsmittel, mehr Synekdoche für den Erzeugungsprozess denn für dessen Ergebnis, das Nahrungsmittel. Konsument*innen kaufen nicht Getreidehalme, sondern Mehl oder einen Laib Brot.

Die Plakate der Schweizerwoche präsentierten keine Konsumgüter, sie konfrontierten nicht mit Dingen, die es zu kaufen galt, sondern mit Objekten, die zur Betrachtung mit Wohlgefallen und Stolz einluden, sei es die Nationalfahne, ein Blumenstrauß, eine Bergkette oder eine Fabrik als Symbol industrieller Potenz. Die Auswahl an Objekten fügte sich gut in das Mantra der Schweizerwoche: „Ehret heimisches Schaffen“, „Hommage au travail national“, „Onore al lavoro nazionale“. Man vergleiche den österreichischen Slogan: „Kauft österreichische Waren!“ Beides sind Imperative, die von den Adressat*innen befolgt werden sollten. Aber nur der österreichische Slogan verlangte unmissverständlich, die richtigen Kaufentscheidungen zu treffen. Der nationalen Arbeit Ehre zu erweisen, war ein deutlich vageres Konzept. Man konnte es im Sinn einer Forderung verstehen, Schweizerware zu erwerben. Allerdings kann man sich auch viele andere Handlungen vorstellen, die sich unter „Hommage au travail national“ rubrizieren lassen. Wenn man sich daran orientiert, was die Plakate zeigen, so erfüllte vor allem das Schwenken oder Hissen der Nationalfahne das Anforderungsprofil einer Hommage. Bezeichnenderweise enthielt nur die deutsche Version des Slogans ein Verb, ihre Äquivalente in Französisch und Italienisch waren Nominalisierungen. Sie transformierten die Handlungen in eine Substanz und schoben außerdem die Akteur*innen, hier die Adressat*innen

44 Schindelbeck, Werbung.

der Forderung, in den Hintergrund. Der Schweizer Slogan hob mehr auf Kontemplation des Gegebenen ab als auf Herstellung eines neuen Zustands. Das Verb „ehren" erzwang nicht die Vorstellung einer Handlungskette, sondern drückte einen durativen Aspekt aus, während der Kauf eine Handlung ist, die zum Abschluss drängt und in diesem ihren Sinn erhält. Sie kann länger dauern, aber sie spitzt sich auf einen Moment zu, der zwei Ergebnisse bringt: Der*die Kunde hält ein Produkt in seinen Händen und der*die Ladenbesitzer*in hat Geld im Austausch erhalten. Erst 1931, als die Weltwirtschaftskrise die Schweiz erreichte, verdeutlichte das Schweizerwoche-Plakat erstmals, was es vordringlich bedeuten sollte, dem heimischen Schaffen Ehrerbietung entgegenzubringen. Den Slogan ergänzte nun in drei Sprachen ein Fließtext, der in der Aufforderung kulminierte: „Kauft die ausgestellten Erzeugnisse!" In den folgenden Jahren waren die Schweizerwaren zwar weiterhin nicht visuell, aber zumindest verbal präsent. In der französischen und italienischen Variante wurden sie mit der imperativischen Aufforderung zum Kauf verbunden, während die deutsche Fassung es bei einer Feststellung beließ: „Die mit diesem offiziellen Plakat ausgestellten Waren sind Schweizerwaren."

Hier wurde der wichtigste Zweck angesprochen, den die Plakate erfüllten. Sie besiegelten einen Bund zwischen dem Verband, dem Einzelhandel und den Konsument*innen respektive Bürger*innen. Einige Plakate erinnern denn auch in der Reduktion auf wenige Elemente an Münzen, Briefmarken oder Gütesiegel. 1955 zeigte das Plakat eine Pergamenturkunde, die laut dem Jahresbericht als „Sinnbild von Vertragstreue" zu verstehen war. Diese sei „auch in den Beziehungen zwischen Schweizer Produzent, Schweizer Verkäufer und Schweizer Konsument hochzuhalten".[45] Das Kommunikationsziel der Plakate scheint insgesamt weniger eine Haltung zu erzeugen als ihre Existenz zu bestätigen.

Für diese Deutung spricht auch der Gebrauch, den der Verband von den Plakaten machte. Abgesehen vom Aushang in Postämtern und Bahnhöfen verkaufte er sie an Geschäftsinhaber. Für den Schweizerwoche-Verband bildeten sie eine wichtige Einnahmequelle. Auch in diesem Punkt unterschied sich die Arbeitsgemeinschaft „Kauft österreichische Waren": Die Plakate an die Händler zu verkaufen, fiel niemandem ein, sie waren daher ein gewichtiger Ausgabenposten. In der Schweiz zahlten die Unternehmer*innen nicht nur für das Plakat, sondern verpflichteten sich, die Richtlinien des Verbands einzuhalten: Sie mussten das Plakat am Beginn der Schweizerwoche in der Geschäftsauslage aufhängen und an ihrem Ende entfernen. Vor allem aber durfte die Auslage nur Schweizerware zeigen. Der Verband behielt es sich vor, bei grober Missachtung seiner Vorgaben einzuschreiten.

Stets legten die Organisator*innen der Schweizerwoche Wert darauf, dass ihr Anliegen nicht das bloße Verkaufen von Waren sei. Dem Verband ging es darum, erbaulich „auf das Herz wie auf den Verstand zu wirken"[46]. Dazu passte die Reserve

45 Schweizerwoche-Verband, Jahresbericht 1955/56, 7.
46 SWA PA486, B83, Dr. Frey, Ziel und Tätigkeit des Schweizerwoche-Verbandes, 1927, 1.

gegen ein als „amerikanisch" apostrophiertes Werben, das „ganz bestimmt keine bessern Schweizer macht".[47] Dazu passte ebenfalls das Erscheinungsbild der Plakate. Die meisten luden nicht ein, mit dargestellten Personen zu interagieren, sondern sie boten der Nation eine Bühne. Das Herz der Schweizer*innen zu erreichen, meinte nach Auffassung der Organisator*innen anscheinend, sie mit Objekten kollektiven Stolzes zu konfrontieren. Während die Emotion, die man zu erwecken hoffte, bei den Schweizer Plakaten aus einer Kontemplation des Nationalen resultieren sollte, ging die Arbeitsgemeinschaft im Nachbarland davon aus, dass es nicht genügen würde, auf den Patriotismus der Konsument*innen zu zählen. Vielmehr herrschte Konsens über einen endemischen Mangel an „Staatsgefühl" der Bevölkerung. Die Zeitschrift des Hauptverbands der Industrie folgerte: „Wenn schon Empfindungen schwer beeinflußt und nur sehr langsam erzogen werden können, so sollten die Verbraucher doch wenigstens im ureigensten Interesse dem Appell der Erzeuger Folge leisten."[48] Um Sentiment ging es zwar dennoch, seinen Bezugspunkt bildete aber weniger die Vorstellung eines österreichischen Volkes als die Sorge um sich selbst und die eigene Familie: Angst davor, die Arbeit zu verlieren oder dass der Ehemann sie verlieren könnte oder dass die Kinder einst nicht „Arbeit und Brot" haben würden. Österreich fungierte als Behälter dieser Vorgänge – eine administrative Einheit, keine emotional aufgeladene *imagined community*.

Während sich die Schweizer Plakate zudem hinsichtlich der Frage bedeckt hielten, was denn die Rezipient*innen genau tun sollten und warum sie es tun sollten, waren die österreichischen Plakate auch hierin das genaue Gegenteil. Sie sollten nicht durch die Evidenz des Nationalen Zugehörigkeit verbürgen, sondern die Disposition zu einem auf österreichische Waren fokussierten Einkauf erzeugen. Der Akzent lag auf Performanz statt Evidenz. Die Plakate unter dem Motto „Kauft österreichische Waren" erklärten, warum die Konsument*innen österreichische Produkte kaufen sollten, selbst wenn sie sich Österreich, diesem merkwürdigen kleinen Staat, nicht verbunden fühlten: „Eltern! Wenn die Heimat Euren Kindern einst Brot und Arbeit geben soll – Kauft österreichische Waren!" Oder: „Kauft österreichische Waren und wir können wieder arbeiten!"

Man vergleiche das zuletzt genannte Plakat (Abb. 30) von 1929 mit dem Schweizerwoche-Plakat von 1924 (Abb. 27), über das es im Jahresbericht der Schweizerwoche hieß: „Das Sinnbild der arbeitstüchtigen Männer, welche eine grosse Schweizerfahne hissen, hat allgemein gefallen."[49] Das Schweizer Plakat zeigte kraftstrotzende Arbeiter, in der Lage und willens, die Fahne aufzuziehen und den Betrachter*innen ein patriotisches Schauspiel zu bieten. Auch die Arbeiter des österreichischen Sujets wurden als physisch stark gezeigt, aber das verlieh nur ihrem Verlangen Nachdruck, eine bezahlte Beschäftigung zu erhalten. Das Schweizer Sujet zeigte Tätigkeit, das

47 SWA, PA486, B83, Edgar Steuri, Vortrag im Kantonalkomitee Zürich der Schweizerwoche, 1929, 9.
48 Die Industrie, 32/20 (1927), 4 f.; ebenso: O. V., Inlandspropaganda, in: Die Industrie 32/12 (1927), 7.
49 Schweizerwoche-Verband, Jahresbericht 1924/25, 5.

österreichische unfreiwillige Untätigkeit: Wie schon auf dem eingangs beschriebenen Plakat von 1927 baute sich vom Horizont her eine unübersehbare Masse auf, die nun aber den Betrachtenden näher rückte. In der ersten Reihe blickt uns einer der beiden Männer, die Arme über der Brust verschränkt, fordernd an. Während die in seitlicher Ansicht gegebenen Schweizer Arbeiter nur ein erbauliches Spektakel boten, wollten die österreichischen Arbeitslosen Interaktion mit den Rezipient*innen. Die durch die Einstellungsgröße erzeugte Distanz der Akteure zu den Betrachter*innen – fast schon jenseits sozialer Nähe – reduzierte die in der Situation verpackte Drohung, die Botschaft war trotzdem klar: Es liegt an dir, uns vor Elend zu bewahren.

Abb. 30: Die Drohung der Arbeitslosigkeit und Arbeitslosen, 1929
Plakat, Gestalter Joseph Binder; Quelle: Österreichisches Museum für angewandte Kunst, Wien PI 1365.

Sigurd Paulsen nannte Anfang der 1930er-Jahre in seinem globalen Überblick über die „Propaganda für einheimische Waren" den pessimistischen Grundton als Charakteristikum der österreichischen Initiative.[50] Ein anderer ausländischer Beobachter der österreichischen Werbelandschaft meinte, im Pessimismus generell ein hervorstechendes Merkmal österreichischer Werbung zu erkennen. Er hielt dafür eine zeittypische Erklärung parat: Pate sei „der Einfluß des benachbarten Slawentums mit seiner merkwürdigen [...] träumerisch-energielosen ‚Freude an der Trauer'. Vielleicht sogar ein klein wenig fatalistisch-resignierten Orientalentums ..." Anders klang sein Urteil über die Schweizer Werbung: „[Sie] steigt wie die Berge des Landes in heitere Höhen; sie ist sonnig wie sein strahlender Himmel; ist innerlich frei wie es die Schweizer sind."[51] Solche generalisierenden Einschätzungen sind von schwer

50 Paulsen, Kampf, 33 f.
51 W. H. Wolff, Stil, Geschmack und Rasse, in: Österreichische Reklame 1/5–6 (1927), 7 f.

überprüfbarem empirischem Gehalt, den das Spiel mit Nationalcharakteren noch dazu essentialisiert. Die gegenüber der Schweizer Kampagne markant größere Neigung des Appells „Kauft österreichische Waren“, auf Ängste vor Verarmung zu setzen, lässt sich besser mit Bezug auf kontingente Faktoren erklären: die heftigeren Verteilungskämpfe in einer krisengeschüttelten Wirtschaft; hohe Arbeitslosenzahlen; der Bedeutungsverlust Wiens, des ehemaligen Zentrums der Habsburgermonarchie, den die Eliten schwer verkrafteten; politische Polarisierung, maßgeblich als Resultat bürgerlichen Unwillens, Positionsverluste zusammen mit dem Aufstieg der Arbeiterschaft zur Machtteilhabe zu akzeptieren.

Indes waren nicht alle Plakate der Kampagne „Kauft österreichische Waren“ als Warnung vor drohendem Elend konzipiert. Eine Reihe von Sujets zeigte ganz im Gegenteil das Konsumieren und zwar nicht als Arbeit von Hausfrauen, die vor schwierigen Entscheidungen standen. Vorgeführt wurden die Freuden des Einkaufs: der Einblick „in eine mit vielen Lichtreklamen ausgestattete Geschäftsstrasse“, „im Vordergrund eine mit vielen Paketen beladene Dame“; „ein beleuchtetes Schaufenster [...], vor dem Beschauer die ausgestellten Waren betrachten“; geteilt in links ein Sujet ‚Land‘ und rechts eine Repräsentation von ‚Stadt‘: „ein junges Mädchen in Skidress mit geschulterten Ski“ einerseits und „eine junge Mutter mit einem Schlittschuhe tragenden Kind vom Einkauf heimkehrend“ andererseits;[52] eine junge Frau, die vor einem Berg mit Warenpaketen sitzt – das Plakat sei „besonders gern von den eleganten Modehäusern als Schmuck der Schaufenster verwendet“ worden.[53] Die Sujets luden zur Identifikation mit einer wohlhabenden Mittelschicht ein. Eine schöne, neue und zugängliche Welt des Konsums auszumalen, entsprach der von Rainer Gries beobachteten Deszendenz von Produktkommunikation.[54] Die Werbung öffnete sich in Richtung breiterer Schichten, wenngleich es den meisten Haushalten an den Mitteln fehlte, der Einladung zum Shopping Folge zu leisten – vorläufig noch, wie man aus einer Perspektive nach den Wirtschaftswunderjahren sagen kann.

Anders als im politisch, kulturell und wirtschaftlich verunsicherten Österreich erlebte man in der Schweiz während der 1920er-Jahre eine moderate Prosperität. Die Schweizerwoche schlug daher einen deutlich weniger pessimistischen Grundton an. Auf eine Vision wohlhabenden Konsums setzte sie aber deshalb noch lange nicht. Zwar adressierten die Plakate der Schweizerwoche Bürger*innen als Konsument*innen, aber jede Bezugnahme auf mögliche Freuden des Konsums fehlte, so wie das Konsumieren in den Plakatsujets insgesamt durch auffallende Abwesenheit glänzte. Wenn man die Absenz der Waren auf den Sujets diskutiert, muss man allerdings ein weiteres Mal bedenken, für welchen Gebrauch die Plakate primär zugeschnitten wurden: um sie in Schaufenstern voller Schweizerware auszuhängen. Was auf den Plakaten selbst fehlte, machte ihre Umgebung wett. Wie aber ist die Relation zwi-

52 Die Zitate aus WKW E 27.468/3, Faszikel Jahresberichte, Tätigkeitsbericht für 1929.
53 WKW E 27.468/3, Faszikel Jahresberichte, Tätigkeitsbericht für 1930.
54 Gries, Produkte & Politik, 62–66; Morawetz, Aufbruch.

schen den Plakaten und den ausgestellten Waren zu deuten? Die Plakate wiesen die Produkte als Schweizerware aus, sie prägten ihnen also den nationalen Stempel auf. Schaufenster spielten und spielen für die Inszenierung von Konsum eine tragende Rolle, weil sie die Kommunikation mit den Passant*innen auf der Straße aufnehmen.[55] Als ein Ort der Fülle war das Schaufenster eine Imagination von Verfügbarkeit, deren Realisierung freilich das Fensterglas verhinderte. Schweizerware und Schweizerwoche-Plakat transformierten die Schaufenster in Museen des Nationalen. Die Plakate transportierten den Appell der Schweizerwoche, „heimisches Schaffen" zu ehren. Daher ging es nicht darum, die Möglichkeiten des Konsums wahrzunehmen, sondern es galt, durch die Waren hindurch auf den arbeitenden Schweizer zu blicken. Die Kommunikation intendierte eine ‚Entfetischisierung' der Ware, den Durchblick vom Schein der Dinge zum Sein menschlichen (Arbeits-)Lebens: „Wir müssen lernen, hinter jedem Ding den Menschen zu sehen, dessen Existenz von uns abhängt", erläuterte eine Radioansprache 1933.[56]

Wenn aber das Verhältnis des Schweizerwoche-Gedankens zur Tätigkeit des Konsumierens verbalisiert wurde, etwa in Vorträgen oder den Jahresberichten des Verbands, so sprach man von staatsbürgerlicher Opferbereitschaft:

> Denn er [der Schweizerwoche-Gedanke] bringt den Einzelnen keine Bequemlichkeit; er fordert im Gegenteil von ihnen Opfer in mancher Beziehung: Opfer von eingefleischten Gewohnheiten, von Vorurteilen, oft sogar materielle Opfer [...].[57]

Die Rede vom Opfer war ein wesentliches Moment innerhalb des Diskurses. Angepasst an politische und wirtschaftliche Konjunkturen wurde Opferbereitschaft gefordert oder im Gegenteil abgewiegelt – es seien „keine ausserordentlichen Opfer"[58] verlangt – oder gar versprochen, patriotisch zu kaufen, verpflichte „zu keinem Opfer"[59].

Jene österreichischen Plakate, die Konsument*innen beim Shopping zeigten, arbeiteten einer Überblendung hedonistischen Konsums mit der Vorstellung nationaler Zugehörigkeit zu, wie sie viel später, in den 1980er-Jahren, die Kampagne „Made in Austria" betrieb. Die Nachfahrin der Arbeitsgemeinschaft „Kauft österreichische Waren" ließ verkünden: „Ein gutes Gefühl, österreichisch gekauft zu haben." So lautete die Headline eines Plakats, das die Rezipient*innen zu Augenzeugen der so innigen wie kommodifizierten Zuneigung eines Pärchens machte. Die körperliche Nähe und die Blickbeziehung schufen die Grundlage für die Deutung der Beziehung. Das Geschenkpaket und die Einkaufstasche fügten eine Dimension des Warenkonsums

55 Lomax, View; Breuss, Window Shopping.
56 SWA, PA486, B84, O.V, Wirtschaftliche Landesverteidigung, 1934, 12.
57 Schweizerwoche-Verband, Jahresbericht 1923/24, 3.
58 SWA, PA486, B83, O. V., Die nationale und wirtschaftliche Erziehung als Grundlage für das Gedeihen der schweizerischen Volkswirtschaft, 1926, 10.
59 Schweizerwoche-Verband, Jahresbericht 1955/56, 6.

hinzu. Die „I mag A[ustria]"-Sticker legten eine patriotische Quelle des „guten Gefühls" nahe. In diesem Sujet nahm der verbale Text auf, was der visuelle suggerierte und spitzte es in jene Richtung zu, die auch die Sticker signalisierten (Abb. 31).

Abb. 31: Plakat für Made in Austria, 1980er-Jahre
Quelle: Archiv der Wirtschaftskammer Österreich.

In den 1920er-Jahren aber fand die visuelle Inszenierung des hedonistischen Konsums in den verbalen Texten keine Parallele – ob man nun an den jedes Plakat zierenden Slogan, die immer gleiche Aufforderung „Kauft österreichische Waren" denkt, ob an anderes Propagandamaterial, etwa Radiovorträge oder den 1928 herausgegebenen Wegweiser für Hausfrauen, ob an interne Protokolle und Berichte. Alles lief auf den „gesunden Egoismus" zu, der den Kauf der heimischen Ware als Absicherung der eigenen wirtschaftlichen Existenz erkennen sollte. In den 1930er-Jahren nahmen zudem einige der für die Einschaltung in Zeitungen gedachten Werbetexte den Heimatstolz als Thema ins Programm. Das stand in Einklang mit den kulturkonservativen Stilisierungen Österreichs, die das 1933 etablierte diktatorische Regime forcierte.

Um zu beantworten, warum manche Plakate der späten 1920er- und frühen 1930er-Jahre visuell einen anderen Inhalt kommunizierten als die verbalen Texte, kann man auf die Beschäftigung von Grafikern wie Joseph Binder verweisen, der eine schöne neue Markenwelt inszenierte und sich schon vor seiner Emigration in die USA in ‚Amerika' zuhause fühlte; außerdem – grundsätzlicher – darauf, dass die

Grenzen des Sagbaren nicht identisch mit jenen des Zeigbaren sind. Der Diskurs als Gesamtraum artikulierbarer Aussagen geht somit über die Menge der möglichen verbalen Aussagen ebenso hinaus wie über die Menge der akzeptablen Bilder. Visuell konnte mithin das Konsumerlebnis als Angebot platziert und durch den Rahmen der Kampagne nationalisiert werden – wie sehr auch immer in der Rezeption dieses Nebeneinander zum patriotischen Ganzen verschmolzen wurde. Das Angebot implizierte eine ‚Banalisierung' der Nation in Widerstreit mit dem bellizistischen Nationalismus[60], der Europa in der Zwischenkriegszeit im Griff hielt. Nach seinem spektakulären und desaströsen Scheitern spielte aber das Konsumieren in westeuropäischen Gesellschaften weithin eine prominente Rolle als ein die Nation einigendes Band, so auch als Teil jenes Versprechens, das der Behauptung, Österreich wäre eine eigenständige Nation anstatt nur ein katholisches Deutschland, zusehends Akzeptanz in der österreichischen Bevölkerung verschaffte.[61]

Zu Beginn habe ich die Frage aufgeworfen, ob die verbalisierte Verpflichtung und das visualisierte Vergnügen zu einer Botschaft verschmolzen wurden, die auf eine Nation vorauswies, die sich im hedonistischen Konsumieren realisiert. Diese Formulierung hebt freilich die Botschaft, den Code, den Sinn zu sehr in den Vordergrund und vergisst auf die Sender*innen wie die Empfänger*innen, um bei der simpelsten kommunikationswissenschaftlichen Vorstellung zu bleiben. Statt von einer Botschaft sei daher besser von einem semiotischen Potenzial gesprochen. Die Elemente, die eine Verschmelzung von Konsumvergnügen und Nation zuließen, waren verfügbar. Die entsprechenden Praktiken und jene ökonomischen, politischen und kulturellen Faktoren, die diese Verschmelzung begünstigten, lassen sich in Österreich jedoch erst in der zweiten Hälfte des 20. Jahrhunderts als massenhaftes und damit massives Phänomen beobachten.

Die Schweizer und die österreichische Kampagne waren einander ähnlich, wie es angesichts der Übereinstimmungen wichtiger Rahmenbedingungen nicht anders zu erwarten stand: Propaganda für wirtschaftspatriotisches Kaufverhalten in zwei kleinen außenhandelsabhängigen Industriestaaten. Diese Verwandtschaft nahmen auch die Akteur*innen innerhalb der Kampagnenorganisation wahr. Verkaufen wollten beide und man könnte es dabei belassen. Indes ist das Wie des Verkaufens hinreichend relevant, um auf den Gegenstand des patriotischen Appells zurückzuschlagen. In der Schweiz wurden Schaufenster als dezentrales Nationalmuseum geboten. Damit ging ein Anforderungsprofil an die Konsument*innen einher, das in den 1920er-Jahren wenig mit jenem der Österreicher*innen gemein hatte, die heimische Waren kaufen sollten. Die Kampagne trug ihnen eine Subjektivierung als kluge Egoist*innen an, die im Eigeninteresse handelten, indem sie österreichische Produkte bevorzugten. Als Bezugsrahmen diente der Kampagne weniger eine emotional aufgeladene nationale Gemeinschaft, als sie vielmehr die Erkenntnis eines im Staat

---

60 Raphael, Imperiale Gewalt, 192–196.
61 Vgl. für die Schweiz Brändli, Supermarkt, 205.

gefangenen Wirtschaftskreislaufs betonte – und der Pflichten, die sich daraus für die Hausfrau gegenüber Mann und Kindern ableiteten. Um dieses aufgeklärte (?) Eigeninteresse zu mobilisieren, drohte die Kampagne einerseits mit Elend und Massenarbeitslosigkeit. Sie griff andererseits in einigen ihrer Plakate – und nur in diesen – auch zu einer Inszenierung, in der Einkaufsfreuden als nationale Praxis, als wechselseitige Steigerung von Vergnügen und Zugehörigkeit, in Aussicht standen.

Sichtbar werden diese Unterschiede, Ambivalenzen und Brüche nur, wenn man nicht bei der Sprache stehenbleibt. Die Analyse allein auf die sprachlichen Bestandteile zu fokussieren hieße, dass ihr Wesentliches entginge. Erst das Zusammenspiel verbaler und visueller Elemente macht deutlich erkennbar, womit wir es überhaupt zu tun haben; und das auch nur, sofern die historische Rekonstruktion dieses Zusammenspiel seinerseits als Teil eines Geflechts von Praktiken und Institutionen untersucht.

2 Affirmative Satire – die Schweizerwoche im *Nebelspalter*

Einen „service gratuit de la *Weltwoche* et du *Nebelspalter* pendant quelques semaines aux principaux cafés",[1] erwog ein in den 1970er-Jahren vom Bundesrat eingesetztes Komitee, das nach geeigneten Maßnahmen suchte, um die Präsenz der Schweiz im Ausland zu steigern.[2] Der engere Kontext der Überlegung war die Evaluierung von Schweizerwochen als propagandistisches Instrument, hier nicht als Appell an die eigene Bevölkerung, sondern als im Ausland durchzuführende Werbeaktion, um Schweizer Konsumgüter, von den Uhren bis zum Käse, ins rechte Licht zu rücken; begleitet durch Modeschauen, Sportveranstaltungen und eben die Verbreitung von Swissness durch ihre publizistischen Zentralorgane. Das Nation Branding, das die Kommission zu systematisieren suchte, vereinte die Kommunikation über Markenprodukte und über die Nation als Marke. Die Kommission hätte auch andere Blätter nennen können, doch dass hier der *Nebelspalter* aufscheint, ist bezeichnend, ein Index seines damaligen Status und auch, wie sich zeigen wird, ein weiterer Hinweis auf den bürgerlichen Charakter der den Fremden wie den Schweizer*innen angetragenen Nation.

Ein Weg, die Relevanz einer Propagandakampagne abzuschätzen, ist ihre Fähigkeit Akteur*innen, die nicht ihrer direkten Kontrolle unterstehen, für ihre Anliegen zu gewinnen. Das gilt für die – schwer zu fassenden – ‚einfachen' Bürger*innen und Konsument*innen, aber ebenso für Akteur*innen aus den politischen und medialen Eliten und den Institutionen, die ihnen zur Verfügung stehen. Eine solche Institution war der *Nebelspalter*. Als ein zentraler publizistischer Ort des bürgerlichen Sprechens über die nationale Gemeinschaft begleitete das Magazin über viele Jahrzehnte hindurch getreulich die Schweizerwoche, und zwar die nach innen, an die Schweizer*innen gerichtetete Variante. Der *Nebelspalter* nahm sie zum Anlass für Witze und Karikaturen. Er setzte sich mit dem Aufruf zum nationalen Konsumieren auseinander – und das nicht in einer Weise, die sich kritisch gegen die Schweizerwoche wandte – auch das wäre ja denkbar –, sondern das Blatt prangerte das Verhalten von Händler*innen und Konsument*innen an, die dem wirtschaftspatriotischen Imperativ nicht Folge leisteten. Dabei griff es immer wieder auf dieselben Topoi zu, wie es bei einem sich alljährlich wiederholenden Ritual auch kaum anders sein konnte.

1 Der Vorschlag war noch spezifischer. Die Stelle nannte nicht generisch Kaffeehäuser, sondern jene Wiens, obwohl sich die Enquete nicht in besonderer Weise auf Aktivitäten in Österreich bezog.
2 SWA PA486, F40, Protokolle der Koordionationskommission für die Präsenz der Schweiz im Ausland: Resultats de l'enquête sur la présence la Suisse à l'étranger, semaines nationales à l'étranger, 16.5.1974.

https://doi.org/10.1515/9783110701111-017

2.1 Was der *Nebelspalter* war

Der *Nebelspalter* gilt als das langlebigste Satiremagazin der Welt. Die Zeitschrift erscheint bis zum heutigen Tag, wenngleich nicht mehr im Wochenrhythmus. Sie wird außerdem als „Instanz des Schweizer Humors“[3] gehandelt. Letzteres verdankt der *Nebelspalter* zum Teil seiner Langlebigkeit. Sie begünstigt es, ihn retrospektiv in den Rang einer Instanz zu erheben. Nach 1945 arbeitete das Magazin selbst daran, sich auf diese Weise dem kulturellen Gedächtnis einzuschreiben. Mehrfach publizierte es Zusammenschauen seiner vergangenen satirischen Leistungen. Da das Blatt eine ungemein suggestive Quelle ist, um Zeitgeschichte zu veranschaulichen, wurde und wird es in der Schweizer Historiografie häufig zur Bebilderung eingesetzt und ebenso oft als Quelle für politische Wahrnehmungen und Inszenierungen herangezogen.[4] Als Medium selbst wurde das Magazin hingegen weniger reflektiert.[5]

Gegründet 1875, fand der *Nebelspalter* seine Geschäftsgrundlage im Bedürfnis einer sich formierenden bürgerlichen Öffentlichkeit nach einer bildungsbeflissenen Kultivierung von Humor.[6] Darin glich die Zeitschrift dem britischen *Punch*, der 1841 das Licht der medialen Welt erblickte. Auch im Deutschen Reich hatten seit Mitte des 19. Jahrhunderts Witzblätter unterschiedlicher Scharfzüngigkeit Konjunktur. Ab 1848 erschien in Berlin der *Kladderadatsch* und ab 1896 der Münchener *Simplicissimus*, um nur die zwei namhaftesten Zeitschriften zu erwähnen.[7] Auf diese führenden Blätter des reichsdeutschen Humors nahm der *Nebelspalter* häufig Bezug und definierte sich gar als „Schweizerischer Simplicissimus“[8]. Die Kehrseite war aus Sicht des *Nebelspalter*, dass das jüngere Blatt, das im deutschsprachigen Raum zum Inbegriff des Satiremagazins avancierte, mit dem älteren heimischen Erzeugnis am Zeitungskiosk um die Gunst des bürgerlichen Publikums konkurrierte. Daher nützte der *Nebelspalter* die Schweizerwoche auch in eigener Sache und regte die Importsubstitution auf dem Gebiet der Satire an.[9]

Österreichs Humorblätter lagen hingegen nicht im Blickfeld des Schweizer Magazins, notwendigerweise aber in dem der vorliegenden Studie. Ein Pendant zum *Nebelspalter* war der Wiener *Kikeriki*. 1861 als liberales Blatt ins Leben gerufen, schlug es um die Jahrhundertwende eine christlichsoziale und scharf antisemitische

3 Vgl. Sandrin, Nebelspalter, 47 f.

4 Jüngere Literatur, die Sujets aus dem *Nebelspalter* analysiert: Knüsel, Framing China; Oester, Idylle; bzw. illustrierend verwertet: Rossfeld/Buomberger/Kury, Schweiz und der Grosse Krieg.

5 Aber Danguy, Revue; Sandrin, Nebelspalter; außerdem Ratschiller, Bedrohte Schweiz; aus der älteren Literatur Métraux, Karikatur.

6 Bruno Knobel, „Nebelspalter, Der“, in: HLS; Danguy, Revue; Sandrin, Nebelspalter.

7 Faulstich, Medienwandel, 77–84.

8 Paul Altheer/Ernst Löpfe-Benz, Einladung zur Mitarbeit am Nebelspalter, in: Nebelspalter 48/7, 15.2.1922, 5.

9 Z. B. in der ersten Sondernummer zur Schweizerwoche: Friedrich Boscovits, Dem Herr Boellme si Schwizerwuche, in: Nebelspalter 48/44, 31.10.1922, 2; ders., Schweizer-Woche, in: Nebelspalter 49/43, 26.10.1923, 13.

Richtung ein.[10] In den 1920er-Jahren steigerte die Zeitschrift ihren Deutschnationalismus zur Identifikation mit dem Nationalsozialismus und wurde daher 1933 vom Dollfuß-Regime verboten. In der aufwändigen Gestaltung und zweitweise auch in ideologischer Hinsicht stand dem *Nebelspalter* das Satiremagazin *Die Muskete* näher. Die Wochenzeitschrift wurde von 1905 bis 1941 herausgegeben. In diesem Zeitraum verschoben politische Umbrüche das Referenzsystem des Blattes in komplexer Weise zwischen Imperium, Staat und Nation. Daher verfolgte *Die Muskete* keine so kontinuierliche Blattlinie wie der *Nebelspalter*. Dennoch lässt sich inhaltlich manche Ähnlichkeit ausmachen: So schweiztreu sich der *Nebelspalter* verstand, so (deutsch) österreichisch trat jene auf – fahnentreu, mit dem Anspruch, der Heimat auf eine sanft-satirische Weise die Wahrheit zu sagen, sie dadurch zu erneuern und zu stärken. Beide Blätter sahen sich als Vertretung einer bürgerlichen Mitte, spotteten über Bürokratie und zuweilen über eine großbürgerlich-aristokratische Elite. Sie fürchteten vor allem die Arbeiterschaft.[11] Auffällig ist freilich die Dichte erotischer Sujets in der *Muskete*, die sich in den 1920er-Jahren immer mehr zum politisierenden Herrenmagazin wandelte.[12] Der *Nebelspalter* hingegen gab sich in den 1920er- und 1930er-Jahren prononciert ‚anständig', wenngleich er sich davor und danach gerne über Frauen als Objekt lüsternen Spotts hermachte. Relevant ist im Zusammenhang dieser Studie vor allem, dass sich *Die Muskete* nicht als Sprachrohr der Kampagne „Kauft österreichische Waren" gerierte. Der *Kikeriki* unterstützte hingegen das Anliegen. Jedoch ergab die nur zweimal, 1927 und 1929, landesweit durchgeführte Österreichische Woche weder eine Tradition, die an die Schweizerwoche heranreichte, noch brachte sie einen Korpus an wirtschaftspatriotischen Texten hervor, dessen Umfang dem einschlägigen Material aus dem *Nebelspalter* auch nur entfernt vergleichbar wäre.

Der Humor des *Nebelspalter* war von einer Art, die Unternehmen und deren Interessenverbände teilen konnten. Das war kein Zufall, sondern Teil jener in der Publizistik manifesten Kompromisse, die eine bürgerliche Gesellschaft, Kapitalismus und die mit beiden vereinbare Form von Demokratie aneinanderband. Als Kleber diente die Nation. Gegen dieses Amalgam wetterte niemand so scharfzüngig und scharfsinnig wie der Wiener Kulturkritiker Karl Kraus, der sich ebenfalls der Satire bediente – jedoch nicht ihrer liberalkonservativen Variante. Der *Nebelspalter* bewegte sich zwar außerhalb des Sichtfelds von Kraus, die Wahrnehmung beider schloss aber die satirische Entäußerung Deutschlands ein. So schlägt uns der *Simplicissimus* eine Brücke. Kraus hatte sich eine Zeit lang als Autor für das Münchner Blatt gewinnen lassen, um später desto heftiger auf Distanz zu dessen „demokratischer Satire" zu gehen. Er habe diese stets negiert – was nicht bloße Behauptung ist.[13]

---

10 Schäfer, Vermessen, 47 f.
11 Kadrnoska, Karikatur.
12 Hall, Verlags- und Redaktionsgeschichte, 17
13 Kraus, Fackel, März, Muskete, 30.

In seiner Zeitschrift *Die Fackel*, die Kraus von 1899 bis 1936 herausgab, über weite Strecken im Alleingang, polemisierte er gegen das Zeitungswesen, das ihm als Unwesen galt.[14] *Die Fackel* dekonstruierte die Presseberichterstattung in einer Weise, die mit einer zahmen Blütenlese, wie sie auch der *Nebelspalter* trieb, wenig gemein hatte. Kraus verachtete Zeitungen und Zeitschriften als Vehikel der intellektuellen Korruption, die er u. a. in ihrer Finanzierung durch die Reklame angelegt sah. Die bürgerliche Presse und mehr noch die sozialdemokratische attackierte er ob der Inkonsequenz, Geld für Inserate zu nehmen und trotzdem zu meinen, die beworbenen Produkte und die Verhältnisse, deren Ausdruck sie waren, glaubwürdig kritisieren zu können.[15]

Kraus spottete darüber, wie sich Unternehmen der redaktionellen Anliegen bemächtigten; etwa wenn das Warenhaus Herzmansky 1932 für sich und seine Goethe-Feier aus Anlass von dessen hundertjährigem Todestag warb.[16] Außerdem vollzog er nach, wie die Zufälligkeit der Anordnung im Layout aus redaktionellen und werblichen Inhalten einen unabsichtlich entlarvenden Gesamttext konstruierte.[17] Die Ausführungen des deutschen Reichsfinanzministers konnten so in eine Gewissheit über Margarine münden: „In jedem Fall erfreut ein Theabrot."[18] Diese Botschaften hatten die Journalisten nicht intendiert, sie verwiesen aber aus Sicht von Kraus auf die Unterwerfung des Sozialen und Kulturellen unter den Kommerz. Das ist die klassische Figur einer gegen die kapitalistische Massenkultur gerichteten Gesellschaftskritik. Kraus aber brachte eine Aufmerksamkeit fürs Detail auf, durch die er präzise die Ambivalenzen jener Permissivität freilegte, die der liberalen, im Massenkonsum geeinten Gesellschaft eingebaut sind – lange bevor sie tatsächlich seit den 1950er- und 1960er-Jahren massiv wurde.[19] Zu einer Gesellschaft zwischen Bürgertum und Massenkonsum wollte Kraus nichts Positives beitragen, sondern sie ins Mark treffen. Dabei stand er nicht links, auch wenn er sich in den 1920er-Jahren lose der sozialdemokratischen Gegenwelt assoziierte. Die von Karl Kraus in der *Fackel* ausgearbeitete Perspektive lässt sich am besten als radikal beschreiben.[20]

---

14 Aus der Fülle der Literatur vgl. Alda, Verhältnis.

15 Für den Anspruch auf Unabhängigkeit erübrigte er nur bösen Spott: Der Zeitungsverleger sei „der Lump, der das Zwei-Seelen-Geschäft machen möchte, indem er die Empfehlung der Pofelware auf seinen Buckel nimmt, um mit der freien Hand die Kunden abzuwehren". Kraus, Kultur im Dienste, 5.

16 Kraus, Kultur im Dienste, 15 f.

17 Kraus, Glossen, in: Die Fackel, 34/876–884 (1932), 32 f. (Was die Sozialdemokratie auf ihre Fahnen geschrieben hat; Der 1. Mai; Jeden Sonntag), 38 (Demokratisches Wien huldigt Dr. Ofner).

18 Kraus, Kultur im Dienste, 13. Letztere Stelle entnahm er aus der Neuen Freien Presse, 12.3.1932, 2, zugänglich online über http://anno.onb.ac.at.

19 Pfabigan, Geistesgegenwart, 73, 94–109.

20 Im Sinn von Kompromisslosigkeit, nicht in dem des britischen *radical*, eines sozialdemokratisch gemäßigten politischen Etiketts, oder der französischen Radikalen, die eine dezidiert bürgerliche Perspektive vertraten.

Das freilich ist, um zum *Nebelspalter* zurückzukehren, eine Haltung, die dieser zu keinem Zeitpunkt einnahm. In diesem Paradeblatt einer bürgerlich gedrosselten demokratischen Satire stand denn auch niemals zu lesen, was Kraus sich als konsequent vertretene Haltung zugutehielt, „daß das letzte, was uns noch vom Vaterland gestohlen werden kann, das Vaterland sei, und daß die geringste Prostituierte besser in das Weltall passe als der größte Patriot".[21] Und wenn man sich an das patriotische Thema hält, so wird man – anders als Kraus in der liberalen und sozialdemokratischen Presse – mit dem Verfahren, das Werk des *metteur en page* zu dekonstruieren, im *Nebelspalter* nicht fündig, da das redaktionelle und das werbliche Anliegen formal und inhaltlich in Einklang standen. „Trink' Schweizer Wein! Es ist des Geistes bester Propeller!", empfahl eine „Schweizer-Woche-Ode".[22] Eine gleichlautende Aufforderung – obschon nicht mit einem gleichlautenden Argument verbunden – unterbreitete die Gemeinschaftswerbung, die von der Propagandazentrale für die Erzeugnisse des schweizerischen Obst- und Rebbaues verantwortet wurde.

„Trink Schweizer Wein" war auch das Motto eines der Sujets, mit denen Anfang der 1960er-Jahre Friedrich Dürrenmatt *Die Heimat im Plakat* behandelte.[23] Mehrere der ‚Plakate' waren dem heimischen Rebensaft gewidmet, doch ließ u. a. der explodierende Kopf eines Konsumenten von Schweizerwein die Empfehlung des autochthonen Alkohols als Weg zum Heimatdusel in einem zweifelhaften Licht erscheinen. Hier lag, freilich zu einer Zeit, als retrospektiv die Geistige Landesverteidigung zunehmend Gegenstand intellektueller Kritik wurde,[24] ein Fall böser Satire vor. Die im Vorwort des „pädagogischen Kinderbuch" deklarierte konstruktive Absicht zog nur eine Ebene ein, von der aus man sich von der Gemeinschaft des Positiv-Nationalen distanzieren konnte, wie es seit den 1930er-Jahren hegemonialen Status besaß. Das Unbehagen an der Nation begleitete bei Dürrenmatt eines an der Konsumgesellschaft. Er misstraute einer Verschlingung der Vermarktung von Waren und Nation, die schon vor der Prägung dieses Begriffs ins Nation Branding mündete. Mit einem Blick in die Geschichte stellte Dürrenmatt in einem Gespräch fest, Söldner und also der Krieg seien „unser Exportartikel" gewesen. Zwar meinte er auch: „Ich habe überhaupt kein Minderwertigkeitsgefühl, Schweizer zu sein", um fortzusetzen: „Ich bin ein Mensch, und welche Marke, das ist mir vollständig egal."[25] Dürrenmatts Verhältnis zur Schweiz, die er sehr geliebt haben soll, war kompliziert.

Die Beziehung des *Nebelspalter* zu seiner Schweiz war hingegen durchaus einfach. Seit Anbeginn hatte sich der *Nebelspalter* als ein im medialen Artefakt kondensierter bürgerlicher Habitus präsentiert. Schon die Wahl des Titels für das Magazin zeigte an, welcher sozialen Formation sich die Blattmacher verpflichtet fühlten. Das

---

21 Kraus, Kultur im Dienste, 9.

22 [Koks], Schweizer-Wochen-Ode, in: Nebelspalter 51/43, 23.10.1925, 4.

23 Dürrenmatt, Heimat, nicht pag. (6 Sujets).

24 Arnold, Dürrenmatt; zum kritischen Patriotismus von Schriftstellern wie Dürrenmatt und Frisch auch von Matt, Eidgenossen.

25 Dürrenmatt, Entdeckung, 284.

Wort „Nebelspalter" bezeichnete einen Dreispitz, den das Bürgertum des 18. und frühen 19. Jahrhunderts trug, und war zugleich ein Wortspiel, das auf die Funktion der Zeitschrift verwies, den Nebel zu spalten, also durch das Mittel der Satire Klarheit zu bringen.[26] „Gehorsamer Diener!" war das Editorial der ersten Ausgabe 1875 überschrieben.[27] Dieses umriss, wie die Blattmacher satirischen Journalismus verstanden, wie sie die Rolle, Ziele und staatsbürgerlichen Grenzen des „frohen Humors" sahen. Eine solche „freundliche Geste" an Staat und Mitbürger*innen ist bis in die Gegenwart für demokratische Gesellschaften charakteristisch.[28]

Zum Wesen des *Nebelspalter* gehörte eine Beißhemmung, die ihm als „des Humors und des Witzes Sachwalter"[29] eingebaut war. Ihren Grund und Gegenstand nannte Paul Altheer, Redaktor des Blatts,[30] in der Ausgabe zum fünfzigjährigen Jubiläum: „Denn ist unsere Schweiz auch bescheiden und klein, sie will doch mit Liebe beaugapfelt sein."[31] Er fuhr fort: „Und wär' es auch nur um mit triftigen Gründen die Wahrheit zu sehen und zu verkünden." In derselben Ausgabe resümierte die seit 1922 tätige neue Verlagsleitung durchaus selbstbewusst, sie habe den *Nebelspalter* „zu dem gemacht, was er werden sollte: zu unserem nationalen humoristisch-satirischen Wochenblatt".[32] Die nationale Gemeinschaft legte den Rahmen, der bestimmte, welcher Art die Wahrheit sein sollte, mit der man die Leserschaft konfrontierte. Mehr noch, die Nation war Quell der Wahrheit; sie lieferte die Kriterien, auf deren Basis man(n) entschied, was wahr sei. Mit den Mitteln der Satire verteidigte der *Nebelspalter* Schweizer Lebensart und Republik.[33] Auf eine nach innen recht betuliche und nach außen oft gehörig aggressive Weise repräsentierten die Beiträge des *Nebelspalter* eine liberale Ironie, wie sie Richard Rorty theoretisch zu begründen versucht hat – für die große Schwesterrepublik jenseits des Atlantiks, mit der sich die Schweiz schon seit dem 19. Jahrhundert gerne verglichen hat.[34]

Als das Blatt in den 1870er-Jahren seinen satirischen Kampf aufnahm, richtete es sich von Zürcher Warte aus gegen Fortschrittsfeindlichkeit und jeglichen „Zopf" der Behörden – Erscheinungen, die es zu belächeln und zu geißeln galt. Zu „zerfetzen" gedachte man indes die Jesuiten. Mit dem Freisinn assoziiert, vollzog das Magazin die kulturellen und ideologischen Verschiebungen mit, die diese Weltanschauung seit dem 19. Jahrhundert durchlebte. *Der Nebelspalter* betrieb in seinen

---

26 Danguy, Revue, 30.

27 [Nebelspalter], Gehorsamer Diener, in: Der Nebelspalter 1/1, 1. Januar 1875, nicht pag.

28 Greenberg, Framing, 195.

29 Hier und im Folgenden das *mission statement* der ersten Ausgabe: [Nebelspalter], Gehorsamer Diener. Die Etikettierung als „Sachwalter" blieb hängen – ein Vers zum Jubiläum 1924 im Wortlaut: „Wir haben in der schönen Schweiz einen treuen Sachverwalter, [...] das ist der ‚Nebelspalter'." W. B., Hie Schweiz, hie Nebelspalter!, in: Nebelspalter 50/1, 4.1.1924, 12.

30 In dieser Funktion von 1914–1927 tätig.

31 Paul Altheer, 50 Jahre, in: Nebelspalter 50/1, 4.1.1924, 2.

32 Freunde!, in: Nebelspalter 50/1, 4.1.1924, 12.

33 [Die Textredaktion], Mit 70 beginnt das Leben, in: Nebelspalter 70/41, 12.10.1944, 2.

34 Rorty, Contingency.

Anfängen den Kulturkampf, gab sich antiklerikal und wandte sich gegen die Katholisch-Konservativen. Er zelebrierte die bürgerliche Nation, den neutralen und unabhängigen Bürgerstaat. Das Wilhelminische Deutschland schien eine Bedrohung. Als sich im Ersten Weltkrieg die Gräben zwischen Romandie und Deutschschweiz vertieften, positionierte sich der *Nebelspalter* aber deutschfreundlich. Seit 1917 drückte das Magazin verstärkt die bürgerliche Angst vor einem revolutionären Proletariat aus. Auch im Kalten Krieg war das Blatt ganz auf einer scharf antikommunistischen Linie. Sie trachtete, jeglicher linken Alternative zur bürgerlichen Nation die Luft abzuschnüren. In den 1930er-Jahren nahm die Zeitschrift aber auch eine markant kritische Haltung gegenüber den Faschismen und dem Nationalsozialismus ein.

Der *Nebelspalter* vertrat die bürgerliche Demokratie, jene der wohlanständigen Männer. Das Sujet „Der Patriot" zeigte 1940 einen Mann im Lehnsessel, der genüsslich rauchend den *Nebelspalter* las. Die Szenerie bürgerlicher Behaglichkeit ergänzten ein Porträt von General Guisan sowie die auf Zimmergröße verkleinerten Ausgaben des Tell-Denkmals in Uri und der für die Landi 1939 geschaffenen Statue „Wehrbereitschaft". Der Blick auf den patriotischen Pantoffelhelden scheint durchaus wohlwollend. Die Einbeziehung des Satiremagazins in die Stützen des wehrhaften Schweizergeistes stellt jene sanfte Selbstironie dar, die auf kurzem Umweg einen Anspruch formuliert, hier den der Unersetzlichkeit für die Nation in der Stunde der Geistigen Landesverteidigung.[35] Den Schleier des Humors ließ das Blatt zuweilen fallen, um die Volksgemeinschaft der Schweizer zu feiern – vor allem während des Zweiten Weltkriegs, so etwa für das Cover einer Ausgabe von November 1939: Ein randvoll mit Menschen gefülltes Schweizer Territorium wurde überragt von überdimensionalen Schweizerfahnen; dazu das dreisprachige Lemma „Einig Unis Uniti".[36]

Die Haltung der Blattmacher ist über die Texte rekonstruierbar, was aber kann man über das Publikum sagen? Zunächst ist zu konstatieren, dass die Trennung zwischen beiden keine absolute war, im Gegenteil. Beim Neustart nach dem Eigentümerwechsel riefen Redaktion und Verlag die Leserschaft zur Mitarbeit auf: Sie möge ihre Beobachtungen zum Alltag der Schweizer*innen mitteilen, auf Narretei aufmerksam machen, aber „es braucht nicht immer ein Witz zu sein".[37] Tatsächlich druckte der *Nebelspalter* viele kurze Texte ab, die von den Leser*innen gestellt wurden – oft durch die Anrede „lieber Nebelspalter" eingeleitet, das Medium als Kommunikationspartner adressierend. In den 1940er-Jahren langten täglich um die fünfzig Schreiben und Bildbeiträge beim Nebelspalter ein, so die Angabe des lang-

35 Friedrich Boscovits [Bosco], Der Patriot, in: Nebelspalter 65/44, 3.11.1939, 3; Mooser (Geistige Landesverteidigung) betont die Vielschichtigkeit dieses politische, kulturelle und ökonomische Dimensionen umfassenden Konzepts sowie seine teilweise Besetzung durch liberale und sozialdemokratische Zugänge neben den konservativen und rechtsnationalistischen Ladungen. Möckli, Landigeist, sah zuvor eine eindeutig konservativ orientierte Mobilisierung.

36 Nebelspalter 65/44, 3.11.1939.

37 Altheer/Löpfe-Benz, Einladung zur Mitarbeit.

jährigen Redaktors Carl Böckli.[38] Auch meist kleinformatige Karikaturen gingen auf Einsendungen aus dem Leserkreis zurück. In den 1930er-Jahren stellten sie zehn bis 20 Prozent aller Bildsujets.[39] Das Magazin fungierte mithin als ein von der Redaktion moderiertes Forum, gewidmet den Eigenheiten der Schweiz – zwar in der Langsamkeit der vordigitalen Zeit, doch heutigen Social Media ähnlich in der Funktion des veröffentlichten Austauschs mithilfe einer massenmedialen Plattform.

Um die Leser*innen als Kollektiv sozialgeschichtlich zu erschließen, liegen erst für die Endphase meines Betrachtungszeitraums quantitative Daten vor. Die Gesellschaft für Marktforschung führte 1950 eine Erhebung unter rund 2100 Schweizer*innen zur Zeitschriftenlektüre durch.[40] In der Verteilung der Leserfamilien auf drei Kaufkraftklassen (KKK) dominierte beim *Nebelspalter* der „Mittelstand". Auf die KKK II entfielen 72 Prozent.[41] Für die Zuordnung der Befragten auf eine Kaufkraftklasse vertraute das Marktforschungsunternehmen auf den „gesunden Menschenverstand unserer wohltrainierten Befrager".[42] Die breite Mitte war somit weniger ein ‚objektiver' Befund empirischer Sozialforschung als ein im hermeneutischen Zirkel hervorgebrachter „Gesamteindruck" – „häufig nur subjektiv erfassbar".[43] Den Anteil von Männern und Frauen gab die „Leserschaftsuntersuchung" mit 61 Prozent und 39 Prozent an. Die Männer überwogen, doch eine weibliche Leserschaft fehlte keineswegs. Dieses sozialgeschichtliche Datum und ein Befund über die Adressierung von Frauen als Rezipient*innen sind jedoch zweierlei.

Frauen hatten gemäß bürgerlichen Vorstellungen in der politischen Öffentlichkeit nichts zu suchen, schon gar nicht in der Schweiz, in der die Verknüpfung aus Bürgerrecht und Wehrhaftigkeit durch die beiden Weltkriege noch an Bedeutung für die nationale Selbstinszenierung gewann. Von Frauen stand daher nicht zu erwarten, dass sie ein politisierendes Satiremagazin lesen wollten und konnten. Die Autorin eines Artikels über Humor in der Werbung, explizit in ihrer Ansage, nicht Frauenrechtlerin zu sein, sondern die Frau als solche zu vertreten, meinte: „Wir haben keinen Sinn für die Karikatur, in der Kunst nicht und in der Reklame nicht. Eine

38 Nebelspalter 70/41, 12.10.1944, 2. Böckli fungierte als Redaktor von 1927 bis 1962. Thomas Fuchs, „Böckli, Carl", in: HLS.

39 Métraux, Karikatur, 31.

40 O. V., Leserschaftsuntersuchung über Schweizer Periodika, in: Schweizer Reklame Nr. 9, Dezember 1951, 25–27. Der Artikel ist als Inserat gekennzeichnet. Die Befragung erfolgte im Auftrag von Reader's Digest unter 1183 Personen in der Deutschschweiz und 964 in der welschen Schweiz.

41 Die Beschreibung lautete: „keine eigentlichen wirtschaftlichen Schwierigkeiten – man kann sich von Zeit zu Zeit auch etwas ‚Überflüssiges' leisten, so auch eventuell einen bescheideneren Wagen". Zu den Details der von der Gesellschaft für Marktforschung verwendeten Definition siehe Schweizerischer Beobachter, Wie sie leben, 17. Der *Schweizerische Beobachter* beauftragte das Unternehmen seit 1945 wiederholt mit Studien über sein Leserpublikum, um Anzeigenkunden Informationen über dessen Konsumfähigkeit an die Hand geben zu können. Vgl. Andersen, Und so sparsam.

42 Schweizerischer Beobachter, Wie sie leben, 17; Andersen, Und so sparsam, 81; Tanner/Studer, Konsum, 660 f.

43 Die zitierten Stellen aus: Wie sie leben, 17.

Frau liest den Simplizissimus oder den Nebelspalter nie mit demselben Genuss wie der Mann."[44]

Für die 1920er- und 1930er-Jahre fehlen quantitative Auskünfte, jedoch lassen sich in der Perspektive kritischer Diskursanalyse über Themen und deren Zuspitzung die Voraussetzungen konturieren, welche die Rezipient*innen für die Lektüre einbringen mussten. In einem Land, das drei und später vier offizielle Sprachen anerkannte, ist das Offensichtlichste dennoch wesentlich: Die Leser*innen mussten die deutsche Sprache beherrschen und es genügte nicht eine passable Kenntnis der Standardsprache, die Fremde an Schulen und Universitäten lernen können. Die Figurenrede zu Karikaturen oder in Witzen verwendete oft Deutschschweizer Dialekt. Abseits der Frage, wie getreu solche Passagen eine bestimmte Variante der unzähligen lokalen und regionalen Sprachformen in Schrift umsetzten, referenzierten sie die Idee des Dialekts. Gemeint war eine sprachliche Varietät, die im Alltagsvollzug informell erworben wurde und deren Inszenierung eingelebte Tradition belegen sollte, und zwar diejenige der Deutschschweizer*innen. Im *Nebelspalter* wurde eine Deutschschweizer nationale Identität verhandelt, nicht oder nur peripher jene der welschen Schweiz. Die Lektüre des *Nebelspalter* erforderte außerdem eine kulturelle Praxis, die sozial exklusiv war. In ihren ersten Jahrzehnten spielte die Satire gerne mit humanistischem Bildungsgut. Für das ‚ungebildete' Volk war das Blatt nicht gemacht. Die Themenstellungen reflektierten zudem die politischen Anliegen und Obsessionen des Bürgertums, etwa im steten Beharren auf den Gefahren, die von einer politisierten Arbeiterschaft, von Bolschewismus, Sozialismus und der Linken im Allgemeinen ausgingen.

Deutlich diente der *Nebelspalter* einer nationalen Selbstverständigung, die als Ein- und Ausschließung von politischen und sozialen Gruppen operierte. Das Magazin legte auf diese Weise klar, wer zur Nation gehörte und wer daher die Leser*innen sein sollten, die sich zugleich mit der Nation bestätigt fühlen durften. Die Anderen waren viele. Der Fokus veränderte sich im Laufe des 20. Jahrhunderts und doch zeichnete sich das dramatis personae der Inszenierung bis in die 1960er-Jahre vor allem durch Kontinuität aus. Den Kern der Nation bildete das Bürgertum, nicht dazu gehörten z. B. Juden und Kommunisten, nur peripher die Beamten – dem Liberalismus waren die Beschäftigten des Staates suspekt –, nur mittelbar die Frauen, und zwar als bürgerliche Gattinnen und Töchter.

Über Frauen wusste der *Nebelspalter* viel zu sagen, jedoch im Modus des Altherrenwitzes; als Leser visierte man(n) Männer an.[45] Ein sicheres Indiz dafür ist der Umstand, dass der *Nebelspalter* eine „Seite der Frau" führte – eine Rubrik, die auch unter dem Titel „Die Frau von heute" firmierte und von einer Redakteurin betreut wurde. Wenn die Blattmacher sich bemüßigt sahen, ein Refugium für „die Frau" –

44 Elsa Bürgin, Eine Frau kritisiert, in: Schweizer Reklame Nr. 5, Dezember 1929, 182–186.
45 Ich spreche daher mit Bezug auf das intendierte Publikum im Weiteren von Lesern, nicht Leser*innen.

beachtenswert der essenzialisierende Kollektivsingular – zu schaffen, warf das im Umkehrschluss die Frage auf, wessen die übrigen Seiten waren. In einer Gesellschaft, die eine bipolare Konstituierung von Geschlecht als einen Grundpfeiler des Sozialen ansetzte, lag die Antwort auf der Hand: Die übrigen Seiten gehörten den Männern. Bei Bedarf, der überraschend häufig auftrat, wurde diese Grenzziehung expliziert – wenn etwa männliche Leser meinten, zu viel des *Nebelspalter* für die Frau wahrzunehmen.[46]

Für die zeitgenössische Verbreitung des Magazins können Angaben zur Auflage als Anhaltspunkt dienen. 1913 stellte sich diese auf 4100 Exemplare und schrumpfte in den folgenden Jahren auf eine Zahl von wenigen hundert Stück. Schließlich wechselte das Blatt den Eigentümer und erschien ab 1922 im Verlag Löpfe-Benz.[47] Sein Inhaber Ernst Löpfe-Benz war in St. Gallen eine zentrale Figur des Freisinns und gehörte in den 1930er- und 1940er-Jahren als Ständerat auch dem föderalen Parlament an.[48] Die Auflage des Magazins stieg bis 1932 auf 9.000 Stück und bis 1941 auf 20.000.[49] War das viel? Die Auflage des *Simplicissimus* betrug Ende der 1920er-Jahre rund 40.000 Stück – in Relation zur Größe Deutschlands eine deutlich weniger marktbeherrschende Stellung. Der Wiener *Kikeriki* soll nach dem Ersten Weltkrieg in rund 25.000 Exemplare erschienen sein, die *Muskete* hatte in den 1930er-Jahren indes nur eine Auflage von ca. 2.000 Stück.[50] Auch das nimmt sich für den *Nebelspalter* nicht ungünstig aus, wenn man von der Deutschschweizer Bevölkerung als potentiellem Abnehmerkreis ausgeht.[51]

Verlagern wir nun den Vergleich in die Schweiz und zu einer freisinnig orientierten politischen Kommunikation, so ist festzuhalten, dass die 10- bis 20.000 Exemplare, die der *Nebelspalter* in der Zwischenkriegszeit erreichte, weit entfernt von den täglichen Auflagen der deutschsprachigen Zeitungen waren. Die *Neue Zürcher Zeitung* legte Mitte der 1930er-Jahre 60.000 Stück auf, die Basler *National-Zeitung* erschien in 50.000 Exemplaren, der bürgerliche, sich jedoch „überparteilich" verste-

---

46 Als Reaktion auf die misogyne Kritik eines männlichen Lesers (E. W. B., Die Seite der Frau, in: Nebelspalter 65/32, 11.8.1939, 12) an der Rubrik: „Ich zähle im Näbi zweiundzwanzig (in Zahlen: 22) Seiten für die Männer und nur zwei (in Zahlen: 2) Seiten für die Frauen. [...] warum ausgerechnet sucht Mr. X [gemeint ist der als E. W. B. firmierende Leser] auf den beiden Seiten der Frau Abwechslung?": [Mme. Dénonciateur], Nochmals: Die Seite der Frau, in: Nebelspalter 65/35, 1.9.1939, 13. Ein weiterer Leser fand es unzulässig, dass die Seite der Frau Themen und Werbung inkludierte, die er als nicht frauenspezifisch erachtete. [Bethli], Antwort an einen Nörgler, in: Nebelspalter 69/7, 18.2.1943, 12.

47 Sandrin, Nebelspalter, 46 f.

48 Peter Müller, „Löpfe[-Benz], Ernst", in: HLS.

49 Knobel, „Nebelspalter".

50 Schäfer, Vermessen, 45 (Kikeriki); Hall, Verlags- und Redaktionsgeschichte, 16 (Muskete).

51 25.000 Exemplare des *Kikeriki* auf die österreichische Bevölkerung von 1920 umgelegt, ergibt ein Verhältnis von 1:258; bei 9.000 Stück kamen 1932 auf ein Exemplar des *Nebelspalter* 325 deutschsprachige Schweizer/innen; 1941 waren es 155.

hende *Tages-Anzeiger* gar in 90.000 Stück.[52] Hinsichtlich einer bildlastigen Kommunikation kam das Satiremagazin auch nicht ansatzweise an den Platzhirsch unter den Schweizer Illustrierten heran. Die *Schweizer Illustrierte Zeitung* bezifferte ihre Auflage Anfang der 1930er-Jahre mit 140.000 Stück[53]. Die Zeitschrift behauptete von sich, „wirklich überall zu Hause"[54] zu sein. Noch mehr traf das auf den *Schweizerischen Beobachter* zu, der sich „als Anwalt kleiner Leute" gerierte und eine Auflage von über 400.000 Exemplaren erreichte.[55] Die Verbreitung eines Satiremagazins bewegte sich also nicht auf demselben Niveau wie die von Tagespresse und großen Familienzeitschriften.

Tab. 13: Deutschschweizer Zeitschriften – „Durchdringung" nach Berufen 1950

	Landwirte	**Arbeiter**	**Angestellte**	**Gewerbetreibende**	**Leitende Angestellte, Unternehmer, Intellektuelle**
Schweizer Illustrierte	47	72	77	82	82
Schweizer Beobachter	65	63	69	51	65
Sie und Er	32	62	76	77	68
Nebelspalter	**27**	**47**	**58**	**48**	**79**
Ringiers Unterhaltungsblätter	53	54	42	41	25
Das Beste	9	30	54	42	50
DU	5	20	44	34	52
Annabelle	8	19	35	39	34
Schweizer Spiegel	8	14	30	16	38

Durchdringung = regelmäßige und gelegentliche Lektüre
Quelle: O. V., Leserschaftsuntersuchung über Schweizer Periodika, in: Schweizer Reklame Nr. 9, Dezember 1951, 27.

Auch 1950 lag die *Schweizer Illustrierte* gemäß der Gesellschaft für Marktforschung in der „Durchdringung" der deutschsprachigen Schweiz weit vor dem *Nebelspalter*. So erreichte die Illustrierte demzufolge 73 Prozent der Deutschschweizer*innen. Das Satireblatt war immerhin für 50 Prozent Gegenstand regelmäßiger oder gelegentli-

52 Zahlen nach: Schweizer Reklame Nr. 6, Februar 1935, 150 f.; SWA PA486 D76, approximatives Budget für Kampagne der ZfU.

53 Inserat in: Schweizer Art und Arbeit. Jahrbuch der Schweizerwoche 1931/32, hg. v. Schweizerwoche-Verband, Aarau 1932, 8.

54 Inserat in Schweizer Reklame Nr. 3, Juni 1935. 1945 hielt die Zeitschrift bei über 210.000 Exemplaren. Adrian Scherrer, „Schweizer Illustrierte", in: HLS.

55 SWA PA486 D76, Budget für die Weihnachtsreklame 1935; Andersen, Und so sparsam, 101.

cher Lektüre.[56] Tabelle 13 schlüsselt die „Durchdringung" einiger wichtiger Zeitschriften nach Berufsgruppen auf. Der *Nebelspalter* erfasste fast 80 Prozent der Gruppe aus leitenden Angestellten, Eigentümern größerer Unternehmen und „Intellektuellen" sowie fast 60 Prozent der Angestellten. Seine größte Reichweite hatte der *Nebelspalter* in einem sozialen Raum, in dem sich Bildungsbürgertum und neue Mittelschicht überlagerten. Diesen Raum erfasste das Satiremagazin stärker als das markant mit ‚Amerika' assoziierte *Das Beste* oder die prononciert anspruchsvolle Kulturzeitschrift *DU*,[57] in der eine komplexe Bild-Textkommunikation ebenfalls eine zentrale Rolle spielte. Nur die *Schweizer Illustrierte* hatte noch mehr Leser*innen unter den hohen Angestellten, Unternehmern und Intellektuellen, die das Klassifizierungsschema zu einer sozialen Spitze aus kulturellem und ökonomischem Kapital zusammenfügte. Die Zeitschrift ‚durchdrang' zudem die verschiedenen Berufsgruppen – und die beiden in der Statistik ausgewiesenen Geschlechter – wesentlich gleichmäßiger, obgleich sich auch bei der populärsten Illustrierten der Schweiz ein Schichtgefälle beobachten lässt, zu dem ein Stadt-Land-Gefälle trat.

Auflagezahlen und ähnliche quantitative Daten sind freilich nicht allein ausschlaggebend, um zu beurteilen, ob der *Nebelspalter* Frames für die Deutung des Zeitgeschehens prägen konnte. Im 19. und der ersten Hälfte des 20. Jahrhunderts hatten politische Karikaturen von Satiremagazinen innerhalb des Medienportfolios eine Stellung, die ihnen erst sukzessive die Tagespresse streitig machte, indem sie eine eigene Produktion von Bildsatire aufnahm.[58] Auch mit seinen verbal vorgetragenen Witzen bewegte sich der *Nebelspalter* in einem dichten intertextuellen Netz, aufgespannt über viele Printmedien.[59] Da der *Nebelspalter* sich ideologisch im *juste milieu* einer liberalkonservativen Nation platzierte, hatte er viele publizistische Verbündete. Noch bis weit in die zweite Jahrhunderthälfte dominierten die Presselandschaft Zeitungen, die dem Freisinn nahestanden und eine Plattform boten, um die bürgerliche Sicht der Dinge zu artikulieren.

Dieser Zugriff auf die veröffentlichte Meinung war Vehikel und Ausdruck der Stellung des bürgerlichen Liberalismus, der sich in der Schweiz ungewöhnlich lange einer hegemonialen Position erfreute; viel länger vor allem als in Österreich, wo die hohe Zeit liberalbürgerlichen Einflusses auf Politik und Gesellschaft in den 1880er-Jahren zu Ende ging. Hingegen büßte die Freisinnig-Demokratische Partei zwar 1919, nach Einführung des Proportionalwahlrechts, ihre absolute Dominanz im Schweizer Nationalrat ein, doch konnte sie sich weiterhin als die eigentlich staatstragende Kraft aufwerfen. Dass die Sozialdemokratie Ende der 1920er-Jahre punkto Stimmenanteil mit der FDP gleichzog und sie bei den Wahlen zum Nationalrat von

56 O. V., Leserschaftsuntersuchung.

57 Brühwiler, Intuitive Sichtbarkeiten.

58 Wann genau das in der Schweiz der Fall war, habe ich nicht recherchiert, doch in Deutschland vollzog sich diese Entwicklung erst nach 1945. Jones, Europa, 32.

59 Auch international – so übernahm die Wiener sozialdemokratische Illustrierte *Der Kuckuck* Anfang der 1930er-Jahre regelmäßig Witze aus dem *Nebelspalter*.

1931 gar überholte, änderte nichts an der zentralen Stellung der FDP im politischen Spiel. Mit Abstrichen hat sie diese bis in die Gegenwart bewahrt.

Die gesellschaftlichen Transformationen seit den 1960er-Jahren haben aber selbst in der Schweiz allmählich die Konturen des Bürgertums verwischt. Der *Nebelspalter* konnte immerhin lange auf eine treue Leserschaft zählen. Mitte der 1970er-Jahre erschien er gar in einer Auflage von 65.000 Exemplaren.[60] Erst seit den 1980er-Jahren verlor das Blatt drastisch an Zuspruch. Dem Schicksal anderer altehrwürdiger Satireblätter wie des *Punch*, der 1992 eingestellt wurde, entging der *Nebelspalter*. Unbeschadet der Fortführung des Markennamens spielt das Magazin jedoch nicht mehr die Rolle eines Zentralorgans des liberalen Bürgertums, dessen Weltsicht es in zart humoristischer Verfremdung propagierte.

2.2 Satire in Wort und Bild

Anspielungsreiche Textsorten, Werbung z. B., aber ebenso Karikaturen und Witze, die ein Satiremagazin ausmachen, bereiten der historischen Analyse Schwierigkeiten, insofern sie Kontextwissen und emotionale Involviertheit voraussetzen.[61] Man muss im Fall des *Nebelspalter* annehmen, dass das zeitgenössische Zielpublikum beides einzubringen in der Lage war und sich auch willens zeigte es zu tun. Dafür spricht die Langlebigkeit des Magazins als Markenprodukt mit klar benennbaren Anmutungsleistungen. Rückblickend ist uns das Kontextwissen nicht problemlos verfügbar, und das Wesen der Andeutung besteht darin, dass sie für Außenstehende, wie es Historiker*innen sind, nicht verständlich ist bzw. der*die Außenstehende überhaupt verpasst, dass es etwas zu verpassen gibt. Auch sind die Anliegen, die eine zeitgenössische Leserschaft emotionalisieren sollten, häufig nicht mehr unsere: Das Frauenwahlrecht steht längst außer Frage, während die Annahme jüdischer Verschlagenheit nur mehr in rechtsextremen Kreisen Akzeptanz genießt. Wie jede*r aus eigener Erfahrung weiß, funktioniert zudem ein Scherz nicht, dessen Pointe man erklären muss. Sein Witz geht dabei verloren; den Humor anderer sozialer Gruppen, daher auch historischer Formationen wie des Bürgertums, in Texten dingfest zu machen, ist also kompliziert. So schwer sich beurteilen lässt, ob ein Inserat im Sinne seiner Wirkabsicht gelungen war, so schwer ist einzuschätzen, ob die Pointe gut war, die sich heutigen Interpret*innen auf kognitiven Umwegen erschließt, weil sie nicht die Lebenswelt teilen, für die der Witz konzipiert war.

Das Problem ist für alle Texte mit einer pragmatischen Wirkabsicht dasselbe und es ist nicht bloß ein retrospektives, sondern eines, das die Praktiker*innen von persuasiver Kommunikation, zu der Satire so sehr wie Werbung oder politische Propaganda zählt, stets beschäftigte. „Das Schwierigste an der Sache wird immer die

---

60 Danguy, Revue, 31; Sandrin, Nebelspalter, 47.
61 Janich, Werbesprache, 210; Schwind, Satire.

Vorausberechnung ihrer Wirkung sein“, konstatierte Erich Kästner über das Schreiben von Satire.[62] Schon die Frage, welche Wirkung denn überhaupt intendiert war, ist ausgehend vom jeweils vorliegenden satirischen Text keineswegs trivial. Sollte der Leser lauthals lachen oder nur schmunzeln, wie sehr war ein momentaner Kontrollverlust erwünscht oder akzeptabel? Zu überlegen gilt weiterhin, ob das vermutliche Zielpublikum sich als Objekt des Spotts betroffen oder eine Distanz und Überlegenheit empfinden sollte. Ging es darum, die Leser durch Unterhaltung zu befriedigen oder durch Kritik zu beunruhigen? Insofern die Karikatur Schwächen ihres Gegenstands aufs Korn nahm, ist entscheidend, worin sie diese Defekte angelegt sah: im Versagen des einzelnen, einer sprichwörtlich menschlichen Schwäche, im ‚Volkscharakter‘, in strukturellen Dynamiken?

Ein *mission statement* des Magazins von 1922 gibt Antworten, die es gilt am Material der verbalen und visuellen Texte zu überprüfen. Redaktion und Herausgeber erklärten über den *Nebelspalter*: „Ohne Hass, ohne Feindschaft verbreitet er sein Lachen wie helles Licht über die Dinge, verletzt nicht, sondern verbreitetet Behagen und gesundmachende Wärme.“ Er wolle „ein verstehendes, aber darum nicht minder verneinendes Lächeln ergießen“.[63] Der Effekt, den das Blatt zu erzielen hoffte, war eine sanfte Erschütterung, die zur Genesung beitragen sollte, in ihrem Ausmaß so mild, dass sie die Behaglichkeit nicht störte. Die Metaphorik lässt keinen Zweifel zu: Angestrebt war kein kalter Blick auf die Dinge, keine Archäologie, sondern eine im Einverständnis kulminierende Hermeneutik der bürgerlichen Schweiz. Das helle Licht warf aber, wie wir noch sehen werden, scharfe Schatten der Feindseligkeit auf jene, die der *Nebelspalter* nicht behaglich wärmen wollte.

Der auffälligste Bestandteil eines Satiremagazins sind Karikaturen. Lange ein „no man’s land“ zwischen Kunstgeschichte und Geschichtswissenschaft,[64] kommen methodisch ergiebige Ansätze der Analyse von Karikaturen und Cartoons aus der Sozialsemiotik, der kognitiven Linguistik und der Forschung zu Multimodalität.[65] Vieles, was für Satire im Allgemeinen gilt, trifft auf die Form der Karikatur zu.[66] Sie charakterisiert sich nicht durch ästhetischen Selbstbezug, sondern ist auf mobilisierende, eine Gruppe konstituierende Wirkung ausgelegt. Satirischen Karikaturen ist Aggressivität gegenüber dem Objekt des Spotts immanent.[67] Die Karikatur als Waffe,

62 Kästner, Sonntagspredigt (1947).

63 Altheer/Löpfe-Benz, Einladung zur Mitarbeit.

64 Studt, „No man’s land“.

65 Jedes dieser Forschungsfelder ist sehr produktiv und die Literatur entsprechend umfangreich. Daher hier nur eine für die Analyse politischer Cartoons und Satire herangezogene Auswahl: van Leeuwen, Social Semiotics; ders., Discourse and Practice; Kress/van Leeuwen, Reading Images; kognitive Linguistik: Fauconnier/Turner, Way We Think; Marín-Arrese, Cognition and Culture; Multimodalität: Stöckl, Sprache im Bild; Pinar Sanz, Multimodality [zuvor als Themenheft der Review of Cognitive Linguistics 11/2 (2013)]; Forceville, Metaphor.

66 Eine funktional-semiotische Definition: Schwind, Satire, 24 f.

67 Ebd., 63.

um den Gegner lächerlich aussehen zu lassen, hat eine Geschichte, die bis ins Altertum zurückreicht. Sie nahm aber in der frühen Neuzeit im Zusammentreffen von Buchdruck und Reformation, von technischer Innovation und moralisch-religiöser Empörung, einen gewaltigen Aufschwung.[68] Satirische Bilder sind normativ, indem sie das Normwidrige ausstellen.[69] Bei Karikaturen handelt es sich außerdem um bimodale Kommunikation par excellence. Das materielle Bild mag im ersten Schritt der Rezeption die Aufmerksamkeit auf sich ziehen, aber seine Bedeutung zu entschlüsseln erfordert typischerweise, verbale und visuelle Elemente so zu integrieren, dass sie einen Gesamttext ergeben. Bilder in Printmedien als von Sprache abgehobene und in diesem Sinn eigenständige Bilddiskurse zu behandeln führt generell in die Irre.[70] Für die komplexe Verschränkung von Sprache und visuellen Elementen in Karikaturen gilt das umso mehr. Eine Karikatur zu verstehen erfordert das Pendeln zwischen narrativer Bildszene, Figurenrede, Headline und erläuternder Bildunterschrift. Karikaturen gleichen darin insbesondere Inseraten, die verbal-visuell kommunizieren.[71]

Das konstitutive Merkmal von Karikaturen ist die Verfremdung, sie distanzieren also das Vertraute. Sie zählen nicht zu den denotierenden Bildern, denn sie verzichten auf Details. Sie vergröbern und vergrößern hingegen die als wesentlich erachteten Merkmale. Dennoch behauptet Satire stets, sich auf die Wirklichkeit zu beziehen und wahre Aussagen über diese zu machen.[72] Im Vergleich zur Pressefotografie, die im 20. Jahrhundert zur zentralen Referenz visueller Kommunikation in Printmedien avancierte, bedienen Karikaturen zwar keine naturalistische Erwartung. Eine Karikatur referiert nicht notwendigerweise auf ein Ereignis, das stattgefunden hat. Doch wenn sie eine fiktionale Szene vorführt, muss diese glaubwürdig auf eine mögliche Konstellation dessen verweisen, was die Rezipient*innen als soziale Realität anerkennen. Die Bildsatire beansprucht, Politik und Gesellschaft so zu erfassen, wie sie sich dem unbestechlichen Beobachter, dem von Konventionen freigesetzten Narren, darbietet. Gleich technischen Bildern[73], etwa Röntgen-, Infrarot- oder Mikroskopaufnahmen, sollen Karikaturen etwas zeigen, das dem ökologischen Sehen nicht zugänglich ist, aber trotzdem existiert.[74] Während die Karikatur notwendig einen Wahrheitsanspruch erhebt, kann sie sich von der Alltagswahrnehmung so weit entfernen, dass sie nicht mehr als übersteigertes Abbild der Wirklichkeit rezipiert wird, sondern die Betrachter*in zu einem qualitativen Sprung ins Symbolische anhält.

---

68 Belting, Bild, 198–205.

69 Schwind, Satire, 70.

70 Einen gegenteiligen Standpunkt vertritt Betscher, Bildsprache.

71 Zu verbal-visueller Kommunikation vgl. vor allem Stöckl, Sprache im Bild; ders., Beyond Depicting; ders., Language-Image-Text.

72 Schwind, Satire, 32–56.

73 Vgl. Heßler, Konstruktion; Gugerli/Orland, Ganz normale Bilder.

74 Zur Typisierung von Bildern vgl. Stöckl, Sprache im Bild, hier besonders 115–120; zur Karikatur auch 138–141.

Instruktiv ist, wie Hermann Behrmann 1928 die Funktion des Bildes für die Printwerbung beschrieb. In seinem Buch *Das Inserat* erklärte er: „Es wäre schlimm, wenn das Bild im Inserat keine andere Aufgabe hätte, als Dinge oder Menschen darzustellen. Es gibt einen höheren Grad von Wahrheit als photographische Treue."[75] Unwirkliches zu gestalten sei daher legitim. „Einen Schritt weiter, und wir lösen uns von der Wirklichkeit ganz los. Sie wird vereinfacht, stilisiert, vergröbert. Hier beginnt das Reich des Humors." Karikatur und präfotografisches Werbebild waren Verwandte. Sobald das Bemühen um Witz hinzutrat, ließen sie sich der Form nach kaum voneinander scheiden. In der Beschäftigung damit, wodurch Witze einen komischen Effekt erzielen, hatte schon Kant auf die Wahrnehmung von Kontrast und Inkongruenz als auslösendes Moment hingewiesen.[76] Eine Mutation dieser Einsicht ist die Anwendung der Theorie des *cognitive blending* auf die Analyse von Humor. Die Verschmelzung von unvereinbaren gedanklichen Domänen und der ihnen assoziierten Mappings birgt einen Überraschungseffekt, ohne dass dieser ideologische Konventionen sprengen muss. Im Gegenteil dienen politische Cartoons häufig dazu, das bereits Gewusste zu bestätigen. Karikatur ist nicht inhärent progressiv und sie muss sich nicht kritisch gegen den Status Quo der Gesellschaft wenden. Die kreative Kraft multimodaler Metaphorik muss also keineswegs zum Ausbruch aus einem konzeptuellen Gefängnis führen,[77] sondern lässt sich einer konservativen Politik der Festigung des Bestehenden dienstbar machen.

Die Schweizerwoche war nicht Wirtschaftsnationalismus in einer theoretisierenden oder debattierenden Form. Sie fand am Point of Sale statt, um den daher im *Nebelspalter* die Witze, vor allem aber die meisten Karikaturen kreisten. Das Blatt bediente sich einer Reihe von Oppositionen, zwischen Schweizerware und Importprodukt, Händler*in und Konsument*in, Fremden und Einheimischen, Männern und Frauen, Patriotismus und Verrat. Das Satiremagazin kombinierte sie in verschiedener Weise und baute sie in narrative Fragmente ein, die es als Alltagsbeobachtung codierte. Ein großer Teil der Sujets zur Schweizerwoche inszenierte in diesem Sinn Praktiken von Konsument*innen und Geschäftsleuten. Insgesamt zwei Drittel der Sujets erlaubten einen Abgleich mit ökologischen Seherfahrungen, ohne jene Irritationen hervorzurufen, die symbolische Prozesse der Decodierung in Gang setzen. Als Auslöser dafür, dass Rezipient*innen ihre Interpretation auf eine symbolisierende Dimension jenseits der ‚wörtlichen' Ebene fokussieren, nennen Kress/van Leeuwen u. a., dass ein Aktant eine stark übertriebene Größe aufweist, dass er deplatziert erscheint oder konventionell als Symbol genützt wird, wie das bei Fahnen und Wappen der Fall ist.[78]

---

75 Behrmann, Inserat, 260.

76 Schwind, Satire, 151; für einen Überblick über Theorien des Humors siehe Attardo, Theories of Humor.

77 Zur kreativen Potenz multimodaler Metaphern: El Refaie, Resonances.

78 Kress/van Leeuwen, Reading Images, 105.

Abb. 32: Ein Marktstand in der Schweizerwoche, 1923
Karikatur von Friedrich Boscovits; Nebelspalter 49/43, 26.10.1923, Cover; Quelle: http://www.e-periodica.ch.

Zugegebenermaßen lassen sich die Grenzen nicht immer scharf ziehen (Abb. 32). Doch die Darstellung einer Marktfrau, die in ihrem mit Schweizerfahnen geschmückten Verkaufsstand auf Kundschaft wartete, hätte sich auch als Fotografie realisieren lassen; und sie hätte auch als Fotografie bei einer entsprechenden Kontextualisierung des Gebrauchs über die Denotation hinaus eine sekundäre semiologische Dimension eröffnet: Der üppig mit Schweizerware ausgestattete Marktstand stünde metonymisch für die Schweiz als Nation und Nationalökonomie ein. Dennoch bliebe es ein Marktstand, den es mit kleineren Modifikationen gab oder geben hätte können und der sich hätte besuchen und erleben lassen.

Anders als bei solchen satirisch verfremdeten Genreszenen aus dem Alltag von Konsument*innen und Händler*innen verhält es sich mit dem bereits früher besprochenen Sujet eines Konsumenten, der auf einem die Schweiz zudeckenden Warenberg saß (Abb. 33). Er erschien in einer Bedeutungsperspektive gegenüber den anderen menschlichen Akteuren, den um seine Gunst buhlenden Händlern, enorm vergrößert. Das traf ebenso auf das Verhältnis aller Akteure gegenüber der Schweiz zu, die in ihrer nur auf einer Karte sichtbaren Landesform gegeben war – eine artifizielle Gestalt, die sich jedoch durch den extensiven Gebrauch von Kartenbildern in Schulen und Publikumsmedien zu einem mit dem Nationalstaat assoziierten Vorstellungsbild gefestigt hatte.[79] Auch dieses satirische Bild bezog seine Anschaulichkeit zwar aus der semiotischen Rekontextualisierung von Alltagserfahrungen, die es mit einem Wissen über die Schweiz als Nationalstaat und seine Nachbarländer kombinierte, doch bildete die dargestellte Situation weder einen realen Ort noch eine reale Handlung ab.

Das Sujet präsentierte sich nicht als das Erzeugnis einer satirischen Kamera des Alltags; vielmehr setzte es nationale Allegorien und Symbole so zueinander in Beziehung, dass es das Potential der Karikatur, einen komplexen Sachverhalt in einem Bildsujet zu komprimieren, in einem gesteigerten Maß nützen konnte. Seine Leistung bestand nicht darin, eine fehlgeleitete Kaufentscheidung zu exemplifizieren – indem es etwa einen Konsumenten gezeigt hätte, der Bananen Schweizer Herkunft erwerben wollte. Das Sujet lud die Rezipienten ein, metaphorische Projektionen mitzuvollziehen: Importe kumulieren sich zum Berg, der das Land unter sich begräbt. Erreicht wurden Verdichtungen, u. a. eine räumliche und zeitliche.[80] Der visuell aufgerufene *blended space*, die Verschmelzung verschiedener gedanklicher Domänen, komprimierte fortdauernde Warengeschäfte zu einem Warenberg und erzeugte im Kartenbild einen fiktionalen Ort, auf dem Konsumverhalten und Handelsbeziehungen einen Platz erhielten. Das Sujet führte außerdem einen Kausalnexus vor Augen: Eine erdrückte Schweiz und ein zum Bittsteller reduzierter Schweizer Händler erschienen als das Ergebnis, der Konsument als seine Ursache.

79 Zur Fusion aus Nationalstaat und Kartenbild: Schlögel, Im Raume, 199–210.
80 Fauconnier/Turner, Way We Think, 89–106 (vital relations and their compressions).

Abb. 33: Eine unter Importwaren erdrückte Schweiz, 1933
Karikatur von Jakob Nef; Nebelspalter 59/42, 20.10.1933, 8; Quelle: http://www.e-periodica.ch.

Aus Sicht des wissenschaftlichen Diskurses der Ökonomie ist eine solche Inszenierung allenfalls paraökonomisch. Sie dient als Mittel, um Positionen aus ökonomischen Diskursen, hier eine protektionistische Argumentation betreffend Außenwirtschaftsbeziehungen, in leicht verständliche Bilder zu übersetzen. Doch kommen erstens im fachwissenschaftlichen Diskurs dieselben Verfahren der kognitiven Metapher und der Verschmelzung von zuvor getrennten gedanklichen Domänen zum Tragen, auch wenn Wissenschaft in einer systematischeren Weise darum bemüht ist, sich durch reflektierende Distanzierung gegenüber der Suggestion freizuspielen. Zweitens benötigen aber die in Publikumsmedien kolportierten Bilder und die an ihnen ausgeprägten Vorstellungen nicht unbedingt einen fachwissenschaftlichen Diskurs als Quelle, sehr zum Leidwesen von Ökonom*innen. Satire, die eingängige Bilder liefert, ist kein Nebenschauplatz der Politik. Zudem leistete sie dies im *Nebelspalter* für eine bürgerliche Klientel, die gelernt hatte, sich als der eigentliche Träger der Nation zu verstehen. Daher wäre es jedenfalls hinsichtlich der Relevanz für die Verständigung über wirtschaftspolitische Ziele voreilig, eine Hierarchie zwischen den in Publikumsmedien transportierten Formen des Diskurses und der ökonomischen Wissenschaft anzunehmen. Beide gingen in die Konstituierung von nationaler Ökonomie ein.

2.3 „Mit aller Energie“ für die Schweizerwoche

So wie der *Nebelspalter* die Nation bejahte, so stellte er sich hinter die Forderung nach patriotischem Konsum – nach anfänglicher Reserve, die mit dem Eigentümerwechsel 1922 endete. Die Schweizerwoche figurierte in dem Panorama an inhaltlichen Schwerpunkten, für die der neue Verlag zur Mitarbeit einlud. Die Aufzählung, die mit „Nationale Politik“ begann und bei „Kunst; Literatur; Architektur; Theater; Musik; Kino etc.“ aufhörte, sollte den Rezipienten vor Augen führen, dass sich der *Nebelspalter* für das Ganze der Schweizer Gesellschaft zuständig fühlte. Die Themen waren zu Gruppen zusammengestellt, zu einem Paradigma des für die Schweiz Relevanten. Die Schweizerwoche fand sich zusammen mit der Mustermesse, ihrer gleichaltrigen Schwester im protektionistischen Geiste, eingereiht zwischen Praktiken des Schutzes und der Abwehr einerseits und Vorstellungen depravierten wirtschaftlichen Handelns andererseits: „Heimatschutz; Naturschutz – Schweizerwoche; Mustermesse – Krämerseelen; Schundware; Schundliteratur; Reklameschwindel; unreelle Geschäftsgebahren“.

Die Positionierung war sinnfällig, denn sie bezeichnete den Anspruch der Schweizerwoche als Praktik des Schutzes und benannte Natur, Kultur und Wirtschaft als eine Trias der zu schützenden Gegenstandsbereiche. Die Schweizerwoche richtete sich daher auch gegen Schund und Krämerseelen, war allerdings selbst in Gefahr als Vehikel für Geschäftemacherei zu dienen oder als solches wahrgenommen zu werden. 1917 hatte sich der *Nebelspalter* aus genau diesem Grund noch skeptisch gegenüber der Mobilisierung des Konsumnationalismus gezeigt. Eine sich als „Schulaufsatz“ ausgebende Glosse persiflierte die frohen Erwartungen des Handels: „Jeder patriotisch Gesinnte hat seinen Laden geschmückt und ist in guter Hoffnung gewesen, daß das Geschäft geht.“[81] Argwohn und Distanz kommunizierte auch eine antisemitische Karikatur: „Ganz nette Idee, diese Schweizerwoche. – Ob sie ein Schweizerprodukt ist?“, legte der *Nebelspalter* dem Inhaber der „Mauchele Handlung“ in den Mund (Abb. 34). Wenn man mit Kress und van Leeuwen die Leserichtung als bedeutungstragend annimmt, so setzte das linkerhand platzierte Schweizerwoche-Plakat das Thema und führte zum Rhema des betrügerischen Handels, den der ‚mauschelnde‘ Jude verkörperte. Hinsichtlich der vertikalen Achse gehen Kress und van Leeuwen von einer Semantisierung entlang der Opposition ideal/real aus. Die im Sujet oben platzierte „nette Idee“ der Mauschelei zeigte sich in der darunter durch ihr Plakat repräsentierten Schweizerwoche und durch die angedeuteten, mit der Schweizerfahne ausgezeichneten Waren realisiert. Die Schweizerwoche erschien

81 [Hard.], Ein Schulaufsatz, in: Nebelspalter 43/46, 17.11.1917, nicht pag.

mithin auf vielfache Weise, verbal wie kompositorisch, als Initiative von dubiosem Status. Im September 1922 mobilisierte der *Nebelspalter* aber bereits selbst. Die Leser, als „Mitarbeiter" adressiert, sollten für eine Sondernummer Beiträge senden, denn:

> Die Sache verdient, daß auch der Nebelspalter sich ihrer mit aller Energie annimmt. Noch nie war es so bedeutungsvoll, wie seit Kriegsende, daß wir uns auf uns selber besinnen und immer wieder daran denken, daß wir nur dann Aussichten auf Erfolg und auf eine aufsteigende Entwicklung haben, wenn wir in erster Linie diejenigen Mitmenschen in allen Teilen berücksichtigen und unterstützen, die mit uns zusammen jene Gemeinschaft bilden, die wir die Schweiz nennen.[82]

Abb. 34: Schweizerwoche antisemitisch, 1917
Karikatur von Karl Czerpien; Nebelspalter 44/43, 3.11.1917; Quelle: http://www.e-periodica.ch.

---

82 Mitarbeiter!, in: Nebelspalter 48/36, 5.9.1922, 15.

Das Magazin identifizierte sich nun vollkommen mit dem Credo und Selbstverständnis des Schweizerwoche-Verbands. Die Passage verwies nicht nur auf die gestiegene Aktualität des Anliegens, sie definierte die Nation als eine Gemeinschaft, die Erfolg benötigte. Die Nation bedurfte der Ergebnisse, die sich herzeigen ließen, auf die man stolz sein konnte, weil sie durch eine Konzentration der Kräfte innerhalb der Binnengruppe gegenüber den Anderen errungen wurden. Das Textstück stand noch mit einem Bein im freisinnigen Fortschrittsglauben des 19. Jahrhunderts, bereitete aber bereits die Transformation in das Wachstumsdenken vor, das nach 1945 zur alles beherrschenden Figur nationaler Ökonomie und des Denkens über die Nation als Wohlstandsgemeinschaft avancierte.

Das Engagement des *Nebelspalter* für die Schweizerwoche resultiert in einem hier zu analysierenden Korpus von 185 Elementen, die sich im Zeitraum von 1917 bis 1957 mit der Schweizerwoche befassten.[83] Diese Items sind verbaler und visueller Natur und haben unterschiedlichen Umfang. Er reicht von der ganzseitigen Karikatur zum wenige Zeilen langen Witz. Elfmal platzierte der *Nebelspalter* die Schweizerwoche sogar am Cover, achtmal in den 1920er-Jahren, zweimal in der ersten Hälfte der 1930er-Jahre und 1952 ein letztes Mal. 1923 bestritt die Schweizerwoche das Coversujet von zwei aufeinanderfolgenden Ausgaben. Das Blatt stellte mehrfach ganze Ausgaben unter das Motto der Schweizerwoche.[84] Es lieferte damit eine „ergötzlich ironisierende Revue helvetischen Geschehens“, wie der Schweizerwoche-Verband 1929 befriedigt konstatierte.[85] Das Satiremagazin hatte sich damals in eine Reihe mit 46 anderen Zeitungen und Zeitschriften eingefügt, die der Schweizerwoche Spezialnummern, Sonderseiten und Beilagen widmeten. Die Zahl belegt einerseits die journalistische Akzeptanz des Appells zum patriotischen Konsum und andererseits, dass der *Nebelspalter* diesem Mainstream zurechnete. Der Schweizerwoche-Verband, der seine patriotischen Aufrufe auch regelmäßig in der Zeitschrift inserierte, erkannte im *Nebelspalter* die freundliche Unterstützung, die dieser insgesamt einem Schweizer Wirtschaftsnationalismus entgegenbrachte. Noch Anfang der 1960er-Jahre wusste auch die Zentralstelle für das Schweizerische Ursprungszeichen, dass der *Nebelspalter* „immer viel Verständnis für unsere Aufgaben zeigt“.[86]

83 Hinzu kommen wirtschaftsnationalistische Karikaturen und Witze, die nicht in einem direkten Bezug zur Schweizerwoche stehen, auf die ich aber im Zuge der Recherche stieß, die ich für 1929–1933 auf das gesamte Jahr erstreckte und ansonsten auf die Monate September bis Dezember konzentrierte. Bevor der *Nebelspalter* online verfügbar gemacht wurde (http://www.e-periodica.ch), verbrachte ich auf diese Weise erheblich Zeit mit der Durchsicht der Bände. Mittels der Volltextsuche nach Schlagwörtern wie „Schweizerwoche“ und „Zoll*“ konnte ich später den Korpus um einige Fundstücke ergänzen. Das wesentlich aufwändigere Durchblättern der gedruckten Bände war immerhin nützlich, um einen breiten Eindruck von dem Magazin zu erhalten.

84 Genau fünfmal: Nr. 43, 1923; Nr. 42, 1924; Nr. 45, 1925; Nr. 42, 1929; Nr. 42, 1935.

85 Schweizerwoche-Verband, Jahresbericht 1929/30, 11.

86 Zentralstelle für das Ursprungszeichen, Jahresbericht 1963, 10.

Nur einmal ist Missstimmung zwischen Schweizerwoche-Verband und *Nebelspalter* dokumentiert. Im Februar 1931 illustrierte das Satiremagazin mit einer Karikatur, wie die Anwendung des Prinzips ‚wie du mir, so ich dir' auf den patriotischen Einkauf ausfallen könnte (Abb. 35): Auf den Aufruf des Schweizer Sennenbuben, nur Schweizer Ware zu kaufen, reagierte jenseits des Grenzbalkens der deutsche Michel mit einem gleichartigen Appell. Die Zeitschrift griff damit einen der häufigsten Einwände gegen die Propagierung des patriotischen Konsums auf. Er wandte die goldene Regel als Handlungsmaxime auf den Außenhandel an. Diese Logik bestimmte die Inszenierung von Außenwirtschaftsbeziehungen im *Nebelspalter*. Das Blatt neigte auf die in der Schweiz üblichen Weise einer freihändlerischen Perspektive zu, soweit diese dem Schutz der Exportinteressen diente. Dagegen hatte der Schweizerwoche-Verband nichts einzuwenden, bekannte er sich doch zur zentralen Bedeutung des Exports für das Land. Dennoch fühlte sich der Verband von dem „allegorischen Intermezzo" am Grenzbalken angegriffen und legte in einem Schreiben klar, dass seine Propaganda niemals der Ausschließlichkeit das Wort rede.[87] Die Redaktion des *Nebelspalter* verstand nicht recht, was der Schweizerwoche-Verband eigentlich wollte. Man habe bloß jene Variante des wirtschaftspatriotischen Appells angegriffen, die „aller ernsthaften Propaganda von Schweizerwaren nur schaden kann", weil sie zum Boykott von Importwaren anhielt.[88]

Ging es also um nichts? Den Verband störte offenbar, dass ein publizistischer Verbündeter eine Spannung ins Licht hob, in der die nationale Ökonomie stand. Die Propaganda, deren Fokus auf der nationalen Gemeinschaft lag, sollte mit der für die Schweiz vorteilhaften liberalen Ökonomie des Außenhandels koexistieren. Diese Koexistenz beruhte auf einem Verbot der Vermischung: Argumente aus dem einen Diskurs und Handlungsbereich durften nicht auf den anderen ausgedehnt werden. Einerseits sollte die Betonung der nationalen Stärke, manifest in der überlegenen Qualität der Schweizerware, nicht in eine Politik der Autarkie umgelegt werden, die auf hohe Schutzzölle, Kontingente und Einfuhrverbote hinauslief. Andererseits sollten liberale Konzepte des Außenhandels dem Kaufverhalten der Schweizer*innen nichts zu sagen haben. Auf dem Binnenmarkt galt freier Handel, sofern er Auslandsware betraf, nicht als Ideal, sondern als ein Problem, das zu beheben dem Engagement der Konsument*innen oblag.

Die Intensität, mit der das Satiremagazin die Schweizerwoche thematisierte, schwankte selbstverständlich. Man kann das Auf und Ab in einer numerischen Größe ausdrücken, den Items pro Jahr, die sich der Schweizerwoche widmeten. Ich gehe davon aus, dass jedes Bild-Text-Sujet und ein kurzer Witz ebenso wie eine vielzeilige Glosse abgeschlossene kognitive Einheiten bilden, die zu produzieren einen gewissen Aufwand bedeutet. Am Beginn des Prozesses liegt eine ja/nein-Entscheidung, die Schweizerwoche oder ein anderes Thema aufzugreifen. Man erhält so

87 Eine Beschwerde, in: Nebelspalter 57/16, 17.4.1931, 18.
88 Ebd.

Abb. 35: „Die andere Seite“, 1931
Karikatur von Friedrich Boscovits; Nebelspalter 57/6, 6.2.1931, 20; Quelle: http://www.e-periodica.ch.

ein Maß, dessen Grobheit keiner weiteren Erläuterung bedarf, doch Orientierung ermöglicht. Eine erste Spitze erreichte die Propagierung der Schweizerwoche in den frühen 1920er-Jahren, wie sich dem Diagramm (Grafik 17) entnehmen lässt. Die 1930er-Jahre brachten weltweit eine Intensivierung wirtschaftsnationalistischer Diskurse und die Kurve schlägt denn auch 1934 und 1935 nach oben aus. Anfang der 1930er-Jahre fiel die Exportquote der Schweiz auf unter zehn Prozent. Ein solcher Anteil des Exports am Schweizer Bruttoinlandsprodukt war für Friedenszeiten ungewöhnlich niedrig. Der reziprok größere Anteil der Binnenwirtschaft schuf ein Umfeld, das die Plausibilität von Appellen an die Schweizer Konsument*innen stärkte.

Die Bewegung der Handelsbilanz spielte allerdings keine erkennbare Rolle in der Inszenierung der Schweizerwoche durch den *Nebelspalter*. Der Begriff kam auch insgesamt selten zum Einsatz, obwohl die Handelsbilanz als Vorstellung zeitgenössisch verfügbar war – anders als ein am Bruttoinlandsprodukt gemessener Konjunkturverlauf, der ein retrospektiv erzeugtes statistisches Artefakt darstellt. Die Einbrüche in der Wirtschaftsaktivität waren aber sowohl Anfang der 1920er-Jahre als auch in den frühen 1930er-Jahren unübersehbar. Sie bildeten somit einen Hintergrund des Schweizerwoche-Enthusiasmus im *Nebelspalter*.

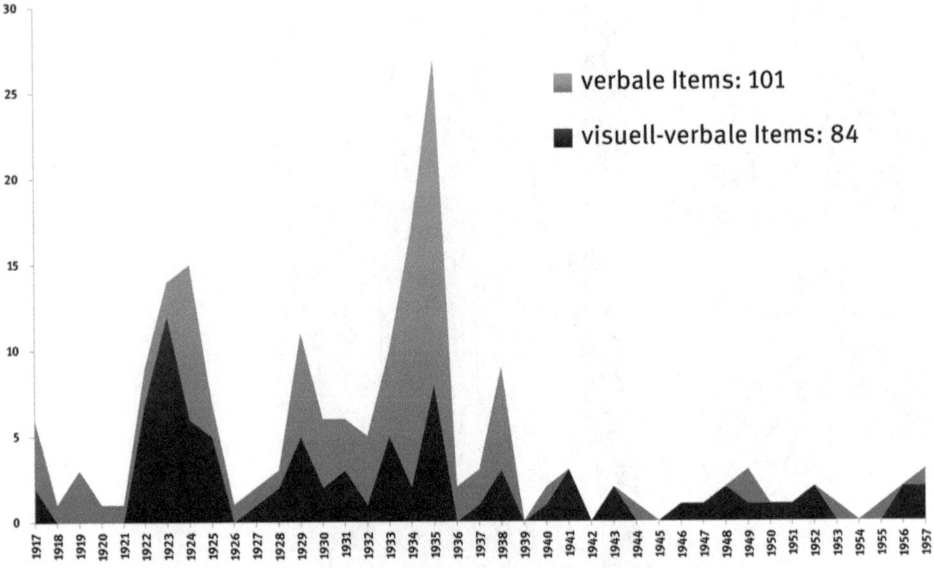

Grafik 17: Die Schweizerwoche im Nebelspalter 1917–1957

Im Ersten Weltkrieg war sie entstanden, der Zweite Weltkrieg brachte dennoch keine erhöhte Aufmerksamkeit für die Schweizerwoche; wohl aber erlaubte sich das Blatt Spitzen gegen die USA als Konkurrenten am Weltmarkt. Nach 1945 hielt der *Nebelspalter* der Armbrust und Schweizerwoche weiterhin die Treue, ohne dass die nationale Warenpropaganda nochmals ins Zentrum der satirischen Anstrengung rückte. Letztlich entschwand sie dem Blick des *Nebelspalter* und der bürgerlichen Öffentlichkeit insgesamt. Aus der Reaktion auf die Gefährdung, einer Kommunikation, die auf ihre Dringlichkeit pochte, wurde das Ritual moderater Selbstzufriedenheit: „Eimal im Jahr törf sicher jede, wo fliissig isch und öppis chaa es bitzeli vo sich selber rede und s eige Liechtli lüüchte laa!", legte das Blatt einem als nationale Allegorie gekennzeichneten jungen Mann in den Mund.[89] Sein Käppli, hier rot mit Schweizer-

89 Carl Böckli [Bö], Schwizer-Wuche, in: Nebelspalter 82/42, 17.10.1956, 5.

kreuz, wies ihn als Sennenbuben aus, als Figur aus dem Pantheon der ländlich-bäuerlichen Schweiz, für den Fremdenverkehr wie für nationalisierende Binnendiskurse eingesetzt. Die auf der Kappe aufgesetzten Flügel des Merkurs charakterisierten den Buben bzw. den Schweizer schlechthin als geschäftstüchtig.

Die Auseinandersetzung des *Nebelspalter* mit der Schweizerwoche zeigt in ihrer quantitativen Dimension einen erwartbaren Zusammenhang mit Wirtschaftskrisen oder – wie man besser sagen muss – mit Krisenstimmung. Ein Satireblatt setzt nicht mechanisch ökonomische Kenndaten in Wirtschaftsnationalismus um. Welche ökonomischen und sozialen Phänomene jeweils als das Wesen der Krise ausgemacht werden, die durch den patriotischen Einkauf bekämpft werden soll, ist keine ausgemachte Sache. Trotzdem wäre es zu einfach, es bei dieser Feststellung bewenden zu lassen, um sich auf eine kulturwissenschaftliche Binnenwelt zurückzuziehen, die sich irgendwie – aber wie? – auf Ökonomie bezieht. Die Relationen lassen sich nur beschreiben, wenn man beide Termini mit einiger Präzision in den Blick nimmt. Man muss folglich auch bei der Betrachtung der ökonomischen Verhältnisse einen gewissen Aufwand betreiben.

Wir können das am Beispiel der frühen 1920er-Jahren durchspielen. Die Schweiz kämpfte mit anderen – und geringeren – Problemen, als sie Nachkriegsösterreich plagten, und doch war die Situation der Schweizer Nationalökonomie und Nationalgesellschaft nicht ohne Schwierigkeit. Die Schweiz gehörte zu einer Gruppe an Ländern, die nach Wiederherstellung des Außenhandelsverkehrs nicht mehr unter Inflation litt – im Gegenteil.[90] Die Konsumentenpreise für Nahrungsmittel und Bekleidung fielen drastisch, die Reallöhne stiegen im Gegenzug an.[91] Diese für die Arbeiterschaft erfreuliche Entwicklung hing mit einer starken Währung zusammen. Die Schweiz bedurfte gerade bei Nahrungsmitteln des Imports und die Ernährungskosten stellten wiederum noch lange den wichtigsten Ausgabenposten in den Budgets von Arbeiterhaushalten dar.[92] Die Einfuhr an Lebensmitteln nahm seit dem Tiefpunkt im Jahr 1918 sprunghaft zu, ohne dass sie in den 1920er-Jahren je das Ausmaß der Vorkriegszeit erreicht hätte. Insgesamt gewann der Import rapide an Fahrt und wuchs von 4,3 Millionen Tonnen 1921 auf 6,7 Millionen 1923 an.[93] Während die Schweiz einen deflationären Druck auf die Preise erlebte, zog zur selben Zeit in Deutschland und Österreich, den Verliererstaaten des Kriegs, die Inflation so weit an, dass sie letztlich in den Währungszusammenbruch mündete. Vor allem die Situation in Deutschland, dem wichtigsten Handelspartner, war für die Schweiz relevant. Gut ein Viertel der Importe, die auf europäische Herkunftsländer entfielen, ka-

---

90 Vgl. Broadberry/O'Rourke, Cambridge Economic History, 164, figure 7.3.
91 HSSO G1. (Reallöhne), H20/21 (Konsumentenpreise).
92 Tanner, Fabrikmahlzeit, 261.
93 Ausführungen auf Basis der Daten in HSSO, H20 und H21 Landesindex der Konsumentenpreise nach Bedarfsgruppen, G1 Durchschnittliche Stundenverdienste von Arbeitern und Arbeiterinnen, L10a1 Einfuhrmengen nach Branchen und Hauptwarengruppen, T6.1.3 Außenhandel nach Erdteilen.

men vom nördlichen Nachbarn – wertmäßig, nicht mengenmäßig. Die Wechselkursrelationen machten nun das Einkaufen in Deutschland günstig.

Genau an diesem Punkt setzte der *Nebelspalter* mit seiner Satire an. Wie der Schweizerwoche-Verband, der in einer Presseaussendung „vor irreführenden Anpreisungen aus valutaschwachen Staaten" warnte,[94] betonte der *Nebelspalter* aus Anlass der Schweizerwoche den Schaden, den Importe und Einkaufstourismus der Nation verursachten: „Was importiert ist, sei verpönt! Herrjeh – man kaufte längst in Scharen im Badischen nicht – Schweizerwaren! Was man in – Wien liess ausarbeiten, liegt in der ‚Schweizerwoche' aus [...]"[95] Eine Karikatur über die „Schweizer im Ausland" warnte und ermahnte die Konsument*innen im selben Atemzug: „Hier wirst du beschummelt und zeigst dich schädlich. Drum kaufe zu Hause und bleibe redlich."[96] Der *Nebelspalter* machte sich die Sicht eines am Binnenmarkt orientierten gewerblichen Mittelstands zu eigen. Die Krise hatte aber noch eine andere Seite. Die Reallöhne mochten steigen, die Arbeitslosenzahlen taten das ebenfalls. 1921 und 1922 kletterten sie auf Spitzenwerte, um danach rasch wieder abzusinken. Die Krise am Arbeitsmarkt war also schon im Zurückgehen, als der *Nebelspalter* den patriotischen Einkauf propagierte; dafür stieg die Arbeitslosigkeit erst 1936, als sich der *Nebelspalter* punkto *Schweizerwoche* eher zurückhielt, auf einen Wert von 5,7 Prozent,[97] einen absoluten Höhepunkt für viele Jahrzehnte.

Das beantwortet keine Frage, wirft aber eine auf, die der qualitativen Analyse bedarf: Inwiefern trug der *Nebelspalter* seinen Lesern den Kampf gegen Arbeitslosigkeit als ein wesentliches Motiv des patriotischen Einkaufs an? Das lässt sich leicht klären: Die Bekämpfung der Arbeitslosigkeit, vom Schweizerwoche-Verband zu Beginn der 1920er-Jahre selbst als ein Ziel seiner Anstrengungen deklariert, spielte eine vernachlässigbare Rolle, wenn der *Nebelspalter* sich dem nationalbewussten Konsum zuwandte. Nur in einem einzigen von 83 Bildsujets zur Schweizerwoche kommt das Thema überhaupt vor; und das in einer Weise, die für die Arbeiterschaft bloß ein kaum verklausuliertes „Selber schuld" erübrigte. Auch in den einschlägigen Glossen und Witzen war es nicht anders. Bloß die oben zitierte Klage von 1921, die Importe und Shoppingtouren ins Ausland anprangerte, lief auf die Feststellung hinaus, dieses Verhalten sei „ein Hohn auf arbeitslose Zeiten".[98] Eine „Glosse der Woche" von 1932 fiel insofern gänzlich aus dem Rahmen, als sie den Interessenkonflikt zwischen Arbeitergeber- und Arbeitnehmerseite aufgriff, dessen Existenz zu verneinen ein

94 Schweizerwoche-Verband, Jahresbericht 1922/23, 20.

95 [Hamurhabi], Rundschauerliches, in: Nebelspalter 47/43, 22.10.1921, nicht pag.; ein anderes Beispiel: W. Wenk, Schweizer-Woche, in: Nebelspalter 48/12, 21.3.1922, 1. Das Cover zeigt Männer und Frauen, die „Valutawaren" in die Schweiz bringen. Auf den Kisten und Koffern kleben die Etiketten „Berlin", „München", „Wien".

96 Richard Doelker, Die Schweizer im Ausland, in: Nebelspalter 48/44, 31.10.1922, 9.

97 Nach Definition des Internationalen Arbeitsamts, gemessen am Erwerbstätigenpotential. HSSO F18.

98 [Hamurhabi], Rundschauerliches.

Abb. 36: „Unsere Arbeitslosen“, 1921
Signatur des Autors nicht leserlich; Subscriptio: „Wenn Zweie dasselbe tun“; Nebelspalter 47/49, 3.12.1921, nicht pag.; Quelle: http://www.e-periodica.ch.

Mittel und auch eines der Ziele von wirtschaftsnationaler Propaganda ist. Der kurze Text persiflierte die Devise „Schweizerwaren kaufen heißt Arbeit schaffen“. Als Alternative schlug er vor: „Schweizerlöhne kürzen heißt Arbeit würzen.“ Das war ungewöhnlich bissig gegenüber den ökonomischen Eliten, die in der Lohnreduktion den probaten Weg erblickten, um gerade in der Krise die Konkurrenzfähigkeit der Schweiz auf Exportmärkten zu sichern.

Abb. 37: „Das Heer der Arbeitslosen", 1922
Zeichnung von A. Merkling; Nebelspalter 48/7, 15.2.1922, 12; Quelle: http://www.e-periodica.ch.

Zwar sprach der *Nebelspalter* abseits der Schweizerwoche-Sujets Arbeitslosigkeit immer wieder an, denn sie war auch in der Schweiz eine der großen Beunruhigungen der 1920er- und 1930er-Jahre. Doch das Blatt sah sie als einen Zwilling der freiwilligen Untätigkeit, einen moralisch prekären Zustand, an dem der Betroffene möglicherweise selbst Schuld trug. So insinuierten Anfang der 1920er-Jahre Karikaturen eine Gleichartigkeit von proletarischer Arbeitslosigkeit und dem Müßiggang der Oberschicht (Abb. 36). Witze führten Arbeiter vor, die nicht arbeiten, sondern eine Arbeitslosenunterstützung kassieren wollten. Die düstere Zeichnung „Das Heer der Arbeitslosen" verdeutlichte drastisch die Ausmaße des Problems (Abb. 37); ob es zu einem sympathisierenden Blick auf die Dargestellten einlud, ist durchaus offen. Der

Titel implizierte für bürgerliche Rezipienten jedenfalls die Bedrohlichkeit der proletarischen Masse. Ihre Bezeichnung als „Heer" warf die Frage auf, gegen wen dieses marschierte. Die Kampagne „Kauft österreichische Waren" setzte etwas später auf eben solche Inszenierungen, um die Dringlichkeit des patriotischen Einkaufs zu unterstreichen. Den bürgerlichen Betrachtern trug sie damit den Buycott zugunsten heimischer Waren als Mittel an, um eine proletarische Gefahr abzuwenden. Etwas Vergleichbares kann man weder im *Nebelspalter* finden, noch gehörte es zum Repertoire der Schweizerwoche.

Bei den Sujets, die sich der Schweizerwoche widmeten, handelt es sich mit einer Ausnahme um personale Typenkarikaturen. In ihrer Komposition folgten die Karikaturen meist demselben Muster. Sie sind in der Terminologie von Kress und van Leeuwen *offer pictures*. Sie positionierten die implizierten Betrachter als Zuseher, die von den repräsentierten Akteur*innen nicht bemerkt oder nicht beachtet werden. Die Einstellungsgröße erzeugte den Eindruck einer Platzierung als Betrachter in der mittleren Distanz, die dem sozialen Verkehr entspricht. Manchmal war es Gesprächsabstand, meist aber jener von Passant*innen, die im Vorübergehen zu Zeug*innen einer Alltagsszene werden. Diese spielte sich in der Regel auf Augenhöhe ab, manchmal blickten die Betrachter auch aus leicht erhöhter Warte auf die Akteur*innen. Die Komposition legte es auf den männlichen Leser als Mitbürger an, der sich als Teil der verhandelten Schweizerwelt verstehen sollte, nicht jedoch als Objekt der Satire. So wie das Blatt selbst war der Leser als der loyale, liberalkonserativ gesinnte Staatsbürger gedacht: Er beobachtet, schmunzelt und empört sich zuweilen. Seiner eigenen Stellung aber darf er gewiss sein. Angstrebt war nicht Erschütterung als innerer Vorgang, der intellektuellen Aufschluss versprach, sondern ein exogenes Phänomen, das es zu vermeiden galt, etwa als Bedrohung durch die politisierte Arbeiterschaft.

2.4 Ein mit Unternehmensanliegen kompatibler Humor

Von einem Satiremagazin erwartet man sich Spott und Kritik, nicht den Verzicht auf die Pointe zugunsten einer erbaulichen Rhetorik; das schließt jedoch Propaganda nicht aus, solange sie den Umweg über den Witz geht, und sei dieser auch nur minimaler Art. Ein Sujet von 1946 zeigte einen Sennenbuben und ein Sennenmädchen, die gemeinsam das Plakat der Schweizerwoche hielten (Abb. 38). Da der *Nebelspalter* ein erwachsenes Publikum anvisierte, diente die Verkindlichung dazu, Distanz zu den repräsentierten Akteur*innen zu gewinnen. Zugleich legte das Blatt den Rezipienten eine sympathisierende Betrachtung nahe. Der Einsatz des Dialekts für den unter dem Bild formulierten Appell „Chaufed Schwizerwar!" zielte ebenso auf die Herstellung von Empathie und Vertraulichkeit. Der Schweizer durfte gewiss sein, dass er sich hier unter seinesgleichen fand. Bub und Mädchen blickten aus dem Bild heraus, nahmen also Kontakt mit dem Betrachter auf. Ihm hielten sie zudem ein Plakat entgegen, das den Aufruf präzisierte: „Ehret heimisches Schaffen!" Auf den Appell, Schweizerware zu kaufen, reagierte in der Bildunterschrift eine Aussage, die sich als Figurenrede verstehen ließ: „Sowieso – wänn is d'Usslander nüd alles vor dr Nase-n–eweg chaufed." Diese Subscriptio fügte dem Sujet eine Pointe hinzu. Der Witz hatte einen xenophoben Beigeschmack, der in weiterer Folge noch genauer zu diskutieren sein wird. Vorerst sei nur festgestellt, dass das Blatt zwischen der Bekräftigung des Nationalen und seiner augenzwinkernden Zurücknahme tänzelte. Es milderte dadurch das Nationale humoristisch ab und lud gerade deshalb den schweizerischen Leser zur Identifikation ein. Der fanatische Nationalismus, den die faschistischen Nachbarstaaten zur Schau gestellt hatten, war 1946 noch jüngste Vergangenheit. Damit durfte das Schweizer Wesen nichts zu tun haben, und doch sollte genug Raum für jene Ausschließungen bleiben, die den Stolz auf das Eigene erlaubten. Humor diente in diesem und vielen anderen Sujets als Schmiermittel für den Gedanken patriotischen Konsums. Hierin lag der Dienst, den der *Nebelspalter* dem Schweizerwoche-Verband erwies.

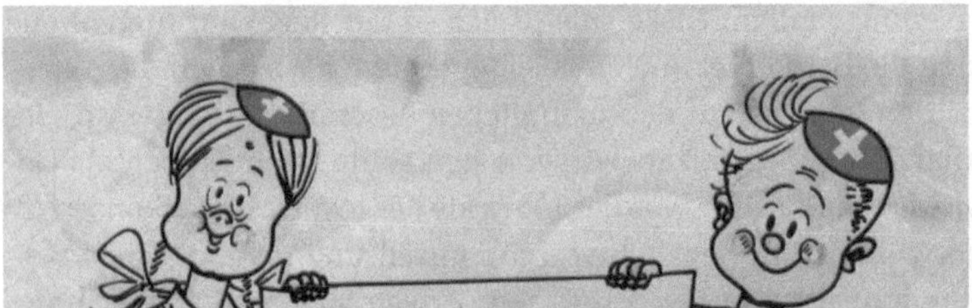

Abb. 38: „Chaufed Schwizerwar!", 1946
Signatur nicht leserlich; Nebelspalter 72/43, 1946, 5; Quelle: http://www.e-periodica.ch.

Auf den Hund gekommen

Manchmal begreife ich euch Menschen nicht, bellte gestern Baldur. Lag ich da unter dem Schreibtisch, den Kopf zwischen den Pfoten, und dachte nach. Du plauschtest im Fauteuil, die Zeitung sowie den Schwarzen vor dir, und führtest dir zusammen mit Dreißigerstückli die neuesten Meldungen über tödliche Verkehrsunfälle, Blutvergießen im Kongo, Familien-Dramas usw. zu Gemüte. Als du an Leib und Geist gesättigt warst, faltetest du seelenruhig die Zeitung zusammen, um in Frieden dein Mittagsschläfchen zu absolvieren. Bevor aber das Blatt auf den großen Haufen für die Papiersammlung der Pfadfinder wanderte, erlaubte ich mir, meinerseits rasch einen Blick auf die Druckzeilen zu werfen. Und da blieb mein melancholisches Auge auf einer kurzen, sachlichtrockenen Meldung haften. Die lautete so:

Von der Rheinbrücke ins Wasser gesprungen. Montagfrüh stürzte sich ein unbekanntes Mädchen von der Rheinbrücke in Rheinfelden ins Wasser. Das Mädchen befand sich während einer Stunde auf der Brücke und hat verschiedenen Passanten seine Absicht, sich in den Rhein zu stürzen, kundgetan.

Ein paar bescheidene Zeilen, die im gedruckten Groß-Weltgeschehen leicht übersehen werden konnten. Und doch berichten sie von einer menschlichen Tragödie, wie man sie nie übersehen dürfte. Ihr Menschen habt zwar keine Zeit, euch über solche Berichte tiefere Gedanken zu machen, wir Hunde aber sind noch keine Opfer einer hohen Konjunktur. Deshalb las ich diese Meldung mehr als einmal. Ich weiß nicht, warum das unbekannte Mädchen so ein bißchen sehr die Nase voll hatte. Vielleicht war es zu allein. Viele sind das, weshalb sie sich krank fühlen. Drum wenden sie sich an den Medizinmann. Der sagt, das komme vom Herz oder von den Nerven, und gibt ihnen Tabletten.

Darum geht es mir nicht. Daß sich das Mädchen eine geschlagene Stunde lang auf der Brücke an einen Strohhalm klammerte, läßt mir keine Ruhe. Bitte, hätte es den Passanten seine Absicht verraten, wenn nicht noch ein verzweifelter Rest Hoffnung und Glaube an die Menschen in seinem gequälten Kopf gewesen wäre? Dreitausendsechshundert Sekunden lang muß es auf ein Wunder gehofft haben! Sechzig Minuten lang wird es auf der steinernen Brücke nach einer menschlichen gesucht haben, die es dem Leben zurückgeführt hätte. Allein das Wunder blieb aus ... Ihr Menschen ginget *vorüber*. Wohl bliebet ihr einen Augenblick stehen, irgendjemand aus euch heraus sagte dem unbekannten Mädchen mit anonymer Stimme, es solle das nicht tun.

Dann aber ginget ihr eilig weiter, denn Zeit ist Geld, und wer kann euch verpflichten, eures Bruders Hüter zu sein? Und deshalb erlosch nach einer Stunde die letzte kleine Hoffnungsglut. Und es wurde dunkel ...

Ich will euch nicht dreinreden, bellte Baldur nach einer Weile des Schweigens weiter. Aber vielleicht solltet ihr doch ob der Weite von Satelliten und Macht das Nächste nicht ganz übersehen: den Nächsten! Ihr brauchtet das nicht einmal aus sogenannter Nächstenliebe zu tun; ob bei euch überhaupt Nächstenliebe in Reinkultur technisch möglich ist, wage ich stark zu bezweifeln. Nein, ihr dürft ruhig ein wenig eigennützig handeln; wenn dabei außer euch noch anderen gedient ist, spielt doch die sogenannte ethische Seite keine Rolle. Warum also geht ihr an Menschen auf der Brücke *vorbei*, obschon ihr eines Tages selber dort stehen und auf Lotsen warten könntet?

Also schloß Baldur seinen moralinsauren Vortrag. Wahrscheinlich hatte er wieder einmal seine sentimentale Stunde. Was er bellte, ist ja schon richtig, theoretisch meine ich. Verwirklichen lassen aber wird es sich nicht. Denn wer kann heutzutage von Gefühlsduseleien leben?

Walter F. Meyer

Des Pessimisten Schweizerwoche

NEBELSPALTER 41

Abb. 39: „Des Pessimisten Schweizerwoche", 1960
Zeitschriftenblatt mit Karikatur von Paul Staufenberger; Nebelspalter 86/42, 19.10.1960, 41; Quelle: http://www.e-periodica.ch.

Im Zusammenspiel der redaktionellen Teile mit Unternehmens- und Verbandswerbungen verschwamm die Kontur der demokratischen Satire als einem Typus, der gegenüber Werbung und Propaganda Eigenständigkeit bewahrte. Mit Karl Kraus könnte man vermuten, die Mischung aus Kommerz und Witz, Markt und Demokratie sei das eigentliche Wesen dieser Art von Satire; jedenfalls nahm sie hier die Gestalt einer persuasiven Kommunikation an, die in schwer unterscheidbarer Form kommerzielle, politische und kulturelle Anliegen verfolgte. Mit „des Pessimisten Schweizerwoche" befasste sich 1960 eine Karikatur, in der ein Schweizer eine überdimensionierte Armbrust, deutlich an das nationale Warenzeichen erinnernd, als Regenschirm verwendete (Abb. 39). Das Sujet stand links neben einem Inserat in gleicher Dimension. Dass es sich nicht bloß um eine humoristische Werbung der Zentralstelle für das Ursprungszeichen handelte, erschließt sich nicht sofort. Umgekehrt hatte der Zigarettenhersteller Turmac, der regelmäßig im *Nebelspalter* warb, 1922 und 1923 ein Inserat unter dem Titel „Schweizerwoche" geschaltet, das sich als solches kaum zu erkennen gab. Der Werbereim des Zürcher Unternehmens beruhigte „Mann und Freund", er müsse nicht aus Bürgerpflicht auf das Beste verzichten. Dieses biete eben die Marke Turmac: „Und bedenken Sie am Ende, rauchend, was Sie sich erstanden, wie viel Dutzend Schweizerhände hier ersehnte Arbeit fanden."[99] Die Bürgerpflicht, das Rauchen als Teil einer schweizerischen Lebensweise, das Absatzinteresse eines Industriebetriebs und die Notwendigkeit, proletarische Schweizerhände zu beschäftigen, hatten eine Gemeinsamkeit: die Nation als Klammer rund um die verschiedenen Dimensionen des Sozialen.

Nicht nur führte also der redaktionelle Teil die Unternehmensanliegen fort, ebenso verwandelten sich werbliche Einschaltungen den bürgerlichen Humor an, den der *Nebelspalter* repräsentierte. Ein weiteres Beispiel ist eine Serie von 16 unterschiedlichen Sujets, die der Schweizerische Engros-Möbelfabrikanten-Verband (SEM) 1953 und 1954 in dem Satiremagazin inserierte. Der Verband (SEM) sah sich in den frühen 1950er-Jahren gedrängt, so wie zuvor schon die Textilindustrie, mit Gemeinschaftswerbung auf die Zunahme von Importen zu reagieren.[100] Der Verband gehörte dem Zentralverband für das Ursprungszeichen seit dessen Gründung an. Er stellte nun das Armbrust-Zeichen in den Mittelpunkt einer Kampagne. Sie bewarb Schweizer Möbel als Objekt patriotischer Verpflichtung – vor dem Kauf – und als Quell patriotischer Befriedigung – nach Erwerb. Die Inserate setzten den nationalbewussten Einkauf, die ihn vorbereitende Pädagogik und den Genuss schweizerisch möblierter Behaglichkeit in Szene. Den humoristischen und sympathisierenden Zugang signalisierten die rundlichen Formen der gezeichneten Figuren. Der Witz war ganz konventionell, etwa in der narrativen Rekontextualisierung von Geschlechterrollen. Er legte es allenfalls darauf an, ein Schmunzeln zu evozieren, das die nationale und patriarchale Ordnung bejahte. So empörte sich die Hausfrau gegenüber

99 Nebelspalter 48/44, 31.10.1922, 11.
100 SWA PA486, D193, Armbrust-Schweizer-Woche, Vorstandsprotokoll Nr. II/73, 4–6.

dem schwer an einer Kommode schleppenden Ehemann, was er denn da hereinbringe: „Das soll ein SCHWEIZER MÖBEL sein?“[101] Die Pointe verwies hier wie in allen übrigen Inseraten auf die Rolle der Armbrust als nationales Label. An ihm sollten Schweizer Konsument*innen erkennen, ob es sich ziemte, ein zum Verkauf stehendes Möbelstück zu erwerben oder nicht.

Abb. 40: Inserat für Bernina Nähmaschinen, 1938
Nebelspalter 63/49, 3.12.1937, 14; Quelle: http://www.e-periodica.ch.

Auch die Schweizer Nähmaschinenhersteller waren Unternehmen, die den expliziten Anspruch erhoben, Objekte schweizerischen Stolzes zu fabrizieren. Sie versuchten sich dadurch gegen ihre ausländische Konkurrenz zu behaupten. Die Fritz

---

101 Nebelspalter 80/23, 10.6.1954, 26.

Gegauf AG aus dem Ostschweizer Kanton Thurgau vertrieb ihre Produkte unter der Marke Bernina, die auf das gleichnamige Gebirgsmassiv wies. Sie kündete damit von der schweizerischen Herkunft des Fabrikats. Der zweite Schweizer Erzeuger von Nähmaschinen stand hierin nicht nach. Das in Luzern produzierende Unternehmen verwendete die Marke „Helvetia". Beide Firmen sprachen in ihrer Werbung gezielt den Patriotismus der Konsument*innen an, die Gegauf AG verfolgte für Bernina aber eine dezidiert humoristisch gefärbte Werbelinie. Auf einem Inserat, das der Nähmaschinenerzeuger 1937 im *Nebelspalter* schaltete, erblickte man eine Szene zwischen einem Mann und einer Frau. Er verbarg Blumen hinter seinem Rücken, sie lehnte an einem Tisch mit der Bernina-Nähmaschine und lächelte ihn an (Abb. 40). In Versform wurde dazu die Geschichte von Hans erzählt, der nach einer geeigneten Braut suchend für Marie entflammte. „Sie nähte auf Bernina und das war für ihn ein Heiratsgrund." Diese Art von Humor, platziert auf der „Seite der Frau", war dem *Nebelspalter* vertraut. Er rückte die Frauen in die Nähe von Konsumgütern bzw. machte er sie zu deren Äquivalent. Unternehmen, die nationalisierende Werbung betreiben wollten, fanden im *Nebelspalter* ein geeignetes Medium, da sie sich bruchlos in einen patriotischen Gesamttext aus werblichen und redaktionellen Texten fügte.

2.5 Händler*innen und Konsument*innen

Die Schweizerwoche zeigte sich im *Nebelspalter* vor allem so, wie sie der Öffentlichkeit insgesamt gegenübertrat: als eine Manifestation des Einzelhandels. Häufig sehen wir daher Kaufleute in ihrem Laden, wie sie sich auf die Schweizerwoche vorbereiten oder deren Spuren beseitigen – indem etwa der Kaufmann das Plakat der Schweizerwoche flugs durch ein Schild „Verkauf erstklassiger Importwaren" ersetzt. Sollte der Akt des Verkaufens – oder aus Sicht der Konsument*innen: der des Kaufens – thematisiert werden, so implizierte das außerdem in einer Zeit vor Supermarkt und Selbstbedienung, eine Interaktion zwischen Händler*innen und Kund*innen darzustellen, sei es im Laden oder am Marktstand. In den Sujets des *Nebelspalter* begegnen uns Händler*innen zum einen als von den Konsument*innen düpierte, zum anderen in der Rolle von Opportunist*innen und Verräter*innen[102]. Wenn Konsument*innen und Händler*innen in der Satire zusammentrafen, so war die Verteilung des Patriotismus dichotom: Schrieb der *Nebelspalter* den Konsument*innen den Willen zum nationalen Bekenntnis mit der Einkaufstasche zu, so erschienen die Händler*innen in einem schiefen, d. h. unpatriotischen Licht und umgekehrt. Ein Motiv, das in vielen Variationen wiederkehrte, war der Kaufmann, der sich für die Schweizerwoche mit Importwaren eindeckte.[103] Ein anderes häufiges Motiv war der

---

102 Tatsächlich nur männliche Kaufleute.

103 Eine Karikatur: Friedrich Boscovits, Nach der Schweizerwoche, in: Nebelspalter 43/45, 10.11.1917, nicht pag.; ein Witz: T. E., Kauft Schweizerwaren!, in: Nebelspalter 59/46, 17.11.1933, 2.

Versuch, die Konsument*innen über die Herkunft der Ware zu täuschen,[104] ob böswillig oder als „Selbsthilfe“ gegen eine national indifferente Kundschaft, ob in Form einer Umetikettierung der ausländischen Produkte als schweizerisch oder andersrum der Verkleidung der Schweizerware als fremd und exotisch.[105]

Wie waren nun die Konsumentinnen dargestellt? Das Mantra aller Buy-National-Propaganda, so auch der Schweizerwoche, war es, dass sie von der Bereitschaft der Frauen abhingen, ihren Einkauf patriotisch zu gestalten. Daher wäre zu erwarten, dass der *Nebelspalter*, der die Botschaften der Schweizerwoche verlässlich aufnahm, überwiegend Frauen als Konsumierende problematisierte. Dem war nicht so. Unter den 84 Karikaturen im Korpus zeigten 35 Sujets Akteur*innen, die als Konsument*innen markiert waren: Sie kauften gerade ein, bezogen sich auf einen bereits durchgeführten Kauf oder vollzogen einen demonstrativen Akt des Ge- und Verbrauchens, etwa indem sie genießerisch am Schweizer Wein rochen oder dem Betrachter zuprosteten. In 21 dieser Sujets trat ein Mann in der Rolle des Konsumenten auf, hingegen in nur zehn Fällen eine Frau als Konsumentin. In vier Fällen kamen Männer und Frauen gleichermaßen als Konsumierende vor.

Manche Sujets zeigten die Konsumierenden als mustergültig: das schon besprochene Sujet aus Sennenmädchen und Sennenbub aus den 1950er-Jahren, sowie ein frühes Sujet von 1923, das eine im Patriotismus vereinte Familie auf dem Heimweg vom Einkauf präsentierte, dazu die erläuternde Bildunterschrift: „Die Eltern und ihr Sprößling kehren froh nach Hause, denn sie haben ihren Bedarf mit Schweizerwaren gedeckt – insofern sie billiger waren als Auslandsprodukte.“ (Abb. 41). Der Nachsatz verband die Familienidylle mit der Losung des moderaten Buycotts. Sie vermied es, die Anforderung des nationalbewussten Einkaufs zu jener Unbedingtheit zu steigern, die den Preisvergleich mit der Auslandsware als unpatriotisch zurückwies. Die Figuren waren rundlich gezeichnet, dem Betrachter als Sympathie heischende Typen Schweizer Biederkeit dargeboten. Abgesehen von der Verfremdung des Körpers, die für das Genre der Karikatur konstitutiv ist, spielte das Sujet nur noch dadurch ins Humoristische, dass die Figuren im Gleichschritt zu marschieren schienen – gemütliche Soldaten des nationalen Einkaufs.

Ein drittes Sujet, das eine Frau als vorbildliche Konsumentin zeigte, war wiederum ein Bild aus den 1950er-Jahren. Es verzichtete gänzlich auf Satire und hatte nicht nur die Propagierung von Wirtschaftspatriotismus zum Inhalt, sondern bildete diese als einen Vorgang der Erziehung ab, der die nachwachsenden Generationen nationalisieren sollte. Eine Frau in Trachtenkleid und Einkaufstasche wies zwei Kinder, Bub und Mädchen, auf ein überdimensionales Armbrustzeichen hin, das für Schweizerware bürge (Abb. 42). So wie das Sujet der vom Einkauf nach Hause zurückkehrenden Familie inszenierte die Abbildung eine der Kernüberzeugungen der

104 Carl Böckli [Bö], Anpassung, in: Nebelspalter 51/43, 23.10.1925, 3.
105 E. Leutenegger, Selbsthilfeaktion der hiesigen Produzenten, in: Nebelspalter 76/43, 26.10.1950, 15.

Die Eltern und ihr Sprößling kehren froh nach Hause, denn sie haben ihren Bedarf mit Schweizerwaren gedeckt — insofern sie billiger waren als Auslandsprodukte —

Abb. 41: Schweizerwocheneinkauf, 1923
Karikatur von Friedrich Boscovits; Nebelspalter 49/43, 26.10.1923, 18; Quelle: http://www.e-periodica.ch.

bürgerlichen Nation – dass die Liebe zum Vaterland in der Familie beginne und hier wiederum der Frau als Mutter eine besondere Aufgabe zufalle. Sie sollte die Kinder an den Patriotismus heranführen, so auch an jenen, den es mit der Einkaufstasche zu praktizieren galt. Indem das Magazin zusätzlich zu dem außer Frage stehenden

Abb. 42: „Das Zeiche bürgt für Schwizerwar!", 1956
Karikatur von Alfred Kobel; Nebelspalter 82/41, 10.10.1956, 41; Quelle: http://www.e-periodica.ch.

nationalen Ziel ein vorbildliches wirtschaftspatriotisches Streben in Szene setzte, trieb es das Bekenntnis zur Schweizerwoche auf die Spitze. Damit bewegte sich das Blatt auf ein Terrain, das hart an der Grenze des in einem Satiremagazin Möglichen liegt.

Deutlich mehr Sujets zeigten Konsument*innen allerdings ohnehin in Situationen, in denen sie den Anforderungen nicht entsprachen. Als zu Beginn der 1920er-Jahre die starke Valuta Kauftouren ins benachbarte Ausland für Schweizer*innen attraktiv machte, nahm der *Nebelspalter* dieses Verhalten seiner Landsleute wiederholt aufs Korn. Auf einer Karikatur erkennt man Kundin und Verkäufer in einem Textilgeschäft. Stoffballen liegen auf der Ladentheke, die Frau war offenbar gerade im Begriff, Stoff auszuwählen (Abb. 43). Jedoch hält sie ein streng blickender Polizist am Arm gefasst, als hätte er sie in flagranti bei einer kriminellen Tat erwischt. Der Händler macht eine entschuldigende Geste. „Kauft Schweizerwaren" ist das Bild überschrieben, und so ist die Szene leicht zu deuten. Die Kaufabsicht galt offenbar

Abb. 43: „Kauft Schweizerwaren!! Eidgenöss. Polizeiliche Verordnung", 1922
Karikatur von Fritz Gilsi; Nebelspalter 48/44, 31.10.1922, 3; Quelle: http://www.e-periodica.ch.

nicht schweizerischer Ware. Die Bildunterschrift enthüllt das Sujet als Wunschtraum (?) eines Polizeistaates, der den patriotischen Konsum kontrolliert: „Solange nicht in jeder Nische, an jedem kleinen Ladentische, in jedem Kramgeschäft diskret ein energischer Polizeimann steht, solange wird sich keiner zieren und von der Valuta profitieren." Wenn der *Nebelspalter* in der ökonomischen und politischen Verunsicherung der frühen 1920er-Jahre den Kauf ausländischer Waren als Verrat beurteilte, so war damit der Höhepunkt der Verurteilung von Konsument*innen erreicht. Er ging bis zur Andeutung, dass es staatlicher Repressionsmaßnahmen gegen Zuwiderhandelnde bedürfe. War das ernst gemeint? Derlei lässt sich eben in einem Satiremagazin nicht mit Gewissheit beantworten. Es war jedenfalls denkbar und mit dieser Denkmöglichkeit spielte das Blatt.

Abb. 44: Konsumentin Ibidum, 1952
Nebelspalter 78/42, 10.1952, Cover; Quelle: http://www.e-periodica.ch.

Meist führte die Bildsatire das Verhalten der Konsument*innen nicht als Verrat, sondern als Gleichgültigkeit und Dummheit vor. Ein Sujet von 1934 thematisierte, so die Schlagzeile, „unerkannte Zusammenhänge": Eine Kundin lehnte es ab, Schweizerware zu kaufen und verlangte stattdessen schlicht das Billigste, denn ihr Bub sei arbeitslos und möglicherweise auch bald sein Vater. Inszeniert wurde die Unfähigkeit, eine Verbindung zwischen der Ökonomie und dem Wohlstand der Nation einerseits und dem individuellen Konsumentenhandeln andererseits herzustellen. Das Cover der Ausgabe zur Schweizerwoche 1952 literalisierte die Beschimpfung der Kundin als dummer Gans (Abb. 44). Objekt des Spotts war hier nicht die Konsumentin aus der Arbeiterschaft oder dem Kleinbürgertum, sondern die wohlhabende Konsumentin auf Shoppingtour. Sie hielt ein Päckchen „Made im Ausland" in der Hand und blickte auf ein Spruchband der Schweizerwoche mit der Losung: „Volkes Fleiß ist eines Landes Wohlstand.“ Ein zweites Textelement kommentierte das Verhältnis der Konsumentin zu dieser Devise mit dem Hinweis, dass auch der Absatz nicht fehlen dürfe. Es sprach die Konsumentin zudem als „Frau Ibidum“ an, als dumme Person. Ein weiterer Typus im Repertoire, auf das der *Nebelspalter* für die Schweizerwoche zugriff, war die Konsumentin, die sich ihren Patriotismus zu leicht machte, indem sie neben die Importwaren ein symbolisches Stück Schweizerware in ihren Einkaufskorb tat: „Es Kilo Kalifornische ... Es Kilo Banane ... und 100 Gramm Schwyzer Oepfel! Mer muess doch euseri Bure au unterstütze!“[106]

Die Kritik an oberflächlichem Patriotismus, der Vorwurf nationalökonomischer Ahnungslosigkeit und Gleichgültigkeit war nicht geschlechtsspezifisch, insofern der *Nebelspalter* auch über Männer spottete: den beleibten Schweizer, der das Gasthaus lobt, weil es heimisches Obst aufträgt, und sich an Bananen und Orangen gütlich tut; den Konsumenten, der sich am Obststand versichern möchte, ob die Bananen auch schweizerischer Herkunft seien; den Käufer von Musikalien, der nach etwas Schweizerischem verlangt, „einen Jodler oder Landler von Beethoven oder Mozart“.[107] Die Satire, die den nationalbewussten Konsum propagierte, zog keineswegs exklusiv oder auch nur mehrheitlich über Frauen her. Sie schöpfte also das misogyne Potential des Themas nicht aus. Sie verband den Spott aber doch mit Geschlechterstereotypen, die im selben Schwung die patriarchale Ordnung und die Nation stützen sollten. Sie hatte damit an einer diskursiven Modellierung der Schweizer Frau teil, die seit den 1930er-Jahren über die Grenzen der soziokulturellen Milieus und politischen Orientierungen hinweg konsensfähig wurde.[108] Wenn „Aphorismen zur Schweizerwoche“ letztere zur Bundesfeier in Beziehung setzten, so erfuhr man(n) unter anderem: „Manches Mädchen tanzte zu Ehren der Gründung unseres Vaterlandes in einem Kleidchen aus Paris, unschweizerisch das hübsche Gesichtchen mit französischem Puder betupft und die reizenden Lippen mit ausländischer Farbe angemalt.“[109]

2.6 Überfremdung und die Fremden

Es ist das Privileg eines Satiremagazins, nicht ernst sein zu müssen; jederzeit kann es sich darauf zurückziehen, dass es nur Scherz treibe. Das war gerade bei einem wirtschaftsnationalistischen Thema in einem exportabhängigen Kleinstaat nicht ir-

106 Rabinovitch, Es Kilo Kalifornische, in: Nebelspalter 61/42, 18.10.1935, 3.
107 PB, Hie Schweizerwoche!, in: Nebelspalter 50/42, 17.10.1924, 3.
108 Tanner, Geschichte, 205–208.
109 M. L., Aphorismen für die Schweizerwoche, in: Nebelspalter 50/42, 17.10.1924, 2.

relevant. „I'm being sarcastic", wie Donald Trump sagen würde[110] – die ewige Ausflucht, um sich für das im Gesagten und Gezeigten Implizierte nicht verantworten zu müssen. Der Ablehnung des Fremden gab der *Nebelspalter* daher unverblümt Ausdruck, ohne jene Verhaltenheit, die sich die ‚seriöse' Propaganda des Schweizerwoche-Verbands auferlegte. Verbale und visuelle Texte konnten im Modus der Satire ausbuchstabieren, was in der Kommunikation des Verbands ungesagt blieb. Umso deutlicher erweist sich der Überfremdungsdiskurs als eng verschränkt mit der Schweizerwoche und dem Wirtschaftsnationalismus im Allgemeinen. Die Dichotomie heimisch versus fremd strukturierte alle Aussagen über die Schweizerware, ihre Konsument*innen und ihre Konkurrenz. Da der Schweizerwoche-Verband die Bedeutung seiner Propaganda nicht auf das Ökonomische begrenzt sehen wollte, ließ sich die Schweizerwoche auch als Aufhänger verwenden, um in der Metaphorik von Warenbeziehungen die Abschließung der Volksgemeinschaft zu imaginieren. Nicht alles, was die Schweiz hervorbrachte, wollte man außerdem an Ausländer*innen verkaufen und nicht alle, die in der Schweiz produzierten und Handel trieben, durften sich als Teil der nationalen Ökonomie der Eidgenossenschaft begreifen.

Als fremd stigmatisierte der *Nebelspalter* über viele Jahrzehnte alles, was nicht in der liberalkonservativen Nation Platz fand. Offen antisemitisch war eine Karikatur von 1928. Unter dem Titel „Schweizerwoche" zeigte sie einen Geschäftsinhaber, der seinen Laden mit dem Schweizerkreuz schmückte. Seine Physiognomie, die roten Haare und die Aufschriften im Geschäft, die einen jiddischen Akzent des Verfassers suggerierten („faine Mebeln", „gute Bicher") ergaben das Stereotyp eines Juden. Die Bildunterschrift enthielt als Figurenrede seine Frage: „Warum soll nu ausgerechnet in mir nicht schlage ä aidgenessisch Härze?!"[111] Einen komischen Effekt konnte das Sujet nur unter der Voraussetzung erreichen, dass man einen Widerspruch zwischen Schweizer Patriotismus und jüdischer Herkunft annahm.

Als fremd galten auch Kommunisten wie Faschisten und wurden auf diese Weise politisch exkommuniziert. Ein angenehmer Nebeneffekt dieses Manövers war, dass man diese politischen Bewegungen damit als Phänomene begreifen konnte, die mit der Schweiz im eigentlichen, vom Freisinn okkupierten Sinn nichts zu schaffen hatten. Warum verwendeten die Fronten nicht die Armbrust als Symbol, wollte der *Nebelspalter* 1933 wissen. Weil diese nur „als Zeichen echter Schweizerware" verwendet werden dürfe.[112] Ein paar Monate später zeichnete Jakob Nef, einer der bekanntesten Karikaturisten des *Nebelspalter* und Kämpfer „gegen braune und rote

110 Ashley Parker/Maggie Haberman, Donald Trump Calls Comments about Russia and Clinton Emails ‚Sarcastic', in: New York Times, 29.7.2016, http://www.nytimes.com/2016/07/29/us/politics/donald-trump-russia-obama-putin.html.

111 Carl Böckli [bö], Schweizerwoche, in: Nebelspalter 54/42, 19.10.1928, 1. Wirtschaftsnationalistische Appelle hatten auch in der Schweiz häufig eine antisemitische Schlagseite. Vgl. Kury, Fremde, 160–167.

112 [Hast], Frage, in: Nebelspalter 59/27, 7.7.1933, 2.

Abb. 45: „Schweizerwoche-Reinemachen“, 1933
Karikatur von Jakob Nef; Nebelspalter 59/42, 20.10.1933, 16; Quelle: http://www.e-periodica.ch.

Fäuste“,[113] einen Schweizer Riesen. Dieser war im „Schweizerwoche-Reinemachen“ begriffen (Abb. 45). Hier war also einmal nicht der harmlos-kindliche Sennenbub, auch nicht David, der sich gegen den deutschen Goliath wehrte, sondern ein männlich-kraftvoller Schweizer, seine Beine fest auf dem nationalen Territorium aufgepflanzt. Mit dem Besen fegte er Kommunisten und Faschisten weg, den das Land verunreinigenden Schmutz. Um einen komischen Effekt ging es dem Sujet sichtlich nicht, stattdessen um eine Imagination der Stärke und das Ziel einer sauberen Schweiz. Bei totalitärer Bedrohung konnte eben auch einmal Schluss mit lustig sein. Witz und Karikatur datieren von 1933, als die Schweiz unter dem Eindruck der Machtergreifung der Nationalsozialisten stand und einen „Frontenfrühling“ erlebt hatte. Rechtsextreme Kräfte spürten angesichts der Entwicklungen in Deutschland Auftrieb. Der Schweizer Riese kehrte den Schmutz nach Norden wie Süden aus, doch der italienische Faschismus hatte die bürgerliche Rechte nie besonders beun-

113 Thomas Fuchs, „Nef, Jakob“, in: HLS. *Gegen rote und braune Fäuste* hieß eine vom Nebelspalter 1949 publizierte Auswahl aus den Karikaturen des Blattes, mit dem es seine antifaschistische Vergangenheit feierte und im Kalten Krieg Position bezog.

ruhigt und stand auch nicht im Zentrum der antifaschistischen Kritik des *Nebelspalter*. Jedenfalls erschienen in dem Sujet Faschisten und Kommunisten als Fremdware. Der wichtigste Exporteur dieser Ideologie, zumal aus Sicht eines Deutschschweizer Magazins, war nun einmal Deutschland, das auch durch seine wirtschaftliche Potenz eine Bedrohung repräsentierte.

Während sich in vielen Witzen und Karikaturen die xenophobe Distanzierung sofort erschließt, schwangen auch in vordergründig harmlosen Sujets einschlägige Untertöne mit. Schon erwähnt wurde ein Sujet von 1946, in dem Sennenbub und Sennenmädchen dem Betrachter das Plakat der Schweizerwoche präsentierten. Auf die Forderung, Schweizerware zu kaufen, reagierten sie mit einem Bekenntnis zu dieser Verpflichtung. Ihm schoben sie eine interessante Bedingung nach: „Sowieso – wänn is d'Ussländer nüd alles vor dr Nase-n–eweg chaufed." Die scherzhafte Wendung bezog sich auf die Nachkriegssituation, in der die Schweiz mit ihrem intakten Produktionsapparat einem kriegszerstörten Europa gegenüberstand, in dem ein fast unerschöpflicher Warenhunger herrschte. Das Schweizer Bruttoinlandsprodukt machte 1946 einen gewaltigen Sprung, nominal über 20 Prozent. Das hatte unübersehbar mit dem Ende des Zweiten Weltkriegs und folglich mit einer drastisch veränderten Außenhandelssituation zu tun. Die Exporte nahmen seit Kriegsende rasch zu, ebenso allerdings die Importe. Dass nur die Ausländer*innen den Schweizer*innen Schweizerware abjagten, traf also nicht zu. Die Exporte waren auch erwünscht, um z. B. Nahrungsmittel einführen zu können. In einer für die Schweiz insgesamt enorm günstigen Situation artikulierte die Wendung die im Witz gebrochene Sorge, die Ausländer*innen könnten den Inländer*innen etwas wegnehmen. Die ostentative Treuherzigkeit eines von Kindern vorgetragenen Aufrufs zum Konsumentenpatriotismus barg ein xenophobes Potential.

„Auch Ausländer kaufen Schweizer Ware", lautete die Überschrift zu einem Schweizerwochen-Witz. Sie ließ ein Lob des Schweizer Exports erwarten. Die Feststellung, dass Ausländer*innen die heimischen Waren schätzen, ist zudem ein viel verwendeter Topos, um von den Inländer*innen dasselbe zu fordern. Die Pointe war freilich, dass es sich um einen als gänzlich unerwünscht zu verstehenden Export handelte, den des Bürgerrechts an Fremde. Die Szene führte einen Ich-Erzähler ein, der von einer Begegnung mit einem „begüterten Emigranten" berichtete. Man darf davon ausgehen, dass die Vorstellung ein antisemitisches Stereotyp evozierte, denn wir schreiben das Jahr 1935. Dass der Erzähler selbst indes ein eingesessener Schweizer war, verstand sich aus der Entgegensetzung zu seinem ausländischen Gesprächspartner. Es folgte ein kurzer Dialog, den zwecks Steigerung der Empörung ein Einschub kommentierte. Der Erzähler fragte den Emigranten: „‚Nun, werden Sie diese Woche auch Schweizerware kaufen?' ‚Hab ich schon!', triumphierte er und zeigt mir seinen nigelnagelneuen ... (bitte erst absitzen) ... Bürgerbrief." Der Witz folgte einer typischen Abfolge von Setup, dem plötzlichen Auftreten von Inkongruenz und der Notwendigkeit zu deren gedanklicher Bearbeitung: Dem Ausländer, so wurde unterstellt, erschien der Bürgerbrief als eine Ware, dem Inländer sollte er aber als etwas Heiliges gelten, das nicht verkauft werden durfte. Der Witz beruhte also auf der Inkongruenz, die zwischen der durch die Überschrift erzeugten Erwartung der Rezipienten und der als real behaupteten Abweichung bestand. Außerdem vertraute er auf die binäre Verteilung normativer Ladungen: Eine (rassistisch) geschlossene Volksgemeinschaft war gut, ein für Immigration offenes Land schlecht.[114]

Ein „Witz der Woche" aus dem Herbst 1932 variierte dieses Thema. Er erzählte von Herrn Bünzli, der sich aus Anlass der Schweizerwoche patriotisch gerierte und forderte: Jeder Hausvater solle dafür sorgen, dass in seinem Haushalt keine ausländischen Waren verwendet würden. Sein Gesprächspartner gab ihm recht, fragte ihn aber, warum er denn „usgrächnet e Französin zur Frau" habe. Darauf antwortete Bünzli, durch seinen Namen zum Inbegriff des Deutschschweizers stilisiert: „Ich ha doch nüd i der Schwyzerwoche ghürotet!"[115] Die Letztverantwortung des Mannes für die nationale Gestaltung des Haushaltseinkaufs entsprach einer konservativ-bürgerlichen Weltsicht, und die Ehe als eine nationale Angelegenheit zu betrachten gehörte zu den Gemeinplätzen des Überfremdungsdiskurses. Der zitierte Witz setzte französische Frauen mit Importwaren gleich, die der Geschlossenheit der Nation schadeten, ganz so wie Pariser Mode oder exotische Früchte. Er nahm damit offenkundig eine Verdinglichung vor. Frauen erschienen als Objekt der Akquise, die sich in den Dienst nationaler Reproduktion stellen sollte. Nicht dieser Imagination galt indes die Satire, die ganz im Gegenteil den bürgerlich-patriarchalen Rahmen bejahte, sondern einem Verhalten, das „ausgerechnet" bei einer der zentralen Erwerbungen das/die Fremde anstatt des/der Heimischen bevorzugte.

Dass nicht alle Schweizermänner national endogam heirateten, gab weithin Grund zur Sorge. Die Landesausstellung in Zürich fand dafür 1939 eine eindrückliche Darstellungsform. Sie konvertierte das statistische Artefakt des achten Schweizers, der eine ausländische Frau ehelichte, in ein Problem, das sich auf einen Blick erfassen ließ. Es bestand in der durch die Gattin repräsentierten Gefährdung, deren Ausmaß die Hakenkreuzfahne andeutete, die sie in der Hand hielt.[116] Auch der *Nebelspalter* artikulierte diese Überfremdungsängste – in satirischen Texten, die einen höheren Ernst der Lage referenzierten. Die Zeitschrift entwarf z. B. im Oktober 1939 folgende Szene: Ein „altes Mannli" betrachtete die Statistik, die den „achten Schweizer" thematisierte, und empörte sich: Das sei nicht wahr, „in unserem Dorfe wohnen doch neun Ehemänner, aber keiner ist mit einer Ausländerin verheiratet".[117] Auf derselben Seite fand sich ein weiterer kurzer Text mit dem Titel „Autarkie"[118]. Seine Pointe war die Einsicht, dass die Schweiz selbst für die Herstellung ihrer Soldaten-

---

114 Der Witz folgt genau der von Attardo, Theories of Humor, analysierten Abfolge der drei Phasen von setup, incongruity, resolution.

115 [Magu], Der Witz der Woche, in: Nebelspalter 58/44, 28.10.1932, 2.

116 Arnold, Landi, 79.

117 [Osi], Gegenbeweis, in: Nebelspalter 65/43, 27.10.1939, 3.

118 [C.Al.], Autarkie, in: Nebelspalter 65/43, 27.10.1939, 3.

uniformen von Importen abhing – woraus sich unterschiedliche Schlüsse ableiten ließen. Hier aber wurde angesichts des Kriegs, der gerade begonnen hatte, dem Leser nahegelegt, dass es sich um einen unhaltbaren Zustand handelte; so wie eben auch bei der Neigung von Schweizermännern ausländisch zu heiraten. Über das richtige Verhalten herrschte kein Zweifel: „Ehret einheimisches Schaffen: Küßt Schweizer Mädchen!“, kündete die Aufschrift, mit der ein Zuckerbäcker in der Schweizerwoche einen Kuchen in der Auslage dekorierte.[119]

Abb. 46: „Der dritte Mann – – – färbt ab“, 1963
Karikatur von Werner Büchli; Nebelspalter 89/26, 26.6.1963, 37; Quelle: http://www.e-periodica.ch.

---

119 [KL], Unser Zuckerbäcker ..., in: Nebelspalter 79/46, 12.11.1953, 9.

Das Fremde von der Schweiz und der Schweizerware fernzuhalten blieb auch in der zweiten Hälfte des 20. Jahrhunderts ein virulentes Thema der Politik, wovon ein Sujet von 1963 zeugt. Eine Karikatur zeigte drei Personen, wie sie gemeinsam das Armbrustzeichen schulterten (Abb. 46).[120] Die ersten beiden waren als Schweizer zu verstehen, der eine in der proletarischen, der andere in der mittelständischen Ausgabe. Der dritte in der Reihe war hingegen visuell als fremd markiert. Die Unterschrift erläuterte die Bildbedeutung: „Auf zwei einheimische Arbeiter fällt bei uns ein Ausländer. Das Fremdarbeiterproblem wird darum mehr und mehr auch zum Qualitätsproblem." Der Überfremdungsdiskurs erreichte in den 1960er-Jahren eine neue Spitze und das Sujet war nicht nur xenophob, sondern offen rassistisch. Über den dunkelhäutigeren, südeuropäisch konnotierten Arbeiter hieß es: „Der dritte Mann – – – färbt ab." Diesen Prozess repräsentierte eine dunklere Färbung der Armbrust an jenem Ende, das der Fremdarbeiter hielt. Ausgehend von der binären Codierung national versus fremd baute sich der Diskurs des patriotischen Konsums über einige weitere, fest angeschlossene Oppositionen auf: Importware versus heimische Produktion, Ausländer*innen versus Inländer*innen, geringe versus hohe Qualität. Hinzu trat eine variantenreiche Corona von Entgegensetzungen, u. a. Schmutz versus Reinlichkeit. Ersteres Attribut wurde mit dem fremden Produkt und dem Fremdarbeiter assoziiert. Die Beteiligung des Fremdarbeiters an der Schweizer Produktion drohte somit, diese gleichermaßen zur ausländischen zu degradieren und zu verunreinigen. Das war selbst der Zentralstelle für das Ursprungszeichen als Inhaberin der Armbrust-Marke nicht geheuer. Sie druckte die Karikatur zwar in ihrem Jahresbericht ganzseitig ab, warnte aber davor, „die ausländischen Gastarbeiter zu diskriminieren".[121] Die Zentralstelle hatte hierbei freilich Unternehmensinteressen im Auge. Die in den Medien verschiedentlich kolportierten Zweifel an der nationalen Qualität, für die das Armbrustzeichen einstand, waren potentiell rufschädigend für die Organisation und geschäftsschädigend für die beteiligten Unternehmen.

Die marxistische Kritik, dass die Arbeiter*innen, die von den Produktionsverhältnissen gezwungen werden, sich selbst qua Arbeitskraft zu verkaufen, eine Verdinglichung erleiden, mag nicht alle möglichen Facetten von Arbeitsverhältnissen erfassen. Sie trifft aber sehr gut einen Schweizer Blick auf Gastarbeiter*innen an dem Punkt, an dem er Überfremdungsangst und Wirtschaftsnationalismus verschränkte. Fremdarbeiter*innen erschienen als Importware: als Investitionsgut, wenn sie in Unternehmen zum Einsatz kamen, und als Konsumgut, wenn sie als Haushaltshilfen Verwendung fanden: „Annetta ist ein importiertes fleißiges Italienermädchen", begann eine Anekdote. Sie handelte von den Schwierigkeiten des besagten Italienermädchens, sich den Schweizer Sitten und Hygienevorstellungen anzupassen.[122] Die Kumulierung der Attribute fremd, weiblich und proletarisch

120 Werner Büchli, Auf zwei einheimische Arbeiter ..., in: Nebelspalter 89/26, 26.6.1963, 37.
121 ZfU, Jahresbericht 1963, 10.
122 [Dorothee], Das Nachthemd, in: Nebelspalter 73/2, 22.5.1947, 15.

entfernten Annetta von der Nation. Hingegen eröffnete paternalistische Sentimentalität durch den Prozess einer – in der Anekdote vorerst gescheiterten – Zivilisierung den Weg einer subalternen Annäherung. Die Importware bedurfte der symbolischen Reinigung; in ökonomische Begriffe gefasst ergab das die Forderung nach nationaler Wertschöpfung. Sie brachte z. B. aus der Kakaobohne die Schweizer Schokolade hervor und aus Baumwolle die Schweizer Konfektionsware. Die importierte Person hingegen bedurfte der Erziehung. Ihre Chancen, als schweizerisch akzeptiert zu werden, waren indes wesentlich geringer, sofern sich im Fall des Dienstmädchens nicht ein achter Schweizer fand, der sie in den sicheren Hafen von Ehe und Nation führte.

Unter den Ländern, die der *Nebelspalter* als ökonomische Bedrohung behandelte, nahm Deutschland, der wichtigste Handelspartner der Schweiz, eine zentrale Stellung ein. Ein Sujet von 1932 goss den Alptraum eines in deutschen Waren ertrinkenden Schweizers in ein drastisches Bild. Ein riesenhafter Kopf, mit dem Flügelhelm des Merkur als Allegorie des Handels ausgewiesen, spuckte eine Flut von Warenpaketen aufs Schweizer Territorium. Nördlich der Schweiz liegend und am Helm den Reichsadler tragend war das Ungeheuer unverkennbar deutscher Art – mit Extremitäten aus Fabrikgebäuden zudem ein industrielles Kraftzentrum.[123] Nach der Machtergreifung des Nationalsozialismus trat die politische zur wirtschaftlichen Sorge hinzu. Das NS-Regime verschärfte den protektionistischen Kurs, was für die Schweizer Handelsbeziehungen nichts Gutes bedeutete. Im Oktober 1933 wandte sich der *Nebelspalter* daher gegen „eidgenössische Besonderheiten“: Der Schweizer kaufe „unbesehen und oft und viel von dem, der ihn demnächst – sagen wir einmal – erlösen will. Er schätzt den Stiefel, der ihn sobald als möglich vertruckt“.[124]

Neben Deutschland gab die USA immer wieder ein Objekt wirtschaftsnationalistischer Satire ab. Der *Nebelspalter* kritisierte hohe Zölle[125] und die Ausschaltung von Schweizer Importen[126], US-Opportunismus und Geschäftemacherei.[127] Im Unterschied zur deutschen Bedrohung blieb jene durch die USA 1945 erhalten, zunächst als fortgesetzter Druck durch die schwarzen Listen für Unternehmen, die Deutschland mit kriegswichtigem Material beliefert hatten.[128] Unbeschadet ihrer Neutralität gehörte die Schweiz zu jenen europäischen Ländern, die in der bipolaren Ordnung des Kalten Kriegs politisch und ökonomisch dem westlichen Hegemon zurechneten.

---

123 Jakob Nef, Warenschwemme, in: Nebelspalter 58/5, 29.1.1932, 20.

124 René Gilsi, Eidgenössische – sagen wir – Besonderheiten, in: Nebelspalter 59/42, 20.10.1933, 4.

125 Zwei Coversujets in Folge: Jakob Nef, Amerikanische Zollpolitik, in: Nebelspalter 56/21, 25.5.1930, 1; [?], Schlechtwetter über Amerika, in: Nebelspalter 56/22, 30.5.1930, 1.

126 Jakob Nef, Schweizer Käse, in: Nebelspalter 60/9, 2.3.1934, 4: Der große Uncle Sam sagt zum kleinen Schweizer, der ihm Käse verkaufen möchte: „Das ist vorbei, mein Lieber, nächstens werden wir zu Euch exportieren.“

127 René Gilsi, Börsenkrach in New York, in: Nebelspalter 55/51, 20.12.1929, 1; [Feuz], Amerika kocht sein Süppchen auf dem europäischen Feuer!, in: Nebelspalter 1939 65/45, 10.11.1939, 16.

128 Ein riesiger Daumen, der den Schlot einer Schweizer Fabrik zuhält: [Büchl], Die schwarze Liste, in: Nebelspalter 71/42, 18.10.1945, 8.

Allerorten, so auch in der Schweiz, kultivierte man unterhalb dieser Zuordnung zum ‚Westen' die Vorstellung nationaler Besonderheit. Sie prägte sich insbesondere in der Distanzierung von der US-Konsumkultur aus. Während der Antikommunismus auf die Deutung der Sowjetunion als Totalitarismus und militärische Bedrohung fokussierte, war der Antiamerikanismus mehr Reserve denn radikale Ablehnung. Er drückte sich häufig in Produktinszenierungen und Konsumszenen aus.

Der *Nebelspalter* beobachtete und beanstandete Amerikanisierung und zeigte sich in der für diese Diskurse charakteristischen Weise ambivalent. Die kulturkritische Auseinandersetzung mit Hollywood setzte in den 1920er-Jahren ein.[129] Man spottete über die Oberflächlichkeit der US-Kultur und die Unbildung der Amerikaner.[130] Die Konsumgüter made in America wurden als übermächtiger Gegner für die Schweizerware thematisiert, ebenso später die GI's als Sexualkonkurrenten um Schweizer Frauen, einer Schweizerware, die man(n) dem nationalen Konsum vorbehalten wollte.[131] Eine Glosse klagte 1967 aus Anlass von 50 Jahren Schweizer Woche über das „Minderwertigkeitsgefühl" der Schweizer*innen. Es äußere sich prägnant im Umgang mit dem Amerikanischen: „Ein Kugelschreiber schreibt umso besser, je amerikanischer er ist. Ein Haushaltgerät ist umso moderner, je amerikanischer seine Markenbezeichnung klingt."[132] Der Forderung, die Schweizer*innen müssten Abstand gegenüber der US-Konsumkultur halten, stand freilich deren Anziehungskraft entgegen. Sie ließ auch den *Nebelspalter* nicht unberührt. So nahm das Blatt seit den 1940er-Jahren für die Darstellung von weiblicher Attraktivität Maß beim Pin-up-Girl. Um Frauen und Mann-Frau-Beziehungen satirisch zu inszenieren, verwendete man nunmehr ein amerikanisiertes bildsprachliches Repertoire.

Japan ist das einzige außereuropäische Land, das abgesehen von den USA im *Nebelspalter* während der 1930er-Jahre häufig Beachtung fand.[133] Dass die Schweiz mit dem europäischen Imperialismus nichts zu schaffen hatte, wurde von der Forschung längst als gefällige Täuschung entlarvt. Auch an den transnational verbreiteten Stereotypen über die barbarischen Völker Asiens und Afrikas nahmen die Medien der bürgerlichen Schweiz so gut Anteil wie jene der Kolonialmächte.[134] Die Aufforderung, Schweizer Waren zu bevorzugen, paarte sich daher als Teil der wirtschaftsnationalistischen Mobilisierung mit unverhohlenem Rassismus. Japan war insofern ein besonderer Fall, als es für europäische Industrien und Militärapparate

---

129 Mickenbach, „Der König der Bernina". Amerikanischer Alpenfilm, in: Nebelspalter 55/52, 27.12.1929, 16; Miss Helvetia 1942, verholliwudelt, in: Nebelspalter 68/41, 8.10.1942, 3.

130 Birkhäuser, Amerikanische Kultur, in: Nebelspalter 55/4, 25.1.1929, 16; Carl Böckli [Bö], August I., in: Nebelspalter 57/51, 31.7.1931, 1 (Cover).

131 Nebelspalter 70/45, 9.11.1944, Cover („Der vom Himmel gefallene Amerikaner, eusi neuischt Konkeränz!"); 71/42, 18.10.1945, 22; 72/44, 31.10.1946, Cover; 72/45, 7.11.1946, Cover; zu den GIs „als Symbol und Symptom" konsumkulturellen Wandels in der Schweiz: Bochsler, GIs, 237–248.

132 [Skorpion], 50 Jahre Schweizer Woche, in: Nebelspalter 93/41, 11.10.1967, 50.

133 Métraux, Karikatur, 37.

134 Dejung, Fäden; Minder, Suisse colonial; Tanner, Geschichte, 57–65.

zum ebenbürtigen Gegner avancierte. Schon seit Beginn des 20. Jahrhunderts war Japan als Konkurrent des Imperialismus von Europa und den USA aufgefallen. Vorerst reüssierte die japanische Industrie zwar nur mit Konsumgütern am Weltmarkt, vor allem mit der Erzeugung von Textilien.[135] Das Japan der 1920er-Jahre brachte für die Schweizer Maschinenindustrie gutes Geschäft, kostete aber die Schweizer Textilindustrie Marktanteile. Als in der Weltwirtschaftskrise der Kuchen schrumpfte, an dem die alten Industrieländer ihren festen Anteil beanspruchten, schärfte das die Aufmerksamkeit für Japans Kopplung aus militärischer Ambition und Export. Beides erschien aus europäischer Warte als Aggression derselben Art. Um den japanischen Kapitalismus mit seiner Eroberungspolitik in eins zu setzen, benötigte man keine Imperialismustheorie. Als Plausibilisierung genügte ein Signifikant, der Fremdheit und Bedrohung evozierte, kurzum die Referenz auf die Hautfarbe. Daraus ließen sich Vorstellungen von einer „gelben Rasse", einem „gelben Handel" und einer „gelben Gefahr" gewinnen. Der *Nebelspalter* als Satiremagazin, das den zeitgenössisch üblichen Rassismus pflegte, baute darauf zahlreiche Karikaturen auf.

Mehrere Sujets vermittelten auf wenig subtile Weise, dass der gelbe Handel den Tod brachte (Abb. 47). Das Cover „Der gelbe Handel droht", sinnigerweise ganz in Gelb gehalten, zeigte einen das Messer wetzenden, grimmig blickenden Mann mit Flügelhelm. Auf einer zweiten Karikatur bot der repräsentierte Akteur dem Betrachter, den er als „lieber Europäer" ansprach, eine „Geschenkbeigabe" zu seiner Ware: einen Sarg mit der Aufschrift „made in Japan". Eine dritte Karikatur, „Merkur aus dem Land des Lächelns" verschmolz einen menschlichen Kopf, der einen Flügelhelm trug, mit einem Torpedo. Während dieses Sujet es dem Betrachter freistellte, ob er sich als unbeteiligter Beobachter des japanischen Eroberungsdrangs in Ostasien oder als potentiell Betroffener verstehen sollte, hatten die beiden zuerst erwähnten die Form eines *demand picture*. So vermittelten sie dem Rezipienten drastisch, dass Japan im Begriff war, ihm in mörderischer Absicht zu Leibe zu rücken.

Ariane Knüsel hat erforscht, wie US-amerikanische, britische und Schweizer Printmedien während der ersten Hälfte des 20. Jahrhunderts China inszenierten. In der Studie rückt notwendigerweise auch Japan als Aggressor ins Blickfeld. Knüsel beobachtet, dass die Schweizer Presse im Vergleich zu jener Großbritanniens und der USA keine auffällig antijapanische Haltung einnahm.[136] In ihrem Sample, das u. a. die *Neue Zürcher Zeitung* und die *Schweizer Illustrierte* umfasst, bildete der *Nebelspalter* die deutliche Ausnahme. Es kommt freilich darauf an, welche Presseerzeugnisse man zur Hand nimmt. In Zeitschriften von wirtschaftlichen Verbänden, deren Klientel mit Unternehmen aus Japan am Weltmarkt und in der Schweiz konkurrierten, fiel die Warnung vor den Aktivitäten des Landes der aufgehenden Sonne drastisch aus. Die *Schweizer Textilzeitung* schrieb von einer „Bedrohung des mitteleuropäischen Marktes" und von „beängstigenden Formen" des japanischen Dum-

135 Nakamura, Depression, 129, 133.
136 Knüsel, Framing China.

pings. Der Industrie aus Fernost gehe es darum, „allein den europäischen Markt zu beherrschen".[137] Mit der aufstrebenden Industriemacht befasste sich auch das Blatt des Schweizerischen Konsum-Verein. Den Grundton schlug der Lead einer Notiz von 1933 an: „Schon wieder Japan."[138] In der *Gewerkschaftlichen Rundschau* schloss 1934 ein Beitrag mit der ominösen Feststellung: „Die ‚gelbe Gefahr' ist zur Tatsache geworden."[139]

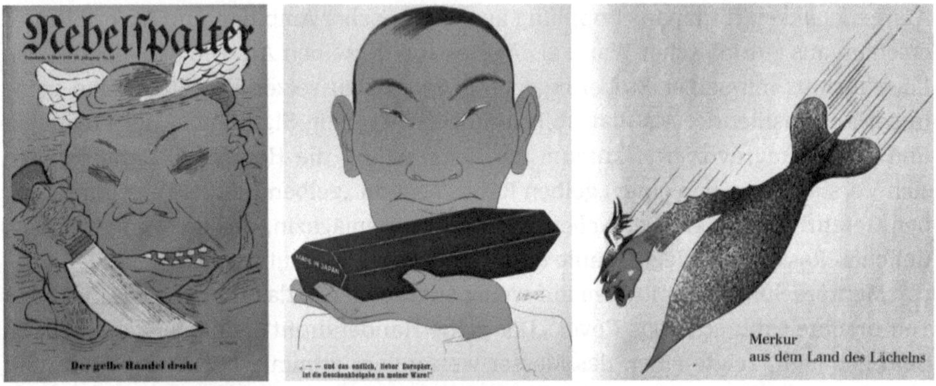

Abb. 47: Japanischer Handel – Die Gelbe Gefahr im *Nebelspalter*
H. Danioth, Der Gelbe Handel droht, in: Nebelspalter 60/10, 9.3.1934, Cover; Merz, Made in Japan, in: Ebd., 8; O. V., Merkur aus dem Land des Lächelns, in: Nebelspalter 60/12, 23.3.1934, 21; Quelle: http://www.e-periodica.ch.

Unbestritten war, dass es japanischen Unternehmen gelang, europäische und Schweizer Preise drastisch zu unterbieten. Dumping war der Begriff, der um 1930 – sehr im Unterschied zum Welthandel – Hochkonjunktur hatte.[140] Kein Beitrag über japanische Handelspraktiken kam ohne diese Vokabel aus. Umstritten waren hingegen die kurz- und langfristigen Faktoren, die diese niedrigen Preise ermöglichten: die drastische Abwertung des Yen 1931, Rationalisierung und hohe Produktivität, niedrige Lebensansprüche von Arbeiter*innen (das Europäer*innen unzumutbare

137 O. V., Die Bedrohung des mitteleuropäischen Marktes durch das japanische Textildumping, in: Schweizer Textilzeitung, 28/17, 27.4.1934, nicht pag.

138 O. V., Schon wieder Japan, in: Schweizerischer Konsum-Verein 33 (1933), 573.

139 K. Wagner, Die Voraussetzungen des japanischen Vormarsches, in: Gewerkschaftliche Rundschau, 26/9 (1934), 281–285.

140 Die Kurve des Ngram-Viewers, auf den deutschsprachigen Textkorpus bezogen, in dem Dumping unmissverständlich eine unlautere Handelspraxis bezeichnet, schlägt in den 1920er-Jahren scharf nach oben aus und erreicht 1933 seine Spitze, um danach wieder abzufallen.

Abb. 48: „Der Gelbe Handel marschiert“, 1934
Karikatur von Gregor Rabinovitch; Nebelspalter 60/11, 16.3.1934, 3; Quelle: http://www.e-periodica.ch.

„Niveau japanischer Kulis“[141]), der organisierte Kapitalismus und die Exportförderungspolitik des Staates, das korporatistische Einvernehmen zwischen Unternehmern und Arbeiter*innen, die lange Arbeitszeit und der Einsatz von weiblichen Arbeitskräften.

Während der *Nebelspalter*, wenn es um die Schweiz ging, nicht die Anliegen der Arbeiterschaft zum Ausgangspunkt seiner Gesellschaftskritik machte, dienten ihm das schwere Los der japanischen Arbeiterschaft und ihre Unterdrückung durch ausbeuterische Unternehmer als visuell eindrückliche Rampe, um den Exportgewinn als illegitimen Profit zu brandmarken (Abb. 48). Ein geknechtetes Proletariat zog den Karren – genauer: die Rikscha – des japanischen Handels. Die japanischen Arbeiter*innen als sich quälende Zugtiere zu zeigen, hieß eine vorindustrielle Situation, in der Menschen tun, was in hochindustrialisierten Arbeitswelten Motoren erledigen, in den Mittelpunkt der Vorstellung über japanische Produktion zu stellen. Das Ziehen einer überladenen Rikscha diente als gedankliche Domäne, die festlegte, wie die Beziehungen zwischen den Akteur*innen im Zielbereich der Metapher gestaltet waren. Wendet man auf das Sujet die Theorie des *cognitive blending* an,[142] so verschmolzen der Input „Rikscha“ mit dem Input „Unternehmen“ zu einer neuen gedanklichen Figur, in der ein fernöstlicher Modus der Produktion mit einem Gegensatz von feistem Kapital und leidender Arbeit identifiziert wurde. Das mühselige Ziehen der Rikscha stellte den *organizing frame* bereit, der die Vorstellung des Unternehmens überformte (Grafik 18).

Aus einer marxistischen Perspektive hätte es nicht des Bildes vom Rikscha-Ziehen bedurft, um das Verhältnis von Arbeit und Kapital in dieser Weise zu verstehen. Aus einer solchen Warte wäre im wörtlichen Sinn zutreffend erschienen, was aus bürgerlicher Sicht nur als Übertragung zu denken war: als eine metaphorische Projektion, die sich über die glückliche Wirklichkeit der Schweiz schieben konnte, und zwar in dem Maß, in dem der japanische Export die heimische Erzeugung zu verdrängen in der Lage war. Das Sujet zeigte rohe Ausbeutung als das Merkmal einer fremden, zivilisatorisch unterlegenen Nation. Auf das heimelige Land der Eidgenossen hätte sie sich nur durch gewaltsame Eroberung übertragen lassen. Für die real existierende Schweiz wäre es indes aus der bürgerlichen Perspektive, die den *Nebelspalter* dominierte, absurd und politisch unzulässig gewesen, die Situation der Arbeiterschaft als Unterdrückung zu denken. Das Sympathisieren mit den japanischen

141 Von den „Lebensbedingungen des Kuli“ zu sprechen, war ein Topos in wirtschaftspolitischen Diskursen, um eine Untergrenze des für Europäer*innen Lebbaren zu markieren. Beispiele: Der Jahresbericht des Verbands für Inlandsproduktion 1934, 2 wandte sich gegen den „Grundsatz, dass eine Wiederbelebung erst stattfinden kann, wenn der Abbau die Lebensbedingungen des Kuli erreicht hat“; Franz Klein, Deutschösterreichs Entweder Oder, in: Der österreichische Volkswirt 19/29 (1927), 770: Die wirtschaftliche Lebensunfähigkeit des Kleinstaates Österreich könne nur um den – zu hohen – Preis geheilt werden, dass man „die Lebenshaltung auf die des Kuli niederzwingt“.

142 Es handelt sich um einen Prozess, den Fauconnier/Turner als single-scope-network beschreiben. Siehe dazu: Way We Think, 126–131.

Arbeiter*innen drehte sich solcherart in eine Bejahung der heilen Schweizerwelt, vor allem aber in die Vorstellung ihrer Gefährdung.

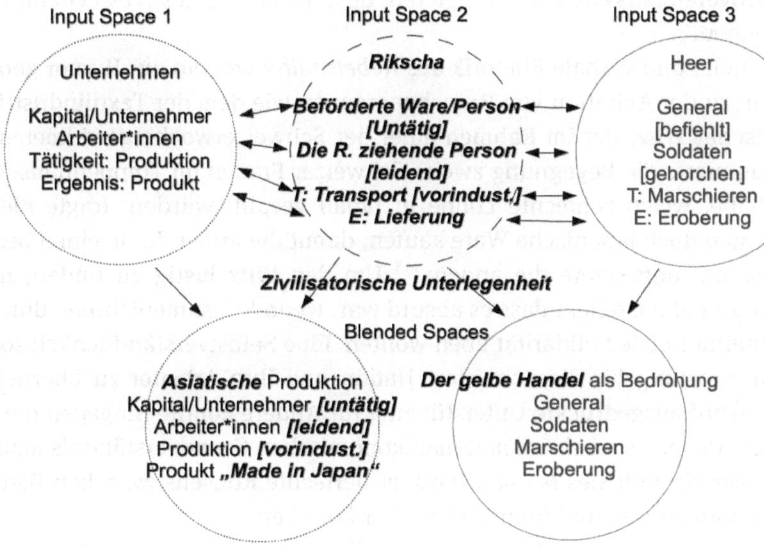

Grafik 18: Skizze der Verschmelzungen im Sujet „Der gelbe Handel marschiert“

Darauf wies das Textelement hin, das unter dem Titel „Tatsachen“ die unschlagbar niedrigen Preise japanischer Produkte anführte und die ebenso niedrigen japanischen Arbeitslöhne in Schweizer Franken umrechnete. Diese Operation legte dem Leser einen Vergleich zur Schweiz nahe. Es darf angenommen werden, dass die Daten für Zeitgenossen, die das Schweizer Lohn- und Preisgefüge verinnerlicht hatten, eindrucksvoll waren: Die japanische Industrie zahle Taglöhne von 90 Rappen bis zwei Franken. Der mittlere Stundenlohn in der Schweizer Textilindustrie lag 1934 hingegen bei 1,08 Franken.[143] Die Bildunterschrift „Der gelbe Handel marschiert“ lud das Sujet zusätzlich mit einer militärischen Konnotation auf.

Den Vorgang können wir neuerlich als Verschmelzung gedanklicher Räume rekonstruieren: Die kognitive Domäne des Rikscha-Ziehens wurde mit der eines Heeres verschmolzen. Der Fahrgast war nun der Feldherr und die Japaner*innen, die sich mit der Rikscha plagten, die gehorsamen Soldaten, die dem zu erobernden Ziel entgegenmarschierten. Die Vorstellung des Heeres organisierte den *blended space* des gelben Handels als Bedrohung. Das sympathisierende Moment war hier besei-

143 Eidgenössisches Statistisches Amt, Jahrbuch 1934, 305.

tigt, aus dem Bild der Rikscha wurde primär die Behauptung einer Rückständigkeit übernommen. Sie stand in einem nicht aufgelösten Gegensatz zu dem Faktum, das Anstoß erregte: die kommerzielle Expansion Japans auf Basis industrieller Massenproduktion. Das aber ist die Leistung sekundärer Signifikation nach Art des Mythos. Sie kann Unvereinbarkeiten so arrangieren, dass sie ein suggestives Bedeutungsangebot erzeugen.

Die visuelle und verbale Rhetorik des *Nebelspalter* war ein auf Humor gebürstetes Pendant zu der Agitation von Branchenorganen wie dem der Textilindustrie. Ein antijapanischer Witz, der im Rahmen einer der Schweizerwoche gewidmeten Seite stand, imaginierte die Begegnung zweier Schweizer Frauen im Treppenhaus: Ob sie gesehen habe, welch schlechte Löhne in Japan gezahlt würden, fragte die eine. Da müsse man doch japanische Ware kaufen, damit die armen Kerle einen besseren Lohn erhielten, antwortete die andere.[144] Um den Witz lustig zu finden, musste man(n) die Annahme teilen, dass es absurd war, wenn Konsument*innen durch den Einkauf internationale Solidarität üben wollten. Eine Selbstverständlichkeit sollte es sein, Verantwortung für die Schweizer Nation und ihre Arbeiter zu übernehmen. Eine im Einkauf ausgedrückte Unterstützung für Andere konnte hingegen nur Frauen einfallen, denen es an einem nationalökonomischen Grundverständnis mangelte. Dies aber war ein übliches Manko. Darüber herrschte Konsens zwischen Befürwortern protektionistischer und freihändlerischer Politiken.

Die Fremden und ihre Waren, gegen die sich die nationale Ökonomie der Schweiz zu wehren hatte, waren viele. Sie kamen nicht nur aus Nachbarländern wie Italien und vor allem Deutschland, sondern ebenso auch aus anderen Kontinenten, voran Amerika, d. h. die USA. Während in der politischen Kommunikation die Sowjetunion und der Bolschewismus verlässlich für bürgerliche Angstzustände sorgten, figurierte im Rahmen wirtschaftsnationalistischer Agitation weniger der Osten als der Ferne Osten, namentlich Japan, als Quelle der Bedrohung. Die Fremden waren nicht nur jenseits der Grenzen zugange, sondern untergruben im Inneren der Schweiz selbst die nationale Ökonomie: Jüdinnen und Juden oder Kommunist*innen etwa. Doch auch die Frauen gehörten der im *Nebelspalter* vorgestellten Gemeinschaft nur am Rande an. Sie repräsentierten ein Anderes der patriarchalen Nation.

Grafik 19 zeigt das dramatis personae, das der *Nebelspalter* für seine humoristische Inszenierung der Schweiz einsetzte und platziert die Akteursgruppen in ihrer Relation zur nationalen Gemeinschaft, als deren publizistisches Organ der *Nebelspalter* fungierte. Es fällt auf, wie eng diese Gemeinschaft war, wenn man sie genauer unter die Lupe nimmt. In ihrer imaginierten Mitte standen ein Bürgertum der Selbstständigen, ein liberalkonservatives Unternehmertum, und jene Gebildeten, die sich ihm als seine ‚organischen Intellektuellen' zuwandten. Wenn man der Marktforschung glauben darf, so besaß der *Nebelspalter* die größte Reichweite bei Schweizer*innen, die einer Elite aus Besitz und Bildung angehörten.

---

144 [Kali], Im Treppenhaus, in: Nebelspalter 60/41, 12.10.1934, 2.

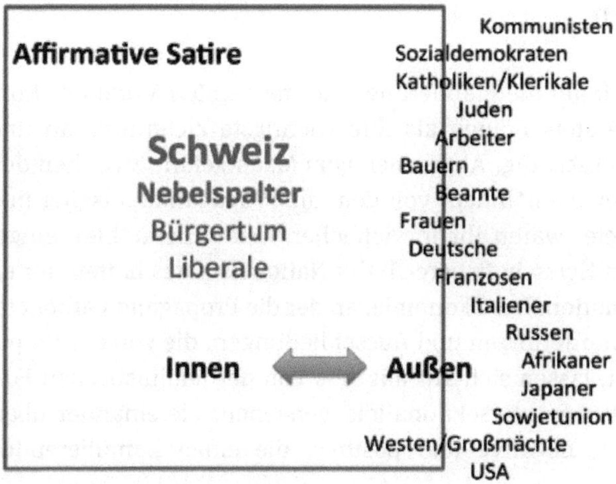

Grafik 19: Dramatis personae des Nebelspalter

Das Blatt bot eine Textfläche, die zwischen Satire, Propaganda und Wirtschaftswerbung changierte. Unternehmen, die ihre Ware inserierten, konnten sie so gut bespielen wie die Redaktion selbst. Auf seine Leserschaft übte der *Nebelspalter* humoristisch Druck aus, sich mit einer liberalkonservativen Haltung zu identifizieren: Niemand ist gerne das Objekt von Spott. Mehr Freude macht es, sich am Spott zu beteiligen. Die nationale Ökonomie war ein hegemoniales Projekt und der *Nebelspalter* eines ihrer Vehikel – so wie die Schweizerwoche, deren Anliegen sich das Blatt zu eigen machte. Das Magazin war ein wichtiger Unterstützer. Als Satirezeitschrift konnte es sich eine aggressive visuelle und verbale Rhetorik erlauben, die für eine ‚ernsthaft' kommunizierende Propagandakampagne nicht in Frage kam.

3 Die Moralpredigt – Zielgruppen, Hierarchien und Ausschließungen

Buy-National-Propaganda zielt auf die Etablierung einer nationalen Moral des Konsumierens. Dabei visierte sie stets Frauen als ihre wichtigste Zielgruppe an und wählte einen paternalistischen Zugang. Abgesehen vom Machtgefälle zwischen den Kommunikatoren und den Rezipient*innen, von dem die Propaganda ausging und das sie zu verstärken trachtete, waren ihr in vielfacher Weise Hierarchien eingeschrieben. Viele Menschen im Herrschaftsbereich des Nationalstaates hatten nur einen subalternen Platz in der nationalen Ökonomie, an der die Propaganda arbeitete, viele auch gar keinen. Die Anforderungen und Ausschließungen, die von der Propaganda vorgenommen wurden, lassen sich gut mit dem von der feministischen Forschung entwickelten Konzept der Intersektionalität[1] verstehen: als einander überschneidende Privilegierungen, negative und positive, die einen kumulierenden Effekt haben.

Werbefachleute versuchten seit den 1920er-Jahren die in einer paternalistischen Perspektive verankerte massenmediale Kommunikation als Sozialtechnik mit wissenschaftlichem Anspruch zu legitimieren. Buy-National-Propaganda führte aber auch ältere Traditionen einer ideologisch hoch aufgeladenen persuasiven Kommunikation fort, die ein menschliches Mangelwesen anspricht, um ihm den rechten Weg zu weisen: konkret die Predigt. Ein Abschnitt des Kapitels wird ein Beispiel aus Österreich genau untersuchen und seinen autoritären Gehalt aufweisen. Dieser scheint in scharfem Kontrast zum Pathos der Freiheit zu stehen, den die Schweizer Buy-National-Rhetorik pflegte. Es war ihr allerdings vor allem um die Freiheit der Unternehmer zu tun, während sie für das Publikum, insbesondere Frauen, Kinder, Arbeiter*innen, ein Verständnis von Freiheit bereithielt, das diese als Verpflichtung gegenüber der Nation ausbuchstabierte. Ein letzter Abschnitt wird sich der Frage widmen, der auch das folgende Kapitel anhand der konsumpatriotischen Aufsatzwettbewerbe in Schulen nachgehen wird: Welche aktivierenden Praktiken versuchte die Propaganda an die Verpflichtung der Konsument*innen und vor allem der Frauen auf die Nation anzuschließen?

3.1 Frauen als Zielobjekt einer moralisierenden Expertise

„Die Frauen, die 1 1/2 Millionen unserer Konsumenten ausmachen, müssen wir vor allem [...] zu gewinnen suchen. Aber nicht nur die Intellektuellen unter ihnen, die Führerinnen, sondern jede Arbeitersfrau, jede Spetterin, jedes Dienstmädchen soll den Entschluß zu patriotischem Handeln vor dem Einkauf mitnehmen“, erklärte ein

1 Aus der Fülle der Literatur Hess/Langreiter/Timm, Intersektionalität revisited.

https://doi.org/10.1515/9783110701111-018

Redner im Jahre 1916, als Mitglieder der Neuen Helvetischen Gesellschaft über die nationale Mobilisierung des Konsums diskutierten.[2] „Kaufet österreichische Waren! Dieser mahnende Ruf gilt in erster Linie der österr. Frauenwelt", konstatierte die Zeitschrift *Die Hausfrau* 1927. Das Vereinsblatt einer bürgerlichen Frauenorganisation stimmte damit seine Leserinnen auf die erste Österreichische Woche ein.[3] 1930 hielt die Arbeitsgemeinschaft „Kauft österreichische Waren" in einem internen Bericht fest, dass „durch die Beteiligung an sogenannten Kaffeestunden ausschließlich Hausfrauen, also die wichtigsten Konsumenten, erreicht" wurden.[4] Auch Jahrzehnte später klang das nicht viel anders. „Jede Hausfrau trägt einen Arbeitsplatz in ihrer Einkaufstasche", hieß es 1978 in einem Prospekt. Er sollte aus Anlass der Österreichwoche Kaufleuten eindringlich vor Augen führen, dass ihr Verkaufsgespräch nationale Bedeutung hatte.[5]

International war es eine Selbstverständlichkeit, die Kommunikation von Buy-National-Propaganda auf Frauen auszurichten, denn sie operierte überall auf Basis einer Opposition aus männlicher Produktion und weiblichem Konsum. Als 1926 das Empire Marketing Board seine werblichen Aktivitäten plante, formulierte der geschäftsführende Sekretär die Spannbreite einer nationalisierenden Marktforschung, die eine effiziente Propaganda ermöglichen würde: „We must study the needs, tastes and difficulties of the consumer, whether it be the individual housewife or the collective consumer (such as the Army, the Prisons and the Hospitals)."[6] Auf die Beschaffungspolitik öffentlicher Einrichtungen einzuwirken sollte den einen Eckpunkt markieren, der andere war die Hausfrau. Der private Konsum war weiblich bestimmt, so wie man unterstellen kann, dass sich umgekehrt im „collective consumer" die Vorstellung männlicher Entscheidungsträger verbarg.

Das Konsumieren der Frauen bildete auch ein Hauptthema des Werbewissens, das sich seit dem späten 19. Jahrhundert als eigenständiger Bereich von professioneller Expertise formierte. Aus der unüberschaubaren Vielfalt an Texten sei einer herausgegriffen, den 1929 *Der Organisator* herausbrachte. Die Merkmale des Diskurses um die Konsumentinnen verdichten sich hier in exemplarischer Form. Das schmale Büchlein trug den Titel *Frauen und Kinder als Kunden des Kaufmanns* und schon die Kombination aus Frauen und Kindern war bezeichnend. Als Handreichung für mittelständische Kaufleute verfasst widmete sich die Schrift zwei entlang je eines Merkmals, Alter respektive Geschlecht, gebildeten Großgruppen. Ihre Gemeinsamkeit bestand darin, dass ihnen im Vergleich zu männlichen Erwachsenen eine geringere Rationalität und größere Beeinflussbarkeit zugeschrieben wurde. Das Büchlein ließ sich nur als Dokument eines patriarchalischen Zugriffs lesen.

---

2 NZZ, 16.2.1916.

3 Die Hausfrau, 7/11 (1927), 1, zit. nach Linsboth, Frauen, 126; zur Zeitschrift selbst ebd., 19 f.

4 WKW E 27.468/3, Faszikel Jahresberichte, Tätigkeitsbericht ... für das Jahr 1930.

5 WKÖ, DÖW, Österreichwoche 1978, Briefprospekt für Handelsbetriebe.

6 Public Record Office, CO 760–22 Publicity Committee Papers 1–227, EMB/PC/10, 30.7.1926.

Was der Titel versprach, hielt schon der erste Satz des Buches: „Im großen Weltspiegel der Wirtschaft schaut die Arbeit zwischen Mann und Frau ungefähr so aus: der Mann verkauft, die Frau kauft. Der Mann verdient das Geld, die Frau gibt es aus.“[7] Als Verfasserin der Schrift zeichnete Clarissa Meitner, die ansonsten auch, wie die Recherche in Bibliothekskatalogen indiziert, als Übersetzerin englischsprachiger Literatur tätig war. Zwar fanden Frauen nur eingeschränkt Zugang zum expandierenden Erwerbszweig der Werbung,[8] denn die Interessenvereinigungen der Reklamefachleute wollten diese als ein seriöses Berufsfeld etablieren und dafür musste es männlich dominiert sein. Als die Fachzeitschrift *Schweizer Reklame* eine Frau zu einem Beitrag einlud, veröffentlichte sie ihn unter dem Titel „Eine Frau kritisiert“.[9] Sofort folgte die Zurückweisung durch einen ‚Fachmann‘, der sich gegen Frauenmeinungen verwahrte. Es sei „das Urteil des Mannes, welches die grossen, die ernsten Linien des Lebens zeichnet“, konstatierte C. Wüest, der Leiter der Bally-Schuh-Werbung, apodiktisch. Daher bleibe es „der Reklame nicht erspart, weiterhin eine mühsame Männerarbeit zu bleiben, mit allen männlichen Eigenschaften ausgestattet: denn sie erfordert Mut, Selbstvertrauen und [...] Originalität“.[10]

Um Einschätzungen der Konsumentinnen zu erhalten, zog man(n) jedoch öfters weibliche Auskunftspersonen heran.[11] Frauen sollten als der Fremdsprache des Eroberers kundige Eingeborene die Überwältigung ihres Stammes ermöglichen. Clarissa Meitner war in ihrem Beitrag zum Genre durchaus um Differenzierung bemüht, die allerdings eine bezeichnende Grenze fand. Ihre Aussage zum „großen Weltspiegel der Wirtschaft“ modulierte sie durch den Nachsatz, dass sie „all den vielen selbständigen Frauen, die ihr Geld und ihren Lebensunterhalt im eigenen Berufe selbst verdienen, gewiß nicht nahe treten“ wolle. „Nichts liegt mir ferner. Ich spreche nur vom gemeinsamen Haushalt im Durchschnitt.“[12] Der Durchschnitt war ein

7 Meitner, Frauen, 3.

8 Hirt, Propheten, 88–90.

9 Elsa Bürgin, Eine Frau kritisiert, in: Schweizer Reklame Nr. 5, Dezember 1929, 182–186.

10 C. Wüest, Die Frau und die Reklame, in: Schweizer Reklame Nr. 6, Februar 1930, 230 f. Hingegen hatte Viktor Mataja 1910 gemeint, dass in der Werbegestaltung „auch Frauen gute Verwendung finden“ könnten: Reklame, 185.

11 Ein weiteres Beispiel aus der Schweiz: M. Lutz, Wie Frauen einkaufen (90 % aller Einkäufe geschehen durch Frauen), in: Reklame. Beilage zur Zürcher Monatsschrift Der Organisator Nr. 47, Februar 1923, 5–7. Trotz der Inszenierung von Werbung als männlicher Beruf gelang es Frauen in Deutschland schon in der Zwischenkriegszeit, sich als Marketing- und Werbeexpertinnen zu etablieren und einen eigenen Verband zu gründen: Hirt, Propheten, 88–92. In den österreichischen Fachpublikationen und Verbänden waren nur wenige Frauen vertreten: Morawetz, „Kontakt“, 34, 40, 42, 47, 77. Unter den im Bund Schweizerischer Reklameberater organisierten Reklamefachleuten schien noch Ende der 1950er-Jahre keine einzige Frau auf.

12 Meitner, Frauen, 3.

mächtiges (Herrschafts)Instrument.[13] Kurz darauf nahm Meitner ein zweites Mal ein in numerischer Form vorliegendes Wissen in Anspruch, als Metapher und als wörtlich zu verstehenden Hinweis auf eine Sozialtechnik: „Ziehen wir also die Summe, so finden wir, was ja inzwischen auch von der Statistik erwiesen wurde, das anfangs Gesagte bestätigt, daß nämlich die Frauen den weitaus größten Teil aller Waren in den Detailgeschäften einkaufen."

Staatliche Agenturen, aber auch große Unternehmen waren zwar bereits im Begriff, statistisches Wissen über das Konsumieren aufzubauen. Es war jedoch zumeist qualitativer Natur, hatte die Form eines Erfahrungsschatzes von Kaufleuten und Unternehmern, Hausfrauenvereinen und Konsumgenossenschaften und ließ sich schwer von ideologischen Projektionen trennen. Die Untermauerung des Gesagten durch eine Prozentangabe entbehrte trotzdem – oder gerade deswegen – nicht ihres Reizes. Die Verwissenschaftlichung des Sozialen im Behauptungsmodus besaß eine propagandistisch verwertbare Dignität, wie sich gerade für die Diskursivierung des Konsums erwies. So wusste man quer durch Europa und Nordamerika nicht bloß, dass Frauen einen großen Teil der Kaufhandlungen setzten, sondern dass es ein erdrückend großer, mit einer möglichst runden Ziffer zu benennender Anteil war. „Women do 85 % of the buying", posaunte die League of Women Shoppers im Chicago der 1930er-Jahre, die in den USA des New Deal für Konsumentinnenrechte agitierte. 1940 schrieb sie bereits 90 Prozent der Einkäufe den Frauen zu.[14] „75 % aller Dinge werden von Frauen gekauft", leitete Hans Kropff seine Überlegungen ein, als er 1928 über *Frauen als Käuferinnen* im Fachblatt *Österreichische Reklame* schrieb.[15] Die Frau tätige zumindest 80 Prozent der Einkäufe und übe einen gewichtigen Einfluss auf die übrigen 20 Prozent aus, erläuterte hingegen ein Genfer Werbefachmann 1931.[16] Von 90 Prozent, „sofern es sich nicht gerade um Rauchzeug und Rasierapparate handelt", ging der Zürcher Werber Max Dalang aus.[17] Solche Angaben tauchten daher allenthalben auch in der Buy-National-Propaganda auf (Abb. 49). „Zirka 80 % des Volkseinkommens gehen durch unsere Hände", ließ Bertha Trüssel, die langjährige Präsidentin des Schweizerischen Gemeinnützigen Frauenvereins, bei einer Jubiläumsfeier der Schweizerwoche vernehmen.[18] Die Interessent*innen an der geringfügig variierenden Prozentangabe waren somit breit gestreut und verfolgten durchaus unterschiedliche Anliegen. Da waren Werbetreibende, die ihren Empfehlungen Ge-

13 Link, Normalismus; Desrosières, Politik; siehe auch das „Gulliverspiel" der Schweizer Landesausstellung 1964: Weber, Repräsentationen, 3.

14 Zit. nach Flugblättern aus dem Katalog der Hagley Library; auf die ungewisse empirische Fundierung solcher Behauptungen weist hin: Jacobs, Pocketbook Politics, 157.

15 Hanns Kropff, Frauen als Käuferinnen, in: Österreichische Reklame Nr. 10, Juli 1928, 17 f.

16 L. O. Humbert, La femme et la publicité, in: Schweizer Reklame Nr. 6, Februar 1931, 200–202.

17 Max Dalang, Die wirtschaftliche Bedeutung der Reklame, in: Schweizer Reklame Nr. 6, Februar 1930, 218–220.

18 Schweizerwoche-Verband, Jahresbericht 1936/37, 23.

wicht verleihen wollten, Vertreter*innen der Buy-National-Propaganda, die in den Frauen ihr wichtigstes Ziel und größtes Problem ausmachten, Konsument*innenbewegungen, die ihre Bedeutung zu unterstreichen und Konsumentinnen zu mobilisieren suchten, bürgerliche Hausfrauenorganisationen, die es sich angelegen sein ließen, ihre Klientel an ihre Verantwortung gegenüber Familie, Männern und Staat zu erinnern, Konsumgenossenschaften, die sowohl die Konsument*innen vertreten als auch ein Geschäft mit ihnen machen wollten.

Abb. 49: Konsum in Frauenhand – statistische Belege/Imaginationen, 1930
Quelle: Kauft deutsche Waren!, 10.

Aus dem letzteren Bereich stammt der rare Fall, in dem die Prozentzahl als Ergebnis einer konkret benannten Marktforschung aufschien. Sie kam im Paket mit dem Hinweis, dass sie die mangelnde Untermauerung dieses Vermutungswissens behob: „Bisher konnten wir die Beobachtung, daß der größte Teil der Käufer Frauen sind, durch statistische Ziffern nicht nachweisen", erklärte die Verbandszeitschrift der sozialdemokratischen Konsumvereine. Nun aber hatten einige Wiener Warenhäuser eine Statistik erstellt, indem sie jeden Quittungsblock mit „M" oder „F" bezeichneten. Es habe sich herausgestellt, dass 80 Prozent der Käufer*innen Frauen waren.

Die Ausnahme bildeten Luxusgegenstände wie Juwelen, Perserteppiche, Klaviere. Hier entfiel die Mehrzahl der Käufe auf Männer.[19]

In ihrer Schrift über die Konsumentinnen unterschied Clarissa Meitner zwei „Haupttypen“:[20] die sparsame und die verschwenderische Frau.[21] Letztere komme „strahlend wie ein Kind in den Laden gesaust“. Sie liebe den Tand, schätze vor allem „Farben, Glanz und Fall eines Stoffes“, kaufe billig und viel. Der sparsame Typus gehe hingegen nach der Qualität, kaufe wenig und gut. Diese binäre Unterscheidung strukturierte weithin den Diskurs über das Konsumieren und die Konsument*innen und ließ sich in die Forderungen der Nation bruchlos eingliedern.

Die Zeitschrift *Der Organisator*, deren Verlag Meitners Büchlein herausgab, orientierte sich an den Bedürfnissen eines mittelständischen Unternehmertums, das der Massenproduktion die hohe Qualität der Maßfertigung entgegenhielt. Insofern die Schweizer Industrien aber auf immer höhere Wertschöpfung setzten, ließ sich das dem traditionellen Handwerk zugeschriebene Qualitätsbewusstsein in eine hegemoniale Stilisierung der Nation einbringen. Dasselbe traf auf die österreichische Nationsbildung nach 1945 zu. Die Konsument*innen hatten im Schweizer Buy-National-Diskurs der 1920er- und 1930er-Jahre eine doppelte Funktion zu erfüllen: den gewerblichen Mittelstand und die Nation zu schützen. Im Unterschied zu Österreich, wo national außerdem gleichbedeutend mit deutschnational war, fiel diese Aufforderung immerhin nicht zwangsläufig antisemitisch aus.

Mittelstandspropaganda und die Aufforderung zum Konsumnationalismus teilten den markanten Zug zur disziplinierenden Rhetorik. Wenn also auf den Frauen große Verantwortung ruhte, so trat sie meist als Möglichkeit und Realität des Versagens auf. So bemerkte Meitner eine Tendenz zu geringerer Qualität – „und zwar verdanken wir dies dem amerikanischen Einfluss“; es gab überdies auch einen lokalen Schuldigen oder besser eine Schuldige. Meitner benannte sie allerdings – anders als die Buy-National-Propaganda üblicherweise – mit einem gewissen Raum für Zweifel: „Man hat für diese Richtung die Frauen verantwortlich gemacht, vielleicht nicht ganz mit Unrecht. Denn die Frauen sind die Einkäuferinnen der Welt.“[22]

Wenn das Einkaufen in den Zuständigkeitsbereich der Frauen fiel, wie konnten dann Männer zum nationalbewussten Konsum beitragen? *Eine Botschaft des Armbrustzeichens* gab darauf Antwort. Mit der Broschüre wollte die Zentralstelle für das

---

19 O. V., Wer kauft ein? In: Der freie Genossenschafter, 1927, 3; Freundlich, Macht, 4 f.; eine differenzierte Aufgliederung nach Produkttypen im Anschluss an die Bezifferung des Frauenanteils mit 75 % bot auch Paneth, Grundriss, 14. Er referierte Untersuchungen von Harry L. Hollingworth aus den USA.

20 Meitner, Frauen, 3 f.

21 Aus der Analyse eines Korpus von österreichischen Frauenzeitschriften der Zwischenkriegszeit entwickelt auch Linsboth die Widersprüchlichkeit der diskursiven Konfiguration der Konsumentin. Ausführlich: Diskursivierung der Konsumentin; zusammenfassend: dies., Moral; zu Frauen als Zielgruppe der Propagierung schweizerischer Waren: Oberer, Armbrust, 88–92.

22 Meitner, Frauen, 5.

Ursprungszeichen 1935 die ihr als Mitglieder angeschlossenen Unternehmen überzeugen, eine großangelegte Kampagne zu finanzieren.[23] Inserate in „den wichtigsten Arbeiter-, Bauern- und bürgerlichen Blättern" sollten den Konsumpatriotismus zum Thema am Mittagstisch machen, und zwar „bis in die letzte Familie". So mancher Mann würde nun seiner Frau den Auftrag geben: „Gang, lueg bim Ichoufe uf Schwizerwar, mir hei scho gnueg Arbeitslosi und i mag nüd no meh stüre! De Staat plünderet mi hüt scho us!" Die Imagination der Rede am Mittagstisch sollte durch die Dialektverwendung lebensweltliche Plausibilität und ein deutschschweizerisches Wir-Gefühl vermitteln. Sie schnitt Konsumpatriotismus auf bürgerliche Rezipienten zu, die eine Ausdehnung des Wohlfahrtsstaates primär als Beraubung des Steuerträgers betrachteten. In der Schweiz blieb das mehr als anderswo auch nach 1945 die dominante, Freiheitspathos und Staatsskeptizismus verbindende Perspektive. Die Aufforderung am Mittagstisch positionierte außerdem den Schweizer Mann in einer charakteristischen Weise zur Aufgabe des nationalbewussten Einkaufens. Sie bestimmte die Verantwortung der Männer als eine Aufsichtspflicht gegenüber den konsumierenden Frauen, die sie um den Preis des Verlusts ihres sauer verdienten Geldes vernachlässigten.

Diese Lesart wurde auch in dem Flugblatt der Kampagne „Kauft österreichische Waren" nahegelegt, dessen Schlagzeile die Rezipient*innen warnte: „Ihre Tasche hat ein Loch!"[24] Der Fließtext unterstrich die Dringlichkeit einer Verhaltensänderung, indem er das Konsumieren an die Beschwerlichkeit der Erwerbsarbeit band: „Stunde um Stunde haben Sie sich geplagt, um Geld zu verdienen, soll alle Mühe umsonst gewesen sein? Tag für Tag vergessen Sie beim Einkauf, österreichische Waren zu verlangen und so gehen die Schillinge aus ihrer Tasche an's Ausland verloren!" Das Flugblatt sprach zwar nicht aus, ob die Tasche mit dem Loch einem Mann oder einer Frau gehörte. So konnten auch Männer sich als Konsumierende angesprochen fühlen. Die gesellschaftlich dominante Identifikation von Erwerbsarbeit mit dem Mann eröffnete aber eine im patriarchalen Buy-National-Diskurs besser eingespielte Alternative: die einer mittelbaren Verantwortung für den patriotischen Konsum. Die *Botschaft des Armbrustzeichens* explizierte diese Problematik in einer Beschreibung:

> Tag für Tag gehen nachmittags in jeder Schweizerstadt Tausende von Frauen einkaufen. Sind sich diese Frauen bewußt, daß sie einen guten Teil des Landesschicksals in Händen haben; daß es von ihnen abhängt, ob Tausende von Volksgenossen zu Brot oder ums Brot kommen? Nein, da wird einfach gekauft.[25]

Die Borschüre hob das Ausmaß der Bedrohung hervor, indem sie mit genau derselben Formulierung wie das oben diskutierte österreichische Flugblatt („Tag für Tag")

23 SWA PA476, D194.
24 Zu dem Flugblatt siehe auch weiter oben in II.3.
25 SWA PA476, D194, Botschaft.

die zum Alltag gesteigerte Regelmäßigkeit eines Vorgangs betonte, der die Nation schädigte. Daraus folgerte sie die Notwendigkeit der Propaganda, denn „das Publikum, besonders die Frauenwelt, sollte aus dem satten, sorglosen Dahinleben aufgerüttelt werden“. Den Frauen oblag es, so ein Artikel in einer österreichischen Regionalzeitung, „im Interesse der Staatserhaltung unseren Wirtschaftskörper zu stärken“. Es gelte, so der implizit an ein männliches Publikum gerichtete finale Satz des Textes: „Ehret die Frauen – wenn sie nur [heimische Waren] kaufen und nicht nach fremdem Trödel laufen!“[26]

Frauen als Einkaufsverantwortliche konnten somit vor allem eines erreichen: Ehemännern und potentiellen Ehemännern zu gefallen. Gemeinsam gaben Kammern und Unternehmerverbände in Österreich einen „Wegweiser für Hausfrauen“ heraus, der in einer Vignette den Dialog zwischen einem jungen Ehepaar inszenierte: „Hast du schon einen Grundsatz für die Führung unseres Haushaltes?“ – „Ja, Schatz! Den Grundsatz: Kauft österreichische Waren!“[27] Gemeinschafts- und Produktwerbung griffen ineinander, indem sie Konsumpatriotismus als Forderung von Ehemännern an ihre Frauen darstellten und gleichzeitig suggerierten, er sei für Frauen als Mittel geeignet, um ihren Männern die Erlaubnis zum Konsum abzuringen. Eine humoristisch gemeinte Serie von vier Inseraten für die Bernina Nähmaschine spielte mehrere Varianten durch. Da sich die Herstellerfirma im scharfen Abwehrkampf gegen eine als ausländisch gebrandmarkte Konkurrenz befand, führte ihr Produkt das Armbrust-Zeichen und gab sich betont schweizerisch. In einem Inserat stand die Frau umringt von fünf Kindern, das jüngste ein Baby auf ihrem Arm, und meinte, es wäre Zeit, dass ihr Mann ihr eine Bernina kaufe. Durch ihre Fünffach-Mutterschaft hatte sie in den Augen des Werbegestalters anscheinend den Anspruch erworben. Ein zweites Sujet zeigte ein Paar im Ehebett, der Mann unwirsch: Sie bekomme eine Bernina, aber nun solle sie ihn endlich schlafen lassen. Im dritten Inserat gab der Mann seiner Frau Geld zusammen mit einem nationalen Auftrag: „Do hesch Geld! Aber nur für Schwyzer-War, also e ‚Bernina‘-Nähmaschine.“ Das vierte Inserat spielte mit einer Schweizer Version von „Keeping up with the Joneses“. Ein Ehepaar blickte – zur trauten Einheit des Nachahmungskonsums vereint – aus dem Fenster und rief: „Scho wieder e Bernina is Nochber's Hus!“[28]

Sich in die Nation einzugliedern hieß einen patriarchalen Konformitätsdruck aufzunehmen und sich dem Urteil der Männer als den Bürgern der Schweiz zu ergeben. So waren jedenfalls die Subjektangebote konfiguriert, die eine patriotische Produktwerbung im Zeichen der Geistigen Landesverteidigung an Frauen herantrug. Frauen mochten sich eine emanzipatorische Teilhabe an der Nation wünschen, so wie die Arbeiterbewegung eine Volksgemeinschaft von links imaginierte. Buy-National-Propaganda und eine bürgerliche Presse hielten dagegen und verengten die

26 O. V., Die österreichische Woche, in: Badener Zeitung Nr. 19, 6.3.1929, 1 f. hier 2.
27 WKW E 27.468/3, Broschüre „Ein Wegweiser für Hausfrauen“, 1928, 11.
28 P. Favre, Un peu d'humeur?, in: Schweizer Reklame Nr. 1, Jänner 1938, 2.

Spielräume. Der *Schweizer Spiegel*, eine konservative Zeitschrift, warb im Fachblatt *Schweizer Reklame* gegenüber potentiellen Geschäftskunden mit seiner Unverzichtbarkeit. Das Inserat hatte die Form einer Geschichte in vier Bildern, jeweils mit Dialog und dem ‚voice-over' einer Frau. Das Thema war ihr Weg zum Glück und zum *Schweizer Spiegel*. Die Ich-Erzählerin berichtete von einer Bildungsentwicklung. In ihrem Verlauf wandelte sie sich vom „Mauerblümchen" zu dem von Männern umschwärmten Mittelpunkt der Gesellschaft – oder besser: einer (groß)bürgerlich formatierten nationalen Gemeinschaft. Zunächst erfuhr sie Ablehnung, für die zwei Erklärungsgründe erwogen wurden: körperliche Unattraktivität („Achselhöhlentranspiration") und Dummheit („sie weiß nicht mal, was geistige Landesverteidigung ist"). Eine Dame der Gesellschaft riet ihr im dritten Bild zur Lektüre des *Schweizer Spiegel*: „Lerne vor allem die ‚Kinderweisheiten' auswendig." Et voilà: Aus dem hässlichen Entlein war im vierten Bild der schöne nationale Schwan geworden. Adressiert war diese Geschichte allerdings nicht an Frauen, die sich hierin hätten wiederfinden sollen, sondern die Bildgeschichte betrieb im Fachblatt für (Werbe) Fachmänner deren Subjektivierung im Modus des Herrenwitzes. Als Herausgeber des *Schweizer Spiegel* fungierte Adolf Guggenbühl. Für ihn war die Geistige Landesverteidigung alles andere als ein Witz. Publizistik, Wirtschaftswerbung und politische Propaganda sollten gemeinsam der Erziehung des Volkes dienen. Das Inserat im *Schweizer Spiegel* führte die Aneignung eines bürgerlichen Habitus vor, zu dem die patriotische Lektüre als Vorbereitung für den Small-talk im Salon und bei der Tanzveranstaltung gehörten. Das Erlernen des richtigen schweizerischen Benehmens war Guggenbühl ein großes Anliegen. Unter seinen vielen Publikationen findet sich daher auch ein *Schweizer Knigge*. Die Subjektivierung von Frauen und jene von Männern implizierten einander wechselseitig. Gemeinsam bildeten sie die Nation, mit einer klaren Hierarchisierung der Geschlechter – und der sozialen Klasse.

Die Formierung der Nation in der Produktkommunikation bewegte sich in einem Kontinuum von Moralpredigt und Wohlstandsanreiz, von Propaganda und Reklame. Die Firma Steinmann & Bolliger, die auch die Armbrust-Organisation bei ihrer Werbung beriet, brachte einer breiten Palette von Kunden ein Verständnis nahe, das für die Bewerbung konkreter Produkte bei einer Vorstellung von Gesellschaft ansetzte, die sich im Konsum der Produkte realisieren sollte. Dem Möbelerzeuger Simmen rieten Steinmann & Bolliger daher, dass er „nicht so sehr der Reklame, als der Propaganda bedürfe [Hervorhebung im Original]".[29] Drei Linien entwarfen sie für das Unternehmen: erstens Einblicke in Wohnwelten des gehobenen Bürgertums, etwa in das „Studierzimmer des Herrn Professor", für Medien wie die Kulturzeitschrift *Du* und die *Schweizer Illustrierte*; zweitens lange Textanzeigen für die „gutbürgerlichen" Tageszeitungen: „Noch nie war der Mensch so entwurzelt wie heute", begann ein Inserat, um anschließend eine moderate Moderne als ideales Bindeglied zwischen

---

29 SWA PA486, D76, Werbebroschüre „Erfolg" von Steinmann & Bolliger, 1944; die folgenden Zitate aus Inseraten nach Abbildungen in dieser Broschüre.

Tradition und den Ansprüchen der Gegenwart zu empfehlen; drittens „regionale Werbung für Leute mit kleinem Geldbeutel": „Auch der einfache Mensch hat das Recht ...", kündete eine Schlagzeile, um im Fließtext fortzusetzen: „schön, individuell und mit Geschmack zu wohnen". Nicht „seelenlose Massenmöbel", ein „gemütliches Heim mit stark persönlicher Note" versprachen die Erzeugnisse von Simmen. Die herrschaftsstabilisierende Rolle von Wirtschaftswerbung ist seit jeher Mittelpunkt der Werbekritik.[30] An der Kampagne, die hier in Rede steht, lässt sich aber auch nicht die Ambition verkennen, sozialen Wandel als *plus ça change, plus c'est la même chose* anzulegen. Es ist eine Kommunikation des Übergangs, an dem sich eine Gesellschaft breiter Konsummöglichkeiten für breite Bevölkerungsteile abzeichnete, ohne dass dies an den Grundfesten einer bürgerlichen Schweiz rütteln durfte. An soziale Eliten wandte sich die Werbung mit Botschaften, die ihr die Führungsrolle in einer sich modernisierenden Schweiz zuerkannten und dabei eine fortgesetzte ständische Fraktionierung des Konsums anvisierten. Dem Gros der Schweizer*innen aber sprach die von Steinmann & Bolliger konzipierte Werbung Rechte nach dem Modus zu, den Lizabeth Cohen in der Figur des *purchaser consumer* gefasst hat. Diese repräsentierte die Verwandlung der politisch alerten *citizen consumer* in Teilhaber*innen an einer Wohlstandsvision von *Corporate America*.[31] Genau diesen Prozess wollte der rechtsbürgerliche Werber Hans Bolliger antreiben. Während die bürgerliche Gesellschaft, für die er sich auch politisch engagierte, weder wohlfahrtsstaatliche Maßnahmen noch gar Umverteilung von Vermögen kennen sollte, bestand das Recht der Staatsbürger*innen in der Freiheit zu konsumieren, sofern sie denn über die nötigen Einkünfte verfügten. Die andauernde Konjunktur der *Trente Glorieuses* machte dies dann auch möglich.

Der *purchaser consumer*, die Kundenbürger*in[32], ist daher kein Gegenteil der nationalen Konsumentin, sondern ihre Verlängerung in eine Gesellschaft relativ großer Konsumspielräume, vorerst ohne Überwindung der Dichotomien, die dem Konsumieren eingeschrieben wurden. Der patriarchale Appell an die Konsumentin ruhte auf einer Anthropologie der Defizienz. Die Frau blieb wesentlich hinter den Ansprüchen von Buy-National-Propaganda und bürgerlicher Publizistik zurück. „Leider versagt ja das patriotische Denken unserer Hausfrau beim Einkauf noch bedenklich...", klagte ein Leitartikel des *Aargauer Tagblattes* 1949.[33]

30 Barthes, Mythen; Williamson, Decoding; Williams, Advertising; Leiss u. a, Social Communication; Haug, Kritik.

31 Cohen, Consumers' Republic.

32 Kroen, Aufstieg; zur Einordnung der Schweizer Konsument*innenfigur im Vergleich zur Figur von citizen consumer in den USA und free trade consumer in Großbritannien siehe Tanner/Studer/Hiestand, Konsum, 643.

33 Zit. nach [Criticus], Werbeargumente, die keine sind, in: Schweizerische Reklame Nr. 7, Oktober 1949, 11.

3.2 Wiener Kapuzinerpredigten wider den unpatriotischen Konsum

„Und aus Eurem Lexikon streichet ein Wort,
Ein hässliches, fremdes – es heisst: Import!"

Mit dem Appell schloss ein Gedicht, das unter dem Kennwort „Abraham a Sancta Clara" an dem 1927 von der Kampagne „Kauft österreichische Waren" durchgeführten Preisausschreiben teilnahm.[34] So wie andere bereits in früheren Kapiteln erwähnte Beiträge zu dem Wettbewerb erhielt auch dieser eine Prämierung. Die Versform, auch in der kommerziellen Werbung bis in die 1950er-Jahre beliebt, gefiel offensichtlich. Unter den sieben Beiträgen, die mit Preisen zu 1500 und 500 Schilling ausgezeichnet wurden,[35] befinden sich drei, die ihre Botschaft in Reime fassten. Einer, „Der Dieb von Bagdad", hatte die Form eines Märchens und drei weitere die eines Aufsatzes. Den Anforderungen des Wettbewerbs gemäß behandelten alle Beiträge die national-ökonomische Weisheit des bevorzugten Kaufs österreichischer Waren als evident. Das wiederum verlangte Antworten auf die Frage, warum die Österreicher*innen diese einfache Wahrheit verkannten. Eine prominente Rolle spielte die Nachwirkung des Habsburgerreichs als ehemaliger Binnenraum des Konsums. „Der vielgeschmähte Kosmopolitismus des Österreichers wird durch Österreichs Geschichte verständlich",[36] hieß es in einem Aufsatz und der Autor eines anderen wusste: „Seit Jahrhunderten im Kreuzungspunkt der uralten Handelstraßen Ost-West und Nord-Süd wohnend, ist der Österreicher mit ausländischer Ware bekannt und vertraut. Die alte, allgemein deutsche Untugend, das Fremde höher zu schätzen als das Eigene, ist deshalb beim Österreicher tiefer eingewurzelt als in den anderen deutschen Stämmen."[37] Der Bezug auf eine historische Vergangenheit diente also auch dazu, sie in einem „Wesen des Österreichers"[38] zu essenzialisieren und damit zu enthistorisieren. Zum Wesen des Österreichers zählte man – im scharfen Kontrast zu Fremd- und Selbstbeschreibungen der Schweizer – seine Leichtlebigkeit: „Er genießt den Tag und die Stunde, wie sie kommen, und geht den Sorgen möglichst aus dem Wege."[39] Der Aufsatz, der die differenzierteste betriebs- und volkswirtschaftli-

34 WKW E 27.468/2, [1927] Prämierte Arbeiten 1927 und Jury.

35 Außerdem wurden fünf Preise à 269 Schilling vergeben.

36 WKW E 27.468/2, [1927] Prämierte Arbeiten 1927 und Jury, Friedrich Meister, Psychologische Momente; abgedruckt in: Der Bezirksbote für den politischen Bezirk Bruck a. d. Leitha, 4.3.1928, 2.

37 WKW E 27.468/2, [1927] Prämierte Arbeiten 1927 und Jury, Hermann Deuring, Bodensee; abgedruckt in: O. V., Kauft österreichische Waren, in: Vorarlberger Landes-Zeitung, 15.10.1927, 5.

38 Ebd.

39 Ebd. Siehe auch das Autostereotyp des homo austriacus, wie es sich Mitte der 1990er-Jahre in qualitativen Interviews mit Österreicher*innen abzeichnete: Wodak u. a, Konstruktion, 401–420, bes. 419. Eine demoskopische Untersuchung von 1984 legte den Befragten 23 Eigenschaften mit der Bitte vor, nach einer dreistufigen Skala zu beurteilen, wie typisch diese für die Österreicher seien. Dem Nationalcharakter ordneten die Auskunftspersonen am markantesten und in dieser Rei-

che Argumentation entfaltete, merkte zwar an: „Wohl in letzter Linie ist die Bevorzugung ausländischer Waren auf das Konto des Verbrauchers zu buchen.“[40] Die Einsendungen wiesen ansonsten aber in die gegenteilige Richtung sündhafter Verfehlung, die sie den Konsument*innen vergegenwärtigen wollten. Sie knüpften dadurch bei einem obrigkeitlichen Bemühen um die Disziplinierung des Konsumierens an, das auf eine lange Geschichte zurückblickte. So hatte im 18. Jahrhundert der aufgeklärte Absolutismus versucht, dem angeblich leichtlebigen österreichischen Volk die Wallfahrten, Feste und überhaupt den Müßiggang auszutreiben.[41]

Auch der Hofprediger Abraham a Sancta Clara (1644–1709) bettete als Bezugspunkt des eingangs zitierten Gedichts die Konsumentenmahnung in diesen weit zurückreichenden Horizont ein. Durch die Verarbeitung seiner Predigten in der Kalenderliteratur war er schon früh zu einer populären literarischen Figur geworden. Nach dem Ersten Weltkrieg setzte eine Barockeuphorie ein, die der krisenhaft erlebten Gegenwart eine große, nostalgisch verklärte Vergangenheit entgegensetzte.[42] Insbesondere das Bürgertum und die ländlichen Besitzeliten litten an der massendemokratischen Moderne, die sich 1918 mit dem Zusammenbruch der Habsburgermonarchie und der Republikanisierung Österreichs radikalisiert zu haben schien. Unklar war nun, ob eine überkommene Hierarchie, wie sie der bürgerlichen Synthese eingeschrieben blieb,[43] weiterhin die Beteiligungswünsche der ‚Massen‘ würde abfedern oder gar aushebeln können. Abraham war der bekannteste Vertreter der barocken Predigt und damit als Repräsentant einer herbeigesehnten Rück-Ordnung geeignet. Er galt als Inbegriff einer katholischen Kultur, der es gelingen konnte, die obrigkeitliche Rede und das volkstümliche Empfinden in ein harmonisches Ganzes zu verschmelzen. Er trat in historischen Romanen auf, die in der Zeit der zweiten Belagerung Wiens durch das Osmanische Heer spielten, auch als Titelheld, und wurde Teil des Repertoires jener konservativ gehaltenen offiziösen Österreich-Rhetorik, die der Ständestaat einführte und die nach 1945 von der frühen Zweiten Republik wieder aufgenommen wurde.[44] Dem Dollfuß-Regime bedeutete Abraham a Sancta Clara die glückhafte Einheit von Staat/Thron und katholischer Kirche. Die Erinnerung an den Prediger ließ sich ebenso in österreichisch-habsburgische wie großdeutsche Diskurse einbauen. Sie erlaubte damit eine referentielle Undeutlichkeit, die politisch wert-

hung folgende Eigenschaften zu: gemütlich, lustig, musikalisch, fleißig, tüchtig. Reiterer, Nation, 101–109.

40 WKW E 27.468/2, [1927] Prämierte Arbeiten 1927 und Jury, Konrad Merlack, Sohland an der Spree.

41 Vgl. Scheutz, „Lutheraner“; Hersche, Muße; Sandgruber, Ökonomie, 143–117.

42 Ganz neu war das nicht. Schon während des Ersten Weltkriegs betrieben Intellektuelle wie Hugo von Hofmannsthal die Rückbindung an die glorreiche Zeit des Barock, um den Österreich-Patriotismus aufzumunitionieren. Hanisch, Schatten, 156.

43 Vgl. Kondylis, Niedergang.

44 Der „humorgesegnete Kanzelredner“ (Marboe, Österreich-Buch [1948], 380) kam etwa in dem vom Bundespressedienst herausgegebenen *Österreich-Buch* respektive *Book of Austria* respektive *Livre d’Autriche* an mehreren Stellen zu Ehren.

voll war. Abraham fungierte insgesamt als ein gegenüber der historischen Person und ihrem Werk verselbstständigtes Kollektivsymbol.[45] Man kann ihn auch als Paradebeispiel eines *lieu de mémoire*, das zwischen Gedächtnis und Geschichte steht, beschreiben[46] – situiert „im Zwielicht zwischen Tradition und Historie"[47], zwischen wissenschaftlicher Rezeption, politischer Verwertung und alltagskultureller Kommunikation.

Abraham a Sancta Clara verweist einerseits auf eine spezifische historische Konstellation, die schließlich in eine Nationalisierung rund um den Signifikanten Österreich mündete. Andererseits handelt es sich um einen Modus die Moderne zu bannen, der in Österreich einen konkreten Ort hatte, aber in seinem Anliegen nicht an diesen gebunden war. „Abraham a Sancta Clara" setzte auf die Rückprojektion in eine imaginierte Vergangenheit, als die Wahrheit noch unbedingt, da in der Religion angelegt gewesen war. Die funktionale Differenzierung der Moderne, als Verlust lebensweltlicher Gewissheit und gesellschaftlicher Ordnung gedeutet, sollte in einer Zeit und einer Form Heilung erfahren, die allen Trennungen vorauslag bzw. sich jenseits der modernen Zersplitterung befand. Den Wunsch nach dieser Art von Unbedingtheit artikulierten daher auch nicht nur die prämierten Gedichte, die sich als wirtschaftspatriotische Wiedergänger einer gegenreformatorischen Vehemenz gaben, sondern ebenso die Aufsätze, die eine Verpflichtung aufs Argument vor sich hertrugen: „Die allgewaltige Presse soll schon unsre Idee beim Frühstück jedem ins Gehirn hämmern."[48] Gesucht wurde eine Kombination aus exhortatorischer Predigt und ihrem Einsatz in modernen Publikumsmedien. Paradoxerweise ist der Projektion sowohl in ihrem historischen Bezug auf die Frühe Neuzeit als auch in ihrer propagandistischen Form jener Bruch eingelagert, den zu bekämpfen sie antrat. Die barocke Predigt wie die Propaganda als Begriff entsprangen dem Versuch, einer Glaubensspaltung zu begegnen. Dafür hatte die katholische Kirche 1622 die Sacra Congregatio de propaganda fide geschaffen.[49]

Je genauer man auf das prämierte Gedicht blickt, desto mehr verdichten sich die intertextuellen Bezüge und historischen Referenzen. Das Propagandagedicht ließ für Kundige Verse aus Friedrich Schillers Drama *Wallensteins Lager* als Hypotext erkennen.[50] In einer Szene tritt hier ein Kapuziner auf, der eine nachlässige „Armee von Christen" mit einer Strafpredigt aufzurütteln versucht. Schiller schuf damit eine wirkmächtige kulturelle Schablone. Von einer „Kapuzinerpredigt" zu sprechen war seit dem 19. Jahrhundert ein gut verständlicher Ausdruck, um eine Kritik zu bezeichnen, die der Redner dem Publikum in schärfster Form entgegenschleudert. Die Schil-

45 Eybl, Abraham, 8–23.
46 Nora, Geschichte und Gedächtnis.
47 Gadamer, Wahrheit und Methode, 305.
48 WKW E 27.468/2, [1927] Prämierte Arbeiten 1927 und Jury, Friedrich Meister, Psychologische Momente.
49 Bussemer, Propaganda, 25.
50 Schiller, Werke. Nationalausgabe 28/1, 36–40 (Wallensteins Lager, neunter Auftritt).

ler'sche Predigt diente außerdem als Folie für unzählige Nachahmungen, die parodistisch von den Versen des Dichters zehrten und sich satirisch allen möglichen Themen zuwandten.[51] Häufig bezogen sie sich dabei auf Abraham a Sancta Clara.[52] Dieser war zwar eigentlich Augustiner, aber Schiller hatte für seine Kapuzinerpredigt tatsächlich auf Material von Abraham zugegriffen.[53] Die Adressaten der Strafpredigt bei Schiller waren Soldaten, die sich in einer Situation kriegerischer Bedrohung den Sinnenfreuden, dem Saufen und Tanzen, hingaben. Das bot dem Propagandagedicht für „Kauft österreichische Waren" den Ausgangspunkt, um die Konsument*innen anzusprechen und ihnen einen Mangel an Patriotismus vorzuhalten. Die christlichsoziale *Reichspost* druckte im Oktober 1927 einen Teil der Verse als „gelungene Parodie" ab.[54]

Das Gedicht begann mit dem Ausruf:

> Heissa, Juchheia, Dideldumdei!
> Das geht ja hoch her. Bin auch dabei!
> Österreicher, Christen und Juden!

Die ersten beiden Zeilen zitierten Schillers Verse ohne Veränderung, die dritte variierte die Vorlage.[55] Die *Reichspost* veröffentlichte nur die ersten beiden Zeilen. Ein Volk aus Christen *und* Juden gehörte nicht zu den Anliegen des vehement antisemitischen Blatts. Der Autor des Gedichts, Friedrich Guttmann, war allerdings selbst jüdischer Herkunft.[56] Er lebte als Kaufmann und Vertreter bis 1939 im zweiten Wiener Gemeindebezirk, einem Viertel der Stadt mit hohem jüdischen Bevölkerungsanteil.

---

51 Eine Recherche in österreichischen Zeitungen und Zeitschriften mithilfe der Volltextsuche von ANNO erbringt Belege aus einer Vielzahl von Kontexten.

52 Zu den historischen Figuren, die der Rede von einer „Kapuzinerpredigt" im Österreich der Zwischenkriegszeit konnotierten, zählte auch der Prediger Marco d'Aviano (1631–1699). Er hatte im Unterschied zu seinem Zeitgenossen Abraham a Sancta Clara dem Kapuzinerorden angehört und während der Belagerung durch die Osmanen in Wien gepredigt – ebenfalls anders als Abraham, der zu dieser Zeit in Graz tätig war. Marco d'Aviano spielte daher in der ständestaatlichen Propaganda eine wichtige Rolle. Er hatte z. B. 1933 im Abschluss der sogenannten Trabrennplatzrede von Engelbert Dollfuß seinen Auftritt: „So wie hier vor Wien ein Marco d'Aviano gepredigt hat ‚Gott will es' – so sehen auch wir mit starkem Vertrauen in die Zukunft, in der Überzeugung: Gott will es!" Der Redetext ist zugänglich unter: http://austria-forum.org/af/Wissenssammlungen/Symbole/Faschismus_-_die_Symbole/Trabrennplatzrede_1933 (Zugriff 1.10.2015).

53 Eybl, Abraham, 6.

54 Reichspost, 26.10.1927, 4.

55 Die Stelle lautet bei Schiller: „Ist das eine Armee von Christen? Sind wir Türken? Sind wir Antibaptisten?"

56 Quellen zu Friedrich Guttmann, geb. 18.11.1879: Auswanderungskartei der Israelitischen Kultusgemeinde Wien (für die Auskunft danke ich Christian Klösch). *Adolph Lehmann's allgemeiner Wohnungs-Anzeiger*, Jahrgänge 1927–1939 (online: http://www.digital.wienbibliothek.at/wbrobv/periodical/titleinfo/5311, Zugriff 10.11.2016). Die Verordnung vom 26. April 1938 zwang alle Jüdinnen und Juden mit Besitz von zumindest 5.000 Reichsmark, eine Vermögensanmeldung zu machen. Zu Friedrich Guttmann liegt keine Anmeldung vor. Dafür kann es auch andere Gründe geben,

Den Appell an „Österreicher, Christen und Juden" muss man als Anspruch auf Partizipation lesen, die Streichung der Zeile als Hinweis auf den prekären Status dieser Beteiligung.[57]

„Bin auch dabei!"? – Wenn es um die moralisierende Zurichtung des Kaufverhaltens ging, stand neben der Losung „Kauft österreichische Waren" für Christlichsoziale gleichberechtigt die Devise „Christen kauft bei Christen!". Diesen Wink, versehen mit ausführlichen Warnungen vor den Juden, gab der katholische Publizist Joseph Eberle seiner Leserschaft, als er im Dezember 1927 „Praktisches vor Weihnachten" erörtern wollte, denn: „Nur die allerdümmsten Kälber wählen ihre Metzger selber."[58] Boykottaufrufe gegen jüdische Geschäfte waren in ganz Zentraleuropa fest etabliert, gut eingebunden in nationalistische Mobilisierung. In den 1920er- und 1930er-Jahren gewannen sie noch weiter an Schwung.[59] Eine Propaganda für österreichische Waren, die mit Abraham a Sancta Clara und dem österreichischen Barock an die Rezipient*innen herantrat, konstruierte ihren Konsumpatriotismus sogar noch dann als christlich-deutsche Binnenmoral, wenn ihre Urheber zufällig selbst jüdische Wurzeln hatten. Sofern Österreich als katholische Alternative des Deutschtums propagiert wurde, schloss das ein jüdisches Österreichertum aus.[60] In der Hinsicht gab sich zwar die Kampagne „Kauft österreichische Waren" während der 1920er-Jahre durchaus bedeckt. Sie hielt das so wie bei anderen heiklen Themen, etwa dem dezidierten Boykott ausländischer Waren. Beschränkt auf die offizielle Position der Kampagne wäre es mithin eine Unterstellung, sie hätte Antisemitismus geschürt. Sobald ihre Botschaften aber in die dominanten medialen Diskurse eintraten, fügten sie sich zu jenen Ausschließungen, auf denen die (deutsch)nationale Selbstverständigung beruhte.

Die Kapuzinerpredigt besetzte einen rhetorischen Ort, der den Wechsel zwischen verschiedenen kulturellen Registern und Diskursen gestattet: von der religiösen Drohung mit Tod und Teufel („Dass nicht der ... Gottseibeiuns ... in Euch

---

doch deutet es darauf, dass er eher einem prekären Rand der Kaufmannschaft als einem etablierten Bürgertum angehörte.

57 Das Blatt nannte den Namen des Autors, der die Vermutung auf eine jüdische Herkunft nahelegte. Der Einstieg in die Kapuzinerpredigt musste den Verdacht noch verstärken. Trotzdem druckte die Zeitung die Verse ab – mit der so bezeichnenden Kürzung. Der politische Katholizismus betonte zumeist, dass sein Antisemitismus ein religiöser, kein ‚rassischer' sei – dies als Unterscheidungsmerkmal gegenüber dem völkischen Deutschnationalismus. Dass solche Nuancierungen in der antisemitischen Praxis der Christlichsozialen oft wenig ins Gewicht fielen, ist vielfach belegt.

58 Joseph Eberle, Praktisches vor Weihnachten, in: Schönere Zukunft 3/12, 18.12.1927, 253 f.

59 Melichar, Definieren, 131; Kühschelm, Konsumieren; Ahlheim, „Deutsche"; Wildt, Volksgemeinschaft als Selbstermächtigung.

60 Silverman, Becoming Austrians, 20.

fahrt!“[61]) zum wirtschaftspolitischen Argument und retour; oder auch beides gleichzeitig, das eine mit dem anderen verwoben.

Das Staatsbudget ist außer Rand und Band
Und ihr schleppet nutzloses Zeug ins Land!
Wollt ihr denn wirklich nichts anderes treffen
Als immer dem Auslande nachzuäffen?!
Meint ihr, es gebe noch Zeiten und Wunder?
Kauft aus dem Ausland den größten Plunder!
Die Fabriksherrn trauern in Sack und Asche,
Das Ausland füllt sich durch Euch die Tasche.
Arbeitslose gibt es in Massen,
Ziehen auch jeden Moment auf die Strassen.

Als Geschädigte traten Arbeitslose und Fabrikherren auf. Erstere wurden im syntagmatischen Zusammenhang des Gedichts unmittelbar als Gegenüber des Fabriksherrn eingeführt. Sie wurden dadurch als der problematische Zwilling der Industriearbeiter erkennbar. Industrielles Kapital und industrielle Arbeit bildeten gemeinsam die Basiseinheit der Vorstellung von Wirtschaft, die das Gedicht implizierte, ohne das Wort zu verwenden. Eine paradigmatische Reihe konstituiert sich durch ein konstant gehaltenes distinktives Merkmal. Das Gedicht konstruierte Arbeiter und Unternehmer als Einsätze desselben Paradigmas: eine Reihe der durch unbedachte Konsument*innen Geschädigten. Doch die Folge der Schädigung wurde in unterschiedliche Bilder gekleidet: Der Fabrikant gab sich der christlichen Trauer hin, die Arbeiter gingen in Massen auf die Straße. Ein Bedrohungsszenario deutete sich an, eine „jeden Moment“ gefährliche Situation. Diese wurde auch von den Plakaten der Kampagne „Kauft österreichische Waren“ immer wieder ins Bild gesetzt.

Das führt zur Frage des „Bin auch dabei!“ zurück. Die katholische Gemeinschaft aller Deutsch-Österreicher*innen, die insbesondere Jüdinnen und Juden von sich wies, ob implizit oder mit der zum Pogrom gesteigerten Deutlichkeit, überlagerte sich mit der Höherbewertung des Unternehmers gegenüber der Arbeiterschaft. Sie ist für viele ökonomische und wirtschaftswissenschaftliche Diskurse bis heute charakteristisch. Politisch gewendet hieß das, dass die propagierte nationalökonomische Gemeinschaft der Österreicher*innen Mühe haben musste die Arbeiterschaft zu integrieren. Dem Blatt der Kommunistischen Partei, *Die Rote Fahne*, entging der konservative Zuschnitt einer Kampagne nicht, die den Arbeitern abverlangte, den Status quo der Produktionsverhältnisse als eine „gottgewollte Ordnung“ zu akzeptieren.[62] Aus ihrer Sicht war das gleichbedeutend mit einer Verelendung im Zeichen des Patriotismus. Mit einem Gedicht, das 1929 in der *Roten Fahne* erschien, lässt sich die Schraube intertextueller Bezüge noch eine Wendung weiterdrehen. Wenn „Abraham

61 Dieser Ausruf fehlt in der gekürzten Fassung des Gedichts, die in der Reichspost veröffentlicht wurde.

62 O. V., Wer kann das kaufen?, in: Die Rote Fahne, 21.12.1930, 2.

a Sancta Clara" die „gelungene Parodie" der Kapuzinerpredigt war, so handelte es sich hier um die Parodie der Parodie. Unverkennbar griff der Autor den Predigtduktus auf, der in den Konsument*innen sündhafte Narren erblickte und mit heftigem Tadel zur Umkehr nötigte:

> Proleten, die rettende Tat ist geschehen.
> Habt ihr die großen Plakate gesehen,
> Mit den Lettern, den schönen, bizarren?
> Kauft österreichische Waren!
>
> Was kauert ihr dort in der Vorstädte Dunkel?
> Seht ihr nicht der Lichtreklamen Gefunkel?
> Was hungert und friert ihr, ihr Narren?
> Kauft österreichische Waren!
>
> Schickt nicht ins Ausland das Geld, ihr Proleten,
> Nein, laßt in der Heimat eure vielen Moneten;
> Und braucht ihr Champagner, Zigarren:
> Kauft österreichische Waren!
>
> Ihr habt doch so sündhaft viel produziert,
> Und Mehrwert bleibt Mehrwert – er explodiert –.
> Der Volkswirtschaft drohen Gefahren:
> Kauft österreichische Waren!
>
> Die vollen Schaufenster treiben Agitation,
> Ich fürchte, die hetzen zur Revolution –.
> Verhindert das Übel, ihr Scharen:
> Kauft österreichische Waren!
>
> Und kommt ihr ans Ende, weil das Leben so triste.
> Dann bitte, vor allem nur hiesige Gifte –;
> Einen heimischen Strick, einen raren:
> Kauft österreichische Waren![63]

Das Gedicht sprach von der Produktion als einem sündhaften Verhalten, während sie im Wertgefüge der konsumpatriotischen Propaganda stets als Tugend galt, der die Untugend der Konsument*innen entgegenstand. *Die Rote Fahne* nahm also eine ironische Verschiebung vor. Sie indizierte den Grad der Perversion eines kapitalistischen Wirtschafts- und Gesellschaftssystems, unter dessen Bedingungen sich die Produktion gegen die Proletarier als die Produzierenden wandte. Das Gedicht gipfelte in der Drohung bzw. aus Sicht von *Die Rote Fahne* der Hoffnung, „ihr Herren, dass euch der Prolet –| bald jagen wird ohne Zweifel:| mit euren Parolen zum Teufel."

Wenn man fragt, wie sich *Die Rote Fahne* diesen Teufel vorstellte, so verweist eine plausible Antwort auf Ignaz Seipel. Der Priester und christlichsoziale Politiker von Beruf(ung) amtierte von 1922 bis 1929 – mit einer zweijährigen Unterbrechung – als Bundeskanzler. Von der politischen Linken wurde er ob seiner Austeritätspolitik

63 [Von Hamay], Kauft österreichische Waren!, in: Die Rote Fahne, 20.3.1929, 4.

kritisiert, von seiner Anhängerschaft hingegen als Sanierer gefeiert, der dem krisengeschüttelten Österreich eine Lösung gewiesen hatte. Die prägende Figur des Bürgerblocks gehörte daher zum dramatis personae der 1927 prämierten Kapuzinerpredigt im Dienste des österreichtreuen Konsums. Hier erschien er als Instanz, an die sich die verzweifelte Frage „Was sollen wir tun?" („Quid faciemos nos?") richtete. Formuliert in Latein, war sie eine Übernahme aus der Schiller'schen Vorlage, die ihrerseits aus dem Lukasevangelium jenes Kapitel zitierte, das über das Wirken von Johannes dem Täufer berichtete.[64] Die Adressierung von Seipel akzentuierte damit nicht den Bundeskanzler, sondern den Priester. Sie setzte ihn dem Johannes gleich, dem sprichwörtlichen Prediger in der Wüste. Die religiöse Aufladung verschob das Verhältnis aus Staatsbürger*innen und dem ihnen verantwortlichen Regierungschef in eine Beziehung jenseits des demokratischen Rahmens. Dem einer pastoralen Betreuung bedürftigen Volk stand der Prophet bei, den Gott, nicht die Wähler beauftragt hatten. In diese Positionierung war freilich auch der für die Österreich-Diskurse der Zwischenkriegszeit so typische Verdacht der Vergeblichkeit eingeschlossen.

> Ihr fraget den Seipel: „Quid faciemos nos?"
> Und leget dabei die Händ' in den Schoß.
> Wollet Ihr so Eurer Land sanieren,
> Dass ihr nichts tut, als nur importieren?
> Ist denn die neueste Type von Steyr
> Für den Herrn Bimpfl nicht genug teuer?
> Glaubt er, es lassen die Wiener Narren
> Lieber sich von einem „Buik" überfahren?

Während Seipel als Mann Gottes für die Tugend der Genügsamkeit einstand, gab sich die Bevölkerung der Sünde hin. Sie ging gegenüber dem Vaterland fehl, indem sie ihre Hände in den Schoß legte und fremde Waren konsumierte. Das importierte Automobil geriet zur Waffe, die der Bürger gegen seine Volksgenoss*innen selbst richtete.[65] Sein Fett bekam nicht nur der motorisierte Herr Bimpfl ab; auf die ihm familiär verbundenen Frauen vergaß die Kapuzinerpredigt ebensowenig:

> Und seine Gattin bezieht ihr Parfum
> Selbstverständlich direkt von Guerlain
> Meint wohl, dass sie den Freund verliert,
> Wenn sie sich inländisch parfumiert!
> Und erst die Tochter, der lockere Range
> Kennt Houbigant-Puder nur für die Wange.

Die für den Wettbewerb eingesandte Kapuzinerpredigt hatte noch weitere Produkte respektive Ursprungsländer ins Spiel gebracht, die es abzuwehren galt: Italien,

64 Lukas 3,1–3,20.
65 Vgl. hingegen die ausnahmsweise tatsächlich subversive Karikatur: Schweizer! Lasst euch nur von einheimischen Erzeugnissen überfahren!, in: Nebelspalter 59/42, 20.10.1933, Cover.

Großbritannien, die anderen Nachfolgestaaten der Monarchie, die sich zum Missfallen des Autors „autonom" gebärdeten, China als Symbol der sich abzeichnenden Konkurrenz aus Asien. Auf diese Passagen verzichtete jedoch die *Reichspost*. Abseits von Frankreich, repräsentiert durch die Marken Guerlain und Houbigant, schienen einzig die USA, vertreten durch den Buick, als konkret benannte Quelle von Importwaren auf. Die Verkürzung auf zwei Länder und Produkttypen ist sinnfällig. Französische Luxuswaren hatten schon der kameralistischen Propaganda des 17. Jahrhunderts als das bevorzugte Gegenbild zu einem auf Schlichtheit bedachten patriotischen Konsum gedient. Die USA standen hingegen für die neue Bedrohung des Massenprodukts. Im Fall der französischen Kosmetika verquickte die Kapuzinerpredigt den Vorwurf des Verrats an der Nation auch mit der Andeutung von Treulosigkeit gegenüber dem Gatten. Sein Besitzanspruch und seine Verantwortung wurden mittels der Zuordnung durch das Possessivpronomen klargelegt. Eine undisziplinierte Sexualität und ein ausschweifender Konsum, beides Sünden der Lüsternheit, untergruben die patriarchale Ordnung in Familie und Staat. Auch die Tochter war ein „lockerer Range", ihr Übermut rief nach Disziplinierung. Die Forderung nach Züchtigung folgte daher sogleich:

> Das Einzige, was Euch Wienern gebührt,
> Ist, dass man spanisches Rohr importiert.

In der gekürzten Fassung der *Reichspost* schloss nun der Aufruf zur Bescheidung an. Dieser übernahm wiederum in nur geringfügiger Veränderung eine Formulierung aus der Schiller'schen Kapuzinerpredigt und dem Lukasevangelium:

> Contenti estote ... Begnüget euch!
> Kauft gute Ware aus Österreich.

Bei Schiller forderte der Kapuziner von den Soldaten: „Begnügt euch mit eurem Kommißbrote." Hier die österreichischen Waren einzusetzen war bei Licht betrachtet wenig schmeichelhaft, doch die ganze Aufmerksamkeit der Adaption ruhte auf einer Dichotomie aus Hedonismus und pflichtbewusst-kärglichem Konsum. Die Kampagne „Kauft österreichische Waren" und die Konsumdiskurse, in die sie sich eintrug, unterbreitete den Konsument*innen ein Identifikationsangebot, das so attraktiv war wie die Positionierung als sündhafter Mensch. Einer säkularisierten Gegenwart mag das ein absurdes Offert erscheinen, aber sie bildete den Kern eines Katholizismus, der alles andere als ein marginales Phänomen war.

Die Rhetorik des patriotischen Konsums barg entlang dieser Linie noch eine zweite Möglichkeit. Die Rezipient*innen konnten sich auf die Seite der Prediger schlagen, auf die Seite derjenigen, die Anklage erheben durften. Diese Einladung hatte aber nicht nur ein Geschlecht, und zwar das männliche, sondern sie überkreuzte sich mit anderen Mustern, die Adressat*innen zu sortieren. Die Einladung, den Prediger zu geben, richtete sich an Personen, die in hierarchischen Ordnungen mit Dispositionsspielräumen ausgestattet waren, und hinsichtlich der sozialen Zugehörigkeit an die Besitzenden in Relation zu jenen, die über geringere materielle Ressourcen verfügten: den Unternehmer im Verhältnis zur Arbeitnehmer*in, den Bauern zu Taglöhner*innen und Gesinde, den Angestellten zum*r Arbeiter*in. Und sie stellte die Produzent*innen über die Konsument*innen, d. h. in der Tendenz die Produzenten über die Konsumentinnen.

3.3 „Free to choose"? – das schweizerische Pathos von Freiheit und Verpflichtung

Auf das „Käufergewissen" zielte auch die Propaganda des Schweizerwoche-Verbands. Sie verband die Betonung von Pflichten der Konsument*innen allerdings mit einem Pathos der Freiheit. Das war ein Charakteristikum des schweizerischen Buy-National-Diskurses in den 1920er- und 1930er-Jahren – in der binären Gegenüberstellung distinktiv gegenüber der österreichischen Kampagne und der sich zwar bereits abzeichnenden, aber noch vielfach gebrochenen Erzählung des österreichischen Nationalstaates. Erst die Freiheit verwandelt die Untertan*innen zu Staatsbürger*innen. Die Freiheit zu betonen konfiguriert die Nation daher in einer Weise, die eine breite politische Beteiligung an ihren Geschicken nahelegt. Das blieb im Österreich der Zwischenkriegszeit umstritten.

Die Behauptung einer spezifischen Verkörperung des Freiheitsgedankens im Schweizerischen ist nicht nur ein Merkmal, das einen Schweizer Buy-National-Diskurs, betrachtet aus archäologischer Distanz, von anderen unterscheidet. Die schweizerische Verständigung über die Nation setzte diesen Anspruch selbst pronónciert zur Distinktion gegenüber anderen Nationen ein. So legte Edgar Steuri, Sekretär des Schweizerwoche-Verbands, 1930 vor dessen Zürcher Kantonalkomitee ein Bekenntnis zum unbändigen Freiheitsdrang des echten Schweizers ab:

> Wir lehnen den Zwang ab (besonders wir Schweizer!), wir wollen in unseren Entschlüssen frei sein (wie die Väter nicht immer waren!), wir verurteilen den Zwangskurs, der in der nationalen Propaganda den diktatorisch (schwarz und rot) regierten Völkern aufoktruiert [sic!] wird. Wir lassen uns den Genuss von Bananen nicht staatlich verbieten […][66]

Steuri, der in seiner langjährigen Tätigkeit die Linie der Schweizerwoche prägte, beschrieb sich selbst als „freisinnig bis auf die Knochen"[67]. Damit meinte er eine politische Loyalität und eine liberalkonservative Grundhaltung. An der Wende zu den 1930er-Jahren stand die Wahrung einer bürgerlichen Äquidistanz zwischen Faschismus und Kommunismus an, die sich in der zitierten Passage ankündigte. Die In-

66 SWA PA486, B 83, Edgar Steuri, Wie es die andern machen. Grundsätzliches über die nationale Wirtschaftspropaganda, 1930, 3.

67 O. V., Dr. H. Edgar Steuri [verstorben], in: NZZ, 20.12.1962.

dienstnahme von Freiheit als einer schweizerischen Besonderheit entrückte außerdem die Propaganda für die Schweizerware ein Stück weit dem deutschsprachigen Rahmen und verband sie mit Vorstellungen, die man über die angelsächsische Welt hegte.[68] Da war zum einen England als Mekka der Freiheit des Handels, des *Free Trade*, der für die exportabhängige Schweiz weiterhin zentrale Bedeutung hatte. Da war zum anderen die USA, die ferne Schwesterrepublik[69]. Ihre Wirtschaftspolitiken hatten viel mit Protektionismus und wenig mit Freihandel zu tun, doch waren die Vereinigten Staaten von Amerika eine föderale Republik. Zudem konstituierte sich die US-amerikanische Nation nach innen als Raum, den die ihr Zugehörigen mit individuellen und kollektiven Verhaltensweisen zu bespielen hatten, die einer liberalbürgerlichen Wirtschaftsgesinnung entsprachen.

Es ist aus der Perspektive des 21. Jahrhunderts nicht überraschend, wenn das Konsumieren und die Rede von Freiheit, als ideologisch aufgeladener Begriff ein „essentially contested concept",[70] in Zusammenhang gebracht werden. Die Wahlfreiheit des Konsumierens wurde vor allem in der zweiten Hälfte des 20. Jahrhunderts zu einem zentralen Versprechen westlicher Wohlstandsgesellschaften.[71] Zunächst gegen den sozialistischen Konkurrenten gerichtet, avancierte es in den 1990er-Jahren zu einem nunmehr konkurrenzlosen Glaubenssatz. Buy-National-Diskursen und protektionischer Wirtschaftspolitik ist aber eben diese Wahlfreiheit kein wesentliches Anliegen. Die wirtschaftsliberale Kritik daran geht bis zu Adam Smiths Beobachtungen über den Merkantilismus zurück.[72] Eine pathosgeladene Rede von Freiheit in Buy-National-Propaganda zu integrieren liegt somit nicht auf der Hand. Im Schweizer Fall haben wir es mit einer Modulierung von Freiheit zu tun, die nicht im *free to choose* ihre Erfüllung sah, sondern die Wahlmöglichkeit beim Einkauf als Übung in der freiwilligen Selbstbeschränkung zugunsten höherer Ziele verstand.

Was die von Steuri erwähnten Bananen betraf, so muss man daher hinzufügen: Staatlich verbieten wollte man sie nicht, wohl aber ihren Genuss den Konsument*innen durch moralisierende Agitation sauer machen. Für die „Wirtschaftskreise" – gemeint waren die Unternehmer – bedeutete Freiheit im bürgerlichen Schweizer Diskurs, dass „eine weitere Einengung unseres Wirtschaftslebens durch gesetzliche Vorschriften und staatliche Massnahmen nur in ausserordentlichen Fällen erfolgen" sollte. So formulierte es 1926 ein im Radio ausgestrahlter Vortrag des Schweizerwo-

68 Ein zeitgenössischer Beleg für die Kopplung Schweiz, England, Amerika: „Das große Zeitalter der schweizerischen Arbeit ist das halbe Jahrhundert vor dem Weltkrieg. Da nimmt die Schweiz mit in der ersten Reihe teil an dem raschen Aufschwung des industriellen Lebens, der ganz Mitteleuropa erfaßt, in England sein Vorbild hat und in Nordamerika sein großartiges Gegenstück findet." Schmidt, Schweiz, 37.

69 Tanner, Schwestern.

70 Gallie, Concepts.

71 Cohen, Consumers' Republic; de Grazia, Empire; Trentmann, Empire of Things.

72 Smith, Wealth, IV, 512 (bzw. 661 in der Glasgow Edition of the Works and Correspondence of Adam Smith).

che-Verbands.[73] Für die Bürger*innen insgesamt war es eine konservativ bestimmte Freiheit, die diese in einer etwa von Hegel theoretisch ausformulierten Weise an die Unterwerfung unter die Pflicht band. Sie stand damit ideengeschichtlich doch auch einem deutschen Modell nahe. Um nicht eine Einbahnstraße des Übernehmens zu suggerieren ist es allerdings präziser von Vorstellungen des Staates, der Nation und der Ökonomie zu sprechen, die im Austausch über solche Themen innerhalb deutschsprachiger Öffentlichkeiten kursierten. Es war freilich weniger Import, denn Diskurse kennen keine Zollgrenzen, als die transnationale Ausprägung des Nationalen. Sie stützte sich zudem in der komplexen Vernetzung vieler Varianten und Nuancierungen des Eigenen und Anderen auf ins 18. Jahrhundert zurückreichende Diskurstraditionen, die aus der Eidgenossenschaft eine Nation machen sollten.

Der Radiovortrag von 1926 erinnerte an den Zürcher Arzt Heinrich Rudolf Schinz. In einem viel beachteten Referat bei der Helvetischen Gesellschaft, als deren Präsident er später fungierte, hatte er 1811 die Vision einer autarken Eidgenossenschaft entworfen. Eine auf den Konsum der eigenen Produktion fokussierte Landeskultur sollte als Mittel gegen die „Erschlaffung" der „Vaterlandsliebe" dienen. Schinz erklärte: „In einer Republik muss durch liebreiches, tätiges Zusammenwirken aller Bürger das erzielt werden, was Monarchen durch Befehle und unumschränkte Gewalt erreichen."[74] Für die Befehle war Schinz freilich auch zu haben, denn er schlug vor, die Tagsatzung solle ein Verbot der Einfuhr fremder Waren beschließen. Diesen Teil der Argumentation eines Altvorderen erwähnte man 1926 wohlweislich nicht, die Verinnerlichung des an Pflichterfüllung orientierten Freiheitsverständnisses überprüften aber u. a. Schulaufsätze im Dienste der Schweizerwoche, aus denen der Vortrag zitierte. Ein Siebtklässler hatte geschrieben:

> Viele Leute meinen, Freiheit bedeute: Machen, was man will! Und diese Leute verstehen es nicht recht. Damit ist gemeint, wir brauchen keinen König oder Kaiser über uns, wir wollen und können uns selbst regieren. Wir wollen in unserem Lande selbst Ordnung schaffen.[75]

Der Schüler war sich auch sicher: „Wir Knaben wären noch nicht imstande uns selbst zu regieren. Wir würden die Freiheit missbrauchen." Jedoch: „Als zwanzigjährige Jünglinge, wenn wir freie Bürger geworden sind, wollen wir dem Vaterlande nützlich sein."[76] In Rede stand also eine Freiheit zum Vaterland. Der freiwillige Vollzug der Ordnung war nicht die Alternative, sondern das Pendant zu dem, was der Fürst im absolutistischen Staat erzwang. Die Befähigung zur Selbstregierung ließ

73 SWA PA486, B83, O. V., Die nationale und wirtschaftliche Erziehung als Grundlage für das Gedeihen der schweizerischen Volkswirtschaft, 1926, 15.
74 Schinz, Vorschläge, zit. nach ebd.
75 SWA PA486, B83, O. V., Die nationale und wirtschaftliche Erziehung als Grundlage für das Gedeihen der schweizerischen Volkswirtschaft, 1926, 14.
76 Ebd.

sich daran messen, ob sie diese Ordnung herstellen konnte – ein durchaus reduziertes Verständnis von Demokratie.

Als Erziehungsziel für die Bürger-Konsument*innen bestimmte der Radiovortrag ein Bewusstsein der „Verantwortlichkeit, als Teile des Volksganzen, für das Gedeihen der schweizerischen Volkswirtschaft zu wirken".[77] Wenn das gelänge, so würde die Selbstregierung der Konsument*innen anstelle von Zöllen das gewünschte Ergebnis bringen: „Jeder Schweizer, jede Schweizerin, hat fast tagtäglich Gelegenheit, beim Wareneinkauf etwas zur Erreichung dieses Zieles beizutragen."[78]

3.4 Bewegte Frauen – Konsumpatriotismus durch aktivierendes Lernen

Abb. 50: Ein ‚Altar' der Schweizerwoche bei der Saffa
Quelle: Schweizerwoche-Verband, Jahresbericht 1928/29.

Als 1928 die Schweizerische Ausstellung für Frauenarbeit in Bern stattfand, war der Schweizerwoche-Verband durch eine Inszenierung präsent, die an einen Altar für die Schweizerware gemahnt. Die durch das Arrangement insinuierte Zivilreligion verkündete als ihr zentrales Gebot die Norm „Schweizerware ins Schweizerhaus" (Abb. 50).[79] Generell betonte die Schweizerwoche – mehr als ihr österreichisches Pendant – das Moment der Anbetung heimischen Schaffens. Die weihevolle Vereh-

77 Ebd., 10.
78 Ebd.
79 Schweizerwoche-Verband, Jahresbericht 1928/29, 1, 22.

rung des Schweizerprodukts musste zugleich eine Brücke zum Alltagshandeln schlagen: Die Konsumentinnen sollten Schweizerware ja auch kaufen. Frauen durften daher nicht bloß passiv in Anbetung einer auratisierten Nation verharren, es galt auch die Frauen in Bewegung zu setzen, sie zu Praktiken anzuleiten, die einen patriotischen Konsum vorbereiteten.

Der als Ausstellung begehbare nationale Raum repräsentiert das Problem ebenso wie einen Versuch es zu lösen. Eine massenmediale Beschallung konnte von Rezipient*innen passiv hingenommen oder gar ignoriert werden. Dem fügte die Ausstellung als werbliche Form, eine nationalisierende Praxis hinzu. Nun ist die Lektüre eines Schweizerwoche-Inserats zwar ebenfalls eine solche Praxis. Massenmediale Diskurse würden ohne Praktiken des Lesens nicht existieren. Das Abschreiten einer Ausstellung ist aber die aufwändigere und seltenere Handlung. Ihre Bedeutung im Hinblick auf das Einkaufsverhalten bleibt dennoch ungewiss. So ließ sich eine auratisch aufgeladene Inszenierung, die man/frau am Sonntag als Familienausflug besuchte, kompensatorisch erleben und als Alternative zu einem von anderen Sorgen und Vorlieben strukturierten Alltag – hier: des Konsumierens – verstehen; ganz nach dem Muster der Sonntagspredigt als einer Katharsis, die für die Sünden der Woche fit macht. Auf wirtschaftspädagogische Lerneffekte setzt indes eine Politik, die von den Gewerbe- und Industrieschauen des 19. Jahrhunderts bis hin zu den zeitgenössischen Technikmuseen führt. „Alltag – eine Gebrauchsanweisung", heißt der dem Konsumieren gewidmete Teil der Dauerausstellung im Technischen Museum Wien, der bei aller reflektierenden Distanzierung immer noch auf diese Tradition verweist.[80]

Die Hoffnung patriotischer Ausstellungsmacher*innen war in der Tat, dass die Besucher und mehr noch die Besucherinnen die nationale Inszenierung als Anleitung für den Alltag verstehen würden, dass sie also zum konsequent geübten Konsumnationalismus übergehen bzw. sich die braven Bürger*innen in ihrem nationalbewussten Verhalten bestärkt fühlen würden. Aus diesem Grund unterstützten die österreichischen und schweizerischen Buy-National-Organisationen kleine patriotische Ausstellungen oder beteiligten sich an Großevents à la Landesausstellung und Mustermesse, die auf einer nationalisierenden Linie lagen; oder man versuchte einem Ereignis wie der Wiener Messe, die in den 1920er- und 1930er-Jahren vor allem eine imperiale Ambition transportierte, die nationalisierende Botschaft einzulagern, indem auch der Appell „Kauft österreichische Waren" seinen Auftritt erhielt. Österreichische Wochen und mit weit größerer Insistenz die Schweizerwochen sollten zudem den Ausstellungsbesuch in den öffentlichen Raum der Geschäftsstraßen übertragen und dadurch ein noch größeres Publikum erreichen: „Mögen Hunderttausende an unsere nationalen Messen und Ausstellungen pilgern, so sind es sicher Millionen, die sich jahraus, jahrein immer wieder der Attraktion des Schaufensters,

80 Payer/Noggler-Gürtler, Alltag.

des Guckkastens unserer Zeit hingeben."[81] Zumindest für eine begrenzte Zeit fungierten die Schaufenster in der Schweiz Jahr für Jahr als Vitrinen nationalen Schaffens. Dazu kamen Transparente auf den Geschäften und quer über die Straße gespannt. Das sollte die Einkaufsumgebung in eine Landesausstellung verwandeln, die dennoch dicht am Alltag dran war. Dadurch entfiel freilich zumeist jene Geste der Identifikation, die in der gezielten Entscheidung bestand, eine Ausstellung als patriotisches Erlebnis anzusteuern.

Als die Zentralstelle für das Ursprungszeichen im Frühjahr 1932 die Armbrust als Marke eingetragen hatte, galt es erst einmal das nationale Herkunftszeichen zu popularisieren, damit es den Konsument*innen zielsicher den Weg zur Schweizerware weisen konnte. Zusätzlich zu den Werbemaßnahmen der Zentralstelle organisierte eine von Frauen getragene Gesellschaft für Hauswirtschaft und Frauenkultur in Bern die Ausstellung *Im Zeichen der Tellenarmbrust*.[82] Zu sehen gab es Möbel, Geschirr, Textilien, Spielwaren, Kleidung und Lebensmittel – eine breite Palette von Produkten, „für welche die Frau Käuferin ist".[83] Als national geschlossene Produktlandschaft, die temporäre Realisierung eines wirtschaftsnationalistischen Wunschtraums, war sie die verkleinerte Ausgabe von den bereits gut eingeführten Ausstellungsformaten der Mustermesse in Basel und des Comptoir Suisse in Lausanne. In ihrem Zuschnitt auf Frauen stand sie außerdem in der Nachfolge der Saffa.

Die Ausstellung sah auch einen Handarbeits- und einen Kochwettbewerb vor – eine typische Ergänzung des Schauens durch das Tun. Sie bettete hausfrauliche Tätigkeiten im nationalen Rahmen ein und sollte sie auf die Nutzung von schweizerischen Produkten ausrichten. Vor allem das Kochen spielte für Inszenierungen des patriotischen Konsums eine große Rolle, denn Ernährungspraktiken vermochten den Körper der Einzelnen mit jenem der Nation zu verbinden. Sie standen deshalb im Zentrum von nationalisierenden und exotisierenden Diskursen.[84] Indem die Frau für ihren Mann und ihre Kinder kochte, übernahm sie Verantwortung für das Wohlergehen ihrer Familie und zugleich für das der Nation. Der vorausgehende Einkauf von nationalen Waren garantierte, dass auch die Nationalökonomie profitierte – oder die imperiale. Das Empire Marketing Board transformierte in einer seiner ersten werblichen Aktivitäten 1926 den Weihnachtspudding zum „Empire Pudding", für den die Köchin Ingredienzen aus den verschiedenen Teilen des britischen Weltreichs verwenden sollte. Die um den Weihnachtstisch versammelte Familie konnte sich das Empire in einem festlichen Ritual buchstäblich einverleiben.[85] Die Kampagne „Kauft

81 Schweizerwoche-Verband, Jahresbericht 1946/47, 6.

82 Zentralstelle für das Ursprungszeichen, Jahresbericht 1932, 22; SWA PA486, D194, Broschüre „Im Zeichen der Tellenarmbrust".

83 O. V., Die Schweizerfrauen werben für Schweizerarbeit, in: Schweizerische Lehrerinnenzeitung 36 (1931/32), 372.

84 Appadurai, National Cuisine; Scholliers, Food; Jansen, French Bread; Möhring, Ethnizität; dies., Fremdes Essen.

85 O'Connor, King's Christmas Pudding.

österreichische Waren“ integrierte die leibliche mit der nationalen Fürsorge, indem sie z. B. Kochvorträge anbot.[86] Die Arbeitsgemeinschaft betraute damit die Fachlehrerin für Koch- und Haushaltungsschulen Erna Zelinka, die in Städten und Gemeinden Vortragsreihen hielt. Die einzelnen Vorträge setzten unterschiedliche thematische Schwerpunkte, als verbindendendes Element führten sie stets in die Zubereitung und Präsentation von Speisen sowie die Verwendung österreichischer Produkte ein: „Die Torte und ihre Verzierung. Unser Kochgeschirr“; „Glasieren von Mehlspeisen ein Vergnügen. Wie richte ich meine Küche zweckentsprechend ein?“; „Der schön gedeckte Teetisch, Tee und Teegebäck“[87]. Dazu kam die Verlesung von statistischen Informationen sowie die „Begründung des Gedankens, österreichische Waren zu kaufen“[88]. Die Rezepte aus den Vorträgen wurden auch als Broschüre zusammengestellt[89] und Preise für Selbstgemachtes vergeben. An den Vorträgen nahmen manchmal 30 bis 40, manchmal weit über 100 Personen teil. Die der Organisation und den nationalisierenden Kochdiskursen eingeschriebene patriarchale Hierarchie ist Zelinkas Berichten deutlich zu entnehmen. Die Präsenz und Anerkennung von Männern war der Erwähnung wert: „Einige Herren sprachen mir ihren Dank aus, dass ihre Frauen viel von den Vorträgen profitiert hätten und mit besonderer Liebe alles beim Kurse Vorgetragene verwerten.“[90] Ein besonderes, indes in eine ganz andere Richtung weisendes Ereignis war es, als in einer niederösterreichischen Kleinstadt ein „sehr netter Mann“ am Preiskochen teilnahm. Er erhielt einen zweiten Preis, „der ihm unter Beifallssturm ausgehändigt wurde“. Ein männliches Engagement, das sich nicht auf lobende Worte fürs Frauenwerk beschränkte, war offenbar erklärungsbedürftig, sowohl aus Sicht des Teilnehmers, der Zelinka schriftlich in seine familiäre Situation einweihte, wie von der Warte Zelinkas, die das Erfahrene der Arbeitsgemeinschaft mitteilte. Es verhielt sich bei dem Herrn so,

> dass er durch seine eigene Arbeitslosigkeit genötigt ist, den Haushalt zu führen, dass seine Frau nun die Verdienerin ist, früh um 6 Uhr aus dem Haus gehen muss und abends erst um 7 Uhr heim kommt. Er besorgt den ganzen Haushalt, kocht, wäscht und betreut die Kinder. Die Freude des Mannes über seinen Preis und über das Diplom war unbeschreiblich.[91]

Die Umkehrung der Geschlechterrollen trat hier als eine wohlwollend registrierte Anomalie auf, was gemessen an den Regeln des hegemonialen Diskurses selbst eine Anomalie war. Die bürgerliche Regierung und verschärft das diktatorische Regime ab 1933 trachteten, Abweichungen von einem Familienmodell, das einen männlichen Ernährer mit einer nicht erwerbstätigen Hausfrau paarte, durch gesetzliche

86 Graf, „Kauft“, 76 f.
87 Neue Klosterneuburger Zeitung, 20.2.1937, 3.
88 WKW E 27.468/1, Faszikel „Erna Zelinka, 1931“.
89 http://www.kochbuchsammlung.at/kochbuchsammlung.php?seite=300 (Zugriff 1.1.2017).
90 WKW E 27.468/1, Faszikel „Erna Zelinka, 1931“, Besucherliste Nr. 9, nicht datiert.
91 WKW E 27.468/1, Faszikel „Erna Zelinka, 1931“, Besucherliste Nr. 11, 2.4.1931.

Maßnahmen einzuschränken.[92] Indem Zelinka die Teilnahme eines Mannes am Kochwettbewerb zum Ereignis erhob, zeichnen sich zum einen die Grenzen des Sagbaren ab, die hier zugleich Grenzen der Nation und der Nationalökonomie waren. Zum anderen lässt sich erahnen, dass es einer von den Einzelnen wie den Institutionen zu erbringenden Anstrengung bedurfte, um die sozialen Praktiken und die diskursiven Vorgaben in Einklang zu bringen.

Die vielbeschworene „Macht der Einkaufstasche" war eine über die Nationalökonomie, die Tasche somit sowohl Metonymie des Haushaltsbudgets als auch der Vorstellung einer wirtschaftlichen Gesamtheit. Insofern standen alle Bemühungen, den Hausfrauen, vor allem jenen aus der Arbeiterschaft, eine Rechenhaftigkeit nach bürgerlichen Maximen beizubringen, unter dem auch – aber nicht nur – vom Schweizerwoche-Verband vertretenen Motto „Nationalökonomie im Haushalt"[93]. Ratgeber und Haushaltsbücher mit vorgedruckten Spalten zuzüglich Empfehlungen, wie die Eintragungen zu halten waren, zählten Legion und wurden von Konsumgenossenschaften, Frauenbewegungen, Handelsketten und anderen Akteur*innen aufgelegt. Das statistische Interesse an Haushaltsbudgets, das Unternehmen, Interessenverbände und der Staat entwickelten, setzte die getreuliche Führung von Haushaltsrechnungen voraus. Die mit dem Ersten Weltkrieg massiv einsetzenden Untersuchungen zum physischen und sozialen Existenzminimum waren pragmatisch motiviert, denn es ging um die Verwaltung von Knappheit. Sie waren darüber hinaus nie frei von moralisierenden Überlegungen hinsichtlich des Notwendigen und Angemessenen und verrieten die Überzeugung, dass eine nachlässige Haushaltsführung der Familie und der Volkswirtschaft schadete.[94] „Jeder Kauf eines Haushaltungsartikels gibt der Schweizerfrau Gelegenheit, sich über ihr Verständnis für vaterländische Fragen auszuweisen", beschloss die Zeitschrift *Frauenbestrebungen* Ausführungen über „Die Frau in unserer Volkswirtschaft".[95] Im Buy-National-Diskurs erweiterte sich der beständige Appell, sorgsam mit dem Geld umzugehen, um die Bevorzugung heimischer Waren als weiteres Kriterium. Das machte die ‚vernünftige' Haushaltsführung nicht leichter, denn auch ohne die Anforderung, am Point of Sale ein patriotisches Bekenntnis abzulegen, galt es verschiedene, oft widerstrebende Präferenzen von mehreren Akteur*innen unter einen Hut zu bringen, mit limitierenden und disponierenden Bedingungen umzugehen. Das konnte allenfalls in der quantifizierenden Distanzierung von der Konkretheit alltäglicher Ausgaben unproblematisch erscheinen.

Bruno Latour sieht die Produktivität der Moderne darin angelegt, dass sie paradoxe Konstellationen der Reinigung und der Vermischung auf die Spitze treibt.[96] In

---

92 Vana, Männer; Bandhauer-Schöffmann, „Ständestaat".

93 So der Titel eines Artikels des Schweizerwoche-Pressediensts. Schweizerwoche-Verband, Jahresbericht 1934/35, 3.

94 Wimmer, Abstraktion; Tanner, Fabrikmahlzeit, 127–164.

95 O. V., Die Frau in unserer Volkswirtschaft, in: Frauenbestrebungen Nr. 10, 1920, 77 f.

96 Latour, Modern, 18–21.

eben dieser Weise können wir pädagogische und werbliche Inszenierungen beschreiben. So eröffneten die Varianten des Ausstellens, die von Buy-National-Organisationen kultiviert wurden, ein Spektrum der unterschiedlich scharf gezogenen Trennung von Konsumalltag einerseits und einer auratisch aufgeladenen Welt der nationalen Waren andererseits. Die Spannung sollte indes keine unüberwindliche Barriere aufbauen, sondern im Gegenteil die Nation im Alltag herstellen. Im Vollzug des Spazierens entlang von Vitrinen, des Schauens und Kommunizierens sollte die Inszenierung hinter der Scheibe, die Fiktion einer national geschlossenen Welt, und die soziale Realität vor den Vitrinen zu einem über das Produkt vermittelten Hybrid aus Nation und Alltag verschmelzen. Ob das im Einzelnen funktioniert hat, ist eine ungeklärte Frage; dass es funktionieren kann, aber eine plausible Annahme. Daher gilt es festzuhalten, dass die Propagierung patriotischen Konsums nicht bloß auf dem Papier stattfand (zuzüglich Schall und Zelluloid, wenn man auch Radio und Kino berücksichtigt). Sie schloss vielmehr Praktiken des In-Bewegung-Setzens ein, das als aktivierendes nationales Lernen fungieren sollte.

4 Schulaufsätze zur Inkorporierung des Nationalen

1930 beriet die Arbeitsgemeinschaft „Kauft österreichische Waren" in einer erweiterten Exekutivkomiteesitzung, auf welche Weise sie ihre Anliegen noch stärker als bisher an die Schulen tragen könnte.[1] Die Diskussion führte Gewerbe- und Industriefunktionäre mit Vertreter*innen des Unterrichtswesens zusammen: mit einem hohen Beamten des Unterrichtsministeriums, einem Fachmann der Lehrerausbildung, der bereits durch ein wirtschaftspatriotisch angelegtes Lehrbuch der Mathematik hervorgetreten war, einem weiteren heimattreu bewegten Lehrer und Schulbuchautor, einem Bezirksschulinspektor und als einziger Frau mit der Hauptschuldirektorin Emma Kapral, die seit einigen Monaten auch christlichsoziale Abgeordnete im Nationalrat war. Zu klären galt es, wie man „die Jugend als Konsument von Morgen zum Wirtschaftspatriotismus" erziehen könne. Die Formulierung der Leitfrage verriet, dass es noch nicht darum ging, ein jugendliches Konsumieren zu problematisieren. Das wurde erst seit den 1950er-Jahren zu einer zentralen Sorge in moralisierenden Konsumdiskursen. In den 1920er- und 1930er-Jahren waren Schüler*innen eine relevante Zielgruppe, weil sie Erwachsene sein würden. Die „Einflussnahme auf die Jugend im wirtschaftspatriotischen Sinne" erforderte „besonderes Augenmerk", um einen nationalisierten – oder wie man in Österreich damals lieber sagte: staatsbewussten – Konsumalltag der Zukunft zu sichern. Man wusste: „Österreich ist nicht der einzige Staat", der dieses Ziel verfolgte. Er war in dieser Hinsicht einer wie jeder andere. Das verlieh dem Anliegen aus Sicht der Arbeitsgemeinschaft seine selbstverständliche Berechtigung. Das Bewusstsein von einem in Europa und darüber hinaus gängigen didaktischen Ziel bettete die Diskussion ein. Die Wiener Akteur*innen hatten aber auch ein konkretes Beispiel vor Augen, dessen genaue Kenntnis das Sitzungsprotokoll dokumentiert: „Vorbildlich für die Werbung in den Schulen sind die Massnahmen der Schweiz."

Die österreichischen und schweizerischen Trägerorganisationen von Buy-National-Propaganda betrieben ihrem Anspruch nach nationale Erziehungsarbeit. Dem Begriff war entsprechend einer bürgerlichen Konzeption von Erziehung ein Hierarchieverständnis immanent, das eine Kommunikation von oben nach unten, von den Wissenden zu den Belehrenden vorsah. Kinder und Jugendliche gehörten zu ihren wesentlichen Zielgruppen; dasselbe galt aber, wie wir bereits verschiedentlich gesehen haben, für Arbeiterschaft und Frauen. Bei ersteren lag die Aufmerksamkeit auf ihrer Rolle im Räderwerk der Produktion. Demgegenüber wurden Frauen primär als Verantwortliche für den Konsum von Familien/Haushalten adressiert. Bei Schüler*innen versuchte man beides im Auge zu behalten, primär mit Blick auf ihr künftiges Leben als Erwachsene. Aus dem Produktionsprozess sollten Kinder und zum Teil auch Jugendliche ausgenommen sein. Die Propaganda hatte sie zwar auch nicht als

1 WKW E 27.468/3, Sitzungsprotokolle, Protokoll der erweiterten Exekutivkomitee-Sitzung, 21.10.1930.

https://doi.org/10.1515/9783110701111-019

eigenständige Konsument*innen auf der Rechnung. Man hegte allerdings die Hoffnung, dass Kinder ihre konsumpatriotische Haltung nach Hause mitnehmen würden, sodass die Propaganda auf diesem Weg indirekt die Kaufentscheidungen der Eltern beeinflussen konnte.

Die Kommunikation der nationalen Erziehung wies eine eindeutige Richtung auf. Sie ließ keine Umkehrung der Rollen von Sender*in und Empfänger*in zu. Die hier untersuchte Buy-National-Propaganda war kein offener Diskussionsprozess über die Nation, ‚ihre' Produkte und ‚ihre' Ökonomie. Die Organisator*innen verstanden sich als Vermittler*innen eines notwendigen Wissens. Sie wollten ein Bewusstsein schaffen, dessen Inhalte vorab feststanden. Sofern sie es darauf anlegten, Rückmeldungen zu evozieren, dienten ihnen diese zur Bestätigung, dass die Angesprochenen die nationalisierenden Botschaften aufgenommen hatten. Nirgends ist das deutlicher als bei den Aufsatzwettbewerben, die in Österreich und in der Schweiz über viele Jahrzehnte hinweg durchgeführt wurden. Sie stellten einen wesentlichen Teil der Bemühungen dar, Wirtschaftspatriotismus in der Schulbildung zu verankern.

Für die Nationalisierung der Gesellschaft war (und ist) eine staatlich kontrollierte Schulbildung ein Hebel von kaum überschätzbarer Bedeutung.[2] Der Besuch des Grundschulunterrichts war in Österreich seit den Maria-Theresianischen Reformen im 18. Jahrhundert obligatorisch, in der Schweiz machte ihn die revidierte Bundesverfassung von 1874 in allen Kantonen verpflichtend. Mit dem Pflichtschulwesen erreichte man also seit dem 19. Jahrhundert Kinder jeglicher sozialer und regionaler Herkunft. In der Schweiz wurde dies intensiv genützt, um die kantonalen und lokalen Identitäten mit einem nationalen Narrativ zu überwölben.[3] In Österreich war die Sache diffiziler. Deutschnationale und auf den Staat bezogene Identifikationsangebote (oder besser: Identifikationsaufträge) stützten einander nur bedingt und in der Ersten Republik gar nicht.[4] Erst nach 1945 funktionierte, was in der Schweiz schon viele Jahrzehnte betrieben wurde.

2 Vgl. für modernisierungstheoretische Perspektiven auf Schulen im Prozess der Nationalisierung: Gellner, Nations, 35–38; der Klassiker zu Frankreich: Weber, Peasants, 303–338; Hroch, Europa, 99–193; für neuere historische Literatur zum staatlichen Schulwesen vgl. Weymann, States; die Beiträge in: Brockliss/Sheldon, Mass Education; Tröhler, Schooling und hierin bes. ders. über Volksschulen in Zürich: Republicanism; aus bildungswissenschaftlicher Sicht: Osterwalder, Akteure.

3 Im Hof, Mythos, 138–143; Kreis, Nationalpädagogik, 452; Crotti, Schweizer sein; Guidici/Manz, Programm.

4 Bruckmüller, Nation, 374; zu den deutschnational orientierten Lehrplänen: Göbhart, Schule, 50–55; Dachs, Schule.

4.1 Nationale Erziehung der Jugend – der Aufsatzwettbewerb der Schweizerwoche, 1919–1959

Wenn der Schweizerwoche-Verband seine Vorstellungen einer nationalen Erziehung der Jugend andeutete, so entwarf er zum einen die Nation als Familie. Die patriarchal konfigurierte Gemeinschaft rückte damit in die Position einer zentralen Referenz für schulische Pädagogik ein.[5] Zum anderen griff man zu Bildern, die das Verhältnis von Erzieher*innen und zu Erziehenden als eines von Bauern/Gärtnern/Förstern und Pflanzen fassten. Man sprach von „guten Samen", die einmal „in junge, aufnahmefähige Herzen gelangt", nicht mehr „ertötet" werden könnten.[6] Man wollte den „Keim zur Achtung" vor nationaler Arbeit legen, der später „Früchte zeitigen" werde.[7] Die Erziehung zu nationaler Solidarität sei der Arbeit des Forstmanns ähnlich. „Beides ist Arbeit auf weite Sicht. Nutzen und Segen, den wir aus dem Schweizerwald ziehen können, steigen in dem Maße, als dieser Wald in jahrzehntelanger, geduldiger Arbeit fachmännisch erschlossen, betreut und bewirtschaftet wird."[8] Eine bloß wörtliche Rede über Erziehung ist zwar so wenig möglich, wie das für jedes abstrakte Konzept gilt; aber die Metaphernwahl, auch die konventionalisierte, und die Pfade, auf denen in Diskursen Mappings konkretisiert werden, sind aufschlussreich und jeweils in spezifische ideologische Horizonte eingespannt.[9]

Das Bild vom Einpflanzen des Wissens findet sich schon bei Plato, der diese Vorstellung den Sophisten unterstellte.[10] Seit der Aufklärung gehört die Vorstellung, Schüler*innen nach Art von Pflanzen zu hegen, zum Repertoire der Pädagogik.[11] Der Schweizerwoche genealogisch verbunden sind die *Träume eines Eidgenossen*, die der Luzerner Franz Urs Balthasar 1758 veröffentlicht hatte. Er fasste sein Projekt einer nationalen Erziehungsanstalt in der Metaphorik einer „Pflanzschule". Sie sollte eine Elite der eidgenössischen Jugend an die Technik des Regierens, an gedeihliche „Staats-Maximen", heranführen.[12]

Das wesentliche Merkmal der metaphorischen Projektion, wie sie später die Schriften der Schweizerwoche und der zeitgleichen österreichischen Arbeitsgemeinschaft vornahmen, besteht darin, Schüler*innen mit einem organischen Material gleichzusetzen. Es bedarf der Pflege, bedarf möglicherweise auch der Liebe, doch es kann nicht in einen Dialog mit dem Pflegenden eintreten, weil ihm die Fähigkeit zur Sprache fehlt. Im Umfeld eines Aufsatzwettbewerbs entbehrt das nicht der Ironie, wenngleich es sich in den Rahmen einer konservativen Perspektive auf das Schrei-

5 Vgl. Schweizerwoche-Verband, Jahresbericht 1920/21, 3.
6 Schweizerwoche-Verband, Jahresbericht 1929/30, 9.
7 Ebd., 7.
8 Schweizerwoche-Verband, Jahresbericht 1944/45, 7.
9 Vgl. Guski, Metaphern.
10 Plato, Politea 518b–c.
11 Guski, Metaphern, 259 f., 287–290.
12 Weber, Schatten, 122 f.; Fuchs, Lehrerinnen- und Lehrerperspektiven, 53 f.; Balthasar, Träume.

ben von Aufsätzen fügt. Die didaktischen Praktiken, die der Bewerb anstoßen wollte, sind damit aber nur zum Teil erfasst, wie wir noch sehen werden.

Als 1919 zum dritten Mal die Schweizerwoche veranstaltet wurde, richtete der Verband erstmals einen Aufsatzwettbewerb aus.[13] Teilnehmen konnten Schüler*innen im Alter von zehn bis 18 Jahren. Das Thema lautete: „Ehret einheimisches Schaffen". Mit dem Erfolg war man hinreichend zufrieden, sodass der Bewerb zu einem festen Bestandteil des Repertoires avancierte. Er fand weitere 36-mal statt, zuletzt 1959. Nachdem er in den späten 1940er- und in den 1950er-Jahren schon einige Male ausgefallen war, schlief nun die lange gehegte Tradition endgültig ein. Die Gründe sind nicht überliefert, die Entwicklung der Beteiligungszahlen gab keinen unmittelbaren Anlass dazu. Leider hat sich nicht einer der Aufsätze im Schweizerwoche-Archiv erhalten, obwohl schon der Jahresbericht des Verbands für 1925 konstatierte, dass die Aufsätze „eine reiche Fundgrube für pädagogische Studien" wären.[14] Verfügbar sind nur die Themensetzungen und ihre Erläuterung in Jahresberichten sowie Begleitpublikationen zum Bewerb.

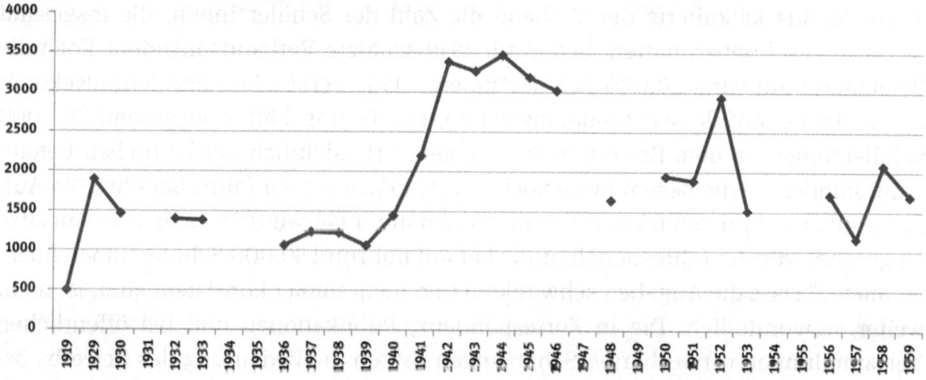

Grafik 20: Beteiligung am Aufsatzwettbewerb der Schweizerwoche (eingesandte Aufsätze)
Quelle: Schweizerwoche-Verband, Jahresberichte, 1919–1959.

Um eine Vorstellung vom Umfang zu gewinnen, den die propagandistische Aktion erlangte, bietet sich das Datenmaterial an, das der Schweizerwoche-Verband publizierte. Im ersten Durchlauf des Jahres 1919 hatte man 493, einer anderen Angabe zufolge „nahezu 600" Aufsätze zugesandt bekommen. Ab 1929 veröffentlichte der Jahresbericht jeweils die Zahl der übermittelten Aufsätze (Grafik 20). Bekannt ist auch die Verteilung der Aufsätze auf die drei respektive vier offiziellen Landessprachen. Sie entsprach ungefähr deren Anteilen an der Schweizer Bevölkerung: Auf die deutschsprachige Schweiz entfielen rund zwei Drittel der Aufsätze. Ein Viertel wurde

13 Zum Folgenden vgl. Oberer, Armbrust, 84–87.
14 Schweizerwoche-Verband, Jahresbericht 1925/26, 12.

auf Französisch geschrieben, zwischen fünf und zehn Prozent auf Italienisch. Dazu kamen einzelne Arbeiten auf Rätoromanisch. Die Beteiligung insgesamt, so gestand der Verband 1927, sei „noch nicht von imponierender Größe“. Man gab sich aber zuversichtlich, dass der Bewerb sukzessive die Mehrzahl der Schweizer Schulen erfassen würde.[15] Dazu kam es nicht, doch am Ausgang der 1920er-Jahre erreichte die Beteiligungszahl immerhin fast das Vierfache von 1919.[16] Der Mobilisierungsgrad ging in der Folge zurück, um im Umfeld der Geistigen Landesverteidigung eine nie gekannte Höhe zu erreichen. Danach musste man wieder kleinere Brötchen backen, doch 1952 erzielte der Verband nochmals einen großen Mobilisierungserfolg – das Thema lautete: „Schweizer Obst, seine volksgesundheitliche und volkswirtschaftliche Bedeutung, seine neuzeitliche, vielseitige Verwendung.“ 1959 langten immerhin noch beinahe 1700 Aufsätze ein. Die Organisatoren des Aufsatzbewerbs der Österreichwoche, der in diesem Jahr zum ersten Mal stattfand, wären über eine solche Zahl hocherfreut gewesen.

Der Schweizerwoche-Verband erhielt von jeder Klasse jeweils die beiden Arbeiten zugesandt, die der Lehrer oder die Lehrerin am besten beurteilt hatte. Auf Basis dieses Modus kalkulierte der Verband die Zahl der Schüler*innen, die insgesamt Aufsätze geschrieben hatten. Schon für 1919 schätzte Verbandspräsident Koch die Beteiligung auf rund 20.000 Schüler*innen.[17] 1941 verkündete der Zentralsekretär des Verbands auf dessen Jubiläumstagung, seit Beginn hätten insgesamt 700.000 Schüler*innen an dem Bewerb teilgenommen.[18] Hinsichtlich der jährlichen Beteiligung standen da die besten Jahre noch bevor: 1942 legte der Jahresbericht 3384 Aufsätze auf eine Zahl von 60.000 Schüler*innen um. 1944 wurden sogar 3473 Aufsätze eingesandt, die der Jahresbericht nun aber auf nur rund 50.000 Schüler*innen hochrechnete.[19] Dass die Angaben schwankten und nicht immer konsistent sind, ist nicht weiter verwunderlich. Die in Korrespondenz, Publikationen und bei öffentlichen Versammlungen verlautbarten Schätzungen sollten die Bedeutung des Bewerbs belegen. Immerhin dürften sich über vier Jahrzehnte hindurch jeden Herbst zehntausende Schüler*innen mit den anlässlich der Schweizerwoche ausgegebenen Themen befasst haben. 1943/44 besuchten rund 720.000 Kinder und Jugendliche Primarschulen und die daran anschließenden Schulen.[20] Selbst wenn man berücksichtigt, dass diese Zahl Kinder bis zehn Jahre einschließt, von denen keine Beteiligung am Aufsatzbewerb erwartet wurde, macht das die Relationen deutlich. Von patriotischer Totalerfassung war der Schweizerwoche-Verband selbst unter Ägide der Geistigen Landesverteidigung weit entfernt.

---

15 Schweizerwoche-Verband, Jahresbericht 1927/28, 12.

16 Schweizerwoche-Verband, Jahresbericht 1929/30, 6.

17 Ebd.; Koch, Erziehungsarbeit, 26.

18 Schweizerwoche-Verband, Jubiläumstagung 1941, 29.

19 Schweizerwoche-Verband, Jahresbericht 1942/43, 9; 1944/45, 7.

20 HSS-online bzw. Siegenthaler, Statistik, 1160, Z.1a Primarschule: 441.000 Kinder; 1163, Z.4 Anschlussschulen: 277.000 Schüler*innen.

Um Schüler*innen mit seinem Aufsatzbewerb zu erreichen, musste der Verband zunächst die Schulbehörden und Lehrer*innen der Primar- und Sekundarstufe auf seine Seite bringen. Sie waren die *secondary audience* des Aufsatzbewerbs oder vielmehr seine erste. In mehrfacher Hinsicht waren Lehrer*innen als Zielgruppe jeglicher breit angelegter Propaganda oder Gemeinschaftswerbung relevant: In ihren Handlungen konkretisierte sich erstens der Bildungsapparat, die mächtigste staatliche Agentur der systematischen Sozialisierung künftiger Bürger*innen – männlicher Bürger und patriotischer Hausfrauen, wie man für die erste Jahrhunderthälfte präzisieren muss. Zweitens waren Lehrer*innen eine bildungsbürgerliche Kerngruppe, in kleinen Orten oft zusammen mit dem Pfarrer die einzig ‚Gebildeten'.[21] Häufig im Vereinswesen und der lokalen Öffentlichkeit engagiert, waren sie potentiell Multiplikator*innen im Hinblick auf die erwachsene Bevölkerung. Drittens waren sie nicht mit partikulären kommerziellen Interessen assoziiert; umso wertvoller ihr Eintreten für ein volkswirtschaftliches Anliegen, an das sich einzelwirtschaftliche Interessen, primär der Produzenten, knüpften. In ihrem Kontakt mit den Schulbehörden musste die Schweizerwoche-Organisation – so wie ihr österreichisches Pendant – allerdings hervorstreichen, dass sie keinesfalls gedachte, die Schule als Kanal für Reklame, für Wirtschaftswerbung ohne gesamtgesellschaftlichen Anspruch, zu missbrauchen.[22] Man habe sich stets bemüht, „die Aktion auf eine sachlich-neutrale Grundlage zu stellen und kommerzielle Interessen von der Schule fernzuhalten", teilte der Verband in einem seiner Schreiben an eine kantonale Erziehungsdirektion mit.[23] Inwiefern Bildungseinrichtungen die Präsenz von Unternehmenswerbung zulassen sollen, ob und wie sie mit Unternehmen kooperieren können, sind bis heute kontroverse Fragen. Sorgen vor einer Überformung von Bildung durch mächtige Wirtschaftssubjekte treffen sich mit der dünkelhaften Betonung eines Gegensatzes von Geist und Kommerz.

Seit der zweiten Hälfte des 19. Jahrhunderts hatten die Lehrer*innen und ihre Verbände wesentlich dazu beigetragen, das Schulwesen zu einer Agentur der Schweizer Nation zu gestalten. Bei der Durchsetzung nationaler und nationalstaatlicher Orientierungsmuster kompensierte bildungsbürgerliche Initiative die Schwäche des Zentralstaates.[24] Sogar unter den Bedingungen des Ersten Weltkriegs scheiterte

21 Die Rolle solcher Sozialtypen in der Konstituierung von Bürgertum in Dörfern und Kleinstädten wurde für die Habsburgermonarchie sehr differenziert beforscht. Die wichtigsten einschlägigen Studien zur Schweiz nehmen hingegen bei den großen Städten, insbesondere Basel, Bern und Zürich, Maß (Tanner, Patrioten; Sarasin, Stadt der Bürger): Aus der zehnbändigen Reihe Bürgertum in der Habsburgermonarchie siehe v. a. Stekl u. a, „Durch Arbeit" (Bd. 2), und hier wiederum vor allem Kořalka, Bildungsbürger und Bildungskleinbürger; Urbanitsch/Stekl, Kleinstadtbürgertum (Bd. 9). Außerdem Johler/Stekl, Bürgertum.

22 Schweizerwoche-Verband, Jahresbericht 1928/29, 10; 1929/30, 7.

23 Staatsarchiv Schaffhausen, Schule 2/742, Schweizerwoche-Verband an die Erziehungsdirektion des Kantons Schaffhausen, 9.9.1937.

24 Osterwalder, Akteure, 27–29.

der Versuch, eine zentralisierte nationale Erziehung durchzusetzen. Diese vom Freisinn getragene Ambition stieß bei Vertretern des politischen Katholizismus und bei Lehrervereinen auf Widerstand, obwohl sie selbst auf ihre Weise für die Nation mobilisierten.[25] Der Ausgangspunkt der Schweizerwoche-Organisation war ein anderer. Da dem Verband keine staatlichen Machthebel zur Verfügung standen, musste man ihn nicht fürchten, wenn er um die Kooperation der Lehrerschaft warb. Zunächst stießen die Proponent*innen der Schweizerwoche auf Reserve, aber sobald die Organisation sich mit ihrem ersten großen Auftritt 1917 etabliert hatte, fand sie vielfach Unterstützung.[26] Auch Zeitschriften für Pädagog*innen rapportierten getreulich Jahr für Jahr die Kunde vom Aufsatzwettbewerb, druckten Pressemeldungen des Verbands ab und erzeugten moralischen Druck[27]. So erklärte die Zeitschrift *Schweizer Schule*, die der katholische Lehrerverein herausgab: Man verstehe, „dass Lehrer, die sich ihrer Verantwortung als Erzieher für das Leben und für die Volksgemeinschaft bewusst sind, seit Jahren mit ihren Schülern die Aufsatzwettbewerbe der ‚Schweizerwoche' freudig mitmachen".[28]

1944, im Jahr der größten Mobilisierung, ließen sich 1.000 solche ‚ihrer Verantwortung bewusste' Lehrer*innen für den Bewerb gewinnen.[29] In den 1920er-Jahren waren es 300 bis 600 Lehrer*innen gewesen, die ihre Schüler*innen dazu anhielten, Aufsätze zu schreiben. 1929 freute sich der Verband über die erzielten Fortschritte und klagte zugleich, dass noch immer viele Lehrer abseits stünden, „sei es wegen der kaum berechtigten Befürchtung, mit dem ordentlichen Unterrichtsstoff in Rückstand zu kommen, sei es, weil sie sich nicht entschliessen können, eine gewisse eigene Vor- und Mehrarbeit zu übernehmen".[30] In der Tat benötigte der Schweizerwoche-Verband engagierte Lehrer*innen, die bereit waren die wirtschaftspatriotischen respektive -nationalistischen Anliegen der Schweizerwoche in ihren Unterricht einzubinden.

Das war nicht ohne Schwierigkeiten: Als der Verband 1922 einen Bewerb ausschrieb, einen Leitfaden für die Gestaltung einer Schweizerwoche-Lehrstunde zu entwickeln, interessierte sich zwar zunächst „eine Anzahl" von Lehrer*innen, dem Verband wurden aber letztlich nur drei Entwürfe eingesandt.[31] Trotz solcher Fehlschläge konnte die Organisation bis in die 1950er-Jahre darauf bauen, dass dank der nationalen Gestimmtheit der Gesellschaft und mit Rückenwind der Schulbehörden ein stabiles Quantum an Lehrer*innen mit der Schweizerwoche kooperierte. Laut

25 Giudici/Manz, Programm.
26 Oberer, Armbrust, 84 f.
27 Vgl. die digital verfügbaren Ausgaben von *Schweizer Schule*, und *Schweizerische Lehrerinnen-Zeitung*: http://www.e-periodica.ch.
28 O. V., Die erzieherische Tätigkeit der Schweizerwoche, in: Schweizer Schule 22/20 (1936), 980 f.
29 Oberer, Armbrust, 87; Schweizerwoche-Verband, Jahresbericht 1944/45, 7.
30 Schweizerwoche-Verband, Jahresbericht, 1929/30, 6.
31 Schweizerwoche-Verband, Jahresbericht 1922/23, 13; O. V., Wettbewerb, in: Schweizer Schule 8/32 (1922), 337.

dem Verband wurden „fast ausnahmslos" jene, die einmal mitgetan hatten, „zu treuen und ständigen Mitarbeitern".[32]

Die Themenstellung des Wettbewerbs legte in den ersten Jahren eine Aufgabenerfüllung nach dem Modus des ‚gebundenen Aufsatzes' nahe: Ausgehend von einer Sentenz, die eine gültige Wahrheit ausdrückte, oblag es den Schüler*innen diese in der vorgegebenen Länge zu entfalten. Das war seit dem letzten Drittel des 19. Jahrhunderts im Deutschen Kaiserreich das übliche Mittel, um im Deutschunterricht eine nationale Gesinnung zu festigen,[33] und auch in der Schweiz kannte man dieses Format.[34] Die für den Bewerb verwendeten Sentenzen sind aufschlussreich, um die ideologischen Parameter der Verbandspropaganda zu analysieren. So wählte der Verband 1920 Gottfried Kellers Mahnung: „Achte jedes Mannes Vaterland, das deinige aber liebe." Sie eignete sich bestens, um über einen abwägenden Patriotismus zu räsonieren, der die Feindseligkeit gegenüber dem Fremden und den ausländischen Waren zumindest vordergründig vermied. Im Sinne einer politisch ausgewogenen Indienstnahme des nationalen – und d. h. bürgerlichen – literarischen Kanons kam neben Keller, dem Gewährsmann des städtischen Freisinns, drei Jahre später Jeremias Gotthelf als konservativer Föderalist zum Zug. Gotthelf hatte sich vehement gegen den 1848 neu aufgesetzten Bundesstaat gewandt, doch die nationalisierende Rezeption überwältigte ihn posthum. Sie zog dem Werk den politischen Stachel und platzierte die zuweilen mitleidlose Abbildung bäuerlicher Lebenswelten in einer heimattümelnden Ecke.[35] Genau dort konnten ihn Organisationen wie der Schweizerwoche-Verband für ihre Propagandaaktivitäten abholen.

Die politische Ausgewogenheit beschränkte sich allerdings auf den Bürger- und Bauernblock, den die Themenwahl immer wieder repräsentierte: durch Gotthelf und Keller ebenso wie in späteren Jahren durch die Branchen- und Produktwahl. Sie reichte von der Milchwirtschaft, Schweizer Obst, Wald und Holz zu Küchengeräten, Elektrizität, Sportgeräten und Spielsachen. Dass es isolierten Sentenzen nicht um eine differenzierte Rezeption ihrer Autoren zu tun war, ist offensichtlich und trotzdem wert festgehalten zu werden. Die literarischen Referenzen ins politisch Ungefähre dienten der Vergemeinschaftung. Sie schob Konflikte, um die man in der Vergangenheit Bürgerkriege geführt hatte, in den Hintergrund, um die aktuellen Koalitionen zur zeitlosen Selbstverständlichkeit zu erheben. Wie schon in der Generalversammlungsrede von Ernst Caspar Koch deutlich wurde, strebte der Schweizerwoche-Verband eine Vergemeinschaftung an, die zwei Ebenen aufwies: die der bürgerlichen Honoratioren und die hierarchisch untergeordnete des Volkes. Damit gingen Ausschließungen einher: Die Exklusion einer politisch organisierten und

32 Schweizerwoche-Verband, Jahresbericht, 1929/30, 6.

33 Ludwig, Schulaufsatz, 252–255 f.

34 Greyerz, Deutschunterricht, 379.

35 Im Hof, Mythos, 252; Matt, Eidgenossen, 162–174; Lauener, Gotthelf; Kadelbach, Swiss made, 48 f.

selbstbewussten Arbeiterschaft manifestierte sich in den Themensetzungen überdeutlich. Sie war mit einer entsprechenden Zurichtung der Kinder für das Erwerbsleben gekoppelt. Wenn die Verantwortlichen des Verbands über ihre Wirkabsicht in Bezug auf Kinder sprachen, so verwendeten sie viele derselben Maximen und Metaphern wie für die Arbeiterschaft.

„Erinnern wir uns dass die Freiheit allem Volke die Gebote schwerer Pflicht auferlegt", hieß es 1925. Das Zitat des freisinnigen Bundesrates Emil Welti gab dem Konzept von Freiheit eine charakteristische autoritäre Wendung. Welti hatte es bei der 400-Jahr-Feier der Schlacht von Murten gesprochen. Es verknüpfte also zum einen Staatsbürgertum und Wehrbereitschaft. Abgesehen von seinen patriarchalen Implikationen – Frauen dachte es einen subalternen Platz zu –, ging es darum, dass Kinder sich darauf vorbereiten sollten, den ihnen zugewiesenen Platz im Gesellschafts- und Wirtschaftsgefüge anzunehmen. Der Jahresbericht erläuterte den Gedankengang der Organisatoren mit der Metapher des Uhrwerks, deren erwünschte Deutung er ebenso explizierte:

> Es genügt aber nicht, das Ineinandergreifen aller Räder und Teile im Uhrwerke des Wirtschaftslebens erkannt zu haben. Dazu gehört auch die Einsicht, dass kein Rädchen sich eigenwillig drehe. Die wirtschaftliche, wie die sittliche und die politische Ordnung beruhen auf der Grundlage, dass jeder einzelne seine Pflichten erfülle. Aus den Pflichten erst erwachsen die Rechte. Das kann und muss schon ein Kind einsehen.[36]

Die 1923 ausgegebene Gotthelf'sche Sentenz lautete: „Die kleinste Arbeit schaffe, als sei sie dein Meisterwerk, rasch und gut." 1922 hatte man sich für die Einsicht entschieden: „Jeder Stand hat seine Freuden, jeder Stand hat seine Last." Solche Sinnsprüche banden den Aufsatzwettbewerb in konservative korporatistische Diskurse ein. In ihrem Rahmen stellten sich materielle Ungleichheit und die Konzentration von Machtressourcen als eine soziale Ordnung dar, die allen Gliedern der Gemeinschaft Gerechtigkeit erwies. Es gehe, so der Jahresbericht in seiner Glossierung des Themas, um „die Ersetzung von Hass und Neid durch das gegenseitige Verständnis".[37] Die Wendung zeigte eine charakteristische diskursive Strategie: Die Nominalisierungen gestatteten es den Autoren, die Nennung der Akteur*innen zu unterlassen. Das erleichterte es beträchtlich, Harmonie zu beschwören. Die Autoren des Jahresberichts platzierten eine Vorstellung, die aus sozialer Praxis schöpfte, sie aber ihrer Situationalität entkleidete und zur Phrase verkürzte.[38] Streit und seine Auflösung sind Alltagserfahrungen, aber erst wenn man die Konstellation aus Akteur*innen, Ursachen und Begleitumständen präzisiert, wird es möglich, ein Urteil über die eingeschlagenen Wege der Konfliktüberwindung zu treffen. Auf der manifesten Ebe-

---

36 Schweizerwoche-Verband, Jahresbericht 1925/26, 13 f.

37 Schweizerwoche-Verband, Jahresbericht 1922/23, 14.

38 Die Schule ist für die Analyse solcher Reinszenierungen ein geeigneter, weil ideologisch hoch aufgeladener Ort. Vgl. Kress/van Leeuwen, Reading Images; van Leeuwen, Discourse and Practice.

ne massenmedialen Diskurses ließ man sich auf derlei nicht ein, und hierin erweist sich dieser als ideologisch. Die verbale Reinszenierung sozialer Praxis ist unvermeidlich eine Transformation, aber sobald diese auf Konkretion verzichtet, beseitigt sie jeglichen Ansatzpunkt für argumentierenden Widerspruch. Wer würde nicht „gegenseitiges Verständnis" gegenüber „Hass und Neid" bevorzugen? Das scheint harmlos genug, doch wenn Plattitüden in einen hegemonialen Diskurs eingesetzt werden, so verdecken sie jeweils genau einen Punkt, an dem die Akteur*innen, auf die er einzuwirken sucht, Grund hätten nachzufragen. Gegen welche sozialen und politischen Gruppen sich die Vorstellung von Harmonie richtete, ist freilich aus ihrer Umsetzung im verbalen Fragment für sich genommen nicht zu erkennen. Darin besteht ja der Sinn ideologischer Verschleierung.

Der Sentenz, von der ausgehend die Schüler*innen Aufsätze schreiben sollten, und ihrer Kommentierung im Jahresbericht ist gemeinsam, dass sie durch ihre massenmedialen Träger, d. h. die Rundschreiben zum Wettbewerb und die Broschüre, die den Bericht enthielt, öffentlich zugänglich waren. Dass sich der Jahresbericht primär an Mitglieder und Sympathisierende wandte, ändert nichts daran, dass er auch Gegner*innen und Skeptiker*innen in die Hände geraten konnte oder auch schlicht Rezipient*innen, die für die Sache erst zu gewinnen waren. Umso erhellender ist es darum, wenn man Einblick in ein Forum erhält, das der medialen Öffentlichkeit vorgelagert war: konkret die Vorstandsitzungen, in denen die Honoratior*innen über die Themensetzung diskutierten.

Mit dem Sinnspruch, der von den glücklich verteilten Freuden und Lasten kündete, nahm die Schweizerwoche-Organisation 1922 einen Faden auf, den sie schon im Jahr zuvor gesponnen hatte.[39] Damals hatte der Zentralsekretär des Verbands zunächst die Formulierung „Arbeiter, Bauer, Handwerker und Studierter" als Impuls für den Aufsatz vorgeschlagen. Dagegen wurde eingewandt, das dränge „zu einer Betonung der Gegensätze", während ja „wir alle Arbeiter sind, nur in verschiedenen Berufen". Die daraufhin ins Spiel gebrachte Alternative „Tout genre de travail élève l'homme" weckte wiederum Sorgen, dass unfreiwillig Arbeitslose hierin einen Affront erblicken könnten. In der Tat war Arbeitslosigkeit gerade ein virulentes Problem. In der Nachkriegskrise stieg sie stark an und erreichte bis 1922 einen Höhepunkt.[40] „Die sozialistischen Väter" könnten sich veranlasst sehen, „durch ihre Kinder, die dieses Thema behandeln, ihr ganzes politisches Programm gegen die heutige Gesellschaftsordnung [zu] entwickeln". Die anwesenden Herren einigten sich daher auf ein drittes Thema, das nun ausgerechnet „Die Arbeitslosigkeit" lauten sollte. Sie fanden es überzeugend, dass darüber „auch ein sozialistischer Vater [...] dem Kind objektiv" Auskunft geben werde. Das ist jedoch wenig einleuchtend. War-

39 Zum folgenden siehe SWA PA486, B4, Vorstandssitzung, 21.8.1921. Vgl. Oberer, Armbrust 85, der hier vor allem das Bemühen des Verbands sieht, der Schweizerwoche allseitige Akzeptanz zu sichern.

40 Müller/Woitek/Hiestand, Wohlstand, 138.

um sollte der politisch mobilisierte Vater, den man so sehr fürchtete, gerade beim Phänomen der Arbeitslosigkeit auf das Argument verzichten, dass es sich um ein Versagen der kapitalistischen Wirtschaftsordnung handle? So ist es nicht verwunderlich, dass der Verband letztlich eine inhaltliche Festlegung vermied. Er stellte stattdessen schlicht die Frage in den Raum: „Was lehrt mich die Schweizerwoche?“

Die korporatistische Befriedung der Gesellschaft als Ziel und die Angst vor dem Proletariat als sein Schatten begleiteten den Schweizerwoche-Verband wie das Schweizer Bürgertum bis in die Zeit nach dem Zweiten Weltkrieg. 1944 gründeten Kommunisten und linke Sozialdemokraten die Partei der Arbeit und bis Ende des Jahrzehnts kam es vergleichsweise häufig zu Streiks. Wirtschaftsverbände und bürgerliche Parteien, verstärkt um die Sozialdemokratie, reagierten mit einem heftigen Antikommunismus. Hinzu trat das Versprechen eines verallgemeinerten, wenn auch nicht für alle gleichen Wohlstands. Beides zusammen marginalisierte bald auf Dauer jegliche Perspektive links der Sozialdemokratie.[41] Dieser Zustand war allerdings in den 1940er-Jahren ein erst zu erreichender.

Ab Mitte der 1920er-Jahre widmete der Schweizerwoche-Verband seinen Aufsatzwettbewerb meist Branchen und Produkten. Das lässt Abweichungen von dem Schema umso mehr hervorstechen: 1931 „Not im Land“, 1943 „Schweizerjugend und Landesverteidigung“, 1948 „Mein Beruf – mein Leben – mein Land“. Die wirtschafts- und politikgeschichtliche Kontextualisierung bereitet für die beiden erstgenannten Fälle keine Schwierigkeit, aber auch das Thema von 1948 reagierte auf ein Bedrohungsszenario. Dieses verdankte man paradoxerweise der Hochkonjunktur. Der Verband warnte die Jugendlichen davor, ins Berufsleben als ungelernte Hilfskraft einzusteigen. Angesichts der großen Nachfrage seitens der Unternehmen gelang das leicht – allerdings nur solange der Boom anhielt; und dass sich dieser zu den *Trente Glorieuses* auswachsen würde, konnte man nicht erahnen. Die Sorge um die „Söhne und Töchter“, deren Eltern sie allzu rasch „von der Schulbank weg in die Fabrik“ schickten, war eine politische: Ohne gute Ausbildung, worunter der Verband die Ausbildung zum Facharbeiter verstand – nicht weniger, aber auch nicht mehr –, würde bei abflauendem Wirtschaftswachstum „ein junges Proletariat entstehen, das volkswirtschaftlich und politisch zu einer schweren Belastung führen müsste“.[42] Dagegen trat „Mein Beruf – mein Leben – mein Land“ propagandistisch an.

---

41 Imhof, Wiedergeburt, 179–182.

42 Schweizerwoche-Verband, Jahresbericht 1948/49, 10; vgl. auch den Aufruf an die Lehrerschaft, in: Schweizerwoche-Verband, Mein Beruf.

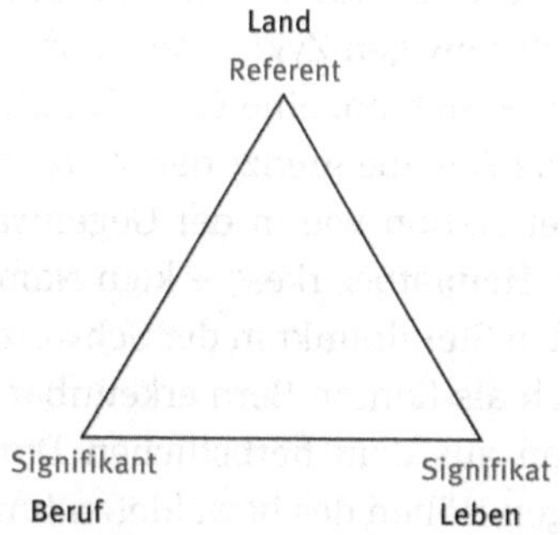

Grafik 21: Eine korporatistische Trias

Die Formulierung stellt eine Beziehungstrias her, die selbst Aufmerksamkeit verdient. Sie hat einen Anfangspunkt im Beruf und im Land ihren Schlussstein. Ein Klimax ist ihr schon dadurch eingebaut, dass sie zunächst vom spezifischen, dem Beruf, zum allgemeinen, dem Leben aufsteigt, um schließlich zum Land als jenem Element zu gelangen, das die Verfügungsgewalt des Individuums übersteigt. „Mein Land“ teile ich mit Millionen anderen, es ist in einem anderen Sinn „meines“ als das Leben, das an der Existenz der*des Einzelnen hängt. Die Semiosis, zu der hier angeleitet wurde, kann man als eine Trias beschreiben, die in Äquivalenz zu den Beziehungen im semiotischen Dreieck[43] steht (Grafik 21). Für die Rezipient*innen beginnt der Prozess des Verstehens bei der materiellen Gegebenheit eines Signifikanten, den sie sehen oder hören, und führt von dort zum Gedanken und zum Bezug auf einen Referenten. Den Anfang der dreigliedrigen Kette markiert der Beruf als – im doppelten Sinn – materieller Träger von Bedeutung. Sein Signifikat ist das Leben. Beruf und Leben beziehen sich, zum Zeichen zusammengefasst, auf das Land. Dieses tritt in die Position des Referenten ein, der die Wirklichkeit verbürgt, sich aber dem Zugriff des Spiels aus Signifikant und Signifikat notorisch entzieht. Es ist dies deshalb zugleich ein Vorgang, den man mit Roland Barthes als einen der Mythosproduktion fassen kann.[44] Das Zeichen eröffnet ein sekundäres semiologisches System, das „Land“. Dieses ist Bezugspunkt der nationalen, schweizerischen Sehnsucht und Verpflichtung.

Für die Lehrer*innen hielt der Verband wie üblich eine Einführungsschrift zum Thema bereit, „verfasst von einem erfahrenen Berufsberater“[45], Hermann Kägi. Der Titelzeile „Mein Beruf – Mein Leben – Mein Land“ folgte sogleich die Imagination der Ansprache eines Lehrers an seine Schüler*innen. Die Rede beginnt mit einem Erinnerungsbild – die Akteur*innen: „Mehr als dreitausend Knaben und Mäd-

43 Zu den Zeichenmodellen der Semiotik: Nöth, Handbuch, 136–141.
44 Vgl. Barthes, Mythen, 92–94.
45 Aufruf an die Lehrerschaft.

chen“[46]; die Zeit: „ein prächtiger Septembertag“. Das ist zunächst nur die Anrufung einer Stimmung, gebunden an die Vorstellung des ewigen Zyklus der Jahreszeiten. Im Weiteren erfahren die Leser*innen aber, dass es sich um eine Feier des „100. Geburtstag unserer Bundesverfassung“ handelt. Die Angabe grenzt den Zeitpunkt ein und verankert ihn sowohl in der Geschichte der Nation wie in der Gegenwart des Jahres 1948; der Ort: ein „‚Lueginsland‘ unseres Heimatbezirkes“ – kein Name wird genannt, doch ein Panorama beschrieben, das den Standpunkt in der Schweizer Mitte platziert. Sie wird in der Folge auch sprachlich als Kanton Bern erkennbar. „Weit im Süden, jenseits des Mittellands [...] grüssten aus dem herbstlichen Dunst die Schneeberge. Von Norden her blickten die ruhigen Höhen des bewaldeten Juras herüber.“[47] Das Verhältnis der am Lueginsland versammelten Menge und der von ihr gesehenen Landschaft erscheint reziprok: Um das Land zu sehen, suchen „dreitausend Knaben und Mädchen“ den „vertrauten Aussichtspunkt“ auf. Das Land aber „grüßt“ und „blickt“ zurück – und ergreift die Betrachtenden so wie „des Heimatdichters Worte“. Darauf reagieren die solcherart von der Heimat Affizierten mit einem Gelöbnis: „Der Hergott gäb sy Säge dry, wei eister bravi Schwyzer sy!“[48] Den Knaben und Mädchen stehen mithin Gott und die Landschaft als Akteur*innen gegenüber. Beide halten die Schüler*innen von einer Position außerhalb der menschlichen Geschichte zum braven Schweizertum an – eine denkbar konservative *pictura*, obschon der Anlass der Szene das Gedenken an eine Verfassung ist, die sich auch als Entscheidungssieg des bürgerlichen Liberalismus und Kodifizierung staatsbürgerlicher Ermächtigung hätte inszenieren lassen. Die Verfassungsfeierlichkeiten betonten hingegen allenthalben die Kontinuität zur Alten Eidgenossenschaft, nicht den Neustart oder gar einen revolutionären Bruch.[49]

Das Schweizer-Land ist das Reale, Handfeste, auf dessen Boden sich die Frage stellt: „Was soll aus mir werden?“ Die Frage weist in die Zukunft, die eben nicht real, sondern eine Hoffnung ist – sie sei „ein wunderbares verheißungsvolles Wort, wie ein Land – weit in der Ferne!“ Die Zukunft steht also in einer Spannung zur vertrauten Präsenz der Schweiz. Die Zukunft ist einerseits nur „wie ein Land“, doch zum anderen scheint sie/es erreichbar, indem man sich in eine bestimmte Himmelsrichtung bewegt. Norden und Süden, durch eine Mitte verbunden, markieren die Schweiz. Der Osten kommt in dem hier entworfenen Koordinatensystem bezeichnenderweise nicht vor, im Westen aber liegt die Zukunft. Mit ihm verbinden die Schweiz „Silbervögel, die mit donnernden Motoren über den Jura kommen und gehen“. Die Silbervögel, eine Metapher, die neuerlich den Standpunkt der schweizerischen Wir-Gruppe am Boden der Tradition fixiert, symbolisieren Fortschritt. Dieser hat in Ame-

46 Dieses und die folgenden Zitate: Schweizerwoche-Verband, Mein Beruf, 5.
47 Vgl. zu solcher Schweiz-Rhetorik auch Sarasin (Geschichtswissenschaft, 177–190) anhand von Reden des rechtskonservativen Politikers Philipp Etter.
48 „Der Hergott gebe seinen Segen, wir wollen immer brave Schweizer sein!“
49 Vgl. Kreis, Verfassungsjubiläum.

rika seinen bevorzugten Ort. Flugzeuge und Schiffe „verschwinden weiter im Westen, wo die Sonne im Meere unterzugehen scheint. Jenseits aber ist eine neue Welt. Wer von uns wird sie jemals sehen?"

Die Hoffnung liegt im Westen, aber über die Erreichbarkeit darf man sich keine Illusionen machen. Amerika kann sich als Trugbild erweisen, wenn man zu viel will und sich damit auf ein Gebiet jenseits des Schweizerischen hinauswagt. Noch bevor ein einziges Wort über die Modi der Berufswahl, ihr eigentliches Thema, gefallen ist, hat die Einführungsschrift ein Netz von Konnotationen aufgespannt, das vorwegnimmt, was Beruf bedeuten soll. Schon Max Weber hat die historische Semantik dieses Begriffs als zunächst theologisch entwickelte Verbindung aus Arbeit und Berufung rekonstruiert.[50] Sie ist konservativ geladen, wenn jede*r die ihr*ihm zugewiesene Arbeit als ihre*seine Berufung annehmen soll; sie hat emanzipatorisches Potential, sofern sie es der Introspektion überlässt, zu welcher Erwerbstätigkeit man sich berufen fühlt, und ein Moment der individuellen Entscheidung betont. Der Schweizerwoche-Verband bzw. der von ihm beauftragte Berufsberater hatte jedoch nur eine von Gott und Nation eingehegte Freiheit im Auge. Deshalb mündete die Feststellung „Beruf heisst Berufung!" in ein die Schüler*innen autoritär umschließendes Bekenntnis: „Wir aber wollen den Beruf wählen, zu dem wir von Gott ausersehen, berufen sind. Ist es schwer ihn zu finden? Nein. Wir wollen nicht heikel sein."[51] Hat die Berufung ihren Quell in Gott, so führt die Frage „Wem nützt unser Beruf?" zur Nation. Neuerlich wird eine fiktive Erinnerung an den „schönen Herbsttag" heraufbeschworen, da man die Bundesverfassung feierte:

> Wir fühlten uns als die Glieder einer einzigen, grossen Schweizerfamilie, als die Rädchen, Hebelchen, Federchen und Steinchen eines einzigen wunderbaren Uhrwerkes. Jedes Bestandteilchen, vom kleinsten bis zum grössten, ist genau in Übereinstimmung mit seiner Eigenart und Leistungsfähigkeit an dem Platz, wo es passt, und deshalb am meisten leisten kann. So ein Werk, von Menschenhand erdacht und geschaffen, wird nur noch von den Wunderwerken Gottes übertroffen. Dass aber unser Schweizerhaus ein solches Werk sein darf, muss doch jedes von uns, dem ein Herz im Leibe schlägt, mit tiefer Ergriffenheit erfüllen.[52]

Die vom Verband ausgegebenen Losungen bewegten sich von den 1920er-Jahren bis 1948 in einem ungebrochenen Kontinuum korporatistischer Vorstellungen. Ihr Ideal war der pflichtbewusste Facharbeiter, der anders als der Hilfsarbeiter der Entfremdung zum Automaten entging, aber auch nicht über die ihm von der Vorsehung zugedachte Kragenlinie hinauswollte. Man solle nicht davor zurückscheuen, sich bei der Arbeit schmutzig zu machen, lautete die Botschaft. Vor dem Universitätsstudium als Weg zu einem „guten Beruf" warnte die Schrift hingegen: So mancher bliebe „später doch in der Mittelmäßigkeit stecken". Er bereite sich und seinem Beruf daher

50 Sokoll, Zwang, 203 f.
51 Schweizerwoche-Verband, Mein Beruf, 8.
52 Ebd., 9.

keine Ehre: „Er wird nicht glücklich." Als Handwerker wäre er besser dran.[53] Dieser braucht Wissen und Können. „Vor allem aber sollst du einen braven Charakter haben." Der Arbeiter, der diesen Anforderungen Genüge tat, machte sich selbst glücklich, bereitete sich Ehre und nützte der Schweiz auf dem von ihr gewählten Pfad zur internationalen Wettbewerbsfähigkeit:

> Wir Schweizer haben uns entschieden, nicht zur billigen Massenfabrikation überzugehen, sondern der besten Qualitätsarbeit, die den guten Schweizernamen in der ganzen Welt begründete, treu zu bleiben. Wie soll es aber kommen, wenn mächtige und unermesslich reiche Länder davon sprechen, unsere Qualitätsware als Massenartikel mit noch raffinierteren Maschinen herzustellen? Bleiben wir guten Mutes! Wir brauchen keine Angst zu haben, wenn wir alle vom eisernen Willen beseelt sind, aus unseren Fähigkeiten das Höchste und das Beste herzugeben, Ausserordentliches zu leisten. Dafür aber dürfen wir nicht nur an uns denken. Wir müssen und wollen unseren Platz in dem gewaltigen Uhrwerk verstehen und das gemeinsame Ziel verfolgen.[54]

Die Metapher des Uhrwerks schien 1948 so aktuell wie 1925, um die Unterordnung der Einzelnen in einen wirtschaftlichen Zusammenhang zu fordern. Das ökonomische Gefäß deckte sich mit dem nationalen, und die Rede vom Uhrwerk stellte diese Kongruenz auch metonymisch her. Die Uhrenindustrie als eine der renommiertesten Exportindustrien war und ist ein Stolz der Schweiz, ein nationaler Erinnerungsort.[55] Den Schüler*innen den Wunsch in den Mund zu legen, sich als Zahnrad im Gehäuse einer Uhr zu denken, verwandelte sie von freien Akteur*innen in die gebundene Verkörperung der Schweizer Qualitätsarbeit.

Nur wenige Aufsatzthemen legten den Schwerpunkt eindeutig entweder auf die Rolle als Produzent*innen oder auf jene von Konsument*innen, so zum einen eben „Mein Beruf – mein Leben – mein Land" und zum anderen z. B. 1938 die Aufgabenstellung „meine Mutter macht Schweizerwoche-Einkäufe". Der Schweizerwoche-Verband ging meist von Infrastrukturen und Produkten aus, von der Mitte zwischen Konsum und Produktion, von jenen Netzwerken und Artefakten, in denen sich beide ineinander verschränkten. Damit zielte er sowohl auf die Einordnung in einen kapitalistischen Prozess nationaler Produktion als auch auf seine Entsprechung in der nationalen Gestaltung des Konsums.

Aus den Textelementen im Umfeld des Aufsatzwettbewerbs wie aus vielen anderen Fragmenten des wirtschaftspatriotischen Diskurses, in dem sich die Schweizerwoche platzierte und den sie vorantrieb, sprach eine ideologische Präferenz für einen autoritären Korporatismus. Inhaltlich war diese Positionierung äußerst konservativ, wenngleich sie sich in der ersten Hälfte des 20. Jahrhunderts gut in hegemoniale politische Diskurse fügte. Die Bilder vom Rädchen in der Maschinerie, die Forderung nach Gehorsam, die biederen Konnotationen einer Verpflichtung aufs

53 Ebd., 7 f.
54 Ebd., 10.
55 Kreis, Schweizer Erinnerungsorte, 293–299.

Schweizerprodukt lassen heute das Angebot, das die Schweizerwoche Kindern und Jugendlichen unterbreitete, gänzlich unattraktiv erscheinen. Wenn Lehrer*innen berichteten, die Schüler*innen hätten die Schweizerwoche-Idee aufgegriffen, so kann das doch nur Wunschdenken und verzerrte Wahrnehmung gewesen sein? Oder der Versuch, dem Verband durch die Rückmeldung gefällig zu sein?

Solche Vermutungen haben – in einem nicht mehr bestimmbaren Ausmaß – ihre Berechtigung. Doch sollte man im Auge behalten, dass es nicht das Privileg linker oder progressiver Positionen ist, sich mit einer Didaktik zu verbinden, die auf Aktivierung zielt und dabei Aussicht auf Erfolg hat. Mit einer solchen Feststellung ist allerdings ein didaktischer Common Sense ins Spiel gebracht, der selbst einen genealogisch aufzuschlüsselnden Ort hat.[56] Zunächst sei aber in concreto beschrieben, wie sich der Verband die Umsetzung des Bewerbs dachte. Das Ziel einer autoritären Schweiz hieß nicht, dass sich der Verband in den Formen, die er für die Vermittlung seiner Botschaften wählte, stets für rückwärtsgewandte Optionen entschied. Schon der Einsatz damals neuer Medien wie des Films im Zuge von Vorführungen an Schulen weist in die gegenteilige Richtung. Auch hinsichtlich des Aufsatzwettbewerbs setzte der Verband in seinen Empfehlungen immer wieder darauf, vom Schema des Frontalunterrichts abzuweichen und dadurch die Schüler*innen zu mobilisieren.

Mobilisierung heißt In-Bewegung-Setzen, und das nahm der Schweizerwoche-Verband wörtlich. Von Anfang an riet er den Lehrer*innen in größeren Ortschaften, zum Zeitpunkt der Schweizerwoche mit den Klassen Rundgänge zu machen, um die Schaufenster zu sichten, sich das schweizerische Warenangebot zu vergegenwärtigen und als Ansatzpunkt für die Würdigung der nationalen Leistungskraft zu nehmen. Problematisch erschien in den Anfangsjahren freilich, dass die Aufsätze eine „Bearbeitung von allgemein ethischen Fragen“[57] erforderten. Auf negative Rückmeldungen der Lehrer*innen, die sich gegen solche zu abstrakte Aufgaben wandten,[58] reagierten die Organisatoren. Der „erzieherische und praktische Wert von Wettbewerben, die auf dem Wege der Anschauung und eigener Freizeitarbeit des Schülers vorbereitet werden, [ist] unbedingt grösser“, erklärte ein Jahresbericht Mitte der 1920er-Jahre.[59] Der Verband gab seit damals zumeist nicht mehr patriotische Sentenzen aus, sondern rief zur Auseinandersetzung mit einzelnen Branchen und Produkttypen auf.[60] 23 der insgesamt 37 Aufsatzwettbewerbe bis 1959 folgten diesem Muster, das Schritte in Richtung einer aktivierenden Didaktik erleichterte.

Diesem Ziel entsprach es auch, die Aufsatzthemen nicht mehr als eng gefassten Auftrag zu konzipieren, sondern den Titel des Bewerbs möglichst breit zu formulieren. Der Verband bot allenfalls „unverbindliche Vorschläge“, so 1951 zum Schwer-

56 Vgl. Oelkers, Lernen.
57 Schweizerwoche-Verband, Jahresbericht 1927/28, 12.
58 SWA PA486, B4, Vorstandssitzung, 9.7.1924.
59 Schweizerwoche-Verband, Jahresbericht 1927/28, 12.
60 Ebd., 12; Oberer, Armbrust, 85.

punkt Wolle 28 (!) an der Zahl, u. a: „Der Mensch im Schafspelz." – „Was macht man aus Wolle?" –„Wolle tut wohl" – „Das Schaf – Diener der Menschheit." – „Was versteht man unter Kammgarn?" – „Warum gehören Schweizer Wollstoffe zu den besten der Welt?" – „Ein Schweizer Teppich soll es sein!" – „Vom Spinnrocken zur modernen Wollspinnerei." – „Weihnachtsgeschenke aus Wolle." – „Das Wehrkleid meines Vaters." – „Ich möchte Spinnmeister (Webermeister), Textilchemiker, Dessinateur (etc.) werden." Die Liste ist so umfangreich, dass sie den Eindruck vermittelt, alles wäre möglich gewesen. Mancher Vorschlag, z. B. „Wolle tut wohl" erweckt den Anschein völliger Beliebigkeit. Insgesamt konturiert sich aber eine begrenzte Menge an Zugängen, die der Verband für kompatibel mit der Schweizerwoche hielt: das Bekenntnis zum patriotischen Konsum, die Auseinandersetzung mit der Produktion und der Nachweis von Produktkenntnis, die Einbettung von Konsum und Produktion in die Geistige Landesverteidigung sowie vermittelt über die Berufsperspektive die Identifikation mit einer künftigen Rolle als Produzent.

1927 ließ der Verband das erste Mal den Lehrer*innen eine Broschüre zur Einführung zukommen. Indem der Aufsatzwettbewerb einzelne Branchen oder auch große staatliche Dienstleister wie die SBB und die Post in den Mittelpunkt stellte, bot er Unternehmen respektive Interessenverbänden eine Gelegenheit, ihre PR an Schulen zu tragen. Die Schweizerwoche-Organisation erwartete im Gegenzug eine finanzielle Beteiligung an der Einführungsschrift – eine Hoffnung, die sich im ersten Anlauf unter dem Motto „Woher kommt meine Bekleidung?" nicht vollends erfüllte. Der Verband klagte, dass ihm von der Broschüre mit einer Auflage von 15.000 Exemplaren ein Defizit blieb, denn „das Gros der Textilindustriellen stand bedauerlicherweise völlig abseits".[61] Das hinderte die Organisation nicht, im Jahr darauf 18.000 Stück einer Broschüre zu verteilen, die sich den in der Schweiz produzierten Küchengeräten widmete. Die Herstellung einer Begleitpublikation in Kooperation mit öffentlichen und privaten Institutionen behielt man fortan bei. Neben viel verbalem Text enthielten die Broschüren Fotos, Diagramme, Statistiken. In einer Zeit lange vor Google konnten solche Zusammenstellungen den Lehrer*innen für ihren Wirtschaftskundeunterricht höchst nützlich sein. Der Verband zeigte sich stolz auf die attraktiven Lehrbehelfe und erkannte sie als Mittel, auf längere Sicht in die Schulen hineinzuwirken und auch Lehrer*innen zu erreichen, die mit ihren Klassen nicht am Aufsatzwettbewerb teilnahmen.[62]

Die Broschüren waren als Handreichungen für den Unterricht konzipiert. Dieser sollte den Schüler*innen „Gelegenheit zu eigenem Überlegen, Handeln und Gestalten" bieten.[63] Auch der zeitliche Rahmen einer Schulstunde sollte aufgebrochen werden. So schlug der Verband 1941 vor, einen Tag der Schweizerarbeit zu gestalten. Die bei dieser Gelegenheit zu verfolgenden

61 Schweizerwoche-Verband, Jahresbericht 1927/28, 14.
62 Schweizerwoche-Verband, Jahresbericht 1956/57, 26.
63 Schweizerwoche-Verband, Jahresbericht 1927/28, 12

> Gedankengänge eignen sich, so will uns scheinen, in trefflicher Weise, um in den verschiedensten Fächern mit Gleichnis und Beispiel, Anschauung und Übung entwickelt zu werden, selbst in Religionsunterricht und Sittenlehre (Ethik in der Wirtschaft, Zusammenarbeit, soziales Verhalten, gegenseitige Handreichung und Hilfe) und im Geschichtsfach (Gegenüberstellung gegensätzlicher Zeitbilder, Zwietracht und Erniedrigung, Zusammenstehen und Erfolg).[64]

Einige Jahresberichte aus den 1920er-Jahren brachten Einblicke in die Umsetzung des Aufsatzwettbewerbs an den Schulen. Über die Repräsentativität dieser Vignetten in einem statistischen Sinn lässt sich nichts sagen. In die Publikation fanden sie Eingang, weil es sich aus Sicht des Schweizerwoche-Verbands um *best practice*-Beispiele handelte bzw. die Lehrer*innen Maximen artikulierten, die sich mit den Vorstellungen des Verbands trafen. Als 1928 die Frage lautete: „Welche unserer Küchengeräte werden in der Schweiz hergestellt?“, betonte ein*e Lehrer*in der Höheren Töchterschule in Basel die Richtschnur der Anschaulichkeit und „das eigene Wahrnehmen und Entdecken in der Küche daheim und in Geschäften der Stadt“.[65] Aus der Primarschule eines kleinen Orts nahe Winterthur teilte der*die Lehrer*in mit:

> Sie [die Schüler] stellten mir zu Hause ein Verzeichnis ihrer Küchengeräte her. Wir suchten gemeinsam nach Fabriken. Jedes Kind erkundigte sich nach eigener Wahl über die Herstellung eines Gerätes oder einer Gerätegruppe. Mit grossem Eifer wurden diese Auskünfte verlangt. Von mehr als einem Dutzend Anfragen blieb eine einzige unbeantwortet. Die schriftlichen Auskünfte las der Empfänger in der Schule vor. In einem besonderen „Schweizerwoche-Heft“ machte jedes seine Notizen darüber, um sie nachher für den Aufsatz verwenden zu können. Zwei Fabriken in unserer Nähe besuchten wir und ganz persönlich wurde das Geschaute verarbeitet. Die Schüler haben eine grosse Arbeit mit freudigem Eifer bewältigt.[66]

Fabrik- und Geschäftsbesuche, der Versuch, die Schüler*innen zu eigenständigen Nachforschungen anzuregen und deren Ergebnisse zu reflektieren – derlei würde man auch in der Gegenwart als engagierten Unterricht betrachten. Auf einige der vom Verband angeregten Praktiken könnte man daher die gängigen Vokabel einer jüngeren Pädagogik applizieren, vom fächerübergreifenden Unterricht bis zu Schüler*innenprojekten. Aus ihrem patriotischen Diskurs gelöst, würden sich außerdem manche Leitfragen unschwer in aktuelle Diskurse um Produktion, Konsum und die Verantwortung von *citizen consumers/citizen producers* einfügen lassen. Die Moralisierung des Konsums, die der Diskurs um Fair Trade seit den 1990er-Jahren betreibt, nimmt sichtlich Muster wieder auf, die in der Zwischenkriegszeit für die Propagierung einer wirtschaftsnationalistischen Solidarität eingesetzt wurden.[67] 1927 forderte

64 Schweizerwoche-Verband, Jahresbericht 1940/41, 39; eine umfangreiche Aufstellung von passenden Themen zur Besprechung, von Naturkunde über Rechnen bis zu Singen: Schweizerwoche-Verband, Winter im Schweizerland. Schweizerwoche Aufsatz-Wettbewerb 1945.

65 Schweizerwoche-Verband, Jahresbericht 1928/29, 14.

66 Ebd., 11.

67 Vgl. Trentmann, Fair Trade.

die Schweizerwoche Schüler*innen auf sich zu überlegen: „Woher kommt meine Bekleidung?"

Selbst eine kursorische Internetrecherche erbringt heutzutage Lehrmaterialien und Anleitungen für die Unterrichtsgestaltung, die entlang genau dieser Frage auf globalisierte Handelsströme hinweisen, Ausbeutung und gefährliche Herstellungsbedingungen, ökologische Implikationen, aber auch die Folgen der Verlagerung von Arbeitsplätzen diskutieren.[68] „Wo kommen unsere Kleider her", erforschte die Zürcher Kantonschule Freudenberg als Bildungsprojekt im Zuge ihres 50-Jahr-Jubiläums 2009. Der von der Schule ins Netz geladene Bericht einer Regionalzeitung betonte, „anhand der Kleiderherstellung könne man in den verschiedenen Fächern die wirtschaftlichen, politischen, sozialen, ökologischen oder gestalterischen Aspekte näher betrachten".[69] Die „Geschichte der Textilindustrie in der Schweiz" wurde ebenso angesprochen wie „der Anbau von Baumwolle in Indien". Die Auseinandersetzung mündete in zwei „Hilfsprojekte in Indien". Auf die Untiefen dieses Diskurses stößt einen die einzige Abbildung – das Foto einer Schülerin, die das T-Shirt der Aktion „Kleider machen Schule" trägt. Auffällig ist ihr dünklerer Teint, dessen Signifikat einen der Artikel als „indisch" zu deuten lehrt. Das Mädchen repräsentiert somit sowohl die am Projekt teilnehmende Schülerin wie das freundlich lächelnde Objekt schweizerischer Hilfsbereitschaft. Um das Koordinatensystem wieder in Richtung Wirtschaftsnationalismus zu verschieben, bedarf es nur weniger Modifikationen. Gegenläufige ideologische Platzierungen sind aber ebenso problemlos herstellbar. Man kann an Recherchen über Güterketten einen Enthusiasmus für die scheinbar grenzenlose und globale Verfügbarkeit von Produkten anschließen – das war seit den 1990er-Jahren der massenmediale und politische Grundtenor, in den sich allerdings zuletzt mehr und mehr Dissonanzen gemischt haben. Die Sensibilisierung der Konsument*innen lässt sich eben in sehr unterschiedliche Politiken integrieren, auf der Linken wie auf Seiten einer chauvinistischen und/oder neoliberalen Rechten.

Diachron schreibt sich der Aufsatzwettbewerb somit in eine Geschichte ein, an der die Wiederkehr von pädagogischen Überlegungen und ökonomischen Problematisierungen auffällt. Es gilt aber die Didaktik des Aufsatzwettbewerbs auch zeitgenössisch, d. h. in einer synchronen Richtung, einzuordnen. Dabei hilft abseits der

68 Zwei Beispiele aus Österreich: „Wie weit reist meine Kleidung?", heißt ein Themensegment der Demokratiewebstatt, die von der Direktion des österreichischen Parlaments in Zusammenarbeit mit der Universität Wien betrieben wird: https://www.demokratiewebstatt.at/thema/thema-wirtschaft-und-arbeit/wie-funktioniert-wirtschaft-in-der-welt/wie-weit-reist-meine-kleidung/ (Zugriff 21.3.2016); „Wo kommt meine Kleidung her?", untersuchte im Juli 2015 ein Vorarlberger Kindergarten im Rahmen des Projekts Vortex [vorarlberg textil], betrieben vom Österreichischen Ökologie-Institut in Zusammenarbeit mit Textilunternehmen – einer Branche, die im westlichsten Bundesland Österreichs erhebliche Tradition hat. http://www.kids4tex.at (Zugriff 21.3.2016). Hier wurden Umweltbewusstsein, Regionalstolz und Standortförderung zur an Schulen und Kindergärten verabreichten didaktischen Melange kombiniert.

69 http://www.kfr.ch/gymnasium/wp-content/uploads/2013/08/2009_09_19_kms_limmattaler_-zeitung.pdf (Zugriff 21.3.2016).

fragmentarischen Selbstauskünfte des Verbands eine Suchbewegung entlang der institutionellen und personellen Netze, deren Teil die Schweizerwoche war. Man stößt dann etwa auf den Berner Pädagogen Otto von Greyerz[70] und eine Deutschschweizer Variante der Reformpädagogik. Es seien zunächst Greyerz' vielfältige berufliche, kulturelle und wissenschaftliche Tätigkeit sowie die sich daraus ergebenden Berührungspunkte und Naheverhältnisse zum Schweizerwoche-Verband skizziert. In einem zweiten Schritt werde ich seine Pädagogik als Eintrag in einen Diskursstrang umreißen, der die Nationalisierung von Gesellschaft betrieb.

Gleich den Proponenten der Schweizerwoche gehörte Greyerz in den Jahren des Ersten Weltkriegs dem deutschsprachigen Zweig der Neuen Helvetischen Gesellschaft an. Selbst ein wichtiger Dialektdichter, gründete er 1915 das Berner Heimatschutz-Theater, dessen Anfänge auf die im Jahr zuvor in Bern veranstaltete Landesausstellung zurückgingen. Diese hochrangige Inszenierung des Schweizerischen diente ihrerseits als Vorbild für die Basler Mustermesse und die Schweizerwoche als zentrale respektive dezentrale Form der Ausstellung von Schweizer Produktion.[71] 1918 führte der von Greyerz initiierte Theaterverein aus Anlass der Schweizerwoche das Dialektstück eines weiteren Berner Dichters auf. Aktivitäten des Theatervereins und Stücke aus der Feder von Greyerz gehörten fortan immer wieder zum kulturellen Rahmenprogramm der Schweizerwoche.

Nach gut 25 Jahren Unterricht an Schulen lehrte der Germanist von 1921 bis 1933 als Professor an der Universität Bern – zur selben Zeit wie Gonzague de Reynold[72], der als katholischer Verfechter eines schweizerischen Nationalismus eine Zentralfigur der Neuen Helvetischen Gesellschaft und ein Vordenker autoritärer und faschistischer Bewegungen war. De Reynold wie Greyerz bejahten die Schweiz als mehrsprachiges Land, fürchteten aber die Sprachvermischung als Verunreinigung.[73] Dem Deutschschweizerischen Sprachverein, zu dessen Gründern Otto von Greyerz zählte, ging es darum, schweizerdeutsche Mundarten als nationales Identitätsmerkmal zu pflegen.[74] Als namhafter Vertreter einer ideologisch konservativen Reformpädagogik hatte Greyerz wesentlichen Anteil an der Formulierung von Leitlinien des Sprachunterrichts in der Deutschschweiz.[75]

Greyerz betitelte ein wichtiges einschlägiges Werk: *Der Deutschunterricht als Weg zur nationalen Erziehung*. Diese verstand er im Vorwort zur zweiten Auflage von 1921 „im Sinne der Volksgemeinschaft aller deutschredenden Stämme“. Eine revisionistische Note erhielt die hier ausgerufene „Erziehung zu deutschem Fühlen und Denken“ dadurch, dass Greyerz deren gestiegene Aktualität infolge des Versailler

70 Hans-Ulrich Grunder, „Greyerz, Otto von“, in: HLS; Caluori, Otto von Greyerz; Grütter, Heimatschutz-Theater.
71 Vgl. Lüdi, Schule, 78.
72 Vgl. Mattioli, Demokratie.
73 Greyerz, Sprachkultur; de Reynold, Bilinguisme.
74 Karolle, Mundartbewegung.
75 Helbling, Schweiz, 227 f., 227–233.

Vertrags unterstrich. Jedoch ließ Greyerz auch wenig Zweifel an der Vorbildhaftigkeit der Schweiz: „Für den Schweizer ist jede Heimkehr aus der Fremde ein tiefes Atemholen in bürgerlicher Freiheit und Gleichberechtigung, in brüderlichem Gemeinschaftsgefühl."[76] Nicht nur bei Greyerz vertrugen sich völkische Ideologeme und ein auf die Schweiz bezogener Patriotismus so gut, dass der letztere im Rückblick nach 1945 die ersteren zu verdecken tendierte.[77] Mit seinen kulturpolitischen Positionen stand der Germanist für eine Kontinuität der Abwehr des Fremden,[78] die vom Vorabend des Ersten Weltkriegs zur Geistigen Landesverteidigung der 1930er- und 1940er-Jahre reichte – so wie das auf den Schweizerwoche-Verband in wirtschafts- und konsumpolitischer Hinsicht zutraf.

Als Klammer fungierte das Bekenntnis zu nationaler Erziehung. Diese Vorstellung spannte ein breites konzeptuelles Dach, unter dem sich viele Akteur*innen versammelten, die ihre spezifischen Beiträge leisteten und ihre eigenen Ansprüche artikulierten. Die Schweizerwoche-Organisation brachte ihre um die Schweizerware angeordnete Inszenierung ein und sie partizipierte umgekehrt an jenem übergreifenden Diskursstrang, der die Frage stellte, auf welche Weise man die Schweizer*innen, zumal die jungen, auf die Nation einschwören könnte. Otto von Greyerz war einer derjenigen, der Antworten gab – mit dem Elan eines reformpädagogischen Anspruchs, der nicht nur in seinem Fall durch die Bekanntschaft mit angelsächsischen pädagogischen Vorstellungen Kontur angenommen hatte.[79] Ansätze der „amerikanischen Pädagogik" hielt Greyerz für gut zur Schweiz passend, hatte das Land der Eidgenossen doch eine republikanische und demokratische Tradition wie die USA, sehr zum Unterschied von seinen deutschsprachigen Nachbarn. Das reformpädagogische Amalgam,[80] das Greyerz vertrat, war sowohl transnational aufgesetzt wie deutschnational gebunden und schweizerisch territorialisiert. Zu der Mischung gehörten die ideologisch vieldeutige Leitidee von Gemeinschaft[81], die Reserve gegenüber der Stadt, die Beschreibung des Modernen als Verlust von Heimat, das Zelebrieren des Natürlichen und eine gehörige Portion Antiintellektualismus. Die Reformpädagogik forderte ein Heranrücken an den Alltag der Heimat, sprachlich und inhaltlich. Das führte zu Schwerpunktsetzungen und Auslassungen, die sich in ihren landes- und wirtschaftskundlichen Teilen mit den Anliegen des Schweizerwoche-Verbands deck-

---

76 Greyerz, Deutschunterricht, 119.

77 Vgl. Fahlbusch, Kollaboration; Amstutz, Theater, 110 f.

78 Vgl. Kury, Fremde.

79 Prägend war außerdem seine Erfahrung als Lehrer in einem Landerziehungsheim. Letzteres repräsentierte das Gegenmodell zum bürokratischen, auf Massenabfertigung eingestellten Bildungsapparat. Anstelle obrigkeitsstaatlicher Abrichtung ermöglichte diese Schulform – so sah es Greyerz – ein von wechselseitigem Respekt getragenes Gemeinschaftsleben.

80 Die Anschlussstellen an rechte Ideologien hat genau untersucht: Oelkers, Reformpädagogik; Kontextualisierung in Deutschland 1890–1933: Schwerdt/Keim, Handbuch; ein jüngerer systematischer Überblick: Skiera, Reformpädagogik; eine knappe Einführung: Böhm, Reformpädagogik.

81 Vgl. Rülcker, Gemeinschaft.

ten. In den Lesebüchern, einem zentralen Lehrbehelf des Volksschulunterrichts, erschloss sich den Kindern eine ländliche Schweiz, geprägt von der Genügsamkeit der Bergbauern, von Gewerbefleiß und hochwertigen Erzeugnissen sowie dem Ideal der Eintracht zwischen Arbeitern und Unternehmern.[82] Sogar das Schweizerwoche-Schaufenster fand in Lesebüchern seinen Niederschlag und gab Anlass, patriotischen Konsum zu fordern.[83]

Wenn sich Greyerz gegen einen intellektualisierenden Elitismus wandte, so verband er diese Abneigung mit einem Bildungsziel, das praktisches Können anstelle nutzloser „Bücherweisheit“ favorisierte. Deshalb hielt er auch nichts von Aufsätzen zu „ethischen Themen“. Sie seien ein „starres Denksystem, das sich wie ein Drahtgefängnis um den Geist des Schülers legt“[84], ein Schreiben, das die „Subordination des Geistes befestigt“[85]. Das war nun freilich genau, worauf es der Aufsatzwettbewerb der Schweizerwoche in seinen ersten Jahren anzulegen schien. Nicht zuletzt die Einwände der Lehrerschaft führten aber zu der oben skizzierten Umpositionierung. Diese kann man sehr gut mit den Vorschlägen in Einklang bringen, die Greyerz als Alternative zum „Reproduktionsaufsatz“ ausführte. Er empfahl Aufsatzreihen mit breit gehaltenen Themen, die auf die Verwertung der eigenen Erfahrung bauten, wie „Auf dem Schulweg“ oder „Von den Schaufenstern der Kaufläden“.[86] Wissen über Moral erachtete er als bloß äußerliche Anpassung an die Vorgaben der Erwachsenen, denn „die Sittlichkeit lebt nicht vom Beweis, nicht vom Verstand, sondern von der Erfahrung, vom Gefühl“.[87] Eine emotionalisierende Didaktik sollte die Schüler*innen zum organischen Teil einer moralischen Gemeinschaft heranwachsen lassen, die national bestimmt war und unter konservativen kulturellen Vorzeichen stand.

Die Anschlussstellen, die solche Positionierungen dem Schweizerwoche-Verband boten, sind offensichtlich. Ob die Akteur*innen der Schweizerwoche Greyerz’ Buch – oder überhaupt pädagogische Schriften – gelesen haben, ist nicht ersichtlich, doch um eine individualisierende Wirkungs- oder Rezeptionsforschung muss es hier auch nicht gehen. Relevant ist vielmehr eine Verfügbarkeit von nationalpädagogischem Wissen, die über pädagogische Spezialdiskurse hinausging und sich diskursanalytisch entlang von Vokabeln, Konzepten und Problematisierungen argumentieren lässt. Ihr korrespondierten Vernetzungen von Akteur*innen und Organisationen. Die Herkunft des Schweizerwoche-Verbands aus der Neuen Helvetischen Gesellschaft, einem maßgeblichen „Laboratorium der neuen Rechten“[88], wurde be-

82 Vgl. Helbling, Schweiz, 242–262.
83 Ein Textbeispiel des Schriftstellers Josef Reinhart, wie Greyerz ein Protagonist der Mundartbewegung: Helbling, Schweiz, 259.
84 Greyerz, Deutschunterricht, 358 f.
85 Ebd., 360.
86 Ebd., 372.
87 Ebd., 379.
88 Mattioli, Demokratie, 87.

reits wiederholt angesprochen. Hinzuweisen ist aber auch darauf, dass in den Diskursen, die es darauf anlegten, Werbung als Gebiet professionellen Wissens und als legitime Praxis zu etablieren, die Vorstellung eine wichtige Rolle spielte, persuasive Kommunikation sei erzieherisches Wirken. Die Kritik am gebundenen Aufsatz als prominentes Beispiel eines äußerlich bleibenden Versuchs der Indoktrination hatte ihre Parallele in einer Psychologisierung der Reklame, die den imperativischen Kaufappell zugunsten einer die Konsument*innen aktivierenden Form der Beeinflussung verwarf. „Der Umworbene soll vom passiven Erfüller zum aktiven Werber werden“[89], hieß es bei dem Kölner Werbewissenschaftler Rudolf Seyffert. 1929 veröffentlichte er mit seiner *Allgemeinen Werbelehre* ein auf Jahrzehnte hinaus anerkanntes Standardwerk.[90] Im Vorwort erklärte er, die Werbelehre sei als „praktische Kulturwissenschaft“ der Pädagogik vergleichbar.[91] Auch Arthur Lisowsky, Betriebswirtschaftsprofessor an der Handelshochschule St. Gallen und einer der wichtigsten Exponenten einer Verwissenschaftlichung von Werbung in der Schweiz, meinte, dass ihr „erzieherischer Charakter die Werbung durchaus auf die Ebene der Pädagogik rückt“.[92]

Wie man sich die gelungene Aneignung der Maximen einer nationalen Wirtschaftsgesinnung durch die Schüler*innen vorzustellen hatte, dafür lieferten die Jahresberichte des Verbands Anhaltspunkte.[93] Immer wieder druckten sie begeisterte Rückmeldungen von Lehrer*innen aus allen Landesteilen ab. Einige fassten den behaupteten Erfolg der Aktion als Zustand verankerten Wissens; andere hoben auf das Erlernen von Praktiken der Fremd- und Selbstdisziplinierung ab. Daran knüpfte sich die Erwartung von Habitualisierung. Über die Volkschüler*innen im hochalpinen Graubündner Dorf San Carlo erfuhr man: „Dai loro lavori si puo intuire, che tutti hanno l'idea di proteggere l'industria del paese.“[94] Die Lehrer*in, die den Erfolg berichtete, setzte das Interesse, das die Schüler*innen dem patriotischen Unterfangen entgegenbrachten, in eine Spannung zu ihrer regionalen Herkunft. In einem mit „sebbene“ (obwohl) eingeleiteten Konzessivsatz betonte sie, es handle sich um „abitanti del lembo sud-est della nostra cara patria“. Man sollte die Aufsätze somit als Bekenntnis der italienisch- bzw. rätoromanischsprachigen Peripherie zu einer gewerblich und industriell tätigen Schweiz verstehen. Das machte wohl auch die Rückmeldung für den Verband attraktiv.

Aus der französischen Schweiz wiederum schrieb ein*e Lehrer*in von Elf- bis Zwölfjährigen: „Je suis heureux d'avoir pu constater dans leurs rapports que la

89 Seyffert, Kaufmännische Werbelehre, 1443.
90 Hirt, Propheten, 139.
91 Seyffert, Allgemeine Werbelehre, 12; vgl. Regnery, Werbeforschung, 30–43, Hinweis auf die zitierte Passage, 39; auch Mataja hielt den „Vergleich zwischen der Tätigkeit des Lehrers und jener bei Abfassung von Annoncen“ für überzeugend: Reklame, 366, 376.
92 Lisowsky, Werbung und Verantwortung, 45.
93 Schweizerwoche-Verband, Jahresbericht 1924/25; 1925/26; 1926/27; 1927/28; Frey, Tätigkeit, 8–10.
94 Schweizerwoche-Verband, Jahresbericht 1928/29, 15.

notion de solidarité nationale est entrée dans leurs cerveaux."[95] Eine andere Zuschrift aus demselben Jahr erläuterte die Handlungsfolgen des Ins-Gehirn-Eindringens nationaler Solidarität.

> Ohne meine Mitarbeit wurden die Illustrationen zu den Aufsätzen [zum Thema: „Woher kommt meine Bekleidung"] Katalogen von Schweizerfirmen entnommen; ein Schüler, der einen Pariserkatalog benutzen wollte, ist von seinen Kameraden scharf zurechtgewiesen worden.[96]

Die Anprangerung der Fehlleistung durch die Peergroup wird hier als wesentlicher Erfolg der Aktion präsentiert. Die Verbandsschriften zitierten auch aus besonders gelungenen Aufsätzen, so aus dem eines kaufmännischen Schülers, der nicht die Sanktionierung durch Dritte beschrieb, sondern diese Instanz nach innen verlegte – das ultimative Ziel erfolgreicher Sozialisierung:

> In einem Schaufenster sah ich feine und elegante Hüte. „Borsalino" und „Panizza", so etwas wird gleich gekauft. Ich wollte nun wirklich auch in den Laden eintreten. Halt! Was halt? Es war ein Plakat im zweiten Schaufenster mit der Überschrift „Schweizerwoche", das mich festhielt. Ja, jetzt war ich ertappt; als Vaterlandsfreund wollte ich mir einen ausländischen Hut kaufen. Die Wirkung war dann die, dass mir das Plakätchen einen Vorwurf machte, das heisst eine innere Stimme redete zu mir. Motto: Eigene Arbeit ehren, heisst die Ehre mehren.[97]

Der Schüler führte in dieser Passage vor, dass er jedenfalls gut gelernt hatte, was die Schweizerwoche von den Konsument*innen erwartete. Er war in der Lage, über ein deklamatorisches Bekenntnis zur patriotischen Verpflichtung hinauszugehen. Der Verfasser des Aufsatzes kleidete diese stattdessen in ein Narrativ, das eine fiktionale oder gelebte Erfahrung des Konsumierens verarbeitete und zwar an jenem Ort, der die Buy-National-Propaganda am meisten interessierte: am Point of Sale. Ein äußerer Vorgang, der Blick ins Schaufenster und die abgebrochene Handlung des Eintretens in das Geschäft entsprechen einer kosmopolitischen Versuchung und ihrer Bewältigung. Der Ich-Erzähler war konkret in der Angabe der zu boykottierenden Produkte: Er benannte die Erzeugnisse zweier bekannter italienischer Hutfabriken. Aus der generischen Problemstellung machte er somit die Herausforderung durch Markenprodukte, deren Attraktivität den Zeitgenoss*innen vertraut war. Auf Konkretion setzte der Schüler auch, wenn er den Prozess der Besinnung auf den Wert heimischer Arbeit schilderte. Als Selbstdisziplinierung ist er nur dann richtig bezeichnet, wenn wir damit auf das Fehlen weiterer menschlicher Akteur*innen in der Szene abheben. Der Schüler brachte nämlich durchaus einen disziplinierenden Dritten ins Spiel: das „Plakätchen". Die Fähigkeit dieses Propagandainstruments einen Vaterlandsverrat abzuwenden bestätigte der Schüler den zweifellos erfreuten Honorator*innen der Schweizerwoche.

95 Schweizerwoche-Verband, Jahresbericht 1927/28, 15.
96 Ebd.
97 Schweizerwoche-Verband, Jahresbericht 1926/27, 25.

Aus solchen Vignetten in Verbandspublikationen kann man ablesen, wie Lehrer*innen und Schüler*innen die nationale Ökonomie verstehen und wie sie sich verhalten sollten, nicht wie sie diese üblicherweise verstanden und wie sie sich tatsächlich verhielten. Freilich ist ebenso der gegenläufige Schluss unzulässig, dass die vom Verband entfalteten Projektionen mit dem Alltag der adressierten Personenkreise nichts zu tun hatten. Subjektivierung vollzog sich in der Lücke zwischen dem Sollen und dem Sein – bzw. muss man, um einer substanzialistischen Falle zu entgehen, genauer sagen: in der Lücke zwischen Forderungen und den auf sie negativ oder positiv bezogenen Praktiken. Was man feststellen kann, ist, dass der Schweizerwoche-Verband mit seinem Aufsatzwettbewerb für Kinder und Jugendliche – wie auch für Lehrer*innen – Andockstellen zur Subjektivierung schuf.[98] Er konfrontierte sie nicht nur mit einer Programmatik, trug ihnen nicht nur die Realfiktion eines *homo helveticus consumens/producens* an, sondern entwarf eine Didaktik, die aktivierende Praktiken des Lernens vorbereitete. Diese wirkten ihrerseits darauf hin, dass Schüler*innen (und Lehrer*innen) die Maximen nationaler Wirtschaftspropaganda inkorporierten. Ob das nationale Über-Ich den Kauf des Borsalino im konkreten Kaufakt verhinderte, kann ich noch weniger zeigen als eine in ihrer jeweiligen Gegenwart operierende Marktforschung; allerdings handelte es sich bei dem Aufsatzwettbewerb wie bei der Schweizerwoche insgesamt weder um isolierte Signifikanten noch um Praktiken ohne Anschlussfähigkeit. Im Gegenteil waren sie in weit reichende Netzwerke eingespannt, die sich auf die Schweiz als Nation bezogen und im Stande waren, politisch, ökonomisch und kulturell einen erheblichen Sog zu erzeugen. Das Wissen, wie die von der Schweizerwoche erwünschte Praxis aussah, war daher schon durch sein Vorhandensein nicht folgenlos. Diese Folgen mochten die Form von Kompensationen, Ausweichmanöver etc. annehmen – doch zur Nation als Produktions- und Konsumtionseinheit musste man/frau sich immer wieder stellen. In ihren Formen und Inhalten schwamm die Schweizerwoche bis in die 1950er-Jahre in einem breiten Mainstream,[99] zu dessen Gestaltung sie selbst beitrug.

98 Zur nationalisierenden Subjektivierung in Schulaufsätzen vgl. Henning, erlesene Nation. Die Autorin spürt ausgehend von Foucaults Begriff der Gouvernementalität einer ähnlichen Konstellation wie der österreichischen nach: der Nationalisierung in der frühen DDR, die sich so wie die österreichische an der Distanzierung von (West)Deutschland als übermächtigem Vorbild und Kontrastfolie aufrichtete.

99 An den Schulen manifestierte er sich maßgeblich in den von den kantonalen Behörden approbierten Lesebüchern. Über Jahrzehnte hindurch warfen sie den stets gleichen konservativen Blick auf Staat, Nation und Wirtschaftsgefüge. Sie belegen aber auch, dass sich ab den 1960er-Jahren der gesellschaftliche Horizont verschob. Die Lesebücher nahmen das nationale Pathos zurück und die heimatschützerische Umkreisung des Schweizerischen verschwand. Vgl. Helbling, Schweiz, 330–335.

4.2 Der Aufsatzbewerb der Österreichwoche, 1959 bis 1981

Als Mitte der 1950er-Jahre die Bundeswirtschaftskammer als Interessenvertretung aller Unternehmer*innen neuerlich den patriotischen Einkauf propagieren wollte, orientierte sie sich wie schon in der Zwischenkriegszeit an der Schweizerwoche. Ein Aufsatzwettbewerb, so wie ihn diese Schwesterorganisation seit Jahrzehnten durchführte, gehörte fast von Beginn an zum Portfolio der Maßnahmen, mit denen die Kammer die österreichische Bevölkerung für die Bevorzugung heimischer Waren zu gewinnen hoffte.[100] Als 1959 die Österreichwoche zum zweiten Mal stattfand, wurde der erste Aufsatzwettbewerb organisiert.

Quellenbasis der folgenden Analyse ist ein Konvolut von Akten im Archiv der Wirtschaftskammer Österreich, die als Dokumentation der Österreichwoche ausgewiesen sind und den Zeitraum von 1957 bis 1981 abdecken. Überliefert sind in diesem Material fast aus jedem Jahr die Themenstellungen und, beginnend 1960, beinahe durchgängig die als Bundessieger ausgezeichneten Aufsätze, einer pro Jahr also. Ein paar Jahre fehlen, dafür sind in anderen mehrere prämierte Aufsätze verfügbar. Hinzu kommen Zahlenangaben zur Beteiligung und ihre Bewertung durch die für den Wettbewerb Verantwortlichen. Das Material reicht bis in die 1990er-Jahre, aber meine Untersuchung wird sich nur auf zwei Dekaden patriotischer Mobilisierung von 1961 bis 1981 erstrecken.

Tab. 14: Beteiligung am Aufsatzwettbewerb der Österreichwoche

	Schulen	Aufsätze
1959		417
1963	102	684
1965	130	759
1968	112	615
1972	131	742
1978	143	1056
1981	135	941
1985		835
1991	98	794

Quelle: WKW, DÖW.

Im ersten Anlauf des Jahres 1959 beschränkte sich die Wirtschaftskammer darauf, den Bewerb für Handelsakademien und Handelsschulen auszuschreiben, also einem Ausbildungssegment, in dem man besonderes Verständnis für die werblichen Anliegen der Österreichwoche voraussetzte bzw. zu erreichen hoffte. Die Lehrer*innen

100 WKÖ, DÖW, Konzept für die Durchführung einer Österreich-Woche, 28.1.1958.

waren angehalten, die jeweils besten drei Arbeiten einer Schulklasse einzusenden, aus denen dann Gesamtsieger*innen ermittelt wurden. 1959 erhielt die Kammer auf diese Weise 417 Aufsätze zur Bewertung. Der Abschlussbericht stufte die Beteiligung als „sehr zufriedenstellend" ein. Man habe einen weiteren Schritt getan, „die Grundidee der ‚Österreich-Woche' auch im Schulunterricht stärker zu verankern".[101] Die Beteiligung nahm in den nächsten Jahren zu (Tabelle 14). 1963 lag sie um rund 60 Prozent über dem ersten Durchlauf einige Jahre zuvor. Man hatte die Ausschreibung inzwischen auf die höheren und mittleren Lehranstalten für wirtschaftliche Frauenberufe ausgedehnt. Ab 1964 waren auch die technischen und gewerblichen Schulen einbezogen; somit wurden nun alle wesentlichen berufsbildenden höheren und mittleren Bildungseinrichtungen angesprochen. Die größte in meinem Korpus dokumentierte Beteiligung erreichte der Bewerb 1978, als der Kammer über 1.000 Aufsätze übermittelt wurden. Auf Basis der eingeschickten Aufsätze rechneten die Verantwortlichen 1963 mit 6.000–8.000 Schüler*innen, die über die von der Österreichwoche ausgegebenen Themen geschrieben hatten. Später wurde die Zahl, unabhängig von Schwankungen, immer wieder mit rund 10.000 angegeben. Anlässlich des 20. Durchlaufs des Wettbewerbs im Jahr 1978 überschlug man die Zahl der Jugendlichen, die seit Beginn teilgenommen hatten, mit rund 250.000. Das ist eine optimistische Schätzung, aber auch eine realistischere Zahl zwischen 150.000 und 200.000 Schüler*innen klingt nach viel. War es das?

Ein Vergleich mit den Wettbewerben der Schweizerwoche fällt zu Ungunsten der Österreichwoche aus. So hatten 1927 560 Schulklassen teilgenommen.[102] Hätte sie nach dem Modus der Österreichwoche um die Zusendung der jeweils besten drei Aufsätze gebeten, hätte sie fast 1700 Aufsätze erhalten – statt nur 1.000 wie das in Österreich der Fall war. Die Organisatoren der Schweizerwoche gingen für die 1920er- und 1930er-Jahre von einer Beteiligung an ihrem jährlichen Wettbewerb aus, die zwischen 15.000 und 25.000 Schüler*innen schwankte.[103] Auch das liegt merklich über den österreichischen Zahlen. Die Kalkulationen mögen in beiden Fällen großzügig sein, aber sie sind es dann eben in beiden Fällen. Die Schreibaufträge der Schweizerwoche dürften deutlich mehr Kinder und Jugendliche erreicht haben.

Die Österreichwoche visierte allerdings im Unterschied zur Schweizerwoche nicht die jugendliche Gesamtbevölkerung an, sondern ein deutlich kleineres und älteres Segment in Bildungseinrichtungen, die eine wirtschaftsnahe kaufmännische oder technische Ausbildung bieten sollten. Bereits mit zehn Jahren, am Ende der Volksschulzeit, trennen sich in Österreich bis heute die Bildungswege der Kinder. Ab dem vierzehnten Lebensjahr setzt eine markante berufsständische Differenzierung ein. Als Erbstücke aus dem 19. Jahrhundert überlagern einander ständische Ab-

101 WKÖ, DÖW, Abschlussbericht zur Österreich-Woche, 30.10.1959.
102 Schweizerwoche-Verband, Jahresbericht 1927/28, 11.
103 Oberer, Armbrust, 87.

schließung und vorberufliche Ausbildung bzw. ‚Allgemeinbildung'.[104] Bis in die 1970er-Jahre waren die jungen Österreicher*innen, die eine Sekundarschule besuchten, eine kleine Minderheit unter ihren Altersgenoss*innen – eine viel kleinere als in allen übrigen westeuropäischen und skandinavischen Staaten mit Ausnahme der Schweiz.[105] Um 1970 gingen rund 77.000 Jugendliche an Schulen, auf die der Aufsatzwettbewerb abzielte. Davon lernten rund 39.000, d. h. 51 Prozent, an Bildungseinrichtungen, die mit der Matura abschlossen und dadurch zu einem Hochschul- oder Universitätsstudium berechtigten.[106]

Nimmt man an den Preisträger*innen Maß, so wurden die Aufsätze in der Regel in einer der höheren Klassen geschrieben. Das betraf im Schuljahr 1971/72 rund 17.000 Jugendliche.[107] Wenn davon 7.000–10.000 im Auftrag der Österreichwoche einen Aufsatz verfassten, so schöpfte die Organisation zwei bis drei Fünftel dieses Potentials aus. Dieses war mehrheitlich weiblich.[108] Auch unter den Aufsätzen, die von den Lehrer*innen als die besten ausgewählt und eingesandt wurden, dürften die von jungen Frauen verfassten Texte überwogen haben.[109] Jedenfalls erhielten sie die Mehrheit der neun Hauptpreise, einen pro Bundesland, die jährlich vergeben wurden.[110] Aus ihrem Kreis erhielt wiederum jeweils ein Aufsatz zusätzlich den Bundespreis. Unter den Schultypen dominierte die Handelsakademie. In einem Sample aus dreizehn Jahren von 1964 bis 1981 entfielen 41 von 114 Preisen auf diesen Schultyp. Das entsprach 36 Prozent, während nur 14 Prozent der Schüler*innen, an die sich der Wettbewerb nominell richtete, eine Handelsakademie besuchten. 69 Prozent der prämierten Aufsätze stammten außerdem von Jugendlichen in Schulzweigen mit Matura, die somit bei den Preisen merkbar überrepräsentiert waren.[111]

---

104 Zur Entwicklung des österreichischen Bildungswesens immer noch grundlegend das fünfbändige Werk von: Engelbrecht, Geschichte.

105 Schneider, Bildungsentwicklung, 223, Tabelle A2 (vgl. auch Tabelle 2, 212): 1975 besuchten in Österreich 154 von 1.000 Personen der Altersgruppe 10–19 Jahre eine Sekundarschule, in der Schweiz gar nur 96; hingegen in Großbritannien 540 und in der BRD 330.

106 Im Schuljahr 1970/71, Angaben nach Stat. Handbuch NF 23, 1972.

107 Stat. Handbuch NF 23, 1972; errechnet nach folgendem Modus: Schüler*innen der Handelsschulen 3. Klasse; Handelsakademien 4. Klasse; Fachschulen für wirtschaftliche Frauenberufe (je nach Typ 1., 2. oder 3. Klasse); Höhere Lehranstalten für wirtschaftliche Frauenberufe 4. Klasse; Höhere Technische und Gewerbliche Lehranstalten 4. Klasse; gewerbliche, technische und kunstgewerbliche Fachschulen 4. Klasse; Fachschulen für das Bekleidungsgewerbe 4. Klasse; Fachschulen für Sozialarbeit 3. Klasse; Lehranstalten für gehobene Sozialberufe 3. Semester; Berufspädagogische Lehranstalten für hauswirtschaftlichen und gewerblichen Fachunterricht, 3. und 4. Semester.

108 Im Schuljahr 1970/71 zu 57 Prozent.

109 Für 1991 gibt es Zahlen: 70 Prozent der Aufsätze entfielen auf Schülerinnen, 30 Prozent auf Schüler.

110 55 Prozent der Bundes- und Landespreise gingen an junge Frauen (im Zeitraum von 1964–1981, daraus 13 Jahre, für die vollständige Angaben vorliegen).

111 Der Anteil der Schultypen mit Matura an allen vom Wettbewerb erfassten Bildungseinrichtungen lag 1970/71 bei 51 Prozent der Schüler*innen.

Indem wir den Wettbewerb bildungs- und sozialgeschichtlich einkreisen, werden charakteristische Merkmale von Buy-National-Propaganda erkennbar. Die Österreichwoche der langen Nachkriegszeit suchte so wie schon die Initiative der Zwischenkriegszeit die Kooperation des Handels. Insofern ist es nicht überraschend, dass die Organisatoren[112] im Rahmen des Aufsatzwettbewerbs auf Handelsakademien und die niederschwelligeren Handelsschulen großen Wert legten. Eine Fokussierung auf berufsbildende höhere Schulen zielte auf Jugendliche, die als Multiplikator*innen in Unternehmen fungieren würden. Man konnte darauf bauen, dass ein Teil von ihnen in strategisch wichtige Positionen einrücken würde. Kaufmännische Tätigkeiten in Handel und Industrie wurden seit dem 19. Jahrhundert nur sehr langsam und unvollständig akademisiert.[113] Die Handelsakademie eignete sich zwar auch als Vorbereitung eines Studiums an der Hochschule für Welthandel, in der Nachkriegszeit genügte aber die Absolvierung der Sekundarstufe weithin noch, um sich in betriebliche Führungspositionen hocharbeiten zu können. Zudem war ja selbst die Sekundarschulbildung bereits ein Minderheitenprogramm. Der Aufsatzwettbewerb diente also maßgeblich dazu, eine künftige unternehmende Elite auf österreichischen Wirtschaftspatriotismus einzuschwören. Der älteste erhaltene Siegeraufsatz ist der eines Handelsakademieschülers. Er begann mit einem emphatischen Bekenntnis zu dieser Rolle:

> Ich will auf Dich nicht die Rede eines Vertreters loslassen, der mit emsigem Wortschwall und eifrigen Gesten, sozusagen mit Händen und Füßen agierend jemanden überreden will, seine Ware zu kaufen. [...] Ich bin ein junger Österreicher, der sich für einen Beruf im wirtschaftlichen Sektor unseres Staates vorbereitet. Da ich in der Liebe zu meinem Vaterland und in dem Stolz auf dessen Bedeutung zwingende Beweggründe für mein eigenes Streben suche, habe ich mich schon lange Zeit hindurch auch mit Überlegungen und Beobachtungen beschäftigt, die mich davon überzeugten, daß Österreichs Wirtschaftsprodukte von hoher Qualität sind [...][114]

Das Programm der Siegerehrung sah 1979 für die Preisträger*innen u. a. einen Österreich-Rundflug vor. Flugreisen waren in der langen Nachkriegszeit keine Selbstverständlichkeit. Der Rundflug war eine aus dem Alltag herausgehobene Praxis der emotionalisierenden Identifikation mit dem Territorium. Im Rahmen einer Ehrung von jungen Österreicher*innen handelte es sich um eine Geste der Ermächtigung. Sie ist in der Vogelperspektive auf das Land angelegt, das metonymisch für die Nation einsteht.

Noch deutlicher als beim Schüler*innenwettbewerb trat das Ziel einer wirtschaftspatriotischen Elitenformierung bei den Wettbewerben hervor, die 1961 und 1962 im Rahmen der Österreichwoche für Hochschüler*innen veranstaltet wurden. Hier waren nicht Aufsätze, sondern „Essays“ gefragt. Die Durchführung übernahm

---

112 Die für mich namentlich fassbaren Angestellten der Wirtschaftskammer waren Männer.

113 Andruchowitz, Humankapitalansatz.

114 WKÖ, DÖW, Österreich-Woche 1960, Aufsatz „Geschmack, Talent und Präzision prägen Österreichs Wirtschaft“.

die Österreichische Hochschülerschaft. Die Interessenvertretung der Hochschüler*innen zeigte erhebliche Kontinuität zu ihrer ständestaatlichen Vorgängerinstitution aus den 1930er-Jahren und war ein konservativ-katholisch dominierter Teil des korporatistischen Institutionengefüges der Republik.[115] Mit einem Essay zum Motto „Durch Leistung europareif werden" gewann den Bewerb 1962 ein Student der Jurisprudenz, der spätere Spitzendiplomat Gregor Woschnagg. Nach seinem Studium trat er ins Außenministerium ein und avancierte am Höhepunkt seiner Karriere zum ständigen Vertreter Österreichs bei der Europäischen Union in Brüssel. Er sei „das Fleisch gewordene Österreich" urteilte ein Kollege aus der EU-Diplomatie im Vorfeld der österreichischen Ratspräsidentschaft 2006.[116] Vom Essay, der sich mit europapolitischen Prioritäten der Unternehmerverbände deckte, führt in diesem Fall eine Linie bis zur Beteiligung an den Bemühungen um systematisches Nation Branding, die das österreichische Wirtschaftsministerium in der zweiten Hälfte der 2000er-Jahre initiierte.[117]

Der österreichpatriotischen Subjektivierung einer wirtschaftsnahen Elite entgegen lief die Einbeziehung von weniger prestigeträchtigen Schultypen der Sekundarstufe wie den hauswirtschaftlichen Fachschulen. Die mehrjährigen Formen stellten in den zwei Jahrzehnten, von 1960 bis 1981 sieben Mal Aufsätze, die einen Landespreis erhielten, die einjährige Hauswirtschaftsschule nur zweimal. Beide Male gewannen junge Frauen aus derselben burgenländischen Schule, eine davon erhielt sogar den Bundespreis. In der Zuspitzung der Preisverleihungen auf die mit Matura abschließenden Schulen gab es erhebliche Unterschiede zwischen den Bundesländern. Das Burgenland prämierte mehrheitlich Schüler*innen – genauer gesagt: nur weibliche – an Bildungseinrichtungen, die nicht zur Matura führten. Das Burgenland war mit höheren Bildungseinrichtungen wenig ausgestattet, auch weil es sich um eine ökonomisch rückständige Region handelte. Letzteres traf allerdings ebenso auf Kärnten zu, das insofern den Gegenpol markierte, als hier fast alle Preise an Jugendliche in Schulen mit Matura gingen. Die Doppelgesichtigkeit des Bewerbs zwischen Elitenkommunikation und ‚Volksbildung' zeigte sich am klarsten darin, dass er 1966 auf die Präsenzdiener des Bundesheeres ausgedehnt wurde und dass ihn ein an Lehrlinge gerichtetes Quiz begleitete. So wie der Bewerb über die Frauenschulen ein ausschließlich weibliches Publikum erreichte, erfasste er über die Wehrpflicht exklusiv Männer, allerdings zumindest formal ohne Einschränkung auf einen bestimmten Bildungshintergrund. Den jungen Männern, die bereit sein sollten ihr ‚Vaterland' mit der Waffe zu verteidigen, legte der Aufsatzwettbewerb nahe, diese Haltung in das zivile Leben als Staatsbürger und Konsumenten zu übertragen.

Der inhaltliche Rahmen, den der Bewerb setzte, lässt sich über die Themen erschließen, die für die Aufsätze ausgegeben wurden. Die Österreichwoche trat in den

115 Vgl. Wagner, Hochschülerschaft, 347–352.
116 Manfred Perterer, Diplomat mit Leichtigkeit, in: Salzburger Nachrichten, 12.11.2005.
117 Vgl. Bundesministerium für Wirtschaft, Forschung und Jugend, Außenwirtschaftsleitbild.

1960er- und 1970er-Jahren mit der Losung „Kauft österreichische Qualität“ an. Daraus ließen sich Themen ableiten, auf die man häufig in zweifacher Weise zugehen konnte – aus der Perspektive von Konsument*innen, die ihre Einsicht in die Notwendigkeit patriotischen Kaufverhaltens deklarierten, oder von der Warte derjenigen, die persuasive Strategien, Argumente und Inszenierungen konzipierten, um die Österreicher*innen für die heimische Produktion zu gewinnen. Letzteres entsprach der Prätention auf Elitenzugehörigkeit, ersteres folgte dem Muster eines Bekenntnisses, durch das sich der*die Verfasser*in als Bürger-Konsument*in auswies.

Über viele Jahre hindurch differenzierte die Österreichwoche das Themenangebot des Aufsatzbewerbs entsprechend den Schultypen, manchmal in einer leicht zu deutenden Weise. So richtete der Bewerb 1972 u. a. den Themenvorschlag „Die einkaufsbewußte Frau, eine Hüterin der Qualität“ an die dreijährigen Fachschulen für wirtschaftliche Frauenberufe sowie die einjährigen Hauswirtschaftsschulen. Die Bezeichnungen der Schultypen transportierten unmissverständlich die bürgerliche Auffassung des Haushalts als genuin weiblicher Sphäre, in der Frauen ihren Beruf finden sollten; aus diesem konnte, aber musste keine Erwerbstätigkeit erwachsen. Bezeichnenderweise entfalteten unter den prämierten Schüler*innenarbeiten nur die von jungen Frauen verfassten Aufsätze eine Innenperspektive als Konsument*innen – und auch diese nur in einzelnen Passagen, mit Ausnahme des Jahres 1978. Nachdem die Buy-National-Rhetorik seit den 1960er-Jahren zusehends in den Hintergrund der Österreichwoche gerückt war, wurde sie nun reaktiviert. Ein Gespenst ging um: das Ende der fordistischen Nachkriegskonjunktur.[118] „Es war zum Heulen“, hob der mit dem Bundespreis ausgezeichnete Aufsatz an. Aus der Menge der mit einem Preis bedachten Aufsätze sticht der Text unter anderem dadurch heraus, dass es sich um jenen Siegeraufsatz handelte, den eine Schülerin an einer einjährigen Haushaltungsschule verfasst hatte:

> Ich saß vor meiner Hausaufgabe, meine Mutter stand gerade an der Abwasch. Die Tür ging auf, und mein Vater kam mit blassem Gesicht herein. Er ließ die Tasche fallen und sagte nur das eine Wort: „Arbeitslos“.
> Wir waren sprachlos und starrten ihn an. Meine Mutter fragte schließlich: „Wie ist das gekommen?“ Darauf mein Vater: „Unsere Firma bekam keine Aufträge mehr. Die Textilien aus dem Ausland werden dem Kunden so billig angeboten, daß er sich immer wieder zum Kauf verführen läßt.“
> Meine Mutter meinte dazu: „Das ist es ja. Wir sollten österreichbewußter einkaufen; einerseits fordert jeder hohe Löhne, andererseits sind wir aber nicht bereit, den hohen Preis der erzeugten Ware in Kauf zu nehmen.“
> Ich frage, was das heißt „österreich-bewußt-einkaufen“.

118 Das Konzept der Regulationstheorie hat eine Reihe von Autor*innen in interessanter Weise auf die Analyse der Sozial- und Wirtschaftsgeschichte Wiens angewendet: Eigner/Resch, Wirtschaft; Maderthaner/Musner, Schatten; siehe außerdem: Hwaletz, Austrofordismus; ders., Produktivität; zum Fordismus als Ordnungsmodell: Saldern, „Alles“; dies./Hachtmann, Jahrhundert.

Mein Vater versuchte, mir dies zu erklären: „Wenn Mutter einkaufen geht, sollte sie die österreichischen Waren bevorzugen, z. B. Wein aus dem Burgenland oder der Wachau und nicht gerade den ungarischen, Kleidung aus österreichischen Fertigungsbetrieben, keine Pariser Modelle, Schuhe aus unserem Land, nicht aus Italien."[119]

In ihrer Erzählung thematisierte die Wettbewerbssiegerin Arbeitslosigkeit als Bedrohung für die patriarchale Familie und die Nation. Details wie das „blasse Gesicht" des Vaters, seine zu Boden fallende Tasche, das Erstaunen und die ratlose Reaktion von Mutter und Tochter malten eine Situation aus, die als Quellbereich einer Projektion auf die Nation diente. Die Figuren waren konkret gegeben, doch sie zielten auf das Typische: den Ehemann und Vater als Familienerhalter, die den Haushalt und das Einkaufen besorgende Mutter, das gelehrige Kind. Auch die Textilbranche war, ob biografisch induziert und/oder in Umsetzung von wirtschaftspolitischem Wissen, gut gewählt, um an Diskurse der nationalökonomischen Gefährdung anzuschließen. Die Struktur des Dialogs folgte den Mustern moralisierender Konsumdiskurse: Die Mutter und die Tochter fragten, der Vater gab Antworten. Er forderte: „Euer Land solltet ihr lieben lernen." Von der patriarchalen Weisheit geleitet besannen sich Mutter und Tochter: „Dann hatte ich noch eine Idee: ‚Die Autos kommen doch auch alle aus dem Ausland. Manche Familie könnte darauf verzichten.'" 1978 war das Jahr, in dem die vor allem auf den Automobilimport zielende Luxussteuer in Kraft trat. Sichtlich griffen Subjektivierung und die Wahrnehmung von Konsumpolitik, Selbstregierung und staatliche Regierungstätigkeit ineinander. An diesem Schnittpunkt entwarf die Schülerin den paradoxen Prozess der Formierung einer Bürgerkonsumentin. Sie konstituierte sich maßgeblich durch Akte des Verzichts. In diesem Fall prämierte die Wettbewerbsjury nicht die manifeste Ambition der Elitenzugehörigkeit. Sie zeichnete die eloquente Praxis einer heteronormativen Identifizierung aus, die eine Stabilisierung der Nation aus produzierenden Männern und patriotischen Konsumentinnen betrieb.

Die Perspektivierung, die der Aufsatzwettbewerb anstrebte, kann man quantitativ als Häufung von Wörtern im Korpus der Themenstellungen zeigen (siehe Tabelle 15). Von 1962 bis 1981 habe ich deren 231 erfasst; aus jedem Jahr mehrere, zumeist auch mehrere pro Schultyp. Sie bestanden üblicherweise nur aus einem Satz, erst ab Mitte der 1970er-Jahre waren die Arbeitsaufträge oft ausführlicher gehalten. Fast 80 Prozent der Arbeitsaufträge präzisierten den Umfang des nationalökonomischen Kollektivs durch das Nomen „Österreich" oder die Attribuierung „österreichisch". Wo dieses fehlte, wurde der zu schreibende Aufsatz durch die Rede vom kleinen Land (z. B. „Ein kleines Land muß sich durch Qualitätswaren behaupten.") bzw. von der Heimat oder durch den Bezug auf das Markenzeichen „Made in Austria" verankert. Zusätzlich und auch, wo all diese Varianten einer expliziten Verankerung im Österreichischen nicht auftraten, umrissen die Themenstellungen häufig eine Wir-

119 WKÖ, DÖW, Österreich-Woche 1960, Aufsatz „Mehr Arbeitsplätze durch mehr Österreichbewußtsein bei Konsum und Freizeit".

Gruppe, indem die entsprechenden Personal- und Possessivpronomina zum Einsatz kamen: „Wir“ müssen der Wirtschaft vertrauen; „wir“ sind stolz; für jeden von „uns“ ist Stillstand Rückschritt; Technik sichert – und bedroht – „unseren Lebensstandard“; „unsere Wirtschaft“ behauptet sich. Auch ohne das syntaktische Ganze des Satzes ergibt sich allein aus der Frequenz der Worte das Netz der wesentlichen semiotischen Beziehungen: zunächst das Dreieck aus Österreich/österreichisch, wir/unser sowie Wirtschaft und wirtschaftlich. Diese Trias umreißt jenen Binnenraum, den sich die Schüler*innen, meist mit der Höflichkeitsform, nur ganz ausnahmsweise mit „Du“ adressiert, zur „Aufgabe“ machen sollten.

Tab. 15: Die häufigsten Wörter in den Themenstellungen des Aufsatzwettbewerbs

	Wort [Grundform]	Frequenz
1	Österreich	109
2	Österreichisch	78
3	Sein (Verb)	60
4	Wirtschaft	59
5	Unser	38
6	Sie (höflich)	33
7	Wir	28
8	können	26
9	Leistung	26
10	Welt	21
11	Qualität	20
12	Wirtschaftlich	16
13	Aufgabe	12
14	Land	12
15	Europa	11

Themenstellungen 1962–1981, 2744 Wörter: die häufigsten Nomina, Verben, Adjektive, Personal- und Possessivpronomina

Das Attribut Österreichs als Nationalökonomie, das es zu erreichen und zu würdigen galt, war „Qualität“. Die Österreichwoche hatte – so wie zur selben Zeit auch die Schweizerwoche – diesen Begriff zu ihrem Mantra auserkoren. Er trat als Nomen ebenso wie als Bestandteil von Komposita auf: von der Qualitätsbezeichnung zur Qualitätsarbeit, zu Qualitätserzeugnissen, Qualitätsprodukten und Qualitätswaren. Qualität konnte sich den Schüler*innen als ein Ziel darstellen, auf das sie sich als künftige Erwerbstätige verpflichten sollten. Ebenso konnte sie als Kriterium dienen, das, mit der österreichischen Herkunft von Waren in Deckung gebracht, deren Bevorzugung beim Einkauf legitimierte und forderte.

Die Themenformulierungen eröffneten indes wesentlich häufiger die Perspektive einer Teilhabe am Produktionsprozess, als dass sie das Konsumieren der Qualitätsprodukte in den Fokus rückten. „Kauft österreichische Qualität, denn das Gute ist so nah", konnte zudem als Appell gelesen werden, sich selbst mit der Konsument*in zu identifizieren, oder als Einladung, sich als Sender*in einer an Konsument*innen gerichteten patriotischen Kommunikation zu imaginieren. Manche Themen waren in dieser Hinsicht eindeutig gestellt: „Verfassen Sie ein Gespräch zwischen einem Kunden und einem Verkäufer, der diesen von den Vorzügen österreichischer Qualität zu überzeugen versucht."

Qualität war Teil einer paradigmatischen Reihe von Signifikanten samt ihren Gegenbegriffen: Sie war das Gute, das so nahe liegt, das typisch Österreichische, „das Schöne, Wertbeständige und Besondere", das Merkmal des kleinen Landes, die „Spezialität", die Übertragung von „Geist und Geschmack" auf Produkte. Sie war somit auch die Verneinung von Quantität („nicht Quantität, sondern Qualität unserer Waren"), von Massenproduktion und Massengütern. Sie stand in Opposition zur Ferne und zur Größe, soweit damit die Zahl der Bevölkerung, die Ausdehnung des Territoriums und der Umfang der Produktionsserien bezeichnet wurde. Die Themenstellungen des Aufsatzwettbewerbs setzten diese paradigmatische Reihe als eine Deklination des Österreichischen an, die sich freilich – sobald man die Binnenperspektive verlässt – weitgehend als die Deklination des kleinen, hochentwickelten und daher exportorientierten Industriestaates schlechthin erweist. Die Schweiz baute in ihrer Binnen- und Außenkommunikation schon länger und mit noch größerer Außenwirkung auf diese Signifikantenkette.

Die Vorstellung von Leistung – als Nomen das neunthäufigste Wort im Korpus – trat zum einen als Teil der paradigmatischen Reihe von Qualität auf. Das impliziert Austauschbarkeit, wie sie etwa in den Formulierungen „ein kleines Land – groß in der Leistung" und „Auch Österreich kann durch Qualitätserzeugnisse wirtschaftliche Größe erlangen" gegeben war. Zum anderen bildeten die beiden Signifikanten Qualität und Leistung auch ein Syntagma, das sich als metonymischer Zusammenhang von Zweck und Mittel konstituierte: Der Leistungswille und die „Leistungsfähigkeit des Österreichers" ermöglichten die Qualität. Sie erlaubten außerdem, „uns unseren Anteil am Reichtum und Fortschritt Europas [zu sichern]". Leistung, wie sie hier zu verstehen ist, beruhte auf Können und Wollen, dessen Ergebnis abgeprüft werden konnte. Sie drückte sich qualitativ in Anerkennung durch Andere und quantitativ in den Zahlen des Exportabsatzes aus. So sollten etwa Handelsschüler 1965 wahlweise über die folgenden Aussagen räsonieren: „Bildungsstand des Volkes und Leistungswille seiner Wirtschaft sind Grundpfeiler für die Europareife", „deine Leistung – Österreichs Zukunft" oder „Durch Können und Fleiß werden wir in einem geeinten Europa bestehen".

Das Außen der Nation, das deren Erfolg durch den Kauf österreichischer Produkte ratifizierte, waren Europa und die Welt. Gehäuft Mitte der 1960er-Jahre, aber auch über den Korpus verteilt scheint die Vorstellung von Europa in 26 Themenstellungen als Referenz auf: abgesehen vom Nomen „Europa“ auch in Komposita und Nominalphrasen von der Europareife zur Europabrücke, als europäischer Markt oder Wirtschaftsraum, als europäische Wirtschaft und Integration. Diese Perspektive war seit Ende der 1950er-Jahre ins Blickfeld gerückt. Assoziierungsverhandlungen mit der Europäischen Wirtschaftsgemeinschaft, die Österreich, die Schweiz und Schweden führten, zerschlugen sich allerdings 1963. Ein daraufhin begonnener „Alleingang nach Brüssel“ scheiterte ebenfalls nach mehreren Jahren Verhandlungen. Nachdem der „Wiederaufbau“ ins „Wirtschaftswunder“ gemündet hatte, ließ das geringere Wachstum der 1960er-Jahre bald eine „Strukturkrise“ befürchten.[120] Von einer Rezession war man zwar weit entfernt; im schlechtesten Jahr, 1962, nahm das Bruttoinlandsprodukt inflationsbereinigt immer noch 2,4 Prozent zu.[121] Gemessen an heutigen Erwartungen ist das ein hoher Wert. Doch unter den Wirtschaftspolitikern, vor allem der ÖVP, und den Interessenvertretungen der Unternehmen ging die Sorge um, dass Österreich in der sich abzeichnenden Formierung eines ‚europäischen‘ Marktes unter Ägide der Europäischen Wirtschaftsgemeinschaft (EWG) in eine gefährliche Randlage geraten würde. Tatsächlich sank im Laufe der 1960er-Jahre der Marktanteil Österreichs am Import der EWG-Staaten, während umgekehrt der Anteil der EWG-Staaten, vor allem aber Westdeutschlands, an den österreichischen Importen sogar zunahm.[122] Man habe „bittere Erfahrungen“ gemacht, resümierte 1968 Handelsminister Fritz Bock, einer der vehementesten Befürworter einer Assoziierung mit der EWG, die Entwicklung.[123] „Wodurch kann sich Österreich seinen Platz auf dem gemeinsamen europäischen Markt sichern?“, fragte die Wirtschaftskammer im Rahmen des Aufsatzbewerbs 1962. „In der großen Familie ‚Europa‘ wollen wir ein wertvolles und wertbewußtes Mitglied bleiben“, hatte die Siegerin 1961 ihre Ausführungen geschlossen.[124] Es ging darum, eine Position zu „sichern“, ein Teil Europas zu „bleiben“.

Der Aufsatzwettbewerb legte daher einen Schwerpunkt auf die Exportförderung, besonders markant in den 1960er-Jahren, als die Eliten in Politik und Unternehmen die Folgen der Handelsdiskriminierung Österreichs als Nicht-EWG-Staat fürchteten. Nicht ganz ein Viertel der Themenstellungen im Korpus umkreisten das Ansehen und den Erfolg österreichischer Leistungen im Ausland oder riefen zu verstärkten Exportanstrengungen auf: „Am Ball bleiben – exportieren!“ Manchmal verpackten sie den Appell in eine Frage: „Der Export – eine Chance für Österreich?“ Feststellungen über den Stolz auf „unsere Leistungen“ waren nur in formaler Hinsicht denotative Aussagen. Sie transportierten im institutionellen und diskursiven Rahmen der Österreichwoche einen normativen Gehalt: „Wir Österreicher sind stolz auf unsere

120 Butschek, Wirtschaftsgeschichte, 319; Sandgruber, Ökonomie, 484.
121 Butschek, Wirtschaftsgeschichte, 567.
122 Butschek, Wirtschaftsgeschichte, 324 f.; Breuss, Außenwirtschaft, 95 f.
123 Bock, Integrationspolitik, 9.
124 WKÖ, DÖW, Österreich-Woche 1961, Aufsatz zum Thema „15. Mai 1955 – Die neue Geburtsstunde des ‚Made in Austria‘, eine Verpflichtung für alle“.

Leistungen", die „überall Anerkennung" fänden. Als Gegenstand des Stolzes wurden den Schüler*innen „die Qualität österreichischer Produkte" und der Fremdenverkehr als die österreichische Dienstleistung schlechthin anempfohlen: „Millionen Gäste aus Europa [lieben] das Reiseland Österreich."

Die Aufforderung, sich eine vom Stolz auf das Eigene getragene Haltung zuzulegen, wurde oft mit der Feststellung verbunden, dass ein Vertrauen in „unsere Wirtschaft" die Voraussetzung dafür sei, dass das Ausland ihr vertraue. Hinzu kam die Beobachtung, dass österreichische Produkte im Ausland mehr geschätzt würden als in Österreich. Sie schloss an eine lange Tradition der Buy-National-Propaganda an. So setzte man etwa den biblischen, doch längst ins nationale und nationalstaatliche gewendeten Topos „Der Prophet gilt nichts im eigenen Land" in Bezug zur heimischen Produktion. Die Themenformulierung datiert von 1979, doch mit einer weiteren Ausnahme von 1970 sind die übrigen 17 Mahnungen dieser Art aus den 1960er-Jahren. So ortete der Aufsatzbewerb 1969 einen „Kleinstaatkomplex", den es zu bekämpfen gelte und 1963 schlug er vor, über „Mittel und Wege" nachzudenken, „um der Minderbewertung heimischer Waren entgegenzutreten". Diese Häufung reflektiert möglicherweise die Unsicherheit über die relative Produktqualität im Vergleich zu Waren aus den wirtschaftlich potentesten Industrieländern. Die jüngere Marketingforschung hat diese Dynamik für Länder, die als *emerging markets* gelten, diskutiert.[125] In den 1960er-Jahren war auch Österreich noch eine Gesellschaft, der ihre Eliten einen Prozess des *catch-up* verschrieben hatten. Gegenüber den ‚fortschrittlichsten' Ländern Westeuropas – um von den USA ganz zu schweigen – orteten sie erheblichen Aufholbedarf. Noch 1966 wurde als ein mögliches Thema die bange Frage ausgegeben: „Ist Österreich lebensfähig oder stützt sich unser Vertrauen in die eigene Leistung auf Illusionen?"

Obwohl die Österreichwoche in den 1950er-Jahren mit der Losung „Kauft österreichische Waren" angetreten war und sich ihre Werbebotschaft an ein österreichisches Publikum richtete, bezogen sich nur 15 von 231 Themen explizit auf eine patriotische Zurichtung des Konsumierens als Aufgabe der Bevölkerung. Das Spektrum reichte von der Abwägung der Konsequenzen aus dem Kauf österreichischer respektive ausländischer Erzeugnisse über die Einladung zum patriotischen Bekenntnis („Warum ich als Österreicher heimische Erzeugnisse kaufe") zur Warnung vor Billigimporten, „insbesondere aus dem Fernen Osten". Der größere Teil dieser Aufforderungen zum Konsumentenprotektionismus stammt aus den 1970er-Jahren. Nachdem 1972 endlich ein Freihandelsabkommen mit der Europäischen Wirtschaftsgemeinschaft zustande gekommen war, das bis 1977 alle Zölle auf Industrieprodukte beseitigte,[126] drehten sich die Prioritäten: Das Ziel, Exportmärkte zu sichern, verschwand nicht, scheint aber relativ an Gewicht verloren zu haben. Die Sicherung des Heimmarktes gegenüber Importen gewann an Brisanz, am Ende des Jahrzehnts auch mit

125 Chan/Cui/Zhou, Competition; Saffu/Walker/Mazurek, Role.
126 Breuss, Außenwirtschaft, 86–88.

Blick auf die Konkurrenz aus Asien. Japan spielte damals die Rolle des bedrohlichen Billigerzeugers, die heute China ausfüllt.

Im Mittelpunkt standen immer wieder die Zurückweisung eines hedonistischen Konsums und die Identifikation mit Erwerbsarbeit und Leistung. Der typische Österreicher liebe zwar „ein Glaserl Wein, ‚a scheene Musi'", konzedierte der Schüler einer Technischen Bundeslehranstalt. Das sei auch nicht schlecht, doch „müssen wir, die Jugend, uns davon losmachen".[127] Der Schüler einer Handelsakademie distanzierte sich von „unserer dem höheren Lebensstandard nachjagenden institutionalisierten Konsumgesellschaft", um dem Konsumieren der Einzelnen die Zukunft der Nation entgegenzuhalten:

> Letztlich arbeiten wir doch nicht nur für das eigene Backhendel, den neuen Fernsehapparat, das neue Auto und die neue Waschmaschine, die der Nachbar ohnehin schon hat, sondern wir arbeiten, damit es uns allen gut geht und unser ganzes Volk auf lange Sicht einer vielversprechenden Zukunft entgegengeht.[128]

„Wir sind nicht ein Volk, das nur Luxusgüter erzeugt und sich mit diesen umgibt, dazu sind wir zu klein", wusste 1962 die Schülerin einer Bundeslehranstalt für Bekleidungsgewerbe.[129] Im Jahr davor schrieb eine Schülerin der Handelsakademie: „Man hat uns Phääken genannt, aber: Wo liegt nun wirklich unsere Stärke, die uns lebensfähig macht? Sie liegt ganz einfach im arbeitsreichen Alltag jedes einzelnen Österreichers, im alles überwindenden Mut, im Kampf um unsere Lebenseigenart."[130] Österreich war also ein Land des produzierenden Fleißes: „Erfolge dürfen uns nun niemals zum Ausruhen verleiten. Nur der Strebende gewinnt den Preis, nur der Schaffende vermag unser ‚Made in Austria' hochzuhalten."[131] Ob sie einfache Schneiderin oder Modeschöpferin werde, könne sie nicht wissen, meinte 1972 eine Schülerin.[132] Sie besuchte in Wien die Meisterklasse einer Lehranstalt für Bekleidungsgewerbe. Die in die Zukunft gerichtete Aussage platzierte sich in einem ungewissen Raum zwischen Demutsgeste und Elitenanspruch. Eindeutigkeit stellte die Schülerin indes mit dem folgenden Satz her: „Von ungeheurer Wichtigkeit dagegen erscheint mir, wie ich arbeite." Sorgfältig sollte es sein, „peinlichst genau". Den

---

127 WKÖ, DÖW, Österreich-Woche 1968, Aufsatz zum Thema „‚Typisch österreichisch' – Abwertung oder Qualitätsbegriff?".

128 WKÖ, DÖW, Österreich-Woche 1969, Aufsatz zum Thema „Nicht durch Selbstmitleid, sondern durch Besinnung auf Österreichs geistige und wirtschaftliche Möglichkeiten werden wir uns im Schatten der Wirtschaftsmächte behaupten können".

129 WKÖ, DÖW, Österreich-Woche 1962, Aufsatz zum Thema „Alte Tradition und Mut zum Neuen in Werkstoff und Verarbeitung machen österreichische Erzeugnisse gediegen und schön".

130 WKÖ, DÖW, Österreich-Woche 1961, Aufsatz zum Thema „15. Mai 1955 – Die neue Geburtsstunde des ‚Made in Austria', eine Verpflichtung für alle".

131 Ebd.

132 WKÖ, DÖW, Österreich-Woche 1972, Aufsatz zum Thema „Worin sehen Sie Ihre persönliche Aufgabe, zu Österreichs wirtschaftlicher Leistungsfähigkeit beizutragen?".

Weg, den sie für sich entwarf, war der „einer berufstätigen Frau, die nebenbei den Haushalt führt". Somit hatte ihr Beitrag zur nationalen Ökonomie eine zweite Seite: „Denken wir an meine Rolle als Hausfrau: Was hat es für einen Sinn, wenn ich im April vielleicht für importierte Pfirsiche einen sündteuren Preis bezahle, wo doch etwas später unsere eigenen reifen und durch die Unvernunft der Konsumenten dann auf dem Markt verfaulen?"

Die Beunruhigung der Zwischenkriegszeit über die „Lebensfähigkeit" des Landes und ständestaatliche Visionen sozialer Harmonie hallten deutlich nach: „Der typische Österreicher, heute wie immer, ist der Schaffende: der Bauer des Marchfeldes, der Arbeiter aus Linz, der Industrielle aus Vorarlberg und die Hausfrau aus Kärnten."[133] Eine Wandlung galt es zu vollziehen: „vom kleinlichen Raunzen, vom klassenbewußten ‚Werktätigen' oder ‚Bürger' zum europäisch denkenden Menschen".[134] Dieser Mensch wusste sich also in seinem Denken und Arbeiten sowohl in der Nation wie in Europa und auf alle Fälle in einer Gemeinschaft jenseits des Klassenkampfs aufgehoben. Die Aufsätze durchzog die Dichotomie aus der Bekenntnis zum Kleinen und Fantasien der Größe: „Wir Österreicher sind ein Volk, das von alters her mit reichen Talenten ausgestattet ist, die uns im Laufe der Jahrhunderte eine kulturelle Großmachtstellung verschafft haben."[135] „Ich möchte dieses kleine Land [...] mit Jemandem vergleichen, dem ein beachtliches Kapital in Aktien vererbt worden ist."[136]

Ein Schüler konzipierte 1979 eine „Informationsschau" über Österreich. Sie sollte unkundigen Ausländer*innen österreichische Produkte und ihre Nutzung vor Augen führen: „Wie werden sie staunen, wenn sie sehen, daß der Olympiasieger Franz Klammer einen österreichischen Schi fährt. [...] Die Negerin, die ihr Kleines in eine österreichische Wolldecke hüllt, wird genauso bestaunt. ‚So weit geht Österreichs Handel?'"[137] Es galt mit dem Argument des Exporterfolges, gegen die „Ausrede vom ‚kleinen Land'" aufzutreten.[138] Das Bekenntnis zum Kleinstaat wurde aber durch die Forderung nach „Großraumdenken"[139] ergänzt und unterlaufen. Es ging weiterhin um einen Anschluss – nun nicht mehr an Deutschland, sondern an den „Großen Markt". Das meinte üblicherweise die Europäische Wirtschaftsgemeinschaft.

Die Aufsatzproduktion in der Schule ist systemisch darauf ausgelegt, dass Schüler*innen den Vorgaben der Lehrer*innen Genüge tun. „Schreiben jetzt die Kinder auf gute Noten oder schreiben sie das, was sie wirklich denken?", wollte die Interviewerin in einer Radiosendung vom Organisator des Aufsatzwettbewerbs wissen:

---

133 WKÖ, DÖW, Österreich-Woche 1961, Aufsatz zum Thema „15. Mai 1955 ...".
134 WKÖ, DÖW, Österreich-Woche 1964, Aufsatz zum Thema „Stillstand ist Rückschritt für jeden von uns".
135 WKÖ, DÖW, Österreich-Woche 1960, Aufsatz zum Thema „Geschmack, Talent und Präzision prägen Österreichs Wirtschaft".
136 WKÖ, DÖW, Österreich-Woche 1972, Aufsatz zum Thema „Worin sehen Sie...".
137 WKÖ, DÖW, Österreich-Woche 1979, Aufsatz zum Thema „Wir stellen vor: Österreich".
138 WKÖ, DÖW, Österreich-Woche 1969, Aufsatz zum Thema „Nicht durch Selbstmitleid...".
139 WKÖ, DÖW, Österreich-Woche 1964, Aufsatz zum Thema „Stillstand ist Rückschritt...".

„Sie schreiben wahrscheinlich zum Teil schon auf gute Noten“, konzedierte dieser.[140] Es ist also nicht erstaunlich, dass sich die im Sinne der nationalen Erziehung besten Schüler*innen zum Echo wirtschaftspatriotischer Propaganda machten. Das heißt jedoch nicht, dass sie sich damit keine Identitätsbausteine erschrieben hätten. Die Schüler*innen eigneten sich Argumente und Narrative an, mit denen sie ihre Rolle in sozialen Zusammenhängen artikulieren konnten. Sie mussten die Anreize einer nationalen Subjektivierung erkennen und sich schreibend in eine Sprecherposition bringen, in der sie sich als österreichische Patriot*innen erlebten. Jene, die dadurch zu guten Noten kamen und vor allem jene, die prämiert wurden, erhielten von Seiten staatlicher Agenturen eine Rückmeldung, die sie darin bestärkte, diese Subjektivierung als eine erfolgversprechende zu pflegen. Zumal wenn die wirtschaftspatriotische Auftragsarbeit emphatisch ein ‚Ich‘ platzierte, war sie keine Schreibhandlung, die sich als bloße Fassade von einer Substanz des Subjekts trennen ließe. Sie ist vielmehr als das Artefakt einer Regierung des Selbst zu betrachten.

Der österreichische Aufsatzwettbewerb fand 1959 zum ersten Mal statt – im selben Jahr, in dem der Schweizerwoche-Verband seinen Bewerb zum letzten Mal organisierte. Als in den 1970er-Jahren die Schweizer Wirtschaft einen im internationalen Vergleich starken Konjunktureinbruch hinnehmen musste, wollte der Schweizerwoche-Verband zwar neuerlich einen Aufsatzwettbewerb ins Leben rufen, scheiterte aber bereits im Ansatz. Ein Protokoll der Geschäftsleitung vermerkte 1979: „Trotz zweimaligem Ausschreiben in der Schweizerischen Lehrerzeitung ist es nicht gelungen, die Lehrerschaft zur Teilnahme zu motivieren.“ Der Präsident der Organisation meinte, „ein allgemeines Desinteresse für nationale Themen beobachten zu können“.[141] Man kann dies als einen weiteren Beleg für die Parallelverschiebung entlang der Zeitachse nehmen, die sich im Vergleich der nationalisierenden Diskurse der Schweiz und Österreichs zeigt.

In Österreich war die Nation ‚jünger‘ und trotz des „Wirtschaftswunders“ auch in den 1970er-Jahren noch immer im Begriff des Werdens, darin aufmerksam von Politik, Medien und Sozialforschung verfolgt. Für eine historische Rekonstruktion nationaler Ökonomie ist die Bedeutung der Aufsätze im Rahmen der Österreichwoche eine zweifache: Sie dokumentieren zum einen, wie sich aus Sicht der Erzieher*innen und zuletzt der Wettbewerbsjury eine Subjektivierung als Österreicher*in am Schnittpunkt von Konsumieren und Arbeiten gestalten sollte. Sie sind zum anderen rare Belege eines Vollzugs. Sie zeigen, dass die Schüler*innen in der Lage waren, die nationale Ökonomie Österreichs in ihren wesentlichen Parametern zu reproduzieren. An den Bekenntnissen zur Nation scheint aus der Distanz betrachtet manches skurril. Randständig war diese Praxis aber in der langen Nachkriegszeit nicht, denn

140 Radiosendung Österreich 1, Von Tag zu Tag – Der Verein „Made in Austria“, 23.10.1978 http://www.mediathek.at/atom/0C10DE8A-2EE-000B3-00000EAC-0C104FD3 (Zugriff 10.12.2016).
141 SWA, P486, F14, Protokoll der Geschäftsleitung 42/1979.

gerade die Schüler*innen, die erfolgreich diese Aufgabe bewältigten, waren dafür vorgesehen, in gehobene berufliche Positionen einzurücken. Von einem solchen sozialen Ort aus war es wiederum möglich, die hegemonialen Diskurse und Praktiken in einer Weise weiterzuspinnen, die über die Funktion eines bloß rezeptiven Publikums von Propaganda hinausging.

5 *Wir und unsere Welt* – ein österreichisches Lehrlingsmagazin in der Nachkriegszeit

Mit ihrem Aufsatzwettbewerb an berufsbildenden Schulen erreichte die Wirtschaftskammer einen Teil der Jugendlichen, deren ausbildungsbedingte Wirtschaftsnähe sie als gegeben und als zu stärkendes Ziel annahm. Da sich der Bewerb an die Sekundarstufe richtete, blieb allerdings eine große Gruppe von bereits in der ‚Wirtschaft' tätigen Jugendlichen von der Propaganda unberührt: jene, die im Rahmen des dualen Ausbildungssystems einen von rund 300 Lehrberufen erlernten. 1970 stellten sie unter den Jugendlichen im Alter von 16 Jahren 49 Prozent, also fast die Hälfte.[1] Insgesamt strebten ca. 137.000 Jugendliche eine Position als Facharbeiter*in in Industriebetrieben oder als qualifizierte*r Lohnabhängige*r in Handwerk und Gewerbe an. Mehr als zwei Drittel der Lehrlinge waren junge Frauen.[2]

Auf welche Weise wurden Lehrlinge zur Zielgruppe wirtschaftspatriotischer Kommunikation und welche Schwerpunkte setzte diese? Eine Antwort auf die erste Frage und eine geeignete Quelle zur Klärung der zweiten ist die Lehrlingszeitschrift *Wir und unsere Welt*. Sie wurde von der Wirtschaftskammer 1949 ins Leben gerufen und gratis an Lehrlinge verteilt. Die Anliegen der Österreichwoche durften hier nicht zu kurz kommen. Aus diesem Anlass, der mit dem Österreichischen Staats- und späteren Nationalfeiertag zusammenfiel, führte die Zeitschrift ab 1960 auch alljährlich ein Preisausschreiben durch.

Wir und unsere Welt repräsentiert dabei nicht die Erfahrung von Jugendlichen, wohl aber das Bemühen einer parastaatlichen Institution sich diese Erfahrung anzueignen, ihren Rahmen und ihre Richtung festzulegen. Das Magazin erlaubt es, die genaue Gestalt des Angebots bzw. der Zumutung aufzuschlüsseln. Empirisch unergiebig für die Auseinandersetzung mit diesem Material ist hingegen ein Konzept von Wirkung, das sich auf die Frage beschränkt: Hat Kommunikation x Effekt y erzeugt? Massenmediale Artefakte erscheinen dann unvermeidlich als eine defizitäre Quelle. Das positiv beobachtbare Faktum, dass Akteur*innen, die Machtressourcen an sich binden konnten, ein bestimmtes Thema verhandelten und einen erheblichen Aufwand trieben, um Zusammenhänge als stabile Ketten von Bedeutungen herzustellen, verdient selbst als Machtpraxis Aufmerksamkeit.

Zunächst werden wir uns der Konstruktion einer Zielgruppe „Jugendliche" zuwenden, auf deren Basis Zeitschriften wie *Wir und unsere Welt* ihre Leser*innen adressierten. Die einschlägigen Vorstellungen lassen sich in der Lehrlingszeitschrift selbst so wie auch in anderen Publikumsmedien greifen; ein erster Abschnitt wird aber den Schwerpunkt auf das wissenschaftliche Format legen, das die Sozialwissenschaften bereitstellten, und zwar insbesondere auf den Versuch der soziologi-

1 Gehmacher, Jugend, 28.
2 Statist. Handbuch NF 23, 1972, 276.

https://doi.org/10.1515/9783110701111-020

schen Jugendforschung, den Konsum von Lehrlingen zu erfassen. Der zweite Abschnitt wird die Zeitschrift *Wir und unsere Welt* einführen und sie im Zuge dessen auch einer anderen Perspektive auf dieselbe Welt gegenüberstellen. Der *Jugendliche Arbeiter*, ein Blatt des Gewerkschaftsbunds, war das exakte Pendant auf Seiten des politischen Gegners bzw. Sozialpartners der Bundeswirtschaftskammer. Die beiden ersten Abschnitte des Kapitels schaffen die Grundlagen dafür, um im Weiteren zu untersuchen, wie das Lehrlingsmagazin der Wirtschaftskammer Jugendliche aus der Arbeiterschaft an die ihnen zugedachte Rolle innerhalb der nationalen Ökonomie heranführen wollte.

5.1 Die sozialwissenschaftliche Vermessung der Jugend und ihres Konsums

In den 1980er-Jahren beauftragten das sozialdemokratisch geführte Familienministerium und das Jugendreferat des Österreichischen Gewerkschaftsbundes (ÖGB) Soziolog*innen mit einer Studie über die Konsumstrukturen österreichischer Lehrlinge. Der empirische Teil der 1987 veröffentlichten Studie umriss die Situation der Lehrlinge folgendermaßen: „Erstes selbstverdientes Geld, so wenig es dem Betrag nach ist, ist doch so frei verfügbar, daß es ganz als Luxus erscheint: dieses Geld läßt sich sparen und in der Freizeit anbringen.“[3] Die soziologische Formulierung wurde durch eine im Zitat wiedergegebene Interviewpassage vorbereitet. Auf die Frage, wofür der*die Jugendliche das meiste ausgebe, fiel die Antwort: „Ich wohne daheim bei meinen Eltern; ich habe 3.000 Schilling – auf Deutsch, wie mein Vater sagt – zum Vertranscheln.“[4] Das war jener Punkt, an dem Jahrzehnte hindurch die Alarmglocken bei linken und rechten Konsumkritiker*innen schrillten, bei sozialdemokratischen Gewerkschafter*innen wie bei der Arbeitgeberseite und allgemein der politischen Rechten.

Staatliche Institutionen und Publikumsmedien konstruierten Subjektangebote an Jugendliche. In dieses Rubrum fallen die Österreichwoche samt Aufsatzwettbewerb und ihre Zeitschrift *Wir und unsere Welt*. Wie sich solche Angebote zu den ‚tatsächlichen‘ Praktiken der Subjektivierung von Jugendlichen verhielten, würde man gerne wissen. Das ging schon den zeitgenössischen Akteur*innen in Politik und Interessenverbänden so, wenn sie persuasive Kommunikation und Praktiken der Mobilisierung planten und durchführten. Die empirische Sozialforschung trug sich ihnen als ein Instrument an, die Lücke zu schließen. Dass sie den Jugendlichen in einer anderen Weise zu Leibe rückte als ein Bildungs- und Propagandamedium, wie es die Zeitschrift eines Interessenverbands darstellt, ist offensichtlich. Ebenso deutlich ist, dass ihre Ergebnisse es uns nicht einfach gestatten, das normative Spiel per-

3 Amann, Konsumstrukturen, 28.
4 Ebd.

suasiver Kommunikation im Tatsächlichen zu erden, verbürgt durch ein denotatives Sprachspiel ‚Sozialwissenschaft'.

Die Stimme von Jugendlichen, die ihren Konsumalltag als „Vertranscheln" von Geld fassten, ging in die soziologische Überlegung ein, wie diese ihrerseits das Setting hervorbrachte, in der die Jugendlichen zu Wort kamen. Zudem waren es die Sozialwissenschaftler*innen, die entschieden, wie sie wen im Forschungsbericht sprechen ließen, und zwar meistens nicht in den eigenen Worten der Befragten, sondern in den Abstraktionen quantifizierenden Wissens. Publikumsmedien konstruierten Jugend als Problem der nationalen Ökonomie. Dem die sozialwissenschaftliche Beobachtung gegenüberzustellen und mit einer Beobachtung dieser Beobachtung zu kombinieren erlaubt es aber ein komplexeres Bild aufzubauen.

‚Jugend' nahm als Untersuchungsgegenstand von Wissenschaft im deutschsprachigen Raum seit den 1890er-Jahren Gestalt an. Diese Entwicklung stand im Zeichen eines pädagogischen und sozialpsychologischen Bemühens, Heranwachsende für die herrschende Ordnung zu beanspruchen bzw. letztere vor einer Gefährdung durch erstere zu sichern.[5] Seit dem Ersten Weltkrieg intensivierte der Staat seinen sozialfürsorgerischen Zugriff. Jugendämter übernahmen es, über die produktive Eingliederung von Kindern und Jugendlichen in den Volkskörper zu wachen.[6] Parallel dazu gewann die wissenschaftliche Auseinandersetzung mit Jugend an Fahrt. Über Österreich hinaus wurden die jugendpsychologischen Forschungen rezipiert, die Charlotte Bühler in den 1920er-Jahren an der Universität Wien durchführte. Im Kreis um Charlotte und Karl Bühler begann außerdem eine umfragebasierte Sozialforschung. Paul Lazarsfeld legte eine Studie über *Jugend und Beruf* vor.[7] Wirtschaftskrise, Austrofaschismus und Nationalsozialismus wirkten einer Weiterentwicklung der Ansätze von jüdischen und sozialdemokratischen Forscher*innen entgegen. Sie verließen Österreich bzw. mussten es verlassen.[8] Seit den 1950er-Jahren veröffentlichten aber die neu gegründeten Markt- und Meinungsforschungsinstitute Erhebungen, die immer wieder die Jugend thematisierten – ob als Objekt der Meinung von Erwachsenen oder als Befragte. Das sollte eine drängende Frage beantworten: *Wo steht die heutige Jugend?*[9]

Den Zugang von Behörden, die sich mit Jugend befassten, kennzeichnete in den 1950er- und 1960er-Jahren ein ungebrochener Autoritarismus und Paternalismus. Sie fürchteten nun vor allem die psychologische Deformation der Jugend durch den Massenkonsum und pflegten eine kulturkonservative Rhetorik der Befürchtungen.[10]

5 Dudek, Jugend, 21–24.
6 Sieder, Dispositiv, 157.
7 Abels, Jugend vor der Moderne, 121–130.
8 Gmoser, Soziologie, 12; Fleck, Transatlantische Bereicherungen; ders., Etablierung in der Fremde.
9 O. V., Wo steht die heutige Jugend?, in: Querschnitte der öffentlichen Meinung. Untersuchungsberichte des Instituts für Markt- und Meinungsforschung Wien, Doppelheft 7/8, Jänner 1956, 2–23.
10 Anhand des Landesjugendreferats Niederösterreich Krenn/Horak, Glück.

Die österreichischen Institutionen und Akteur*innen artikulierten dabei Positionen, die Teil einer gesamteuropäischen, im kapitalistischen Westen wie im sozialistischen Osten, geführten Auseinandersetzung bildeten. Sie galt den Gefahrenpotentialen des Konsumierens, das eine neue soziale Breite erreichte.[11] Wenn das Primat von Arbeit, Leistung, Familie und Gemeinschaft in Frage gestellt schien, beunruhigte das. Hierin überlappten einander bürgerliche und sozialistische Diskurse.

Dem korporatistischen Arrangement war es um Stabilität und Kontinuität zu tun, um Wachstum als Größe, die sich durch Verlängerung des Gegebenen in die Zukunft prognostizieren ließ. Den politischen und ökonomischen Eliten stand es fern, Wirtschaftsgeschehen als wuchernde Kreativität, begeisterte Flexibilität und Willen zum radikalen Bruch zu stilisieren, wie es dem neoliberalen Idiom der Gegenwart so selbstverständlich ist. Die Mythen der Nachkriegszeit waren andere. Das auf das Produkt übertragene Äquivalent dieser Präferenzen stellte die Marke dar, konzipiert als bürgerliche Persönlichkeit, die ihr Charakter und ihre Beständigkeit auszeichneten.[12] Die Jugendlichen schienen allein dadurch, dass sie als Marktteilnehmer*innen jeweils neu hinzutraten, problematisch. Die Jugend sei „als Träger neuer Gedanken eher marktstörend". Sie sei „revolutionär, auf keinen Fall aber konservativ". „Sie will das Neue und ist eben darum der Feind alles Bestehenden."[13] So lautete Mitte der 1950er-Jahre das Verdikt des Instituts für Industrieforschung. Die empirische Basis der pauschalierenden Einschätzung war vermutlich dürftig, doch sie stammte nicht von einem obskuren Rand der zeitgenössischen Verbrauchsforschung. Ein ehemaliger Mitarbeiter von Wilhelm Vershofen hatte das Institut 1949 gegründet und der Doyen der deutschen Marktforschung fungierte daher als Ehrenpräsident.

Die universitäre Jugendforschung sozialwissenschaftlichen Zuschnitts dominierte in den Nachkriegsjahrzehnten der Wiener Soziologe Leopold Rosenmayr, der international gut vernetzt war.[14] Finanziell unterstützt von dem 1960 gegründeten Österreichischen Institut für Jugendkunde erstellten er und seine Koautor*innen eine erste systematische Studie über Jugendliche.[15] Ihre Untersuchung, die sie im Zeitraum von

11 Eine Diskussion, die immer wieder um Amerika als Verheißung und Bedrohung kreiste: De Grazia, Amerikanisierung; um darüber hinaus nur Literatur zu einigen europäischen Ländern anzuführen: Schweiz: Beiträge in Linke/Tanner, Attraktion; Brändli, Supermarkt; Deutschland: Koch, Modernisierung; Maase, Amerika; Ungarn: Horváth, „Fridge-Socialism"; Italien: Arvidsson, Marketing Modernity; Frankreich: Ross, Fast Cars.

12 Hellmann, Soziologie der Marke, 77–88.

13 Grünwald, Tätigkeit, 191.

14 Entgegengesetzte Bewertungen Rosenmayrs und des Zustands der Soziologie im Nachkriegsösterreich: Haller, Leistungen; aus Hallers Sicht zu kritisch: Fleck, Entwicklung der Soziologie; als Überblick über die Entwicklung im 20. Jahrhundert: ders., Sociology; der Sozialforscher Rupert Gmoser (Soziologie, 12) meinte Mitte der 1960er-Jahre, man wäre „mit einer Bestandsaufnahme der modernen Sozialforschung in Österreich nach ein paar Zeilen am Ende angelangt". „So etwas gibt es bei uns nämlich kaum."

15 Als wichtigste Veröffentlichung ging daraus hervor: Rosenmayr/Köckeis/Kreutz, Kulturelle Interessen.

1959 bis Anfang 1962 durchführten, beschränkten sie auf 15- und 17-jährige Jugendliche, und zwar auf solche männlichen Geschlechts, ein für die Jugendsoziologie bis in die 1980er-Jahre typisches Manöver.[16] Die Priorisierung der jungen Männer wurde von dem Team um Rosenmayr nicht weiter begründet.[17] Die Forscher*innen rekrutierten die Jugendlichen außerdem aus zwei Gruppen: aus Schülern der allgemeinbildenden mittleren Schulen und aus Lehrlingen. Erstere verwiesen tendenziell Richtung Elite, über letztere erklärte das Forscherteam, es handle sich um eine Mittelgruppe. In dem Oben-Mitte-unten-Schema von Schichtungsanalysen bildeten die ungelernten Arbeiter das Unten, über das die Studie nichts zu sagen hatte.

Die Begrenzung auf qualifizierte Arbeit korrelierte den Zielsetzungen einer neokorporatistischen Politik, die eine hochentwickelte Industriegesellschaft als Nation der Leistungswilligen und -fähigen anvisierte.[18] Die Hilfsabeiter*innen und die unqualifizierte Arbeit erschienen seit der Nachkriegszeit als Notwendigkeit und Problem gleichermaßen. Hier sei an den Aufsatzwettbewerb der Schweizerwoche „Mein Beruf – mein Leben – mein Land“ erinnert. Echte Schweizer*innen sollten so wenig wie echte Österreicher*innen Hilfsarbeiter*innen sein. Die Lösung, die alle wohlhabenden westeuropäischen Staaten fanden, aber besonders markant und früh die Schweiz, war es, die der Nation unwürdigen Arbeiten von aktiv angeworbenen Migrant*innen besorgen zu lassen. Diese Arbeitskräfte dienten als Puffer jenseits nationaler Solidarität, die bei abflauender Konjunktur in ihre Heimat zurückkehren sollten.[19]

Die Forschergruppe um Rosenmayr befasste sich mit einem Thema, dessen Praxisrelevanz sie mit Bezug auf eine „Formel“ des deutschen Soziologen Friedrich Tenbruck erklärte: „Die Jugend bildet jene Stelle, an der die Gesellschaft um ihre eigene soziale und kulturelle Kontinuität besorgt ist.“[20] Diese Stelle der Sorge, an der sich die Zukunft des sozialen Binnenraums entscheiden würde, wurde durch eine binäre Opposition strukturiert: Auf der einen Seite stand die Elite, die ihren Vorsprung zu kultivieren hatte und zugleich als Zielvorgabe für die Unteren diente. Die andere Seite bildete dieser untere Rand des sozialen Raums. Ihn galt es gegen die Bedrohungen durch Vermassung und Proletarisierung zu sichern.[21] Rosenmayr/Köckeis/Kreutz befassten sich daher zum einen mit der Subjektivierung einer Elite, gekennzeichnet durch: „stärkere Kontrolle der Freizeitpartner der Jugendlichen, Versagungen hinsichtlich sexueller Wünsche und der Konsumwünsche, die auf direkte körperliche Gratifikation zielen und gleichzeitig Erwachsenenstatus geben“. Zum anderen unter-

---

16 Liebsch, Race, Class, Gender, 62; Meuser, Geschlechtersoziologie, 146.

17 Rosenmayr/Köckeis/Kreutz, Kulturelle Interessen, XV, 15.

18 Vgl. Conrad/Macamo/Zimmermann, Kodifizierung der Arbeit.

19 Holenstein/Kury/Schulz, Schweizer Migrationsgeschichte, 309 f.

20 Friedrich Tenbruck, Jugend und Gesellschaft, Freiburg 1962, 18 ff., zit. nach Rosenmayr/Köckeis/Kreutz, Kulturelle Interessen, LVIII.

21 Zu den kulturkonservativen Diskursen rund um das Hereinbrechen einer amerikanisierten Massenkultur in Österreich: Blaschitz, „Kampf“; Wagnleitner, Coca-Colanization; Jagschitz/Mulley, Die „wilden“ fünfziger Jahre; Krenn/Horak, Glück.

suchte die Forschergruppe die „benachteiligte Pubertät" der meisten Lehrlinge, charakterisiert vor allem durch Fehlstellen: von Ersparnissen, Rückzugsräumen und dem Habitus der bildungsaffinen „famille éducogène".[22]

Rosenmayr und seine Kolleg*innen bezogen in ihre Untersuchung populärkulturelle Artefakte ebenso wie die Werke der Hochkultur ein, denn sie wollten die Niveauunterschiede des Kulturkonsums von Lehrlingen und „höheren Schülern" darstellen. Die Einstufung des einzelnen Werks oder des Mediums sollte auf Basis der Wertmaßstäbe von einflussreichen Institutionen erfolgen. Bei Filmen waren diese Autoritäten das von der christdemokratischen Volkspartei geführte Bundesministerium für Unterricht, die katholische Filmkommission für Österreich und der Österreichische Gewerkschaftsbund. Hier bildete sich eine nach links und rechts ausbalancierte Dreifaltigkeit des Österreichischen Nationalstaates ab. Die Forscher*innen beabsichtigten, dem Gebot von Wissenschaftlichkeit folgend, nicht von ihrem eigenen „Wertstandpunkt" auszugehen. Sie benötigten daher eine andere Instanz: Diese war die im Nationalstaat kondensierte Präferenzstruktur der hegemonialen sozialen und politischen Kräfte. Die erzielte Distanzierung hatte einen Preis, den die Forscher*innen nicht thematisierten: Die hegemonialen Vorstellungen über Kultur und über ein adäquates Konsumverhalten waren der Kritik systematisch entzogen. Sie gaben den Forscher*innen Rückhalt und lagen daher außerhalb ihres wissenschaftlichen Blickfelds.

Wo die offiziellen Einstufungen in hinreichender Eindeutigkeit fehlten, ergänzten die Forscher*innen die Bewertungen entlang derselben Linien. Eine Erörterung des Werts verschiedener Zeitschriften beschlossen sie mit dem Zugeständnis, dass ihre Einschätzungen „über streng wissenschaftliche Beweisbarkeit" hinaus gingen und auf den Werteinstellungen der Verfasser*innen beruhten. Das sei aber „für die weiter unten beschriebenen Zusammenhänge belanglos. Diese beruhen auf empirisch-wissenschaftlicher Methodik".[23] An den Zeitschriften, die von Lehrlingen am häufigsten als Lektüre angegeben wurden, beobachteten die Forscher*innen drei gemeinsame Merkmale: Sie erschienen außerhalb Österreichs und ließen „in Text und Gestaltung wenig erzieherische Absichten sichtbar werden". Ihr unmittelbares Herkunftsland war Deutschland, doch viele gingen auf „amerikanische Vorbilder" zurück oder enthielten übersetztes Material aus US-Zeitschriften. Die Entfernung von den Instanzen des österreichischen Staates und die Konstatierung eines Defizits „erzieherischer Absicht" zeigten einen auffälligen Gleichklang. Anders als die Importe aus den USA und Deutschland galten die Jugendzeitschriften österreichischer Organisationen als Zeitschriften höheren Typs, darunter *Jugend am Lagerfeuer* der Pfad-

---

22 Rosenmayr/Köckeis/Kreutz, Kulturelle Interessen, XLVIII-LII.

23 Ebd., 109. Neben erwartbar kritischen Einschätzungen von *Micky Maus* und *Bravo* brachen die Autor*innen auch über *Das Beste* von *Reader's Digest* den Stab. Das Periodikum hielten sie für die Vortäuschung einer bildenden Zeitschrift. Sie vermittle „in einer eigenartig simplifizierenden und dadurch auch verzerrenden, auf Mühelosigkeit bei der Aufnahme des Gebotenen bedachten Weise" nur „Pseudowissen". Wissenschaft, wie sie die Autor*innen selbst betrieben, durfte eben nicht mühelos zugänglich sein.

finder, *Blinkfeuer* der Katholischen Jugend, *Der jugendliche Arbeiter* der Gewerkschaftsjugend und *Wir und unsere Welt* der Wirtschaftskammer.[24]

Die Forschergruppe um Rosenmayr erhob über den Kulturkonsum hinaus, wie Lehrlinge und „höhere Schüler" ihr Geld ausgaben. Das Vorbild bildeten die Untersuchungen zu Haushaltsbudgets, wie sie die Arbeiterkammer Wien durchführte. Die Forscher*innen legten ihre Erhebung aber nicht als langfristige Studie an, sondern traten im November 1961 zu Wochenbeginn an je 200 Schüler und Lehrlinge heran. Mittels Fragebogen wollten sie zunächst erfahren, was die Jugendlichen während der vorangegangenen Woche in ihrer Freizeit getan hatten. Auf diese Weise sollten sich die Auskunftspersonen auch ihre Geldauslagen ins Gedächtnis rufen. Anschließend sollten sie in ein Raster von 20 Ausgabenrubriken die Beträge einsetzen.[25] Obwohl die Schüler tendenziell aus Familien mit höherem Einkommen kamen, stand den Lehrlingen deutlich mehr Geld zur eigenen Verfügung.[26] Beide gaben ein Gutteil ihres Budgets für Medienkonsum aus, die Lehrlinge aber deutlich mehr als die Schüler. Diese wendeten ihrerseits mehr von ihrem Geld für Sport und diverse Hobbies auf (Tabelle 16).

Tab. 16: Wochenausgaben von Jugendlichen 1961

Wochenausgaben in %	Lehrlinge	Schüler
Fahrkosten	13,2	8,5
Schulsachen	4,0	5,6
Imbiss	2,0	2,5
Medien (Zeitschriften, Romanhefte, Zeitungen, Kino)	25,2	20,9
Geselligkeit (Wirtshaus, Kartenspielen, Tanz)	8,1	6,4
Sportveranstaltungen und Theater	6,0	11,7
Sportausübung	4,7	12,0
Glücksspiel	3,2	1,5
Zigaretten	6,5	3,5
Süßigkeiten	5,7	6,0
Hobby (Basteln, Fotografieren, Briefmarkensammlung usw.)	8,1	14,5
Ratenzahlungen	2,8	0
Anschaffungen (Kleidung, Bücher, Schallplatten, Abonnements usw.)	10,3	7,1

Quelle: Rosenmayr, Jugend in Wirtschaft und Gesellschaft, Bd. 3, Teil 1, A60.

24 Rosenmayr/Köckeis/Kreutz, Kulturelle Interessen, 110–112, 119.

25 Rosenmayr, Jugend in Wirtschaft und Gesellschaft, Bd. 3, Teil 1, A55–A66.

26 Das Medianeinkommen der Lehrlingsfamilien betrug 1800 Schilling, das der Familien von Mittelschülern 4.000 Schilling (Rosenmayr, Jugend in Wirtschaft und Gesellschaft, Bd. 3, Teil 1, A1 f.). Einem fünfzehnjährigen Mittelschüler standen im Durchschnitt 22 Schilling pro Woche zur Verfügung, dem gleichaltrigen Lehrling 60 Schilling, mithin fast das Dreifache (A52).

Rosenmayr und seine Kolleg*innen verwahrten sich dagegen, zwischen notwendigen und unnotwendigen Ausgaben zu unterscheiden. Aus wertenden Bemerkungen, die sie zwischendurch einstreuten, wie aus dem zeitgenössischen Mediendiskurs lässt sich aber eine andere Unterscheidung konstruieren, die in der Beobachtung impliziert war: jene zwischen problematischen und unproblematischen Ausgaben (Grafik 22). Die Forscher*innen kritisierten zwar den Vergleich der Ausgaben von Jugendlichen, einer sekundären Verbrauchereinheit, mit jenen im Rahmen eines Haushaltsbudgets, sofern das zum Schluss führte, der „Lustbarkeitsanteil" sei bei den Jugendlichen höher als bei „manchem Familienvater".[27] Gleichwohl ging es darum, das budgetäre Gewicht der Lustbarkeiten zu vermessen. Wirtshaus, Glücksspiel, Zigaretten waren ein Problem für Gesundheit und Moral. Den problematisch erscheinenden Ausgabenbereichen standen andere gegenüber, an deren Wert die Forscher*innen nicht zweifelten: z. B. Schulsachen oder der Imbiss bzw. das Gabelfrühstück. In der solcherart aufgebauten Dichotomie aus problematischen und unproblematischen Ausgaben bildete sich eine soziale Hierarchie ab, die über Konsumdiskurse reproduziert wurde: zwischen den Schülern, die der Mittel- und Oberschicht zustrebten, und den Lehrlingen. Erstere verwendeten ihr Geld in einer Weise, die zu weniger Beunruhigung Anlass gab als die Ausgabenposten der Lehrlinge. Sie verbrauchten ihr verhältnismäßig größeres Budget in wenig geschätzten Bereichen.

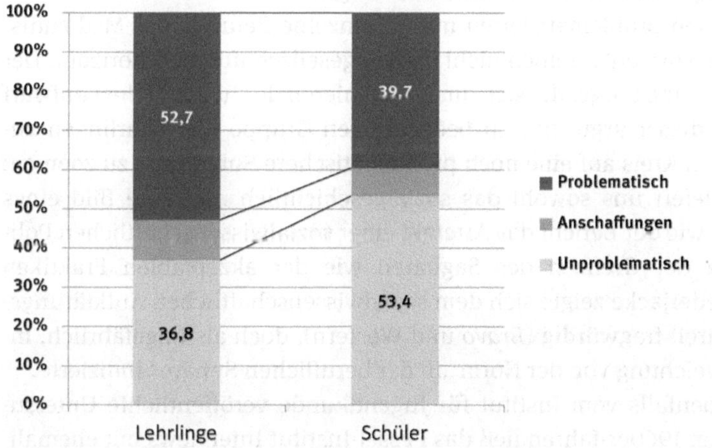

Grafik 22: Die Konstruktion problematischen Konsums, übersetzt in ein Diagramm
Problematisch: Medien, Geselligkeit, Glücksspiel, Zigaretten, Süßigkeiten, Raten; unproblematisch: Fahrkosten, Schulsachen, Imbiss, Sportveranstaltungen und Theater, Sportausübung, Hobby
Quelle: eigene Zusammenstellung, Daten aus Rosenmayr, Jugend in Wirtschaft und Gesellschaft, Bd. 3, Teil 1, A60.

27 Rosenmayr, Jugend in Wirtschaft und Gesellschaft, A61. Sie zitieren und kritisieren hier Theodor Fröhlich, Die Generationen in der Familie unter Gesichtspunkten der öffentlichen Berufsberatung, in: Die Fürsorge im Spannungsfeld der Generationen. Gesamtbericht über den 62. Deutschen Fürsorgetag 1961 in Mannheim, Köln u. a. 1962, 82.

Das Konsumieren der Lehrlinge vollzog sich in einem Zwischenraum. Dem disziplinierenden Gefüge des Elternhauses waren sie in viel höherem Maß entronnen, als das auf die gleichaltrigen Mittelschüler*innen zutraf, indes bewegte sich ihr Konsum noch nicht in den Bahnen, die ein eigener Haushalt vorgab. Die Eliten beobachteten am Konsumverhalten von Lehrlingen mehrere Komponenten, deren Zusammentreffen ihnen Sorge bereitete: Jugendlichkeit (samt der Vermutung einer hohen Manipulierbarkeit durch die Kulturindustrie), eigenes Einkommen und der Gebrauch dieses Geldes für „Lustbarkeiten".

Rosenmayr und seine Kolleg*innen interessierten sich in diesem Sinn für einen „speziellen Besitz-‚Typus'"[28]: den Lehrling, der Lederjacke und Blue Jeans sein Eigen nannte. Im Vergleich zu Lehrlingen, die über diese Kleidungsstücke nicht verfügten, zahlten Lederjackenträger zu Hause seltener Kostgeld, entzogen sich also stärker der erzieherischen Kontrolle. Sie gingen häufiger ins Kino und sahen mehr „harte Filme", vor allem Western. Sie lasen öfters *Bravo*, gingen mehr in Gaststätten und zum Tanzen. Sie rauchten und tranken mehr. Sie besaßen häufiger Stilett, Messer und Schlagring. Sie gehörten sowohl öfters „informellen Burschengruppen" an, als sie auch eher eine „feste Mädchenbekanntschaft" hatten. Die Forschergruppe hielt fest: Das Bild entspreche in einigen Punkten dem des „Halbstarken", wie es die kulturkritische Publizistik zeichne. Jedoch – dies war beruhigend – gebe es keine Hinweise auf häufigere Arbeitsunlust der Lederjackenträger.

Die Forscher*innen problematisierten mithin einzelne Befunde des Mediendiskurses über die „Halbstarken", freilich nicht dessen gesellschaftlichen Horizont. Der Bericht dokumentiert eine Sorge, die sich am Konsumieren der Jugendlichen aufwarf und sich innerhalb dieser argwöhnisch beobachteten Gruppe den Lehrlingen zuwandte, um aus deren Kreis auf eine noch problematischere Subgruppe zu zoomen. Das Forscherteam liefert uns sowohl das sozialgeschichtlich relevante Bild eines Konsumententypus, wie der Bericht das Artefakt einer sozialwissenschaftlichen Polizei ist, die entlang der Grenzen des Sagbaren wie der akzeptablen Praktiken patrouillierte. Die Lederjacke zeigte sich dem sozialwissenschaftlichen Aufklärungstrupp zwar als kulturell fragwürdig (*Bravo* und Western), doch als ungefährlich, insofern sie keine Abweichung von der Norm „in der beruflichen Sphäre" indizierte.

Eine weitere, ebenfalls vom Institut für Jugendkunde veröffentlichte Untersuchung aus den frühen 1960er-Jahren ließ das Fessel-Institut Interviews mit ehemaligen Lehrlingen und Schüler*innen durchführen. Die Studie spürte ihnen rund drei Jahre nach Abschluss ihrer Ausbildung nach.[29] Die weitgehende Freistellung des Einkommens für ‚Lustbarkeiten' erhielt sich vorerst bei den jungen Männern und Frauen, die eine Lehre bzw. eine technische Schule absolviert hatten. Die Auskunftspersonen verfügten nun aber über ein volles Erwachsenengehalt (Tabelle 17). Diese

---

28 Zum Folgenden: Rosenmayr, Jugend in Wirtschaft und Gesellschaft, B36–B63.
29 Palme, Wertigkeit.

Konstellation trug jungen Erwachsenen die Aufmerksamkeit von Kulturkritik einerseits und von Werbung andererseits ein.

Tab. 17: Der Konsum von ehemaligen Lehrlingen als junge Erwachsene 1963

1963	EL	ES	BL männl.	BL weibl.
Nettoeinkommen in Schilling	2030	2225	1930	1700
Besitzen Radio	29	29	30	39
Kofferradio	48	39	41	42
Plattenspieler	28	25	34	25
Fernsehapparat	5	0	3	7
Elektrischer Kühlschrank	9	6	5	27
Elektrische Waschmaschine	2	0	0	5
Staubsauger	7	6	5	22
Photoapparat	46	67	60	57
Filmkamera	1	2	5	2
Moped/Roller	22	22	21	9
PKW	31	37	26	21
Nichts davon	10	14	5	16
Leben in eigener Wohnung	14	7	8	27
Wohnen bei den Eltern	81	84	92	62
Verheiratet	16	4	10	51
keine Pflichten abseits der Berufsarbeit	65	55	68	37
Hausarbeit	15	7	17	62

EL = Elektromechanikerlehrlinge; ES = Elektrotechniker (Bundesgewerbeschule); BL = Bürolehrlinge
Angaben in % der Nennungen nach Palme, Berufsaufsbildungswege, 67 (Einkommen), 68 (Konsumgüter), 72 (Wohnen), 73 (Familienstand), Pflichten (75)
Quelle: Palme, Wertigkeit, 68.

Wenn man genau sein will, so erhielt sich die Konstellation vor allem bei den jungen Männern. Die Elektromechaniker bzw. -techniker und noch mehr die Männer, die eine Bürolehre absolviert hatten, lebten weiterhin überwiegend zuhause. Das galt zwar auch für junge Frauen, die in die Bürolehre gegangen waren, doch ein Viertel lebte bereits in der eigenen Wohnung und die Hälfte war verheiratet. Nur ein gutes Drittel gab an, dass sie abseits der Berufsarbeit keine Pflichten zu erfüllen hatten. Bei diesen handelte es sich fast ausschließlich um Hausarbeit, in die ihre männlichen Altersgenossen – ihrer Selbstaussage in den Interviews zufolge – nur in sehr geringem Maß eingebunden waren. Die jungen Frauen steuerten also bereits auf das

Ideal einer Existenz zu, die an Familie und Haushalt gebunden war.[30] Davon erwartete man eine wohltätig disziplinierende Wirkung für den Konsum.[31]

Die Männer hingegen hatten Geld und profitierten von der Ausstattung des elterlichen Haushalts, ohne in ihn Arbeit investieren zu müssen. Die Untersuchung konstatierte, dass die jungen Erwachsenen insgesamt in einem recht hohen Ausmaß die abgefragten „Güter des gehobenen Bedarfs" ihr Eigen nannten. Die Liste umfasste abseits von einigen Produkten, die auf den Haushalt verwiesen (Staubsauger, Waschmaschine und Kühlschrank), die Flaggschiffprodukte privaten Medien- und Musikkonsums, das Hobby des Abbildens (Fotoapparat und Filmkamera) sowie die Artefakte der Mobilität. Der PKW-Besitz lag bei den jungen Elektrotechnikern und -mechanikern weit über dem Durchschnitt für österreichische Erwachsene.[32]

Ein wesentliches Thema in der medialen Auseinandersetzung mit Lehrlingen und daher ein Fokus von deren sozialwissenschaftlicher Untersuchung war das Kostgeld. Dabei handelte es sich um den Beitrag, den die Lehrlinge an ihre Eltern abgeben sollten, solange sie bei ihnen wohnten. Im elterlichen Haushalt zu leben war in den 1950er- und 1960er-Jahren üblich und traf auch Anfang der 1980er-Jahre auf 90 Prozent der Lehrlinge zu.[33] Eine Mitte des Jahrzehnts durchgeführte sozialwissenschaftliche Studie über das Konsumverhalten der Lehrlinge stellte allerdings fest, dass nur mehr ein Fünftel von ihnen Kostgeld bezahlte. Man vermutete in vager Gegenüberstellung mit ‚früher' einen „eher symbolischen Charakter" des Kostgelds, das „vielleicht in den Augen der Eltern einen pädagogischen Wert" trage.[34] Das Forscherteam um Leopold Rosenmayr hatte 1961 Wiener Schlosserlehrlinge befragt, von denen 57 Prozent angaben, einen Teil ihres Verdienstes als Kostgeld abzuliefern.[35] Das ‚Früher', in dem fast alle Lehrlinge Kostgeld zahlten, scheint in der Zwischenkriegszeit gelegen zu haben.[36] Stets greifbar war allerdings ein symbolischer und pädagogischer Aspekt dieser Geldleistung.

Daher hatten die Ergebnisse einer einschlägigen Erhebung des Gallup-Instituts von 1957 wenig mit der Praxis des Kostgelds, aber viel mit Erziehungsvorstellungen zu tun: 82 Prozent der befragten Personen stimmten damals zu, dass Kinder, die bereits Geld verdienten, zuhause einen Beitrag leisten sollten.[37] Das Meinungsforschungsinstitut fragte sodann weiter nach Begründungen der jeweiligen Ansicht: „Sollen den Eltern helfen", „sollen den Wert des Geldes kennenlernen", „damit die

30 Cyba, Modernisierung, 446.

31 Zum fordistischen Konsummodell: Karazman-Morawetz, Arbeit, 417–420.

32 Palme, Wertigkeit, 67 f.

33 Knapp/Verzetnitsch, Lehrling 81, 117.

34 Amann, Konsumstrukturen, 28.

35 Rosenmayr, Jugend in Wirtschaft und Gesellschaft, Bd. 3, Teil 1, A24–A31.

36 Laut einer 1927 in Deutschland durchgeführten Befragung von Berufsschülern entrichteten 85 Prozent Kostgeld zuhause. Rosenmayr, Jugend in Wirtschaft und Gesellschaft, Bd. 3, Teil 1, A27.

37 O. V., Berufstätige Jugend soll zu Hause für Unterhalt zahlen, in: Gallup Pressedienst XXVI, 3.7.1957.

Kinder das Sparen lernen", lauteten die häufigsten Aussagen jener großen Mehrheit, die dafür eintrat, dass die Jugendlichen für ihren Unterhalt aufkommen sollten. Die Minderheit, die nicht dieser Meinung war, reagierte auf die Frage, warum, zu 52 Prozent mit dem Argument: „um für sich zu sparen". An zweiter Stelle rangierte mit allerdings nur 32 Prozent die Aussage: „damit sie sich etwas kaufen können".

Der ganz überwiegende Teil der von Gallup aufgelisteten Aussagen – zum genauen Modus der Erhebung machte das Institut keine Angaben – fügte sich in einen Diskurs des Sparens, der den Konsumaufschub als erzieherischen Wert in den Mittelpunkt stellte: „aus erzieherischen Gründen" (zwölf Prozent), „damit sie wissen, was das Leben kostet" (neun Prozent), „um das Geld nicht zu verjuxen" (neun Prozent) sind weitere Bestimmungen.

Was sagen uns all diese statistischen Artefakte, Konzepte und Einschätzungen? Die empirische Sozialforschung war ein Spezialdiskurs, für dessen Legitimierung Akteur*innen in der Lage sein mussten, sich reflektierend auf hegemoniale Perspektiven zu beziehen. Die Sozialwissenschafter*innen der Nachkriegszeit nahmen entsprechende Fragen auf und lieferten Antworten, deren Mehrwert ein dazwischen geschalteter Methodenapparat verbürgte. Sie versuchten sich gegenüber massenmedial kolportierten Vorurteilen freizuspielen, ohne ihre Anschlussfähigkeit für die Eliten zu verlieren, die aus dem heterogenen Sozialen eine Gesellschaft im „Wiederaufbau" zu formen trachteten. Wissenschaft befindet sich stets in einer Abhängigkeit gegenüber Eliten, ihrem Wissen und ihren Herrschaftsapparaten. Sie vollzog sich im Österreich der Nachkriegszeit zwar nicht unter den repressiven Bedingungen einer Diktatur, doch die vorangegangene faschistische Liquidation von Menschen und Denkweisen begünstigte den normalisierenden Druck, den die ökonomischen, politischen und moralischen Imperative des „Wiederaufbaus" erzeugten. Die Ergebnisse der Sozialwissenschaften und ihrer Jugendforschung kann man nicht als bloße Ideologie abhaken. Das wäre zu einfach. Ihre Methoden entsprachen zeitgenössischen Standards, doch es ging um „Wiederaufbau (nicht Aufdeckung)", wie Rosenmayr rückblickend feststellte.[38] Somit handelte es sich bei den Beobachtungen der Jugendforschung um Einsätze aus dem Inneren jener nationalen Ökonomie, deren Konstruktion die vorliegende Studie nachgeht.

5.2 Die Zeitschrift *Wir und unsere Welt* als Medium der Nationalisierung von Jugendlichen

Auf die Frage, welche Zeitschriften sie lasen, nannten 53 Prozent der 800 vom Forscherteam um Leopold Rosenmayr befragten Lehrlinge *Bravo*, je ein Viertel *Funk und Film* und *Micky Maus*. Alle drei Zeitschriften waren in dem für die Jugendstudie verwendeten Fragebogen als Beispiele angeführt. Nur drei Prozent der Lehrlinge

38 Rosenmayr, Sonderfall, 53.

führten von sich aus die Zeitschrift einer Jugendorganisation an. Genau sieben von 800 nannten *Wir und unsere Welt* und gerade einmal fünf das gewerkschaftliche Gegenstück *Der jugendliche Arbeiter*.[39] Einer zeitgenössischen Schätzung zufolge verkaufte *Bravo* 1960 rund 200.000 Stück in Österreich,[40] um vieles mehr als die 140.000 Exemplare von *Wir und unsere Welt*, die an Lehrlinge gratis abgegeben wurden. Die Medienkonkurrenz für die Organisationszeitschriften fiel in Land und Stadt annähernd gleich stark aus. Rosenmayr u. a. konnten kein „Gefährdungsgefälle" hinsichtlich des Schund-Konsums ausmachen.

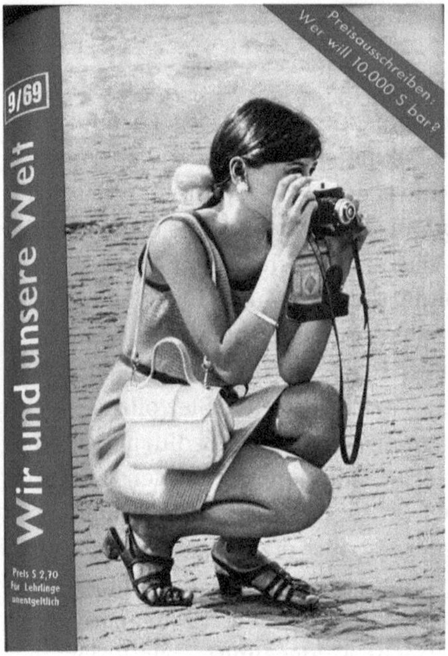

Abb. 51: „Das letzte Urlaubsfoto"
Quelle: Wir und unsere Welt 1969, September.

Abb. 52: Freudiger Abschied
Quelle: Wir und unsere Welt 1969, Oktober.

Um mehr über die Nutzung der kostenlos verteilten Periodika herauszufinden, fügte das Forscherteam eine Frage über das Magazin der Organisation „Theater der Jugend" hinzu: Neun Prozent der Mittelschüler gaben an, die „recht anspruchsvolle" Zeitschrift regelmäßig zu lesen und 22 Prozent gelegentlich; 17 Prozent identifizierten sich mit der Aussage „ich blättere sie durch".[41] Damit ist auch für *Wir und unsere Welt* die intuitiv denkbare Bandbreite der Nutzungen benannt, ohne dass sich über die Gewichtung der Rezeptionsmodi etwas sagen ließe; oder darüber, welche der

39 Rosenmayr/Köckeis/Kreutz, Kulturelle Interessen, 106–112, 284 (Fragebogen).
40 Blaschitz, „Kampf", 137.
41 Rosenmayr/Köckeis/Kreutz, Kulturelle Interessen, 112, 284.

Texte mehr gelesen wurden, welche weniger. Die Zeitung zu erhalten gehörte jedenfalls zu den Begleiterscheinungen des Lehrlingsalltags.[42] Mit politisch oder alltagskulturell provozierenden Artikeln konnte *Wir und unsere Welt* zum Teil heftige Leserreaktionen hervorrufen: „Ich wünsche jeden der noch einmal über Elvis Presley schimpft das er an einen qualvollen Tod zugrunde geht“, entrüstete sich Ernst L. aus Wien. Sein Schreiben druckte die Redaktion mit dem denunziatorischen Vermerk ab: „Orthographische Fehler des Originals wurden beibehalten.“[43]

Das Cover der Zeitschrift stellte dem zur Identifikation mahnenden „Wir“ stets eine Abbildung gegenüber. Das ergab vier Möglichkeiten einer Deutung des Verhältnisses. Das Cover konnte uns und unsere Welt, uns in der Welt, andere in unserer Welt und andere in ihrer Welt zeigen. In jedem Fall trug die Konstellation zur kumulativen Bestimmung einer imaginierten Gemeinschaft jugendlicher Österreicher*innen bei – und zwar aus der Perspektive eines männlichen Betrachters, dessen Blick sich die Zeitschrift durchwegs zu eigen machte: September 1969, eine attraktive junge Frau im Minikleid, dabei fotografiert, wie sie selbst ein Foto schießt: „das letzte Urlaubsfoto“ (Abb. 51). Kein Zweifel: Sie gehört (zu) „uns“, ist österreichisches Subjekt bzw. das Objekt, auf das der gesunde Österreicher sein Begehren richtet. Oktober 1969, sowjetische Soldaten, die aus einem Eisenbahnwaggon winken (Abb. 52). Umseitig, am Fuß des Editorials erläuterte die Zeitschrift: „26. Oktober, Tag der Fahne – an diesem Tag im Jahre 1955 verließ der letzte Besatzungssoldat Österreich.“ Das war zwar falsch; es handelte sich vielmehr um das Datum, an dem das Österreichische Parlament das Gesetz über die immerwährende Neutralität beschlossen hatte. Da aber die Neutralität erst im Laufe der Jahrzehnte zu einem emotional besetzten Element des österreichischen Selbstverständnisses wurde, hob über viele Jahre die Inszenierung des 26. Oktober vor allem das Ende der Besetzungszeit hervor: weniger die Verabschiedung eines Gesetzes als die der fremden Soldaten. Auf dem Cover von *Wir und unsere Welt* lächeln die Soldaten mit dem Sowjetstern auf ihren Kappen, man schied also freundlich voneinander. 1969, im Jahr nach der Niederschlagung des Prager Frühling,[44] konnte man aber darauf bauen, dass österreichische Rezipient*innen in dem Sujet wenig Deutungsspielraum sahen: Dass die „Russen“ gegangen waren, dass sie nicht mehr zu unserer Welt gehörten, bildete die Voraussetzung für ein ungestörtes Österreich, das die Früchte seines Wirtschaftswunders genießen konnte. Das Foto der jungen Frau am September-Cover hatte diese Früchte ins Bild gerückt, indem es den Urlaub als die hohe Zeit des hedonistischen Konsums

---

42 Als eine solche erinnerte sie in einem autobiografischen Abriss der ehemalige Lehrling Karl L. Er absolvierte im Niederösterreich der frühen 1960er-Jahre eine Malerlehre und entnahm aus der Zeitschrift das Wissen über die Kollektivvertragsätze für die Lehrlingsentschädigung. Karl L., Die Berufswahl, Dokumentation lebensgeschichtlicher Aufzeichnungen, Institut für Wirtschafts- u. Sozialgeschichte, Universität Wien.

43 O. V., Seid ihr das?, in: Wir und unsere Welt, 1957, November, 82f.

44 Vgl. auch das Editorial zum Nationalfeiertag im Jahr zuvor: O. V., Seelen mit kleinem Funken, in: Wir und unsere Welt, 1968, Oktober, 3.

thematisierte, den man(n) sich durch Erwerbsarbeit verdient hatte. Die Abfolge der beiden Coversujets verwies auf Kopplungen und einander ausschließende Alternativen im Rahmen des Kalten Kriegs: Soldat/Krieg/Osten, Konsument*in/Friede/Westen.

Der österreichische Nationalfeiertag setzte anders als die Schweizer Bundesfeier am 1. August nicht einen Nationalstaat in Szene, dessen Anfänge man viele Jahrhunderte zurückverfolgte, sondern er unterstrich die Neuheit des österreichischen Kleinstaates in seiner Zweitausgabe.[45] 1956 führte die Regierung den 26. Oktober zunächst als Tag der Fahne ein, den vor allem Schulen und Bundesheer zu begehen hatten. Ihn als Nationalfeiertag zu titulieren wagte sie vorerst nicht; zu sehr fürchtete sie das Unverständnis einer Bevölkerung, die bis 1945 ihre Nation als deutsch verstanden hatte – und vor allem im Umfeld der ‚ehemaligen' Nationalsozialist*innen dies weiterhin tat.[46] Dem 26. Oktober fehle es an „Sinn und Inhalt", wurde oft geklagt.[47] Die Tradition musste erst erfunden werden. In ihrer Jugendzeitschrift versuchte die Wirtschaftskammer, ihn als Feier des *Made in Austria* zu besetzen. 1958, als die Kammer erstmals eine Österreichwoche durchführte, ging ihr Lehrlingsmagazin auch zum ersten Mal in seiner Oktoberausgabe auf den Tag der Fahne ein.[48]

Zur wirtschaftspatriotischen Didaktik von *Wir und unsere Welt* gehörten die Preisausschreiben, die ab 1960 rund um die Österreichwoche und damit um den Staats- respektive Nationalfeiertag kreisten. 1961 nahmen rund 4700 Lehrlinge teil, von denen 75 Prozent die richtigen Antworten einsandten.[49] Gemessen an der Auflage des Magazins von 140.000 Stück oder der adressierten Gruppe insgesamt waren das allerdings nur ein paar Prozent. Die Preisausschreiben dienten als das an Lehrlinge gerichtete Äquivalent zum Aufsatzwettbewerb für Schüler*innen. Auch Lehrlinge waren zwar in den staatlichen Bildungsapparat eingebunden, weil sie Berufsschulen besuchten. Diese hatten aber bis zu einer Gesetzesnovellierung Mitte der 1970er-Jahre nicht den Auftrag, über das Fachliche hinaus ‚allgemeinbildende' Inhalte in den Unterricht zu integrieren. Für einen Aufsatzwettbewerb war hier kein Platz. Den größten Teil ihrer Zeit verbrachten die Jugendlichen außerdem bereits in Betrieben.[50] Diese gliederten sie in den Produktionsprozess ein, wenngleich sie zudem die Auflage hatten, Ausbildung zu bieten und nicht bloß eine billige Arbeitskraft auszubeuten. Genau das war allerdings ein dauernder Streitpunkt zwischen Arbeitnehmer- und Unternehmerverbänden. Für das Verfassen von Aufsätzen, eine so sehr

45 Spann, Nationalfeiertag.

46 Von „ehemaligen Nationalsozialisten" zu sprechen war die übliche Redeweise. Insofern man zumindest legal nicht einer seit 1945 verbotenen Partei angehören konnte, mochte die Etikettierung korrekt sein. Vor allem sollte sie jedoch kalmierend über ideologische Kontinuitäten hinweggehen.

47 Hier zitiere ich: Klenner, Renaissance, 231.

48 O. V., Was Österreich in der Welt gilt, in: Wir und unsere Welt, 1958, Oktober, 16–17, 22.

49 WKÖ, DÖW, Österreichwoche 1961.

50 80 Prozent der Ausbildungszeit. Knapp/Verzetnitsch, Lehrling 81, 21.

an die Schule gebundene Schreibpraxis, bot die Lehre im Betrieb daher erst recht keinen plausiblen Ort.

Man musste sich also etwas anderes einfallen lassen: Die Preisausschreiben luden die Lehrlinge ein, Quizfragen zu beantworten oder Rätsel zu lösen. Thematisch passten sie zur Österreichwoche und den wirtschaftspatriotischen Anliegen der Kammer. Anreiz zur Teilnahme sollten die unter den richtigen Einsendungen verlosten Sachpreise geben. Dass man sich für diese Form entschied Lehrlinge anzusprechen, war sowohl didaktischer Realismus, wie es die ständische Fraktionierung von – schriftlicher – Ausdrucksfähigkeit und -erwartung spiegelte. Anders als das bei kommerziellen Preisausschreiben der Fall zu sein pflegt, lagen die Antworten auf die Fragen, die das Magazin zu Anfang der 1960er-Jahre den Jugendlichen stellte, nicht auf der Hand. Man konnte sie sich aber durch Lektüre der jeweiligen Ausgabe erschließen.

Der nationalisierende Bildungsanspruch ließ sich deutlich erkennen. Darin glich der Zugriff jenem auf die Schüler*innen der Sekundarstufe. Zudem mochte auch das Schreiben von Aufsätzen, wenn es auf die Reproduktion von vorgegebenen Lehrinhalten ausgerichtet war, auf das bloße Abfragen von Wissen hinauslaufen. Allerdings kann ein Quiz grundsätzlich nicht mehr sein. Die Kammer erfuhr auf diese Weise nur, dass ein Teil der Lehrlinge, an die man die Zeitschrift verteilte, diese auch tatsächlich gelesen hatte. Das Verfahren lief nicht auf Aneignung hinaus. Das Nationale solcherart weiterzuentwickeln war der gebildeten Mitte vorbehalten.[51] Das Quiz zielte vielmehr auf Anpassung an eine nationalisierende Vorgabe, ohne die Lernenden konzeptuell zu beteiligen.[52] So standen die Lehrlinge 1977 nicht nur vor der Aufgabe, ein Bildrätsel zu lösen, indem sie korrekte Zuordnungen des Abgebildeten zu verschiedenen Wirtschaftssektoren vornahmen: „Weiters sollt ihr auf die Postkarte den seit Jahren bekannten Slogan ‚Kauft österreichische Qualität' niederschreiben. (Wir möchten das so haben, damit sich der Slogan auch wirklich einprägt.)"[53]

Die Merkmale des Zugangs zur Nation und ihrer Ökonomie, den die Wirtschaftskammer propagierte, konturieren sich noch schärfer, wenn man *Wir und unsere Welt* dem Lehrlingsmagazin des Gewerkschaftsbundes gegenüberstellt. Die gewerkschaftliche Zeitschrift *Der jugendliche Arbeiter* erschien bereits 1946 und war die Wiederaufnahme eines 1902 geschaffenen publizistischen Organs. In Monarchie und Erster Republik hatte *Der jugendliche Arbeiter* als Blatt der sozialistischen Gewerkschaften fungiert. Nun war es das publizistisches Organ einer Dachorganisation, der Arbeitnehmerverbände verschiedener politischer Richtungen angehörten. Den Gewerkschaftsbund dominierten aber die Sozialdemokrat*innen, so wie umgekehrt in der

51 Der Begriff der Aneignung meint in den Kulturwissenschaften eine gegen hegemoniale Vorgaben gerichtete Praxis der Widerständigkeit; Aneignung ist freilich nicht notwendigerweise *Die Kunst der Schwachen* (so der Titel eines Aufsatzes: Füssel, Kunst), eher im Gegenteil.

52 Vgl. für einen anderen Gegenstandsbereich, das wissenschaftliche Schreiben, die Gegenüberstellung von Aneignung und Sozialisation bei Pohl, Ontogenese, 91–93.

53 O. V., Das große „wir"-Preisausschreiben, in: Wir und unsere Welt, 1977, Oktober, 16 f.

Wirtschaftskammer die Christdemokrat*innen der ÖVP das Sagen hatten.[54] Seit sich ab 1949 die Wirtschaftskammer ebenfalls an die Lehrlinge wandte, war das korporatistische Gleichgewicht publizistisch hergestellt, sehr zum Missfallen der Gewerkschaft. Ihre Zeitschrift warnte die Lehrlinge vor dem publizistischen Wolf, der Kreide gefressen hatte: Er warte nur auf eine günstige Gelegenheit, um die jugendlichen Arbeiter*innen zu verschlingen, die sich vom korporatistischen Harmoniegeschwätz hatten einlullen lassen.[55]

In einem Leitartikel reagierte *Wir und unsere Welt* auf die Warnungen des Gewerkschaftsbunds, das Blatt sei eine „Propagandaschrift der Arbeitgeber“:

> Jeder Meister war einmal ein Lehrling, und viele Gesellen und viele Lehrlinge werden einmal Meister sein. Wir wollen damit die Gegensätze nicht verniedlichen, wir wollen damit nur andeuten, daß wir, abgesehen von unserer Zugehörigkeit zu einer Organisation oder einer Partei, auch noch Österreicher und damit warmherzige Menschen sind.[56]

Ihr Zugeständnis an den Verdacht der Arbeitnehmerorganisation („wir wollen [...] nicht verniedlichen“) klammerte die Redaktion zweifach ein: Zum ersten griff sie auf überkommene Vorstellungen eines Lebens im Handwerk zurück, in dessen Verlauf sie die Hierarchie zwischen Unternehmer*innen und Lohnabhängigen aufgehoben sah und die das Potential für wechselseitiges Verständnis bergen sollte. Zum zweiten führte sie die Zugehörigkeit zur Gemeinschaft der Österreicher*innen ins Treffen, durch deren Warmherzigkeit sich die Spezifik der Situation von jugendlichen Arbeiter*innen – aus Gewerkschaftssicht: ihre Klassenlage – auflösen musste. Man sei auch „gar nicht gegen die Gewerkschaften“, beteuerte die Zeitschrift der Wirtschaftskammer. Dies anzunehmen, würde bedeuten, daß „wir in eine Welt hineinwachsen, in der das, was ein Weißer sagt, gegen den Neger sein muß, was ein Deutscher sagt, gegen die Franzosen, was ein Christ sagt, gegen die Juden, was ein Erwachsener spricht, gegen die Jugend und so weiter nach demselben Schimmel“.[57] Und so könnte dann eben auch „ein Meister nicht mehr mit seinem Lehrling reden“.

Den Gegensatzpaaren war ein Machtgefälle eingeschrieben, bei Meister und Lehrling ebenso wie bei Erwachsenen und Jugendlichen oder ‚Weißen‘ und ‚Negern‘. Die Kette legt eine Identifikation und eine Abgrenzung nahe: der weiße, deutsche, christliche, erwachsene Meister und die Anderen. Dagegen, dass die Anordnung

54 Der Gewerkschaftsbund ist allerdings nicht das genaue Äquivalent der Wirtschaftskammer. Dieses wäre die Arbeiterkammer, die aber keine eigene Jugendzeitschrift herausbrachte.

55 O. V., 10 arme Hühnermarder vom jungen Huhn gefressen, in: Der jugendliche Arbeiter, 1958, Heft 1, 3; O. V., Wir fallen mit der Tür ins Haus, in: ebd., 1958, Heft 9, 5. Der Artikel thematisierte die Ausbeutung in Fremdenverkehrsbetrieben anhand eines konkreten Falls. Der Titel bezog sich auf die gleichnamige Rubrik in *Wir und unsere Welt*, die sich die Qualität zumaß, gegenüber den Lehrlingen ungeschminkte Wahrheiten auszusprechen, aber eben aus Sicht der Gewerkschaft das genaue Gegenteil tat.

56 O. V., Darf uns der Lehrling lesen?, in: Wir und unsere Welt, 1956, Februar, 131.

57 O. V., Darf.

eine zufällige wäre, spricht sowohl die Eindeutigkeit, mit der man das Verteilungsprinzip fassen kann, als auch dass sie sich als Serie erweisen lässt. Andernorts findet man etwa folgende Aufzählung: „Weiße und Neger, Nüchterne und Betrunkene, Reiche und Bettler."[58] Die Kette von Oppositionen und die Verteilung ihrer Terme ist somit eher dazu angetan, Argwohn zu schüren als ihn zu beseitigen. Dass Deutsche gegen Franzosen nicht nur reden, sondern in den Krieg ziehen konnten, und dass Christen die Rede gegen Juden zu Verfolgung und Vernichtung eskalieren konnten, war zudem eine nicht weit zurückliegende Erfahrung.

Das galt auch für die Liquidierung der politisch organisierten Arbeiterschaft durch Faschismus und Nationalsozialismus. Die Jugendzeitschrift der Gewerkschaft sprach daher bisweilen an, dass die Arbeiterjugend nicht vergessen durfte und kämpferisch bleiben sollte. Bezeichnend ist jedoch, wie 1958 ein Artikel mit dem Titel *Feiglinge, schlagt zu* von der scheinbar revolutionären Emphase zur Attacke auf die Jugend abbog und ihre konsumverfallene Passivität anprangerte.[59] Die „gegnerische Presse" nahm einen Aufruf zum Klassenkampf wahr.[60] In empörten Kommentaren übersah sie,[61] was die Redaktion der Wochenzeitschrift *Die Furche* bei einer nochmaligen Lektüre erkannte: die Perspektive einer „wertvolle[n] Bundesgenossenschaft" in der Feindschaft gegenüber „Schmutzfilme[n] und Schundliteratur".[62]

Die ideologische Übereinstimmung mit der *Furche*, dem Blatt für das katholische Bildungsbürgertum, ging allerdings weiter als die Überschneidungen mit *Wir und unsere Welt*. Die Wirtschaftskammer bremste ihren kulturkonservativen Impetus, wo er die Absatzziele ihrer Mitglieder gefährdete. In *Wir und unsere Welt* begleitete Kritik an ‚vermassender' Reklame das Verständnis für die Werbung als einer dem Verkaufen inhärenten Notwendigkeit.[63] Im Gewerkschaftsblatt spielte die konsumkritische Rekonstruktion der „Reklame" hingegen dem Konsumentenschutz zu,[64] der sich in den 1960er-Jahren unter Ägide von sozialdemokratisch dominierten Institutionen, von den Konsumgenossenschaften bis zur Arbeiterkammer, formierte. Somit blieben die Enthüllungen über die persuasiven Techniken von Handel, Konsumgüterindustrie und Werbung ein Dauerbrenner in der Zeitschrift, die nun *hallo* hieß.[65]

Sieht man vom Thema Konsumentenschutz ab, stechen die bis in Details reichenden Gemeinsamkeiten der unternehmerfreundlichen und der gewerkschaftli-

---

58 [is], Amerika kannst du es besser?, in: Wir und unsere Welt, 1961, November, 14 f., 31 f., hier 32.
59 Winfried Bruckner, Feiglinge, schlagt zu!, in: Der jugendliche Arbeiter, 1958, August, 2–5.
60 O. V., In eigener Sache: Die Feiglinge schlugen zu!, in: Der jugendliche Arbeiter, Oktober, 9–11, hier 9.
61 Z. B. O. V., Und willst du nicht mein Bruder sein...?, in: Die Furche, Nr. 35, 30.8.1959, 2.
62 Zit. nach: O. V., In eigener Sache, 9.
63 O. V., Reklame, in: Wir und unsere Welt, 1958, Juli, 2; Ali [Autorenkürzel], Durch Dienen verdienen, in: Wir und unsere Welt, 1968, November, 18 f.
64 Winfried Bruckner, Die Statue des Apoll, in: Der jugendliche Arbeiter, 1958, Februar, 20 f.; O. V., Geschäft mit Kurven, in: Der jugendliche Arbeiter, 1959, Juni, 6.
65 Z. B. Renate Brauner, Bewusst einkaufen, in: Hallo, 1979, Dezember, 7–9.

chen Kritik von Massenmedien und Massenkonsum ins Auge.[66] Die Lehrlingsmagazine des Gewerkschaftsbundes und der Wirtschaftskammer beteiligten sich in den langen 1950er-Jahren an jenen Diskursen, die Rockmusik, ‚Schlager', Filme – kurz alles, was Adorno und Horkheimer Kulturindustrie nannten – als Fehlentwicklung erfassten, die auf die Jugend verderbliche Wirkung ausübte.[67] Beide Seiten partizipierten an einem Diskurs, der normalisierend auf die Jugend einwirken sollte bzw. die Notwendigkeit dieser Normalisierung postulierte.[68] Den gemeinsamen Fluchtpunkt bildete die Sozialisierung zu einem Doppelwesen, das pflichtbewusste Berufstätigkeit und maßvollen Konsum vereinte. Diese Subjektivierung sollte sich unter dem Dach Österreichs vollziehen, eines korporatistisch verfassten Nationalstaates. Im Rahmen dieses Diskurses nahmen sich die Lehrlingsmagazine von Arbeitnehmer- und Unternehmerseite mitunter als getreue Spiegelbilder aus, in ihren Präferenzen wie in ihren Abneigungen.

Der nächste Abschnitt wird die Thematisierung von Massenkultur und Massenkonsum durch *Wir und unsere Welt* genau untersuchen, der folgende dann die gemeinsame Erzeugung des österreichischen Subjekts und der österreichischen Wirtschaft. Ein dritter Abschnitt wird bei Vorstellungen eines österreichgerechten Konsums fortsetzen. Der abschließende Blick auf die Preisausschreiben zur Österreichwoche wird die Eindrücke bündeln und darauf hinauslaufen, die Frage nach der Gewichtung von Produktion und Konsum im hegemonialem Projekt Österreich zu beantworten – sowohl spezifisch für die Gruppe der Lehrlinge als auch generell für die nationale Ökonomie der langen Nachkriegszeit.

5.3 Fremde Massenkultur und die Möglichkeit des Boykotts

Immer wieder empörte sich *Wir und unsere Welt* über *Schluchzer von Beruf,* allen voran Elvis Presley, der „sich in fürchterlichen Krämpfen um die Mikrophonstange windet"[69]. Von Beruf zu schluchzen war eine Travestie anständiger Erwerbstätigkeit. Vor einem solchen Berufsziel konnte man nicht genug warnen. Freilich galt beunruhigenderweise auch: „Wenn er [Presley] hemmungslos weint und stöhnt, dann jubeln ihm Tausende und Abertausende zu."[70] Hier und an vielen anderen Stellen wurden zwei Modi der Subjektivierung und zwei Seiten der Ökonomie angespro-

---

66 Ein eindrucksvolles Beispiel: O. V., Elvis Presley: Held oder Hobby?, in: Wir und unsere Welt, 1957, Juli, 336 f.; Rolf Totter, Das gute Vorbild frei nach Wahl, in: Der jugendliche Arbeiter, 1959, August.

67 Weitere Beispiele der sozialdemokratischen Variante kulturkonservativer Sorge z. B. Bednarik, Konsumfront; ders., Arbeiter; Ziehensack, Macht.

68 Zur Konvergenz von bürgerlicher und sozialdemokratischer Aufregung über Schmutz und Schund vgl. Herzog, Politisierung; Steinbacher, Sex; Maase, Vergnügen, 163–167.

69 O. V., Gestatten: Ich bin Schluchzer von Beruf, in: Wir und unsere Welt, 1957, Mai, 276 f.

70 Ebd., 276.

chen, ebenso wie deren Verbindung: Beruf und Freizeit, Produktion und Konsum. Diese zwei Momente sind ineinander verschlungen, denn die anzustrebende Form der österreichischen Produktion setzte eine bestimmte Art des Konsumierens voraus, die als Persönlichkeitsbildung zu verstehen war. Erst dadurch konnten die Österreicher*innen die Fähigkeit zu einer der Nation gemäßen Produktion erlangen. Umgekehrt verlangte die österreichische Produktion, die zugleich eine Erzeugung des Österreichischen, eines in Dingen und Praktiken ausgedrückten nationalen Charakters sein sollte, nach einem Absatz, dessen Mindestausmaß die Österreicher*innen garantieren mussten. Die erfolgreich zu Österreicher*innen geformten Konsumierenden waren in diesem Denkmodell ihrerseits wiederum darauf angewiesen, dass die heimischen Unternehmen lieferten, was ihr nationalisiertes Herz begehrte. Stets aufs Neue erwies sich dabei, dass die Regierung des Selbst und der nationalen Ökonomie zusammengehörte.

Das Skandalon der Rockmusik diente häufig als pars pro toto für massenkulturelle Ware. Der Schluss des Artikels über *Schluchzer von Beruf* fasste die doppelte Abwegigkeit dieses Konsumangebots zusammen: „Worin aber wurzelt der Erfolg der heulenden Derwische, jener reichlich überflüssigen Importware aus den USA? Sie leben davon, daß wir uns genieren, uns so schlecht zu benehmen wie sie. Dafür bezahlen wir. Viel, sehr viel sogar!“[71] Man bezahlte aus Sicht der Redaktion für ein Produkt, zu dessen Anmutungsleistung erstens die ausländische Herkunft gehörte und zweitens die Negierung des Anstands. Man sollte also besser nicht zahlen. Die Dichotomie von Zahlen oder Nicht-Zahlen ist jener Code, der nach Niklas Luhmann das Subsystem der modernen Ökonomie konstituiert;[72] in der Tat ist sie in einer monetarisierten Ökonomie jener wesentliche Punkt, an dem der Kauf den Übergang von der Produktion zur Konsumtion vollzieht.

Die Rede über „Importware aus den USA“ schloss an einen außenwirtschaftlichen Diskurs über die Handelsbilanz an. Sie lud dieses markante theoretische Artefakt der Nationalökonomie moralisch auf, indem sie die Importware als „reichlich überflüssig“ attribuierte. Sie artikulierte außerdem eine Vorstellung von Quantität, deren Merkmal es war, ein Gleichgewicht zu stören. In dieselbe Richtung führte die Phrase „viel, sehr viel sogar“. „Viel“ ist ein relationales Konzept, keine numerische Größe. Es ist gerade dadurch ein flexibles Instrument, um Gefährdung zu suggerieren. Es ging um einen Ethos ebenso wie um eine Ökonomie der Nation – in beides galt es die Jugend zu inkorporieren. Aus diesem Grund schrieb der Autor hier auch von „wir“, die „wir uns genieren“ und die wir bezahlen. Das für die Programmatik der Zeitschrift zentrale Pronomen „Wir“ trat erst in den abschließenden Passagen des Artikels auf, und zwar in einer Weise, dass „Wir“ die Leser*innen und den Verfasser einschloss, obwohl letzterer zuvor das Phänomen des Schluchzens und seine Anziehungskraft auf ein jugendliches Publikum aus der Distanz des verständnislo-

71 Ebd., 277.
72 Vgl. Luhmann, Wirtschaft, 243–246.

sen Erstaunens betrachtet hatte. Das Kollektiv, das für den Import moralisch und finanziell zu bezahlen hat, war nun aber eines, das über die Jugend hinausreichte, eben die Nation als ein Ganzes.

Zweitens der Anstand: Die Wendung „daß wir uns genieren" ökonomisierte den fehlgeleiteten Umgang mit einer ‚natürlichen' Scham. Sie nicht zu empfinden gefährdete die Ordnung der Geschlechter: „Der da so 'rumgeheult hat gestern, ist das ein Mann oder eine Frau?"[73] Das rief nach medizinischer Behandlung: „Man möchte den Arzt kommen lassen [...]".[74] Die Klage über hemmungslose Grenzüberschreitung verwies außerdem auf eine Thematisierung von Sexualität, die ein zentrales Element des Diskurses über Massenkultur bildete. Dem *Problem Sex* ging *Wir und unsere Welt* unter anderem in einer eigenen Artikelreihe nach.[75] „Wenn ich hungrig bin, dann esse ich: ist das vielleicht ein Problem?",[76] fragte der erste Artikel der Reihe, um in sieben Teilen eine gründliche und klar bejahende Antwort zu geben. Der abschließende Text der Reihe erläuterte das Wesen des Sex durch einen Vergleich mit dem „Mittagessen aus der Dose":[77] Die Zubereitung sei „mühelos", „man braucht den Inhalt nur zu wärmen. Das ist leicht auszuführen". Wissen über den männlichen und weiblichen Körper, über Erotik und sexuelle Praktiken zu bieten, wie es seit Ende der 1960er-Jahre das Dr.-Sommer-Team in *Bravo* tat,[78] stand in dieser Diskursformation außer Frage.[79] Stattdessen erfuhren die Leser*innen über die Nachteile einer „mühelosen" Ernährung – und über ihre Verbindung mit den USA: „Allerdings kann man sich in Amerika nur schwer auf ein besonders gutes Essen freuen, da man genau weiß, wie es schmecken wird." Sex glich ‚von Natur aus' dem standardisierten Industrieerzeugnis: „Auf sexuellem Gebiet sind alle normalen Menschen gleich. Jeder tut, was alle tun, es gibt keine Unterschiede." In der Äquivalenz aus ‚normalem' Sex und einer „aus praktischen Gründen" auf das Normangebot verwiesenen Industrie erblickte die Zeitschrift die Erklärung für die umfassende, kulturindustrielle „Erotisierung des Lebens".

Da dem Sex wie dem Massenprodukt alles Potential zur Verfeinerung abging, konnte es sich weder bei dem einen noch bei dem anderen um ein österreichisches Qualitätsprodukt handeln. Er war genuin unösterreichisch (im Übrigen auch schwer ins Schweizerische integrierbar, wie die Inszenierung der „Strumpfflut" gezeigt hat). Es galt aber ebenso: „Das sexuelle Geschehen ist ein Wurzelgeschehen, es beeinflußt

---

73 O. V., Schluchzer, 276.

74 Ebd.

75 O. V., Problem Sex, in: Wir und unsere Welt, 1957, Juli, 346 f.; September, 22; Oktober, 45; November, 86; Dezember, 122 f.; 1958, Februar, 22 f.; März, 22 f.

76 O. V., Problem Sex, 1957, Juli, 346.

77 Dieses und die folgenden Zitate: O. V., Problem Sex, 1958, März, 22 f.

78 Vgl. Sauerteig, Herstellung; eine Untersuchung zur „Lieben Martha", einer Ratgeberkolumne in der Schweizer Illustrierten *Blick* 1980–1995: Bänziger, Sex als Problem.

79 Bänziger u. a, Sexuelle Revolution?, 12.

den ganzen Menschen."[80] Die dem Sexuellen innewohnende Kraft, den „ganzen Menschen" zu verheeren, konnte in die Verwüstung der ganzen Nation umschlagen, denn der Sex öffnete die Schleusen für den Import der als amerikanisch verfemten Massenkultur.

Wenn nun die erotisierte Massenkultur fremd und „empörend" war, so warf das die Frage auf: „Was kann man dagegen machen?"[81] Die schwere Hand des Gesetzgebers zu involvieren hielt man nicht für sinnvoll: „Verbote und Gesetze helfen wenig." Die Verwerflichkeit von Schmutz und Schund legitimierte aber den Aufruf zum Boykott, der ansonsten die unausgesprochen bleibende Konsequenz der Buy-National-Propaganda markierte: „Das einzige Mittel ist der – Streik. Einfach nicht mittun bei dieser erotischen Verseuchung des Lebens." Trotzdem: Da Sex eine derartige Bedrohung der Nation darstellte, warum sich auf den guten Willen der Bürger*innen verlassen, die einen Boykott exekutieren sollten, anstellte Einfuhrverbote für Schmutz und Schund zu erlassen? Die Vorstellung vom Sex und von den zur Verfügung stehenden Optionen seiner Abwehr deckte sich insofern völlig mit der Problematik von Importware im Allgemeinen, als die am Sex verdienenden Leute – Fremde und die mit Ihnen kollaborierenden Österreicher*innen – „eine gewaltige Macht" bildeten. Sie durch administrative Maßnahmen herauszufordern konnte sich ein ‚kleiner' Staat nicht erlauben. Dieser Macht war nur durch den freiwilligen Verzicht sensibilisierter Konsument*innen beizukommen.

Auffällig ist die rhetorische Aneignung des Streiks. Das Wort denotiert ein organisiertes, von einem Kollektiv getragenes Handeln, das nach außen orientiert ist und typischerweise Unternehmer*innen Zugeständnisse abringen soll. Streik zu verhindern galt als ein wesentlicher Erfolg der österreichischen Sozialpartnerschaft. Im Zuge der Behandlung des *Problems Sex* nahm das Wort aber eine Bedeutung an, die das Konzept in einer seinem gewerkschaftlichen Sinn gegenläufigen Weise politisierte. Die gedanklichen Ausgangsdomänen, der gewerkschaftliche Arbeitskampf und die individuelle Arbeit am Selbst, waren einander im Alltagsdiskurs fremd. Die mehrfache selektive Verschmelzung der Domänen erzeugte jedoch die Vorstellung eines Kampfes, den die einzelnen Konsument*innen gegen ihre Verführbarkeit richten sollten (Grafik 23). Der Streik gegen den Sex, getragen von „gerechten Gründen", musste „im eigenen Inneren anfangen und beharrlich weitergeführt werden".

---

80 O. V., Problem Sex. 7. Fortsetzung, in: Wir und unsere Welt, 1958, März, 23.
81 Dieses und die folgenden Zitate: O. V., Problem Sex, 1957, Oktober, 45.

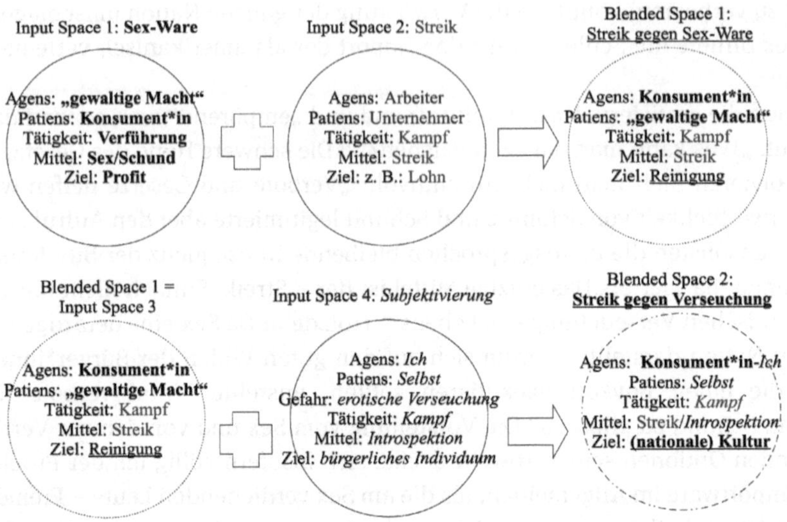

Grafik 23: Die Produktion nationaler Kultur durch den Kampf gegen den Sex

Das Vorbild für die Verinnerlichung dieses Imperativs, der sowohl den Anstand wie die Nation im Auge hatte, war der „geistige Mensch“. Ihm bereitete es kein Vergnügen, „über geschlechtliche Vorgänge“ zu reden:

> Verstehen wir recht. Er ist natürlich auch verheiratet und führt ein eheliches Leben, aber er redet darüber nicht viel. Nicht deshalb, weil man „darüber nicht spricht“, sondern weil nicht viel zu sagen ist. Es ist etwa wie bei einem Handwerker der alten Zeit, der viel über seine Arbeit zu reden wußte, weil sie vielseitig und abwechslungsreich war, während ein Arbeiter am Fließband über seine Arbeit nicht viel zu sagen weiß.[82]

Sex war dem Österreichischen also so entgegengesetzt wie die Existenz des Proletariers. Seine Arbeitssituation wurde dem Fließbandarbeiter zum Vorwurf gemacht, die Unterwerfung unter den Rhythmus der Maschine zum Stigma, das ihn an den Rand der bürgerlichen Nation drängte, so es ihn nicht von dieser ausschloss. Seine Arbeit glich dem Sex. Darüber gab es nichts zu sagen, allenfalls für „Minderbegabte“.[83] Die Produktion wie der Konsum von Sex als Massenware (bzw. auch von Sex *und* Massenware) eigneten sich nicht als Gegenstand von Geschichten, die es verdienten erzählt zu werden.

82 O. V., Problem Sex, 1958, März, 22.
83 Ebd.

5.4 Qualität als Chance des Subjekts und eines größeren Österreich

Die Zeitschrift formulierte die einander überlappende Herausforderung, Sexualität, Massenware und Proletarier in Schranken zu halten. Das war zwar eine Aufgabe der Abwehr und Verhinderung, doch man versprach sich einen produktivierenden Effekt. In Aussicht standen sowohl „eigenständige Persönlichkeit“[84] als auch eine eigenständige nationale Kultur von Produktion und Konsum. Wie die jüngere Forschung sowohl im Feld der Sexualitäts- wie jenem der Konsumgeschichte betont hat, sind das Konsumieren und Produzieren ineinander verschlungen.[85]

Das Gegenbild des minderbegabten Arbeiters am Fließband, Produzent von Massenware und sein vom Sex getriebenes konsumierendes Opfer, war der „Handwerker der alten Zeit“.[86] Er diente als nostalgische Projektionsfläche für die Vorstellung eines ehrbaren Mittelstands. Er war aber nicht bloßes Artefakt einer bürgerlichen Erinnerungspolitik, einer rückwärtsgewandten Beharrlichkeit gegenüber der ‚neuen Zeit‘. Vielmehr verwies die Allegorie des vielseitigen Handwerkers auf eine von den Unternehmerverbänden ventilierte national- und wirtschaftspolitische Strategie, die eine hegemoniale Stellung erreichte. Der Handwerker mit seinem Stolz stand für ein Modell der differenzierten Erzeugung von unverwechselbarer Qualität, für eine Chance der kleinen Serie im Zeitalter der Massenproduktion. Die Zeitschrift und die Institution, der sie als publizistisches Organ diente, betrieb damit nicht die Rückkehr zu einem präfordistischen Paradies gewerblicher Beschaulichkeit. Vielmehr trachteten sie, eine profitable Nische zu gestalten, diskursiv zu formulieren und durch unternehmerische Praktiken zu besetzen. Diese Strategie sollte es einem Kleinstaat ermöglichen, sich auf vorteilhafte Weise in die internationale Arbeitsteilung unter kapitalistischen Bedingungen zu integrieren.

Die sich verdichtenden Kommunikations- und Transportnetze, das mit den GATT-Verträgen 1947 eingeleitete neue Welthandelsregime, das die ‚westlichen‘ Länder verband, sowie die Europäische Einigung schufen eine Situation, in der ein Kleinstaat Österreich nicht mehr inadäquat schien wie noch in der Zwischenkriegszeit. *Die Welt wird immer kleiner*[87], drückte ein Artikel die Erwartung aus, die für *Das*

84 Ebd.

85 Eitler, Sexualität als Ware, 371; Eder, Geschichte, 37; vgl. für einen körpergeschichtlichen Blick: Body Politics 1/1 (2013); für eine Auseinandersetzung mit der im Label der Konsumgesellschaft enthaltenen Distanzierung von Produktion und Konsum vgl. Bänziger, Von der Arbeits- zur Konsumgesellschaft?

86 Die binäre Opposition aus industrieller Produktion und selbst Hergestelltem zählt noch heute zur Grundausstattung konsumkritischer Argumentation, ob kulturkonservativ und/oder kapitalismuskritisch gemeint. Vgl. etwa Sennett, Handwerk.

87 O. V., Die Welt wird immer kleiner. Europäische Einigung, in: Wir und unsere Welt, 1957, Februar, 204 f.

größere Österreich[88], das durch Fremdenverkehr und Export entstand, die Grundlage bildete. „Aus dem 7-Millionen-Konsumenten-Markt Österreichs wird im Laufe von eineinhalb Jahrzehnten der 284-Millionen-Konsumenten-Markt Europas werden", erfuhren die jugendlichen Leser*innen Anfang 1958, als die römischen Verträge die Fantasie der ÖVP und der ihr nahestehenden Unternehmerverbände beflügelten.[89] Hier sei „etwas ganz Gewaltiges ins Rollen" gekommen. Dass Österreich auf diesen losfahrenden Zug aufspringen würde, schien unabdingbar, wenn auch des Kalten Kriegs wegen nur in einer reduzierten Form realisierbar.

Der nationalökonomischen Strategie für *Das größere Österreich* musste eine äquivalente Arbeit am Selbst korrespondieren. Die Einzelnen und das kollektive Wirtschaftssubjekt sollten zwei Seiten derselben Münze österreichischer Prägung sein. *Wir und unsere Welt* erkannte „Chancen und Gefahren".[90] Dem angepeilten *Weg zum Europamarkt* haftete „der Hauch des Abenteuers" an. „Uns ist zumute wie beim Beginn eines sportlichen Wettkampfes, bei dem zum erstenmal allein die eigene Kraft und das eigene Können entscheiden." Die Zeitschrift listete wünschenswerte und verderbliche Eigenschaften der Nation wie der Österreicher*innen als einzelnen auf: „Wenn wir mutig, phantasievoll und fleißig sind", würden „wir" im Wettkampf der Nationen siegen, „wenn wir aber zaghaft, einfallslos und faul wären" (beachtenswert der Konjunktiv, der diese Möglichkeit ins Irreale verschob), so würden „wir" ins Hintertreffen geraten.

Beginnend bei der berühmten Rede, die US-Außenminister George Marshall an der Universität Harvard im Jahre 1947 hielt, referierte der Artikel *Der Weg zum Europamarkt* auf zwei Seiten die Geschichte der Wiederherstellung des internationalen Warenverkehrs. Dabei wählte er eine Erzählperspektive in der dritten Person. In das Register des nationalen Wir wechselte der Artikel charakteristischerweise zum ersten Mal für die Formel „wir [...] als kleines Land". Die Gleichsetzung anthropomorphisierte das Maß. Sie machte es zu einer Voraussetzung kollektiven Handelns, die analog der Körpergröße in ihrem Verhältnis zu Alltagspraktiken gedacht war. Wer kleinen Wuchses ist, muss sich damit arrangieren. Man(n) wünscht es sich nicht, doch es hat auch Vorteile. An dieser ‚natürlichen' Gegebenheit zu rütteln war jedenfalls sinnlos, doch es lag an ‚uns', durch Mut, Fantasie und Fleiß zu kompensieren, was ‚uns' die Natur respektive die Geschichte punkto Umfang des Territoriums und der Bevölkerung vorenthalten hatte. Der Text changierte somit einerseits zwischen der individualisierenden Adressierung von Jugendlichen, der Aufforderung zur Arbeit am leistungsfähigen Selbst, und andererseits kollektivierenden Projektionen.

88 O. V., Das größere Österreich, in: Wir und unsere Welt, 1969, Oktober, 10.
89 O. V., Der Weg zum Europamarkt, in: Wir und unsere Welt, 1958, Jänner, 25–27, hier 27.
90 Die Zitate in diesem und dem folgenden Absatz: Ebd.

Diese gewannen aus der Vorstellung des einzelnen Menschen und seiner Körperlichkeit ein Bild der Nation und ihrer Möglichkeiten.[91]

Auf dem Spiel stand, *Was Österreich in der Welt gilt*. Damit befasste sich die Zeitschrift im Oktober 1958, als die Wirtschaftskammer erstmals eine Österreichwoche organisierte. Mehrere Abbildungen reagierten auf das nach einer Antwort heischende Pronomen „Was" im Titel des Artikels (Abb. 53). Die Komposition der Doppelseite legte Korrespondenzen, Hierarchien und Beziehungen fest. Die solide Basis der Weltgeltung Österreichs schuf, so wurde den Betrachter*innen mit dem Foto links unten nahegelegt, die Erzeugung von Stahl nach dem neuen in Linz entwickelten LD-Verfahren. Den Mittelpunkt der Doppelseite nahm eine Abbildung alpiner Landschaft ein. Sie fungierte als Bindeglied zwischen Arbeit und Kultur. Die Vignette repräsentierte sowohl das Territorium als auch seinen ästhetischen Wert, den der Tourismus in Devisen konvertierte. Als Äquivalent zum Ideal der Weltgeltung, auf derselben Höhe des Geistigen, trat nach dem bis ins heutige Nation Branding erhaltenen Muster die Musikkultur Wiens auf, gedanklich aufgerufen durch einen Einblick in die Staatsoper. Eine diagonal von links unten nach rechts oben aufsteigende Achse fädelte Grundstoffindustrie – Landschaft/Fremdenverkehr – Hochkultur/Fremdenverkehr zu einer Vorstellung dessen, was der hegemoniale Diskurs in der Nachkriegszeit als globale Stärken Österreichs und als geeigneten Ansatzpunkt für Nationalstolz erachtete.

Die Österreichwoche, so erfuhren die Leser*innen im Fließtext, sollte „unserer ‚wirtschaftlichen Vaterlandsliebe' etwas nachhelfen: Feiert der ‚Tag der Fahne' Österreichs Eigenständigkeit im politischen Leben, so illustriert die ‚Österreichwoche' gewissermaßen die wirtschaftliche Basis, auf der diese staatliche Souveränität beruht". Der Beitrag endete mit einer Feststellung und einem Appell: „Alles in allem: Tag der Fahne, nicht bloß Gefühlsduselei, sondern wirklichkeitsnaher Grund zur Freude. Ein Grund, stolz zu sein auf dieses ‚gute Land' unseres großen Dichters Franz Grillparzer!" Der Schluss des Artikels brachte eine Rede auf Österreich („Es ist ein gutes Land ...") aus der Feder Grillparzers ins Spiel. Dem Drama *König Ottokars Glück und Ende* entnommen, wurde sie als nationalisierendes Versatzstück in den Medien breit verwendet, an den Schulen unterrichtet und in Feststunden aus Anlass des Nationalfeiertags deklamiert.[92] Diese Rahmung sollte die Wirklichkeit ökonomischer Leistungsfähigkeit, das Handfeste, veredeln. „Gefühlsduselei" wurde als Emotion ohne ökonomischen „Grund" bestimmt, während ein als ästhetisch hochwertig gesetztes Pathos das angemessene Korrelat zur Qualität ‚unserer' Produkte schien. Der vorangehende Absatz hatte die Leser*innen an Eckdaten der Nationalökonomie

91 Ein Folgeartikel begann mit diesem Bild: „Wenn wir uns diesen Weg [zum Europamarkt] als eine Aschenbahn vorstellen, auf der die Nationen wie Läufer zum Konkurrenzkampf antreten, dann nimmt Österreich schon deshalb eine Sonderstellung ein, weil es zur Gruppe der kleinen Staaten gehört." O. V., Österreichs Sonderstellung im Europamarkt, in: Wir und unsere Welt, 1958, Februar, 18 f., hier 18.

92 Siehe die Gestaltungsanleitung Krofian, O gutes Land (1968), 111.

erinnert: die Beschäftigungsziffer, die Industrieproduktion und vor allem die Exporterfolge Österreichs – „ein Zeichen dafür, wie die Welt österreichische Qualitätswaren schätzt". Der Nationalstolz sollte mit der Außenwahrnehmung gleichziehen, lautete neuerlich eine wesentliche Botschaft.

WAS ÖSTERREICH IN DER WELT GILT

Unsere Waren kauft man gern — Ausländer erholen sich in unseren Bergen — Nur die Österreicher schielen über die Grenzen — „Tag der Fahne" und „Werbewoche"

Am 26. Oktober werden die rotweißroten Fahnen von den Masten wehen. Wir Österreicher werden uns wieder besinnen, daß wir in einem „guten Land" leben, wie es unser Nationaldichter Franz Grillparzer einmal gesagt hat: „In einem Land, das politisch einig, wirtschaftlich gestärkt und kulturell weltberühmt dasteht."

Leider laborieren aber viele Österreicher an einem Minderwertigkeitskomplex. Was aus dem Ausland kommt, schätzen sie höher ein als das heimische Produkt. So wie die Damen sich schmeicheln, italienische Schuhe oder französische Wäsche zu tragen, ist mancher Herr stolz [illegible]nen Anzug aus englischem Stoff oder auf die deutschen Maschinen in seinem Be[illegible] — auch wenn sie genau [illegible], daß sie mit einem österreichischen, heimischen Erzeug[illegible] noch dazu unsere Ar[illegible] unser täglich Brot ge[illegible] genauso gut aus[illegible] können.

[illegible] soll die Österreich[illegible] nach dem Tag der [illegible] unserer „wirtschaftlichen [illegible]landsliebe" etwas nach[illegible]. Feiert der „Tag der [illegible] Österreichs Eigenstän[illegible] im politischen Leben, so [illegible] die „Österreichwoche" [illegible]maßen die wirtschaft[illegible] Basis, auf der diese staatliche Souveränität beruht, ohne die sie kaum Bestand und Dauer haben könnte. Diesem Zweck sollen auch die großen Schaufensterwettbewerbe in den österreichischen Bundesländern und ihrer Hauptstadt dienen:

Unseren wirtschaftlicher Aufschwung rot-weiß-rot zu unterstreichen!

•

Österreichs Komponisten und Musiker sind in aller Welt beliebt. Unsere Architekten, Maler und Dichter werden allerorts geschätzt. Die Bedeutung Österreichs für die medizinische Forschung und Lehre wurde erst jetzt wieder in unserem Weltausstellungspavillon demonstriert: Billroth, Rokitansky, Habra, Skoda, Wagner-Jauregg, Böhler und viele andere. Österreichische Erfinder und Techniker haben den Namen unseres kleinen Landes, das nur 2,6 Promille der Erdbewohner und 0,5 Promille der Landoberfläche der Erde umfaßt, in sämtliche Kontinente getragen und uns den Ruf einer wissenschaftlichen und kulturellen Großmacht erworben.

Ressel erfand die Schiffsschraube, Kaplan die nach ihm benannte Turbine, Mitterhofer die Schreibmaschine, Madersperger die Nähmaschine, Auer-Welsbach das Gasglühlicht, Ghega baute am Semmering die erste Gebirgsbahn der Welt — um nur einige zu nennen —, und an der Erfindung des Blasstahlverfahrens, das einen entscheidenden Schritt in der Entwicklung der Stahlerzeugung darstellt, heute in 22 Werken in 13 Staaten eingeführt ist und Jahr für Jahr neue Lizenzabnehmer verzeichnet, haben Österreicher maßgebend mitgewirkt. Die Schönheit unserer Landschaft, die Berge und Täler, Seen und Flüsse, unsere Theater, Museen, und nicht zuletzt die berühmte Spanische Reitschule in Wien locken unzählige Menschen jährlich in den Raum unserer Grenzen!

Österreichs Sportler stellen seit Jahrzehnten Weltklasse dar, man denke nur an die Skifahrer und Eisläufer. Wenn Köche, Bäcker oder Zuckerbäcker ihre Erzeugnisse mit Erfolg ausstellen, oder Friseure Preise gewinnen, wenn österreichische Kunsthandwerker bei ausländischen Messen und Ausstellungen ausgezeichnet werden, so sind auch dies Beweise österreichischen Geschmacks!

(Fortsetzung auf Seite 23)

17

Abb. 53: „Was Österreich in der Welt gilt"
Quelle: Wir und unsere Welt, 1958, Oktober, 16–17.

Die Schlusspassage umriss die Wirtschaft durch ihre Wachstumsdynamik („170 Prozent höher", „83 Prozent gestiegen", „um 148 Prozent erhöht") und paarte sie mit Wirklichkeit. Die über den Nationaldichter Grillparzer metonymisch repräsentierte Hochkultur verband sie hingegen mit dem Anspruch auf Größe. Wirklichkeit/Wirtschaft und Größe/Kultur ergänzten einander als Vorstellungsbereiche. Die Konstellation nahm eine Bedeutungsverteilung zwischen Kultur und Ökonomie, dem Materialen und dem Symbolischen auf, die sowohl eine lange Tradition hat, als sie auch eine spezifisch österreichische Wendung erhielt. Einer aristokratisch-großbürgerlichen Hochkultur des 18. und 19. Jahrhunderts wurde im nationalisierenden Diskurs das Potential zugeschrieben, Österreich Größe zu sichern. Eine kleinbürgerlich-gewerblich geprägte Wirtschaft sollte ihre materielle Basis garantieren. Die Struktur des Arguments folgt einer Strategie des ‚Emporrankens' von der funktionalen zur kulturellen Bindung.[93]

Hier blieb noch viel zu tun. Den Artikel hatte das Lehrlingsmagazin in der bewährten Manier von Buy-National-Kampagnen mit dem Vorwurf an die Landsleute eingeleitet, sie wüssten die nationale Produktion weniger zu schätzen, als ausländische Konsument*innen dies täten. Der Lead nannte die Eckpunkte der Gedankenführung, von Österreichs Geltung über das problematische Verhalten der Österreicher*innen bis hin zu den neuen Festen der werdenden Nation als Mahnung zur Umkehr: „Unsere Waren kauft man gern – Ausländer erholen sich in unseren Bergen – Nur die Österreicher schielen über die Grenzen – ‚Tag der Fahne' und ‚Werbewoche'". Das Thema war die universale Beliebtheit „unserer" Produkte, die rhematische Information das Doppel aus Staat und Wirtschaft mit ihren eigenen Ritualen, dem Tag der Fahne und einer Werbewoche für die heimischen Produkte. Dass Ausländer*innen, die „unsere" Waren kauften und „unsere" Landschaft genossen, so sehr über die Grenze schielten, wie das umgekehrt die Österreicher*innen tun mochten, daran stieß sich die austrozentrische Sicht auf uns und die Welt nicht.

5.5 Österreichisch konsumieren und das Österreichische des (Konsum)Verzichts

Die beiden vorangegangenen Abschnitte haben aufgeschlüsselt, wie der österreichische Lehrling nicht konsumieren durfte und wie er sich durch sein Bewusstsein für und sein Bemühen um Qualität in die Produktion einbringen und zur Weltgeltung Österreichs beitragen sollte. Zu klären bleibt, wie sich die Sphäre des Konsums positiv – im Sinn der Nation – gestalten ließ. Das verlangte nach Dingen und Praktiken, die der Nation in ihrem Wesen entsprachen.

Was österreichische Waren auszeichnen sollte, erfährt man freilich – das haben wir bereits verschiedentlich gesehen – auch nur in der Abgrenzung von dem, was sie nicht waren. Diesem Muster entsprach der Artikel *Straßenkreuzers Glück und Ende*. Der Untertitel *An der Grenze zwischen Bedarfsweckung und Bedarfsdeckung* formulierte die Problematik, sein zweiter Teil *Österreich kann lernen* die nationalpädagogische Hoffnung.[94] Hier schloss sich auch rhetorisch eine Klammer des Österreichischen. Der Titel ist ein weiteres Beispiel für die so häufige Referenz auf Grillparzers Drama *König Ottokars Glück und Ende*. Die Bedeutung von Ottokar II. Přemysl, dem böhmischen König, lag aus österreichischer Sicht darin, dass Rudolf von Habsburg ihn besiegt und damit 650 Jahre habsburgischer Herrschaft begründet hatte. Die Rolle des Usurpators, dem sein Geltungsbedürfnis zum Verhängnis wird, übernahm in *Wir und unsere Welt* der Straßenkreuzer, das zum „Protzomobil" über-

93 Vgl. Katzenstein, Nationalbewußtsein.
94 O. V., Straßenkreuzers Glück und Ende, in: Wir und unsere Welt, 1958, August, 21 f.

steigerte Automobil US-amerikanischer Provenienz. Der Titel des Artikels war somit als Prophezeiung und Wunschbild zu lesen: dass die Tage der US-amerikanischen konsumkulturellen Hegemonie gezählt seien, hingegen Europa und Österreich das Zeug zum Sieg hatten.

Das meistbegehrte langfristige Konsumgut der Nachkriegszeit eignete sich aufgrund seines hohen Prestiges besonders, um die Grenze zu ziehen: zwischen „Bedarfsweckung" durch Reklame mit „Elefanten und Tanzgirls" und der Betonung des Gebrauchswerts, zwischen Amerika einerseits und Europa bzw. Österreich andererseits.[95] Auch der Sex war wieder nicht weit: „Die übermütig gewordenen Tiefenpsychologen" versuchten den Konsumenten einzureden, ohne „Wagen mit 300 PS" würden sie „bei Frauen keinen Anklang finden". Das Automobil als Luxus und besonders das Luxusautomobil standen im Zentrum einer ideologieübergreifenden Empörung. Man erblickte im Protzomobil eine heidnische, fremde, bedrohliche Macht über den anständigen Österreicher. Im unvermeidlichen Bezug auf die Motivforschung und Vance Packards Beststeller *Die geheimen Verführer*[96] war die Kritik an Entfremdung und Warenfetischismus selbst ‚amerikanisiert'; und wenn man genauer hinsah, als es die zeitgenössische österreichische Diskussion tat, so verwiesen Packards Enthüllungen über Ernest Dichter und die Motivforschung auf transatlantische Transfers, die im Roten Wien einen ihrer Ausgangspunkte hatten.[97] Die US-Autoindustrie war allerdings tatsächlich eine wichtige Kundschaft der Motivforschung und namentlich Ernest Dichters.[98] An der vage psychoanalytisch grundierten Motivforschung, die in aller Munde war, empörte nicht zuletzt, dass sie Sexualität für die Produktwerbung einzusetzen suchte.[99]

Das Automobil begleitete das gesamte 20. Jahrhundert als vielgestaltiges Kollektivsymbol.[100] Die Konsumkritik bildete dabei in der Nachkriegszeit seit 1945 nur eine Gegenströmung zur dominanten Stilisierung des Autos als Verkörperung von Fortschritt und Modernisierung. An diesem Narrativ sollte auch der österreichische Nationalstaat Anteil haben. *Straßenkreuzers Glück* musste also ein *Ende* finden, um Platz für österreichische Produkte zu machen.

---

95 Diese und die folgenden Zitate: O. V., Straßenkreuzers Glück, 21.

96 Vgl. auch den Großessay über die Nachkriegsjugend aus der Feder des kommunistischen Politikers und Intellektuellen Ernst Fischer: Probleme, 85–87. Packards Nachweis für den „vampirischen Charakter der modernen Ware" setzte Fischer in eine Parabel um. Sie adaptierte Prosper Mérimées *Die Venus von Ille* (1837), um vor dem Verderben zu warnen, das jugendlichen Arbeitern drohte, wenn sie der Göttin Automobil verfielen.

97 Vgl. Gries/Schwarzkopf, Dichter; Logeman, European Imports?

98 Vgl. Karmasin, Auto-Suggestionen.

99 Vgl. z. B. Helmut Butterweck, Wir werden alle verzaubert. Die Psychologen ‚drücken auf den Knopf', und wir kaufen ..., in: Die Furche, Nr. 28, 12.7.1958, 9: „Der Käufer [...] weiß nicht, daß man ihm Sexualsymbole aufdrängt."

100 Link/Reinecke, „Autofahren".

Wir und unsere Welt hatte 1957 den Steyr-Puch 500, den Kleinwagen aus heimischer Produktion, so freudig begrüßt wie alle österreichischen Medien.[101] Die Karosserie des Wagens kam aus Turin und so sah der vierrädrige Österreicher aus wie ein Italiener – wie der Fiat 500, um genau zu sein –, doch das tat der Begeisterung keinen Abbruch. Das Lehrlingsmagazin der Wirtschaftskammer handelte den Kleinwagen als Beleg dafür, dass der 1945 „beinahe tote Wirtschaftskörper" genesen sei.[102] Der Fahrzeughersteller Steyr-Daimler-Puch hatte sich vom Notwendigen, den Lastkraftwagen, die den „Blutkreislauf" der Wirtschaft wieder in Schwung bringen mussten, zum „gewissen Luxus" hochgearbeitet. Er war nach der erfolgreichen Erzeugung von Rollern nun zum Kleinwagen vorgedrungen.

Für einen Mittelklassewagen hielt man den Puch 500 jedoch nicht, was trotz anfänglich guten Absatzes die Grenzen seiner symbolischen und praktischen Verwendbarkeit anzeigte. Er war daher so wenig eine langfristige Alternative für den Mobilitätskonsum der Österreicher*innen wie der Straßenkreuzer, der die Dimensionen des im Nachkriegseuropa Vorstellbaren und Akzeptablen sprengte. Doch bemerke laut *Wir und unsere Welt* inzwischen sogar „der Amerikaner" die Lächerlichkeit der chromblitzenden Wagen. Daher steige die Nachfrage nach europäischen Autos in den USA. „Darunter sind gerade so nüchterne Fahrzeuge wie etwa der Volkswagen ‚Bestseller'." Die überraschend erfolgreiche Markteinführung des VW-Käfers in den USA war in den 1950er-Jahren ein diskursives Ereignis. Es ist im Zuge einer zunehmenden Historisierung der Konsumgesellschaft auch für die Gegenwart als Teil eines kulturellen Gedächtnisses aktualisiert worden, das von der Geschichtswissenschaft wie den Publikumsmedien bedient wird.[103] Während dieses Produkt allerdings in den USA eine Nische besetzte, war das in Österreich ganz anders. Auf den VW-Käfer entfiel im Zeitraum von 1955 bis 1970 über ein Fünftel aller PWK-Neuzulassungen.[104] Seine Eignung für Österreich beruhte nicht wie beim Puch 500 auf dem Produktionsort und der damit verbundenen Wertschöpfung. In die nationale Ökonomie integrierte den Käfer seine schiere Präsenz auf den Straßen, außerdem die Figur seines ‚Vaters' Ferdinand Porsche, den man als Österreicher verstand. Schwerer noch wog, dass der Käfer die im Kindchenschema angelegte Anmutung unschuldiger Harmlosigkeit mit jener von Funktionalität und dem Versprechen moderaten, vernünftigen Wohlstands vereinte. Er war dadurch eine ideale Prothese für die Mittelstandsnation, die zu werden sich Österreich anschickte.[105]

---

101 O. V., Gestatten: Steyr-Puch 500, in: Wir und unsere Welt, 1957, November, 88 f.; Kühschelm, Automobilisierung; Pfoertner, Steyr-Daimler-Puch AG.

102 Dieses und die folgenden Zitate: O. V., Gestatten, 88

103 So kommt die Kampagne einer jungen New Yorker Agentur, die mit der „bigger, faster, better"-Maxime der Automobilwerbung brach, in der Serie *Mad Men* (Staffel 1, Episode 3, USA 2007) vor. Geschichtswissenschaftliche Forschung: Rieger, People's Car; Schütz, Volkswagen; für eine Analyse der massenmedialen Inszenierung des Volkswagens siehe außerdem immer noch Hickethier, Auto.

104 Kühschelm, Motorisierung, 221 f.

105 Vgl. Kühschelm, Automobilisierung.

Diskutiert wurden in *Wir und unsere Welt* nicht nur der Vorzug nüchterner Automobile gegenüber dem Straßenkreuzer, sondern auch der Platz des privaten PKW in einer Pyramide nationaler Bedürfnisse. Kulturell hatte diese insofern eine bürgerliche Gestalt, als die Zeitschrift das chromblitzende, auf den öffentlichen Auftritt orientierte Automobil einer Privatheit kontrastierte, die sich im „Besitz einer geschmackvoll eingerichteten Wohnung"[106] verbarg bzw. nur dem Kreis derjenigen erschloss, die zum Besuch zugelassen waren. In der Kritik an der Priorisierung des Automobils stimmten die unternehmensnahe und die sozialdemokratische Sprecherposition überein. Beanstandet wurde vor allem ein Konsumwunsch der Arbeiterschaft, den man für fehlgeleitet hielt.[107] Ein sozialdemokratisches Blatt hätte nicht anders geurteilt als *Wir und unsere Welt*, wenn die Zeitschrift teure Automobile als Manifestation einer „dickeren Brieftasche" kritisierte und die Anhänglichkeit an Äußerlichkeit, an den „Geltungswert", beklagte. Dieser sei „kein Ersatz für Gebrauchswert", zumal „Geltungsbedürfnis" als „volkswirtschaftlich nicht gesund" galt.[108] Das Österreich der langen Nachkriegszeit war kein ästhetischer Kapitalismus[109], keine Verschwendungsökonomie, die den vom Grundnutzen gelösten Zeichenwert der Ware feiert. In seinem hegemonialen Zuschnitt war Österreich auf die industriegesellschaftliche Mystifizierung des Gebrauchswerts festgelegt.

Eine Variante des Gegensatzes zu den nach Geltung heischenden Waren, die Österreich fremd bleiben sollten, bildete allerdings die Vorstellung einer nationalen Geschmackskultur, die Volkstümliches ebenso wie Luxusgüter umfasste und darin zwischen Tracht und Thron changierte. Das Bodenständige schloss bei der Idee der Genügsamkeit, des durch Tradition Gesunden an. Von den Luxusgütern erwartete man hingegen, was Pierre Bourdieu beobachtet hat: dass in ihnen die „Distinktionsbeziehung objektiv angelegt" wäre und „durch die notwendig vorausgesetzten ökonomischen und kulturellen Aneignungsinstrumente reaktiviert" würde.[110] Solche Güter durften teuer sein, waren aber dann nicht protzig wie der Straßenkreuzer, wenn sie den Stand ihrer Besitzer*innen korrekt anzeigten. Der Produktion von Luxusgütern, die der *conspicuous consumption* dienten, hatte die großbürgerlich-aristokratische Wiener Oberschicht eine soziale und kulturelle Basis geboten. Diese war jedoch in den Verwerfungen der ersten Hälfte des 20. Jahrhunderts erodiert. Die am Export nach Ostmitteleuropa orientierte Konsumgüterindustrie hatte außerdem unter der Kriegswirtschaft gelitten und verlor mit Einsetzen des Kalten Krieges ihre nunmehr sozialistischen Handelspartner. Das in Wien konzentrierte Luxusgewerbe

---

106 Dieses und die folgenden Zitate: O. V., Straßenkreuzers Glück, 22.

107 Vgl. Békési, Stürmisch, 78 f.; O. V., ein Beispiel aus der Konsumforschung der Wiener Arbeiterkammer: Lebensstandard Wiener Arbeitnehmerfamilien, 13; über die „Fehlleitung von Kaufkraft" auch Klenner, Wie könnte, 32 f.; die Gender-Dimension des moralisierenden Diskurses tritt klar hervor bei: Erika Gaupmann, Baby oder Auto, in: Der jugendliche Arbeiter, 1958, Juni, 16 f.

108 O. V., Straßenkreuzers Glück, 21.

109 Vgl. Böhme, Kapitalismus; mit Bezug auf Baudrillard, Critique.

110 Bourdieu, Unterschiede, 355.

hatte daher in den 1950er-Jahren seine besten Tage hinter sich, auch wenn seine Anrufung in nationalisierender Rhetorik noch einen festen Platz fand.[111] Wien war als Modestadt nicht Mailand oder Paris und den skandinavischen Beiträgen zu einer internationalen Ästhetik des Massenkonsums standen keine nennenswerten österreichischen gegenüber. Der Verein für Soziale Wohnkultur lancierte zwar die SW-Möbel; aus der Initiative, billige und funktionale Einrichtungsstücke in großen Serien zu produzieren, ging jedoch kein Ikea hervor.[112] Die in österreichischem Eigentum stehenden Nahrungsmittelerzeuger spielten nicht in der Liga von Nestlé oder Unilever, wenngleich sich der letztere Konzern mit seinem österreichischen Ableger sehr österreich-patriotisch gab und gibt. Sieht man von Ländern mit großen Binnenmärkten einmal ab, so ist festzuhalten, dass im Österreich der 1950er-Jahre keine leistungsfähige und exportorientierte Konsumgüterindustrie existierte, die sich mit jener in der Schweiz, den Niederlanden oder Schweden hätte messen können.

Die Lobpreisung der „Nüchternheit", wie sie *Wir und unsere Welt* pflegte, erbrachte zwar nicht eine Ästhetik und Ökonomie der Massenproduktion für den Konsum, sie war aber nicht nur Ausdruck einer kulturkonservativen Reserve. Sie war auch mehr als bloß das Mittel einer „Nostrifizierung" des Konsums,[113] seiner diskursiven Nationalisierung und Europäisierung, wie sie in den 1950er- und 1960er-Jahren allerorten, in Frankreich ebenso wie in der DDR, in Italien so sehr wie in der Schweiz zu beobachten war.[114] Der Wunsch nach Nüchternheit reflektierte Prioritäten der Wirtschaftspolitik in den europäischen Nachkriegsgesellschaften: Investitionsvorhaben genossen gegenüber der Konsumausweitung Vorrang. In Österreich hatte die Rüstungspolitik des NS-Regimes die schwerindustrielle Komponente gestärkt und 1946/47 beschloss die österreichische Regierung eine weitgreifende Verstaatlichung des Banken- und Industrieapparats sowie der Elektrizitätswirtschaft. Der Staat firmierte seither mittelbar oder unmittelbar als Eigentümer von grundstofflastiger Industrie im großen Stil. In den Händen des Staates waren Anfang der 1950er-Jahre 94 Prozent der Produktion von Braunkohle, 99 Prozent des Abbaus von Eisenerz, 71 Prozent der Aluminiumverhüttung und 90 Prozent der Düngemittelerzeugung.[115] Nach einem Zögern in der ersten Etappe des ‚Wiederaufbaus' bis 1947

---

111 Abgesehen von vielen Belegen im Kontext der Österreichwochen siehe als Beispiel von 1949: Wiener Messe AG, Made in Austria; außerdem die Abschnitte zu Wiener Mode in Marboe, Österreich-Buch, in seinen deutschsprachigen, englischen und französischen Auflagen bis in die 1960er-Jahre; hingegen, was die Bedeutung des Modedesigns in Wien angeht, bescheidener trotz des im Buchtitel *Wiedergeburt einer Weltstadt* angekündigten Anspruchs: Liewehr, Wiener Mode.
112 Ottillinger, Kontinuität, 50–57; zu Schweden: Hård, Good Apartment.
113 Brändli, Supermarkt, 234; De Grazia, Consumption-Regimes, 77 f.
114 Schweiz: Brändli, Supermarkt; DDR: Merkel, Utopie; Italien: Scarpellini, Material Nation.
115 Stiefel, Verstaatlichung, 31.

baute man die für den österreichischen Eigenbedarf überdimensionierten Kapazitäten weiter aus, so in der Stahlerzeugung.[116]

Bei ‚neuer' österreichischer Qualitätsware, bei Produkten, die nicht Qualität im Sinn einer ständischen Geschmackskultur meinten, handelte es sich vielfach um Nischenprodukte und Investitionsgüter. Sie waren oft nur kleine Bestandteile eines größeren Ganzen. Funktional mochten sie wichtig sein und in der Herstellung beträchtliches Know-how voraussetzen, es mangelte ihnen aber an jener Sichtbarkeit, die es ermöglichte, nationalen Stolz über die alltägliche Interaktion mit dem Produkt auszuprägen. Die in den 1950er-Jahren so heftig geforderte Kontrolle und Dosierung des Amerikanischen folgte somit einer kulturellen Logik der Nationalisierung wie den Maximen einer Nationalökonomie, die Konsumaufschub oder Konsumverzicht mit der Aussicht auf einen künftigen Lebensstandard abgelten wollte. Beides zusammen verlieh dem Nationalstaat der langen Nachkriegszeit seine konsumkulturelle Gestalt.

Wenn *Wir und unsere Welt* das Auto als Spitze der Begehrlichkeiten problematisierte, so zeichnet sich scharf diese Verschränkung einer symbolischen und ökonomischen Nationalisierung ab. Die Erörterung unterschiedlich wertvoller Konsummuster machte in der Zeitschrift nicht bei der Gegenüberstellung von Protzomobil und Kleinwagen sowie von Auto und Wohnung Halt. Sie tat vielmehr einen weiteren Schritt. Als die eigentliche Spitze der Werthierarchie, die durch einen Rückzug aus der Sichtbarkeit erreicht wurde, enthüllte sich der Konsumverzicht: So wie die Wohnung gegenüber dem Auto höher einzuschätzen war, weil sie nur Gästen gezeigt wurde, stand sie tiefer als das Sparbuch, das gar nicht zum Herzeigen gedacht war.[117] Auf den Gebrauchswert hatte es der nationalökonomische Diskurs, den die Unternehmerverbände antrieben, letztlich nicht abgesehen: Den Konsumgütern jeder Art war das Sparbuch als nicht-sichtbarer Ausdruck eines Willens zur Akkumulation überlegen. Der ‚gesunde' Habitus der Einzelnen sollte auch hier die Gesundheit der Nation garantieren.[118]

---

116 Turnheim, Verstaatlichte; Weber, Wiederaufbau; Sandgruber, Ökonomie und Politik, 460–462; Rathkolb, Paradoxe Republik, 99–104.

117 Die Passage im Wortlaut: „Natürlich spricht sich der Besitz eines Wagens schneller herum als der Besitz einer geschmackvoll eingerichteten Wohnung und diese läßt sich wieder eher Gästen zeigen als das Sparbuch. Aber wer sagt denn, daß wir mehr sind, weil uns andere Leute eine dickere Brieftasche zutrauen?" O. V., Straßenkreuzers Glück, 22.

118 Zum Spardiskurs im Österreich der Nachkriegsjahrzehnte fehlen eingehende kulturwissenschaftliche Studien. Vgl. immerhin eine Masterarbeit: Mitterlehner, „Wer spart". Hier findet sich auch ein Plakat aus dem Sparkassensektor zur Jugendsparwoche 1952 abgebildet (Ebd., 51.): Es stellte ein zerlumptes, aber Süßigkeiten konsumierendes Mädchen mit verhärmtem Gesichtsausdruck einem adrett gekleideten, strahlenden Mädchen gegenüber, das vor Gesundheit strotzte, weil es Geld sparte. Das Sujet führt die Ziele und ideologischen Implikationen eindrücklich vor Augen. Der Klassenzuschreibung (Lumpenproletariat versus Mittelschicht) korrespondierte die Abbildung eines als typisch gesetzten Habitus (Verschwendung versus langfristiges Wohlstandsziel).

Die Bundesregierung legte großes Augenmerk auf die Verfügbarkeit von Sparkapital für Investitionen. „Es wird ganz entscheidend darauf ankommen, ob sich in Österreich der Spargedanke in allen seinen Formen [...] durchsetzt“, erläuterte *Wir und unsere Welt* die Bedeutung der Kapitalaufbringung als „Schlüssel zur besseren Zukunft“.[119] In derselben Ausgabe versuchte ein anderer Artikel, die Lehrlinge als Kund*innen der gewerblichen Kreditgenossenschaften, der Volksbanken, anzuwerben. Der Vorspann erklärte: „Österreich ist kein Wilder Westen, deshalb sind für uns die Sparschillinge die ‚Munition‘ der Existenzsicherung.“[120] Das Geldsparen lag nach zwei Währungszusammenbrüchen innerhalb von drei Jahrzehnten nicht unbedingt auf der Hand. Doch wie etwa auch in den südostasiatischen Ländern, die seit den 1950er-Jahren eine rapide Industrialisierung durchliefen, war die Propagierung des Konsumverzichts zugunsten des Sparens eine paradoxe, aber wesentliche Variante des Ziels, einen Buy-National-Habitus der Bürger*innen auszubilden.[121]

In der Dezemberausgabe 1958 erzählte *Wir und unsere Welt* die Parabel vom 19-jährigen Peter, einem frischgebackenen Gesellen, und seinen liederlichen jüngeren Brüdern. Als Ausgangsbedingung skizziert der Text: „Sein Vater ist gestorben, Mutter führt die Wirtschaft und macht auch Heimarbeit. Peter steuert jetzt von seinem Lohn zum Haushalt bei, er hat diese Pflicht gerne übernommen, weil er seinen Angehörigen helfen will.“[122] Die Figur des Peter verbindet Typisches mit dem moralisch hochwertigen Besonderen. Peter lebt noch in der elterlichen Wohnung wie die meisten Lehrlinge, aber er zahlt mehr als nur Kostgeld. Er leistet nicht bloß Ersatz für Ressourcen, die zu seinen Gunsten verbraucht werden, sondern unterstützt die Familie. Ganz anders Peters Geschwister, die sich vom Bruder ihr Freizeitvergnügen bezahlen lassen, den Skiurlaub und das Kino. Doch der eine „verhaut“ die Lateinschularbeit, der andere ist nachlässig in der Lehre und will ein Moped kaufen. Beide lassen es somit an Einsatz in der Vorbereitung für Berufspositionen oberhalb bzw. unterhalb der Kragenlinie fehlen. Peter stellt seinen Mann und schlüpft in die Rolle des strengen Vaters (und des Ehemanns gegenüber der Mutter in einer offensichtlich ödipalen Konstellation), indem er den Brüdern klar macht: „Mutter und ich haben für Drückeberger und Nichtskönner jedenfalls kein Geld!“ Die Moral der Geschichte ist alles andere als subtil, doch damit sie den Leser*innen keinesfalls entging, wechselte der Text in einem langen Schlussabsatz von der Erzählung zum erläuternden Kommentar: „In unserem Fall spielte die Szene im Familienkreise. Sie paßt aber für jedes Milieu, in den Betrieb, in den Freundeskreis, zwischen Mann und Frau und nicht zuletzt auch in das Leben der Staatsbürger. Niemand hat das Recht, zu fordern, und keine Leistung zu erbringen.“[123]

119 O. V., Österreichs Sonderstellung auf dem Europamarkt, in: Wir und unsere Welt, 1958, Februar, 18 f., hier 18.
120 O. V., Sparen heißt an seine Zukunft denken, in: Wir und unsere Welt, 1958, Februar, 31.
121 Vgl. Garon, Promotion of Saving; Nelson, Measured Excess.
122 O. V., Auch Pflichten?, in: Wir und unsere Welt, 1958, Dezember, 10.
123 Ebd.

Eine Variation über dasselbe Thema bot der sozialdemokratische Publizist Karl Bednarik, wenn er zu Beginn der 1950er-Jahre, sogar noch vor Einsetzen des Wirtschaftsbooms, die konsumorientierten Arbeiterjugendlichen der Gegenwart mit einer moralisch überlegenen Vergangenheit kontrastierte. Auch hier gehörten zum dramatis personae liederliche Kinder und die vom Schicksal schwer geplagten Eltern. Erstere neigten zur bitteren Klage, dass sie „für den kriegsversehrten Vater oder die hinterbliebene Mutter sorgen" müssten, wenn ihnen doch bloß das Kostgeld abverlangt werde.[124] Indem Bednarik die Versehrtheit oder gänzliche Abwesenheit des Vaters als Kriegsfolge thematisierte, wird erkennbar, wie sich in die Konstellation die Konflikte und Ängste einer postfaschistischen Gesellschaft eintrugen: Die dem Wohlleben verfallenen Söhne, nicht die dem Faschismus verfallenen Soldatenväter gaben Anlass zur Sorge über die Zukunft der Gesellschaft. Das Kostgeld erfüllte sowohl eine pragmatische wie eine ideologische Funktion. Letztere bestand darin, das Einkommen junger Arbeiter*innen einem moralisch problematischen Konsum zu entziehen und es stattdessen der Familie zuzuführen, der Nation im Kleinen. Das Band reichte vom Familienkreis bis zum „Leben der Staatsbürger", wie die Parabel von Peter und seinen Brüdern in *Wir und unsere Welt* klarstellte. Diese erwiesen sich als Allegorien des pflichtbewussten und des pflichtvergessenen Jugendlichen. Ihre konträren Verhaltensmuster ließen sich auf alle erdenklichen Sphären beziehen; es waren aber zwei konzentrische Kreise, der kleine der Familie und der große des Nationalstaates, die in dieser Imagination die Gesellschaft konstituierten.

Sparen, d. h. Konsumverzicht, und der Vorrang der Pflichten gegenüber den Rechten waren ein patriotisches Tandem, aus dem eine weitere Forderung auf Verzicht folgte. Es war nicht patriotisch eine Umverteilung zu erwarten, die über den versprochenen moderaten Wohlstand hinausging. *Rentiert sich die Abschaffung der Millionäre?*, fragte *Wir und unsere Welt* im Titel eines Beitrags und antwortete verneinend. Der Umverteilungseffekt wäre vernachlässigbar, und die enteigneten Großverdiener würden „ihren Ehrgeiz drosseln. Keine großen Investitionen, keine großen Geschäfte, keine Erfindungen und kein Spezialwissen – würde die Devise lauten".[125] Diese Argumente sind uns als ‚neoliberal' wohlvertraut, sie erleichterten aber auch in den 1950er-Jahren den Einstieg ins korporatistische Arrangement. Das Lehrlingsmagazin rechnete seinen Leser*innen vor, dass jene zwei Millionen Österreicher*innen, die 1953 weniger als 100.000 Schilling im Jahr verdient hatten, wenig zu gewinnen hätten, würde der Staat alle Einkommen konfiszieren, die über diesem Wert lagen: Die Nutznießer*innen der Maßnahme würden bloß 425 Schilling zusätzlich erhalten.

Die Basis der Kalkulation bildeten die *Steuerstatistiken 1953* des Österreichischen Statistischen Zentralamts. Die Behörde veröffentlichte dieses Zahlenmaterial

124 Bednarik, der junge Arbeiter, 95.
125 Rentiert sich die Abschaffung der Millionäre? Ein Streit, der mit dem Rechenstift entschieden wurde, in: Wir und unsere Welt, 1957, Dezember, 118 f.

im Jahr 1957, also mit vierjähriger Verzögerung. Es handelte sich um die erste detaillierte Publikation von Lohn-, Einkommen-, Gewerbe- und Umsatzsteuerstatistiken nach dem Krieg.[126] Welche Schlüsse sich aus diesem Material ziehen ließen, war eine brisante Frage. So beobachtete Josef Steindl, Ökonom am Institut für Wirtschaftsforschung, entgegen der Rhetorik der Mittelstandsgesellschaft eine „Entnivellierung" der Lohneinkommen, die den Wirtschaftsboom der 1950er-Jahre begleitete.[127] Gegenüber der spezialdiskursiven Konfiguration der Studie von Steindl mit ihren komplexen statistischen Operationen und diagrammatischen Darstellungen tritt der interdiskursive Charakter des Räsonierens über die *Abschaffung der Millionäre* deutlich hervor. Beide Texte reagierten zwar auf ein staatliches Wissensangebot, das eine kontroverse Beurteilung der Gesellschaftsentwicklung zuließ und dem Vertrauen in die korporatistisch hergestellte Gemeinschaft der Österreicher*innen zuwiderlief. *Wir und unsere Welt* griff das Steuerdatenmaterial aber nur auf, um Verteilungsfragen als Symboldiskussion über „Luxuslimousinen und Villen" abzutun. Die Behauptung, „Es gibt Arme, weil es Reiche gibt", legte sie dem kleinen Maxi in den Mund. Der Name der Figur ist nicht zufällig gewählt, sondern beruht auf einem idiomatisch gefestigten Gebrauch. Der kleine Maxi dient bis heute als gängige Personifikation intellektueller Unreife, die hier der ma(r)xistischen Arbeiterbewegung unterschoben wurde. Die Simplizität seiner Weltsicht kompensierte „der Maxi" – oder: der Marxist – durch den „Brustton der Überzeugung". Dem hielt *Wir und unsere Welt* den „Rechenstift" als Instrument eines evidenzbasierten und deshalb unideologischen Verfahrens entgegen.[128]

Was die Zeitschrift geflissentlich unterschlug, war die Unterscheidung zwischen Einkommen und Vermögen, und nur zu den ersteren standen überhaupt Daten zur Verfügung. Das blieb nicht unbemerkt. Die Zeitschrift druckte einen Leserbrief aus Wien ab, der ins Treffen führte, man müsse u. a. die „Privatbesitze der Unternehmer" in die Überlegung einbeziehen.[129] *Wir und unsere Welt* konterte das Argument mit dem bibliografischen Hinweis auf die Publikation der Steuerdaten durch das Statistische Zentralamt. Die Betonung des offiziösen Charakters der Quelle suggerierte die Verlässlichkeit des Zahlenmaterials. Das war treffsicher am Punkt vorbei argumentiert, denn der Leserbrief hatte ja die Differenzierung zwischen Einkommen und Vermögen eingemahnt. Die Zeitschrift der Wirtschaftskammer zog es indes vor, Vermögensunterschiede aus der Kalkulation zu nehmen, um daraus anschließend deren volkswirtschaftliche Irrelevanz abzuleiten. Über Vermögen gab es nichts nationalökonomisch Relevantes zu wissen. Daran wurde in Österreich statistisch jahrzehnte-

126 Steuerstatistiken 1953. Die Statistiken standen allerdings auf unzureichender, weil zu „heterogener" Datenbasis: Steindl, Schichtung, 3.

127 Steindl, Schichtung, 14–17.

128 Genauso argumentierte allerdings auch der sozialdemokratische Gewerkschafter Fritz Klenner. Siehe dazu weiter oben in Teil II Kapitel 5.2.

129 O. V., Verstaatlichung der Luxuslimousinen und Villen?, in: Wir und unsere Welt, 1958, 2, 14, 19.

lang nicht gerüttelt. Trotz fast durchgängiger sozialdemokratischer Regierungsbeteiligung wurden kaum Daten zur Vermögensverteilung erhoben, bis 2012 eine von der Europäischen Zentralbank initiierte Forschung der Nationalbank erstmals Grundlagen für eine Berechnung schuf.[130] Diese ergab prompt, dass die Mittelstandsgesellschaft, für die man das Österreich der Zweiten Republik hielt, eine eindrucksvolle Vermögenskonzentration an der sozialen Spitze aufwies.[131]

Was bedeutete es, österreichisch zu konsumieren? Was sollte es vor allem den Lehrlingen bedeuten? *Wir und unsere Welt* gab drei Antworten: Die Zeitschrift thematisierte erstens Konsumgüter in einer Spannung zwischen einem prätentiösen, ausländischen Geltungsdrang und einer bescheidenen, österreichischen Gebrauchsfertigkeit sowie einer ständisch geprägten nationalen Geschmackskultur. Letztere Vorstellung war ein Erbe der Vergangenheit, während das Lob des Gebrauchswerts einer Gegenwart im Zeichen des industriegesellschaftlichen Wiederaufbaus entsprang. Die Zeitschrift empfahl zweitens zu sparen anstatt zu konsumieren. Als ein Vehikel der Erziehung zum Sparen rückte sie das Kostgeld ins Blickfeld, das zu Hause wohnende Lehrlinge an ihre Eltern abgeben sollten. Der Verzicht hatte eine politische Dimension, die offen zu Tage trat, wenn es um die Diskussion über Vermögensteilung ging. Hier gab *Wir und unsere Welt* eine dritte Antwort, auf die Frage nach der österreichischen Dimension des Konsumierens. Man könnte sie so paraphrasieren: Du sollst nicht begehren, was dir die ökonomischen Eliten nicht zugestehen wollen. Ohnehin würde es dir keinen Nutzen bringen.

5.6 Die Preisausschreiben zur Österreichwoche als Brennglas

Wie es für das wirtschaftsorientierte Pendant zur Feier von Staat und Nation zu erwarten stand, bündelten die Preisausschreiben aus Anlass der Österreichwoche die wesentlichen Merkmale der nationalen Ökonomie zu einem Bildungsziel für Lehrlinge. 1961 betrafen die Quizfragen Sportartikel, den Fremdenverkehr, die Erfindung des Osmiumglühfadens für elektrische Lampen durch Carl Auer-Welsbach, Elektromotoren und rostfreien Stahl, das LD-Verfahren der Stahlerzeugung, die Sängerkna-

130 Marterbauer, Zahlen, 189–191.

131 Laut den Kalkulationen von (Eckerstorfer u. a, Vermögensverteilung) besaßen 2012 10 Prozent der Österreicher*innen annähernd 70 Prozent des Gesamtvermögens, (77) davon entfielen 37 Prozent auf die reichsten ein Prozent (73). Unter 18 OECD-Staaten verzeichneten nur die USA eine größere Vermögenskonzentration auf die Top zehn Prozent. Murtin/d'Ercole, Household Wealth Inequality, 5 bzw. OECD Wealth Distribution Database: https://stats.oecd.org/Index.aspx?DataSetCode=WEALTH (Zugriff 3.5.2016). In Großbritannien, der Klassengesellschaft par excellence, hielten die reichsten zehn Prozent laut den OECD-Daten nur 46 Prozent des Vermögens. Daten zur Schweiz sind über die Datenbank nicht verfügbar.

ben, Kunsthandwerk und Lederwaren.[132] Die Streuung der Elemente folgte demselben Muster wie in dem oben besprochenen Artikel *Was Österreich in der Welt gilt*. Nur ein Teil der Fragen bezog sich auf Güter oder Dienstleistungen für die Endverbraucher*innen. Auffällig ist die Betonung der Ausfuhr und des Tourismus als ‚unsichtbarer Export'. Die Leser*innen erfuhren, die Sportartikel seien „in der ganzen Welt beliebt. Ein großer Teil der österreichischen Produktion wird exportiert". Außerdem galt es zu bedenken: „Viele Ausländer besuchen jedes Jahr unsere Heimat." Die Rede war nicht von den einheimischen Tourist*innen, zu denen auch die Lehrlinge hätten zählen können und auf die um 1960 immerhin fast 40 Prozent der Nächtigungen entfielen, mit allerdings sinkender Tendenz.[133] Die Kommunikation zielte mehr auf die Lehrlinge als Dienstleister*innen und Produzent*innen denn auf ihr Verhalten als Konsumierende. Das spiegelte sich in der Auswahl der Preise wider. Heimische Produkte kamen zwar auch zum Zug: u. a. ein Karton Leberpastete von Inzersdorfer und ein Drucktastentransistor von Eumig. Der erste Preis war aber eine Longines Herrenarmbanduhr, echte Schweizerware, und der zweite ein Fotoapparat von Kodak, auch dies kein Artefakt aus österreichischer Herstellung.

Spätere Preisausschreiben achteten hingegen auf die nationale Konsistenz der ausgelobten Preise: Jeder davon sei „äußerst wertvoll und österreichischer Herkunft", betonte die Zeitschrift 1968. Sie verloste u. a. ein Moped von Puch, ein Tonbandgerät der Wiener Firma Stuzzi und eine Rast & Gasser Vollzickzack-Nähmaschine (Abb. 54).[134] Die Produktauswahl folgte jugendlichen Konsumpräferenzen, aber auch erzieherischen Ambitionen in Richtung einer nationalen, patriarchal organisierten Arbeits- und Konsumgesellschaft. Unübersehbar war *the sex of things*[135], die an den Produkten ausgeprägte Zuordnung von Geschlechterrollen. „Mädchen gewann Moped bei ‚Wir'-Preisausschreiben", lautete 1977 der Titel des Beitrags über die Gewinnerin. „Die Berschen wer'n schaun, wann i mit an Moped kumm", zitierte das Blatt die Jugendliche aus Kärnten gleich zweimal, im *subhead* wie im Fließtext. Das Magazin – und die junge Frau selbst – thematisierte damit die vorliegende Paarung aus Konsumgut und Besitzerin als ein Gefüge, das immer noch, wenn nicht als Übertretung, so als Abweichung erschien.[136] Ein Bursche hingegen gewann im selben Jahr Filmkamera und Projektor von Eumig. Die soziale Praxis des Abbildens, zunächst mithilfe des Fotoapparats, war seit den 1920er-Jahren nicht mehr exklusiv

---

132 WKÖ, DÖW, Sozialpolitische Abteilung der Bundeskammer. Referat für Berufsausbildung: Österreich-Woche 1961. Durchführung eines Preisausschreibens, 30.10.1961; Wir und unsere Welt, 1958, April, Mai, Juni, Juli.

133 1959/60 machten die Nächtigungen von Inländer*innen 39 Prozent aus, 1989/90 nur mehr 23 Prozent. Vgl. die Daten in: ÖSTAT, Republik Österreich 1945–1995, 227, Tabelle 10.8.

134 O. V., Das „Wir und unsere Welt"-Preisausschreiben, in: Wir und unsere Welt, 1968, November, 10 f.

135 De Grazia/Furlough, Sex of Things.

136 O. V., Mädchen ..., in: Wir und unsere Welt, 1977, Dezember, 4 f.

bürgerlich.[137] Als Besitzstück indizierte die Kamera jedoch noch in der langen Nachkriegszeit (nach 1945) einen Mittelschichtshabitus mit bildungsbürgerlicher Schlagseite.

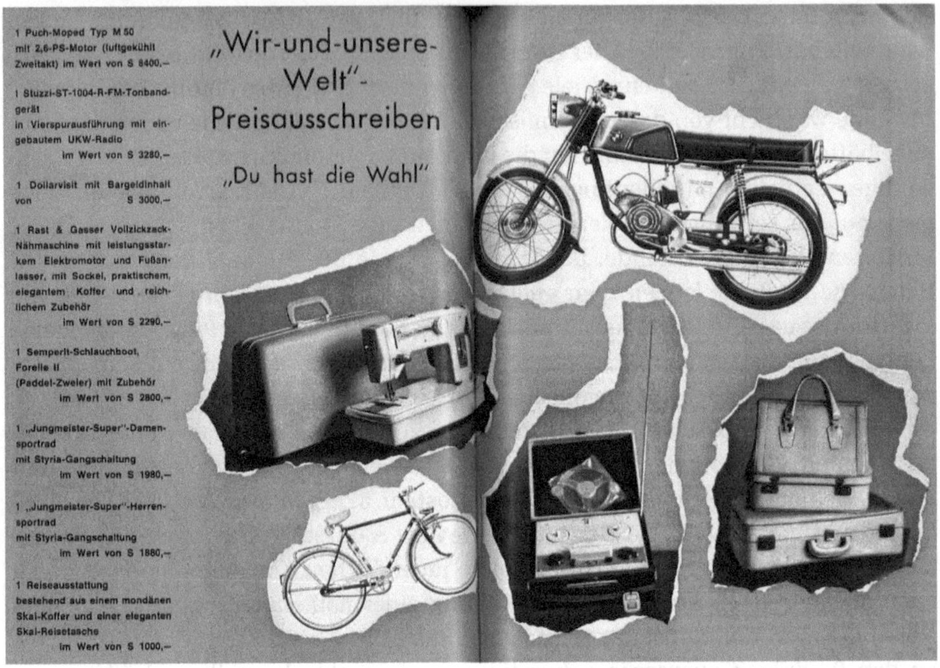

Abb. 54: Preisausschreiben 1968
Quelle: Wir und unsere Welt, 1968, Oktober.

Die Jugendstudie von Rosenmayr hatte Anfang der 1960er-Jahre nicht nur erhoben, dass männliche Jugendliche der Mittelschicht eher eine Kamera besaßen als jene, die – definiert über den Beruf des Vaters – aus der Unterschicht kamen. Darüber hinaus besaßen aber Mittelschüler selbst dann wesentlich häufiger einen Fotoapparat als Lehrlinge, wenn beide aus der Mittelschicht stammten. Der Fotoapparat bildete unter den abgefragten Objekten mit dem Blitzlichtgerät, der Skiausrüstung und der Schreibmaschine einen Verbund, der die Mittelschüler von den Lehrlingen unterschied.[138] Die soziale Bedeutung des Fotoapparats übertrug das Lehrlingsmagazin 1977 auf die Filmkamera. Als ein Hauptgewinn im Preisausschreiben ging sie an Wolfgang, einen Maurer aus Oberösterreich. Das Filmen sei nicht billig, doch Wolfgang „überlegte sofort, bei den ‚Spritztouren' am Wochenende an Getränken zu

137 Naumann, Bildkulturen, 249; Beiträge zu Österreich und der Schweiz in Hesse, Fotografie im Klassenkampf (Themenheft von Fotogeschichte).
138 Rosenmayr, Jugend in Wirtschaft und Gesellschaft, Bd. 3, Teil 1, B1–23; Teil 2, TB 1–4.

‚sparen', um sich sein neues Hobby leisten zu können". Die kolportierte Überlegung steckte die Koordinaten des Wertsystems ab, das *Wir und unsere Welt* in Anschlag brachte: Das proletarische Laster, der Alkohol, stand in einem Ausschließungsverhältnis zum bürgerlichen Hobby, dem Fotografieren/Filmen. Den Aufstieg ermöglichte das Sparen als Ausstieg aus einem problematischen Konsum. Als Katalysator des Prozesses fungierte die in Österreich produzierte Kamera, ein Ausweis heimischer Hochtechnologie auf dem Konsumgütersektor. Eumig, ein 1919 gegründetes Unternehmen, erzeugte Radios, Filmkameras sowie Fernsehgeräte und reüssierte damals auch im Export. *Wir und unsere Welt* dokumentierte nicht bloß die Übergabe eines Preises. Sie machte aus Wolfgang eine beispielhafte Figur, an der sich ein Muster der Eingliederung in die nationale Ökonomie ablesen ließ.

Die nationale Ökonomie war keine wirtschaftliche oder soziale Realität, sondern ein hegemoniales Projekt. Sie sollte eine Selbstverständlichkeit sein, die aber nie erreicht schien. Die Preisausschreiben und das Lehrlingsmagazin, ihr medialer Träger, dokumentieren den über Jahrzehnte verfolgten Versuch einer Zurichtung. Die nationale Verpflichtung der Lehrlinge als Konsumierende wurde in jenen Texten thematisiert, die sich der Massenkultur als Problem und dem Sparen als Lösung widmeten. „Denk österreichisch bei jedem Einkauf", trat dabei in den Hintergrund gegenüber einer Botschaft, die den Verzicht auf Lockungen der Konsumgesellschaft predigte. Die jugendlichen Arbeiter*innen sollten importierte Konsumgüter meiden, stattdessen ihr Einkommen für Investitionen in den nationalen Wohlstand zur Verfügung stellen – und das, ohne nach seiner Verteilung zu fragen.

Anders als ihre Altersgenoss*innen, die noch ganz Schüler*innen waren, standen Lehrlinge bereits im Arbeitsprozess. Sie waren Akteur*innen und Ziel gewerkschaftlicher Organisationsbemühungen. Daher galt es aus Sicht der Unternehmerorganisationen ihnen nahezulegen, dass sie mit ihrer Erwerbsarbeit der Nationalökonomie einen Dienst erwiesen, im Gleichklang mit Unternehmer*innen und Kapiteleigner*innen. Dass Lehrlinge – im Unterschied zu Schüler*innen – über ein eigenes Einkommen verfügten, wurde mehr als Problem denn als Möglichkeit behandelt. Ihr Konsum schien nicht nur das Potenzial für moralischen Schaden zu bergen, sondern ebenso volkswirtschaftlich von Nachteil.

Wir und unsere Welt war einer exportorientierten Ökonomie nachholender Entwicklung verpflichtet, die keinen Schwerpunkt in der Konsumgütererzeugung setzte. Von einem Konsum der Arbeitenden, der sich abseits eines patriarchal gefestigten und bescheiden geführten Haushalts bewegte, drohten allzu sehr ausländische Produkte und Werte zu profitieren. Es war der hegemoniale Diskurs eines wirtschaftlichen und konsumkulturellen Übergangs, wenn man die Krisen der Zwischenkriegszeit und das Wohlstandsniveau der 1990er-Jahre als Anfang und Endpunkt der Betrachtung ansetzt. Die nationale Ökonomie breitete außerdem den Mantel der Gemeinschaft über die nach Alter, Klasse, Geschlecht differenzierten Modi des nationalisierenden Appells. Der Konsum von jungen Arbeiter*innen, der nur durch Verzicht österreichisch werden konnte, wurde anders behandelt als jener der durch die Ehe gebändigten Frau aus dem Mittelstand, die bei jedem Einkauf österreichisch denken sollte, und anders als jener von Mittelschüler*innen, die sich durch Regierung ihres Selbst darauf vorbereiten sollten über andere zu regieren.

Epilog: Von Buy National zu Nation Branding und retour?

„Denk österreichisch bei jedem Einkauf", hörten die österreichischen Konsument*innen in den 1950er-Jahren. Die Frage eines Kabarettisten, was man damit wolle, war berechtigt: „Soll ich vielleicht, wann i beim Greißler bin, die Bundeshymne singen?"[1] Die satirische Zuspitzung lässt das Problem der Buy-National-Propaganda deutlich hervortreten. Sie verlangte den Konsument*innen Umfassendes ab und das in einer unspezifischen Weise. Das widerspricht einer Erfolgsregel, die sich aus der Beobachtung von Boykott- oder Buycottaufrufen ableiten lässt, die ihr Ziel erreicht haben.[2] Buy-National-Propaganda wurde daher stets von dem Verdacht ihrer Nutzlosigkeit begleitet.

Auch die massierte Anwendung des Methodenapparats der empirischen Sozialforschung auf diese Art der Werbung hat keine Klarheit gebracht: „The very little empirical evidence available on the effectiveness of buy-national campaigns is quite inconclusive", konzedierte eine neuseeländische Studie aus dem Jahr 2000.[3] Das ist freilich nur die besondere Ausprägung einer weitergehenden Ungewissheit. Die Wirkung persuasiver Kommunikation ist generell schwer zu bestimmen. Das macht der Werbeforschung bis in die Gegenwart zu schaffen und es bringt diejenigen, die eine solche Kommunikation betreiben, unter Legitimationsdruck. In 100 Jahren der Professionalisierung und Verwissenschaftlichung von persuasiver Kommunikation hat sich an der Grundkonstellation nichts geändert.[4] Eine Studie in Marokko, die ihr Sample aus 400 Interviews mithilfe der CETSCALE bewertete, kam 2011 zu der aufregenden Einsicht: „What we have discovered is as follows. The consumer mind is truly a complex one."[5]

Den Inszenierungen, dem Geflecht der aufeinander bezogenen Texte ist an keinem Punkt zu entrinnen und doch werde ich abschließend versuchen, erstens die Organisations- und Mobilisierungskraft der Buy-National-Kampagnen einzuschätzen und zweitens ihre Bedeutung für das Projekt einer nationalen Ökonomie zu bewerten; zunächst zu ersterem und mit einem Fokus auf die 1910er- bis 1940er-Jahre in der Schweiz und auf die 1920er- bis 1970er-Jahre in Österreich. Zuletzt werde ich

---

1 Das Zitat findet sich in einem der Travnicek-Dialoge zwischen Helmut Qualtinger und Gerhard Bronner: Krischke, Qualtinger Werkausgabe 3, 11–14 (Travnicek studiert ein Plakat), hier 11.

2 Vgl. Friedman, Consumer Boycotts; als Problem von Buy-National-Kampagnen: Fenwick/Wright, Effect, 143.

3 Fenwick/Wright, Effect, 137.

4 Als einführender Überblick über Ansätze, die in den Kommunikationswissenschaften die Untersuchung von Wirkung leiten: Schenk, Medienwirkungsforschung; mit einem Fokus auf Werbung: Zurstiege, Medien, 93–117.

5 Hamelin/Ellouzi/Canterbury, Consumer Ethnocentrism, 242.

https://doi.org/10.1515/9783110701111-021

auf die jüngere Vergangenheit des Nation Branding eingehen, das die Augen fest auf die globale Marktfähigkeit der imaginierten Gemeinschaft richtete.[6]

Für die Einordnung der Buy-National-Propaganda in der Schweiz und Österreich ist es wesentlich, dass sie sich auf bestehende Staaten und deren Wirtschaftsraum bezog. Auf das schon zeitgenössisch wie auch in dieser Studie immer wieder als Referenz herangezogene Empire Marketing Board traf das ebenso zu; hier kam außerdem die Erweiterung durch einen Raum formeller imperialer Herrschaft hinzu. Das unterscheidet diese drei Fälle von den Boykott- und Buycottaufrufen, die bei antikolonialen Unabhängigkeitsbestrebungen oder separatistischen Nationalbewegungen stets auftraten.[7] Die Buy-National-Propaganda in Österreich, der Schweiz und Großbritannien konnte auf die stillschweigende oder offene Unterstützung von staatlichen Agenturen zählen bzw. war sie selbst Teil dieses Apparats. Im Rahmen von antikolonialen oder separatistischen Nationalismen gefährdete indes der Aufruf nationalbewussten Konsums den Staat oder das imperiale Gefüge, das von den Unternehmen einer anderen Nation dominiert wurde. In der Schweiz stärkte der Aufruf den Nationalstaat, in Österreich rückte es den Staat in Richtung Nationalstaat – trotz der durch die deutschnationale Orientierung erzwungenen Modulierung als Appell zu staats-, nicht nationalbewusstem Einkauf. Gemeinsam war der Buy-National-Propaganda in etablierten Staaten und ihrer antikolonialen und separatistischen Variante immerhin, dass sie aus der heimischen Produktion den Gegenstand machte, den es zu schützen und fördern galt. Der Buy-National-Diskurs bot Unternehmen und Unternehmer*innen (vor allem aber: Unternehmern) eine privilegierte Position.

Die Buy-National-Kampagnen der Zwischenkriegszeit mochten zwar nur über das Werbebudget mittelständischer Unternehmen verfügen, konnten damit aber ganz andere Reichweiten erzielen, weil sie ein nationales und staatsbürgerliches Engagement mobilisierten. Dass ihnen das gelang, dafür stand die Kooperation vieler Akteur*innen ein, die dafür keine Bezahlung erhielten oder deren Bereitschaft, die Kampagnen mitzutragen, über finanzielle Anreize hinausging. Das betraf die Frauenbewegungen und Vereine aller Art, Journalist*innen, zum Teil auch die Einzelhändler*innen. Wurde der Buy-National-Appell dadurch zum diskursiven Kern einer sozialen Bewegung? Die Organisatoren der Schweizerwoche sprachen häufig von einer „Schweizerwoche-Bewegung". Wenn man unter einer sozialen Bewegung eine nicht zentral gesteuerte Mobilisierung versteht, die Menschen rund um ein gemeinsames Protestanliegen bzw. das Ziel eines Wandels zusammenführt,[8] so kann man die Gemengelage rund um die Gründung der Schweizerwoche in dieser Weise beschreiben. Das unterscheidet sie von der Kampagne „Kauft österreichische Waren", die von zwei unternehmerischen Interessenverbänden im Zusammenspiel mit dem

---

6 Zur Historisierung des Nation Branding vgl. Viktorin/Gienow-Hecht/Estner/Will, Nation Branding; Ermann/Hermanik, Branding.

7 Vgl. zum Folgenden Kühschelm, Buy National Campaigns, 9–14.

8 Rucht/Neidhardt, Soziale Bewegungen, 555; zit. nach Winterberg, Not der Anderen, 150.

Handelsministerium ins Leben gerufen wurde. Sozial war die Schweizerwoche im Bürgertum verankert. Sie formierte sich im Rahmen bürgerlichen Vereinswesens und übersetzte ihr Anliegen in die Struktur eines wirtschaftlichen Interessenverbands. Dieser suchte für seine Ziele und mithilfe persuasiver Kommunikation auf massenmedialer Basis Bürger*innen, die bereit waren mitzumachen. Eine solche von den intellektuellen und finanziellen Ressourcen verschiedener Fraktionen der Unternehmerschaft angeleitete Mobilisierung ist freilich nicht sinnvoll als soziale oder zivilgesellschaftliche Bewegung anzusprechen,[9] allenfalls greift sie nach dem Modus des Astroturfing auf solche Bewegungen zu.

Die Schweizerwoche verkaufte zwischen 1917 und 1945 jedes Jahr zwischen 20.000 und 40.000 Schaufensterplakate an die Händler*innen, die damit das Anrecht zur Teilnahme an der Schweizerwoche erwarben. Um diese Berechtigung entspannen sich heftige Auseinandersetzungen, da der selbsterklärte Mittelstand zuerst den Konsumgenossenschaften und Warenhäusern, dann den Einheitspreisgeschäften und der Migros die Teilhabe an der Nation und infolgedessen auch der Schweizerwoche verwehren wollte. Diese Konflikte ebenso wie der Umstand, dass gerade die werbeaffinen großen Handelsunternehmen die Schweizerwoche für aufwändige nationalisierende Inszenierungen nützten, deuten auf die wahrgenommene Relevanz des patriotischen Werberituals. Dank des staatlichen Rückhaltes konnten die Kampagnen außerdem in den Schulen werben und Lehrer*innen dafür gewinnen, ihren Schüler*innen Schreibaufträge zu erteilen, die der Verinnerlichung des Konsumpatriotismus dienten. Häufig suchten auch Akteur*innen außerhalb des unmittelbaren organisatorischen Zusammenhangs der Kampagnen die Kooperation oder nahmen selbst eine propagandistische Tätigkeit im Einklang mit Buy-National-Zielen auf. Die Zeitschrift *Nebelspalter*, ein Zentralorgan bürgerlicher Selbstverständigung im Medium der Satire, begleitete die Schweizerwoche durch die Jahrzehnte. Auch in unzähligen anderen Fällen nahm die Presse die Anliegen der Kampagnen auf, indem Journalist*innen selbst Artikel verfassten oder ‚Botschaften' der Kampagnen in den redaktionellen Teil der Zeitungen und Zeitschriften einbetteten.

In Österreich spannten sich die Netzwerke der Kooperation innerhalb des korporatistischen Geflechts von Kammern und Interessenvertretungen auf, in der Schweiz entfalteten sie sich in dem Kontinuum zwischen bürgerlichem Vereinswesen und wirtschaftlichen Interessenverbänden. Der Zentralstelle für das Schweizerische Ursprungszeichen hatten sich in den 1930er-Jahren rund 1.300 Firmen als Mitglieder angeschlossen, was ihnen die Führung der Armbrust-Marke gestattete.[10] Jedes Unternehmen, das in seine Produktwerbung die Armbrust-Marke einbaute, trug damit auch die Buy-National-Werbung weiter. In der Schweiz schalteten viele Unterneh-

9 Vgl. die Kritik von Welskopp an der Einordnung der US-Prohibitionspropaganda mit Begriffen der Bewegungsforschung: Ernüchterung, 24.

10 Die Zahlen sind der Aufstellung bei Oberer entnommen: Armbrust (Anhang), 56.

men in den Zeitungsbeilagen zu den Events des patriotischen Konsums nationalisierende Werbung.

In Österreich dürfte nach einer Propagandaspitze 1933/34 die Buy-National-Werbung im Rahmen der Kampagne „Kauft österreichische Waren“ zurückgegangen sein. Eine protektionistische Außenhandelspolitik sowie eine durch die Wirtschaftskrise drastisch und andauernd reduzierte Massenkaufkraft trugen dazu bei, ebenso die knappen Mittel des Staates. Die budgetären Spielräume hatten sich durch den riesigen Finanzaufwand, den ab 1931 die staatliche Rettung der Creditanstalt vor dem Zusammenbruch verursachte, noch einmal verringert. Zudem brachte das konservative Regime für Fragen des Konsumierens zumeist kein Verständnis auf, das über die Imagination bäuerlicher Lebenswelten hinausreichte, die abseits eines marktvermittelten Konsums lagen. Das Jahr 1938 führte schließlich auch für die Arbeitsgemeinschaft „Kauft österreichische Waren“ zum institutionellen Bruch. In den 1950er-Jahren nahm aber die Bundeswirtschaftskammer einschlägige werbliche Aktivitäten neuerlich auf.

In allen Punkten zeigte sich die Buy-National-Propaganda in der Schweiz während der 1920er- und 1930er-Jahre als umfassender und intensiver. In Österreich war die Situation in vieler Hinsicht komplizierter: Man verfügte über weniger Ressourcen und das Verhältnis von Ökonomie und Nation war insofern ungeklärt, als die Eliten eines ehemaligen Großstaates Schwierigkeiten hatten, sich mit dem Kleinstaat anzufreunden. Die „Lebensfähigkeit“ des Staates stand in Zweifel. Dieser nationale und nationalökonomische Zweifel betraf wesentlich die Befähigung des österreichischen Gefüges, den Bürger*innen ein Leben zu ermöglichen, das auch lebenswert schien. Es ging um ein Konsumniveau, das man als angemessen für ein zivilisiertes europäisches Land erachtete. Die Hürden der Anpassung bei andauernder wirtschaftlicher und politischer Instabilität trugen das ihre dazu bei, dass die Auflösung Österreichs in einem Reich, nun eben dem Deutschen Reich, als eine begehrenswerte Option erschien. Anhand der Kampagne „Kauft österreichische Waren“ und in der Formierung des Werbewissens überhaupt lässt sich aber auch zeigen, dass die bloße Existenz des Staates diesem Begehren entgegenwirkte und eine nationalisierende Dynamik entfaltete. Diese vollzog sich in Österreich wie anderswo in einer Dialektik mit transnationalen Vernetzungen, an denen Buy-National-Propaganda selbst ihren Anteil hatte.

Waren die Kampagnen insofern ein Erfolg, als sie die Konsument*innen dazu bewegten, fortan systematisch die heimischen bzw. nationalen Waren zu bevorzugen oder sich sogar ganz auf diese zu beschränken? In dem Sinn waren sie sicher kein Erfolg. Eine durch Absatzzahlen belegte Wirkungskette, die auf die Handelsbilanz hinführte, konnten die Kampagnenverantwortlichen nie vorlegen.[11] Um aber überhaupt anzunehmen, dass dies ginge, müsste man jene simplifizierende Insze-

11 Dass solche Kampagnen und die ihnen wohlgesinnten Medien Veränderungen in der Importstruktur häufig als ihren Erfolg deuteten, steht auf einem anderen Blatt. Zum Empire Marketing

nierung von Handelsbilanz für bare Münze nehmen, die in der Propaganda ihren Auftritt hatte und dem Konsument*innenverhalten eine hauptsächliche Verantwortung für eine bilateral gedachte Balance zwischen Inland und Ausland zuschrieb. Die Welt ist freilich komplizierter. Eine durchgängige Nationalisierung des Sozialen, der Produktion wie des Konsums, hätte nur das Ziel der Autarkie meinen können. Dies zu erreichen ist für hochindustrialisierte Kleinstaaten weder möglich noch wünschenswert. Das war auch den Kampagnenverantwortlichen bewusst.

Plausibler erscheint hingegen, dass ein Teil der Bürger*innen/Konationalen wiederum in Teilbereichen des Konsumierens ihr Kaufverhalten veränderte, z. B. indem sie bei Produkten, die einen besonderen Symbolwert hatten, der nationalen Ware den Vorzug gaben. Unternehmen und Verbände, die in importierten Produkten ihre hauptsächliche Konkurrenz am Binnenmarkt erkannten, verbanden sich häufig mit den Buy-National-Kampagnen, so die Hersteller der Bernina Nähmaschinen, der Verband der Schweizer Textilindustrie in den 1930er-Jahren und den späten 1940er-Jahren sowie die Getränkehersteller in beiden Ländern vor der Herausforderung durch Coca-Cola in den 1940er- und 1950er-Jahren. Buy-National-Kampagnen nützten mit Sicherheit nicht allen Unternehmen, sie konnten aber vermutlich den Absatz jener Erzeuger unterstützen, die von den Konsument*innen in besonderem Maß mit der Nation identifiziert wurden. Um über die Vermutung hinauszugelangen, bedürfte es jedoch eines unternehmensgeschichtlichen Zugriffs und einer entsprechenden Quellenlage. Dass auch abseits von Buy-National-Kampagnen viele Markenprodukte nationalisierende Attribuierungen integrieren, dass sowohl Unternehmen als auch Konsument*innen nationalisierende Produktkommunikation betreiben, ist allerdings vielfach belegt.[12]

Da selbst die jüngere Marketingforschung Schwierigkeiten hat, den Einfluss von Buy-National-Promotion auf das Kaufverhalten zu zeigen, verlegt sie sich meist darauf, durch Umfragen Bekenntnisse zu den Inhalten der Kampagnen zu erheben. Hier erweist sich immer wieder, in je kontextspezifischen Varianten, dass die Konsument*innen die Kampagnen wahrnehmen und durchaus bereit sind, patriotische Bekenntnisse abzulegen. Man könnte auch sagen: Sie wissen, was von ihnen erwartet wird. Das ist insofern ein relevanter Befund, als er auf eine Wirkung deutet, die ich aufgrund der breiten Involvierung aller möglichen Institutionen und Akteur*innen ebenso bei den hier untersuchten Kampagnen in Österreich und der Schweiz annehme. Sie trugen dazu bei, den Bürger*innen/Konationalen das Konzept der Nationalökonomie, des vorwiegend geschlossenen Kreislaufs aus Produktion und Konsum, als politische Richtschnur vertraut zu machen. Unter den Vorzeichen der Nationalökonomie aber erhielten z. B. Schutzzölle, Kontingente und Exportkredite als wirtschaftspolitische Maßnahmen ihre Legitimität. Die Konsument*innen mochten ihr

Board: Constantine, Bringing, 222; zu einer im Oktober 1931 begonnenen Kauft-Norwegisch-Kampagne: Honningdal Grytten, Policy Response, 288.

12 Gries, Produkte; Kühschelm/Eder/Siegrist, Konsum.

Verhalten nicht in einer Weise ändern, dass sie die Handelsbilanz ‚retteten', doch sie hatten im Rahmen der Kampagnen viele Möglichkeiten zu lernen, dass sie dies prinzipiell tun sollten. Zölle und Einfuhrverbote entlasteten nun die Einzelnen davon, dass sie der Versuchung durch die ausländische Ware widerstehen oder beim Einkauf sich gezielt nach den heimischen Produkten umsehen mussten.

Akteur*innen in Politik, Unternehmen und Interessenverbänden sahen die Kampagnen in einem Substitutionsverhältnis zu Zöllen. Markant war das in Großbritannien zu beobachten. Bald nachdem sich das „national government", die Koalition aus Konservativen, Teilen von Labour und der Liberalen, darauf verständigt hatte, Schutzzölle kombiniert mit Präferenzzöllen innerhalb des Empires einzuführen, wurde 1933 das Empire Marketing Board aufgelöst. Immer wieder gingen Buy-National-Kampagnen einem protektionistischen Schwenk in der Außenhandelspolitik voraus und bereiteten ihn propagandistisch vor. Das traf in Großbritannien, aber auch im Österreich der Zwischenkriegszeit zu. Umgekehrt begleiteten Kampagnen auch Handelsliberalisierung, sollten also den nationalen Unternehmen helfen, sich gegen eine intensivierte ausländische Konkurrenz zu behaupten. Ob sie das erreichten, mag zweifelhaft sein, doch dienten sie wohl der Beruhigung und Selbstberuhigung von Akteur*innen in Unternehmen und ihren Interessenverbänden. Beispiele sind diverse Buy-British-Kampagnen der zweiten Hälfte des 20. Jahrhunderts, ebenso Kampagnen aus dem Neuseeland der 1980er-Jahre oder aus dem ehemals sozialistischen Europa seit den 1990er-Jahren.[13] Aber schon „Kauft österreichische Waren" reagierte Mitte der 1920er-Jahre auch auf die geänderte Situation eines Kleinstaates mit liberaler Handelspolitik; und im Österreich der 1950er-Jahre setzte die Gemeinschaftswerbung für österreichische Produkte ein, als man den „Weg nach Europa" einzuschlagen gedachte. Der ausländischen Konkurrenz wollte man es nicht allzu leichtmachen, denselben Weg in die Gegenrichtung zu nehmen und am österreichischen Markt zu reüssieren.[14] Die Zentralstelle für das Schweizerische Ursprungszeichen wiederum verkündete in den 1960er-Jahren: „Fallende Zollschranken werten das Armbrustzeichen auf!". Denn: „Das vermehrte Angebot und die europäische Freihandelsvereinigung stellen die schweizerische Wirtschaft vor schwierige Probleme."[15]

In der ersten Hälfte des 20. Jahrhunderts bewegten sich die Kampagnen in jener Logik „imperialer Gewalt und mobilisierter Nationen"[16], die der Zeit ihr Signum auf-

13 New Zealand Ministry of Development, Buy Kiwi (Evaluation Report) (Neuseeland); Althanns, McLenin (Russland); Stere/Trajani, Review (Rumänien); der Vorschlag von Marketingforscher*innen, auf die Marktöffnung in der Slowakei mit einer Buy-National-Kampagne zu reagieren: Saffu/Walker/Mazurek, Role.

14 DÖW, Österreichwoche 1958, unbetiteltes Manuskript „Dieser Tage wurde bekanntgegeben ...", 3.

15 SWA PA486, D73, Inserat der Armbrust-Organisation.

16 Um beim Titel des Buches von Lutz Raphael über die europäische Geschichte von 1914–1945 Anleihe zu nehmen.

prägte. Sie erfüllten insofern ein Kriterium für aussichtsreiche Propaganda, als sie an hegemonialen, inter- und transnational geführten Diskursen partizipierten, deren Regeln sie in einem bestimmten Themenausschnitt, dem Konsumieren, artikulierten. Indem die Verantwortlichen aus der gerade im Schweizer Fall eindrucksvollen Dauerhaftigkeit ihrer Kampagne deren Erfolg ableiteten, griffen sie zu kurz, sofern sie damit einen Beleg ihrer Fähigkeit meinten, das Kaufverhalten in der von ihnen intendierten Weise zu verändern. Werbliche Kommunikation ist jedoch niemals eine Einbahnstraße, auch wenn das Feedback und die Kommunikationsakte der Konsument*innen untereinander oft nicht in den Quellen greifbar sind. Für die Akzeptabilität des Buy-National-Appells spricht es daher wohl, dass er über Jahrzehnte hindurch aufrechterhalten werden konnte. Es ging um die Platzierung einer Moral des Einkaufens, die eine nationale Ökonomie ermöglichen sollte. Insofern die Konsument*innen sich nicht in der Lage zeigten, die Maximen dieser Moral in ihrem Einkaufsalltag zu realisieren, musste das eben von staatlichen Eingriffen übernommen werden. Moralpredigten erwarten nicht unbedingt eine Verhaltensänderung, sondern zuerst einmal die Anerkennung der Moral. Allerdings gilt auch die Vermutung: „Zuerst kommt das Fressen, dann die Moral", wie es in der Dreigroschenoper heißt. Sofern die patriotische Moral etwas war, das man/frau sich leisten können musste, erweiterten sich in den 1920er-Jahren selbst in Österreich die diesbezüglichen Spielräume für erhebliche Bevölkerungsteile. Zugleich blieb die propagandistisch verwertbare Gefährdung der materiellen Existenz stets präsent. Erst später während der *Trente Glorieuses* verschwand sie für den nivellierten, doch aufstiegsorientierten Mittelstand hinter einem von steter Wachstumserwartung verborgenen Horizont.

Nationale Ökonomie als hegemoniales Projekt, das nicht nur wirtschaftliche und politische, sondern eben auch kulturelle und moralische Anliegen verfolgte, implizierte Arrangements einer korporatistischen Aushandlung von Interessen. Die Vorstellung des nationalökonomischen Gefäßes, an dessen Wohlergehen alle gleichermaßen ein Anliegen haben mussten, ließ sich zum einen in Forderungen nach niedrigen Löhnen zugunsten der Wettbewerbsfähigkeit im Export ummünzen. Unter den Bedingungen eines fordistischen Akkumulationsregimes besaß das Konzept jedoch zum anderen ebenso das Potential, dem Verlangen nach einer Stärkung der nationalen Kaufkraft Schub zu verleihen. Dieses Potential wurde in Österreich und der Schweiz während der 1920er- und 1930er-Jahre nicht ausgeschöpft.

In der Schweiz ging die Inszenierung patriotischen Konsums davon aus, dass sich die Staatsbürger*innen als *national consumers* verstanden. Im Österreich der Zwischenkriegszeit beschränkte sich Buy-National-Propaganda hingegen zumeist auf eine Forderung nach österreichischem Staatsbewusstsein, um deutschnationalen Identitätsangeboten nicht in die Quere zu kommen. Außerdem visierte der Buy-National-Appell weder in der Schweiz noch in Österreich eine Ermächtigung von Konsument*innen im Sinn politischer und sozialer Rechte an – eine in der Figur des *citizen consumer* enthaltene Perspektive. Ebensowenig betonte der Aufruf zum patriotischen Einkauf Wohlstand als Gegenleistung für Wohlverhalten, wie es der propagandistischen Figur des *purchaser consumer* entspräche. In ihrer Auseinandersetzung mit dem Konsumieren ging es den Organisator*innen der Kampagnen zumeist auch nicht darum, Einkaufshandlungen durch empirische Beobachtung angemessen zu erfassen. Sie meinten schon zu wissen, womit sie es zu tun hatten. Sie pflegten eine normative Ansprache, die oft mehr mit einer Tradition der Predigt als mit der sich neu etablierenden Expertise der Markt- und Konsumforschung zu tun hatte. Die Kampagnen kultivierten die Vorstellung von *negligent/sinful consumers*, von nachlässigen oder sündhaften Konsument*innen.

Buy-National-Propaganda adressierte dabei zuvorderst Frauen als Protagonistinnen des unter Verdacht stehenden Einkaufens – in einer Gegenüberstellung zur patriotischen Produktion. Diese stellte man(n) sich als eine von Männern betriebene gewerbliche und industrielle Tätigkeit vor. Viele Formen von Erwerbstätigkeit und Produktion wurden dadurch ausgeblendet, ebenso die Beteiligung von Frauen in diesen Bereichen.[17] Das zeigt sich z. B. daran, wie die Buy-National-Propaganda die Textilindustrie thematisierte, eine Branche mit einem hohen Frauenanteil unter den Arbeitskräften. Vor allem aber schob die hegemoniale Vorstellung den Umstand in den Hintergrund, dass es nicht den Produzenten und die Konsumentin gibt, sondern allenfalls soziale Rollen für spezifische Kontexte und dass es eben ein und dieselben Personen sind, die einmal produzierend, dann wieder konsumierend auftreten bzw. beides in unterschiedlichen Mischungsverhältnissen tun, simultan oder in zeitlicher Folge.

Die moralisierende Ansprache hielt den Konsument*innen vor, dass sie bislang zu wenig für die Nation getan hatten und in Zukunft patriotischer sein sollten. Die „Macht der Einkaufstasche" zu betonen diente als Hebel, um Vorwürfe zu platzieren. Die Literatur weist jedoch darauf hin, dass mit der steigenden Wahrnehmung der Bedeutung des Konsumierens für die Nation auch Handlungspotentiale für Frauen und Chancen auf eine staatsbürgerliche Integration in den Nationalstaat einhergingen. Frauen konnten sich durch den Konsum als Akteur*innen im öffentlichen Raum konstituieren und rund um ihre Rolle als Konsument*innen lassen sich im 20. Jahrhundert emanzipatorische Prozesse beobachten. Für die Nationalisierung des Konsums wie für die Nation und für das, was ich nationale Ökonomie nenne, bin ich dennoch skeptisch, ob diese je weiter führen konnte als bis zu dem moderat patriarchalen Modell der langen Nachkriegszeit. Es hob Dichotomien wie Arbeit und Kapital, Frauen und Männer nicht auf, sondern entschärfte sie bloß.

Auffällig ist auch, dass die Organisationen, die Buy-National-Propaganda betrieben, nicht von allen Bevölkerungsgruppen, an die sie sich mit persuasiver Kommunikation wandten, einen patriotischen Einkauf forderten. Kinder und Jugendliche, vor allem aber Kinder und Jugendliche aus der Arbeiterschaft, sollten zwar nationalbewusst einkaufen, wenn sie es denn mussten, aber als bessere Alternative wurde ihnen der Patriotismus des Verzichts gelehrt. Im Mittelpunkt stand die Abkehr vom

17 Vgl. Wadauer, Immer nur Arbeit?

Konsum zugunsten eines Beitrags durch Sparen und die Identifikation mit (subalterner) Arbeit als Beruf(ung). Eine mit Amerika assoziierte Massenkultur schien sowohl unösterreichisch als auch unschweizerisch, insbesondere wenn die Arbeiterschaft, der die bürgerliche und damit nationale Kultiviertheit fehlte, sich von diesen Angeboten verführen ließ. Die Perspektive jugendsoziologischer Forschung und der Unternehmerblick, wissenschaftlicher Spezialdiskurs und der Interdiskurs in Publikumsmedien griffen hier ineinander. Bei den Jugendlichen aus der Mittelschicht beunruhigte der Konsum weniger, doch auch die Schüler*innen von mittleren Schulen, deren Besuch es ermöglichen sollte, disponierende Positionen in Staat und Unternehmen einzunehmen, wurden nicht primär mit konsumorientierten Forderungen konfrontiert. Der patriotische Konsum war die Aufgabe der Hausfrau aus der Mittelschicht und aus all jenen Gruppen, die sich der nivellierten Mittelstandsgesellschaft anzuschließen hofften. Das propagandistische Portfolio der Schweizerwoche und der Österreichwoche der langen Nachkriegszeit reichte mithin über Buy-National-Propaganda hinaus, um ihren Rezipient*innen klassenspezifische Subjektpositionen nahezulegen, die sie in die nationale Ökonomie eingliedern sollten.

Michel Foucault hat argumentiert, dass Krieg nicht so sehr die Fortsetzung der Politik mit anderen Mitteln sei, sondern Frieden die Weiterführung dessen, was Krieg hergestellt hat.[18] So ging in der Schweiz der Gründung des Bundesstaates 1848 ein Bürgerkrieg voraus, in dem ein liberalkonservatives Bürgertum die katholisch-konservativen Kantone zur Räson brachte. Die Opferzahlen waren gemessen an den europäischen Massenschlächtereien des 20. Jahrhunderts gering und das galt ebenso für spätere soziale und politische Auseinandersetzungen, bei denen militärische Gewalt zum Einsatz kam.[19] Ohne Repression ging die Stilllegung von Konflikten im Zeichen der bürgerlichen Nation dennoch nicht vonstatten. Immerhin trat neben die Drohung der Anreiz. Das Wohlstandsversprechen materialisierte sich in der Schweiz früher als in Österreich in einem erweiterten Konsumspielraum für die Vielen, ohne dass man dessen Ausmaß für die 1920er- und 1930er-Jahre überschätzen sollte.

Österreichs Weg zum Frieden gestaltete sich blutiger und zurecht hielten die Österreicher*innen die Gesellschaft des Wiederaufbaus nach 1945 für einen Gewinn. Überhaupt meinte man in den Nachkriegsjahrzehnten, soziale Konflikte in bewältigbare Bahnen geführt und gelöst zu haben: keine Streiks, Wohlstandszuwachs, Zufriedenheit bis zur Apathie; jeder Streit allenfalls ein Sturm im Wasserglas, das so voll schien, wie es das sein sollte, sofern man keine unrealistischen Erwartungen hegte. Die Wirtschaftswunderwelt hatte aber einen Preis: den Verzicht darauf, die Möglichkeit alternativer Horizonte auch nur ernstlich zu denken. Der Friede der Zweiten Republik war zudem nicht bloß das Gegenteil des Kriegs, sondern dessen

18 Foucault, Überwachen, 217; ders., Verteidigung, 57; vgl. hierzu Kerchner, Gegendenken; Marchart, Das unmögliche Objekt, 238–262.

19 Zu denken ist namentlich an den Landesstreik 1918 und an einen Vorfall 1932 in Genf, als das Militär auf Arbeiter*innen schoss, die gegen eine faschistische Versammlung demonstrierten.

Produkt – eine Zurichtung rund um die Figur einer nationalen Ökonomie, die nun glücklich im korporatistisch organisierten Kleinstaat angekommen schien.

Österreichische Politikwissenschaftler*innen betonen oft den Bruch zwischen dem ständestaatlichen/faschistischen Korporatismus und dem Neokorporatismus, den sie lieber Sozialpartnerschaft nennen.[20] Auch Peter Katzenstein unterstrich den demokratischen Charakter des Korporatismus, den er betrachtete. Er reflektierte Eindrücke aus den späten 1970er- und frühen 1980er-Jahren, als der Austrokeynesianismus international als Erfolg bestaunt wurde. Der Korporatismus der Nachkriegsjahrzehnte sei im Vergleich zu den Herrschaftssystemen im Italien, Österreich und Portugal der 1930er-Jahre „an entirely different breed".[21] Die Unterschiede sind in der Tat alles andere als trivial, ebenso wenig jedoch die Kontinuitäten, in die sich auch die 1930er-Jahre einfügen.[22] Aus der Gegenwart betrachtet und im Rahmen der Erkenntnisziele dieser Studie sind es die Kontinuitäten, die mehr ins Gewicht fallen als der Neuanfang 1945. Korporatismus war eine organisatorische Form, um nationale Ökonomie institutionell zu realisieren. Nationale Ökonomie war ihrerseits eine konzeptuelle Klammer, verbunden mit einem Set an Praktiken, Institutionen und Subjektivierungsregimen, das sich für Demokratie und Diktatur adaptieren ließ. Die in ökonomischen Beziehungen verbundene Gemeinschaft blieb patriarchal bestimmt und reproduzierte soziale und wirtschaftliche Hierarchie.

Das von den 1950er- bis in die 1970er-Jahre dauernde Wachstum legte es indes nahe, den nach den Exzessen der ersten Jahrhunderthälfte pazifizierten Nationalstaat für ein zufriedenstellendes Ende der Geschichte zu halten, für ein Gefüge, das nicht die beste aller Welten darstellte, aber die einzige gut mögliche und dadurch einzig gute. Das Drehen einiger Schrauben, ein *piecemeal social engineering*, würde sie kontinuierlich verbessern. Keynesianismus war seit den 1930er-Jahren die prominenteste Variante einer Selbstaufklärung der bürgerlichen Nationalökonomie. Diese war sich des Umstands bewusst geworden – oder erinnerte sich auch nur neuerlich daran –, dass Produzieren und Konsumieren aufeinander verwiesen und dass das Konsumieren mehr Fragen aufwarf, als das Say'sche Gesetz beantwortete, demzufolge Angebot seine Nachfrage erzeuge. Die Nationalökonomie nahm nun eine Form an, die eine liberale Demokratie und soziale Konkordanz, Massenproduktion und Massenkonsum in einer kontrollierten Weise zu ermöglichen schien. Keynesianismus ist das freundliche, auf internationale Kooperation orientierte Gesicht der Nationalökonomie – und doch eine Variante von Wirtschaftsnationalismus, wie seine Gegner seit den 1930er-Jahren kritisierten. Der Keynesianismus hat denn auch weniger attraktive Seiten. Die zum Zwecke ihrer Steuerung erforderliche Schließung der nationalökonomischen Monade bedarf vermutlich einer besonders günstigen Kon-

---

20 Pellar, Kampf, 286 f.; Tálos/Kittel, Sozialpartnerschaft.

21 Katzenstein, Corporatism, 27.

22 Diese These verfolgt aus einer liberalkonservativen Perspektive: Hanisch, Schatten.

junktur, um liberal, demokratisch und konsensual vonstatten zu gehen. Leicht bewegt sie sich ins Konservative und Autoritäre.

Die Indizien kann man bereits bei Keynes und in seinem Umfeld entdecken. Seine wirtschaftspolitischen Ideen fanden an der Wende zu den 1930er-Jahren in den Reihen der Labour Party am markantesten bei Oswald Mosley Aufnahme, der freilich bald die British Union of Fascists gründete.[23] Im Vorwort zur deutschen Ausgabe seiner *General Theory* meinte Keynes, die „Theorie der Produktion als Ganzes" könne „viel leichter den Verhältnissen eines totalen Staates angepaßt werden".[24] Keynes selbst hegte keine Sympathien für faschistische Politik,[25] wohl aber begegnete er, darin ganz ein Spross der *upper class*, den Parteien der Massendemokratie mit elitistischen Vorbehalten.[26] Zwar rückte er den Konsum in den Fokus nationalökonomischer Aufmerksamkeit, doch sein Anliegen waren die aggregierte Nachfrage und der öffentliche Konsum.[27] Dem Konsumieren der Vielen trat er mit kulturkonservativer Reserve gegenüber. Letzteres findet man etwa auch bei den Austrokeynesianern der Nachkriegszeit wieder, die empfahlen, die „Cremeschnitte der Frau Gemahlin" doch besser zum höheren Nutzen von Kraftwerksbauten einzusparen.

So scheinen der Appell zum patriotischen Konsum und jene Ausdeutung der Nationalökonomie, die gemeinhin mit dem Label des Keynesianismus bezeichnet wird, als zwei Seiten einer Medaille, deren Name die Nation ist. Die letztere Seite, die Wohlfahrtsnation der Nachkriegszeit, bot den *citizen consumers* mehr als die erstere, die den patriotischen Konsum als Teil einer Ideologie des Verzichts predigte. Aber auch der keynesianische Wohlfahrtsstaat bewegte sich weiterhin in den Grenzen der nationalen Ökonomie.

In der langen Nachkriegszeit trafen Buy-National-Kampagnen in der Schweiz auf ein immer schwierigeres Umfeld, während das Bild in Österreich weniger eindeutig ausfällt. Die Verantwortlichen in den Reihen von Armbrust-Organisation und Schweizerwoche-Verband konstatierten seit den 1960er-Jahren eine zunehmende Indifferenz der Konsument*innen und des Einzelhandels gegenüber ihren propagandistischen Bemühungen. Man erwog, aus der Armbrust ein Markenzeichen für den Export zu machen, doch die Bemühungen verliefen im Sand. Als der Schweizerwoche-Verband und die Zentralstelle für das Ursprungszeichen Anfang 1972 fusionierten, hatten sie viel Terrain verloren. Wie Außenstehende den Zusammenschluss sahen, umriss mitleidlos ein internes Strategiepapier: „Zwei antiquierte und verstaubte Organisationen wollen inskünftig gemeinsam protektionistisch und nach al-

23 Skidelsky, Keynes, 440 f., 496; Garau, Fascism, 168–170; ein anderes Beispiel für einen Weg nach rechts, von der nachfrageorientierten Sorge um die Arbeiterschaft zur faschistischen Volksgemeinschaft, ist Hendrik de Man, dessen *Plan van de Arbeid* u. a. in der Schweiz viel diskutiert wurde.
24 Keynes, Theorie, IX.
25 Pernecky/Richter, Keynes' preface.
26 Skidelsky, Keynes, 370 f.; Parsons, Politics, 51 f.
27 Skidelsky, Keynes, 378, 496; Schui, Austerität, 137–144.

ten Grundsätzen arbeiten."[28] Die neue Organisation erwartete immer wieder, ihre einstige Bedeutung wiederzuerlangen: z. B. als der 1972 geschlossene Vertrag mit der Europäischen Wirtschaftsgemeinschaft eine Handelsliberalisierung brachte und neuerlich etwas später, als sich europaweit das Ende des Nachkriegsbooms immer deutlicher abzeichnete.

Während sich die Hoffnungen auf eine Renaissance des patriotischen Konsums im Zeichen von Schweizerwoche und Armbrust nicht erfüllten, bescherten in Österreich die späten 1970er- und frühen 1980er-Jahre dem Appell nationalbewusst einzukaufen einen neuen Aufschwung. Die „Made in Austria"-Organisation war durch eine Quizsendung im Hauptabendprogramm des Fernsehens prominent vertreten. Als die Vereinigung „Made in Austria" 1988 ihr zehnjähriges Jubiläum feierte, spottete zwar ein Handelsmagazin: „Zehn Jahre peinliche Werbung für Österreichische Produkte. Jetzt reicht's."[29] Die Quizsendung kam freilich beim Fernsehpublikum noch immer gut an und hatte regelmäßig über zwei Millionen Zuschauer*innen. „Dieser Triumph spricht nicht unbedingt für die Sendung, sondern eher gegen dieses Land", meinte die Zeitschrift.[30] Die Revolutionen in Ostmitteleuropa 1989 und das im selben Jahr gestellte Ansuchen Österreichs um Beitritt zu den Europäischen Gemeinschaften veränderten die Koordinaten der nationalen Ökonomie indes drastisch. Wie gut die propagandistischen Aktivitäten von „Made in Austria" mit den Zielen der Europäischen Union kompatibel waren, schien zweifelhaft. Immerhin existierte der Verein noch geraume Zeit, bis er schließlich 2002 aufgelöst wurde.

Die Schweizerwoche-Armbrust-Organisation besteht hingegen nach wie vor, seit Ende der 1980er-Jahre firmiert sie aber unter der englischen Bezeichnung Swiss Label – ein deutliches Zeichen der gewandelten kulturellen und ökonomischen Situation. Präsidiert von konservativen Nationalräten und Unternehmern vereint sie weiterhin mittelständische Unternehmen im Schweizerstolz. Während die Losung des Buy National seit den 1950er-Jahren an Zugkraft verlor, intensivierte sich der Wunsch von Unternehmerverbänden und politischen Eliten nach einer koordinierten Imagewerbung im Ausland. 1970 beschloss das Schweizer Parlament, eine Koordinationskommission für die Präsenz der Schweiz im Ausland einzurichten, die alle einschlägig tätigen Verbände integrierte. Dazu gehörte zunächst auch die fusionierte Armbrust-Schweizerwoche. Für den Bedeutungsverlust der Organisation sprach, dass dem Verband der Sitz in der Kommission Ende 1976 entzogen wurde – mit dem Argument, dass die Organisation über die Schweizerische Zentrale für Handelsförderung repräsentiert sei. Diese war seit ihrer Gründung 1927 eine Parallelaktion zu der auf das Inland orientierten Warenpropaganda, allerdings eine, die an Gewicht zulegte. Heute hört auch sie auf einen englischen Namen: Switzerland Global Enterprise.

28 SWA PA486 F20, Richtlinien, Einladung zu Sitzung II/72.
29 Otto Bohinc, Das österreichische Gefühl, in: Cash-Flow Nr. 10, 1988, 34–36.
30 Ebd.

In den 1990er-Jahren setzte sich die Vorstellung des Branding als Allzweckvehikel der Kommunikation durch. Schon zu Beginn des Jahrzehnts, als man in der Schweiz die Degradierung vom Sonderfall zum Normalfall fürchtete,[31] empfahlen der US-Ökonom Michael Porter und sein Basler Adept Silvio Borner der „Schweiz AG" eine Sanierung rund um die Erkenntnis ihrer Markenstärken.[32] Um die Jahrtausendwende kam mit Naomi Klein's Bestseller *No Logo* beim breiten Publikum endgültig das Wissen an, dass alles nach einer Marke zu verlangen schien bzw. sich als ‚Brand' konfigurieren ließ: nicht nur Unternehmen, sondern auch das unternehmerische Selbst und eben der Nationalstaat. Wie es immer wieder in der Geschichte von Werbung und Marketing vorkommt,[33] trug Werbekritik wesentlich zur Popularisierung der kritisierten Konzepte bei.[34] Die Nation war seither eine Marke unter Marken und der Nationalstaat nicht mehr der umfassendste korporatistische Behälter des Sozialen, sondern ein Unternehmen unter vielen.

Im Jahr 2000 gründete der Bundesrat mit „Präsenz Schweiz" eine Nation Branding Agentur. Sie war das Ergebnis von Anstrengungen, die mit der 1970 eingerichteten Koordinationskommission bzw. auch schon mit der in den 1930er-Jahren geschaffenen Zentralkommission Schweizerischer Propagandaorganisationen begonnen hatten. Was ist eine *nation brand*? Laut dem Marketingexperten Keith Dinnie, der eines der meistzitierten Bücher zu dem Thema geschrieben hat, handelt es sich um „the unique, multi-dimensional blend of elements that provide the nation with culturally grounded differentiation and relevance for all its target audiences"[35].

Buy-National-Kampagnen appellieren an die Wir-Gruppe, die nationalen Waren zu kaufen. Sie betreiben auf diese Weise eine moralisierende Festschreibung nationaler Ökonomie. Nation Branding ist hingegen eine primär an die Anderen gerichtete Kommunikation.[36] Sie greift ästhetisierend auf jene Bestandteile der Nation zu, die sich als Markenkern behandeln und als Wettbewerbseinsatz in einer globalen Ökonomie verwenden lassen.[37] Nation Branding soll den Export steigern sowie Tourist*innen und Kapital aus dem Ausland anziehen. Die Ablösung des Buy National durch das Nation Branding markiert einen Aspekt des Wandels, der sich am Übergang von der Hochmoderne zur neoliberalen Vorgeschichte der Gegenwart vollzog. Wenn die Geschichte jener Praktiken, die heute als Nation Branding verstanden wer-

31 Wittmann, Sonderfall.

32 Borner u. a, Internationale Wettbewerbsvorteile.

33 Zu denken ist an Vance Packard's *Geheime Verführer* (1957), das in Unternehmerkreisen die beste Werbung für Ernest Dichters Ansatz der Motivforschung war.

34 Vgl. Aronczyk, Blowing up.

35 Dinnie, Nation Branding, 15.

36 Indem es seine Anforderungen über die Bande ausländischer Erwartungen spielt, richtet es sich aber doch auch an die Konationalen, betreibt eine affektiv und normativ aufgeladene „Heimatkunde". Fritz Gutbrodt, Heimatkunde, in: NZZ Folio, November 2005, http://folio.nzz.ch/2005/november/heimatkunde (Zugriff 3.1.2017). Kontinuität wurde auch durch das „Swiss Label" repräsentiert, dem der Beitrag einige Aufmerksamkeit widmete.

37 Vgl. Kühschelm, Moralizing Appeal; ders., Promoting.

den, in der Schweiz weit vor die Zeit zurückgehen, in der dieser Begriff existierte, verweist das auf eine Gouvernementalität,[38] in der große, auf ihre internationale Verflechtung angewiesene Unternehmen eine wesentliche Rolle spielten – eine viele wesentlichere jedenfalls, als das in Österreich der Fall war.

Abb. 55: „Unsere Zukunft made in Austria", Plakat der FPÖ, 2012
Foto: Oliver Kühschelm.

„Kennen Sie nation branding?", wollte die österreichische Zeitung *Die Presse* 2007 von ihren Leser*innen wissen. Der Anlass war eine Auseinandersetzung mit der werblichen Präsenz des Nachbarlandes: „Wie die Schweizer in Österreich werben".[39] Noch kannte man Nation Branding in Österreich eher nicht, doch das änderte sich rasch. Im Juni 2011 stellten Abgeordnete der Freiheitlichen Partei (FPÖ) eine parlamentarische Anfrage betreffend „die Marke Österreich". Der kurze Text begann mit der apodiktischen Feststellung: „Jedes Land stellt im internationalen Kontext eine Marke dar, die die Identität eines Landes sowohl nach innen als auch nach außen transportieren soll." Den Handlungsbedarf unterstrichen die Abgeordneten mit dem Hinweis, dass „die Schweiz mit ihrer Marke ‚Schweiz', mit dem Schweizer Kreuz als Symbol bereits eine beachtliche Marke aufgebaut" habe.[40] Die zwischen rechtspopulistisch und rechtsextrem changierende Partei der Anfragesteller und die Verwendung des „Made in Austria" durch die FPÖ, etwa im Jahr 2012 auf einem Plakat (Abb. 55), mag als Hinweis genügen, dass die Ära des Nation Branding und jene der

38 Speich Chassé, Neoliberale Wende.
39 Ulrike Weiser, Wie die Schweizer in Österreich werben, in: Die Presse, 18.9.2007, 16.
40 87030/J XXIV. GP, Anfrage Roman Haider u. a, 9.6.2011, https://www.parlament.gv.at/PAKT/VHG/XXIV/J/J_08730/fnameorig_222571.html (Zugriff 3.2.2017).

vom Buy National bestimmten nationalen Ökonomie sich überlappen und zu neuen Arrangements finden können.

Als die FPÖ ihre Anfrage an die Regierung richtete, war das Wirtschaftsministerium schon seit mehreren Jahren mit Sondierungen befasst, wie sich Österreich künftig als Marke positionieren könnte. „‚Nation Branding' ist vielfach noch ein Schlagwort"[41], stellte ein Bericht von 2009 fest, um in vielen Passagen auf eben dieses Schlagwort zurückzugreifen. Letztlich holte sich das Ministerium Rat bei Simon Anholt, der als Erfinder der *nation brand* gilt. Diese war selbst ein Marketingcoup erster Ordnung. Das Konzept benannte ein Problem für Nationalstaaten, nämlich dass sie ihre Marke pflegen mussten. Anholt lieferte auch das Messinstrument, den Nation Brands Index, den sein Unternehmen seit 2005 veröffentlicht. Das Ranking erlaubt es, die Notwendigkeit von Maßnahmen zu begründen und den Erfolg der Bemühungen zu bewerten. Da bei einem Wettbewerb um Platz eins oder zumindest um die vorderen Ränge jede Bewegung nach oben andere Mitbewerber*innen zurückwirft, ist ein Ranking eine unerschöpfliche Quelle, um werbliche Aktivitäten zu legitimieren. Für seine österreichischen Auftraggeber hatte Anholt eine Warnung parat. Wenn sich Österreich nicht mehr anstrenge, würde die internationale Wahrnehmung stagnieren. Österreich bliebe dann in den Augen der Welt abgehakt als „das andere kleine deutschsprachige Land, aber nicht die Schweiz".[42]

Die neoliberale Ära des Nation Branding, des fröhlichen Wettbewerbs im Hamsterrad der Rankings, die aus sozialen Beziehungen einen „Wirtschaftsstandort" machen, ist auch bereits wieder eine Vergangenheit, die noch aus den 1990er- und 2000er-Jahren herüberreicht. Die Weltfinanzkrise 2008 zeigt sich im Rückblick als Beginn einer Reihe von Verwerfungen, die mehr als bloß vorübergehende Störungen des Gleichgewichts zu sein scheinen. Darauf reagiert ein neuerliches Sehnen nach der Nation und dem Nationalstaat, das von der politischen Rechten erfolgreich bedient wird, an dem es aber auch auf der Linken nicht fehlt. Hier ist der keynesianische Wohlfahrtsnationalstaat Gegenstand des Begehrens.[43] Die Wachstums- und Wohlstandshoffnung tritt im Verein mit einer nun vor allem ökologisch motivierten Klage über nimmersatte Konsumierende auf. Ist die Zeit nationaler Ökonomie also längst abgelaufen und hallt bloß immer noch nach? Oder ist es im Gegenteil ein bereits wieder an Kraft gewinnender Ton?

Das endliche Entwicklungspotential nationaler Ökonomie aufzuweisen war das Ziel der vorliegenden Studie von Diskursen und Mobilisierungspraktiken, die dem Konsum und den Konsument*innen galten. Die Alternativen zur nationalen Ökonomie liegen indes nicht auf der Hand, auch nicht im Umgang mit dem Konsumieren. Wir bewegen uns in Dichotomien aus Pflichten und Rechten, Moral und Genuss,

---

41 Bundesministerium für Wirtschaft, Forschung und Jugend, Außenwirtschaftsleitbild, 311.

42 Anholt, Kompetitive Identität, 2.

43 Streeck, Gekaufte Zeit; ders., Kapitalismus; kritisch dazu: Lenger, Kapitalismusgeschichte, 36; Tooze, General Logic.

Sparsamkeit und Verschwendung. Diese lassen sich viele Jahrhunderte weit zurückverfolgen, aber die Moderne spitzte sie zu. Bruno Latour hat zwar die These aufgestellt, dass wir nie modern gewesen seien.[44] Mit ebenso viel Berechtigung kann man aber konstatieren, dass wir schon lange nicht mehr anders als modern gewesen sind und gerade darin ein Problem der Rede über das Konsumieren besteht.

Entgegen den Annahmen von Teilen einer jüngeren Konsumsoziologie ist es kein Novum der ‚Wissensgesellschaft', wenn den Konsument*innen die Macht zugesprochen wird, die Märkte zu moralisieren.[45] Bereits in der ‚klassischen' Industriegesellschaft war das ein Anliegen, das die Eliten der konsumierenden Bevölkerung nahezubringen suchten. Die Forderung nach einem moralischen, eben z. B. nationalen Konsum konstituierte ein Feld der Bewährung für die Vielen und bereitete den Boden, ihr ewiges Versagen zu beklagen. Solche Moralisierungsdiskurse sind somit ein Phantasma, das nicht die kapitalistische Ökonomie transformiert, sondern sich gegen die Konsument*innen richtet, indem es die Möglichkeit von Eigensinn und Aneignung in Disziplinierung kehrt.

Es scheint mir daher nötig, zu einer anderen Sprache zu finden, um das Konsumieren in einem politischen Feld zu artikulieren. Dafür habe ich keine Rezepturen an der Hand, manches ist allerdings augenscheinlich: Die nationale Ökonomie akzentuierte den Verzicht, weshalb die keynesianische Provokation auch so gut anschlug. Diese stieß ihrerseits durch ihre (konsum)kulturellen Präferenzen und die Fortsetzung des Denkens und Handelns in Nationalstaaten rasch an Grenzen. Ob wir aber z. B. die ökologische Herausforderung in einer Sprache des Verzichts als eine Aufgabe für die Vielen diskutieren, die ihren Konsum einschränken sollen, oder nach der Verteilung, nach Machtstrukturen fragen, ergibt höchst unterschiedliche Optionen.[46]

44 Latour, Modern.
45 Stehr, Moralisierung. Das Buch wurde 2007 veröffentlicht, also am Beginn jener Kette von Krisen, die seither große Dellen in die Zuversicht neoliberaler Optimierungsphantasien geschlagen hat.
46 Schui, Austerität, 181–206; Kunkel, Capitalocene.

Quellen und Literatur

1 Archive

Österreich

Österreichisches Staatsarchiv, Archiv der Republik (ÖStA, AdR)
Bundesministerium für Handel und Verkehr (BMHV)
MAK Österreichisches Museum für angewandte Kunst / Gegenwartskunst
Nachlass Joseph Binder
Universität Wien, Dokumentation lebensgeschichtlicher Aufzeichnungen
Wien Bibliothek
Tagblattarchiv
Plakatsammlung
Wirtschaftskammer Österreich
Dokumentation Österreichwoche (DÖW)
Made in Austria
Wirtschaftskammer Wien (WKW): E 27.468 Kauft österreichische Waren

Schweiz

Archiv für Zeitgeschichte der ETH Zürich: IB Vorort
Schweizerisches Bundesarchiv, Bern
Schweizerische Nationalbibliothek, Bern: Graphische Sammlung, Bestand Neue Helvetische Gesellschaft (NHG)
Schweizerisches Wirtschaftsarchiv (SWA), Basel
- Privatarchiv (PA) 486 Armbrust-Schweizerwoche
- Personendokumentation
- Firmen- und Verbandsdokumentation
- Sachdokumentation

Stadtarchiv Schaffhausen
Staatsarchiv Kanton Schaffhausen
Staatsarchiv Kanton Zürich

Großbritannien

Public Record Office: Colonial Office (CO) – Empire Marketing Board

https://doi.org/10.1515/9783110701111-022

2 Online-Quellen und Websites (Auswahl)

Österreich

Adolph Lehmann's allgemeiner Wohnungs-Anzeiger, Jahrgänge 1927–1939, http://www.digital.wienbibliothek.at/wbrobv/periodical/titleinfo/5311

ALEX Historische Rechts- und Gesetzestexte Online, http://alex.onb.ac.at

ANNO – AustriaN Newspapers Online, http://anno.onb.ac.at

Arbeiter-Zeitung, http://www.arbeiter-zeitung.at (2021 offline)

Das Rote Wien, http://www.dasrotewien.at

Die Fackel, Austrian Academy Corpus, http://corpus1.aac.ac.at/fackel/

Frauen in Bewegung: 1848–1938, http://www.fraueninbewegung.onb.ac.at

Österreichisches Biographisches Lexikon 1815–1950, http://www.biographien.ac.at

Österreichische Mediathek, http://www.journale.at

Stenographische Protokolle des Österreichischen Parlaments, https://www.parlament.gv.at/PAKT/STPROT/

Schweiz

E-Periodica (Schweiz), http://www.e-periodica.ch

Historisches Lexikon der Schweiz (HLS), http://www.hls-dhs-dss.ch

Le Temps archives, www.letempsarchives.ch (Journal de Genève)

https://doi.org/10.1515/9783110701111-023

3 Statistische Quellen

Online

Bundesamt für Statistik (Schweiz), Jahrbuch-Archiv, ab 1891, https://www.bfs.admin.ch
historical statistics of switzerland online, https://hsso.ch/
The Maddison-Project, http://www.ggdc.net/maddison/maddison-project/home.htm, 2013 version
WIFO Monatsberichte, Historisches Volltextarchiv ab 1927, http://www.wifo.ac.at/bibliothek/archiv/MOBE_HTML/index.html

Gedruckt

Monatsberichte des Österreichischen Institutes für Wirtschaftsforschung
Republik Österreich. 1945–1995, hg. v. Österreichisches Statistisches Zentralamt (ÖSTAT), Wien 1995
Statistisches Handbuch für die Republik Österreich, hg. v. Österreichisches Statistisches Zentralamt
Statistisches Jahrbuch der Schweiz, hg. v. Eidgenössisches Statistisches Amt
Steuerstatistiken 1953. Die wichtigsten Ergebnisse der Lohn-, Einkommen-, Gewerbe- und Umsatzsteuerstatistik, hg. v. Österreichisches Statistisches Zentralamt, Wien 1957
Wirtschaftsstatistisches Jahrbuch, hg. v. Kammer für Arbeiter und Angestellte Wien

https://doi.org/10.1515/9783110701111-024

4 Zeitgenössische Periodika

Österreich

Arbeit und Wirtschaft
Arbeiterzeitung (Wien)
Badener Zeitung
Der freie Genossenschafter
Der Jude
Der jugendliche Arbeiter
Deutschösterreichische Tages-Zeitung
Die Fackel
Die Furche
Die Industrie
Die meinung
Die Rote Fahne
Die Wirtschaft
Für Haushalt und Heim
Hallo
Kontakt
Neue Freie Presse
Neues Wiener Tagblatt
Österreichische Reklame
Österreichischer Volkswirt
Querschnitte der öffentlichen Meinung
Reichspost
Schönere Zukunft
Vorarlberger Landes-Zeitung
Vorarlberger Tagblatt
Werbewinke
Wir und unsere Welt

Schweiz

Basler Nachrichten
Das Aufgebot
Das Werk
Der Organisator
Frauenbestrebungen
Gewerkschaftliche Rundschau
Heimatschutz
Journal de Genève
Le Mouvement Féministe
Nebelspalter
Neue Helvetische Gesellschaft. Monatliche Mitteilungen
Neue Luzerner Zeitung
Neue Schweiz
Neue Zürcher Zeitung (NZZ)
PRO
St. Galler Tagblatt

https://doi.org/10.1515/9783110701111-025

Schweizer Frauenblatt
Schweizer Illustrierte Zeitung
Schweizer Reklame
Schweizer Schule
Schweizer Spiegel
Schweizer Textilzeitung
Schweizerische Arbeitgeber-Zeitung
Schweizerische Detaillistenzeitung
Schweizerische Lehrerinnenzeitung
Schweizerische pädagogische Zeitschrift
Schweizerische Zeitschrift für Betriebswirtschaft
Schweizerischer Beobachter
Schweizerischer Konsum-Verein
Schweizerisches Kaufmännisches Zentralblatt
Tagwacht (Bern)
Volksrecht (Zürich)
Zeitschrift für eidgenössische Statistik

5 Bibliografie

Kleinere Texte in Zeitungen und Zeitschriften aus dem Untersuchungszeitraum sind in der Regel in der Fußnote mit einem vollständigen Zitat ausgewiesen. Die Bibliografie führt sie nicht noch einmal an.

Abels, Heinz: Jugend vor der Moderne. Soziologische und psychologische Theorien des 20. Jahrhunderts, 1993.

Achenbach, Michael/Moser, Karin (Hg.): Österreich in Bild und Ton. Die Filmwochenschau des austrofaschistischen Ständestaates, Wien 2002.

Ahlheim, Hannah: „Deutsche, kauft nicht bei Juden!" Antisemitismus und politischer Boykott in Deutschland 1924 bis 1935, Göttingen 2011.

Albrecht, Catherine: Cultural Aspects of Economic Nationalism in Bohemia, in: Schultz, Helga/Kubu, Eduard (Hg.): History and Culture of Economic Nationalism in East Central Europe, Berlin 2006, S. 173–184.

Albrecht, Catherine: Pride in Production. The Jubilee Exhibition of 1891 and Economic Competition between Czechs and Germans in Bohemia, in: Austrian History Yearbook 1993, S. 101–118.

Albrecht, Catherine: The Rhetoric of Economic Nationalism in the Bohemian Boycott Campaigns of the Late Habsburg Monarchy, in: Austrian History Yearbook 32 (2001), S. 47–67.

Alda, Patricia: Karl Kraus' Verhältnis zur Publizistik, Bonn 2002.

Aldrich, Mark: Tariffs and Trusts, Profiteers and Middlemen: Popular Explanations for the High Cost of Living, 1897–1920, in: History of Political Economy 45/4 (2013), S. 693–746.

Allen, Robert: The Industrial Revolution: a Very Short Introduction, Oxford 2017.

Allenspach, Heinz/Boßhardt, Alfred: Bekleidungsindustrie und -gewerbe, in: Handbuch der schweizerischen Volkswirtschaft, Bd. 1, hg. v. Schweizerische Gesellschaft für Statistik und Volkswirtschaft, Bern 1955, S. 213–219.

Altermatt, Urs: Die Schweiz in Europa: Antithese, Modell oder Biotop?, Frauenfeld 2011.

Altermatt, Urs/Brix, Emil (Hg.): Schweiz und Österreich: Eine Nachbarschaft in Mitteleuropa, Wien 1995.

Althanns, Luise: McLenin. Die Konsumrevolution in Russland, Bielefeld 2009.

Altzinger, Wilfried/Berka, Christopher/Humer, Stefan/Moser, Mathias: Die langfristige Entwicklung der Einkommenskonzentration in Österreich, 1957–2009, in: Wirtschaft und Gesellschaft 37/4 (2011), S. 513–529.

Amann, Anton: Konsumstrukturen österreichischer Lehrlinge, in: Amann, Anton/Hartmann, Frank/Herrmann, Walter/Hohenbalken, Walther/Spanner, Wolfgang/Vitek, Robert (Hg.): Jugend und Konsum. Konsumstrukturen österreichischer Lehrlinge, Wien 1987, S. 23–37.

Amstutz, Hans: Theater und Drama der deutschen Schweiz vor Frisch und Dürrenmatt (1930 bis 1950), in: Sabalius, Romey (Hg.): Amsterdamer Beiträge zur neueren Germanistik, Amsterdam/Atlanta, GA 1997, S. 107–117.

Andrée, Martin: Archäologie der Medienwirkung. Faszinationstypen von der Antike bis heute, München 2006.

Andersen, Arne: „...und so sparsam!" der Massenkonsum und seine Auswirkungen. Veränderung und Mentalitätswandel dargestellt am „Schweizerischen Beobachter", Zürich 1998.

Anderson, Benedict: Imagined Communities: Reflections on the Origin and Spread of Nationalism, bearbeitete Auflage, London 2006.

Anderson, Perry: The Antinomies of Antonio Gramsci, London/New York 2017.

Anderson, Perry: The H-Word: the Peripeteia of Hegemony, London/New York 2017.

Andruchowitz, Ingo: Humankapitalansatz und Bildungsbegriff. Zur Entwicklung der Akademisierung und Verwissenschaftlichung der kaufmännischen Ausbildung, in: Mosser, Alois/Palme,

https://doi.org/10.1515/9783110701111-026

Herwig/Pfeiffle, Horst/Pichler, J. Hanns (Hg.): Die Wirtschaftsuniversität Wien. Bildung und Bildungsauftrag. Analysen – Perspektiven – Herausforderungen, Wien/Frankfurt am Main 1998, S. 99–116.

Anholt, Simon: Kompetitive Identität Österreichs. Schlussbericht, Mai 2013, http://www.bmwfw.gv.at/Aussenwirtschaft/nationbrandingaustria/Documents/Austria%20Competitive%20Identity%20Project%20-%20Final%20Report%20GER.pdf (20.4.2016).

Anja Giudici/Karin Manz, Das Programm zur Nationalen Erziehung (1914–1924) oder: wie ein forcierter Kulturtransfer politisch scheitert, in: Schweizerische Zeitschrift für Bildungswissenschaften 40/1 (2018), S. 111–131.

Appadurai, Arjun: How to Make a National Cuisine, in: Comparative Studies in Society and History 30/1 (1988), S. 2–24.

Arbeiterkammer Wien (Hg.): Der Lebensstandard von Wiener Arbeitnehmerfamilien im Lichte langfristiger Familienbudgetuntersuchungen, in: Arbeit und Wirtschaft 13/12, Beilage Nr. 8 (1959).

Arendt, Hannah: The Origins of Totalitarianism, New York 2004.

Arndt, Agnes/Häberlen, Joachim/Reinecke, Christiane (Hg.): Vergleichen, verflechten, verwirren? Europäische Geschichtsschreibung zwischen Theorie und Praxis, Göttingen 2011.

Arni, Caroline: Republikanismus und Männlichkeit in der Schweiz, in: Schweizerischer Verband für Frauenrechte / Association suisse pour les droits de la femme (Hg.): Der Kampf um gleiche Rechte / Le combat pour les droits égaux, Basel 2009, S. 20–31.

Arnold, Heinz Ludwig: Friedrich Dürrenmatt und die Schweiz: Ein Panorama, in: Dürrenmatt, Friedrich: Meine Schweiz, hg. v. Heinz Ludwig Arnold, Anna von Planta u. Ulrich Weber, Zürich 1998, S. 7–41.

Arnold, Martin: Von der Landi zur Artplage. Schweizer Landes- und Weltausstellungen (19.–21. Jh.) Hintergründe und Erinnerungen, Zürich 2001.

Aronczyk, Melissa/Powers, Devon: Introduction: Blowing Up the Brand, in: Aronczyk, Melissa/Powers, Devon (Hg.): Blowing Up the Brand: Critical Perspectives on Promotional Culture, New York 2010, S. 1–26.

Arvidsson, Adam: Marketing Modernity: Italian Advertising from Fascism to Postmodernity, London 2003.

Attardo, Salvatore: Linguistic Theories of Humor, Berlin/New York 1994.

Ausch, Karl: Erlebte Wirtschaftsgeschichte. Österreichs Wirtschaft seit 1945, Wien u. a. 1963.

Auslander, Leora: Taste and power: Furnishing Modern France, Berkeley/London 1996.

Autengruber, Peter/Mugrauer, Manfred/Pellar, Brigitte: Oktoberstreik. Die Realität hinter den Legenden über die Streikbewegung im Herbst 1950. Sanktionen gegen Streikende und ihre Rücknahme, Wien 2016.

Bachinger, Karl/Butschek, Felix/Matis, Herbert/Stiefel, Dieter: Abschied vom Schilling. Eine österreichische Wirtschaftsgeschichte, Graz/Wien/Köln 2001.

Bachleitner, Norbert/Eybl, Franz M./Fischer, Ernst: Geschichte des Buchhandels in Österreich, Wiesbaden 2000.

Baldwin, Peter: Beyond Weak and Strong: Rethinking the State in Comparative Policy History, in: The Journal of Policy History 17/1 (2005), S. 12–33.

Balogh, Brian: The Associational State: American Governance in the Twentieth Century, Philadelphia 2015.

Balthasar, Franz Urs von: Patriotische Träume eines Eydgnossen, von einem Mittel, die veraltete Eydgnossschaft wieder zu verjüngeren, Freystadt i. e. Luzern 1758.

Baltzarek, Fritz: Die geschichtliche Entwicklung der Konsumgenossenschaften in Österreich, in: Rauter, Anton E. (Hg.): Verbraucherpolitik und Wirtschaftsentwicklung, Wien 1976, S. 169–241.

Bandhauer-Schöffmann, Irene: Der „Christliche Ständestaat“ als Männerstaat? Frauen- und Geschlechterpolitik im Austrofaschismus, in: Tálos, Emmerich/Neugebauer, Wolfgang (Hg.): „Austrofaschismus“: Politik – Ökonomie – Kultur, 1933–1938, Wien 2005, S. 254–280.
Bänziger, Peter-Paul: Die Moderne als Erlebnis. Eine Geschichte der Konsum- und Arbeitsgesellschaft 1840–1940, Göttingen 2020.
Bänziger, Peter-Paul: Sex als Problem. Körper und Intimbeziehungen in Briefen an die „Liebe Marta“, Frankfurt am Main 2010.
Bänziger, Peter-Paul: Von der Arbeits- zur Konsumgesellschaft?, in: Zeithistorische Forschungen/ Studies in Contemporary History 12 (2015), S. 11–38.
Bänziger, Peter-Paul/Beljan, Magdalena/Eder, Franz X./Eitler, Pascal: Sexuelle Revolution? Zur Sexualitätsgeschichte seit den 1960er Jahren im deutschsprachigen Raum, in: dies. (Hg.): Sexuelle Revolution? Zur Geschichte der Sexualität im deutschsprachigen Raum seit den 1960er Jahren, Bielefeld 2015, S. 7–23.
Barrán, José Pedro/Caetano, Gerardo/Porzecanski, Teresa (Hg.): Historias de la vida privada en el Uruguay 3. Individuo y soledades, 1920–1990, Montevideo 1998.
Barthes, Roland: Der entgegenkommende und der stumpfe Sinn, Frankfurt am Main 1996.
Barthes, Roland: Die helle Kammer. Bemerkungen zur Photographie, Frankfurt am Main 1985.
Barthes, Roland: Die Sprache der Mode, Frankfurt am Main 2010.
Barthes, Roland: Elemente der Semiologie, Frankfurt am Main 1983.
Barthes, Roland: Mythen des Alltags, Frankfurt am Main 1996.
Baudrillard, Jean: La société de consommation: ses mythes, ses structures, Paris 1970.
Baudrillard, Jean: Pour une critique de l’économie politique du signe, Paris 2007.
Bauer, Otto: Das Zollattentat auf die Volkswirtschaft (1927), in: Pepper, Hugo (Hg.): Otto Bauer Werke 3, Wien 1976, S. 429–445.
Bauer, Otto: Die Nationalitätenfrage und die Sozialdemokratie (1924), in: Pepper, Hugo (Hg.): Otto Bauer Werke 1, Wien 1975, S. 46–619.
Baumann, Felix: Das schweizerische Ursprungszeichen, Bern 1953.
Baumgartner, Judith, Antialkoholbewegung, in: Kerbs, Diethart/Reulecke, Jürgen (Hg.), Handbuch der deutschen Reformbewegungen 1880–1933, Wuppertal 1998, S. 141–154.
Bayly, Christopher: The Birth of the Modern World, 1780–1914: Global Connections and Comparisons, Malden, MA 2004.
Bayly, Christopher: The Origins of Swadeshi (Home Industry) Cloth and Indian Society, 1700–1930, in: Appadurai, Arjun (Hg.): The Social life of Things: Commodities in Cultural Perspective, Cambridge u. a. 1992, S. 285–321.
Becher, Johann Joachim: Politischer Discurs. Von den eigentlichen Vrsachen/ deß Auf- und Abnehmens/ der Städt/ Länder/ und Republicken, Frankfurt am Main 1668.
Beckert, Jens: Imagined Futures: Fictional Expectations and Capitalist Dynamics, Cambridge, Mass. 2016.
Beckert, Sven: King Cotton: eine Geschichte des globalen Kapitalismus, München 2015.
Bednarik, Karl: An der Konsumfront, Stuttgart 1957.
Bednarik, Karl: Der junge Arbeiter von heute – ein neuer Typ, Stuttgart 1953.
Beer, Raphael: Erkenntniskritische Sozialisationstheorie. Kritik der sozialisierten Vernunft, Wiesbaden 2007.
Behrendt, Richard: Die Schweiz und der Imperialismus. Die Volkswirtschaft des hochkapitalistischen Kleinstaates im Zeitalter des politischen und ökonomischen Nationalismus, Zürich/ Leipzig/Stuttgart 1932.
Behrmann, Hermann: Das Inserat, Wien 1928.
Behrmann, Hermann: Neue Wege in der Verkehrspropaganda, in: Schweizerische Hotel-Revue 23/ 26 (1914), nicht pag.

Békési, Sándor: Stürmisch und unaufhaltsam? Motorisierung und Politik im Wien der 50er-Jahre, in: Wien, Technisches Museum (Hg.): Spurwechsel. Wien lernt Auto fahren, Wien 2006, S. 76–83.

Bell, Duncan: Victorian Visions of Global Order: Empire and International Relations in Nineteenth-century Political Thought, Cambridge 2007.

Belliger, Andrea/Krieger, David (Hg.): ANThology. Ein einführendes Handbuch zur Akteur-Netzwerk-Theorie, Bielefeld 2006.

Belliger, Andrea/Krieger, David: Einführung in die Akteur-Netzwerk-Theorie, in: dies. (Hg.): ANThology. Ein einführendes Handbuch zur Akteur-Netzwerk-Theorie, Bielefeld 2006, S. 369–397.

Belting, Hans: Das echte Bild. Bildfragen als Glaubensfragen, München 2005.

Berger, Peter: Der Donauraum im wirtschaftlichen Umbruch nach dem Ersten Weltkrieg: Währung und Finanzen in den Nachfolgestaaten Österreich, Ungarn und Tschechoslowakei, 1918–1929, Wien 1982.

Berger, Peter: The Austrian Economy, 1918–1938, in: Komlos, John (Hg.): Economic Development in the Habsburg Monarchy and the Successor States, New York 1990, S. 270–284.

Berger, Peter: Wealth, Poverty and Institutions in the Habsburg Empire's Successor States (1918–1929), in: Bischof, Günter/Plasser, Fritz/Berger, Peter (Hg.): From Empire to Republic: Post-World War I Austria, New Orleans/Innsbruck 2010, S. 370–398.

Berger, Peter: Zur Situation des österreichischen Bürgertums nach dem Ersten Weltkrieg, in: Konrad, Helmut/Maderthaner, Wolfgang (Hg.): Das Werden der Ersten Republik ... der Rest ist Österreich, Bd. 2, Wien 2008, S. 67–79.

Berger, Stefan: Historians, Nationalism Studies, and the Economy, in: ders./Fetzer, Thomas (Hg.), Nationalism and the Economy: Explorations into a Neglected Relationship, Budapest/New York 2019, S. 23–41

Berger, Stefan/Lorenz, Chris (Hg.): Nationalizing the Past: Historians as Nation Builders in Modern Europe, Basingstoke 2010.

Berger, Stefan/Lorenz, Chris (Hg.): The Contested Nation: Ethnicity, Class, Religion and Gender in National Histories, Basingstoke 2008.

Berghoff, Hartmut (Hg.): Marketinggeschichte: die Genese einer modernen Sozialtechnik, Frankfurt am Main/New York 2007.

Berghoff, Hartmut: Moderne Unternehmensgeschichte: eine themen- und theorieorientierte Einführung, Paderborn u. a. 2004.

Berghoff, Hartmut: Träume und Alpträume. Konsumpolitik im Nationalsozialistischen Deutschland, in: Haupt, Heinz-Gerhard/Torp, Claudius (Hg.): Die Konsumgesellschaft in Deutschland, 1890–1990: ein Handbuch, Frankfurt am Main/New York 2009, S. 268–288.

Berghoff, Hartmut/Scranton, Philip/Spiekermann, Uwe (Hg.): The Rise of Marketing and Market Research, Basingstoke 2012.

Berghoff, Hartmut/Spiekermann, Uwe (Hg.): Decoding Modern Consumer Societies, Basingstoke 2012.

Berghoff, Hartmut/Vogel, Jakob (Hg.): Wirtschaftsgeschichte als Kulturgeschichte. Dimensionen eines Perspektivenwechsels, Frankfurt am Main 2004.

Bertram, Georg W./Lauer, David/Liptow, Jasper/Seel, Martin: In der Welt der Sprache. Konsequenzen des semantischen Holismus, Frankfurt am Main 2008.

Betscher, Silke: Bildsprache. Möglichkeiten und Grenzen einer Visuellen Diskursanalyse, in: Eder, Franz X./Kühschelm, Oliver/Linsboth, Christina (Hg.): Bilder in historischen Diskursen, Wiesbaden 2014, S. 63–83.

Biebricher, Thomas: Selbstkritik der Moderne. Foucault und Habermas im Vergleich, Frankfurt am Main 2005.

Bilgeri, Andreas: Die Oktoberstreiks 1950 und der „Putsch“ als österreichischer Erinnerungsort, MA Universität Wien 2011.
Billig, Michael: Banal Nationalism, London/Thousand Oaks, Calif./New Dehli 1999.
Blaich, Fritz: Die Wirtschaftspolitik des Reichstags im Heiligen Römischen Reich. Ein Beitrag zur Problemgeschichte wirtschaftlichen Gestaltens, Stuttgart 1970.
Blaschitz, Edith: Der „Kampf gegen Schmutz und Schund“. Film, Gesellschaft und die Konstruktion nationaler Identität in Österreich (1946–1970), Wien u. a. 2014.
Blecha, Karl: Wähler und Parteien, in: Blecha, Karl/Gmoser, Rupert/Kienzl, Heinz (Hg.): Der durchleuchtete Wähler. Beiträge zur politischen Soziologie in Österreich, Wien u. a. 1964, S. 73–126.
Bluhm, William T.: Building an Austrian Nation: the Political Integration of a Western State, New Haven, London 1973.
Bochsler, Regula: Die GIs erobern die Schweiz, in: Linke, Angelika/Tanner, Jakob (Hg.): Attraktion und Abwehr. Die Amerikanisierung der Alltagskultur in Europa, Köln 2006, S. 225–250.
Bock, Fritz: Die Integrationspolitik vor dem Eisernen Vorhang, Wien 1968.
Boehm, Gottfried: Einleitung, in: Gadamer, Hans-Georg/Boehm, Gottfried (Hg.): Die Hermeneutik und die Wissenschaften, Frankfurt am Main 1978, S. 7–60.
Böhler, Eugen: Ethik und Wirtschaft, s. l. 1957.
Böhler, Eugen: Gedanken, Betrachtungen, Stäfa 1975.
Böhler, Eugen: Grundlehren der Nationalökonomie: Eine Einführung in die Wirtschaftsbetrachtung, Bern 1944.
Böhler, Eugen: Korporative Wirtschaft. Eine kritische Würdigung, Erlenbach–Zürich/Leipzig 1934.
Böhler, Eugen: Lohnabbau, Kaufkraft und Krisenbekämpfung. Bemerkungen zu der Entgegnung von Dr. Liechti, in: Zeitschrift für Betriebswirtschaft und Arbeitsgestaltung 34/1 (1931), S. 257–265.
Böhler, Eugen: Möglichkeiten der Krisenbekämpfung, Zürich 1932.
Böhler, Eugen: Psychologie des Zeitgeistes, Bern/Frankfurt am Main 1973.
Böhler, Eugen/Keller, Paul: Krisenbekämpfung. Ergebnisse der Krisenpolitik des Auslandes. Grundlagen eines positiven Programmes für die Schweiz, Zürich 1935.
Böhm, Winfried: Die Reformpädagogik. Montessori, Waldorf und andere Lehren, München 2012.
Böhme, Gernot: Ästhetischer Kapitalismus, Berlin 2016.
Böhme, Hartmut: Fetischismus und Kultur. Eine andere Theorie der Moderne, Reinbek bei Hamburg 2006.
Bonacker, Thorsten: Gesellschaft: Warum die Einheit der Gesellschaft aufgeschoben wird, in: Moebius, Stephan/Reckwitz, Andreas (Hg.): Poststrukturalistische Sozialwissenschaften, Frankfurt am Main 2008, S. 27–42.
Borner, Silvio/Porter, Michael E./Weder, Rolf/Enright, Michael: Internationale Wettbewerbsvorteile: Ein strategisches Konzept für die Schweiz, Frankfurt am Main/New York 1991.
Borscheid, Peter: Agenten des Konsums: Werbung und Marketing, in: Haupt, Heinz-Gerhard/Torp, Claudius (Hg.): Die Konsumgesellschaft in Deutschland, 1890–1990: ein Handbuch, Frankfurt am Main/New York 2009, S. 78–96.
Botz, Gerhard: The Coming of the Dollfuss-Schuschnigg Regime and the Stages of its Development, in: Pinto, António Costa/Kallis, Aristotle (Hg.): Rethinking fascism and dictatorship in Europe, Basingstoke 2014, S. 121–153.
Bourdieu, Pierre: Die feinen Unterschiede: Kritik der gesellschaftlichen Urteilskraft, 9. Auflage, Frankfurt am Main 1997.
Boyer, Christoph: Die Erfindung der tschechischen Wirtschaft im 19. und 20. Jahrhundert, in: Le Rider, Jacques/Csáky, Moritz/Sommer, Monika (Hg.): Transnationale Gedächtnisorte in Zentraleuropa, Innsbruck 2002, S. 53–66.

Brändli, Sibylle: Der Supermarkt im Kopf. Konsumkultur und Wohlstand in der Schweiz nach 1945, Wien/Köln/Weimar 2000.
Brauleke, Heinz-Joachim: Leben und Werk des Kameralisten Philipp Wilhelm von Hörnigk: Versuch einer wissenschaftlichen Biographie, Frankfurt am Main/Bern/Las Vegas 1978.
Breen, Timothy H.: The Marketplace of Revolution: How Consumer Politics Shaped American Independence, Oxford 2004.
Breeze, Ruth: Corporate discourse, London 2013.
Breitner, Hugo: Oesterreich und die Schweiz. Vergleich und Ausblick, London 1944.
Breuilly, John (Hg.): The Oxford Handbook of the History of Nationalism, Oxford 2013.
Breuilly, John: Nationalism and the State, 2. Auflage, Manchester 1993.
Breuss, Fritz: Österreichs Außenwirtschaft 1945–1982, Wien 1983.
Breuss, Susanne (Hg.): Window shopping. Eine Fotogeschichte des Schaufensters; Wien-Museum Karlsplatz, 25. November 2010 bis 13. März 2011, Wien 2010.
Breuss, Susanne/Eder, Franz X. (Hg.): Konsumieren in Österreich. 19. und 20. Jahrhundert, Innsbruck/Wien 2006.
Breuss, Susanne/Liebhart, Karin/Pribersky, Andreas: Inszenierungen: Stichwörter zu Österreich, 2., durchges. Auflage, Wien 1995.
Briesen, Detlef: Warenhaus, Massenkonsum und Sozialmoral. Zur Geschichte der Konsumkritik im 20. Jahrhundert, Frankfurt am Main 2001.
Brix, Emil/Bruckmüller, Ernst/Stekl, Hannes (Hg.): Memoria Austriae, 3 Bde., Wien 2004–2005; Bd. 2: Bauten – Orte – Regionen, Wien 2005.
Brix, Emil/Bruckmüller, Ernst/Stekl, Hannes: Das kulturelle Gedächtnis Österreichs. Eine Einführung, in: Brix, Emil/Bruckmüller, Ernst/Stekl, Hannes (Hg.): Memoria Austriae, Bd. 1: Menschen, Mythen, Zeiten, München/Wien 2004, S. 9–25.
Brix, Emil/Stekl, Hannes (Hg.): Der Kampf um das Gedächtnis. Öffentliche Gedenktage in Mitteleuropa, Wien/Köln/Weimar 1997.
Broadberry, Stephen/O'Rourke, Kevin (Hg.): The Cambridge Economic History of Modern Europe, vol. 2: 1870 to the Present, Cambridge 2010.
Bröckling, Ulrich: Das unternehmerische Selbst. Soziologie einer Subjektivierungsform, Frankfurt am Main 2007.
Bröckling, Ulrich/Krasmann, Susanne/Lemke, Thomas (Hg.): Governmentality: Current Issues and Future Challenges, New York/London 2010.
Brockliss, Laurence W. B./Sheldon, Nicola (Hg.): Mass Education and the Limits of State Building, c. 1870–1930, Basingstoke 2012.
Bruckmüller, Ernst: Das österreichische Bürgertum zwischen Monarchie und Republik, in: zeitgeschichte 20/3–4 (1993), S. 60–84.
Bruckmüller, Ernst: Die Entwicklung des Österreichbewusstseins, in: Kriechbaumer, Robert (Hg.): Österreichische Nationalgeschichte nach 1945. Die Spiegel der Erinnerung: Die Sicht von innen, Wien/Köln/Weimar 1998, S. 369–396.
Bruckmüller, Ernst: Nation Österreich: Kulturelles Bewußtsein und gesellschaftlich-politische Prozesse, 2. Auflage, Wien/Köln/Graz 1996.
Bruckmüller, Ernst: Sozialgeschichte Österreichs, Wien/München 1985.
Brückweh, Kerstin (Hg.): The Voice of the Citizen Consumer: a History of Market Research, Consumer Movements, and the Political Public Sphere, Oxford 2011.
Brückweh, Kerstin: Menschen zählen. Wissenproduktion durch britische Volkszählungen und Umfragen vom 19. Jahrhundert bis ins digitale Zeitalter, London/München 2015.
Brückweh, Kerstin/Schumann, Dirk/Wetzell, Richard F./Ziemann, Benjamin (Hg.): Engineering Society: the Role of the Human and Social Sciences in Modern Societies, 1880–1980, Basingstoke 2012.

Brühwiler, Wendelin: Intuitive Sichtbarkeiten. Der wissenspolitische Stellenwert der Fotografie in der Kulturzeitschrift *Du* um 1950, in: Eder, Franz X./Kühschelm, Oliver/Linsboth, Christina (Hg.): Bilder in historischen Diskursen, Wiesbaden 2014, S. 283–300.
Brunner, Otto: Das „ganze Haus" und die alteuropäische „Ökonomik", in: ders., Neue Wege der Verfassungs- und Sozialgeschichte, 3. Auflage, Göttingen 1980, S. 102–127.
Brusatti, Alois: Geschichte der Unilever Österreich, Himberg bei Wien 1985.
Budde, Gunilla: Bürgertum und Konsum: von der repräsentativen Bescheidenheit zu den „feinen Unterschieden", in: Haupt, Heinz-Gerhard/Torp, Claudius (Hg.): Die Konsumgesellschaft in Deutschland, 1890–1990: ein Handbuch, Frankfurt am Main/New York 2009, S. 131–144.
Bührmann, Andrea D./Schneider, Werner: Vom Diskurs zum Dispositiv. Eine Einführung in die Dispositivanalyse, Bielefeld 2008.
Bundesministerium für Wirtschaft, Familie und Jugend (Hg.): Das österreichische Außenwirtschaftsleitbild. Globalisierung gestalten – Erfolg durch Offenheit und Innovation, Wien 2009.
Buomberger, Thomas: Kampfrhetorik, Revolutionsangst und Bürgerwehren. Der Landesstreik vom November 1918, in: Rossfeld, Roman/Buomberger, Thomas/Kury, Patrick (Hg.): 14/18: die Schweiz und der Grosse Krieg, Baden 2014, S. 336–365.
Buomberger, Thomas/Pfrunder, Peter (Hg.): Schöner leben, mehr haben. Die 50er-Jahre in der Schweiz im Geiste des Konsums, Zürich 2012.
Burger, F.: Konjunkturbeobachtung, in: Handbuch der schweizerischen Volkswirtschaft, Bd. 1, hg. v. Schweizerische Gesellschaft für Statistik und Volkswirtschaft, Bern 1939, S. 39–41.
Burren, Susanne: Betriebswirtschaftslehre: Von der Handelshochschulbewegung zur „Business Administration", in: Honegger, Claudia/Jost, Hans-Ulrich/Burren, Susanne/Jurt, Pascal (Hg.): Konkurrierende Deutungen des Sozialen: Geschichts-, Sozial- und Wirtschaftswissenschaften im Spannungsfeld von Politik und Wissenschaft, Zürich 2007, S. 253–336.
Burren, Susanne: Die Wissenskultur der Betriebswirtschaftslehre. Aufstieg und Dilemma einer hybriden Disziplin, Bielefeld 2010.
Burtscher, Heidi: Die österreichische Fremdenverkehrswerbung (ÖFVW). Darstellung der Entwicklung und Analyse einer nationalen Werbeorganisation für den österreichischen Fremdenverkehr, Diss., Wien 1978.
Buschor, Gallus: Die Schweizerische Zentrale für Handelsförderung, St. Gallen 1931.
Bussemer, Thymian: Propaganda. Konzepte und Theorien, Wiesbaden 2005.
Butschek, Felix: Österreichische Wirtschaftsgeschichte von der Antike bis zur Gegenwart, Wien/Köln/Weimar 2011.
Callon, Michel (Hg.): The Laws of the Markets, Oxford/Malden, MA 1998.
Caluori, Reto: Otto von Greyerz, in: Kotte, Andreas (Hg.): Theaterlexikon der Schweiz, Zürich 2005, S. 751–752.
Carlson, Benny: Eli Heckscher's Ideological Migration Toward Market Liberalism, in: Econ Journal Watch 13/1 (2016), S. 75–99.
Carpenter, Kenneth: The Known Publication Record of Hörnigk's Book, in: Rössner, Philipp (Hg.): Austria Supreme (if it so wishes) (1684): a Strategy for European Economic Supremacy, London 2018, S. 121–141.
Carter, Erica: Frauen und die Öffentlichkeit des Konsums, in: Haupt, Heinz–Gerhard/Torp, Claudius (Hg.): Die Konsumgesellschaft in Deutschland, 1890–1990: ein Handbuch, Frankfurt am Main/New York 2009, S. 154–171.
Carter, Erica: How German is she? Postwar West German reconstruction and the consuming woman, Ann Arbor, Mich. 1997.
Casteel, James: Historicizing the Nation: Transnational Approaches to the Recent European Past, in: DeBardeleben, Joan/Hurrelmann, Achim (Hg.): Transnational Europe: Promise, Paradox, Limits, Basingstoke/New York 2011, S. 153–169.

Castoriadis, Cornelius: Gesellschaft als imaginäre Institution. Entwurf einer politischen Philosophie, Frankfurt am Main 2006.

Chaloupek, Günther: Marxismus und österreichische Wirtschaftspolitik: Benedikt Kautsky als ökonomischer Theoretiker der Arbeiterkammer, in: ders./Rosner, Peter/Stiefel, Dieter: Reformismus und Gewerkschaftspolitik. Grundlagen für die Wirtschaftspolitik der Gewerkschaften, Graz 2006, S. 35–74.

Chan, Tsang-Sing/Cui, Geng/Zhou, Nan: Competition Between Foreign and Domestic Brands: A Study of Consumer Purchases in China, in: Journal of Global Marketing 22/3 (2009), S. 181–197.

Chilton, Paul: Security Metaphors, New York 1996.

Chilton, Paul/Lakoff, George: Metaphor in Foreign Policy Discourse, in: Schäffner, Christina/Wenden, Anita (Hg.): Language and Peace, Dartmouth 1995, S. 37–59.

Clarke, Adele E.: France in the Age of Organization: Factory, Home and Nation from the 1920s to Vichy, New York/Oxford 2011.

Clausen, Lars: Elemente einer Soziologie der Wirtschaftswerbung, Köln 1964.

Coffin, Judith: Between Opinion and Desire: Elle Magazine's Survey Research in 1950s France, in: Brückweh, Kerstin (Hg.): The Voice of the Citizen Consumer: a History of Market Research, Consumer Movements, and the Political Public Sphere, Oxford 2011, S. 51–73.

Cohen, Lizabeth: A Consumers' Republic: The Politics of Mass Consumption in Postwar America, New York 2004.

Cohen, Lizabeth: The Consumers' Republic: An American Model for the World?, in: Garon, Sheldon (Hg.): The Ambivalent Consumer: Questioning Consumption in East Asia and the West, Ithaca, NY 2006, S. 45–62.

Colley, Linda: Britons: Forging the Nation 1707–1837, New Haven 2014.

Conrad, Sebastian/Macamo, Elisio/Zimmermann, Bénédicte: Die Kodifizierung der Arbeit: Individuum, Gesellschaft, Nation, in: Kocka, Jürgen/Offe, Claus/Redslob, Beate (Hg.): Geschichte und Zukunft der Arbeit, Frankfurt am Main/New York 2000, S. 449–475.

Constantine, Stephen: Bringing the Empire Alive: The Empire Marketing Board and Imperial Propaganda, 1926–33, in: MacKenzie, John M. (Hg.): Imperialism and Popular Culture, 4. Auflage, Manchester 1998, S. 192–231.

Constantine, Stephen: The Buy British Campaign of 1931, in: European Journal of Marketing 21/4 (1987), S. 44–59.

Criblez, Lucien/Rothen, Christina/Ruoss, Thomas: Der Wandel von Staatlichkeit in der Schweiz aus interdisziplinärer Perspektive. Zur Einleitung, in: Criblez, Lucien/Rothen, Christina/Ruoss, Thomas (Hg.): Staatlichkeit in der Schweiz. Regieren und verwalten vor der neoliberalen Wende, Zürich 2017, S. 11–28.

Crotti, Claudia: Schweizer sein – die Nationalisierung der Jugend: Politische Bildung im öffentlichen Bildungssystem, in: Crotti, Claudia/Osterwalder, Fritz (Hg.): Das Jahrhundert der Schulreformen: Internationale und nationale Perspektiven, 1900–1950, Bern/Stuttgart/Wien 2008, S. 223–249.

Dachs, Herbert: Schule und Politik. Die politische Erziehung an den österreichischen Schulen 1918 bis 1938, Wien 1982.

Dammann, Klaus/Ghonghadze, Dominik: Helmut Schelskys sozialdemokratische Konversion und seine Einbindung in Leipziger/Königsberger Netzwerke, in: Gallus, Alexander (Hg.): Helmut Schelsky – der politische Anti-Soziologe. Eine Neurezeption, Göttingen 2013, S. 66–85.

Danguy, Laurence/Kaenel, Philippe: La plus ancienne revue satirique du monde. Genèse, histoire et visions du monde du Nebelspalter des années zurichoises (1875–1922), in: Relations Internationales 153 (2013), S. 22–44.

Darwin, John: Nationalism and Imperialism, c. 1880–1940, in: Breuilly, John (Hg.): The Oxford Handbook of the History of Nationalism, Oxford 2013, S. 341–358.

Daunton, Martin J.: Wealth and Welfare: an Economic and Social History of Britain, 1851–1951, Oxford u. a. 2007.

Daunton, Martin J./Hilton, Matthew: Material Politics: an Introduction, in: Daunton, Martin J./Hilton, Matthew (Hg.): The politics of Consumption. Material Culture and Citizenship in Europe and America, Oxford 2001.

David, Thomas/Etemad, Bouda/Schaufelbuehl, Janick Marina: Schwarze Geschäfte. Die Beteiligung von Schweizern an Sklaverei und Sklavenhandel im 18. und 19. Jahrhundert, Zürich 2005.

Davis, Belinda: Konsumgesellschaft und Politik im Ersten Weltkrieg, in: Haupt, Heinz-Gerhard/Torp, Claudius (Hg.): Die Konsumgesellschaft in Deutschland, 1890–1990: ein Handbuch, Frankfurt am Main/New York 2009, S. 232–249.

De Beaugrande, Robert-Alain/Dressler, Wolfgang Ulrich: Einführung in die Textlinguistik, Tübingen 1981.

De Boer, Karin/Sonderegger, Ruth (Hg.): Conceptions of Critique in Modern and Contemporary Philosophy, Basingstoke 2012.

De Grazia, Victoria: Amerikanisierung und wechselnde Leitbilder der Konsum-Moderne (consumer modernity) in Europa, in: Siegrist, Hannes/Kaelble, Hartmut/Kocka, Jürgen (Hg.): Europäische Konsumgeschichte. Zur Gesellschafts- und Kulturgeschichte des Konsums (18. bis 20. Jahrhundert), Frankfurt am Main u. a. 1997, S. 109–137.

De Grazia, Victoria: Irresistible Empire. America's Advance through Twentieth-Century Europe, Cambridge, Mass. u. a. 2005.

De Grazia, Victoria/Furlough, Ellen (Hg.): The Sex of Things: Gender and Consumption in Historical Perspective, Berkeley 1996.

De Vries, Jan: The Industrious Revolution: Consumer Behavior and the Household Economy, 1650 to the Present, Cambridge, Mass. 2008.

Deák, John: Forging a Multinational State: State Making in Imperial Austria from the Enlightenment to the First World War, Stanford, Calif. 2015.

Debluë, Claire-Lise: Exposer pour exporter: culture visuelle et expansion commerciale en Suisse (1908–1939), Neuchâtel 2015.

Decorzant, Yann /Heiniger, Alix /Reubi, Serge /Vernat, Anne (Hg.): Le Made in Switzerland: mythes, fonctions et réalités, Basel 2012.

Degen, Bernard: Konsumgenossenschaften zwischen Arbeiterbewegung und bürgerlicher Schweiz, in: Fehr, Jacqueline/Baer, François G./Baer, Yves/Steiner, Rolf (Hg.): Einig – aber nicht einheitlich. 125 Jahre Sozialdemokratische Partei der Schweiz (Une pensée unie – mais pas unique. 125 ans Parti socialiste suisse), Zürich 2013, S. 305–307.

Degen, Bernard: Robert Grimm – ein Marxist in der Schweizer Politik, in: Fehr, Jacqueline/Baer, François G./Baer, Yves/Steiner, Rolf (Hg.): Einig – aber nicht einheitlich. 125 Jahre Sozialdemokratische Partei der Schweiz (Une pensée unie – mais pas unique. 125 ans Parti socialiste suisse), Zürich 2013, S. 142–144.

Degen, Bernard: Sozialdemokratie. Gegenmacht? Opposition? Bundesratspartei? Die Geschichte der Regierungsbeteiligung der schweizerischen Sozialdemokraten, Zürich 1993.

Dejung, Christof: Die Fäden des globalen Marktes. Eine Sozial- und Kulturgeschichte des Welthandels am Beispiel der Handelsfirma Gebrüder Volkart 1851–1999, Köln 2013.

Dejung, Christof: Einbettung, in: Dejung, Christof/Dommann, Monika/Speich Chassé, Daniel (Hg.): Auf der Suche nach der Ökonomie. Historische Annäherungen, Tübingen 2014, S. 47–71.

Dejung, Christof: Unbekannte Intermediäre. Schweizerische Handelsfirmen im 19. und 20. Jahrhundert, in: Traverse. Zeitschrift für Geschichte 17 (2010), S. 139–155.

Dejung, Christof/Dommann, Monika/Speich Chassé, Daniel (Hg.): Auf der Suche nach der Ökonomie. Historische Annäherungen, Tübingen 2014.
Deleuze, Gilles: Was ist ein Dispositiv?, in: Ewald, François/Waldenfels, Bernhard (Hg.): Spiele der Wahrheit. Michel Foucaults Denken, Frankfurt am Main 1991, S. 153–162.
Desrosières, Alain: Die Politik der großen Zahlen. Eine Geschichte der statistischen Denkweise, 2. Auflage, Heidelberg 2005.
Devoto, Fernando/Madero, Marta (Hg.): Historia de la vida privada en la Argentina 3. La Argentina entre multidudes y soledades. De los años treinta a la actualidad, Buenos Aires 1999.
Deyon, Pierre: Le mercantilisme, Paris 1969.
Di Falco, Daniel (Hg.): Bilder vom besseren Leben. Wie Werbung Geschichte erzählt, Bern u. a. 2002.
Diaz-Bone, Rainer: Zur Methodologisierung der Foucaultschen Diskursanalyse, in: Historical Social Research/Historische Sozialforschung 31/2 (2006), S. 243–274.
Diaz-Bone, Rainer/Krell, Gertraude (Hg.): Diskurs und Ökonomie. Diskursanalytische Perspektiven auf Märkte und Organisationen, Wiesbaden 2009.
Dinnie, Keith: Country-of-Origin 1965–2004: A Literature Review, in: Journal of Customer Behaviour 3/2 (2004), S. 165–213.
Dinnie, Keith: Nation Branding. Concepts, Issues, Practice, Oxford 2007.
Doering-Manteuffel, Anselm/Raphael, Lutz: Nach dem Boom Perspektiven auf die Zeitgeschichte seit 1970, 3., erg. Auflage, Göttingen 2012.
Dollfuß, Engelbert/Weber, Edmund: Dollfuß an Österreich: eines Mannes Wort und Ziel, Wien 1935.
Douglas, Mary L./Isherwood, Baron: The World of Goods: Towards an Anthropology of Consumption, London/New York 1996.
Dreidemy, Lucile: Der Dollfuss-Mythos: eine Biographie des Posthumen, Wien/Köln/Weimar 2014.
Dudek, Peter: Jugend als Objekt der Wissenschaften. Geschichte der Jugendforschung in Deutschland und Österreich 1890–1933, Opladen 1990.
Duma, Veronika/Hajek, Katharina: Haushaltspolitiken. Feministische Perspektiven auf die Weltwirtschaftskrisen von 1929 und 2008, in: Kühschelm, Oliver (Hg.): Geld Markt Akteure (Österreichische Zeitschrift für Geschichtswissenschaften 26/1), Innsbruck/Wien/Bozen 2015, S. 46–74.
Dürrenmatt, Friedrich (Hg.): Die Heimat im Plakat. Ein Buch für Schweizer Kinder, Zürich 2005 [1963].
Dürrenmatt, Friedrich: Die Entdeckung des Erzählens. Gespräche 1971–1980, hg. v. Heinz Ludwig Arnold, Anna von Planta u. Jan Strümpel (Gespräche 1961–1990, Bd. 2), Zürich 1996.
Dürrenmatt, Friedrich: Meine Schweiz, hg. v. Heinz Ludwig Arnold, Anna von Planta u. Ulrich Weber, Zürich 1998.
Eckerstorfer, Paul/Halak, Johannes/Kapeller, Jakob/Schütz, Bernhard/Springholz, Florian/Wildauer, Rafael: Die Vermögensverteilung in Österreich und das Aufkommenspotenzial einer Vermögenssteuer, in: Wirtschaft und Gesellschaft 40/1 (2014), S. 63–81.
Eco, Umberto: Lector in fabula. Die Mitarbeit der Interpretation in erzählenden Texten, 3. Auflage, München 1998.
Edensor, Tim: National Identity, Popular Culture and Everyday Life, Oxford/New York 2002.
Eder, Franz X. (Hg.): Historische Diskursanalysen. Genealogie, Theorie, Anwendungen, Wiesbaden 2006.
Eder, Franz X.: Die lange Geschichte der „Sexuellen Revolution“ in Westdeutschland (1950er bis 1980er Jahre), in: Bänziger, Peter-Paul/Beljan, Magdalena/Eder, Franz X./Eitler, Pascal (Hg.): Sexuelle Revolution? Zur Geschichte der Sexualität im deutschsprachigen Raum seit den 1960er Jahren, Bielefeld 2015, S. 25–59.

Eder, Franz X.: Privater Konsum und Haushaltseinkommen im 20. Jahrhundert, in: Eder, Franz X./ Eigner, Peter/Resch, Andreas/Weigl, Andreas (Hg.): Wien im 20. Jahrhundert: Wirtschaft, Bevölkerung, Konsum, Innsbruck/Wien/München 2003, S. 201–285.

Eder, Franz X./Keller, Mario/Kühschelm, Oliver/Schmidt-Lauber, Brigitta (Hg.): Produzieren/Konsumieren – Prosumieren/Konduzieren (Österreichische Zeitschrift für Geschichtswissenschaften 30/1), Innsbruck/Wien/Bozen 2019.

Eder, Franz X./Kühschelm, Oliver: Kulturwissenschaftliche Bildtheorien. Ihre Potentiale und Grenzen für die historische Diskursanalyse, in: Zeitschrift für Diskursforschung 2/3 (2014), S. 229–249.

Eder, Franz X./Kühschelm, Oliver/Linsboth, Christina (Hg.): Bilder in historischen Diskursen, Wiesbaden 2014.

Eder, Thomas: Zur kognitiven Theorie der Metapher in der Literaturwissenschaft. Eine kritische Bestandsaufnahme, in: Czernin, Franz Josef/Eder, Thomas (Hg.): Zur Metapher. Die Metapher in Philosophie, Wissenschaft und Literatur, München 2007, S. 167–195.

Ediev, Dalkhat/Richard, Gisser: Reconstruction of Historical Series of Life Tables and of Age-Sex Structures for the Austrian Population in the 19th and the First Half of the 20th Century, in: Vienna Yearbook of Population Research (2007), S. 327–355.

Eichengreen, Barry J.: The British Economy Between the Wars, in: Floud, Roderick/Johnson, Paul (Hg.): The Cambridge Economic History of Modern Britain 2004, S. 314–343.

Eichengreen, Barry J.: The European Economy since 1945: Coordinated Capitalism and Beyond, Princeton, NJ 2007.

Eidgenössisches Statistisches Amt: Der schweizerische Handel auf Grund der Betriebszählung von 1929 (IV, Schluss), in: Zeitschrift für schweizerische Statistik und Volkswirtschaft Teilbd. 1 (1938), S. 1–31.

Eifert, Christiane: Geld, Nerven und Psyche. Neue Krankheitsbilder in den aufkommenden Konsumgesellschaften, 1880–1930, in: L'Homme. Zeitschrift für feministische Geschichtswissenschaft 22/2 (2011), S. 29–45.

Eigenmann, Anina: Konsum statt Klassenkampf: die Soziale Käuferliga der Schweiz (1906–1945) zwischen Frauenbewegung, religiösem Sozialismus, Philanthropie und Gewerkschaften, Chronos 2019.

Eigenmann, Anina: Mit Lobby-Arbeit zum Erfolg? Chancen und Grenzen einer Handlungsstrategie für die „Soziale Käuferliga der Schweiz“, in: Schweizerisches Jahrbuch für Wirtschafts- und Sozialgeschichte 31 (2016), S. 155–168.

Eigner, Peter/Resch, Andreas: Wirtschaft und Stadt: Ökonomische Entwicklungsprozesse in Wien von 1945 bis 1995, in: Dippelreiter, Michael (Hg.): Wien. Die Metamorphosen einer Stadt, Wien/Köln/Weimar 2013, S. 109–208.

Eitler, Pascal: Sexualität als Ware und Wahrheit Körpergeschichte als Konsumgeschichte, in: Haupt, Heinz-Gerhard/Torp, Claudius (Hg.): Die Konsumgesellschaft in Deutschland, 1890–1990: ein Handbuch, Frankfurt am Main/New York 2009, S. 370–388.

El Refaie, Elisabeth: Cross-Modal Resonances in Creative Multimodal Metaphors: Breaking out of Conceptual Prisons, in: Review of Cognitive Linguistics 11/2 (2013), S. 236–249.

Elena, Eduardo: Dignifying Argentina: Peronism, Citizenship, and Mass Consumption, Pittsburgh 2011.

Ellmeier, Andrea: Handel mit der Zukunft. Zur Geschlechterpolitik der Konsumgenossenschaften, in: L'Homme. Zeitschrift für feministische Geschichtswissenschaft 6/1 (1995), S. 62–77.

Ellmeier, Andrea: Konsum, Politik und Geschlecht. Österreich in den 1950er und 1960er Jahren, Diss., Wien 2005.

Ellmeier, Andrea: Mrs. Consumer und Mr. Keynes im Nachkriegsösterreich, in: Breuss, Susanne/ Eder, Franz X. (Hg.): Konsumieren in Österreich. 19. und 20. Jahrhundert, Innsbruck/Wien/ Bozen 2006, S. 233–256.
Elsaesser, Thomas: Propagating Modernity: German Documentaries from the 1930s: Information, Instruction, and Indoctrination, in: Auerbach, Jonathan/Castronovo, Russ (Hg.): The Oxford Handbook of Propaganda Studies, Oxford/New York 2013, S. 237–260.
Eminger, Stefan: Das Gewerbe in Österreich, 1930–1938: Organisationsformen, Interessenpolitik und politische Mobilität, Innsbruck 2005.
Enderle-Burcel, Gertrude/Follner, Michaela: Diener vieler Herren. Biographisches Handbuch der Sektionschefs der Ersten Republik und des Jahres 1945, Wien 1997.
Endres, Anthony M./Fleming, Grant A.: International Organizations and the Analysis of Economic Policy, 1919–1950, Cambridge 2002.
Engelbrecht, Helmut: Geschichte des österreichischen Bildungswesens. Erziehung und Unterricht auf dem Boden Österreichs, 5 Bde., Wien 1982–1995.
Ermann, Ulrich/Hermanik, Klaus (Hg.): Branding the Nation, the Place, the Product, New York 2018.
Etges, Andreas: Wirtschaftsnationalismus. USA und Deutschland im Vergleich, 1815–1914, Frankfurt am Main/New York 1999.
Etzemüller, Thomas (Hg.): Die Ordnung der Moderne: social engineering im 20. Jahrhundert, Bielefeld 2009.
Etzemüller, Thomas: Social engineering als Verhaltenslehre des kühlen Kopfes. Eine einleitende Skizze, in: ders. (Hg.): Die Ordnung der Moderne: social engineering im 20. Jahrhundert, Bielefeld 2009, S. 11–39.
Etzemüller, Thomas: Strukturierter Raum – integrierte Gemeinschaft. Auf den Spuren des *social engineering* im Europa des 20. Jahrhunderts, in: Raphael, Lutz (Hg.): Theorien und Experimente der Moderne. Europas Gesellschaften im 20. Jahrhundert, Köln 2012, S. 129–154.
Eugster, David: Manipuliert! Die Schweizer Werbebranche kämpft um ihren Ruf, 1900–1989, Zürich 2019.
Evans, Vyvyan/Green, Melanie: Cognitive linguistics: an Introduction, Edinburgh 2006.
Ewald, François: Der Vorsorgestaat, Frankfurt am Main 1993.
Eybl, Franz M.: Abraham a Sancta Clara: Vom Prediger zum Schrifsteller, Tübingen 1992.
Fahlbusch, Michael: Zwischen Kollaboration und Widerstand. Zur Tätigkeit schweizerischer Kulturwissenschaftler in der Region Basel während des Dritten Reiches, in: Basler Zeitschrift für Geschichte und Altertumskunde 102 (2002), S. 47–74.
Fairclough, Norman: Discourse and Social Change, Cambridge 2002.
Falke, Konrad: Der schweizerische Kulturwille: ein Wort an die Gebildeten des Landes (Schriften für Schweizer Art und Kunst 1), Zürich 1914.
Fauconnier, Gilles: Mental Spaces. Aspects of Meaning Construction in Natural Language, Cambridge 1994.
Fauconnier, Gilles/Turner, Mark: The Way We Think. Conceptual Blending and the Mind's Hidden Complexities, New York 2003.
Faulstich, Werner: Medienwandel im Industrie- und Massenzeitalter (1830–1900), Göttingen 2004.
Federico, Giovanni: The Corn Laws in Continental Perspective, in: European Review of Economic History 16/2 (2012), S. 166–187.
Felber, Ulrike/Krasny, Elke/Rapp, Christian: Smart Exports. Österreich auf den Weltausstellungen 1851–2000, Wien 2000.
Feller, Barbara: Ein Ort patriotischen Gedenkens. Das österreichische Heldendenkmal im Burgtor in Wien, in: Tabor, Jan (Hg.): Kunst und Diktatur. Architektur, Bildhauerei und Malerei in Österreich, Deutschland, Italien und der Sowjetunion 1922–1956, Bd. 1, Baden 1994, S. 142–147.

Fenwick, Graham D./Wright, Cameron I.: Effect of a Buy-National Campaign on Member Firm Performance, in: Journal of Business Research 47 (2000), S. 135–145.
Fink, Arlene: How to Conduct Surveys: A Step by Step Guide, 4. Auflage, Thousand Oaks 2009.
Fischer, Ernst: Probleme der jungen Generation. Ohnmacht oder Verantwortung?, Wien u. a. 1963.
Fischer, Thomas/Gehler, Michael (Hg.): Tür an Tür. Vergleichende Aspekte zu Schweiz, Liechtenstein, Österreich und Deutschland, Wien u. a. 2014.
Fleck, Christian: Die Entwicklung der Soziologie in Österreich, in: Biegelbauer, Peter (Hg.): Steuerung von Wissenschaft? Die Governance des österreichischen Innovationssystems, Innsbruck 2010, S. 259–296.
Fleck, Christian: Etablierung in der Fremde. Vertriebene Wissenschaftler in den USA nach 1933, Frankfurt am Main 2015.
Fleck, Christian: Sociology in Austria, Basingstoke 2016.
Fleck, Christian: Transatlantische Bereicherungen. Zur Erfindung der empirischen Sozialforschung, Frankfurt am Main 2007.
Flich, Renate: Bildungsbestrebungen und Frauenbewegungen, in: Rumpler, Helmut/Urbanitsch, Peter (Hg.): Die Habsburgermonarchie 1848–1918, Bd. 8: Politische Öffentlichkeit und Zivilgesellschaft, Teilbd. 1: Vereine, Parteien und Interessenverbände als Träger der politischen Partizipation, Wien 2006, S. 941–964.
Flury-Dasen, Eric: Coca-Cola kontra Süssmost: ein Fallbeispiel amerikanischen Einflusses auf die schweizerische Innenpolitik, in: Traverse. Zeitschrift für Geschichte 6/1 (1999), S. 131–139.
Flury, Roger: Die Migros-Verteilungsgesellschaft m. b. H. Berlin 1932/33. Das Scheitern eines Expansionsversuchs, in: Girschik, Katja/Ritschl, Albrecht/Welskopp, Thomas (Hg.): Der Migros-Kosmos. Zur Geschichte eines außergewöhnlichen Schweizer Unternehmens, Baden 2003, S. 68–85.
Forceville, Charles: Metaphor in Pictures and Multimodal Representations, in: Gibbs, Raymond W. (Hg.): The Cambridge Handbook of Metaphor and Thought, Cambridge 2008, S. 462–482.
Foster, Robert John: Coca-Globalization: Following Soft Drinks from New York to New Guinea, New York/Bastingstoke 2008.
Foster, Robert John: Materializing the Nation: Commodities, Consumption, and Media in Papua New Guinea, Bloomington, Ind. 2002.
Foucault, Michel: Archäologie des Wissens, Frankfurt am Main 1981.
Foucault, Michel: Die Geburt der Biopolitik. Geschichte der Gouvernementalität II. Vorlesung am Collège de France 1978–1979, Frankfurt am Main 2004.
Foucault, Michel: Die Ordnung der Dinge. Eine Archäologie der Humanwissenschaften, Frankfurt am Main 1974.
Foucault, Michel: Die Ordnung des Diskurses, 10. Auflage, Frankfurt am Main 2007.
Foucault, Michel: In Verteidigung der Gesellschaft. Vorlesungen am Collège de France 1975–76, Frankfurt am Main 1999.
Foucault, Michel: Sicherheit, Territorium, Bevölkerung. Geschichte der Gouvernementalität I. Vorlesung am Collège de France 1977–1978, Frankfurt am Main 2004.
Foucault, Michel: Überwachen und Strafen. Die Geburt des Gefängnisses, Frankfurt am Main 1977.
Francke, A. P.K/Jayasinghe, J. A. S. C.: The Impact of Sri Lankan Buy National Campagin to the Attitude Toward Country of Origin, International Research Conference on Management and Finance, University of Colombo 2011.
Frank, Dana: Buy American: The Untold Story of Economic Nationalism, 2. Auflage, Boston, Mass. 2000.
Franz Strommer/Roswitha Strommer, Im Vertrauen auf die Macht der Hausfrau. Die Rolle der Frauen in den österreichischen Arbeiterkonsumvereinen, 1856 bis 1977, Wien 2001.
Freundlich, Emmy: Die Macht der Hausfrau. Ein Aufruf an die Hausfrauen, 2. Auflage, Wien 1927.

Frey, Hermann: Aus der Tätigkeit des Schweizerwoche-Verbandes, in: Schweizerwoche-Verband (Hg.): Schweizer Art und Arbeit. Schweizerwoche-Jahrbuch 1925, Zürich 1925, S. 3–11.
Friedman, Monroe: Consumer Boycotts: Effecting Change Through the Marketplace and the Media, New York 1999.
Fuchs, Markus: Lehrerinnen- und Lehrerperspektiven in der Helvetischen Republik, Bad Heilbrunn 2015.
Furlough, Ellen/Strikwerda, Carl (Hg.): Consumers Against Capitalism? Consumer Cooperation in Europe, North America, and Japan, 1840–1990, Lanham, Md. 1999.
Fürst, Laurenz: Der „Austro-Porsche". Bruno Kreiskys Scheitern beim Neuaufbau einer österreichischen Automobilindustrie, Diss., Wien 2014.
Füssel, Marian: Die Kunst der Schwachen. Zum Begriff der 'Aneignung' in der Geschichtswissenschaft, in: Sozial.Geschichte NF 21/3 (2006), S. 7–28.
Gadamer, Hans-Georg: Hermeneutik I: Wahrheit und Methode. Grundzüge einer philosophischen Hermeneutik (Hans-Georg Gadamer, Gesammelte Werke, Bd. 1), 6. Auflage, Tübingen 1990.
Gadner, Johannes/Androsch, Hannes: Die Zukunft Österreichs in der Welt von morgen, in: Gadner, Johannes/Aiginger, Karl (Hg.): Österreich 2050. FIT für die Zukunft, Wien 2013.
Gaede, Werner: Vom Wort zum Bild. Kreativ-Methoden der Visualisierung, München 1992.
Gallie, Walter B.: Essentially Contested Concepts, in: Proceedings of the Aristotelian Society 56 (1956), S. 167–198.
Gallus, Alexander (Hg.): Helmut Schelsky – der politische Anti-Soziologe. Eine Neurezeption, Göttingen 2013.
Gammerl, Benno: Untertanen, Staatsbürger und Andere. Der Umgang mit ethnischer Heterogenität im Britischen Weltreich und im Habsburgerreich 1867–1918, Göttingen 2010.
Garau, Salvatore: Fascism and Ideology: Italy, Britain, and Norway, New York/London 2015.
Garon, Sheldon (Hg.): The Ambivalent Consumer: Questioning Consumption in East Asia and the West, Ithaca, NY 2006.
Garon, Sheldon: The Transnational Promotion of Saving in Asia: „Asian Values" or the „Japanese Model"?, in: Garon, Sheldon (Hg.): The Ambivalent Consumer: Questioning consumption in East Asia and the West, Ithaca, NY 2006, S. 163–187.
Garside, W. R./Topp, N. H.: Nascent Keynesianism? Denmark in the 1930s, in: History of Political Economy 33/4 (2001), S. 717–741.
Gasser, Elsa F.: Migros-Vertriebssystem, in: Handbuch der schweizerischen Volkswirtschaft, Bd. 2, hg. v. Schweizerische Gesellschaft für Statistik und Volkswirtschaft, Bern 1939, S. 172–174.
Gasteiger, Nepomuk: Der Konsument. Verbraucherbilder in Werbung, Konsumkritik und Verbraucherschutz 1945–1989, Frankfurt am Main 2010.
Gazeley, Ian: Poverty in Britain, 1900–1965, Basingstoke 2003.
Gehmacher, Ernst: Jugend in Österreich. Die unberechenbare Generation, Wien 1981.
Gehmacher, Ernst: Jugendkunde aus Seminararbeiten, in: Die Meinung. Zeitschrift für Sozialforschung 5/2–3 (1965), S. 13–14.
Gehmacher, Ernst: Wie bildet sich ein Nationalbewußtsein?, in: Massiczek, Alfred (Hg.): Die österreichische Nation. Zwischen zwei Nationalismen, Wien 1967, S. 29–36.
Geisthövel, Alexa/Knoch, Habbo (Hg.): Orte der Moderne. Erfahrungswelten des 19. und 20. Jahrhunderts, Frankfurt am Main 2005.
Gelbrich, Katja/Müller, Stefan: Handbuch Internationales Management, München 2011.
Gellner, Ernest, Nationalism, London 1997.
Gellner, Ernest: Nations and Nationalism, Ithaca, NY 1983.
Genette, Gérard: Die Erzählung, 3., durchgesehene und korrigierte Auflage, Paderborn 2010.
Germann, Urs: Entwicklungshilfe im Innern. Die Heimpolitik des Bundes im Zeichen sich wandelnder Staatlichkeit, 1960–1990, in: Criblez, Lucien/Rothen, Christina/Ruoss, Thomas (Hg.):

Staatlichkeit in der Schweiz. Regieren und verwalten vor der neoliberalen Wende, Zürich 2017, S. 57–83.
Gerth, Karl: China Made: Consumer Culture and the Creation of the Nation, Cambridge, Mass. 2003.
Geulen, Christian: Nationalismus als kulturwissenschaftliches Forschungsfeld, in: Jaeger, Friedrich/Liebsch, Burkhard (Hg.): Handbuch der Kulturwissenschaften 1. Grundlagen und Schlüsselbegriffe, Stuttgart/Weimar 2004, S. 439–457.
Giddens, Anthony: The Consequences of Modernity, Cambridge 1991.
Gillabert, Matthieu: Dans les coulisses de la diplomatie culturelle suisse objectifs, réseaux et réalisations (1938–1984), Neuchâtel 2013.
Girschik, Katja/Ritschl, Albrecht/Welskopp, Thomas (Hg.): Der Migros-Kosmos. Zur Geschichte eines aussergewöhnlichen Schweizer Unternehmens, Baden 2003.
Giudici, Anja/Manz, Karin: Das Programm zur Nationalen Erziehung (1914–1924) oder: wie ein forcierter Kulturtransfer politisch scheitert, in: Schweizerische Zeitschrift für Bildungswissenschaften 40/1 (2018), S. 111–131.
Glover, Nikolas: National Relations: Public Diplomacy, National Identity and the Swedish Institute, 1945–1970, Lund 2011.
Gmoser, Rupert: Empirische und spekulative Soziologie, in: Blecha, Karl/Gmoser, Rupert/Kienzl, Heinz (Hg.): Der durchleuchtete Wähler. Beiträge zur politischen Soziologie in Österreich, Wien u. a. 1964, S. 11–29.
Göbhart, Franz: Schule und Nation, in: Massiczek, Alfred (Hg.): Die österreichische Nation. Zwischen zwei Nationalismen, Wien 1967, S. 49–68.
Göhring, Walter/Pellar, Brigitte: Anpassung und Widerstand. Arbeiterkammern und Gewerkschaften im österreichischen Ständestaat, Wien 2001.
Goldstein, Carolyn M.: Creating Consumers: Home Economists in Twentieth-Century America, Chapel Hill 2012.
Gonsalves, Peter: Clothing for Liberation. A Communication Analysis of Gandhi's Swadeshi Revolution, New Dehli 2010.
Grady, Joseph/Oakley, Todd/Coulson, Seana: Blending and Metaphor, in: Steen, G./Gibbs, R. (Hg.): Metaphor in Cognitive Linguistics, Philadelphia 1999.
Graf, Melanie: „Kauft österreichische Waren!" Gemeinschaftswerbung in der Zwischenkriegszeit, Dip.-Arb. Wien 2009.
Graf, Rüdiger/Priemel, Kim Christian: Zeitgeschichte in der Welt der Sozialwissenschaften, in: Vierteljahrshefte für Zeitgeschichte 59/4 (2011), S. 479–508.
Gramsci, Antonio: Selections from the Prison Notebooks, hg. v. Quintin Hoare u. Geoffrey Nowell Smith, New York 1971.
Grandner, Margarete/Traxler, Franz: Sozialpartnerschaft als Option in der Zwischenkriegszeit? Lieberalkorporatistisches Krisenmanagement am Beispiel der Wirtschaftskonferenz von 1930, in: Fröschl, Erich/Zoitl, Helge (Hg.): Februar 1945. Ursachen – Fakten – Folgen, Wien 1984, S. 75–117.
Grassegger, Friedrich: Denkmäler des autoritären Ständestaates. Repräsentationen staatlicher und nationaler Identität Österreichs 1934–1938, in: Riesenfellner, Stefan (Hg.): Steinernes Bewußtsein I. Die öffentliche Repräsentation staatlicher und nationaler Identität Österreichs in seinen Denkmälern, Wien/Köln/Weimar 1998, S. 495–546.
Gredig, Daniel/Goldberg, Daniel: Soziale Arbeit in der Schweiz, in: Thole, Werner (Hg.): Grundriss Soziale Arbeit. Ein einführendes Handbuch, 3., überarbeitete u. erweiterte Auflage, Wiesbaden 2010, S. 403–424.
Greenberg, Josh: Framing and Temporality in Political Cartoons: A Critical Analysis of Visual News Discourse, in: Canadian Review of Sociology/Revue canadienne de sociologie 39/2 (2002), S. 181–198.

Greenfeld, Liah: The Spirit of Capitalism: Nationalism and Economic Growth, Cambridge, Mass. 2001.
Greyerz, Otto von: Der Deutschunterricht als Weg zur nationalen Erziehung. Eine Einführung für junge Lehrer, 2. Auflage, Leipzig 1921.
Greyerz, Otto von: Sprachkultur. Gedanken über die Sprachpflichten des Deutsch-Schweizers in zweisprachigem Gebiet, [Biel] 1928.
Greyerz, Pauline von: Vierzig Jahre Soziale Käuferliga der Schweiz, Bern 1945.
Greyerz, Th: Eine schweizerische Orientierung über den Weltkrieg, in: Wissen und Leben 17 (1916/17), S. 450–455.
Gries, Rainer: Produkte & Politik: Zur Kultur- und Politikgeschichte der Produktkommunikation, Wien 2006.
Gries, Rainer: Produkte als Medien. Kulturgeschichte der Produktkommunikation in der Bundesrepublik und der DDR, Leipzig 2003.
Gries, Rainer: Produktkommunikation. Geschichte und Theorie, Wien 2008.
Gries, Rainer/Ilgen, Volker/Schindelbeck, Dirk: „Ins Gehirn der Masse kriechen". Werbung und Mentalitätsgeschichte, Darmstadt 1995.
Gries, Rainer/Morawetz, Andrea: 'Kauft österreichische Waren!' Die Zwischenkriegszeit im Medialisierungsprozess der Produktkommunikation, in: Eder, Franz X./Breuss, Susanne (Hg.): Konsumieren in Österreich im 19. und 20. Jahrhundert, Innsbruck/Wien/Bozen 2006, S. 212–232.
Gries, Rainer/Schwarzkopf, Stefan (Hg.): Ernest Dichter – Doyen der Verführer. Zum 100. Geburtstag des Vaters der Motivforschung, Wien 2007.
Groh, Dieter: Strategien, Zeit und Ressourcen. Risikominimierung, Unterproduktivität und Mußpräferenz – die zentralen Kategorien von Subsistenzökonomie, in: Groh, Dieter (Hg.): Anthropologische Dimensionen der Geschichte, Frankfurt am Main 1992, S. 54–113.
Grünwald, Rolf: Über die Tätigkeit der Markt- und Verbrauchsforschung in Österreich, in: Jahrbuch für Absatz- und Verbrauchsforschung 3 (1957), S. 186–194.
Grütter, Franz: Berner Heimatschutz-Theater, Bern BE, in: Kotte, Andreas (Hg.): Theaterlexikon der Schweiz. Zürich 2005.
Gsell, Emil: Hans Töndury, in: Nicklisch, Heinrich/Seischab, Hans/Schwantag, Karl (Hg.): Handwörterbuch der Betriebswirtschaft. 3., völlig neu bearb., hg. v. Hans Seischab u. Karl Schwantag, Stuttgart 1956.
Guanzini, Catherine/Wegelin, Peter: Kritischer Patriotismus: Neue Helvetische Gesellschaft – Nouvelle Société Helvétique Nuova Società Elvetica, 1914–1989, Bern 1989.
Gugerli, David/Kupper, Patrick/Speich, Daniel: Die Zukunftsmaschine. Konjunkturen der ETH Zürich 1855–2005, Zürich 2005.
Gugerli, David/Orland, Barbara (Hg.): Ganz normale Bilder. Historische Beiträge zur visuellen Herstellung von Selbstverständlichkeit, Zürich 2002.
Gugerli, David/Speich, Daniel: Der Hirtenknabe, der General und die Karte. Nationale Repräsentationsräume in der Schweiz des 19. Jahrhunderts, in: Werkstattgeschichte 23 (1999), S. 61–81.
Gugerli, David/Speich, Daniel: Topografien der Nation. Politik, kartographische Ordnung und Landschaft im 19. Jahrhundert, Zürich 2002.
Guggenbühl, Adolf: Reklame in Amerika und bei uns, Zürich/Frankfurt am Main 1928.
Guski, Alexandra: Metaphern der Pädagogik. Metaphorische Konzepte von Schule, schulischem Lernen und Lehren in pädagogischen Texten von Comenius bis zur Gegenwart, Bern 2007.
Guy, Kolleen M.: Wine, Champagne and the Making of French Identity in the Belle Epoque, in: Scholliers, Peter (Hg.): Food, Drink and Identity: Cooking, Eating and Drinking in Europe since the Middle Ages, Oxford 2001, S. 163–177.
Haas, Hanns: Otto Bauer und der Anschluß 1918/1919, in: Konrad, Helmut (Hg.): Sozialdemokratie und „Anschluß", Wien 1978, S. 36–44.

Haber, Franz: Österreichs Wirtschaftsbilanz: ein Vergleich mit der Vorkriegszeit, München 1928.
Habermas, Jürgen: Demokratie ohne Kapitalismus? Vom Elend der nationalstaatlichen Fragmentierung in einer kapitalistisch integrierten Weltwirtschaft, in: Blätter für deutsche und internationale Politik 58/5 (2013), S. 59–70.
Habermas, Jürgen: Strukturwandel der Öffentlichkeit, 4. Auflage, Frankfurt am Main 1995.
Habermas, Jürgen: Zu Gadamers Wahrheit und Methode, in: Apel, Karl-Otto/Bormann, Claus v./Bubner, Rüdiger/Gadamer, Hans-Georg/Giegel, Hans Joachim/Habermas, Jürgen (Hg.): Hermeneutik und Ideologiekritik, Frankfurt am Main 1971, S. 45–56.
Habersack, Michael: Friedrich Dessauer (1881–1963). Eine politische Biographie des Frankfurter Biophysikers und Reichstagsabgeordneten, Paderborn u. a. 2011.
Hagen, Wolfgang: Das Radio. Zur Geschichte und Theorie des Hörfunks – Deutschland/USA, Paderborn 2005.
Hajicsek, Gerhard: Viele Ziele, doch kein Ziel. Die Medienpolitik des austrofaschistischen Staates, in: Achenbach, Michael/Moser, Karin (Hg.): Österreich in Bild und Ton. Die Filmwochenschau des austrofaschistischen Ständestaates, Wien 2002, S. 45–70.
Halbeisen, Patrick/Müller, Margrit/Veyrassat, Béatrice (Hg.): Wirtschaftsgeschichte der Schweiz im 20. Jahrhundert, Basel 2012.
Hall, John A.: The State of the Nation: Ernest Gellner and the Theory of Nationalism, Cambridge u. a. 1998.
Hall, Murray G.: Die Verlags- und Redaktionsgeschichte, in: ders./Kadrnoska, Franz/Kornauth, Friedrich/Schmidt-Dengler, Wendelin (Hg.), DIE MUSKETE. Kultur- und Sozialgeschichte im Spiegel einer satirisch-humoristischen Zeitschrift 1905–1941, Wien 1983, S. 7–18.
Haller, Max (Hg.): Identität und Nationalstolz der Österreicher, Wien 1996.
Haller, Max: Die Leistungen der österreichischen Soziologie. Fiktionen und Fakten, in: Österreichische Zeitschrift für Soziologie 35/3 (2010), S. 79–98.
Halliday, M. A. K./Kress, Gunther R.: Halliday: System and Function in Language: Selected Papers, London 1976.
Halliday, Michael A.: Language as Social Semiotic: the Social Interpretation of Language and Meaning, London 1987.
Hälterlein, Jens: Die Regierung des Konsums, Wiesbaden 2015.
Hamelin, Nicolas/Ellouzi, Meriam/Canterbury, Andrew: Consumer Ethnocentrism and Country-of-Origin Effects in the Moroccan Market, in: Journal of Global Marketing 24/3 (2011), S. 228–244.
Hanisch, Ernst: Der große Illusionist. Otto Bauer (1881–1938), Wien/Köln/Weimar 2011.
Hanisch, Ernst: Der lange Schatten des Staates: Österreichische Gesellschaftsgeschichte im 20. Jahrhundert, Wien 1994.
Hanisch, Ernst: Die Politik und die Landwirtschaft, in: Bruckmüller, Ernst/Hanisch, Ernst/Sandgruber, Roman/Weigl, Norman (Hg.): Geschichte der österreichischen Land- und Forstwirtschaft. Politik – Gesellschaft – Wirtschaft, Wien 2002, S. 15–189.
Hanisch, Ernst: Österreich – Die Dominanz des Staates. Zeitgeschichte im Drehkreuz von Politik und Wissenschaft, in: Docupedia-Zeitgeschichte, https://docupedia.de/zg/%C3%96sterreich_-_Die_Dominanz_des_Staates (22.9.2021).
Hanisch, Ernst/Urbanitsch, Peter: Die Prägung der politischen Öffentlichkeit durch die politischen Strömungen, in: Rumpler, Helmut/Urbanitsch, Peter (Hg.): Die Habsburgermonarchie. 1848–1918, Bd. 8: Politische Öffentlichkeit und Zivilgesellschaft, Teilbd. 1: Vereine, Parteien und Interessenverbände als Träger der politischen Partizipation, Wien 2006, S. 14–112.
Hård, Mikael: The Good Apartment. The Social (Democratic) Construction of Swedish Homes, in: Home Cultures 7/2 (2010), S. 117–133.

Harrison, Peter: Adam Smith and the History of the Invisible Hand, in: Journal of the History of Ideas 72/1 (2011), S. 29–49.
Hart, Christopher/Lukes, Dominik (Hg.): Cognitive Linguistics in Critical Discourse Analysis. Application and Theory, Cambridge 2007.
Hassinger, Herbert: Johann Joachim Becher 1635–1682. Ein Beitrag zur Geschichte des Merkantilismus, Wien 1951.
Hauch, Gabriella: Frauen bewegen Politik: Österreich 1848–1938, Innsbruck 2009.
Haug, Wolfgang Fritz: Kritik der Warenästhetik: mit einer Nachbemerkung zur achten Auflage, 10. Auflage, Frankfurt am Main 1990.
Haupt, Heinz-Gerhard/Kocka, Jürgen (Hg.): Comparative and Transnational History: Central European Approaches and New Perspectives, New York 2009.
Haupt, Heinz-Gerhard/Torp, Claudius (Hg.): Die Konsumgesellschaft in Deutschland 1890–1990: ein Handbuch, Frankfurt am Main u. a. 2009.
Haymoz, Nicolas: „Das Aufgebot" von Jacob Lorenz – für eine geistige Mobilmachung: zur Schweiz der 1930er und 1940er Jahre im Kontext der „Erneuerung" und der „Erneuerungsbewegungen", in: Zeitschrift für schweizerische Kirchengeschichte 94 (2000), S. 117–136.
Hecken, Thomas: Das Versagen der Intellektuellen. Eine Verteidigung des Konsums gegen seine deutschen Verächter, Bielefeld 2010.
Heckscher, Eli F.: Der Merkantilismus, 2 Bde., Jena 1932.
Heider, Karl G.: Ethnographic Film, bearbeitete Auflage, Austin 2009.
Heilperin, Michael A.: Studies in Economic Nationalism, Genf 1960.
Heindl, Waltraud: Josephinische Mandarine: 1848 bis 1914, Wien 2013.
Heise, Robert/Watermann, Daniel: Vereinsforschung in der Erweiterung. Historische und sozialwissenschaftliche Perspektiven, in: Geschichte und Gesellschaft 43 (2017), S. 5–31.
Heiss, Gernot: Österreich am 1. April 2000 – das Bild von Gegenwart und Vergangenheit im Zukunftstraum von 1952, in: Bruckmüller, Ernst (Hg.): Wiederaufbau in Österreich 1945–1955. Rekonstruktion oder Neubeginn?, Wien/München 2006, S. 102–124.
Heiss, Hans: Ökonomie und Österreichbewußtsein. Zur Rolle der Kameralisten des 17. Jahrhunderts, in: Bellabarba, Marco/Stauber, Reinhard (Hg.): Identità territoriali e cultura politica nella prima età moderna, Bologona/Berlin 1999, S. 215–235.
Heiss, Hans: Welche Nation? Eine Auseinandersetzung mit Ernst Bruckmüllers ‚Nation Österreich', in: Österreichische Zeitschrift für Geschichtswissenschaften 7/4 (1996), S. 554–561.
Helbling, Alfons: Die Schweizer Mustermesse im Rahmen der schweizerischen Volkswirtschaft, St. Gallen 1937.
Helbling, Barbara: Eine Schweiz für die Schule. Nationale Identität und kulturelle Vielfalt in den Schweizer Lesebüchern seit 1900, Zürich 1994.
Held, Michael: Sozialdemokratie und Keynesianismus. Von der Weltwirtschaftskrise bis zum Godesberger Programm, Frankfurt am Main 1982.
Hellmann, Kai-Uwe: Soziologie der Marke, Frankfurt am Main 2003.
Hempel, Dirk/Künzel, Christine (Hg.): „Denn wovon lebt der Mensch?" Literatur und Wirtschaft, Frankfurt am Main u. a. 2009.
Hempel, Dirk/Künzel, Christine (Hg.): Finanzen und Fiktionen. Grenzgänge zwischen Literatur und Wirtschaft, Frankfurt am Main/New York 2011.
Henning, Astrid: Die erlesene Nation. Eine Frage der Identität. Heinrich Heine im Schulunterricht in der frühen DDR, Bielefeld 2011.
Herbert, Ulrich: Europe in High Modernity: Reflections on a Theory of the 20th Century, in: Journal of Modern European History 5/1 (2007), S. 5–20.
Herschdorfer, Maurice: Hans Töndury: ein Rückblick auf die Grundsätze seiner Betriebswirtschaftslehre, in: 18/6 (1949), S. 153–159.

Hersche, Peter: Muße und Verschwendung. Europäische Gesellschaft und Kultur im Barockzeitalter, 2 Bde., Freiburg/Basel/Wien 2006.
Hertz, Friedrich: Ist Österreich wirtschaftlich lebensfähig?, Wien 1921.
Herzog, Dagmar: Die Politisierung der Lust. Sexualität in der deutschen Geschichte des zwanzigsten Jahrhunderts, München 2005.
Herzog, Hans: Zur Entwicklung und zum heutigen Stand der Sozialstatistik in der Schweiz, Zürich 1941.
Hess, Sabine/Langreiter, Nikola/Timm, Elisabeth (Hg.): Intersektionalität revisited: Empirische, theoretische und methodische Erkundungen, Bielefeld 2014.
Hesse, Wolfgang (Hg.): Fotografie im Klassenkampf. Arbeiterfotografie in Deutschland, Österreich und der Schweiz (Fotogeschichte. Beiträge zur Geschichte und Ästhetik der Fotografie Nr. 127), Marburg 2013.
Heßler, Martina: Die Konstruktion visueller Selbstverständlichkeiten. Überlegungen zu einer Visual History der Wissenschaft und Technik, in: Paul, Gerhard (Hg.): Visual History. Ein Studienbuch, Göttingen 2006, S. 76–95.
Hettling, Manfred: Bürgerlichkeit. Eine ungesellige Geselligkeit, in: Hettling, Manfred/König, Mario/Schaffner, Martin/Suter, Andreas/Tanner, Jakob (Hg.): Eine kleine Geschichte der Schweiz. Der Bundesstaat und seine Traditionen, Frankfurt am Main 1998, S. 227–264.
Hettling, Manfred: Politische Bürgerlichkeit: der Bürger zwischen Individualität und Vergesellschaftung in Deutschland und der Schweiz von 1860 bis 1918, Göttingen 1999.
Hickethier, Knut: Einführung in die Medienwissenschaft, Stuttgart/Weimar 2003.
Hickethier, Knut/Lützen, Wolf Dieter: Das deutsche Auto. Volkswagenwerbung und Volkskultur, Fernwald u. a. 1974.
Hilger, Susanne/Landwehr, Achim (Hg.): Wirtschaft – Kultur – Geschichte. Positionen und Perspektiven, Stuttgart 2011.
Hilpert, Dagmar: Wohlfahrtsstaat der Mittelschichten? Sozialpolitik und gesellschaftlicher Wandel in der Bundesrepublik Deutschland (1949–1975), Göttingen 2012.
Hilton, Matthew: Consumer Activism: Rights or Duties?, in: Brückweh, Kerstin (Hg.): The Voice of the Citizen Consumer: a History of Market Research, Consumer Movements, and the Political Public Sphere, Oxford 2011, S. 99–116.
Hindels, Josef: Meinungsforschung und Entideologisierung der Arbeiterbewegung, in: Arbeit und Wirtschaft 19/2 (1965), S. 21–24.
Hirt, Gerulf: Verkannte Propheten? zur „Expertenkultur" (west-)deutscher Werbekommunikatoren bis zur Rezession 1966/67, Leipzig 2013.
Hobsbawm, Eric J.: The Age of Empire: 1875–1914, London 1987.
Hobsbawm, Eric J./Ranger, Terence (Hg.): The Invention of Tradition, Reprint, Cambridge 1984.
Hoganson, Kristin L.: Consumers' imperium. The Global Production of American Domesticity, 1865–1920, Chapel Hill, NC 2007.
Holenstein, André/Kury, Patrick/Schulz, Kristina: Schweizer Migrationsgeschichte: von den Anfangen bis zur Gegenwart, Baden 2018.
Hollingworth, Harry L.: Advertising and Selling. Principles of Appeal and Response, New York/London 1920.
Holzer, M.: Kleinhandel, in: Handbuch der schweizerischen Volkswirtschaft, Bd. 2, hg. v. Schweizerische Gesellschaft für Statistik und Volkswirtschaft, Bern 1939, S. 27–31.
Honegger, Claudia/Jost, Hans-Ulrich/Burren, Susanne/Jurt, Pascal: Konkurrierende Deutungen des Sozialen: Geschichts-, Sozial- und Wirtschaftswissenschaften im Spannungsfeld von Politik und Wissenschaft, Zürich 2007.
Honningdal Grytten, Ola: A Small Country's Policy Response to Global Economic Disintegration during the Interwar Years of Crisis, in: Müller, Margrit/Myllyntaus, Timo (Hg.): Pathbreakers:

Small European Countries Responding to Globalisation and Deglobalisation, Bern u. a. 2008, S. 271–296.
Hont, Istvan: Jealousy of Trade: International Competition and the Nation-State in Historical Perspective, Cambridge, Mass. 2005.
Horak, Kurt: Die schweigsamen Jungen und ihre Nation, in: Massiczek, Alfred (Hg.): Die österreichische Nation. Zwischen zwei Nationalismen, Wien 1967, S. 107–118.
Horak, Kurt: Gibt es noch eine Jugendbewegung?, in: Arbeit und Wirtschaft 19/11 (1965), S. 5–9.
Horkheimer, Max/Adorno, Theodor W.: Dialektik der Aufklärung: philosophische Fragmente, Frankfurt am Main 1992 [1944].
Hörnigk, Philipp Wilhelm von: Österreich über alles, wann es nur will, Wien 1684.
Hörnigk, Philipp Wilhelm von: Österreich über alles, wann es nur will, eingeleitet von Horst Knapp, hg. v. Hannes Androsch, Helmut Haschek u. Franz Vranitzky, Wien 1983 [1684].
Horsewood, Nicholas/Sen, Somnath/Voicu, Anca: Beggar Thy Neighbour: British Imports During the Inter-War Years and the Effect of the 1932 tariff, in: University of Birmingham Department of Economics Discussion Paper (2009).
Horváth, Sándor: ‚Fridge Socialism' and the Making of the ‚Teenager', in: Kühschelm, Oliver/Eder, Franz X./Siegrist, Hannes (Hg.): Konsum und Nation. Zur Geschichte nationalisierender Inszenierungen in der Produktkommunikation, Bielefeld 2012, S. 279–302.
Hroch, Miroslav: Das Europa der Nationen. Die moderne Nationsbildung im europäischen Vergleich, Göttingen 2005.
Hülser, Josef: Propaganda für den Einkauf deutscher Waren, Emsdetten 1934.
Humair, Cédric: Développement économique et Etat central (1815–1914): un siècle de politique douanière suisse au service des élites, Bern etc. 2004.
Hume, David: Essays, moral, political, and economic, hg. v. Samuel Brittan, Edinburgh 1998.
Hummler, Fritz: Die schweizerische Wirtschaft, in: Schmid, Hans Rudolf (Hg.): Schaffende Schweiz. Kleine Volks- und Landeskunde. Im Auftrag der Eidgenossenschaft herausgegeben von der schweizerischen Landesausstellung Zürich, Zürich 1939, S. 51–82.
Hupka, Benno: Der mittelbare Protektionismus in der Handelspolitik der Nachkriegszeit, Breslau 1932.
Hürlimann, Gisela/Mach, André/Rathmann-Lutz, Anja: Lobbying in der Schweiz: Eigenheiten und Vielfalt, in: Schweizerisches Jahrbuch für Wirtschafts- und Sozialgeschichte 31 (2016), S. 21–31.
Hürlimann, Gisela/Tanner, Jakob: Vorwort. Mit Steuern steuern?, in: Hürlimann, Gisela/Tanner, Jakob (Hg.): Steuern und umverteilen: Effizienz versus Gerechtigkeit?, Zürich 2012, S. 7–25.
Hurrelmann, Achim/Leibfried, Stephan/Martens, Kerstin/Mayer, Peter: The Golden-Age Nation State and its Transformation: a Framework for Analysis, in: Hurrelmann, Achim/Leibfried, Stephan/Martens, Kerstin/Mayer, Peter (Hg.): Transforming the Golden-Age Nation State, Basingstoke 2007, S. 1–23.
Hutchison, Terence W.: Before Adam Smith: the Emergence of Political Economy, 1662–1776, Oxford 1988.
Hutter, Michael: Organism as a Metaphor in German Economic Thought, in: Mirowski, Philip (Hg.): Natural Images in Economic Thought. „Markets Read in Tooth and Claw", Cambridge 1994, S. 289–321.
Hwaletz, Otto: Austrofordismus. Ein Entwurf, in: Oberdammer, Peter/Rammer, Christian/Zeilinger, Reinhard (Hg.): Auf in die Moderne! Österreich vom Faschismus bis zum EU-Beitritt 1996, Wien, S. 100–209.
Hwaletz, Otto: Produktivität und Produktivitätsregimes. Bemerkungen zu einigen entscheidenden Bedingungen moderner wirtschaftlicher Entwicklung, in: Relation 7/1–2 (2000), S. 41–60.

Hye, Hans Peter: Zum Vereinswesen in der Habsburgermonarchie, in: Brix, Emil/Richter, Emil (Hg.): Organisierte Privatinteressen – Vereine in Österreich, Wien 2000, S. 33–53.
Iarossi, Giuseppe: The Power of Survey Design: a User's Guide for Managing Surveys, Interpreting Results, and Influencing Respondents, Washington DC 2006.
Im Hof, Ulrich: Die Helvetische Gesellschaft. Die Entstehung einer politischen Öffentlichkeit in der Schweiz. Struktur und Tätigkeit der Helvetischen Gesellschaft, Frauenfeld/Stuttgart 1983.
Im Hof, Ulrich: Mythos Schweiz: Identität, Nation, Geschichte, 1291–1991, Zürich 1991.
Imhof, Kurt: Wiedergeburt der geistigen Landesverteidigung: Kalter Krieg in der Schweiz, in: Imhof, Kurt/Kleger, Heinz/Romano, Gaetano (Hg.): Konkordanz und Kalter Krieg. Analyse von Medienereignissen in der Schweiz der Zwischen- und Nachkriegszeit, Zürich 1996, S. 173–247.
Inama-Sternegg, Theodor: Über Philipp Wilhelm von Hornick, in: Jahrbücher für Nationalökonomie und Statistik 36/1 (1881), S. 194–200.
International Labour Office, ILO (Hg.): The International Standardisation of Labour Statistics (Studies and Reports Series N (Statistics) 25), Montreal 1943.
Isenmann, Moritz (Hg.): Merkantilismus. Wiederaufnahme einer Debatte, Stuttgart 2014.
Iser, Wolfgang: Der implizite Leser. Kommunikationsformen des Romans von Bunyan bis Beckett, München 1994.
Iser, Wolfgang: Die Appellstruktur der Texte. Unbestimmtheit als Wirkungsbedingung literarischer Prosa, Konstanz 1974.
Jacobs, Meg: Pocketbook Politics: Economic Citizenship in Twentieth-Century America, 2. Auflage, Princeton 2007.
Jäger, Siegfried: Kritische Diskursanalyse. Eine Einführung, 4. Auflage, Münster 2004.
Jäger, Siegfried/Maier, Florentine: Theoretical and Methodological Aspects of Foucauldian Critical Discourse Analysis and Dispositive Analysis, in: Wodak, Ruth/Meyer, Michael (Hg.): Methods of Critical Discourse Analysis, 2. Auflage, Los Angeles u. a. 2009, S. 34–61.
Jagschitz, Gerhard/Mulley, Klaus-Dieter (Hg.): Die „wilden" fünfziger Jahre. Gesellschaft, Formen und Gefühle eines Jahrzehnts in Österreich, St. Pölten/Wien 1985.
Jakobson, Roman: Linguistik und Poetik (1960), in: ders.: Poetik. Ausgewählte Aufsätze, hg. v. Elmar Holenstein u. Tarcisius Schelbert, Frankfurt am Main 1993, S. 83–121.
Jambor, Walter: Jugend und Österreich, Wien 1959.
Janich, Nina: Werbesprache. Ein Arbeitsbuch, 4., unveränd. Auflage, Tübingen 2005.
Jansen, Christian/Borggräfe, Henning: Nation – Nationalität – Nationalismus, Frankfurt am Main u. a. 2007.
Jansen, Willy: French Bread and Algerian Wine: Conflicting Identities in French Algeria, in: Scholliers, Peter (Hg.): Food, Drink and Identity: Cooking, Eating and Drinking in Europe since the Middle Ages, Oxford 2001, S. 195–217.
Jaworski, Rudolf: Zwischen ökonomischer Interessenvertretung und nationalkultureller Selbstbehauptung. Zum Wirtschaftsnationalismus in Ostmitteleuropa vor 1914, in: Zeitschrift für Ostmitteleuropa-Forschung 53/2 (2004), S. 257–268.
Jean, Sylvie: Propagande et presse, in: femme, Schweizerischer Verband für Frauenrechte / Association suisse pour les droits de la (Hg.): Der Kampf um gleiche Rechte / Le combat pour les droits égaux. Basel 2009.
Jellinek, Josef: Die Lebenshaltung der Wiener Arbeiter, in: Der österreichische Volkswirt 20/27 (1927), S. 743–745.
Jessop, Bob: The State: Past, Present, Future. Cambridge 2016.
Johler, Reinhard/Stekl, Hannes: Bürgertum in der Bischofsstadt Brixen. Problemfelder und Charakteristika, in: Heiss, Hans/Gummerer, Hermann (Hg.): Brixen 1867–1882. Die Aufzeichnungen des Färbermeisters Franz Schwaighofer, Bozen/Wien 1994, S. 405–429.

Johnson, Mark: The Philosophical Significance of Image Schemas, in: Hampe, Beate/Grady, Joseph (Hg.): From Perception to Meaning. Image Schemas in Cognitive Linguistics, Berlin/New York 2005, S. 15–33.
Jones, D. G. Brian/Tadajewski, Mark (Hg.): The Routledge Companion to Marketing History, London 2016.
Joris, Elisabeth: Dezenter Sexappeal – eklatante Diskriminierung. Weiblichkeits- und Männlichkeitsmythen in Zeiten von Textilrevolution und Kaltem Krieg, in: Buomberger, Thomas/Pfrunder, Peter (Hg.): Schöner leben, mehr haben. Die 50er-Jahre in der Schweiz im Geiste des Konsums, Zürich 2012, S. 105–119.
Jost, Hans Ulrich: Zum Konzept der Öffentlichkeit in der Geschichte des 19. Jahrhunderts, in: Schweizerische Zeitschrift für Geschichte 46 (1996), S. 43–59.
Jost, Hans Ulrich: Von Zahlen, Politik und Macht. Geschichte der schweizerischen Statistik, Zürich 2016.
Joyce, Patrick: The State of Freedom: A Social History of the British State Since 1800, Cambridge 2013.
Joyce, Patrick: What is the Social in Social History, in: Past & Present 205 (2009), S. 175–210.
Jubas, Kaela: Conceptual Confusion in Democratic Societies: Understandings and Limitations of Consumer-Citizenship, in: Journal of Consumer Culture 7 (2007), S. 231–254.
Judson, Pieter M.: The Habsburg Empire: a New History, Cambridge, Mass. 2016.
Judson, Pieter M.: Die unpolitische Bürgerin im politisierenden Verein: zu einigen Paradoxa des bürgerlichen Weltbildes im 19. Jahrhundert, in: Stekl, Hannes/Urbanitsch (Bürgertum in der Habsburgermonarchie 2), Peter/Bruckmüller, Ernst/Heiss, Hans (Hg.): „Durch Arbeit, Besitz, Wissen und Gerechtigkeit“, Wien/Köln/Weimar 1992, S. 337–345.
Jung, Matthias: Hermeneutik zur Einführung, 3. Auflage, Hamburg 2007.
Jurt, Pascal: Volkswirtschaftslehre: Von der Nationalökonomie zu den „Economics“, in: Honegger, Claudia/Jost, Hans-Ulrich/Burren, Susanne/Jurt, Pascal (Hg.): Konkurrierende Deutungen des Sozialen: Geschichts-, Sozial- und Wirtschaftswissenschaften im Spannungsfeld von Politik und Wissenschaft, Zürich 2007, S. 187–250.
Just, R.: Kleinhandel, in: Handbuch der schweizerischen Volkswirtschaft, Bd. 1, hg. v. Schweizerische Gesellschaft für Statistik und Volkswirtschaft, Bern 1939, S. 356–357.
Kadelbach, Thomas: Swiss made. Pro Helvetia et l'image de la Suisse à l'étranger (1945–1990), Neuchâtel 2013.
Kadrnoska, Franz: Die Karikatur und ihre Erscheinungsform in der „Muskete“, in: Hall, Murray G./Kadrnoska, Franz/Kornauth, Friedrich/Schmidt-Dengler, Wendelin (Hg.): Die MUSKETE. Kultur- und Sozialgeschichte im Spiegel einer satirisch-humoristischen Zeitschrift 1905–1941, Wien 1983, S. 19–32.
Kaelble, Hartmut/Schriewer, Jürgen (Hg.): Vergleich und Transfer. Komparatistik in den Sozial-, Geschichts- und Kulturwissenschaften, Frankfurt am Main 2003.
Kafantogias, Aris: Between the Visible and the Invisible, the Practical and Ornamental: The Body Linen of the Viennese, 1760–1823, in: Österreichische Zeitschrift für Geschichtswissenschaften 30/1 (2019), S. 144–166.
Kaps, Klemens: Ungleiche Entwicklung in Zentraleuropa. Galizien zwischen überregionaler Verflechtung und imperialer Politik (1772–1914), Köln 2015.
Karis, Tim: Foucault, Luhmann und die Macht der Massenmedien. Zur Bedeutung massenmedialer Eigenlogiken für den Wandel des Sagbaren, in: Landwehr, Achim (Hg.): Diskursiver Wandel, Wiesbaden 2010, S. 237–251.
Karmasin, Helene: Auto-Suggestionen. Dichters Studien zum Kraftfahrzeug, in: Gries, Rainer/Schwarzkopf, Stefan (Hg.): Ernest Dichter – Doyen der Verführer. Zum 100. Geburtstag des Vaters der Motivforschung, Wien 2007, S. 158–168.

Karmasin, Helene: Cultural theory: Anwendungsfelder in Kommunikation, Marketing und Management, Wien 2011.
Karmasin, Helene: Produkte als Botschaften. Individuelles Produktmarketing, konsumentenorientiertes Marketing, Bedürfnisdynamik, Produkt- und Werbekonzeptionen, Markenführung in veränderten Umwelten, 2., überarbeitete u. erweiterte Auflage, Wien 1998.
Karolle, Julia: Die Schweizer Mundartbewegung der dreissiger Jahre im linguistisch-historischen Kontext, in: Sprachspiegel 59/2 (2003), S. 38–48.
Kästner, Erich: Eine kleine Sonntagspredigt. Vom Sinn und Wesen der Satire, in: Kästner, Erich (Hg.): Gesammelte Schriften für Erwachsene, Bd. 7: Vermischte Beiträge II, Zürich 1969, S. 117–120.
Kato, Junko: Regressive Taxation and the Welfare State: Path Dependence and Policy Diffusion, Cambridge 2003.
Katzenstein, Peter: Corporatism and Change. Austria, Switzerland, and the Politics of Industry, Ithaca, NY 1984.
Katzenstein, Peter: Das österreichische Nationalbewußtsein, in: Journal für angewandte Sozialforschung 16/3 (1976), S. 2–14.
Katzenstein, Peter: Small States in World Markets: Industrial Policy in Europe, Ithaca/London 1985.
Kausel, Anton/Németh, Nandor/Seidel, Hans: Österreichs Volkseinkommen 1913 bis 1963, (Monatsberichte des Österreichischen Institutes für Wirtschaftsforschung, Sonderheft 14), Wien 1965.
Kautsky, Benedikt: Die Haushaltsstatistik der Wiener Arbeiterkammer 1925–1934, (International Review for Social History. Supplement in Volume II), Leiden 1937.
Kehrli, Albert: Adressen- und Werbezentralen, in: Handbuch der schweizerischen Volkswirtschaft, Bd. 1, hg. v. Schweizerische Gesellschaft für Statistik und Volkswirtschaft, Bern 1955, S. 4–5.
Keller, Mario: Experienced Mood and Commodified Mode. Forms of Nostalgia in the Television Commercials of Manner, in: Medien & Zeit 31/4 (2016), S. 61–71.
Keller, Reiner: Diskursforschung. Eine Einführung für SozialwissenschaftlerInnen, 3. Auflage, Wiesbaden 2007.
Kelsen, Hans: Sozialismus und Staat. Eine Untersuchung der politischen Theorie des Marxismus, 3. Auflage, Wien 1965.
Kerchner, Brigitte/Schneider, Silke: Wirklich Gegendenken. Politik analysieren mit Michel Foucault, in: Kerchner, Brigitte/Schneider, Silke (Hg.): Foucault: Diskursanalyse der Politik. Eine Einführung, Wiesbaden 2006, S. 145–164.
Keynes, John Maynard, The Collected Writings of John Maynard Keynes 21. Activities 1931–1939, hg. v. Donald Moggridge, London/Basingstoke 1982.
Keynes, John Maynard: Allgemeine Theorie der Beschäftigung, des Zinses und des Geldes, Berlin 1966 (unveränderter Nachdruck der 1. Auflage 1936).
Keynes, John Maynard: National Self-Sufficiency, in: Moggridge, Donald (Hg.): The Collected Writings of John Maynard Keynes 21. Activities 1931–1939, London/Basingstoke 1982, S. 233–246.
Keyserling, Hermann: Das Spektrum Europas, 3. Auflage, Heidelberg 1928.
Kienzl, Heinz: Gesamtstabilität, der Weg und das Ziel – Einkommenspolitik und Währungspolitik seit 1951, in: Weber, Fritz/Venus, Theodor (Hg.): Austro-Keynesianismus in Theorie und Praxis, Wien 1993, S. 63–72.
Kjær, Peter/Slaatta, Tore: Mediating Business: the Expansion of Business Journalism, Copenhagen/Portland, OR 2007.
Klausinger, Hansjörg: The Nationalökonomische Gesellschaft (Austrian Economic Association) in the Interwar Period and Beyond, in: Wirtschaftsuniversität Wien. Department of Economics Working Paper 195 (2015).
Kleeberg, Bernhard (Hg.): Schlechte Angewohnheiten. Eine Anthologie 1750–1900, Berlin 2012.

Klein, Inga/Windmüller, Sonja (Hg.): Kultur der Ökonomie. Zur Materialität und Performanz des Wirtschaftlichen, Bielefeld 2014.
Klenner, Fritz: Das große Unbehagen. Eine sozialkritische Betrachtung, Wien 1960.
Klenner, Fritz: Die österreichischen Gewerkschaften. Vergangenheit und Gegenwartsprobleme, 2 Bde., Wien 1951 u. 1953.
Klenner, Fritz: Eine Renaissance Mitteleuropas: die Nationwerdung Österreichs, Wien/München/Zürich 1978.
Klenner, Fritz: Putschversuch – oder nicht? Ein Tatsachenbericht über das 4. Preis- und Lohnabkommen und die beiden gescheiterten kommunistischen Generalstreikversuche im September und Oktober 1950., Wien o. J. [1950].
Klenner, Fritz: Umdenken tut not! Die sozialistische Alternative, Wien/Frankfurt am Main/Zürich 1966.
Klenner, Fritz: Wie könnte es uns bessergehen?, Wien 1961.
Klezl, Felix: International Comparisons of Real Wages, in: International Labour Review 12/4 (1925), S. 467–483.
Klösch, Christian: Die Konzeption der „Dollfuß-Straße" im Austrofaschismus am Beispiel der Packstraße, in: Gedenkdienst 2 (2004), S. 10–11.
Knapp, Ilan/Verzetnitsch, Friedrich (Hg.): Lehrling 81. Die berufliche und soziale Situation der Lehrlinge in Österreich, Wien 1981.
Knopik, Matthias: Pamphlet, in: Jaeger, Friedrich (Hg.): Enzyklopädie der Neuzeit Online, 2014, http://dx.doi.org/10.1163/2352-0248_edn_a5001000 (29.11.2016).
Knorr-Cetina, Karin: Die Fabrikation von Erkenntnis. Zur Anthropologie der Naturwissenschaft, revidierte u. erweiterte Fassung, Frankfurt am Main 1984.
Knotzer, Emil J.: Die Marketingpolitik des „Konsum Österreich reg. Gen. m. b. H." 1978–1995, Wien 2003.
Knüsel, Ariane: Framing China Media Images and Political Debates in Britain, the USA and Switzerland, 1900–1950, Farnham 2012.
Koch, Lars (Hg.): Modernisierung als Amerikanisierung? Entwicklungslinien der westdeutschen Kultur 1945–1960, Bielefeld 2007.
Kocka, Jürgen (Hg.): Bürgertum im 19. Jahrhundert. Deutschland im europäischen Vergleich, 3 Bde., München 1988.
Kocka, Jürgen: Zivilgesellschaft in historischer Perspektive, in: ders.: Arbeiten an der Geschichte. Gesellschaftlicher Wandel im 19. und 20. Jahrhundert, Göttingen 2011, S. 191–202.
Köhler, Ingo/Logemann, Jan: Towards Marketing Management. German Marketing in the Nineteenth and Twentieth Centuries, in: Jones, D. G. Brian/Tadajewski, Mark (Hg.): The Routledge Companion to Marketing History, London 2016, S. 371–388.
Koja, Friedrich/Stourzh, Gerald (Hg.): Schweiz – Österreich. Ähnlichkeiten und Kontraste, Wien/Graz/Köln 1986.
Koller, Christian: „Es ist zum Heulen". Emotionshistorische Zugänge zur Kulturgeschichte des Streikens, in: Geschichte und Gesellschaft 36/1 (2010), S. 66–92.
Koller, Christian: Streiken im austrofaschistischen „Ständestaat" 1934–1938, in: VSWG: Vierteljahrschrift für Sozial- und Wirtschaftsgeschichte (2009), S. 320–335.
Koller, Christian: Streikkultur. Performanzen und Diskurse des Arbeitskampfes im schweizerisch-österreichischen Vergleich (1860–1950), Wien 2009.
Koller, Veronika: Corporate Self-Presentation and Self-Centredness: a Case for Cognitive Critical Discourse Analysis, in: Pishwa, Hanna (Hg.): Language and Social Cognition: Expressions of the Social Mind, Berlin 2009, S. 267–287.
Koller, Veronika: Critical Discourse Analysis and Social Cognition: Evidence from Business Media Discourse, in: Discourse & Society 16/2 (2005), S. 199–224.

Komlosy, Andrea. Habsburgerreich, Osmanisches Reich und Britisches Empire. Erweiterung, Zusammenhalt und Zerfall im Vergleich, in: Zeitschrift für Weltgeschichte 9 (2008), S. 9–62.
Kondylis, Panajotis: Der Niedergang der bürgerlichen Denk- und Lebensform. Die liberale Moderne und die massendemokratische Postmoderne, Weinheim 1991.
König, Gudrun M.: Konsumkultur. Inszenierte Warenwelt um 1900, Wien u. a. 2009.
König, Mario: Von der wahren Nationalität der Waren. Schweizerische Wirtschaftspropaganda im 20. Jahrhundert, in: Pellin, Elio (Hg.): Weiss auf Rot. Das Schweizer Kreuz zwischen nationaler Identität und Corporate Identity, Zürich 2004, S. 129–140.
König, René: Können Konsumgewohnheiten beeinflusst oder verändert werden?, in: Schweizer Reklame 7 (1951), S. 4–7.
Koopman, Colin: Genealogy as Critique: Foucault and the Problems of Modernity, Bloomington, Ind. 2013.
Kořalka, Jirí: Tschechische Bildungsbürger und Bildungskleinbürger um 1900, in: Stekl, Hannes/ Urbanitsch, Peter/Bruckmüller, Ernst/Heiss, Hans (Hg.): „Durch Arbeit, Besitz, Wissen und Gerechtigkeit“ (Bürgertum in der Habsburgermonarchie 2), Wien/Köln/Weimar 1992, S. 210–221.
Kos, Wolfgang (Hg.): Experiment Metropole 1873: Wien und die Weltausstellung. Wien-Museum Karlsplatz, 15. Mai bis 28. September 2014, Wien 2014.
Kos, Wolfgang: „Landschaft“. Zwischen Verstaatlichung und Privatisierung, in: Brix, Emil/ Bruckmüller, Ernst/Stekl, Hannes (Hg.): Memoria Austriae II. Bauten – Orte – Regionen, Wien 2005, S. 200–235.
Kos, Wolfgang: Horizont-Verschiebungen, in: Jagschitz, Gerhard/Mulley, Klaus-Dieter (Hg.): Die „wilden“ fünfziger Jahre Wien/St. Pölten 1985.
Kövecses, Zoltán: Metaphor: a Practical Introduction, New York 2002.
Kövecses, Zoltán: Metaphorical Creativity in Discourse, in: Brdar, Mario/Raffaelli, Ida/Žic Fuchs, Milena (Hg.): Cognitive Linguistics Between Universality and Variation, Newcastle, UK 2012, S. 253–270.
Kraus, Hans-Christof: Politisches Denken der deutschen Spätromantik, in: Heidenreich, Bernd (Hg.): Politische Theorien des 19. Jahrhunderts. Konservatismus, Liberalismus, Sozialismus, 2., völlig neu bearbeitete Auflage, Berlin 2002, S. 33–69.
Kraus, Karl: Die Fackel, März, Muskete und der Simplicissimus, in: Die Fackel 16/400–403 (1914), S. 30–40, Austrian Academy Corpus-Fackel: http://www.aac.ac.at/fackel (2.9.2016).
Kraus, Karl: Die Kultur im Dienste des Kaufmann, in: Die Fackel 34/873–875 (1932), Austrian Academy Corpus-Fackel: http://www.aac.ac.at/fackel (2.9.2016).
Kraus, Karl: Glossen, in: Die Fackel, 34/876–884 (1932), 32 f. (Was die Sozialdemokratie auf ihre Fahnen geschrieben hat; Der 1. Mai; Jeden Sonntag), 38 (Demokratisches Wien huldigt Dr. Ofner), Austrian Academy Corpus-Fackel: http://www.aac.ac.at/fackel (2.9.2016).
Kreis, Georg: Das Verfassungsjubiläum von 1948, in: Jubiläen der Schweizer Geschichte 1798–1848–1998, Bern 1998, S. 131–169.
Kreis, Georg: Insel der unsicheren Geborgenheit. Die Schweiz in den Kriegsjahren 1914–1918, Zürich 2014.
Kreis, Georg: Nationalpädagogik in Wort und Bild, in: Flacke, Monika (Hg.): Mythen der Nationen. Ein europäisches Panorama, Berlin 2004, S. 446–475.
Kreis, Georg: Schweizer Erinnerungsorte. Aus dem Speicher der Swissness, Zürich 2010.
Kreis, Reinhild: Selbermachen: eine andere Geschichte des Konsumzeitalters, Frankfurt am Main/ New York 2020.
Krenn, Martina/Horak, Roman: „Das Glück unserer Jugend und die Zukunft unseres Volkes“. Über Jugendpflege und Jugendkultur, in: Kühschelm, Oliver/Langthaler, Ernst/Eminger, Stefan (Hg.): Niederösterreich im 20. Jahrhundert, Bd. 3: Kultur, Wien/Köln/Weimar 2008, S. 411–436.

Kress, Gunther/Leeuwen, Theo van: Reading Images: The Grammar of Visual Design, 2. Auflage, London 2006.

Kriechbaumer, Robert (Hg.): Österreich! Und Front Heil! Aus den Akten des Generalsekretariats der Vaterländischen Front. Innenansichten eines Regimes, Salzburg/Wien 2005.

Kriechbaumer, Robert: Ein vaterländisches Bilderbuch: Propaganda, Selbstinszenierung und Ästhetik der vaterländischen Front 1933–1938, Wien/Köln/Weimar 2002.

Krischke, Traugott (Hg.): Carl Merz und Helmut Qualtinger. „Travniceks gesammelte Werke" und andere Texte für die Bühne (Helmut Qualtinger Werkausgabe, Bd. 3), Wien 1996.

Kroeber-Riel, Werner: Bildkommunikation. Imagerystrategien für die Werbung, München 1996.

Kroen, Sheryl: Der Aufstieg des Kundenbürgers? Eine politische Allegorie für unsere Zeit, in: Prinz, Michael (Hg.): Der lange Weg in den Überfluss: Anfänge und Entwicklung der Konsumgesellschaft seit der Vormoderne, Paderborn 2003, S. 533–564.

Krofian, Elfriede: O gutes Land, o Vaterland. Zur Gestaltung des österreichischen Nationalfeiertags, Wien 1968.

Kropff, Hanns Ferdinand Josef/Randolph, Bruno W.: Marktanalyse. Untersuchung des Marktes und Vorbereitung der Reklame; kurz gefaßte Grundlinien für europäische Verhältnisse; zusammengestellt und bearbeitet auf Grund eigener und amerikanischer Forschungen und Erfahrungen für „Market analysis und advertising research", München u. a. 1928.

Krugman, Paul R./Obstfeld, Maurice/Melitz, Marc J.: International Economics. Theory & Policy, 9. Auflage, Boston 2012.

Kuchenbuch, David: Entgrenzung, Pluralisierung und Identitätsbestimmung. Herausforderungen der Zeitgeschichte in der Welt der Sozialwissenschaften, 25.02.2016–27.02.2016 Potsdam (Tagungsbericht), in: H-Soz-Kult (10.5.2016), http://www.hsozkult.de/conferencereport/id/tagungsberichte-6512 (23.6.2016).

Kuhn, Markus: Filmnarratologie: ein erzähltheoretisches Analysemodell, Berlin 2011.

Kühschelm, Oliver: „Goldener Osten". Die Ostöffnung in österreichischen Wirtschaftsmagazinen, in: zeitgeschichte 41/4 (2014), S. 150–165.

Kühschelm, Oliver: Automobilisierung auf Österreichisch. Zwei Anläufe einer Nationalisierung von Kleinwagen, in: ders./Eder, Franz X./Siegrist, Hannes (Hg.): Konsum und Nation. Zur Geschichte nationalisierender Inszenierungen in der Produktkommunikation, Bielefeld 2012, S. 163–194.

Kühschelm, Oliver: Buy National Campaigns: Patriotic Shopping and the Capitalist Nation State, in: Journal of Modern European History 18/1 (2020), S. 79–95.

Kühschelm, Oliver: Das Bürgertum in Cisleithanien, in: Rumpler, Helmut/Urbanitsch, Peter (Hg.): Die Habsburgermonarchie 1848–1918, Bd. 9: Soziale Strukturen, Teilbd. 1/2: Von der Stände- zur Klassengesellschaft, Wien 2010, S. 849–907.

Kühschelm, Oliver: Die Erfahrung des Nationalstaats. Österreich und seine Konsumenten, in: BIOS–Zeitschrift für Biographieforschung, Oral History und Lebensverlaufsanalysen 27/1–2 (2014), S. 78–94.

Kühschelm, Oliver: From the Moralizing Appeal for Patriotic Consumption to Nation Branding. Austria and Switzerland, in: Viktorin, Carolin/Gienow-Hecht, Jessica/Estner, Annika/Will, Marcel (Hg.): Nation Branding in Modern History, New York 2018, S. 52–78.

Kühschelm, Oliver: Implicit boycott: The Call for Patriotic Consumption in Interwar Austria, in: Management & Organizational History 5/2 (2010), S. 165–195.

Kühschelm, Oliver: Julius Meinl. Patriarchalisch, (groß)bürgerlich, österreichbewußt, in: ders./Pfoertner, André: Memoria Austriae III. Unternehmer, Firmen, Produkte, hg. v. Emil Brix, Ernst Bruckmüller u. Hannes Stekl, Wien 2005, S. 43–96.

Kühschelm, Oliver: Konsumieren und die diskursive Konstruktion nationaler Gemeinschaft, in: Eder, Franz X./Breuss, Susanne (Hg.): Konsumieren in Österreich im 19. und 20. Jahrhundert, Innsbruck 2006, S. 189–211.
Kühschelm, Oliver: Leider (k)ein Traumpaar. Kritische Linguistik und historische Diskursanalyse, in: Zeitschrift für Diskursforschung 3/1 (2015), S. 29–51.
Kühschelm, Oliver: Markenprodukte in der Nachkriegszeit, in: Breuss, Susanne (Hg.): Die Sinalco-Epoche. Essen, Trinken, Konsumieren nach 1945, Wien 2005, S. 61–71.
Kühschelm, Oliver: Motorisierung in den 1950er Jahren. Der österreichische Volkswagen, in: 25. Österreichischer Historikertag St. Pölten 2008, St. Pölten 2010, S. 215–226.
Kühschelm, Oliver: Promoting the Nation in Austria and Switzerland. A Pre-history of Nation Branding, in: Ermann, Ulrich/Hermanik, Klaus (Hg.): Branding the Nation, the Place, the Product, New York 2018, S. 143–160.
Kühschelm, Oliver: Selbstbedienung und Supermärkte. Das Versprechen von Zeitersparnis, Wahlfreiheit und unerschöpflicher Fülle, in: Breuss, Susanne (Hg.): Die Sinalco-Epoche. Essen, Trinken, Konsumieren nach 1945, Wien 2005, S. 46–59.
Kühschelm, Oliver/Eder, Franz X./Siegrist, Hannes (Hg.): Konsum und Nation. Zur Geschichte nationalisierender Inszenierungen in der Produktkommunikation, Bielefeld 2012.
Kuisel, Richard F.: Seducing the French: The Dilemma of Americanization, Berkeley 1996.
Kunkel, Benjamin: The Capitalocene, in: London Review of Books 39/5 (2017), S. 22–28.
Kürschner, Wilfried: Grammatisches Kompendium. Systematisches Verzeichnis grammatischer Grundbegriffe, 5., durchges. Auflage, Tübingen u. a. 2005.
Kury, Patrick: Über Fremde reden: Überfremdungsdiskurs und Ausgrenzung in der Schweiz 1900–1945, Zürich 2003.
Kury, Patrick/Baur, Esther (Hg.): Im Takt der Zeit: Von der Schweizer Mustermesse zur MCH Group, Basel 2016.
Kutter, Markus: Werbung in der Schweiz. Geschichte einer unbekannten Branche, Zofingen 1983.
L'Etang, Jacqueline Yvonne: The Professionalisation of British Public Relations in the Twentieth Century: a History, Ph. D. Univ. of Stirling 2001.
Laclau, Ernesto: Emanzipation und Differenz, 2. Auflage, Wien 2007.
Laclau, Ernesto: Ideologie und Post–Marxismus, in: Nonhoff, Martin (Hg.): Diskurs – radikale Demokratie – Hegemonie. Zum politischen Denken von Ernesto Laclau und Chantal Mouffe, Bielefeld 2007, S. 25–39.
Lahn, Silke: Einführung in die Erzähltextanalyse, (Lehrbuch J. B. Metzler, 3., aktualisierte u. erweiterte Auflage, Stuttgart 2016.
Lakoff, George: Women, Fire and Dangerous Things: What Categories Reveal About the Mind, Chicago 1987.
Lakoff, George/Johnson, Mark: Metaphors We Live by, Chicago 2003 [1980].
Lakoff, George/Johnson, Mark: Philosophy in the Flesh: the Embodied Mind and its Challenge to Western Thought, New York 1999.
Lamla, Jörn: Verbraucherdemokratie. Politische Soziologie der Konsumgesellschaft, Berlin 2013.
Lammer, Christine: Wiener Strumpfg'schichten, in: Horak, Roman/Maderthaner, Wolfgang/Mattl, Siegfried/Musner, Lutz/Penz, Otto (Hg.): Randzone. Zur Theorie und Archäologie von Massenkultur in Wien 1950–1970, Wien 2004, S. 181–202.
Lampe, Markus/Sharp, Paul: Tariffs and Income: a Time Series Analysis for 24 Countries, in: Cliometrica 7/3 (2013), S. 207–235.
Landwehr, Achim (Hg.): Diskursiver Wandel, Wiesbaden 2010.
Landwehr, Achim: Abschließende Betrachtungen: Kreuzungen, Wiederholungen, Irritationen, Konflikte, in: Landwehr, Achim (Hg.): Diskursiver Wandel, Wiesbaden 2010, S. 377–384.

Landwehr, Achim: Achim Landwehr, Kulturgeschichte, Version: 1.0, in: Docupedia-Zeitgeschichte (14.5.2013), http://docupedia.de/zg/Kulturgeschichte?oldid=97419.
Landwehr, Achim: Diskurs und Wandel. Wege der Historischen Diskursforschung, in: Landwehr, Achim (Hg.): Diskursiver Wandel, Wiesbaden 2010, S. 11–28.
Landwehr, Achim: Historische Diskursanalyse, Frankfurt am Main u. a. 2008.
Langthaler, Ernst: Varieties of Modernity: Fascism and Agricultural Development in Austria, 1934–1945, in: Agriculture in the Age of Fascism: Authoritarian Technocracy and Rural Modernization, 1922–1945, Turnhout 2014, S. 159–188.
Langthaler, Ernst: Wirtschaften mit Stil. Historisch-anthropologische Perspektiven zum Agrarstrukturwandel als Praxis, in: Historische Anthropologie 20/3 (2012), S. 276–296.
Lanske, Eugen: Politische Gesellschaftslehre unter besonderer Berücksichtigung österreichischer Verhältnisse, Wien 1934.
Laroche, Michel/Papadopoulos, Nicolas/Heslop, Louise A./Mourali, Mehdi: The Influence of Country Image Structure on Consumer Evaluations of Foreign Products, in: International Marketing Review 22/1 (2005), S. 96–115.
Latour, Bruno: Eine neue Soziologie für eine neue Gesellschaft, Frankfurt am Main 2010.
Latour, Bruno: Why has Critique Run out of Steam? From Matters of Fact to Matters of Concern, in: Critical Inquiry 30 (2004), S. 225–248.
Latour, Bruno: Wir sind nie modern gewesen: Versuch einer symmetrischen Anthropologie, Frankfurt am Main 2008.
Lauener, Michael: Jeremias Gotthelf. Prediger gegen den Rechtsstaat, Zürich 2011.
Laur, Ernst: Die Wehrkraft des Schweizervolkes und der Bauernstand (Schriften für Schweizer Art und Kunst 8), Zürich 1915.
Laur, Ernst: Industrie und Landwirtschaft. Vortrag gehalten in der Neuen Helvetischen Gesellschaft, Gruppe Zürich (Schriften für Schweizer Art und Kunst 6), Zürich 1915.
Laur, Ernst: Zukünftige Aufgaben der Schweizer Wirtschaftspolitik, in: Wissen und Leben 19 (1917/18), S. 321–328, 384–394.
Lauterer, Karl: Ein Schweizer Werbeamt. Anregung zur Schaffung einer offiziellen Reklame- und Propagandastelle in der Schweiz, Bern 1920.
Lauterer, Karl: Lehrbuch der Reklame. Einführung in das Werbewesen, Wien/Leipzig 1923.
Laux, Henning: Richard Rorty and the Reanimation of Pragmatism in the „Age of Composition", in: Berliner Journal für Soziologie 23/3 (2013), S. 389–415.
Layton, Walter Thomas/Rist, Charles: The Economic Situation of Austria. Report Presented to the Council of the League of Nations, Genf 1925.
Lears, Jackson: Fables of Abundance: a Cultural History of Advertising in America, New York 1994.
Lehmann, Brigitte/Emanuely, Alexander: Karl Ausch – Banker und Asket. Biographische Notizen, in: Ausch, Karl: Als die Banken fielen. Zur Soziologie der politischen Korruption, Wien 2013, S. 373–391.
Lehmbruch, Gerhard: Proporzdemokratie: politisches System und politische Kultur in der Schweiz und in Österreich, Tübingen 1967.
Leiss, William/Klein, Stephen/Jhally, Sut/Botterill, Jackie: Social Communication in Advertising: Consumption in the Mediated Marketplace, 3. Auflage, New York 2005.
Lemke, Thomas: Foucault, Governmentality, and Critique, in: Rethinking Marxism 14/3 (2002), S. 49–64.
Lenger, Friedrich: Die neue Kapitalismusgeschichte. Ein Forschungsbericht als Einleitung, in: Archiv für Sozialgeschichte 56 (2016), S. 3–37.
Lengwiler, Martin: Expertise als Vertrauenstechnologie Wissenschaft, Politik und die Konstitution der Sozialversicherungen (1880–1914), in: Schweizerisches Jahrbuch für Wirtschafts- und Sozialgeschichte 18 (2002), S. 259–270.

Lengwiler, Martin: Konjunkturen und Krisen in der Verwissenschaftlichung der Sozialpolitik im 20. Jahrhundert, in: Archiv für Sozialgeschichte 50 (2010), S. 47–68.
Lengwiler, Martin: Risikopolitik im Sozialstaat. Die schweizerische Unfallversicherung, 1870–1970, Köln 2006.
Lenz, Thomas: Konsum und Modernisierung. Die Debatte um das Warenhaus als Diskurs um die Moderne, Bielefeld 2011.
Lepenies, Philipp: Die Macht der einen Zahl: Eine politische Geschichte des Bruttoinlandsprodukts, Berlin 2013.
Lepetit, Mathieu: Die Türken vor Wien, in: François, Etienne/Schulze, Hagen (Hg.): Deutsche Erinnerungsorte, München 2001, S. 391–406.
Leser, Norbert: Zwischen Reformismus und Bolschewismus. Der Austromarxismus als Theorie und Praxis, Wien 1968.
Leser, Norbert/Sailer-Wlasits, Paul (Hg.): 1927 – als die Republik brannte: Von Schattendorf bis Wien, 2. Auflage, Wien 2002.
Levine, Philippa: Is Comparative History Possible?, in: *History and Theory* 53/3 (2014), S. 331–347.
Lichtblau, Klaus (Hg.): Ferdinand Tönnies. Studien zu Gemeinschaft und Gesellschaft, Wiesbaden 2012.
Liebsch, Katharina: Race, Class, Gender: Strukturelle Differenzierungen, in: dies. (Hg.): Jugendsoziologie. Über Adoleszente, Teenager und neue Generationen, München 2012, S. 57–89.
Liechti, Adolf: Lohnabbau, Kaufkraft und Krisenbekämpfung. Bemerkungen zu der Entgegnung von Prof. Dr. E. Böhler, in: Zeitschrift für Betriebswirtschaft und Arbeitsgestaltung 34/2 (1931), S. 12–25.
Liechti, Adolf: Lohnabbau, Kaufkraft und Krisenbekämpfung. Entgegnung auf Prof. Böhler's „Möglichkeiten der Krisenbekämpfung“, in: Zeitschrift für Betriebswirtschaft und Arbeitsgestaltung 34/1 (1931), S. 225–256.
Liewehr, Otto: Wiener Mode, in: Ziak, Karl (Hg.): Wiedergeburt einer Weltstadt. Wien 1945–1965, Wien/München 1965, S. 271–278.
Lim, Il-Tschung: Geld bewegt Bild, in: Rheinsprung 11. Zeitschrift für Bildkritik 5 (2013).
Lindemann, Uwe: Das Warenhaus. Schauplatz der Moderne, Köln 2015.
Link, Jürgen: Diskursanalyse unter besonderer Berücksichtigung von Interdiskurs und Kollektivsymbolik, in: Keller, Reiner/Hierseland, Andreas/Schneider, Werner/Viehöver, Willy (Hg.): Handbuch sozialwissenschaftliche Diskursanalyse 1. Theorien und Methoden, 2., aktualisierte u. erweiterte Auflage, Wiesbaden 2006, S. 407–430.
Link, Jürgen: Literaturwissenschaftliche Grundbegriffe. Eine programmierte Einführung auf strukturalistischer Basis, 4., unveränd. Auflage, Paderborn u. a. 1990.
Link, Jürgen: Versuch über den Normalismus. Wie Normalität produziert wird, 3., erg., überarbeitete und neu gestaltete Auflage, Göttingen 2006.
Link, Jürgen/Reinecke, Siegfried: „Autofahren ist wie das Leben“. Metamorphosen des Autosymbols in der deutschen Literatur, in: Segeberg, Harro (Hg.): Technik in der Literatur, Frankfurt am Main 1987, S. 436–482.
Linke, Angelika/Tanner, Jakob (Hg.): Attraktion und Abwehr. Die Amerikanisierung der Alltagskultur in Europa, Köln 2006.
Linsboth, Christina: „Die Frauen kaufen sehr oft, weil ein fremder Wille sie dazu führt“. Zur Diskursivierung der Konsumentin in Frauenzeitschriften der 1920er und 1930er Jahre, Dipl-Arb. Univ. Wien 2007.
Linsboth, Christina: Moral und Vergnügen. Repräsentationen einer bürgerlichen Konsumentin um 1900, in: Eder, Franz X./Kühschelm, Oliver/Schmidt-Lauber, Brigitta/Ther, Philipp/Theune, Claudia (Hg.): Kulturen des Ökonomischen, Wien 2013, S. 18–41.
Lisowsky, Arthur: Vom Sinn organischer Wirtschaft, St. Gallen 1932.

Lisowsky, Arthur: Werbung und Verantwortung, in: Schweizer Reklame, März 1940, S. 45–46.
List, Friedrich: Das nationale System der politischen Ökonomie, Stuttgart 1841.
Logemann, Jan: European Imports? European Immigrants and the Transformation of American Consumer Culture from the 1920s to the 1960s, in: Bulletin of the German Historical Institute Washington DC 52 (2013), S. 113–133.
Lomax, Susan: The View from the Shop: Window Display, the Shopper and the Formulation of Theory, in: Benson, John/Ugolini, Laura (Hg.): Cultures of Selling: Perspectives on Consumption and Society since 1700, Aldershot 2006, S. 265–291.
Lorenz, Jakob: Korporativer Aufbau. Gedanken und Anregungen, Olten/Konstanz 1932.
Lorenz, Jakob: Typen des gesellschaftlichen Aufbaues. Ein Beitrag zu Würdigung von Quadragesimo anno. Separat-Abdruck aus Schweizerische Rundschau 32, Heft 1, Einsiedeln 1932.
Lüdi, Rudolf: Die Schule und die Schweizerwoche, in: Korrespondenzblatt des Bernischen Lehrervereins 19/4 (1917), S. 77–78.
Lüdtke, Alf/Marßolek, Inge/Saldern, Adelheid von: Einleitung, in: Lüdtke, Alf (Hg.): Amerikanisierung: Traum und Alptraum im Deutschland des 20. Jahrhunderts, Stuttgart 1996, S. 7–33.
Ludwig, Michael (Hg.): Der Oktoberstreik 1950. Ein Wendepunkt der Zweiten Republik. Dokumentation eines Symposiums der Volkshochschulen Brigittenau und Floridsdorf und des Instituts für Wissenschaft und Kunst, 2. Auflage, Wien 1995.
Ludwig, Otto: Der Schulaufsatz. Seine Geschichte in Deutschland, Berlin 1988.
Luhmann, Niklas: Die Gesellschaft der Gesellschaft, Frankfurt am Main 1997.
Luhmann, Niklas: Die Wirtschaft der Gesellschaft, Frankfurt am Main 1988.
Luks, Timo: Der Betrieb als Ort der Moderne. Zur Geschichte von Industriearbeit, Ordnungsdenken und Social Engineering im 20. Jahrhundert, Bielefeld 2010.
Lysinski, E.: Die Organisation der Reklame, Berlin 1924.
Maase, Kaspar: Grenzenloses Vergnügen. Der Aufstieg der Massenkultur 1850–1970, 4. Auflage, Frankfurt am Main 2007.
Maase, Kaspar: Wem gehört Amerika? Die Deutschen und die populäre Kultur der USA seit dem Zweiten Weltkrieg, in: Bechdolf, Ute/Ludwig-Uhland-Institut für Empirische, Kulturwissenschaft (Hg.): Culture to go. Wie amerikanisch ist Tübingen? Aneignung von US-Kultur in einer globalisierten Welt; Begleitband zur Ausstellung im Stadtmuseum im Kornhaus, Tübingen vom 21. April bis 17. Juli 2005, Tübingen 2005, S. 9–22.
Maasen, Sabine/Mayerhauser, Torsten/Renggli, Cornelia (Hg.). Bilder als Diskurse – Bilddiskurse, Weilerswist 2006.
Maderthaner, Wolfgang/Musner, Lutz: Im Schatten des Fordismus – Wien 1950 bis 1970, in: Horak, Roman/Maderthaner, Wolfgang/Mattl, Siegfried/Musner, Lutz/Penz, Otto (Hg.): Randzone. Zur Theorie und Archäologie von Massenkultur in Wien 1950–1970, Wien 2004, S. 31–54.
Maeße, Jens (Hg.): Ökonomie, Diskurs, Regierung. Interdisziplinäre Perspektiven, Wiesbaden 2013.
Maeße, Jens: Eliteökonomen. Wissenschaft im Wandel der Gesellschaft, Wiesbaden 2015.
Magnusson, Lars: An Economic History of Sweden, London 2000.
Magnusson, Lars: Eli Heckscher and Mercantilism. An Introduction, in: Heschker, Eli F.: Mercantilism, hg. v. Lars Magnusson, London 1994, S. XI–XXXV.
Magnusson, Lars: The Political Economy of Mercantilism. London/New York 2015.
Maier, Charles S.: Leviathan 2.0: Inventing Modern Statehood, in: Rosenberg, Emily S. (Hg.): A World Connecting, 1870–1945, Cambridge, Mass. 2012, S. 27–282.
Maletzke, Gerhard: Psychologie der Massenkommunikation – Theorie und Systematik, Hamburg 1963.
Malle, Avguštin: Das Minderheitenschulwesen – Nationalismus oder Emanzipation? Utraquistisches und zweisprachiges Schulwesen in Kärnten nach 1920/21. Manjšinsko šolstvo – nacionalizem ali emancipacija? Utrakvistično in dvojezično šolstvo po l. 1920/21, in: Karpf, Peter/Kassl, Tho-

mas/Platzer, Werner/Platzer, Wolfgang/Puschnig, Udo Peter (Hg.): Kärnten Dokumentation. Dialog und Kultur. Beiträge zum Europäischen Volksgruppenkongress 2013 und Sonderthemen, S. 27–52.
Mann, Michael: The Sources of Social Power, 4 Bde., Cambridge 1986–2013: Bd. 1: A History of Power from the Beginning to A. D. 1760, 1986.
Marbach, Fritz: Theorie des Mittelstandes, Bern 1942.
Marbach, Fritz: Vom Sinn und Widersinn des Sparens, in: Rote Revue. Sozialistische Monatsschrift 7/1 (1927/28), S. 20–26.
Marboe, Ernst (Hg.): Das Österreich Buch, 2. Auflage, Wien 1949 [1. 1948].
Marchal, Guy P.: National Historiography and National Identity: Switzerland in Comparative Perspective, in: Berger, Stefan/Lorenz, Chris (Hg.): The Contested Nation: Ethnicity, Class, Religion and Gender in National Histories, Basingstoke, Hampshire 2008, S. 311–338.
Marchal, Guy P.: Schweizer Gebrauchsgeschichte. Geschichtsbilder, Mythenbildung und nationale Identität, Basel 2006.
Marchal, Guy P./Mattioli, Aram (Hg.): Erfundene Schweiz: Konstruktionen nationaler Identität, Zürich 1992.
Marchand, Roland: Advertising the American Dream: Making Way for Modernity, 1920–1940, Berkeley 1985.
Marchart, Oliver: Das unmögliche Objekt: eine postfundamentalistische Theorie der Gesellschaft, Berlin 2013.
Marchet, Gustav: Studien über die Entwickelung der Verwaltungslehre in Deutschland von der zweiten Hälfte des 17. bis zum Ende des 18. Jahrhunderts, München/Leipzig 1885.
Marín-Arrese Juana, I.: Cognition and Culture in Political Cartoons, in: Intercultural Pragmatics 5/1 (2008), S. 1.
Marschik, Matthias: Vom Idealismus zur Identität. Der Beitrag des Sportes zum Nationsbewusstsein in Österreich (1945–1950), Wien 1999.
Marterbauer, Markus: Zahlen bitte! Die Kosten der Krise tragen wir alle, Wien 2011.
Martin, P. W.: Overproduction and Underconsumption: a Remedy, in: International Labour Review 14 (1926), S. 37–54.
Martínez, Matías/Scheffel, Michael: Einführung in die Erzähltheorie, 10., überarbeitete und aktualisierte Auflage, München 2016.
Marx, Karl: Kritik des Gothaer Programms (1875), in: Karl Marx/Friedrich Engels – Werke, 4. Auflage, Berlin (DDR) 1973, S. 13–32.
Marx, Karl: Über F. Lists Buch „Das nationale System der politischen Ökonomie", in: Marx, Karl/ Engels, Friedrich: Kritik der bürgerlichen Ökonomie, Berlin (West) 1972, S. 7–43.
Maryska, Christian: Internationales Niveau. Grafikdesign und Werbewirtschaft um 1930, in: Kos, Wolfgang (Hg.): Kampf um die Stadt. 361. Sonderausstellung des Wien Museums, Wien 2010, S. 184–191.
März, Eduard: Österreichische Bankpolitik in der Zeit der großen Wende, 1913–1923: Am Beispiel der Creditanstalt für Handel und Gewerbe, Wien 1981.
Massiczek, Alfred: An Stelle eines Vorworts, in: Massiczek, Alfred (Hg.): Die österreichische Nation. Zwischen zwei Nationalismen, Wien 1967, S. 7–13.
Maß, Sandra: Kinderstube des Kapitalismus: Monetäre Erziehung im 18. und 19. Jahrhundert, London 2015.
Mataja, Victor: Die Reklame. Eine Untersuchung über Ankündigungswesen und Werbetätigkeit im Geschäftsleben, Leipzig 1910.
Mataja, Victor: Die Reklame. Eine Untersuchung über Ankündigungswesen und Werbetätigkeit im Geschäftsleben, 3., verbesserte und ergänzte Auflage, München/Leipzig 1920.

Mataja, Viktor: Wiener Arbeiterhaushaltungen, in: Statistische Monatsschrift NF XXI (1916), S. 701–727.
Mataja, Viktor: Zur Geschichte der Arbeitsstatistik in Österreich, in: Statistische Monatsschrift NF XVIII (1913), S. 549–592.
Matis, Herbert: Der Raab-Kamitz-Kurs oder Eine „Punktediät" für den Schilling, in: Bachinger, Karl/Butschek, Felix/Matis, Herbert/Stiefel, Dieter (Hg.): Abschied vom Schilling. Eine österreichische Wirtschaftsgeschichte, Graz/Wien/Köln 2001, S. 205–260.
Matt, Peter von: Die tintenblauen Eidgenossen: über die literarische und politische Schweiz, 3. Auflage, München 2010.
Mattioli, Aram (Hg.): Intellektuelle von rechts. Ideologie und Politik in der Schweiz 1918–1939, Zürich 1995.
Mattioli, Aram: Zwischen Demokratie und totalitärer Diktatur. Gonzague de Reynold und die Tradition der autoritären Rechten in der Schweiz, Zürich 1994.
Maurer, Martina E.: Almdudler – nur eine Limonade?, Wien 2000.
Mayerhofer, Wolfgang: Imagetransfer: Die Nutzung von Erlebniswelten für die Positionierung von Ländern, Produktgruppen und Marken, Wien 1997.
McCloskey, Deirdre N.: Econometric History, Basingstoke/London 1987.
McCloskey, Deirdre N.: If You're so Smart: the Narrative of Economic Expertise, Chicago 1997.
McCloskey, Deirdre N.: Metaphors Economists Live by, in: Social Research 62/2 (1995), S. 215–237.
McCloskey, Deirdre N.: Storytelling in Economics, in: Nash, Christopher (Hg.): Narratives in Culture: the Uses of Storytelling in the Sciences, Philosophy and Literature, London/New York 1990, S. 6–7.
McCloskey, Deirdre N.: The Rhetoric of Economics, 2. Auflage, Madison, Wisc. 1998.
McFall, Elizabeth Rose: Advertising: a Cultural Economy, London/Thousand Oaks, Calif. 2004.
McGovern, Charles: Sold American: Consumption and citizenship, 1890–1945, Chapel Hill, NC 2006.
Meile, Wilhelm: 20 Jahre Messedirektor. Erinnerungen, Basel 1941.
Meitner, Clarisse: Frauen und Kinder als Kunden des Kaufmanns, Zürich/Frankfurt am Main 1929.
Meixner, Wolfgang: Wirtschaftstreibende, Bankiers und wirtschaftliche Interessenverbände 1930–1938, in: Wenninger, Florian/Dreidemy, Lucile (Hg.): Das Dollfuß-Schuschnigg-Regime 1933–1938. Vermessung eines Forschungsfeldes, Wien 2013, S. 309–329.
Melichar, Peter: >200 Hektar. Großgrundbesitz in Niederösterreich in der ersten Jahrhunderthälfte, in: Melichar, Peter/Langthaler, Ernst/Eminger, Stefan (Hg.): Niederösterreich im 20. Jahrhundert, Bd. 2: Wirtschaft, Wien/Köln/Weimar 2008, S. 575–632.
Melichar, Peter: Definieren, Identifizieren, Zählen: Antisemitische Praktiken in Österreich vor 1938, in: Österreichische Zeitschrift für Geschichtswissenschaften 17/1 (2006), S. 114–146.
Melichar, Peter: Die Gemütlichkeit oder der Wille zur Abstraktion, in: Brix, Emil/Bruckmüller, Ernst/Stekl, Hannes (Hg.): Memoria Austriae 1. Menschen, Mythen, Zeiten, Wien 2004, S. 271–300.
Melichar, Peter: Objekt der Begierden? Staatliche Verwaltung und Bürgertum in der Ersten Republik, in: Enderle-Burcel, Gertrude/Neubauer-Czettl, Alexandra/Stumpf-Fischer, Edith (Hg.): Brüche und Kontinuitäten 1933–1938–1945. Fallstudien zu Verwaltung und Bibliotheken, Wien 2013, S. 39–80.
Merkel, Ina: Utopie und Bedürfnis: die Geschichte der Konsumkultur in der DDR, Köln u. a. 1999.
Mesmer, Beatrix: Staatsbürgerinnen ohne Stimmrecht. Die Politik der schweizerischen Frauenverbände 1914–1971, Zürich 2007.
Messinger, Gary S.: British Propaganda and the State in the First World War, Manchester 1992.
Messner, Johannes: Die soziale Frage der Gegenwart. Eine Einführung, Innsbruck/Wien/München 1934.

Métraux, Peter: Die Karikatur als publizistische Ausdrucksform untersucht am Kampf des „Nebelspalters“ gegen den Nationalsozialismus 1933–1945, Berlin 1966.
Meuser, Michael: Geschlechtersoziologie, in: Kneer, Georg/Schroer, Markus (Hg.): Handbuch Spezielle Soziologien, Wiesbaden 2010, S. 145–162.
Meyer, Christian: Exportförderungspolitik in Österreich. Von der Privilegienwirtschaft zum objektiven Förderungssystem, Wien/Köln/Weimar 1991.
Meyer, Torsten: Zwischen sozialer Restriktion und ökonomischer Notwendigkeit: „Konsum“ in ökonomischen Texten der Frühen Neuzeit, in: ders./Reith, Reinhold (Hg.): Luxus und Konsum. Eine historische Annäherung, Münster 2003, S. 61–82.
Meyer, Torsten/Reith, Reinhold (Hg.): Luxus und Konsum. Eine historische Annäherung, Münster 2003.
Meynaud, Jean/Korff, Adalbert: Die Migros und die Politik. Der Landesring der Unabhängigen, Zürich 1967.
Milani, Pauline: Le diplomate et l'artiste construction d'une politique culturelle suisse à l'étranger (1938–1985), Neuchâtel 2013.
Miller, Daniel: A Theory of Shopping, Cambridge 1998.
Miller, Daniel: Coca-Cola. A black Sweet Drink from Trinidad, in: Miller, Daniel (Hg.): Material Cultures. Why Some Things Matter, Chicago 1998, S. 169–187.
Miller, Daniel: Consumption and Commodities, in: Annual Review of Anthropology 24 (1995), S. 141–161.
Mills, C. Wright: White Collar: the American Middle Classes, New York, 1951.
Minder, Patrick: La Suisse coloniale. Les représentations de l'Afrique et des Africains en Suisse au temps des colonies (1880–1939), Bern/Berlin 2011.
Minder, Werner: Schweizerwoche und wirtschaftliche Selbstbehauptung. Vortrag, [Zürich] 1917.
Mirowski, Philip (Hg.): Natural Images in Economic Thought. „Markets Read in Tooth and Claw“, Cambridge 1994.
Mises, Ludwig: Grundprobleme der Nationalökonomie. Untersuchungen über Verfahren, Aufgaben und Inhalt der Wirtschafts- und Gesellschaftslehre, Jena 1933.
Mises, Ludwig: Nation, Staat und Wirtschaft. Beiträge zur Politik und Geschichte der Zeit, Wien 1919.
Mitchell, Brian R. (Hg.): International Historical Statistics. Europe 1750–2000, 5. Auflage, Basingstoke 2003.
Mitterlehner, Georg: „Wer spart, der hat“ oder „Für alle, die mehr wollen“. Eine Diskursanalyse österreichischer Sparkassenwerbung, 1945–1979, MA, Wien 2014.
Möckli, Werner: Schweizergeist – Landigeist? Das schweizerische Selbstverständnis beim Ausbruch des Zweiten Weltkrieges, Zürich 1973.
Möhring, Maren: Ethnizität und Konsum, in: Haupt, Heinz-Gerhard/Torp, Claudius (Hg.): Die Konsumgesellschaft in Deutschland, 1890–1990: ein Handbuch, Frankfurt am Main/New York 2009, S. 172–189.
Möhring, Maren: Fremdes Essen. Die Geschichte der ausländischen Gastronomie in der Bundesrepublik Deutschland, München 2012.
Mooser, Josef: Die „Geistige Landesverteidigung“ in den 1930er Jahren: Profile und Kontexte eines vielschichtigen Phänomens der schweizerischen politischen Kultur in der Zwischenkriegszeit, in: Schweizerische Zeitschrift für Geschichte 47 (1997), S. 685–708.
Mooser, Josef: Liberalismus und Gesellschaft nach 1945. Soziale Marktwirtschaft und Neoliberalismus am Beispiel von Wilhelm Röpke, in: Hettling, Manfred/Ulrich, Bernd (Hg.): Bürgertum nach 1945, Hamburg 2005, S. 134–163.
Morawetz, Andrea: „Kontakt“ in der „Österreichischen Reklame“, Dipl.-Arb., Wien 2004.

Morawetz, Andrea: Aufbruch in eine bessere Welt: „Kauft österreichische Waren!“. Politische Produktkommunikation in der Zwischenkriegszeit, in: Medien & Zeit 22/2 (2007), S. 4–14.
Morgan, Mary S.: The World in the Model: How Economists Work and Think, Cambridge 2013.
Morse, Jonathan: Belloc, Hilaire, in: Levy, Richard S. (Hg.): Antisemitism: a Historical Encyclopedia of Prejudice and Persecution, Santa Barbara, Calif. 2005.
Moser, Karin: „Hygienisch – gesundheitsfördernd – schmackhaft“: Beweisführungsstrategien im Werbe- und Industriefilm der 1920er-Jahre. Die Verwendung traditioneller Motive und moderne Mythen im Reklamefilm der Milch-, Bier, und Margarineproduktion, in: medienimpulse 2, http://www.medienimpulse.at/articles/view/641 (4.2.2017).
Moser, Karin: Der österreichische Werbefilm. Die Genese eines Genres von seinen Anfängen bis 1938, München/Wien 2019.
Moser, Karin: Die Bilderwelt der *Österreich in Bild und Ton* – die konstruierte Realität eines ständestaatlichen Propagandainstruments, in: Achenbach, Michael/Moser, Karin (Hg.): Österreich in Bild und Ton. Die Filmwochenschau des austrofaschistischen Ständestaates, Wien 2002, S. 99–148.
Moser, Peter: Die Agrarproduktion: Ernährungssicherung als Service public, in: Halbeisen, Patrick/Müller, Margrit/Veyrassat, Béatrice (Hg.): Wirtschaftsgeschichte der Schweiz im 20. Jahrhundert, Basel 2012, S. 568–620.
Moser, W.: Bauerntum, in: Handbuch der schweizerischen Volkswirtschaft, Bd. 1, hg. v. Schweizerische Gesellschaft für Statistik und Volkswirtschaft, Bern 1939, S. 186–188.
Mouzelis, Nicos: Nationalism: Restructuring Gellner’s Theory, in: Malesevic, Sinisa/Haugaard, Mark (Hg.): Ernest Gellner and Contemporary Social Thought, Cambridge 2007, S. 125–139.
Müller-Doohm, Stefan: Visuelles Verstehen – Konzepte kultursoziologischer Bildhermeneutik, in: Jung, Thomas/Müller-Doohm, Stefan (Hg.): Wirklichkeit im Deutungsprozeß: Verstehen und Methoden in den Kultur- und Sozialwissenschaften, Frankfurt am Main 1993, S. 438–457.
Müller-Jentsch, Walther: Der Verein – ein blinder Fleck der Organisationssoziologie, in: Berliner Journal für Soziologie 18/3 (2008), S. 476–502.
Müller-Schmid, Peter Paul: Adam Müller (1779–1829), in: Heidenreich, Bernd (Hg.): Politische Theorien des 19. Jahrhunderts. Konservatismus, Liberalismus, Sozialismus, 2., völlig neu bearb. Auflage, Berlin 2002, S. 109–138.
Müller, Dominik: Tourismuswerbung und Tourismuskritik in Literatur und Kunst aus der Schweiz. Eine Skizze, in: Charbon, Rémy/Jäger-Trees, Corinna/Müller, Dominik (Hg.): Die Schweiz verkaufen. Wechselverhältnisse zwischen Tourismus, Literatur und Künsten seit 1800, Zürich 2010, S. 11–42.
Müller, Ernst: Wirtschaftliche Selbstbehauptung durch vermehrten Inlandabsatz einheimischer Erzeugnisse (Schweizer Art und Kunst 27), Zürich 1916.
Müller, Jan-Werner: Contesting Democracy: Political Ideas in Twentieth-Century Europe, New Haven 2011.
Müller, Margrit: Internationale Verflechtung, in: Halbeisen, Patrick/Müller, Margrit/Veyrassat, Béatrice (Hg.): Wirtschaftsgeschichte der Schweiz im 20. Jahrhundert, Basel 2012, S. 339–465.
Müller, Margrit/Woitek, Ulrich/Hiestand, Manuel: Wohlstand, Wachstum und Konjunktur, in: Halbeisen, Patrick/Müller, Margrit/Veyrassat, Béatrice (Hg.): Wirtschaftsgeschichte der Schweiz im 20. Jahrhundert, Basel 2012, S. 92–222.
Müller, Philipp: La Suisse en crise (1929–1936): les politiques monétaire, financière, économique et sociale de la Confédération helvétique, Lausanne 2010.
Münkler, Herfried: Imperien: die Logik der Weltherrschaft – vom Alten Rom bis zu den Vereinigten Staaten, Reinbek bei Hamburg 2005.

Murray G. Hall, Die Verlags- und Redaktionsgeschichte, in: Murray G. Hall/Franz Kadrnoska/Friedrich Kornauth/Wendelin Schmidt-Dengler (Hg.), DIE MUSKETE. Kultur- und Sozialgeschichte im Spiegel einer satirisch-humoristischen Zeitschrift 1905–1941, Wien 1983, 7–18.
Murtin, Fabrice/d'Ercole, Marco Mira: Household Wealth Inequality Across OECD Countries: New OECD Evidence, in: OECD Statistics Brief 21 (June 2015).
Musolff, Andreas: The Study of Metaphor as Part of Critical Discourse Analysis, in: Critical Discourse Studies 9/3 (2012), S. 301–310.
Nabholz, Hans: Um die Volksgemeinschaft, in: Die Schweiz. Ein nationales Jahrbuch (Jahrbuch der Neuen Helvetischen Gesellschaft) 6 (1935), S. 7–19.
Nachbaur, Ulrich: Über die Anfänge der Vorarlberger Landesstatistik bis 1938, in: Montfort. Vierteljahresschrift für Geschichte und Gegenwart Vorarlbergs 61/3 (2009), S. 195–207.
Nairn, Tom: Faces of Nationalism: Janus Revisited, London/New York 1997.
Nakamura, Takafusa: Depression, Recovery, and War, 1920–1945, in: Yamamura, Kozo (Hg.): The Economic Emergence of Modern Japan, Cambridge 1997, S. 116–158.
Natmessnig, Elias: Die Figuren des Helmut Qualtinger in der Tradition des Wiener Volksstücks, Dipl.-Arb., Wien 2009.
Naumann, Christoph: Bildkulturen der Weimarer Zeit – Arbeiterfotografie als widerständige Visualisierungsstrategie, in: Erk, Corina/Naumann, Christoph (Hg.): Gegenbilder – literarisch/filmisch/fotografisch, Bamberg 2013, S. 237–258.
Nelson, Laura C.: Measured Excess: Status, Gender, and Consumer Nationalism in South Korea, New York 2000.
Neudhart, Heinrich G.: Wiener Internationale Messe. Vorgeschichte, Anfänge und Entwicklung bis zur kriegsbedingten Einstellung 1942, Lohmar 2011.
Neugebauer, Wolfgang/Schwarz, Peter: Der Wille zum aufrechten Gang. Offenlegung der Rolle des BSA bei der gesellschaftlichen Integration ehemaliger Nationalsozialisten, Wien 2005.
Neumann, Ludwig: Österreichs wirtschaftliche Gegenwart und Zukunft, Wien 1927.
New Zealand Ministry of Economic Development, Buy Kiwi Made Campaign. Evaluation report, Wellington 2009.
Niederstätter, Alois: Das Vorarlberger Landesarchiv 1938–1945, in: Mitteilungen des Österreichischen Staatsarchivs 54 (2010), S. 623–644.
Noever, Peter (Hg.): Joseph Binder. Wien – New York, Wien 2001.
Noflatscher, Heinz: 'Staat' und 'Nation' in der politischen Sprache Österreichs in der Frühen Neuzeit, in: Bellabarba, Marco/Stauber, Reinhard (Hg.): Identità territoriali e cultura politica nella prima età moderna, Bologona/Berlin 1999, S. 167–185.
Nolte, Paul: Abschied vom 19. Jahrhundert oder Auf der Suche nach einer anderen Moderne, in: Geschichte und Gesellschaft, Sonderheft 22 (2006), S. 103–132.
Nolte, Paul: Die Ordnung der deutschen Gesellschaft. Selbstentwurf und Selbstbeschreibung im 20. Jahrhundert, München 2000.
Nonhoff, Martin (Hg.): Diskurs – radikale Demokratie – Hegemonie. Zum politischen Denken von Ernesto Laclau und Chantal Mouffe, Bielefeld 2007.
Nonhoff, Martin: Politischer Diskurs und Hegemonie. Das Projekt „Soziale Marktwirtschaft", Bielefeld 2006.
Nora, Pierre: Zwischen Geschichte und Gedächtnis, Frankfurt am Main 1998.
Nöth, Winfried (Hg.): Handbuch der Semiotik, 2., vollständig neu bearbeitete u. erweiterte Auflage, Stuttgart 2000.
Nowicka, Magadalena: Ist Dispositiv nur ein Modebegriff? Zur Poetik des ‚dispositif turns'?, in: Caborn Wengler, Joannah/Hoffarth, Britta/Kumięga, Łukasz (Hg.): Verortungen des Dispositiv-Begriffs. Analytische Einsätze zu Raum, Bildung, Politik, Wiesbaden 2013, S. 37–54.

Nützenadel, Alexander: Stunde der Ökonomen. Wissenschaft, Politik und Expertenkultur in der Bundesrepublik, 1949–1974, Göttingen 2005.

O. V. (Arbeiterkammer Wien): Der Lebensstandard von Wiener Arbeitnehmerfamilien im Lichte langfristiger Familienbudgetuntersuchungen, in: Arbeit und Wirtschaft 13/12, Beilage Nr. 8 (1959).

O. V.: Comparison of Real Wages in Various Countries, in: International Labour Review 20 (1929), S. 580–588.

O. V.: Comparison of the Levels of Real Wages in Certain Capital Cities, in: International Labour Review 10/4 (1924), S. 630–652.

O. V.: Das Nationalbewußtsein der Österreicher, II. Teil, in: die meinung 5/2–3 (1965), S. 1–5.

O. V.: Das Nationalbewußtsein der Österreicher, in: die meinung 5/1 (1965), S. 8–11.

O. V.: Das österreichische Nationalbewußtsein, in: die meinung 2/2 (1962), S. 2.

O. V.: Kauft deutsche Waren! Schafft Arbeitsgelegenheit!, 3. Auflage, Berlin 1930.

O'Connor, Kaori: The King's Christmas Pudding: Globalization, Recipes, and the Commodities of Empire, in: Journal of Global History 4/1 (2009), S. 127–155.

O'Rourke, Kevin H./Taylor, Alan M.: Democracy and Protectionism, in: NBER Working Papers 12250, http://www.nber.org/papers/w12250 (10.8.2016).

Oberer, Thomas: Armbrust und Schweizerwoche: Symbole der nationalen Warenpropaganda, in: Eder Matt, Katharina/Gantner, Theo/Wunderlin, Dominik (Hg.): Typisch? Objekte als regionale und nationale Zeichen; Schweizerisches Museum für Volkskunde; Ausstellung 1990/91, Basel 1990, S. 45–53.

Oberer, Thomas: Armbrust und Schweizerwoche: Symbole der Nationalen Warenpropaganda in der Schweiz der Zwischenkriegszeit, Lizentiatsarbeit, Basel 1991.

Oelkers, Jürgen: Lernen versus Wissen: Eine Dichotomie der Reformpädagogik, in: Crotti, Claudia/ Osterwalder, Fritz (Hg.): Das Jahrhundert der Schulreformen: Internationale und nationale Perspektiven, 1900–1950, Bern/Stuttgart/Wien 2008, S. 349–367.

Oelkers, Jürgen: Reformpädagogik: eine kritische Dogmengeschichte, Weinheim 2005.

Oester, Kathrin: Unheimliche Idylle. Zur Rhetorik heimatlicher Bilder, Köln/Wien/Weimar 1996.

Oexle, Otto Gerhard: „Staat"– „Kultur" – „Volk". Deutsche Mittelalterhistoriker auf der Suche nach der historischen Wirklichkeit 1918–1945, in: Vorträge und Forschungen 62 (2015), S. 63–101.

Opielka, Michael: Gemeinschaft in Gesellschaft. Soziologie nach Hegel und Parsons, 2., überarbeitete Auflage, Wiesbaden 2006.

Osterhammel, Jürgen: Die Verwandlung der Welt. Eine Geschichte des 19. Jahrhunderts, München 2011.

Osterhammel, Jürgen: Europamodelle und imperiale Kontexte, in: Journal of Modern European History 2/2 (2004), S. 157–181.

Osterhammel, Jürgen: Imperien im 20. Jahrhundert. Eine Einführung, in: Zeithistorische Forschungen 3/1 (2006), S. 4–13.

Osterkamp, Frank: Gemeinschaft und Gesellschaft: über die Schwierigkeiten einen Unterschied zu machen: zur Rekonstruktion des primären Theorieentwurfs von Ferdinand Tönnies, Berlin 2005.

Osterwalder, Fritz: Akteure, Kontexte und Innovationen – soziale Funktionen und Eigendynamik in der modernen Schulgeschichte: Schule als Agentur der 'Nation', in: Crotti, Claudia/ Osterwalder, Fritz (Hg.): Das Jahrhundert der Schulreformen: Internationale und nationale Perspektiven, 1900–1950, Bern/Stuttgart/Wien 2008, S. 15–37.

Otruba, Gustav: „Hörnigk, Philipp Wilhelm Freiherr von", in: Neue Deutsche Biographie 9 (1972), S. 359–361, https://www.deutsche-biographie.de/pnd118552228.html#ndbcontent.

Ottillinger, Eva B.: Kontinuität und Neubeginn, Wiener Möbeldesign im internationalen Kontext, in: dies. (Hg.): Möbeldesign der 50er Jahre. Wien im internationalen Kontext, Wien/Köln/Weimar 2005, S. 41–87.

Özkirimli, Umut: Theories of Nationalism: a Critical Introduction, 2. erweiterte u. bearbeitete Auflage, Houndsmills and Basingstoke 2010.
Pahl, Hanno: Disziplinierung und Popularisierung ökonomischen Wissens als wechselseitiger Verstärkungsprozess: Konstituentien der Oikodizee, in: Pahl, Hanno/Sparsam, Jan (Hg.): Wirtschaftswissenschaft als Oikodizee? Diskussionen im Anschluss an Joseph Vogls Gespenst des Kapitals, Wiesbaden 2013, S. 53–76.
Pahl, Hanno: *Textbook Economics*: Zur Wissenschaftssoziologie eines wirtschaftswissenschaftlichen Genres, in: PROKLA 41/164 (2011), S. 369–387.
Pahl, Hanno: Zwischen Glasperlenspiel- und Ingenieurssemantiken. Diskursanalytische Untersuchungen zur Hegemonie neoklassischer Wissenschaftskultur nach 1945, in: Klein, Inga/Windmüller, Sonja (Hg.): Kultur der Ökonomie. Zur Materialität und Performanz des Wirtschaftlichen, Bielefeld 2014, S. 191–214.
Palla, Edmund: Die Bedeutung der Wirtschaftspolitik für die Arbeiterbewegung, in: Arbeit und Wirtschaft 1/13 (1924), S. 465–470.
Palla, Edmund: Die Indexberechnung in Österreich, in: Arbeit und Wirtschaft 1/8 (1923), S. 247–252.
Palla, Edmund: Neue Wege tun Not, in: Arbeit und Wirtschaft 9/5 (1931).
Palla, Edmund: Probleme der Sozialstatistik, Wien 1930.
Palme, Herbert: Zur relativen Wertigkeit verschiedener Berufsausbildungswege. Eine vergleichende Untersuchung an Lehrlingen und Schülern in Wien, durchgeführt im Auftrag des Österreichischen Institutes für Jugendkunde, Wien 1965.
Paneth, Erwin: Entwicklung der Reklame von Altertum bis zur Gegenwart. Erfolgreiche Mittel der Geschäfts-, Personen- und Ideenreklame aus allen Zeiten und Ländern, München 1926.
Paneth, Erwin: Grundriss der kaufmännischen Reklame und des Reklamerechts in Deutschland und Oesterreich, München 1927.
Panther, Klaus-Uwe/Thornburg, Linda: Antonymy in Language Structure and Use, in: Brdar, Mario/Raffaelli, Ida/Žic Fuchs, Milena (Hg.): Cognitive Linguistics Between Universality and Variation, Newcastle 2012, S. 161–188.
Parsons, Talcott: The Social System, London 1991 [1951].
Parsons, Wayne: Politics and Markets: Keynes and his Critics, in: Ball, Terence/Bellamy, Richard (Hg.): The Cambridge History of Twentieth-Century Political Thought, Cambridge 2003, S. 45–69.
Pastori Zumbach, Anne: Sous le signe de l'arbalète: la Marque suisse d'origine, in: Zeitschrift für schweizerische Archäologie und Kunstgeschichte 58/3 (2001), S. 217–228.
Paulsen, Sigurd: Der Kampf um den einheimischen Markt im Ausland (Schriftenreihe des volkswirtschaftlichen Aufklärungsdienstes 1), Berlin nicht dat. [1931].
Pawlowsky, Verena: Luxury Item or Urgent Commercial Need? Occupational Position and Automobile Ownership in 1930s Austria, in: Journal of Transport History 34/2 (2013), S. 177–195.
Payer, Peter/Noggler-Gürtler, Lisa: Alltag – eine Gebrauchsanweisung, in: Lackner, Helmut/Jessewein, Katharina/Zuna-Kratky, Gabriele (Hg.): 100 Jahre Technisches Museum Wien, Wien 2009, S. 379–381.
Pellar, Brigitte: Kampf um „die Arbeiterschaft". Forschungsstand und offene Forschungsfelder zu Politik und Ideologie von Regierungslager und illegaler Opposition 1933–1938, in: Wenninger, Florian/Dreidemy, Lucile (Hg.): Das Dollfuß-Schuschnigg-Regime 1933–1938. Vermessung eines Forschungsfeldes, Wien 2013, S. 257–293.
Pellin, Elio (Hg.): Weiss auf Rot. Das Schweizer Kreuz zwischen nationaler Identität und Corporate Identity, Zürich 2004.
Pemsel, Jutta: Die Wiener Weltausstellung von 1873. Das gründerzeitliche Wien am Wendepunkt, Wien/Köln 1989.

Pepper, Hugo: Eine schöne Wirtschaft, in: Arbeit und Wirtschaft 19/7–8 (1965), S. 33–37.
Pernecky, Mark/Richter, Thomas: Keynes' Preface to the German Edition of the General Theory: Nazi Sympathies or Methodological Empathies?, in: Forum for Social Economics 40/2 (2011), S. 253–264.
Pernsteiner, Silvia Maria: Zum Schutz gegen Exzesse, Ausbeutungen und Monopolstellungen. Die Anfänge des organisierten Reklamewesens in Österreich, Dipl.-Arb., Wien 2008.
Pfabigan, Alfred: Die „Entwirklichung" einer Partei. Austromarxismus und Kriegsgesinnung, in: ders.: Geistesgegenwart, Wien 1991, S. 23–36.
Pfabigan, Alfred: Geistesgegenwart, Wien 1991.
Pfister, Christian (Hg.): Das 1950er Syndrom. Der Weg in die Konsumgesellschaft, Bern/Wien 1995.
Pfoertner, André: Amerikanisierung der Betriebswirtschaftslehre im deutschsprachigen Raum. Versuch der Nachzeichnung eines historischen Prozesses unter besonderer Berücksichtigung der Verhältnisse in Österreich und der Schweiz, Egelsbach 2001.
Pfoertner, André: Die Steyr-Daimler-Puch AG (SDPAG). Der Traum vom österreichischen Automobil, in: Kühschelm, Oliver/Pfoertner, André: Memoria Austriae III. Unternehmer, Firmen, Produkte, hg. v. Brix, Emil/Bruckmüller, Ernst/Stekl, Hannes, Wien 2005, S. 311–351.
Pies, Ingo/Leschke, Martin (Hg.): Gary Beckers ökonomischer Imperialismus, Tübingen 1998.
Pinar Sanz, María Jesús (Hg.): Multimodality and cognitive linguistics, Amsterdam/Philadelphia 2015.
Pinto, António Costa: Fascism, Corporatism and the Crafting of Authoritarian Institutions in Inter-War European Dictatorships, in: ders. (Hg.): Rethinking the Nature of Fascism: Comparative Perspectives, Basingstoke 2011, S. 197–226.
Pistor, Erich: Die Volkswirtschaft Österreich-Ungarns und die Verständigung mit Deutschland, Berlin 1915.
Pleinen, Jenny/Raphael, Lutz: Zeithistoriker in den Archiven der Sozialwissenschaften, in: Vierteljahrshefte für Zeitgeschichte 62/2 (2014), S. 173–195.
Pogány, Ágnes: Wirtschaftsnationalismus in Ungarn im 19. und 20. Jahrhundert, in: dies./Kubu, Eduard/Kofman, Jan (Hg.): Für eine nationale Wirtschaft: Ungarn, die Tschechoslowakei und Polen vom Ausgang des 19. Jahrhunderts bis zum Zweiten Weltkrieg, Berlin 2006, S. 11–71.
Pogány, Ágnes/Kubu, Eduard/Kofman, Jan (Hg.): Für eine nationale Wirtschaft: Ungarn, die Tschechoslowakei und Polen vom Ausgang des 19. Jahrhunderts bis zum Zweiten Weltkrieg, Berlin 2006.
Pohl, Thorsten: Studien zur Ontogenese wissenschaftlichen Schreibens, Tübingen 2007.
Polaschek, Martin F./Riesenfellner, Stefan (Hg.): Plakate. Dokumente zur steirischen Geschichte, 1918–1955, Graz 2000.
Prideaux, Jillian: Consuming Icons: Nationalism and Advertising in Australia, in: Nations and Nationalism 15/4 (2009), S. 616–635.
Prinz, Michael (Hg.): Der lange Weg in den Überfluss. Anfänge und Entwicklung der Konsumgesellschaft seit der Vormoderne, Paderborn/Wien 2003.
Propp, Vladimir: Die historischen Wurzeln des Zaubermärchens, München/Wien 1987.
Purtschert, Patricia/Lüthi, Barbara/Falk, Francesca (Hg.): Postkoloniale Schweiz. Formen und Folgen eines Kolonialismus ohne Kolonien, Bielefeld 2012.
Raissig, Walter: Das Schweizer Produkt. Die wirtschaftliche und rechtliche Bedeutung des Ursprungshinweises, Zürich 1939.
Ranke, Leopold von: Zur Kritik neuerer Geschichtsschreiber, Leipzig/Berlin 1824.
Raphael, Lutz: Die Verwissenschaftlichung des Sozialen als methodische und konzeptionelle Herausforderung für eine Sozialgeschichte des 20. Jahrhunderts, in: Geschichte und Gesellschaft 22/2 (1996), S. 165–193.

Raphael, Lutz: Embedding the Human and Social Sciences in Western Societies, 1880–1980: Reflections on Trends and Methods of Current Research, in: Brückweh, Kerstin/Schumann, Dirk/Wetzell, Richard F./Ziemann, Benjamin (Hg.): Engineering Society: the Role of the Human and Social Sciences in Modern Societies, 1880–1980, Basingstoke 2012, S. 41–56.

Raphael, Lutz: Imperiale Gewalt und mobilisierte Nation. Europa 1914–1945, München 2011.

Raphael, Lutz: Nationalzentrierte Sozialgeschichte in programmatischer Absicht, in: Geschichte und Gesellschaft 25 (1999), S. 5–37.

Rappard, William E.: Economic Nationalism, in: Harvard University (Hg.): Authority and the Individual, Cambridge, Mass. 1937, S. 74–112.

Rappard, William E.: Zur nationalen Verständigung und Einigkeit (Schriften für Schweizer Art und Kunst 26), Zürich 1915.

Rathkolb, Oliver: Die paradoxe Republik: Österreich 1945 bis 2005, Wien 2005.

Ratschiller, Marco: Bedrohte Schweiz. Nationale Selbstbilder, Fremdbilder und Feindbilder in der „Nebelspalter"-Karikatur des 20. Jahrhunderts. Eine semiotische Untersuchung, Univ. Freiburg, Schweiz 2004.

Rauchensteiner, Manfried: Der Erste Weltkrieg und das Ende der Habsburgermonarchie 1914–1918, vollständig bearbeitete. u. wesentlich erweiterte Auflage, Wien 2013.

Rauscher, Peter (Hg.): Das „Blut des Staatskörpers". Forschungen zur Finanzgeschichte der Frühen Neuzeit (Historische Zeitschrift/Beihefte N. F., 56), München 2012.

Rauscher, Peter/Serles, Andrea: Die Wiener Niederleger um 1700. Eine kaufmännische Elite zwischen Handel, Staatsfinanzen und Gewerbe, in: Kühschelm, Oliver (Hg.): Geld Markt Akteure (Österreichische Zeitschrift für Geschichtswissenschaften 26/1), Innsbruck/Wien/Bozen 2015, S. 154–182.

Rausing, Sigrid: History, Memory, and Identity in Post-Soviet Estonia: the End of a Collective Farm, Oxford/New York 2004.

Reckwitz, Andreas: Toward a Theory of Social Practices: A Development in Culturalist Theorizing, in: European Journal of Social Theory 5/2 (2002), S. 243–263.

Reddeker, Sebastian: Dee Secret vu Lëtzebuerg. Ein interdiskursanalytischer Blick auf die Werbung in Luxemburg, in: Kühschelm, Oliver (Hg.): Nationalisierende Produktkommunikation (Österreichische Zeitschrift für Geschichtswissenschaften 21/2), Innsbruck/Wien/Bozen 2010, S. 50–80.

Regnery, Claudia: Die deutsche Werbeforschung 1900–1945, Münster 2003.

Reinert, Erik S./Rössner, Philipp R.: Cameralism and the German tradition of development economics, in: Reinert, Erik/Ghosh, Jayati/Kattel, Rainer (Hg.): Handbook of Alternative Theories of Economic Development, Cheltenham/Northampton, Mass. 2016, S. 63–86.

Reinhardt, Dirk: Von der Reklame zum Marketing: Geschichte der Wirtschaftswerbung in Deutschland, Berlin 1993.

Reisch, Richard: Das Kreditproblem in der Volkswirtschaft, in: Zeitschrift für Nationalökonomie Bd. 3, H. 1 (1931), S. 1–22.

Reiterer, Albert F.: Nation und Nationalbewußtsein in Österreich. Ergebnisse einer empirischen Untersuchung, Wien 1988.

Renfer, Marie: Der Konsum im Privathaushalt, in: Zeitschrift für Betriebswirtschaft und Arbeitsgestaltung 40/2 (1934), S. 257–271, 289–306.

Reynold, Gonzague de: Sur le bilinguisme, in: Bieler Jahrbuch = Annales biennoises 2 (1928), S. 101–116.

Rieder, Sarah: 50 Jahre Lebensfreude. Rivella und seine Geschichte 1952–2002, Rothrist 2001.

Rieger, Bernhard: The People's Car: a Global History of the Volkswagen Beetle, Cambridge 2013.

Rigele, Georg: Die Automobilisierung im neuen Österreich. Gezeigt am Beispiel der Großglockner Hochalpenstraße 1924–1938, in: Plitzner, Klaus/Bruckmüller, Ernst (Hg.): Technik, Politik,

Identität. Funktionalisierung von Technik für die Ausbildung regionaler, sozialer und nationaler Selbstbilder in Österreich, Wien 1995, S. 137–147.
Rigele, Georg: Die Großglockner-Hochalpenstraße. Zur Geschichte eines österreichischen Monuments, Wien 1998.
Rigele, Georg: Die Wiener Höhenstraße. Autos, Landschaft und Politik in den dreißiger Jahren, Wien 1993.
Ritzer, George: Die McDonaldisierung der Gesellschaft, 4., völlig neue Auflage, Konstanz 2006.
Röpke, Wilhelm: International Economic Disintegration, London 1942.
Röpke, Wilhelm: Weltwirtschaft und Außenhandelspolitik, Berlin 1931.
Rorty, Richard: Contingency, Irony, and Solidarity, Cambridge/New York 1989.
Roscher, Wilhelm: Geschichte der National-Oekonomik in Deutschland, München 1873.
Rosenmayr, Leopold: Jugend in Wirtschaft und Gesellschaft. Eine Untersuchung an Lehrlingen und Mittelschülern in Österreich, Bd. 3: Konsum, Besitzstücke und Spargewohnheiten (Forschungsbericht), Wien 1963.
Rosenmayr, Leopold: Sonderfall Österreich?, in: Sahner, Heinz (Hg.): Soziologie als angewandte Aufklärung 2000, S. 51–57.
Rosenmayr, Leopold/Köckeis, Eva/Kreutz, Henrik: Kulturelle Interessen von Jugendlichen. Eine soziologische Untersuchung von jungen Arbeitern und höheren Schülern, Wien/München 1966.
Rosner, Peter: Die Bedeutung Karl Renners für die wirtschafts- und sozialpolitischen Positionen von Gewerkschaften und Arbeiterkammer, in: Chaloupek, Günther/Rosner, Peter/Stiefel, Dieter: Reformismus und Gewerkschaftspolitik. Grundlagen für die Wirtschaftspolitik der Gewerkschaften, Graz 2006, S. 13–34.
Ross, Kristin: Fast Cars, Clean bodies: Decolonization and the Reordering of French Culture, Cambridge, Mass. 1995.
Rossfeld, Roman: Schweizer Schokolade: industrielle Produktion und kulturelle Konstruktion eines nationalen Symbols 1860–1920, Baden 2007.
Rossfeld, Roman/Buomberger, Thomas/Kury, Patrick (Hg.): 14/18: die Schweiz und der Grosse Krieg, Baden 2014.
Rossfeld, Roman/Koller, Christian/Studer, Brigitte (Hg.): Der Landesstreik. Die Schweiz im November 1918, Baden 2018.
Rössner, Philipp R.: Kameralismus, Kapitalismus und die Ursprünge des modernen Wirtschaftswachstums aus Sicht der Geldtheorie, in: Vierteljahrschrift für Sozial- und Wirtschaftsgeschichte 102/4 (2015), S. 437–471.
Rothschild, Emma: Economic Sentiments. Adam Smith, Condorcet, and the Enlightenment, Cambridge, Mass./London 2002.
Rucht, Dieter/Neidhardt, Friedhelm: Soziale Bewegungen und kollektive Aktionen, in: Joas, Hans (Hg.): Lehrbuch der Soziologie, Frankfurt am Main 2001, S. 533–556.
Rülcker, Tobias: Gemeinschaft und Gesellschaft, in: Schwerdt, Ulrich/Keim, Wolfgang (Hg.): Handbuch der Reformpädagogik in Deutschland (1890–1933), Frankfurt am Main 2013, S. 533–558.
Rumpler, Helmut/Urbanitsch, Peter (Hg.): Die Habsburgermonarchie 1848–1918, Bd. 8: Politische Öffentlichkeit und Zivilgesellschaft, Teilbd. 1: Vereine, Parteien und Interessenverbände als Träger der politischen Partizipation, Wien 2006.
Rüsen, Jörn: Konfigurationen des Historismus. Studien zur deutschen Wissenschaftskultur, Frankfurt am Main 1993.
Rutherford, Janice Williams: Selling Mrs. Consumer: Christine Frederick & the Rise of Household Efficiency, Athens 2003.
Sachse, Carola (Hg.): „Mitteleuropa“ und „Südosteuropa“ als Planungsraum. Wirtschafts- und kulturpolitische Expertisen im Zeitalter der Weltkriege, Göttingen 2010.

Saffu, Kojo/Walker, John H. /Mazurek, Marica: The Role of Consumer Ethnocentrism in a Buy National Campaign in a Transitioning Country: Some Evidence from Slovakia, in: International Journal of Emerging Markets 5/2 (2010), S. 203–226.

Saldern, Adelheid von: „Alles ist möglich." Fordismus – ein visionäres Ordnungsmodell des 20. Jahrhunderts, in: Raphael, Lutz (Hg.): Theorien und Experimente der Moderne Europas Gesellschaften im 20. Jahrhundert, Köln 2012, S. 155–192.

Saldern, Adelheid von: Transatlantische Konsumleitbilder und Übersetzungspraktiken 1900–1945, in: Haupt, Heinz-Gerhard/Torp, Claudius (Hg.): Die Konsumgesellschaft in Deutschland, 1890–1990: ein Handbuch, Frankfurt am Main/New York 2009, S. 390–402.

Saldern, Adelheid von/Hachtmann, Rüdiger: Das fordistische Jahrhundert: Eine Einleitung, in: Zeithistorische Forschungen/Studies in Contemporary History, 6/2 (2009), S. 174–185, http://www.zeithistorische-forschungen.de/16126041-Editorial-2-2009.

Samuelson, Paul/Nordhaus, William: Volkswirtschaftslehre: das internationale Standardwerk der Makro- und Mikroökonomie, 3., aktual. Auflage, Landsberg am Lech 2007.

Sandelin, Bo/Trautwein, Hans-Michael/Wundrak, Richard: A Short History of Economic Thought, 3. Auflage 2014.

Sandgruber, Roman: Die Anfänge der Konsumgesellschaft. Konsumgüterverbrauch, Lebensstandard und Alltagskultur in Österreich im 18. und 19. Jahrhundert, Wien 1982.

Sandgruber, Roman: Ökonomie und Politik: Österreichische Wirtschaftsgeschichte vom Mittelalter bis zur Gegenwart, Wien 1995.

Sandl, Marcus: Zirkulationsbegriff, kameralwissenschaftliche Wissensordnung und das disziplinengeschichtliche Gedächtnis der ökonomischen Wissenschaften, in: Schmidt, Harald/Sandl, Marcus (Hg.): Gedächtnis und Zirkulation. Der Diskurs des Kreislaufs im 18. und frühen 19. Jahrhundert, Göttingen 2002, S. 63–79.

Sandner, Günther: Otto Neurath. Eine politische Biographie, Wien 2014.

Sandrin, Marlene: Der Nebelspalter – „Instanz des Schweizer Humors", in: Witzerland. Schweizerisches Landesmuseum Zürich, 2. April–13. September 2009, Zürich 2009, S. 45–57.

Sarasin, Philipp: „Une analyse structurale du signifié". Zur Genealogie der Foucault'schen Diskursanalyse, in: Eder, Franz X. (Hg.): Historische Diskursanalysen. Genealogie, Theorie, Anwendungen, Wiesbaden 2006, S. 115–130.

Sarasin, Philipp: Geschichtswissenschaft und Diskursanalyse, Frankfurt am Main 2003.

Sarasin, Philipp: Michel Foucault zur Einführung, 2., überarbeitete Auflage, Hamburg 2006.

Sarasin, Philipp: Sozialgeschichte vs. Foucault im Google Books Ngram Viewer. Ein alter Streitfall in einem neuen Tool, in: Maeder, Pascal/Lüthi, Barbara/Mergel, Thomas (Hg.): Wozu noch Sozialgeschichte? Eine Disziplin im Umbruch. Festschrift für Josef Mooser zum 65. Geburtstag, Göttingen 2012, S. 151–174.

Sarasin, Philipp: Stadt der Bürger. Bürgerliche Macht und städtische Gesellschaft. Basel 1846–1914, 2., überarbeitete u. erweiterte Auflage, Göttingen 1997.

Sarasin, Philipp: Was ist Wissensgeschichte?, in: Internationales Archiv für Sozialgeschichte der deutschen Literatur (IASL) 36/1 (2011), S. 159–172.

Sassatelli, Roberta: Consumer Culture: History, Theory and Politics, Los Angeles 2007.

Sauerteig, Lutz: Die Herstellung des sexuellen und erotischen Körpers in der westdeutschen Jugendzeitschrift „BRAVO" in den 1960er und 1970er Jahren, in: Medizinhistorisches Journal 42/2 (2007), S. 142–179.

Scala, Otto Erwin von: Die wirtschaftlichen Vorteile des Anschlusses, Wien 1929.

Scarpellini, Emanuela: Material Nation: a Consumer's History of Modern Italy, Oxford 2011.

Schäfer, Julia: Vermessen – gezeichnet – verlacht. Judenbilder in populären Zeitschriften 1918–1933, Frankfurt am Main/New York 2005.

Scheidegger, Tobias: Vom Schweizerbauern zum Produzenten authentischer Swissness, in: Heiniger, Alix/Reubi, Serge/Vernat, Anne (Hg.): Le *Made in Switzerland*: mythes, fonctions et réalités. Itinera 32, Basel 2012, S. 137–157.

Schenk, Michael: Medienwirkungsforschung, 3., vollst. überarbeitete Auflage, Tübingen 2007.

Scheutz, Martin: Ein „Lutheraner" auf dem Habsburgerthron. Die josephinischen Reformen und die Klosteraufhebungen in der Habsburgermonarchie, in: Mitteilungen des Instituts für Österreichische Geschichtsforschung 120 (2012), S. 321–339.

Schilder, Siegmund: Der Streit um die Lebensfähigkeit Österreichs, Stuttgart 1926.

Schildt, Axel (Hg.): Between Marx and Coca-Cola. Youth Cultures in Changing European Societies, 1960–1980, New York 2007.

Schiller, Friedrich: Schillers Werke. Nationalausgabe 8. Neue Ausgabe Teil I. Wallenstein Text I, hg. v. Norbert Oellers, Weimar 2010.

Schilling, Michael: Bildpublizistik der frühen Neuzeit. Aufgaben und Leistungen des illustrierten Flugblatts in Deutschland bis um 1700, Tübingen 1990.

Schindelbeck, Dirk: Werbung für alle? Kleine Geschichte der Gemeinschaftswerbung von der Weimarer Republik bis zur Bundesrepublik Deutschland, in: Wischermann, Clemens/ Borscheid, Peter/Ellerbrock, Karl-Peter (Hg.): Unternehmenskommunikation im 19. und 20. Jahrhundert. Neue Wege der Unternehmensgeschichte, Dortmund 2000, S. 63–97.

Schivelbusch, Wolfgang: Das verzehrende Leben der Dinge. Versuch über die Konsumtion, München 2015.

Schlögel, Karl: Im Raume lesen wir die Zeit. Über Zivilisationsgeschichte und Geopolitik, München/ Wien 2003.

Schmelzer, Matthias: „Expandiere oder stirb". Wachstumsziele, die OECD und die Steigerungslogik wirtschaftlicher Expansion, in: 41 (2015), S. 355–393.

Schmelzer, Matthias: Marketing Morals, Moralizing Markets: Assessing the Effectiveness of Fair Trade as a Form of Boycott, in: Management & Organizational History 5/2 (2010), S. 221–250.

Schmelzer, Matthias: The Hegemony of Growth: the OECD and the Making of the Economic Growth Paradigm, Cambridge 2016.

Schmid, Werner: Duttweiler durchleuchtet, Zürich 1937.

Schmidgen, Henning: Bruno Latour zur Einführung, Hamburg 2011.

Schmidt-Funke, Julia (Hg.): Materielle Kultur und Konsum in der Frühen Neuzeit, Köln/Weimar/Wien 2019.

Schmidt, Peter Heinrich: Die Schweiz als Lebensraum, St. Gallen 1934.

Schmidt, Peter Heinrich: Die Schweiz und die europäische Handelspolitik, Zürich 1914.

Schmidt, Peter Heinrich: Wirtschaftsraum, in: Handbuch der schweizerischen Volkswirtschaft, Bd. 2, hg. v. Schweizerische Gesellschaft für Statistik und Volkswirtschaft, Bern 1939, S. 548–552.

Schmoller, Gustav: Das Merkantilsystem in seiner historischen Bedeutung: städtische, territoriale und staatliche Wirtschaftspolitik, in: ders.: Umrisse und Untersuchungen zur Verfassungs-, Verwaltungs- und Wirtschaftsgeschichte besonders des Preußischen Staates im 17. und 18. Jahrhundert, Leipzig 1898, S. 1–60.

Schneider, Reinhart: Die Bildungsentwicklung in den westeuropäischen Staaten 1870–1975, in: Zeitschrift für Soziologie 11/3 (1982), S. 207–226.

Schober, René: Joseph Binder. Österreichische Plakate bis 1938, MA Univ. Wien 2012.

Scholl, Stefan: Begrenzte Abhängigkeit. „Wirtschaft" und „Politik" im 20. Jahrhundert, Frankfurt am Main 2015.

Scholl, Stefan: Das Politische als ‚konstitutives Außen' des Ökonomischen. Grenzziehungen zwischen ‚Wirtschaft' und ‚Politik' in historischer Perspektive, in: Klein, Inga/Windmüller,

Sonja (Hg.): Kultur der Ökonomie. Zur Materialität und Performanz des Wirtschaftlichen, Bielefeld, S. 235–257.
Scholliers, Peter: Meals, Food Narratives, and Sentiments of Belonging in Past and Present, in: ders. (Hg.): Food, Drink and Identity: Cooking, Eating and Drinking in Europe since the Middle Ages, Oxford 2001, S. 3–22.
Schrage, Dominik: Der Konsum in der deutschen Soziologie, in: Haupt, Heinz-Gerhard/Torp, Claudius (Hg.): Die Konsumgesellschaft in Deutschland, 1890–1990: ein Handbuch, Frankfurt am Main/New York 2009, S. 319–334.
Schug, Alexander: Werbung und die Kultur des Kapitalismus, in: Haupt, Heinz-Gerhard/Torp, Claudius (Hg.): Die Konsumgesellschaft in Deutschland, 1890–1990: ein Handbuch, Frankfurt am Main/New York 2009, S. 355–369.
Schui, Florian: Austerität. Politik der Sparsamkeit. Die kurze Geschichte eines großen Fehlers, München 2014.
Schulthess, Edmund: Lebensfragen der schweizerischen Wirtschaft. Der Wortlaut der Aarauer Rede, Aarau 1934.
Schulze, Max: Patterns of Growth and Stagnation in the Late Nineteenth Century Habsburg Economy, in: European Review of Economic History 4 (2000), S. 311–340.
Schumacher, Beatrice: „Nylsuisse. Qualité controlée“: zwölf Modefotos und der Schweizer Nylonmarkt, in: Traverse. Zeitschrift für Geschichte 3 (2005), S. 67–82.
Schumacher, Beatrice: Ferien für alle: Konsumgut oder touristische Sozialpolitik? Die Ferienentwürfe von Hotelplan und Schweizer Reisekasse Ende der 30er Jahre, in: Schweizerische Gesellschaft für Wirtschafts- und Sozialgeschichte 15 (1997), S. 257–275.
Schumpeter, Joseph A.: Geschichte der ökonomischen Analyse, hg. v. Elizabeth Boody, 2 Bde., Göttingen 1965.
Schumpeter, Joseph A.: Schriften zur Ökonomie und Soziologie, Berlin 2016.
Schumpeter, Joseph A.: Zur Soziologie der Imperialismen, in: ders.: Aufsätze zur Soziologie, Tübingen 1953, S. 72–146.
Schutts, Jeff: „Die erfrischende Pause“: Marketing Coca-Cola in Hitler’s Germany, in: Swett, Pamela E./Wiesen, Jonathan S./Zatlin, Jonathan R. (Hg.): Selling modernity. Advertising in Twentieth-Century Germany, Durham, N. C. 2007, S. 151–181.
Schutts, Jeff: Born Again in the Gospel of Refreshment? Coca-Colanization and the Re-making of Postwar German Identity, in: Crew, David F. (Hg.): Consuming Germany in the Cold War, Oxford u. a. 2003, S. 121–149.
Schütz, Eduard: Der Volkswagen, in: François, Etienne/Schulze, Hagen (Hg.): Deutsche Erinnerungsorte, München 2001, S. 352–369.
Schwartz, Herman: Small States in the Rear-View Mirror: Legitimacy in the Management of Economy and Society, in: european political science 9 (2010), S. 365–374.
Schwarz, Ulrich: Politisieren, Vermarkten, Anpassen. Formationen des Agrarmediendiskurses im Österreichischen Bauernbündler 1950–1981, in: Rural History Working Papers 13 (veröffentlicht auch in: Historische Anthropologie 20/3, 2012, S. 297–345).
Schwarzkopf, Stefan: A Radical Past? The Politics of Market Research in Britain, 1900–1950, in: Brückweh, Kerstin (Hg.): The Voice of the Citizen Consumer: a History of Market Research, Consumer Movements, and the Political Public Sphere, Oxford 2011, S. 29–50.
Schwarzkopf, Stefan: Creativity, Capital and Tacit Knowledge: the Crawford Agency and British Advertising in the Interwar Years, in: Journal of Cultural Economy 2/1 (2008), S. 181–197.
Schwarzkopf, Stefan: In Search of the Consumer. The History of Market Research from 1890 to 1960, in: Jones, D. G. Brian/Tadajewski, Mark (Hg.): The Routledge Companion to Marketing History, London 2016, S. 61–83.

Schwarzkopf, Stefan: Markets, Consumers, and the State: The Uses of Market Research in Government and the Public Sector in Britain, 1925–1955, in: Berghoff, Hartmut/Scranton, Philip/Spiekermann, Uwe (Hg.): The Rise of Marketing and Market Research, Basingstoke 2012, S. 171–192.
Schwarzkopf, Stefan: What Was Advertising? The Invention, Rise, Demise, and Disappearance of Advertising Concepts in Nineteenth- and Twentieth-Century Europe and America, in: Business & Economic History On-Line 7 (2009).
Schwarzkopf, Stefan: Who Said „Americanization?", in: Gienow-Hecht, Jessica C. E. (Hg.): Decentering America, New York 2007, S. 23–72.
Schwarzmantel, John: Nationalism and Socialist Internationalism, in: Breuilly, John (Hg.): The Oxford Handbook of the History of Nationalism, Oxford 2013, S. 635–654.
Schweiger, Günter: Österreichs Image in der Welt. Ein weltweiter Vergleich mit Deutschland und der Schweiz, Wien 1992.
Schwerdt, Ulrich/Keim, Wolfgang: Handbuch der Reformpädagogik in Deutschland (1890–1933), Frankfurt am Main 2013.
Schwind, Klaus: Satire in funktionalen Kontexten. Theoretische Überlegungen zu einer semiotisch orientierten Textanalyse, Tübingen 1991.
Sejersted, Francis: The Age of Social Democracy: Norway and Sweden in the Twentieth Century, Princeton 2011.
Semrad, Bernd: Vertrieben, verdrängt oder vergessen? Die „Wiener Schule" der Werbeforschung und ihre fachhistorischen Implikationen, in: Medien & Zeit 20/4 (2005), S. 50–79.
Senft, Gerhard: Im Vorfeld der Katastrophe. Die Wirtschaftspolitik des Ständestaates; Österreich 1934–1938, Wien 2002.
Senghaas, Monika: Die Territorialisierung sozialer Sicherung. Raum, Identität und Sozialpolitik in der Habsburgermonarchie, Wiesbaden 2015.
Sennebogen, Waltraud: Propaganda als Populärkultur? Werbestrategien und Werbepraxis im faschistischen Italien und in NS-Deutschland, in: Reichardt, Sven/Nolzen, Armin (Hg.): Faschismus in Italien und Deutschland. Studien zu Transfer und Vergleich, Göttingen 2005, S. 119–147.
Sennebogen, Waltraud: Zwischen Kommerz und Ideologie. Berührungspunkte von Wirtschaftswerbung und Propaganda im Nationalsozialismus, München 2008.
Sennett, Richard: Handwerk, 5. Auflage, Berlin 2014.
Seppel, Marten/Tribe, Keith (Hg.): Cameralism in Practice: State Administration and Economy in Early Modern Europe, Woodbridge 2017.
Seyffert, Rudolf: Allgemeine Werbelehre, Stuttgart 1929.
Seyffert, Rudolf: Kaufmännische Werbelehre, Berlin 1930.
Shankarmahesh, Mahesh N.: Consumer Ethnocentrism: an Integrative Review of its Antecedents and Consequences, in: International Marketing Review 23/2 (2006), S. 146–172.
Shapin, Steven: The Scientific Life: a Moral History of a Late Modern Vocation, Chicago/London 2008.
Shimp, Terence A./Sharma, Subhash: Consumer Ethnocentrism: Construction and Validation of the CETSCALE, in: Journal of Marketing Research 24/3 (1987), S. 280–289.
Sieder, Reinhard: Das Dispositiv der Fürsorgeerziehung in Wien, in: Österreichische Zeitschrift für Geschichtswissenschaften 25/1–2 (2014), S. 156–193.
Siegenthaler, Hansjörg/Ritzmann-Blickenstorfer, Heiner (Hg.): Historische Statistik der Schweiz, Zürich 1996.
Siegrist, Hannes/Kaelble, Hartmut/Kocka, Jürgen (Hg.): Europäische Konsumgeschichte. Zur Gesellschafts- und Kulturgeschichte des Konsums, 18. bis 20. Jahrhundert, Frankfurt am Main 1997.

Silberer, Günter/Mau, Gunnar: Anfänge und Geschichte der Werbewirkungsforschung, in: Berghoff, Hartmut (Hg.): Marketinggeschichte: die Genese einer modernen Sozialtechnik, Frankfurt am Main/New York 2007, S. 231–256.

Silverman, Lisa: Becoming Austrians: Jews and Culture Between the World Wars, 1st issued as pbk Auflage, New York, N.Y 2015.

Sitzler, Susann: Grüezi und Willkommen. Die Schweiz – ein Länderporträt, 6., aktualisierte Auflage, Berlin 2012.

Skidelsky, Robert Jacob Alexander: John Maynard Keynes, 1883–1946: Economist, Philosopher, Statesman, Compiled and abridged one-volume, London 2004.

Skiera, Ehrenhard: Reformpädagogik in Geschichte und Gegenwart. Eine kritische Einführung, 2., durchges. und korrigierte Auflage, München 2010.

Sluga, Glenda: The Nation and the Comparative Imagination, in: Cohen, Deborah/O'Connor, Maura (Hg.): Comparison and history: Europe in Cross-National Perspective, New York 2004, S. 103–114.

Smith, Adam: An Inquiry into the Nature and Causes of the Wealth of Nations, Amsterdam u. a. 2007 [1776].

Sokoll, Thomas: Kameralismus, in: Jaeger, Friedrich (Hg.): Enzyklopädie der Neuzeit Online, 2014, http://dx.doi.org/10.1163/2352-0248_edn_a1995000 (29.11.2016).

Sokoll, Thomas: Vom äußeren Zwang zur inneren Verpflichtung, in: Österreichische Zeitschrift für Geschichtswissenschaften 24/1 (2013), S. 198–220.

Solchany, Jean: Wilhelm Röpke et la Suisse: la dimension helvétique d'un parcours transnational, in: Traverse. Zeitschrift für Geschichte 17/2 (2010), S. 23–37.

Söllner, Fritz: Die Geschichte des ökonomischen Denkens, 4., korrigierte Auflage 2015.

Sommer, Louise: Die oesterreichischen Kameralisten, 2 Bde., Wien 1920 und 1925.

Sommer, Louise: Probleme des städtischen Wohnungsbaues, in: Zeitschrift für Betriebswirtschaft und Arbeitsgestaltung 34/20–21 (1928), S. 225–240, 269–280.

Soper, Kate/Trentmann, Frank (Hg.): Citizenship and Consumption (Consumption and public life, Basingstoke/New York 2008.

Sorz, Sigfried: Kurt Horak 1933–2006. Ein Leben der Arbeit in der Gewerkschaftsbewegung, in: Arbeit und Wirtschaft 60/11 (2006), S. 5.

Spann, Gustav: Der österreichische Nationalfeiertag, in: Brix, Emil/Stekl, Hannes (Hg.): Der Kampf um das Gedächtnis. Öffentliche Gedenktage in Mitteleuropa, Wien/Köln/Weimar 1997, S. 145–169.

Speich Chassé, Daniel: Die Erfindung des Bruttosozialprodukts: globale Ungleichheit in der Wissensgeschichte der Ökonomie, Göttingen 2013.

Speich Chassé, Daniel: Gab es in der Schweiz eine neoliberale Wende?, in: Criblez, Lucien/Rothen, Christina/Ruoss, Thomas (Hg.): Staatlichkeit in der Schweiz: Regieren und verwalten vor der neoliberalen Wende, Zürich 2017, S. 369–383.

Speich Chassé, Daniel: Nation, in: Dejung, Christof/Dommann, Monika/Speich Chassé, Daniel (Hg.): Auf der Suche nach der Ökonomie. Historische Annäherungen, Tübingen 2014, S. 207–233.

Speich Chassé, Daniel: Was zählt der Preis? Dogmengeschichte und Wissensgeschichte der Ökonomie, in: Berichte zur Wissenschaftsgeschichte 37/2 (2014), S. 132–147.

Spencer, Philip/Wollman, Howard: Nationalism. A Critical Introduction, London/Thousand Oaks, Calif./New Dehli 2002.

Spitteler, Carl: Unser Schweizer Standpunkt (Schriften für Schweizer Art und Kunst 2), Zürich 1915.

Spoerer, Mark/Bonertz, Tina/Giesen, Stefan/Streb, Jochen: Neue deutsche Wirtschaftsgeschichte des 20. Jahrhunderts, München 2013.

Stämpfli, Regula: Die Nationalisierung der Schweizer Frauen: Frauenbewegung und Geistige Landesverteidigung 1933–1939, in: Schweizerische Zeitschrift für Geschichte 50/2 (2000), S. 155–180.

Stapleford, Thomas A.: The Cost of Living in America: a Political History of Economic Statistics, 1880–2000, Cambridge, UK/New York 2009.

Staudinger, Anton: Austrofaschistische „Österreich"-Ideologie, in: Tálos, Emmerich/Neugebauer, Wolfgang (Hg.): „Austrofaschismus": Politik – Ökonomie – Kultur, 1933–1938, Wien 2005, S. 28–52.

Stefan-Ludwig Hoffmann, Geselligkeit und Demokratie. Vereine und zivile Gesellschaft im transnationalen Vergleich 1750–1914, Göttingen 2003.

Stehr, Nico: Die Moralisierung der Märkte. Eine Gesellschaftstheorie, Frankfurt am Main 2007.

Steinbacher, Sybille: Wie der Sex nach Deutschland kam. Der Kampf um Sittlichkeit und Anstand in der frühen Bundesrepublik, München 2011.

Steindl, Josef: Die Schichtung der persönlichen Einkommen in Österreich (Monatsberichte des Österreichischen Institutes für Wirtschaftsforschung 31. Jg., Beilage 52), Wien 1958.

Steinert, Heinz: Max Webers unwiderlegbare Fehlkonstruktionen: die protestantische Ethik und der Geist des Kapitalismus, Frankfurt am Main 2010.

Stekl, Hannes/Urbanitsch, Peter (Hg.): Kleinstadtbürgertum in der Habsburgermonarchie 1862–1914 (Bürgertum in der Habsburgermonarchie 9), Wien/Köln/Weimar 2000.

Stekl, Hannes/Urbanitsch, Peter/Bruckmüller, Ernst/Heiss, Hans (Hg.): „Durch Arbeit, Besitz, Wissen und Gerechtigkeit" (Bürgertum in der Habsburgermonarchie 2), Wien/Köln/Weimar 1992.

Stenzer, Christine: Hauptdarsteller Schrift: ein Überblick über Schrift in Film und Video von 1895 bis 2009, Würzburg 2010.

Stere, Stamule Trajani, Bora: Review of the Theoretical and Empirical Literature of Consumer Ethnocentrism, in: Social Sciences and Education Research Review 2/1 (2015), S. 41–54.

Sterling, Manfred: Aufbau und Wandel der Organisationsstrukturen der Arbeiterkammern von 1920 bis 1938, Diss., Wien 1983.

Stettler, Niklaus: Demoskopie und Demokratie in der Nachkriegsschweiz: die „Volksumfrage 1946" der Neuen Helvetischen Gesellschaft als demokratische Herausforderung, in: Schweizerische Zeitschrift für Geschichte 47/4 (1997), S. 730–758.

Steuri, Edgar: Die nationale Warenpropaganda als Mittel der Handelspolitik, Lausanne 1940.

Stiefbold, Rodney: Politische Meinungsforschung in Österreich, 1954–1965, eine Dokumentation, in: Gerlich, Peter/Ress, Georg/Stiefbold, Rodney (Hg.): Nationalratswahl 1966. Österreichisches Wahlhandbuch, Bd. 4, Teil D 1968, S. 249–251.

Stiefel, Dieter: Arbeitslosigkeit. Soziale, politische und wirtschaftliche Auswirkungen am Beispiel Österreichs 1918–1938, Berlin 1979.

Stiefel, Dieter: Die große Krise in einem kleinen Land: Österreichische Finanz- und Wirtschaftspolitik, 1929–1938, Wien 1988.

Stiefel, Dieter: Verstaatlichung und Privatisierung in Österreich. Illusion und Wirklichkeit, Wien/Köln/Weimar 2011.

Stöckl, Hartmut: Beyond Depicting. Language-Image-Links in the Service of Advertising, in: AAA – Arbeiten aus Anglistik und Amerikanistik 34/1 (2009), S. 3–28.

Stöckl, Hartmut: Die Sprache im Bild – das Bild in der Sprache. Zur Verknüpfung von Sprache und Bild im massenmedialen Text; Konzepte, Theorien, Analysemethoden, Berlin/New York 2004.

Stöckl, Hartmut: Metaphor – a Conundrum Revisited. Semantic, Cognitive and Textual Perspectives, in: AAA – Arbeiten aus Anglistik und Amerikanistik 35/2 (2010), S. 189–207.

Stöckl, Hartmut: Multimodale Werbekommunikation – Theorie und Praxis., in: ZfAL Zeitschrift für Angewandte Linguistik (2011), S. 5–32.

Stöckl, Hartmut: The language-Image-Text – Theoretical and Analytical Inroads into Semiotic Complexity, in: AAA – Arbeiten aus Anglistik und Amerikanistik 34/2 (2009), S. 203–226.
Stöckl, Hartmut: Werbekommunikation – Linguistische Analyse und Textoptimierung, in: Knapp, Karlfried/Antos, Gerd/Becker-Mrotzek, Michael/Deppermann, Arnulf Göpferich, Susanne/Grabowski, Joachim /Klemm, Michael/Villiger, Claudia (Hg.): Angewandte Linguistik. Ein Lehrbuch, 2. überarbeitete Auflage, Tübingen/Basel 2007, S. 233–254.
Stolper, Gustav: Deutschösterreich als Sozial- und Wirtschaftsproblem, München 1921.
Stolper, Gustav: Staat – Nation – Wirtschaft, in: Heiman, Hanns (Hg.): Europäische Zollunion. Beiträge zu Problem und Lösung, Berlin 1926, S. 45–60.
Stourzh, Gerald: Vom Reich zur Republik. Studien zum Österreichbewußtsein im 20. Jahrhundert, Wien 1990.
Strakosch, Siegfried: Der Selbstmord eines Volkes. Wirtschaft in Österreich, Wien/Leipzig/München 1922.
Strasser, Susan/McGovern, Charles/Judt, Matthias (Hg.): Getting and spending: European and American Consumer Cocieties in the Twentieth Century, Cambridge/New York/Oakleigh 1998.
Stråth, Bo: Mitteleuropa: From List to Naumann, in: European Journal of Social Theory 11/2 (2008), S. 171–183.
Streeck, Wolfgang: Gekaufte Zeit. Die vertagte Krise des demokratischen Kapitalismus, erweiterte Ausgabe, Berlin 2015.
Streeck, Wolfgang: How Will Capitalism End? Essays on a Failing System, London/New York 2016.
Streissler, Erich: Die Fiktion des Austrokeynesianismus. Zum real existierenden „Keynesianismus" im Schrifttum von Hans Seidel, in: Mitter, Peter/Wörgötter, Andreas (Hg.): Austro-Keynesianismus. Festschrift für Hans Seidel zum 65. Geburtstag, Heidelberg 1990, S. 58–75.
Streissler, Erich/Streissler, Monika: Philipp Wilhelm von Hörnigk und die wirtschaftstheoretischen und -politischen Vorstellungen des Kameralismus, in: Matis, Herbert (Hg.): Philipp Wilhelm von Hörnigk: Leben, Werk und ökonomisches Umfeld, Düsseldorf 1997, S. 139–242.
Stucki, Lorenz: Das heimliche Imperium. Wie die Schweiz reich wurde, Bern/München/Wien 1969.
Studt, Christoph: „no-man's land" Die Karikatur als Gegenstand wissenschaftlicher Forschung, in: Historisch-Politische Mitteilungen 15/1 (2008), S. 63–80.
Sturmayr, Gerald: Industrielle Interessenverbände: Ringen um Einheit, in: Tálos, Emmerich (Hg.): Handbuch des politischen Systems: Erste Republik, 1918–1933, Wien 1995, S. 339–352.
Sulzbach, Walter: Nationales Gemeinschaftsgefühl und wirtschaftliches Interesse, Leipzig 1929.
Sutter, Tilmann: Medienanalyse und Medienkritik Forschungsfelder einer konstruktivistischen Soziologie der Medien, Wiesbaden 2010.
Swett, Pamela E./Wiesen, Jonathan S./Zatlin, Jonathan R. (Hg.): Selling Modernity. Advertising in Twentieth-Century Germany, Durham, N. C. 2007.
Szlajfer, Henryk: Editor's Introduction, in: ders. (Hg.): Economic Nationalism in East–Central-Europe and South America, 1918–1939, Genf 1990, S. 1–130.
Tálos, Emmerich: Das austrofaschistische Herrschaftssystem. Österreich 1933–1938, 2. Auflage, Wien u. a. 2013.
Tálos, Emmerich: Interessenvermittlung und partikularistische Interessenpolitik in der Ersten Republik, in: ders./Dachs, Herbert/Hanisch, Ernst/Staudinger, Anton (Hg.): Handbuch des politischen Systems: Erste Republik, 1918–1933, Wien 1995, S. 370–394.
Tálos, Emmerich/Kittel, Bernhard: Sozialpartnerschaft – Zur Konstituierung einer Grundsäule der Zweiten Republik, in: Sieder, Reinhard/Steinert, Heinz/Tálos, Emmerich (Hg.): Österreich 1945–1995. Gesellschaft, Politik, Kultur, Wien 1995, S. 107–121.
Tanner, Albert: Arbeitsame Patrioten – wohlanständige Damen. Bürgertum und Bürgerlichkeit in der Schweiz 1830–1914, Zürich 1996.

Tanner, Jakob: „Kultur“ in den Wirtschaftswissenschaften und kulturwissenschaftliche Interpretationen ökonomischen Handelns, in: Jaeger, Friedrich/Liebsch, Burkhard (Hg.): Handbuch der Kulturwissenschaften 1. Grundlagen und Schlüsselbegriffe, Stuttgart/Weimar 2004, S. 195–224.

Tanner, Jakob: Die beiden ungleichen Schwestern. Die Schweiz und die USA, in: Aargauer Zeitung, 9.6.2016.

Tanner, Jakob: Fabrikmahlzeit: Ernährungswissenschaft, Industriearbeit und Volksernährung in der Schweiz 1890–1950, Zürich 1999.

Tanner, Jakob: Geschichte der Schweiz im 20. Jahrhundert, München 2015.

Tanner, Jakob: Schweizerische Sozialdemokratie und Westintegration nach dem Zweiten Weltkrieg, in: Degen, Bernard/Schäppi, Hans/Zimmermann, Adrian (Hg.): Robert Grimm. Marxist, Kämpfer, Politiker, Zürich 2012, S. 155–172.

Tanner, Jakob/Studer, Brigitte/Hiestand, Manuel: Konsum und Distribution, in: Halbeisen, Patrick/Müller, Margrit/Veyrassat, Béatrice (Hg.): Wirtschaftsgeschichte der Schweiz im 20. Jahrhundert, Basel 2012, S. 637–702.

Tanner, Jakob/Veyrassat, Béatrice/Mathieu, Jon/Siegrist, Hannes (Hg.): Geschichte der Konsumgesellschaft: Märkte, Kultur und Identität (15.–20. Jh.), Zürich 1998.

Telesko, Werner: Kulturraum Österreich: die Identität der Regionen in der bildenden Kunst des 19. Jahrhunderts, Wien 2008.

Tenfelde, Klaus: Stadt und Bürgertum im 20. Jahrhundert, in: Tenfelde, Klaus/Wehler, Hans Ulrich (Hg.): Wege zur Geschichte des Bürgertums, Göttingen 1994, S. 317–353.

Thomas Welskopp, Amerikas große Ernüchterung: eine Kulturgeschichte der Prohibition, Paderborn 2010.

Thompson, James: British Political Culture and the Idea of Public Opinion, 1867–1914, Cambridge 2013.

Tichy, Gunther: Austrokeynesianismus. Ein Konzept erfolgreicher Wirtschaftspolitik?, in: Sieder, Reinhard/Steinert, Heinz/Tálos, Emmerich (Hg.): Österreich 1945–1995. Gesellschaft, Politik, Kultur, Wien 1995, S. 213–222.

Tiersten, Lisa: Marianne in the Market: Envisioning Consumer Society in Fin-de-Siècle France, Berkeley 2002.

Tilly, Charles: The Formation of National States in Western Europe, Princeton 1975.

Tipper, Harry/Hollingworth, Harry L./Hotchkiss, George Burton/Parsons, Frank Alvah: The Principles of Advertising: a Text Book, New York 1920.

Tissot, Laurent: From Alpine Tourism to the „Alpinization“ of Tourism, in: Zuelow, Eric G. E. (Hg.): Touring Beyond the Nation: a Transnational Approach to European Tourism History, Farnham 2011, S. 59–78.

Tissot, Laurent: Tourism in Austria and Switzerland: Models of Development and Crises, 1880–1960, in: Myllyntaus, Timo (Hg.): Economic Crises and Restructuring in History: Experiences of Small Countries, St. Katharinen 1998, S. 285–302.

Töndury, Hans: Der Sinn der Wirtschaft, in: Zeitschrift für Betriebswirtschaft und Arbeitsgestaltung 39/1 (1933), S. 129–146, 168–185.

Töndury, Hans: Die kommende Wirtschaft, St. Gallen 1934.

Töndury, Hans: Die Nationalökonomie als Unterrichtsfach, Chur 1916.

Töndury, Hans: Neubau der Wirtschaft, in: Zeitschrift für Betriebswirtschaft und Arbeitsgestaltung 40/1 (1934), S. 304–315.

Töndury, Hans: Wesen und Aufgabe der modernen Betriebswirtschaftslehre: erweiterte Antrittsvorlesung, Bern 1933.

Töndury, Hans: Wirtschaftliche Unabhängigkeit? Vortrag gehalten den 15. Jan. 1915 in der Gruppe St. Gallen der Neuen Helvetischen Gesellschaft (Schriften für Schweizer Art und Kunst 9), Zürich 1915.
Tönnies, Ferdinand: Gemeinschaft und Gesellschaft. Abhandlung des Communismus und des Socialismus als empirischer Culturformen, Leipzig 1887.
Tönnies, Ferdinand: Kritik der öffentlichen Meinung, Berlin 1922.
Tooze, Adam: A General Logic of Crisis, in: London Review of Books 39/1 (2017), S. 3–8.
Tooze, J. Adam: Statistics and the German state, 1900–1945: the Making of Modern Economic Knowledge, Cambridge/New York 2001.
Torp, Claudius: Konsum und Politik in der Weimarer Republik, Göttingen 2011.
Tourdanov, Dimtcho-Hristov: Die Helvetische Gesellschaft und die Herausbildung einer aufklärerischen bürgerlichen Öffentlichkeit in der Schweiz im 18. Jahrhundert: eine sozialhistorische Untersuchung, Zürich 1995.
Traska, Georg/Lind, Christoph: Hermann Leopoldi Hersch Kohn: eine Biographie, Wien 2012.
Trentmann, Frank: Before Fair Trade. Empire, Free Trade and the Moral Economies of Food in the Modern World, in: Nützenadel, Alexander/Trentmann, Frank (Hg.): Food and Globalization. Consumption, Markets and Politics in the Modern World, Oxford/New York 2008, S. 253–276.
Trentmann, Frank: Civil Society, Commerce and the „Citizen Consumer“, in: ders. (Hg.): Paradoxes of Civil Society: New Perspectives on Modern German and British History, bearbeitete 2. Auflage, New York 2003, S. 306–331.
Trentmann, Frank: Crossing Divides. Consumption and Globalization in History, in: Journal of Consumer Culture 9/2 (2009), S. 187–220.
Trentmann, Frank: Empire of Things: How We Became a World of Consumers, from the Fifteenth Century to the Twenty-First, London 2016.
Trentmann, Frank: Free Trade Nation: Commerce, Consumption, and Civil Society in Modern Britain, Oxford 2008.
Tribe, Keith: Die Wirtschaftssemantik der frühen Neuzeit, in: Matis, Herbert (Hg.): Philipp Wilhelm von Hörnigk: Leben, Werk und ökonomisches Umfeld, Düsseldorf 1997, S. 245–290.
Tribe, Keith: Governing Economy: the Reformation of German Economic Discourse 1750–1840, Cambridge u. a. 1988.
Tribe, Keith: Strategies of Economic Order: German Economic Discourse, 1750–1950, Cambridge 1995.
Tröhler, Daniel: Classical Republicanism, Local Democracy, and Education: the Emergence of the Public School of the Republic of Zurich, 1770–1870, in: ders./Popkewitz, Thomas S./Labaree, David F. (Hg.): Schooling and the Making of Citizens in the Long Nineteenth Century: Comparative Visions, New York 2011, S. 153–176.
Tröhler, Daniel/Popkewitz, Thomas S./Labaree, David F. (Hg.): Schooling and the Making of Citizens in the Long Nineteenth Century: Comparative Visions, New York 2011.
Tsai, Wanhsiu Sunny/Yoo, Jinnie Jinyoung/Lee, Wei-Na: For Love of Country? Consumer Ethnocentrism in China, South Korea, and the United States, in: Journal of Global Marketing 26/2 (2013), S. 98–114.
Turk, Michael H.: The Idea of History in Constructing Economics, London/New York 2016.
Turnheim, Georg (Hg.): Österreichs Verstaatlichte. Die Rolle des Staates bei der Entwicklung der Österreichischen Industrie von 1918 bis 2008, Wien 2009.
Ungerer, Friedrich/Schmid, Hans-Jörg: An Introduction to Cognitive Linguistics, 2. Auflage, London u. a. 2006.
Utz, Peter: Kultivierung der Katastrophe. Untergangsszenarien und Selbstbehauptung in den Literaturen der Schweiz, in: Ecozon@: European Journal of Literature, Culture and Environment 3/1, S. 42–50.

Van Dyk, Silke: Was die Welt zusammenhält. Das Dispositiv als Assoziation und performative Handlungsmacht, in: Zeitschrift für Diskursforschung 1/1 (2013), S. 46–66.
Van Horn Melton, James: The Rise of the Public in Enlightenment Europe, Cambridge 2001.
Van Leeuwen, Theo: Discourse and Practice: New Tools for Critical Analysis, New York 2008.
Van Leeuwen, Theo: Introducing Social Semiotics, London 2005.
Vana, Irina Simone: Gebrauchsweisen der öffentlichen Arbeitsvermittlung. Österreich 1889–1938, Diss., Wien 2013.
Vana, Irina: Arbeitslose Männer und verdienstlose Frauen? Auswirkungen der austrofaschistischen Arbeitsmarktpolitik auf die geschlechtliche Normalisierung von Arbeitslosigkeit, in: Österreichische Zeitschrift für Geschichtswissenschaften 27/3 (2016), S. 16–43.
Veyrassat, Béatrice: Wirtschaft und Gesellschaft an der Wende zum 20. Jahrhundert, in: Halbeisen, Patrick/Müller, Margrit/Veyrassat, Béatrice (Hg.): Wirtschaftsgeschichte der Schweiz im 20. Jahrhundert, Basel 2012, S. 33–81.
Vida, Irena/Reardon, James: Domestic Consumption: Rational, Affective or Normative Choice?, in: Journal of Consumer Marketing 25/1 (2008), S. 34–44.
Viehöver, Willy: Keep on Nano truckin', truck our blues away. Zur Rolle von Sprache und Narrativen in der diskursivern Governance der Wissensproduktion im Feld der Nanotechnologien, in: ders./Keller, Reiner/Schneider, Werner (Hg.): Diskurs – Sprache – Wissen. Interdisziplinäre Beiträge zum Verhältnis von Sprache und Wissen in der Diskursforschung, Wiesbaden 2013, S. 213–290.
Viktorin, Carolin/Gienow-Hecht, Jessica/Estner, Annika/Will, Marcel (Hg.): Nation Branding in Modern History, New York 2018.
Vogl, Joseph: Kreisläufe, in: Lauper, Anja (Hg.): Transfusionen. Blutbilder und Biopolitik in der Neuzeit, Berlin 2005, S. 99–118.
Von Matt, Peter: Die tintenblauen Eidegenossen. Über die literarische und politische Schweiz, 3. Auflage, München 2010.
Vuilleumier, Christophe: La Suisse face à l'espionnage, 1914–1918, Genf 2015.
Wadauer, Sigrid: Immer nur Arbeit? Überlegungen zur Historisierung von Arbeit und Lebensunterhalten, in: Leonhard, Jörn/Steinmetz, Willibald (Hg.): Semantiken von Arbeit: Diachrone und vergleichende Perspektiven, Wien/Köln/Weimar 2016, S. 225–246.
Wadauer, Sigrid: Ins Unrecht setzen. Diffamierung und Rehabilitierung des Hausierens, in: Colin, Nicole/Schößler, Franziska (Hg.): Das nennen Sie Arbeit? Der Produktivitätsdiskurs und seine Ausschlüsse, Heidelberg 2013, S. 103–124.
Wadl, Wilhelm: Liberalismus und soziale Frage in Österreich: deutschliberale Reaktionen und Einflüsse auf die frühe österreichische Arbeiterbewegung (1867–1879), Wien 1987.
Wagner, Gerhard: Von der Hochschülerschaft Österreichs zur Österreichischen Hochschülerschaft. Kontinuitäten und Brüche, Dipl-Arb. Univ. Wien 2010.
Wagner, Peter: Sozialwissenschaften und Staat. Frankreich, Italien, Deutschland, 1870–1980, Frankfurt am Main/New York 1990.
Wagner, Peter/Zimmermann, Bénédicte: Nation. Die Konstitution einer politischen Ordnung als Verantwortungsgemeinschaft, in: Lessenich, Stephan (Hg.): Wohlfahrtsstaatliche Grundbegriffe: Historische und aktuelle Diskurse, Franfurt am Main 2003, S. 243–266.
Wagnleitner, Reinhold: Coca-Colonization und Kalter Krieg. Die Kulturmission der USA in Österreich nach dem Zweiten Weltkrieg, Wien 1991.
Wakefield, Andre: The Disordered Police State. German Cameralism as Science and Practice, Chicago/London 2009.
Walder, H.: Landesring der Unabhängigen, in: Handbuch der schweizerischen Volkswirtschaft, Bd. 2, hg. v. Schweizerische Gesellschaft für Statistik und Volkswirtschaft. Bern 1939, S. 217–218.

Walter-Busch, Emil: Business Organizations, Foundations, and the State as Promotors of Applied Social Sciences in the United States and Switzerland, 1890–1960, in: Brückweh, Kerstin/ Schumann, Dirk/Wetzell, Richard F./Ziemann, Benjamin (Hg.): Engineering Society: the Role of the Human and Social Sciences in Modern Societies, 1880–1980, Basingstoke 2012, S. 273–292.

Walzer, Michael: The Company of Critics. Social Criticism and Political Commitment in the Twentieth Century, New York, 2002.

Wanek, Friedrich: Karl Ausch – 1893–1976. Wirtschaftspublizist der österreichischen Sozialdemokratie, Diss., Wien 1984.

Wasserman, Janek: Black Vienna: The Radical Right in the Red City, 1918–1938, Ithaca/London 2014.

Wattenwyl, Carl von: Etwas über freiwillige Verzichtleistung auf unnütze Bedürfnisse und über Armen-Besteurungspflicht, [Bern] 1824.

Weber, Dietrich: Erzählliteratur. Schriftwerk, Kunstwerk, Erzählwerk, Göttingen 1998.

Weber, Eugen: Peasants into Frenchmen: the Modernization of Rural France, 1870–1914, Stanford, Calif. 1976.

Weber, Fritz: Der kalte Krieg in der SPÖ, (Österreichische Kulturforschung 11, 2., erg. Auflage, Wien u. a. 2011.

Weber, Fritz: Staatliche Wirtschaftspolitik in der Zwischenkriegszeit, in: Tálos, Emmerich (Hg.): Handbuch des politischen Systems: Erste Republik, 1918–1934, Wien 1995, S. 531–551.

Weber, Fritz: Vor dem grossen Krach. Österreichs Banken der Zwischenkriegszeit am Beispiel der Credit-Anstalt für Handel und Gewerbe, Wien 2016.

Weber, Fritz: Wiederaufbau zwischen Ost und West, in: Sieder, Reinhard/Steinert, Heinz/Tálos, Emmerich (Hg.): Österreich 1945–1995. Gesellschaft, Politik, Kultur, Wien 1995, S. 68–79.

Weber, Fritz: Zwischen Marx und Keynes. Die wirtschaftspolitische Diskussion der österreichischen Sozialisten und Gewerkschafter 1934–1945, in: Maderthaner, Wolfgang/Gruber, Helmut (Hg.): Chance und Illusion/Labour in Retreat. Studien zur Krise der westeuropäischen Gesellschaft in den dreißiger Jahren, Wien 1988, S. 69–110.

Weber, Fritz/Venus, Theodor (Hg.): Austro-Keynesianismus in Theorie und Praxis, Wien 1993.

Weber, Gisela: National- und Imperialprotektionismus in England, Berlin 1935.

Weber, Koni: Umstrittene Repräsentation der Schweiz: Soziologie, Politik und Kunst bei der Landesausstellung 1964, Tübingen 2014.

Weber, Max: Wirtschaft und Gesellschaft, Tübingen 1922.

Weber, Nadir: Im Schatten der Väter. Genealogisches Bewusstsein, politische Erziehung und Generationenkonflikte im Berner Patriziat der beginnenden Sattelzeit (ca. 1750 bis 1798), in: Brandt, Hartwin (Hg.): Genealogisches Bewusstsein als Legitimation: inter- und intragenerationelle Auseinandersetzungen sowie die Bedeutung von Verwandtschaft bei Amtswechseln, Bamberg 2009, S. 115–144.

Weber, Quirin: Korporatismus statt Sozialismus. Die Idee der berufsständischen Ordnung im schweizerischen Katholizismus während der Zwischenkriegszeit, Freiburg 1989.

Wehler, Hans-Ulrich: Deutsche Gesellschaftsgeschichte, Bd. 4. Vom Beginn des Ersten Weltkriegs bis zur Gründung der beiden deutschen Staaten, 1914–1949, München 2003.

Wehler, Hans-Ulrich: Deutsche Gesellschaftsgeschichte. Einleitung, in: Hitzer, Bettina/Welskopp, Thomas (Hg.): Die Bielefelder Sozialgeschichte: klassische Texte zu einem geschichtswissenschaftlichen Programm und seinen Kontroversen, Bielefeld 2010, S. 101–134.

Wehler, Hans-Ulrich: Nationalismus. Geschichte, Formen, Folgen, 3. Auflage, München 2007.

Weigel, Hans: Lern dieses Volk der Hirten kennen. Versuch einer freundlichen Annäherung an die Schweizerische Eidgenossenschaft, Zürich 1962.

Weigel, Hans: O du mein Österreich, Wien 1963.

Welskopp, Thomas: Amerikas große Ernüchterung. Eine Kulturgeschichte der Prohibition, Paderborn 2010.
Welskopp, Thomas: Ein „unmöglicher Konzern"? Die Migros als Gegenstand der modernen Unternehmensgeschichte, in: Girschik, Katja/Ritschl, Albrecht/Welskopp, Thomas (Hg.): Der Migros-Kosmos. Zur Geschichte eines außergewöhnlichen Schweizer Unternehmens, Baden 2003, S. 12–37.
Welskopp, Thomas: Konsum, in: Dejung, Christof/Dommann, Monika/Speich Chassé, Daniel (Hg.): Auf der Suche nach der Ökonomie. Historische Annäherungen, Tübingen 2014, S. 125–152.
Welskopp, Thomas: Startrampe für die Gesellschaft des Massenkonsums: Verbreitung und Entwicklung der Selbstbedienung in Europa nach 1945, in: Benninghaus, Christina/Müller, Sven Oliver/Requate, Jörg/Tacke, Charlotte (Hg.): Unterwegs in Europa. Beiträge zu einer vergleichenden Sozial- und Kulturgeschichte; Festschrift für Heinz-Gerhard Haupt, Frankfurt am Main u. a. 2008, S. 247–267.
Wengeler, Martin: „Die Planwirtschaft ist das Unsozialste, was es überhaupt gibt, und nur die Marktwirtschaft ist sozial." Zur Geschichte eines bundesdeutschen Fahnenwortes, in: Busse, Dietrich/Hermanns, Fritz/Teubert, Wolfgang (Hg.): Begriffsgeschichte und Diskursgeschichte. Methodenfragen und Forschungsergebnisse der historischen Semantik, Opladen 1994, S. 107–123.
Wengeler, Martin: Topos und Diskurs – Möglichkeiten und Grenzen der topologischen Analyse gesellschaftlicher Debatten, in: Warnke, Ingo (Hg.): Diskurslinguistik nach Foucault. Theorie und Gegenstände, Berlin 2007, 165–186.
Wengeler, Martin/Ziem, Alexander: „Wirtschaftskrisen" im Wandel der Zeit, in: Landwehr, Achim (Hg.): Diskursiver Wandel, Wiesbaden 2010, S. 335–354.
Wenninger, Florian: „… werden wir mit aller Brutalität vorgehen." Zum Polarisierungsprozess der Zwischenkriegszeit in Österreich und seinen Nachwirkungen, Diss., Wien 2015.
Werner, Christian: Für Wirtschaft und Vaterland. Erneuerungsbewegungen und bürgerliche Interessengruppen in der Deutschschweiz 1928–1947, Zürich 2000.
Weßels, Bernhard: Die Entwicklung des deutschen Korporatismus, in: Aus Politik und Zeitgeschichte 26–27 (2000), S. 16–21.
Wessels, Jens-Wilhelm: Economic Policy and Microeconomic Performance in Inter-war Europe: the Case of Austria, 1918–1938, Stuttgart 2007.
Weymann, Ansgar: States, Markets and Education: the Rise and Limits of the Education State, Basingstoke 2014.
Whitehead, Harold: Der Weg zum erfolgreichen Manager. Aufstieg, Praxis, Bewährung, Zürich, Stuttgart 1960.
Whitehead, Harold: Report on a National Survey of Retail Selling Practices, London 1932.
Whitehead, Harold: The Administration of Marketing and Selling, London 1937.
Wiener Messe AG (Hg.): Made in Austria, Wien 1949.
Wiesen, S. Jonathan: Creating the Nazi Marketplace: Commerce and Consumption in the Third Reich, Cambridge 2011.
Wild, Roman: Verbandssekretäre und die Bewilligungsgesetze der schweizerischen Schuhwirtschaft: ein Beitrag zu den kommunikativen Vorräumen der Macht, in: Schweizerisches Jahrbuch für Wirtschafts- und Sozialgeschichte 31 (2016), S. 123–138.
Wild, Roman: Auf Schritt und Tritt. Der schweizerische Schuhmarkt 1918–1948, Basel 2019.
Wildt, Michael: Konsumbürger. Das Politische als Optionsfreiheit und Distinktion, in: Hettling, Manfred/Ulrich, Bernd (Hg.): Bürgertum nach 1945, Hamburg 2005, S. 255–283.
Wildt, Michael: Volksgemeinschaft als Selbstermächtigung. Gewalt gegen Juden in der deutschen Provinz 1919 bis 1939, Hamburg 2007.

Wilensky, Harold L.: The „New Corporatism“, Centralization, and the Welfare State, London u. a. 1976.
Wilk, Richard: Morals and Metaphors: The Meaning of Consumption, in: Ekström, Karin M./ Brembeck, Helene (Hg.): Elusive Consumption, Oxford/New York 2004, S. 11–26.
Willand, Marcus: Lesermodelle und Lesertheorien: historische und systematische Perspektiven, Berlin 2014.
Williams, Raymond: Advertising: the Magic System, in: ders., Problems in Materialism and Culture, London 1980, 170–195.
Williamson, Judith: Decoding Advertisements: Ideology and Meaning in Advertising, London 1978.
Wimmer, Mario: Abstraktion durch Anschaulichkeit. Wirtschaftliche Haushalts-und Lebensführung in der Zwischenkriegszeit, in: L'Homme 22/2 (2011), S. 129–142.
Winch, Donald: The Problematic Status of the Consumer in Orthodox Economic Thought, in: Trentmann, Frank (Hg.): The Making of the Consumer: Knowledge, Power and Identity in the Modern World, Oxford/New York 2006, S. 31–51.
Winkelbauer, Thomas: Ständefreiheit und Fürstenmacht. Länder und Untertanen des Hauses Habsburg im Konfessionellen Zeitalter, 1522–1699, 2 Bde., Wien 2003.
Winterberg, Lars: Die Not der Anderen. Kulturwissenschaftliche Perspektiven auf Aushandlungen globaler Armut am Beispiel des Fairen Handels. Bausteine einer Ethnografie, Münster/New York 2017.
Wirth, Maria: Christian Broda. Eine politische Biographie, Göttingen 2011.
Wirz, Adolf: Kleines Handbuch der Reklame. Zahlen und Erfahrungen aus der schweizerischen Werbepraxis, Zürich 1943.
Wittmann, Walter: Vom Sonderfall zum Normalfall, in: Schweizer Monatshefte 70/11 (1990), S. 933–948.
Wodak, Ruth/de Cillia, Rudolf/Reisigl, Martin/Liebhart, Karin/Hofstätter, Klaus/Kargl, Maria: Zur diskursiven Konstruktion nationaler Identität, Frankfurt am Main 1998.
Wodak, Ruth/Meyer, Michael (Hg.): Methods of Critical Discourse Analysis, 2. Auflage, Los Angeles, 2009.
Wodak, Ruth/Meyer, Michael: Critical Discourse Analysis: History, Agenda, Theory, and Methodology, in: dies. (Hg.): Methods of Critical Discourse Analysis, 2. Auflage, Los Angeles, Calif. 2009, S. 1–33.
Wöhrle, Patrick: Zur Aktualität von Helmut Schelsky. Einleitung in sein Werk. Wiesbaden 2015.
Woldrich, Thomas: Das schöne Österreich. Tourismuswerbung in Österreich mittels Landschaft, Kultur und Menschen, in: Prutsch, Ursula/Lechner, Manfred (Hg.): Das ist Österreich. Innenansichten und Außenansichten, Wien 1997, S. 37–59.
Wolf, Franz: Die Tulpenbewegung in Ungarn: Wirtschaftliche und politische Auseinandersetzungen zwischen Österreich und Ungarn, Wien 1979.
Woodmansee, Martha/Osteen, Mark (Hg.): The New Economic Criticism: Studies at the Intersection of Literature and Economics, London u. a. 1999.
Wrede, Martin: Das Reich und seine Feinde. Politische Feindbilder in der reichspatriotischen Publizistik zwischen Westfälischem Frieden und Siebenjährigem Krieg, Mainz 2004.
Wulz, Monika: Gedankenexperimente im ökonomischen Überschuss. Wissenschaft und Ökonomie bei Ernst Mach, in: Berichte zur Wissenschaftsgeschichte 38/1 (2015), S. 59–76.
Ziehensack, Walther Franz: Macht und Geschäft des Massenvergnügens. Schlager, Film, Illustrierte, Wien 1961.
Ziemann, Benjamin: Die Metaphorik des Sozialen. Soziologische Selbstbeschreibungen westeuropäischer Gesellschaften im 20. Jahrhundert, in: Raphael, Lutz (Hg.): Theorien und Experimente der Moderne Europas Gesellschaften im 20. Jahrhundert, Köln 2012, S. 193–227.

Ziemann, Benjamin: Sozialgeschichte und Empirische Sozialforschung. Überlegungen zum Kontext und zum Ende einer Romanze, in: Maeder, Pascal/Lüthi, Barbara/Mergel, Thomas (Hg.): Wozu noch Sozialgeschichte? Eine Disziplin im Umbruch. Festschrift für Josef Mooser zum 65. Geburtstag, Göttingen 2012, S. 131–149.

Zimmer, Oliver: A Contested Nation: History, Memory and Nationalism in Switzerland, 1761–1891, Cambridge 2003.

Zimmermann, Adrian: Klassenkampf und Klassenkompromiss. Arbeit, Kapital und Staat in den Niederlanden und der Schweiz, 1914–1950, Diss., Lausanne 2012.

Zimmermann, Yvonne (Hg.): Schaufenster Schweiz dokumentarische Gebrauchsfilme 1896–1964, Zürich 2011.

Zimmermann, Yvonne: Heimatpflege zwecks Suppenpromotion. Zum Einsatz von Lichtbildern und Filmen in der Schweizer Lebensmittelbranche am Beispiel von Maggi, in: Zeitschrift für Unternehmensgeschichte 52/2 (2008), S. 203–226.

Zimmermann, Yvonne: Industriefilme, in: dies. (Hg.): Schaufenster Schweiz dokumentarische Gebrauchsfilme 1896–1964, Zürich 2011, S. 242–381.

Zürcher, Markus: Jacob Lorenz. Vom Sozialisten zum Korporationentheoretiker, in: Intellektuelle von rechts: Ideologie und Politik in der Schweiz 1918–1939, Zürich 1995, S. 219–238.

Zürcher, Regula: Das Unbehagen im Staat. Die schweizerische Frauenbewegung, die Landesausstellung 1939 und das Bundesstaatsjubiläum 1948 – ein Nachtrag zum Jubiläumsjahr 1998, in: Schweizerische Zeitschrift für Geschichte 48/4 (1998), S. 444–470.

Zurlinden, Samuel: Der Weltkrieg und die Schweizer, Zürich 1917.

Zurstiege, Guido: Die Produktion und Vermarktung werblicher Kreativität, in: Merten, Klaus (Hg.): Konstruktion von Kommunikation in der Mediengesellschaft. Festschrift für Joachim Westerbarkey, Wiesbaden 2009, S. 149–158.

Zurstiege, Guido: Medien und Werbung, Wiesbaden 2015.

Verzeichnisse und Register

1 Abbildungen

https://doi.org/10.1515/9783110701111-027

2 Grafiken

https://doi.org/10.1515/9783110701111-028

3 Tabellen

https://doi.org/10.1515/9783110701111-029

Personenregister

https://doi.org/10.1515/9783110701111-030